U0448525

重建

美利坚未完成的革命
1863———1877

〔美〕埃里克·方纳 著

王希 译

Eric Foner

RECONSTRUCTION

America's Unfinished Revolution, 1863–1877

Copyright © 1988 by Eric Foner

Published by arrangement with Perennial, an imprint of HarperCollins Publishers.

根据 Perennial Classics 2002 年版译出

献给琳恩

2014年纪念版前言

一般来说，历史学家不太善于自我反省。自传的写作眼下在人类学家和英语系教授中十分流行，但对历史学家的吸引力有限。为纪念美国内战之后那个剧烈动荡的年代开启150年之际，《重建：美利坚未完成的革命（1863—1877）》得以重新发行，给我提供了一个进行简短反思的机会，使我得以回顾本书最初是如何写作的，重建史学史在过去二三十年是如何演进的，以及为何今天理解这一时代仍然是极为重要的。

邀请我为"新美国国家史系列"撰写一部重建史的是已故的理查德·莫里斯教授。他是一名杰出的早期美国史学者，与亨利·斯蒂尔·康马杰一起担任这一系列丛书的主编。那是在1975年，邀请的到来完全出乎我的意料。我的第一本著作研究的是内战前的共和党，当然，该党的许多领袖人物在后来的重建中也扮演了关键的角色。收到莫里斯的邀请信时，我正快完成一本研究托马斯·潘恩的著作，并计划开始写作一部研究美国激进主义历史的新书。除了写过一篇关于撒迪厄斯·斯蒂文斯的论文之外，他是重建时代激进共和党人的领袖，我没有写过任何其他关于重建的文字。

固然，我在纽约市郊的长滩市长大，多年前我在长滩高中的美国史课上曾有过一次涉足重建史的尝试。我们的老师是伯塔·贝里曼夫人,学生们都亲切地称她为"大伯塔"(昵称来自一战使用的一种大炮的名称)。贝里曼夫人依照当时的重建史主流观点,将赋予南部黑人男性以选举权的《1867年重建法》描述为美国历史上最糟糕的法律。对此我举手表示不同意,说:"《惩外治乱法》更糟。"贝里曼夫人回答说:"如果你不喜欢我这样讲,那你明天到台上来,讲一堂你自己的重建史课如何?"后来我就这样做了,当然坦白地说,备课时我从父亲那里得到了一些帮助,而他本人就是一名历史学家。我的讲课基本上依照杜波伊斯的巨著《黑人的重建》准备的,而他强调重建是美国乃至全世界在争取政治和经济民主的漫长斗争中的一个关键时刻。[1]贝里曼夫人自己非常信仰民主决策的做法,在我讲完课之后说:"同学们,你们听了我的讲课,也听了埃里克的讲课。现在让我们用投票来决定谁是正确的。"我希望我能说,我那天的讲课大获全胜。事实却是,全班只有一名学生投了我一票,他就是我勇敢的朋友尼尔·克莱曼。

因此,似乎是一种命中注定的安排,莫里斯的邀请为我提供了一个回敬贝里曼夫人的机会。我接受了邀请,但很快发现我接受的项目带有一段曲折的历史。1948年,霍华德·比尔曾答应写这部书,但11年之后当他去世的时候,他没有写下一个字。接替比尔的是另外一位研究19世纪美国史的伟大学者戴维·唐纳德。1969年,唐纳德在一篇文章中提及遇到了一个"个人问题"——他

---

[1] W. E. B. Du Bois, *Black Reconstruction in America* (New York, 1935).

在构思和策划这部著作时陷入了一种困境。[2] 如他所写到的,他认为无法用一部著作来综述重建时代的政治、经济、社会和思想发展,并同时将发生在全国、北部和南部的事件都包括在内。六年之后,他彻底放弃了这一项目,转而投入到另外一个更容易掌控的、关于作家托马斯·沃尔夫的传记的写作之中。

"新美国国家史系列"的大部分著作常是对当前史学成果的精湛总结,而不是另起炉灶,依赖于新的研究。我起初认为自己可以花两三年时间来阅读并随后很快完成写作。事实上,这个项目的研究与写作占用了我十多年的时间。项目的转机出现在1978年。那一年我在位于哥伦比亚市的南卡罗来纳大学教学一学期。我在当地的州档案馆里发现了121个装得满满的手稿文献盒,里面装的是重建时期该州州长们收到的公民来信。这些信件包含了内容无比丰富的历史材料,记录了内战后南卡罗来纳州黑人和白人在重建他们各自生活的过程中所经历的痛苦与希望,而这些信息却几乎从未被历史学家使用过。从这些材料中,我读到了许多重建史研究几乎只字未提的内容,包括乌托邦式的希望、破碎的梦想、争取人类尊严的斗争、恐怖主义暴力、种族主义、白人与黑人之间的合作以及日常生活如何得以政治化的过程。我当时意识到,讲述重建的故事,我不能只是依赖于现存的学术成果——尽管在我进行这个项目的时段内,关于重建不同侧面的重要研究每年都在源源不断地发表——而是必须深挖档案材料,以发现日常

---

[2] David Donald, "The Grand Theme in American Historical Writing", *Journal of Historical Studies*, 2 (Autumn 1969), 186–201.

生活的丰富质感。如同杜波伊斯在半个世纪之前一样，我坚信，从内战中获得自由的人民是重建这场大戏的主要演员。他们不是像长期以来被描述的那样仅仅是政治操纵的受害者，或他人行动结果的被动接收者，相反，获得自由的人民是一群改革的使者，正是他们将实质性内容带入所获自由之中的斗争，帮助建立起重建政治的议程，并重新界定了所有美国人所享有的自由。

本书的写作也受到另一个意想不到的发展的影响。1980—1981学年，我应邀担任美国历史与体制皮特讲席教授，到剑桥大学教学。在一些英国同事的推动下，我开始阅读有关英帝国不同地区中奴隶解放之后的历史。从这些研究成果中，我很快注意到，它们对后奴隶制时代社会冲突的研究方法与我们自己的史学研究非常不同，而美国学者却很少对此予以关注（与当时蓬勃发展的奴隶制比较研究形成了一种鲜明的对比）。在讨论后奴隶制时代的社会冲突时，美国学者主要用种族关系的视角，而英国、非洲和加勒比海地区的学者则聚焦于获得土地和控制劳动力这两个相互关联的问题上。在所有的地方，前奴隶们都力争获得经济独立自主，而前种植园主们则经常是在英国政府的帮助下力图游说前奴隶们回到种植园上去工作，或者从中国和印度进口契约劳工来取代他们。我认为，土地和劳工也同样是重建时期南部面临的核心问题。1982年，在写作本书的同时，我发表了《除了自由之外一无所有》的短篇专著，讨论内战之后的劳工问题，该书第一章讨论了美国以外地区的从奴隶制到自由的转换过程。[3]

---

[3] Eric Foner, *Nothing But Freedom: Emancipation and Its Legacy* (Baton Rouge, 1983).

我的阅读也让我注重强调美国重建的独特之处，因为与大部分其他有废奴经历的国家不同的是，美国的前奴隶人口拥有一个人数众多的白人同盟军，后者将激进重建的实验变成了现实。这一事实使获得自由的人民在获得解放几年之后就能在地方政治中运用相当程度的权力。因为重建坚持遵循宪政规范，也没有将土地分配给前奴隶们，过去的历史学家倾向于将它描述成是一种本质上保守的过程。我则认为，无论是从比较研究的角度，还是在内战前美国的种族主义背景来看，将选举权赋予自由民的做法都是跨种族民主的一次激进实验。

随后不久，我回到了我获得博士学位的哥伦比亚大学任教，并在那里用几年时间完成了本书的写作。熟悉重建史学史的人无不欣赏这样一个具有讽刺意味的事实，即我的研究费用有一部分来自哥大历史系的邓宁基金，而我的大部分阅读是在伯吉斯图书馆中完成的。正是在19、20世纪之交的哥伦比亚大学校园里，威廉·邓宁和约翰·伯吉斯创建了关于重建研究的传统学派。邓宁、伯吉斯及其学生们是美国第一代受过大学教育的专业历史学家，他们所发展出来的一些历史识见对于今天的历史学家仍然具有价值——譬如，奴隶制是引发美国内战的根本原因，白人社会内部的区域和阶级分歧影响了重建政治的走向等。邓宁和伯吉斯对后续研究也抱有期待，坚持认为对于重建的理解必须将其置于国家史的大背景之下，并将其视为19世纪美国民族建构历史进程的一部分。邓宁学派的学者们也率先使用了原始材料（至少是来自南部白人的史料）来讲述重建的故事。然而，根深蒂固的种族主义思想损害了他们研究的价值。该学派的大多数学者将黑人视为一群"孩童"，缺乏理解突然降临其身的自由的能力，而北部则因将选举权赋予黑人而干了一件"极其可怕的事情"。[4] 邓宁学派的观点将数代南部白人锁定在一种僵硬的反对改变种族关系的立场上，也在数十年的时段内让北部心安理得地容忍南部对第十四、十五条宪法修正案的否定。到我的著作出版时，许多学者已经揭露了邓宁学派解释中存在的这样或那样的缺陷，《重建》则将最后一枚钉子钉在了邓宁学派的棺椁上，为这一时代提供了一部替代叙事。

《重建》出版后，我以为自己会将学术视线转移到其他领域。但情况并非如此。在本书的研究过程中，我收集了大量关于内战后南部黑人政治领袖的生平信息，这些人包括地方治安官、学校委员会官员、警长和州议会议员，还有国会议员等，大部分内容都不为学者们所知。1993年，我通过《自由的立法者们》一书将这些信息集中发表出来，这是一部包含了1500条个人简历的指南性著作。先前数代历史学家们曾无视或诋毁这些黑人政治领袖，用他们的无能来为重建的暴力推翻以及为南部对黑人选民权利的长期剥夺进行辩护。克劳德·鲍尔斯在20世纪20年代出版的轰动一时的畅销书《悲剧时代》中，将路易斯安那州立法机构描述成一个"动物园"；E. 默顿·库尔特在1947年写道，黑人担任公职是"白人文明历史上在政府体制方面最具有异国风味的发展……[也是] 令人记忆最为长久、令人不寒而栗和令人最为痛恨的"。

---

[4] William A. Dunning, *Essays on the Civil War and Reconstruction* (New York, 1904), 384–385; John W. Burgess, *Reconstruction and the Constitution 1866-1876* (New York, 1902), 133. 近期对邓宁学派的重新评价，见：John David Smith and J. Vincent Lowery, ed., *The Dunning School: Historians, Race, and the Meaning of Reconstruction* (Lexington, 2013).

我的希望则是，将这些黑人政治领袖人物还原到历史的地图上，提供与他们相关的基本人生信息资料，埋葬那种认为重建领袖都是一群文盲、无产者和无能之辈的错误认识。[5]

此外，我与芝加哥历史博物馆的奥莉维亚·马霍尼一起担任了一个名为"美国的重建"的展览的策展人，这是第一个完全专注于这一时代的历史展览，1995年在位于里士满的弗吉尼亚州历史学会揭幕展出，随后又移到纽约市、哥伦比亚、雷利、塔拉哈希和芝加哥等地展出。最近在经过数字化转换之后，人们可以从网上直接观看这个展览。[6] 2004年，我担任了公共电视台关于重建的第一轮电视片系列的顾问之一。次年，我又出版了一部为学术界之外的读者写作的关于奴隶解放和重建史的著作，本书最初是作为一个关于重建时代的电影项目的配套读本来准备的（遗憾的是，电影项目最终未能完成）。在《美国自由的故事》中，我试图追溯围绕自由内容所进行的竞争性界定，这是《重建》的一个关键主题，同样也贯穿于从美国革命到20世纪末的整个美国历史之中。[7]

《重建：美利坚未完成的革命（1863—1877）》希望将几个重

---

[5] Eric Foner, *Freedom's Lawmakers: A Directory of Black Officeholders during Reconstruction* (rev. ed.: Baton Rouge, 1996); Claude G. Bowers, *The Tragic Era* (Cambridge, 1929), 364; E. Merton Coulter, *The South During Reconstruction 1865–1877* (Baton Rouge, 1947), 141–144.

[6] 该展览的网络版见：https://www.digitalhistory.uh.edu/exhibits/reconstruction/index.html. Eric Foner and Olivia Mahoney, *America's Reconstruction: People and Politics after the Civil War* (Baton Rouge, 1997) 是该展览内容的图书。

[7] Eric Foner, *Forever Free: The Story of Emancipation and Reconstruction* (New York, 2005). (这部著作包括了约书亚·布朗[Joshua Brown]编辑的大量插图，讨论这一时代的视觉图像学。) Eric Foner, *The Story of American Freedom* (New York, 1998).

要历史进程,包括围绕重建的政治斗争、从奴隶制到自由劳动在南部的转换、一种新种族关系的演进以及一个拥有新权力的民族国家的崛起,编织成一部连贯性叙事,并描述这些进程的相互影响。它讨论在社会不同层面进行的重建活动,从国会大厅内的辩论到具体的种植园里展开的斗争。它聚焦南部,但同时也讨论北部和西部在这一段时间发生的突如其来的变化。它将前奴隶们置于故事的中心,但同时也讲述不同种类的美国白人群体的故事,包括政治家、工业家、劳工和小农场主在内。

在本书出版后的25年里,关于重建时代,几乎各个侧面的新研究每年都在继续出现。这些新研究令我感到印象深刻的是,它们反映出了历史学家在方法论上的一系列扩展,这些新的视野继续改进着我们对奴隶解放、重建和自由等问题的理解。[8]

我们可以从数字革命开始,它带来了学者们使用的史料基础的扩展。当我开始研究重建的时候,万维网根本就不存在(电子邮件也不存在,所以比起今天来当时的学者们的确浪费了许多时间)。当时的高科技指的是通过微缩胶卷或微缩胶片来阅读文献。当我写作《自由的立法者们》时,我要花上数个星期来检索人口统计资料的手稿。今天,这样的研究可在家里通过电脑利用几天的时间完成。许多其他的关于重建时代的材料现在也可以在网上

---

[8] 下面脚注中所提及的只是关于重建史研究众多成果中的极少部分。关于一个全面的、直到2000年为止的重建史学书目介绍,见:David A. Lincove, *Reconstruction in the United States: An Annotated Bibliography* (Westport, 2000). Thomas J. Brown, ed., *Reconstructions: New Perspectives on the Postbellum United States* (New York, 2008) 包括了数篇史学史论文,追溯重建研究的演进。

获得或检索，包括国会辩论和国会文献（内含不可或缺的国会三K党听证会的材料）、种植园的文献和19世纪的小册子与报纸等。

当然，只有在历史学家提出问题时，史料才显得有用。如同我们的史料基础，近年来历史学家使用的研究方法也有极大的扩展。首先，重建大戏的演员阵容得到了极大的扩展。一些最优秀的新研究讨论了性别角色和性别关系的变化，这些变化源自内战和重建，并同时发生在白人和黑人家庭之中。这些研究将家庭和亲属关系视为黑人政治激进主义早期出现和长期延续的关键所在。它们也强调，社会空间的性别划分被普遍认为是奴隶解放的遗产之一。我的著作也涉及性别问题，譬如讨论了随奴隶制终结而来的家庭结构变化如何影响到了妇女，并将妇女权利运动纳入到重建故事之中（它也许是唯一一部让维多利亚·伍德哈尔在其中得以露面的重建通史著作）。但当我写作的时候，从奴隶制到自由的转型如何影响了妇女的研究还处于襁褓之中。从那以后，许多著作得以出版，并高度重视对性别、种族、劳工和政治之间交叉关系的讨论，非常清楚地宣称女性对奴隶解放的经历与男性在许多方面是截然不同的。[9]

---

[9] Laura F. Edwards, *Gendered Strife and Confusion: The Political Culture of Reconstruction* (Urbana, 1997); LeeAnn Whites, *The Civil War as a Crisis in Gender: Augusta, Georgia, 1860-1890* (Athens, 1995); Nancy Bercaw, *Gendered Freedoms: Race, Rights, and the Politics of the Household in the Delta, 1861-1875* (Gainesville, 2003); Elizabeth Regosin, *Freedom's Promise: Ex-Slave Families and Citizenship in the Age of Emancipation* (Charlottesville, 2002); Tera Hunter, *To 'Joy My Freedom: Southern Black Women's Lives and Laborers after the Civil War* (Cambridge, 1997); Susan E. O'Donovan, *Becoming Free in the Cotton South* (Cambridge, 2007); Jane T. Censer, *The Reconstruction of White Southern Womanhood, 1865-1895* (Baton Rouge, 2003).

这类研究中最有意思的是塔沃利亚·格林姆的《摆脱奴役之家》，它讨论的是黑人和白人女性如何处理发生在相互关系上的那种困难，有时甚至是暴力的转换，女性自由民如何努力创造新的性别角色，以及许多白人妇女如何在极为困难的情况下复原内战前那种富有特权的生活方式。另外一部重要的著作是玛莎·琼斯的《万众一心》，它讨论了黑人组织内部关于妇女的角色和权利的辩论。琼斯展示了废奴主义者的平等权利话语在写入重建宪法和法律之后如何影响了黑人教会和社团内部对"妇女问题"的讨论。[10]这些研究要求我们将对政治的界定扩展到选举领域——一个为男性独占的领域——之外的许多地方，观察围绕权力而展开的斗争，从而将妇女纳入到重建的政治史中来。

我的书将重建同时定义为一个具体历史时段（1863—1877）和一个历史进程，即国家针对奴隶制的毁灭和国家统一的保存这两个内战结果进行调整的过程。近期研究反映了学者们对奴隶解放的地理范围所做的扩展。一系列的重要著作探讨了西半球其他地方的后奴隶制时代，有的明确地将之与美国的重建进行比较。[11]在劳工体制方面，新的对南部烟叶与甘蔗种植地区的研究补充了

---

[10] Thavolia Glymph, *Out of the House of Bondage: The Transformation of the Plantation Household* (New York, 2008); Martha S. Jones, *All Bound Up Together: The Woman Question in African American Public Culture, 1830–1900* (Chapel Hill, 2007).

[11] Rebecca J. Scott, *Degrees of Freedom: Louisiana and Cuba After Slavery* (Cambridge, 2005); Demetrius L. Eudell, *Political Languages of Emancipation in the British Caribbean and the U.S. South* (Chapel Hill, 2002); Frederick Cooper, Thomas C. Holt, and Rebecca J. Scott, *Beyond Slavery: Explorations of Race, Labor and Citizenship in Postemancipation Societies* (Chapel Hill, 2000).

先前针对棉花地带分成制崛起的研究。[12]

  重建的时段界限也得到了扩展。斯蒂芬·哈恩的《一个在我们脚下的民族》也许是过去25年来出版的、关于19世纪黑人政治的最有影响力的著作，它认为重建政治起源于奴隶制下的黑人政治思想，并将黑人政治组织的故事一直讲述到20世纪之中。[13]这种时段的重新界定具有非常重要的意义。那些以重建为中心的研究现在继续向19世纪80、90年代延伸，将税收调节者、劳工骑士团、平民党人和围绕种族隔离法的实施而进行的斗争都包括在重建故事的范围之内。[14]与此同时，更多的研究关注20世纪围绕重建展开的"记忆"竞争，这正是布鲁斯·贝克的《重建意味着什么》所讨论的主题，它展示了南卡罗来纳州的不同政客如何利用对重建的一种特殊认知作为武器来重构吉姆·克罗时代的南

---

[12] Lynda J. Morgan, *Emancipation in Virginia's Tobacco Belt, 1850-1870* (Athens, 1992); Jeffrey Kerr-Ritchie, *Freedpeople in the Tobacco South, Virginia, 1860-1890* (Chapel Hill, 1999); John Rodrigue, *Reconstruction in the Cane Fields: From Slavery to Free Labor in Louisiana's Sugar Parishes, 1862-1880* (Baton Rouge, 2001); Moon-Ho Jung, *Coolies and Cane: Race, Labor, and Sugar in the Age of Emancipation* (Baltimore, 2006). 关于这个转型在南部种棉地区一部分的发生过程，见：Julie Saville, *The Work of Reconstruction: From Slave to Wage Laborer in South Carolina, 1860-1870* (New York, 1994)。

[13] Steven Hahn, *A Nation Under Our Feet: Black Political Struggles in the Rural South, From Slavery to the Great Migration* (Cambridge, 2003).

[14] Jane Dailey, *Before Jim Crow: The Politics of Race in Postemancipation Virginia* (Chapel Hill, 2000); Gregory P. Downs, *Declarations of Dependence: The Long Reconstruction of Popular Politics in the South, 1861-1908* (Chapel Hill, 2011); Michael W. Fitzgerald, *Urban Emancipation: Popular Politics in Reconstruction Mobile, 1860-1890* (Baton Rouge, 2002); Wang Xi, *The Trial of Democracy: Black Suffrage and Northern Republicans, 1860-1910* (Athens, 1997).

部。在这种白人民族主义思想的叙事中,救赎者和红杉骑士占据了英雄的位置。然而,正如贝克展示的,与之相对的另外一种重建叙事也在黑人社区中得以存活下来,并为20世纪30年代的南部激进分子重新发现,后者也在重建历史中找到一种希望20世纪南部重新建构的跨种族合作的榜样。[15]总之,我们现在拥有了一个或许可被称为"漫长的重建"的时代,如同历史学家的"漫长的民权运动"(它始于20世纪30或40年代)时代,或他们所称的"漫长的19世纪"(覆盖从1789年到1914年的时段)时代一样。

重建时段的扩展允许我们对南部事件与国内其他区域的发展做更为充分的比较研究。这些年的经济转型并不仅限于南部,历史学家研究了北部社会和政治的变化——尤其是工业资本主义的加速发展和与之相伴的劳工冲突,以懂得北部为何从重建撤出的原因。此外,选举权对于全国来说也是一个争执和冲突的焦点,并不只限于南部。种族化劳动体制的持续性——西南部地区在拉美裔劳工中实施的债务苦工制、西部海岸华人移民的长期奴役劳工制——以及对土著印第安人土地占有权的剥夺等,都对内战时期自由劳动意识形态获胜的局限性问题提出了严重的质疑。这些曾在《重建》中得以提及,但从那以后它们得到了更加细致的

---

[15] Bruce E. Baker, *What Reconstruction Meant: Historical Memory in the American South* (Charlottesville, 2007); W. Fitzhugh Brundage, *The Southern Past: A Clash of Race and Memory* (Cambridge, 2005). David Blight, *Race and Reunion: The Civil War in American Memory* (Cambridge, 2001),这是关于历史记忆最有影响力的近期著作,以对重建的讨论作为开始。

研究。[16]

　　与其他任何历史著作一样,《重建》是时代的产物。我的著作出版的时候,正好是在关于奴隶解放和重建史研究经历了一个极富创造性的30年后进入尾声的时刻。当它出版的时候,一部新的、关于这一时代的通史著作的基础已经为数十本专著所奠定。当我进行研究和写作的时候,自由民与南部社会项目正在从国家档案馆中发现数以千计的新原始史料,它们记录了从奴隶制到自由体制的转型过程,令人感到震撼。[17]同时正在蓬勃兴起的是关于分成制的兴起、黑人政治领袖的本质和美国国家本身等的辩论。相对于其他的大部分历史著作而言,我的书更是站在了其他作者的肩膀之上。

　　无论学者们是强调重建的成就还是其局限性,20世纪70、80年代的研究成果写就于现代民权革命的余晖之中。当今学者对重建的关注也不可避免地反映了我们自己身处的这个动荡不安的时代。在2001年9月11日恐怖主义袭击之后,历史学家重新关

---

[16] Heather C. Richardson, *The Death of Reconstruction: Race, Labor, and Politics in the Post-Civil War North, 1865-1901* (Cambridge, 2001); Sven Beckert, *The Monied Metropolis: New York City and the Consolidation of the American Bourgeoisie, 1850-1896* (New York, 2001); Andrew L. Slap, *The Doom of Reconstruction: The Liberal Republicans in the Civil War Era* (New York, 2006); Mitchell Snay, *Fenians, Freedmen, and Southern Whites: Race and Nationality in the Era of Reconstruction* (Baton Rouge, 2007); Amy D. Stanley, *From Bondage to Contract: Wage Labor, Marriage, and the Market in the Age of Slave Emancipation* (New York, 1998); Gunther Peck, *Reinventing Free Labor: Padrone and Immigrant Workers in the North American West, 1880-1930* (New York, 2000).

[17] 其中的许多文献都由自由民项目系列整理出版,该项目仍在进行之中: Ira Berlin, et al., ed., *Freedom: A Documentary History of Emancipation, 1861-1867* (New York and Chapel Hill, 1982-)。

注美国本土的恐怖主义也许并不令人感到奇怪。近期出版的重建史专著,包括那些为学术界之外读者所写作的数部著作,将戏剧性的细节注入它们的主题之中,专注于展示暴力对抗的内容(而不是黑白种族混合政府的运作和成就)。这方面的例子有尼可拉斯·莱曼的《救赎》(讨论重建在密西西比州被暴力推翻的过程)和斯蒂芬·布迪安斯基的《血衫》(一部对整个时代暴力活动的概览),还有两部对科尔法克斯屠杀的研究,该屠杀是这个被三K党和相关白人至上主义群体的恐怖主义所浸润的时代中最为血腥的事件。[18]

此外,随着阿富汗战争和伊拉克战争,"帝国"的语言重新进入美国政治话语之中,学者审视了联邦国家权力在重建时代的增强,以及(借用我的同事克里斯托弗·布朗的话来说)在奴隶制结束时国家所积累的"道德资本",以寻找19世纪90年代美国的帝国主义扩张的意识形态起源。我的著作对外交政策关注不多,但它指出了新生的联邦在重建时期开始策划自己权力的国外影响力。在安德鲁·约翰逊总统与国会的争斗达到高潮之际,美国获得了对阿拉斯加的占有,而这正是美国国务卿威廉·苏厄德长期倡导的帝国扩张议程的一部分。在格兰特总统执政时期,联

---

[18] Nicholas Lemann, *Redemption: The Last Battle of the Civil War* (New York, 2006); Stephen Budiansky, *The Bloody Shirt: Terror after Appomattox* (New York, 2008); LeeAnna Keith, *Colfax Massacre: The Untold Story of Black Power, White Terror, and the Death of Reconstruction* (New York, 2008); Charles Lane, *The Day Freedom Died: The Colfax Massacre, the Supreme Court, and the Betrayal of Reconstruction* (New York, 2008); James K. Hogue, *Uncivil War: Five New Orleans Street Battles and the Rise and Fall of Radical Reconstruction* (Baton Rouge, 2006); Lou F. Williams, *The Great South Carolina Ku Klux Klan Trials, 1871–1872* (Athens, 2004).

邦政府曾试图兼并多米尼加共和国。

奴隶解放极大地强化了一个扩张主义者的美国将自己视为一个"自由的帝国"（如杰斐逊所言）的思想。与此同时，学者们展示，所谓重建的失败也成为了白人的负担这一意识形态的一部分，在世界各地被引用以证明非白人人民缺乏进行政治自治的能力。《划定全球的肤色界限》是两位澳大利亚学者创作的一部重要著作，它指出了19世纪末20世纪初是一个重要时刻，因为在这个时候，包括澳大利亚、新西兰、加拿大、美国和南非等在内的"盎格鲁－撒克逊"民族国家内部，形成了一种全球性的兄弟情谊认同。这些国家的领袖们相互研究和借鉴各自的种族政策。他们共同手持的圣经，正如玛丽莲·莱克和亨利·雷诺兹所写到的，是詹姆斯·布赖斯在1888年出版的《美利坚共和国》一书，尤其是他在其中对重建作为一个因为赋予前奴隶选举权而导致了腐败和恶政时代的描述。布赖斯的著作"证明"了黑人、苦力和土著人等均不适合成为公民。该书经常被澳大利亚联邦的建国者们引用，用于支持他们建立一个白人澳大利亚的愿景，同时也为南非白人所引用。在世界范围内，重建提供了一个"关键的历史教训"（如莱克和雷诺兹所说），即不可能建成一个多种族的民主社会。因此，正如杜波伊斯在很久以前就曾指出过的，重建在美国被推翻的历史引发了全球范围的回响。[19]

---

[19] Christopher L. Brown, *Moral Capital: Foundation of British Abolitionism* (Williamsburg, 2006); Moon-Ho Jung, "Reckoning with Empire: Race, Freedom, and State Power Across the Pacific", 在威尔士研讨会上发表的论文，Queen's University, Belfast, 2008; Marilyn Lake and Henry Reynolds, *Drawing the Global Colour Line: White Men's Countries and the International Challenge of Racial Equality* (New York, 2008).

尽管有随后而来的这些不可否认的挫折,我的著作将奴隶制的毁灭视为一种具有卓越意义的伟大成就,并将关于自由定义的辩论视为重建的一个核心特征。自 1988 年之后,有许多研究在这个主题的基础上,试图解析自由在教育、劳工、宗教生活、政治和家庭中的含义。[20] 但今天的重建史学家往往同时强调自由的失望与奴隶解放的成就。或者说,他们强调除自由之外的一些目标——平等、正义、博爱——以及强调重建距离实现这些目标还差得很远。奴隶制的废除曾被视为是非裔美国人生活中的伟大分水岭,约翰·霍普·富兰克林极具影响力的黑人史教科书《从奴隶制到自由》的标题中就体现了这一观点,当代历史学家则开始强调内战带来的自由的不足。虽然奴隶获得解放,但种族主义与黑人的从属地位仍然得以延续。史蒂文·坎特罗威茨将他最近出版的关于 19 世纪波士顿黑人积极分子的研究命名为《不止是自由》,并将其中关于内战后年代的一章直接命名为"公民权的失望"。[21]

---

[20] 上引的许多著作都遵循这一主题。同见:Heather A. Williams, *Self-Taught: African-American Education in Slavery and Freedom* (Chapel Hill, 2005); William E. Montgomery, *Under Their Own Vine and Fig Tree: The African-American Church in the South, 1865–1900* (Baton Rouge, 1993); Reginald F. Hildebrand, *The Times Were Strange and Stirring: Methodist Preachers and the Crisis of Emancipation* (Durham, 1995); Dylan C. Penningroth, *The Claims of Kinfolk: African American Property and Community in the Nineteenth-Century South* (Chapel Hill, 2003)。

[21] Steven Kantrowitz, *More than Freedom: Fighting for Black Citizenship in a White Republic, 1829–1889* (New York, 2012);这一观点的其他著作包括 Jim Downs, *Sick from Freedom: African-American Illness and Suffering during the Civil War and Reconstruction* (New York, 2012) 和 Mathew J. Mancini, *One Dies, Get Another: Convict Leasing in the American South, 1866–1928* (Columbia, 1996)。

自 1988 年以来，探讨南部各州重建政治的重要研究不断出现，其中大多数对这一时代的共和党州政府抱有同情之心。[22] 然而，也许是一种可以理解的对当今政治世界的失望态度，被历史学家迈克尔·菲茨杰拉德称为重建研究的"道德再校准"研究趋势开始呈现，这类研究淡化了重建时代的理想主义，而强调腐败和派系内斗如何破坏了重建政府的有效性。[23] 这些主题与那些继续强调黑人政治组织和社区建构的创造性和持续性的研究，形成了一种错位的张力。许多新近的研究也因此为重建故事增添了新的面相。一些著作对我本人的书提出了批评和改正意见。但我想我可以公正地说，迄今为止还没有人将新的观点汇集起来，以一种连贯的叙述性综述，写出一部关于重建的综合性著作。[24] 关于这一时代的历史，读者们仍然必须阅读《重建：美利坚未完成的革命（1863—1877）》。

重建史学的研究总是直面现实关怀——这是关于这一时代仍然具有重要的相关性的说法。即便我们没有意识到这一点，重建仍然是我们今天的日常生活的一部分。那些令美国政治不得安宁

---

[22] Richard Zuczek, *State of Rebellion: Reconstruction in South Carolina* (Columbia, 2009); Richard Lowe, *Republicans and Reconstruction in Virginia, 1856-1870* (Charlottesville, 1991); Richard Abbott, *For Free Press and Equal Rights: Republican Newspapers in the Reconstruction South* (Athens, 2004); and James A. Baggett, *The Scalawags: Southern Dissenters in the Civil War and Reconstruction* (Baton Rouge, 2004).

[23] Michael W. Fitzgerald, "Reconstruction Politics and the Politics of Reconstruction", in Brown, ed., *Reconstruction*, 91-116. 关于腐败的讨论，见：Mark W. Summers, *The Era of Good Stealings* (New York 1993)。

[24] 最近关于重建时代研究成果的简短概览，见：Michael W. Fitzgerald, *Splendid Failure: Postwar Reconstruction in the American South* (Chicago, 2007)。

的问题——谁是美国公民、美国公民资格含有什么权利、联邦政府和州政府分别拥有的权力是什么、肯定性行动、政治民主与经济民主之间的关系、对恐怖主义的适当反应等——都是重建的问题。重建也根植于我们的司法程序之中。最高法院的每个庭审期都在审理从第十四条宪法修正案和重建时代民权立法中衍生而来的问题。关于重建的假定认知可以追溯至邓宁学派,但它一直影响着最高法院对第十四条宪法修正案关于种族的理解,即便在今天依然根植于既定法理之中,从而导致了政府在推动促进种族正义的努力时受制于一种对这一关键宪法条款的狭隘理解。[25] 与此同时,修正案保障的为所有美国公民享有的"自由"的定义也在继续扩展。在过去10年中,第十四条宪法修正案为最高法院推翻一些州法和地方法提供了基础,这些法律将相互认可的成年人之间的同性恋行为视为非法,并禁止公民持有手枪这类武器。

公民资格与公民权利、自由、民主——只要这些问题仍然是我们社会的核心问题,一个关于重建的准确理解就是必要的。这些不仅仅是历史和政治问题,也是道德问题。重建的历史总是带有道德倾向的,因为写作这一时代的历史会迫使任何一位历史学家去思考他/她在我们这个时代的关键问题上所持的立场。邓宁学派以及它对共和党重建时代的恐怖的强调,从学术上为种族隔离法律、对黑人选举权的剥夺和已经消失的民主党南部提供了合

---

[25] 见:Eric Foner, "The Supreme Court and the History of Reconstruction—and Vice Versa", *Columbia Law Review*, 112 (November, 2012), 1585–1606, and Pamela Brandwein, *Reconstructing Reconstruction: The Supreme Court and the Production of Historical Truth* (Durham, 1999)。

法性的支持。重建史学的修正学派与民权运动同时出现，同生共长，并为后者提供了一个可使用的过去。与大多数的历史主题相比，重建的历史更加重要。无论历史解释如何的起伏不定，我希望我们永远不要忽视这样一个事实，即一些对我们社会的未来至关重要的事情是在重建时期发生的。

埃里克·方纳

"新美国国家史系列"
主编前言

历史学家们曾企图赋予这个被我们称之为"重建"的时代一种统一而连贯的认知，但其结果却是将它变成了一大堆形形色色且相互冲突的历史解释的牺牲品，也许美国历史上没有任何其他一个篇章遭遇过如此的厄运。就连它的起止年表也是一笔糊涂账。重建进程的起点何在，应该是以1861年西弗吉尼亚州的荒诞降生为准，还是应该推至1863年？它的结束日期呢，应该是以"1877年妥协"为界，还是应该延续到1954年布朗诉托皮卡教育委员会案宣判之时？它的核心主题是政治重建吗？——即对旧联邦的重组？或者，它是不是一个合法的和遵循宪法的进程——包括它所创造的革命性盎然并仍在发挥革命工具作用的第十四条宪法修正案？它的核心主题是社会和道德意义上的——终结奴隶制，但奴隶制的现实是不是又延续了半个世纪或甚至更长的时间？它对于美国历史的根本意义，在于它带来了一个"现代美国的出现"，并推动其进入安德鲁·卡内基在《成功的民主》一书里所鼓吹的时代之中，或是它赋予了美国以一个世界列强——至少是一个太平洋强国——的身份登上世界舞台？或许，重建还可以用哲学的范畴来解读——它既是一个达尔文和斯宾塞的时代，也是一个莱斯特·沃德和威廉·詹姆斯的时代，因为他们都对美国思想的重构贡献良多?

"重建"自然包含了我们历史中的所有这些面相——一代又一代的历史学家用自己的写作证明了这一点,从詹姆斯·福特·罗兹、埃利斯·奥伯霍尔策、约翰·伯吉斯和弗农·帕林顿开始,一直延续到威廉·邓宁、W. E. B. 杜波伊斯、沃尔特·弗莱明和艾伦·内文斯等学者为止。

在这个极为出类拔萃的重建史研究者谱系之中,方纳教授当之无愧地占有一席之地,而令他能够在其中傲视群雄的是他的独立见解和原创性研究。他令人印象最为深刻的独立见解是对黑人是重建的中心角色,并在重建中发挥了最有效的作用这一观点的坚持。这一观点曾经为伟大的黑人领袖杜波伊斯所预见。为支持这一论断,方纳先生为我们呈现了超乎想象的大量材料,并用不仅是精湛熟练的而且在我们看来几乎是一种天才般的文采,将它们编织起来,创造出一部令人信服的、对我们国家历史上这个最具争议的篇章的学术重构。

亨利·斯蒂尔·康马杰
理查德·B. 莫里斯

本书脚注使用缩略语一览表

AC—Annual Cyclopedia 《年度百科全书》

AgH—Agricultural History 《农业史研究》

AHR—American Historical Review 《美国历史评论》

AlHQ—Alabama Historical Quarterly 《亚拉巴马州历史季刊》

AMA—American Missionary Association 美国传教协会

ArkHQ—Arkansas Historical Quarterly 《阿肯色州历史季刊》

ASDAH—Alabama State Department of Archives and History 亚拉巴马州州档案与历史文献部

CG—Congressional Globe 《国会议事大全》

CR—Congressional Record 《国会议事记录》

CWH—Civil War History 《内战史研究》

DU—Duke University 杜克大学

ETHSP—East Tennessee Historical Society Publications 《东田纳西历史学会会刊》

FlHQ—Florida Historical Quarterly 《佛罗里达州历史季刊》

FSSP—Freedmen and Southern Society Project, University of Maryland (with document identification number) 自由民与南部社会项目档案,存马里兰大学(附文献识别号)

GaHQ—Georgia Historical Quarterly 《佐治亚州历史季刊》

GDAH—Georgia Department of Archives and History　佐治亚州州档案与历史文献部

HL—Huntington Library　亨廷顿图书馆

HSPa—Historical Society of Pennsylvania　宾夕法尼亚州历史学会

HU—Houghton Library, Harvard University　哈佛大学霍顿图书馆

IndMH—Indiana Magazine of History　《印第安纳州历史杂志》

JAH—Journal of American History　《美国史研究期刊》

JEcH—Journal of Economic History　《经济史期刊》

JISHS—Journal of the Illinois State Historical Society　《伊利诺伊州历史学会期刊》

JMH—Journal of Mississippi History　《密西西比州历史期刊》

JNH—Journal of Negro History　《黑人史期刊》

JSH—Journal of Southern History　《南部史期刊》

JSocH—Journal of Social History　《社会史期刊》

LaH—Louisiana History　《路易斯安那州历史研究》

LaHQ—Louisiana Historical Quarterly　《路易斯安那州历史季刊》

LC—Library of Congress　国会图书馆

LML—Lawson McGhee Library　劳森麦基图书馆

LSU—Louisiana State University　路易斯安那州州立大学

MDAH—Mississippi Department of Archives and History　密西西比州州档案与历史文献部

MHS—Massachusetts Historical Society　马萨诸塞州历史学会

MoHR—Missouri Historical Review　《密苏里州历史评论》

MVHR—Mississippi Valley Historical Review　《密西西比河流域历史

评论》

NA—National Archives　国家档案馆

NCHR—North Carolina Historical Review　《北卡罗来纳州历史评论》

NCDAH—North Carolina Division of Archives and History　北卡罗来纳州档案与历史文献部

NYPL—New York Public Library　纽约市公立图书馆

OHQ—Ohio Historical Quarterly　《俄亥俄州历史季刊》

PaH—Pennsylvania History　《宾夕法尼亚州历史研究》

PaMHB—Pennsylvania Magazine of History and Biography　《宾夕法尼亚州历史与传记杂志》

PMHS—Publications of the Mississippi Historical Society　《密西西比州历史学会会刊》

RG 105—Record Group 105: Records of the Bureau of Refugees, Freedmen, and Abandoned Lands　（国家档案馆）文献组 105 号：难民、自由民与废置土地局档案

RG 393—Record Group 393: Records of the United States Army Continental Commands　（国家档案馆）文献组 393 号：美国军队大陆指挥部文献

SAQ—South Atlantic Quarterly　《南大西洋季刊》

SC—Sophia Smith Collection, Smith College　索菲亚·史密斯档案，史密斯学院

SCDA—South Carolina Department of Archives　南卡罗来纳州州档案部

SCHM—South Carolina Historical Magazine　《南卡罗来纳州历史杂志》

SCHS—South Carolina Historical Society　南卡罗来纳州历史学会
SHSW—State Historical Society of Wisconsin　威斯康星州历史学会
SS—Southern Studies　《南部研究》
SWHQ—Southwestern Historical Quarterly　《西南部历史季刊》
THQ—Tennessee Historical Quarterly　《田纳西州历史季刊》
TSLA—Tennessee State Library and Archives　田纳西州州立图书与档案馆
UGa—University of Georgia　佐治亚大学
UNC—Southern Historical Collection, University of North Carolina　南部历史文献，北卡罗来纳大学
USC—South Caroliniana Library, University of South Carolina　南卡罗来纳研究图书馆，南卡罗来纳大学
UTx—Eugene C. Barker Texas History Center, University of Texas　尤金·C. 巴克尔得克萨斯历史中心，得克萨斯大学
VaMHB—Virginia Magazine of History and Biography　《弗吉尼亚州历史与传记杂志》
WMH—Wisconsin Magazine of History　《威斯康星州历史杂志》
WVaH—West Virginia History　《西弗吉尼亚州历史研究》

目 录

前 言 ··· 1

第一章　内战创造的世界 ································· 15
　奴隶解放的来临 ··· 15
　内部的内战 ··· 31
　北部的转型 ··· 43

第二章　重建的预演 ····································· 71
　战时重建的困境 ··· 71
　内战中的土地与劳工 ····································· 97
　奴隶解放的政治与战争的结束 ···························· 113

第三章　自由的含义 ··································· 141
　从奴隶制走向自由 ······································ 144
　建构黑人社区 ·· 159
　自由的经济学 ·· 183
　黑人政治的起源 ·· 197
　暴力与日常生活 ·· 211

第四章　自由劳动的模糊性 219
没有奴隶的主人 225
"被歪曲的自由民局" 249
自由民局、土地与劳动力 268
经济重建的开始 297

第五章　总统重建的失败 306
安德鲁·约翰逊与重建 306
创建南部的新政府 321
总统重建的剖析 343
北部的反应 374

第六章　激进重建的降生 394
激进共和党人 394
民权的起源 413
第十四条宪法修正案 434
1866年竞选 451
黑人选举权的来临 468

第七章　共和党南部的多幅蓝图 482
黑人社区的政治动员 482
共和党联盟 499
北部与激进重建 525
州制宪大会 539
对约翰逊的弹劾与格兰特的当选 567

第八章　重建进程：政治与经济 ·················588
重建时期南部的政党与政府 ·················588
掌权中的南部共和党人 ·················618
繁荣的福音 ·················642
经济变化的不同模式 ·················663

第九章　重建政策实施过程中的挑战 ·················693
新起点与第一次救赎 ·················693
三K党 ·················715
"来自外部的权力" ·················747

第十章　北部的重建 ·················772
北部与资本时代 ·················773
政治的转型 ·················787
自由派的兴起 ·················817
1872年选举 ·················836

第十一章　经济萧条的政治 ·················856
经济萧条及其后果 ·················856
从重建后撤 ·················876
南部共和党的衰落 ·················894
1875年危机 ·················923

第十二章　救赎及其后 ·················941
建国百年的选举 ·················941
选举危机与重建的结束 ·················960

救赎者的新南部……………………………………………980

结语 "大河有弯道"……………………………………1004

致　谢………………………………………………………1021

精选史料与参考书目………………………………………1022

插图和地图一览表…………………………………………1067

索　引………………………………………………………1069

译后记………………………………………………………1134

前　言

　　历史研究注定要不断修订先前的史学解释。但在过去25年里，美国史研究的其他任何领域，都没有见证过曾被如此广泛接受的重建史学观所遭遇的彻底颠覆，即对内战后那个充满暴力、极富戏剧性的但同时又充满争议的时代的研究所遭遇的情况。自20世纪60年代初以来，黑人在美国社会的地位发生了深刻的变化，大量新史料得以发掘和使用，史学概念本身也发生了变化，这些发展帮助改变了我们对重建时期的种族关系、政治和经济变革的认识。然而，仅仅有意识的变化显然是不够的，历史学家仍然需要为这个时代描绘出一幅新颖而连贯的历史画卷。

　　关于重建的学术研究始于20世纪初，起源于威廉·邓宁、约翰·伯吉斯和他们的学生所创作的著作。邓宁学派的重建解释可以简单地概括如下：内战结束之时，南部白人诚心诚意地接受了战场战败的现实，并为接纳获得解放的奴隶做好了思想准备，他们尤其希望迅速回归到联邦国家的体制之中；亚伯拉罕·林肯在去世之前开启了一项争取区域和解的事业，他的继任者安德鲁·约翰逊在总统重建时期（1865—1867）试图实施林肯开启的宽宏大量政策，但这一努力遭到国会激进共和党人的反对和破坏；后者对南部"反叛者"抱有一种丧失理智的仇恨感，强烈希望保持共和党对国家政治的绝对控制权，他们最终于1867年推翻了约翰逊建立的南部州政府，并将黑人选举权强加于战败的南部头上；随之而来的"国会重建"或"激进重建"（1867—1877）是一个泥沙俱下、腐败盛行的时代，南部各州的政治为来自北部的不择手段的"提包客"和来自南部的毫无原则底线的白人"南方佬"以及愚昧无知的黑人所主导；在饱受诸多无谓的痛苦之后，南部的白人社区终于联合起来，推翻了"激进重建"时代建立的州政府，在南部各州恢复了"地方自治"（home rule，此用语实为"白人至上主义"的代名词）。重建因此成为美国历史故事中最黑暗的一页。[1]

支撑这一史学解读的最根本观点，用一位邓宁学派学者的话来说，是"黑人无能"的思想。该学派的学者强调，获得解放的黑人实际上如同一群心智不健全的孩童，对自由的到来远没有做好准备，无法正确地行使北部人赋予他们的政治权利。在最后一部完全遵循邓宁学派传统写作的重建通史中，默顿·库尔特写道：黑人参与政治是一段"令人不寒而栗"的历史，必将为美国人"所铭记、深感震撼并痛恨不已"。然而，当这些著作大肆渲染"黑人统治"和"黑人政府"的恐怖时，它们对黑人行为的描述却是惜墨如金，字数不多。即便偶尔提及黑人的抱负，其笔调也是竭尽讥讽嘲笑之能事，完全忽视了重建时期黑人在改变南部历

---

[1] 遵循邓宁学派传统写作的重建通史包括：William A. Dunning, *Reconstruction, Political and Economic 1865–1877* (New York, 1907); Walter L. Fleming, *The Sequel of Appomattox* (New Haven, 1919); Claude G. Bowers, *The Tragic Era* (Cambridge, Mass., 1929); E. Merton Coulter, *The South During Reconstruction 1865–1877* (Baton Rouge, 1947)。同见：Philip R. Muller, "Look Back Without Anger: A Reappraisal of William A. Dunning", *JAH*, 61 (January 1974), 325–338。

史进程中所发挥的作用。这些作品在言及"南部"或"人民"时,指的是白人。黑人在这些研究者的眼中,或者是被白人政客玩弄于股掌之中的被动受害者,或者仅是一个缺乏思考能力的群体,其内在的"动物本能"对文明社会的稳定始终是一种威胁。[2]

20世纪二三十年代出现的新研究开始关注约翰逊的政治生涯,并重新审视重建时期共和党政策的经济起因,其结果是强化了广为流行的对这一时段历史的鄙视。尽管他们对共和党的南部统治加以斥责,邓宁和伯吉斯也认为约翰逊应为战后政治僵局的出现承担责任;他们指出,约翰逊没有意识到国会拥有一种名正言顺的、坚持进行法律和宪法改革的权利,可以"收获其在战胜退出联邦行为和奴隶制的斗争所取得的正当的胜利成果"。新的约翰逊传记却将他描绘成一个捍卫宪政自由的勇士,声称其在重建时期所采取的行动是无可厚非的。与此同时,进步时代历史学者的重建研究则进一步诋毁了激进派的名声。他们视政治意识形态为赤裸裸的经济目标的遮羞布,激进共和党人被描述成北部资本主义势力的使者,极为自私地利用黑人权利问题为幌子,目的是将战败的南部牢牢钉死在从属经济的位置上。[3]

[2] Charles W. Ramsdell, *Reconstruction in Texas* (New York, 1910), 48; Coulter, *South During Reconstruction*, 60, 141; Walter L. Fleming, *Civil War and Reconstruction in Alabama* (New York, 1905); E. Merton Coulter, *William G. Brownlow, Fighting Parson of the Southern Highlands* (Chapel Hill, 1937), 352.

[3] John W. Burgess, *Reconstruction and the Constitution 1866−1876* (New York, 1902), 54; Robert W. Winston, *Andrew Johnson: Plebeian and Patriot* (New York, 1926); George F. Milton, *The Age of Hate: Andrew Johnson and the Radicals* (New York, 1930); Howard K. Beale, *The Critical Year: A Study of Andrew Johnson and Reconstruction* (New York, 1930).

自邓宁学派出现起，不同的重建解读也随之发声，最初的异见来自重建时代的一小撮幸存者和黑人历史学家的小圈子。1935年，黑人社会活动家和学者杜波伊斯出版了巨著《黑人的重建》，该书将重建描述成为一种受理想主义驱动的努力，目的是在奴隶制废墟上建设一个民主的、跨越种族界限的政治秩序；该书同时也将重建描述成劳工和资本势力为控制南部经济资源而进行的一场长期博弈。在书的结尾，杜波伊斯对历史学界进行了严厉的批判，认为其研究完全忽视了重建大戏中的主要演员——获得解放的奴隶——并在种族偏见的祭坛面前将学术客观性拱手相让。杜波伊斯写道："只需一个事实就可解释新近研究者对重建所持有的态度，即他们无法将黑人作为人来想象和对待。"在许多方面，《黑人的重建》为现代的重建研究指明了方向。但在当时，它几乎被完全忽略了。[4]

尽管传统的重建解读曾享有漫长的生命力，并有力控制了大众的想象力，但它不可避免地走向了衰亡。在客观史学和现代生活经验面前，它所包含的种族主义立场不再显得坚不可摧，为人熟悉的史料被重新解读，新的问题陡然呈现出来，邓宁学派的大厦随之而倒塌。的确，就在《黑人的重建》出版几年之后，曾在早些时候抨击过激进共和党人动机的霍华德·贝尔就呼吁，要对南部重建重新进行一场全面的评估。他认为，历史学家需要重新审视当时甚嚣尘上的观点，即南部对那些恢复了白人至上主义秩序的人欠"一份感

---

[4] W. E. B. Du Bois, *Black Reconstruction in America* (New York, 1935). 亦见：A. A. Taylor, "Historians of the Reconstruction", *JNH*, 23 (January 1938), 16–34.

激之情";更为要紧的是,白人必须摆脱一种观点,即"他们的种族必须将黑人排除在社会和政治平等之外"。在20世纪四五十年代,一个人数不断增长的历史学家群体响应杜波伊斯和贝尔的号召,开启了修正学派的史学创作,并产生了一批对曾被痛斥的自由民、南部白人共和党人和北部政策制定者抱有同情的著作。[5]

然而,要给予邓宁学派最终的致命一击,仅有学术进步是不够的,还需要在国家政治和种族态度方面产生深刻的变化。传统的重建史学不仅反映并且助长了旧种族秩序的生存与生长,在这个秩序下,黑人的选举权遭到剥夺,并在生活各方面遭受歧视。重建史学修正学派是伴随现代民权运动而产生的。20世纪60年代,修正学派的洪流冲刷了整个领域,迅速地将传统观点逐一清除。首先,学者们对联邦政治提出了一个完全不同的修正解读。新的研究将约翰逊描绘为一个顽固僵化的南部种族主义政客,在作为总统面对前所未有的挑战时显得无能为力;修正学派也为激进派洗刷了动机不纯的罪名——将他们视为真心致力于推动黑人权利、具有理想主义情操的改革派——否定了将他们视作北部资本主义先遣队的指责。此外,重建时期的立法也不再被视为一小撮激进

---

[5] Howard K. Beale, "On Rewriting Reconstruction History", *AHR*, 45 (July 1940), 807–827; David H. Donald, "The Scalawag in Mississippi Reconstruction", *JSH*, 10 (November 1944), 447–460; Vernon L. Wharton, *The Negro in Mississippi 1865–1890* (Chapel Hill, 1947); John H. Cox and LaWanda Cox, "General O. O. Howard and the 'Misrepresented Bureau'", *JSH*, 19 (November 1953), 427–456; Stanley Coben, "Northeastern Business and Radical Reconstruction: A Re-Examination", *MVHR*, 46 (June 1959), 67–90. 关于本领域于1959年的状态,见:Bernard A. Weisberger, "The Dark and Bloody Ground of Reconstruction Historiography", *JSH*, 25 (November 1959), 427–447.

分子的阴谋，而被解读为一种在国会和北部社会都得到广泛支持的改革。[6]

更令人感到惊奇的是修正学派对南部共和党人政府形象的修正。浸润在种族主义文化中的旧重建史学根基深厚，影响巨大，新的研究用了整整10年才将对"黑人统治"的负面指控证明为不实之词，并展示重建所代表的绝非只是"诚实政府被中断"的历史。公立学校体制的建立、赋予黑人平等的公民权、为振兴南部经济的努力等——这一切被修正学派视为令人赞赏的改革成就，有力地驳斥了传统史学将重建描述为一个恶政泛滥的"悲剧年代"的说法。修正学派学者还指出，与内战之后北部存在的特维德帮、莫比里尔信贷公司丑闻和威士忌帮等相比，重建时期南部出现的政治腐败更是相形见绌。至20世纪60年代末，传统的重建解释已被彻底否定。激进共和党人和南部自由民此刻被奉为值得讴歌的英雄人物，白人至上主义者则沦为恶棍的化身，重建本身也被视为黑人获取巨大的社会和政治进步的年代。修正学派学者强调，如果硬要把这一时代说成是"悲剧性的"，它的悲剧性只能是因其激进的力度不够，尤其是在南部土地改革方面。[7]

---

[6] Eric L. McKitrick, *Andrew Johnson and Reconstruction* (Chicago, 1960); W. R. Brock, *An American Crisis* (London, 1963); LaWanda Cox and John H. Cox, *Politics, Principle, and Prejudice 1865-1866* (New York, 1963); James M. McPherson, *The Struggle for Equality: Abolitionists and the Negro in the Civil War and Reconstruction* (Princeton, 1964); Hans L. Trefousse, *The Radical Republicans: Lincoln's Vanguard for Racial Justice* (New York, 1969).

[7] Willie Lee Rose, *Rehearsal for Reconstruction: The Port Royal Experiment* (Indianapolis, 1964); Joel Williamson, *After Slavery: The Negro in South Carolina During Reconstruction, 1861-1877* (Chapel Hill, 1965); Otto H. Olsen, *Carpetbagger's Crusade: The Life of Albion Winegar Tourgée* (Baltimore, 1965); Robert Cruden, *The Negro in Reconstruction* (Englewood Cliffs, N.J., 1969). Kenneth M. Stampp, *The Era of Reconstruction 1865-1877* (New York, 1965) 是最有影响力的修正学派观点的集大成者。

即便在它的全盛时期，修正学派的更为乐观的重建解读也遭遇到了挑战。面对20世纪60年代针对改进种族关系而出现的顽强抵制和第二次重建无法解决深层经济问题的困境，一批有影响力的历史学家深感震惊，从而将内战后发生的变化视为一种本质上"肤浅的"变革。这些后来被称为后修正学派的学者认为，持续的种族主义否定了将正义赋予黑人的努力，重新分配土地的缺失更是剥夺了自由人获得自主的机会，并使他们手中的公民权利和政治权利变得一钱不值。20世纪七八十年代，新一代的黑人和白人历史学家将这一种解读带入重建研究的各个方面之中。研究重建政治和意识形态的新成果强调共和党决策者在重建改革中持有的"保守主义"立场，认为即便在激进派占据了绝对优势、黑人获得了公民权利、联邦政府的权威得以强化的时候，种族主义和旧联邦制的影响力依然大行其道。在关于联邦政府南部重建政策的新研究中，联邦军队和自由民局被描绘成与前奴隶主同流合污，它们甚至联手压制自由民的愿望与奋斗，并强迫后者回归到种植园劳动力的位置上。与此同时，关于南部社会史的新研究则强调旧种植园主阶级的幸存以及新旧南部之间的延续性。无论传统学派和修正学派之间存有何种分歧，两者都认同重建是一个充满激进变革的时代，但后修正学派则代表了一种大相径庭的史学解释。从另外一方面说，后修正学派质疑重建时代是否产生了任何具有持续影响力的变化。1979年，当伍德沃德在总结过去10年的重建研究成果时，他观察到，历史学家此刻才懂得了"重建从根本上所具有的非革命性和保守性"。[8]

后修正学派的重建研究做出了有益的贡献,因为它们强调重建是南部社会持续演进历程中的一部分,而不是一种稍纵即逝的现象。但将重建视为"保守"的描述却不具有说服力,因为美国用了足足一个世纪的时间来实现重建提出的基本目标,而且有的目标至今还未实现。对延续性主题的强调也未必做到了以理服人,即便生活在重建时代的人也不否认这是一个充满动荡和痛苦的政治变革的时代。半个世纪之前,查尔斯·比尔德和玛丽·比尔德夫妇新造了"第二次美国革命"一语,用来描述内战所带来的权力转移,即权力从南部的"种植园贵族阶层"手中转移到"北部资本家和自由农场主"手中。在最近一波史学解释的变更中,关注不同社会阶级手中的相关权力所发生的变化成为历史写作的一个核心问题。事实上,"革命"一词在最新的研究成果中重新出现,用来描述内战和重建。与比尔德夫妇不同的是,现代学者倾向于

---

[8] August Meier, "Negroes in the First and Second Reconstructions of the South", *CWH*, 13 (June 1967), 114; C. Vann Woodward, "Seeds of Failure in Radical Race Policy", in Harold M. Hyman, ed., *New Frontiers of the American Reconstruction* (Urbana, Ill., 1966), 125–147; William S. McFeely, *Yankee Stepfather: General O. O. Howard and the Freedmen* (New Haven, 1968); Michael L. Benedict, "Preserving the Constitution: The Conservative Basis of Radical Reconstruction", *JAH*, 61 (June 1974), 65–90; Harold M. Hyman, *A More Perfect Union: The Impact of the Civil War and Reconstruction on the Constitution* (New York, 1973); William Gillette, *Retreat from Reconstruction 1869–1879* (Baton Rouge, 1979); Leon F. Litwack, *Been in the Storm So Long: The Aftermath of Slavery* (New York, 1979); Jonathan M. Wiener, *Social Origins of the New South: Alabama 1860–1885* (Baton Rouge, 1978); C. Vann Woodward, Review of *The Confederate Nation*, *New Republic*, March 17, 1979, 26. 同见: Eric Foner, "Reconstruction Revisited", *Reviews in American History*, 10 (December 1982), 82–100。

将奴隶解放本身视为这一历史时段的最具有革命性的内容,而比尔德夫妇的研究则完全忽略了黑人的经历。[9]

以上这个简略的综述表明,尽管在推翻邓宁学派史学解释方面,历史学家展示了非凡的创新能力,但他们仍然需要创造一种关于重建的连贯性叙事,以便能够对其取而代之。综述性著作的"缺失"部分归咎于本领域的活力,无比丰富的成果和层出不穷的新著使得综述著作的写作变得十分复杂。这种情形同时反映了美国历史研究总体在近期所面临的问题。过去一代历史学家见证了史学研究在规模上前所未有的扩展和在内容上的重新界定,过去那种对体制、政治和思想的关注让位于一系列新的对"社会"问题的研究。变化的结果之一是对黑人、妇女和劳工经历的新关注,以及对家庭结构、社会流动性和大众文化等主题的新研究,这些成果极大地丰富了我们对国家历史的理解。另外一个结果则是历史研究的碎片化,甚至导致历史写作出现了退却,即将关于过去的连贯性叙事视为一种不再可能企及的写作。如同其他时段的研究一样,重建研究的成果也处于一种四分五裂的状态,关于全国政治的宽泛研究忽略了南部的社会变化,而关于不同社区或州的个案研究,或者关于南部生活某个侧面的单独研究又与这一阶段

---

[9] Charles A. Beard and Mary R. Beard, *The Rise of American Civilization* (New York, 1933 ed.), Chapter 28; Ira Berlin et al., eds., *Freedom: A Documentary History of Emancipation 1861–1867* (New York, 1982–); Eric Foner, *Nothing But Freedom: Emancipation and Its Legacy* (Baton Rouge, 1983); Peyton McCrary, "The Party of Revolution: Republican Ideas about Politics and Social Change", *CWH*, 30 (December 1984), 330–350; Barbara J. Fields, *Slavery and Freedom on the Middle Ground: Maryland During the Nineteenth Century* (New Haven, 1985).

的政治历史和更为广泛的联邦和区域背景脱节。不无讽刺意味的是，尽管邓宁学派有诸多的不是，但它至少在企图整合这一时期的社会、政治和经济的历史方面是做得极为成功的。

在某种意义上，本书的目的是将邓宁学派对整体史学解释框架的追求和当代学术的成果与关怀结合起来——从而能够提供一种关于重建历史的连贯而全面的现代叙事。这样的写作自然要涉及多方面的问题，但将本叙事编织为一体的则是这样几个主题。首先是黑人经历的中心位置。黑人是建构重建的积极行动者，而不是其他人行动的被动受害者或南部社会面临的"问题"。在内战中，他们的行动迫使美国走上了奴隶解放的道路，他们在战后对于个人自主和社区自主的追求帮助设定了重建的政治和经济议程。尽管他们要求获得土地的努力遭遇了失败，但他们抓住奴隶制被废除的机会，在日常生活中尽力建立起最大可能的独立性，以巩固家庭和社会的团结，并要求获得平等的公民权利待遇。黑人在1867年后对南部公共社会的参与是重建时代最具有激进意义的历史发展，这是19世纪美国和其他任何国家废除奴隶制之后所发生的一次最大规模的、史无前例的跨种族民主的实验。下述篇章特别关注黑人社区的政治动员以及黑人政治领导阶层的出现与构成变化，这个领导阶层利用美国共和主义价值观为武器，对美国的种族等级制度展开了猛烈的抨击。

将奴隶转化成自由劳动者和平等的公民，是内战和奴隶解放所带来的社会和政治变革中最引人注目的精华所在。本书的第二个目的是梳理南部社会作为一个整体在战后得以重塑的方式，但在这样做的时候并不忽略不同南部区域的地方特性对这一进程的影响。的确，如果不了解白人种植园主、白人商人和白人自耕农的地位变化，如果不了解他们相互关系的变化，我们就无法懂得黑人的经历。在重建结束的时候，一个新的南部阶级结构和几种新的组织化劳工体制已经开始出现并固定成型。我力图展示的是，这些发展并非遵循直线式、按事先决定的方式而出现的结果，而是在黑人与白人、北部人和南部人相互之间所展开的一系列的博弈所致，尽管这种博弈所产生的胜利往往是暂时的，其结果往往受到挑战并会被改写。此外，持续发生的社会和经济变革与重建政治之间有着密切的关联，不同的黑人和白人群体力图利用州和地方政府，来推进自己的利益，在南部的新社会秩序中确定自己的位置。

内战后南部的种族态度、种族关系的模式以及种族与阶级关系的演进是本书的第三个主题。种族主义思潮盛行于19世纪中叶的美国，在区域和全国政治中构成了一个影响力巨大的改革障碍。尽管有种族主义的文化，相当一批南部白人愿意将自己与黑人的政治命运绑定在一起，北部共和党人也曾将前奴隶的命运与本党存在的理由和联邦在内战中的胜利联系起来。此外，在处理土地与劳动力、种植园主重新控制劳动力的愿望与黑人对经济独立的追求等问题时，种族与阶级不可避免地纠缠在一起。正如一家华盛顿的报纸在1868年所说："要将肤色问题与劳工问题分开是不可能的，理由是整个南部劳工的大多数人……是有色人种，几乎所有的有色人种构成了现在的劳动力。"[10] 所以，我不把种族主义

---

[10] *Washington Weekly Chronicle*, August 15, 1868.

当成是一种可以单独用于解释事件进程和重建终止的当然理由，而是将它视为历史发展的一个内在部分，不仅受制于而且也始终影响着社会和政治秩序。

下述各章也力图在一个联邦国家的背景下讲述南部的故事。本书的第四个主题是讨论一个民族国家在内战和重建时期中的出现与成型，新的民族国家拥有一种得以极大扩展的权威和一套新的国家目的，包括以前所未有的决心来追求一种国家公民资格的理想，并将所有美国人不分种族地享有平等权利视为这种理想的内容之一。能动主义国家政体（在南北的地方层次上均平行出现）起源于内战的紧急情况之中，最终成为深深根植于在战后政治中的改革动力的象征。重建带来了法律与宪法中持久性的变化，这些变化从根本上改变了联邦与州之间的关系，重新界定了美国公民资格和权利的内容。但因为变化也威胁到地方自治的传统，造成了政治腐败，提高了税收额度，并与黑人的新权利紧密关联，国家权力的兴起引发了强烈的反对，支持重建的力量也因此遭到了削弱。

最后，本书也讨论了重建如何影响了北部的经济和阶级结构。许多位于南部重建的核心位置的进程和问题——包括新阶级结构的巩固、黑人地位的改变、围绕获取区域经济资源的通道的斗争等——同样以不同的形式在北部存在着。这些发展将新的政治问题呈现出来，并对自由劳动的意识形态产生了消极影响，而后者正是用于改造南部社会的精神支柱。相对于南部重建而言，北部重建很少得到关注，部分原因是缺乏一种对此刻北部的社会和政治结构的细致研究，缺乏对此时南北各自发生的变化以及相互关系的研究。本书并不否认南部发生的事件是重建大戏的核心内容。然而，如果不关注富有特色的北部和全国背景，对于重建的理解也将是不完整的。

除了希望提供一部新的重建叙事之外，本书还有另外一个目的，即超越当前历史研究所呈现的在内容上以"社会史"和"政治史"、在写作风格上以"叙事型"和"分析型"划界而形成的格式化局限，展示综述史写作的可能性和价值所在。有些"新"史学实践者担心，"综述"的概念本身含有回归到从前那种泛泛而论的写作和只关注狭隘的政治主题的意思。[11] 这并非我的意图。相反，我的目的是将这一时代视为一个整体，将重建的社会、政治和经济各方面整合为一个连贯的、带有分析性的叙事。

与这一时段几乎所有方面的内容一样，重建的起止时间仍然存有争议。我选择采用传统的1877年作为本书的结束点（仅加入了一个简短的对随之而来的新南部的叙述），尽管社会变化的进程并没有在那一年突然终止，但南部仅存的共和党州政府的倒台和联邦军队从这一地区政治中的撤出，这些发展象征着美国历史进入了一个鲜明的转折点。我的起点则与常见的不同，本书不是自1865年开始（或，如同另外一些作者所希望的，从1861年开始），而是从1863年的《解放奴隶宣言》开始。这样做是为了强调解放宣言在连接本书两个关键主题——基层的黑人活动和权力新近得以扩充的联邦国家——时所具有的重要性，强调重建不是指一个

---

[11] Eric H. Monkkonen, "The Dangers of Synthesis", *AHR*, 91 (December 1986), 1146–1157.

特定的时段，而是指一个具有延伸性的历史进程的开始，即美国在奴隶制终结之后所进行的社会调整和适应。对内战前南部生活中的核心体制的摧毁永久性地改变了内战的性质，并引发了针对前奴隶和他们的后代应该在美国生活中扮演何种角色、他们获得自由的内涵是什么等问题的长期斗争和辩论。重建正是围绕这些问题得以发动和持续进行的。

在一个世纪之前，400万黑人男女从奴隶制的压迫中走出来，在他们提出的要求的推动下，美国人采取行动，力图实现自己公开宣称的崇高的政治宗旨——这几乎是一种史无前例的举动。这一行动带来了对国家公共生活的全面的重新界定，由此引发的暴力反抗最终摧毁了变革的大部分但不是所有的成就。从对公民权利的实施到对经济正义和种族正义的艰难争取，这些是重建面临的核心问题，它们与美利坚共和国的历史一样的古老久远，也与那些仍在折磨我们社会的各种不平等现象一样的近在咫尺。

第 一 章

内战创造的世界

奴隶解放的来临

1863年1月1日，一场冬日暴风雪横扫美国东海岸之后，首都华盛顿迎来了一个晴朗的日子，万里无云，太阳冉冉升起。这一天，按惯例前来白宫祝福新年的客人络绎不绝，亚伯拉罕·林肯把大部分时间花在迎来送往之上。直到傍晚时，林肯才终于脱身回到办公室，如同在100天之前所承诺的那样，他签署了《解放奴隶宣言》。解放宣言没有覆盖居住在特拉华、肯塔基、马里兰和密苏里（即留在联邦内的边界州）各州内的45万名奴隶和在已被联邦军队占领的田纳西州内的27万名奴隶，也没有覆盖联邦军队控制之下的路易斯安那州和弗吉尼亚州境内部分区域内居住的成千上万名奴隶，但《解放奴隶宣言》宣布：在美国领土上居住的其余奴隶人口，总共有300多万人，无论男女老幼，"立即并从此永远获得自由"。[1]

---

[1] New York *Tribune,* January 2, 1863; Washington *Daily National Intelligencer,* January 2, 1863; James D. Richardson, ed., *A Compilation of the Messages and Papers of the Presidents 1789–1897* (Washington, D.C., 1896–1899), 5:157–159.

在整个北部和为联邦军队所占领的南部区域内，1月1日是一个欢庆的日子。波士顿的浸礼会特里蒙特大会堂内，聚集了包括黑人和白人废奴主义领袖在内的一大群人，他们在熬夜等候林肯签署《解放奴隶宣言》的消息。当消息传来时，已近半夜，巨大的狂欢声随之而起，一位黑人牧师带领人们高唱道："埃及黑暗的大海上响起了高昂的鼓声，耶和华得胜了，他的人民自由了。"一名在美国首都逃奴难民营里栖身的黑人，多年前曾为自己的女儿被拍卖而"作证"，此刻他高呼道："现在，再也不会那样了！……他们再也不能卖掉我的妻子和孩子了，感谢上帝！"更往南去，在博福特，联邦军队控制的南卡罗来纳海岸的一块飞地内，获得自由的人不停地祈祷、发表演讲和高唱美国歌曲"我的祖国属于你"。夏洛特·福滕是一位年轻的黑人女性，她远离家乡费城，长途跋涉来到南部教前奴隶们念书识字，此刻她感到眼前的一切"看起来……就像是一个美妙的梦"。即便在那些被宣言排除之外的地方，黑人们也在欢呼与庆祝。他们知道，如果密西西比州和南卡罗来纳州的奴隶制被消灭了的话，肯塔基、田纳西和路易斯安那州内其他教区的奴隶制也难以继续存活下去。[2]

自一艘荷兰商船将20名黑人男性和女性带入弗吉尼亚殖民地起，两个半世纪已经过去了。在这期间，种植园奴隶制从一粒不起眼的种子生长成一颗如此巨大的毒果，深刻同时又极为矛盾

---

[2] [Frederick Douglass] *Life and Times of Frederick Douglass* (New York, 1962 ed.), 352-353; John Hope Franklin, *The Emancipation Proclamation* (New York, 1963), 89-128; W. E. B. Du Bois, *Black Reconstruction in America* (New York, 1935), 301-302; Ray Billington, ed., *The Journal of Charlotte Forten* (New York, 1953), 171-172.

地影响了美国的发展。对于一个立志追求自由与平等的国家来说，奴隶制的存在无疑令它的理想变得虚伪可笑，即便如此，在这个年轻共和国的急速成长、向西扩张的过程中，奴隶劳动力扮演了不可或缺的角色，他们生产的棉花为早期工业革命提供了动力。在南部，奴隶制产生出一个特征鲜明的区域统治阶级（一位南部人将其称为"不带贵族血统的贵族阶层"），强有力地塑造了当地的经济、种族关系、政治、宗教和法律。奴隶制的影响力无处不在："所有的一切都躲避不了它，没有任何东西、任何人能够逃离它的影响。"[3] 在北部，在美国革命期间和革命之后，奴隶制被废除，废奴主义运动得以兴起，这在当时是一场规模最大的抗议运动。奴隶制问题分裂了全国的教会，割断了区域之间的政治纽带，最终使联邦的团结陷入崩溃之中。19 世纪 50 年代，一个新的政党兴起，以反对奴隶制进一步扩张的原则，并赢得国家权力，将一位出生于蓄奴州肯塔基、成长于自由州伊利诺伊、坚信美国不能继续承受半奴隶制半自由状态的人送入了白宫。在林肯当选之后的危机中，11 个蓄奴州退出了联邦，从而导致了西半球上最为血腥的一场战争在 1861 年的到来。

　　对于废奴运动的领袖和遍布南部的奴隶而言，《解放奴隶宣言》不仅代表了他们数十年斗争的结果，而且展示了一种包含复活和救赎内容的基督教愿景，即在经历了不受节制的进步之后，美国最终进入了洗刷奴隶制原罪的时代。即便是《纽约时报》那些刻

---

[3] David H. Strother Diary, August 9, 1869, West Virginia University; Frank Tannenbaum, *Slave and Citizen* (New York, 1946), 117. 坦嫩鲍姆在此处指的是巴西，但他的这一观察甚至更适用于美国南部。

板单调的主编们也都相信，解放宣言代表了美国生活的一个转折点，开启了"本国和世界……历史上的一个时代"。因为奴隶解放的意义远不止是一种劳动力体制的终结，也远不止是将美国境内数目最大的一笔私人财富在不带任何赔偿的情况下化为乌有（查尔斯·比尔德和玛丽·比尔德将之形容为"盎格鲁－撒克逊司法传统上一桩最惊人的扣押行动"）。[4] 奴隶制的终结不可避免地打开了一系列美国政体、经济和社会需要面对的最基本的问题。内战以保存联邦为起点，此刻却预示着南部生活将发生一场影响深远的转型，黑人在美国社会中的地位和自由在美利坚共和国的含义都将被重新界定。

事实上，解放宣言只是确认了已经在南部农场和种植园里发生的事情；早在1863年之前，奴隶制的崩溃就出现了，所以从这个意义上说，解放宣言只是革命的接生婆而已。不管政治家们和军事指挥官发布何种命令，对于奴隶们来说，战争意味着等待已久的奴役制终结的到来。战争打响三年之后，威廉·谢尔曼将军曾遇见一位佐治亚州的黑人，后者总结了奴隶们从一开始对战争的理解："他说……他从孩提时代就一直在期待'上帝的天使'，尽管我们声称是在为联邦而战，他却认为奴隶制是战争的原因，而且我们的成功必定是他的自由。"[5] 基于这种信念，奴隶们采取了行动，而他们的行动迫使一个并不情愿的白人美国走上了废奴

---

[4] *New York Times*, January 3, 1863; Charles A. Beard and Mary R. Beard, *The Rise of American Civilization* (New York, 1933 ed.), 100.

[5] Vincent Harding, *There Is a River: The Black Struggle for Freedom in America* (New York, 1981), 221-226; [William T. Sherman] *Memoirs of General W. T. Sherman, Written by Himself* (New York, 1891 ed.), 2:180-181.

的道路。

随着联邦军队占领了南部邦联*的外围地区,先是在弗吉尼亚州,而后在田纳西、路易斯安那和其他州,成百上千的奴隶开始逃入联邦军队防线之内。类如门罗要塞、博福特和新奥尔良等联邦占领区,变成了逃奴的避难所与联邦军队深入内陆去捣毁种植园体制的基地。甚至在远离联邦防线的邦联中心地带,战争对南部的"特殊体制"也造成了破坏。奴隶们从自己的"谣言电报"中不断获取关于战争进展的详细情况。在密西西比州的某地,奴隶们甚至组织起名为"林肯法律忠诚联盟",负责传播《解放奴隶宣言》的消息。南部军队将成千的奴隶强行征用,用作劳动力,将他们带到远离原种植园的地方,给了他们逃跑的机会,也使那些返回老家的人得以增长见识。白人男性不断应征入伍,留下种植园由种植园主的妻子和老弱病残者经营管理,奴隶们对这些人的权威的挑战则不断升级。关于奴隶"无精打采"和"不服管理"的行为的报告在南部不断增多。战争开始六个月之后,肯塔基州一个城镇的奴隶们便涌上街头,为林肯而欢呼。[6]

但总体来说,联邦士兵的到来给奴隶制带来致命的打击,而黑人则迅速抓住联邦军队出现的机会,同时摧毁奴隶主个人和蓄奴

---

* Confederacy,下文简称"邦联"或"前邦联"。——译者

[6] Ira Berlin et al., eds., *Freedom: A Documentary History of Emancipation* (New York, 1982-), Ser. 1, 1:1-30, 59-66; Leon F. Litwack, *Been in the Storm So Long: The Aftermath of Slavery* (New York, 1979), 22-27; George P. Rawick, ed., *The American Slave: A Composite Autobiography* (Westport, Conn., 1972-1979), Supplement 1, 6:8-12; James L. Roark, *Masters Without Slaves: Southern Planters in the Civil War and Reconstruction* (New York, 1977), 89-90; E. Merton Coulter, *The Civil War and Readjustment in Kentucky* (Chapel Hill, 1926), 247.

社会所带有的强制性权威。1862年,一位弗吉尼亚的奴隶马车夫在被告知获得自由之后,立刻"穿上最好的衣服、戴上最好的表和表链,径直走进主人的客厅……大吼大叫地告诉主人说,从今以后他得自己驾驶马车了"。1862年联邦军队的到达,引发了路易斯安那州一个木兰花种植园内的罢工,更糟糕的是,"我们遇到了黑人拒绝工作的可怕情况……黑人在他们的住房前竖立起一座绞刑架,并告诉我们这样做的理由是,他们被告知他们将强迫主人去工作,还要将主人处以绞刑等等,然后他们将获得自由"。该州的甘蔗种植县内的大批奴隶曾在南部条件最恶劣的境地中劳作,奴隶们抢劫了种植园主的家,而且在《解放奴隶宣言》颁布前几个月的时候,就拒绝在没有获得工资的情况下继续工作。一位北部记者在1862年11月写道:"无论是林肯先生或其他什么人想对这一问题说些什么,奴隶制已经被永远摧毁了,变得毫无价值了。"[7]

"与此同时,"用杜波伊斯的话来说,"美国政府却充满疑虑和步履缓慢地跟着黑人奴隶的步伐迈进。"奴隶们决心抓住战争带来的机会,这一举动最初给林肯政府出了一道难题,也给联邦军队增加了一种负担。正如林肯在第二次总统就职演说中提到的,他完全意识到,奴隶制"无论怎么说"都是导致内战发生的原因。[8]

---

[7] Bell I. Wiley, *Southern Negroes 1861–1865* (New Haven, 1938), 73–74; J. Carlyle Sitterson, *Sugar Country* (Lexington, Ky., 1953), 207–211; William F. Messner, *Freedmen and the Ideology of Free Labor: Louisiana 1862–1865* (Lafayette, La., 1978), 35. Charles P. Roland 在 *Louisiana Sugar Plantations During the American Civil War* (Leiden, Neth., 1957) 一书中的第92—98页,也对这些事件做了描述,其中写道:大量的奴隶冲入联邦军队防线内,充满了"孩童般的好奇"。

[8] Du Bois, *Black Reconstruction*, 81–82; Richardson, ed., *Messages and Papers*, 6:276.

但他同时也知道将边界州继续保留在联邦内的重要性,因为他需要在北部保持最广泛的支持力量,同时他也希望通过感召那些犹豫不决的南部人、向他们展示在奴隶财产不受损害的情况下回归联邦的可能,从而以此来削弱邦联的力量。在1861年,能够产生最广泛的战争支持力量的做法是联邦国家的复原,而不是奴隶的解放。

因此,在战争初期,联邦政府并不认为奴隶制与内战之间有密切的联系。1861年7月国会举行特别会议,最先通过的法案之一是"克里滕登决议",它确认退出联邦各州内的"既定体制"将不会成为联邦的军事打击目标。在整个1861年,联邦军队指挥官命令不得向逃奴开放他们的营地,有些部队甚至还将逃奴归还给他们的主人。但这一政策很快遭到约翰·安德鲁州长的抗议:"马萨诸塞州之所以派出公民,不是为了让他们去追捕人的。"然而,邦联政府征用奴隶充作军事劳动力的做法和联邦军队在南部的出现,引发了奴隶们从种植园中大量逃跑,致使这项早期的政策迅速流产。军队将领们很快采用了由本杰明·巴特勒将军发明的新方法,即将逃奴指定为"缴获的敌产"。他们没有被解放,但也不被归还给原来的主人,而是作为劳动力被联邦军队收留和雇佣。[9]

此刻,北部公众社会中的一个极有影响力的群体——废奴主

---

[9] Herman Belz, *Reconstructing the Union: Theory and Practice During the Civil War* (Ithaca, N.Y., 1969), 19–28; Berlin et al., eds., *Freedom*, Ser. 1, 1:15–16, 353–354; Louis S. Gerteis, *From Contraband to Freedman: Federal Policy Toward Southern Blacks, 1861–1865* (Westport, Conn., 1973), 11–13.

义者和激进共和党人——立刻认识到，南部退出联邦的行为提供了一个给予奴隶制致命打击的黄金机会。"我们进入一场斗争之中，"一位来自马萨诸塞州的废奴主义者在战争打响4天之后写道，"除非奴隶主势力被完全制服、奴隶解放得到保证，否则这场斗争决不能停止。"黑人废奴主义者弗雷德里克·道格拉斯从一开始就呼吁将奴隶的解放与武装联系起来，"黑人是整个形势的关键所在——整个南部的反叛都是围绕这个轴心在转动"。卡尔·舒尔茨出生于德国，在1848年欧洲革命失败之后来到美国，并在19世纪50年代成为有名的反奴运动演讲者，他后来指出，"即便内战前的美国没有任何废奴主义者的存在"，奴隶解放也必将来临。然而，反奴运动的男女斗士所施加的压力产生了特有的影响力。当传统的政策无法带来胜利的时候，废奴主义者和激进共和党人为冲突提供了透彻的分析和削弱反叛势力的可行途径。最要紧的是，他们一直将内战的最终目的保持在北部政治首要问题的位置上。[10]

国会和总统走向废奴的政策与步骤经常得以记载。随着边界州退出联邦的危险性逐渐衰减，奴隶制崩溃的速度加快，联邦军队对人力资源的需求不断增长，要求解放奴隶的压力也不断加强。1862年3月，国会颁布和实施了一条战争法令，明确禁止联邦军

---

[10] Samuel Gridley Howe to Charles Sumner, April 16, 1861, Samuel Gridley Howe Papers, HU; Philip S. Foner, ed., *The Life and Writings of Frederick Douglass* (New York, 1950–1955), 3:13, 94; Frederic Bancroft, ed., *Speeches, Correspondence and Political Papers of Carl Schurz* (New York, 1913), 1:232; James M. McPherson, *The Struggle for Equality: Abolitionists and the Negro in the Civil War and Reconstruction* (Princeton, 1964), 59–82. 关于激进共和党人的更为详细的讨论，见本书第六章。

队将逃奴归还给他们的主人。在废除哥伦比亚特区（对忠于联邦的奴隶主进行了金钱补偿）和未建州的联邦领土上的奴隶制之后，国会实施的第二部《敌产没收法》将那些居住在被联邦军队占领的区域内或逃入联邦军队防线内的奴隶予以解放，前提是如果他们的主人背叛了联邦的话。

即便是在形势向左转移的时候，林肯仍在寻求一种政治上的中间立场，他希望找到一种方案，既能启动奴隶解放的进程，但又不会离间保守派和南部的亲联邦派。他先是敦促边界州采取渐进的、补偿性的解放奴隶的措施，并承诺由联邦政府向各州提供慷慨的财政资助。但他发现没有哪个州响应他的建议，甚至仅有不到2000名奴隶的特拉华州也不买账。在一次被广为报道的会议上，林肯敦促北部黑人领袖支持他提出的将自由民移居到中美洲或加勒比海地区去殖民的计划，声称"这听上去很残酷，但我们人民中的确有一部分人不愿意看到你们有色人种留在我们中间"。无论林肯对黑人移民计划的支持是出于何种原因，无论他对此是真实的相信，还是一种有违其风格的幼稚表现，或是一种政治算计（此举也是为了打消北部自由州担心奴隶解放会导致大量黑人移入的顾虑），林肯的这些计划最终都一事无成。但他将补偿性解放和移民计划的想法一直保持到1862年年底，在12月发表的国情咨文中，还加入了一项几乎明确的建议，即北部各州有权将自由民从本州区域内排除出去。直到12月，总统仍然就在海地外围的岛上安置5000名黑人的问题，与一位品质可疑的商人探险家签署合同。（事实上确有400名不幸的人抵达了瓦什岛；其中部分幸存下来的人在1864年得以重返美国。)[11]

人们很容易将林肯政策的演进理解成一种摇摆不定的立场，他似乎是一直在力图避免扮演历史抛给他的角色，这种看法并不公平，因为林肯对奴隶制抱有一种真切的痛恨。的确，他分享那个时代的许多种族偏见，并不加批判地接受了南北两地盛行的种族歧视。然而，即便在废奴运动阵营内也遭遇了种族主义伤害的弗雷德里克·道格拉斯却认为，林肯从根本上是一个具有良知的人。"他把我当成人来对待，"道格拉斯在1864年说道，"他从未让我在任何一刻感到我们之间是肤色有别之人。"也许最为准确的说法应该是，林肯不是一个现代意义上的平等主义者，但与许多同代人不同的是，他也不是为种族恐怖和种族歧视所征服的人，他对任何政策的采纳，包括奴隶解放在内，主要的出发点并不是政策将对黑人有何影响，赢得战争始终是他关心的最重要的问题。《解放奴隶宣言》本身，包括其对联邦占领区的排除，所反映的不光是林肯企图捍卫解放奴隶行动的合法性的努力，而且也反映他决心保留成千上万北部人的支持的努力，后者可能并不关心废奴运动，但却可能支持为保证军事胜利而采取的行动。[12]

---

[11] V. Jacque Voegeli, *Free but Not Equal: The Midwest and the Negro during the Civil War* (Chicago, 1967), 39, 44–45, 66, 97; Richardson, ed., *Messages*, 6:54, 128, 136–137, 140–141. 关于奴隶解放进程的精彩讨论，参见：Peter J. Parish, *The American Civil War* (New York, 1975), 226–261。

[12] John Eaton, *Grant, Lincoln and the Freedmen* (New York, 1907), 175; Roy P. Basler, ed., *The Collected Works of Abraham Lincoln* (New Brunswick, 1953), 6:428–429. 关于另一种更富有同情心的、对林肯如何做出解放奴隶决定的描述，见：LaWanda Cox, *Lincoln and Black Freedom: A Study in Presidential Leadership* (Columbia, S.C., 1981), 3–7, 22–36；关于更具批评性的评述，见：George M. Fredrickson, "A Man but not a Brother: Abraham Lincoln and Racial Equality", *JSH*, 41 (February 1975), 39–58。

然而，最重要的是，林肯看到，内战造就了一种流动的局势，极有必要采取灵活的手段，而影响深远的变革也将不可避免。正如威斯康星州参议员蒂莫西·豪在1861年12月所解释的，变革已经成为当前的主流："不要把自己绑定在任何政策之上。不要与任何纲领捆绑在一起。政府的根基正在断裂……没有任何政策或政纲能经得起这场风暴。"《解放奴隶宣言》象征着国家政策的转折，也代表了战争性质的转折。联邦的胜利第一次与奴隶制的废除捆绑在一起——林肯从未从这个立场中退却过——解放宣言完全忽视了补偿奴隶主和将自由人殖民海外的计划，第一次下令大规模地征召黑人士兵入伍。事实上，解放宣言将战争从两支军队间的对峙转换成一种两个社会之间的冲突，预示着联邦的胜利将在南部内部产生一场社会革命。在这样的决战中，妥协是不可能的；战争必须进行下去，直到双方中的一方无条件地投降为止。即便在那些不为解放宣言所覆盖的地区，联邦军队从此也成为一支解放力量。的确，正如一位联邦军官于1863年在田纳西州所宣称的："奴隶制已经死亡了；这是第一步。对于所有了解情况的人来说，这是我们将从此起步的地方。"1861年12月，林肯曾告诫国会，内战不能蜕变成"一场暴力和无情的革命斗争"。然而，《解放奴隶宣言》所宣称的正是战争必须变成的东西。[13]

在解放宣言的条款中，最具有激进含义的或为解放的承诺

---

[13] Timothy O. Howe to James H. Howe, December 31, 1861, Timothy O. Howe Papers, SHSW; Stephen V. Ash, *Middle Tennessee Society Transformed,1860-1870: War and Peace in the Upper South* (Baton Rouge, 1987), 113; Richardson, ed., *Messages and Papers*, 6:54.

带来最为根本的生命力的,莫过于大规模的征召黑人士兵入伍。1862 年,当联邦军队进入南部之后,它不断需要修建工事的劳动力和负责保卫不断加长的供给线的士兵。黑人的人力资源无法被忽略,但只有在《解放奴隶宣言》的推动下,征召黑人入伍的工作才认真展开。马萨诸塞州州长安德鲁委派一批著名的黑人废奴主义者到北部各地去招募士兵,其他北部州的州长随即效法。在南部,尤其是在密西西比河流域,在洛伦佐·托马斯将军的指挥下,数以千计的前奴隶应召入伍。到战争结束的时候,大约有 18 万黑人曾经在联邦军队中服役——这个数字相当于年龄在 45 岁以下的美国成年男性黑人人口的五分之一。比例最高的黑人士兵来自边界州,因为在那些地方,在整个战争期间,加入联邦军队是获得自由的唯一通道。肯塔基州内符合征兵条件的黑人人口中有 60% 的人参加了联邦军队。在此地,服兵役的热潮推动联邦的废奴事业走向超出解放宣言之外的范围,首先是包括了黑人士兵,而后在战争结束之前,也包括了他们的家庭成员。远在奴隶制从法律上被灭亡之前,它的活力已经为黑人加入联邦军队的活动所摧毁了。[14]

在联邦军队内,黑人士兵并没有享受到与白人士兵同等的待遇。他们被分配在实施种族隔离的团队中,经常受到白人军官的

---

[14] Berlin et al., eds., *Freedom*, Ser. 2, 1–15, 116–126, 185, 191–197; Mary F. Berry, *Military Necessity and Civil Rights Policy: Black Citizenship and the Constitution, 1861–1868* (Port Washington, N.Y., 1977), 41–57. 国会在 1864 年和 1865 年年初通过了一系列的军事命令和法律,将自由赋予所有从边界州来的应征加入联邦军队的黑人;1865 年 3 月,国会又立法解放了这些黑人士兵的家庭成员。

虐待。最初,征用黑人是为了让白人士兵脱身出来参加战斗,因而,黑人新兵的薪酬要比白人少,而他们主要从事的工作是各种耗费精力的杂役、工事修建和体力劳动,没有什么机会来展示他们的战斗才能。即便他们通过战斗证明了自身的勇敢与价值,1865 年之前,他们也无法晋升成为委任军官。最终,只有 100 名黑人获得了委任军职(包括随军牧师和随军医生)。[15]

尽管如此,黑人士兵不仅在赢得内战的胜利,而且在界定战争的成果方面都扮演了极为关键的角色。他们的服役也帮助转换了美国对于黑人的待遇和黑人对自我的认知。他们加入联邦军队的"逻辑性结果",一位参议员在 1864 年评论说,就是"黑人从此在我们中间将拥有一个新的地位"。在美国历史上,大量的黑人第一次享有了法律平等的待遇——尽管此刻还仅限于军队的法律。在军事法庭上,面对被指控的白人,黑人可以作证(这在整个南部和许多北部州内是前所未闻的事情),许多前奴隶第一次见证了法律带有的那种非人格权威超越了主人拥有的人格化权威。黑白士兵之间的不平等薪酬令人感到愤怒,引发了一场抗议运动,前奴隶们从中学习到实施请愿和抗议的程序,当 1864 年国会开始在所有士兵中实施薪酬、奖金和其他补偿金一律平等的法律时,黑人士兵的抗议获得了具有重要意义的胜利。正是在联邦军队中,大量的前奴隶们第一次从北部援助社团雇佣的教师那里,或在由士兵们自己建立和资助的识字班里,学会了读书和写字。"军团中

---

[15] Berlin et al., eds., *Freedom*, Ser. 2, 1, 40, 303–312, 483–487.

一大批人在冬季的月份里都前去上学,"一位在弗吉尼亚的黑人上士在 1865 年 3 月写道。"显然,这是我们生活在其中的一个伟大而进步的时代。"[16]

从奥利弗·克伦威尔的"新模范军"到美国革命时代组建的民兵,到我们时代的游击队军队,服兵役始终是一种政治化和激进化的个人经历。林肯的"思考的刺刀"(这是他对联邦士兵的称谓)不断就战争和奴隶解放的问题在内部进行辩论。随着联邦军队行进到南部腹地的深处,士兵们亲自接触到种植园奴隶制的现实,他们的废奴主义情绪明显地高涨。"自从我到达这里之后,"一位民主党的上校从路易斯安那州写道,"我了解到和看到了……奴隶制的各种恐怖……从此我再也不会为奴隶制说话或投票支持它。"对于黑人军队来说,尤其是刚从奴隶制中走出来的大部分黑人士兵,联邦军队的影响力是深远的。"凡是当过士兵的黑人,"一位北部官员在 1865 年写道,"将不再被强迫服从他人,他们已经知道了自由的滋味,他们将把这种感情传递给其他人。"黑人士兵掩饰不住他们对奴役象征的鄙夷,抓住一切机会来炫耀针对南部白人的权威。一个士兵为自己能够"毫不惧怕地、大胆地穿过[新奥尔良的]街道……而不必每走一步就被要求脱帽行礼"的行动而感到骄傲。另外一名士兵在战俘群里发现了自己的前主

---

[16] Herman Belz, *A New Birth of Freedom: The Republican Party and Freedmen's Rights 1861-1866* (Westport, Conn., 1976), 24; Berlin et al., eds., *Freedom*, Ser. 2, 28-29, 362-368, 433-442, 611-613; Berry, *Military Necessity*, 62-74; John W. Blassingame, "The Union Army as an Educational Institution for Negroes", *Journal of Negro Education*, 34 (Summer 1965), 152-159; Cam Walker, "Corinth: The Story of a Contraband Camp", *CWH*, 20 (March 1974), 15; *Christian Recorder*, March 18, 1865.

人，走上前去高声叫道："嗨，主人；这回你是真的栽了！"[17]

对于黑人士兵来说，服役并非只是为了获得拯救联邦的机会，也不仅仅是赢得自己的自由和将奴隶制作为一种制度予以埋葬。对于那些拥有才能和雄心的人来说，军队为他们争取进步和赢得尊重打开了大门。重建时期的许多黑人政治领袖来自联邦军队，其中包括至少41名参加州制宪大会的代表、64名州立法机构的成员、3位副州长和4位国会议员。一群退役的黑人士兵在战后组成一个"委员会"，负责收集关于路易斯安那州自由民的信息，"监管他们"与白人雇主签署的"合同"，解释他们的法律权利等。虽然过了一段时间之后，黑人对联邦的军事贡献会在国家记忆中被淡忘，但它在黑人社区自己的历史感中却始终占有重要的位置。一位亚拉巴马州的种植园主在1867年说："他们说，如果没有黑人的帮助，北方佬永远不可能战胜南部。"由此可见黑人在重建时期对平等公民权的充满自信的要求，这种要求在战争时期从黑人士兵争取平等薪酬的长期斗争就已经开始。在1868年阿肯色州州制宪大会上，前奴隶威廉·墨菲一连几周都保持沉默，以对那些更有成就的白人代表（他认为，这些人"是用黑人的汗水获得了受教育的方式"）表示礼让和尊重。然而，当这些代表中的有些人质疑黑人是否有权获得选举权时，墨菲感到必须发出抗议之声："曾

---

[17] Harold M. Hyman and William M. Wiecek, *Equal Justice Under Law: Constitutional Development 1835–1875* (New York, 1982), 244; Frank Byrne and Jean P. Soman, eds., *Your True Marcus: The Civil War Letters of a Jewish Colonel* (Kent, Ohio, 1985), 315–316; George D. Reynolds to Stuart Eldridge, October 5, 1865, Registered Letters Received, Ser. 2054, Ms. Asst. Comr., RG 105, NA [FSSP A-9074]; Litwack, *Been in the Storm*, 96–102.

在战场上冲锋陷阵的人难道没有挣得任何权利？我们在牺牲了自己的兄弟之后竟然不能获得任何权利？"[18]

在战争的最后两年，因为《解放奴隶宣言》的颁布和黑人军队的组建，联邦士兵事实上扮演了一支解放军的角色。随着内战接近尾声，尽管奴隶主竭尽全力予以阻止，但奴隶制却以不可阻挡之势加速走向崩溃。1865年早期，在那些尚未被联邦军队占领的地区，买卖奴隶的事情仍然在发生。然而，至此邦联境内已经有100万黑人生活在联邦军队的防线之内，另外还有70万黑人居住在边界州和上南部地区，在这些地方的奴隶制要不已经灭亡，要不就是处于苟延残喘之中。即便在邦联领土上，种植园主也开始与那些日渐不服从管理的劳工就工资和作物分成等问题进行谈判，希望以此吸引后者回到田间去工作。一些不起眼的生活细节似乎暴露出奴隶制临死之前的挣扎状况，例如，1865年，当一位种植园主对用"伙计，早呀"的方式向一位密西西比州的黑人打招呼时，这位黑人怒气冲冲地回答说："你得叫我'先生'。"显然，到1865年时，无论是谁赢得了内战，奴隶制的丧钟已经敲响了。[19]

---

[18] 46th Congress, 2d Session, Senate Report 693, 75–76; John H. Parrish to Henry Watson, Jr., June 20, 1867, Henry Watson, Jr. Papers, DU; *Debates and Proceedings of the Convention Which Assembled at Little Rock, January 7, 1868* ... (Little Rock, 1868), 629. 曾在联邦军队中服役的黑人国会议员包括查尔斯·纳什、罗伯特·斯莫尔斯、约西亚·沃尔斯和约翰·林奇，后者是军队的伙夫。参议员海勒姆·雷维尔斯曾参与招募黑人士兵的工作。

[19] W. McKee Evans, *Ballots and Fence Rails: Reconstruction on the Lower Cape Fear* (Chapel Hill, 1967), 20–21; Litwack, *Been in the Storm*, 36; Gerteis, *From Contraband to Freedman*, 193; P. L. Rainwater, ed., "Letters of James Lusk Alcorn", *JSH*, 3 (May 1937), 207.

对于南部的"特殊体制"的支持者而言,内战是真相得以显露的可怕一刻。他们中间那些曾经最有见识的人突然意识到,他们实际上从未真正懂得他们的奴隶在想什么。战争结束两个月之后,南卡罗来纳州的稻米种植园主塔沃坦白地承认:"我一直认为这些人很满足、很幸福、与他们主人的感情很好。"然而,如果情形真是如此,那奴隶们为何会在他们的主人"需要帮助的时候弃主人而去,投奔到他们从未谋面的敌人一边呢?"塔沃此刻才明白了,原来世世代代的黑人奴隶一直在苦苦"寻求那个能带来普遍自由的人"。[20]

内部的内战

内战与奴隶制的崩溃,如同一场大地震,永久性地改变了南部生活的场景,将原本隐匿在表层之下并不明显的多重矛盾暴露出来,并不断将它们扩大。随着传统的敌意变得更加尖锐,长期存在的冲突具有了不同的含义,新的群体获取了新的政治意识,白人社会也因此经历了与黑人社会同样的刻骨铭心的转型。

自最早的定居活动开始,南部白人社会从未以一种单一模式存在过;在19世纪,整个南部,包括其中各州,都被划分成极为不同的政治经济体。所谓种植园地带包括了南部最肥沃的土地,

---

[20] Eugene D. Genovese, *Roll, Jordan, Roll: The World the Slaves Made* (New York, 1974), 112; Joel Williamson, *After Slavery: The Negro in South Carolina During Reconstruction, 1861-1877* (Chapel Hill, 1965), 70. 塔沃写了这封信的好几个版本,其中一个版本发表在纽约《论坛报》1865年6月10日那一期上。

支撑着一个繁荣的农业经济，将棉花、稻米、蔗糖和烟叶的生产与世界市场融为一体。这一地带上居住着奴隶人口和种植园主人口的大多数，后者是南部社会与政治秩序的主宰，掌握着该区域的大部分财富和经济资源。另外一大批南部白人居住在内陆地区，这是一个主要由小自耕农和小牧民构成的区域，两者拥有为数不多的奴隶，或者不拥有任何奴隶，主要从事混合型和自给自足的农业生产。内陆地区本身包括了皮德蒙特丘陵地带*，奴隶制在那里普遍存在；内陆地区还包括了大片的山区和丘陵地带，由白人家庭组成的小型社区散布在这一地带，但它们与南部其他地区相互隔绝，当地人过着一种边疆生活。尽管土地租赁制在内陆并非是前所未闻的，而19世纪50年代的棉花价格高涨也的确将皮德蒙特地区的一些县吸引到经济作物的种植生产之中，但市场关系仅为内陆经济的一种形式。对于该地区的农业家庭来说，自给自足仍然是其追求的主要目标；大部分的家庭拥有自己的土地，自食其力，无须使用奴隶劳动力或工资劳工。很多家庭拥有为数不多的牛、羊和猪，可在南部盛行的公地开放体制下在共有和私人土地上放养，提供自身需要食物的主要部分。在当地经济中，现金流通极为有限，而实物交易的做法则非常普遍，内陆地区家庭成员穿戴的是"家庭作坊制作的粗布，由人工手纺而成"。如此的经济秩序创造了一种具有特色的亚文化，其中的互助精神（白人内部的）、平等关系和令人自豪的独立性令其享有者尤为感到

---

* The Piedmont，指美国东部的新泽西州延续到南部亚拉巴马州东部的漫长山丘地带。——译者

骄傲。[21]

在南部，州界的划分与经济专属线的划分并不完全吻合。阿巴拉契亚山脉以南由一大片连绵起伏、极为壮观美丽的大山构成，拥有直冲云霄的山峰和茂密青翠的河谷，从弗吉尼亚的西部一直延伸到肯塔基、田纳西、北卡罗来纳、佐治亚和亚拉巴马州的部分地区。充斥着奴隶种植园的棉花王国则从卡罗来纳地区的西南部一直延伸到路易斯安那和得克萨斯州的东部。弗吉尼亚州拥有超过任何州的奴隶人口，同时也包括一个狭长的山地地带，后者与宾夕法尼亚、俄亥俄和马里兰等州有经济上的密切联系。田纳西州的西部地区拥有众多的棉花种植园，中部地区布满了为市场生产玉米和牲畜的中型农场，而东部则是一个面积巨大的山区地带，居住着以食物经济为主的小型农场家庭和为数不多的奴隶人口。在亚拉巴马州，位于田纳西河谷的一个种植园地区被群山与另外一个种植园地区所分离，后者被称为"黑土地带"*，当地的10个县拥有该州一半的奴隶人口。黑土地带的南部是狗尾草和松树林地带，居住着贫穷的白人。亚拉巴马州的北部与南部之间在经济上几乎没有交往，因为没有穿过群山的铁路存在；北部的种

---

[21] Gavin Wright, *The Political Economy of the Cotton South* (New York, 1978), 34; Steven Hahn, *The Roots of Southern Populism: Yeoman Farmers and the Transformation of the Georgia Upcountry, 1850-1890* (New York, 1983), 15-85; Henry W. Warren, *Reminiscences of a Mississippi Carpetbagger* (Holden, Mass., 1914), 29; Samuel H. Lockett, *Louisiana As It Is*, edited by Lauren C. Post (Baton Rouge, 1969), 46-47; John S. Otto, "Southern 'Plain Folk' Agriculture", *Plantation Society in the Americas*, 2 (April 1983), 30-34.

* black belt，最初以当地的黑色、肥沃的土地而命名；具体地理位置是亚拉巴马州中部到密西西比州东北部约300英里长、25英里宽的地区。——译者

植园主和农场主在纳什维尔、路易斯维尔和辛辛那提做贸易,而黑土地带地区则位于莫比尔和新奥尔良的经济圈内。[22]

南部政治早就反映出这些州内地理和经济分野的后果。围绕州立法机构中议员席位的分配,相关的辩论一直没有终止过,类如北卡罗来纳西部的自耕农地区一直要求席位分配应以"白人(人口)基础"为准,而种植园主们则坚持至少要将一部分奴隶人口计算在内。但这些冲突丝毫没有撼动种植园主群体对州政治的控制,人们甚至几乎从未对奴隶制问题本身提出过任何置疑。许多小自耕农(他们在密西西比州和南卡罗来纳州内占将近一半的人口)都拥有一个或两个奴隶,即便在山区地带,奴隶制也已经"深深扎根"在小型但颇有影响的地方精英家庭之中,包括为数不多的大规模自耕农,专业人士、商人和小镇上的企业家等。在种植园地带之外,大部分的自耕农在奴隶制中并无经济利益可图,正如一位东田纳西的作者在战后写到的,但他们并"不为种植园阶级拥有的那种过度影响力所吓唬和蒙蔽"。但奴隶制影响着南部各地的社会生活,即便是山地居民也分享种植园主的许多态度和价值观,排在首位的是对白人至上主义思想的推崇。南部政治的地方化结构给予内陆自耕农管理地方事务的权威,而内战前南部的低税率也意味着由种植园主阶级控制的州政府并没有构成一种财政负担。只要奴隶制和种植园主的统治不干预自耕农人口的自

---

[22] Allison G. Freehling, *Drift Toward Dissolution: The Virginia Slaveiy Debate of 1831–1832* (Baton Rouge, 1982), 34, 242; Blanche H. Clark, *The Tennessee Yeoman 1840–1860* (Nashville, 1942), 8; Peter Kolchin, *First Freedom: The Responses of Alabama's Blacks to Emancipation and Reconstruction* (Westport, Conn., 1972), 12–14.

主农业和地方独立性，白人内部存在的潜在阶级冲突也就找不到被引爆的合理理由。[23]

正是在退出联邦的危机和内战中，内陆地区的许多自耕农开始认识到自身作为一个政治阶级的存在。1860至1861年的冬天，在南部各州选举参加退出联邦大会的代表过程中，自耕农地区对退出联邦的决定表示了极大的反对。战争开始之后，内陆地区的大部分人选择支持邦联的事业。但在南部的山地地区，对邦联的不忠诚从一开始就成为一种普遍现象。弗吉尼亚州西部的若干县在1861年从该州退出，组成了另外一个独立的州。田纳西州东部很早就意识到本地与该州其他地方的长期隔绝，除了"较为富裕和更有修养的阶级之外"，邦联支持者在那里成为一个少数派。1861年，一个由亲联邦派组织的大会呼吁这一地区从本州退出，但与西弗吉尼亚不同的是，东田纳西直到战争进行到一定深度之后才为联邦军队所占领，所以它最终未能获得政治自治。[24]

东田纳西将一直成为最为显眼的对邦联表示不满的例子。这一地区采取了烧毁桥梁和其他的武装抵制行动，成百上千的人穿

---

[23] Armstead L. Robinson, "Beyond the Realm of Social Consensus: New Meanings of Reconstruction for American History", *JAH*, 68 (September 1981), 280–281, 287; John C. Inscoe, "Mountain Masters: Slaveholding in Western North Carolina", *NCHR*, 61 (April 1984), 143–173; John M. Price, "Slavery in Winn Parish", *LaH*, 8 (Spring 1967), 137–149; Oliver P. Temple, *East Tennessee and the Civil War* (Cincinnati, 1899), 554; Hahn, *Roots of Southern Populism*, 89, 107–115; Gordon B. McKinney, *Southern Mountain Republicans: 1865–1900* (Chapel Hill, 1978), 12–14.

[24] Paul Escott, "Southern Yeomen and the Confederacy", *SAQ*, 77 (Spring 1978), 147–149; J. G. de Roulhac Hamilton, ed., *The Papers of Randolph Abbott Shotwell* (Raleigh, 1926–1936), 2:265; Charles F. Bryan, Jr., "A Gathering of Tories: The East Tennessee Convention of 1861", *THQ*, 39 (Spring 1980), 27–48.

过崇山峻岭,加入联邦军队。其他山地县也从一开始就反对退出联邦。一名来自亚拉巴马北部山地温斯顿县的公民认为自耕农根本没有必要去为一个种植园主统治的邦联卖命,"他们想要的是让你……去为他们可恨的奴隶打仗,你帮他们打完仗之后,可以最多因此亲吻一下他们的屁股……"。1861年7月4日,当地3000名居民举行集会,投票决定退出邦联。在地处山区的佐治亚州雷本县"几乎所有人都团结起来反对退出联邦";在阿肯色州北部的欧扎克山区,支持联邦的秘密社团大量涌现,其中有8000人最终加入了联邦军队。[25]

在山区以外的地方,奴隶人数甚少,地方忠诚感强烈,当地人口的内部团结更为一致,对邦联的不满情绪发展较为缓慢。除了对联邦的忠诚感,战争的冲击和邦联政策所产生的后果也激发了人们的不满,唤醒了要求和平的愿望,导致了社会冲突。在任何社会,战争都要求付出牺牲,然而,公众支持的基础在于他们相信牺牲是公平分担的。然而,邦联政府的政策却更多是倾向于保护种植园主阶级的利益。邦联副总统亚历山大·斯蒂芬斯曾骄傲地宣称,奴隶制是邦联的奠基石。因此,奴隶制的瓦解迫使邦联政府采取措施来竭力保护它,但这些政策却分裂了白人社会。

种植园主未能公平地分担战争的负担,这一印象很快在内陆

---

[25] E. Merton Coulter, *William G. Brownlow: Fighting Parson of the Southern Highlands* (Chapel Hill, 1937), 166-175; Virginia Hamilton, *Alabama* (New York, 1977), 24-25; Wesley S. Thompson, *The Free State of Winston: A History of Winston County, Alabama* (Winfield, Ala., 1968), 3-4; G. M. Netherland to James Johnson, July 22, 1865, Georgia Governor's Papers, UGa; Ted R. Worley, "The Arkansas Peace Society of 1861: A Study in Mountain Unionism", *JSH*, 24 (November 1958), 445-455; Carl N. Degler, *The Other South: Southern Dissenters in the Nineteenth Century* (New York, 1974), 169-174.

地区散布开来。大多数的种植园主都支持南部的独立,但同时也致力于保证种植园奴隶制的存活,当这两个目标发生冲突的时候,他们优先考虑后者。在1861年短暂的邦联爱国主义热潮过去之后,战争的进程和人力资源的消耗对内陆的粮食经济造成了损害,邦联士兵的家庭面临缺衣少食的威胁,但越来越多的种植园主却抵制政府要求他们从种植棉花转向生产粮食的号召。当联邦军队于1862年占领新奥尔良,并在1863年将占领区扩展至密西西比河流域时,大批的种植园主、商人和中间经纪人积极加入了北部占领者的棉花贸易,以挽救他们的财富。还有为数不多的人,如詹姆斯·阿尔科恩(后来曾担任密西西比州共和党政府的州长),则赤裸裸地追逐自己的利益。阿尔科恩曾在邦联军队中短暂服役,之后回到自己的种植园,开始从事将缴获来的棉花倒卖给北部商人的生意,然后将盈利用于投资土地和联邦货币。但招致普遍痛恨的,正如一家里士满报纸所描绘的,却是"许多曾在早期退出联邦运动中表现最为激进和愤怒的棉花和甘蔗种植园主",他们在战争中迅速宣誓效忠联邦,并在恢复棉花生产方面与他们的扬基佬保护者结成了同伴关系。其他种植园主则对政府为修建军事工事而征用他们奴隶的命令进行抵制,并在最终反对邦联军队征募黑人入伍的做法,正如一家亚拉巴马州报纸所解释的,他们害怕"丢掉自己的财产"。[26]

---

[26] Roark, *Masters Without Slaves*, 42–45; Armstead Robinson, *Bitter Fruits of Bondage: The Demise of Slavery and the Collapse of the Confederacy* (forthcoming), Chapters 4, 9; [cited with permission of the author] Harold D. Woodman, *King Cotton and His Retainers: Financing and Marketing the Cotton Crop of the South, 1800–1925* (Lexington, Ky., 1968), 200, 213–235; Wiley, *Southern Negroes*, 121; Mobile *Register*, January 26, 1871.

15　　但给内陆地区的士气带来更致命打击的是邦联政府的战时政策。内陆的南部人认为，他们承受了不公平的税收负担；他们对实物税和实物充公的做法尤为感到愤怒，后者授权军官将农场商品充公用以补给军队。的确，种植园主此刻所缴付的收入税要高于战前，但在财产充公方面，他们受到的伤害要轻许多，充公政策对自耕农的粮食农业的损害却极为严重。在战争期间，许多内陆地区的家庭都陷入贫困之中，尤其是那些为邦联军队输送了兵员的家庭。在弗吉尼亚和北卡罗来纳州都发生了食物骚乱；在亚拉巴马的伦道夫县，成群的妇女抢劫了政府经营的玉米商店，"以保证她们自己和家庭成员不被饿死"。然而，令人最不堪忍受的是邦联政府的征兵政策，它令许多自耕农相信，争取南部独立的斗争逐步变成了"一场富人的战争、穷人的战斗"。从1862年开始，邦联政府实施了美国历史上第一部强制征兵法，其中规定，应征入伍者如能找到替代者可免服兵役，而每20名奴隶的财产则免除一个身强力壮的白人男性的兵役责任。内陆地区深深痛恨这种"阶级立法"，因为寻找替身的价格很快就远远超出了大多数白人家庭的经济能力，而"20名奴隶"的条款本身是针对种植园上奴隶管制力的下降做出的回应，此刻却变成许多白人监工和种植园主的儿子逃避兵役的借口。尽管这一条款最终被废除了，但强制征兵法仍然让自耕农家庭承受了更重的负担，因为他们的粮食生产需要依靠全家的劳动力，而种植园主家庭的经济则是由奴隶劳动来承担的。[27]

---

[27] Berlin et al., eds., *Freedom*, Ser. 1, 1:663–682, 757; Paul D. Escott, *After Secession: Jefferson Davis and the Failure of Confederate Nationalism* (Baton Rouge, 1978), 94–168; Peter Wallenstein, *From Slave South to New South: Public Policy in Nineteenth-Century Georgia* (Chapel Hill, 1987), 117–118, 125–127; Robinson, *Bitter Fruits of Bondage*.

在南部内陆的主要地区，战争初期的狂热随后为失望、逃避征兵，乃至最终对邦联权威的公然抵抗而取代——这是在内战中发生的一场内战。从 1863 年开始，逃兵问题便是邦联军队的一个"切肤之痛"。到战争结束的时候，从邦联军队中开小差的人多于10 万，这些逃兵几乎都是来自"不拥有奴隶的最贫穷的阶层，他们的劳动力对于维系他们家庭的日常生活来说是必不可少的"，一位军官这样说道。在密西西比的丘陵和松树林地带，躲避在邦联当局的监视之外的逃兵群体与类如乔克托县的忠诚联盟等组织一起，为其他士兵"逃离军队提供帮助，抢劫那些继续留在军队中的士兵的家庭，为联邦当局提供邦联军队的行动情报"等。亚拉巴马州北部在 1861 年曾经对邦联事业充满普遍的热情，但两年之后，该地区出现了对征兵制和战争的广泛反对。在北卡罗来纳的中部和北部，白人居民在战争初期也曾支持过邦联政府，当地的亲联邦派创办了美国英雄组织，参加者大概有 1 万人，他们建立起"地下铁道"，帮助亲联邦派逃向联邦防线之内。亚历山大·琼斯是亨德斯维尔的报纸主编，也是美国英雄组织的领袖，他秘密印刷了一份演讲，对正在上升到南部生活表层的阶级愤怒情绪做了准确的说明：

> 这场巨大的国家冲突是由那些反对民主政府的人和政策……所引发的……事实是，这些冠冕堂皇、自以为是的贵族蠢蛋们一直在逼迫黑人和贫穷无助的白人，直到让后者相信……他们自己是高人一等的，而穷人必须遭受痛恨、嘲

笑和质疑。[28]

在1861至1865年间，南部内陆地区出现了比从前更大的内部分化。自耕农人口为邦联军队提供了大量的兵力，同时也构成了逃兵和征兵抵制者中的大多数。田纳西、亚拉巴马和密西西比州的部分内陆地带处于战争的战略要地位置上，联邦军队的进入令当地变成一片废墟。在其他地区，逃兵组成的抢劫团队大肆抢夺邦联同情者的农庄和作坊，驱散他们的牲畜，毁坏他们生产的粮食，而邦联军队和公民警戒组织则将亲联邦派从家庭中带走。在这场发生在南部内部的内战之中，双方都采用了极度残酷的暴力手段，但因为在整个战争期间，内陆地区始终处于邦联的防线之内，所以亲联邦派受的伤害更大。在东田纳西，数百人被军事法庭监禁，他们的财产被剥夺，"受难者被置于彻底贫困之中"。在北卡罗来纳境内的阿巴拉契亚地区，邦联士兵残忍地杀害了13名被囚禁的亲联邦派。在内陆地区，亲联邦派抛弃了家庭，藏身

---

[28] Richard Reid, "A Test Case of the 'Crying Evil': Desertion Among North Carolina Troops During the Civil War", *NCHR*, 58 (Summer 1981), 234–262; William T. Blain, "Banner Unionism in Mississippi, Choctaw County 1861–1869", *Mississippi Quarterly*, 29 (September 1976), 209–213; Bessie Martin, *Desertion of Alabama Troops from the Confederate Army* (New York, 1932), 43–51, 107–116, 150–151; W. J. Brantley to Benjamin G. Humphreys, August 22, 1866, Mississippi Governor's Papers, MDAH; Richard A. McLemore, ed., *A History of Mississippi* (Hattiesburg, 1973), 1:519–525; Durwang Long, "Unanimity and Disloyalty in Secessionist Alabama", *CWH*, 11 (September 1965), 268; William T. Auman and David D. Scarboro, "The Heroes of America in Civil War North Carolina", *NCHR*, 58 (Autumn 1981), 327–363; Alexander H. Jones, *Knocking at the Door* (Washington, 1866), 7–21.

于深山老林之中，竭力躲避带着猎犬前来追捕他们的邦联征兵官员和邦联警察，后者曾在先前以同样的方式追捕过逃奴；有的人在逃奴曾经藏身的山洞中找到藏匿栖身之处。[29]

对于效忠联邦的南部人来说，"这场战争是他们永远不会忘记的地狱"。内战结束很久之后，关于迫害的痛苦记忆始终得以保留，亲联邦派家庭所遭受的痛苦和所表现的坚强会不断地被讲述和重述，代代相传。"我们可以将我们人民遭受迫害的事实填满一本书……。"一位亚拉巴马州的亲联邦派在1866年对国会的一个委员会说道。"你难以想象这些人在坚守和捍卫联邦政府的原则时所展现的力量。"一位田纳西人也讲述了同样的故事："他们被从自己的家中赶出去……像野兽一样地被反叛当局迫害，在山里被追踪；他们被绞死、枪杀和抢夺……也许地球上没有其他人像东田纳西的忠诚人民一样遭遇过如此的迫害。"[30]

因此，内战永久地改变了南部白人世界内部的经济和政治分野。军事破坏和邦联的经济政策将内陆的大部分地区置于极度贫困之中，极大地威胁了自耕农曾经拥有的经济独立，但也为棉花种植和土地租赁制在战后的扩张打开了通道。自耕农的不满摧毁

---

[29] Emory M. Thomas, *The Confederate Nation 1861–1865* (New York, 1979), 226; Martin, *Alabama Troops*, 153–190; McKinney, *Southern Mountain Republicans*, 19–24; William G. Brownlow to Andrew Johnson, August 7, 1865, Tennessee Governor's Papers, TSLA; Philip S. Paludan, *Victims: A Civil War Story* (Knoxville, 1981), 84–98; David Dodge, "The Cave Dwellers of the Confederacy," *Atlantic Monthly*, 68 (October 1891), 514–521; Warren, *Reminiscences*, 40.

[30] Carl H. Moneyhon, *Republicanism in Reconstruction Texas* (Austin, 1980), 18; 39th Congress, 1st Session, House Report 30, pt. 3:14, pt. 1:115.

了种植园主阶级的政治霸权,如同一位佐治亚种植园主所观察到的,"那个低等而且没有受过教育的阶级与我们人口中的更富有、更明智的一部分"分离开来。战争也终结了内陆地区的孤立与隔绝状态,削弱了它的地方主义,唤醒了它的政治意识。从邦联时代的亲联邦反对派中产生出许多重建时期最为著名的共和党领袖人物。共和党后来在南部各州的州长中包括了埃德蒙·戴维斯、威廉·霍尔登和威廉·布朗洛等。戴维斯在内战期间为联邦军队组建起得克萨斯第一骑兵团,霍尔登曾以和平为纲领于 1864 年在北卡罗来纳进行了一次未能成功的州长竞选,布朗洛曾是一位卫理公会的巡回牧师和诺克斯维尔市的报纸主编,他对反叛者的憎恨在东田纳西造成了广泛的影响。(布朗洛在 1864 年写道,为了赢得战争,他将把"美国大山中的每一条狼、每一头豹子、每一只野猫和每一头熊……每一条毒蛇和每一条鳄鱼……以及地狱中的每个魔鬼"统统武装起来,"然后放手让它们去攻击邦联"。)[31]

南部内部的内战给重建留下了一大堆具有爆炸性的政治争执和未能解决的问题,也带来了进行变革的广泛机会。像田纳西东部、北卡罗来纳西部和其他地区的山林地带在内战之后全面拥抱共和党,并在 20 世纪变成共和党的大本营。他们的忠诚首先是

---

[31] William H. Stiles to Elizabeth Stiles, July 1, 1865, Mackey-Stiles Papers, UNC; James A. Baggett, "Origins of Upper South Scalawag Leadership", *CWH*, 29 (March 1983), 65–69; James A. Baggett, "Origins of Early Texas Republican Party Leadership", *JSH*, 40 (August 1974), 447–449; Otto H. Olsen, "North Carolina: An Incongruous Presence", in Otto H. Olsen, ed., *Reconstruction and Redemption in the South* (Baton Rouge, 1980), 157–159; James W. Patton, *Unionism and Reconstruction in Tennessee 1860–1869* (Chapel Hill, 1934), 56–57.

献给联邦的,而后是献给共和主义理念的,然而两者都不包含内战废奴主义思想的成分(尽管他们完全希望看到并愿意接受为保卫联邦而必须牺牲奴隶制的结果),也不包括随后对黑人权利的捍卫。内陆地带的亲联邦主义从本质上讲是一种防御性政治,它是针对那些企图削弱地方政治自治和经济自给自足的势力所做出的一种回应,而不是一种为重建南部社会结构而做出的连贯计划。它的基础,正如北部记者悉尼·安德鲁斯在1865年秋天写道的,是出于"对那些参与了反叛活动的人的仇视"和对"某个统治阶级"的仇恨,正是这个统治阶级将内战极具破坏性的影响带到了内陆地区。[32]

北部的转型

对于联邦和邦联来说,内战都是一个变革时代。北部各州虽然没有经历过像奴隶解放这样一场影响深远的革命,但内战却改变了它生活的每一个方面。战争一方面确认和巩固了北部生活的既存趋势,同时改变了其他方面,并为进一步的改变奠定了基础。联邦政府的权力随着战争的继续逐年增大,它的政策为一些北部人带来史无前例的经济机会,但也引发了另外一部分人的强烈反对。如同在南部一样,北部人对战争及其结果做出的反应本身反射出事先存在的阶级、种族和政治分野,虽然这些原有的分野本身也受到内战的影响而发生了变化。

---

[32] Sidney Andrews, *The South Since the War* (Boston, 1866), 111–112.

如果说南部在内战中经历的是经济破坏，北部则经历了一个前所未有的经济繁荣时期。工业利润在战时通货膨胀的培育下蓬勃生长，从股票风险投资和黄金市场中获得的收入也成倍增长。马萨诸塞州国会参议员亨利·威尔逊在1867年评论说，自从战争一开始，"忠诚州在过去7年里，所积累的资本和增加的财富比历史上任何时候都更多"。尽管所有分支的工业都繁荣生长，但那些与战争活动关系最紧密的工业得到了最为迅速的扩张。铁路因为运输军队和军需物资而得到长足发展，更因密西西比河的关闭而受益甚多。战争的第一年，一家铁路杂志报道说，所带来的繁荣是前所未闻的，随后的铁路收入增长不断地翻倍和再翻倍。潮水般的军队需求刺激肉类加工工业的迅速增长。作为铁路和屠宰工业的城市，芝加哥经历了史无前例的人口、建筑和制造业的增长。到1865年时，它已经成长为中西部规模最大、傲视群雄的商业中心。新英格兰和大西洋中部地区的毛纺厂日夜不停地运转，力图满足联邦军队的毛毯和军服需求，并从中获得巨大利润。（一家费城的纺织厂也因其生产的"用于哀悼的商品的高质量"而闻名。）[33]

---

[33] *CG*, 40th Congress, 2d Session, 246; Victor S. Clark, *History of Manufactures in the United States* (New York, 1929 ed.), 3:9-37; Henry C. Hubbart, *The Older Middle West* (New York, 1936), 218-222; Emerson D. Fite, *Social and Industrial Conditions in the North During the Civil War* (New York, 1910), 42-44, 151; John H. Reiser, *Building for the Centuries: Illinois, 1865 to 1898* (Urbana, Ill., 1977), 152, 182; Wyatt W. Belcher, *The Economic Rivalry Between St. Louis and Chicago 1850-1880* (New York, 1947), 139-153; Philip Scranton, *Proprietary Capitalism: The Textile Manufacture of Philadelphia* (New York, 1983), 279-284.

农业也蓬勃发展，尽管成千上万的乡村青年加入了联邦军队，但农业种植边疆的开发却继续向西推进，机械化操作和移民劳工替补了战时失去的劳工队伍。在战争中，艾奥瓦州为联邦军队提供7万人的人力资源，威斯康星州提供了9万人，但两州内的人口数量、开垦土地的面积、粮食产量和农业收入却持续增长。如同农业机械大亨塞勒斯·麦考密克所抱怨的，许多的农场主纷纷利用通货膨胀的机会还清土地贷款和其他债务；他们"得意扬扬地追逐[他们的债主]，不留余地地付清贷款"。麦考密克本人也深知如何利用战争带来的机会，为囤积原材料而大宗借贷，并以支付尽可能少的头款而大肆购进农田和房地产。至1865年，他已经摇身一变成为芝加哥市最大的地主了。[34]

"在1861年4月，"詹姆斯·加菲尔德在战争结束3年之后告知国会，"一场工业革命在这个国家得以起步……它的结果如同我们经历的政治和军事革命一样的意义深远。"加菲尔德夸大了战争带来的即时经济影响力，因为在战斗打响之前，北部已经大步行进在成为一个工业化区域的路上，它不仅拥有分布广泛的工厂体系，连成一片的铁路和电报网络，而且还拥有一个永久性的劳工阶级。在战时，机械化和资本集中化在有些领域中迅速发展——尤其令人瞩目的是皮靴制造和制鞋、肉类加工和农业——成百上

---

[34] Wayne D. Rasmussen, "The Civil War: A Catalyst of Agricultural Revolution", *AgH*, 39 (October 1965), 187–195; Clyde O. Ruggles, "The Economic Basis of the Greenback Movement in Iowa and Wisconsin", *Proceedings of the Mississippi Valley Historical Association*, 6 (1912–1913), 142–150; William T. Hutchinson, *Cyrus Hall McCormick* (New York, 1930–1935), 2:112–122; Eugene Lerner, "Investment Uncertainty During the Civil War—a Note on the McCormick Brothers", *JEcH*, 16 (March 1956), 34–40.

千的新工厂得以建造，但大多数制造业的组织仍然是在小规模基础上进行的。北部经济正处于铁与钢时代的交际之间，处于一种旧的竞争性资本主义模式与正在出现的大规模集中化工业模式的交际之间。的确，战争见证了"自由和不受节制的企业时代的顶峰状态"，随着成千的小企业大量产生，在战时利润的大潮中乘风破浪，即便是传统的手工业生产也经历了一个虽然是短暂的重振雄风的阶段。[35]

然而，在评估战争所带来的深刻的经济后果和影响方面，加菲尔德无疑是正确的。在枯燥的商品产出统计数字背后，矗立着内战所带来的深层结构变化。战时经济利润的体积永久性地影响了工业企业的规模和集资方式，将巨额收入指向并转移到那些准备投资经济扩张的人的手中。在许多工业中，利润的增长赋予制造商还清长期债务的能力，从而帮助他们建立起商品资本的独立性和单独控制企业运作的全部权力，"财政权力的平衡……从商人的会计室转移到了工厂办公室"。利润、生产、营销和集资的巨大规模，以及在一个共同的国家目的指引下协调地方企业的经验，提供了关于"组织化的价值的日常课程"。联邦政府本身推动了电报业的合并（因为大量公司的相互竞争阻碍了即时通讯的顺利进

---

[35] Burke A. Hinsdale, ed., *The Works of James Abram Garfield* (Boston, 1882–1883), 1:287–288; Thomas C. Cochran, "Did the Civil War Retard Industrialization?" *MVHR*, 48 (September 1961), 197–210; David T. Gilchrist and W. David Lewis, eds., *Economic Change in the Civil War Era* (Greenville, Del., 1965), 1–22, 30, 148–151; Saul Engelbourg, "The Impact of the Civil War on Manufacturing Enterprise", *Business History*, 21 (July 1979), 150–154; Glenn Porter and Harold C. Livesay, *Merchants and Manufacturers* (Baltimore, 1971), 133; Fite, *Social and Industrial Conditions*, 155–160.

行），1866年建立的西部联盟电报公司*是美国第一家主要的垄断企业，其建立直接受到内战经验的启发和影响。的确，在整个商业世界中，正如一位当代人所观察到的，内战"创造了一个关于思想的新秩序……巨大财富的突然出现……公私巨大资本的集中化，风险投资家和各种冒险家地位的提升，直至对数百万资金的掌控……所有这些将新人和新的危险推到了前台"。那些在二十几岁和三十岁出头就获得了技能和财富的年轻人，很快将利用二者来彻底改观美国工业。菲利普·阿穆尔通过向联邦军队提供牛肉制品成为百万富翁，他帮助将芝加哥变成了美国肉类加工工业的中心。托马斯·斯科特改进了铁路管理和财政的现代技术，约翰·洛克菲勒在1860年时还只是一个年仅21岁的代理商人，他也从联邦政府的合同中获益甚多，并开始将炼油厂合并起来组成一个石油帝国。[36]

内战推动了一个美国工业资产阶级的迅速出现，并将它的财富与共和党和联邦国家密切联系起来。卷入这个过程的远不止是从政府合同中获得利润，在面临前所未有的战争财政需求时，国会采用了推动工业进一步发展的经济政策，这些政策也永久性地

---

* Western Union，现为西联国际汇款公司。——译者

[36] Porter and Livesay, *Merchants and Manufacturers*, 116–127; Morton Keller, *Affairs of State: Public Life in Late Nineteenth Century America* (Cambridge, Mass., 1977), 11; Simeon E. Baldwin, "Recent Changes in Our State Constitutions", *Journal of Social Science*, 10 (1879), 136; Thomas C. Cochran and William Miller, *The Age of Enterprise: A Social Histoiy of Industrial America* (New York, 1942), 115–116; Matthew Josephson, *The Robber Barons* (New York, 1934), 32–65, 102; David Hawke, *John D.: The Founding Father* (New York, 1980), 30–32.

改变了资本积累的条件。为了动员联邦的财政资源,联邦政府创造出一种全国通用的纸币、一笔巨大的国家债务和一个全国性的银行网络体系。为筹集资金,国会提高了关税,对几乎所有的生产和消费部门征税。为了弥补因为男人加入军队出现的人力资源流失,联邦政府建立起一个专门机构,负责按劳工合同鼓励移民。为推动农业发展,《宅地法》在公共领地上向定居者提供免费土地,《大学赠地法》对各州建立"农业和机械学院"提供财政帮助。为了进一步巩固联邦的团结,国会投入大量的公共土地并以政府债券的方式拨出大量赠款,用于国内改进事业,最为明显的是用于修建横跨北美大陆的铁路,该铁路在1869年建成之后,极大地扩展了全国市场,在帮助资本渗透到西部的同时,也预示了大平原印第安人生活方式的终结。

当然,并非上述所有的政策都是奏效的。合同劳工仅为北部工业提供了其需要的劳工力量的极少一部分,关于关税和宅地的经济影响力仍然是一个具有争议的问题。但这些政策所显示的综合意义在于,联邦政策展示了一种战前不曾出现的国家经济能动主义的精神。如同奴隶解放的政策一样,经济政策也是起源于战争的熔炉之中;它的首要和最重要的目标不是为了指明未来经济发展的道路,而是为了动员国家资源,以资助正在进行的战争。其中几项政策,尤其是《宅地法》和为修建横跨北美大陆铁路提供的联邦资金等,在北部一直受到广泛的支持,也许即便是在和平时期也可以得以实施,但大多数的政策如果不是因为战争(当然,也包括南部各州议员在国会缺席的原因)是不可想象的。然而,一旦它们得以制定和实施,每项政策都会产生影响整个北部社会的后果，引发经济权力平衡的变动，播下未来冲突的种子，用经济学家戴维·威尔斯的话来说，并会给战后世界遗留下"永无止境的公众讨论"话题。[37]

如同在邦联所发生的情况一样，战时牺牲应该公平分担的原则也与需要满足部分北部人的要求之间发生了冲撞，因为这批人掌握了战争动员和操作所需要的无法割舍的经济资源。那些能够动员这些资源的人从经济立法中受益最多，而且他们的受惠是在爱国主义的光环照耀下获得的，并不像是仅仅在为自己谋取私利。无论它们对具体商业的影响如何，高关税最初只是一种临时举措，但后来演变成一种实施"极端保护"的体制，给工业领域带来好处，却使农业领域受损。税收采用高度的递减模式，从对酒精和烟叶等消费品征收的商品税总量要远远高于从新增的个人所得税中收取的总量。纸币的发行（在一个从未使用过任何国家货币的国家中，这也是联邦权威的一种前所未有的运用）为几乎所有的公共和私人债务提供了合法货币，但4亿多美元纸币的发行刺激了价格的急速上涨，造成利润的膨胀和实际工资的下降，最终导致在社会高端收入层面的再分配。此外，为了帮助推销政府债券，联邦政府宣布债券的利息免税，并用黄金支付。杰伊·库克组织起一场全国性推销运动，他招募了一小队销售人员，负责推销政

---

[37] Leonard P. Curry, *Blueprint for Modern America: Non-Military Legislation of the First Civil War Congress* (Nashville, 1968); Charlotte Erickson, *American Industry and the European Immigrant 1860-1885* (Cambridge, Mass., 1957), 3-11; Edward C. Kirkland, *Industry Comes of Age: Business, Labor and Public Policy, 1860-1897* (New York, 1961), 19; David A. Wells, "The Reform of Local Taxation", *North American Review*, 122 (April 1876), 357-403.

府债券，启用上帝、国家和天定命运的语言，将购买债券变成一种爱国责任的履行，最终有100万北部人成为国家债务的债权人，而国家债务在战争结束时达到了20亿美元。但多数的债券掌握在富有的个人和财政机构的手中，他们从一度由黄金支付的利息中获益甚多，而贬值的纸币则被用来支付其他的交易（除了关税之外）。[38]

为了给这些债券营造一个有保障的市场，联邦政府创建起一个全国性的银行体系，但它却进一步巩固了现有金融权力的不平衡。相关的一系列法律实际上是林肯政府与主要的东部银行家谈判的结果，这些法律向掌握特定数额债券的银行提供联邦特许状，包括发行货币的权利。每1美元缴10美分的税收规定事实上终结了州特许运营的银行所发行的纸币。对最低资本5万美元的资格要求和禁止这些国民银行拥有土地债务的规定，将这些机构限制在大城市里。这一体制推动了一个全国性资本市场的巩固，对于未来的工业和商业投资极为关键，同时也将这个资本市场的控制权交给华尔街的手中去牢牢掌控。其结果是，西部和战后的南部发现自己处于资本短缺的状态。如同所有的战时经济政策一样，银行和货币政策创造出一整套无法解决的并在未来长期困扰国家政治的问题——如何使银行票据的流通在国内不同区域做到平衡，如

---

[38] F. W. Taussig, *The Tariff History of the United States* (New York, 1931 ed.), 155; Fite, *Social and Industrial Conditions*, 119; Harry N. Scheiber, "Economic Change in the Civil War Era: An Analysis of Recent Studies", *CWH*, 11 (December 1965), 407-409; Irwin Unger, *The Greenback Era: A Social and Political History of American Finance 1865-1897* (Princeton, 1964), 16-17; Kirkland, *Industry Comes of Age*, 20-25.

何减少绿背纸币美元与黄金美元之间的差价距离,如何最终恢复硬币支付,以及如何偿还巨大的国家债务等。[39]

这些政策以前所未有的方式扩大了联邦权力,致力于赋予分散的经济和各自为政的政体以组织性,它们因而反映出可被称之为现代美国国家的降生。内战前夕,联邦政府处于"一种无能的状态"之中,它对自己责任的预期与华盛顿和杰斐逊时代相差无几。大多数的政府功能都是由各州和地方政府来行使的;美国人可以在一生中不与任何联邦权力的代表发生任何接触。然而,用参议员乔治·鲍特韦尔的话来说,战争的紧急情况创造出了一个"新的政府",它拥有大大增加的收入、官僚体制和一系列的责任。[40]

奴隶的解放终止了奴隶主曾经拥有的占有奴隶人身的个人主权,将所有美国人平等地置于民族国家的权威之下。那个在1860年仅仅拥有人数为16000人常规军队的政府,实施了强制征兵制(同时提供机会,允许那些能够支付300美元佣金或如同在南部能

---

[39] Bray Hammond, *Sovereignty and an Empty Purse: Banks and Politics in the Civil War* (Princeton, 1970), 140-142; John A. James, *Money and Capital Markets in Postbellum America* (Princeton, 1978), 27-28; David M. Gische, "The New York City Banks and the Development of the National Banking System", *American Journal of Legal History*, 23 (January 1979), 21-67; George L. Anderson, "Western Attitudes Toward National Banks, 1873-1874", *MVHR*, 33 (September 1936), 205-216; Richard Sylla, "Federal Policy, Banking Market Structure, and Capital Mobilization in the United States, 1863-1913", *JEcH*, 29 (December 1969), 657-681.

[40] Hammond, *Sovereignty*, 57; Harold M. Hyman, "Reconstruction and Political-Constitutional Institutions: The Popular Expression", in Harold M. Hyman, ed., *New Frontiers of the American Reconstruction* (Urbana, Ill., 1966), 11; *CR* 43rd Congress, 1st Session, 4116.

够找到替身的人免服兵役），此刻正在训练和装备数百万士兵，并负责协调他们的活动。联邦政府预算在 1860 年为 6300 万美元，在 1865 年时上升到 10 亿美元。在内战结束的时候，联邦官僚体系包含新增的海关官员、国税局工作人员、文秘人员和督察官员等，雇员人数达到 53000 人，是美国最大的雇主。针对联邦退伍老兵和他们的直系抚养者而建立的慷慨的养老抚恤金制度（该制度的花费在 19 世纪末 20 世纪初达到联邦政府全部预算的三分之一），不仅为共和党创造出一部巨大而崭新的恩惠制机器，而且也创造出一个基础广泛的选民群体，他们将致力于维护联邦国家的完整和统一（至少就国家拥有的筹集资金的能力而言）。[41]

内战，来自新英格兰的社会批评家奥雷斯蒂斯·布朗森评论说，迫使美国第一次面对了有关自己的民族性含义的问题。"在所有的国家中，"布朗森在 1865 年写道，"没有国家比美国更需要拥有一种关于自身的完整知识，没有任何国家比它更缺乏这种对自身的认识。它对于作为一个民族的存在缺乏一种特有的意识。"然而，战争改变了这一切。尤其是在《解放奴隶宣言》赋予了联邦政府一种不容置疑的道德目的之后，共和党人将联邦国家的不断成熟颂扬为内战所带来的令美国最受益的结果之一。"这个国家的

---

[41] Peter D. Hall, *The Organization of American Culture, 1700-1900* (New York, 1982), 227; Paul B. Trescott, "Federal Government Receipts and Expenditures, 1861-1875", *JEcH*, 26 (June 1966), 207; U.S. Bureau of the Census, *Historical Statistics of the United States, Colonial Times to 1970* (Washington, D.C., 1975), 1104; Ari Hoogenboom, *Outlawing the Spoils: A History of the Civil Service Reform Movement 1865-1883* (Urbana, Ill., 1961), 1-5; Richard E. Bensel, *Sectionalism and American Political Development 1880-1980* (Madison, Wis., 1984), 61-67.

政策,"参议员约翰·谢尔曼在为新的货币和银行体制进行辩护时声称,"应该尽可能将所有一切变成全国性的,赋予我们国家一种民族国家的身份,我们也因此有理由热爱我们的国家。"[42]

在国会里,谢尔曼的民族主义思想首先为激进共和党人所拥抱,后者曾提倡赋予联邦政府反对奴隶制的强大权威,并支持将这种扩大的联邦权威延伸到其他领域之中——如对州银行发行的银行票据征税等。在针对法案初稿发表评论时,激进共和党人的报刊芝加哥《论坛报》宣称,美国政府需要向世界展示,它"有信心获得本国公民的支持,并能将个人对于国家的责任作为一种必须征收的(公民)欠款"。这些观点得到了北部改革者和知识界的强烈支持。在一片对内战和权力新近获得扩大的联邦国家的支持声中,内战前废奴主义者原本坚持原则性个人主义,他们也曾经因为奴隶主势力主导联邦政府而对其抱有反感,这一切都暂时被淹没了。对于改革者来说,国家变成了"自由的监护者",有些人甚至质疑,各州是否还有继续存在下去的必要。改革派在围绕奴隶制的辩论中所发展出的信念,即地方权威而不是国家权威对自由构成了更大的威胁,为战争所证实(改革派的信念令人震惊地推翻了被写入《权利法案》之中的建国之父的信仰,即集中化权力将成为个人自由的主要威胁)。在这场民族主义情绪的全面宣泄中,一份1865年由废奴主义者所创办的杂志非常醒目地使用"民族"作为自己的刊名,并在第二期宣称:

---

[42] Orestes Brownson, *The American Republic* (Boston, 1865), 2; Hammond, *Sovereignty*, 333.

战争的问题标志着一个民族性在不同民主的形式下得以凝聚的时代……这个民族所拥有的领土、政治和历史一体性此刻通过她成千上万的子孙的鲜血得以批准……这场战争的主要问题在于(在)一个统一和不可分割的民族国家与一个由独立州组成的松散和变动不居的联盟(之间做出选择)。[43]

如同以前从未发生过的一样,内战将北部改革者的能量动员起来,给他们的生活注入了一种新的使命感。战争尤其激发了妇女志愿事业的蓬勃生长。妇女志愿活动主要集中在美国卫生委员会所组织的工作中。卫生委员会组织起针对士兵的医疗救助和其他服务活动,并试图帮助政府应对获得解放的黑人因贫困无助而呈现的巨大的挑战。在整个北部,地方社团动员了总共20万妇女,参加到筹集资金、为士兵捐募补给和为自由民捐赠书籍、衣物和食品的活动中。尽管这些组织的最高决策层仍然由男性掌控,但战争年代提高了妇女参与公众事务的兴趣,赋予她们一种独立和成就感,并为她们提供了建构组织方面的训练。在战争结束时,自由民资助运动已经输送了大量现金、1000多名主体为妇女的教师队伍,为20万名南部的黑人学生提供了最初的教育。这一经

---

[43] Allan G. Bogue, *The Earnest Men: Republicans of the Civil War Senate* (Ithaca, N.Y., 1981), 313-325; Chicago *Tribune*, August 5, 1862; George M. Fredrickson, *The Inner Civil War: Northern Intellectuals and the Crisis of the Union* (New York, 1965); Harold M. Hyman, *A More Perfect Union: The Impact of the Civil War and Reconstruction on the Constitution* (New York, 1973), 382; *Nation*, July 13, 1865.

验为战后的妇女改革运动留下了一笔颇为复杂的遗产。它产生了一代妇女运动的领袖人物——如艾奥瓦州的安妮·维滕迈耶,她后来成为基督教妇女禁酒联盟的第一任会长;还有在纽约州各种慈善机构中扮演重要角色的约瑟芬·肖·洛厄尔——她们都认为妇女应该将自己的能量投入到推动社会福利的活动中。与此同时,虽然战前的妇女选举权运动几乎陷于停顿,战争却扩大了另外一支妇女队伍的人数,这些妇女对自己所处的屈从男性的法律和政治地位表示不满,并相信她们为联邦胜利和奴隶制终结所做出的贡献应该为她们赢得投票的权利。[44]

如果说战争为妇女打开了机会的大门,它也给自由州内的那个人数不多但备受歧视的黑人群体带来了更为彻底地改变自己生活状况的希望。1860 年,北部黑人的人数不到 25 万人,仅占北部人口的 2%,但他们在生活的各方面都遭遇种族歧视。他们在大多数州内不能参加投票,不能接受教育和使用公用设施,就业被限制在体力劳动行业之中,居住在纽约、费城和辛辛那提等大城市中的最为贫困和最不健康的地区,在自由州内生活的他们天天感受到与蓄奴州内同样的无处不在的种族偏见,到 19 世纪 50 年

---

[44] Robert H. Bremner, *The Public Good: Philanthropy and Welfare in the Civil War Era* (New York, 1980), 37-54, 94-96; Ronald E. Butchart, *Northern Schools, Southern Blacks, and Reconstruction: Freedmen's Education, 1862-1875* (Westport, Conn., 1980), 3-6; McPherson, *Struggle for Equality*, 171-172; Rejean Attie, "'A Swindling Concern': The United States Sanitary Commission and the Northern Female Public, 1861-1865" (unpub. diss., Columbia University, 1987); Steven M. Buechler, *The Transformation of the Woman Suffrage Movement: The Case of Illinois, 1850-1920* (New Brunswick, 1986), 4-5, 65; Ruth A. Gallagher, "Annie Tyler Wittenmyer," *Iowa Journal of History and Politics*, 29 (October 1931), 518-569.

代时,许多北部黑人为在美国生活中找寻到一个安全、平等的栖身之处而时常陷入绝望之中。的确,自由州与蓄奴州之间的政治冲突似乎更加深了北部的种族焦虑。随着政治反奴运动在19世纪四五十年代的兴起,白人至上主义思潮也相伴而起,后者成为了北部民主党的核心原则之一,而艾奥瓦、伊利诺伊、印第安纳和俄勒冈等州做出决定,对黑人完全关闭本州边界,这一举动反映出一种恐惧心理,即一旦奴隶制被削弱,北部将面临大量黑人移民入侵的浪潮。[45]

规模不大的黑人领导层由牧师、职业人士和废奴团体的成员组成,他们在寻求狠狠打击奴隶制的同时,也一直在寻求改善北部黑人生活状况的方法。大部分人接受被一位历史学家称作"伟大传统"的思想,即对美国主义的信仰,坚持认为黑人是美国的一个内在组成部分,有权享有白人公民享有的权利和机会。自由黑人得到的忠告是,尽力摆脱体力劳动的行业,接受教育并让孩子接受教育,道德生活上做到无可指责,从而能够"提升"种族,驳斥黑人低贱的说法,展示他们值得享有公民权的价值。在19世纪50年代,越来越多的黑人领袖开始提倡美国黑人移居非洲和加勒比海地区的建议,一方面反映出一种处于萌芽状态的种族民族主义思想,另一方面则表现了黑人对于在美国的未来所抱有的悲观态度。福特·道格拉斯则全面拒绝了"伟大传统"的忠告,他在一次黑人大会上一针见血地指出,奴隶制绝不是美国生活中一

---

[45] Leon F. Litwack, *North of Slavery: The Negro in the Free States, 1790-1860* (Chicago, 1961).

种偏离或一种"异类元素",相反,奴隶制得到了建国之父们的支持,而且"完完全全地与美国人民的热情与偏见交织在一起"。[46]

内战终结了19世纪50年代的悲观情绪,并转而带来一种新颖的爱国主义精神,恢复了北部自由黑人对美国社会的信仰。即便在《解放奴隶宣言》颁布之前,加利福尼亚的一位黑人已经预见到他的民族将迎来新时代的曙光:

> 我们中间的一切都预示我们的情况会发生变化,[我们必须]为在一个与过去不同的环境中采取行动而做好准备……我们与这个政府的关系每天都在发生变化……旧事物正在消失,旧的偏见最终也将随之而去。革命已经开始,只有时间才能决定它何时才能结束。[47]

奴隶解放进一步转换了黑人对于美国民族性的反应,至少在这一代人内,给殖民海外的思想判了死刑。颇具象征意义的事件则是,曾在19世纪50年代推动殖民海外并被称为"黑人民族主义之父"的马丁·德莱尼,不仅为联邦军队招募黑人士兵,自己最终也加入其中。"我为自己是一名美国公民而感到自豪",黑人废奴主义

---

[46] Harding, *There Is a River*, 117-139, 172-194; George A. Levesque, "Boston's Black Brahmin: Dr. John S. Rock," *CWH*, 26 (December 1980), 337-342; Frederick Cooper, "Elevating the Race: The Social Thought of Black Leaders 1827-1850", *American Quarterly*, 24 (December 1972), 604-626.

[47] Harding, *There Is a River*, 233-235; David M. Katzman, *Before the Ghetto: Black Detroit in the Nineteenth Century* (Urbana, Ill., 1973), 47; James M. McPherson, ed., *The Negro's Civil War* (New York, 1967), 251-252.

者罗伯特·珀维斯在 1863 年 5 月宣称,他回忆起当联邦政府是"一个实施奴隶制的寡头政府"的时候,自己曾经将其斥责为地球上一种"最卑鄙的暴政"。弗雷德里克·道格拉斯在他的一生中都竭力推崇"伟大传统"的教诲,此刻成为美国黑人的最主要代言人。他在白宫受到欢迎,他的讲话也被北部报刊广泛地报道;道格拉斯相信,他自己的生活经历展示出,美国有可能超越种族主义、迈进到一个建立在普遍人权原则之上的社会之中。在整个战争期间,道格拉斯始终认为,奴隶解放的自然和必然结果一定是:终止一切形式的肤色歧视、建立法律面前人人平等的体制和赋予黑人以投票权,即将所有黑人"完全而完整地"吸纳到"伟大美国家庭的怀抱之中"。[48]

在 1864 年 10 月举行的一次黑人代表大会也反映了被内战重新点燃的乐观主义。至此,奴隶制的灭亡已经势在必行,黑人军队已经在战场上展现了他们的价值与勇敢。在锡拉丘兹参加这次会议的 145 名黑人领袖包括了理查德·凯恩、弗朗西斯·卡多佐、乔纳森·莱特等,他们都将成为重建时期南卡罗来纳州的领袖人物;还包括了后来成为佛罗里达州州务卿的乔纳森·吉布斯。黑人代表大会的精神与"伟大传统"的思路十分接近。亨利·海兰·加尼特重申他对"黑人民族性"的信仰,但他孤掌难鸣,他的声音被淹没在一片对"这个政府的根本原则"和"得到认可的美国思想"的热烈支持中。最终由道格拉斯执笔起草的大会决议反映出他对解决黑人问题的优先秩序的思考——废除奴隶制、争

---

[48] Philip S. Foner, ed., *The Voice of Black America* (New York, 1975 ed.), 1:293-294, 318; Foner, ed., *Douglass*, 3:292, 348-352, 396.

取法律平等和争取获得选举权——大会建立起一个全国平等权利联盟，并在各州设立分支来推动这些目标的实现。大会对经济问题的讨论十分稀少，这反映出内战前经济自助传统的影响，大会敦促获得解放的自由人要勤俭生活，积累财富，加强宗教和道德上的自我修养。一位代表遗憾地表示，自由民的物质利益"没有得到大会足够的重视"。[49]

尽管如此，黑人全国大会动员起一场黑人针对北部种族界限的批判运动，在战争的最后几个月中，赢得了规模有限但令人印象深刻的几个胜利。1865年2月，来自波士顿的约翰·罗克成为第一位可以进入联邦最高法院行使律师职责的黑人律师。（仅在8年前，最高法院在德雷特·斯科特案中拒绝承认黑人可以成为美国公民。）北部的种族障碍开始缓慢地倒塌。1863年，加利福尼亚第一次准许黑人在刑事案件中出庭作证；1865年初，伊利诺伊废除了禁止黑人进入本州、担任陪审团成员和出庭作证的法律，俄亥俄州也废除了本州最后一部带有歧视性的"黑人法律"。1865年5月，马萨诸塞州通过了美国历史上第一部综合性公用设施法律。这部法律的起因与罗伯特·斯莫斯在费城搭乘公用街车的经历有关。三年前，斯莫斯曾将一艘名为"种植者"的敌船从查尔斯顿海湾夺走，因此成为内战的黑人英雄。1865年1月，他在费城乘坐公用街车时被驱逐，不得不步行几英里返回正在检修"种植者"号的船厂，这一事件使北部的种族隔离交通成为了一个全国关注的问题。尽管费城的黑人和白人同盟者，包括银行家

---

[49] *Proceedings of National Convention of Colored Men Held in the City of Syracuse, N. Y.* (Boston, 1864), 4-6, 15, 19, 26, 44-62; Harding, *There Is a River*, 246-249.

杰伊·库克在内,联手合作,但费城交通系统种族隔离制度直到1867年才废除,而纽约、旧金山、辛辛那提和克利夫兰等城市则在内战期间废除了乘坐公用街车的种族隔离规定。[50]

在奴隶解放、黑人服兵役以及北部黑人抗议的压力之下,种族偏见有所让步,但并没有终止。在黑人选举权问题上,没有任何其他北部州加入到新英格兰5个州的行列中,后者在内战前就允许黑人以与白人同等的资格参加选举投票。但对于改革派来说,早期的进步预示着新生的共和国将从战争中逐渐浮现出来。"既然上帝已经将奴隶制判处死刑,"公理会牧师爱德华·比彻宣称,"他也打开了将我们的社会体制进行救赎和变得神圣化的通道。"这个转型的关键在于,为黑人制定尚需界定的法律平等的规定,以及南部的"再生",用弗雷德里克·道格拉斯的话来说,即将"北部更高级的文明"移植到南部去。[51]

共和党人将一种意识形态带入内战之中,这种意识形态基于自由劳动相对于奴隶劳动更为优越的信念之上,这一信念勾画出北部社会的特有素质,即北部社会能够为工资劳动者提供上升成

---

[50] Philip S. Foner and George E. Walker, eds., *Proceedings of the Black State Conventions, 1840-1865* (Philadelphia, 1979), 1:164-166, 349, 2:14; Levesque, "Rock", 336; Robert J. Chandler, "Friends in Time of Need: Republicans and Black Civil Rights in California During the Civil War Era", *Arizona and the West*, 11 (Winter 1982), 329; Roger D. Bridges, "Equality Deferred: Civil Rights for Illinois Blacks, 1865-1885", *JISHS*, 74 (Spring 1981), 82-87; Milton R. Konvitz, *A Century of Civil Rights* (New York, 1961), 155-156; Okon E. Uya, *From Slavery to Public Service: Robert Smalls 1839-1915* (New York, 1971), 26-27; Philip S. Foner, "The Battle to End Discrimination Against Negroes on Philadelphia Streetcars", *PaH*, 60 (July 1973), 261-290, (October 1973), 355-379.

[51] H. Richard Niebuhr, *The Kingdom of God in America*, (New York, 1959), 157; Foner, ed., *Voice of Black America*, 1:321-324.

为经济自立的农场主或手工匠人的机会。在战争开始的时候,林肯将这场斗争坚定地放在自由劳动的意识形态语境之下来解释。他认为,奴隶制象征着工人的条件应该永远保持不变,而在北部,与之相反的是,"一个自由人终身被钉牢在雇工位置上的事情绝不存在……男人和他们的家庭在自家的农场上和自己的作坊里为自己工作,自己享受所有的产品,不需要向资本势力或劳工或奴隶给予任何好处"。这样的社会愿景因为工业革命和一个永久性工资劳工阶级的出现而变成过时的理想了。事实上,内战在伸张自由劳动意识形态的同时,也在强化另外的趋势,这些趋势无情地转化了使自由劳动意识形态得以产生的小生产者社会,而且战争也将破坏自由劳动意识形态赖以生存的社会期望。"我们中间最年轻的人,"废奴主义者温德尔·菲利普斯在1864年写道,"将再也看不到我们出生的那个共和国了。"[52]

然而,此时此刻,对于林肯和其他数以百万计的小镇和乡村男女来说,那个产生自由劳动意识形态的世界与他们个人的生活经历是如此的接近,它给他们的所有期待又是如此的真实,而这些人仍然是北部人口构成的大多数,这一意识形态因而具有广泛的合理性。在北部胜利的支持下,经历了内战磨炼的自由劳动意识形态将被进一步强化,被视为是好社会的一种界定标准、共和党政策的一个基本支柱,以及开启关于战后南部问题讨论的一个出发点。数十年来,反奴运动以自由劳动的思想对奴隶制进行了

---

[52] Eric Foner, *Free Soil, Free Labor, Free Men: The Ideology of the Republican Party Before the Civil War* (New York, 1970), 11–72; Richardson, ed., *Messages and Papers*, 5:122; *Liberator*, May 20, 1864.

无情的判罪：自由体制意味着繁荣与进步；奴役体制只会孕育停滞不前。此刻，一个新的前景展现出来：在一个富有、民主和奉行自由劳动价值观的南部，小农场取代了大种植园，而北部资本和移民给其带来充足的活力。"让我们拥有如此的和平，"芝加哥《论坛报》在战争即将结束时曾如此兴奋地欢呼道，"南部将永远为自由劳动者开放。"主持这一转型进程的将是一个具有仁慈之心和巨大权力的联邦国家。随着"整个大陆向自由劳动和北部企业开放"，在《解放奴隶宣言》颁布两天之后，一家废奴主义杂志这样欢呼道："无论我们如何想象，我们都不会过度夸大美利坚共和国的光荣与权力。它的伟大将使全世界黯然失色。"[53]

这样，内战巩固了联邦国家的坚强与团结，并通过对奴隶的解放，一方面将联邦国家与人类的总体利益联系起来，在更为现实的一面，将联邦国家与一个由多元化群体和阶级构成的联盟联系起来。无论是正在出现的工业资本家阶级、共和党的支持者、改革事业中的男女志士，还是要求在美国生活中获得新地位的北部黑人群体——所有这些群体都有理由来拥抱战争带来的变化。但同样的变化也激发起战时反对派在战后世界中发出自己的抗议。工业资本家和债券拥有者在战时的致富，在劳工眼中，并非通过公平竞争所得，而他们自己的实际收入因为通货膨胀而大大缩水。联邦国家得以巩固和扩展的进程与备受珍惜的地方自治和文化多元传统发生了冲突。北部黑人境况的些微改善，还不用说奴隶解

---

[53] Mark M. Krug, *Lyman Trumbull: Conservative Radical* (New York, 1965), 257; *National Anti-Slavery Standard*, January 3, 1863.

放所包含的巨大变化，都会引发白人至上主义思想的倡导者们发起卑劣的反击。

对许多北部的工人而言，内战是一场经济灾难，纸币泛滥和递减税收制的实施导致他们真实工资的大幅降低。工资虽然上涨，但无法与通货膨胀保持平衡。技能工人比其他工人的日子要好过一些，尤其是在与政府合同有关联的工业中，还曾一度出现过短暂的劳工短缺。正如制铁大王艾布拉姆·休伊特解释的，"资本家让步了，如果政府是他的顾客，他会让政府受苦。"但对于非技能工人和独立的手工匠人来说，实际收入则直线下降。1857年的经济萧条曾摧毁了当时的劳工运动，此刻战时的情况带来劳工运动的新生。纽约、芝加哥、圣路易斯、旧金山和其他城市都出现了多族裔、横跨全市的劳工组织，在威斯康星等州，战前几乎未听说过罢工，此刻罢工变成了十分常见的现象。在圣路易斯，劳工拥有的《每日新闻》于1864年创办，起因源自印刷工人的一次罢工，拥有2万份发行量，曾帮助组建了一个当地的劳工政党，该党在1865年的市长竞选中赢得了三分之一的票数。[54]

---

[54] David Montgomery, *Beyond Equality: Labor and the Radical Republicans 1862–1872* (New York, 1967), 91–92; Philip R. P. Coehlo and James F. Shepherd, "Regional Differences in Real Wages: The United States, 1851–1880", *Explorations in Economic History*, 13 (April 1976), 212–213; Reuben A. Kessel and Armen A. Alachian, "Real Wages in the North during the Civil War: Mitchell's Data Reinterpreted", *Journal of Law and Economics*, 2 (October 1959), 95–113; *U. K. Parliamentary Session Papers*, 1867, 32, c. 3857; Frederick Merk, *Economic History of Wisconsin During the Civil War Decade* (Madison, Wis., 1916), 162–163; David Roediger, "Racism, Reconstruction, and the Labor Press: The Rise and Fall of the St. Louis *Daily Press*, 1864–1866", *Science and Society*, 42 (Summer 1978), 156–164.

但总体来说，作为这一时代最为著名的保守体制，在收获反对战争带来的变化的政治成果方面，民主党是最大的受益者。在共和党人眼中，民主党本身带有不忠于联邦国家的污点，又无法拿出一套可以取代林肯政府的政策（它在整个内战时期，用一位历史学家的话来说，始终以一个"否定党"的身份存在），它的存活一方面令人感到有些意外，但另一方面也证明，一些根深蒂固的传统即便面临战争的威胁也继续具有顽强的生命力。虽然一部分著名的"主战民主党人"弃党而去，党内还经历了一次内部分裂——一部分人支持战争努力，但保持对具体的政府政策的批评，另一部分人则鼓吹与南部立即讲和——但该党仍然做到了基本上完好无损。它的主要力量集聚在俄亥俄河流域的"灰胡桃"种植区*，那里与南部在地理上毗连，没有享受到战时经济扩张的惠顾；该党在都市天主教移民和那些仇视完美主义改革传统的选民中间也很有根基，因为两者都抱有一种捍卫同质文化的冲动。[55]

要将这些群体联合起来，民主党建构了一种在19世纪50年代发展出的意识形态，它将共和党视作经济特权和政治集权的代理人，指责其对个人自由和有限政府的传统构成了威胁。民主党人批评说，林肯政府的经济政策以牺牲农场主和劳工的利益为代价，使得北部资本家致富，并造就了一个巨大的、不劳而获的寄

---

* 也指同情南部的北部人居住的区域。——译者

[55] William R. Brock, "Reconstruction and the American Party System", in George M. Fredrickson, ed., *A Nation Divided* (Minneapolis, 1975), 84; Montgomery, *Beyond Equality*, 45–58; Joel Silbey, *A Respectable Minority: The Democratic Party in the Civil War Era* (New York, 1977), 56–59, 91–112, 149–154, 166–172.

生虫群体——其中最为引人注目的是债券持有者和股票市场的投机者——对"辛勤劳作的穷人"造成了伤害。在战争期间，民主党人利用保护性关税的不平等、高额铁路货运运费和州与联邦政府向私人公司提供的资助等为基础，进一步完善了它意识形态中的经济内容，从而在此后许多年为农场主的抗议运动提供了大量的思想武器。联邦政府动用军队来镇压罢工，这一举动在许多工人看来，正是活生生的政府偏袒资本的例子，而民主党则从这种普遍不满中受益甚多。联邦军队曾被派往纽约州科尔德斯普林去镇压在一家军工厂进行的罢工，也禁止圣路易斯军需生产工业的工人组织起来的活动。联邦军队还以镇压抵制征兵活动的名义，在宾夕法尼亚州斯库尔基尔县实施占领，这是美国无烟煤产量最高的区域，当地的移民工人为抗议共和党矿主削减工资的决定而举行罢工，军队对这次罢工予以镇压。[56]

白人至上主义的思想为民主党联盟提供了最后的意识形态黏合剂。打种族牌的做法有时采用间接的方式。民主党的口号"捍卫现在的联邦，捍卫过去的宪法"带有心照不宣的话语，（宪法中所指的）黑人在过去——是奴隶。有的时候，种族口号的使用又是非常直接的。"奴隶制已经死了，"辛辛那提《探索者报》在战

---

[56] Silbey, *Respectable Minority*, 25–27, 70–82; New York *World*, March 19, 1867; *CG*, 39th Congress, 1st Session, 154; Frank L. Klement, "Economic Aspects of Middle Western Copperheadism", *Historian*, 14 (Autumn 1951), 27–44; Montgomery, *Beyond Equality*, 98–101; Grace Palladino, "The Poor Man's Fight: Draft Resistance and Labor Organization in Schuylkill County, Pennsylvania, 1860–1865" (unpub. diss., University of Pittsburgh, 1983).

争结束时宣称:"但黑人并没有死,这是不幸的。"在《解放奴隶宣言》的刺激下,民主党人对黑人即将如洪水般涌入中西部的想象做了令人不寒而栗的诸多描述。在印第安纳州,一群民主党妇女在一次选举开始前举行游行,打出的标语是:"父亲们,将我们从黑鬼丈夫手中拯救出来吧。"如同当时正在为一家法国报纸报道重建的乔治·克列孟梭在战后所观察到的,"任何民主党候选人,如果不想方设法传递出黑人是一个低等大猩猩的隐喻的话,那他会被看成是缺乏热情。"[57]

所有的反战因素及其引发的后果突然在1863年7月集聚一处,在令人感到极为恐惧的几天内集中爆发出来,这就是发生在纽约市的反征兵骚乱。这是除了南部的反叛之外,美国历史上发生的最大一次公民叛乱。骚乱的起因是对联邦政府强制征兵行动表示不满——征兵行动被看成是联邦权力扩张的完美例子,加上300美元代偿金的规定(即交付300美元代偿金的人可以免于兵役),征兵法更被看成是一项"阶级立法"。但这次骚乱反映的还有对正在出现的工业资产阶级和共和党的愤怒与不满,后者被视为前者的附庸,同时也反映出对奴隶解放、废奴主义者和黑人的充满暴力情绪的敌视态度。

1863年的纽约市掌控了南部棉花贸易,并通过伊利运河与西部建立起联系,其地位上升,成为美国的商业中转港和最显赫的

---

[57] Forrest G. Wood, *Black Scare: The Racist Response to Emancipation and Reconstruction* (Berkeley, 1968), 18–34; J. A. Lemcke, *Reminiscences of an Indianian* (Indianapolis, 1905), 196; Georges Clemenceau, *American Reconstruction*, edited by Fernand Baldensperger, translated by Margaret MacVeagh (New York, 1928), 131.

制造业中心。但它也是一个为阶级、族裔和政治势力所分割的城市；纽约拥有一个内部封闭的新教商业和制造业精英群体，该群体通过联邦联盟会俱乐部与政府的战争努力保持一致；有一个庞大的由技能工人和手工匠人组成的群体，还有一个巨大的赤贫移民工人阶级，后者与民主党人结盟。纽约隐藏着各种各样的反战情绪，从类如银行家奥古斯特·贝尔蒙特这样既反对林肯政府又反对邦联的富有的民主党人，到喜好发表哗众取宠的亲南部言论的前市长费尔南多·伍德和像纽约《高加索人》杂志在内的宣扬极端种族主义思想的报刊，应有尽有。

骚乱开始是对征兵办公室发动攻击，随后迅速演变成一场对所有由共和党和内战创造的新秩序象征物的全面破坏。骚乱者攻击的对象包括政府官员、工厂和船坞（有些船坞是最近进行过罢工的地方）、城市共和党精英分子的豪华住宅等，还烧毁了黑人孤儿院这样具有改革象征精神的机构。最终，骚乱变成了一场事实上的种族大屠杀，无以计数的黑人在街上被杀害，或被驱赶到中央公园去寻求避难所，或穿过哈德逊河前往新泽西避难。马蒂·格里菲斯是一名白人废奴主义者，她从窗户上观看到，移民工人阶级——或者用她的话说，"那些长相怪异的、卑劣的、被人抛弃的家伙们从他们的巢穴中哗哗啦啦地冲出来"——占领街头，以难以想象的残酷对本城的黑人施行暴力：

> 一个3岁的孩子被从4楼的窗户中扔了出来，立刻在地上摔死。一个小时之后，一个被囚禁的妇女被打得遍体鳞伤，她手里抱着一个柔弱的婴儿⋯⋯婴儿被从母亲的怀抱中抢走，

扔在地上,孩子的脑浆就溅洒在被打伤的母亲面前。男人们则被放在慢火上烧烤。

只有当刚在葛底斯堡赢得胜利而赶来的联邦军队到达之后,城里的秩序才得到恢复。[58]

骚乱将埋藏在城市生活表面下的阶级和种族紧张关系暴露出来,这些紧张关系被战争经历变得更为激烈和恶化,在骚乱被平息之后很长一段时间里,纽约的精英阶层始终感到惶惶不安,骚乱让人随时感到一个"危险的阶级"所具有的威胁的存在,而这个阶级的存在又不能继续被忽视。骚乱推动了联邦同盟会和其他的精英组织联手改造城市政府,强化秩序的力量,改善纽约市黑人人口的生活状况。一些公司公开宣布,它们将用黑人工人取代爱尔兰裔工人,联邦同盟会成功地废除了纽约市有轨交通的种族隔离规定,1864年8月,纽约市组织起一场盛大的欢迎黑人士兵的活动,《纽约时报》评论道,这种情形与8个月前"将本城的非洲人直接像野兽一样的驱赶"的情况相比,简直是"令人震惊的"变化。[59]然而这些活动并没有抹去关于在7月的4天里一群暴民

---

[58] Paul Migliore, "Business of Union: The New York Merchant Community and the Civil War" (unpub. diss., Columbia University, 1975), Chapters 1-3; Montgomery, *Beyond Equality*, 103-106; Adrian Cook, *The Armies of the Streets: The New York City Draft Riots of 1863* (Lexington, Ky., 1974); Mattie Griffith to Mary Estlin, July 27, 1863, Estlin Papers, Dr. Williams's Library, London.

[59] Migliore, "Business of Union", Chapter 7; Henry W. Bellows, *Historical Sketch of the Union League Club of New York* (New York, 1879), 55-57; *New York Times*, March 7, 1864.

占领了美国商业首都的记忆。这些事件也没有抹去纽约骚乱提出的令人困惑的问题：一个种族仇恨如此根深蒂固的社会能否保障获得解放的奴隶能够享有正义？当北部本身因为内战所带来的变化而遭到如此残酷的分裂的时候，用北部的形象来重建南部的活动意味着什么？

如同邦联内部的内战一样，征兵骚乱凸显了一个事实，即对于南北来说，内战的遗产充满了模棱两可的内容。"令人感到高兴的是，"一份废奴主义杂志在1863年宣称，"当事件推动革命走上自己的生涯之后，想要停止这些事件的进程……已经不在人的权力范围之内。"然而，内战最为明显的遗产——联邦的保存和奴隶制的废除——提出来一堆没有答复的问题。它们所带来的战时结果——一个更为强大的联邦国家和一种日渐生长的黑人应该享有某种公民平等的意识——也带来它们的反对趋势，如地方主义、自由竞争和种族主义，这些一直在19世纪美国生活中长期存在的力量，此刻又重新抬头。[60]

然而，所有的美国人共同感受到，他们经历了那些改变他们世界的事件。"我觉得三四年前南部报纸发表的文章已经十分的古老陈旧……，"纽约人乔治·坦普尔曼·斯特朗在1865年的日记中坦白道，"我们从那之后过了一个世纪的共同生活。"内战将一

---

[60] *National Anti-Slavery Standard*, January 10, 1863; Keller, *Affairs of State*, 39–42. 尽管（除了捍卫联邦和奴隶解放之外）内战没有产生出一个现代意义上的从联邦角度追求种族平等的"第三个战争目标"（这一观点后来被C.范恩·伍德沃德收回），但在战争结束时，致力于为所有公民争取公民平等已经成为共和党人内部的普遍共识。C. Vann Woodward, *American Counterpoint* (Boston, 1976), 159–162; Belz, *New Birth of Freedom*, 25–30.

直成为这一代人生命中的主要事件,将创造和巩固他们的政治忠诚,带有尚武画面的语言(从救世军到"工业领袖")将渗透在生活之中,界定从国家的财政体制到前奴隶的权利等一系列问题的内容与范围,而这些问题将影响未来的政治辩论。[61]

这样,两个各自内部处于分裂状态的社会,进入重建的岁月之中,将共同面对内战带来的各种结果。如同来自伊利诺伊的新闻记者和政治家悉尼·布里斯所观察到的,所有美国人"必须生活在战争所创造的世界之中"。[62]

---

[61] Allan Nevins and Milton H. Thomas, eds., *The Diary of George Templeton Strong* (New York, 1952), 3:601, 4:14.
[62] Hyman, "Reconstruction and Political-Constitutional Institutions", 1.

第 二 章
重建的预演

战时重建的困境

内战留下的遗产无数，但重建的核心内容最终却是由一系列最具有分裂性的问题构成的。战败的邦联应在何种条件之下重返联邦？谁来设置这些条件，是国会，还是总统？用什么样的劳动力制度来取代种植园奴隶制？在南部和整个国家的政治和社会生活中，黑人应该处于什么样的位置？这些和其他问题早在战争打响的第一天就被提出，随着奴隶制的迅速瓦解和北部获胜希望的增加而变得日益紧迫。但有一个从战争中诞生的结论是没有争议的：重建后的南部将一定是一个没有奴隶制的社会。即便如此，这一结论也提出了与它需要回答的同样多的问题。

《解放奴隶宣言》不仅永久性地改变了内战的性质，也转换了重建的问题。它实际上宣称，即便反叛的南部各州在理论上仍然是联邦的一部分，如同林肯所坚持认为的那样，但它们不可能在不承认奴隶制已被废除的情况之下继续维系从前的位置——这一前提条件预示着南部社会和政治将发生具有深远影响的变化。但自他宣布解放奴隶到他提出第一个关于重建的全面计划，林肯用了将近一年的时间。在1863年12月8日颁布的《大赦与重建公告》中，林肯对那些以宣誓方式来保证未来将忠于联邦并保证接受废奴事实的南部反叛者予以完全赦免，恢复了他们享有的"除（拥有）奴隶之外"的所有公民权利。有几个包括邦联政府的高级文职和高级军官在内的群体则被排除在赦免之外。在南部任何一州，通过这一程序得以恢复公民身份的南部人，在人数达到该州1860年选民人数的十分之一时，可以组建新的州政府。新的州宪法必须废除奴隶制，也准允制定关于黑人的临时性法律，但法律应该"与黑人现在作为一个无土地、无家庭的劳动力阶层的情况保持一致"。由此建立的新的州政府将有资格恢复自己在华盛顿的国会代表权，但林肯同时极为谨慎地规定，国会两院将保留审查各自成员资格的权力。

为数不多的废奴主义者对这项后来被称为"十分之一计划"的方案提出批评，认为它没有包含关于选举权和法律平等的条款，也没有对黑人在重建进程中应扮演的角色进行界定。温德尔·菲利普斯指出，重建宣言"给了奴隶自由，但却把他们忘在了脑后"。显然，此刻的林肯并没有将解放看作是一场社会革命，或相信重建必然要带来废除奴隶制之外所要求的社会和政治改革。他似乎相信，在南部的前辉格党人中，尽管许多人是大奴隶主，但他们参与退出联邦的运动并不是心甘情愿的，所以这批人会站出来，接受他开出的宽大仁慈的条件。加入黑人选举权的要求则无疑会疏离他们，相反，间接地邀请他们回归联邦并参与管理和规范奴隶们走向自由劳工的进程，对他们来说也许是具有吸引力的。

在后来的实施中,尤其是在路易斯安那州,这一计划很快引起了激进共和党人的反对,但在公布之时,它并没有遭遇任何反对意见。因为在 1863 年的时候,林肯与激进派在一个关键问题上,即奴隶解放是否必须成为重建的一个前提条件,拥有一致的立场。对于两者来说,界定南部忠诚的底线,已经不再是它回归联邦的意愿,而是对奴隶获得自由这一事实的接受。[1]

如果将"十分之一计划"看成是一个林肯打算坚持到底的不可变通的政策,那将是错误的。与其将它看成是一种对重建后的南部的设计,不如将它视为一种企图缩短战争进程、巩固白人对奴隶解放的支持的战略设计。作为正常运作的政府,那些在林肯重建宣言下建立起来的州政府,在行使权威方面将处于一种近乎荒谬的状态之中。正如纽约《世界报》所称的,由几千名选民来控制这些州的命运,这些州不过是一堆倒立的金字塔。将黑人和反叛联邦的大多数南部白人排除在外,这一计划不会给南部带来稳定的政府。但从严格的军事角度来看,如果 1860 年的选民中有十分之一宣布终止他们对邦联政府的效忠,这将是一种成就,将会扩大联邦的战斗力,打击邦联政府继续战斗的决心(同时,还有一个附带的收获,即可能在 1864 年为共和党阵营增加几张总统

---

[1] James D. Richardson, ed., *A Compilation of the Messages and Papers of the Presidents 1789–1897* (Washington, D.C., 1896–1899), 6:190, 213–215; Herman Belz, *Reconstructing the Union: Theory and Practice During the Civil War* (Ithaca, N.Y., 1969), 159–164, 188; David Donald, *Charles Sumner and the Rights of Man* (New York 1970), 178–179; Kenneth M. Stampp, *The Era of Reconstruction* (New York, 1965), 32–42.

选举人票）。[2] 没有人，尤其是林肯本人，认为1863年宣言为战后南部绘制了一幅全面的重建蓝图。然而，在南部各州建立这些忠诚政府的进程具有不可预测的后果，它会在南部的亲联邦派力量中引发严重的分歧，为那些长期被政治权力排除在外的群体提供机会，激励它们的成员站出来并要求分享权力；这一进程也将激发黑人和他们的激进共和党人盟友联合起来，提出了将给南部生活带来更为深刻和深远变化的种种要求。

留在联邦内的四个蓄奴州和第五个蓄奴州的一部分领土（西弗吉尼亚）并没有受到《解放奴隶宣言》和十分之一计划的影响，然而正是在这些地方，将重建与废奴事业联系在一起而产生的革命含义，连同对改革的顽强抵制，得以首先展示出来。边界州的奴隶人数在州总人口中所占的比例远远低于南部腹地，奴隶制在地方经济中也不具备在南部腹地那样的核心位置。事实上，在战前数十年里，随着特拉华和马里兰州内的奴隶人数不断减少，特殊体制在边界州的权势和影响都处于下降之中。再往西去，在肯塔基州和密苏里州内，奴隶制在继续扩张，但所有的边界州都包含了大片的、快速发展的区域，这些区域是由自由劳动者组织的，极易受到反对奴隶制政治的影响。尽管如此，在所有的忠于联邦的蓄奴州内，奴隶主人口主宰了战前的州政治。在整个战争期间，特拉华州和肯塔基州都继续抱守日渐衰亡的奴隶制。西弗吉尼亚、马里兰和密苏里州的经历则正好相反，在这些州出现的内部重组

---

[2] William B. Hesseltine, *Lincoln's Plan of Reconstruction* (Chicago, 1967 ed.), 96–97; Harold M. Hyman, *Era of the Oath: Northern Loyalty Tests During the Civil War and Reconstruction* (Philadelphia, 1954), 44–49.

中，新的阶级掌握了权力，它们迫切希望推翻奴隶制，对州政治进行革命性变革。边界州的经历对这种将黑人参与排除在外的重建进程所具有的潜能和局限性，发出了早期的预告。

对变革的抵制在肯塔基州表现得最为强烈，该州拥有数量最多的蓄奴家庭——大多数是从事混合经济的小自耕农家庭，而并非是生产经济作物的种植园大户。在经历了1861年的短暂"保持中立"的企图之后，肯塔基坚定地留在了联邦内，但一个由亲联邦的保守派政客组成的联盟掌握了州政权，并始终坚决反对和抵制任何威胁奴隶制的联邦政策。州政府官员曾将《解放奴隶宣言》斥为违宪的，拒绝承认任何黑人以解放宣言为理由来"要求自由或假装获得了自由"。最终，是对黑人士兵的征募，而不是肯塔基州本身的任何行动，决定了奴隶制在这个"蓝草州"被推翻的命运，但在战争结束时，该州仍然有65000多名黑人处于奴隶制中。事实上，直到第十三条宪法修正案获得批准之后，奴隶制才在该州正式终结，而它的立法机构对宪法修正案的抵制一直坚持到最后一刻。[3]

肯塔基州的联邦党，在该州驻扎的联邦军队指挥官约翰·帕默将军指出，一向"是以胆小怕事而著称的"。奴隶制在此地根深蒂固的程度超过边界地区的其他任何州，而改变它的邻近州的因素或者是很微弱，或者根本就不存在。尽管该州山地地带是忠诚

---

[3] Ira Berlin et al., eds., *Freedom: A Documentary History of Emancipation 1861–1867* (New York, 1982–), Ser. 1, 1:493–518; Victor B. Howard, *Black Liberation in Kentucky: Emancipation and Freedom, 1862–1884* (Lexington, Ky., 1983); 36–61; E. Merton Coulter, *The Civil War and Readjustment in Kentucky* (Chapel Hill, 1926), 49–54, 161–181.

于联邦的,但政治上并不踊跃;当地没有(像巴尔的摩或圣路易斯这样的)重要城市,缺乏一个具有反对奴隶制才能的群体来领导改造州政治的活动;而传统的政治领导内部拥有足够的团结力度,足以抵挡任何对其权威形成威胁的势力。在边界地区的其他地方,除了不起眼的特拉华州之外,深刻的内部裂痕和战争进程结合起来,为奴隶解放和政治革命打开了大门。[4]

第一个至少部分地因自己的意愿而废除奴隶制的南部州是西弗吉尼亚,当地的黑人只占州人口的5%。在某种意义上,该州的重建始于1861年,当时亲联邦派在惠灵举行会议,谴责弗吉尼亚州退出联邦的决定,并选举了身为铁路行业律师和煤矿主的弗朗西斯·皮尔庞特为合法州长。1863年,西弗吉尼亚作为一个新州加入联邦,前提条件之一是废除奴隶制。该州举行的一次全民公决批准了这一计划,从此所有在1863年7月4日后出生的黑人享有了自由。在内战结束时,该州所有的黑人都获得了自由。[5]

西弗吉尼亚州的创建一方面代表弗吉尼亚内部存在的深层区域裂痕达到了极点,另一方面也表明该州西部区域的战前精英集团被彻底推翻,而这个集团普遍是支持退出联邦的决定的。新州

---

[4] Berlin et al., eds., *Freedom*, Ser. 1, 1:493–494; James B. Murphy, "Slavery and Freedom in Appalachia: Kentucky as a Demographic Case Study", *Register of the Kentucky Historical Society*, 80 (Spring 1982), 168; Ross A. Webb, "Kentucky: 'Pariah Among the Elect'", in Richard O. Curry, ed., *Radicalism, Racism, and Party Realignment: The Border States During Reconstruction* (Baltimore, 1969), 106.

[5] Charles H. Ambler, *Francis H. Pierpont* (Chapel Hill, 1937), 40–41, 81, 99, 162–169, 179, 202; Forest Talbot, "Some Legislative and Legal Aspects of the Negro Question in West Virginia During the Civil War and Reconstruction, Part I", *WVaH*, 24 (April 1963), 8–19.

的身份将一批政治新人推到了台前,他们由此开启了长期以来要求的民主改革,包括建立公立学校体制、无记名投票制、年度选举以及地方政府的结构改革等。负责创建这个新州的是两个对种植园主统治极为仇视的群体组成的联盟:一个群体是那些珍视他们的与世隔绝和自给自足的山里人,另一个群体是曾经支持辉格党的企业主们,后者倾向于接受自由劳动意识形态和进步的现代概念,批评弗吉尼亚种植园主阶层拖延了区域发展,并阻止该地区融入北部迅速扩张的资本主义经济之中。两个群体都支持联邦,并都对内战前的精英阶层感到厌恶,但谁也不愿意关心该州的黑人少数的权利问题。的确,只有在国会的坚持下,该州新宪法才被迫删除了禁止黑人进入该州的规定。[6]

林肯在1864年总统大选中赢得了西弗吉尼亚州。然而,该州边界的划分结果是,它不仅包括了亲联邦派居住的山地地区,也包括了地理上更为靠南的26个县,后者曾经投票支持退出联邦,共和党人因而担心,邦联士兵从战场返回之后将对自己形成威胁。在这种情况下,共和党人不是将选举权赋予本州黑人,尽管他们的人数在任何时候都是一个微不足道的少数,而是在1865年年初实施了一项限制性立法。该法要求所有选民宣誓,保证自己在过去和未来对联邦政府始终是忠诚的,如此一来,与弗吉尼亚州交界各县中的成千上万的人便失去了选举权。(在联邦军队的监视下,

---

[6] Francis N. Thorpe, ed., *The Federal and State Constitutions* (Washington, D.C., 1909), 7:4018, 4031–4032; John A. Williams, "The New Dominion and the Old: Ante-Bellum and Statehood Politics as the Background of West Virginia's 'Bourbon Democracy'", *WVaH*, 33 (July 1972), 342–352.

皮尔庞特在亚历山大里亚建立的弗吉尼亚"复原政府"也实施了一套相同的措施。1864年一个由16名代表组成的"州制宪大会"宣布在该州废除奴隶制,但将选举权的行使局限在"忠于联邦"的白人范围之内,建立起一个显然并不打算向黑人开放的公立教育体制,因为该体制的财政将来自只针对白人的税收。)[7]

在整个边界地区,战时的亲联邦政治夹杂着一大堆不同诉求的立场,有对战前地区统治集团的痛恨,还有为亲联邦白人的利益而进行民主改革的意愿,也包括了在黑人问题上拒绝推动超出奴隶解放之外的改革的不情愿,甚至包括了为保证自己对权力的掌控而不惜对前邦联参与者进行全面惩罚的计划。这一特征的政治在马里兰州表现最为明显,如同在南部其他地方一样,该州深受内部分裂的困扰。它拥有的87000名奴隶(人数几乎与该州自由黑人的人口数相等)集中居住在马里兰南部诸县中,当地大的烟草种植园与南部腹地的社会秩序十分雷同。经济上,该地区处于停滞状态,但它的政治势力却主导着州政治,原因是该州使用的仍然是一种古老陈旧的州立法机构席位分配体制,这一体制削减了巴尔的摩市及其北面和西面那些白人自耕农人口急速增长的县在州政治中的影响力。[8]

---

[7] Richard O. Curry, "Crisis Politics in West Virginia, 1861–1870", in Curry, ed., *Radicalism, Racism, and Realignment*, 83–90; Milton Gerofsky, "Reconstruction in West Virginia, Part I", *WVaH*, 6 (July 1945), 300–306; Ambler, *Pierpont*, 208–222; Thorpe, ed., *Federal and State Constitutions*, 7:3861.

[8] Barbara J. Fields, *Slavery and Freedom on the Middle Ground: Maryland During the Nineteenth Century* (New Haven, 1985), 1–22; Charles L. Wagandt, ed., "The Civil War Journal of Dr. Samuel A. Harrison", *CWH*, 13 (July 1967), 134.

自战争开始,马里兰州就处于联邦军队的占领之下,它因此也更早经历了奴隶制从内部瓦解的过程,见证了自由黑人被动员起来反对奴隶制的斗争。它同时也体验到白人人口对支持奴隶解放的观点的快速接受。一支"伟大的穿蓝色制服的军队",反奴隶制领袖休·伦诺克斯·邦德指出,在自己的身后留下了"一支伟大的思想军队"。反奴隶制思想得到了马里兰西北部小自耕农人口和巴尔的摩白人劳动者的接受。一位奴隶主看到黑人纷纷逃向联邦防线之内,并加入联邦军队时,指出这种情形正在瓦解奴隶制,然而他也注意到,"那些辛勤劳作的白人看到不劳作的白人正在失去自己的奴隶时,似乎感到非常的满意,因为主人自己很快也将因为需要而不得不到田里去工作"。与肯塔基州不同的是,马里兰产生出一位极为卓越的激进派领导人亨利·文特尔·戴维斯,他赞同自由劳动思想对奴隶制的批判,承诺奴隶制的废除将创造一个具有活力、繁荣的社会,并将它从"以占有人身为基础的财富、以贵族特权取代共和平等的体制下解放出来"。到1863年,亲联邦势力中的保守派接受了奴隶解放不可避免的现实,但认为奴隶主应该因为失去奴隶财产而获得补偿。戴维斯对此回应道:"马里兰南部的所有开垦出来的土地就是对他们的补偿,那里的所有微笑与花朵都是他们从非洲抢来的黑人辛勤劳作的结果。"[9]

---

[9] Richard P. Fuke, "Hugh Lennox Bond and Radical Republican Ideology", *JSH*, 45 (November 1979), 583-584; Wagandt, ed., "Civil War Journal", 136; Jean H. Baker, *The Politics of Continuity: Maryland Political Parties from 1858 to 1870* (Baltimore, 1973), 77-85; Charles L. Wagandt, *The Mighty Revolution: Negro Emancipation in Maryland, 1862-1864* (Baltimore, 1964), 143; Henry Winter Davis, *Speeches and Addresses* (New York, 1867), 392.

随着由联邦军队宪兵警察主持的选民忠诚宣誓活动的展开，亲联邦派深受鼓舞，决心在1863年马里兰州选举中全面推动在本州实施立即、无补偿的奴隶解放的政纲，呼吁召开州制宪大会，以开启重建本州的进程。废奴主义虽然引领了会议议程，但大会也暴露出存在已久的地域分歧和阶级对立。大会建立起一个免费的、由税收支持的公立教育体制，废除对上限为500美元价值的财产的以偿还债务为名的扣押和没收，以白人人口为基准重新分配州立法机构代表席位，从而大幅度削减了种植园县在州政治中的权力比例。投票权被限制在那些参与了严格的忠诚宣誓程序的人群，这个程序要求宣誓者公开宣称从未表达过希望邦联获胜的"意愿"。代表们为一个新时代的来临而欢呼，准备迎接一个"自由的和再生的"马里兰。[10]

然而，除了极少数的奴隶解放提倡者之外，没有多少人对前奴隶的命运表示关切。许多代表不得不声称，他们对废除奴隶制投下的赞成票并不意味着"对黑人平等表示任何意义上的同情"。公立学校的体制将黑人排除在外，立法代表的"白人基础"看上去也将黑人排除在州政治的范围之外，州立法机关保留了战前的一部法律，该法令准允地方法院在即便父母反对的情况下将拥有自由地位的黑人儿童置于学徒地位的做法。1864年11月1日是奴隶解放日，此后一个月内，数以千计的前奴隶被强迫送往白人主人那里当学徒，这一不公正的做法引起黑人社区的抗议，并在

---

[10] Wagandt, *Mighty Revolution*, 157, 184, 195, 222; *The Debates of the Constitutional Convention of the State of Maryland* (Annapolis, 1864), 1:592; Thorpe, ed., *Federal and State Constitutions*, 3:1746–1747, 1752, 1757, 1773.

今后数年内成为困扰马里兰和联邦政府关系的一个难题。最终，州宪法在1864年9月的公决中获得微弱多数的批准，一位马里兰的亲联邦人士随后评论道：

> 奴隶解放的实施……不是出于高尚的原则，……而是政党精神、对反叛的奴隶主的报复感，以及对物质利益的重视，这一切将始终令人感到自责。至少在这个社区中，没有人表示对奴隶的关切——对人权的关切，相反……许多人期望劳动力体制的变化将给本州带来许多的繁荣。[11]

在1864年总统大选中，林肯赢得了马里兰，然而新州宪法却只以微弱多数得以批准，这说明奴隶解放支持者对政权的控制并不牢靠。1865年年初，反对奴隶制的政党势力采取了巩固自己权力的行动，剥夺了所有曾在南部军队中服役或对邦联提供过"公开的行动或言论"支持的人的选举权。但无人提出，可以以准允占马里兰人口20%的黑人参加投票的方式，来扩大亲联邦者的政治基础。[12]

---

[11] *Maryland Convention Debates*, 1:552–553; Richard P. Fuke, "The Baltimore Association for the Moral and Educational Improvement of the Colored People, 1864–1870", *Maryland Historical Magazine*, 66 (Winter 1971), 369–371; *Maryland Laws 1865*, 285; Richard P. Fuke, "A Reform Mentality: Federal Policy Toward Black Marylanders, 1864–1868", *CWH*, 22 (September 1976), 222–225; Herbert G. Gutman, *The Black Family in Slavery and Freedom 1750–1925* (New York, 1976), 402–410; Wagandt, ed., "Civil War Journal", 285.

[12] Wagandt, *Mighty Revolution*, 258; *AC*, 1865, 526.

最后一个经历内部重建的边界州是密苏里州，它与马里兰一样，也是因奴隶制经济和自由劳力经济而被一分为二，同时也拥有一个曾暗藏废奴主义情感的重要工业城市。的确，这里有一个庞大的德国移民人口，他们中的许多人是在1848年革命失败之后逃离而来的，他们将奴隶主势力视为欧洲土地贵族阶级的同类，他们的出现为民主革命提供了一个极为重要的白人支持基础。此外，密苏里的乡村地带时常成为游击战的场所，令许多白人自耕农和欧扎克山脉的山民备受困扰，怨声不止，迫使他们加入到反对奴隶主和邦联的战斗中，进一步增强了反奴运动的力量。[13]

几乎从战争一开始，密苏里的亲联邦派就被林肯称为的一种"致命性的派别争吵"所分裂。保守派希望尽可能地保存旧秩序，而激进派则要求解放奴隶、武装奴隶、剥夺反叛者的政治权利。南部社会必须向北部社会投降，《密苏里民主党人报》的激进派主编格拉兹·布朗宣称："这就是进步，这就是革命。"尽管林肯总统努力保持中立立场，但《解放奴隶宣言》的颁布，以及大量奴隶逃离种植园并加入联邦军队，使得奴隶制在该州迅速崩溃，而激进派的力量因此得以增强。1864年，在对潜在选民所要求的忠诚宣誓程序的辅助下，激进派托马斯·弗莱彻当选为州长，一次

---

[13] Berlin et al., eds., *Freedom*, Ser. 1, 1:395–412; Steven Rowan, ed., *Germans for a Free Missouri: Translations from the St. Louis Radical Press, 1857–1862* (Columbia, Mo., 1983), vii–viii, 30–31, 104; Fred DeArmond, "Reconstruction in Missouri", *MoHR*, 41 (April 1967), 365–371.

为制订奴隶解放计划的州大会随即召开。[14]

1865年1月聚集在一起的大会代表展示出一个由渴望获得权力的外部群体构成的多元联盟：来自圣路易斯的德裔移民，来自欧扎克山地的贫穷山民，以及来自小城镇的商人和职业人士。他们中间很少有人有过从政的经历。与马里兰和西弗吉尼亚州的宪法一样，密苏里州新宪法也包含了民主改革的内容，包括建立一个由州财政支持的教育体制，并废除了因债务而被囚禁的法律。在废除奴隶制之后，大会在《约翰·布朗之歌》的合唱声中闭幕（这也是一个变化的标志，因为10年前布朗曾在堪萨斯大草原上与亲奴隶制的密苏里人作战）。由于激进派律师查尔斯·德雷克的努力，州宪法对奴隶解放含义的认定要远远大于其他边界州的宪法，规定在财产拥有和需求司法救助方面必须实施种族平等、赋予州立法机构为黑人建立学校的权力，并保障黑人拥有在法院出庭作证的权利。德雷克个人是主张黑人选举权的，但他担心这一提议会招致新宪法的失败。

如同在其他边界州一样，在密苏里州，激进派为了"确保州控制在它的忠诚人民"手中，所依赖的不是黑人的投票权，而是一套复杂的选民登记和忠诚宣誓程序，以此来禁止"反叛者"参与投票和担任公职。事实上，在巩固手中的权力方面，密苏里的激进派比他们在其他边界州的同事走得更远。他们禁止"不忠诚分子"担任教师、律师或牧师，将成百上千的州和地方官员位置

---

[14] Norma L. Peterson, *Freedom and Franchise: The Political Career of B. Gratz Brown* (Columbia, Mo., 1965), 106–116, 121–134; Thomas S. Barclay, *The Liberal Republican Movement in Missouri 1865–1871* (Columbia, Mo., 1926), 5–7.

宣布为空缺,禁止州立法机构在1871年之前修改关于剥夺选举权的规定。有的代表甚至提议,要没收退出联邦者的财产,以补偿亲联邦派在战时遭受的财产损失。

采取上述行动的人,似乎真的认为自己置身于一场革命之中。建国之父们创造了一个共和国,身在其中的公民应该具有一种"美德"——按照18世纪的定义,即具有一种将自己的个人利益置于公共利益之下的品质。密苏里的激进派——如同边界州的亲联邦派——事实上试图用最新的美德标准打造新政体,即过去对联邦的忠诚。那些来自西部和西南部地区的代表,对在新密苏里州是否剥夺"反叛者"公民身份的问题表示了最强烈的支持,这些地区时常受到游击战的肆虐,原有的法律秩序早就被邦联抢劫者的行为所破坏。德裔移民的代表则期望赋予黑人以选举权,而不是剥夺邦联分子的投票权,他们反对限定后者权利的条款。1865年6月,该州宪法以微弱的多数获得了批准,密苏里得以以一个自由州的身份从内战中走出,但其内部社会仍然存在着深深的分歧。[15]

的确,在内战结束的时候,所有边界州处在变化的阵痛之中。奴隶制已经死亡或正在死亡中,政治则陷入混乱之中。在肯塔基和特拉华州之外,法律上对奴隶制的废除正式确认了由黑人的行

---

[15] David D. March, "Charles D. Drake and the Constitutional Convention of 1865", *MoHR*, 44 (January 1954), 110-123; Barclay, *Liberal Republican Movement*, 11-33; William E. Parrish, *Missouri Under Radical Rule 1865-1870* (Columbia, Mo., 1965), 15-32; *CG*, 41st Congress, 3d Session, Appendix, 2; Thorpe, ed., *Federal and State Constitutions*, 4:2194-2195, 2200, 2212.

动、林肯政府的政策和战争进程所带来的奴隶制的瓦解，为那些在奴隶主势力统治下缺乏影响的群体提供了夺取政治权力的机会。为了巩固他们自己手中并不牢靠的权力，亲联邦分子中的激进派剥夺了邦联同情者的政治权利，类似行动将使他们的统治带有非法的污点。在内战结束时，国会中有来自边界州的23名共和党人（而在1860年的国会里，该地区只有从圣路易斯来的一名共和党议员）。这批人究竟会是一场注定要横扫整个南部的政治革命的先行者，还是昙花一现的异类——即军事控制和剥夺（邦联分子）选举权后出现的结果——还有待观察。

与边界州不同的是，邦联的上南部地区，尤其是田纳西州，经历了在直接军事管制之下的战时重建。但从许多方面来看，事件发生的进程十分相似。因为战争的偶然因素，田纳西的重建并不始于具有深厚亲联邦派根基的东部山区地带，而是始于该州的中部和西部，那里的奴隶制根基深厚，邦联同情者的势力强大。1862年2月联邦军队占领纳什维尔之后，林肯任命安德鲁·约翰逊为田纳西州军事州长。在田纳西州退出联邦之后，约翰逊决定继续留在国会参议院里，这一决定使得约翰逊变成了一大批富有勇气的南部亲联邦派人士的象征人物，这正是他自己和共和党人希望树立的形象。约翰逊是从民主党起步成为著名人物的，此刻他发现自己成为了一个主要由前辉格党人参与的亲联邦运动的带头人。当纳什维尔市市长和该市立法会拒绝宣誓效忠联邦时，他下令解除了他们的职务，这一举动赢得了前辉格党中亲联邦派的欣赏，但却激怒了退出联邦运动的参与者。事后不久，当一位邦联的支持者赢得了巡回法院法官的选举之后，约翰逊下令将他逮捕，并任命前者的竞争对手担任法官职务。约翰逊不久因讲了一句"背叛必须是可憎的，背叛者必须受到严惩"，而获得扬名全国的激进派名声。[16]

时间证明，约翰逊的激进主义与那些贴有相同标签的北部人持有的并不是同一类的，但在内战中这一点还看不出来。虽然田纳西州被排除在《解放奴隶宣言》规定的覆盖范围之外，但它却将该州的亲联邦派分成了两派，一些人因此投向邦联的怀抱，另外一些人则要求恢复战前的原状。像东田纳西的威廉·布朗洛这样的"无条件的亲联邦派"对解放宣言表示支持，约翰逊也紧紧跟进。1863年年底，约翰逊宣布废除田纳西州的奴隶制。但他的立场转换并不是基于对奴隶命运的关切，而是出于对邦联和奴隶主的仇恨，他认为奴隶主把贫穷白人强行拽进反叛活动之中。如同他对帕默将军所说的，"让黑人见鬼去吧，我反对的是那些背叛联邦的贵族，是他们的主人"。但田纳西中部的白人仍然坚定地支持邦联，纳什维尔的黑人社区则动员起来，支持约翰逊的州政府，废除了奴隶制，此后约翰逊的种族主义偏见才有所收敛。到1864年，约翰逊开始谈论提高两个种族的地位，提到"把广阔的世界视作我的家园，把每个诚实的人，无论他是白人还是有色人种，都看成是我的兄弟"。他在10月的一次黑人集会上讲话时，单方面地宣布奴隶制在田纳西州的终结，"我真的将成为你们的摩西，"他继续说道，"我将带领你们穿过战争和被人奴役的红海，走向一

---

[16] Leroy P. Graf and Ralph W. Haskins, eds., *The Papers of Andrew Johnson* (Knoxville, 1967–), 5: xix–liii.

个更为公正的自由和和平的未来。"[17]

1864 年 11 月,约翰逊被共和党人选为副总统(共和党曾短暂地改名为"联邦党")。他的名字出现在共和党总统和副总统候选人的名单上具有象征意义,意味着共和党要回报南部亲联邦派,并决心要将该党的组织推进到南部。约翰逊自己在十分之一计划之下所发起的重建却没有任何斩获,部分原因是他在林肯规定的带有宽恕性质的未来忠诚宣誓程序之外又加入了"一项重誓——一项密誓"的规定,该规定要求潜在选民宣誓保证他们曾经期望看到邦联的战败和奴隶制在田纳西的灭亡。在奔赴华盛顿就职之前,约翰逊采取了重建本州的直接行动。他省去了选举程序,支持召开一个由自我任命的无条件亲联邦派代表组成的州制宪大会。制宪大会随后通过了一条废除奴隶制的州宪法修正案。在 1865 年 2 月的公决中,修正案得到了被准允投票的 25000 名田纳西白人选民几乎一致的支持。3 月,约翰逊就任副总统,威廉·布朗洛当选为自由田纳西州的第一任州长。但对新政权的支持几乎仅仅限于该州的东部,布朗洛当局为了巩固自己的权力,立即采取了控制投票箱的行动,用州长的话来说,阻止"背叛者接近"投票箱。新政权的一部选举法将投票权限制在白人男性群体之内,前提是他们在整个战争期间一直"公开支持无条件亲联邦派的思想"。至

---

[17] Verton M. Queener, "The Origins of the Republican Party in East Tennessee", *ETHSP*, 13 (1941), 77–78; Peter Maslowski, *Treason Must Be Made Odious: Military Occupation and Wartime Reconstruction in Nashville, Tennessee, 1862–1865* (Millwood, N. Y., 1978), 81–85; John Cimprich, "Military Governor Johnson and Tennessee Blacks, 1862–1865", *THQ*, 39 (Winter 1980), 460–468; James W. Patton, *Unionism and Reconstruction in Tennessee 1860–1869* (Chapel Hill, 1934), 47–48.

于黑人，布朗洛敦促联邦国会留出一块专门土地，以一个"自由民国家"的名义来安置黑人。[18]

在所有企图进行战时重建的州里，只有路易斯安那位于邦联的心脏地带。林肯在这里投入了最大的希望，但在这里也遭遇了最大的失望。在某种意义上，南部腹地的重建实验始于路易斯安那州，实在是一种残酷命运捉弄人的表现。这是因为该州的"经济、文化和种族长期处于分裂状态，……它的政治……充满了派别分野，腐败泛滥成灾，有的时候还带有暴力"。该州的白人人口不仅包括种植园主和内陆自耕农，还包括了一个由不同宗教和族裔群体构成的特殊组合，包括信新教的山地农场主、聚集都市的爱尔兰裔移民、本土出生的法兰西人和西班牙人的后裔，以及居住在该州南部河流港口的阿卡迪亚人*。[19]

然而，与田纳西州不同的是，联邦军队对路易斯安那的占领至少最初是在亲联邦派势力的大本营中进行的。1862年4月，当本杰明·巴特勒将军指挥的联邦军队夺取了新奥尔良城之后，联邦得以控制这个南部最大的和最具有特色的城市。新奥尔良是美

---

[18] James E. Sefton, *Andrew Johnson and the Uses of Constitutional Power* (Boston, 1980), 93-100; Thomas B. Alexander, *Political Reconstruction in Tennessee* (Nashville, 1950), 18-31, 47, 73-74; Knoxville *Whig*, April 19, 1865. 阿肯色州也经历了战时重建。它的新州宪法是由山地共和党人在1864年起草的，宪法废除了奴隶制，但保留了适用于未成年黑人的学徒制，并企图阻止更多的黑人进入该州。新的州政府通过立法，剥夺了大部分邦联分子的选举权和被选举权。Ruth C. Cowan, "Reorganization of Federal Arkansas, 1862-1865", *ArkHQ* 18 (Summer 1959), 33-50.

* Cajuns，从法属殖民地阿卡迪亚移居到路易斯安那居住的移民及后代。——译者

[19] George Rable, "Republican Albatross: The Louisiana Question, National Politics, and the Failure of Reconstruction", *LaH*, 23 (Spring 1982), 110; William I. Hair, *Bourbonism and Agrarian Protest: Louisiana Politics 1877-1900* (Baton Rouge, 1969), 74.

国的主要棉花港口,它与纽约和伦敦被一个巨大的商业关系网紧密联系在一起,曾在1860年总统大选中为主张保存联邦的约翰·贝尔所赢得。该城的14.4万人口主要为白人,其中将近一半是在外国出生的。该城同时包括了一个人数庞大的从事银行业、商业和其他职业活动的北部人口。在它拥有的25000名黑人人口中,有11000人是自由人,他们中间许多人不仅富有,而且受过良好的教育。联邦军队同时也控制了路易斯安那东南部的甘蔗种植教区,当地的种植园主与该州北部的棉花贵族群体不同,他们通常指望获得联邦关税的保护,因而在政治上倾向成为亲联邦的辉格党人。许多甘蔗种植园主在1861年曾经跟随邦联,但此刻他们急急忙忙重新确认对联邦的忠诚,部分的动机是希望能够保留他们的奴隶财产。[20]

这样,在路易斯安那州南部创建一个亲联邦派运动看上去是很有希望的。巴特勒也采取了一些扩大地方支持力量的行动,他的军队向新奥尔良的穷人发放缴获来的牛肉和糖产品,并组织起一个庞大的清扫城市街道的项目,为移民劳工阶级成员提供就业机会,并力图遏制黄热病的蔓延。(这是19世纪结束之前对这个"肮脏的瘟疫区"进行的最后一次清扫工作。)1862年秋,一个后来被称作"自由州协会"的联邦协会组织在新奥尔良建立,该组织在12月派出迈克尔·哈恩和本杰明·弗兰德斯两名成员前往国

---

[20] Peyton McCrary, *Abraham Lincoln and Reconstruction: The Louisiana Experiment* (Princeton, 1978), 22–25, 160; William W. Chenault and Robert C. Reinders, "The Northern-Born Community of New Orleans in the 1850's", *JAH*, 51 (September 1964), 232–247; J. Carlyle Sitterson, *Sugar Country* (Lexington, Ky., 1953), 204.

会,他们是由一次有近8000人参加的选举产生的,这个选民人数相当于参加该城最后一次战前选举的人数的一半。[21]

如同在其他州一样,路易斯安那州的亲联邦派群体也是四分五裂的。主要由甘蔗种植园主和富有商人组成的保守派最初对奴隶制的保留还抱有一线希望,但当这一希望被事物的发展否定之后,他们认为种植园主阶级应该因失去奴隶财产而获得补偿,并应继续掌握政治权力。自由州协会一派则抱有一种更为激进的观点,他们认为,一个自由的路易斯安那州绝不应该只是废除奴隶制而原封不动地保留旧秩序。新选出的两名国会议员反映出该组织成员的多样化:移民、手工匠人、小商人、具有改革倾向的职业人士和知识分子、北部人(或在自由州受过教育的人,或与北部女性结婚的人)和联邦官员。哈恩出生在巴伐利亚,非常熟悉19世纪的关于自由贸易、全民公共教育和宗教理性主义等自由派思想;出生在新罕布什尔的弗兰德斯战前在新奥尔良做过教师、报纸编辑和铁路官员,曾因为对退出联邦运动的强烈反对而被邦联政府流放。这样的人接受自由劳动的意识形态,将奴隶解放视为按北部的进步观来改造落后的南部的关键。对于他们和他们的同志来说,内战是一场真实的革命,为推翻反动的、贵族化的统治阶级提供了机会。[22]

---

[21] McCrary, *Abraham Lincoln and Reconstruction*, 78, 100; Joe G. Taylor, *Louisiana Reconstructed, 1863-1877* (Baton Rouge, 1974), 410; Roger W. Shugg, *Origins of Class Struggle in Louisiana* (Baton Rouge, 1939), 185-188.

[22] McCrary, *Abraham Lincoln and Reconstruction*, 96-97, 168; Amos E. Simpson and Vaughan B. Baker, "Michael Hahn: Steady Patriot", *LaH*, 13 (Summer 1972), 229-232; Ted Tunnell, *Crucible of Reconstruction: War, Radicalism and Race in Louisiana 1862-1877* (Baton Rouge, 1981), 8-25.

1863年8月，林肯对自由州协会的重建计划予以支持，敦促巴特勒的继任者纳撒尼尔·班克斯将军组织和召开一个州制宪大会，并通过它来废除路易斯安那州的奴隶制。但因为该州大部分地区仍然在邦联掌控之下，而且即便在联邦控制地区亲南部的情绪仍然十分强烈，会议筹备的进展十分缓慢。12月公布的十分之一计划之所以带有甚为宽大的条件，部分原因是林肯希望其能够加速推动重建在路易斯安那州的展开。但因为自由州运动内部存在着激进派与温和派的分歧，该计划的推动更为艰难。许多原因造成了这场日益变得尖锐的两派分裂，其中包括个性冲突、关于自由州政府究竟应该是由平民政府还是军事政府来掌控的争论，以及激进派希望将制宪大会推迟到奴隶解放获得更广泛的民众支持的时候的提议等。财政部长萨蒙·蔡斯利用他庞大的恩惠制权力在路易斯安那建立了一支追随者队伍，而班克斯则是一方面支持林肯的连任，另一方面又在幻想自己可以将在白宫中举棋不定的林肯取而代之的可能性。然而，两派分歧的焦点最终集中在一个关于权利的问题上，即在新生的路易斯安那州里，黑人应该享有什么权利。[23]

　　在新奥尔良居住着南部腹地最大的自由黑人社区。这一社区的财富、社会地位、教育程度和独特历史不仅将它与奴隶社区区分开来，而且也使它拥有一种与大多数自由黑人社区不可同日而语的经历。他们中大部分人的肤色很浅，是法国定居者和黑人妇

---

[23] La Wanda Cox, *Lincoln and Black Freedom: A Study in Presidential Leadership* (Columbia, S.C., 1981), 59–69; Tunnell, *Crucible of Reconstruction*, 26–50.

女结合的后裔,或是从海地移民而来的黑白混合人种的后裔,文化上更认同欧洲文化,而不是美国文化。许多人只讲法语,他们的孩子在新奥尔良的私立学校或巴黎接受教育。尽管他们不能投票,但他们享有比其他州的自由黑人更多的权利,包括不受限制地自由旅行和出庭作证指控白人的权利,他们还对自己的军事传统拥有自觉的认知,这一传统起源于对安德鲁·杰克逊领导下的新奥尔良战役的参与。在内战前夕,他们总共拥有大约200万美元的财产,主导了新奥尔良市内的高技能手工业,如砖瓦匠、卷烟工、木匠和鞋匠等。在该社区发展的高峰时期,它包括了一批拥有巨大财富的黑人,包括阿里斯蒂德·玛丽和安托万·杜布克莱特,前者拥有价值3万美元的房地产,后者是一位拥有100多名奴隶的甘蔗种植园主(在重建时期担任过州财政官员)。1865年,卡尔·舒尔茨在与一位颇有教养并富有的自由黑人接触之后说:"除了在美国,世界上任何一个国家都会将他看作来自上层阶级的绅士。"[24]

这个具有自我意识的社区,带有强烈的集体历史感,拥有一整套包括自立学校、孤儿院和慈善社团的社会网络,做好了在联邦统治下推进自己的利益的准备。当巴特勒将军到来时,他们要

---

[24] Laura Foner, "The Free People of Color in Louisiana and St. Domingue", *JSocH*, 3 (Summer 1970), 406–430; New Orleans *Louisianian*, February 20, 1875; David C. Rankin, "The Impact of the Civil War on the Free Colored Community of New Orleans", *Perspectives in American History*, 11 (1977–1978), 380–383; Charles Vincent, "Aspects of the Family and Public Life of Antoine Dubuclet: Louisiana's Black State Treasurer, 1868–1878", *JNH*, 66 (Spring 1981), 26–28; Joseph Schafer, ed., *Intimate Letters of Carl Schurz 1841–1869* (Madison, Wis., 1928), 351.

求加入联邦军队为联邦而战,在短暂的犹豫之后,巴特勒招募他们入伍,将他们编入隔离军队中,并准允这些连队配有自己的军官。1863年2月,18名黑人军官表示要退出,声称他们遭到白人士兵的"鄙视和蔑视"。9个月之后,在一个自由黑人召集的群众大会上,人们听到演讲者呼吁给予黑人社区政治权利,其中一名演讲者是平奇贝克,他早些时候从巴特勒的黑人连队中辞去了连长的职务,后来将担任该州的州长。此刻,自由黑人还只是在为捍卫自己的利益说话,正如一位熟悉他们的人后来回忆道:

> 他们倾向于将自己的斗争与奴隶们的斗争分离开来;有些人觉得,如果他们抛弃其他黑人,让其自生自灭,他们将能更快地取得事业的成功。在他们的眼中,他们距离白人更近一些;他们在各方面都要比奴隶更为先进……这显然是一种不幸的错误看法,因为在这个社会中,种族偏见平等地用来歧视所有血管里流着非洲人血液的人,无论分量是如何的少。[25]

至1864年4月,林肯似乎对赋予新奥尔良市生而自由的黑人选举权的建议表示了私下的支持。但班克斯将军却并不认同。无

---

[25] Manoj K. Joshi and Joseph P. Reidy, "To Come Forward and Aid in Putting Down This Unholy Rebellion: The Officers of Louisiana's Free Black Native Guard During the Civil War Era", *SS*, 21 (Fall 1982), 328–336; Charles Vincent, *Black Legislators in Louisiana During Reconstruction* (Baton Rouge, 1976), 7–14, 19–20; Jean-Charles Houzeau, *My Passage at the New Orleans "Tribune": A Memoir of the Civil War Era*, edited by David C. Rankin, translated by Gerard F. Denault (Baton Rouge, 1984), 81.

论黑人选举权的实施范围如何地受到限制，他本人都表示十分反感，而且认为此举会对他在十分之一计划下为重建路易斯安那而赢得的白人支持造成威胁。班克斯在林肯的任命之下变成了该州的"主人"，当总统越来越失去耐心的时候，他一方面乐观地报告亲联邦派力量的增长，另一方面则警告说"不受控制的和不被限制在合理范围之内的革命，将带来革命的反动"。2月，一场州政府官员的选举按照战前路易斯安那州宪法（该宪法是承认奴隶制的）的规定得以举行，班克斯全力支持此刻由迈克尔·哈恩领导的自由州协会的温和派。而激进派的本杰明·弗兰德斯在竞选中表现不佳，仅赢得了第三名，甚至落后于一名亲奴隶制的亲联邦派。他的失败使得许多支持者断绝了与整个路易斯安那试验的关系。但班克斯则继续推动召开州制宪大会的计划，期望终结奴隶制在该州的命运。[26]

与此同时，自由黑人社区的两名代表——分别是富有的葡萄酒商人阿诺德·贝尔托诺和种植园技师让·巴普蒂斯特·鲁达内斯——抵达了华盛顿，他们是来呈递要求获得选举权的请愿书的。1864年3月14日，在他与林肯见面之后，总统给州长哈恩写信，其中谈到即将召开的制宪大会一事："我仅仅想私下建议你考虑，是否可以将一些有色人种包括在内——譬如说，那些十分聪明的人，尤其是那些在我们军队中英勇作战的人……但这只是一个建议，仅供你参考，而不是针对公众的。"林肯的信不能算作对黑人

---

[26] Cox, *Lincoln*, 80-93; Fred H. Harrington, *Fighting Politician: Major General N. P. Banks* (Philadelphia, 1948), 143-146; McCrary, *Abraham Lincoln and Reconstruction*, 186, 224-226.

选举权的明确支持,但它表现了林肯在政治上的成长和妥协能力,两者都是他的领导力的特征。但不幸的是,这种素质在此刻的路易斯安那州却是极度缺乏的。[27]

州制宪大会推翻了路易斯安那州的旧秩序。对于熟悉当时欧洲激进运动领导层的人来说,大会代表的构成令人感到十分熟悉,代表们包括了具有改革思想的专业人士、小商人、手工匠人、政府官员和少量的自耕农和劳工。那个"仅仅和专门为捍卫奴隶主的利益"而曾经统治该州的种植园主阶级,如同一位代表所说的,此刻却明显地缺席了,不见踪影。新的州宪法将新奥尔良定为州府所在地,此举反映了联邦主义者联盟带有的都市力量为重的特征,并规定以投票人口而不是以居住总人口为基础来划分代表席位,从而大大提高了新奥尔良城在立法机构中的权力比重(同时也降低了种植园地区的权力)。此外,新宪法还建立了公共事业工程的最低工资标准和9小时工作日的制度,采用了累进所得税制度,并建立公立教育体制。制宪大会理所当然地废除了奴隶制。代表们一个接一个地对种植园主进行谴责,将奴隶解放说成"南部贫穷白人劳工阶级获得的真实自由和解放"。不可否认的是,新奥尔良市及周边教区的奴隶制早已崩溃。正如制宪

---

[27] David C. Rankin, "The Origins of Black Leadership in New Orleans During Reconstruction", *JSH*, 40 (May 1974), 139; Houzeau, *My Passage*, 25n.; Roy F. Basler, ed., *The Collected Works of Abraham Lincoln* (New Brunswick, 1953), 7:243. 请愿书最初只是要求赋予内战前是自由人的黑人以选举权,但查尔斯·萨姆纳建议伯顿诺和鲁达内斯为所有的路易斯安那黑人争取选举权,"不管他们出生时是奴隶还是自由人,尤其是对那些通过扛枪为自己挣得了权利的人来说"。Ted Tunnell, "Free Negroes and the Freedmen: Black Politics in New Orleans During the Civil War", *SS* (Spring 1980), 16–17.

大会主席、联邦法官爱德华·达雷尔所说:"如果你认为奴隶制还存在的话,到街上去,看看你的奴隶是不是还听你的使唤。"但他同时也提到,从法律上废除奴隶制只是"一个新文明时代的开始……这是一个旧的、衰败的过去与一个新的、辉煌的未来之间的分界线"。[28]

然而,当涉及黑人应该在自由的路易斯安那扮演什么角色的问题时,那个"旧的、衰败的过去"却再次展现出其顽强的生命力。制宪大会"继续展示了针对黑人的种族偏见",一位与蔡斯部长通信的人报告说,"而且还都是残酷和粗俗的偏见"。在制宪大会上,保守派并没有站出来,将奴隶制说成"人类发明的最完美的、最具有人道精神的和最令人满意的"劳动体制,这点并不令人感到意外。但当有些支持废除奴隶制的人居然也同时要求将所有的黑人赶出本州,这一点让激进派深感震惊,正如一位代表指出的,此刻负责警卫制宪大会会场的正是一群黑人士兵。大会向国会请愿,要求对忠于联邦的种植园主失去的奴隶财产进行补偿,但同时又反对剥夺任何白人的选举权(此举是希望从邦联控制地区吸引更多的亲联邦派);制宪大会完全忽视了林肯关于有限黑人选举权的"建议"。最后只是在哈恩州长和班克斯将军的强力压力之下,大会才通过了允许立法机构扩展选举权和允许黑人享有州立公共教育的相关条款。一位激进派代表对那些"半途而废之人"表示不满,认为他们"害怕回答时代的需要,落后于此时的

---

[28] McCrary, *Abraham Lincoln and Reconstruction*, 245-253; *Debates in the Convention for the Revision and Amendment of the Constitution of the State of Louisiana* (New Orleans, 1864), 190, 546, 627; Shugg, *Origins of Class Struggle*, 203-205.

革命",然而,如同 2 月举行的选举一样,制宪大会暴露了激进派的弱点。其结果是,亲联邦派内部的裂痕扩大,激进派对班克斯政府表现出更加强烈的不满;几个月内,他们将走上推动男性普选权的道路。[29]

内战中的土地与劳工

奴隶解放引发了许多问题,但在考虑黑人和白人在未来南部社会中的位置时,没有什么问题比此后南部的经济应该如何重组更为关键的了。奴隶制首先是而且最主要的是一种劳动力体制。虽然所有共和党人都同意"自由劳动"必将取代奴隶劳动,但无人清楚这种取代如何得以实现。"如果(解放)宣言真的让奴隶获得了自由,"《纽约时报》在 1863 年 1 月宣称,"随之而来的进一步责任则是要让他们工作……""所有这一切,"《纽约时报》承认,"开启了一个巨大而且最困难的主题。"[30]

随着战争的深入,联邦军队控制的领土范围越来越大,包括了从弗吉尼亚和南卡罗来纳的海岸线到密西西比河沿岸的种植园地带。联邦军队控制下的土地的法律所有权却并不明朗。从理论上讲,1862 年的第二部《敌产没收法》已经将邦联人员拥有的财产统一宣布为非法。但这一惩罚性措施只有在法院对每个具体案

---

[29] "Diary and Correspondence of Salmon P. Chase", *Annual Report of the American Historical Association*, 1902, 438; *Louisiana Convention Debates*, 155, 213-214, 394, 556; Cox, *Lincoln*, 97-99.

[30] *New York Times*, January 3, 1863.

例裁定之后方能实施，林肯要求在此法中加入一道新的限制，即财产的丧失只发生在主人的有生之年，而不会影响他或她的后代。但总统本人对于大量没收敌产并不感兴趣，担心这样做会打乱他为赢得忠诚种植园主和其他南部白人的支持所进行的努力，所以该法基本上没有得到实施。后来，通过没收未纳税人的财产（在这种情况下，政府完全可以将土地拍卖）和接收被弃置的土地（财政部负责处理），联邦政府又控制了更多的土地。如何处置这些土地，与如何处置居住在这些土地上的黑人劳动力的问题交织在一起，成为前奴隶、前奴隶主、军队指挥官、北部企业家和改革派等群体相互冲突的焦点，他们都希望以各自不同的方式，来影响战时的自由劳动转化进程。[31]

至 1865 年，居住在南部不同地区的成千上万的奴隶在联邦的监护下变成了事实上的自由工人。不同"重建的预演"中最为有名的实践发生在南卡罗来纳州的海岛地带。1861 年 11 月，当联邦海军占领皇家港城时，当地白人（占该地区人口的五分之一）几乎全都逃到大陆上去了，在身后留下了一个拥有大约 1 万名奴隶的庞大社区；奴隶们长期以来已经习惯于对自己的劳动进行自我管理。在大陆的水稻种植园和海岛的棉花种植园里生活的奴隶会被给予一定的日常任务，如何完成任务却掌握在奴隶自己手中，这一安排也就给予了他们种植自己的作物、打猎、捕鱼和享受闲暇时光的时间，也使得奴隶们获得了一种能控制自己劳动的速度

---

[31] Paul W. Gates, *Agriculture and the Civil War* (New York, 1965), 362–370; Charles Fairman, *Reconstruction and Reunion 1864–1888: Part One* (New York, 1971), 796.

和时间的独特机会。它同时也使奴隶们拥有通过向主人出售业余时间生产的作物而获得小宗财产的机会。[32]

海岛地区的黑人拥有自己对自由内涵的定义,这一点很快变得十分清楚。当种植园主逃跑之后,奴隶们先是洗劫了主人的庄园,捣毁了轧棉机;然后开始自己种植玉米和土豆,解决食物需要,但明确表示拒绝种植被称为"奴隶作物"的棉花,因为棉花"让主人变得更加富有,但却不能用来喂饱他们自己"。然而,黑人并没有能够开辟由自己掌控的走向自由的道路。在联邦海军占领海岛之后,接踵而至的是一大批来自北部的白人——有联邦军官、财政部官员、北部投资人和一批被合称为"吉迪恩社"的年轻教师和传教士,他们中间有人刚从哈佛、耶鲁或神学院等学校毕业,还有曾经担任过教师和参与过废奴主义工作的年轻女性等。每个群体对于走向自由的社会转型应该如何展开,又如何判断这一进程的成功与失败等,都有自己的想法。整个海岛试验在极度高调的公众舆论关注下展开,致使这一地区成为人人向往的地方,吸引了不少人,包括新闻记者、政府调研者和其他一些希望了解奴隶制终结之后自由民如何调整适应新生活的人。[33]

最精彩的故事之一也许是发生在具有理想主义的年轻改革者

---

[32] Willie Lee Rose, *Rehearsal for Reconstruction: The Port Royal Experiment* (Indianapolis, 1964), xv; Eric Foner, *Nothing But Freedom: Emancipation and Its Legacy* (Baton Rouge, 1983), 78–79; Philip D. Morgan, "Work and Culture: The Task System and the World of Lowcountry Blacks, 1770 to 1880", *William and Mary Quarterly,* 39 (October 1982), 587–593.

[33] Rose, *Rehearsal,* 40–48, 79, 237; Elizabeth W. Pearson, ed., *Letters From Port Royal Written at the Time of the Civil War* (Boston, 1906), 181; Edward L. Pierce, "The Freedmen at Port Royal", *Atlantic Monthly,* 12 (September 1863), 299.

与海岛自由民之间的交往。吉迪恩社成员先前与黑人并没有多少接触,除了与偶尔来访的黑人废奴运动演讲者和牧师有过接触之外。他们的理想和期待的形成受到《汤姆叔叔的小屋》和其他带有 19 世纪中叶"浪漫现实主义"色彩读物的影响,同时受到自由劳动意识形态的影响。前者教导说,黑人在宗教虔诚程度方面要优于白人,但缺乏盎格鲁-撒克逊人的"男子汉的"进攻性气质。后者则认为,奴隶制所带来的破坏性影响——对家庭和家庭"直觉"的损害、说谎和盗窃的习惯,以及个人自主能力的缺乏等——可以通过教育得以克服,黑人可以做好在市场化世界中参与竞争的准备。显然,吉迪恩社成员带有一种明显的家长式态度;但绝大多数的年轻人都真诚地希望帮助自由民。许多成员支持黑人想要获得土地的愿望,甚至对他们不愿种植棉花的立场表示同情。"黑人可以清楚地看到,"做教师的劳拉·汤写道,"种棉花获得的收益永远不会进到黑人的口袋里。"[34]

　　吉迪恩社成员是海岛地区曝光度最高的北部群体,但他们也是权力最小的。最有影响力的是财政部的官员、军官和那些被令人垂涎的棉花高价吸引而来并承诺要雇用前奴隶作为种植园劳工的人。这些群体的相对权力在 1863 年和 1864 年变得明晰起来,此刻财政部特派员可以拍卖因拖欠税款而没收的土地。尽管吉迪

---

[34] Joseph A. Mills, "Motives and Behaviors of Northern Teachers in the South During Reconstruction", *Negro History Bulletin*, 42 (January 1979), 7; George M. Fredrickson, *The Black Image in the White Mind: The Debate on Afro-American Character and Destiny, 1817–1914* (New York, 1971), 97–129; William H. Pease and Jane H. Pease, *Black Utopia* (Madison, Wis., 1963), 131–133; Rose, *Rehearsal*, 90–92, 217–218; Rupert S. Holland, ed., *Letters and Diary of Laura M. Towne* (Cambridge, Mass., 1912), 20.

恩社成员努力为黑人争取一些优惠待遇，但仅有一小部分被拍卖的土地为自由民所获得，他们将原本微薄的收入筹集在一起，用来购买土地。许多的种植园最终落到了军官、政府官员和北部土地投机者和棉花公司的手中。有 11 个种植园为一个由波士顿投资者组成的财团所购得，财团成员包括爱德华·阿特金森，他是 6 家马萨诸塞棉纺厂的代理人，还包括了爱德华·菲尔布里克，他是波士顿和沃斯特铁路公司的助理总监。[35]

推动阿特金森和菲尔布里克这类人的是典型的美国式动力，即改革的精神与谋利的愿望。一份废奴主义者杂志称菲尔布里克是"一个由威尔伯福斯和阿斯特合二为一的人"。在这些废奴主义企业家的眼中，皇家港提供了一个完美的机会，来展示"对奴隶制的抛弃并不等于对棉花的抛弃"，证明作为自由劳工的黑人将比作为奴隶时工作更有效率，能产生更多的利润。阿特金森是战时奴隶解放的早期倡导者，他长期以来将奴隶制视为一种对"政治经济学中的正确原则"的违反，因为它生存的基础是对非法劳动力的强制性压迫，而不是对奖励和进步的承诺。尽管他认为黑人希望种植粮食而非棉花的愿望是被误导的结果，但他能够想象自由民通过"我们土地制度的正常运作程序"而最终获得土地的前景。与此同时，在为工资工作的过程中，他们可以将市场运作的规律加以内化，从而在作为土地拥有者时将变成富有生产力的种

---

[35] Rose, *Rehearsal*, 64–68, 200–215, 272–296, 313; Pierce, "Freedmen at Port Royal", 310; Joel Williamson, *After Slavery: The Negro in South Carolina During Reconstruction, 1861–1877* (Chapel Hill, 1965), 54–58.

棉自耕农,为"北部制造业主"提供一个"大的新市场"。[36]

菲尔布里克被派往海岛地区来监管试验,他希望创造一种模范的自由劳动者环境,黑人不会遭到雇主的剥削,他们也不会变成政府的负担。为了"增加他们的简单需求",刺激他们对现金工资的渴望,他建立起种植园商店,出售方便自由民购买的从北部运来的各种"生活用品和家庭便利所需品"。但他反对黑人以低于市场价格的方式获得土地,强调"不是自己挣得财产的人,不会欣赏和尊重财产"。他自然没有考虑到这样一种可能,即在遭受250年的奴役中,前奴隶一直在这片土地上劳作。[37]

自由劳动的试验是一种成功吗?吉迪恩社成员威廉·甘尼特认为是成功的,他指出黑人的生活条件得到了改善——木头烟囱被砖制烟囱所取代,他们的服装更好,饭食比从前丰富。菲尔布里克自己并不确定。从个人收入来讲,他收益甚丰,1863年一年便挣得2万美元。但菲尔布里克认为"棉花种植的数量将始终是衡量人民勤劳的重要指标",但自由民继续选择优先种植粮食作物而不是棉花。到1865年,他认为这一代黑人"将不会如同5年前那样生产棉花",他将自己的种植园划分成小块土地,卖给了劳

---

[36] Pease and Pease, *Black Utopia*, 157; Rose, *Rehearsal*, 36-38, 50; Edward Atkinson, *Cheap Cotton by Free Labor: by a Cotton Manufacturer* (Boston, 1861), 3-5, 49; [Edward Atkinson] "The Future Supply of Cotton", *North American Review*, 98 (April 1864), 495-497.

[37] Eric Foner, *Politics and Ideology in the Age of the Civil War* (New York, 1980), 108-109; Pearson, ed., *Letters from Port Royal*, 219-221, 245, 276-277; George W. Smith, "Some Northern Wartime Attitudes Toward the Post-Bellum South", *JSH*, 10 (August 1944), 262.

工，然后返回马萨诸塞。菲尔布里克的雇工们也对这一结果表示欢迎，因为在其他北部人获取的种植园内，军队要求自由民或者签订劳工合同，或者离开种植园。最终，这一试验彰显出"自由劳动"概念含有的模糊内容，以及在重建南部社会的期望下隐藏的各种利益之间的冲突。北部投资者的理解是，"自由劳动"意味着在种植园里为工资而从事劳动；对于黑人来说，它意味着在自己拥有的土地上工作，并过一种基本独立于市场控制的生活。[38]

尽管当时的人和后世的历史学家对海岛的经历都非常关注，但它并不是一种典型经历。[39]在某种意义上，它是在一种社会和政治真空中发生的进程。它仅仅涉及数量相对少的自由民，而且基本上是在前奴隶主缺席的情况下发生，并且直到战争后期，也没有受到大量奴隶逃入联邦防线的形势的破坏性影响。具有理想主义热情的改革者在这里比在南部其他地方发挥了更大的作用，吸引当地白人支持的问题并不存在。而比此范围更为宽广、演员队伍更为多元化、对于南部未来道路具有更多指导意义的劳动力

---

[38] [William Gannett] "The Freedmen at Port Royal", *North American Review*, 101 (July, 1865), 23; Pease and Pease, *Black Utopia*, 147-154; Pearson, ed., *Letters from Port Royal*, 275; Rose, *Rehearsal*, 226-228; Williamson, *After Slavery*, 68.

[39] 另外一场与海岛试验有些相似的"预演"，在弗吉尼亚州沿海地带的汉普顿地区展开。此地被联邦军队夺取的时间要比皇家港早一些。北部的传教士和教师也曾来到这里，开办学校，为自由民提供各种协助；与海岛地区一样，传教士和自由民之间也存在着紧张的关系。军队将一小部分黑人家庭安置在弃置土地上，大部分人要求签署劳工合同，否则将面临军纪的惩罚。Robert F. Engs, *Freedom's First Generation: Black Hampton, Virginia, 1861-1890* (Philadelphia, 1979), 30-78; Richard L. Morton, " 'Contrabands' and Quakers in the Virginia Peninsula, 1862-1869", *VaMHB*, 61 (October 1953), 419-429.

体制是在路易斯安那州南部发展起来的。在这里,如同在海岛地区一样,奴隶制随着联邦军队的进入崩溃了,黑人产生想要获得土地的愿望。但被占领的路易斯安那同时带有一个支持联邦的种植园主群体,后者指望军队来帮助实施种植园的雇佣纪律。当地的联邦军队指挥官纳撒尼尔·班克斯对于终结奴隶制的目标不带任何犹豫。但他同时也坚信,维系和保留种植园体制可以解除军队照料黑人难民的负担,恢复该州经济的活力,帮助创造一个得到当地白人人口广泛支持的自由州运动。

将路易斯安那甘蔗种植园中的奴隶,按照军队提出的条件,转化为工资劳动力,这一政策是本杰明·巴特勒将军在 1862 年发起的。这是对奴隶从种植园逃离以及留下来的奴隶不服从管理等事件的一种回应;巴特勒的政策要求黑人继续留在忠于联邦的奴隶主们的庄园里工作,他们将根据固定的劳动时间获得工资,还有粮食、医疗保障以及为老人和孩子提供的食品。体罚被明令禁止,但军队的宪警可以在黑人拒绝工作时对其进行惩罚。废弃种植园将被出租给北部投资人。从法律上来讲,这些黑人劳工仍然是奴隶,但巴特勒的计划也无疑说明,走向自由劳动的过程已经开启。[40]

巴特勒的继任者将他的劳工转型计划推广到州内所有联邦占领区内。1863 年 1 月,巴特勒与一群忠于联邦的种植园主见面,并直截了当地告诉他们,他们以前的作为劳动管理者的经验毫无

---

[40] William F. Messner, *Freedmen and the Ideology of Free Labor: Louisiana 1862-1865* (Lafayette, La., 1978), 21-39; Sitterson, *Sugar Country*, 219-221.

用处,那种"基于旧制度之上的理论、偏见和意见"都已经过时了,他们必须调整自己,适应基于自由劳动之上的新秩序。然而,当班克斯为来年发布新的劳工规定的时候,许多批评者称,这些规定与奴隶制十分相似。他宣布,前奴隶必须避免无事可做和游手好闲,军队必须"劝导"他们与种植园主签订劳工合同,根据合同将获得当年农作物收入的5%,或获取每月3美元的工资,同时获得粮食、住房和医疗保障。一旦被雇用,黑人不得未经雇主的允许而擅自离开种植园。[41]

班克斯的劳动力体制可以有不同的解读,他自己认为这是"将奴隶劳动转化为自由劳动的第一步",也有人认为这是一种狡猾的设计,目的是利用军队来恢复种植园的劳动纪律从而赢得种植园主对重建的支持。新体制下的通行证制度,以及黑人除了签署合同之外别无选择并且也没有讨价还价余地的事实,导致许多批评者对其进行了谴责,他们认为新体制下"主人与奴隶的关系……与从前是一样的"。宪兵警察对"游手好闲的"黑人的积极追捕,引发了人们的抱怨,称联邦军队扮演的角色看上去不像是解放的使者,而更像是一种抓捕逃奴的警戒队伍。然而,在班克斯计划中担任劳工总监之一的随军牧师乔治·赫普沃思在1864年坚持认为,"整个计划都只是为了使黑人受益而制订和实施的"。班克斯后来称,他将一群自由黑人送到种植园地带,让他们去帮助"了解黑人需要什么"。他的使者报告说,自由民所拥有的自由

---

[41] Sitterson, *Sugar Country*, 219; Messner, *Freedmen and Free Labor*, 54; McCrary, *Abraham Lincoln and Reconstruction*, 115-121.

概念中最强调的内容是家庭完整的神圣性、子女的教育、体罚的废止以及合理工资的支付等。所有这些要求，班克斯指出，都为他的政策所提供，尤其是在 1864 年之后。他的政策在那年进行了修订，要求种植园主为劳工提供菜园地，准允自由民选择自己的雇主，并允许黑人儿童在由财产税支持的学校就学。[42]

一个带有强制性的自由劳动体制是战争、意识形态和政治等在紧急情况下共同作用而产生的变异体。赫普沃思曾将之与 1834 年建立的学徒制联系起来，后者是在英属加勒比海殖民地建立的从奴隶制到自由的转型制度——这的确是一种无意但颇为贴切的比较，因为两种安排都是无法令人满意的、通向自由的过渡安排。黑人对强加于己的年度合同十分愤恨，认为自己获得的工资远远不够，所以工作时并不循规守纪，而是将更多的时间花在经营自己的菜园地上，甚至经常完全不服从雇主的命令等。"他们工作比过去少，对人也不带有从前的尊重和礼貌，也不像过去那样守规矩，"一位种植园主抱怨说。对于种植园主来说，他们认为体罚的废止等于瓦解了整个劳动体制的威力，因为他们相信在没有体罚的情况下黑人绝不会努力地工作。此外，班克斯的体制经常被用来满足军事的需要，军队在需要劳动力的时候，经常将黑人劳

---

[42] Cecil D. Eby, Jr., ed., *A Virginia Yankee in the Civil War* (Chapel Hill, 1961), 148-150; "Diary and Correspondence of Chase", 378-379; C. Peter Ripley, *Slaves and Freedmen in Civil War Louisiana* (Baton Rouge, 1976), 90-95; George H. Hepworth, *The Whip, Hoe, and Sword* (Boston, 1864), 27-28; Nathaniel P. Banks, *Emancipated Labor in Louisiana* (n.p., 1864), 6-7; B. I. Wiley, "Vicissitudes of Early Reconstruction Farming in the Lower Mississippi Valley", *JSH*, 3 (November 1937), 443-445; McCrary, *Abraham Lincoln and Reconstruction*, 155-156.

动力变成自己的劳动力,直接从种植园中带走。这一制度同时也成为军队和财政部为控制弃置土地的问题发生利益冲突,并成为路易斯安那自由州运动的派系政治冲突中的一个政治皮球。在这些情势下,劳动力的情况始终处于混乱无序的状态,联邦军队也从未能成功地振兴该州的农业生产。一个种植园主写道,富有的甘蔗种植教区"被包围在黑暗和忧郁之中……种植园被抛弃了,围栏和建筑物被撤掉了……黑人们要么被军队征用,要么四处晃荡……这就是战争,这就是内战"。[43]

在其实施的顶峰时期,班克斯的劳动体制所牵涉的劳工大约有5万人,他们被分布在将近1500处地产上,这些人或直接为政府工作,或在军队监管之下遵合同为私人工作。联邦军队攻克维克斯堡之后,军队控制了密西西比河沿岸的大片棉花种植区,该地区的黑人人口达70万,这一劳动力体制被延伸到整个密西西比河流域。在这里,军队关心的首要问题不是劳动力体制本身,而是投奔到联邦防线内的奴隶的数量问题。1862年11月,格兰特将军任命达特茅斯学院毕业生、曾在特里多担任学区总监的约翰·伊顿"负责收缴战时敌产*"。此刻,黑人逃奴和黑人军事劳工的家庭已经在田纳西和密西西比北部境内的军队驻地外围搭建

---

[43] McCrary, *Abraham Lincoln and Reconstruction*, 149-150; Foner, *Nothing But Freedom*, 16-18; Messner, *Freedmen and Free Labor*, 74; Sitterson, *Sugar Country*, 212-213, 224; J. Carlyle Sitterson, "The Transition from Slave to Free Economy on the William J. Minor Plantations", *AgH*, 17 (January 1943), 218-220; Louis S. Gerteis, *From Contraband to Freedman: Federal Policy Toward Southern Blacks, 1861-1865* (Westport, Conn., 1973), 88-92; Charles P. Roland, *Louisiana Sugar Plantations During the American Civil War* (Leiden, Neth., 1957), 127.

* 原文"the contrabands",指战时进入联邦军队防线的黑人奴隶。——译者

了临时的简陋居住区。伊顿建立一个由"敌产营地"和"家庭农场"组成的网络，兴建了学校，提供了医疗服务，并提供了临时的就业机会。但维克斯堡被攻占之后，这些营地挤满了从密西西比种植园逃跑出来的大量黑人，营地住房变得十分拥挤，疾病丛生，死亡率骤然升高。[44]

1863年春，洛伦佐·托马斯设计出一个方案，将密西西比河沿岸的种植园分租给北部来的忠于联邦的人，由他们根据军队制定的条件来雇用黑人劳工。这一制度在维克斯堡被攻克之后大大扩展。托马斯的希望是通过在此安置一个由忠于联邦的种植园主和劳动力组成的人口基础，从而巩固联邦对密西西比河流域的控制。当时联邦军队为维持敌产营地和支持在纳奇兹、维克斯堡等城市居住的黑人承受了大量的花费和负担，托马斯的另一个打算是将军队从这些负担下解脱出来。此外，他也希望在黑人中灌输和传播一种习惯（联邦军人认为这是一种黑人需要学习的习惯），即一个人需要学会为谋生而工作，而不是仰赖政府的支持生活。从根本上说，托马斯给那些身强力壮的黑人男性提供了选择，或者加入军队，或者成为军事劳工，或者签署种植园合同。黑人妇女，包括黑人士兵的家属在内，也需要为北部来的分租地主工作，

---

[44] Harrington, *Banks*, 105-106; John Eaton, *Grant, Lincoln and the Freedmen* (New York, 1907), 2-5, 207; Weymouth T. Jordan, "The Freedmen's Bureau in Tennessee", *ETHSP*, 11 (1939), 47-48; Steven J. Ross, "Freed Soil, Freed Labor, Freed Men: John Eaton and the Davis Bend Experiment", *JSH*, 44 (May 1978), 217; Gaines M. Foster, "The Limitations of Federal Health Care for Freedmen, 1862-1868", *JSH*, 48 (August 1982), 350-357.

或为那些宣布放弃对邦联效忠的南部种植园主工作。[45]

从各方面来看，那些前来寻求包租种植园的北部人是"一个极不光彩的团伙"，他们为战时棉花生产可迅速致富的前景所吸引。联邦军队的一些军官也卷入非法倒腾棉花的买卖之中，而北部投资人则希望从南部的"金鹅身上拔毛"，在这一切混乱的争抢当中，无人关注黑人的权利问题。为了迅速实施这一体制，托马斯将军将劳工工资的水平定得很低（男性工人为每月7美元，女性工人为每月5美元，并扣除医疗费用和服装费）。即便如此，许多的承租人也玩弄欺诈手段，剥夺自由民的劳动所得。1863至1864年的冬天，联邦财政部曾一度短暂地控制了密西西比河谷的劳动力体制，强制性要求大幅度增加黑人的工资，并考虑过将种植园直接出租给黑人的计划。财政部的规定，密歇根大学的动物学教授亚历山大·温切尔抱怨道，完全是"以黑人的利益为基准来设计的，而没有考虑到白人的道德感和爱国主义"。（温切尔教授成立了安阿伯棉花公司，并向密歇根大学校长出售股票，他也因此获得了一个用于从事棉花种植的假期。）在这些人向林肯发出直接请求之后，军队当局恢复了对劳动力体制的控制，托马斯下令削减了劳工的工资，即便是那些已经签署了由财政部设计的劳工合同的人也未能幸免。

托马斯的劳工制度是仿效路易斯安那体制而设计的，如同在

---

[45] James T. Currie, *Enclave: Vicksburg and Her Plantations, 1863–1870* (Jackson, 1980), 56–58; Gerteis, *From Contraband to Freedman*, 123–126; Noralee Frankel, "Workers, Wives, and Mothers: Black Women in Mississippi, 1860–1870" (unpub. diss., George Washington University, 1983), 31–39.

路易斯安那一样，强制性的自由劳动体制并未能产生期待的结果。承租人找不到工具、马车或食品，因为所有这些都在军队的垄断之中。面对邦联抢劫者（在1864年有十多名承租人被杀害，同时遭到杀害的还有上百的自由民）的骚扰和黏虫（一种昆虫，能够侵吞十分之九的农作物，因与军队官员的行为相似而得名）的侵害，承租人束手无策，而土地也不断贬值。而且，每个发薪日似乎都会与劳工产生争执。大量的承租人在1864年年底之前不得不打道回府。[46]

尽管各地的政策有所不同，但负责战时劳工关系的大多数军队官员都认为，获得解放的奴隶应该继续成为种植园劳工。只有在极为偶然的时候会出现不同的观点和做法。在联邦军队占领的弗吉尼亚和北卡罗来纳的部分地区，有为数不多的自由民被安置在弃置土地上，有数百人最终能够在密西西比河流域承租到农场。然而，这些土地基本上都是面积极小的菜园地（在北卡罗来纳的罗阿诺克岛，一家人可以承租一英亩土地），但黑人对这些土地的法律拥有权时常得不到保证。黑人经济独立的最大实验室是在戴维斯半岛*进行的，这是位于维克斯堡以南、由密西西比河的弯弯河道冲刷而形成的一个半岛地区，邦联总统杰斐逊·戴维斯和

---

[46] Wiley, "Vicissitudes of Farming", 442, 446-450; Ludwell H. Johnson, "Northern Profit and Profiteers: The Cotton Rings of 1864-1865", *CWH*, 12 (June 1966), 101-115; David H. Overy. Jr., *Wisconsin Carpetbaggers in Dixie* (Madison, Wis., 1961), 16-20; Vernon L. Wharton, *The Negro in Mississippi 1865-1890* (Chapel Hill, 1947), 32-38; Currie, *Enclave*, 67, 79-80; Martha M. Bigelow, "Plantation Lessee Problems in 1864", *JSH*, 27 (August 1961), 354-367.

* Davis Bend，旧译戴维斯本德。——译者

他的哥哥约瑟夫所拥有的大型种植园就位于这一地带。戴维斯半岛在内战前已经是一场乌托邦试验的所在地。约瑟夫与英国社会主义者罗伯特·欧文相遇而受其影响,戴维斯兄弟企图建立一个模范奴隶社区,力图做到让本地奴隶的吃住要比在本州的其他地方更好,并允许奴隶们享有相当程度的自治,包括建立一个奴隶陪审团体制来实施种植园的纪律。其他种植园主对这一试验报以嘲笑,称其是"乔·戴维斯的自由黑人",但这一计划帮助提高了戴维斯一家在奴隶社会中的知名度。在战后,一位来自密西西比州的自由民曾向政府施压,要求将囚禁中的杰斐逊·戴维斯释放出狱,因为"虽然他不断努力想把我们所有人当成奴隶……但我们当中有些人清楚地知道他给自己种植园上的奴隶所展示的仁慈之情"。[47]

内战摧毁了戴维斯半岛的"模范"奴隶制,也暴露了戴维斯兄弟并未察觉的不满情绪的暗流。当约瑟夫·戴维斯在1862年逃离种植园的时候,他的奴隶们不但拒绝陪同他一起逃跑,反而破门而入,进入他的庄园,将里面的衣物和家具洗劫一空。当联邦军队抵达庄园时,戴维斯兄弟的种植园已经在黑人的管理之下。1863年,格兰特将军觉得戴维斯半岛应该变成一个"黑人的天

---

[47] Gerteis, *From Contraband to Freedman*, 29, 33-37, 167-171, 184; Jerrell H. Shofner, *Nor Is It Over Yet: Florida in the Era of Reconstruction, 1863-1877* (Gainesville, Fla., 1974), 28; Edward Magdol, *A Right to the Land: Essays on the Freedmen's Community* (Westport, Conn., 1977), 93-94; Engs, *Black Hampton*, 41; Currie, *Enclave*, 75-76; Janet S. Hermann, *The Pursuit of a Dream* (New York, 1981), 13-34; "We the Colored People" to Benjamin G. Humphreys, December 3, 1865, F-41 1865, Registered Letters Received, Ser. 2052, Ms. Asst. Comr., RG 105, NA [FSSP A-9035].

堂",指示约翰·伊顿将土地出租给自由民,为蜂拥而来此地的黑人难民建立一个"家庭农场"。次年,整个地区被划为仅用于安置自由民的专属区,集体分配土地给黑人耕种,他们只需要支付属于政府的配额食品、骡马和工具。这一农场事业的领头人是本杰明·蒙哥马利,他成为了处于萌芽状态的黑人资本主义事业的象征。蒙哥马利在当奴隶时,曾被允许建立一家种植园商店,并负责处理戴维斯兄弟的棉花交易。到1865年,戴维斯半岛变成了一个自给自足的光辉典范。当地的劳工生产出2000捆棉花包[*],挣得利润16万美元。该社区拥有自己的政府,配有选举产生的法官和警察。戴维斯半岛还产生一批密西西比州重建时期的黑人政治领袖,其中包括伊斯雷尔·沙德,他后来担任州众议院议长,也是戴维斯半岛一位学校教师的丈夫;其他著名人物还有阿尔伯特·约翰逊,他参加了密西西比州制宪大会,并成为立法机构的成员;此外还有桑顿·蒙哥马利,他是本杰明·蒙哥马利之子,1867年由奥德将军任命担任戴维斯半岛的邮政局局长,他是第一位在该州担任公职的黑人。[48]

在本杰明·蒙哥马利的领导下,戴维斯半岛展示出,如果他们被给予机会,并非所有的黑人会选择逃避市场和棉花。然而,就劳工关系而言,真实的重建预演不是发生在戴维斯半岛,而是发生在南卡罗来纳的海岛地区。虽然它们看起来是失败的,但在路易斯安那州和密西西比河谷进行的自由劳动试验不仅牵涉人数

---

[*] 一捆棉花包重500磅或226公斤。——译者

[48] Hermann, *Pursuit of a Dream*, 35-87, 121, 183-184, 196-197; Currie, *Enclave*, 92-144; Ross, "Freed Soil", 218-230.

更多的黑人劳工，而且建立起了基于年度劳工合同之上的种植园农业体制，这一体制将被带入军队和自由民局的战后政策之中。一方面是环境使然，一方面是战争条件和对战后南部发展蓝图的思考的指引，联邦军队的成员做出了极为关键的政策决定，开始解决从内战中产生的最为复杂的一个问题。但因为共和党内在战时重建进程和奴隶解放的含义问题上已经出现了分歧，军队的劳工体制政策则加剧了这种正在急速扩大的党内分歧。

奴隶解放的政治与战争的结束

到1864年年中，一位查塔努加的白人居民写道，联邦军队占领下的南部生活"与过去真是大相径庭"。黑人在北方佬教师开办的学校上课，成千上万的黑人劳工第一次领到了工资。然而，北部共和党人似乎并没有对此报以毫无保留的欢呼喝彩，南部形势的发展反而对他们的团结形成了威胁。随着奴隶解放成为了该党的一种信仰，政治辩论的核心问题越来越聚集于获得解放的奴隶的战后地位问题上。许多共和党人尤其对路易斯安那州的局势表示不满，从那里传来的关于州政府和班克斯的劳动制度的报告让他们甚为忧虑。

类如温德尔·菲利普斯的废奴主义者已经提出，直到黑人获得教育、拥有获取土地的通道以及获得最为重要的投票权为止，否则重建就不能算是真正的结束。然而，这样的要求在国会中并没有人做出呼应；在1864年，激进共和党人的大多数所关心的主要问题不是黑人选举权，而是法律平等和真正的亲联邦派对南部州政府的掌握。而在这两点上，新的路易斯安那州政府都做得相当不够。班克斯的劳动力制度和他的支持者所表现出来的反黑人观点令许多共和党人相信，获得解放的奴隶无法从按林肯的十分之一计划重组的州政府中获得平等的待遇。而且，该方案只是要求白人选民宣誓保证对未来的联邦忠诚，这种颇为宽大的要求看上去不足以像"铁定誓言"——即做出从未自愿地支持过邦联政府的绝对宣誓——那样能保证宣誓人对联邦的绝对忠诚。"北部的人民，"参议员雅各布·霍华德对参议院说，"不会是这样的傻瓜，在打完这样一场战争之后，……转过身来对叛变者说道，'你所需要做的只是回到联邦议事厅来，宣誓表明你从此之后将真正忠于政府'。"[49]

对路易斯安那州事件的各种不满、对自由民命运的关切，以及对联邦忠诚的不同定义之间的相互竞争——再加上共和党总统政治的冲击，所有这些因素联合起来在1864年7月催生了韦德-戴维斯法案。这是十分之一计划的一个替代政策，它提出各州重建的启动要等到一州的大部分白人男性都完成了宣誓效忠联邦宪法之后。启动之后，各州首先举行州制宪大会代表的选举，选民范围局限在完成了铁定宣誓的人群之内。法案包括了保障法律平等的规定，但没有提及被解放的奴隶的选举权问题。林肯担心国会的重建法案会迫使他否认路易斯安那州政权的合法性，便以

---

[49] Lester C. Lamon, *Blacks in Tennessee 1791-1970* (Knoxville, 1981), 34; James M. McPherson, *The Struggle for Equality: Abolitionists and the Negro in the Civil War and Reconstruction* (Princeton, 1964), 239-243; Hyman, *Era of the Oath*, 23; *CG*, 38th Congress, 1st Session, 294-296.

"口袋否决"的方式否定了该法案,但他也说,如果南部各州选择自愿接受韦德-戴维斯法案(这看上去几乎是不可能发生的事情),他并不反对。法案的作者是俄亥俄州参议员本杰明·韦德和马里兰州众议员亨利·文特尔·戴维斯,两人联合发表了一个言辞激烈的"宣言",指责林肯蔑视国会的判断能力,"以专制的方式篡夺了"国会的权力。[50]

尽管韦德-戴维斯宣言的措辞尖锐,但这些事件并不代表林肯与激进共和党人之间存在着不可修复的裂痕。将共和党人团结一致的原则,尤其是他们决心赢得战争和保证奴隶解放的目标不受破坏的意志,要远远大于他们之间的分歧(尽管在1864年有许多共和党人希望本党有另外一位总统候选人)。林肯与一些激进派共和党人私交很好,包括马萨诸塞州参议员查尔斯·萨姆纳在内,而且他与激进派在一系列问题上有过合作,从战争拨款到黑人士兵的征募等。此外,韦德-戴维斯法案并不是一个狭隘的派别集团的产物,因为它获得了几乎所有国会共和党人的一致支持,他们中的大部分人认为国会在重建政策的制定中应该有更大的声音,在新的州政府得以创建之前,联邦政府需要对于这一进程给予更多的关注。正如马萨诸塞州众议员亨利·道斯后来指出的,像他这样的温和派也认为,此刻联邦政府需要有某种比十分之一计划

---

[50] Harold M. Hyman and William M. Wiecek, *Equal Justice Under Law: Constitutional Development 1835-1875* (New York, 1982), 269-274; Herman Belz, *A New Birth of Freedom: The Republican Party and Freedmen's Rights 1861-1866* (Westport, Conn., 1976), 57-62; Richardson, ed., *Messages and Papers*, 6:222-223.

"更为激进"的重建计划。[51]

尽管如此，这次争论显示出共和党在重建问题上的真正分歧。林肯将重建视为赢得内战胜利和保障奴隶解放事业的一部分。他的目标是，通过在南部建立州政府来吸引最广泛的支持力量，从而达到削弱邦联的目的；为了达到这个目的，他将亲联邦派简单地定义为每个履行了宣誓程序、保证拥护联邦和支持废除奴隶制的白人。对于激进派来说，重建意味着将在南部社会进行的一场深刻转型，为此他们希望将这一进程推迟到战争结束之后才开始，并希望将参与这一进程的人数限制在为数更少的"铁誓忠诚派"的范围之内。如同马萨诸塞的乔治·鲍特韦尔对众议院所说的，韦德-戴维斯法案包含了"针对半个大陆的一种新文明的种子"。韦德-戴维斯法案将选举权限制在忠诚白人（如果加入了黑人的话，韦德参议员说，"法案将被牺牲掉"）。但许多激进派已经认定，必须面对黑人选举权的问题。在许多州里，鲍特韦尔指出，被解放的奴隶"几乎是唯一的值得信任的亲联邦派"。1864年5月，一个在博福特举行的黑人大会已经选出了16名参加共和党全国大会的代表，其中包括未来的国会众议员罗伯特·斯莫尔斯和普林斯·里弗斯，后者当时是联邦军队的上士，日后在南部重建时成为南卡罗来纳州制宪大会和州立法机构的成员。共和党大会提名林肯连任总统，但激进派的声明和海岛黑人的出席，都未能将黑人选举权的议程带入重建政治的中心舞台。新奥尔良市自由黑人

---

[51] Hans L. Trefousse, *The Radical Republicans: Lincoln's Vanguard for Racial Justice* (New York, 1969), 231, 250, 265; Donald, *Sumner*, 206–207; Herman Belz, *Emancipation and Equal Rights* (New York, 1978), 14, 25–30; *CG*, 41st Congress, 1st Session, 406.

的政治动员最终做到了这一点,他们强迫国会和总统在考虑接受路易斯安那回归联邦时面对这一问题。[52]

1864年出现的几个发展推动这些自由黑人走上了激进的道路。他们为路易斯安那制宪大会上四处弥漫的种族主义情绪和新的立法者对他们要求的熟视无睹感到震惊。新的立法机构否定了四分之一血统法案,这部得到班克斯支持的法案提议给予具有四分之三白人血统的有色人种自由人以选举权,但没有为黑人教育提供拨款,事实上,"除了为自己的成员付工资"外,这部法案其他什么也没有做。自由黑人同时发现,与班克斯的劳工体制配合颁发的关于"流民"和宵禁的法律规定并不承认他们与被解放的奴隶之间存在明显差别,这些规定对他们习以为常的行动自由强加了许多苛刻的限制。[53]

大约有一年多的时间,一份名曰《联邦报》的报纸一直在要求给予出生时为自由人的黑人以选举权。这份报纸是一群富有的自由黑人在1862年创办的,最初使用的是法语,后来用英法双语出版。这是第一份在北部州之外出版的黑人报纸,但它的影响力十分有限,并在1864年停刊。但在州制宪大会之后不久,新奥尔良的《论坛报》成为了联合路易斯安那州激进派的旗帜。报纸的

---

[52] Michael L. Benedict, *A Compromise of Principle: Congressional Republicans and Reconstruction 1863–1869* (New York, 1974), 80–83; Cox, *Lincoln*, 36–41; Belz, *Reconstructing the Union*, 236–240; Hans L. Trefousse, *Benjamin Franklin Wade: Radical Republican from Ohio* (New York, 1963), 221; *CG*, 38th Congress, 1st Session, 2103; Rose, *Rehearsal*, 316.

[53] Herman Belz, "Origins of Negro Suffrage During the Civil War", *SS*, 17 (Summer 1978), 123; Gerteis, *From Contraband to Freedman*, 100–102.

创办人和精神领袖是路易斯·鲁达内斯,他是一位法国商人和一位自由黑人妇女之子,拥有巴黎大学和达特茅斯学院的医学学位。1864年11月,让·查尔斯·霍卓成为该报主编,他是重建故事中最具有传奇色彩的人物之一。霍卓出生在比利时的一个贵族家庭,他曾经是一名记者和天文学家,因为参与1848年的欧洲革命,在1849年丢掉了在比利时皇家天文台的工作。1858年他移民到得克萨斯,在内战初期加入亲联邦派阵营之中,随后于1864年来到路易斯安那州。在霍卓身上,《论坛报》的业主们发现了与他们极为相同的政治观点,这种观点深受启蒙主义和法国革命的影响,霍卓同时将美国黑人的事业视为"为所有受压迫的有色人种和国家的普遍人权而进行的伟大斗争中的一个篇章"。与此同时,霍卓也将鲁达内斯医生和与报纸有联系的其他人视为"美国的非洲人中的先锋"。[54]

甚至在霍卓到来之前,《论坛报》就已经超越了自由黑人社区的早期政治。1864年8月、9月,它谴责班克斯的劳动力体制如同奴隶制体制的变相再生,因为这一制度将黑人"用镣铐捆绑在土地上",令他们"遭受贪婪的北部冒险家的任意剥削"。"每个人,"《论坛报》写道,"应该拥有他耕种的土地。"该报将前奴隶视为自由黑人的"尚未发声的伙伴",并做出重大的决定,要求赋予前奴隶选举权。然而,在霍卓的手中,《论坛报》成为一份备受北部共和党人尊重的报纸,甚至在欧洲也赢得了名声(1865年,

---

[54] William P. Conner, "Reconstruction Rebels: The New Orleans *Tribune* in Post-Civil War Louisiana", *LaH*, 21 (Spring 1980), 161-165; Houzeau, *My Passage*, 2-5, 19-23, 75, 78.

该报曾收到维克托·雨果的一封来信）；霍卓扩展了该报的立场，传送了一套连贯有序的激进改革方案，其内容包括：黑人选举权、法律面前人人平等、废除路易斯安那州学校中的种族隔离制度、向黑人开放新奥尔良市的公用街车等，以及将种植园划分成不同份额的土地分配获得解放的奴隶。霍卓将自由黑人与获得解放的黑人之间的联盟关系变成了《论坛报》的政治基石，他认为这种联盟是防止由内战激发的这场革命被反动派击垮的唯一办法。他在12月写道：

> 这两个人群，他们的权利被同等地遭到拒绝和剥夺，不能再相互处于隔绝状态。获得解放的群体将在原来的自由人中，找到能够指引自己的朋友……教会他们关于自己的责任和权利……自由人则将在新近获得解放的奴隶中，找到支持自己的群众，从这个巨大的群体中，他们将获得那种与数量和力量联系在一起的尊重……[55]

自由黑人虽然抛弃了白人的家长责任的陈词滥调（"监护人责任的时代已经一去不复返了，"《论坛报》写道，"我们现在要为自己着想。"），但在面对自由民时，他们显然不加掩饰地保留了那种自以为是的"贵族责任感"。所以，肤色浅的、拥有财产的、讲法语的和信仰天主教的自由黑人理所当然地认为，他们扮演的角

---

[55] New Orleans *Tribune*, August 4, 11, 13, September 10, 24, December 29, 1864; Houzeau, *My Passage*, 23-39, 79-80.

色是提携前奴隶,为他们指明方向。《论坛报》的宗教版不时针对"婚姻神圣性"和牧师的"正确礼仪和绅士举止"的重要性问题喋喋不休地对自由民进行说教。但当该报做出提倡和推动黑人选举权的决定之后,它从未从这一立场中退却过,并迫使路易斯安那州的激进政党紧跟其步伐。1864年12月,在新奥尔良的不同群众集会上,人们听到了白人激进派托马斯·杜兰特、自由黑人代表奥斯卡·邓恩和詹姆斯·英格拉哈姆(他刚从在锡拉丘兹举行的全国黑人大会返回那里)提到了对黑人选举权的呼吁和要求。"我们将所有的黑人和有色人种,"邓恩宣称,"看成是共同的受难者。"[56]

1865年1月,由英格拉哈姆担任主席的平等权利联盟在新奥尔良举行大会,会议通过的决议明确提出了黑人选举权的要求,并要求拥有使用城市公用街车的同等待遇,大会发言人还对州立法机构对黑人的蔑视提出了谴责。《论坛报》指出,这次集会象征着路易斯安那州的非白人人口的一种新的团结:"在会上,富人与穷人、能读书识字和受过教育的人、乡村的劳动力,以及刚刚从奴隶制中走出来的人,肩并肩地坐在一起。"事实上,大多数的会议代表是新奥尔良市的自由黑人,包括相当一批联邦军队的军官。该报的另外一段评论则更为准确:"在这个大会表现卓越的人将成为他们种族的领跑人物。"尽管自由黑人精英群体的成员占了大多数,但那些只能讲法语的人不得不退居次要的位置。站在前台的

---

[56] New Orleans *Tribune*, December 3, 27, 1864, January 20, 21, 1865; Tunnell, "Free Negroes and Freedmen," 22–23; Vincent, *Black Legislators*, 30–31.

是那些讲英文的、出身相对贫寒的人，包括英格拉哈姆和邓恩，两人都注定要在重建中扮演重要的角色。[57]

尽管自由黑人声势显赫，大会却显示获得解放的奴隶作为一个新的群体进入到路易斯安那的政治之中。此外，正如《论坛报》注意到的，"乡村代表要比城市代表更为激进"。人们也许可以推测到，乡村自由民对相互关联的土地与劳动力问题给予了对选举权问题的同等强调。的确，新奥尔良的激进派在1865年早期开始加强了对经济问题的重视。《论坛报》此刻勾画出一套具有合作性质的经济秩序，这也许是受到托马斯·杜兰特的影响，而杜兰特本人是一个法国乌托邦社会主义者查尔斯·傅立叶的追随者。自由民将得到协助，从"自助银行"购买股份，后者则负责获得土地，交由劳工组成的自愿协会去耕种。这一安排废除了班克斯体制中关于强制性合同和禁止无业游荡的规定。但军队官员和新的州政府对黑人社区的这一合作成果并不看好。1865年3月，班克斯的继任者斯蒂芬·赫尔伯特将军为来年发布了新的劳工条例，其中重复了令《论坛报》最为反感的一些规定——包括强制性的年度合同、固定工资制、行动通行证制度等。新奥尔良的一个群众集会对"班克斯寡头统治"予以谴责，要求全部废除军队属下的自由劳动局，并要求建立起部分由黑人代表参与的法庭，来处理先前曾由宪兵警察审理的劳工纠纷案件。[58]

---

[57] New Orleans *Tribune*, January 10–15, 1865; Houzeau, *My Passage*, 96–97; Tunnell, "Free Negroes and Freedmen", 14–15.

[58] New Orleans *Tribune*, January 15, 29, February 18, 23, March 1,31, 1865; Houzeau, *My Passage*, 37, 110n.

激进派本身就倾向于接受自由放任的经济思想，并从三年的劳工管制的经历中得出结论，认为任何形式的劳工管制都不过是一种对黑人进行剥削的掩饰形式，他们因此改变了立场，从对班克斯体制的批评，转为对所有的政府干预劳工市场的行动予以否定。霍尔布特将军对此回应说，那种允许黑人在解决劳工纠纷的程序中获得发言的想法是"不现实的"，并说如果没有军队成员在场，自由民将会听由前主人的任意宰割。这个观点听上去似乎不无道理，它事实上得到新奥尔良的《黑人共和党人报》的支持和重申。这家寿命短暂的报纸是1865年开始出版的，声称自己是"同时为穷人和富人、为自由人和获得自由的人"发声的报纸。报纸显然是受到班克斯支持者的启发，但它却反映出该城黑人群体中存在的社会和意识形态分歧。报纸的创办者大部分是来自讲法语的、信仰天主教的、生而自由的、黑白混血精英群体之外的黑人；报纸的主编罗杰斯是一名生于奴隶制中的新教牧师。《黑人共和党人报》认为，前奴隶们并不认同《论坛报》所持的自由放任立场："我们大家都非常清楚，如果让种植园主自行其是，我们在种植园中工作的一百个兄弟中没有一个人会挣得收入。"这里我们提前看到了自由黑人与获得自由的黑人之间在经济立场上的分歧，这一分歧会在路易斯安那的重建中再次出现。[59]

这样，当内战接近尾声时，在美国拥有最强表达能力、政治化程度最高的黑人社群被完全阻隔在掌管新路易斯安那州的军队

---

[59] New Orleans *Black Republican*, April 15, 1865; David C. Rankin, "The Politics of Caste: Free Colored Leadership in New Orleans During the Civil War", in Robert R. Macdonald et al., eds., *Louisiana's Black Heritage* (New Orleans, 1979), 145.

和行政当局的权力圈子之外。在州内，他们的声音得不到倾听和重视。但在华盛顿，他们对路易斯安那州政府的抱怨却引起了一个甚为同情的听众群体的注意。即便在共和党人的圈子中，种族主义的想象和观点也是甚为流行的，但与这个富有教养、经济上颇为成功的群体接触之后，这种观点开始受到挑战；这种接触无疑也影响了林肯，促使他开始考虑采用争取平等的方式来处理重建问题。因为路易斯安那州的问题，在1864年12月召开的国会会议，黑人选举权变成一个紧急问题，从而使达成一个重建计划的努力归于失败。尽管总统向关键的国会议员保证，他将运用自己的影响力来保障将选举权扩展到至少一部分路易斯安那的黑人，但国会拒绝接受1864年该州的总统候选人选票，查尔斯·萨姆纳采用冗长发言的战术，阻止路易斯安那州新当选的国会参议员进入参议院就座。当国会在1865年3月终会时，重建的问题仍然悬而未决，激进派准备发动一场巨大的努力，来说服北部接受黑人选举权的必要性。"我们此刻需要一本像托马斯·潘恩的《常识》那样的小册子，"爱德华·阿特金森写道，"以动员公众舆论，来开始搞清楚未来的问题。"[60]

尽管遇到了路易斯安那问题的障碍，第38届国会第二次会议的确是一次历史性会议。1864年，参议院批准了第十三条宪法修正案，决定废除全联邦境内的奴隶制，但它在众议院未能得到需要的三分之二多数的支持。直到1865年1月31日，该修正案在

---

[60] Cox, *Lincoln*, 103–127; Benedict, *Compromise of Principle*, 84–97; Belz, "Origins of Negro Suffrage", 126–130; Edward Atkinson to John Murray Forbes, February 17, 1865, Edward Atkinson Papers, MHS.

众议院被以 119 比 56 的表决批准之后，才被送到各州去批准。林肯、国务卿苏厄德和激进共和党人都花费了大量的精力，最终确保了它以险胜的结果获得通过。投票结果在国会大厅和走廊里引发了狂热的欢呼，一些国会议员"一起大喊大叫……并像孩子一样痛哭起来"。第二天一早，阿特金森在一封信里将日期标为"美国独立元年"。[61]

"一个古老的问题得以解决，"反对奴隶制的国会议员科尼利厄斯·科尔宣称，但如同内战的其他成果一样，该修正案解决了一个问题，但却同时又带来了一大堆其他的问题。"自由是什么？"詹姆斯·加菲尔德后来问道："它只是一种不被镣铐锁住的权利吗？……如果这就是一切的话，那么自由不过是一种痛苦的嘲弄，一种残酷的欺骗。"修正案的第二条赋予国会使用"适当的立法"来实施奴隶制的废除的权力，但它的内涵呈现出另外一个问题。许多共和党人已经想象到一个新国家的愿景，无论南北，也无论黑人和白人，所有人都将受制于"一个适用于所有人的公正法律"的管理之下。他们相信，第十三条宪法修正案一旦获得批准，就会把黑人纳入联邦公民群体的范围之内，黑人的基本权利将受到一个具有仁慈之心的联邦政府的保护。[62]

即便是废奴主义者的运动也无法确定，第十三条宪法修正案

---

[61] Cox, *Lincoln*, 18–19; Schafer, ed., *Intimate Letters of Schurz*, 315; "George W. Julian's Journal—The Assassination of Lincoln", *IndMH*, 11 (December 1915), 327; Edward Atkinson to John Murray Forbes, February 1, 1865, Atkinson Papers.

[62] Cornelius Cole, *Memoirs of Cornelius Cole* (New York, 1908), 220; Belz, *New Birth of Freedom*, 25–30, 118–125, 160; Burke A. Hinsdale, ed., *The Works of James Abram Garfield* (Boston, 1882–1883), 1:86; Hyman and Wiecek, *Equal Justice Under Law*, 276–278; McPherson, *Struggle for Equality*, 221–222.

所带来的究竟是一种结束还是一种开始。"感谢上帝,我作为一个废奴主义者的职业终于结束了,"威廉·劳埃德·加里森宣称,在1865年5月美国反奴协会的年度大会上,他敦促该组织宣布胜利解散。弗雷德里克·道格拉斯对此的回应是,"直到黑人获得选票之前,奴隶制并没有被废除"。经过一场情绪冲动的辩论之后,加里森的提议被否决了,温德尔·菲利普斯取代他成为该组织的主席,《全国反奴旗帜报》在报头上添加了一句新的箴言:"没有黑人选举权,就等于没有重建。"传统上,废奴主义者对奴隶制的批判主要是出于一种道德立场,而菲利普斯在此刻却超越了这一立场,开始关注重建之后的南部阶级权力的平衡。除非获得解放的奴隶被赋予选举权,种植园主的统治将可能得以恢复,奴隶解放的承诺将会功亏一篑。"我不相信,"他写道,"在一个英国式的自由中,一个依附性阶级的福利可以寄托于一个上层阶级的良好意愿和道德感。"[63]

在这些辩论后面隐藏的是由奴隶制终结而引发的一些范围更大、意义更深远的问题:应该如何看待这些被解放的黑人奴隶即自由民呢?应该将他们看成是已经具有公民能力和市场竞争参与者能力的个人,还是将他们看成一个因其特殊历史经历而需要联邦政府为其采取特别行动予以帮助的人民?尽管许多的改革者通常接受了联邦权威在战时的扩张,但他们并没有打算完全抛弃自由放任的思想和前提。在海岛地区担任教师的威廉·甘尼特认

---

[63] *National Anti-Slavery Standard*, May 20, 1865; Irving H. Bartlett, *Wendell Phillips: Brahmin Rebel* (Boston, 1961), 289-293; Lawrence J. Friedman, *Gregarious Saints: Self and Community in American Abolitionism 1830-1870* (New York, 1982), 267-270.

为，施助必然引来依赖性，越是更快地让黑人"进入自生自灭的状态，他们越能更迅速地得到拯救"。即便是弗雷德里克·道格拉斯也认为，关于"我们应该为黑人做什么？"这一令人烦恼的问题，唯一的回答是，"什么也不要做……给他一个用自己的脚站起来的机会！不要去打搅他！"除了这些个人主义的经典教条的影响之外，还有其他的原因。从联邦军队宪兵警察和联邦政府的其他代理人对黑人施加的不正义来看，特殊待遇也许给黑人自由带来的限制更多——而赋权于黑人，让他们通过选票来捍卫自己的利益也许是更好的办法。此外，道格拉斯深知，仁慈的另外一面经常是家长制；他担心，在一个以平等原则（哪怕仅限于口头）之上的社会里，针对自由民所实施的"特别待遇"，会造成一种黑人是受国家特权保护的群体的形象，从而也许"会助长那种需要被竭力消除的偏见"。[64]

占据这个意识形态光谱另外一端的是激进派，他们提出联邦政府采用一种与解放奴隶行动力度相当的干预行为——没收种植园主的土地，并将土地分配给获得解放的奴隶。在国会中，对这一措施持最为坚定的支持立场的是乔治·朱利安，他当时担任众议院公共土地委员会的主席。长期以来，朱利安对"土地垄断"就充满了敌意，他认为如果没有土地改革，南部社会就不会依据"激进民主"的原则得到重建，被解放的奴隶将会被重新贬低

---

[64] Pearson, ed., *Letters From Port Royal*, 147; McPherson, *Struggle for Equality*, 397; Richard O. Curry, "The Abolitionists and Reconstruction: A Critical Appraisal", *JSH*, 34 (November 1968), 534-543; Philip S. Foner, ed., *The Life and Writings of Frederick Douglass* (New York, 1950-1955), 3:189.

至"工资奴隶制的体制之中……这是一种比奴隶制本身更糟糕的制度"。朱利安领导了一场战斗,企图修订第二部《敌产没收法》,以便授权联邦政府永久性地收缴邦联参与者的土地;到战争结束的时候,两院分别批准了各自的法案,但最终两院没有发布联合决议。尽管如此,自由民局在1865年3月的创立,象征性地表达了在共和党人中存在的一种普遍思想,即联邦政府将为获得解放的奴隶承担起相当广泛的一些责任,包括为他们提供获得土地的某些通道。[65]

自由民局是从美国自由民调查委员会衍生而来的。后者由战争部在1863年创建,其任务是为处理获得解放的奴隶问题提出建议。委员会由塞缪尔·格里德利·豪、詹姆斯·麦凯和罗伯特·戴尔·欧文三人组成,他们都是长期以来参与废奴主义活动和从事改革事业的人。他们参观了联邦军队占领的南部地区,倾听了白人和黑人的作证,写下了两份联合报告和大量的个人观察报告。委员会的建议反映出,在针对处理奴隶解放之后的问题上,自由放任和国家干预两种方式之间存在的紧张关系。他们提倡设立一个奴隶解放局,对获得解放的奴隶实施一种带有仁慈精神的保护,但同时又坚持这一联邦部门不能变成"一个永久机构",应该尽快地推动黑人走上自食其力的道路。为了保证联邦对自由民的保护无须成为一种永久性责任,委员会支持赋予黑人以平等的公民和政治权利。麦凯甚至走得更远,建议将种植园主的土地充

---

[65] Patrick W. Riddleberger, *George Washington Julian: Radical Republican* (Indianapolis, 1966), 188-194; George W. Julian, *Speeches on Political Questions* (New York, 1872), 221-226; McPherson, *Struggle for Equality*, 247-256.

公和进行重新分配,并建议进行一场彻底的"对南部各州的社会重建"。[66]

然而,直到1865年3月,国会即将休会之际,在参众两院针对建立自由民局的法案的分歧经过数月的争论之后,该法案才得以通过。(与此同时,国会授权建立了自由民储蓄银行,以鼓励前奴隶们养成节俭生活的习惯。)自由民局向处于无助状态的自由民发放衣物、食物和燃料,监管与自由民在南部的情势相关的"所有事务"。尽管它拥有前所未有的责任和权力,但自由民局显然被设想为一种临时性的便利设置,因为它的寿命被限制为一年,而且更令人不可置信的是,它没有获得任何单独的财政预算的支持——只能从战争部获取财政和人力资源。查尔斯·萨姆纳建议将该局设置为一个永久性机构,赋予其局长以总统内阁成员的地位——从而将政府对自由民的责任加以体制化——但这一提议与长期监护者的建议一样,遭到了强烈的抵制。事实上,在最后一刻,国会重新定义了自由民局的责任范围,将其扩展到为南部白人难民和自由民提供协助与保护,这种极大的权力扩充意在修正自由民局只是为黑人提供优先待遇的印象。[67]

---

[66] John G. Sproat, "Blueprint for Radical Reconstruction", *JSH*, 23 (February 1957), 34–40; Harold M. Hyman, ed., *The Radical Republicans and Reconstruction 1861-1870* (Indianapolis, 1967), 113–116, 201; McPherson, *Struggle for Equality*, 178–187; McCrary, *Abraham Lincoln and Reconstruction*, 232.

[67] Belz, *New Birth of Freedom*, 75–96; Carl R. Osthaus, *Freedmen, Philanthropy, and Fraud: A History of the Freedman's Savings Bank* (Urbana, Ill., 1976), 1–10; McPherson, *Struggle for Equality*, 189; LaWanda Cox, "The Promise of Land for the Freedmen", *MVHR*, 45 (December 1958), 438–439. 关于自由民局活动的长篇讨论,见第四章。

但至少在一个方面,自由民局看上去做出了承诺,要给南部自由民的处境带来一种永久性的转变。如同它的名称——难民、自由民和弃置土地局——所显示的,它得到授权,可以将弃置和收缴的土地划分成40英亩一块的份额,分配给自由民和忠于联邦的其他难民租种,并最终将土地以"合众国所能提供的拥有权"(此用语反映政府持有的南部土地的法律模糊性)出售给他们。该法案的早期草案曾设想过由自由民局经营种植园、自由民在其中充当工资劳工的计划。最后版本虽然并没有对土地再分配做出明确承诺,但却清楚地显示,一些黑人有望在政府的协助下成为实行"自由劳动"体制的南部的独立农场主。[68]

在国会辩论期间,战争之神,通过威廉·谢尔曼和他的6万大军在佐治亚州心脏地带的军事行动,给奴隶制带来了致命的一击,给事先已经存在并趋于复杂的土地问题又增加了新的一层问题。谢尔曼在1864年9月攻下亚特兰大,两个月后开始了他的"向海洋进军"的行动。对于佐治亚的奴隶来说,这支复仇大军的到来,如同一位联邦军官所说,看来就是"千年预言得以实现"的时刻。数以千计的男人、女人和儿童逃离种植园,尾随联邦军队而行进。他们为联邦军队捣毁他们主人的庄园而欢呼,当联邦军队奉谢尔曼的命令将他们从部队驱赶出去的时候,他们拒绝服从。"他们成群地奔着我而来,"谢尔曼从萨凡纳写道,"他们不停地祈祷,高喊,在欢庆中把我的名字与摩西和西蒙……和'亚伯

---

[68] Cox, "Promise of Land", 413-440; Belz, *New Birth of Freedom*, 100-105.

拉罕·林肯'以及伟大的救世主等混合在一起。"[69]

1865年1月12日，在抵达萨凡纳与他会面的战争部部长埃德温·斯坦顿的敦促下，谢尔曼召集了该城黑人社区的20名领袖人物聚会。参加聚会的黑人领袖大多数是浸礼会和卫理公会的牧师，虽然其中有几人在内战之前获得了自由，但他们中的大部分人是出生于奴隶制之下。詹姆斯·波特是他们中间的一位，他在过去10年中一直为黑人学生开办一间秘密学校，"学生们将他们在上学的事情对家里人都保密"。谈话显示，这些黑人领袖对自由的含义具有相当清楚的理解。当他被问到奴隶制是什么的时候，身为浸礼会牧师的加里森·弗雷泽回答说，奴隶制意味着一个人"在没有得到另外一个人的同意下，去接受……另一个人的劳动成果"。弗雷泽于1857年通过赎身获得自由，在此之前，他在奴隶制中生活了整整60年。他将自由定义为"把我们放在我们可以收获自己劳动果实的地方"，实现这一要求的最好办法是"拥有土地，用我们自己的劳动来耕种它"。在回答黑人是否愿意选择与白人分开居住的问题时，他回答说："我更愿意我们单独居住在一起，因为在南部有一种反对我们的歧视，要克服它需要很长的时间。"4天之后，谢尔曼发布了第15号特别战区命令，将海岛地区和查尔斯顿以南种植水稻的沿海领土的一部分划出来，并由此向

---

[69] [William T. Sherman] *Memoirs of General W. T. Sherman, Written by Himself* (New York, 1891), 2:248-249; Paul D. Escott, "The Context of Freedom: Georgia's Slaves During the Civil War", *GaHQ*, 58 (Spring 1974), 92-93; John R. Dennett, *The South As It Is: 1865-1866*, edited by Henry M. Christman (New York, 1965), 177; M. A. De Wolfe Howe, ed., *Home Letters of General Sherman* (New York, 1909), 319.

内陆延伸 30 英里，将这个范围内的土地专门用来安置黑人。在这片土地上定居的每户黑人家庭将接受 40 英亩土地作为耕种之用，谢尔曼后来又命令，联邦军队可以将骡子借给这些黑人家庭使用。（也许，"四十英亩土地加一头骡子"的说法由此而起，并在后来响彻整个南部。）[70]

谢尔曼并不是一位人道主义改革家，对黑人也不抱有特别的关照之心。他并不把自己的第 15 号特别战区命令看成是转变南部社会的一幅蓝图，而主要把它当成一种权宜之计，用来解决因大量穷困黑人尾随他的军队而带来的巨大而迫切的压力。分配的土地，他后来解释说，仅仅是为了"在战争剩余的时间内为自由民和他们的家庭用来提供粮食"，并不代表他们可以永久占有这些土地。但自由民们却认为此时分到手的土地是属于他们自己的，这是不难理解的。谢尔曼随后任命鲁弗斯·萨克斯顿将军来负责实施这一命令。萨克斯顿将军在一次大型黑人集会上说："他们将获得土地，可以在土地上安置家庭，安排一种自己的生活方式，并受人尊敬。"获得解放的奴隶自然很快抓紧时间，利用这道命令。浸礼会的牧师尤利西斯·休斯顿也参与了与谢尔曼的会见，带领了 1000 名黑人到佐治亚的斯基达韦岛居住，他们在那里建立起一个政治自治的社区，休斯顿成了那里的"黑人州长"。到 6 月时，在这个曾经产生过最富有的种植园主地带之一的地区，有 4 万名

---

[70] Sherman, *Memoirs*, 2:245–252; Robert C. Morris, *Reading, 'Riting, and Reconstruction: The Education of Freedmen in the South 1861–1870* (Chicago, 1981), 124; "Colloquy With Colored Ministers", *JNH*, 16 (January 1931), 88–94; Vincent Harding, *There Is a River: The Black Struggle for Freedom in America* (New York, 1981), 261–265.

获得解放的奴隶在40万英亩被称为"谢尔曼的土地"上安置下来。在南卡罗来纳和佐治亚的沿海地带，一个比奴隶制终结更为激进的南部社会转型开始出现了。[71]

战争结束的步伐毫不留情地迅速加快。谢尔曼的军队进入南卡罗来纳州内，在军队经过之后，如同一位稻米种植主在日记中写道，"留下了解放的风气"。随着积累多年的对奴隶制的仇恨骤然以暴力形式爆发出来，在一个又一个的种植园中，"肆无忌惮的无政府主义和反叛"占了上风，种植园主贵族阶层的权威遭到有意的蔑视，他们的自命不凡被彻底打碎。种植园主的庄园、熏肉房、储藏室等被洗劫一空；白人监工被杀死；在一个种植园里，黑人拒绝听从当地白人牧师的说教，而是"以自己的方式高声地大叫大唱"。在查尔斯顿附近的米德尔顿庄园，这一曾经辉煌显赫的种植园主庄园被烧成灰烬，主人家庭的墓地被挖掘开来，前奴隶们将尸骨四处撒落。查尔斯·马尼高自认为是一个仁慈的奴隶主，此刻面对他的奴隶的"毫无节制和忘恩负义"感到非常震惊，"因为他们闯入我们每个庄园内装潢精美的住所，将里面所有的东西偷走或砸烂"。在马尼高的一个种植园里，主人房子里的挂画被取下来"挂在了黑人的屋子里，那些他们留下的一些家庭画像（看上去好像故意要嘲弄它们）日日夜夜被暴露在露天之下"。在

---

[71] Gerteis, *From Contraband to Freedman*, 151; Sherman, *Memoirs*, 2:249–250; Howe, ed., *Sherman Letters*, 327–328; S. W. Magill to the AMA, February 3, 1865, AMA Archives, Amistad Research Center, Tulane University; Savannah *Daily Herald*, February 3, 1865; Magdol, *A Right to the Land*, 104–105; Claude F. Oubre, *Forty Acres and a Mule: The Freedmen's Bureau and Black Landownership* (Baton Rouge, 1978), 19.

另外一个种植园里,"他们把我们的土地分割开来……拒不服从监工的命令"。这场被一个种植园主称为"对我们财产的总破坏"给乡村稻米贵族阶层带来了致命的打击,他们从未能够从这场打击中完全恢复过来。[72]

1865年2月18日,联邦军队进入查尔斯顿城,由黑人士兵组成的马萨诸塞州第54步兵团行进在其中,他们高唱着《约翰布朗之歌》。五个星期之后,该城见证了一场为自由举行的"巨大庆典",这是黑人社区举行的充满自豪感的大型庆祝活动。四千多名黑人参加了这场隆重的游行活动——士兵、消防队员、带着工具的各行各业人士,还有举着标语牌的小学生,牌子上写着:"我们是自己的主人"。游行队伍中最精彩的一幕是一场模拟的葬礼,送葬队伍里有一具棺木,上面刻有"奴隶制已经死亡"的字样,后面跟着一长串女性"送葬人"。随后,4月14日这一天,也就是内战在查尔斯顿海湾打响第一枪的四年之后,一群来自北部的牧师、政治人物和废奴主义者抵达该城,参加在萨姆特堡重新升起联邦

---

[72] Arney R. Childs, ed., *The Private Journal of Henry William Ravenel 1859-1887* (Chapel Hill, 1947), 217-219; Robert M. Myers, ed., *The Children of Pride* (New Haven, 1972), 1247; J. H. Easterby, ed., *The South Carolina Rice Plantation as Revealed in the Papers of Robert F. W. Allston* (Chicago, 1945), 206-211; Nicholas B. Wainwright, ed., *A Philadelphia Perspective: The Diary of Sidney George Fisher Covering the Years 1834-1871* (Philadelphia, 1967), 497-498; Charles Joyner, *Down by the Riverside: A South Carolina Slave Community* (Urbana, Ill., 1984), 228-229; "The Close of the War—The Negro, etc.", typescript copy of manuscript by Charles Manigault, USC; James M. Clifton, "A Half-Century of a Georgia Rice Plantation", *NCHR*, 47 (Autumn 1970), 401-405; George C. Rogers, *The History of Georgetown County, South Carolina* (Columbia, S.C., 1970), 416-422; Williams Middleton to Eliza Fisher, May 12, 1865, Cadwallader Collection, HSPa.

旗帜的仪式。各类名人发表了许多演讲，但令人最为感动和难忘的一幕却是，当一位黑人领着他的两个幼小女儿走到威廉·劳埃德·加里森面前，感谢他为奴隶们所做出的贡献。与此同时，插满国旗的"种植园主"号蒸汽机船在船长罗伯特·斯莫尔斯的指挥下，载着"满满的一船黑人"，横穿查尔斯海湾。（斯莫尔斯因为过于激动而失去了方向，致使他的船在庆典中与另外一艘船发生冲撞）。一位白人军官看到"那面此刻既属于黑人又属于白人的旗帜"第一次的升起，感动得热泪盈眶。[73]

在更北边的地方，当格兰特的军队于4月3日进入里士满城时，这里也出现了同样的庆祝活动。邦联军队在撤退时点火烧毁了储藏的烟叶、棉花和弹药，在天空中留下了巨大的烟柱，远处传来的炮弹爆炸声仍然在回荡，但奴隶解放的时刻已经到来。大量的黑人涌向街头，高唱"奴隶制的锁链终于被砸碎了"，一队黑人士兵的出现和他们的乐队正在演奏的《千禧之年》更使欢庆的人们感到疯狂。第二天，林肯不顾自己的安危，在一队海员的陪同下，来到里士满的大街上。他每到一个地方，都被蜂拥而至的前奴隶们团团围住，前奴隶们簇拥着他，将他称为"救世主"，并跪倒在他的脚下，这让总统颇感窘迫，他不停地请他们站起来。"从此不再有主人和太太了，"一位里士满的黑人对他的前主人说

---

[73] Williamson, *After Slavery*, 22; *New York Times*, March 30, April 4, 1865; *New York Tribune*, April 4, 1865; Sarah F. Hughes, ed., *Reminiscences of John Murray Forbes* (Boston, 1902), 2:356; Okon E. Uya, *From Slavery to Public Service: Robert Smalb 1839–1915* (New York, 1971), 27–29; S. Willard Saxton Journal, April 15, 1865, Rufus and S. Willard Saxton Papers, Yale University.

道,"所有人都是平等的……所有的土地都属于北部人了,他们要把土地分开,分配给有色人种。"4月9日,格兰特在弗吉尼亚州阿波马托克斯村接受了李将军的投降。[74]

在这一系列的历史事件中,重建逐渐成为国家必须面对的中心问题。然而,正如詹姆斯·布莱恩后来指出的,对于重建,林肯并非只是使用一套"固定的方案"。[75] 在南部的不同地方,林肯使用了不同的方案同时运作。他批准班克斯将军在路易斯安那州采用更为宽大的政策,但要求安德鲁·约翰逊指导下的田纳西州采用更为严厉的政策,目的都是为了保证联邦早日获得胜利以及保障奴隶制的废除,而不是为战后南部制作一幅重建蓝图。的确,类似密西西比河谷的劳动力政策对于重建的未来方向将会产生影响,但这些政策不过是战时策略的一部分,是在特别战区内受到军事形势的影响而制定的,将会根据不同的和平要求而在今后得到辩论和改变。战时的重建也并非是特别的成功。在邦联控制的区域内,联邦政府在弗吉尼亚、田纳西、阿肯色和路易斯安那等地得以建立,但它们都没有吸引到广泛的本地力量的支持,而且也没有任何一个政府得到国会的认可。尽管林肯具有娴熟的政治斡旋能力,但他没有能够成功地将任何一个得以重建的州(除了西弗吉尼亚之外)带回到联邦之中。此外,尽管他在支持路易斯

---

[74] A. A. Hochling and Mary Hoehling, *The Day Richmond Died* (San Diego, 1981), 202-207, 240-242; Michael B. Chesson, *Richmond After the War 1865-1890* (Richmond, 1981), 57-62; John T. O'Brien, "Reconstruction in Richmond: White Restoration and Black Protest, April-June 1865", *VaMHB*, 89 (July 1981), 261-263; Peter Randolph, *From Slave Cabin to the Pulpit* (Boston, 1894), 59.

[75] James G. Blaine, *Twenty Years of Congress* (Norwich, Conn., 1884-1886), 2:49.

安那政权的问题上耗费了大量的政治资本，但无人知道，他对于其他州政府的支持力度有多坚强，或者他对邦联其他地方的重建将会提出什么样的条件和要求。

在罗伯特·李投降之前这段时间内，林肯的重建政策的确暴露出一种游离不定，这一方面显示出他希望以尽可能便捷的方式争取和平，另一方面也显示了一个人在为战后南部寻求一条连贯的重建方案时所表现的犹豫不决。在2月举行的内阁会议上，他再次提出了已经遭到抛弃的有补偿的奴隶解放方案，但在遭到内阁成员的一致反对之后放弃了这一想法。就连政治上保守的海军部长吉迪恩·威尔斯也一针见血地指出，及早争取和平的愿望可嘉，但"没有必要做得过分"。在4月初，林肯提议与弗吉尼亚州的邦联议会进行接触，说服对方将该州带出邦联政府，但在内阁的劝说下，他放弃了这一主张。这一行动等于暗示，联邦政府否定了先前将皮尔庞特政权视为该州合法政府的做法。当4月10日林肯在会见皮尔庞特时，他没有回答问题，而是提出了问题。南部究竟有多少亲联邦派？他们是否愿意加入共和党？如果皮尔庞特的话是可信的话，林肯说他"不会有任何关于（州政府的）重组的计划"。[76]

次日，林肯在白宫发表后来为人熟知的"最后的演讲"（这一描述虽然在史实上是准确的，但林肯本人在当时并没有意识到它的终结性所在）。这基本上是为路易斯安那州战时政府做的一场辩

---

[76] Howard K. Beale, ed., *Diary of Gideon Welles* (New York, 1960), 2:237, 279-280; Albert Mordell, ed., *Civil War and Reconstruction: Selected Essays by Gideon Welles* (New York, 1959), 186-187; Ambler, *Pierpont*, 254-258.

护和对激进派提出的黑人选举权要求做出的一种回应，虽然林肯使用了一种谨慎、节制的语言，但演讲却标志着林肯本人（或任何美国总统）对黑人选举权的第一次公开支持："我自己则更愿意看到，[选举权]在此刻被赋予那些聪明的人，以及那些为我们的事业充当过士兵的人。"演讲表现的是典型林肯风格——企图鼓励激进派从现实可行的而不是从理论抽象的角度来看待重建的问题（他曾经说道，南部究竟是"在联邦之内还是在联邦之外"的问题不仅"在事实上是无关紧要的"，而且根本就是一个"恶作剧的"问题），为了保持公众的支持和维系党内的团结，他在黑人选举权问题上向激进派的立场倾斜，但并不将自己的"更愿意"强加于被战败的南部头上。此刻已经担任最高法院首席大法官的蔡斯，曾一直极力说服林肯赋予"所有忠诚的公民"以选举权，此刻将林肯的演讲视为向前迈进的一步。纽约的民主党人报纸《世界报》则不那么客气："林肯……如同一个没有地图的旅行者一样，在一个陌生的国度……摸索道路。"也许，最准确的评估来自《纽约时报》的评论，其中写道，林肯认为发表一种"已经决定的重建政策"的时机尚未成熟。[77]

4月14日是耶稣受难日，战争部长斯坦顿向内阁报告了关于任命弗吉尼亚和北卡罗来纳军事州长的设想方案。内阁成员对此没有进行更多的讨论。林肯敦促他的同事们对"我们面临的重要

---

[77] Basler, ed., *Lincoln Works*, 8:399–403; David Donald, ed., *Inside Lincoln's Cabinet: The Civil War Diaries of Salmon P. Chase* (New York, 1954), 264–266; New York *World*, April 13, 1865; *New York Times*, April 13, 1865.

问题"予以更多的关注。会议指示斯坦顿重新起草方案,交由下次内阁会议讨论。当天晚上,演员约翰·威尔克斯·布思枪击林肯,总统受到致命伤害,并于第二天去世。在悼念中,黑人将他当作神派遣到人间的救世主一样来追悼,北部的白人则将他视为保存了联邦和解放了奴隶的人。[78]

远在奴隶制终结之前,黑人废奴主义者查尔斯·里森曾经预测过,奴隶解放将会把获得自由的黑人置于许多"严峻的考验"之中:"曾为奴隶的污名将带给他们此刻感受到的歧视,而这种歧视不会立即消失。"就连林肯的葬礼也显现出这一问题,当他的遗体抵达纽约市时,该城市政府曾企图禁止黑人参加送葬队伍,这一决定最终被战争部否决。然而,在一个以强调个人自主和竞争性平等理想为基础的社会中,奴隶制与公民地位之间是否能找到一个永久的栖身之地?自由的概念是模糊不清的,但与那些习惯于社会阶级一成不变、公民和政治权利按历史沿革进行等级分配的社会相比,美国"自由"的概念是非常不同的。在美国,奴隶解放不可避免地导致了获得公民资格和权利的平等、获得投票权的要求。正如弗雷德里克·道格拉斯不无欣赏地指出的:

> 如果我是生活在一个君主制的政府之下……在那里只有几个人是当权者,而多数人是臣民,那么我并不觉得我身上带有

---

[78] Benjamin P. Thomas and Harold M. Hyman, *Stanton: The Life and Times of Lincoln's Secretary of War* (New York, 1962), 357-358; Beale, ed., *Welles Diary*, 2:281.

特别的污名，因为我没有行使选举的权利……但在美国，全民选举权是……政府的基本原则，将我们排除在外，等于将我们视为一种例外，等于给我们打上低人一等的烙印。

在更现实的一方面，不给黑人选举权的话，如何防止南部的旧统治阶级重新建立起他们的政治统治呢？这些问题随着战争走向终点不断地被提出来，但战争却没有提供一个答案。[79]

此外，白人也不是唯一的辩论这些问题的人，这一点变得越来越明显。1864年，一位名叫艾萨克·布林克霍夫的北部浸礼会传教士在他居住的由联邦军队占领的佛罗里达州发表了一系列演讲，讨论美国宪法和共和政府的原则。黑人们，他写道，"对此非常感兴趣。我问我的黑人仆人老梅雷德斯他如何看这些演讲，他双手摊开，并且说道，'每一次我的心胸都变得越来越大'。"在战争结束的时候，一小部分自由民已经学会了政治参与的基本知识。在南卡罗来纳的海岛地区的米切尔维尔，黑人在军队的监管下，选举产生了一位市长和市政会，负责管理地方学校和实施司法管理。在佛罗里达的阿米莉亚岛的一次地方选举中，黑人和白人并肩投票。在戴维斯半岛和弗吉尼亚与密西西比的逃奴营地区，还可以找出其他的地方自治的榜样故事来。在这里，我们看到黑人正在出现并成为一个走向政治舞台的人民，他们对自由内涵的界

---

[79] Julia Griffiths, ed., *Autographs for Freedom* (2 Ser.: Auburn, N. Y., 1854), 14; New York *Tribune*, April 24, 28, 1865; Foner, ed., *Douglass*, 4:159; Donald, *Sumner*, 137–138.

定中,也将要发出自己的声音。[80]

随着战后重建拉开帷幕,来自费城的保守派律师悉尼·乔治·费希尔观察到,战争留下了一批尚未解决的根本问题:

> 看上去,我们的命运将是永远无法摆脱黑人问题。我们刚刚废除了奴隶制之后,一个权力在与日增长的政党便提出了黑人选举权,于是,这个问题——我们应该如何处理黑人的问题?——看上去远远没有得到解决。事实上,没有任何办法能够提供一种同时让北部和南部满意的办法。

费希尔非常清楚地认识到,围绕奴隶解放遗产的长期持续冲突是不可避免的。"事实上,"正如弗雷德里克·道格拉斯所说,"工作并没有因奴隶制被废除而结束,而仅仅是开始。"[81]

---

[80] Isaac Brinckerhoff, "Missionary Work Among the Freed Negroes. Beaufort, S. Carolina, St. Augustine, Georgia, 1862–1874," manuscript, American Baptist Historical Society, 127; James E. Sefton, "Chief Justice Chase as an Advisor on Presidential Reconstruction," *CWH*, 13 (September 1967), 260; Magdol, *Right to the Land*, 100–104; Martin Abbott, "Freedom's Cry: Negroes and Their Meetings in South Carolina, 1865–1869," *Phylon*, 20 (Fall 1959), 266.

[81] Wainwright, ed., *Fisher Diary*, 499; Foner, ed., *Douglass*, 3:293.

第 三 章
自由的含义

　　自由以不同的方式来到南部的不同地方。在那些主要的区域,奴隶制远在李将军投降之前就瓦解了。但在联邦军队鞭长莫及的其他地方,直到1865年春天,黑人才知道奴隶制已经一去不复返地终结了。尽管许多的失望随之而来,但这一代黑人永远记得当"自由的太阳露出光芒"的那一时刻,因为那是他们生命的分水岭。休斯顿·霍洛韦在1865年满25岁之前曾经被卖过3次,他对解放来到他所在的佐治亚地区的那一刻有着清楚生动的记忆:"我觉得自己就像一只鸟儿飞出了鸟笼。阿门,阿门,阿门。我那一天真的是太满足了……那一个星期就像一道美丽的闪电,一晃就过去了。"6周之后,霍洛韦和他的妻子"迎来了我那出生在自由之中的儿子"。[1] "自由,"一位黑人牧师说道,"早在自由降临之前就长久地在黑人心中燃烧。"然而,"自由"意味

---

[1] George P. Rawick, ed., *The American Slave: A Composite Autobiography* (Westport, Conn., 1972–1979), Supplement, Ser. 2, 2:1945; Houston H. Holloway Autobiography, Miscellaneous Manuscript Collections, LC.

着什么？"这个词是需要得到界定的，"自由民局局长奥利弗·奥蒂斯·霍华德在 1865 年对一群黑人说，"因为它很容易被误解。"霍华德认为该词有一个简单明了的定义。然而，"自由"并不是一个事先决定或一成不变的概念，而是变成了一个充满冲突的地带，它的内容同时包含了不同的和有时甚至相互冲突的解释，它的内容在内战之后不断发生变化，不仅对白人如此，对黑人也是如此。[2]

许多南部白人认为，黑人在面对奴隶制灭亡时，完全没有做好行使自由的责任的准备。"黑人是值得同情的，……"南卡罗来纳人朱利叶斯·弗莱明写道，他是一位教育家、牧师，也是一位公职官员。"他们并不知道，自由已经降临在他们身上。"事实上，黑人从奴役中走出来的时候，他们带有一种对自己所处的新环境的认知，这一认知是由他们作为奴隶的经历和他们在被奴役中对周围自由社会的观察共同决定的。他们具有一种被一位种植园主称为"对权利和自由的胡思乱想"，而其中的首要内容就是终止一切与奴隶制相关联的不公平与不正义。与内战期间班克斯将军的特派员所访谈的路易斯安那州黑人一样，前奴隶们对自由的理解是：他们的家庭不再被强行拆散，鞭刑式的惩罚应被废除，他们有机会教育自己的子女。像黑人牧师亨利·特纳这样的人则强调，自由意味着享有"与他人同等的属于我们的权利"。"如果我不能像白人那样生活，我就没有自由。"自由民亨利·亚当斯在 1865

---

[2] Quitman *Banner* in Savannah *Daily News and Herald*, July 15, 1867; New Orleans *Tribune*, November 6, 1865.

年对他的前主人说。"我看到过贫穷白人是怎么生活的。我也应该那样生活，否则我就还是一个奴隶。"[3]

但在种种具体的期望下面，埋藏着一个更为宽广的主题：希望摆脱白人的控制，以个人和黑人群体一员的名义获得独立自主，因为黑人作为一个整体也随着解放的到来发生了转型。在战前，自由黑人创造了一个由教会、学校和互助社团构成的网络，而奴隶们则以家庭和教会为中心组成一个半自治的文化网络。随着自由的来临，这些体制得以巩固和扩展，并从白人的监督之下获得了解放，新的体制——尤其是政治组织——与传统体制连接起来，共同成为了黑人生活的中心。通过建立稳定的家庭，控制自己的教会，大力扩建自己的学校和互助社团，要求经济独立和创造一种独特的政治文化，重建时期的黑人为当代的黑人社区奠定了基础；这个社区的根深扎在奴隶制中，但它的结构与价值观却反映出奴隶解放带来的结果。

---

[3] John H. Moore, ed., *The Juhl Letters to the "Charleston Courier"* (Athens, Ga., 1974), 20; Will Martin to Benjamin G. Humphreys, December 5, 1865, Mississippi Governor's Papers, MDAH; Joseph P. Reidy, "Masters and Slaves, Planters and Freedmen: The Transition from Slavery to Freedom in Central Georgia, 1820–1880" (unpub. diss., Northern Illinois University, 1982), 162; 46th Congress, 2d Session, Senate Report 693, pt. 2:191. 大多数古老的历史记载，以及一些较为新近的记载，都呼应了这一观点，即前奴隶对自由是完全没有什么准备的。Walter L. Fleming, *Civil War and Reconstruction in Alabama* (New York, 1905), 270–271; Howard K. Beale, *The Critical Year* (New York, 1930), 188–189; William C. Harris, *Presidential Reconstruction in Mississippi* (Baton Rouge, 1967), 80–81.

从奴隶制走向自由

内战结束许久之后,曾经遭受奴役的经历一直深深地刻印在黑人的集体记忆之中。正如一位白人作者在多年后所写的,黑人无法摆脱这样的观念,即"白人曾经野蛮地欺压过他们"。他们对于那种认为美国奴隶制是少有的仁慈以及主奴之间存在着"和谐关系"的说法尤其感到愤怒。"我们所有人都知道我们曾经是多么幸福……,"一位黑人演讲家不无讽刺地宣称,"难道这些绅士们把我们曾经遭受的苦难都忘得一干二净了吗?"从根本上说,黑人不仅对那些与奴隶制相关的事情——鞭刑、家庭的分离、无数令人感到屈辱的规矩等——感到愤怒,而且对他们曾经是奴隶这一事实感到愤怒。在访问里士满时,苏格兰牧师戴维·麦克雷见到一位前奴隶,后者说他从来没有被鞭打过但他对自己受到的虐待表示不满,麦克雷为此感到很奇怪。"那你受到的虐待是什么呢?"麦克雷问道。"我遭受了残酷的待遇,"获得自由的奴隶回答说,"因为我被置于奴隶制中。"[4]

刚获得解放的奴隶们想尽办法,从各个方面力图"抛弃受奴役的标志",推翻白人强加于他们生活中的各种真实的和象征性的权威。有的人取了新的名字,反映出解放在他们心中激发起一种

---

[4] Z. T. Filmore to History Company Publishers, March 2, 1887, Bancroft Library, University of California, Berkeley; undated manuscript speech, 1865 or 1866, Pinckney S. Pinchback Papers, Howard University; David Macrae, *The Americans at Home* (New York, 1952 [orig. pub. 1870]), 133.

对生活的高度期望。一位在萨凡纳的北部教师报告说,她的黑人学生中有一个人取名叫"亚历山大·汉密尔顿",另一个叫"富兰克林·皮尔斯",甚至还有一个叫"乔·约翰斯顿将军";在南卡罗来纳州乔治城,前奴隶新取的名字中包括了"柏林勇士""米切尔希望"和"伟大机会",以及"托马斯·杰斐逊"。许多黑人在获得解放之后要求白人对他们尊称"先生"或"夫人",而不是像在奴隶制中那样对他们直呼其名。[5]

黑人也利用一切机会来宣示,他们不再受无数与奴隶制联系在一起的陈规陋习的约束,无论这些旧的规矩是大是小。自由民无视白人的监管,自由地举行集会和宗教仪式,他们养狗、持有枪支和饮用烈性酒(所有这些在奴隶制下他们都被禁止拥有),拒绝在人行道上给白人让路。他们还按照自己喜欢的方式穿衣打扮,黑人妇女有时会穿得花枝招展,打着阳伞,用五彩缤纷的帽子和纱巾取代了奴隶时代使用的头巾。1865年夏天,查尔斯顿城的自由民占据了该城"最好的住所","身着彩虹般的绫罗绸缎",在王子街上悠闲地散步,而就在离卡尔霍恩墓地不远的地方,黑人小学生们在那里高唱《约翰布朗之歌》。居住在乡村地带的白人对自由民的"傲慢无礼"和"反抗"也是抱怨不停,在白人眼中,这些行为与他们期待的黑人在奴隶制下表现的温顺与服从大相径庭。在佛罗里达州布拉德福德种植园里,一桩接一桩的意料之外的事

---

[5] Eliza F. Andrews, *The War-Time Journal of a Georgia Girl* (New York, 1908), 347; Sarah A. Jenness to Samuel Hunt, December 30, 1865, AMA Archives, Amistad Research Center, Tulane University; George C. Rogers, Jr., *The History of Georgetown County, South Carolina* (Columbia, S.C., 1970), 439–441.

情发生。首先,布拉德福德夫人的厨子告诉她,如果她想吃饭,她得自己动手做。随后,前奴隶们要去参加会议,与北部士兵一起讨论"我们的自由"。当一位黑人妇女被告知她和她的女儿不能去开会时,黑人妇女回答说:"她们现在自由了,只要她愿意,她可以带她女儿去开会,别人管不着。""我从来没有从我们家的黑人那里听到过这样无礼的回话,"19岁的苏珊·布拉德福德写道,"不过他们现在已经不再是我们的黑人了。"[6]

联邦占领军中黑人士兵的出现也使黑人变得更加自信和大胆,但也引发了白人的抱怨。黑人士兵们犹如"黑人平等的信徒"一样地行动起来,纽约《世界报》写道,他们在前奴隶中传播有关拥有土地、享有公民权和政治平等的思想。他们插手干预种植园的劳工纠纷,有的时候甚至还逮捕白人。("看到一个白人被一个黑人小痞子抓起来……,"一位前邦联士兵写道,"心里真的觉得不是滋味。")黑人军队帮助兴建学校、教堂和孤儿院,组织辩论社团,并在其中发表"最有煽动性的演讲"等。在南部城市,他们要求乘坐实施种族隔离的公用街车,冲着赶路的白人大声嚷嚷:"我们现在都是平起平坐的人了",并对居住在像孟菲斯这样的城市

---

[6] Vincent Harding, *There Is a River: The Black Struggle for Freedom in America* (New York, 1981), 278-281; Jacqueline Jones, *Labor of Love, Labor of Sorrow: Black Women, Work and the Family, from Slavery to the Present* (New York, 1985), 69; Joel Williamson, *After Slavery: The Negro in South Carolina During Reconstruction, 1861-1877* (Chapel Hill, 1965), 46-47; Leon F. Litwack, *Been in the Storm So Long: The Aftermath of Slavery* (New York, 1979), 359; Elias H. Dees to Anne Dees, August 12, 1865, Elias H. Deas Papers, USC; Joseph H. Mahaffey, ed., "Carl Schurz's Letters From the South", *GaHQ*, 35 (September 1951), 235; Susan B. Eppes, *Through Some Eventful Years* (Macon, 1926), 279-284, 294-295.

里的黑人说，他们不必服从军队要求归还种植园土地的命令。[7]

奴隶制下最遭奴隶们痛恨的有两样东西：没有通行证的前提下不能旅行的规定，以及负责实施这一规定的巡查队。随着奴隶解放的到来，南部黑人人口的一半看上去都在马不停蹄地赶路。"黑人立马拔腿就上路了，"一位得克萨斯的种植园主回忆说，"他们好像急着想与自由靠得更近一点，尽管他们并不知道自由是什么——好像自由是一个地方或者一个城市似的。"黑人们先前作为奴隶的经历似乎对他们的行动没有任何影响。"多尔曼的所有黑人奴隶都离开了他，"一位亚拉巴马的种植园主报告说，"他们从来都是来去自由，就像他的孩子们一样。"对于前奴隶来说，能够做到来去自由，实在是一种值得骄傲和感到激动的理由。"黑人对于能够外出旅行简直兴奋得发狂，"一位白人观察者在1877年注意到，"他们总是缠着铁路官员，要求为他们的节假日、野餐活动、周日学校庆典和教堂奠基等各种理由增开加班车、游览车等。"[8]

重建早期发生的大规模黑人旅行活动是在种植园主、联邦军队和自由民局坚决反对的情况下发生的，而这种旅行对于南部白

---

[7] New York *World*, September 13, 1865; Ira Berlin et al., eds., *Freedom: A Documentary History of Emancipation 1861-1867* (New York, 1982-), Ser. 2, 733-739; Emile E. Delserier to Marguerite E. Williams, May 6, 1865, Marguerite E. Williams Papers, UNC; Jacob Schirmer Diary, June 1865, SCHS; *Weekly Anglo-African*, August 12, 1865; Charleston *South Carolina Leader*, March 31, 1866; Elizabeth A. Meriweather, *Recollections of 92 Years* (Nashville, 1958), 164-168; Bobby L. Lovett, "Memphis Riots: White Reactions to Blacks in Memphis, May 1865-July 1866", *THQ*, 38 (Spring 1979), 15-17.

[8] Litwack, *Been in the Storm*, 292-301; Rawick, ed., *American Slave*, 4, pt. 2:133; Henry Watson, Jr., to James A. Wemyss, January 26, 1866, Henry Watson, Jr., Papers, DU; George B. Tindall, *South Carolina Negroes 1877-1900* (Columbia, S.C., 1952), 153.

人、许多北部人和后来的历史学家来说,是一种"漫无目标的移民活动",似乎也证明了黑人将自由与游手好闲和"流浪"生活等同起来的做法。事实上,大部分的自由民并没有在1865年抛弃他们的家庭种植园,那些抛弃种植园的人也只是旅行到几英里之外的地方。做那些长途旅行的黑人通常有具体的理由。譬如,亨利·亚当斯在1865年离开路易斯安那州的种植园,目的是"想看一看我不需要通行证是否可以自由旅行"。(这不是一种游手好闲的行动。一群白人在路上与亚当斯搭讪,当得知他没有主人的时候就把他揍了一顿。)有些黑人抛弃了白人人口占绝大多数的内陆县,到另外的地方从黑人中寻找同伴。一个自由民妇女离开了佐治亚的农场,说"她不能住在黑人人数比这里更少的地方"。战后的"(黑人)出走"也反映出黑人人口在内战中出现的大量的流离失所的状况。数千名奴隶被他们的主人当成"难民"送到得克萨斯州,此刻又返回到密西西比州和路易斯安那州;而在南卡罗来纳州,那些在战争初期离开了海岛地区的黑人此刻也返回家乡,有的时候,他们会在路上与那些从大陆逃往海岛地区、此刻也在返家的前奴隶们相遇。旅行中的黑人还有相当一大批人被大大高于东部的工资所吸引,希望移居到得克萨斯、路易斯安那和其他的西南州去居住。[9]

---

[9] Henderson H. Donald, *The Negro Freedman* (New York, 1952), 1 (这本书提供了在1865年可以想象到的每一种关于黑人行为的形象); Litwack, *Been in the Storm*, 31–33, 305–310, 322–326; 46th Congress, 2d Session, Senate Report 693, pt. 2:191; Laura Perry to Grant Perry, February 25, 1868, J. M. Perry Family Papers, Atlanta Historical Society; Williamson, *After Slavery*, 39–41; Robert P. Brooks, *The Agrarian Revolution in Georgia, 1865–1912* (Madison, Wis., 1914), 10.

因为各种原因，在战争期间和战争刚刚结束之后，南部的城镇和城市尤其经历了大量自由民涌入的情形。许多黑人认为，比起乡村地区，城市里的"自由显得要更自由一些"。城里有黑人的社会体制——学校、教会和各种联谊社团——在这里虽然也有司法和执法方面的不公正，但驻扎在城里的军队和自由民局，可以保护自由民免受暴力攻击，而在南部的大部分乡村地带暴力活动往往甚嚣尘上，无法无天。"那些害怕被人攻击的人都进城去了，"一位佐治亚立法机构的黑人议员说。1865至1870年间，南部最大的10座城市的黑人人口翻了一番，而同一时间的白人人口增长率仅为10%。较小的城镇曾经极力将黑人作为奴隶排斥在外，此刻见证了来势更为凶猛的黑人人口增长。亚拉巴马州的迪莫波利斯是自由民局的一个区域办公室所在地，当地的黑人人口从1860年的一人增至10年后的1000人。[10]

那些希望在城里找到一种不同于种植园劳动和乡村生活方式的黑人时常遭遇极大的失望。大量乡村劳动力的涌入冲击了劳工市场，削减了城镇常住居民的经济收入，把城镇黑人推向低工资、体力劳动的就业市场。因为无法获得体面的住房，黑人移民通常

---

[10] Litwack, *Been in the Storm*, 310–316; 42d Congress, 2d Session, House Report 22, Georgia, 7（此后引为：KKK Hearings); Herbert A. Thomas, Jr., "Victims of Circumstance: Negroes in a Southern Town, 1865–1880", *Register of the Kentucky Historical Society*, 71 (July 1973), 253; Orville V. Burton, "The Rise and Fall of Afro-American Town Life: Town and Country in Reconstruction Edgefield, South Carolina", in Orville H. Burton and Robert C. McMath, Jr., eds., *Toward a New South? Studies in Post-Civil War Southern Communities* (Westport, Conn., 1982), 152–153; Peter Kolchin, *First Freedom: The Responses of Alabama's Blacks to Emancipation and Reconstruction* (Westport, Conn., 1972), 10.

住在蔓延在南部城市之外的棚户区里；这些地区充满了贫穷、肮脏和连年不断的传染病，黑人居民的死亡率远远高于居住在城里的白人居民。南部城市的居住模式也因此发生了令人瞩目的变化。内战前，黑人和白人在南部城市中零散地居住着。重建时期，南部出现了一种新的、种族隔离的都市地理景观："主城区的居民主要是白人，那里有最好的建筑；而'自由城'（白人将之称为'利比里亚'）则主要由不堪入目的小木屋组成。"因为这些原因，1870年之后，移居城市的黑人移民骤然减少，南部的黑人城市人口基本稳定地维持在9%左右。[11]

在推动战后黑人流动的所有动力中，与在奴隶制中被分离的家庭成员的团聚构成了最为迫切和最为强大的动机。"在他们眼中，"一位自由民局的官员写道，"在没有与被奴隶制打散的家庭成员团聚之前，他们的解放是不完整的。"1865年9月，约翰·德尼特遇见一位自由民，他为了找寻被拍卖的妻子和孩子，从佐治亚步行了600英里来到北卡罗来纳。另外一位来自得克萨斯的自由民写信给自由民局，请求帮助寻找"我最亲爱的亲人"，他附上一页长长的名单，包括姐妹、侄女、侄儿、叔伯和岳父母等，自从24年前他被从弗吉尼亚卖出之后，就再也没有见过他们中的任何一人。直

---

[11] Constance M. Green, *The Secret City: A History of Race Relations in the Nation's Capital* (Princeton, 1967), 82; Jones, *Labor of Love*, 73–78, 110–112; Thomas, "Victims of Circumstance", 256–258; John Kellogg, "The Evolution of Black Residential Areas in Lexington, Kentucky, 1865–1887", *JSH*, 48 (February 1982), 21–52; [Belton O'Neill Townsend] "South Carolina Society", *Atlantic Monthly*, 39 (June 1877), 678; Robert Higgs, *Competition and Coercion: Blacks in the American Economy, 1865–1914* (New York, 1977), 33.

"家谱图"。一种推销给前奴隶的彩色石刻平版画。(国会图书馆)

84　到19世纪末20世纪初,黑人报纸一直在刊登寻人启事,这些寻人启事生动地证实了那些构成奴隶制日常生活一部分的无数人间悲剧。一则刊登在纳什维尔《田纳西有色人种报》上的请求信写道:

> 1849年,托马斯·桑普尔将我们的女儿波利和儿子作为他的奴隶带离了这座城市……任何人如果能够帮助他们两人回到纳什维尔,或者告诉我们有关他们的所在地方……我们愿意以一人100美元的报酬予以回报。

这样的请求通常是没有结局的,而当夫妻双方找到了失散的一方但对方又已经再婚的时候,其结果往往是令人撕心裂肺的失望。然而,当长期分离的亲人得以团聚的时候,其动人的场面则是感人至深,令人难忘。"我希望你能看到这些从奴隶制中走向自由的人,"一位联邦军官在一封1865年5月给妻子的信中写道:"男人们带领着他们的妻子和孩子,他们的家庭被长期地拆散,此刻得以团聚,哦!这是一种多么难得的幸福啊。我能够在这里见证这一切,实在是太高兴了。"[12]

---

[12] John W. DeForest, *A Union Officer in the Reconstruction*, edited by James H. Croushore and David M. Potter (New Haven, 1948), 36–37; John R. Dennett, *The South As It Is: 1865–1866*, edited by Henry M. Christman (New York, 1965), 130; Hawkins Wilson to "Chief of the Freedmen's Bureau at Richmond", May 11, 1867, Letters Received, Ser. 3892, Bowling Green Subasst. Comr., RG105, NA [FSSP A-8254]; Lester C. Lamon, *Blacks in Tennessee 1791–1970* (Knoxville, 1981), 43; John E. Bryant to Emma Bryant, May 29, 1865, John E. Bryant Papers, DU.

显然，奴隶制下存在着坚韧的家庭纽带，但家庭生活与团结却时刻面临着被中断的危险。奴隶解放提供了家庭得以重新团聚和巩固的机会，大多数自由民毫不犹豫、积极踊跃地抓住了这一机会。在内战期间，约翰·伊顿曾与许多白人一样，认为奴隶制已经摧毁了奴隶们的家庭责任感，但他惊奇地发现，居住在没收敌产营地的前奴隶们对于履行婚姻合法化的法律程序充满了如此强烈的愿望。当自由民局和州政府为奴隶婚姻提供登记和庆祝仪式时，前奴隶们表现出同样的强烈意愿。此外，许多家庭还领养了他们逝去亲戚和朋友留下的遗孤，而不愿看到这些孩子成为白人主人的学徒，或被留在自由民局的孤儿院中。至1870年，大多数黑人居住在双亲俱全的家庭中，这一事实一方面可以从人口普查记录中得到证实，另一方面"非常意外地"可从国会举行的三K党的听证会材料中得到证实，这些材料记录了关于受害者在家中遭遇攻击的无数案例，"丈夫与妻子都在床上，……他们的小孩子们都躺在他们身边"。[13]

奴隶解放在稳定和加强了先前存在的黑人家庭的同时，也改变了黑人家庭中的不同成员的地位和他们相互之间的关系。一个共同而重要的变化是，在奴隶家庭中，因为家庭成员的主人不同，他们大多数时间是分离的，但现在他们可以生活在一起了。重建初期，白人观察家普遍注意到黑人妇女从田野劳动中撤出的现象。19世纪的"家庭生活崇拜"观念将家庭划定为妇女的正当领域，

---

[13] John Eaton, *Grant, Lincoln and the Freedmen* (New York, 1907), 34, 211; Herbert G. Gutman, *The Black Family in Slavery and Freedom, 1750—1925* (New York, 1976), 61-62, 141-142, 225-228, 417-420; KKK Hearings, Georgia, 817.

但从未有人想到这一观念应该适用于黑人,自然更不会适用于奴隶。尽管在大多数种植园里男人从事的是最重的体力活,如犁田、伐木等,但奴隶妇女日常从事田间劳动,有的时候,她们构成了农业劳动力中的主力。在奴隶们内部,劳动似乎是以性别为界来划分的,男人担任劈柴、狩猎和承担领袖位置的工作(如马车"司机"和牧师等),妇女则负责洗衣服、缝纫、煮饭、照料菜园子等,并负责照看孩子。与自由妇女一样,女性奴隶通常感到,她们的工作并不随着"工作日"的结束而结束。[14]

从1865年开始,直到此后许多年,在整个南部,白人抱怨难以找到女性田野劳工。这样,如同一位佐治亚人形容的,我们丢掉了"南部整个劳动力队伍中的一个重要组成部分"。《种植园》杂志的编辑写道,黑人妇女不会"再到田野去摘棉花,而这正是她们的工作……她们会待在自己家里照顾家庭,而很少到外面工作,或者根本就不做户外工作了"。在城市和乡村地带,黑人妇女也不愿意到白人家庭去当佣人,那些在白人家庭做工的黑人妇女通常拒绝住在雇主家里。"家庭佣人太难找了,"一位佐治亚州内陆地区的居民写道,"每个黑人妇女都想照顾自己的家庭。"许多同代人通常把居家白人妇女看成是理想家庭生活的完美典范,但他们却将黑人妇女采取的同样做法视为是一种懒惰的、甚至有些不可思议的行为。种植园主、自由民局官员和北部来访者纷纷

---

[14] Jones, *Labor of Love*, 11–43; Michael P. Johnson, "Work, Culture, and the Slave Community: Slave Occupations in the Cotton Belt in 1860", *Labor History*, 27 (Summer 1986), 329; Charles Joyner, *Down by the Riverside: A South Carolina Slave Community* (Urbana, Ill., 1984), 60.

对黑人"女贵族成员"去"模仿贵妇人的做法",或模仿白人中产阶级家庭模式的做法嗤之以鼻、不以为然。一份佐治亚州的报纸报道说:"自由民把他们的女儿和孩子都从田野工作中撤了回来,首先把女人留在家里持家,然后把孩子送进学校上学。"[15]

正如这些评论所显示的,当时的人并不清楚,黑人女性从农业劳动中撤出究竟是黑人妇女或黑人男性还是两者共同做出的决定。但有一点是没有疑问的,那就是,许多黑人男性将自己的妻子能够留在家中工作看成是一种十分体面和荣光的标志,作为一家之主,他们认为自己有权决定家庭内部的劳动分工。在路易斯安那的一个地方,种植园主企图强迫黑人妇女到田野里去工作,自由民男性则坚持认为,"如果他们想要自己的妻子去工作,他们会自己去告诉她们的;如果他们不能在家里做主,他们就会离开那里。"但所有的黑人都对性别剥削十分反感,将之视为奴隶生活的一个既定特征,因此他们拒绝再看到黑人女性在白人男性的直接监督下工作。许多黑人女性自己也希望,能够比在奴隶制中花更多的时间来照顾孩子,履行如煮饭、缝纫和洗衣之类的家务责任。这些任务在南部乡村地带使用电力和自来水之前已经是够繁重的了,随着种植园上的奴隶居所的解体而变得更加耗时,因为在奴隶制下,

---

[15] M. C. Fulton to Davis Tillson, April 17, 1866, Unregistered Letters Received, Ser. 632, Ga. Asst Comr., RG 105, NA [FSSP A-5379]; KKK Hearings, Georgia, 829; Thomas, "Victims of Circumstance", 263; John Kincaid to Mrs. E. K. Anderson, January 5, 1867, Kincaid-Anderson Papers, USC; Jones, *Labor of Love*, 58-59; DeForest, *Union Officer*, 94; *Southern Field and Factory*, 1 (April 1871), 149; Atlanta *Constitution*, July 10, 1869.

孩子是由老年女奴照管，家务活儿则是由大家一起来做。[16]

但黑人女性劳动力的工作重心从田间转向家庭在很大程度上只是一个短暂的现象。随着租佃制和分成制的兴起，每个家庭都需要负责自己租用或耕种的土地，家庭所有成员的劳动力变得尤为重要。* 在1875年完成了他的南部之行后，北部记者查尔斯·诺德霍夫写道："一个人决定租用多少土地，是根据他的家庭成员的人数来决定的。""如果一个黑人是工资劳工的话，他一定想办法让妻子待在家里。如果他是租佃人或分成租佃农的话，妻子和孩子都会到地里去帮他干活。"19世纪70年代的经济衰退，使得许多极度贫困的黑人家庭雪上加霜，男人和女人需要共同为家庭收入做出贡献也因此变得极为重要。这一时期，在家庭之外工作的黑人妇女和儿童的比例要远远高于白人。那些继续专注家庭劳动的妇女和继续留在学校的儿童也会经常参与到季节性劳工队伍中去。这正是在密西西比州戴维斯半岛地区发生的情形，在1870年的人口统计中，当地黑人妇女将她们的职业登记为"持家"或"居家"，但在摘棉花的季节，她们是要到地里去干活的，并且经

---

[16] Rawick, ed., *American Slave*, 14:14, 306; Theodore Rosengarten, *All God's Dangers: The Life of Nate Shaw* (New York, 1974), 120, 266; 46th Congress, 2d Session, Senate Report 693, pt. 2:179; Jane Le Conte to Joseph Le Conte, December 13, 1865, Le Conte Family Papers, Bancroft Library, University of California, Berkeley; Jones, *Labor of Love*, 59-60.

* "租佃制"（renting）和"分成制"（sharecropping，旧译"分成租佃制"）是内战后南部出现的两种关于劳动力、土地使用和收成分配的经济体制。在租佃制下，佃农（tenant）租用地主的土地，并将收成的一部分作为租金支付给地主。在分成制下，地主雇用或允许分成农（sharecropper）耕种其土地，并提供农具、种子以及其他生产和生活资料（如住房和食物），分成农需在扣除地主提供的生产资料和生活费用之后，再将部分收成作为租金支付给地主。在租佃制下，佃农通常因为拥有工具和其他生产资料而对生产过程拥有更多的自主权；而在分成制下，地主对生产过程和收益分配拥有更多的控制权，而分成农由于仅能提供劳动力，缺乏与地主讨价还价的能力，更易遭受剥削。——译者

常要带着孩子一块儿去。这样，如果说奴隶解放彻底改变对于他们劳动的监管方式，但它并没有废除黑人女性和黑人儿童的工资劳力制度。此刻，黑人妇女和黑人儿童在什么地方工作，不再由白人监工说了算，而是由黑人家庭来决定。[17]

对于黑人来说，将他们的家庭从白人权威下解放出来是他们自由中的一项不可或缺的内容。但解放在某些方面也改变了黑人家庭本身。尽管历史学家已经不再将奴隶家庭看成是"母系家长制"形态，但并不否认男性奴隶不能承担家庭经济收入来源这一角色，而且他们在家庭内的家长权威最终低于他们主人的权威这一事实。在某种意义上，奴隶制将男性和女性奴隶置于一个大致平等的无权地位上。随着自由的来临，黑人家庭中的父权体制也发展起来，而那种认为男女应该分统不同领域的观念也通过家庭的存在而得以规范和固定下来。

一些外部事件有力地影响了这一发展。在联邦军队中服役的经历使得男性黑人比女性更为直接地参与到争取自由的斗争中。自由民局也将丈夫确定为黑人家庭的家长，要求男性代表全家签署整个家庭的劳工合同，并建立了有差别的等级工资制，在这种体制下，承担同等种植园劳动的女性所得到的工资要低于男性劳工。1865年的《自由民局法》宣布要将土地分配给每个"男性"自由民和难民；《1866年南部宅地法》允许妇女获得一部分公共土

---

[17] Charles Nordhoff, *The Cotton States in the Spring and Summer of 1875* (New York, 1876), 38; 43th Congress, 2d Session, House Report 265, 203; Edmund L. Drago, *Black Politicians and Reconstruction in Georgia* (Baton Rouge, 1983), 135-136; Claudia Goldin, "Female Labor Force Participation: The Origin of Black and White Differences, 1870 and 1880", *JEcH*, 37 (March 1977), 91-96; Sir George Campbell, *White and Black* (New York, 1879), 150; Janet S. Hermann, *The Pursuit of a Dream* (New York, 1981), 182.

地，但前提是未婚。南部政治的发展则更进一步将男性的公共空间和女性的私人空间区分开来。在刚刚获得自由的日子里，男性和女性都可以参加非正式的群众大会，尽管从一开始，只有男人才能作为代表去参加有组织的黑人大会。1867年后，男性黑人可以参加陪审团的工作，拥有投票权，可以担任公职，并有机会在共和党内占据领导位置，而黑人女性则如同白人女性一样，在这些方面一无所有。民兵队伍和互助社团等也都是全男性组织，尽管它们也有自己的女性附属组织。黑人社区的男性领导人也极力推动和鼓励带有强烈父权意味的对家庭和妇女角色的定义。黑人牧师、布道者、报纸主编和政客们也都强调妇女有责任将家庭变成取悦男人的"一个和平而舒适的地方"，并敦促她们服从丈夫的权威。脾气暴躁的弗吉尼亚政治领导人托马斯·贝恩对女性"权利"有一个非常严格的定义："妇女的权利就是生育和培养孩子，为孩子们能承担起未来生活的责任而训练他们。"[18]

但并非所有的黑人妇女都理所当然地接受黑人家庭中出现的日渐强烈的父权制做派。事实上，许多妇女更是敢于和愿意将家庭纠纷诉诸公共权威来解决。自由民局的档案中保存了数百份黑人妇女对于男性使用暴力、对婚姻不忠和不关心孩子等行为的抱怨。"我注意到，你们中间有些人让人把你们的丈夫逮捕起来，有的人让人把你们的妻子逮捕起来"，霍兰·汤普森在1867年的一

---

[18] Jones, *Labor of Love*, 62-68; Robert F. Engs, *Freedom's First Generation: Black Hampton, Virginia, 1861-1890* (Philadelphia, 1979), 41; Savannah *Colored Tribune*, January 15, 1876; Macon *American Union*, October 29, 1869; James O. Horton, "Freedom's Yoke: Gender Conventions Among Antebellum Free Blacks", *Feminist Studies*, 12 (Spring 1986), 51-76; *The Debates and Proceedings of the Constitutional Convention of the State of Virginia* (Richmond, 1868), 524.

篇演讲中提到，他当时是亚拉巴马州的一位黑人政治领袖。"这样做是不对的——你们完全可以在内部解决这些问题。"有的黑人妇女反对丈夫代表自己签署劳工合同，要求将两人的工资分开支付，拒绝支付她们丈夫在乡村商店的欠账。还有的已婚或单身妇女在自由民储蓄银行里给自己开了单独账户。如果说，解放不仅为黑人家庭提供了规范和稳定的体制，同时也引发了黑人家庭内部的紧张关系，但男女黑人都对家庭生活的稳定充满热情，抱有决心，他们将稳定的家庭看成是自由的标志，一个黑人社区赖以繁荣发展的坚实基础。

建构黑人社区

在黑人生活中，重要性仅次于家庭的是教会。如同发生在家庭中的例子一样，对于黑人宗教而言，重建也是一个巩固和转型的时代。随着奴隶制的灭亡，都市黑人夺得了控制自己教会的权力，与此同时，那些曾隐藏在南部乡村地区的"无形教会"得见天日。奴隶解放带来的一个极为重要而且不可逆转的结果便是独立的黑人宗教生活得以建构起来。

在战前南部的新教教会体制中，奴隶与自由黑人分享一种准教会成员的资格。由于受到白人教会的规定和纪律的限制，在上教堂参加宗教仪式的时候，他们只能坐在教会的后排座位或站在走廊里，他们也被排斥在主日学校之外，不能参与教会的管理。在较大的城市里，黑人教徒的数量往往成为重组一个全黑人教堂和重新修建一个与白人分离的黑人教堂的理由。1860年，里士满自称有 4 家黑人教堂，总共拥有 4000 名教会成员。[19] 许多这样的体制获得了相当程度的自治权，尽管法律要求牧师必须由白人担任。有些白人牧师，如里士满的第一非裔浸礼会教堂的罗伯特·赖兰牧师，会以真诚的尊重来对待教会里的黑人成员，允许由教会成员选举的黑人执事和主日学校班长行使真正的权威；而其他的白人牧师对基督教教义的理解则不愿超越《圣经》中关于仆人必须服从主人的戒规。（"这里的黑人非常痛恨这一信条，"一位黑人牧师在战后说道，"我无法使我的教会成员喜欢上这句话，即便现在也做不到。"）尽管教会的建筑通常是用黑人捐献的资金建造的，但根据法律，这些建筑属于白人董事会所有。在乡村地带，几乎每一个种植园都有自己的黑人牧师，经常是由一个"自行任命的"奴隶来担任，他读过《圣经》和懂得"一些可以权充内行的神学知识"。他们在天黑之后的宗教会议为奴隶们提供了一个聚会的机会，使他们能够在不受白人监督的情况下相互倾诉不幸与痛苦，表达希望和志向。[20]

[19] Noralee Frankel, "Workers, Wives, and Mothers: Black Women in Mississippi, 1860–1870" (unpub. diss., George Washington University, 1983), 177; Barry A. Crouch and Larry Madaras, "Reconstructing Black Families: Perspectives from the Texas Freedmen's Bureau Records", *Prologue*, 18 (Summer 1986), 117; Montgomery *Daily Sentinel*, July 25, 1867; J. L. Thorpe to John Tyler, April 30, 1867, Narrative Reports of Operations, Ser. 242, Ark. Asst. Comr. RG 105, NA [FSSP A-2486]; Bliss Perry, *Life and Letters of Henry Lee Higginson* (Boston, 1921), 1:257; Carl R. Osthaus, *Freedmen, Philanthropy, and Fraud: A History of the Freedman's Savings Bank* (Urbana, Ill., 1976), 84.

[20] Harvey K. Newman, "Piety and Segregation—White Protestant Attitude Toward Blacks in Atlanta, 1865–1906", *GaHQ*, 63 (Summer 1979), 239–240; W. Harrison Daniel, "Southern Protestantism and the Negro, 1860–1865", *NCHR*, 41 (Summer 1964), 338–341; John T. O'Brien, "Factory, Church, and Community: Blacks in Antebellum Richmond", *JSH*, 44 (November 1978), 523–530; *Virginia Convention Debates*, 429; Robert Anderson, *From Slavery to Affluence: Memoirs of Robert Anderson, Ex-Slave* (Hemingford, Neb., n.d.), 22–24; *Weekly Anglo-African*, August 19, 1865.

在奴隶解放之后，黑人从双种族教会群体中完全撤离，这一行动重新绘制了南部的宗教地图。有两个因素联合起来，推动了独立黑人教会的产生：一是同一教会中的白人拒绝向黑人教众提供平等地位，二是黑人对自主的追求。奴隶制的终结并没有改变许多白人牧师原有的将"特殊体制"*视为合法的观点，也没有改变他们在双种族教会中继续将黑人保持在次等地位的愿望。1865年12月，南部圣公会教会的全体会议宣称，《圣经》中为奴隶制辩解的"全部信义"将原封不动地予以保留；直到19世纪90年代，南部神职人员仍然在谴责那种将拥有奴隶视为一种"内在罪恶"的思想。当他们最初督促黑人教众留在原来教会的时候，大多数的白人牧师坚持认为，旧时的不平等现象——如黑白教众隔离使用的祈祷座位，白人对教会管理层的垄断——将继续进行下去。[21]

当他们在将黑人吸收为白人教会平等成员和默认黑人建立自己的教会之间做出选择时，大部分南部白人选择了第二条道路。有的白人牧师，如里士满的赖兰，则采取了更进一步的行动，他辞去了里士满第一非裔浸礼会教堂的牧师职务，并安排将教堂的房契从白人董事手中转移到黑人董事手中。但在其他地方，教会的拥有权问题引发了尖锐的冲突。一个最合适不过的例子是关于

---

* 指奴隶制。——译者

[21] John L. Bell, Jr., "The Presbyterian Church and the Negro in North Carolina During Reconstruction", *NCHR*, 40 (Winter, 1963), 15-27; H. Shelton Smith, *In His Image But …: Racism in Southern Religion, 1780-1910* (Durham, 1972), 209-213; W. Harrison Daniel, "Virginia Baptists and the Negro", *VaMHB*, 76 (July 1968), 340-343; *Christian Recorder*, June 3, 1865.

谁有权控制教会，这正是发生在北卡罗来纳威尔明顿的弗朗特大街卫理公会的事情。该教会的教众在战前有 1400 人，其中三分之二是黑人。1865 年年初，当联邦军队占领了该市之后，黑人教会成员告知 L. S. 伯克黑德牧师说，"他们将不再需要他作为牧师提供的帮助；作为一名牧师……他曾经是一名反叛分子"，黑人接着选举了一名黑人牧师来取代他。约翰·斯科菲尔德将军模仿所罗门的做法，命令将宗教日在两个种族间平等分配，各自拥有自己选择的一名牧师。冲突一直持续到 1866 年，当伯克黑德牧师继续用旧的方式来祈祷（尽管他也抱怨说，有几个黑人公然企图在他布道时坐到大堂里）。最终白人多数重新获得了教会的控制权，大多数黑人离开原来的教堂，重新组织了独立的教会。但在其他类似的争执中，黑人能够赢得他们在奴隶制中修建的教会房产的控制权。[22]

在整个南部，刚从奴隶制中解放出来的黑人努力集资，用于购买土地，建立他们自己的教会。在教会还没有建造完工之前，他们就在各种不同的地方举行宗教仪式，如亚特兰大的第一浸礼会教堂曾在一列铁路货车的车厢里举行过仪式；或是如孟菲斯第一浸礼会教会 1865 年所做的那样在"户外凉亭"举行。在查尔

---

[22] John L. Bell, Jr., "Baptists and the Negro in North Carolina During Reconstruction", *NCHR*, 42 (Autumn 1965), 400-401; Howard N. Rabinowitz, *Race Relations in the Urban South 1865-1890* (New York, 1978), 199-200; L. S. Burkhead, "History of the Difficulties of the Pastorate of the Front Street Methodist Church, Wilmington, N. C., for the Year 1865", *Trinity College Historical Society Historical Papers*, 8 (1908-1909), 35-118; W. M. Poisson to Andrew Johnson, April 18, 1866, P-53 1866, Letters Received, Ser. 2452, N. C. Asst. Comr., RG 105, NA [FSSP A-559].

斯顿的废墟上建成的第一座新建筑是位于卡尔霍恩大街上的一所黑人教堂。到1866年,另外十几座教堂得以建成。在乡村地带,前奴隶牧师和北部来的传教士们激发了一种创造黑人宗教体制的活动。在佐治亚州,1866年是"一个宗教复兴之年",而北卡罗来纳州则在1867年见证了一系列情绪激昂的户外布道大会的举行。白人有的时候也与黑人一起参加这些活动,但分开坐在不同的区域内,而且也经常只是听他们自己的布道者的演讲,但在1867年的一次"老式的露天布道会"上,有数百名佐治亚州的白人被深深打动,情不自禁地"与黑人听众在粗糙的木头椅子上混坐在一起"。教堂建造的步伐在乡村要比在城市缓慢得多。通常情况下,一个社区会先建造一座教堂,为不同的黑人教派群体轮流使用。[23]

到1877年重建结束的时候,南部黑人的绝大多数已经从白人主导的教会中撤出。在内战打响之前,有42000名黑人卫理公会信徒在南卡罗来纳的黑白双种族教堂里做礼拜;到19世纪70年代,只剩下600人。在北卡罗来纳的克利夫兰县,1860年时双种族卫理公会里曾有200名黑人成员,1867年时还剩下10人,又过5年之后,该教会里连一个黑人成员也没有了。天主教教会在这种盛行的撤离模式中呈现了部分的例外,因为天主教会一般不

---

[23] Rabinowitz, *Race Relations*, 204; Armstead Robinson, "Plans Dat Corned from God: Institution Building and the Emergence of Black Leadership in Reconstruction Memphis", in Burton and McMath, eds., *Toward a New South*, 73-75; C. P. Gadsden to Thomas Smythe, October 27, 1865, Augustine T. Smythe Letters, USC; *Christian Recorder*, November 24, 1866; Griffin (Ga.) *Semi-Weekly Star*, undated clipping (1869), Bryant Papers; Griffin *American Union*, October 11, 1867.

要求黑人教众坐在另外的祈祷座位上（但该教会的教会学校实施的是种族隔离体制）。有些获得自由的黑人抛弃了天主教而改信新教的某个教派，但其他人则为天主教所吸引，其原因正如一位在纳奇兹的北部教师所报告的，"至少当他们在教会时他们受到的是平等的待遇"。天主教对相当大一部分新奥尔良市的自由黑人具有很强的吸引力，因为后者感到，至少在周日这一天，他们能与该城的法国裔和爱尔兰裔白人天主教人群和谐地共处于教会之中。[24]

北部白人也有前往南部到自由民中去宣教的人，但与企图吸引黑人教众的南部白人一样，他们的努力并没有多少成效，部分原因是他们内心带有一种对没有受过专业训练的黑人牧师的蔑视，以及对后者带有强烈情感的布道的反感。美国传教协会雇佣的教师采用圣经课程来猛烈抨击类如"在教堂里大喊大叫的邪教习惯"和"非基督教行为"，后者指的是参加葬礼的黑人吊丧者"使劲儿地拍手，将双手举过头顶，高声尖叫'上帝荣光'，在讲坛前面不停地手舞足蹈"的做法。大部分北部传教士认为，旧时的奴隶布道师必须要由受过神学训练的新人所取代。只有为数不多的人愿意耐心地倾听这些黑人牧师的布道，从而能够欣赏到他们经常展示出来的对《圣经》了如指掌的熟悉以及能言善辩的真实才华。乔治·赫普沃思是一位随军牧师，他发现一位没有受过教育的路

---

[24] Francis B. Simkins and Robert H. Woody, *South Carolina During Reconstruction* (Chapel Hill, 1932), 382-388; J. R. Davis, "Reconstruction in Cleveland County", Trinity College Historical Society Historical Papers, 10 (1914), 18; Katherine Schlosser to unknown, undated letter fragment (1869), Katherine S. Estabrook Letters, SHSW; Nordhoff, *Cotton States*, 73; New Orleans *Louisianian*, August 14, 1875.

易斯安那的牧师是个"天才",因为他的布道中使用了"具有史诗般壮丽"的语言;他提到"耶稣被钉在了十字架的凹凸不平的木头上",以及"地球因如何不能忍受这样的亵渎圣灵行为而颤抖不停"等。浸礼会传教士艾萨克·布林克霍夫先是对黑人教士的无知感到遗憾,当一位佐治亚的(黑人)牧师在开启安息日祈祷时带领全教堂的人"和他一起读完约翰书第三章"时,他忍不住予以嘲笑。但在南卡罗来纳州,布林克霍夫遇见了一位黑人牧师,后者让他"为自己的行为感到惭愧":

> 他讲述基督和他的救世行为时显示他是一个内行……他是一个没有受过教育的人,他不会阅读,但他讲述基督之爱、基督之信仰与基督之责任的方式是我从未学到过的。[25]

来自北部的传教士很快就意识到,黑人愿意在拥有本种族牧师的教堂里做祈祷。在争夺黑人卫理公会信徒的竞争中,相对于主要由白人掌控的教会而言,非洲人卫理公会*占了绝对上风,南

---

[25] Joe M. Richardson, "The Failure of the American Missionary Association to Expand Congregationalism Among Southern Blacks", *SS*, 18 (Spring 1979), 51-70; Timothy Lyman to George Whipple, February 1, 1865, Lyman to Michael E. Streiby, February 27, 1865, AMA Archives; Joe M. Richardson, ed., "'We are Truly Doing Missionary Work': Letters from American Missionary Association Teachers in Florida, 1864-1874", *FlHQ*, 54 (October 1975), 191-192; George Hepworth, *The Whip, Hoe, and Sword* (Boston, 1864), 166-167; Isaac W. Brinckerhoff, "Missionary Work Among the Freed Negroes. Beaufort, South Carolina, St. Augustine, Florida, Savannah, Georgia", Manuscript, American Baptist Historical Society.

* African Methodist Episcopal Church, 简称 AME。——译者

北均是如此。但由 AME 派出的黑人传教士也遭遇自己特有的困难，因为他们中的许多人都坚持需要有受过训练的牧师，而且要求更多的安静仪式，但南部黑人并不习惯于这种要求。"老人们不希望看到在宗教祈祷中引进新的发明"，一位 AME 的领导人后来写道，他回忆起一位北部黑人牧师布道时采用一种内敛、含蓄的风格，但却被他的南部听众嘲笑为是来自"长老会教派"的做法。因为这些和其他原因，浸礼会教堂吸引了最大多数的自由民的加入。浸礼会的结构是非集中型的和民主的，这意味着奴隶布道者可以不经主教的同意而建立自己的教堂，自由民可以按自己愿意的方式来祈祷，而像 AME 这样的教会，教堂体制推动的是受过教育的牧师体制。在重建结束的时候，浸礼会教派的黑人牧师人数超过了其他教派中黑人牧师数量的总和；总体来说，浸礼会教派的黑人教众构成美国有史以来最大的黑人组织。[26]

教会是"第一个完全由黑人自己控制的美国社会体制"，它所具备的多重功能充分显现出它在黑人社区所占据的核心位置。教堂不仅仅只是祈祷的场所，它们也开办学校，举行各种社会活动和政治集会。在乡村地带，教会主持举办的野餐、节庆和短途旅行等活动时常成为唯一的联络感情和分享娱乐的机会。教会也扮演一种"神学法院"的角色，推动道德价值观的建设，调解家庭

---

[26] Clarence E. Walker, *A Rock in a Weary Land: The African Methodist Episcopal Church during the Civil War and Reconstruction* (Baton Rouge, 1982), 75–76, 83–107; *Christian Recorder*, December 15, 1866; L.J. Coppin, *Unwritten History* (Philadelphia, 1914), 165, 198–199; James M. Washington, *Frustrated Fellowship: The Black Baptist Quest for Social Power* (Macon, 1986), 83–105.

内部的纠纷，惩罚犯有通奸罪或其他违法行为的个人。在每个黑人社区，牧师都是最备受尊重的人，他们因具有演讲能力、组织才能和对公共和私人事务的良好判断能力而为人敬仰。"你知道那些自由民社区的真正领袖人物，"一位北卡罗来纳人在1868年写道，"都是宗教布道者。"一位到南部访问的观察者注意到，无论如何，这些人"之所以成为布道者是因为他们是领袖人物，而不是因为他们是布道者而成为了领袖"，当可供黑人选择的具有权力和威望的职位少之又少的时候，牧师职位不可避免地吸引了那些具有领导潜能的黑人的加入。[27]

牧师们自然不可避免地要在重建时期的黑人政治中扮演一个中心角色。AME教会的牧师查尔斯·皮尔斯曾在佛罗里达州的重建政府中担任过不同的职务，他认为，要将宗教与政治分开是"不可能的"："一个人在本州做牧师是不能做到完全尽职的，除非他能保护他的人民的政治利益"，许多人对皮尔斯的观点表示赞同。即便是那些本身对政治位置并没有雄心的牧师，有时发现形势要求他们挺身而出，有所担当。在一个社区中，为数甚少的几个识字的黑人，经常需要承担登记选民的工作，已经成为公职的候选人。在重建期间，总共有100名黑人牧师当选为立法机构的成员，他们来自北部和南部，或者生而自由或者出生于奴隶制中，

---

[27] W. E. B. Du Bois, "Reconstruction and Its Benefits", *AHR*, 15 (July 1910), 782; E. B. Rucker to "Editor of Republican", May 30, 1870, Bryant Papers; Rabinowitz, *Race Relations*, 210; Coppin, *Unwritten History*, 124-127; J. G. de Roulhac Hamilton and Max R. Williams, eds., *The Papers of William Alexander Graham* (Raleigh, 1957-), 7:514; Campbell, *White and Black*, 139.

涵盖了从 AME 到原始浸礼会等所有教派。在那些拥有非宗教背景的黑人政治家中，许多人都是通过教会开始建立政治基础的。譬如，亚拉巴马州的立法议员霍兰·汤普森从奴隶时期就开始在蒙哥马利的浸礼会教派事务中扮演一个领袖的角色。比较少见的倒是弗雷德里克·道格拉斯的情况，这位名声显赫的黑人政治领袖，不仅与黑人教会没有任何联系，而且对黑人教会那种充满神秘气息的福音派布道语言非常不以为然。[28]

在整个重建期间，宗教思想对黑人如何理解周围发生的重要事件产生了深刻的影响，这是他们用来表达对正义和自主的期望时所使用的语言。黑人们从奴隶制中继承了一套特殊的基督教信仰，在他们的信仰中，耶稣以一种个人救世主的身份在人们遭遇不幸的时候出现，给人带来安慰，而《旧约全书》却认为，有一群上帝的选民，如同深陷埃及的犹太人一样，上帝将在时间成熟的时候，将他们从奴役中解救出来。一位白人随军牧师 1866 年在亚拉巴马州报告说："在整个《圣经》中，他们最熟悉的部分就是以色列子民获得解救的故事。"[29]

奴隶解放和邦联的战败大大强化了这种具有救世主意味的历

---

[28] KKK Hearings, Florida, 171; Walker, *Rock in a Weary Land*, 116-127; Drago, *Black Politicians*, 29-37; Howard N. Rabinowitz, "Holland Thompson and Black Political Participation", in Howard N. Rabinowitz, ed., *Southern Black Leaders of the Reconstruction Era* (Urbana, Ill., 1982), 52; Robert L. Factor, *The Black Response to America: Men, Ideals, and Organization from Frederick Douglass to the NAACP* (Reading, Mass., 1970), 65-66, 102.

[29] Walker, *A Rock in a Weary Land*, 125; 43d Congress, 2d Session, House Report 262, 779; W. G. Kephart to Lewis Tappan, May 9, 1866, AMA Archives.

史观。黑人们对这些经验现实赋予一种精神上的解释，力图使用基督教语言来理解这些经验。"这是先知曾经预言的时刻，'一个国家会在一天的时间内降生'，"在1865年举行的一场政治集会这样宣称。一份田纳西州的报纸在1865年评论道，自由民经常将奴隶制称为"保罗的时代"，将重建称为是"以赛亚的时代"（也许分别指保罗关于服从与谦卑的指示，以及以赛亚关于暴力带来巨大变化的预言）。上帝"因为美国奴役黑人而用战争来惩罚它"，允许自己的代理人林肯，如同摩西一样，短暂地现身，指出"普遍自由"的应许之地，但在他"还没有完全抵达那个神赐的成功"之前又神秘地将他带离而去。[30]

在有些情况下，这样的说教可能会获得听众的认可，因为它意图表明人没有足够的办法和能力来实现神的目的。然而，在重建期间，黑人基督教所激发的并非是无所作为，而是政治决心。当一位发言人在一次黑人政治集会上抱怨说，牧师们"讲政治多于讲耶稣"时，听众立即用"耶稣的政治"呼声将他打断。在整个重建时期，黑人共和主义是建立在"人与人的兄弟情谊的伟大原则基础之上的"。甚至于非宗教背景的演讲者也是交替使用世俗

---

[30] W. McKee Evans, *Ballots and Fence Rails: Reconstruction on the Lower Cape Fear* (Chapel Hill, 1967), 87; Stephen V. Ash, *Middle Tennessee Society Transformed, 1860-1870: War and Peace in the Upper South* (Baton Rouge, 1987), 209; [以赛亚书第66章第15节："耶和华必然在火中降临，他的车辇像旋风，以烈怒施行报应，以火焰施行责罚"，以及第66章第22节："我所要造的新天新地，怎样在我面前长存，你们的后裔和你们的名字，也必然照样长存。"] Walker, *Rock in a Weary Land*, 30-31; Savannah *Republican* in Raleigh *Journal of Freedom*, October 28, 1865; *Christian Recorder*, May 13, 1865, January 20, 1866.

和宗教的词汇，正如一位北卡罗来纳州地方治安官所记录的一份1867年的演讲所显示的：

> 他说现在与从前不一样了……黑人将会得到他的平等权利……黑人的自由归功于黑人士兵的勇气和上帝……他不断地引用《约书亚书》的第二章和第四章来说明原则的实现和种族的命运。演讲的结尾提到，[黑人] 种族与以色列子民拥有同样的命运。

事实上，对于黑人政治领袖来说，他们所面对的绝大部分选民都是不识字的文盲，而后者唯一能够熟悉的书便是《圣经》——所以《圣经》也是帮助黑人听众理解当前公共事务的一种参考书。当1870年北卡罗来纳州州议会弹劾州长霍尔登时，17位黑人立法者发布了一份声明，开头这样写道："自哈曼阴谋陷害所有居住在波斯国的犹太人的时候开始……任何被发明的邪恶，同当下立法议会中多数党所提出的一些政策建议相比较，都不可同日而语。"[31]

奴隶解放之后，在黑人创造的蓬勃生长的社会体制之中，独立黑人教会的兴起是其中令人印象最为深刻的一个例子。其他一大群兄弟会、联谊会和互助会等社团也迅速产生。其实在内战之

---

[31] Richmond *Dispatch*, April 16, 1867; Charleston *Daily Republican*, August 25, 1870, Supplement; Eric Foner, "Reconstruction and the Black Political Tradition", in Richard L. McCormick, ed., *Political Parties and the Modern State* (New Brunswick, 1984), 62; *Address to the Colored People of North Carolina*, Broadside, Raleigh, December 19, 1870.

前，自由黑人就已经组建了兄弟会的组织，不同种类的秘密社团也在奴隶内部存在。在重建早期，黑人们创造了上千个类似的组织；一份不完全的名单列举了葬仪社、辩论俱乐部、共济会、消防连、戏剧社、行业协会、禁酒俱乐部以及平等权利联盟等。它们通常是发源于黑人教会，然后很快就走上了独立发展的道路。到19世纪70年代时，孟菲斯城有200多个这样的社团，里士满有400个，还有不计其数的分布在南部的乡村地带。尽管它们的活动通常是在没有白人在场的时候进行的，但在重建时期，它们一般会出现在公共游行和庆典活动中，南部城市的社团尤其如此。黑人游行通常纪念一些特殊的事件和日子，如第十五条宪法修正案的批准等，但最大的庆典日保留给1月1日（《解放奴隶宣言》颁布的日期）和7月4日——在这些日子里，南部白人一般会留在家里。[32]

这些自愿性社团会给患者和丧亲者提供社区安慰、患病和丧葬方面的福利，但它们最重要的功能是提供一个自理内部事务的机会，它们的存在象征着一种集体争取自我进步的精神。以自由人身份出生在特拉华的罗伯特·菲茨杰拉德曾经在联邦军队和海军中服役，1866年来到弗吉尼亚教书。他很高兴地看到乡村黑人建立起教会、公共讲习会和学校。"他们告诉我，"他在日记中写道，"在林肯先生让他们获得自由之前，他们没有奋斗的资源，也没有奋斗的目标，现在他们什么都有了，希望在上帝的辅助下，

---

[32] Robinson, "Plans," 78; Peter J. Rachleff, *Black Labor in the South: Richmond, Virginia, 1865–1890* (Philadelphia, 1984), 25; Rabinowitz, *Race Relations*, 228–229; *Christian Recorder*, January 27, 1866; Savannah *Freemen's Standard*, February 15, 1868; Jacob Schirmer Diary, July 4, 1871, January 1, 1874.

争取这个机会的最好结果。"这些社团将跨域行业、收入和战前地位背景的黑人连接起来,为那些境况较好的人提供了组织健康而受人尊敬的协会的机会,也为穷人提供了一种基本的经济保障,为那些出身贫寒的人获得社区领导地位打开了大门。(在孟菲斯的宗教和慈善社团中,大多数成员是无技能劳工。)此外,互助自助的精神也推动这些社团接受社团之外的处于无助状态的人。在1865年和1866年,纳什维尔、杰克逊、新奥尔良和亚特兰大的黑人,以及在许多乡村地带的黑人,集资建立了孤儿院、(济贫)流动厨房、就业代理处和贫困救济基金等。在有的地方,如西弗吉尼亚的贫困地区,黑人组织还为处于贫困之中的白人提供了援助。[33]

也许,在自我完善的追求过程中,自由民所展示的最重要的努力是他们对教育的难以遏制的渴望。在战前,除田纳西外,每个南部州都禁止教奴隶读书识字,许多自由黑人上过学,一部分奴隶通过自己的努力或在具有同情心的主人的帮助下学会了读书写字,但1860年时,南部黑人成人人口中90%以上的人都是文

---

[33] Robert G. Fitzgerald Diary, July 27, 1867, Robert G. Fitzgerald Papers, Schomburg Center for Research in Black Culture; Robinson, "Plans", 81, 89–92; Paul D. Phillips, "A History of the Freedmen's Bureau in Tennessee" (unpub. diss., Vanderbilt University, 1964), 72–73; H. Gardner to A. W. Preston, September 30, 1866, G-l 19, Registered Letters Received, Ser. 2052, Miss. Asst. Comr., RG 105, NA [FSSP A-9109]; Charles Vincent, "Black Louisianians, During the Civil War and Reconstruction: Aspects of Their Struggles and Achievements", in Robert R. Macdonald et al., eds., *Louisiana's Black Heritage*, (New Orleans, 1979), 92; Jerry Thornbery, "Northerners and the Atlanta Freedmen, 1865–1869", *Prologue*, 6 (Winter 1974), 243–244; John E. Stealey III, ed., "Reports of Freedmen's Bureau Operations in West Virginia: Agents in the Eastern Panhandle", *WVaH*, 43 (Fall 1980–Winter 1981), 113.

盲。对于黑人来说,让自己和孩子获得受教育的机会是享有自由的核心内容,同一时代的白人为黑人"对学习的渴望"而深感震惊。一位自由民局的特派员在1865年报告说,当他告知来参加大会的3000名自由民听众,他们"将有上学和受教育的机会,他们的高兴简直没法形容。他们兴高采烈地跳跃和欢呼起来"。求学的希望推动父母为了他们子女接受教育而移居到城镇和城市去,推动种植园工人将建立学校作为他们签署劳工合同的"一个绝对的条件"。(一份1867年的合同特别注明,种植园主要支付一种"5%的税收",以支持黑人教育。)成人与儿童一起涌进在内战中和内战后建立起来的学校。一位在佛罗里达州的北部教师提及有一位67岁的黑人妇女,"刚刚开始学习拼写,她似乎成天只想着她的课本,她说她整晚都在练习拼写,梦中都在拼写,醒来之后还是在想着拼写"。[34]

对许多成人来说,希望能够"阅读上帝的话",成为他们学习的最紧要的动力。一位老年自由民与他的孙子一同坐在莫比尔的一所学校里,对一位北部的记者解释说:"他不会过分麻烦[教书的]女老师,但他必须要学会读《圣经》和《旧约全书》。"其他

---

[34] William P. Vaughan, *Schools for All: The Blacks and Public Education in the South, 1865–1877* (Lexington, Ky., 1974), 1; Joseph Crosfield to Unknown, October 5, 1865 (typed copy), Society of Friends Library, Friends House, London; L. C. Hubbard to R. S. Donaldson, August 5, 1865, H-2 1865, Registered Letters Received, Ser. 2180, Jackson, Ms. Acting Asst. Comr., RG 105, NA [FSSP A-9304]; Whitelaw Reid, *After the War: A Southern Tour* (Cincinnati, 1866), 511; *Hartford Courant*, March 1, 1867; Dorothy Sterling, ed., *We Are Your Sisters: Black Women in the Nineteenth Century* (New York, 1984), 298–299; Richardson, ed., "We are Truly Doing Missionary Work", 185.

人则意识到，教育对于他们在经济上的进步将是必不可少的。"我几乎就失去信心了，但我想要学会速记，这样我可以经商。"一位密西西比州的老年学生对他的老师说道。但更为普遍的是，黑人对教育的渴望与对自立和自我完善的渴望是同样的，这种渴望激发起解放之后各种各样的活动。北卡罗来纳州教育协会的一位成员在1866年说道："他认为学校将是他们拥有独立的第一证明。"[35]

在重建早期，北部慈善团体和自由民局提供了黑人教育的大部分资金，1868年之后，州政府也加入这一事业，为黑人教育提供资金。但最初的努力是由黑人自己发起的，这是自内战初期就建立的一种模式。玛丽·皮克是一位自由黑人母亲和一位有英国国籍的父亲所生的女儿，1861年在北部教师来到弗吉尼亚州的汉普顿之前，她就已经在当地建立了第一所为黑人开办的学校。当吉迪恩社成员于1862年来到海岛地区时，他们发现当地已经有两所学校在运营之中，其中一所学校的老师是一位黑人橱柜匠人，他秘密地为奴隶开办夜校已经有许多年了。战后，都市里的黑人立即采取行动，兴办起学校，有的时候就利用废弃的仓库、台球室作为临时教室，或者像在新奥尔良和萨凡纳，用原先的奴隶拍卖市场来做临时教室。到1865年4月底，在联邦军队占领里士满不到一个月的时间里，该城有1000名黑人儿童和75名成人在由里士满黑人教会和美国传教协会建立的学校里就学。那些参加开

---

[35] Dennett, *South As It Is*, 304; Katherine Schlosser to "the church in Milwaukee", December 25, 1868, Estabrook Papers; *National Freedman*, March 1866.

学典礼的人表现出一种"无法比拟的高兴"。在乡村地带，自由民局的官员发现黑人组织的课程已经在黑人教会、地下室或私人家庭中开讲，他们为此不止一次地感到惊奇。查尔斯·霍普金斯是一位自由民，也是一位卫理公会的布道者，他于1866年在南卡罗来纳的格林维尔从"一家被废弃的旅馆中获得一间屋子"，然后他立即开始"教拼写和阅读课"。此外，在校外，还有一种无处不在的学习在进行之中——孩子们在家里教他们的父母如何拼写英文字母；劳工在吃午饭的空档"仔细阅读基本课程"；一位自由民局官员对这种"路边学校"做了描述：

一个黑人，无论他是搭乘一辆满载的货车，或是坐在出租马车上等待火车的来临，或是在木屋前倚门而立时，手里通常都拿着一本书，努力地学习其中的基本知识。火车站站台上有那么一群人，围着一本旧式拼读课本仔细琢磨，好像是在上课一样。[36]

---

[36] Joe M. Richardson, *Christian Reconstruction: The American Missionary Association and Southern Blacks, 1861-1890* (Athens, Ga., 1986), 4; Rupert S. Holland, ed., *Letters and Diary of Laura M. Towne* (Cambridge, Mass., 1912), 27; Lamon, *Blacks in Tennessee*, 38; Mobile *Nationalist*, July 19, 1866; Henry Swint, ed., *Dear Ones at Home* (Nashville, 1966), 157; unknown to Michael E. Strieby, April 30, 1865, AMA Archives; DeForest, *Union Officer*, 118-119; E. P. Breck to Miss Cochran, December 23, 1864, New England Freedmen's Aid Society Papers, SC; [Oliver O. Howard] *Autobiography of Oliver Otis Howard* (New York, 1907), 2:274-275; 39th Congress, 1st Session, House Report 30, pt 2:204; D. Burt to J. R. Lewis, October 1866, Tenn. Annual Reports of Asst. Comr., Ser. 32, Washington Headquarters, RG 105, NA [FSSP A-6000].

1865年和1866年，在整个南部，黑人们组成各种社团，集资购置土地，建造学校和支付教师的工资。有些社区要求主动纳税，在其他社区，黑人学校则收缴学费，尽管一部分最贫穷家庭的成员经常会得以免费上学。罗伯特·菲茨杰拉德的工资由学费支付，学费为每月20美分。但他将工资的大部分用于资助穷苦的黑人家庭，到1869年时，他完全取消了学费，将自己的学校平等免费地向"富人和穷人、黑人和白人、精英与普通人"开放。黑人工匠为修建学校免费贡献劳动，黑人家庭为学校老师提供食宿，作为额外补助。黑人为了办学的花费——1865年，南卡罗来纳州乔治敦的黑人花800美元购得一块土地，佐治亚州的黑人为维持56所学校集资2000美元——对于一个相当贫困的社区来说，的确代表了一种真正的牺牲。同一时代的观察家注意到白人和黑人家庭在对待教育问题上的巨大的态度反差，前者看上去十分的冷淡，而"辛勤劳作"的后者"为了让他们的孩子'获得教育'却不断地劳动和忍受"。如同一位北部教师所说："自［北卡罗来纳博福特县］有人定居开始，144年过去了，而自由民正在史无前例地建造第一所公立学校，这难道不是一件特别有历史意义的事情吗？"[37]

[37] Kolchin, *First Freedom*, 84-86; Jane T. Shelton, *Pines and Pioneers: A History of Lowndes County, Georgia, 1825-1900* (Atlanta, 1976), 167; Robert G. Fitzgerald Diary, February 8, March 5, 19, November 30, 1869, Fitzgerald Papers; Byron Porter to E. M. Wheelock, January 23, 1867, P-2 1867, Registered Letters Received, Ser. 3633, Tx. Supt. of Education, RG 105, NA [FSSP A-3485]; Jacqueline Jones, *Soldiers of Light and Love: Northern Teachers and Georgia Blacks, 1865-1873* (Chapel Hill, 1980),62-63; E. C. Rainey to J. K. Jillson, October 3, 1872, South Carolina Superintendent of Education Papers, SCDA; John E. Bryant, "Georgia Educational Movement", manuscript, January 1866, Bryant Papers; Ella Gertrude Thomas Journal, June 26, 1869, DU; H. S. Beals to Samuel Hunt, August 31, 1866, AMA Archives.

到 1870 年时，黑人总共在教育上花费了 100 万美元，这一事实在相当长时期内赋予黑人群体一种集体荣誉感。"不管今后谁来声称'建立……学校'的荣誉，"一位塞尔玛居民在 1867 年写道，"我相信有一个事实永远不会被忽略，是刚获得自由的露西·李女士在没有北部社团资助的情况下……最先担任了黑人孩子的教师。"然而，贫困极大地打击了黑人的教育努力，迫使许多学校转向自由民局和北部社团争取援助。"我们尽力而为，坚持到今天"，佛罗里达自由民伊曼纽尔·史密斯在 1867 年写道，他要求美国传教协会帮助提供和资助一名女教师来该地教书。"这是自我们获得自由以来向任何资助者投送的第一份申请书。"（史密斯特地说明需要一位女教师，如他在信中解释的，"我想她们的雇佣条件可能会较为低廉一些。"）[38]

"如果没有帮助的话，我们就什么也干不了。"一位南卡罗来纳的自由民在 1867 年写道。但如同萨凡纳所发生的事情显示的，随外来援助而来的是外来控制的前景。当谢尔曼在 1864 年 12 月夺取萨凡纳城之后，当地的黑人牧师立即建立起了萨凡纳教育协会，并在次年 2 月就筹集到将近 1000 美元的资金，雇用了 15 名黑人教师，招收了 600 名黑人儿童入学就读。与此同时，美国传教协会的传教士们也来到该城，打算为自由民提供教育，带队的

---

[38] Arnold H. Taylor, *Travail and Triumph: Black Life and Culture in the South Since the Civil War* (Westport, Conn., 1976), 118; Mobile *Nationalist*, January 17, 1867; Richardson, ed., "We are Truly Doing Missionary Work", 189–190; Herbert G. Gutman, "Schools for Freedom: Post-Emancipation Origins of Afro-American Education", in Herbert G. Gutman, *Power and Culture: Essays on the American Working Class*, edited by Ira Berlin (New York, 1987), 260–297.

是马吉尔牧师,他是一名来自佐治亚州的白人,内战期间待在康涅狄格州。马吉尔希望通过提供"基督教教育"来振兴和激发黑人的精神,但他认为黑人教师并不称职,黑人学校体制"具有极为严重的缺陷"。"将黑人孩子交给他们去教育,"他下结论说,"这样做是不行的。"1865年年中抵达萨凡纳的自由民局官员也持同样的观点。到1866年,萨凡纳教育协会无法继续资助它的学校体系,只好将它交给美国传教协会管理,后者将自己带来的白人教师取代了黑人教师,只是保留了为数不多的几名黑人教师作为助手。这些事件产生的恶意长期无法消散。"在此事上,白人督导明显带有一种嫉妒,"一位北部教师说,"黑人想要的是不带控制的援助。"[39]

当时只要是稍微受过教育的人就可以上讲台讲课,以这个标准论,北部人认为第一批黑人教师看上去是完全不够资格的。有些教师深知自己缺乏必要的训练和准备,担心自己写给自由民局教育官员的报告质量不高。其中一人写道:"我没有受过教育,我所知道的一切全都是通过自学获得,所以请你原谅我不够格的写作。"另一位则令人心酸地解释说:"我从未有过上学的机会,因为在获得自由之前,我一直是一个奴隶……我是唯一的老师,因为此刻我们找不到更好的人。"然而,即便带有学术训练上的欠缺,但在面对地方白人的反对下开办一所乡村学校,往往需要勇

---

[39] Charleston *Advocate*, April 20, 1867; W. T. Richardson, "Mr. Richardson's Report of Doings at Savannah, Ga.", January 25, 1865, S. W. Magill to the AMA, February 3, 7, 26, 1865, AMA Archives; Alan Conway, *The Reconstruction of Georgia* (Minneapolis, 1966), 86–87; Jones, *Soldiers of Light and Love*, 71–76; *Freedmen's Record*, June 1865.

气，所以这些教师也成为了黑人社区的领袖。除了教育之职以外，黑人教师还扮演了多种角色，为陷入合同争执纠纷的自由民提供帮助，参与教会工作，起草送交自由民局、州政府官员和国会的请愿信等。罗伯特·哈里斯是一名来自克利夫兰的自由黑人，他来到北卡罗来纳教书，1869年，他放弃了通常的返回俄亥俄的暑期旅行，因为他的家庭"与当地人的教育、宗教、社会和产业事业非常密切地联系在一起，我们无法与他们分离"。与宗教界一样，教师职业经常是通向从政的一种跳板。重建时期在州议会中担任议员的至少有70人是黑人教师。许多黑人政治家也通过其他方式与学习的追求保持着联系，如同亚拉巴马的国会议员本杰明·特纳，他本人是一个"缺乏教育"的前奴隶，但却用自己的资金为一所塞尔玛的学校提供资助。[40]

大多数在重建时期从政的黑人教师在战前就拥有自由，自然也不奇怪。因为学校就像黑人在重建时期建立的整个体制结构，象征着一个连接自由的和获得自由的、南部的和北部的黑人的社区的出现。这一进程在上南部的进展最为顺畅，因为这里的自由黑人与奴隶之间的文化和经济差距不如在产棉州的沿海城市里那样明显和突出。上南部的自由黑人通常肤色较浅，大部分是贫穷的都市劳工，通过婚姻和教会成员资格，与奴隶社区保持着联系。

---

[40] Allan A. Williams to William H. Smith, June 12, 1867, Alabama Governor's Papers, AS-DAH; Robert Alexander to J. R. Lewis, June 10, 1869, #95 1869, Letters Received, Ser. 657, Ga. Supt. of Education, RG 105, NA [FSSP A-5477]; Earle H. West, "The Harris Brothers: Black Northern Teachers in the Reconstruction South", *Journal of Negro Education*, 48 (Spring 1979), 132–133; Howard, *Autobiography*, 2:134.

所以像约翰·奥弗顿的经历并不显得不同寻常。奥弗顿是一名自由黑人,最初来自北卡罗来纳州的锡达格罗夫,他是大部分由黑人组织的教育社团的领头人。许多北部出生的、在战后到南部闯荡的黑人,通常将他们的命运与前奴隶的命运联系在一起。"我将自己看成与自由民同属一个阶级,"来自北部的黑人教师弗吉尼亚·格林写道,"虽然我从来没有尝过被人奴役的滋味,但事实上他们就是我的人民。"[41]

然而在新奥尔良、莫比尔、萨凡纳和查尔斯顿等城市,当地富有的穆拉托*精英阶层却对奴隶解放带来的新局面抱着一种极为矛盾的心态。1866 年,亨利·特纳牧师对在他的教堂内不断发生的争吵表示出深深的担忧,在争吵中"黑皮肤的人联合起来反对棕肤色或穆拉托人,而穆拉托人也联合起来与黑人作对"。那些受过教育的自由黑人经常认为自由民的宗教实践过于感性化,他们也对由前奴隶担任的牧师在布道时表示的反智识主义情绪感到非常震惊。(当时最有名的"老式"牧师约翰·贾斯帕的一次布道就以"太阳是移动的"为名,公然"反对"天文学家提出的日心说理论。)自由黑人对奴隶制的终结表示欢迎,但许多人对失去自己的特殊地位非常不满,担心从此会被湮没在众多的自由民人口中。即便是在新奥尔良,那些政治意识较强的自由黑人已经开始与自

---

[41] Ira Berlin, *Slaves Without Masters: The Free Negro in the Antebellum South* (New York, 1974), 174-178; Engs, *Black Hampton*, 10-16; *National Freedman*, January 1866; Virginia C. Green to A. W. Preston, October 24, 1866 G-136 1866, Registered Letters Received, Ser. 2052, Ms. Asst. Comr., RG 105, NA [FSSP A-9110].

* mulatto,指黑白混血人种。——译者

由民结盟，但他们对前奴隶的排他性并没有随奴隶制一起终结。自由民局发现，许多自由黑人不愿意将自己的孩子送往学校与前奴隶一起就读。莫比尔的自由穆拉托群体也因此发生了分裂，一部分人接受了新秩序，逐渐在重建时期成为社会和政治领袖人物，另一部分人则力图经营与当地白人的友好关系，希望继续保持自己的精英地位。莫比尔《国家主义者》报是由一群自由黑人在1865年创办的，它谴责由自由黑人组成的"克里奥尔消防公司"*屈就当地白人的要求，没有在游行中展示美国国旗，并装模作样地表现出一种"所谓的优越感"；与此同时，该报也劝告自由民们"摈弃'黑鬼'的表演和歌曲"，采用"自由男人和女人的……表演和欢乐方式"。[42]

继新奥尔良之后，南部最大、最富有的自由黑人社区是在查尔斯顿，但那里的自由黑人与路易斯安那的自由黑人相比，经济上既不如后者富有，文化上也不如后者那样具有特色。在内战之前，查尔斯顿的自由黑人从未拥有过像新奥尔良最富有的穆拉托人那样多的财富。查尔斯顿的自由黑人讲英语，在新教教会里做祈祷（他们与奴隶不同的是，大部分人属于圣公会或长老会教派），他们不能持枪，或在法庭作证指控白人。然而，当地的自由

---

* Creole Fire Company，"克里奥尔人"指定居南部的一类自由黑人，他们是法国裔和西班牙裔与非洲裔结合的后代。——译者

[42] *Christian Recorder*, January 20, 1866; Taylor, *Travail and Triumph*, 150; Thomas Holt, *Black over White: Negro Political Leadership in South Carolina During Reconstruction* (Urbana, Ill., 1977), 64; Robert C. Morris, *Reading, 'Riting, and Reconstruction: The Education of Freedmen in the South 1861-1870* (Chicago, 1981), 110; Kolchin, *First Freedom*, 140-142; Mobile *Nationalist*, March 8, April 26, May 3, 1866.

黑人精英阶层对自己的地位具有同样清楚的认识，他们不仅意识到自己与奴隶是不同的种类，而且与该城中那些贫穷的自由黑人之间也存在巨大的差距——这种差距还被建构到社会组织中，如棕色联谊会就拒绝接受深色黑人为成员。[43]

约翰·德尼特于1865年11月抵达查尔斯顿后，发现自由黑人精英阶层的某些成员继续坚持旧的排他性做法。另外一些人则带头组织对穷苦黑人的救助，承担起前奴隶的教育工作。1865年6月弗朗西斯·卡多佐负责管理美国传教协会在查尔斯顿的最大的学校，该校有1000名学生就读。卡多佐的父亲是一位犹太人商人，母亲是一位自由黑人女性，他自己就是在查尔斯顿接受的教育，1858年离开前往格拉斯哥大学学习，后来在内战中成为纽黑文公理会教会的牧师。尽管他有着优越的背景，但卡多佐从来不对生而自由和获得自由的孩子们做出区分，并对所谓穆拉托人比黑人学得更快的说法嗤之以鼻。其他显赫的自由黑人家庭的子女，大多在二十几岁的年纪，也都作为教师和传教士深入到南卡罗来纳的乡村里（这种情形对于新奥尔良的讲法语的精英分子来说是不可能发生的）。有几位因此获得了当地的政治领袖人物的地位，后来以州制宪大会代表和立法者的身份又回到了查尔斯顿。这样，查尔斯顿精英的孩子们选择了与自由民站在一起，将他们眼中的现代文化带给前奴隶。当然，这种接触并不是一帆风顺的或没有

---

[43] Holt, *Black over White*, 56-66; Robert L. Harris, Jr., "Charleston's Free Afro-American Elite: The Brown Fellowship Society and the Humane Brotherhood", *SCHM*, 82 (October 1981), 289-310.

冲突的。然而，从长远来看，它推动了一种新的黑人社区的快速形成，这个新社区的等级划分不是由肤色而是由阶级来决定的，前自由黑人精英将在其中作为一种新的黑人资产阶级成员而占有自己的位置，而不是像内战前南部腹地港口城市中的自由黑人社区那样作为一个分离的阶层而存在。[44]

随着奴隶制下曾经连接黑人与白人家庭和教会的纽带被切断，随着黑人内部通过大量而多元的体制建构走到一起，随着前自由黑人和前奴隶在政治和文化上融合的开始，重建见证了当代黑人社区的诞生。总结而言，在内战结束之后的数月之内，南部黑人经历了一个成就巨大的时期。1866年1月，在回顾1865年发生的一切时，出生在费城的黑人传教士乔纳森·吉布斯忍不住惊叹道："我们用一年的时间向前迈进了一个世纪。"[45]

自由的经济学

黑人在南部生活各方面界定他们享有的自由的努力都不如在经济领域那样给整个南部社会带来了具有爆炸性的冲击力。黑人们从奴隶制中带出来一个新的范畴，即他们是一个"人民中的工

---

[44] Dennett, *South As It Is*, 218; Holt, *Black over White*, 70; Francis L. Cardozo to Samuel Hunt, December 13, 1865, AMA Archives; Morris, *Reading, 'Riting, and Reconstruction*, 86-87; Williamson, *After Slavery*, 364-366; Joel Williamson, *New People: Miscegenation and Mulattoes in the United States* (New York, 1980), 61-84.

[45] Unidentified newspaper clipping, January 22, 1866, Rufus and S. Willard Saxton Papers, Yale University.

人阶级"，他们的劳动成果遭到了不公正的剥夺。当听到种植园主对他们的懒惰进行辱骂时——"你们这些懒惰的黑鬼，你们让我丢失了一整天的劳动"——一位自由民反讥道："主人，你又让我丢失了多少天的劳动呢？"前奴隶们毫不犹豫并理直气壮地诉说他们在过去遭遇的极不公平的待遇。"我们修建了他们的房屋，耕种了他们的土地……，"黑人牧师威利斯·霍奇斯宣称，"假如他们从每挣到的一美元中付给我们 25 美分的工资的话，他们就会变成穷光蛋。"[46]

对于黑人来说，奴隶制的废除并不意味着他们将逃避所有形式的劳动，而只是宣告无报酬的劳动形式的终结。"有人认为我们将自由看成是游手好闲和好逸恶劳……对这种指控，我们表示蔑视和不屑一顾，"在 1865 年 6 月弗吉尼亚州彼得斯堡举行的黑人集会上黑人们宣称，"但我们懂得，自由意味着努力工作，并享有自己劳动的合法成果。"对于白人发出的对黑人的不公正预测，黑人答复道，如果有任何阶级要被形容为"懒惰"的话，那它应该是种植园主阶级，因为"他们的一生都是生活在以盗窃他人劳动成果为基础的无所事事之中"。对于那些喋喋不休的关于懒惰和无能的指责，黑人尤其感到愤怒。"他们说我们不愿意工作，"一位弗吉尼亚州自由民抱怨说，"说这话的人并没有讲真话。我们终身都在工作，不光是养活我们自己，我们也在养活我们的主人和

---

[46] Edward Magdol, *A Right to the Land: Essays on the Freedmen's Community* (Westport, Conn., 1977), 273; Mahaffey, ed., "Schurz's Letters," 241; *Virginia Convention Debates*, 164-165.

他们的家庭，他们中间有很多人却是游手好闲，什么也不做。"自然，许多黑人希望，作为自由人，他们工作的时间要比当奴隶时更短一些，就他们所知的先前工作的境况而言，这是一个合理而完全可以理解的要求。"'黑鬼不愿工作'的指责从哪里来的？"一位亚拉巴马州自由民问道。"它来自这样的事实……获得自由的人不愿意在天亮之前就被赶到田里去干两小时的活儿，不愿意晚上要工作到九十点钟才收工，如同在奴隶制的时候一样。"对那种关于他们在自由中无法照顾自己的说法，一位前奴隶回答说："当我们是奴隶的时候，我们不仅能养活自己，还能养活我们的主人，我想现在我们能够自己照顾自己。"[47]

然而，自由并不仅仅意味着能够为工资而劳动。自由民还希望能够控制自己从事劳动的条件，将自己从被迫屈从白人监视的环境之下解放出来，并最大限度地争取经济上的独立自主。如同在他们的家庭生活、宗教活动和社会组织等领域所发生的情形一样，经济解放意味着要摆脱白人的控制。最能表现这一决心的普遍做法是，自由民普遍不愿意继续在白人监工的监视下结队劳动。黑人"不想要任何白人控制他们"，一位自由民局官员报告说。一个佐治亚州种植园主在1865年雇佣了一名白人监工，"黑人劳工对此感到极为愤怒"，乃至于"干脆逃离种植园，

---

[47] New York *Tribune*, June 15, 1865; Berlin et al., eds., *Freedom*, Ser. 2, 582–583; *Proceedings of the Convention of the Colored People of Va., Held in the City of Alexandria* (Alexandria, 1865), 3; Mobile *Nationalist*, December 20, 1866; F. J. Massey to Orlando Brown, May 1, 1866, Monthly Reports, Ser. 4350, Yorktown Asst. Subasst. Comr., RG 105, NA [FSSP A-7889].

奔梅肯城而去",迫使种植园主最终不得不雇佣白人劳工来收获庄稼。[48]

自由民希望逃离白人监管,并建立至少一小部分的经济独立,这种愿望深刻地影响了重建时期黑人的经济选择,导致他们更愿意租用土地而不是成为工资劳动力,更愿意以固定租金来租用土地而不是选择分成制。最重要的是,这种愿望激发起他们追求一种拥有自己土地的愿望。的确,这些曾被白人斥责为懒惰的黑人,为了购置土地而拼命工作和积蓄资金,而那些最终成功的人都是通过令人难以想象的坚韧努力才得以实现梦想。"他们宁可饿肚子和赤身裸体,也不愿为白人工作,"一位佐治亚州的种植园主写道,"如果能够得到哪怕是一小块维持生计的土地,他们也一定想方设法将它置于自己的控制之下。"自由民们相信,只有拥有土地才能"使他们的独立变得完整"。没有土地,就等于没有经济独立,这意味着他们的劳动将继续受到前主人的任意剥削。"给我们土地,我们能够做到自食其力,"一位查尔斯顿的黑人告诉北部记者怀特洛·里德说,"如果不给我们土地,老主人就可以随心所欲,或者雇佣我们,或者看着我们饿死。"[49]

对于那些熟悉其他有过奴隶解放经历的社会的人来说,黑

---

[48] D. T. Corbin to H. W. Smith, February 1, 1866, Registered Letters Received, Ser. 2922, S. C. Asst. Comr., RG 105, NA [FSSP A-7093]; Carrie Kincaid to Mrs. E. K. Anderson, January 21, 1866, Kincaid-Anderson Papers.

[49] Eric Foner, *Nothing But Freedom: Emancipation and Its Legacy* (Baton Rouge, 1983), 8-12, 18-19; *Southern Cultivator*, March 1867, 69; Eric Foner, *Politics and Ideology in the Age of the Civil War* (New York, 1980), 107; Reid, *After the War*, 59.

人们这种"为获得一小块土地而表现的狂热"并非一种不同寻常的举动。在整个西半球,奴隶制终结之后,通常会有一个漫长的针对劳动力和土地控制的斗争过程。在海地、英属和西属加勒比海以及巴西等地的自由民也都把拥有土地看成是建立经济独立的基础,但他们拒绝返回到种植园式劳作的努力遭到了种植园主精英阶层和地方政治权威的坚决反对。然而,与其他国家的自由民不同的是,美国黑人从奴隶制中走出来的时候,一直相信联邦政府会进行土地分配。随着1865年年末的临近,整个南部的黑人都抱有一种对千年一遇的巨大变化的期盼。民间广泛流传的故事说,自由民局已经接到了一份"伟大的文件",上面盖着4个大印,将于来年1月1日启封,展示联邦政府的一些"最终命令"。在南卡罗来纳和佐治亚沿海地带的黑人因为拥有独立自治的经验和享受过谢尔曼将军第15号特别战区命令的经历,更是普遍相信土地的分配即将开始。但这一期盼也为南部的其他部分所分享,包括那些从未被联邦军队占领过的地方。此外,对于有些黑人来说,给自由民分配土地是从奴隶解放本身衍生出来的一个逻辑性结果。"如果你有拿走主人的黑鬼的权利的话,"一位弗吉尼亚州的自由民对一位联邦军官说,"你也有拿走主人的土地的权利。"其他人则认为,"土地应该归于那些独自在上面耕种的人。"更经常的是,黑人坚持认为,他们过去的劳动至少赋予了他们应该获得主人的一部分财产的权利。如同一次亚拉巴马黑人大会所宣称的:"他们手中掌握的所有财产都是靠我们额头上掉下来的汗水所获取的。"[50]

最为老练的对土地的要求,来自于对黑人为美国经济演进做出的贡献的承认和欣赏。当联邦军队将早些时候安置在弗吉尼亚约克敦的黑人强行驱逐出去的时候,自由民巴雷·维特发表了一次即兴演讲,对联邦军队的做法表示抗议:

> 我们拥有对我们现在居住的这块土地的权利。为什么呢?我可以告诉你。我们的妻子、我们的孩子、我们的丈夫们被卖过无数次,用来购买我们现在居住其上的土地;为此,我们对这片土地拥有神圣的权利……难道不是我们开辟了这块土地,在这里种上庄稼、玉米、棉花、烟叶、稻米、甘蔗以及所有的一切吗?难道北部的大城市不都是在我们种植的棉花、甘蔗和稻米的基础上成长的吗?……我看到,他们变得富有了,而我的人民却处于贫困之中。[51]

在南部的一些地方,黑人所做的并不仅限于为自己的要求据理力争。成百上千的自由民拒绝签收劳工合同,或者离开了种植

---

[50] Arney R. Childs, ed., *The Private Journal of Henry William Ravenel 1859-1887* (Columbia, S.C. 1947), 272; Magdol, *A Right to the Land*, 140-141; Reid, *After the War*, 335; Dennett, *South As It Is*, 189, 229; 39th Congress, 1st Session, Senate Executive Document 27, 84; Randolph B. Campbell, *A Southern Community in Crisis: Harrison County, Texas, 1850-1880* (Austin, 1983), 252; W. A. McClure to Lewis E. Parsons, December 2, 1865, Alabama Governor's Papers; Robert E. Withers, *Autobiography of an Octogenarian* (Roanoke, Va., 1907), 229; Edward B. Heyward to Katherine Heyward, May 5, 1867, Heyward Family Papers, USC; Mobile *Nationalist*, May 16, 1867.

[51] *A Freedman's Speech* (Philadelphia, 1867).

园，坚持认为土地财产属于他们。一位弗吉尼亚的自由民告知他的前主人，他"应该拥有他在上面劳作过的土地的一部分。厨房应该属于他，因为这是用他砍伐的木材建造的"。在一位田纳西州种植园主的庄园里，前奴隶们不光提出了成为财产的"共同继承人"的要求，甚至搬出了原来的奴隶住屋，直接搬进"我家里的房间"，并在那里住了下来：

> 我家里的领班悉尼，有一位妻子和几个孩子……他让全家人都搬进了我的客厅里住下来。他声称他拥有从这条小路到河边的所有土地，包括土地上的所有房屋，他坚信自己有这些权利；他从我儿子的农场里把整个苹果园的树苗都挖走了，给自己弄了个果园。那个名叫兰德尔的小子，是我经他本人同意之后送给威廉斯夫人的礼物，他在战争初期加入了联邦军队，现在也回来了，把他的妻子和孩子……搬进到我的餐厅里来住。乔和安迪两个小无赖，跟着斯通曼*的突袭队从我在安德森的农场跑掉了……现在又回到农场，还霸占了我的卧室。[52]

然而，很少有自由民能够保住以这种方式掌控的财产，尽管归还财产的过程非常漫长，有的时候还是暴力性的。一小部分人

---

* 指乔治·斯通曼（George Stoneman），联邦军队的骑兵将领。——译者

[52] John T. O'Brien, "Reconstruction in Richmond: White Restoration and Black Protest, April–June 1865," *VaMHB*, 89 (July 1981), 262–263; O. R. Broyles to Thomas A. R. Nelson, August 15, 1865, Thomas A. R. Nelson Papers, McClung Collection, LML.

通过其他方式获得了土地,譬如在类似于佛罗里达和得克萨斯这样人间稀少的州内,在尚无人居住的土地上先行定居,购买一小块的城市土地,或者联合起来购买农场和种植园。居住在弗吉尼亚州汉普顿的黑人,在当地一位浸礼会牧师的帮助下,建立起一个林肯土地联合会,联合一群家庭,同心协力进行劳作。两名得克萨斯州的自由民,以赊购方式购买了4000英亩的土地,采用白人土地投机者和小城镇推动者的传统,向东部来的定居者推销土地。一些退伍的黑人士兵,将自己的当兵赏金和补发的津贴用来投资在小农场,或者以联合的方式,投资到种植园里。有一个驻扎在路易斯安那州的团居然为此凑集到了5万美元。[53]

但这些都是孤立事件。绝大部分从奴隶制中走出来的黑人,即便在重建早期土地价格被压低的时候,也没有能力购买土地,并一直面对一个联合起来对付他们的白人社区,后者既不愿意允许他们赊购,同时也拒绝将财产卖给他们。这样,他们只能以工资工人或在白人拥有的土地上做分成租佃劳工的身份进入自由劳动的世界。对于他们来说,适应这个新的社会秩序是十分困难的,因为在新秩序下,他们作为个人的价值被市场抹杀了,但他们拥有的劳动力却仍然与其他商品一样成为市场上任意买卖和交易的

---

[53] W. J. Purman to E. C. Woodruff, February 28, 1867, P-l 1867, Letters Received, Ser. 586, Fla. Asst. Comr., RG 105, NA [FSSP A-1392]; Mobile *Nationalist*, March 22, 1866; Engs, *Black Hampton*, 91; Anthony Blunt et al. to Commissioner, August 7, 1865, B-15 1865, Letters Received, Ser. 2452, N. C. Asst. Comr., RG 105, NA [FSSP A-509]; James Smallwood, "Perpetuation of Caste: Black Agricultural Workers in Reconstruction Texas," *Mid-America*, 61 (January 1979), 7; Claude F. Oubre, *Forty Acres and a Mule: The Freedmen's Bureau and Black Landownership* (Baton Rouge, 1978), 28.

东西。这个秩序要求抛弃一些从奴隶制继承而来的传统，同时需要采用符合经济市场逻辑的其他传统；在经济市场上，决定一个劳动力的物质条件的是供求双方之间的非人格化规则以及雇主与雇工之间的权力关系，而不是习俗、正义或个人的依附关系等。

大多数的自由民对奴隶制下的家长制态度和相互责任的终结表示欢迎——在这个意义上，他们迫切地希望拥抱自由市场，并对其承诺的个人地位的变化、个人自主和选择雇主的自由抱有期待。但也有许多自由民，尤其是不能再继续工作的老年黑人，坚持认为他们主人原来承诺的责任并没有随着奴隶制的终结而得以免除。南卡罗来纳州一个种植园里最为年长的解放了的奴隶告诉他的前主人说:"他将老死在这个地方，而且他不会再做任何工作。"其他的黑人也不认为奴隶解放应该成为减少他们先前享有的"特权"或物质保障的理由。无论如何，奴隶拥有一种自由劳动力无法拥有的习俗"权利"，即获得食物的权利。"我们相信，工作的人有吃饭的权利。" 1865年举行的一次彼得斯堡黑人集会这样宣称。1865年，从哈佛学院毕业的亨利·李·希金森与他的妻子和两个朋友一起，买下了一座在佐治亚州的种植园，他们发现当地的自由民认为，"除了工作和其他报酬之外，他们应该获得所有的生活保障"。希金森夫人写道，他们并不懂得"工作的价值和工资[的关系]"。其他白人则抱怨说，自由民对于他们劳动结果的实际所值抱有"过高"的估算。"每个人似乎都认为他应分享的份额等同于一笔巨大的财富，"一个密西西比种植园的管理者在1865年年底时写道。从前奴隶的角度出发，如果他们在解放之后的年度工资低于内战前种植园主为租用奴隶而支付的年度费用的话,他们会表示极为不满。(一位联邦军官评论说:"黑人……感到很奇怪,他凭什么不再像过去那样值钱了。")[54]

在这些所谓的"误解"之下存在的是这样一个事实,即黑人在进入新的劳动力市场的时候带有自己的目的。前奴隶们自然迫切地希望享受自由所带来的物质便利。他们光顾此刻在南部乡村蓬勃涌现的商店,购买各种"奢侈物品",从沙丁鱼、奶酪、糖到新衣服——牛仔裤、鞋、手巾和白棉布衬衣等。他们为修建和支持教会、为孩子的教育而储蓄。他们很快学会了从自己的需求出发来使用和影响市场。重建初期见证了不同城市的黑人工人为争取高工资而举行罢工和集体请愿活动,包括里士满市的工厂工人、杰克逊城的洗衣女工、新奥尔良市和萨凡纳城的码头装卸工和佐治亚州哥伦布市的机械工人等。在乡村地区,种植园里的自由民有时也就劳工合同展开集体谈判,组织罢工,有的时候还会企图为这个地区建立工资支付时间表。1866年年底,因为粮食歉收,分成农只获得一份微薄的回报,南卡罗来纳州的自由民举行了许多的群众集会,重新思考来年劳工合同的条件。在其中的一次集会上,有1000多名黑人参加,演讲者声称"当他们的孩子过着衣不蔽体、食不果腹的生活时,他们不能再为微薄的收入而工作,他们认为收成的一半应该属于他们所有"。黑人有效地利用了种植园主与非农业雇主之间对劳动力需求的竞争,从铁路

---

[54] Daniel E. Huger Smith et al., eds., *Mason Smith Family Letters 1860–1868* (Columbia, S.C., 1950), 235; New York *Tribune*, June 15, 1865; Perry, *Higginson*, 1:256; Wilmer Shields to William N. Mercer, December 19, 1865, William N. Mercer Papers, LSU; 39th Congress, 1st Session, House Report 30, pt. 2:12–13, pt. 3:6.

建设、松节油工厂和其他提供比种植园劳动更高工资的企业中寻求工作机会。自由民还通过其他方式来利用市场为自己谋福利。一群密西西比的劳工不再将利用自己的业余时间圈养的鸡和收获的鸡蛋卖给自己的种植园主,而是拿到市场上去卖给出价最高的买主。[55]

然而,奴隶制并未能产生出能够得心应手地应用经济积累优点的工人。尽管战后早期的棉花种植带来了利润,许多自由民对继续种植"奴隶的作物"表现出坚决的抵制。"如果老主人想要种棉花,"一位佐治亚州的自由民说,"让他自己去种好了。"沃伦·凯尔西被一群北部的纺织厂老板派往南部去调查恢复棉花种植的前景,他在从南卡罗来纳内陆地区发回的报告中写道,棉花"在奴隶们的心目中是与关于监工、强制劳动和遭受鞭打联系在一起的,事实上,是与整个奴隶制体制联系在一起的"。此外,另外一位北部观察者注意到,棉花将会由他们的雇主卖掉,会"远离他们的掌控",而近在眼前的粮食作物却能用来填饱肚子。[56]

---

[55] Reid, *After the War*, 499; O'Brien, "Factory, Church, and Community", 511–535; Philip S. Foner and Ronald L. Lewis, eds., *The Black Worker: A Documentary History from Colonial Times to the Present* (Philadelphia, 1978–1984), 1:345–346; Litwack, *Been in the Storm*, 441–442; J. T. Trowbridge, *The South: A Tour of Its Battle-Fields and Ruined Cities* (Hartford, Conn., 1866), 405; Savannah *Daily News and Herald*, January 26, 30, 31, February 26, July 3, 1867; Moore, ed., *Juhl Letters*, 65, 134; Wilmer Shields to William N. Mercer, November 28, 1866, Mercer Papers.

[56] Barbara J. Fields, *Slavery and Freedom on the Middle Ground: Maryland During the Nineteenth Century* (New Haven, 1985), 157–158; *Christian Recorder*, August 19, 1865; Edward Atkinson to John Murray Forbes, May 8, 1865, A. Warren Kelsey to Edward Atkinson, September 2, 8, 1865, Edward Atkinson Papers, MHS; John Covode to Edwin M. Stanton, undated report [1865], John Covode Papers, LC.

那些想办法获得了农场或者通过在无人声称拥有的土地上定居的黑人看上去完全有能力从事粮食农业的生产。"我们从来不种棉花，因为我们不吃这个东西，"一位得克萨斯州的自由民在获得解放许多年后回忆道，"我制作弓箭，猎杀我们吃的肉食……我们从来不需要从商店里买任何东西。"这种极为彻底的自给自足在19世纪的美国是非常少见的。居住在密西西比州中部的自由民则是比较典型的模式，根据一个当地种植园主的说法，他们更愿意"靠种植一小块地的玉米和棉花和养几头山猪的方式来生活"，或者像海岛地区的黑人那样，主要把时间花在种粮食上，而只是"为了挣点零花钱"而表现出种棉花的兴趣。其他希望像世界其他地方的农民或南部白人自耕农那样来种植的黑人，将粮食生产视为他们的首要工作，将种棉花或其他作物来挣点现钱放在相对次要的位置上。他们不是在自给自足和为市场而生产的两者之间做一种不可逆转的选择，而是想办法避免对两者中的任何一方养成过分依赖的毛病，但与此同时，努力享用两者得以提供的特别机会。正如"棉花侦探"凯尔西非常老练地认识到的，黑人们最珍惜的正是这种尽可能地独立地选择和组织他们经济生活的能力：

> 自由民在目前的唯一雄心，看上去是想拥有一小块土地，在上面建一个简单的家，按照自己的自由愿望和喜欢的方式，平静而安全地生活。如果他愿意，他可以按自己的想法，将土地清理出来种棉花，但他不需要任何人在他这样做的时候规定他的劳动时间或劳动方式；如果他愿意种玉米或红

薯——他也希望能够在没有任何外界控制的情况下自由地这么做……这是他们的想法,他们的愿望和他们的希望。[57]

这里呈现的是就是关于经济自由的一种界定,它与一个有自立能力的小生产者所构成的传统共和社会的理想是完全相称的。对于这种希望成为自己时间的主人、从一个专断的主人或者非人性化市场的控制下获得自由,托马斯·杰斐逊如果在世,一定会从内心欣赏这种雄心。

历史经验和现代学术研究展示,获得小块土地本身并不会解决黑人家庭的经济困境。白人农场主的命运将很快证明,小农场主在战后南部守住自己土地的极端脆弱性。在尚未发展的乡村社会,土地只是稀缺资源中的一种;在没有借贷体制的控制和市场通道的伴随之下,土地改革经常只能是一场"华而不实的胜利"。当政治权力掌握在反对势力手中的时候,小土地拥有者经常发现他们被置于具有压迫性的税收和其他的州政策的统治之下,而这些政策严重地限制了他们的经济前景。在这种局势下,由土地的拥有提供的经济自主不得不经常处于守势的地位,而不能成达到

---

[57] Rawick, ed., *American Slave*, Supplement, Ser. 2, 6:2152; George C. Osborn, "The Life of a Southern Plantation Owner During Reconstruction as Revealed in the Clay Sharkey Papers", *JMH*, 6 (April 1944), 105; Dennett, *South As It Is*, 211–214; Clarence L. Mohr, "Before Sherman: Georgia Blacks and the Union War Effort, 1861–1864", *JSH*, 45 (August 1979), 348; Gavin Wright, *The Political Economy of the Cotton South* (New York, 1978), 62–64; Frederick Cooper, "Peasants, Capitalists and Historians: A Review Article", *Journal of Southern African Studies*, 7 (April 1981), 289; A. Warren Kelsey to Edward Atkinson, September 8, 1865, Atkinson Papers.

可持续的经济进步的跳板。然而，尽管土地分配不是一种经济上的灵丹妙药，但它会给南部社会带来深刻的后果，削弱旧的统治阶级拥有的以土地为基础的经济和政治权力，为黑人在决定是否、何时和以何种条件进入劳动力市场的时候提供一种有限的选择，并同时影响前奴隶们对自己能力和潜力的认识。（进入 20 世纪许久之后，那些获得了土地的黑人，相对于乡村社区的其他成员来说，更有可能登记成为选民或参加公职竞选。）有人也许会认为，在解放之后立即拥有土地的做法会鼓励黑人在没有准备好的情况下错误追求自给自足，给南部经济发展带来灾难性的后果。然而，在南部，如同在西半球的大部分其他地方一样，所有幸存下来的种植园体制所带来的经济结果只是停滞不前，因此，正如后来所发生的，在面对经济剥削的时候，黑人甚至连土地拥有者应有的部分保护措施也没有。[58]

黑人对经济独立的追求不光对南部政治经济学的主要基础形成威胁，而且也将自由民与他们的前主人和北部人置于一种十分矛盾和尴尬的关系之中，前奴隶主希望恢复种植园的劳动力体制，而北部人则决心要重振作为经济作物的棉花的生产。但是，作为对个人和集体自立的追求的一部分，经济独立始终是黑人社区所努力界定的自由思想的关键内容。的确，黑人对"非经济性"理

---

[58] Kenneth Parsons, "Land Reform in the Postwar Era", *Land Economics*, 33 (August 1957), 215–216; Philip M. Raup, "Land Reform and Agricultural Development", in Herman W. Southwork and Bruce F. Johnson, eds., *Agricultural Development and Economic Growth*, (Ithaca, N.Y., 1967), 290–291; Foner, *Nothing But Freedom*, 21–26, 35–37; Leo McGee and Robert Boone, eds., *The Black Rural Landowner—Endangered Species* (Westport, Conn., 1979), xvii.

想的追求成功与否,从家庭自主到学校和教会的创建等,在很大程度上取决于他们是否赢得了对自己劳动生活的控制,以及是否能够分享南部的经济资源。

黑人政治的起源

如果独立自主的目标激励黑人从白人控制的宗教和社会体制中撤出,并试图建构自己的经济独立,在政治体制中,"自由"则意味着进入,而不是脱离。作为公民,他们拥有平等的权利,这一认知很快成为重建时期黑人政治活动的推动力。1865年春夏时节,黑人组织了一系列的连续不断的集会、游行和请愿活动,要求获得作为奴隶解放的自然结果的公民平等和选举权。最为广泛的动员发生在战时为联邦军队所占领的南部地区内,在那些地方,政治活动在1865年之前就已经开始了。联邦同盟会和类似组织在南卡罗来纳和佐治亚沿海地带蓬勃出现,黑人集会将自由民局官员、黑人士兵和地方自由民等召集起来,提出了获得选举权和废除一切歧视黑人的法律的要求。"根据《独立宣言》,"在圣海伦娜岛举行的一次集会宣称,"我们相信,这些权利是不能被非法剥夺的。"[59]

---

[59] Salmon P. Chase to Andrew Johnson, May 21, 1865, J. G. Dodge to Johnson, June 20, 1865, Petition, June 1865, to Charles Sumner, Charles Sumner to Johnson, June 30, 1865, Andrew Johnson Papers, LC; *Christian Recorder*, June 10, 1865; Holt, *Black over White*, 12; Herbert Aptheker, "South Carolina Negro Conventions, 1865", *JNH*, (January 1946), 93.

111　　　政治动员也很快在南部城市里展开起来，那里的教会和联谊会组成的网络为组织活动提供了基础，联邦军队和自由民局做好了随时提供保护的准备。在北卡罗来纳州的威尔明顿市，自由民在1865年组建了一个平等权利联盟的组织，根据当地官员的报告，该组织要求获得"所有白人公民拥有的社会和政治权利"，并要求在任命和选择警察、治安官和县行政官员时，要征求黑人的意见。到暑季中期，弗吉尼亚州的主要城市都组建了"秘密的政治激进协会"。里士满市的黑人首先组织了政治抗议活动，抗议联邦军队将所谓"游手好闲者"逮捕并送往种植园充当劳动力的做法，但他们很快将自己的要求扩大到包括选举权和废除"反叛者控制的"地方政府等。诺福克自1862年就为联邦军队所占领，黑人在1865年年初创建了联邦监控俱乐部，借此来为他们争取平等权利施加压力，在5月举行的一次地方选举中，数百名自由民甚至试图参与投票。一次群众集会对前逃奴托马斯·贝恩起草的带有挑战口吻的声明表示赞同："我们获得公民权的条件和规定，绝不能由叛徒们说了算，或者由他们来规范。"[60]

　　　路易斯安那是黑人政治在战时发展得最为深入的地方，新奥尔良《论坛报》和它的激进派同盟军继续推动黑人选举权的问题。

---

[60] Jonathan Dawson, et al. to William W. Holden, July 12, 1865, North Carolina Governor's Papers, NCDAH; *Address. The Members of the Equal Rights League of Wilmington, N. C.*, printed circular, January 1866, AMA Archives; J. K. Van Fleet to Benjamin F. Butler, August 1, 1865, Benjamin F. Butler Papers, LC; Rachleff, *Black Labor*, 13–14, 35; O'Brien, "Reconstruction in Richmond", 274–280; *Equal Suffrage: Address from the Colored Citizens of Norfolk, Va., to the People of the United States* (New Bedford, Mass., 1865), 8–14.

1865年9月的一次大会，聚集了当地的白人激进派、像年轻的助理法官和未来的州长亨利·沃姆斯这样的北部人，还有自由黑人精英团体中的重要成员，集会投票表示该组织将与联邦共和党结为政治盟友，呼吁国会将路易斯安那州作为一个联邦领土来管理，要求赋予黑人所有的法律和政治平等。与此同时，政治动员也深入到甘蔗种植乡村地带，当地一位种植园主抱怨说，劳工们为参加政治活动都扔下工作不管了。11月，当路易斯安那的白人前往投票站投票时，一个由共和党支持的"自愿性选举"活动吸引了2万选民的参加，其中多数为新奥尔良市和附近几个教区的黑人，这场选举"选举"出沃姆斯作为出席联邦国会的路易斯安那的"领土代表"。"整个教区在选举日都处于一种亢奋状态"，一位联邦军队军官报告说，成百上千的自由民纷纷抛下种植园的工作，"说他们要求投票"。[61]

　　1865年和1866年年初举行的全州大会为黑人政治组织的力量和影响提供了最醒目的说明。有数百名代表参加了这些大会，有的代表是由地方会议选举产生的，这样会议有时还出现了"极为生动的辩论"，其他代表则是由教会、联谊会组织、联邦同盟组织和黑人军队连队等选举产生的；还有一部分人是毛遂自荐、自我任命的。"有些代表带来了资历证明，"北卡罗来纳州黑人领袖

---

[61] New Orleans *Tribune*, September 17, 25, 27, 28, 29, 1865; J. Carlyle Sitterson, "The Transition from Slave to Free Economy on the William J. Minor Plantations", *AgH*, 17 (January 1943), 222; Henry C. Warmoth, *War, Politics and Reconstruction* (New York, 1930), 43–45; J. W. Greene to Charles W. Lowell, November 23, 1865, Letters Received, Ser. 1845, Provost Marshal, Dept. of La., RG 393, NA [FSSP A-808].

詹姆斯·哈里斯观察说,"其他人最多能做的就是自己出现在会议上,他们必须在夜间偷偷逃离种植园",以避免遭受白人的惩罚。尽管关于大部分代表的信息未能保存下来,仍然可以从零散的证据中看出某些代表们的背景模式的存在。这些代表"有着各种各样的肤色,看上去各种背景的人都有",但具有都市背景的、生而自由的穆拉托人扮演了最重要的角色,在担任领袖职位的人中,前奴隶们几乎全数缺席。一位参加田纳西州黑人大会的演讲者甚至怀疑,这样的大会是否应该被叫作一次"黑人大会",既然所有的大会官员"全都是由混血人种"担任,而且有的人"在肤色上与纽约《先驱报》的编辑一样的白"。查尔斯顿的自由黑人,与6名北部出生的新来者主宰了南卡罗来纳的大会,在路易斯安那的共和党州级大会上,20名黑人代表中有19人出生时便是自由的。但其他的群体在1865年也走上了前台。在密西西比州,战前就没有多少生而自由的黑人,所以军队老兵和他们的亲戚便构成黑人代表的大多数。亚拉巴马和佐治亚两州的代表中黑人牧师占有很高的比例,所有的大会都包括了许多技能工匠。许多代表,尤其是那些生而自由的人,相对来说拥有不错的经济地位,尽管最富有的黑人保持了距离,表现出一种漠不关心,他们在经济和亲属关系上与白人紧密地联系在一起,不愿意冒险在政治上扮演积极分子的角色。

　　自由黑人、牧师、前联邦军队士兵在这些早期黑人大会中扮演了重要的角色,从而建立起将勾画黑人政治在重建大部分时期内的特征的一些模式。重建时期的一些重要官员将从这些代表中产生,如担任过亚拉巴马国会议员的詹姆斯·拉皮尔和密西西比州州务卿的詹姆斯·林奇。黑人领袖群体的持续性在南卡罗来纳州表现得最为出色，出席 1865 年 11 月黑人大会的 52 名代表中后来产生出 4 名国会议员、13 名州立法机构的议员、12 名出席 1868 年州制宪大会的代表。但总体来说，同样令人印象深刻的是，这些早期的领袖人物中只有为数不多的人继续获得重要任职。亚拉巴马州的 56 名代表中只有两人（威廉·特纳和霍兰·汤普森）在后来的重建政治中扮演了重要的角色，这一模式在弗吉尼亚、北卡罗来纳、田纳西、密西西比、亚拉巴马和阿肯色等州都被重复。在大多数州里，黑人政治动员在联邦军队占领的城市和乡村的进展要比在种植园比重较大的县迅速许多，而大多数的奴隶是居住在后一种地区。路易斯安那州和南卡罗来纳州的自由黑人在 1865 年走上了前台，他们在整个重建期间一直都执掌黑人政治的方向；但在其他地方，一群新的政治领袖，许多人来自黑土地带，将很快取代那些曾在 1865 年占据领导位置的黑人。[62]

发生在这些大会上的辩论显示了奴隶解放之后黑人公共生活中的许多纷繁复杂的支流。黑人社区的冲突与紧张关系有的时候

---

[62] *Weekly Anglo-African*, August 19, 1865; *Christian Recorder*, October 28, 1865; Dennett, *South As It Is*, 148–150; Reid, *After the War*, 81; Nashville *Colored Tennessean*, August 12, 1865; Holt, *Black over White*, 15–16; Donald E. Everett, "Demands of the New Orleans Free Colored Population for Political Equality, 1862–1865," *LaHQ* 38 (April 1955), 62–64; J. W. Blackwell to Andrew Johnson, November 24, 1865, Johnson Papers; Kolchin, *First Freedom*, 152–153; Drago, *Black Politicians*, 27–28; William C. Hine, "Charleston and Reconstruction: Black Political Leadership and the Republican Party, 1865–1877" (unpub. diss., Kent State University, 1978), 32–36. 关于代表们的背景与未来生涯的信息来自于作者编撰的一部关于重建时期黑人公职官员的生平信息档案。

会浮出表面。一位代表提到，他不期望"看到奴隶主的儿子再用奴隶制的鞭子来抽打我们"；另外一位代表则对一个北部人（出生于宾夕法尼亚州的詹姆斯·胡德）当选为北卡罗来纳大会的主席甚为不满；南卡罗来纳州大会的会议记录则包含了一条措辞隐晦的信息，提到会议有过一段"情绪激烈的讨论"，而其形成的决议提到了黑人在"我们内部进行区分"的事情。种族之间的关系也导致了辩论。北卡罗来纳州大会上针对一份敦促黑人尽可能地雇佣本种族的教师的决议，进行了长时间的辩论，最后予以否决，而代之以一份感谢北部社团为自由民做出的努力的决议。总体来说，大会记录呈现了和谐一致的精神，代表们大部分时间都在讨论那些将黑人联合起来而不是分离开来的问题。南卡罗来纳州的大会要求赋予黑人所有的白人享有的机会和特权，从接受教育到持枪、参加陪审团、创办报纸、和平集会，"进入农业、商业[和]贸易等所有行业"，以及"用属于文明社会的所有工具来全面发展我们自身"。佐治亚州大会的决议谴责了针对乡村黑人的暴力行为和那些阻止黑人建立学校和获得教会财产的企图，其中提到，教会财产是"我们在奴隶制中用我们自己的收入来支付的"。[63]

代表们最为关心的核心问题是法律面前的平等和选举权。当然，新奥尔良和查尔斯顿的自由黑人中的一些人仍然在考虑通过财产和教育资格的联合方式，将黑人选民局限在有特权的少数人

---

[63] Dennett, *South As It Is*, 152–153; Philip S. Foner and George E. Walker, eds., *Proceedings of the Black State Conventions, 1840–1865* (Philadelphia, 1979), 2:291, 302; *Proceedings of the Freedmen's Convention of Georgia* (Augusta, Ga., 1866), 17, 30.

范围之内,尽管他们声称这样的资格限制应该同时适用于黑白种族。("如果愚昧的白人被允许参加投票,"一份由查尔斯顿的自由黑人写作的请愿信里宣称,"愚昧的有色人种"也应该获得选举权。)然而,在1865年的黑人大会上,一个接一个的演讲者反复强调普遍的男性选举权是构成"自治政府的一个根本的和不可分离的内容"。在说明他们需要选举权的理由时,代表们启用了美国的共和主义传统,尤其是《独立宣言》,"赋予全世界的关于人类自由的最广大、最深刻、最全面和最真实的定义"。"有色人种,"胡德将在1868年宣称,"一直在熟读宣言直到它已经内化成为他们的一种本质了。"他所主持的1865年北卡罗来纳州黑人大会将内战和解放视为"进步文明"不断向前行进过程中的篇章,象征着"《独立宣言》这份共和自由的伟大文献所奠定的根本真理"。这样的语言绝不只是限于大会代表。亚拉巴马州的11名黑人在一份请愿信中谴责了劳工合同欺诈行为、司法不公正和其他形式的权力滥用,然后使用了一句令人震撼的绝妙用语来结束他们的请愿信:"这不是在追求幸福。"[64]

但远不止是对词语的熟悉。与北部黑人在战前抗议中对"伟

---

[64] New Orleans *Tribune*, July 8, September 14, 1865; Aptheker, "Negro Conventions", 93; Holt, *Black over White*, 21–22, 67–68; Michael P. Johnson and James L. Roark, *Black Masters: A Free Family of Color in the Old South* (New York, 1984), 326; Nashville *Colored Tennessean*, August 12, 1865; John M. Langston, *Freedom and Citizenship* (Washington, D.C., 1883), 99–100, 110; Leonard Bernstein, "The Participation of Negro Delegates in the Constitutional Convention of 1868 in North Carolina", *JNH*, 34 (October 1949), 404; *Convention of the Freedmen of North Carolina* (Raleigh, 1865), 6; Foner, "Reconstruction", 60.

大传统"的质疑一样,自由民与南部自由黑人也认为,奴隶解放可以视为赋予了联邦国家一种完全实现共和原则的能力——但这个目标只能是在彻底抛弃种族歧视并将黑人完全纳入国家的法律和政治秩序之后才能实现。伊尔舍姆·斯威特是一名出生在奴隶制中的剃头匠人,他撰写了北卡罗来纳州黑人大会的宣言,并在后来成为该州州立法机构的议员,他告诉约翰·德尼特说:"如果自由民在一个州里没有获得法律平等的待遇的话,[国会]应该宣布该州实施的不是共和政体。"另外一名1865年的演讲者是路易斯安那州的奥斯卡·邓恩,他注定要成为重建时代的重要人物。他将"人与人之间的歧视"和"出生的区别"的缺少视作是美国政治遗产的精髓。如果继续对黑人进行歧视的话,邓恩警告说,美国将"为贵族制、高等血统、甚至君主制打开大门"。[65]

与他们北部弟兄们在内战中所采取的行动一样,南部黑人也宣称他们认同国家的历史、命运和政治体制。这些黑人大会所提及的普通自由民写给军队将领、自由民局、州和联邦当局的大量信件和请愿信,以及几个州派出自己的代表到华盛顿为黑人权利展开游说工作,这一切都揭示了一种信仰,即他们可以对国家的政治秩序施加至少一部分影响。"我们是美国人,"一个诺福克市的黑人集会宣称,"我们并不了解任何其他的国家,我们热爱我们出生的这块土地。"他们的演讲提醒弗吉尼亚州的白人说,1619年时,"我们的父辈与你们的父辈一起曾在詹姆斯河边的种植园

---

[65] Peter D. Klingman, *Josiah Walls* (Gainesville, Fla., 1976), 72-73; Dennett, *South As It Is*, 176; Sidney Andrews, *The South Since the War* (Boston, 1866), 125; *Proceedings of the Republican Party of Louisiana* (New Orleans, 1865), 4-5.

里辛勤劳作",还有一名黑人克里斯普斯·阿图克斯为美国革命中"洒下了第一滴血"。当然,黑人参加了拯救联邦的战斗,并为之牺牲。一个弗吉尼亚的集会宣布说,美国"现在是我们的国家了——我们兄弟们的鲜血尤其将它变成了这样一个国家"。"当需要帮助的时候,我们会与政府站在一起,"一个密西西比州大会的代表给约翰逊总统写信说,"但政府愿意与我们站在一起吗?"[66]

尽管有这些个人演讲的语言十分犀利,但大会决议和公共演说却采用了一种温和的语调,向南部白人伸出"友谊之手"。弗吉尼亚州的大会是一个例外,它的宣言提到了黑人"比任何其他人民所遭受的更深沉、更黑暗的伤害"。在有一处地方,弗吉尼亚的代表们将一份公开声明中的"我们的前主人"改为了"我们的前压迫者"。但在其他各州,宣言普遍采用的是一种更为和缓的语调。北卡罗来纳州大会的领导人支持"平等权利",但提倡"在争取它们时采取一种温和而保守的路线"。一位乡村代表提出黑人大会成员应参加州制宪大会的要求,但在雷利举行的会议上,他的建议被斥为是"荒诞和愚蠢的",大会最终"带有敬意地和谦卑地"仅向州政府提出了关于黑人教育和法律平等的要求,回避了提及选举权。佐治亚州的代表在选举权问题发生分歧,一派寻求普选权,另一派希望在行使选举权时加入文化能力测试或财产资

---

[66] Peter D. Klingman, "Rascal or Representative? Joe Oates of Tallahassee and the 'Election' of 1866", *FlHQ*, 51 (July 1972), 52–57; *Equal Suffrage*, 1, 8; Joseph R. Johnson to O. O. Howard, August 4, 1865, Unregistered Letters Received, Ser. 457, D.C. Asst. Comr., RG 105, NA [FSSP A-9851]; J. W. Blackwell to Andrew Johnson, November 24, 1865, Johnson Papers.

格的限制，最终妥协之后，大会提出了争取"至少是有条件的选举权"的要求。即便南卡罗来纳州黑人大会直截了当地提出了公民地位平等和政治平等的要求，并且将自己的要求与全世界"受压迫的数百万人的事业"等同起来，但它仍然小心翼翼地向本州的白人少数保证，黑人具有"谦卑的精神"，并且也同时意识到"你们的财富与重要性以及我们自己的贫穷与弱点"所在。[67]

在某种意义上，这种措辞谨慎的语调反映出黑人对当时政治情势的现实估量，当时南部白人在约翰逊总统的重建政治准允下恢复了对地方权力的控制，而国会还没有发起自己的重建政策。但黑人大会的这种激进主义与和解思想也照射出正在出现的黑人政治领袖阶层处于一种无所适从和举棋不定的状态，在1865年和1866年，他们仍然在寻求自己的声音，领导层仍然为都市自由黑人、牧师和那些在过去与地方白人分享和谐关系的人所掌握，后者并不总能体会到乡村自由民对前白人奴隶主怀有的痛恨之情。

这些黑人大会也未能提出一个连贯的经济方案。对于土地的要求在地方会议上提出过，而正是这些地方会议选举了黑人大会的代表。在亚拉巴马州的格林斯堡，一位代表听到有演讲者呼吁"不分配土地，就血刃相见"，而在北卡罗来纳州塔尔伯勒举行的大会上，两位候选人面对1500名代表陈述自己的主张，结果那位主张分配土地的人全票当选。但这种观点在黑人大会的领导层里

---

[67] Litwack, *Been in the Storm*, 505–509; Holt, *Black over White*, 16; *Proceedings of the Convention of the Colored People of Virginia* (Alexandria, 1865), 9–12, 20; *North Carolina Convention*, 5, 12–16; *Georgia Convention*, 19; Augusta *Loyal Georgian*, February 17, 1866; Foner and Walker, eds., *Black Conventions*, 2:298–300.

很少得到表达。弗吉尼亚州的代表特别指出《自由民局法》向黑人做出了拥有土地的承诺，佐治亚州大会向国会提出请求，希望将谢尔曼将军分发的土地合法化，南卡罗来纳州的黑人大会要求国会对政府"向我们做出的土地问题承诺"给一个"公平和公正的"解释。但总体来说，经济问题在这些大会的记录中是一个边缘性话题，公开声明和最终的决议中都没有提出经济方案，只是强调劳资之间的"相互利益"，敦促黑人将自我完善看成是争取个人进步的道路。阿肯色州大会的决议甚至向白人承诺，黑人"注定在未来，如同在过去一样，要耕种你们的棉花田野"。有好几个州的黑人大会还斥责了那些游手好闲的自由民的"游荡与乞讨"行为，敦促他们留在原地，勤奋劳动，为买宅基地而积蓄。[68]

这样，那些曾在南部乡村地带酝酿产生的呼声在1865年各州的黑人大会上并没有产生回响——这反映出来自种植园县的黑人代表在大会上人数稀少的现象，同时也反映出在此时黑人政治中占上风的是那些更倾向于争取政治平等和自助模式，而不是理解乡村自由民对土地的渴望的领袖人物。黑人大会对公民和政治平等的雄辩也未产生任何实际的结果，所有这一切都被总统重建指

---

[68] James S. Allen, *Reconstruction: The Battle for Democracy* (New York, 1937), 65; Foner and Walker, eds., *Black Conventions*, 2:272, 302; Manuel Gottlieb, "The Land Question in Georgia During Reconstruction", *Science and Society*, 3 (Summer 1939), 369; Philip S. Foner and George E. Walker, eds., *Proceedings of the Black National and State Conventions, 1865–1900* (Philadelphia, 1986–), 1:189–194; "Official Proceedings of the Colored Convention for the State of Mississippi, Vicksburg, November 22–25, 1865", manuscript, M-82 1866, Letters Received, Ser. 15, Washington Headquarters, RG 105, NA [FSSP A-9223]; *Georgia Convention*, 20, 30; Andrews, *South Since the War*, 126; Holt, *Black over White*, 18.

导下的过渡性州政府彻底无视。其结果是,黑人集会所激发的热情逐渐消退了。在前邦联的各州里,1866 年里只有佐治亚、田纳西、北卡罗来纳和得克萨斯召开了黑人大会。一位代表写道,他的选民认为"我们除了开会、通过决议、出版小册子和花费之外,什么也没有干,也没有取得任何有好结果的成就"。[69]

虽然这样的评论可以理解,但它们也许并不公正,因为早期黑人大会在反映政治动员过程的同时,也在推动它的发展。例如,有些田纳西州的代表对黑人大会做出的要为他们的选民"谋福利"的指示牢记在心。回到家乡之后,他们积极推动黑人教育,并就暴力迫害和合同欺诈等向地方政府和自由民局提出抗议,他们努力工作,突破重重困难,为了黑人在地方法院争取哪怕是一丁点的正义的保护。佐治亚州 1866 年的黑人大会建立起一个名叫"佐治亚平等权利和教育协会"的组织,该组织的分部变成了"有色人种公民在其中学习和了解他们的权利的学校"。到这一年年底,该协会的影响传播到了 50 个县,它的地方会议吸引了 2000 名自由民的参加,人们在那里倾听关于时局的演讲和共和党报刊的朗读。正在兴起的黑人报刊业也在积极推动政治教育的传播,尽管它本身面临严重的财政困难,并还需面对如何将报纸推广到一个绝大多数是文盲的读者群的挑战。到 1866 年时,有 9 家(大部分是短命的)黑人报纸并入新奥尔良《论坛报》之中。莫比尔《国家主义者》是由两位北部白人编辑的,但它却由一个黑人董事会所拥有和管理;该报派专人前往乡村地区去寻找订户、报道地方

---

[69] Nashville *Daily Press and Times*, August 8, 1866.

局势，并鼓励黑人们"向男人一样直起腰来，捍卫[他们]的权利"。那些能够读到和读懂《国家主义者》的黑人，一位亚拉巴马的白人抱怨说，从中吸收了"它包含的'激进思想'，"也变得十分"好斗"，并且不再对他们先前的主人表示应有的尊重。[70]

尽管数量有限，1866年州范围的黑人大会表现了政治动员进程的结果。在佐治亚州和北卡罗来纳州的大会上，派出代表参加大会的县比前一年多出一倍，说明黑人组织如何深入地渗透到黑土地带的深处。北卡罗来纳州的格林县没有派代表出席第一次全州黑人大会，该县的黑人在1866年举行了一次选举，在两个候选人中选择一人作为代表，两位候选人都进行了"一场正规的竞选"。前奴隶们此刻开始占据了重要的位置，这些位置在一年之前都是由自由黑人所垄断的。会议通过的决议和发表的演讲也都采用了比先前更明显的激进语调。北卡罗来纳州的代表们在会上听到了情绪激烈的演讲，这些演讲严厉地斥责了白人的种种行为，包括针对自由民使用的暴力、强加于黑人劳工身上的不公正待遇，以及对黑人教育的极力反对等。会议代表的决议提出了平等选举权的要求（这一问题在1865年被回避了），并将查尔斯·萨姆纳、

---

[70] Nashville *Daily Press and Times*, August 8, 9, 1866; Clinton B. Fisk to Frederick E. Trotter, August 9, 1866, F-97 1866, Registered Letters Received, Ser. 3379, Tenn. Asst. Comr., RG 105, NA [FSSP A-6251]; Henry Webb et al. to Clinton B. Fisk, March 26, 1866, M-89 1866, Registered Letters Received, Ser. 3379, Tenn. Asst. Comr., RG 105, NA [FSSP A-6294]; *Proceedings of the Convention of the Equal Rights and Educational Association of Georgia* (Augusta, Ga., 1866), 3–8; *Christian Recorder*, June 9, 1866; Henry L. Suggs, ed., *The Black Press in the South, 1865–1979* (Westport, Conn., 1983), 3–23; Dennett, *South As It Is*, 303; J. D. Williams to Robert M. Patton, September 11, 1866, Alabama Governor's Papers.

撒迪厄斯·斯蒂文斯和其他激进共和党人歌颂成为"我们种族的指路明灯",敦促黑人联合起来与经济不平等做斗争,通过组织合股公司,并在可能的地方,尽可能地惠顾黑人商人开办的商业。田纳西州的黑人大会呼吁国会赋予该州"一个共和形式的政府",黑人因此而能在其管理下投票、持枪和教育子女。然而,比新的语调更为引人注目的是这些会议代表成分的总体改变。在1865年会议的代表中,只有一小部分人(北卡罗来纳的106名代表中的17人,田纳西102名代表中的18人)在1866年再度出席。即便是在黑人领导力量得以延续的南卡罗来纳州内,理查德·凯恩观察到,包括自由黑人在内的一些早期领袖人物,到1866年时被"退居二线,而由那些先前鲜为人知的人组成的群体"此刻走上了前台,开始扮演重要的角色。[71]

总之,在黑人政治动员的早期阶段,最为重要的特征是它的不平衡性。在有的州,组织工作在1865与1866年开展得稳定而具有持续性,在其他州,如密西西比州,在1865年夏的最初冲动与两年之后提出黑人选举权的行动之间,几乎没有展开什么活动。黑土地带的大部分地区都没有感受到组织化政治的影响,但许多黑人意识到国会在进行关于重建政策的辩论,并很快能够利用《1866年民权法》来捍卫自己的权利。"今天的黑人,"新奥尔良《论坛报》的一位记者在1866年9月写道,"与6年前已经不再一

---

[71] Roberta S. Alexander, *North Carolina Faces the Freedmen: Race Relations During Presidential Reconstruction, 1865-1867* (Durham, 1985), 22, 81-90; *Minutes of Freedmen's Convention Held in the City of Raleigh* (Raleigh, 1866), 14, 21, 26, 29; Nashville *Daily Press and Times*, August 10, 1866; *Christian Recorder*, April 21, 1866.

样……他已经知道了自己的权利,而这些权利在过去长期地遭到剥夺。"要等到1867年的时候,黑人才会进入"政治民族"之中,但在组织建设、领袖训练和意识形态建构方面,后来将会开花的种子已经在自由来临的最初年代得以播种,黑人在此刻建构的意识形态从美国共和主义传统中汲取营养,并提出了获得平等公民地位的要求。[72]

暴力与日常生活

面对战后南部大部分地区发生的不受钳制的暴力浪潮,黑人社区的宗教、社会和政治动员努力更显得极为出色和难得。战时的冲突导致了白人联邦主义者与邦联成员的对立,再加上经济贫困,地方帮派和暴力活动随之兴起,抢夺他人的财产,使南部生活变得更加不稳定,但在绝大部分暴力事件中,自由民都是受害者,白人则是攻击者。[73]

在有的地区,针对黑人的暴行在战争结束之时更是达到了令人震惊的程度。在路易斯安那州,一位来自北卡罗来纳州的访问

---

[72] William C. Harris, *The Day of the Carpetbagger: Republican Reconstruction in Mississippi* (Baton Rouge, 1979), 96; Joseph H. Catching to Benjamin G. Humphreys, August 24, 1866, Mississippi Governor's Papers; New Orleans *Tribune*, September 13, 1866; S. W. Laidler to Thaddeus Stevens, May 7, 1866, Thaddeus Stevens Papers, LC.

[73] Dan T. Carter, *When the War Was Over: The Failure of Self-Reconstruction in the South, 1865-1867* (Baton Rouge, 1985), 6-23. 暴力的普遍存在击破了传统重建史学中的一个定论,即"种族间的敌对关系始于"1867年实施的数部《重建法》(似乎在奴隶制下和总统重建时期南部的种族关系处于一种和谐的状态)。Fleming, *Alabama*, 390.

者报告说:"他们是用手枪和来复枪……来统治的。""我看到白人对黑人的鞭打,就像在战争之前一样",前奴隶亨利·亚当斯作证说,1865 年"有 2000 多名有色人种"在路易斯安那什里夫波特附近的地区被杀害。在得克萨斯州,联邦军队和自由民局完全无法建立起秩序,根据一位自由民局官员的说法,黑人们"经常无缘无故地遭受凶残的毒打,像野兽一样地被射杀"。苏珊·梅里特是一位来自得克萨斯州腊斯克县的自由黑人妇女,她清楚地记得看见萨宾河上源源不断漂流下来的黑人尸体,她认为当地白人"在上帝审判日来临的时候,必将面临许多冤死的灵魂对他们的控诉"。在有的情况下,白人会对真实发生的和想象的冒犯行为采取令人恐惧的报复行动。1866 年,在"与一些自由民发生某种争执之后",阿肯色州派恩布拉夫附近的一群白人放火烧掉了一个黑人定居点,并将其中的居民抓捕起来。次日清晨访问此地的一位男人看到一幅"令我备感恐惧的情景,在环绕木屋的树上挂着 24 具黑人男人、女人和儿童的尸体"。[74]

无处不在的暴行反映出白人要按自己的方式来界定自由内涵的决心,也反映出白人的另外一种意志,即无论黑人企图在与家庭、教会、劳动和个人举止相关联的任何事务中建立自立与自信,

---

[74] Alfred Dockcry to R. J. Powell, November 13, 1865, William H. Seward Papers, University of Rochester; 46th Congress, 2d Session, Senate Report 693, pt. 2:175-176, 191; 39th Congress, 1st Session, Senate Executive Document 27, 83; James W. Smallwood, *Time of Hope, Time of Despair: Black Texans During Reconstruction* (Port Washington, N.Y., 1981), 32; Ronnie C. Tyler and Lawrence R. Murphy, eds., *The Slave Narratives of Texas* (Austin, 1974), 121; William L. Mallet to Thaddeus Stevens, May 28, 1866, Stevens Papers.

他们都会遭到白人的坚决抵制。佐治亚州自由民詹姆斯·杰特遭到毒打，原因是他"声称拥有鞭打自己孩子的权利，他不愿意让他的雇主和前主人鞭打他的孩子"。黑人学校、教会和政治集会也成为暴力攻击的目标。来自北卡罗来纳大学的白人学生曾在1865年两次对和平举行的黑人集会发动攻击，其中一次集会是为了选举出席全州黑人大会的代表而举行的，另一次黑人"秘密组织"集会则是为欢迎一名来自州首府的演讲者而举行的。[75]

一位自由民局特派员观察说，"如果南部白人没有从黑人那里得到其先前所习惯的谦卑礼让，他们就会感到愤怒"，而且黑人的任何有违战前种族关系清规戒律的行为往往成为引起暴力冲突的理由。在白人男性中被认为是男子汉气概或有人格尊严的行为到了黑人那里就成了"傲慢无礼"和"不服从权威"的表现。一位北卡罗来纳州种植园主对一位联邦军队军官咬牙切齿地抱怨一个黑人士兵"向我鞠躬并问候"，他认为除非是白人先对他说话，黑人绝不能主动与白人说话。一个亚拉巴马州的监工向一位黑人工人开枪，因为后者"对他瞪眼"；当一位自由民反对白人牧师将另外一位黑人逐出教会仪式时，这位南卡罗来纳州的白人牧师"拔出手枪，子弹直接穿透抗议者的心脏"。在得克萨斯，自由民局列出了该州1865至1868年遭到杀害的1000名黑人中一部分人的遇难的"理由"：一个受害者"没有脱帽致意"；另外一人"不愿意放下他的威士忌酒瓶"；一个白人"想要修理一下这些黑鬼"；另

---

[75] 40th Congress, 3d Session, House Miscellaneous Document 52, 129; Hope S. Chamberlain, *Old Days in Chapel Hill* (Chapel Hill, 1926), 117; H. C. Thompson to Benjamin S. Hedrick, September 14, 1865, Benjamin S. Hedrick Papers, DU.

外一个白人想要"看一个混账的黑鬼如何踢腿"。性别也不能为黑人妇女提供保护——一位黑人妇女因"使用了侮辱性语言"而遭到雇主的痛打，另外一名黑人妇女因她拒绝称呼打她的人是"主人"而挨打；第三个例子则是因为"他打我母亲的时候我哭出声来了"。受害者包括了那些以个人行为代表自由民挑战传统的种族关系规定的人。当1865年黑人大会代表们回到家时，看到自己的家只剩下"灰烬和炭渣"。一群弗吉尼亚的白人殴打一位黑人老兵的理由，仅仅是因为后者说了一句他为自己服务于联邦军队而感到自豪的话。"对于被剥夺了选举权的种族中的任何人，"一位路易斯安那的黑人说道，"我要说，'回家时带着你的枪'。"[76]

也许，最大数量的暴力事件起源于黑人想从以前主人的控制中夺回自己的自由权利的时候。自由民因为种种挑战而遭到攻击和杀害，包括试图离开种植园，质疑合同的实施，没有按照雇主希望的方式劳动，试图购置或租佃土地，拒绝接受鞭打的惩罚。一位拒绝接受被捆绑起来和鞭打的黑人声称，"他是一个自由人，他不应该像一个奴隶一样的被捆绑起来"，但他最终被雇主枪杀，雇主则是得克萨斯州的一位有名的律师。在田纳西州的一些地方，一家纳什维尔的报纸在1867年年初报道说："监管者……来回骑马巡视，鞭打、摧残和杀死那些不服从他们前主人命令的黑人，

---

[76] 39th Congress, 1st Session, House Report 30, pt. 2:178; Swint, ed., *Dear Ones at Home*, 203; Moore, ed., *Juhl Letters*, 96-98; George W. Gile to J. Duval Greene, June 21, 1866, South Carolina Governor's Papers, SCDA; Claude Elliott, "The Freedmen's Bureau in Texas", *SWHQ*, 56 (July 1952), 6; Sterling, ed., *We Are Your Sisters*, 333-338; Mobile *Nationalist*, February 1, 1866; Litwack, *Been in the Storm*, 274.

就像奴隶制继续存在一样。"[77] 面对这种普遍的暴力使用,地方社会和政治领袖保持沉默,不愿意谴责其他白人对黑人犯下的罪行。一个亚拉巴马西南部的居民写信给州长,表示当听到"具有身份地位的人……支持无序和对黑人的迫害"并拒绝"控制年轻人所使用的暴力"时甚为震惊。约翰·韦斯利·诺斯来自北部,战后去了诺克斯维尔,在1866年见到一群恶棍在殴打一名自由民。当他上前干预的时候,这群人立刻作鸟兽散,他们"显然感到困惑,为何有人还会干预一次对一个黑人的谋杀行动"。一个当地的银行家对这位北方佬的事后建议是:"在这个地方……绝对不要帮一个黑鬼说话。"[78]

与白人针对黑人实施的暴力范围相比,黑人对白人的攻击事例就显得令人惊讶的稀少。自由民局和地方法院的记录显示,黑人内部的暴力事件倒是经常发生,但针对个体白人的暴行,甚至使用暴力的威胁,从未听说过。在有的情况下,自由民的确组成集体,为镇压犯罪,把法律掌握在自己手中。1866年,一群武装黑人抓住了3名白人,并把他们送到县监狱,这些白人一直威胁和恐吓南卡罗来纳州奥兰治堡的自由民;在密西西比霍利斯普林斯,黑人组成了一支地方民防队,追捕一名白人,他残忍地杀害

---

[77] Barry A. Crouch, "A Spirit of Lawlessness: White Violence, Texas Blacks, 1865–1868", *JSocH*, 18(Winter 1984), 218–220; Dennett, *South As It Is*, 125, 223; 39th Congress, 1st Session, Senate Executive Document 27, 23; Nashville *Press and Times* in Hartford *Courant*, February 6, 1867.

[78] S. S. Houston to Lewis Parsons, August 19, 1865, Alabama Governor's Papers; Ann North to George and Mary Ann Loomis, July 8, 1866, North Family Correspondence, HL.

了一名自由民妇女。然而，这类行动所面临的障碍是巨大的，因为只要有一丁点的黑人举行秘密会议和武装自己的证据立刻就会在南部白人中引发恐惧的浪潮。在田纳西，根据克林顿·菲斯克将军的报告，一个黑人在树丛中猎杀松鼠的行动，居然引发谣言四起，说是数百名武装的黑人正在准备"集体暴动，杀光所有的白人"。随着这一年年末的到来，黑人中流传着联邦政府将很快进行土地划分的说法，大部分的南部白人都陷入一种担心自由民反叛随时发生的惊恐之中。[79]

1866年的元旦过去了，没有黑人暴动的一点迹象。联邦军队的军官认为，南部白人的行为如同"受到惊吓的老妇人"一样，完全笼罩在一种对他们的前奴隶的病态恐惧之中。然而，对于黑人反叛的焦虑，太容易让人想起战前关于奴隶起义的恐慌，所反映的远不止是诞生于奴隶制中的那种非理性心理状态。卡尔·舒尔茨1865年在南部巡游时曾经预言，如果自由民打算"每天像北部的自由劳工那样正常地行动"，南部白人将受制于"一种阵发性的恐惧"。一位负责调查的联邦官员，在调查了关于南卡罗来纳州金斯特里即将发生暴动的情况之后，得出结论说，"种植园主们对得到自由的人民敢于行使他们的人权从内心里感到一种害怕"，他们那种被夸大的恐惧"正是基于这种害怕"。黑人们携带武器，或

---

[79] Litwack, *Been in the Storm*, 288–289; J. W. Dukes to James L. Orr, December 3, 1866, South Carolina Governor's Papers; Kinlock Falconer to James M. Kennard, June 7, 1866, James M. Kennard Papers, MDAH; Wilmer Shields to William N. Mercer, December 19, 1865, Mercer Papers; 39th Congress, 1st Session, House Report 30, pt 3, 30; Dan T. Carter, "The Anatomy of Fear: The Christmas Day Insurrection Scare of 1865," *JSH*, 42 (August 1976), 345–364.

像在金斯特里发生的一样,"举着飘扬的红旗"上街游行,要求获得更合理的劳工合同,象征着奴隶解放所带来的社会关系的革命性转换。

的确,如同四处弥漫的暴行,起义的恐慌也凸显了随奴隶制的消亡而来的、可被称为日常生活"政治化"的情形。1869年由北卡罗来纳州的黑人刘易斯向州长报告的事件,看上去并不显眼,但却极为生动地展示这种发展:

> 请允许我要求你关注那天发生在我与琼斯医生之间的争执……我在自家的地里干活儿,旁边有一户人家,这位琼斯赶着马车来到这家人门口……开始命令我娃去给他开门……这个时候有几个孩子就在离他不到20米的地方,但因为他们是白人孩子,我娃是黑人,他就不叫那些孩子给他开门……我很客气地对他说那些[白人]娃可以给他开门……他却冲下马车……直接闯入我干活儿的地里,差不多有100米,然后抡起双拳,朝我的脸上打来,一连打了三下……他还骂我是一个激进派混账王八蛋……州长先生,我想要你写信告诉我,如何才能将这个人绳之以法。

这桩纠纷最终是如何解决的,没有相关的文献资料留存下来,但刘易斯的话却传递了大量关于重建的信息与意义:他对自己地位有着强烈的意识,他在面临攻击时所表现出来的此处无声胜有声般的尊严,他拒绝让他的孩子受到与白人孩子不同的待遇,或任由一个陌生人将自己的权威凌驾于他的家庭之上,这种每天发生在日常生活中的冲突很快演变成暴力事件，并富有了政治内涵；刘易斯还表现了黑人拥有的假设（这种假设反映出1867年的政治氛围），即他们能够期望从统治他们的政府那里得到正义。这封信所显示的最重要的内容是，种族间的日常冲突不可避免地被注入了因新旧社会秩序交替而出现的紧张关系，旧秩序中固定成型的权力关系和普遍接受的行为规范正在被推翻，而新的秩序还没有完全降生。只有随着时间的流逝，南部社会关系的新体制才会产生出来。如同北卡罗来纳州前州长戴维·斯温在1865年所说的，"就奴隶解放而言，我们的战争才刚刚开始"。[80]

---

[80] Carter, "Anatomy of Fear", 348; Mahaffey, "Schurz's Letters", 239; James W. Johnson to A. M. Crawford, December 17, 1866, South Carolina Governor's Papers; A. D. Lewis to William W. Holden, June 5, 1869, North Carolina Governor's Papers; Hamilton and Williams, eds., *Graham Papers*, 6:324.

第 四 章
自由劳动的模糊性

内战结束之后，北部记者纷纷奔赴南部，争相发回电文，向北部读者描述那个被战争摧毁的社会。在南北双方庞大军队曾经交战和行军路过的地方，观察者们首先看见的是一幅幅满目疮痍的景象。谢南多厄山谷曾经是弗吉尼亚州的粮仓，此刻看上去如同"一片沙漠"，谷仓和住房被烧个精光，到处都是断桥残桓，栅栏和工具被完全毁灭，牲畜被赶尽杀绝。亚拉巴马州的北部见证了三年的战火，该州中部各县在1865年早期遭受了联邦骑兵队伍的愤怒袭击，此刻两个地区都呈现出"一贫如洗"的境况——到处是烧毁的房屋、荒芜的农田以及被捣毁的铁匠铺和轧棉机。在佐治亚和南卡罗来纳，凡是谢尔曼军队经过的地方，到处都留下了战争的伤痕。是年8月，一位佐治亚州的白人在日记中记录他乘火车穿越"这片绝望之地"的经历："在我们经停的每一个村庄和火车站，我们看到的都是一排排烧焦的墙壁和烟囱，毫无用处和孤零零地矗立在那里……这一切都是那个烧杀抢掠的破坏者一手造成的。"南部的大部分城市都遭到了毁灭性的破坏；南卡罗来纳州的哥伦比亚市呈现出"一幅令人无比伤感的画面"，市中心变成了一堆"被烟火熏得漆黑的烟囱和残垣断壁"。而与遥远的北部所联系在一起的却是繁忙活跃的商业、蒸蒸日上的工厂和令人情绪高涨的乐观主义。一位到巴尔的摩访问的南卡罗来纳州的种植园主,对"北部拥有的令人神往的、巨大而优越的财富"印象深刻,感到难以接受其与不幸的南部正在经历的极度贫困所形成的鲜明对比"。[1]

南部的大部分乡村地带,包括佐治亚州的大部分和得克萨斯州的全部,的确躲过了财产与住房被毁的浩劫。然而,除去奴隶制的终结所带来的混乱无序之外,农用牲畜、农场房屋和机器遭到的普遍毁坏以及防洪堤和运河因长年失修而出现的恶化,都在说明南部农业的恢复将是漫长而痛苦的。此外还有令人震惊的死亡人数,这是美国历史上无与伦比的一场生命灾难。联邦军队中有 37000 名黑人士兵死于沙场,他们中的绝大部分人来自南部。更多的黑人则在敌产营地、邦联军队的劳工队伍和都市里那些疾病丛生的棚户区里丧生。大约有 26 万人为了邦联的事业而丧失了性命——这个数字相当于南部白人成年人口的五分之一。更多的人则是受了伤,有些人则将终身残废。（1865 年密西西比州州收

---

[1] 39th Congress, 1st Session, House Report 30, pt 2, 68; Robert H. McKenzie, "The Economic Impact of Federal Operations in Alabama During the Civil War", *AIHQ*, 38 (Spring 1976), 51—60; J. T. Trowbridge, *The South: A Tour of Its Battle-Fields and Ruined Cities* (Hartford, Conn., 1866), 440; Samuel P. Richards Diary, August 10, 1865, Atlanta Historical Society; *New York Times*, June 18, 1865; Sidney Andrews, *The South Since the War* (Boston, 1866), 1—2, 33; John R. Dennett, *The South As It Is: 1865—1866*, edited by Henry M. Christman (New York, 1965), 230; Whitelaw Reid, *After the War: A Southern Tour* (Cincinnati, 1866), 351; William H. Trescot to unknown, June 5, 1866 (copy), William H. Trescot Papers, USC.

入的20%用于支付邦联伤残老兵装假肢的费用。)更糟糕的是,因为邦联政府债券和货币的失效,成千上万个人的存款、大学、教会和其他机构的资源与基金被一笔勾销,全部作废,整个南部因此陷入了彻底破产的境地。市面上流通的货币极为稀少,利率上涨到了令人瞠目结舌的高度;即便是在像查塔努加这样重要的铁路运输和制造业中心,1865年时很多的商品都是以以物易物的方式进行交换的。此外,大量的南部资本仍然继续被新建立的全国银行体系吸走,参与汲取南部资本的还有联邦的棉花税,后一措施是内战时期制定的,但一直到1868年才被取消。"本地唯一的资金,"一位查尔斯顿的居民说,"都被攥在来自北部的几个交易商人和银行家的手中……而他们中间的很多人我们都不认识。"[2]

农业统计数据全面显示了南部遭受的经济灾难的规模。1860年到1870年间,全国其他地区的农业产出都增加了,而南部在农用土地价值和农耕土地数量方面则经历了陡减。马匹数量减少29%,生猪减少35%,农场价值被贬值一半。在佐治亚州,生猪数量不到100万只,马匹总数少于5万,水牛不足20万头,1870年用于耕种的土地面积比起10年前减少了300万英亩。就整个

---

[2] William C. Harris, *Presidential Reconstruction in Mississippi* (Baton Rouge, 1967), 164; Francis B. Simkins and Robert H. Woody, *South Carolina During Reconstruction* (Chapel Hill, 1932), 11; James W. Livingood, "Chattanooga, Tennessee: Its Economic History in the Years Immediately Following Appomattox", *ETHSP*, 15 (1943), 39; George L. Anderson, "The South and Problems of Post-Civil War Finance", *JSH*, 9 (May 1943), 181–184; H. W. DeSaussere to Henry DeSaussere, June 12, 1865, DeSaussere Family Papers, SCHS.

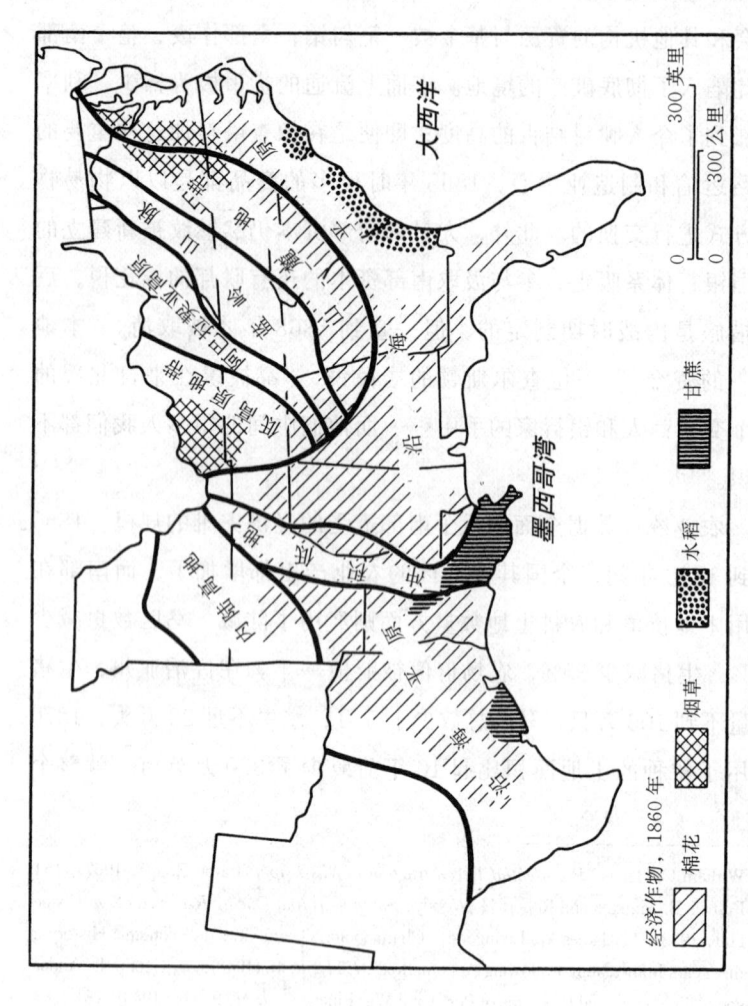

1860年南部主要地理和经济作物区域分布

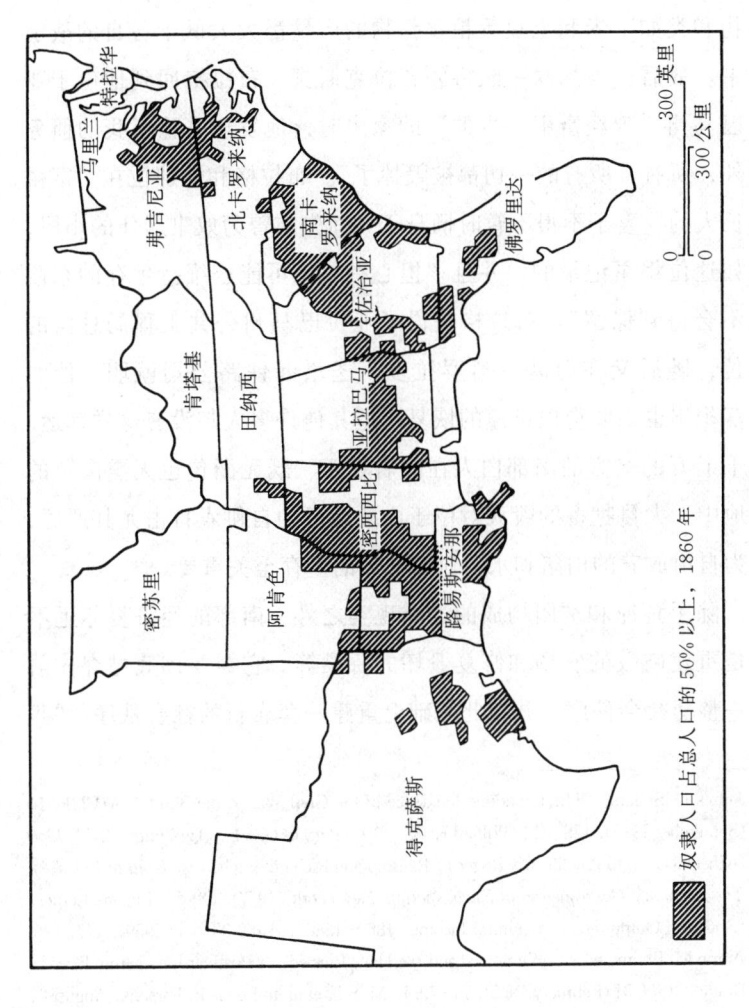

1860年奴隶人口

南部而言，所有财产的实际价值，即便刨除奴隶们所代表的价值，还不到战前同一数据的30%，棉花、稻米、糖和烟叶等主要经济作物和类如玉米和土豆等粮食作物的产量都大大低于各自的战前水平。战后，当邦联军队将领布拉克斯顿·布拉格回到他位于亚拉巴马州"曾经富甲一方的"的家中时，他发现"除了我的债务之外，所有，所有的一切都被毁掉了"。布拉格和他那位在"富裕中长大的"妻子不得不暂时栖身于一间先前曾为奴隶居住的小屋，正如这位将军记录的，并且"担心有一天可能连维持生存的东西也不会得到保留"。布拉格获得了亚拉巴马州公共工程局总监的职位，随后又在海湾－科罗拉多－圣塔菲铁路公司就职，他的财富积累也因此得以迅速的恢复，但其他许多人却没有这样幸运。成千上万的贫穷的南部白人在战后处于"既无面包也无熏肉"的境地中。大量牲畜的毁灭对位于内陆地区的自耕农打击尤其严厉，因为自由放养的山猪和水牛对于他们的生存至关重要。[3]

除了荒凉和贫困构成的严酷现实之外，南部的经济复苏远不止是重建破败的农场和修复毁坏的桥梁等。它需要彻底抛弃先前的一整套社会秩序，并在此基础上重建一套崭新的社会秩序。"我

---

[3] James L. Sellers, "The Economic Incidence of the Civil War in the South", *MVHR*, 14 (September 1927), 179–191; Willard Range, *A Century of Georgia Agriculture 1850–1950* (Athens, Ga., 1954), 66–67; Roger L. Ransom and Richard Sutch, *One Kind of Freedom: The Economic Consequences of Emancipation* (New York, 1977), 52–53; Eugene Lerner, "Southern Output and Agricultural Income, 1860–1880", *AgH*, 33 (July 1959), 117–125; Aaron M. Boom, ed., "'We Sowed and We Have Reaped': A Postwar Letter from Braxton Bragg", *JSH*, 31 (February 1965), 74–79; L. M. Stiff et al. to Lewis E. Parsons, August 6, 1865, Alabama Governor's Papers, ASDAH; Grady McWhiney, "The Revolution in Nineteenth-Century Alabama Agriculture", *Alabama Review*, 31 (January 1978), 4–21.

们的社会组织面临的革命实在是过于剧烈,我们社会所有的基础都将被全面抛弃和推翻,"萨凡纳市战时市长理查德·阿诺德写道,"这样的行动不可能不影响到每一个人,并会将所有人置于一种几乎全新的地位之中。"新的社会和经济秩序取代旧秩序的进程,在南部的不同地区采用的路径不同。但对于黑人和白人来说,战争的结束将他们同等地带入了南卡罗来纳州种植园主威廉·特斯科特所说的"那些属于一个社会变革时代的永久性困境之中"。[4]

没有奴隶的主人

种植园奴隶制从未主宰过整个南部,这一点与西印度洋群岛的情形是不同的。但种植园地带包括了南部最富饶的土地、经济财富的主要部分和奴隶人口的大多数,这一地带导致了奴隶主统治阶级的兴起,而后者则按照自己的利益所需左右了南部政治和社会秩序的形成,从学校、教会到政府体制无一例外。种植园体制的基础是土地财产,专门从事为世界市场提供特定经济作物的生产,从一开始,它的生存与兴旺就要求拥有一支听任指挥、带有依附性的劳动力队伍,因为种植园主早就意识到,在既无土地又无其他变通雇佣方式的情况下,要吸引自由劳动者前来种植园

---

[4] Richard H. Shryock, ed., "Letters of Richard D. Arnold, M.D. 1808–1896", *Trinity College Historical Society Historical Papers*, 18–19 (1929), 128; William H. Trescot to unknown, February 9, 1866 (copy), Trescot Papers. 关于这种变化在白人自耕农中发生的过程,见第八章。

谋生，是一种毫不现实的奢望。如同他们在其他奴隶制社会的同伴们一样，美国种植园主也笃信，南部的繁荣与他们自身的生存，用一家佐治亚报纸的话来说，取决于"一个唯一的条件"——种植园主控制劳动力的能力。因此，前主人企图重新创造一种听任指挥的劳动力队伍，而黑人则力图争取在生活的每一个侧面都裁剪出一个自立的空间从而赋予自由以实际的意义，两者之间的冲突不可避免，并深刻地影响了重建的进程。正如前邦联政府的财政部长克里斯托弗·梅明杰在1865年写道的，所有关于南部政治、种族关系以及"解放究竟……意味着什么"的定义的争论，最终都将取决于"用何种方式来组织非洲人劳动力的决定"。[5]

内战结束之时，南部种植园主阶级处于一种震惊状态，无论是从肉体上、经济上还是心理上，整个阶级都遭受了彻底的打击。成千上万的年轻富人响应邦联政府的号召参加内战，最终丧生于战火之中。种植园主们不仅失去了奴隶，而且也丧失了他们的毕生积蓄（包括那些投放在邦联债券的投资），这一切意味着此后数代人的遗产被一扫而光。南卡罗来纳州的诗人和小说家威廉·吉尔莫·西姆斯曾娶了一个种植园主的女儿为妻，此刻他失去了"奴隶、股票、家具、书籍、照片、马匹……一笔以黄金价值为

---

[5] John F. Hart, "The Role of the Plantation in Southern Agriculture", *Proceedings, Tall Timbers Ecology and Management Conference*, 16 (1979), 1–20; Gavin Wright, " 'Economic Democracy' and the Concentration of Agricultural Wealth in the Cotton South, 1850–1860", *AgH*, 44 (January 1970), 84–85; Edgar Thompson, *Plantation Societies, Race Relations, and the South: The Regimentation of Populations* (Durham, 1975), xiii, 9, 55, 69; Augusta *Transcript* in *New York Times*, November 30, 1865; Elizabeth G. McPherson, ed., "Letters from North Carolina to Andrew Johnson", *NCHR*, 27 (July 1950), 477.

15万美元的财产"。在位于亚拉巴马种植园地带心脏地区的达拉斯县,白人的人均财富在10年之后从1860年的1.9万美元下降到这个数字的六分之一。许多种植园家庭同时还面临了因劳动力队伍的丧失而额外带来的耻辱。一位马里兰的联邦支持者这样描述了坦奇·蒂尔曼将军和他的家庭所遭遇的困境:

> 这个家庭曾经是我们这里最古老和最受尊重的家庭,曾经非常的富有,现在却落到了在我看来比贫困还要糟糕的境地,名高望众,需求甚多,但债务累累,缺衣少食,无人相助。他们现在已经没有了仆人……家里的年轻姑娘们必须在周三和周四自己动手挤牛奶,她们曾为将军的父亲则在雨中为她们打伞……将军不得不自己驾驭马车,也许他还得擦自己的皮靴。[6]

1865年,许多种植园主精神苦闷、意志消沉,内心充满仇恨。亚拉巴马州的种植园主小亨利·沃森内战时在欧洲避战,此刻回到自己的庄园,发现邻居们决意要出售他们的土地,打算远

---

[6] Frederic C. Jaher, *The Urban Establishment* (Urbana, Ill., 1982), 399-400; Michael Wayne, *The Reshaping of Plantation Society: The Natchez District, 1860-1880* (Baton Rouge, 1983), 31-38; Mary C. Oliphant et al, eds., *The Letters of William Gilmore Simms* (Columbia, S.C., 1952-1956), 4:577; William L. Barney, "The Ambivalence of Change: From Old South to New in the Alabama Black Belt, 1850-1870", in Walter J. Fraser, Jr., and Winfred B. Moore, Jr., eds., *From the Old South to the New: Essays on the Transitional South* (Westport, Conn., 1981), 37-38; Charles L. Wagandt, ed., "The Civil War Journal of Dr. Samuel A. Harrison", *CWH*, 13 (June 1967), 142.

离这片地区。面对"一个不但没有乐趣,反而充满耻辱、贫困和需求的未来",多达1万多人的前奴隶主群体在战后抛弃了他们的家园,希望移居北部或欧洲去开始新的生活,或者迁徙到墨西哥或巴西去重温种植园主的旧梦。其他人则寻求另外的方式,"将我们的不幸淹没在欢乐的海洋之中",他们力图恢复战前的贵族社会生活,仿佛什么也没有发生过一样。直接从《伊凡赫》*里中世纪骑士大赛模仿而来的比武大赛居然不合时宜地重现在南部,佩戴着羽盔的骑士们挥舞长矛,观战的淑女们则为夺得爱与美的女王称号而争得不亦乐乎——但在北卡罗来纳州的一个社区内,当地黑人也同样组织了他们自己的比赛协会之后,这种中世纪贵族生活的崇拜狂热很快就烟消云散了。[7]

一些被称为"波旁族"的南部奴隶主仍然"紧紧抓住奴隶制的僵尸不放",希望获得对他们丧失的奴隶人口的赔偿,或期盼联邦最高法院能出面挑战解放奴隶宣言的合宪性。还有另外一些人则将未来的南部想象成是一个由纯白人构成的社会,所有的黑人都将如同印第安人一样"死个精光"。但对于绝大多数的种植园主而言,如同他们的前奴隶所意识到的,邦联的战败和奴隶制的终

---

* Ivanhoe (1819),是由沃尔特·司各特爵士创作的小说,以12世纪的英格兰为背景,伊凡赫是这部小说中的主人公,一位勇敢的骑士,有过许多冒险经历。——译者

[7] James L. Roark, *Masters Without Slaves: Southern Planters in the Civil War and Reconstruction* (New York, 1977), 121–132; Susan B. Eppes, *Through Some Eventful Years* (Macon, 1926), 286; W. C. Nunn, *Escape from Reconstruction* (Fort Worth, 1956); William D. Henderson, *The Unredeemed City: Reconstruction in Petersburg, Virginia: 1865–1874* (Washington, D.C. 1977), 70–71; W. McKee Evans, *Ballots and Fence Rails: Reconstruction on the Lower Cape Fear* (Chapel Hill, 1967), 211–213.

结将两者都带入了一个极为困难的调整时期,他们需要面临新形式的种族和阶级关系,需要面对劳动力组织的新方式。[8]

这个转型过程的第一个牺牲者是战前种植园主拥有的家长制情结。所谓"家长制"指的是地位高尚的人因能主宰地位低贱之人而拥有的一种责任感,但在一个由并不基于私人关系的、由市场来协调劳动关系的社会秩序中,这种体制没有自己的位置,与此同时,黑人们也十分积极地要求获得自主和平等。当然,也有一些前奴隶主继续对个别自由民的命运表示关切,在后者与新的雇主发生劳工合同纠纷时为他们提供帮助,或向州长请愿,要求解除强加于后者的不公平的法院判决等。在这些真诚地希望帮助依赖于自己的黑人的前种植园主中,约翰·沃斯是其中的一员,他是总统重建时期北卡罗来纳州的州长。在他的一名前奴隶结婚的时候,沃斯送给他一所房子作为礼物,他还为另一名前奴隶提供了购买马匹和大车的经济担保,甚至帮助一个黑人雇工争取到了联邦军人应征奖金,这位黑人的儿子作为联邦军队的战士在内战中丧生。然而,这些家长制的残余精神也为沃斯全面接受奴隶解放的完整含义设置了障碍。他一方面相信黑人应该得到白人带有慈善性质的看管和帮助,另一方面又坚信黑人"没有创造和享受一种永久文明的能力",因此为了保护他们自己的利益,必须不

---

[8] I. W. Avery, *The History of the State of Georgia From 1850 to 1881* (New York, 1881), 342; J. D. Aiken to D. Wyatt Aiken, May 20, 1865, D. Wyatt Aiken Papers, USC; Billy D. Ledbetter, "White Texans' Attitudes Toward the Political Equality of Negroes, 1865-1870", *Phylon*, 40 (September 1979), 254-255; A. Warren Kelsey to Edward Atkinson, October 1, 1865, Edward Atkinson Papers, MHS.

能任其独立行动。[9]

"当法律解放了奴隶的时候,"一位南部的报纸主编在1865年写道,"法律也解放了奴隶主,除了慈悲心之外,所有从主仆关系衍生而来的责任,对于双方来说,都同时终止了。"但所谓慈悲心在战后和奴隶获得解放之后实在是少得可怜。成百上千的案例表明,奴隶主们将那些老年和不能自食其力的奴隶统统赶出种植园,并将奴隶们曾享有的"权利"——衣物、住房、菜园地的享有——也无一遗漏地转换成需要按时付费的商品。"一些人认为,"一位自由民局特派员写道,"自由与奴隶制的唯一区别是,在过去黑人必须进行无偿的劳动;现在他们则必须为他们过去曾经免费接受的东西支付费用。"一位前奴隶在后来的回忆中提到,他的前主人曾经强迫他工作整整一个星期,用于支付"当政府解放我们时我身上所穿的衣服"。罗伯特·图姆斯是佐治亚州的有名政客,他给自己前奴隶的每一户家庭都赠送了土地、一所住房和一匹骡子,但他的慷慨是极为少见的。战后,一位密苏里的自由民回忆说:"我知道有些奴隶主对自己的奴隶不错,赠给他们一些东西,帮助他们开始自由的生活……但我告诉你,这样的奴隶主并不是

---

[9] Petition, February 12, 1868, South Carolina Governor's Papers, SCDA; Edward Sparrow to Benjamin G. Humphreys, December 3, 1866, Mississippi Governor's Papers, MDAH; Richard L. Zuber, *Jonathan Worth* (Chapel Hill, 1965), 291; Jonathan Worth to Benjamin S. Hedrick, December 30, 1866, Benjamin S. Hedrick Papers, DU; J. G. de Roulhac Hamilton, ed., *The Correspondence of Jonathan Worth* (Raleigh, 1909), 1:417, 421, 2:786, 804, 807, 875, 1094–1095, 1154–1156.

很多。"[10]

"双方都需要放弃先前的关系",一位种植园主写道,但除了家长制的责任之外,从奴隶制继承而来的思想展现出令人吃惊的韧性。对那些已经习惯拥有对他人指手画脚的权力的人来说,雇主与雇工之间的那种正常的讨价还价是很难接受的。"与我们自己先前的仆人去讨价还价和斤斤计较,看上去真的是很丢面子。"佐治亚州种植园的女儿范妮·安德鲁斯写道。前奴隶主非常痛恨他们不得不与自由民进行谈判的做法。许多种植园主坚信,在对他们劳工的劳动价值进行判断时,雇主应该是唯一的判官。1865年春,一位北卡罗来纳州白人雇用一个自由民为其工作,承诺在作物收割完毕之后会付给他"看起来怎么都合理的"工资;该州的一位前州长说,他会支付"我认为他们应得的工资,而这一切都必须由我说了算"。一个自由民认为"他应该挣到更多的工钱",因而辞去了他在一个佐治亚州雇主那里的工作,这种做法在北部是极为正常的,但却引发了愤怒的声讨,令辞职者背上了忘恩负义的骂名。也有为数不多的种植园主接受了市场的逻辑。南卡罗来纳的稻米种植园主爱德华·海沃德宣称,他无意将黑人锁定在他的种植园上:"留住我的劳工的唯一力量是自我利益。如果他找到更好的地方,他可以走。"但总的来说,正如一位历史学家观

---

[10] Wayne, *Reshaping of Plantation Society* 41; Roark, *Masters Without Slaves*, 144; Roberta S. Alexander, *North Carolina Faces the Freedmen: Race Relations During Presidential Reconstruction, 1865–1867* (Durham, 1985), 96; Gerald D. Jaynes, *Branches Without Roots: Genesis of the Black Working Class in the American South, 1862–1882* (New York, 1986), 121–127; George P. Rawick, ed., *The American Slave: A Composite Autobiography* (Westport, Conn., 1972–1979), 9, pt. 8:372, Supplement, Ser. 2, 9:3452.

察到的,在加勒比海奴隶解放后发生的情形也可以同样用来描述美国,"种植园主们强烈地抵制奴隶解放所带来的创造一个自由劳动力市场的结果"。[11]

1865至1866年间,在南部白人中间,"黑人是否愿意工作"成为了一个穷追不舍的纠结问题。"除此之外其他什么话题都不谈,"一位北部的来访者写道,"即便是重建也都被认为是完全无足轻重的问题。"白人似乎笃信,自由民们生性懒惰,只有强迫他们,他们才会工作。关于黑人表现出来的那种无可救药的懒惰的讨论,大量出现在种植园主之间的往来书信、南部的报纸和杂志中。"报纸主编们每天都在曝光我们的不是,"一群密西西比州的黑人们观察说,"他们连一句赞扬我们的好话也没有。"的确,奴隶制度的终结带给种植园主和监工们一种怀旧感,他们怀念曾经可以任意鞭打奴隶、强迫他们工作的旧时光。"我的结论是,"一位路易斯安那州的甘蔗种植园主写道,"我们成功的最大秘密在于那个小小的工具*里面包含的巨大驱动力。"[12]

---

[11] Arney R. Childs, ed., *The Private Journal of Henry William Ravenel 1859-1887* (Columbia, S.C., 1947), 269; Eliza F. Andrews, *The War-Time Journal of a Georgia Girl* (New York, 1908), 319; New Orleans *Times* in New Orleans *Tribune*, June 3, 1865; Eric Foner, *Politics and Ideology in the Age of the Civil War* (New York, 1980), 99; J. G. de Roulhac Hamilton and Max R. Williams, eds., *The Papers of William A. Graham* (Raleigh, 1957-), 6:311; Laura Perry to Grant Perry, February 3, 1869, J. M. Perry Family Papers, Atlanta Historical Society; Edward B. Heyward to Katherine Heyward, undated letter [1867], Heyward Family Papers, USC; Walter Rodney, "Slavery and Underdevelopment", *Historical Reflections*, 6 (Summer 1979), 284.

* 指奴隶主和监工们使用的皮鞭。——译者

[12] Sylvia H. Krebs, "Will the Freedmen Work? White Alabamans Adjust to Free Black Labor", *ALHQ*, 36 (Summer 1974), 151-163; A. Warren Kelsey to Edward Atkinson, September 2, 1865, Atkinson Papers; Foner, *Politics and Ideology*, 99; J. Carlyle Sitterson, *Sugar Country* (Lexington, Ky., 1953), 235.

卡尔·舒尔茨和其他北部人在1865年访问过南部,他们的结论是,南部白人"不知道什么叫作自由劳动"。而许多种植园主对此观察的回答却是,北部人"对黑人的习性是一无所知"。种植园主们认为,自由劳动的设想,即拥有经济理性思考,内在的自律素质,以及对市场刺激的及时反应等,永远不适用于黑人。"他们十分的随意和粗鲁,从不考虑未来",一家佐治亚州的报纸这样评论说;一位路易斯安那州的种植园主也附和说,"黑人天生的素质不会因提供的金钱的多少而改变"。自由劳动所包含的另一个思想,即向上奋进的社会动力,也被认为不适用于南部。"你们必须从梯子的底层开始往上爬,"自由民局局长霍华德在新奥尔良对他的黑人听众说道。他至少还提供了向上爬的机会。与此同时,一家在纳奇兹出版的报纸却这样告诫自己的读者:"黑人的真实地位是做一名仆人。我们国家的需要和现状要求他们必须继续处于仆人的地位。"或者,如同一位得克萨斯人所说的,"黑人种族的命运"只能由"一句话"来概括,即"屈从于白人种族之下"。[13]

前工业化时代的低层阶级对规范的、纪律性的劳作带有一种天然反感,这种思想在欧洲和美国都有很漫长的历史。在重建时

---

[13] Joseph H. Mahaffey, ed., "Carl Schurz's Letters from the South", *GaHQ*, 35 (September 1951), 227–228; Edgar A. Stewart, ed., "The Journal of James Mallory, 1834–1877", *Alabama Review*, 13 (July 1961), 228; Savannah *Daily Herald*, July 21, 1865; B. I. Wiley, "Vicissitudes of Early Reconstruction Farming in the Lower Mississippi Valley", *JSH*, 3 (November 1937), 450; New Orleans *Tribune*, November 6, 1865; Ross H. Moore, "Social and Economic Conditions in Mississippi During Reconstruction" (unpub. diss., Duke University, 1937), 41; Carl H. Moneyhon, *Republicanism in Reconstruction Texas* (Austin, 1980), 20.

期的南部，这种思想吸附了种族的形式，尽管种族主义思想盛行于整个19世纪的美国，这是无可争议的，但种植园经济的要求极大地影响了它在奴隶解放之后所包含的内容构成。关于"懒惰"的指责经常不是用来谴责那些根本不愿意工作的黑人，而是用来指责那些愿意只为自己工作的黑人。"我认为，缺乏雄心是这个种族的致命弱点，"北卡罗来纳州的种植园主和政治领袖肯普·巴特在1866年写道，"我雇工中那些最聪明的人说他们除了想要在自家土地上种粮食和制作熏肉之外，没有任何其他的愿望。"从表面上看，这样的愿望已经是足够具有雄心的了，在南部也是很常见的。但在种植园社会里，一个黑人想要从农业经济的阶梯上逐步往上爬，直至达到成为一个自食其力的农场主的地位，他不会被视为一种令人肃然起敬的辛勤劳作的榜样，而是被视作一个没有道德素质、不愿工作的自由民——是的，他不愿意在种植园里在白人监管之下工作。[14]

英国人先前在英属西印度群岛的废奴经历使得南部种植园主对奴隶解放的"灾难性"后果更加坚信不疑，从种植园农业的角度来看，西印度群岛提供的教训是令人难忘的：奴隶解放是一场失败。海地和西印度群岛的英国殖民地先后在18世纪90年代和19世纪30年代经历了奴隶获得自由的过程，但在这两个地方，奴隶们都弃甘蔗种植园而去，变成了以种粮食作物为主的小自耕

---

[14] A. W. Coats, "Changing Attitudes to Labour in the Mid-Eighteenth Century", *Economic History Review*, 2 Ser., 11 (August 1958), 35–51; Kemp P. Battle to Benjamin S. Hedrick, January 20, 1866, Hedrick Papers; Charles L. Flynn, Jr., *White Land, Black Labor: Caste and Class in Late Nineteenth-Century Georgia* (Baton Rouge, 1983), 24.

农。这种情况尤其发生在海地,因为革命彻底摧毁了当地的种植园主阶级;同样的情况也发生在特立尼达,牙买加和英属圭亚那,因为当地有大量未开垦的土地,前奴隶们因此获得了土地。其结果是,蔗糖生产一落千丈;海地和英属加勒比海的种植园农业从未得到恢复,尽管它因为从印度和中国引入了大量契约"苦力"而得以勉强存活。对于南部白人来说,加勒比海的奴隶解放是一种关于未来的象征和警示,展示着所有企图提升黑人地位的计划必将无效的结果和奴隶制终结后等待美国种植园主的可怕命运。最重要的教训则是,决不能让自由民拥有土地。只有在像巴巴多斯这样较小的岛屿地区,种植园农业得以继续生长,因为白人占有了所有的土地,"而当地黑人无法获得其中的一寸土地"。[15]

在美国,土地与劳力的问题紧密相连。种植园主们很快就得出结论,他们控制黑人劳动力的能力基于他们拥有的对种植园地带的可耕种土地的特权占有。一位名叫沃伦·凯尔西的北部棉花"侦探"发现,种植园主们相信"只要他们保持土地拥有权,他们就能够为所欲为要求黑人按他们的要求来工作"。即便为数不多的自由民能够成为独立的自耕农,但种植园式的劳动纪律也将失效,正如威廉·特雷斯科特所解释的,"对于种植园主来说,要想找到愿意与相邻的自由土地拥有者一起劳作的劳动力,是完全不可能的"。在1865年的公共集会上和在他们的私下来信中,种植园主们宣称他们将永远不会向自由民出售或出租土地,并谴责那些无

---

[15] Eric Foner, *Nothing But Freedom: Emancipation and Its Legacy* (Baton Rouge, 1983), 8-43; Vernon Burton, "Race and Reconstruction: Edgefield County, South Carolina", *JSocH*, 12 (Fall 1978), 36.

视本阶级的更大利益而已经这样做了的同伴们。事实上，他们希望将自己的自由定义强加于黑人身上，这个定义就是彻底推翻前奴隶将自由等同于自立的想法。"他们认为，一个被他人雇佣的人就不是一个自由的人"，密西西比州的种植园主塞缪尔·阿格纽在他的日记中写道，他还进一步观察到：

> 就我的愚见而言，我们的黑人将要遭遇一种失望，一种巨大的横亘在他们面前的失望。他们将意识到，自由与独立是两回事。一个人也许是自由的，但他未必是独立的。

或者，如同一家肯塔基报纸用更为简洁的语言所表达的，前奴隶们必须被告知，"他是自由的，但他拥有的只是劳动的自由"。[16]

种植园主需要一支能被驯服的劳动力队伍，自由民则力图追求经济自立，两者之间的冲突不可避免。种植园主们企图通过书面合同来建立起一种管制他们劳工的每一个生活侧面的权威。"让所有的一切都像以前那样按部就班地进行，"有人这样告诫说，"用合同关系代替主奴关系。"早期的劳工合同不仅规定了如同内战前一样的从日出到日落的工作时间，而且还要求劳工们对种植园主的意愿要绝对服从。一个南卡罗来纳的种植园主要求自由民"像

---

[16] A. Warren Kelsey to Edward Atkinson, August 12, 1865, Atkinson Papers; William H. Trescot to Andrew Johnson, March 11, 1866 (copy), South Carolina Governor's Papers; Charleston *South Carolina Leader*, December 16, 1865; Jerrell H. Shofner, *Nor Is It Over Yet: Florida in the Era of Reconstruction, 1863–1877* (Gainesville, Fla., 1974), 49; Samuel Agnew Diary, November 3, December 15, 1865, UNC; Louisville *Democrat* in Columbia *Daily Phoenix*, August 3, 1866.

在奴隶制时代一样服从他的指挥"。许多合同不仅规定了工作的具体方式和工资,而且还禁止黑人在没有雇主允许的情况下私自离开种植园,接待来访客人,或举行会议。种植园主也经常对黑人的个人行为方式进行细致的规定。合同要求"雇工要养成诚实、勤奋和节俭的个人素质","行为举止要有绅士风度",避免"无礼的举动,说话时不准喧哗或过分夸张,不准使用粗俗不雅的言辞,不准带有脏字儿的骂人和诅咒,不准争吵和斗殴"。另外一份合同规定,劳工之间的纠纷将"由雇主来评判和解决"。黑人生活的每个细节都没有被排除在外界的控制之外。一群种植园主企图强迫劳工们集体做饭,如同在奴隶制下的生活一样,因为每个家庭单独做饭会"使用更多的燃料和浪费时间"。[17]

这些规定写下来容易,但实施起来却比较困难。当一个亚拉巴马州的种植园主企图阻止一名自由民与一名妇女结婚的时候,这位雇工回答说"他宁可辞职"也不愿意让外人来干预他的私生活。种植园主很快意识到,仅凭他们自己的力量不足以建立一支听话的劳动力队伍。1865年9月,得克萨斯一家碰巧名为"烦恼"

---

[17] Roark, *Masters Without Slaves*, 141–142; Wayne, *Reshaping of Plantation Society*, 41–42; Robert P. Brooks, *The Agrarian Revolution in Georgia, 1865–1912* (Madison, Wis., 1914), 18; Labor Contract, George Wise, January 1866, USC; Labor Contract, T. T. Tredway, January 1, 1866, Contracts and Indentures, Ser. 3975, Farmville, Va., Subasst Comr., RG 105, NA [FSSP A-8134]; Lewis C. Chartock, "A History and Analysis of Labor Contracts Administered by the Bureau of Refugees, Freedmen, and Abandoned Lands in Edgefield, Abbeville, and Anderson Counties in South Carolina, 1865–1868" (unpub. diss., Bryn Mawr College, Graduate School of Social Work and Social Research, 1973), 138–152; Jaynes, *Branches Without Roots*, 111–112.

种植园[*]里的黑人被指责为"不服从管理，拒绝工作"。他们的雇主是托马斯·穆尔，曾在邦联时代任路易斯安那州州长，这些黑人劳工按自己的意愿规定了劳动时间，并在回应他的指责时采用了一种"无礼、令人烦恼的态度"。在亚拉巴马州小亨利·沃森的种植园里，自由民拒绝签署合同，但却待在种植园里不走，"闲待着，什么活也不干"。最终沃森将种植园出租给他的监工，后者将土地分成块，分租给不同的黑人家庭。[18]

沃森并不是唯一的放弃与自由黑人劳工进行较量的种植园主。保罗·卡梅伦在内战之前曾经是北卡罗来纳最大的奴隶主，但在1865年他发现自己无法管理自己的雇工；次年他将自己的种植园土地出租给一群白人自耕农，后者则分别雇佣了自己的劳工。"如果有人想要原来的黑人……自取好了！"卡梅伦写道。但大多数种植园主却咬牙坚持着，如同一位佐治亚人所说，他们希望"有一天资本终将控制劳工"。然而，他们的通信和南部的报道则大量记录了他们关于失败的感叹。一位种植园主悬赏50美元，征求"能够教会我如何通过……使用黑人劳工来养活自己的信息"。另一位种植园主看到自己的黑人雇工"故意"将自己的工作节奏放慢，不免怀念起战前的世界：希望回到"哪怕是1860年的其中一

---

[*] 原文是 Vexation plantation，Vexation 一词的原意是"烦恼"。——译者
[18] Labor Contract, January 1, 1866, James A. Gillespie Papers, LSU; W. Stanley Hoole, ed., "The Diary of Dr. Basil Manley, 1858-1867", *Alabama Review*, 5 (April 1952), 146-147; John Q. Anderson, ed., *Brockenburn: The Journal of Kate Stone, 1861-1868* (Baton Rouge, 1955), 362; Bell I. Wiley, *Southern Negroes 1861-1865* (New Haven, 1938), 257; Peter Kolchin, *First Freedom: The Responses of Alabama's Blacks to Emancipation and Reconstruction* (Westport, Conn., 1972), 32.

天也好"。[19]

  显然,所谓"劳工问题"所涉及的不仅仅是工资和工时问题。种植园主无法建立起他们的权威,原因在于他们执意保留旧统治模式的决心与自由民们努力为自己和家庭争取最大独立的愿望发生了冲突。在整个南部,冲突在种植园里爆发。种植园主抱怨说,黑人坚持要自己决定劳作的时间,如果要求他们干那些与作物种植无关但与种植园运作有关的工作,他们就会要求获得额外的工资,不然就拒绝工作。一位密西西比的种植园主写道,自由民"似乎在想……马永远不知饥渴,在当前的作物收获完成之后,劳动工具就没有必要了"。当一位南卡罗来纳州的种植园主命令他的雇工修理栅栏的时候,他们反问道:"他们为何要在没有收入的情况下干这种活儿?"其他的黑人拒绝在雨天到棉花地里去锄草。更有一些稻米种植园的雇工不愿做那些最基本的但遭到痛恨的"泥田里的工作",如疏通运河和修复堤坝等,使得种植园主们被迫去"雇佣爱尔兰人来挖沟开渠"。而家庭佣工对自己的工作范围和职责也都有自己的定义。男管家拒绝做饭或擦拭铜器用具,家庭清洁工拒绝为种植园的访客擦鞋,收拾房间的女仆会认为开关庭院大门不是她们的责任,而端盘送水的年轻女仆们认为她们有权

---

[19] Robert C. Kenzer, "Portrait of a Southern Community, 1849–1881: Family, Kinship, and Neighborhood in Orange County, North Carolina" (unpub. diss., Harvard University, 1982), 138; John A. Cobb to Mrs. Howell Cobb, February 14, 1867, Howell Cobb Papers, UGa; John A. Moore, ed., *The Juhl Letters to the "Charleston Courier"* (Athens, Ga., 1974), 53; Wiley, *Southern Negroes*, 258; Frank B. Conner to Lemuel Conner, November 30, 1866, Lemuel P. Conner Family Papers, LSU.

在自己的房间接待男性客人。[20]

137　　南部白人并非唯一的在规训前奴隶的问题上遇到困难的人。在内战中和战争刚结束不久后,新的一群人加入了南部种植园主的行列:那些购买或租用南部土地或与南部种植园主结盟的北部有产者。这群新人的背景很多样化,他们中间的大多数人是前联邦军队的士兵,他们将自己的积蓄投资到看似前景诱人的新边疆地带,还有一些为报纸上刊登的"在南部种植棉花可以赚大钱"报道所诱惑的普通平民。虽然只有为数不多的人有过务农的经历,来自马萨诸塞州的从教师身份转换为种植园主的亨利·沃伦后来回忆说,这批人却为"以种棉花而迅速致富"的口号所倾倒。与对追求利润的动机并行的,还有一种意图改革的精神,一种将自己视为区域和解和带动南部的"经济复兴"的代理人的理想。这些北部人习惯于将黑人和白人在内的南部人看成是缺少经济主动性和自律素质的人,他们相信只有"北部的资本和能量"才能将自由劳动体制的福音带给南部。加思·詹姆斯在内战时期是第 54

---

[20] Flavellus G. Nicholson Diary, August 23, 1866, March 15, 1867, MDAH; F. W. Leidtke to Robert K. Scott, August 22, 1866, R. Y. Dwight Papers, USC; John S. Strickland, " 'No More Mud Work': The Struggle for the Control of Labor and Production in Low Country South Carolina, 1863–1880", in Walter J. Fraser, Jr., and Winfred B. Moore, Jr., eds., *The Southern Enigma: Essays on Race, Class, and Folk Culture* (Westport, Conn., 1983), 48–51; Audley Couper to Francis P. Corbin, March 15, 1867, Francis P. Corbin Papers, NYPL; Daniel E. Sutherland, "A Special Kind of Problem: The Response of Household Slaves and Their Masters to Freedom", *SS*, 20 (Summer 1981), 158–162; Lucy M. Cohen, *Chinese in the Post-Civil War South: A People Without a History* (Baton Rouge, 1984), 61.

黑人军团的一名士兵,他与兄弟罗伯逊在1866年一起在佛罗里达购买了价值4万美元的地产,希望"以此建立一种原则……受到合理和公平待遇的自由黑人是能够同时给雇主和雇工带来利润的"。一位在得克萨斯务农的伊利诺伊人对此表示赞同,"我要在此地的农业战线引入新的概念,"他写道,"展示自由劳动相对于奴役劳动的美丽所在。"[21]

这些人后来被丑化和斥责为"提包客",但在1865年他们却受到热烈的欢迎。南部报纸向他们承诺安全的生活,渴求资本的商人欢迎他们加入各种佣金行、银行和种植联盟体等。尽管有一些带有敌意或排斥性质的事件发生,但总体来说,大多数南部种植园主对北部投资都持欢迎态度,具有讽刺意味的是,北部投资带来了土地价格的上涨,将许多前奴隶主从债务中解脱出来——简而言之,帮助稳固了他们的阶级地位。但令大多数南部白人极为反感的是北部人带有的那种不可一世的自信心,似乎他们比前奴隶主们更知道如何监管获得自由的黑人劳动力。"他们愚不可及地认为,"一位种植园主后来写道,"他们可以与作为劳工的

---

[21] Lawrence N. Powell, *New Masters: Northern Planters During the Civil War and Reconstruction* (New Haven, 1980); Reid, *After the War*, 371-372, 405, 481; David H. Overy, Jr., *Wisconsin Carpetbaggers in Dixie* (Madison, Wis., 1961), 11-14, 25-26, 56; Henry W. Warren, *Reminiscences of a Mississippi Carpetbagger* (Holden, Mass., 1914), 9-11; Andrews, *South Since the War*, 4; Indiana *True Republican* (Richmond), July 27, 1865; [George C. Benham] *A Year of Wreck* (New York, 1880), 136; Jane Maher, *Biography of Broken Fortunes: Wilkie and Bob, Brothers of William, Henry, and Alice James* (Hamden, Conn., 1986), 77-86; W. C. Wagley to J. W. Shaffer, November 21, 1866, Elihu B. Washburne Papers, LC.

自由黑人和平相处，还会教会南部人如何管理黑人。"[22]

南部种植园主预测，新来者很快就会对黑人劳工的素质提出抱怨，事实果然如此。北部人希望引入的"科学"方式包括对劳动的严格监管和对种植园生活程序的改变，但这些对黑人更喜欢的不甚规范的工作节奏和希望自己主导劳动的愿望提出了挑战。哈丽雅特·比彻·斯托19世纪70年代早期在佛罗里达州的一家种植园里生活过，她将自由民们描述为一群"极为保守的"、紧紧抱住旧的劳作方式的人，因为他们拒绝接受北部人认为是更有效的工作节奏。一位前奴隶对自己的北部雇主发问："如果一个人要比他作为奴隶时还要更辛苦地工作，那自由对他来说有什么用呢？"北部人很快发现，"比起在南部土地上的实践来说，北部课堂或报纸主编的圣坛对自由土地体制的理论想象要容易许多"。与他们的南部种植园主一样，他们开始抱怨黑人的"顽固不变"和不可靠性。亨利·李·希金森与他的妻子和两位朋友在佐治亚的一处棉花种植园投资6.5万美元，最终意识到，要激励和提升自由民的意志将是"一种漫长的与愚昧、偏见和懒惰的斗争……自由民从远处看充满了希望，但近看则并不如此……这种情况真是让人感到沮丧不已"。[23]

---

[22] Powell, *New Masters*, 35-50; Robert F. Futrell, "Efforts of Mississippians to Encourage Immigration, 1865-1880", *JMH*, 20 (April 1958), 61-62; D. E. Huger Smith, *A Charlestonians Recollections 1846-1913* (Charleston, 1950), 131.

[23] Powell, *New Masters*, 80, 97-98, 101-109, 120-121; Harriet Beecher Stowe, *Palmetto-Leaves* (Boston, 1873), 290; E. T. Wright to H. B. Clitz, October 6, 1865, B-69 1865, Letters Received, Ser. 4109, Dept. of S. C., RG 593, pt. 1, NA [FSSP C-1361]; Bliss Perry, *Life and Letters of Henry Lee Higginson* (Boston, 1921), 1:265-266.

随着时间的推移，来自北部的种植园主的言行举止也越来越像南部种植园主。一些人甚至想到要恢复体罚制，但很快发现自由民绝不接受这种惩罚。也许问题的根源在于这样的事实，即大多数的北部人与南部白人一样，不相信从奴隶制中走出的黑人拥有"成为自食其力的劳动者"的能力。如果自由民想要成为有生产能力的自由劳动者，《纽约时报》以一种并非有意讥讽的口吻写道，"只能以给予他们新主人的方式来实现"。但黑人想要的是做自己的主人。他们在战后混乱的经济环境中努力尽最大努力寻找可以利用的武器，来改变他们劳动的条件。[24]

　　随奴隶制终结而来的"劳工短缺"的确给予了黑人极大的讨价还价的权力。对劳动力的竞争贯穿于整个南部，但在人烟稀少的佛罗里达州和棉花帝国正在扩展的西南部尤其激烈。1866年，棉花价格仍然高涨，许多黑人拒绝签署劳工合同，因为他们期望从联邦政府那里得到分配的土地，劳工竞争的情形"十分可怕，种植园主们几乎是在相互死掐"。"劳工们，"一位亚拉巴马州白人向该州州长抱怨说，"却在毫无理由或毫无争执的情况下弃他们的雇主扬长而去，他们还被鼓动起来这样做，因为找工作对他们来说并不困难。"1867年年初，同样的情况在其他许多地方也出现了。"竞争的焦点是谁能够花大价钱雇佣到黑人，"得克萨斯种植园主弗兰克·康纳哀叹道。种植园主们，他得出结论说，必须团结起来，"建立某种最高工价"，停止"引诱"相互之间的劳工，并达成共识，将"任何破坏约定俗成规范的人从本社区驱赶

---

[24] Mahaffey, "Schurz's Letters", 230; *New York Times*, June 18, 1865.

出去"。[25]

1866年和1867年，为了吸引劳工，许多种植园主感到需要提供工资，为收成季节的工作支付额外工资，并提供菜园子的免费赠地。一些种植园主采用了一些更新的做法，田纳西的一位种植园主自驾马车，带黑人雇工去吃烤肉大餐；有一位佛罗里达人"提出要接收关押在塔拉哈西监狱里的所有黑人囚犯，支付所有针对他们的罚款，无论他们的罪行是什么……承诺支付不错的工资"。劳工短缺迫使种植园主们不敢实施合同中的惩戒条例，担心黑人会抛弃他们的雇主。1866年，一位南卡罗来纳州内陆地区种植园主写信对约翰逊总统抱怨说，他的劳工"随心所欲地不辞而别"，任何降低他们工资的企图都会导致"无人干活"的状况。那些背有虐待和欺骗劳工的坏名声的种植园主们有的时候在年底雇佣不到新的帮手。豪厄尔·科布的前奴隶对上一年的待遇十分不满，他们不仅在1867年1月拒绝签署劳工合同，而且还"四处散布谣言"，"讲我们监工的坏话，并企图阻止那些想加入我们的新工人"。"他们对我们连一丝感激之情都没有，"科布补充道，"我现在感到，自己对他们也没有任何责任了。"[26]

---

[25] Roark, *Masters Without Slaves*, 135; John S. Harris to Robert M. Patton, April 21, 1866, Alabama Governor's Papers; Frank B. Conner to Lemuel P. Conner, September 26, 1866, February 3, 1867, Conner Family Papers.

[26] Kolchin, *First Freedom*, 39; John G. Chance to E. L. Deane, February 6, 1867, Registered Letters Received, Ser. 3202, Georgetown Subasst. Comr., RG 105, NA [FSSP A-7196]; *Christian Recorder*, May 26, 1866; Clifton Paisley, *From Cotton to Quail: An Agricultural Chronicle of Leon County, Florida 1860-1967* (Gainesville, Fla., 1968), 25; C. W. Dudley to Andrew Johnson, July 9, 1866, Andrew Johnson Papers, LC; Howell Cobb to Mrs. Howell Cobb, December, 1866, January 1, 1867, Cobb-Erwin-Lamar Papers, UGa.

劳动力短缺并非空穴来风。以人均劳动小时数来计算，战后黑人劳动力的供应量下降了大约三分之一，主要是因为所有的前奴隶们都决心不再像在奴隶制下那样工作很多个小时，许多妇女和儿童则完全从田野劳动中退出。此外，如同一家佐治亚报纸所报道的，"那些被雇佣的黑人的工作也不再像从前那样了"。但"劳工短缺"不只是一个数量的问题，也是一个权力的问题。这种权力代表了黑人家庭意图用奴隶解放带来的权利、建立自己工作的条件、节奏与报酬并创造先前描述的个人和社区的目标的一种决心。发生在纳奇兹富翁威廉·默瑟拥有的劳雷尔希尔种植园的事件展示了黑人雇工如何利用当地种植园主间的竞争来要求获得更高工资、社区改造和日常生活的独立性。随着1866年接近尾声，劳雷尔希尔的自由民要求获得一系列权利，包括离开种植园，获得园地，他们的子女须接受教育，以及决定自己的劳动强度。当默瑟的一些邻居企图雇佣他的劳工，并为了"吸引他们而答应开出的所有条件"时，正如一位名叫威尔默·希尔兹的监工观察到的，默瑟面临的问题便成倍增加。一个邻居向黑人承诺，允许他们利用周日结伴并使用马匹前往纳奇兹，希尔兹认为黑人是去出售他们偷来的东西。另一位承诺向黑人提供"大量的威士忌酒以及想干什么就干什么的各种自由"。第三位则将自己种植园交给自由民去打理，"只是静静地等待接受他应得的另一半粮食"。希尔兹同意建立一所学校，但对当地黑人提出的关于"我们过于严厉和支付的工资不足"的要求没有做任何回应。1867年，默瑟种植园里的几乎所有雇工都离开了劳雷尔希尔，"看到其他人给他们开出的条件，我们无法抱怨他们的离去"。[27]

如果说劳工短缺增强了黑人的讨价还价权，随后而来的战后农作物歉收则严重削弱这种权力。受到1865年高涨的棉花价格的刺激，南部种植园主和北部新来的种植园主一窝蜂地投资于棉花生产，结果发现战争对工具和农用牲畜的破坏和旧种子的使用未能生产出强壮的作物，加上围绕劳动管制的持续争执，南部棉花生产未能获得期望的丰收。1866年，大自然加重了南部自耕农面临的困难。当年的气候始终在干旱和强雨水两个阶段之间交替徘徊，导致棉花生长缓慢。经受了战争的破坏之后，密西西比河、红河和阿肯色河上的堤坝发生崩塌，洪水淹没了主要的棉田，淹死了大量的水牛和骡子。最后，令人恐惧的黏虫又不断侵蚀存活下来的棉花作物，令棉花种植雪上加霜。一位南卡罗来纳人写道："具有30年种棉经验的种植园主称这是他们所知道的最糟糕的一季棉花产量。"1867年，许多同样的灾难，尤其是洪水和黏虫的袭击，又重演一遍，棉花产量再度令人失望。[28]

在这些年里，许多种植园主损失惨重。1867年年初，小亨

---

[27] Ransom and Sutch, *One Kind of Freedom*, 6; Quitman *Banner* in Savannah *Daily News and Herald*, April 30, 1865; Wilmer Shields to William N. Mercer, September 21, November 28, December 1, 12, 1866, January 1, 9, May 22, 1867, William N. Mercer Papers, LSU; Ronald F. Davis, *Good and Faithful Labor: From Slavery to Sharecropping in the Natchez District, 1860–1890* (Westport, Conn., 1982), 90–97.

[28] William E. Highsmith, "Some Aspects of Reconstruction in the Heart of Louisiana", *JSH*, 13 (November 1947), 467; C.J. Barrow to Anne E. Barrow, July 21, 1866, William Barrow Family Papers, LSU; Frank B. Conner to Lemuel P. Conner, August 9, 1866, Conner Family Papers; Savannah *Daily News and Herald*, May 26, September 24, 1866; Moore, ed., *Juhl Letters*, 115.

利·沃森在黑土地带调查了他邻居的情况。在 14 个种植园里,只有一个是赚钱的(利润是 294 美元),而损失的财产超过 10 万美元。许多来自北部的种植园主和投资人也遭受了同样的命运。怀特劳·里德损失了 2 万美元,其中的大部分是从华盛顿一家银行借贷而来的钱,他最终决定回到北部,当记者谋生。亚伯兰·P.安德鲁是一名从印第安纳州来的 23 岁的内战老兵,同样也损失了 2 万美元,想着要回家去,"我痛恨棉花、路易斯安那的卡罗尔教区和整个南部,我不想再看到它们(棉花在内),多待一会儿也不愿意"。亨利·李·希金森在 1867 年 5 月离开了佐治亚,返回波士顿,在那里开始了作为银行家和慈善家的生涯(他的许多成就中包括了 1881 年创建的波士顿交响乐团)。加思·詹姆斯投资种棉失败之后,1870 年卖掉棉田,回到威斯康星州,并在芝加哥-密尔沃基-圣保罗铁路公司谋得一个较为有经济保障的工作职位。许多仍然留在南部的北部人迅速转身进入政治,以追求他们在棉花生产投资中未能获得的生计。[29]

尽管连年不断的棉花减产,但棉花的价格从未回升到 1865 年的人为高价状态。南部也因此面临了两个世界中最为凶险的部分——一个糟糕透顶的收成和不断下跌的价格。"当棉花价格从每磅 1.25 美元跌至 20 美分甚至更低,有的人必定会受到伤害。"金

---

[29] Henry Watson, Jr., "Cost of Cultivation and Yield of 14 Plantations", manuscript, January 16, 1867, Edward Atkinson Papers; Bingham Duncan, *Whitelaw Reid: Journalist, Politician, Diplomat* (Athens, Ga., 1975), 34–37; Andrew Gray, ed., "The Carpetbagger's Letters," *LaH*, 20 (Fall 1979), 445–449; Powell, *New Masters*, 145–149; Maher, *Biography of Broken Fortunes*, 100–114.

融家杰伊·库克评论道。作为南部最为贫困的人群,黑人遭遇的打击最大。在南卡罗来纳海岛地区,玉米和棉花种植都遭受了失败,"黑人很快就要挨饿了",根据自由民局的估计,就全州而言,1866年每十个在种植园工作的黑人中,只有不到一个人"为支撑他们的家庭准备了足够的资金"。1866年、1867年的农业歉收给那些为数不多的经过奋斗建立经济独立的黑人人群带来了致命的打击,也让劳工工资走向不可逆转的下滑趋势,彻底杜绝了其他人曾经期望的从"农业阶梯"层层往上爬的机会。[30]

"如果上苍在1866年曾经对南部示以微笑,赐给它一种合理的经济作物……,"来自北部的种植园主乔治·贝纳姆后来回忆说,"对于黑人和北方佬的不公正待遇,内心的痛恨以及对(联邦)政府的仇视,都可以统统消失。但如果没有这种有利可图的作物……所有的一切都将加倍爆发。"贝纳姆也许对于战后南部取得社会和谐的前景看得过于乐观了,但棉花种植的失败无疑使种植园主和他们的黑人雇工之间的关系变得更为敌对。那些参与了分成制劳作的人发现,糟糕的收成让他们分享的收入几乎为零;其他挣工资的劳工发现种植园主们连自己都陷入贫困之中,根本无法履行支付工资的责任。收成完成之后,成千上万的黑人被从种植园里赶了出来,他们没有获得任何劳动报酬。几十年后,一

---

[30] Wayne, *Reshaping of Plantation Society*, 61–68; Jay Cooke to William E. Chandler, May 20, 1867, William E. Chandler Papers, LC; "Life and Recollections of Joseph W. Barnwell," 207–210, manuscript, SCHS; Vernon L. Wharton, *The Negro in Mississippi 1865–1890* (Chapel Hill, 1947), 61; 40th Congress, 2d Session, House Executive Document 1, 669; *Report of the Commissioner of Agriculture for the Year 1876* (Washington, D.C., 1877), 130–131.

位名叫埃拉·威尔逊的自由民女雇工回忆起她的雇主如何将她全家从一个路易斯安那州的种植园里赶出来的情形:"我们没有得到我们的一半作物。我们什么也没有得到……他只是想要独吞所有的作物,然后他把我们赶了出来。事情就是这样的。"[31]

"被歪曲的自由民局"

尽管他们之间存在剧烈的冲突,无论是前奴隶主或者是前奴隶都不单独具备决定南部劳动力体制的权力。这次交锋中的第三个主角是在内战中获胜的北部,它当然也企图左右南部从奴隶制转向自由制的进程。相对于其他的机制来说,自由民局也因此更多地承担起了帮助自由劳动社会在南部降生的任务。自由民局局长奥利弗·奥蒂斯·霍华德毕业于北部的鲍登学院,也是一名内战老兵,他因与自由民协助社团有过密切的关系而获得了"基督将军"的美誉。霍华德的自由民局虽然被普遍认为是一个临时性机构,但它在社会政策方面进行的试验,用一位当代学者的话来说,"是与当时的美国格格不入的"。该局肩负的责任只能用不可思议的艰巨来形容;这些责任包括将一种可行的自由劳动体制引入南部社会,为自由民建立学校,为那些穷困潦倒、年老体弱、疾病缠身和有精神障碍的人提供救助,调解黑人之间和种族之间产生的劳工纠纷,并在总统重建时期从州和地方政府那里为黑人

---

[31] Benham, *Year of Wreck*, 402-403; Leon F. Litwack, *Been in the Storm So Long: The Aftermath of Slavery* (New York, 1979), 420-425; Rawick, ed., *American Slave*, 11, pt. 7:205.

和亲联邦的南部人获取平等的权利与司法正义。面临因相互不信任和利益冲突而被毒化的种族和劳工关系,一位在南部基层工作的自由民局官员不得不轮番不停地扮演不同的角色——外交官、婚姻咨询专家、教育家、劳工合同监管者、警察、法官和陪审团成员——目的是赢得黑人和白人的信任。"你拥有的权力……不足以完成那些设计自由民局的人所期望的结果的十分之一,"威廉·谢尔曼将军对霍华德说道,"我担心你接受的是一个大力神的任务。"[32]

因为国会最初没有给自由民局拨付资源,霍华德只能从联邦军队中招聘工作人员。有些自由民局的特派员,包括分别担任南卡罗来纳州和路易斯安那州的自由民局助理局长的鲁弗斯·萨克斯顿和托马斯·康威,具有反对奴隶制的政治背景,也真心希望为自由民争取正义。但特派员中也有完全不适合担任其职的一些人,如荣誉准将拉尔夫·伊利,他在任职期间在南卡罗来纳经营着5个种植园,而将自己的职责弃之脑后。大多数特派员在履行职责时抱有一种复杂的情结,同时兼具对管理种族问题的家长主义心态和对黑人困境的关注与敏感,两者间的混合与平衡只能因人而异。自由民局的雇员中也包括了一小部分黑人,约翰·兰斯顿是其中一员,他在霍华德的华盛顿办事处担任学校监察员,还

---

[32] John H. Cox and La Wanda Cox, "General O. O. Howard and the 'Misrepresented Bureau'", *JSH*, 19 (November 1953), 432-433, 441-442; Martin Abbott, *The Freedmen's Bureau in South Carolina, 1865-1872* (Chapel Hill, 1967), 133; Donald G. Nieman, *To Set the Law in Motion: The Freedmen's Bureau and the Legal Rights of Blacks, 1865-1868* (Millwood, N.Y., 1979), xv.

包括了在南卡罗来纳担任特派员的马丁·德莱尼和希尔顿·黑德。在某种意义上,特派员们遭遇的最大障碍是人力和资源不足。资金短缺始终困扰着自由民局,在它的鼎盛时期,该局在整个南部的特派员人数不足 900 人。1866 年,在密西西比州工作的特派员人数不过十几人,亚拉巴马州的人数没有超过 20 人。在南卡罗来纳州的科尔顿区,一位特派员承担着为 4 万名自由民的福利负责的任务。[33]

从一开始,自由民局的活动就给人一种充满矛盾的印象,反映出自由民局特派员对华盛顿制定的总体政策的不同解读以及随着自身实践而产生的不同看法。面对战后南部出现的混乱局面,特派员们在应对日常的危机方面花费了大量时间,他们工作的环境十分恶劣,始终受制于与任务完全不相称的资金支持。但致力于为一个自由劳动社会奠基的信念将该局的活动联系起来——在这个社会中,黑人以自愿的方式参加劳动,吸收和内化市场的价值观,与此同时,种植园主和政府赋予黑人劳工那些早为北部劳工享有的权利和待遇。在某种意义上,这也意味着要让自由民回到种植园里去工作,这种目标与种植园主的利益正好吻合。同时也因为自由民局在一定程度上承诺禁止实施强制劳动的压迫性条例,承担黑人教育的任务,保护黑人不受暴力攻击,并废除阻止

---

[33] William S. McFeely, *Yankee Stepfather: General O. O. Howard and the Freedmen* (New Haven, 1968), 66–69, 289; Kenneth B. White, "Wager Swayne—Racist or Realist?", *Alabama Review*, 31 (April 1978), 94; Donald G. Nieman, "The Freedmen's Bureau and the Mississippi Black Code", *JMH*, 40 (May 1978), 114; Elizabeth Bethel, "The Freedmen's Bureau in Alabama", *JSH*, 14 (February 1948), 63; Abbott, *Freedmen's Bureau*, 11–14, 20–23.

黑人获取进步的法律障碍，它也支持和强化了自由民对自由的信心和期待。但最终，自由民局的经历暴露出自由劳动意识形态的模糊性和脆弱性。尽管如此，前奴隶们却采取主动行动，抓住自由民局并不完美的努力所带来的机会，努力争取自我完善和经济自立。

在霍华德将军看来，在所有针对自由民的援助中，教育是基础；因此，鼓励兴建和管理黑人学校占用了地方特派员的大部分时间。因为资金短缺，自由民局本身没有建造学校，但它与北部那些致力于黑人教育的社团进行了有效的协调。到1869年时，根据自由民局的报告，将近3000所学校得以建立，吸收了15万名学生入学，这些数字还不包括那些有北部传教士社团和黑人自身创办的许多夜校和私人学校。因为资金短缺和师资不足，城镇学校比乡村学校在接纳青少年黑人学生方面做得更为成功一些，但自由民局学校帮助南部公立学校体制建立了基础。教育应该代表了自由民局在战后南部所取得的最大成就。

在一些州内，自由民局学校也雇佣了当地白人充当教员，包括一些带有不加掩饰的种族主义态度的白人，但绝大多数的教师是由中产阶级妇女构成，她们大都来自新英格兰地区，由北部的各种援助社团派遣来到南部任教。大多数人或者在师范院校或者在为数不多的大学（如接受女性入学的奥伯林学院）受过高等教育，几乎所有人都抱有一种帮助提升自由民地位和精神的决心。"能够为这些贫困的人做点什么，"其中一位写道，"我感到这是一项珍贵的特权。"她们的申请信里不断列举她们丈夫和兄弟勇于为联邦而战的例子，并将前往南部教学比喻成女性在和平时期通过参军成为"战士"以帮助实现奴隶解放的承诺的一桩事业。[34]

对于北部教师来说，如果她们要在面临困难之时坚持下去，这样的决心是必不可少的。在城市里，教师们可以居住在由资助社团租用或自由民局提供的舒适的家庭中，但在乡村地带，面对地方白人社会的冷漠与孤立，她们不得不独自居住或在黑人家庭中寄宿，适应后者的贫穷生活以及不甚熟悉的饮食结构。另外的困难则来自许多学校的糟糕透顶的校舍状况（"我们用一排非常简陋的栅栏……将猪、羊和牛等挡在外面，"一位在佐治亚州任职的教师写道），还有书籍和教学材料的极度短缺，课堂人数可以多达百人，但听课人数却是每日都变动不居。同样令人感到灰心丧气的是，由男性主导的援助社团拒绝给予女性决策的权力，要求她们在比北部低许多的工资水平上来开支旅行和生活费用。一些女性教师因抗议不允许她们晋升为校长和学区总监的规定而辞职。总体来说，北部教师在南部任教的时间平均不超过两年，但也有为数不多的人继续留在南部教育黑人学生，直到重建结束很久之后。[35]

---

[34] Ransom and Sutch, *One Kind of Freedom*, 24; Kenneth B. White, "The Alabama Freedmen's Bureau and Black Education: The Myth of Opportunity", *Alabama Review*, 34 (April 1981), 114; Jacqueline Jones, *Soldiers of Light and Love: Northern Teachers and Georgia Blacks, 1865-1873* (Chapel Hill, 1980); Esther W. Douglass to Samuel Hunt, February 1, 1866, AMA Archives, Amistad Research Center, Tulane University.

[35] *National Freedman*, January, March 1866; John A. Rockwell to "My Dear Kate", October 22, 1868, John A. Rockwell Papers, UGa; Sandra E. Small, "The Yankee Schoolmarm in Freedmen's Schools: An Analysis of Attitudes", *JSH*, 45 (August 1979), 393; Jacqueline Jones, "Women Who Were More Than Men: Sex and Status in Freedmen's Teaching", *History of Education Quarterly*, 19 (Spring 1979), 47-50.

北部社团敦促教师们"抛弃（她们）对肤色的粗俗偏见","在各方面都将黑人当成他们如同是白人一样"来对待。美国传教协会开除了一名教师，原因是后者"在与有色人种讲话时频繁使用'黑鬼'这样粗俗不堪的字眼儿"。但战后南部的生活现实不断迫使这些社团做出妥协。从原则上，美国传教协会和美国自由民联邦委员会以及许多自由民局的官员都希望建立黑白种族共同就学的学校，但因为极为担心受到推动种族间"社会平等"的指责，黑白合校式的学校数量极为有限。虽然美国传教协会希望尽快训练黑人教员，但为了避免刺激地方白人的敌意，不愿意让黑人教员与白人教员居住在一起。1866 年早期在纳奇兹教学的三名北部黑人妇女抱怨说，美国传教协会在当地的学区总监禁止她们在协会的住所居住，除非她们同意"与协会的杂工分享宿舍"。这样的事件当然令北部社团蒙羞，但并没有阻止他们继续征召黑人并将他们派遣到南部任教。在自由民局的协助下，北部社团建立了南部的第一批黑人高等院校，包括亚特兰大大学、菲斯克学院、汉普顿学院和图加卢学院等，并为它们招募了教师，这些高等院校的最初目标就是培养黑人教师。到 1869 年时，在南部有大约 3 千名从事自由民教育的教师，黑人教师的人数第一次超过了白人教师。[36]

---

[36] Lewis Tappan, *Caste: A Letter to a Teacher Among the Freedmen* (New York, 1867), 10–11; *National Freedman*, March 1866; Howard N. Rabinowitz, *Race Relations in the Urban South 1865–1890* (New York, 1978), 154, 162; Joe M. Richardson, *The Negro in the Reconstruction of Florida, 1865–1877* (Tallahassee, 1965), 108; C. W. Buckley to George Whipple, March 13, 1866, Blanche V. Harris to Whipple, January 23, March 10, 1866, Palmer Litts to Whipple, April 27, 1866, Samuel S. Ashley to Samuel Hunt, November 2, 1865, AMA Archives; Robert C. Morris, *Reading, 'Riting, and Reconstruction: The Education of Freedmen in the South 1861–1870* (Chicago, 1981), 58.

自由民教育是一桩带有典型的 19 世纪特征的事业，同时集合了带有慈善精神的种族（素质）提升和实施社会控制的愿望，通过培养自给自足和自律的素质，帮助自由民们获得完整行使公民权的能力，同时也试图彻底改造他们从奴隶制中继承而来的文化习惯。（在这个意义上，它的目标与北部的公立学校教育的目标并没有太大的差别。）大多数从事黑人教育的北部人都坚信，奴隶制创造了一个"低贱的民族"，他们需要获得在节俭、节制、忠诚和劳工尊严等方面的教导和训练。由废奴主义者莉迪亚·玛丽亚·蔡尔德撰写的一本名为《自由民读本》的识字课本是一部难得一见的著作，它力图通过呈现一些包括本杰明·班纳克、弗雷德里克·道格拉斯和杜桑·卢维杜尔等优秀黑人人物传记的方式，来寻求培养和发展一种具有种族骄傲和自信的种族自豪感。在教室里，词语拼写练习和乘法口诀表的背诵与培养宗教虔诚、清洁卫生和守时习惯的训练交替进行。在放学之后，教师和自由民局官员也融入自由民的私人生活中，组织禁酒协会，发表关于丈夫有责任为家庭提供收入的演讲等。[37]

　　从最保守的角度来看，用塞缪尔·阿什利的话来说，教师们希望给他们的学生"灌输一种对法律的服从、对权利和他人财产

---

[37] Joe M. Richardson, *Christian Reconstruction: The American Missionary Association and Southern Blacks, 1861-1890* (Athens, Ga., 1986), 40-44, 242; Carl F. Kaestle, *Pillars of the Republic: Common Schools and American Society, 1780-1860* (New York, 1983), 104-135; Jones, *Soldiers of Light and Love*, 9-22, 49-50, 68-69, 123-126; Lydia Maria Child, *The Freedmen's Book* (Boston, 1865); Small, "Yankee Schoolmarm", 383-390; Clinton B. Fisk, *Plain Counsels for Freedmen: In Sixteen Brief Lectures* (Boston, 1866), 26, 32-34; Fisk P. Brewer to Edward P. Smith, April 7, 1868, AMA Archives.

的尊重,以及对当权者的敬畏",阿什利是一名美国传教协会的官员,后来成为了北卡罗来纳州教育总监。在自由民局和美国传教协会的帮助下,塞缪尔·C.阿姆斯特朗将军在1868年建立了汉普顿学院,它成为了黑人职业教育的重镇,它劝告黑人学生回避政治参与,集中精力训练和发展自己的品格以及获得经济自立。但社会控制并不是自由民教育的全部目的。那种帮助前奴隶适应市场经济的步调与规律的努力,通常带有一套复杂的有时甚至是充满矛盾的内涵。这些尝试受到北部公立学校运动的激励而发起,也反映了这些学校的目的,自由民局官员将受教育视为融化阶级对立的防线,个人可以因受教育获得经济自立,而整个社会则可以因之避免阶级冲突。美国传教协会主席爱德华·柯克牧师的态度反映了推动前奴隶教育的努力所带有的复杂动机,他指责那种制造阶级对立或者诉诸"群氓暴力"或罢工的人,同时又坚持认为不应对黑人或白人劳工在"追求成为平等的资本家的努力中"设置任何"立法的或传统的"障碍。柯克宣称,受过教育的劳工"知道他们的权利是什么,也绝不会签署那种无视他们权利的劳工合同"。[38]

教育者并没有试图挫伤黑人的雄心,反而希望扩大自由民的物质期望,即被古典经济学家视为对自力自为的劳动者最为有效的动力的"需求"。缅因州出生的自由民局特派员约翰·布赖恩特

---

[38] Morris, *Reading, 'Riting, Reconstruction*, 148-161; Donald Spivey, *Schooling for the New Slavery: Black Industrial Education, 1868-1915* (Westport, Conn., 1978), 9-22; Jones, *Soldiers of Light and Love*, 25-26, 140-142; E. N. Kirk, *Educated Labor* (New York, 1868), 2-7.

非常生动地表达北部期望建立的一种制度,即受过教育的劳工在不受压迫的情况下工作,满足不断扩大的需求,同时为资本家和劳工带来一种无止境的不断上升的繁荣:

> 从前,你被迫工作,不然就要受到惩罚,现在你必须想要主动工作,而不是被迫这样做……如果你受了教育,你会成为一个更好的工人……那些具有最多追求的人通常会在最伟大的工业中工作……越聪明的人的需求也将越多,所以,正是为了所有人的利益,劳工必须要接受教育。

此外,一个受过教育的、拥有不断扩展"需求"的劳工,将为北部的商品在南部增添一个巨大的新市场,这是一份附加的红利。这样来看,自由民援助社团的官员中有代表铁路利益的人、商人和企业家也就不一定是一种偶然现象了。[39]

就最广泛的意义而言,自由民局和北部援助社团所建立的学校,用美国自由民联邦委员会的话来说,意在"在南部社会中播种一种真实的共和主义"。将受教育与获得平等公民权的理想分离开来的做法将在重建结束之后发生,在阿姆斯特朗的得意门生布克·华盛顿和南部的"救赎者"的呵护下,汉普顿学院的哲学观在南部黑人教育中占了上风。但在此之前,大多数教师都赞成法律面前人人平等和黑人选举权的主张,许多人还积极推动黑人

---

[39] "Address of Capt. J. E. Bryant to Freedmen's Convention of Georgia, January 13, 1866", manuscript, John E. Bryant Papers, DU; Henry L. Swint, "Northern Interest in the Shoeless Southerner", *JSH*, 16 (November 1950), 471.

政治组织的建立等。即便是那些带有最深重的家长制观点的教育者，也将他们的努力视为一种改变黑人性格和素质的努力，目的是为了培养他们掌握自己命运的能力。也许，在密西西比教书的内利·莫顿讲述的一件经历反映了大多数教师的目的："昨天一个人告诉我说，'我们不会有机会的'——白人的胳膊要比我们的长。我们想要做的事情是，增长黑人的胳膊，一直增长到他们的胳膊可以延伸到他们旧主人的胳膊能够触及的地方。"此外，黑人自身证明他们能够有效地抵制外界对他们个人生活的干预，能够有能力"改造"他们的宗教方式。没有理由让人相信，当黑人社区在寻求一种独立生存的时候，北部教师在灌输不值得期望的价值观，或关于自律、节制和节俭的思想方面，做得更为成功。[40]

教育是自由民局在北部最受赞扬的一种活动，同时也是唯一期望在南部产生永久性影响的机制。自由民局将自己的其他工作看作是临时性的，只有在地方当权者平等对待黑人、"自由市场"的"法则"开始管理经济关系的时候才能派上用场。虽然他的机构建立了广泛的法庭、慈善机构和劳工规范的网络，霍华德却将这些建制和规范的有效期做了限制，因为他认为，当黑人获得平等公民地位的时候，他们将获得比作为一个依赖联邦资助和保护的特殊阶级更多的福利。然而，在所有这些方面，自由民局的这种非永久性的设想极大地限制了自身政策的范围和有效性。而

---

[40] *National Freedman*, March 1866; August Meier, *Negro Thought in America 1880-1915* (Ann Arbor, 1963), 89-93; Morris, *Reading, 'Riting, and Reconstruction*, 180-184; John A. Rockwell to Alfred Rockwell, January 28, 1869, Rockwell Papers; Nellie M. Morton to Gustavus D. Pike, April 7, 1871, AMA Archives.

对于自由民局特派员们来说，令他们陷入困境的最为紧迫的任务是——如何防止自由民陷入一种"比在奴役时期遭受更非人性的和更残暴的待遇之中"，以及如何保障受到法律的保护。[41]

自由民局官员一方面强调作为公民，前奴隶享有了携带武器的权利，但另一方面他们又坚决反对黑人为应对暴力打击而行使自卫权的讨论。他们告知自由民从地方或联邦政府那里寻求保护。但许多特派员也发现制止暴力是一桩非常困难和令人沮丧的任务。"一个自由民此刻站在我的门前，"一位特派员在1866年写道，"他破烂不堪的衣服上沾满了从头上滴下的鲜血，一个白人手执大棍，将他打伤，但我们却无法帮助他……他们跑到我们这里来寻求庇护，认为我们可以为他们提供保护。"在阿肯色和密西西比的联邦指挥官奥德将军认为，如果没有联邦军队，自由民局的特派员"比无用还要糟糕"，但只有为数不多的特派员手头有可以利用的军队资源。尽管南部对刺刀统治颇有怨言，联邦军队在战后很快进行了裁员。1865年5月1日，联邦军队中持枪的战斗力是100万人，到当年年底，士兵名单裁员到只剩152000人。到1866年秋，联邦军队只剩下38000人，大部分驻守在防御印第安人的边疆地带。在大多数情况下，自由民局官员只能依靠他们自己的说服力和地方政府官员的配合，来为自由民提供保护。[42]

[41] Charles L. Price, "John C. Barrett, Freedmen's Bureau Agent in North Carolina", *East Carolina University Papers in History*, 5 (1981), 59.
[42] Davis Tillson to H. F. Home et al., September 11, 1866, Press Copies of Letters Sent, Ser. 625, Ga. Asst. Comr., RG 105, NA [FSSP A-5403]; A. E. Niles to H. W. Smith, May 2, 1866, South Carolina Governor's Papers; E. O. C. Ord to O. O. Howard, January 27, 1867, E. O. C. Ord Papers, Bancroft Library, University of California, Berkeley; *AC*, 1865, 33, 1866, 30–32.

面对寻求保护的自由民的是一连串复杂而不知所措的联邦、州和地方政府体制。在总统重建之下建立的州政府迅速填满执法部门的职位,建立了地方法院。军队以军管法的名义,对那些与军事沾边的案件进行审理,如白人武装集团进行的掠夺等,并建立军事法庭来审理此等犯罪行为。自由民局也行使了自己的司法权威,地方特派员针对范围广泛的抱怨进行个案裁决,在有的地方,他们建立三人临时法庭,从种植园主、自由民和自由民局中各选一人,负责审理劳工合同纠纷。军队和自由民局法庭在审理时并不以肤色进行权利待遇的区分,但实际上黑人接受的司法正义要少于白人。在南卡罗来纳,军事法庭的运用最为广泛,在同样的罪名之下,黑人受到的惩罚始终比白人更为严厉。自由民局法庭对黑人来说更为公平一些。但在佐治亚和亚拉巴马,助理局长戴维斯·蒂尔森和韦杰·斯韦恩准予地方法官在司法审理程序中扮演自由民局特派员的角色,黑人的权利时常没有得到保护。提尔森和斯韦恩认为,只有当地位显赫的白人加入法律面前人人平等的事业中来的时候,黑人才能受益。从各方面来看,这种实验是失败的,因为这些显赫的地方白人,大多数是前奴隶主,并在邦联政府中任职,经常对被认定犯有游手好闲、违反合同或"傲慢无礼"罪(这项罪对于白人来说并不存在)的自由民施加极为严厉的惩罚。[43]

---

[43] James E. Sefton, *The United States Army and Reconstruction 1865-1877* (Baton Rouge, 1967), 30-32, 44; Thomas D. Morris, "Equality, 'Extraordinary Justice', and Criminal Justice: The South Carolina Experience, 1865-1866", *SCHM*, 83 (January 1982), 16-22; C. Mildred Thompson, *Reconstruction in Georgia* (New York, 1915), 46; 40th Congress, 2d Session, House Executive Document 1, 674; Bethel, "Freedmen's Bureau", 51-54.

从霍华德本人到地方的特派员，大多数自由民局的官员仍然坚定地致力于维护平等法律保护的原则。然而，自由民局并没有强化自身的法院体制，而是将精力放在说服南部各州在州司法程序中尊重种族平等的原则。在经历了最初的犹豫之后，南部州相继依照自由民局的指导规范，修订了司法程序，尤其是准予黑人出庭参加指控白人的作证，这种让步的目的正是为了废除自由民局的法庭。到1866年年底，地方法庭重新恢复了涉及自由民的案例的审理权。自由民局解散了自己的法庭，特派员的职责改为代表自由民监管州和地方司法程序的实施，为自由民辩护，指控白人犯罪分子，保留推翻带有歧视性的法庭判决的权力。然而，事情很快变得明朗，平等司法程序的装饰无法为黑人提供实质性正义的保护。关键的问题，1865年在密西西比州负责指挥自由民局工作的塞缪尔·托马斯指出，在于白人普遍拒绝接受任何关于"黑人享有权利"的想象：

> 人们在与他们的白人邻居打交道的时候，可以表现得如同君子一般，但当人们欺骗一个黑人的时候，丝毫不会感到他们的荣誉感受到一丝的玷污；杀死一个黑人，他们不认为是谋杀；与一个黑人女人在一起浪荡逍遥，他们不认为是通奸；从黑人手中夺取财产，他们不认为是抢劫……他们仍然抱有那种深入骨髓的感觉，即黑人在整体上仍然是属于全体白人

的财产。[44]

在这样的气氛之下，黑人愿意将法律案件带到自由民局来，认为在这里他们有可能对法庭制度施加最大限度的影响力。在弗吉尼亚的一次针对劳工合同纠纷的三人仲裁的法庭人员选择中，霍华德将军认为，自由民会选择一个聪明的、看上去一直是他们的朋友的白人来代表他们。当自由民选择了一个黑人时，霍华德将军大有一种真实的完全出乎意料的反应。因为没有任何弗吉尼亚州的白人愿意在法庭上与一个黑人同时坐在一起，自由民局两次否定了约克敦的黑人的选择——当地的自由民坚持选择丹尼尔·诺顿医生作为自己的代表。诺顿曾是一名逃奴，内战前曾在纽约当过医生。自由民对自由民局官员的决定回应道："他们现在是公民了，能够自己照顾自己"，但特派员们最终还是用一个弗吉尼亚白人取代了诺顿。[45]

尽管有这些冲突，黑人仍然意识到，自由民局特派员和他们

---

[44] [Oliver O. Howard] *Autobiography of Oliver Otis Howard* (New York, 1907), 2:279; Wager Swayne to John Sherman, December 26, 1865, John Sherman Papers, LC; Donald G. Nieman, "Andrew Johnson, the Freedmen's Bureau, and the Problem of Equal Rights, 1865-1866," *JSH*, 44 (August 1978), 399-420; James Oakes, "A Failure of Vision: The Collapse of the Freedmen's Bureau Courts," *CWH*, 25 (March 1979), 66-76; William F. Mugleston, ed., "The Freedmen's Bureau and Reconstruction in Virginia: The Diary of Marcus Sterling Hopkins, a Union Officer," *VaMHB*, 86 (January 1978), 73; Samuel Thomas to O. O. Howard, September 6, 1865, M-5 1865, Letters Received, Ser. 15, Washington Headquarters, RG 105, NA [FSSP A-9206].

[45] Howard, *Autobiography*, 2:252; Robert F. Engs, *Freedom's First Generation: Black Hampton, Virginia, 1861-1890* (Philadelphia, 1979), 89, 104-105, 130-131.

的法庭是他们在战后南部获得公正裁决的最大希望所在。他们将自己的许多问题，无论是无足轻重的还是事关重大的，统统带到自由民局中来，其中许多问题涉及黑人内部的家庭和个人纠纷。但大多数的案例起因于黑人对白人的抱怨，尤其是针对暴力的使用、拒付工资和对作物收成的不合理划分等。无论仲裁结果如何，自由民都对自由民局法庭的存在心存感激，因为它们代表了一种对南部地方自治观念的挑战，同时也代表了对从内战前因袭而来的种族压迫思想的挑战。从他们的角度来看，南部白人认为，对前奴隶起诉的案件进行应诉有损他们的尊严。"他居然倾听黑人的不值一提的抱怨，仅仅因为一个不满意的黑人抱怨了几句，就把那些名声显赫的白人公民带入他的法庭之中，"一些白人对一位驻在密西西比州的自由民局特派员的做法抱怨说。当一群黑人"将白人逮捕，并送到自由民局的法庭……黑人在那里作证，貌似与白人平起平坐"，看到这一切，一位佐治亚州人深感愤愤不平而大发雷霆。[46]

类似的组合的一些因素——有限的资源、自由劳动的思想、辅助自由民的决心，以及政府负有为黑人提供公平待遇的责任的信念，影响了自由民局另外一系列活动的开展——即为黑人人口减轻病痛和救治贫困。在经历了战争的摧残和不断发生的作物歉

---

[46] J. Thomas May, "The Freedmen's Bureau at the Local Level: A Study of a Louisiana Agent", *LaH*, 9 (Winter 1968), 14-15; Barry A. Crouch, "Black Dreams and White Justice", *Prologue*, 6 (Winter 1974), 356-363; Ruth Watkins, "Reconstruction in Marshall County", *PMHS*, 12 (1912), 170; Jane Le Conte to Joseph Le Conte, December 13, 1865, Le Conte Family Papers, Bancroft Library, University of California, Berkeley.

收之后，南部整个区域陷入困境之中，大量的年老和体弱多病的奴隶被从无数的种植园中驱赶出来，成千上万的黑人急需获得医疗诊治和经济援助。因为南部当地政府一般拒绝为黑人健康设施提供资助，许多白人医生也在除非是现金支付的情况下医治黑人，留给黑人的唯一医疗渠道是由那些签署了劳工合同的雇主所提供的，或来自他们自己的"草根医生"和"巫医"的治疗。但当天花、黄热病和霍乱等传染病横扫在维克斯堡、新奥尔良、孟菲斯和其他南部城市的黑人棚户区的时候，这些治疗根本抵挡不了，完全失效，传染病也随之侵入种植园地带。[47]

自由民局做出了勇敢但有限的努力，来应对这场可被称为奴隶解放之后威胁南部前奴隶人口的健康危机。它把内战中军队建造的医院接收过来予以运用，进行管理，并将治疗建制扩展到先前军队控制时期不曾覆盖的区域。类似里士满和新奥尔良这样的较大城市开始有了拥有专业医护人员的医院；自由民局在其他地方建立了提供医疗救助和药品的药房，只是收取象征性的费用或者免费提供救助。在大部分黑人居住的乡村地区，始终受到资金不足、病床床位的短缺和医疗设施的困扰，但自由民局居然在重建初期想办法为大约 50 万生病的自由民提供了救助，同时也为一个总数相对较少但实际数量仍然可观的白人群体提供了同样的救

---

[47] Rabinowitz, *Race Relations*, 128–132; James A. Bullock to Dr. H. C. Vogell, May 3, 1869, North Carolina Governor's Papers; D. E. Cadwallader and F.J. Wilson, "Folklore Medicine Among Georgia's Piedmont Negroes After the Civil War", *GaHQ* 49 (June 1965), 217–218; Ronnie C. Tyler and Lawrence R. Murphy, eds., *The Slave Narratives of Texas* (Austin, 1974), 88–91; Shryock, ed., "Arnold Letters", 131.

助。但霍华德认为医疗计划是一种暂时措施，他花大量时间来说服地方政府承担起负责黑人卫生保健的责任，同时承担起为那些患有精神障碍疾病及失明、失聪和失语残障人提供救助的责任。几个南部城市建立了针对黑人的公共医疗设施和精神病院，但它们都实施种族隔离体制，到 1867 年，自由民局的医疗体系，如同其法院体系一样，几乎都被废除了。对于霍华德来说，公共权威必须将自由民当成"人民"的一部分来救治，建立这一原则是在广泛意义上推动黑人公民权的建立所需要的重要一步。但因为自由民局的医疗部既没有培训黑人医生或医护人员，也没有建立关于卫生教育的通用项目，所以它采取的活动并未改变现状，控制医疗和医学的权力仍然稳稳地掌握在白人手中。[48]

霍华德也认为，地方政府必须学习承担起照顾贫穷黑人人口的责任，但它们"在联邦政府提供援助的时候"却不会这样做。他的另外一种担心对自由民局的救助政策也产生了同样的影响，他担心这样做会给批评自由民局做法的人提供理由，批评者称自由民局对穷人的救助实际上将身强力壮的黑人变成无所事事的人。"一个可以工作的人无权得到政府的救助。没有一个真正受尊重的人希望从政府那里得到资助。"这份 1865 年由一位密西西比州的自由民局特派员签发的法律文件凸显了当时北部的观点，即济贫

---

[48] Marshall S. Legan, "Disease and the Freedmen in Mississippi During Reconstruction", *Journal of the History of Medicine and Allied Sciences*, 28 (July 1973), 257-267; Todd L. Savitt, "Politics in Medicine: The Georgia Freedmen's Bureau and the Organization of Health Care", *CWH*, 28 (March 1982), 45-64; Howard A. White, *The Freedmen's Bureau in Louisiana* (Baton Rouge, 1970), 89-100; Gaines M. Foster, "The Limitations of Federal Health Care for Freedmen, 1862-1868", *JSH*, 48 (August 1982), 349-372.

救助破坏了男性的独立。"一个接收公共慈善的人，"一位在田纳西州的自由民局官员说道，"很难被称作是自由之人。"[49]

霍华德本人也将对穷人实施公共救济看成是"与我们的政府制度相悖"的做法。当自由民局的活动在1869年终止的时候，他曾自豪地回忆说，他领导的该局并没有变成一个"济贫机构"，因为真正获得资助的人实在是少得"屈指可数"。在很多情况下，自由民局将经济援助视为是一种贷款而不是一种纯粹的补贴。该局发起的"反对依赖（政府）的战争"导致那些在战争时期为逃奴和流离失所的黑人修建的居住营地的迅速关闭，政府补贴的发放局限在儿童、老人和那些不能工作的人群范围。但经济现实阻止了过早取消济贫项目的努力。在战后的头15个月内，自由民局发放了1300万份口粮（一份含有棒子面、面粉和糖，足够一个人吃一周的干粮），其中三分之二是发放给黑人的。随后，在1866年秋，霍华德命令除了医院的病人和孤儿收容所的儿童之外，中止对其他人发放济贫口粮——但在1866年的农作物歉收和随之而来的贫困之中，这道严厉的命令几乎是无法得以贯彻执行的。[50]

在它存在的整个时期，自由民局将济贫视为导致懒惰产生的

---

[49] 40th Congress, 3d Session, House Executive Document 1, 1058; 39th Congress, 1st Session, House Executive Document 70, 155; Paul D. Phillips, "A History of the Freedmen's Bureau in Tennessee" (unpub. diss, Vanderbilt University, 1964), 125.

[50] Howard, *Autobiography*, 2:226; Robert H. Bremner, *The Public Good: Philanthropy and Welfare in the Civil War Era* (New York 1980), 125; Phillips, "Freedmen's Bureau in Tennessee", 67-68; Jerry Thornbery, "Northerners and the Atlanta Freedmen, 1865-1869", *Prologue*, 6 (Winter 1974), 240-243; 39th Congress, 2d Session, House Executive Document 1, 713; 40th Congress, 2d Session, House Executive Document 1, 639-640.

诱惑。弗吉尼亚自由民局主持人奥兰多·布朗宣称说，黑人必须"要感受到一种必要性的刺激，需要将自己变成一个能够自食其力、勤奋和做到未雨绸缪的人"。显然，这种立场反映的不仅仅是针对黑人的态度，而更是一种极为普遍的北方观念，担心政府济贫会鼓励底层阶级滋生依赖感的危险。然而，即便是面对黑人社区在任何可能的情况下承担起照顾本社区内的老弱病残和孤儿寡母的现实面前，或在许多南部地方更多的是白人在领取自由民局的救助的事实面前，该局关于黑人希望依赖政府的假定仍然在持续流传。怀特劳·里德在莫比尔观察到，"一个外地人会得出结论说，将无法照顾自己的是白人种族，而不是获得解放的奴隶们"。[51]

1865年年初，当国会在讨论建立自由民局的立法时，美国传教协会曾警告自由民局不要用慈善事业作为反对黑人的武器："如果自由民局的局长可以拒绝对那些不愿工作的人发放口粮，那他也可以在他愿意的时候强迫这些人去工作，而且他一定会这样做的。"然而，自由民局的救济政策只是建立该局的目的含有的巨大矛盾中的一部分。希望恢复南部农作物生产的目标在很多方面削弱了对自由民权利的保障。在自由民局力图履行职责、对战后南部的劳动体制从奴役制转换为自由制的过程实施监管的时候，自由劳动的这种内在模糊性表现得最为明显。[52]

---

[51] William T. Alderson, "The Influence of Military Rule and the Freedmen's Bureau on Reconstruction in Virginia, 1865–1870" (unpub. diss., Vanderbilt University, 1952), 38; Reid, *After the War*, 221.

[52] *Objections to the Adoption of the Report of the Committee of Conference on Freedmen's Affairs*, printed circular (February, 1865), AMA Archives.

自由民局、土地与劳动力

在内战刚刚结束之后,联邦政府关于黑人劳动力管理的政策是由联邦军队建立起来的。起初,许多自由人对作为解放使者的联邦士兵表示欢迎,但很快对军事管制感到一种幻梦破灭的失望。军队在战争时期开启了"自由劳动"的实验,随之而来的两种看法极大地影响了军队将领的决策:一是唯有将陷于崩溃的南部经济恢复正常,才可以避免饥饿,减轻军队的责任;二是前奴隶更希望依赖政府的救济而活着。军队所采取的行动看似只有一个目标——强迫自由民回到种植园中去工作。

1865年春天和初夏时分,军队指挥官们发出严厉的命令,旨在阻止自由民大量进入南部城市。戈弗雷·韦策尔是在邦联政府投降之后立即驻扎在里士满城的联邦军队指挥官,他很快被申请获得经济救助的白人和黑人所包围。他下达命令说,白人必须进行效忠宣誓,黑人则必须签署劳工合同——表明他对两个群体各自的缺点都有清楚的认识。此后不久,弗吉尼亚战区的指挥官奥德下令阻止乡村自由民进入里士满城去选择就业机会、家庭成员或在暴力中保存自己的机会。6月初,联邦士兵和里士满当地警察抓捕了数百名黑人,并将他们运送到乡村地带。在其他地方,军事管理条令禁止黑人在没有上下班通行证的情况下四处走动或在街上夜不归宿,也禁止他们"拒绝服从命令"。威廉·格尼上校是联邦政府驻在查尔斯顿的军队指挥官,他命令黑人离开城市到乡村去承担农业劳动。这样的指令看上去令人费解,一位英国外交官观察到,因为在大部分乡村地带黑人完全处于"种植园园主……掌控的充满复仇心理的暴力威胁之下"。[53]

尽管南部白人对联邦士兵的存在普遍抱有敌意,但许多人逐渐认识到,联邦士兵对自由民福祉的关心不超过蜻蜓点水的程度。在海岛地区任教的劳拉·汤抱怨说,军队"唯一关心"的事情是"让黑人工作"。汤的话有些夸大其词,因为军队所做的远不止这些。联邦军队颁布了一系列命令,禁止对黑人进行体罚,禁止实施带有明显种族歧视的流民法,要求赋予黑人接受教育的机会等。但总体来说,军队的政策对黑人权利的关注甚少。有的联邦军队长官对那些不服从管理的黑人劳工甚至施以残酷的惩罚,譬如将被惩罚者用拇指吊起来,或使用奴隶制时代的惩罚方式。1865年6月,驻在弗吉尼亚州哥伦比亚县的联邦宪兵队连长伦道夫·斯托普在惩罚一对抗拒鞭刑的黑人夫妇时,甚至使用了"木马"刑具*。此后,两位受刑人跋涉56英里,到奥兰多·布朗那里去抗议,此刻布朗刚刚上任,开始指导自由民局在弗吉尼亚州

---

[53] John T. O'Brien, "Reconstruction in Richmond: White Restoration and Black Protest, April-June 1865", *VaMHB*, 89 (July 1981), 266-272; Michael B. Chesson, *Richmond After the War 1865-1890* (Richmond, 1981), 73-74; Bernard Cressap, *Appomattox Commander: The Story of General E. O. C. Ord* (San Diego, 1981), 230-234; Bobby L. Lovett, "Memphis Riots: White Reaction to Blacks in Memphis, May 1865-July 1866", *THQ*, 28 (Spring 1979), 14-15; James W. Smallwood, *Time of Hope, Time of Despair: Black Texans During Reconstruction* (Port Washington, N.Y., 1981), 38-39; Thompson, *Reconstruction in Georgia*, 49; H. Pinckney Walker to Earl Russell, April 7, 1865, F. O. 115/443/12-15, Public Record Office, London.

* wooden horse,中世纪发明的一种木制刑具,形状为三角形"马背",顶部呈尖状,受刑人跨在"马"背上,双脚脚踝挂有沉重的铁砣,全身重量压在受刑人的外阴部,残忍之极。——译者

的工作。[54]

新奥尔良《论坛报》对军队管理条例隐含的谬论痛加指责,"我们过去是,现在仍然是被压迫的人;我们不是一蹶不振的罪犯"。在好几个城市里,战后的黑人政治组织开始采取行动,抗议军队的政策。一群孟菲斯市的自由黑人对军队抓捕"无业游民"送往种植园充当劳力的做法予以谴责:"看上去庞大的奴隶贸易居然在我们的城市中复活了"。来自里士满的几位"有色人种"代表起草并向纽约《论坛报》寄送了一封措辞激昂的信,对"挥舞军刀的骑兵巡逻队"予以谴责,说"它的任务就是追捕有色人种……全面恢复奴隶制,此刻唯一需要的就是一个贩卖奴隶的市场,就像过去一样"。6月10日,3000名里士满的黑人在一座浸礼会教堂聚会,通过了一份正式的抗议信。抗议信被一个由菲尔茨·库克带领的代表团递交给约翰逊总统。库克是一名自由黑人,职业是理发师,也是地方教会的领袖人物,他在1865-1867年的黑人政治中扮演了重要的角色。部分地因为里士满黑人的抗议,奥德将军为阿尔弗雷德·特里所取代,特里废除了里士满城带有种族歧视的无业游民法,宣布军队对该城所有居民予以一视同仁的法律保护。7月底,战争部长斯坦顿命令南部的联邦军队将领停止对自由民索要通行证的做法,禁止联邦军队以任何方式阻止

---

[54] Rupert S. Holland, ed., *Letters and Diary of Laura M. Towne* (Cambridge, Mass., 1912), 171; John R. Kirkland, "Federal Troops in the South Atlantic States During Reconstruction, 1865-1877" (unpub. diss., University of North Carolina, 1967), 336-341; Statement of Frederick Nichols and Meiner Poindexter and endorsement by Col. Orlando Brown, June 28, 1865, Robert Brock Collection, HL.

自由民的行动和迁徙自由。然而，当自由民局接手建立从奴隶劳动到自由劳动的转型工作时，军队原来奉行的政策所包含的假设，即让黑人回归成为种植园劳动力对于南部、国家和黑人自身的利益来说都是最佳选择，仍然没有改变。[55]

　　自由劳动的思想，一位在田纳西州的自由民局特派员写道，是"地球上最为高尚的原则"。罗伯特·斯科特将军是自由民局驻南卡罗来纳州的主要官员，他写信告诉州长詹姆斯·奥尔说，南卡罗来纳州想要逃脱"统治全世界的既定原则"是不可能的。他接着说道："建立这些原则，正是自由民局的决心所在。"与大多数的北部共和党人一样，自由民局官员持有一种事后看起来极具乌托邦式的想象，他们认为自由劳动的模式可以十分容易用来重塑南部的劳工关系。黑人和白人只需要抛弃从奴隶制衍生而来的对待劳工的态度和相互之间的看法，其余一切都可以通过市场的调节来完成。"大家应该明白，一天的公平劳动应该获得一天的公平工资，"斯科特宣称，"这样，种植园主就不会为找不到可靠、忠实的劳工而发愁。"在新劳工关系诞生之际，自由民局扮演了一个接生婆的角色，但自由市场很快接手，变成了南部经济命运的仲裁者，培养那些将自由劳动与奴隶劳动区分开来的素质——效率、生产力和经济理性的思考——保障公平的工资待遇和工作环

---

[55] New Orleans *Tribune*, August 31, 1865; Anthony Motley to Clinton B. Fisk, September 28, 1865, M-84 1865, Registered Letters Received, Ser. 3379, Tenn. Asst. Comr., RG 105, NA [FSSP A-6172]; New York *Tribune*, June 12, 17, 1865; Peter J. Rachleff, *Black Labor in the South: Richmond, Virginia 1865–1890* (Philadelphia, 1984), 14–15, 36; Cressap, *Ord*, 230–234.

境。其结果应该是，一个具有企业精神和经济繁荣的南部得以产生，黑白种族皆将从其产生的丰厚物质生产中获得回报。[56]

事实上，在很大程度上，这种社会分化与自由民局面临的社会现实并无关联。创造一个自由劳动的南部将暴露自由劳动思想内部存在的紧张和模糊关系，同时也将暴露自由劳动的意识形态是否有可能适用于一个先前围绕种植园而建构的奴隶制经济体制。自由劳动意识形态基于一种普世性经济理性的理论之上，同时它也信奉一种信念，即自由劳动社会中的所有阶级分享共同的利益。然而，在现实中，前主人和前奴隶从奴隶制中继承而来的是工作习惯和工作态度与自由劳动的假设是格格不入的。两者比自由民局都更清楚地认识到，他们各自的利益和追求始终是大相径庭、无法通融的。此外，自由劳动的社会秩序公开保证具有奋进心的工人有机会获得经济地位的提升，能够通过对生产资料财产的积累，逐步从一个工资劳动力提升为经济独立的人。林肯在内战开始的时候说道："一个自由雇佣的劳工一辈子被锁定在同一经济地位上，事情没有必要是这样。"然而，在一个贫穷的社会中，当即便是最高水平的农业工资也低得可怜的时候，当白人人口决心用尽自己掌握的一切办法来阻止黑人获得土地财产或堵死其他获得经济独立的渠道的时候，这句箴言意味着什么呢？[57]

---

[56] Phillips, "Freedmen's Bureau in Tennessee", 138; Robert K. Scott to James L. Orr, December 13, 1866, South Carolina Governor's Papers; Robert K. Scott, "Circular to Landlords and Laborers of South Carolina, December 1866", unidentified newspaper clipping, Reconstruction Scrapbook, USC.

[57] James D. Richardson, ed., *A Compilation of the Messages and Papers of the Presidents 1789-1897* (Washington, D.C., 1896-1899), 6:57-58.

1865年的夏天和秋天，自由民局的特派员在南部立足之后，希望说服南部人，"给这个体制一个公平的诚实的实验机会"。对于希望用皮鞭的暴力来规训劳工队伍的种植园主，自由民局的回答是，"体罚作为奴隶制的特征必须被抛弃"。对于那种认为黑人永远不会自愿地工作或不会对市场激励做出反应的说法，自由民局特派员的回答是，对于经济调整问题的认识，应该使用劳动的棱镜而不是种族的棱镜。正如特派员约翰·布赖恩特所解释的：

> 没有人自愿地想要工作。驱使他参与劳动的是利益或者必要……白人为什么参与劳动？因为他可能会积累财富，获得购买舒适和奢侈生活方式的资源。为了同样的理由，黑人也将愿意参与劳动。

劳工正义构成了自由劳动经济的基础——但这却是自由民局带给南部种植园主的一个不受欢迎的信息。"为了使自由劳动获得成功，"布赖恩特宣称，"有必要赋予劳工公平的待遇……给予自由民以正义，不带偏见的正义，我们相信，作为一个自由人，他将比作为一个奴隶的时候工作得更好。"[58]

自由民局需要应对的"两大邪恶"，一位联邦军队军官在

---

[58] J. L. Haynes to B. F. Morey, July 8, 1865, H-17 1865, Registered Letters Received, Ser. 2052, Ms. Asst. Comr., RG 105, NA [FSSP A-9044]; 39th Congress, 1st Session, Senate Executive Document 27, 28; Trowbridge, *The South*, 369; Augusta *Loyal Georgian*, January 20, 1866.

1865年7月观察到,包括"雇主一方的残酷和黑人一方的偷懒"。然而,尽管自由民局努力用自由劳动原则指导种植园主,但如同军队一样,该局似乎将黑人不情愿工作的现象视为一种对自己经济使命的更大威胁。田纳西州自由民局的主管克林顿·菲斯克将军出版过一本《自由民简明忠告》,这是一本由16个讲座构成的文集,勾画了一幅颇具斯巴达意味的自由画面,告诫黑人要避免沾染"上等雪茄烟"和"无用的衣物和装饰品",以"时间就是金钱"为日常生活的座右铭。在有的区域,特派员仍然沿用军队的都市通行证制度和针对游民的巡查,并继续抓捕无业劳工并将他们运送到种植园去的实践。1865年10月,当保守派约瑟夫·富勒顿将军就任路易斯安那州自由民局主管的时候,他关闭了黑人孤儿院,将其中的孤儿当作学徒工交给白人主人去管理,命令将新奥尔良市所有无法出具就业书面证明的黑人当成"流浪者和游民"予以逮捕。在佛罗里达,自由民局主管托马斯·奥斯本命令特派员们"竭尽全力,防止自由民在城镇、军事据点、铁路仓库等地方聚集,或带有逃离种植园劳动的明显企图在偏僻社区内聚会"。1865年秋,孟菲斯的黑人经常遭到逮捕,以满足周边乡村地带对劳动力的需求。那些进入该城的自由民,在戴维斯·蒂尔森的眼中,都是"懒惰不堪、毫无价值的游民",他的巡逻队还骚扰那些手里拿着书本的儿童,告诉后者他们应该到田里去摘棉花。与此同时,自由民局法庭也将被判罪的贫穷黑人交给那些为他们支付罚金的白人使用。"当这些黑人仍然受制于这些惩罚和待遇时,称他们为'自由人'实在是一种极大的讽刺。"一位当地的牧师这样评论道。[59]

他们虽然都为自由劳动高唱赞歌，但自由民局官员内部，如同整个北部大众一样，对于自由劳动意识形态所包含的终极社会含义存有分歧。有些人认为自由民将成为一支永久性的种植园劳工队伍；其他人则坚持自由民应该享有同等机会，在社会阶梯上逐渐上升，直至像北部工人那样达到独立业主的地位；还有一些人则希望联邦政府至少应该帮助一部分黑人获得他们自己的农场。即便是最保守的特派员，似乎也至少分享种植园主关于前奴隶的自由的有限界定。查尔斯·索尔曾在战时担任一支黑人军团的指挥官，此刻在南卡罗来纳州的奥兰治堡自由民局监管劳工合同。1865年，他这样告知当地的自由民们：

> 任何地方都有人当头，在种植园里，当头的人就是这里的主人。不管他叫你们做什么，你们必须立即去做，还要兴高采烈地去做……工作有各种各样的……每个人都有自己的岗位……他必须坚守好自己的岗位……有些人必须是富人，给他人支付工资，他们有权不做任何工作，而只是需要看管好

---

[59] J. L. Haynes to B. F. Morey, July 8, 1865, H-17 1865, Registered Letters Received, Ser. 2052, Ms. Asst. Comr., RG 105, NA [FSSP A-9044]; Fisk, *Plain Counsels*, 10–23; Litwack, *Been in the Storm*, 379–382; New Orleans *Tribune*, October 28, 1865; J. S. Fullerton, *Report of the Administration of Freedmen's Affairs in Louisiana* (Washington, D.C., 1865), 3–6; 39th Congress, 1st Session, House Executive Document 70, 80; Lovett, "Memphis Riots," 15–17; T. E. Bliss to N. A. M. Dudley, November 3, 1865, C-93 1865, Registered Letters Received, Ser. 3379, Tenn. Asst. Comr., RG 105, NA [FSSP A-6100].

他们的财产。

然而,索尔的观点并不代表自由民局官员的普遍观点。事实上,自由民局局长霍华德提醒他,特派员绝不能用自己的权威,来助长种植园主获得管理劳工队伍的"绝对权力"的欲望。[60] 如同索尔一样,霍华德也认为大多数自由民必须回到种植园去工作,但工作条件必须允许他们有机会逐步上升成为工薪阶层的一员。与此同时,他对自由民局建立法案中的一条规定非常重视,即该局有权将自由民安置在被没收和被弃置的土地上居住和生活。1865年,霍华德和自由民局中一群具有同情心的官员试图将这一种以自由劳动为基础的南部设想变成现实。

尽管林肯政府并没有真正实施1862年《敌产没收法》,但到1865年时,自由民局手中掌握了85万英亩以上的被弃置的土地,这个数量完全无法满足所有前奴隶的土地愿望,但用来开启创建一支黑人自耕农队伍却是绰绰有余的。霍华德的下属中包括了一批有决心的人,他们立志要将自由民安置在自己的农场上,并希望保护那些已经占有了土地(大部分人居住在所谓"谢尔曼保留地"上)的自由民的权利。在田纳西,菲斯克将军开始将黑人安置在他所掌管的65000英亩的土地上。在路易斯安那,托马斯·康威邀请了那些希望"购买土地供自己使用"的自由民提出申请,将6万英亩的土地出租给黑人耕种(包括一处由前总统扎

---

[60] Ira Berlin et al., eds., "The Terrain of Freedom: The Struggle over the Meaning of Free Labor in the U. S. South", *History Workshop*, 22 (Autumn 1986), 117-123, 130n.

卡里·泰勒的儿子拥有的种植园)。奥兰多·布朗积极倡导"大面积没收"的政策,敦促霍华德"掌管所有我们获得的被弃置和被没收的土地,准允黑人为他们自己的利益在这些土地上劳作"。对黑人拥有土地的思想予以最坚定支持的是鲁弗斯·萨克斯顿将军,这位战前的废奴主义者1865年夏天负责指导自由民局在南卡罗来纳、佐治亚和佛罗里达等州的工作。他曾遵循谢尔曼将军的第15号特别战区命令,将成千上万的黑人安置在专门为他们保留的土地上。1865年6月,他宣布,打算利用自由民局控制的土地,以每户40英亩为单位,向自由民提供土地,"自由民可因此凭借自身的忠实劳动,迅速获得独立自主"。市场导向的农场生产是萨克斯顿的理想方式。"尽你最大的能力种植棉花和稻米,"他对黑人农场主说道,"因为这些作物的回报最大……让整个世界尽快看到南卡罗来纳、佐治亚和佛罗里达的田野上全部为白色[的棉花]所覆盖。"他认为,黑人耕种自己土地的做法,可以展示自由劳动相对于奴隶劳动的巨大优越性。[61]

最初,霍华德自己也分享康威、布朗和萨克斯顿的激进目标。"他说他要竭尽全力为自由民提供保护、土地和学校,"他的一位

---

[61] Foner, *Politics and Ideology*, 131–132; Weymouth T. Jordan, "The Freedmen's Bureau in Tennessee", *ETHSP*, 11 (1939), 54–55; Claude F. Oubre, *Forty Acres and a Mule: The Freedmen's Bureau and Black Landownership* (Baton Rouge, 1978), 24–25, 33–34; C. Peter Ripley, *Slaves and Freedmen in Civil War Louisiana* (Baton Rouge, 1976), 84, Orlando Brown to O. O. Howard, June 6, 1865, B-190 1865, Orlando Brown to O. O. Howard, July 6, 1865, B-197 1865, Letters Received, Ser. 15, Washington Headquarters, RG 105, NA [FSSP A-7465]; Reid, *After the War*, 92, 117, 269; Abbott, *Freedmen's Bureau*, 54; 39th Congress, 1st Session, House Executive Document 70, 92.

朋友在1865年3月时这样写道。但就土地而言，其政策并非如此。如同下面要讨论的，约翰逊总统在1865年夏秋期间密集签署了一大批特赦令，恢复了前邦联高官的财产权。约翰逊的行动突然将包括谢尔曼保留地在内的没收土地和弃置土地的地位变得模糊不清。当年7月底，在没有咨询总统的情况下，霍华德发布了第13号公告，命令自由民局特派员迅速将土地分为40英亩一块，"预留"给自由民使用。总统的特赦令，他坚持认为，并不包括恢复已经由自由民占有的土地的财产权，因为这些土地分配与占有遵循的是自由民局建立法中的原则。然而，约翰逊很快命令霍华德撤销他的命令。一项由白宫起草的新政策，在当年9月以霍华德的第15号公告的形式发布，命令将所有的没收土地归还给获得特赦的地主，唯一的例外是一小批经法院批准而已经出售的土地。政府随后很快禁止了在弗吉尼亚和南卡罗来纳出售土地的计划。当年的秋收完成之后，自由民局掌管的所有土地几乎如数退还到前主人的手中。[62]

1865年夏秋期间，黑人占有土地的大部分位于谢尔曼保留地上，在这片土地上居住着4万名自由人。"难道一个正义的政府能够将这些忠诚的人从土地上驱逐出去吗？"萨克斯顿问道。但霍华德必须承担的任务却是告知自由民，土地必须归还给他们的前主人，自由民或者必须同意为先前的种植园主工作，或者必须从

---

[62] McFeely, *Yankee Stepfather*, 16, 97-98, 103-105, 126-134; Howard, *Autobiography*, 2:234-236; 39th Congress, 1st Session, House Executive Document 70, 111-15; Hope S. Chamberlain, *Old Days in Chapel Hill* (Chapel Hill, 1926), 115. 关于约翰逊的政策的演进，见第五章。

第四章 自由劳动的模糊性

种植园里被驱逐出去。10月,他来到南卡罗来纳的沿海地区,希望"尽量减轻因剥夺自由民的土地拥有而带来的震荡"。在埃迪斯托艾兰发生了重建时代最令人心酸的一场交锋。当地的黑人每周都要举行例会,讨论"与普遍利益"相关的问题,高声朗读共和党的报纸。黑人们对霍华德带来的信息充满期待,两千多名自由民在一座当地的教堂聚会,当霍华德站起来讲话时,"会场内到处都表现出非常的不满意和极度的悲伤"。最后,一个"带有甜美声音的黑人妇女"领头唱起了黑人灵歌:《没有人知道我见过的苦难》和《在悲痛和哀伤的田野上游荡》之后,会场才逐渐安静了下来。当自由民陷入沉默之后,霍华德恳求他们"放弃自己受伤的感情,学会与他们的前主人化解恩怨"。但他的讲话不断被听众打断:"不,绝不","做不到","霍华德将军,你为什么要夺走我们的土地?"[63]

霍华德要求参加会议的自由民任命一个三人委员会,负责商定一个最公平的办法,将土地归还给种植园主。委员会的雄辩答复预示着此事的解决绝不会是以息事宁人的方式来进行:

> 将军,我们需要土地,政府曾经承诺要给予我们土地。如果政府不能兑现它的官员对我们做出的承诺,如果政府决定要

---

[63] Abbott, *Freedmen's Bureau*, 55; S. Willard Saxton Journal, October 22, 1865, Rufus and S. Willard Saxton Papers, Yale University; Charleston *South Carolina Leader*, December 9, 1865; Henry E. Tremain, *Two Days of War: A Gettysburg Narrative and Other Excursions* (New York, 1905), 270; Mary Ames, *From a New England Woman's Diary in Dixie in 1865* (Springfield, Mass., 1906), 96–97; Howard, *Autobiography*, 2:237–239.

与先前的敌人结为朋友，无视它与曾在这场你说已经结束的战争中作为盟友的我们所达成的共同信仰，并在此刻从我们手中夺取我们对于立足土地的一切权利，除非我们同意再次为你们先前的敌人和他们永远的敌人工作……我们处在一个比从前更为痛苦的境地之中……你会看到，这不是真正自由的人所处的境地。

你要我们原谅我们岛上土地的主人。你在战争中只是丧失了一只胳膊，你也许可以原谅他们。那个人把我绑在树上，用皮鞭狠狠地抽了我39次，他鞭打过我的母亲和妹妹，他不让我在他空余的草屋中过夜，除非我替他耕种，接受他的价格，他与其他人联合起来，阻止我获得土地，因为他知道，如果我有了自己的土地，我将不再搭理他——对于这样的一个人，我真的不能饶恕。他始终想把我置于无助的境地之中，他看上去像是要原谅我的样子吗？

"真正自由的人所处的境地"，"我真的不能饶恕"，"他们永远的敌人"，"这场你说已经结束的战争"，在这些话语中，自由民委员会富有尊严地表达了一种为所有南部自由民所分享的信念——土地是自由的基础，奴隶制的邪恶不会被很快忘记，前奴隶主与前奴隶的利益从根本上来说是相互对立、不可调和的。自由民们向霍华德请求，希望获得土地租用权或者能够购买土地，但对与土地主签署劳工合同表现出"一种极度的憎恶"。他们把签署这样的合同，一位联邦官员写道，与"事实上回到奴隶制中"等同起来。[64]

霍华德被所经历的这一幕真实地打动,当国会开启新会期的时候,他誓言要重启为自由民争取土地的战斗。与此同时,种植园主对萨克斯顿将军充满敌意的态度屡屡抱怨。只要萨克斯顿主持南卡罗来纳自由民局的工作,威廉·H.特雷斯科特向约翰逊总统报告说,向种植园主归还土地的工作就没法开展。1866年年初,约翰逊命令将萨克斯顿解职。在他离职的时候,成千上万的南卡罗来纳州自由民纷纷捐出手中"便士和五分币",向他们在自由民局中最坚定的朋友赠送"两三件质地精美的银器礼物"。[65]

正如特雷斯科特所记载的,约翰逊的行动,尤其是他的第15号公告,"彻底改变了自由民局的使命与风格"。那种希望将大批自由民安置在土地上的思想随风而去,到1866年时,类似萨克斯顿和康威这样致力于推动这种政策的联邦官员也都黯然谢幕。在随后的年月里,仍然有个别特派员鼓励黑人租种或购买土地,有的时候也会给独立的黑人自耕农提前预付口粮——作为对未来收成发放的一种贷款。但到了1865年11月和12月时,自由民局除了执行总统的命令之外,不再有别的选择。特派员们花费很大的力气,来说服南部自由民为来年签署劳工合同,并劝告他们不要再相信联邦政府要给他们分配土地的说法。直到1866年春,塞缪

---

[64] Howard, *Autobiography*, 2:239; Andrews, *South Since the War*, 1866, 212; Berlin et al., eds., "Terrain of Freedom", 127-128; Tremain, *Two Days of War*, 267-276. 在内战的橡树园战斗中,霍华德失去了一只胳膊。

[65] McFeely, *Yankee Stepfather*, 139-143, 196, 226-228; William H. Trescot to Andrew Johnson, December 1, 1865 (copy), Saxton Papers; Francis L. Cardozo to George Whipple, January 27, 1866, AMA Archives.

尔·托马斯一直在密西西比州自由民局任助理局长，曾经认为黑人应该在自己的土地上工作，但即便是他，此刻也以逮捕来威胁拒绝签署劳工合同的自由民。到1866年年中，自由民局掌握的土地有一半已经归还给了前地主，更多的归还则在随后几年中进行。尽管在有的地区，土地归还因受到司法程序的挑战而延迟到19世纪70年代才完成，但最终能为黑人所拥有的土地在数量上真是微不足道。约翰逊实际上已经废止了《敌产没收法》，单方面地修订了建立自由民局的立法。自由民局积极推动黑人拥有土地的思想被拦腰截断，戛然而止。[66]

土地归还必须要在整个南部重新迁移成千上万的自由民。在弗吉尼亚州的东南部，联邦军队将2万名已经定居在没收和弃置土地上的黑人强行驱逐，那些在北卡罗来纳州威明顿附近定居并在约瑟夫·霍利将军分配的土地上耕种的自由民也遭遇了同样的命运。由路易斯安那州的黑人耕种的62000英亩土地被归还给了土地的前主人；正如一位新奥尔良报纸编辑的妻子所观察到的，接替康威的约瑟夫·富勒顿将军"看上去无法将没收土地上的占有者们尽快地轰走"。即便是密西西比州的戴维斯半岛也归还给了约瑟夫·戴维斯，1865年黑人农场主曾在这里耕种着1万英亩土地。与大部分的种植园主不同的是，戴维斯将这些土地以长期贷款的方式卖给了本杰明·蒙哥马利，后者是半岛黑人社区的著名

---

[66] Columbia *Daily Phoenix*, January 10, 1866; 40th Congress, 3d Session, House Executive Document 1, 1041-1042; Oubre, *Forty Acres*, 159; Circular Letter, Freedmen's Bureau, November 11, 1865, J. B. DeBow Papers, DU; 39th Congress, 1st Session, Senate Executive Document 27, 36; Oubre, *Forty Acres*, 37; Foner, *Politics and Ideology*, 138.

领袖。戴维斯于1870年去世,留下一份遗嘱,要求后人以一种"宽松的方式"来处理蒙哥马利的购地还款。但在1878年,当蒙哥马利未按时支付30万美元的欠款时,一家密西西比州法院命令将土地归还给戴维斯家族——为在戴维斯半岛建立一个"黑人天堂"的梦想画上了悲伤的句号。[67]

然而,其他任何地方的土地归还过程都没有经历像在佐治亚州和南卡罗来纳州沿海地区那样的动荡。即便在1865年秋天的霍华德访问之后,当地的黑人丝毫不打算放弃对土地的要求。自由民不止一次地武装自己,在种植园设置路障,将那些企图夺回庄园的前主人赶走。1866年2月,在埃迪斯托艾兰强行居住的黑人告诉一群地主们:"你们最好还是回到查尔斯顿去,在那里工作,如果你们做不来其他的事情,你们可以去捡贝壳,如同其他的忠于联邦的人那样挣钱吃饭——凭借自己额头上滴下来的汗水。"自由民局的官员,无论是黑人还是白人,竭力劝说沿海地区的自由民与他们的前主人签署合同,联邦军队则将拒签合同的人予以驱逐。[68]

在南卡罗来纳州的耶霍斯岛凸显了整个沿海地区的常见景象,

---

[67] Alderson, "Military Rule and Freedmen's Bureau", 51–52; Evans, *Ballots and Fence Rails*, 54–59, 68–70; William F. Messner, *Freedmen and the Ideology of Free Labor: Louisiana 1862–1865* (Lafayette, La., 1978), 185; Dolly Dill to Eleanor Le Conte, November 10, 1865, Le Conte Family Papers; Janet S. Hermann, *The Pursuit of a Dream* (New York, 1981), 61–218.

[68] 39th Congress, 2d Session, House Executive Document 1, 708; Myrta L. Avery, *Dixie After the War* (New York, 1906), 344–345; Litwack, *Been in the Storm*, 406–407; Dorothy Sterling, ed., *The Trouble They Seen* (Garden City, N.Y. 1976), 39–40; Trowbridge, *The South*, 539.

在岛上，前南卡罗来纳州州长威廉·艾肯拥有南部最大规模的水稻种植园。1865年12月，在一群士兵的陪同下，艾肯回到了耶霍斯岛，发现他的前奴隶中的一些人从萨克斯顿将军那里获得了40英亩土地，但所有的前奴隶都"毫不含糊地拒绝了"为他工作的要求。艾肯自认为是一位信奉恩威并重的家长制实践者，因为在战前他曾为自己的奴隶建造过两所医院和一座"非常干净舒畅的教堂"。1月5日，他和詹姆斯·罗伊上校再度回到耶霍斯岛，向黑人提出一份他认为比其他种植园主更为慷慨的劳工合同：黑人可获得他们生产的稻米、棉花作物的一半，种植园主会建立一所学校，为年老或无力工作的黑人提供"一处舒适的住所和一块土地"。罗伊上校企图说服黑人接受这份合同，但他发现，想要说服黑人"放弃他们将最终会拥有自己的土地的想法实在是太难了"。最终，自由民一致拒绝了艾肯的提议；不管这些条件有多慷慨，自由民拒绝在他们声称是属于自己的土地上作为一个雇佣工人来工作。"有好几个人认为，"罗伊上校报告说，"他们知道国会正在开会，相信国会会给他们提供土地。"[69]

在封闭的南卡罗来纳州海岛地区居住的自由民紧跟国会辩论的做法，展现出重建早期黑人政治化的程度。然而，国会却未能满足他们的期待。土地归还的问题与围绕重建的全国性辩论纠缠在一起，这个话题将在后面讨论。在这里只需提及的是，在与威

---

[69] James M. Clifton, "Jehossee Island: The Antebellum South's Largest Rice Plantation", *AgH*, 69 (January 1985), 59-65; *Liberator*, December 29, 1865; James P. Roy to W. L. M. Burger, February 1, 1866, Letters Received (unentered), Ser. 4109, Dept. of S. C., RG 393, pt. 1, NA [FSSP C-1385].

廉·特雷斯科特的密切磋商之后，约翰逊总统成功地阻止了将谢尔曼赠地合法化的一切努力，而特雷斯科特正是南卡罗来纳州州长奥尔在华盛顿的代言人。1866 年 2 月，约翰逊否决了自由民局任期延长的法案，该法案将赋予谢尔曼保留地上的自由民拥有三年"财产拥有权"的权利，并授权霍华德为被剥夺了土地的自由民每户提供 40 英亩土地。当国会最终在 1866 年 7 月再次启动自由民局法案时（再次否定了约翰逊的否决之后），曾从谢尔曼将军那里获得土地权保障的黑人此刻只拥有在政府土地上租用或购买 20 英亩的权利。[70]

即便如此，南卡罗来纳州沿海地区的黑人抵制运动并没有终止。在萨凡纳河北面南卡罗来纳州境内的德尔塔种植园里，当地的黑人在 1867 年年初将自己武装起来，拒绝签署作为工资劳动力的劳工合同，拒绝离开，或将他们的谢尔曼土地拥有保证书与国会提供的政府土地进行交换。"在交出自己的土地拥有权之前，他们将坚守自己的土地上，直至战死，"他们对一个记者表示道。他们的领袖是亚伦·布拉德利，他是出生在南卡罗来纳州的奴隶，19 世纪 30 年代逃离奴隶制，在波士顿学过法律，1865 年返回沿海地区，在当地鼓励自由民抗拒从归还土地上撤除的命令。在布拉德利遭到逮捕之后，联邦军队将那些不愿签署劳工合同的人驱逐出归还土地。最终，南卡罗来纳州和佐治亚州总共只有两千名

---

[70] William H. Trescot to James L. Orr, February 4, 6, March 31, 1866, South Carolina Governor's Papers; McFeely, *Yankee Stepfather*, 205–237; Oubre, *Forty Acres*, 67–69.

左右的自由民实际上获得了1865年承诺给予他们的土地。[71]

1865年和1866年的事件在全南部的自由民心中引发一种深深的被出卖的感觉。南部有足够的土地,密西西比州的前奴隶梅里蒙·霍华德写道,可以"提供给所有能够劳作的男人和女人拥有"。但黑人却处于无地的境地,

> "没有土地,没有住房,连让我们躺下来休息片刻的地方也没有……我们为整个世界所鄙视,为我们出生的国家所仇恨,我们作为人民的所有权利都遭到剥夺,我们在行军中是朋友……在战场上是兄弟,但在对生活的和平追求中,我们却成了互不相识的路人。"

在奴隶制结束之后许久的日子里,关于这桩不正义之举的记忆长期在黑人群体中绵延不断。一位密西西比的黑人后来回忆说:"奴隶们指望自由会助他们一臂之力,但是没有得到……他们许诺说,给我们一头骡子和40英亩土地。"一位田纳西的自由民附和说:"是的,先生,他们应该将主人土地的一部分分给我们,是我们这

---

[71] Savannah *Weekly Republican*, January 26, 1867; Savannah *Daily News and Herald*, January 21, 23, 27, February 1, 1867; Joseph P. Reidy, "Aaron A. Bradley: Voice of Black Labor in the Georgia Lowcountry", in Howard N. Rabinowitz, ed., *Southern Black Leaders of the Reconstruction Era* (Urbana, Ill., 1982), 281-308; Oubre, *Forty Acres*, 69-70; 40th Congress, 2d Session, House Executive Document 1, 672; Howard C. Westwood, "Sherman Marched —and Proclaimed 'Land for the Landless'", *SCHM*, 85 (January 1984), 49-50.

些贫穷、年老的奴隶创造了我们的主人所拥有的一切。"[72]

如此一来,到1866年时,自由民局定义的"自由劳动"已经完全变味了。自由民局最初实施的双管齐下的劳工政策,即一部分黑人可以自食其力地耕种土地,另一部分则成为白人的雇工,但此刻该局已经没有选择,只能敦促几乎所有的自由民签署回到种植园工作的合同。它曾经拥有的为黑人带来进步、为南部带来繁荣的希望此刻完全转向劳工合同的签署之上。

"合同的法律,"一位在新奥尔良的北部共和党人在1874年写道,"是文明的基础。"合同从表面上看弥合了自由选择与社会秩序的对立,并赋予权威体制光明正大的合法性,即权威的使用必须基于同意之上,而不是压迫的结果。通过自愿签署和遵守合同,种植园主和自由民将发展出自由劳动经济体制的行为与习惯,并逐渐意识到他们在根本利益上是和谐一致的。但回过头看,劳工合同承载了一种完全不现实的重负:一方面的原因在于,在几乎所有的社会中,合同意识形态中所包含的自由选择思想实际上掩盖了经济权力分配上的不平等;另一方面的原因则是,在战后南部,将一个行之有效的合同体制付诸实践存在着难以克服的巨大障碍。当自由民局在1865年接受劳工关系管理的使命时,已经有大量的黑人在由联邦军队军官批准下生成的劳工合同下工作,而这些合同对于黑人来说是极度的不公平,除去提供食物和住所之外,他们所得的工资极其低下或者完全没有,此外,种植园主还

---

[72] Merrimon Howard to O. O. Howard, April 7, 1866, H-104 1866, Letters Received, Ser. 15, Washington Headquarters, RG 105, NA [FSSP A-9113]; Rawick, ed., *American Slave*, 7, pt. 2:147, Supplement 2, 3:877.

允许干预和管理雇工的个人生活。这样,在1866年年初,自由民局特派员发现他们必须执行一项几乎不可能平衡与兼顾的任务。一方面,他们竭力说服自由民放弃黑人很快将要从政府那里获得土地的臆想,并以逮捕为名来威胁那些拒绝签署劳工合同或违约离开种植园的自由民,与此同时,他们又坚持认为黑人有为雇工条件进行自由讨价还价的权利,并也努力为他们争取获得比1865年通行模式更为有利的劳工合同。为了稳定劳动力市场,自由民局官员也将前奴隶们转运到南部那些工资水平最高的地方(这笔转运的费用通常是由自由民自己支付的)。[73]

各州自由民局或各自由民局特派员在多大程度上对劳工合同的规定进行干预或改变,只能是因人因地而异。法律并不要求自由民局审查和批准所有的劳工合同;在有的区域,特派员并不关注合同,而在另外的区域,特派员会尽力要求种植园主将合同送交自由民局审查。有的合同规定在发生歉收时雇工将一无所得,或者规定雇工在做出一些定义不清的冒犯举动时需要交付罚款,包括工作未达到令雇主满意的程度或使用"不恭敬的、粗俗的和不雅的语言",即便如此,有些特派员也会批准这样的合同。更

---

[73] George W. Welch to Benjamin F. Butler, May 19, 1874, Benjamin F. Butler Papers, LC; Mahaffey, ed., "Schurz's Letters", 231; Richardson, *Negro in Florida*, 58-60; George D. Humphrey, "The Failure of the Mississippi Freedmen's Bureau in Black Labor Relations, 1865-1867", *JMH*, 45 (February 1983), 27-28; White, *Freedmen's Bureau*, 122; Robert K. Scott to James L. Orr, January 13, 1866, South Carolina Governor's Papers; Phillips, "Freedmen's Bureau in Tennessee", 113-118; William Cohen, "Black Immobility and Free Labor: The Freedmen's Bureau and the Relocation of Black Labor, 1865-1868", *CWH*, 30 (September 1984), 222-227.

有良心的特派员则会否定那些干预黑人日常生活的合同条款,要求雇主为那些在作物收获之前离开种植园的劳工支付他们至离职之时所挣得的工资。当知道北卡罗来纳州的一位种植园主企图阻止黑人在没有他的允许下辞职离开种植园后,一位自由民局官员教训前者说:"带有这种条款——即地主想要控制劳工的个人自由——的合同,对于自由体制来说,是从来没有听说过的。"几乎所有的特派员都要求种植园主承认,他们使用体罚的权力已经结束,一去不复返了。霍华德最初奉行"自由之人应该在市场的自由竞争中找到自己劳动的价值"的信念,没有要求特派员制定工资标准。然而,在佐治亚州,随着劳工过剩和四处蔓延的乡村暴力的发生,1865年的"自由市场"产生出带有极低工资条款的合同时——工资低到了只有作物收成的十分之一或十二分之一,或月工资仅有2到4美元的水平——该州自由民局主管戴维斯·蒂尔森采取行动,建立起最低工资的规定。[74]

一个棘手的问题随之而来,即如何保证自由民事实上能够获得工资。理论上,劳工合同规定的工资应该准时和诚实地予以支付,否则法院将强制实施对劳工的承诺。但事实上,黑人因为贫困无法聘请律师,或花上12个月或18个月的时间等待法庭的判决,而且也不能指望地方陪审团能够公正地对待自由民。为了弥补和纠正这种情况,自由民局将工资要求视为收获作物的首要留

---

[74] McFeely, *Yankee Stepfather*, 151; Columbia *Daily Phoenix*, July 15, 1865; Edmund L. Drago, *Black Politicians and Reconstruction in Georgia* (Baton Rouge, 1983), 113-114; Paul A. Cimbala, "The 'Talisman Power': Davis Tillson, The Freedmen's Bureau, and Free Labor in Reconstruction Georgia, 1865-1866", *CWH*, 28 (June 1982), 160.

置权,在许多情况下,自由民局特派员会首先扣押收获的作物,在劳工获得他们分成的部分之前,阻止种植园主对其出售或种植园主的债权人将其截获。"我现在截住一百捆棉花,放在这座城市的仓库里,"一位在佐治亚州的特派员在1868年报告说,"这是我为了那些生产棉花的人获得工资而截获的。"[75]

自由民局对劳工关系的监管活动在1866、1867年达到了高潮;此后,联邦权力对监督劳工合同和调解种植园雇主与劳工纠纷的插手越来越少。合同制的目的是为了在混乱无序的战后推动一种稳定,准允商业性农业得以恢复,从这个意义上看,它可以被认为是成功的。但从其他方面看,合同制是失败的。霍华德和他的许多下属认为,工资劳动赋予了北部劳工积蓄并进入独立自立的工匠和自耕农阶层的机会。他们认为,同样的事情也会在南部的黑人农业工人身上应验。然而,即便那些被种植园主看成是高工资的收入连温饱都难以保证,更谈不上积累财富了。"当劳工一个月只挣得15美元时,"一位特派员在1866年写道,"战胜贫困只能是一场永无止境的斗争。"[76]

但更为关键的是,整个合同制在有些方面也违背了自由劳动

---

[75] LaWanda Cox and John H. Cox, eds., *Reconstruction, the Negro, and the New South* (Columbia, S.C., 1973), 348–349; Bethel, "Freedmen's Bureau", 55–56, 76; Thornbery, "Northerners and the Atlanta Freedmen", 244; Jaynes, *Branches Without Roots*, 141–157; 40th Congress, 2d Session, House Executive Document 1, 675; *CG*, 40th Congress, 2d Session, 181.

[76] Davis, *Good and Faithful Labor*, 76–77; May, "Freedmen's Bureau at the Local Level", 5–20; John E. Stealey III, ed., "Reports of Freedmen's Bureau Operations in West Virginia: Agents in the Eastern Panhandle", *WVaH*, 42 (Fall 1980–Winter 1981), 105.

的原则。霍华德在就职之后不久就宣布，劳工合同"应该是自由的、真诚的行为"。但是，当黑人获得土地的机会遭到否决，在拒绝签署合同的情况下会受到军队和自由民局官员的胁迫或遭遇罚款，当他们为争取高工资而举行罢工时会遭到监禁的惩罚时，黑人签署的劳工合同在多大程度上是"自愿"的？北部的无产个人自然也是被迫为了工资而工作，但这种被迫是基于需要之上，而不是基于政府官员的压力之上；而且合同并不阻止他们自由选择离职而去。新奥尔良《论坛报》一遍又一遍地问道，为什么自由民局要求黑人签署一年时限的劳工合同，而在整个文明世界的劳工——包括北部的农业工人——可以随时离开他们的工作？合同制，《论坛报》斥责道，看上去是基于"农业生产的方式需要将劳工与种植园捆绑在一起"的思想。在这种思想指导下，人们也许会设想，即便是最具有同情心的自由民局官员也会认为黑人将构成南部农业劳动力的主力，至少也要延续到市场的自然机制将巨大的种植园划分成小型农场的时候。"今天在南部，除了黑人之外，还有同样多的居无定所的、无家可归的、贫困潦倒、四处游荡、游手好闲的白人，"密西西比州自由民局的主管塞缪尔·托马斯在1865年记述道。但"无所事事的白人"从未被要求签署劳工合同或受到强制被从南部城市驱赶到乡村去——这一事实将自由民局宣示的为自由民争取平等待遇的目标变成了一种嘲弄。[77]

---

[77] Howard, *Autobiography*, 2:222-223; Harold D. Woodman, "Post-Civil War Southern Agriculture and the Law", *AgH*, 53 (January 1979), 319-322; Smallwood, *Time of Hope, Time of Despair*, 53; New Orleans *Tribune*, November 19, December 17, 1865; Jaynes, *Branches Without Roots*, 71-74.

霍华德始终认为，自由民局的政策总的来说，使自由民比他们的雇主受惠更多，尤其是在当地政府对黑人遭遇暴力和受到欺诈时没有为他们提供保护、地方法院在黑人寻求司法救助时对他们不予以公正待遇的情况下。他认为年限劳工合同制只是一种权宜之计，当自由劳动力在南部"站稳脚跟"之后，随着南部对"平等与公正法律的正常实施而获得必要的保护时"，这种制度会逐渐消失。最终如同在北部一样，市场会规范就业。"这种情形，"亚拉巴马州自由民局助理主管韦杰·斯韦恩认为，"将比所有的法律都更有效和更好。"然而，在重建的早期岁月里，自由民局的政策受到诸多因素的限制，包括自由劳动意识形态、作物歉收、市场条件缺乏、恢复南部经济作物生产的目标以及总统的政策等，所以该局这些建构在临时目标之上的决定却对新的经济和社会关系的出现产生了重要的影响，它们关闭了黑人的一些选择，将权力的重心偏移到雇主一边，并帮助备受困扰的种植园阶级获得了喘息和稳定的机会。[78]

部分地因为各州助理主管和地方特派员执行政策的多样化，同代人对自由民局的评价也非常不同。种植园主迅速地利用自由民局政策中的有利之处强迫黑人进行工作——剥夺他们的口粮、强迫他们签署劳工合同——同时在发现当地特派员对他们抱有同情的时候也邀请他们参与解决种植园的雇佣关系纠纷。当查尔斯·劳申贝格 1867 年到佐治亚的卡斯波特担任自由民局特派员

---

[78] Howard, *Autobiography*, 2:221, 247, 307; 39th Congress, 1st Session, Senate Executive Document 27, 60; Nieman, *To Set the Law in Motion*, 53–62, 160–170.

时，发现他的前任在当地白人的眼中"取代了监工和逼迫[奴隶]工作的人的角色"。然而，利用自由民局的政策，并不意味着希望它在南部长期存在下去。"所有人都在理所当然地滥用自由民局"，一位英国大使在 1866 年早期访问过南部之后报告说，这是因为自由民局在诱导黑人签署劳工合同方面着力最多，事实上，无论个别特派员如何实施政策，大多数南部白人将自由民局视为邦联战败的一种象征，一种阻止种植园主回到奴隶制时代、对自由民任意行使权威的障碍。即便是在个别案例中，自由民局的干预加强了雇主的权力，但对于雇主来说，邀请并不相关的第三方来调解纠纷，这一做法本身就已经削弱了他的地位，说明种植园主的权力并不是绝对的。约翰·库茨是来自田纳西中部一个显赫种植园家族的成员，他的写作证实，许多白人将自由民局的存在看成是一种不得不承受的耻辱：

> 在自由民局的特派员……要求公民（前奴隶主）在雇佣他们自己的奴隶时，撰写和签署书面合同……当一个黑人没有得到正常的支付，或者没有受到公正的对待，或雇主没有如实报告事实，一队黑人士兵就会前来追捕冒犯者，他将被押送到镇上，凭黑人的证词在那里受审。上帝啊，这样的事情还要延续多久？

自由民局的批评者一再重复这个主题——当它赋予黑人表面平等的待遇时，自由民局"打击了"种植园劳动力的士气。"人们希望摆脱联邦军队和自由民局的那种迫切心情，"一位美国传教协会的成员在密西西比州写道,"应该让约翰逊总统睁开眼睛,看清楚将两者保留在南部的必要性。"[79]

从他们的角度出发,黑人会主动要求获得自由民局提供的援助,以减少政策或更同情种植园主的特派员所带来的伤害。有的时候,自由民会要求撤换带有敌意的官员,要求任命对他们的理想更抱有同情和支持的官员,有的时候还会要求拥有自我选择特派员的权利。新奥尔良《论坛报》一直在谴责路易斯安那的特派员"除了充当种植园主的卫兵之外其他什么也不是"。但当南部白人要求自由民局撤离南部时,大多数黑人也因为同样的理由对自由民局表现出"极为顽固的忠诚"。约翰·库茨报告说:"许多黑人会告诉白人,'他们与你一样的自由,如果你胆敢糊弄我,我会到自由民局去告发你'。"[80]

直到重建结束,黑人一直坚持认为,"那些让他们获得自由的人将会保护他们的自由"。黑人对这一原则抱有的决心,他们对作为国家责任象征的自由民局的信任,在1866年得到了非常清楚的表现。那一年约翰逊总统派出詹姆斯·斯蒂德曼和约瑟夫·富

---

[79] Cox and Cox, eds., *Reconstruction*, 339-340; Wilbur D. Jones, ed., "A British Report on Postwar Virginia", *VaMHB*, 69 (July 1961), 351; Roark, *Masters Without Slaves*, 154; John F. Couts to Cave Johnson Couts, January 12, 1866, Cave Johnson Couts Papers, HL; Audley Couper to Francis P. Corbin, September 18, 1866, Corbin Papers; John P. Bardwell to Michael E. Strieby, November 20, 1865, AMA Archives.

[80] Sterling, ed., *Trouble They Seen*, 77-78; James M. Smith to Davis Tillson, July 4, 1866, Unregistered Letters Received, Ser. 632, Ga. Asst. Comr., RG 105, NA [FSSP A-5426]; New Orleans *Tribune*, October 31, 1867; *Christian Recorder*, December 1, 1866; John W. Blassingame, ed., *Slave Testimony* (Baton Rouge, 1977), 737-738; McFeely, *Yankee Stepfather*, 3; John F. Couts to Cave Johnson Couts, April 28, 1866, Couts Papers.

勒顿两位联邦将领到南部巡查。约翰逊希望收集民众的抱怨,以此来诋毁自由民局的工作,但在两位将领所巡查的每一个城市,黑人们都举行集会,表达了对自由民局的支持。在弗吉尼亚的诺福克城,一个自由民组成的代表团,其中包括了三名内战老兵,告知两位将领,"当我们还没有被南部白人当成人来对待的时候",终止自由民局的使命是极其愚蠢的举动。在北卡罗来纳州的威明顿,800 名黑人群众涌入了布里克教堂,举行声援自由民局的集会。"如果自由民局被撤销了的话,"一位发言人强调说,"一个黑人将会比现在更明白他哪怕是为黑人权利稍微辩护一下所要付出的代价,他将处于丧失生命的危险之中。"斯蒂德曼将军听了之后感到很震惊,他向聚会的听众问道,如果联邦军队或自由民局不得不撤离的话,他们更希望看到哪一个机构留在南部?整个教堂的每个角落发出的回应都是:"自由民局。"[81]

比德尔上校出生在密歇根州,在威明顿的自由民局担任特派员,他很可能参加了在布里克教堂的这次会议。如果真是如此,他也许从中学到了南部现实生活中的一个道理。大约在一个月前,他在国会重建委员会的听证会上作证,比德尔为南部人不能懂得自由劳动意识形态包含的核心真理——"劳工与资本是相互依存的"——而感到悲哀。即便是种植园主想尽一切办法在各方面限

---

[81] *Christian Recorder*, May 26, 1866; *National Anti-Slavery Standard*, May 16, 1866; Samuel S. Ashley to George Whipple, May 16, 1866, AMA Archives; 39th Congress, 1st Session, House Executive Document 120, 39-43.

制前奴隶们的自由,黑人仍然认为"他们生活在我们种族的敌人中间",自由民局特派员坚信"资本与劳工的利益是相同的"。这种信仰严重地误导了该局对自己身处其中的南部社会的认识。在南部的北部人,新闻记者悉尼·安德鲁斯报道说,深深感到他们"完全不能理解"前主人与前奴隶之间存在的这种"不加掩饰的敌对情绪",以及针对彼此的"直接敌意"。自由民局特派员也不例外。即便是那些对自由民抱有同情的特派员,也认为种植园里发生的斗争是奴隶制遗留下来的一种不讲理性的遗产,但只要种植园主和自由民接受和消化了自由劳动的原则,它就会烟消云散。因此,在这场持续进行的争斗之中,自由民局不是将自己看成是某一方的支持者,用霍华德的话来说,而是力图站在"两个阶级之间",帮助双方承认相互之间有分享的利益,并认识到这种共同利益的所在。然而,南部的"劳工问题"事实上并不只是源自误解,而是源自前奴隶主和前奴隶在各自界定奴隶解放的意义时所产生的不可调和的利益冲突。也许,自由民局的最大失败在于它从来没有真正意识到战后南部的种族对立和阶级冲突所蕴含的深度。[82]

---

[82] 39th Congress, 1st Session, House Report 30, pt. 2:266-267; Jacqueline B. Walker, "Blacks in North Carolina During Reconstruction" (unpub. diss., Duke University, 1979), 58; Robert K. Scott, "Circular to Landlords and Laborers of South Carolina, December, 1866", unidentified newspaper clipping, Reconstruction Scrapbook, USC; Sidney Andrews, "Three Months Among the Reconstructionists", *Atlantic Monthly*, 16 (February 1866), 243; 39th Congress, 1st Session, House Executive Document 70, 157; Howard, *Autobiography*, 2:212-214, 250, 312-313, 423.

经济重建的开始

由此开始,一个新的阶级结构开始成形,取代了被瓦解的奴隶制——这场经济转型不断累积和演变,整个过程一直持续到重建结束很久之后,它最终巩固了一支由前奴隶的后代和白人自耕农组成的乡村无产阶级的队伍,同时创造了一个新的、由种植园主和商人构成的有产阶级,这个阶级自身又听命于北部金融家和企业主的控制。但历史学家必须避免将这些事件发生的过程浓缩和简化为一种事先决定的、直线式的进步。种植园主和自由民两者都将劳工关系看成是一个不断位移的斗争过程,胜利与失败都是暂时的结果,不断的试错也在不断改变各自群体对自身利益的看法。一种新型劳动秩序的安排并非以一蹴而就的方式得以完成,也没有事先决定的结果,正如一位联邦财政部特派员所描述的,"如果这个劳动体制可以被称为是一种新体制的话,它的运转所带来的是无边无际的混乱和充满荒唐的矛盾"。[83]

在南部的有些地区,种植园主在战后早期感到恢复生产几乎是不可能的事情,尤其是在种植甘蔗和稻米的农业王国内,因为当地那些极为富有的贵族家庭的财产都被毁灭殆尽。内战彻底毁坏了昂贵的磨坊和脱粒机加工厂,也破坏了由堤防、运河和河堤构成的规模巨大的引水和排洪工程设施,还彻底中断了劳工体制。

---

[83] Barbara J. Fields, "The Nineteenth-Century American South: History and Theory", *Plantation Society in the Americas*, 2 (April 1983), 22–25; Irving H. Bartlett, ed., "New Light on Wendell Phillips: The Community of Reform 1840–1880", *Perspectives in American History*, 12 (1979), 165.

1865年路易斯安那州仅有屈指可数的几家甘蔗种植园在运转；其余的都处于停工状态，田野里野草丛生，收获的甘蔗量只有1861年的十分之一。在稻米产区，"劳工处于一种无组织的和混乱不堪的境地，生产停止了……强制劳工去水稻田里干活的权力也能被彻底捣毁"。成千的黑人家庭，根据谢尔曼将军的第15号特别战区命令，居住在弃置的产稻土地上，还有无数的其他人占据了被主人放弃的庄园和土地。一场在前主人和前奴隶之间发生的"未经宣战的战争"一直困扰着沿海地区，约翰逊总统下令将土地归还给种植园主，但他的行动并未能终止这场战争。[84]

在那些农业生产得以恢复的地区，五花八门的制度安排在同一地区并存，有的时候甚至在同一种植园里并存。北部旅行家特罗布里奇注意到，在密西西比州纳奇兹附近的20处地产中，至少有10种不同形式的劳工合同。在重建早期，工资支付的方式包括了按月或按年支付的现金工资；在整个劳工队伍中集体进行的或按更小的劳工群体为单位的作物分成；还有其他的由工资和作物分成混合而成的支付方式，此外还有劳动时间分成的体制，在这种制度下，自由民用一部分时间为种植园主工作，另外一部分时间种植自己的土地；还有实物代金和对特殊工作支付现金等方式。威尔莫特·德索塞尔是南卡罗来纳州一个显赫家族的继承人，他在1865年评论说："目前进行的是一种转型过程，谁都不知道它的结

---

[84] Walter Prichard, "The Effects of the Civil War on the Louisiana Sugar Industry", *JSH*, 5 (August 1939), 319-331; Sitterson, *Sugar Country*, 233-234; George A. Rogers and R. Frank Saunders, Jr., *Swamp Water and Wiregrass: Historical Sketches of Coastal Georgia* (Macon, 1984), 162; Strickland, "No More Mud Work", 51.

果会是什么样子。"[85]

然而，在跌宕起伏的矛盾之下，也可以感受到某些颇具规模的制度模式在出现。在南部的大部分地区，尤其是在棉花和甘蔗种植地区，种植园主起初想要恢复内战前常用的结队劳动制*，其特征是对劳工的劳动进行严格的监管，并为确保劳作的稳定进行附加了关于罚款和没收的惩罚性规定。尽管有许多种植园主愿意支付现金工资，这样他们可以随时开除那些不情愿工作的工人，但货币和贷款的短缺则意味着工资的支付只能等到作物收获并出售之后才能完成。更有甚者，大多数的种植园主更愿意将工资支付拖延到年终时进行，这样可以防止劳工在收获季节时辞工而去。这样，在1865年和1866年，大量的劳工合同牵涉到种植园主和大群的自由民之前签署的协定。工资支付的方式通常要么是到年底才支付的"固定工资"，要么更经常的是"分成工资"——一种作物分成的方式，以集体方式支付给工人，由他们再在内部进一步分配，有的时候是根据他们的工作能力来支付的。"全劳力"——能力最强的男人——接受的工资要高于"半劳力"和"四分之三劳力"，而妇女的工资总是低于男性。具有技能的匠人，如铁匠和木匠，通常会签署个人合同，其工资或者是按月支付，或是接受多于田野劳工份额的作物分成。劳工也接受住房的待遇，但通常安排在原来奴隶居住的房屋和区域内，同时也接受食物，但有

---

[85] Trowbridge, *The South*, 391; Cox and Cox, eds., *Reconstruction*, xxvii–xxviii; Ralph Shlomowitz, "The Origins of Southern Sharecropping", *AgH*, 53 (July 1979), 558–562; Wilmot G. DeSaussere to Henry DeSaussere, July 2, 1865, DeSaussere Family Papers.

* gang system，指的是将奴隶们集中起来由监工的管理下从事强制性劳动的体制。这是美国奴隶制下通常采用的两种劳动体制中较为残酷和严厉的一种。另一种是"包干劳动制"（task system），后者允许奴隶有一些管理自己劳动节奏的空间。——译者

的时候，这些食物的花费会在秋收之后的工资支付中被扣除。在1865年的劳工合同中，支付给自由民的分成通常是极低的，有时会低于作物收成的十分之一。[86]

实际上，将工资拖延到年底支付的做法，代表了雇工们向雇主们提供的一种长时段的无息贷款，同时也代表了农业生产风险向自由民方面的转移。这种实践不仅使得工人们在作物歉收时处于身无分文的困境之中，也为种植园主制造欺诈创造了无数的机会，有的种植园主会对低效劳动或其他违规行为施以扣除大额工资的重罚，有的则会向自由民出示提前预支口粮的账单，账单上的金额往往大于种植园主欠发的工资。更糟糕的是，总统重建下的法律往往将交易中间人、银行家和其他贷款给种植园主的人列为所有作物收成的第一债权人，劳工最终得到的是大大缩水的分成，或者是一无所获。这也难怪，正如密西西比州一位名叫威尔默·希尔兹的监工所报告的，黑人期望将"所有卖出的棉花用来支付他们的工资"。一位在佐治亚州自由民局的特派员也观察到，工资分成的合同也引发了其他的"复杂情况、错误的理解……以及各式各样的麻烦"。劳工认为，既然他们承担了农业生产的风险，他们也应该假定拥有决策的权力——决定作物的品种应该如何混合，化肥的使用，棉花的分离和轧制，等等。种植园主则坚

---

[86] Labor Contracts, John M. DeSaussere Papers, USC; Shlomowitz, "Origins of Share-cropping", 566-571; Cox and Cox, eds., *Reconstruction*, 332; Flavellus G. Nicholson Diary, July 16, 1865; Jonathan M. Wiener, *Social Origins of the New South: Alabama 1860-1885* (Baton Rouge, 1978), 35-39; Range, *Century of Georgia Agriculture*, 85.

持认为他们拥有唯一的经营和管理种植园的权力。[87]

"尽管我们拥有先前管理奴隶的绝对权威,"一家南卡罗来纳州报纸在1865年观察说,"两个种族间的妥协是必要的。"在1866和1867年,自由民提出的改善他们经济状况和在他们的劳动生活中获得更大自立的要求,推动了一系列事件的发生,这些事件则从根本上改变了种植园的劳动力体制。意识到分配土地的希望已经破灭,自由民不情愿地同意签署新的劳工合同,但提出改变工资支付的方式。在工资低下或拖延的情况下,他们要求采用作物分成的支付方式;在1866年作物歉收时采用分成支付方式的人经常会在随后的谈判中要求现金支付。有的时候,一个种植园的劳工会以投票表决的方式在现金和作物分成之间进行选择。1867年2月,在一个密西西比种植园,黑人劳工"通过大多数赞成的方式决定采用现金支付来取代作物分成的工资体制"。在大多数的合同中,自由民分享的作物部分从1865年的极低标准,逐渐上升到三分之一甚至一半分成的水平,新的劳工合同中对他们私人生活和个人行为方式的限制也大大减少。[88]

---

[87] Jaynes, *Branches Without Roots*, 24-56, 141-223; Wilmer Shields to William N. Mercer, December 12, 1866, Mercer Papers; 40th Congress, 3d Session, House Miscellaneous Document 52, 122; Lacy Ford, "Labor and Ideology in the South Carolina Up-Country: The Transition to Free Labor Agriculture", in Walter J. Fraser, Jr., and Winfred B. Moore, Jr., eds., *The Southern Enigma: Essays on Race, Class, and Folk Culture*, (Westport, Conn., 1983), 32.

[88] Columbia *Daily Phoenix*, September 15, 1865; Paisley, *From Cotton to Quail*, 26; Wilmer Shields to William N. Mercer, February 13, 1867, Mercer Papers; Brooks, *Agrarian Revolution*, 22-26; Howell Cobb, Jr., to Howell Cobb, January 3, 1866, Cobb-Erwin-Lamar Papers.

与此同时，黑人希望在日常劳动的组织中获得更大自主权的要求，推动了劳动力进行更细分工的趋势。当种植园主能够获得外部资本的时候，他们可以开出较高的月付工资，支付也十分及时。正是因为北部投资的涌入，甘蔗种植园才得以恢复生产。但在1866和1867年，在许多棉花种植园里，由十来个或人数更少的自由民组成的劳工小组开始取代了奴隶制时代的结队劳动制。这些小组一般是由黑人自行组建的，有的时候小组里包括了一个家庭的所有成员，但更多的情况是相互并无血缘关系的人。1866年，林顿·斯蒂芬斯在他位于黑土地带的佐治亚种植园里雇佣了四组自由民结成的劳工小组，每一组获得其耕种作物的一半分成，但要扣除种子、工具和其他物资的费用。在斯蒂芬斯的种植园里，这些小组在一名监工的监督下工作，但在其他地方则由劳工自己选出的一个"管带"或"工头"负责指导劳动。到1867年时，结队劳动制从棉花田野的劳作中完全消失了。"你再也看不到旧时那种大帮的劳工集体劳动的情形了，"一家亚拉巴马的报纸这样报道说，"你能看到的更多的是五到十人组成的小组在地里劳作。"[89]

集中化种植园农业解体的最后一个阶段是分成制的出现。这一体制时常与先前的工资－作物分成制相混淆。在分成制中，单个家庭（而不是自由民组成的大群体）与土地主签署劳工合同，

---

[89] Ralph Shlomowitz, "The Squad System on Postbellutti Cotton Plantations", in Orville V. Burton and Robert C. McMath, eds., *Toward a New South? Studies in Post-Civil War Southern Communities* (Westport, Conn., 1982), 265—280; Linton Stephens to Alexander H. Stephens, December 29, 1865, Alexander H. Stephens Papers, Manhattanville College; Charles Hill to Benjamin G. Humphreys, May 21, 1867, Mississippi Governor's Papers; Kolchin, *First Freedom*, 46.

负责在特定的一块土地上耕种（不是以结队的方式劳作）。一般来说，如果种植园主提供了工具、化肥、劳动牲口和种子的话，分成农保留当年收获作物的三分之一，如果他们佃农自己提供上述一切就会获得一半收成的分成。向分成制的转型在不同种植园里以不同的频率和速度发生，一直延续到1870年代，但在有些地方是在内战结束之后不久就开始出现的。一家南部报纸声称，这种"新制度"于1867年起源于密西西比州，看上去它在皮德蒙特南部山地的小型农场中发展速度要快于那些仍旧希望保留结队劳动制的大种植园。[90]

  对于黑人来说，分成制提供了一个摆脱结队劳动制和免受白人日常监管的机会。对于种植园主来说，这个体制提供了减少劳工监管的费用和困难的机会，与佃农共同承担分成的风险，回避了常年不断的现金和信贷短缺的麻烦。最重要的是，它帮助稳定了劳动力队伍。因为分成农使用的是全家人的劳动力，并因为在种植的作物中带有既得利益而必须要工作到作物收获结束之后。然而，无论它带有何种程度的经济理性，许多种植园主对分成制抱有抵触的态度，将其视为对他们总权威的一种威胁，他们也不认为它是有效的（因为他们相信没有白人的监管，黑人是不会工作的）。作为对双方都不甚满意的妥协，这个体制的准确定义实在是一个争论的焦点。种植园主声称，分成农只是工资劳动力，他

---

[90] Jaynes, *Branches Without Roots*, 141-190; Shlomowitz, "Origins of Sharecropping", 563; Columbia *Daily Phoenix*, May 9, 1867; Ronald L. F. Davis, "Labor Dependency Among Freedmen, 1865-1880", in Fraser and Moore, eds., *From Old South to New*, 157; Ford, "Labor and Ideology", 29.

们必须服从雇主的命令,在年底分成之前,他们对耕种和收获的作物不拥有任何财产权。但分成农自己却不这样认为,正如一个种植园主在1866年所抱怨的那样,他们把自己看成是"作物合伙人",要求耕种必须按照他们的意愿来进行,而且绝不容忍白人的监管。他的结论是,只有一种实施工资劳力并在年底结算的体制,白人才会愿意"依照我们从前的管理方式"与他们签署合同。但恰恰是因为新体制与"我们从前的管理方式"相距甚远,黑人才会选择分成制。[91]

如果说在棉花地里工作的自由民希望摆脱与奴隶制联系在一起的结对劳动模式,那些在水稻沼泽地工作的自由民却力图保留和加强他们熟悉的包干制,这个体制是他们在奴隶制时代享有的部分自立生活方式的基础。"我们希望像过去一样地劳作",一群在南卡罗来纳州水稻种植地区的黑人宣称,为了吸引劳工前来工作,水稻种植园主感到他们必须让黑人"按他们自己的选择,并在不受任何监督的情况下……工作"。有些雇主立下字据,同意以"当地传统的包干制"来组织自由民的劳动,当那些种植园主企图对劳工进行严格的监管时,他们发现自己的努力既是徒劳的,也是危险的。在稻米经济的废墟上和黑人对自立的坚持下,一种新的不同寻常的劳工关系开始出现。一些种植园主干脆将自己的种植园租给黑人耕种,换取一部分作物分成的回报,或者是将土地分给自由民群体,让他们按自己认为合适的方式进行耕种。其结

---

[91] Joseph D. Reid, Jr., "Sharecropping as an Understandable Market Response—The Post-Bellum South", *JEcH*, 33 (March 1973), 106-130; Wiener, *Social Origins*, 66-69; "Fairfield" to James L. Orr, December 14, 1866, South Carolina Governor's Papers.

果之一是，正如玛丽·琼斯（她是一位沿海地区种植园主和牧师的遗孀）所悲叹的，"黑人成了土地的真正主人"。其他人则同意签署一种实施劳工分成制的合同，在合同之下，自由民同意到种植园工作两天，以换取一块土地，他们可以在该土地上耕种自己的作物。在几乎所有的水稻种植园里，黑人继续延续传统的包干制劳作方式，并经常通过打猎、捕鱼和利用自己的余下时间耕种作物的方式来补充收入。[92]

于是，早期重建的斗争为在南部乡村建立新的、多种形式的劳动力体制播下了种子。这些种子以什么方式发芽成长，将不仅仅由南部的农场和种植园来决定，而且也将由在重建战场上发生的地方、州和联邦层面的政治交锋来决定。

---

[92] John S. Strickland, "Traditional Culture and Moral Economy: Social and Economic Change in the South Carolina Low Country, 1865-1910", in Steven Hahn and Jonathan Prude, eds., *The Countryside in the Age of Capitalist Transformation* (Chapel Hill, 1985), 144-146; Labor Contract, May 29, 1867, Edward M. Stoeber Papers, USC; Mary Jones to Charles Colcock Jones, Jr., January 19, 1866, Charles Colcock Jones, Jr., Collection, UGa; Robert M. Myers, ed., *The Children of Pride* (New Haven, 1972), 1366; Foner, *Nothing But Freedom*, 82-87. 关于南部劳动力体制的后续发展，见第八章。

第 五 章

总统重建的失败

安德鲁·约翰逊与重建

乍一看,接替林肯就任总统的人与他的已经成为烈士的前任极其相似。两人出生的日期仅相差两月,早年都处于贫困之中,都没有受过多少正规的教育,但这一缺失却在两者心中都点燃起追求出人头地和功成名就的巨大愿望。林肯的"雄心是一架永不知停息的机器",他的律师合伙人威廉·赫恩登这样评论说;一个熟知安德鲁·约翰逊的人也将他的生活经历描述为"一场激烈的、马不停歇的、带着绝望不停地往上爬的斗争"。在内战前,两人都在物质生活方面获得了极大的成功,温饱无忧,林肯是伊利诺伊州的大公司法律顾问,约翰逊也从一个裁缝铺的学徒工,跻身成为兴旺发达的土地主和手持铁路公司股票的股东。对两人来说,战前政治变成了一条通向权力和受人尊重的道路。

单从政治经验和资历来看,接任总统,无人比约翰逊更有资格。1829 年,他从田纳西州格林维尔市市政议员起步,然后从州议会升至联邦国会,从政的步伐几乎没有停止过;他当过两届州长，1857年进入国会参议院。在从无名之辈晋升到政治精英的成功榜上，约翰逊甚至比林肯更为耀眼。无论是在华盛顿的口若悬河，还是在田纳西乡野的语无伦次，他的讲话始终充满了对"诚实自耕农"的颂扬和对"奴隶主统治"——一个"被宠爱的、自我膨胀的和腐败透顶的贵族体制"——的痛斥。他战前政治生涯的亮点与推动税收财政支持的公共教育联系在一起，这一改革在他任州长时变成现实，他在参议院内锲而不舍地推动的另外一个议题是宅地法的改革。[1]

约翰逊虽然长期担任不同的公职，但除了教育立法之外，他在政治上的实质性成就可谓乏善可陈。一部分原因来自那些最终毁灭其总统生涯的特质。如果说，早期的贫困和为获得成功而进行的艰难奋斗，练就了林肯身上的智慧、政治技能和对他人意见的敏感与关注，同样的奋斗经历却使约翰逊的人格走向极度的自我封闭。表面上，约翰逊是一个享有盛名的公众演说家，但在私下里，他却是一个热衷于孤芳自赏、内心极为孤独的人。他几乎没有任何朋友，也从不与任何人做推心置腹的交谈。海军部长吉迪恩·威尔斯对约翰逊的重建政策表示坚定的支持，但认为自我封闭是总统的最大弱点："他没有，也从不寻求自己信任的人"，他的重大决定似乎都是在没有"与任何人商量"的情况下做出的。

---

[1] Richard Hofstadter, *The American Political Tradition* (New York, 1948), 93; Oliver P. Temple, *Notable Men of Tennessee from 1833 to 1875* (New York, 1912), 466; Leroy P. Graf and Ralph W. Haskins, eds., *The Papers of Andrew Johnson* (Knoxville, 1967-), l: xix-xxix, 2: xviii-xxix, 3: xvii-xxi; James E. Sefton, *Andrew Johnson and the Uses of Constitutional Power* (Boston, 1980), 1-57, 104.

没有人会怀疑约翰逊的个人勇气,但在他早期的生涯中,一些其他的个人特质也暴露出来,包括固执己见,不容异见,缺乏妥协的能力等。作为州长,约翰逊未能有效地与州议会共事;作为军管州长,他未能成功获取公众对执政当局的支持。他虽然并非一个政治新手,但在突然成为总统之后,发现扮演这个角色需要善用战术,拥有灵活性,并对公众舆论保持一种明察秋毫的敏锐,然而这一切都是他缺乏的。[2]

"安德鲁·约翰逊是白宫主人中最为奇怪的人",一位同代人评论道,他的总统生涯终将是像一种不解之谜,人们似乎也可以这样预测。当他在1865年4月15日就职时,他先前的生涯令许多人相信,他将实施一项能够给战败的南方带来深远影响的重建政策。约翰逊在1864年宣称道:"叛国必须被视为是一种无耻行为,叛徒们必须受到严惩,令其终身穷愁潦倒。"同年,他把自己比喻成要将黑人带领到自由应许之地的"摩西"。"当时就有人认为,"约翰·谢尔曼后来回忆说,"约翰逊总统将过于严厉的条件强加于南部州身上,他是要犯错的。"[3]

激进共和党人与林肯之间曾长期保持一种半合作、半对立的关系,他们对此一直不满,所以他们最初将约翰逊的接任视为一种天赐良机。林肯尚在弥留之际,一群激进派国会议员已经与即

---

[2] Howard K. Beale, ed., *Diary of Gideon Welles* (New York, 1960), 3:190; Graf and Haskins, eds., *Johnson Papers*, 1: xxi; 2: xxvi–xviii; 5: xxiv; Albert Castel, *The Presidency of Andrew Johnson* (Lawrence, Kans., 1979), 2–6; Eric L. McKitrick, *Andrew Johnson and Reconstruction* (Chicago, 1960), 85–89.

[3] Shelby M. Cullom, *Fifty Years of Public Service* (Chicago, 1911), 143; John Sherman, *Recollections of Forty Years in the House, Senate and Cabinet* (Chicago, 1895), 1:359.

将上任的新总统见面。"约翰逊,我们对你有信心,"参议员本杰明·韦德宣称。"上帝保佑,现在让政府运转起来已经没有问题了。"总统对此回答道,"我的立场是……叛国是一宗罪,是罪就必须要受到惩罚。"激进派听后兴奋不已。其中一人宣称:"我相信,只要林肯是有用的,全能的上帝就会让他留任,然后为完成工作,上帝换上了一个更能干的人来取代他。"[4]

尽管约翰逊再三讲到要惩罚叛国者(他在4月里对来访白宫的人不停地重复这样的单调言语),也有韦德这样的人对此大加赞赏,但在1865年春,无论是对南部的报复心理,还是精心设计的重建计划,都不是区分激进主义的标志。在林肯去世的时候,激进主义的定义是对将黑人选举权作为重建必然结果这一目标的坚持。在林肯遇刺逝世之后的几周内,激进派领袖人物密集地与新总统见面,就此向他施压。最为坚持不懈的是查尔斯·萨姆纳,他从4月中旬到5月中旬,几乎每天都要在约翰逊耳边"重申"那个与他个人的政治生涯密切联系在一起的主题——"将正义赋予有色人种种族"。萨姆纳相信,他与约翰逊在黑人选举权问题上的意见是基本一致的。正如萨姆纳所理解的,最高法院首席大法官蔡斯5月初的南部之行是在与总统的会谈后进行的,目的是劝说南部白人,赋予黑人以参与选举的权利。蔡斯的南巡其实变成了一次单枪匹马的为黑人选举权奔走呼吁的行动,当他鼓动这项政策的时候,他会不失时机地补充说,他并不代表"政府"。尽管

---

[4] "George W. Julian's Journal—The Assassination of Lincoln", *IndMH*, 11 (December 1915), 335; George W.Julian, *Political Recollections, 1840 to 1872* (Chicago, 1884), 256-257; Zachariah Chandler to Mrs. Chandler, April 23, 1865, Zachariah Chandler Papers, LC.

如此,他的许多黑人听众却对此印象深刻。"人们关心的不是因为他说的是什么,而是说话的人是谁……,"一位听众评论说,"他的话中有话。"(他也许没有多想为何首席大法官要特别强调"政府"一词。)[5]

一直到5月,用萨姆纳的话来说,激进派都认为约翰逊是"黑人的真诚朋友,为了他们将采取果断的行动"。然而,在现实中,约翰逊既不分享激进派关于扩张联邦政府权力的设想,也不分享其为黑人的政治平等而奋斗的决心。尽管他在担任军管州长时期曾放手行使权威,但他始终奉行的却是有限政府的理念,并坚持对宪法权力做狭义的解释。在国会,他提出过削减政府工作人员工资的立法,曾投票反对为饥饿所困的爱尔兰提供援助,甚至反对国会拨款清扫首都华盛顿的泥泞街道。他的民族主义情结达到了近似狂热的程度,但一点也不与他对州权的尊重相矛盾。这些州权在他看来,并不包括退出联邦的权利;1861年时他曾坚持认为州没有退出联邦的权利。他始终坚守这一立场。"叛国者"个人则将受到惩罚,而且是严厉的惩罚,但州却从来没有从法律上退出过联邦,或者从来没有放弃过管理自己内部事务的权利。[6]

[5] Graf and Haskins, eds., *Johnson Papers*, 7:583, 610-614, 630-632, 655; Julian, *Political Recollections*, 263; Edward L. Pierce, ed., *Memoir and Letters of Charles Sumner* (Boston, 1877-1893), 4:241-246; Charles Sumner to Henry L. Dawes, June 25, 1865, Henry L. Dawes Papers, LC; James E. Sefton, ed., "Chief Justice Chase as an Advisor on Presidential Reconstruction", *CWH*, 13 (September 1967), 242-264; Whitelaw Reid, *After the War: A Southern Tour* (Cincinnati, 1866), 83.

[6] Charles Sumner to John Bright, April 24, 1865, Add. Mss. 43,390, f. 222, John Bright Papers, British Museum; Michael L. Benedict, *The Impeachment and Trial of Andrew Johnson* (New York, 1973), 4; Sefton, *Johnson*, 105.

逻辑上，卡尔·舒尔茨后来评论说，约翰逊掌握了"一个理由充足的例子"——退出联邦遭到了彻底否定，州的数量都保留完好无损，重建意味着迅速恢复它们全部的宪法权利。但国家面临的形势，与约翰逊的推理并不吻合。"说它们没有权利退出，它们就不能退出，"加利福尼亚的铁路大亨利兰·斯坦福宣称说，"在我看来，这种说法没有什么道理，这等于说，一个人因为没有谋杀的权利，所以不能谋杀一样。一个人参与了谋杀，这是一个不能抵赖的事实。"十一个南部州举兵对联邦发动了战争，卡尔·舒尔茨向总统指出了这一点，这是"宪法没有预料到的情形"。如同先前的林肯一样，约翰逊的重建计划对南部州的回归强加了一些限定条件，包括不可逆转的废除奴隶制。但这是否意味着各州也就牺牲了一些传统的权利？正如撒迪厄斯·斯蒂文斯说的，"行政部门如何在联邦内重新塑造州，这实在是超出了我过去的一切理解与想象"。如果约翰逊真的拥有任命临时州长、为联邦的统一设置条件的权力，激进派坚持认为，他也有权对选民资格做出规定。在这方面，激进派与约翰逊之间在1865年春的分歧更多的是一种政策分歧，而不是一种宪法原则的分歧：黑人选举权是否应该成为南部回归联邦的一个必要条件？[7]

约翰逊的人生经历，从来没有为他要迈出如此跌宕起伏、无

---

[7] Carl Schurz, *The Reminiscences of Carl Schurz* (New York, 1907–1908), 3:219–220; Leland Stanford to Cornelius Cole, February 9, 1867, Cornelius Cole Papers, University of California, Los Angeles; Carl Schurz to Andrew Johnson, June 6, 1865, Thaddeus Stevens to Johnson, May 16, 1865, Andrew Johnson Papers, LC; Samuel S. Cox, *Three Decades of Federal Legislation* (Providence, 1885), 379–380.

迹可寻的一步做好准备。战前，他是5名奴隶的主人，作为军管州长，曾真诚地拥抱奴隶解放的政策，但他对奴隶制的谴责几乎仅限于在对其带来的首恶——种族混合——进行偏执狂般的声讨，而对自由民的公民平等和政治参与只字不提。更为糟糕的是，如同伊利诺伊州国会众议员伊莱休·沃什伯恩在1865年时一针见血地指出的，"我有理由相信，约翰逊总统对非洲人种族抱有一种无法克服的偏见"。三年之后，总统的私人秘书威廉·穆尔上校在他的日记中写道，总统"有时会展示一种带有病态的苦恼，对黑人表现出极度的厌恶"。当看到"一些身材粗壮的黑人在白宫的院子里干活"，总统会"立即询问是不是所有的白人都下班回家了"。在他1867年12月送至国会的年度咨文中，他坚持认为，"比起其他种族的人来说"，黑人更不具备"为政府工作的能力。任何形式的独立政府在他们的手中从来没有成功过。相反，任何时候只要任其放任自流，他们就会连续不断地展现出一种堕落的趋势，重新回到野蛮人的地位之中"。此话也许是出现在美国政府总统文献档案中的一段最赤裸裸的种族主义话语。约翰逊接着警告说，黑人选举权将"给这个大陆带来一种前所未有的暴政"，但令人费解的是黑人何以能够将比动产奴隶制更残暴的制度强加于人。[8]

---

[8] John Cimprich, "Military Governor Johnson and Tennessee Blacks, 1862-1865," *THQ*, 39 (Winter 1980), 469; Graf and Haskins, eds., *Johnson Papers*, 7: liii, 251-253, 281-282; J. Weldon to Elihu B. Washburne, August 21, 1865, Elihu B. Washburne Papers, LC; Col. William G. Moore Diary (transcript), April 9, 1868, Johnson Papers; James D. Richardson, ed., *A Compilation of the Messages and Papers of the Presidents 1789-1897* (Washington, D.C. 1896-1899), 6:564-566.

1865年，随着种族政策开始成为重建争议的一个焦点，约翰逊采取行动，企图改变他对自由民的命运漠不关心的形象。8月，他建议密西西比州州长威廉·沙基将选举权赋予有文化和有财产的黑人；这样做的结果是，"那些狂热鼓吹黑人选举权的激进派"将被"彻底击溃"。这段话与林肯在1864年建议路易斯安那州赋予黑人选举权的谈话形成了天壤之别的对比。林肯追求的是黑人选举权所包含的正义价值，他也善于做幕后工作，对那些赞成自己观点的人予以不动声色的支持；而约翰逊对黑人选举权提出的建议，用一个亲联邦的南部人的话来说，"不过是将其当成一种政策"。10月，在与马萨诸塞州废奴主义者乔治·斯特恩斯的交谈中，总统在这个问题上走得最远，甚至提到，如果是他在主持田纳西州的重建，他会赞成将选举权赋予那些受过教育、拥有财产的黑人以及参加过内战的黑人士兵。尽管如此，约翰逊从未放弃他的两条底线，即联邦政府无权将黑人选举权的政策强加于各州，黑人地位的问题决不能成为阻挡快速完成重建的障碍。[9]

"南部必须只能由白人单独来管理，"约翰逊在1865年对加利福尼亚参议员约翰·康内斯这样说道。约翰逊对黑人抱有的偏见时常被认为是来自他身为"贫穷白人"的出身与成长经历，也来自他作为南部自耕农人群代言人的自诩。如果这样的理由并不

---

[9] Edward McPherson, *The Political History of the United States of America During the Period of Reconstruction* (Washington, D.C., 1875), 19-20, 49-50; Daniel R. Goodloe, "History of Provisional Governments of 1865", manuscript, Daniel R. Goodloe Papers, UNC; Dan T. Carter, *When the War Was Over: The Failure of Self-Reconstruction in the South, 1865-1867* (Baton Rouge, 1985), 29-30.

意味着贫穷白人要比其他阶级的南部白人带有更根深蒂固的种族主义态度,这种说法在很大程度上是真实的。约翰逊曾与田纳西州以及南部的种植园主贵族阶层进行过漫长的斗争,并且始终认为南部贫穷白人是被迫卷入退出联邦活动之中的。在田纳西州州议会担任议员期间,他曾支持实施一种"以白人人口为基础"的代议制体制,以阻止奴隶主从其拥有的奴隶人口财产中获取政治权力的利益;他也曾提出田纳西东部地区单独建州,从而将这一地区的自耕农从"奴隶主权势"的奴役之中解放出来。他似乎相信,邦联的战败摧毁了"奴隶主专制"的统治,为南部忠于联邦的白人自耕农提升自己的政治地位和影响带来机会。在他对重建后南部的设想中,没有自由民扮演的角色。1866年2月,他在白宫会见来访的一个黑人代表团时,曾建议黑人应该移民到其他国家去。[10]

在他总统任期内,约翰逊始终抱有一种观点,即奴隶在某些方面成为了他们主人的共谋,两者联合起来对不拥有奴隶财产的南部白人施加压迫。这种观点在南部自耕农人口中甚为流行。"黑人与他的主人合为一体,将[穷苦]白人置于奴隶制的压迫之中,"他对一个黑人代表团这样描述自己的观点,"剥夺了他们在南部富饶土地上进行公平的劳动和生产竞争的权利。"他认为,在奴隶制的影响下,黑人将与前主人站在一起,看不起贫穷白人,而后者则也将对自由民充满恐惧和蔑视。如果赋予黑人以选举权,其

---

[10] Charles Nordhoff to William Cullen Bryant, February 21, 1867, Bryant-Godwin Papers, NYPL (recounting a conversation of 1865); Graf and Haskins, eds., *Johnson Papers*, 1: xxvi; McPherson, *Political History*, 49–56.

结果很可能是,黑人与种植园主阶级联合起来,恢复奴隶主权势的寡头统治,同时将自耕农阶层排除在政治权力范围之外。正如约翰逊在与斯特恩斯的谈话中所描述的,"黑人将与他们的前主人站在一起投票,他不会憎恨前主人,反而会憎恨不曾拥有奴隶的白人"。(在2月的白宫采访中,弗雷德里克·道格拉斯曾提出一种不同的政治想象,即组成一个由自耕农和自由民等"南部穷人构成的政党",但这样的可能似乎根本无法引起约翰逊的兴趣。)[11]

直到1865年5月底,约翰逊才将重建计划公之于众。人们记得,早在4月14日,战争部长斯坦顿在内阁会议上提出了在南部部分地区实施军管的公告草案。两天之后,林肯已经遇刺身亡,约翰逊入主白宫,内阁成员再次简短地讨论了军管公告的修订版本。当天晚上,一群具有影响力的共和党议员约见斯坦顿。查尔斯·萨姆纳和众议院议长斯凯勒·科尔法克斯强调说,如果重建计划中不包括黑人选举权,自由对于黑人来说只会是"一场嘲弄"。斯坦顿担心,在重建中实施黑人选举权有可能带来共和党的分裂,但这次会面显然改变了他原来的想法,他随后修订了军管公告,加入了新的条款,规定在组建民选政府时机成熟的时候,所有的"忠诚公民"将享有选举权。5月8日,内阁会议再次讨论重建问题,黑人选举权很快成为唯一具有争议的主要问题。争论持续进行了两天之久;最后内阁分成了势均力敌的两派,由威尔斯、内务部长约翰·厄舍和财务部长休·麦卡洛克组成的一派

---

[11] Philadelphia *Press*, July 18, 1865; McPherson, *Political History*, 49–56.

坚持将选举权的行使限制在白人范围之内；而斯坦顿、总检察长（1870年后改称司法部长）詹姆斯·斯皮德和邮政总监威廉·丹尼森等支持黑人选举权的提议。内阁最重要的成员——国务卿苏厄德缺席会议，他在林肯遇刺的同一天晚上也遭到袭击，此刻正在疗伤。[12]

在整个讨论过程中，约翰逊始终保持沉默。但在内阁对重建军管方案进行表决的那一天，他批准了对四个南部州政府的认可，这四个州政府（阿肯色、路易斯安那、田纳西和弗吉尼亚）都是在林肯政府的指导下进行重建的，都没有将选举权赋予黑人。然而，更令激进共和党人感到有不祥之兆的是约翰逊对此刻在路易斯安那州发生的事件的回应。该州州长迈克尔·哈恩因当选联邦参议员辞去州长职位，接替他的詹姆斯·麦迪逊·威尔斯。威尔斯是一名甘蔗和棉花种植园主，不仅生意做得兴隆，富裕发达，而且在战前还拥有将近一百名奴隶。威尔斯对联邦的忠诚是无可非议的——他曾在内战中组建了一支武装力量对路易斯安那州的邦联军队进行打击骚扰——并带着激进共和党人的响亮名声进入政治。然而，在战争即将结束之际，他对政治情势盘点之后，意识到战败之后回到路易斯安那州的邦联士兵及其支持者将在数量上大大超过他的政权中的白人忠诚分子。为了迅速扩展自己的政

---

[12] Beale, ed., *Welles Diary*, 2:291; Benjamin P. Thomas and Harold M. Hyman, *Stanton: The Life and Times of Lincoln's Secretary of War* (New York, 1962), 402–404; Albert Mordell, ed., *Civil War and Reconstruction: Selected Essays by Gideon Welles* (New York, 1959), 194–195, 200–201, 212–213; Charles Sumner to Henry L. Dawes, June 25, 1865, Dawes Papers.

治底盘，威尔斯开始全面改朝换代，将班克斯将军任命的官员全部撤换，空出的职位由亲联邦派中的保守分子和前邦联老兵担任，而这些人希望推翻1864年的自由州州宪法。[13]

正如他的亲密盟友后来解释的，威尔斯建议用一个由"反叛前旧政党的代表组成的联盟来取代[重建时期组建的]自由州党，因为这些人具有无可置疑的品质，年富力强，拥有举足轻重的社会地位，接受过正规教育"。对许多联邦的支持者来说，他的这种做法无异于让旧秩序卷土重来。当他在4月底返回路易斯安那州时，班克斯将军废除了威尔斯的任命，并发出警告说，威尔斯州长的行动将"使在旧奴隶主体制中掌权的人重新获得权力"。该州立法机构的一位议员致信约翰逊总统说，威尔斯与"贵族领袖们"走得过近，而后者"曾用欺骗手段……将穷人带入反叛之中"，并希望"以新的名义让奴隶制死灰复燃"。但约翰逊对此类呼吁表现得十分冷淡。5月17日，他反而将班克斯解职，确认了威尔斯的任命权。约翰逊的做法事实上扼杀了由林肯和班克斯所创立的、处在起步阶段的路易斯安那自由州体制。[14]

约翰逊的重建计划最终于1865年5月29日通过两份总统文

---

[13] Thaddeus Stevens to Charles Sumner, May 10, 1865, Charles Sumner Papers, HU; Walter McG. Lowrey, "The Political Career of James Madison Wells", *LaHQ*, 31 (October 1948), 995–1034; Peyton McCrary, *Abraham Lincoln and Reconstruction: The Louisiana Experiment* (Princeton, 1978), 309–312, 354–355.

[14] Hugh Kennedy to Andrew Johnson, September 7, 16, 1865, Johnson Papers; LaWanda Cox, *Lincoln and Black Freedom: A Study in Presidential Leadership* (Columbia, Mo., 1981), 135–139; Nathaniel P. Banks to Montgomery Blair, May 6, 1865, Blair Family Papers, LC; R. L. Brooks to Johnson, May 5, 1865, Johnson Papers.

告得以公布。第一份文告宣布对那些曾参与反叛但已经宣誓效忠联邦，并承诺支持奴隶解放的人予以大赦和罪行赦免，恢复他们原先拥有的除奴隶之外的所有财产权。没有包括在大赦和豁免范围之内的14类南部人——尤其是前邦联政府的官员和拥有2万美元税收价值财产之上的人——必须以单独方式向总统提出得到特赦的请求。与此同时，约翰逊任命威廉·霍尔登为北卡罗来纳州临时州长，指示他召开州制宪大会，修订该州的战前宪法，以保证创立一个"共和政体"，从而使该州恢复在联邦内的应享权利。那些被排除在第一份文告规定的大赦范围之外的人将不得参与州制宪大会代表的选举，但除此之外，该州在退出联邦行动发生之前（此刻选举权被限制在白人范围之内）所实施的选民资格将即刻恢复生效。内容相似的总统重建命令随之将对前邦联的其他州发布。

5月发布的总统文告似乎反映了约翰逊长期追求的目标，即要摧毁"奴隶主统治体制"的政治和经济寡头统治，提升南部亲联邦的自耕农阶层的政治地位。的确，尽管约翰逊口口声声地说，他的重建政策不过是林肯政策的延续，但在几个关键方面，他的重建计划毫无疑问地体现了他的政治意图。一方面，在他去世之前，林肯的态度已经非常明朗：他希望一部分南部黑人获得选举权；另一方面，林肯从未打算将约翰逊计划中所包含的如此大量的南部白人排除在总统大赦的范围之外。文告中关于2万美元价值财产的限定等于将前邦联的经济精英排斥在重建进程之外，不允许他们发表意见，这样的规定从而也赋予约翰逊的重建文告一种极为严厉的口吻，这与林肯关于重建的所有政策声明所持的立场都是相悖的。[15]

在 1864 年的"摩西"谈话中,约翰逊曾经提到将大宗地产予以没收、分割并出售给"诚实的自耕农"的可能。在就任总统之前,他也曾谈论对反叛领袖进行严惩并在经济上致其衰败,摧毁他们的"社会权力",用"富有的叛徒"的财产对联邦支持者的战时损失实施补偿等。纽约《世界报》曾预测,约翰逊可能会因为这种"偏执狂"而强力实施《敌产没收法》,分解大型种植园,以"创造小自耕农组成的社区"。无论约翰逊是否真的有过如此的政策,许多人在 1865 年 5 月时已经相信,他希望用 2 万美元价值财产的规定"将那些家伙晾在天寒地冻之中",而让自耕农的代表来主持南部重建的大业。其他人则认为,约翰逊启用个人申请特赦的做法,并不是为了惩罚"奴隶主统治体制",而是为了强迫其支持他的重建方案。一旦这个阶层接受了赦免,它也得到了随之而来的联邦政府对其财产权的承认,富有的南部人也将利用他们的政治影响力为约翰逊政府站台。约翰逊计划的真实意图将取决于这个 2 万美元财产的规定究竟是一种对"奴隶主统治体制"的全面攻击,还是一种为总统利用南部旧精英势力为自己建构政治支持的变通之计。[16]

后一条道路具有很大的吸引力,尤其是考虑到它将为约翰逊

---

[15] Richardson, ed., *Messages and Papers*, 6:310–314; Castel, *Johnson*, 27–29.
[16] Graf and Haskins, eds., *Johnson Papers*, 7:251–253, 543–546; William D. Foulke, *Life of Oliver P. Morton* (Indianapolis, 1899), 1:440–441; New York *World*, April 25, 1865; [William W. Holden] *Memoirs of W. W. Holden* (Durham, 1911), 55; Raleigh *Standard*, June 5, 1865; James G. Blaine, *Twenty Years of Congress* (Norwich, Conn., 1884–1886), 2:73–75.

自己的连任做出贡献，作为一个拥有极强政治野心的人来说，约翰逊不可能没有想到这一点。两位在他之前因为偶然事件而入主白宫的副总统所创造的先例并不令人感到乐观。约翰·泰勒将选举他的辉格党人得罪殆尽，转向支持民主党，牺牲了自己的政治影响力，结果是背负了奸诈与无能的骂名。米勒德·菲尔莫尔没有获得连任的提名。约翰逊自身的情况更为复杂，共和党在内战前的南部各州基本上并不存在。因此他在政治上必须保持北部共和党大多数的支持，赢得温和派民主党人的同情，并同时要在南部建构起一支跟随自己的政治力量。如果总统重建获得成功的话，约翰逊有可能创造一种战无不胜的政治联盟，不仅能够重新联合南北，为自己赢得辉煌的连任选举，而且还能决定美国政治在未来一代甚至数代人时段内的走向。

　　黑人当然会永远被排斥在公民群体的范围之外。一位来自田纳西州的联邦拥护者在战时曾遭遇了被迫离家的经历，此刻他指出约翰逊计划的矛盾之处："你说你信仰民主政府，尊奉忠诚人民的同意。但是你却不敢承认黑人拥有投票权所具有的实际效果。你是诚实的吗？"在他生命的最后日子里，林肯会对未来的变化打开希望之门，承认一部分黑人可以成为美国政治民族中的成员。而约翰逊提出的建议——在没有总统的命令和指导下，各州也许[在对待黑人选举权的问题上]采取主动措施——却是极不真诚的，因为自从联邦政府建立以来，无论是在南部还是在北部，没有一个州将政治权利的享有扩展到黑人群体。对于自由民来说，形势已经非常清楚，正如有人在多年之后的回忆中所说的，"林肯的遇刺让事情开始变得糟糕起来"。[17]

创建南部的新政府

尽管它们之间存有分歧,但所有的北部提出的重建方案都分享一个共识,即南部的政治权力必须由忠诚于联邦的人来掌握。然而,什么样的忠诚才是真正的忠诚呢?至少从法律上讲,当众诵读"铁定誓言",即当众发誓证明自己从未自愿地参与支持邦联的行动,成为界定一个人是否忠于联邦的方式。能够达到这个严苛要求,并因为坚守这一原则而时常在内战中饱受摧残的人,会被认为是"无条件的"联邦拥护者,他们因此希望从重建中收获政治回报。这些人此刻已经在马里兰州、西弗吉尼亚州、密苏里州、阿肯色州和约翰逊的家乡田纳西州掌握了政权。居住在北卡罗来纳州山地和皮德蒙特北部地区的联邦拥护者也已经为掌握政治做好准备;但在南部的其他地方,无条件的联邦拥护者仅仅是少数,并被当地大多数的白人鄙视为"托利党人"和叛徒。"这里北部人所理解的忠诚那个词根本就不存在,"一位联邦军官1865年夏天从路易斯安那州报告说。无论他们是否受到"奴隶主势力"的欺骗,在18岁到45岁的南部白人男性人口中,有四分之三的人都曾在不同时候在邦联军队中服役过。正如怀特劳·里德在南部旅行时所观察到的,一个"强大的联邦党"在当地根本

---

[17] Joseph Noxon to Andrew Johnson, May 27, 1865, Johnson Papers; George P. Rawick, ed., *The American Slave: A Composite Autobiography* (Westport, Conn., 1972–1979), Supplement, Ser. 1, 1:257.

就不存在,"在一个共和政体的国家中,一个效忠于联邦的少数派究竟能够有多长时间的统治,还有待于观察"。[18]

另外一种对联邦忠诚的界定则强调个人在退出联邦的危机发生时候的立场变化。有一大批南部白人在1860至1861年的冬天反对分解联邦的行动,但当战争来临之后,他们就"随大流"站到了各州的立场上。"我原本是支持联邦的,"E. F. 基恩宣称,"并一直反对退出联邦,可以说是在弗吉尼亚州这样做最久的人。"但当他的州宣布退出联邦之后,基恩和数千名像他一样的人都加入了邦联军队。这样的人要求被界定为是"联邦的人",对给他们贴上退出联邦的人或叛徒之类的标签非常愤怒和反感。甚至南部邦联战时的副总统亚历山大·斯蒂芬斯也把自己划为佐治亚州的"联邦因素"的一部分。根据这个定义——战争开始时是反对退出联邦的,在战争结束时愿意"接受现实"的,而中间发生的一切均可非常方便地予以忘却——来划分,几乎所有的南部人都可被视为"忠诚者",因为在1865年很难在南部找出一个"原始的要求退出联邦的人"。一个联邦官员寻思道,既然所有人都宣称自己是联邦拥护者并只是"跟随州"的意志而行动,那佛罗里达州退出联邦的事实又是如何发生的?1865年因"拥护联邦"的界定所产

---

[18] Harold M. Hyman, *A More Perfect Union: The Impact of the Civil War and Reconstruction on the Constitution* (New York, 1973), 176-177; Sarah W. Wiggins, *The Scalawag in Alabama Politics, 1865-1881* (University, Ala., 1977), 9; C. E. Lippincott to Lyman Trumbull, August 29, 1865, Lyman Trumbull Papers, LC; Emory M. Thomas, *The Confederate Nation 1861-1865* (New York, 1979), 155; Reid, *After the War*, 20, 298-299.

生的差距巨大的定义也导致了南北之间的大量误解。南部白人认为，尽管那些反对退出联邦的人曾经担任过邦联政府的高级军事或民事官员，但选举他们担任新政府的公职，是满足了"组建忠诚政府"的要求的。但对于无条件的联邦拥护派和北部共和党人来说，这些人对联邦的背叛程度一点也不逊于那些策划退出联邦活动的人。[19]

声称反对退出联邦的南部联邦派中的大多数是前辉格党人。作为一个政治组织，辉格党早已死亡，但其意识形态却在许多南部人的心中存留下来，正如他们中的一员事后所回忆的，他们希望在战争结束的时候"掌控时局"。将前辉格党的追随者激活，并将他们吸收到共和党内来，这样的想法曾影响了林肯重建计划的制定，也曾诱发北部政客的期望，这群期待一直到19世纪70年代中期为止。然而，"持久的辉格派"究竟达到什么程度一直是一个问题。奴隶制问题事实上已经导致了该党生命的终止。威廉·G. 布朗洛是田纳西州狂热的辉格党人，他曾在1860年宣称，"只有当太阳在半夜升起……鲜花失去了它们的芳香……维多利亚女王因一个来自堪萨斯法庭的判决而同意离婚的时候"，他才会加入民主党。但是就在那一年，大多数的南部辉格党领袖已经加入民主党阵营中。事实证明，他们对退出联邦行动的反对是"令人

---

[19] 39th Congress, 1st Session, House Report 30, pt. 2:165; *The Debates and Proceedings of the Constitutional Convention of the State of Virginia* (Richmond, 1868), 256; Myrta L. Avary, ed., *Recollections of Alexander H. Stephens* (New York, 1910), 524; 39th Congress, 1st Session, House Report 30, pt. 2:212; Joe M. Richardson, *The Negro in the Reconstruction of Florida 1865-1877* (Tallahassee, 1965), 2.

震惊的微弱",他们几乎全都站到了邦联一边。[20]

　　但有一件事情是清楚的：1865年时，无论是无条件的联邦拥护者、老派辉格党人或任何反邦联的人，南部联邦派中的所有人并不必然地愿意看到获得解放的自由民与白人平起平坐，享有同等的公民和政治权利。发生在马里兰、田纳西、路易斯安那和密苏里等州的事件表明，那里的战时联邦派对黑人选举权的支持相当有限。对他们中间的大多数人来说，重建是为了惩罚"反叛者"，而不是为黑人创造权利。战争结束之后，北卡罗来纳州联邦派召开会议，并通过了一系列的决议，但他们关心的议题全都集中在如何让"始终"忠于联邦的人得到公职任命，以及如何严惩退出联邦运动的领袖人物。内陆地区的联邦派十分看重地方自治的传统，对黑人士兵组成的联邦军队和自由民局的特派员十分反感。他们同时也分享约翰逊总统的观点，认为如果黑人获得选举权，一定会在投票时与前主人同流合污，因此他们似乎急切地希望将自由民全部从本州赶出去。"在反叛者和黑人之间，很难说清楚他们究竟更恨谁，"布朗洛对一位来访者这样评论说。[21]

---

[20] Thomas B. Alexander, "Persistent Whiggery in the Confederate South, 1860-1877", *JSH*, 27 (August 1961), 305-329; 42d Congress, 2d Session, House Report 22, Georgia, 761-763; James L. Bliss to Lewis E. Parsons, July 24, 1865, Alabama Governor's Papers, ASDAH; E. Merton Coulter, *William G. Brownlow, Fighting Parson of the Southern Highlands* (Chapel Hill, 1937), 127-128; Daniel W. Howe, *The Political Culture of the American Whigs* (Chicago, 1980), 238; John V. Mering, "Persistent Whiggery in the Confederate South: A Reconsideration", *SAQ*, 69 (Winter 1970), 124-143.

[21] Raleigh *Daily Record*, June 3, July 19, 1865; Raleigh *Standard*, April 24, July 21, 1865; Willis D. Boyd, "Negro Colonization in the Reconstruction Era, 1865-1870", *GaHQ*, 40 (December 1956), 369; Knoxville *Whig*, June 28, August 2, September 27, October 11, December 13, 1865; J. T. Trowbridge, *The South: A Tour of Its Battle-Fields and Ruined Cities* (Hartford, Conn., 1866), 284.

对于那些声称自己是联邦派的旧辉格党人来说,他们中的许多人是商人、银行和黑土地带的富有种植园主——也就是一群精英分子,他们从未接受过内战前民主思潮和趋势。在弗吉尼亚和佐治亚州退出联邦的大会中,这批人曾经对剥夺无财产白人的选举权的提议表示支持,希望建立一个不受大众民意干扰的"父权制共和政体"。很难想象,这些本身就认为过多的白人享有了选举权的人,会支持将选举权赋予黑人的提议。如果内陆地区担忧黑人选民将会受到他们前主人的控制,前辉格党人则担忧全民普选权将会从不太富裕的白人中激发一些"肆无忌惮的煽动家",后者将可能提出一些激进主张,并可能与自由民联合起来瓜分富人的财产。所以,不管联邦派如何组合起来领导各州的重建,对于黑人来说,在总统重建的初期,他们几乎没有任何理由对此感到乐观。[22]

约翰逊给人的印象是他一心希望让反叛者身败名裂,并要废除南部的旧领袖势力,然而在为启动重建而选择临时州长的时候,他却表现出出人意料的宽容。对于南部白人来说,约翰逊的两项州长任命的确是充满着挑衅意味:一位是得克萨斯州的安德鲁·汉密尔顿,他曾在联邦军队服役,也曾被林肯任命为该州的军事州长;另一位是威廉·霍尔登,他是北卡罗来纳州自耕农人口的代言人,也是1864年要求停战和和谈的领袖人物,讲话直

---

[22] Michael Perman, *The Road to Redemption: Southern Politics, 1869–1879* (Chapel Hill, 1984), 94; Michael P.Johnson, *Toward a Patriarchal Republic: The Secession of Georgia* (Baton Rouge, 1977), 166–178; T. Harry Williams, "An Analysis of Some Reconstruction Attitudes", *JSH*, 12 (November 1946), 476–477; Raleigh *Standard*, August 29, 1865.

言不讳。两个人都为本州精英势力所仇视。但在决定其他州州长人选时，约翰逊跳过了无条件联邦派，而选择那些能为更大范围的南部白人民意所接受的人。在佐治亚州，总统选择了前辉格党人詹姆斯·约翰逊。他是一个名不见经传的前国会众议员，内战中始终留在国会内，但没有选边站队。在亚拉巴马州，约翰逊不顾内陆联邦派的反对，选择了刘易斯·帕森斯，他曾作为辉格党人在国会众议院任职，内战时期是亚拉巴马州立法机构中"和平党"的成员之一，与本州商人阶层和铁路利益集团等保持密切和良好的关系。密西西比州的新州长是威廉·沙基，他曾是一位种植园主，也是著名的辉格党人，但在退出联邦运动发生之后，便退出了政治舞台；佛罗里达州州长威廉·马文是来自纽约的商人，战时曾在联邦军队统治区内度过了大部分时光。在北部人眼中，南卡罗来纳州州长位置具有极大的象征意义，这一位置由本杰明·佩里担任，他曾在该州退出联邦的那一时刻"像小孩子似的号啕大哭"，但在内战中却在邦联政府的州立法机构中任职。除了是战前联邦派之外，他的主要政治资历是他来自内陆地区，曾长期反对种植园主势力对州政治的控制。

　　总体来看，这些州长们的忠诚程度的标准参差不一，并非所有人能达到铁誓誓言所要求的标准。他们中的大部分人最终将并入到共和党里。霍尔登、约翰逊、佩里和汉密尔顿也许可以说是代表了山地地带的选民利益，后者对于总统约翰逊来说是极为重要的；而沙基、马文和帕森斯则代表了具有辉格党传统、反对退出联邦的种植园主和企业家的利益。但他们所有人都面临同样的任务：在总统颁布重建公告之后，为自己和总统建构起政治支持的力量。当赋予黑人以选举权和剥夺大部分白人邦联参与者的选举权这两个议题都不再成为需要考虑的问题时,这些新任州长除了与曾经支持过邦联的大部分白人选民进行和解之外,他们没有多少其他的选择。[23]

在19世纪的美国,恩惠制*是政治机器运转的润滑剂,而约翰逊的州长们手中掌握着前所未有的分配恩惠任职的权力。所有的州和地方政府的职位都是空缺的,在新的选举举行之前将由州长来任命填充。到8月中旬,仅霍尔登一人就任命了4000多名官员,任职范围从城市市长到法官和地方治安官不等。州长并非只是将无条件联邦派任命到这些职位上(有的州没有足够的无条件联邦派,无法填满这些职位),而是利用恩惠制的手段来吸引南部在战前和邦联时期的政治领袖人物,将他们变成新政府的支持者——这正是威尔斯在路易斯安那州已经开始实施的做法。沙基、帕森斯和佩里则允许地方的邦联官员继续在原职上留任。(一位密西西比州人抱怨说:"门罗县的政权被掌握在本州最卑鄙的分裂主

---

[23] Carter, *When the War Was Over*, 25-26; Michael Perman, *Reunion Without Compromise: The South and Reconstruction 1865-1868* (New York, 1973), 62-69; Carl H. Moneyhon, *Republicanism in Reconstruction Texas* (Austin, 1980), 20-24; Harvey M. Watterson to Andrew Johnson, October 20, 1865, Johnson Papers; Otto H. Olsen, "Reconsidering the Scalawags", *CWH*, 12 (December 1966), 307; Olive H. Shadgett, "James Johnson, Provisional Governor of Georgia", *GaHQ* 36 (March 1952), 1-3; Lillian A. Pereyra, *James Lusk Alcorn: Persistent Whig* (Baton Rouge, 1966), 13, 40-42; Jerrell H. Shofner, *Nor Is It Over Yet: Florida in the Era of Reconstruction, 1863-1877* (Gainesville, Fla., 1974), 34-36; Benjamin F. Perry to Benson J. Lossing, September 2, 1866, Benjamin F. Perry Papers, USC.

* patronage, 指利用政治权力根据党派忠诚和服务授予公职的做法。——译者

义者手中。")佩里与约翰逊在内陆地区有各自的政治基础,通过任命地方官员可安抚沿海地区的贵族势力。即便是汉密尔顿,虽然他依靠的主要是战时联邦派,但仍然任命了种植园地带的一些著名的亲邦联公民担任公职,而不是全部任命新人来掌握权力。霍尔登利用恩惠任职来回赠政治盟友、惩罚宿敌,扩大自己的追随者队伍。一个人是种植园主或自耕农,是否支持联邦还是支持过邦联,似乎都不重要,更重要的因素是,他是不是在过去反对过霍尔登,或他在未来会不会威胁到他的连任。总之,新任州长的官员任命政策浇灭了战时联邦派曾经抱有的希望,后者原本认为重建会将政权交到"一个新的、带有普通人背景的政治家阶级"的手中。[24]

与此同时,新任州长也采取步骤,安抚他们的白人选民支持者,承诺奴隶解放并不意味着黑人地位还会有更进一步的改变。霍尔登的报纸将"对所谓黑人选举权的毫不妥协的反对"列为南部联邦派政治主张的六大原则之一;正如北卡罗来纳州一位反奴隶制的老战士所指责的,他还使用州长的权力"来击败所有提倡要赋予黑人以任何权利的人"。佛罗里达州州长马文坚持认为,黑人一定不要以自欺欺人的方式来说服自己,认为他们的命运是内战的中心目标,或者认为奴隶解放意味着公民平等或选举权会接

---

[24] William W. Holden to Andrew Johnson, August 26, 1865, North Carolina Governor's Papers, NCDAH; Perman, *Reunion Without Compromise*, 115–119; unknown to William L. Sharkey, July 20, 1865, Mississippi Governor's Papers; Randolph B. Campbell, *A Southern Community in Crisis: Harrison County, Texas, 1850–1880* (Austin, 1983), 248–259; Carter, *When the War Was Over*, 32, 49–53; Thomas J. Rayner to Thaddeus Stevens, January 30, 1866, Thaddeus Stevens Papers, LC.

踵而至。他劝告自由民回到种植园里，勤奋地工作，依然"称呼原先的主人为——'主人'"。[25]

对于南部白人的大多数来说，这些政策真是一剂始料未及的壮胆剂。在战败之后，一大批白人已经开始准备接受来自华盛顿的命令。北部记者怀特劳·里德曾在5月对南部白人的民情做了一次摸底调查，他得出的结论是，无论总统开具什么样的回归条件，包括黑人选举权在内，南部都会"迅速接受"。到6月约翰逊的重建政策得以公布时，里德开始感觉到南部情绪的变化。此刻，约翰逊提出的重新统一政策所包含的温和性令南部白人顿时感到释然，他们开始明目张胆地重弹州权的老调，并明确拒绝任何关于黑人选举权的讨论。到了仲夏时节，地位显赫的白人意识到，曾被斥为"一个叛徒、煽动家和醉鬼"的约翰逊实际上是在放手让南部各州"不容置疑地自己处理自己的内部事务"。"除了与奴隶制相关的权力之外，"亚拉巴马州州长帕森斯在7月宣布说，"州在联邦宪法下拥有的所有政治权力都是属于它的。"对于约翰逊授权他们主宰从奴隶制到自由的转型和在不受北部的干预之下界定黑人公民地位的做法，南部白人表示十分欣赏。哈维·沃特森是来自田纳西州的联邦支持者，他被总统派往南部，向当地领袖人物打包票说，约翰逊总统绝不会放弃选举权的管理完全属于州权范围这一立场。他发现，约翰逊政策的内涵得到了南部白人的充

---

[25] Raleigh *Standard*, August 3, 1865; Benjamin S. Hedrick to John Covode, June 22, 1868, Benjamin S. Hedrick Papers, DU; Thomas Wagstaff, "Call Your Old Master—'Master': Southern Political Leaders and Negro Labor During Presidential Reconstruction", *Labor History*, 10 (Summer 1969), 323–324.

190　分理解。总统希望在南部重建的是一个"白人的政府",沃特森报告说,比起其他事情来,约翰逊在黑人选举权问题上的立场更激发了不同政见和不同种类的南部白人对他表示支持。[26]

　　1865年夏天和秋天发生的事情进一步推动南部白人将总统看成是他们的同盟者和保护者。8月,如前所述,约翰逊否定了自由民局局长霍华德的建议,命令将联邦没收和被弃置的土地归还给获得赦免的南部人。在同一个月,在一项关于在密西西比州建立州民兵队伍的争执中,他站在了州长沙基一边。联邦将军亨利·斯洛克姆不相信这支由前邦联老兵组成的武装力量会善待自由民和联邦派,拒绝批准它的组建,但他的命令被约翰逊否定。在秋季,约翰逊回应来自路易斯安那州白人的抱怨,将自由民局助理局长托马斯·康威解职。对于白人种植园主提出的要求将黑人军队调离的请求,总统予以同意,白人抱怨说,黑人军队的出现"除了是一种痛苦的屈辱"之外,还将破坏种植园的劳动纪律。在密西西比州,一个种植园主以邻近一个由白人军队驻守的县为例,与自己所在的县进行对照比较,"黑人在哪个地方被迫工作,行为规范",而在他自己的地方,因为有黑人军队的存在,黑人劳工"工作懒惰,行为举止更是令人难以接受"。8月,约翰逊宣布

---

[26] Reid, *After the War*, 18–19, 154–155, 219, 296–297; David Schenck Diary (typescript), May 1865, UNC; Joseph H. Parks, *Joseph E. Brown of Georgia* (Baton Rouge, 1976), 334–335; *Journal of the Proceedings of the Convention of the State of Alabama, Held in the City of Montgomery* … (Montgomery, 1865), 4; Martin Abbott, ed., "A Southerner Views the South, 1865: Letters of Harvey M. Watterson", *VaMHB*, 68 (October 1960), 478–489; Harvey M. Watterson to Andrew Johnson, June 20, 27, July 8, 1865, Johnson Papers.

所有黑人部队将调离南部，在两年之内，几乎所有的黑人士兵都被遣散，离开了联邦军队。[27]

约翰逊的赦免政策也强化了正在浮现的他是南部利益捍卫者的形象。虽然他曾滔滔不绝地谈论严惩反叛者，但总统所采取的却是一种极度宽容的做法。在邦联倒台之后，联邦政府没有对前邦联分子进行大规模的逮捕；只有安德斯维尔监狱的监狱长亨利·维尔兹为反叛行为受到了终极惩罚。杰斐逊·戴维斯从未得到公审，只是被囚禁了两年，随后一直活到了82岁；他的副总统亚历山大·斯蒂芬斯在短暂的囚禁之后，于1873年回到了国会，10年之后在佐治亚州州长的位置上去世。几乎从总统重建一开始，约翰逊政府在实施带有重要政治性职位的任命时，如税收评估官员、税收官和邮政局长等，完全忽视了绝对忠诚誓词所提出的标准。与此同时，约翰逊最初提出的将邦联领袖人物和背叛联邦的种植园主从政治事务中驱逐出去的计划也泡汤了。大约有15000名南部人，最初因为他们的财富水平，被要求单独提出特赦申请。最初，总统对特赦的批准十分谨慎，但到了9月的时候，特赦令以批量形式得以批准，有的时候一天高达数百例。到1866年时，有7000多名因2万美元条款限定而被排除在大赦之外的南部人都

---

[27] William C. Harris, *Presidential Reconstruction in Mississippi* (Baton Rouge, 1967), 72–75; William S. McFeely, *Yankee Stepfather: O. O. Howard and the Freedmen* (New Haven, 1968), 172–175; Richard Jones and fifty-nine others to Lewis E. Parsons, September 26, 1865, Alabama Governor's Papers; "Bolivar" to William L. Sharkey, September 4, 1865, Mississippi Governor's Papers; Ira Berlin et al., eds., *Freedom: A Documentary History of Emancipation* (Washington, D.C. 1982–), Ser. 2, 733–737, 747–754.

获得了总统单独签发的特赦令。[28]

总统为何如此迅速地放弃了摧毁战前精英阶层的政治和经济统治的想法，这始终是一个未解之谜。一位对他颇有敌意的共和党国会议员在1866年提到，"约翰逊现在不再是贫困的白人垃圾。种植园主们最终把他带到了他们的地界上，他的地位如愿以偿地得到了提升，为此而感到兴高采烈"。难道是种植园主和他们的妻子的奉承撩动了总统的自尊心，从而导致他放弃了事先准备好的对邦联精英阶层进行全面打击的计划？但更可能的情况是，他逐渐认识到与种植园主合作对实现另外两个相关目标——白人至上主义在南部的建立和他自己的总统连任——是必不可少的。黑人在1865年表现出来的意想不到的激进性也许更强化了他的固有偏见，致使他断定自由民很可能会陷入懒惰、犯罪和散乱无序的困境之中，这一切导致他重新审视自己对种植园主阶级的传统偏见。这正是他对英国驻美大使弗雷德里克·布鲁斯爵士所描述的景象。在与约翰逊和苏厄德谈话之后，布鲁斯将两人的想法记录下来，其中提到，他们认为黑人需要被置于守"秩序"的管理之中并从"对白人的依附中受到关照和文明的影响"。能够监管和控制黑人人口的只有种植园主，而如果一旦赋予后者这个责任，很难再禁止他们在更大的社会背景中扮演一个政治角色。同样，重要南部领袖的支持对于约翰逊实现自己在白宫连任的梦想来说也是关键

---

[28] Roy F. Nichols, "United States vs. Jefferson Davis", *AHR*, 31 (January 1926), 266-284; Thomas and Hyman, *Stanton*, 447-452; Beale, ed., *Welles Diary*, 2:357-358; Jonathan T. Dorris, *Pardon and Amnesty Under Lincoln and Johnson* (Chapel Hill, 1953), 135-146; McKitrick, *Andrew Johnson*, 142-148; 39th Congress, 1st Session, House Executive Document 99, 16.

的，尤其是当亲联邦的自耕农并没有走上前来获取政治权力的时候。南部领袖人物已经预见到约翰逊——"南部利益的旗手"——最终将与激进派在黑人选举权问题上分道扬镳，因此他们开始呼吁组织一个新的政党，"团结"在总统周围，"扫除一切反对他的障碍"。[29]

当南部白人将约翰逊视为抵挡北部"极端狂热分子"的南部捍卫者之后，任何关于建立"白人政府"之外的替代选项的严肃讨论很快就变得不再可能了。但也有为数不多的一些南部著名人物开始偏离区域共识，提出通过财产和教育资格的限制建立某种有限形式的黑人选举权。阿尔弗雷德·瓦德尔曾在战前担任过报纸主编，并在战时担任过邦联军队的军官，此刻指出，奴隶制的废除将黑人变成了"人民"的一部分，如果不允许他们在公共事务发出自己的声音，这将是"对我们的'自由体制'的一种严厉的讽刺"。此刻被关押在波士顿监狱中的亚历山大·斯蒂芬斯也设计了一项计划，允许合格的黑人单独投票选举他们自己的官员进入立法机构。[30]

但这些建议的绝大多数都是在私下进行的，因为任何公开鼓

---

[29] Cornelius Cole to Olive Cole, March 6, 1866, Cole Papers; Eric Foner, ed., "Andrew Johnson and Reconstruction: A British View", *JSH*, 41 (August 1975), 389; Harvey M. Watterson to Andrew Johnson, July 9, 1865, Johnson Papers; J. G. de Roulhac Hamilton and Max R. Williams, eds., *The Papers of William A. Graham* (Raleigh, 1957-), 6:324; Raleigh *Standard*, October 12, 1865.

[30] Solomon Cohen to James Johnson, September 11, 1865, Georgia Governor's Papers, UGa; Perman, *Reunion Without Compromise*, 152; James L. Lancaster, "The Scalawags of North Carolina, 1850-1868" (unpub. diss., Princeton University, 1974), 80; Alexander H. Stephens to Linton Stephens, July 4, 1865, Alexander H. Stephens Papers, Manhattanville College; Avary, ed, *Recollections of Stephens*, 268-273.

吹允许黑人投票的南部人都将受到公众舆论对其进行体无完肤的批判。被关押在监狱中的邦联邮政总监约翰·里根发表了一封敦促实施有限黑人选举权措施的信，但他的信引发一场轩然大波，如同一位前州长转告他的，"得克萨斯州每个人希望参加竞选的人，无论是竞选州长还是地方治安官，都将在早上、中午和晚上诅咒你和否定你当作他的一项责任"。如果约翰逊能够助里根一臂之力，他这类人的意见也许会具有不同的分量；但没有总统的支持，他们的建议未能得到重视。多年之后，克里斯托弗·梅明杰承认道，南部在1865年应该采取"一条针对黑人的不同道路"，然而，他解释说，安德鲁·约翰逊"带给我们建立一个'白人政府'的希望，我们也就很自然地服从了我们旧时的偏见"。[31]

白人的支持本应赋予约翰逊左右南部形势发展的权力。然而，他与新的南部州政权之间因为关系过于紧密，以至于它们的失利也都不可避免地被视为是他的领导无方。也有一些关于新州长所采取的行动的不利报道，譬如一位总统特使在发回的信件中指责南卡罗来纳州州长佩里"将一批人扶持起来，他们……如同波旁贵族一样，既没有汲取教训，又没有忘记过去"，也没有引起对政策的重新评估。林肯从来都是坚持认为他的重建政策是实验性的，不排除其他的方法；他绝不会因南部的过失而在立场上做任何妥协。然而，当南部各州制宪大会在1865年的夏、秋召开的时候，约翰逊非但未能主导形势，看上去反而被南部事件捆住了手脚。[32]

---

[31] John H. Reagan, *Memoirs* (New York, 1906), 227—234; Frederic Bancroft, ed., *Speeches, Correspondence and Political Papers of Carl Schurz* (New York, 1913), 2: 256.

[32] William W. Boyce to Francis P. Blair, October 7, 1865, Johnson Papers.

如果总统重建期望让一个新的亲联邦的政治领袖群体掌握政权，1865年夏天的制宪大会代表选举便提供了一个机会。在邦联高官或大有产者中，只有为数极少的人获得了总统的特赦，分裂主义者在政治上已经身败名裂，此时没有机会寻求参加选举。其结果是，选举获胜者中有三分之二的人是在1860年反对退出联邦的人。他们中的大多数人是前辉格党人，许多人在战前就担任过政府公职，但内战前政治领袖的上层人物却明显地缺席。参加亚拉巴马州制宪大会的代表中，根据一位代表的报告，有"真实才干"的人不多，但"有一大堆头脑简单的家伙"。在亚拉巴马州北部、北卡罗来纳州西部和像密西西比州琼斯县这样的联邦支持者集中居住的地方，无条件联邦派能够取代战前的政治领袖，他们能够达到绝对忠诚宣誓的要求，有的人还是联邦军队的老兵。但这些代表的人数完全不敌南部辉格党人的人数，后者曾以各种方式在邦联政府中就职。辉格党人代表的组成成分多为种植园主、专业人士和商人，他们在职业背景方面与战前的公职担任者并没有明显的不同。如果这些选举否定了战前南部分裂主义的领导力量，它们并不标志积极反对邦联的人或先前受压迫的社会阶级开始获得了权力。[33]

对于那些主导了制宪大会的联邦派辉格党人来说，约翰逊提

---

[33] Carter, *When the War Was Over*, 65; Joshua B. Moore Diary (typescript), September 17, 1865, ASDAH; Winbourne M. Drake, "The Mississippi Reconstruction Convention of 1865", *JMH*, 21 (October 1959), 231–234; Malcolm C. McMillan, *Constitutional Development in Alabama 1798-1901: A Study in Politics, the Negro, and Sectionalism* (Chapel Hill, 1955), 92–93; C. Mildred Thompson, *Reconstruction in Georgia* (New York, 1915), 148–149.

出的重建条件实在是显得过于温和。最初,代表们所需要做的只是对废除奴隶制的事实做出认可,否决先前退出联邦的分裂行为;到10月,总统又命令他们将战时用于资助邦联的州债务全数宣布作废。这些条件不过是对邦联战败之后无法逃避的结果的一种承认;在现实中,没有人会相信奴隶制或退出联邦的行动可以复活,或者邦联的纸币和债券会有价值再生的机会。("即便没有外力的干预,我们也无法重新控制奴隶人口,"一位著名的南部法官观察说。)然而,尽管他们明知自己的每一个行动都在北部的密切审视之中,这些制宪大会却频繁陷入琐碎和无聊的争吵之中,极大地破坏了人们对总统重建政策的信心,导致人们质疑这些自诩的联邦派是否真的具有抛弃战前政治信仰和偏见的意愿。[34]

首先召开的是密西西比州的制宪大会,会议在8月中旬开始,几乎所有的代表都是由前辉格党人组成。大会开幕之后代表们立即卷入一场针对一个无关紧要的问题——禁止奴隶制的宪法修正案的用词问题——的无休止的争论之中。有些代表是以要求联邦政府对南部丧失的奴隶财产进行赔偿的主张参加竞选并当选的,因此他们坚决反对在修正案中出现可能导致他们放弃这一主张的任何语言。其他人则坚持说,既然州从未从法律上脱离联邦,州也就没有接受总统命令的责任。那些更为谨慎的多数派虽然同意接受总统的要求,但却毫不犹豫地反对北部的激进主义,并预测一个新的政治联盟能够将南部与"北部的伟大保守党"联合起来,

---

[34] Perman, *Reunion Without Compromise*, 70-76; Hamilton and Williams, eds., *Graham Papers*, 6:326; Carter, *When the War Was Over*, 63.

构成"控制下一次总统选举"的巨大权力。最终,制宪大会接受了对废除奴隶制的一句简单的承认,回避了责任问题:"奴隶制的体制已经被摧毁",它将在密西西比州不复存在。随后进行的其他州制宪大会,有的同样进行了在北部看来是与密西西比州制宪大会同样糟糕的辩论,最终采用了相似的决议,只有佐治亚州明确宣称废除奴隶制并不意味着奴隶主放弃了对财产补偿的要求。[35]

否定退出联邦的分裂主义和废除州债务引发了同样的辩论。许多无条件联邦派的代表宣称,邦联从未享有过法律地位,希望将退出联邦的决议宣布为"无效"。有的代表要求加入新的条款,宣布战时州政府的所有行动不具法律效力,这一要求将导致无穷尽的麻烦,将数以千计的原本与退出联邦无关的州决策置于争议之中,包括法庭判决、财产转移和公司组建等。其他代表则提出要"废除"退出联邦的决议;如果不这样做,战前南部领袖们的"智慧与爱国主义"将会蒙受中伤和诽谤。最终,大多数的州制宪大会都宣布各州退出联邦的行动是无效的,尽管在密西西比州,"废除"一词的使用仅仅因为两票之差而未能获得通过。邦联时代的州债务总共累计5400万美元,废除这一债务的要求首先不是由约翰逊提出来的,而是由战时联邦派提出来的。只有在南卡罗来纳州对自己的债务没有采取任何行动、北卡罗来纳州对采取这一"令人感到屈辱的行动"坚决予以拒绝的时候,约翰逊才公开地要求南部各州宣布邦联债务中的"每一美元"都是无效的。(北

---

[35] *Journal of the Proceedings and Debates in the Constitutional Convention of the State of Mississippi* (Jackson, 1865), 44-70, 105-108, 165; Drake, "Mississippi Convention", 229-231; Carter, *When the War Was Over*, 83; McPherson, *Political History*, 20.

卡罗来纳州的科妮莉亚·菲利普斯·斯宾塞在日记中写道,看上去"总是落在最后"——它是最后一个支持退出联邦行动的州,"在奔向和解和联合的前进中"又掉在了最后。)[36]

围绕废除奴隶制、退出联邦行动和州债务等问题的辩论,可以说揭示了南部不愿勇敢正视内战结果的抵触情绪;但事情也显示,在其他方面,州制宪大会抓住了因邦联战败而带来的改革机会。内陆地区的代表们施加压力,要求改革这一地区早期希望改变的政治结构。他们在南卡罗来纳州获得了最大的成功,在该州陈旧的政治体制下,州官员和总统选举人不是通过大众选举产生的,而是通过沿海的各县主导的立法机构决定的。在先前的30年里,沿海地区的种植园主拒绝接受关于民主改革的呼声,而此刻时机已经成熟,内陆地区代表要求"摈弃州政府中的贵族特征、将本州改造成一个人民的州"。在州长佩里的敦促和总统的支持下,制宪大会规定了州长将通过民选而产生,废除了竞选议员所需要的财产资格规定,调整了地区代表名额的分配制度,"以全面增强山地地区的政治权力"。在亚拉巴马州,制宪大会同样决定采用"以白人人口为基础"来分配州立法机构的议员席位,这对于内陆地区来说是一项胜利,因为后者曾为削减种植园地带所拥有的政治权力进行了漫长的斗争。黑土地带,一位来自内陆地区的联邦派宣称,终于在州政治中有了自己的"出头之日":"让我们享有自己的权力。"但在其他地方,改革力量的斩获不多。佛罗里

---

[36] *Journal of Mississippi Convention*, 173-179, 219-220; McMillan, *Constitutional Development*, 95-98; Carter, *When the War Was Over*, 68-74; Hope S. Chamberlain, *Old Days in Chapel Hill* (Chapel Hill, 1926), 118.

达州州宪法继续沿用所谓"联邦比率"(即白人人口加上黑人人口的五分之三)作为立法机构中议员席位分配的基础,而佐治亚州则采用了一种复杂的分配公式,第一次将所有黑人人口计入州人口的总数,实际上增强了种植园地区的权力基础。[37]

这些辩论在很大程度上也揭示了那些长存于南部政治中的政治分野并没有因内战而消亡。然而,在面对自由民地位的问题上,无论是在内陆地区和沿海地区,或者是在民主党人和辉格党人之间,不同政治派别的观点并没有多少差别。唯有一小部分的代表,如得克萨斯的联邦派爱德华·德格纳,提出将选举权赋予有文化的黑人,但总体上这样的提议从未得到认真的讨论。即便是在无条件联邦派阵营内进行的民主改革讨论,其目的也是为了增强那些白人人口占主导地位的各县在州政治中的政治权力,如果将黑人包括在新的政治民族范围之内,改革的原始目标将遭受致命的打击。在给南卡罗来纳州州议会的报告中,州长佩里引用斯科特案判决来说明黑人为什么不能成为美国公民和为何黑人军团不能在该州驻军,并坚持认为,黑人选举权的实施将如同以人口总数为基础的代表分配比例制一样,将政权交到"那些拥有巨大财富和大宗土地财产的人"的手中。黑土地带的代表并不认为赋予黑人选举权有利于他们的利益。一位密西西比州的代表表达了十分

---

[37] William W. Boyce to Andrew Johnson, June 23, 1865, Johnson Papers; Sidney Andrews, *The South Since the War* (Boston, 1866), 47-83; Daniel E. Huger Smith et al., eds., *Mason Smith Family Letters 1860-1868* (Columbia, S.C., 1950), 235; McMillan, *Constitutional Development*, 104-105; Jeremiah Clements to Andrew Johnson, April 21, 1865, Johnson Papers; Shofner, *Nor Is It Over*, 42; Francis L. Thorpe, ed., *The Federal and State Constitutions* (Washington, D.C., 1909), 2:809-822.

盛行的观点:"强势种族应该统治,而且必须统治,这是自然法则的规定。"[38]

随着约翰逊总统的要求得到满足之后,南部在1865年秋天开始选举立法机构的成员、州长和联邦国会的议员。在大多数州内,那些曾反对退出联邦的前辉格党人大获全胜。在1865年当选的7个州长里面,其中有6人是内战前反对分裂的辉格党人,同样背景的人也主导了新的州立法机构和联邦国会的代表群体。"原来的联邦派现在可以畅行无阻了",一位北卡罗来纳人在当年夏天评论道,南部人认为他们已经满足了回归联邦的最后条件,他们选举了忠于联邦的人来主持各州的政权和在华盛顿代表本州。然而,对1865年选举做更为仔细的观察后,人们会发现上南部和其他地区之间存在着巨大差别,上南部地区的战时重建政府一直存活到1865年,而其他地区则只经历了总统重建。从阿肯色、田纳西和弗吉尼亚等州派往国会的25名国会议员中,有5人曾在联邦军队中服役,其他更多的人则曾经为战时的联邦工作提供过帮助,几乎所有的人都能达到绝对忠诚誓词所要求的政治标准。但在这些地区,前邦联的官员仍然获得了不少的地方公职职位。最令人感到不安的也许是纳什维尔市的选举,这次选举废除了约翰逊在内战时期建立的市政府,他所任命的市长仅获得

---

[38] Charles W. Ramsdell, *Reconstruction in Texas* (New York, 1910), 101; Columbia *Daily Phoenix*, September 4, 1865; Lillian A. Kibler, *Benjamin F. Perry: South Carolina Unionist* (Durham, 1946), 408-409; Samuel Matthews to Robert Matthews, November 19, 1865, James and Samuel Matthews Papers, MDAH.

了10%的选票。[39]

再往南移，各州的选举虽然由前辉格党人所控制，但曾在邦联政府中任职却成为胜选的必要条件。大量获胜的联邦参议员和众议员都曾反对分离联邦的运动，但几乎所有人都跟随本州加入对联邦的反叛之中。除了北卡罗来纳州西部地区（联邦军队老兵亚历山大·琼斯在这里成功当选为国会众议员）、亚拉巴马州和密西西比州的几个内陆地区之外，凡是在战时曾积极支持联邦的竞选者都遭遇了惨败的结果。在南卡罗来纳州，詹姆斯·奥尔曾一直是内陆地区对种植园主主导的政治体制的强烈批评者，但在选举中仅以微弱多数战胜了前邦联将军韦德·汉普顿，汉普顿本人拒绝作为候选人参加选举，但他的名字以"当场填写"的方式出现在选举中。佐治亚州的立法机构由反对分裂的辉格党人主导，但它无视总统的意愿，将前邦联的副总统亚历山大·斯蒂芬斯选为国会参议员。[40]

最受关注的也许是发生在北卡罗来纳州的竞争，在那里，联邦派辉格党人乔纳森·沃思击败了州长霍尔登。沃思在邦联时期曾任州财政部长，作为候选人还带有其他的负面包袱（内战前他

---

[39] Carter, *When the War Was Over*, 94, 229–230; David Schenck Diary (typescript), August 16, 1865, UNC; Alan G. Bromberg, "The Virginia Congressional Elections of 1865: A Test of Southern Loyalty", *VaMHB*, 84 (January 1976), 76–98; Peter Maslowski, *Treason Must Be Made Odious: Military Occupation and Wartime Reconstruction in Nashville, Tennessee, 1862–1865* (Millwood, N.Y., 1978), 147–148.

[40] Raleigh *Standard*, December 12, 1865; 39th Congress, 1st Session, House Report 30, pt. 3:8; W.J. Brantley to Benjamin G. Humphreys, August 8, 1866, Mississippi Governor's Papers; Perman, *Reunion Without Compromise*, 158–164.

曾作为律师以为商人追缴债务为谋生之道），而霍尔登竭尽全力将自己的竞选与约翰逊联系在一起，而把对手描绘成是为分裂主义分子开脱罪名的人，然而，沃思却横扫该州东部和中部各县，彻底压倒了霍尔登在该州西部建构的大多数。当选之后，他立即恢复了旧时精英对地方事务的控制，而霍尔登则曾一度挑战他们的这种权威。这一结果证实，即便在一个不拥有奴隶的自耕农人口最多的州内，内战时期的政治精英集团仍然处于统治地位。更为令人不安的预兆是路易斯安那州选举的结果，威尔斯州长赢得了连任，但他是同时作为民主党和联邦派保守力量的候选人。该州的自由黑人和联邦派中的激进势力一直在推动黑人选举权，长达数月之久，而作为分裂主义者的民主党人却仅仅凭借"路易斯安那州政府将永远只为白人种族谋福利"的纲领就赢得了政权。当面临黑人提出获得政治权利的要求时，所谓"持续的辉格派"则踪影全无。[41]

总之，1865年的选举令人并不看好总统重建的未来。约翰逊自己也意识到事情出了差错："许多选举，"他在11月底写道，"看上去表现出一种拒绝服从的情绪，非常不适合目前的气氛。"而赤裸裸的现实却是，在联邦派占多数的山地地区之外，约翰逊的重建政策未能创造一个新的政治领导群体来取代战前的"奴隶主统

---

[41] Richard L. Zuber, *Jonathan Worth* (Chapel Hill, 1965), 78; Jonathan Worth to Benjamin S. Hedrick, October 18, 1865, Hedrick Papers; J. G. de Roulhac Hamilton, *Reconstruction in North Carolina* (New York, 1914), 136–141; Paul D. Escott, *Many Excellent People: Power and Privilege in North Carolina, 1850–1900* (Chapel Hill, 1985), 101; Mark W. Summers, "The Moderates' Last Chance: The Louisiana Election of 1865", *LaH*, 24 (Winter 1983), 56–69; Lowrey, "Wells", 1056.

治集团"——一部分原因是总统自己迅速地与旧时精英集团的一部分结为盟友。如果退出联邦行动的设计者受到了彻底的否定，南部事务仍将继续由战前政治建制派的一部分人所控制，虽然这些人在1860年的角色是联邦派。他们的行动将在未来很长的时间里决定约翰逊重建实验的成败。正如在得克萨斯制宪大会代表选举中遭遇失败的詹姆斯·贝尔所预言的，如果这些州政府"拒绝履行那些为恢复[南部地位]而提出的合理要求……北部人民将很方便地以此刻看来是激进的观点作为基础而采取行动"。[42]

总统重建的剖析

南部白人虽然在战后面临了重重挑战，然而当新的州议会开幕之时，有一个问题却成为了重中之重。正如威廉·特雷斯科特1865年12月在给南卡罗来纳州州长的信中所抱怨的那样："你会发现，劳动力控制的问题将是一切与州利益相关问题的根本。"乡村地带出现的种种动乱、其他经历了奴隶解放的社会的历史，以及从奴隶制继承和衍生而来的意识形态和偏见，合在一起，使得南部白人相信，只有通过某种强制性的劳动体制，种植园经济作物的生产才能够得以恢复。但黑人从财产到公民的地位转变势必要求对他们劳动的管理方式也发生根本的变化。"我们那些小小的主权社会和封建性质的劳动力体制已经被踏为平地了，"一位前奴

---

[42] Perman, *Reunion Without Compromise*, 107; Carter, *When the War Was Over*, 271; John P. Carrier, "A Political History of Texas During the Reconstruction, 1865-1874" (unpub. diss., Vanderbilt University, 1971), 30-31.

隶主哀叹道；随着他们针对黑人曾经拥有的个人权威的崩溃，他们转向州政府，希望借助后者的权威来重建劳动纪律。针对劳动、财产权、税收、司法审判的程序和教育的法律都是连为一体的：它们合在一起形成一种全方位的努力，即利用州的权力来重构后奴隶制时代出现的新的社会关系。由此，正如一位先前的重建历史学家所描述的，南部开始了"将州置于前奴隶主们所处位置之上"的努力。[43]

几乎从内战停止的那一刻起，白人社会就开始寻求一种合法方式来驯服流动不定的黑人人口，而黑人则将经济独立视为自由的一种必然结果，将服从旧的劳动规范视为一种向奴隶制屈从的行为。1865年夏天，许多地方政府通过了法令，限制黑人的行动自由，对那些游手好闲、无所事事的人施加严厉的惩罚，对黑人租用和购买土地以及在城市中从事技能性工作实行严格的限制等。路易斯安那州的奥珀卢瑟斯市甚至建立起针对黑人的通行证和宵禁制度，禁止他们在除非拥有佣人身份之外不得在该城居住——当一群地方自由黑人将这一法令送交给新奥尔良《论坛报》刊登时，它引起了全国的注意力。但劳工政策很难通过一连串的地方法令建立起来。随着新的南部立法机构开始恢复，南部报纸和种植园主通过私下交流中不断发出呼唤，用一家新奥尔良报纸的话来说，要求建立"一种由州制定的和强制实施的……新的劳动体

---

[43] William H. Trescot to James L. Orr, December 13, 1865, South Carolina Governor's Papers; D. B. McLurin to N. R. Middleton, September 26, 1867, Middleton Papers, Langdon Cheves Collection, SCHS; William W. Davis, *The Civil War and Reconstruction in Florida* (New York, 1913), 425.

制"。一位密西西比州种植园主写道："我对黑人劳工没有任何信任感，除非我们的州政府能够制定出足够多的法律，强迫他们待在一个地方，老老实实地干活。"另一位种植园主则提议，将每个种植园变成一个城镇单位，将"其中的种植园主任命为具有治安权的法官"，在州法的名义下，恢复事实上的奴隶主个人权威。其他人则建议将那些在城镇居住的自由民赶到乡村地区去。无论他们的建议是什么，南部白人似乎相信，只要黑人继续保持他们对种植园劳动体制的厌恶态度，"我们完全可以通过明智的立法来制服他们"。[44]

安德鲁·约翰逊此刻已经将一种几乎可以完全按自己的意志来管理州内部事务的权力交到了南部白人手中。在这一时期，一位佐治亚州种植园的代理人指出，州权包括了"按照我们的方式管理我们的种植园的权利和权力"。有几个州的立法机构不愿意批准第十三条宪法修正案，担心它会为联邦国会针对"黑人问题"的立法打开大门。密西西比州则彻底拒绝接受这一宪法修正案，声称它将为那些激进派和蛊惑人心的煽动家带来兴风作浪的机会，而其他的州在批准时则附加了"理解性声明"，称国会并不具备决

---

[44] Leon F. Litwack, *Been in the Storm So Long: The Aftermath of Slavery* (New York, 1979), 319-322; Edward Jackson to Henry C. Warmoth, April 3, 1867, Henry C. Warmoth Papers, UNC; *CG*, 39th Congress, 1st Session, 517; William E. Highsmith, "Louisiana Landholding During War and Reconstruction", *LaHQ* 38 (January 1955), 44; John O. Grisham to Colonel and Mrs. Joseph J. Norton, October 7, 1865, Joseph J. Norton Papers, USC; I. Pierce to William L. Sharkey, July 15, 1865, Mississippi Governor's Papers; Raleigh *Semi-Weekly Record*, August 23, 26, 1865.

定前奴隶们未来命运的权力。[45]

针对通过立法来解决劳工问题的要求，黑人法典做出了最初的回应；所谓黑人法典，是一连串的州法组合的统称，它们在总统重建的最终失败中扮演了一个关键的角色。这些法律的目的是界定自由民的新权利和责任，要求自由民获取和拥有自己的财产，结婚，签订合同，起诉和应诉，在牵涉到同种族的人的案件中出庭作证等。但这些法律的核心内容是将黑人劳工队伍稳定下来，限制其获得除了种植园劳动之外的其他经济机会。由此，州政府将强制实施劳工合同和种植园劳工管理制度，惩罚那些违约者，禁止白人之间为争夺黑人劳工而展开的竞争。当路易斯安那州议会开幕时，激进派议员本杰明·弗兰德斯曾预测说，议会将把全部心思和时间花在制定那些尽可能将奴隶制时代复原的计划之上，而黑人法典的立法有过之而无不及地实现了他的预言。[46]

到1865年年底，密西西比和南卡罗来纳两州开始实施第一批、也是最严厉的黑人法典。密西西比州要求所有黑人在每年1月拥有当年的就业书面证明。签约的劳工如果在合同期满之前离职而去，他们已经挣得的工资将被宣布为作废，并且可以遭到任何白人公民的逮捕，如同在奴隶制下的做法一样。一个人如果向一个已经签约的劳工提供工作机会，他将面临被监禁和500美元罚款的惩罚。为限制自由人的经济机会，他们不能在城镇地区

---

[45] Audley Couper to Francis P. Corbin, July 28, 1866, Francis P. Corbin Papers, NYPL; Samuel L. M. Barlow to Montgomery Blair, November 13, 1865, Samuel L. M. Barlow Papers, HL; *AC*, 1865, 18-19; McPherson, *Political History*, 22-25.

[46] Benjamin F. Flanders to Henry C. Warmoth, November 23, 1865, Warmoth Papers.

租用土地。流浪罪——该罪的范围将无所事事、扰乱秩序和那些"任意挥霍他们的劳动所得"的人都包括在内——将面临罚款和强制性的种植园劳动惩罚；其他的犯罪行为包括使用"侮辱性的"手势或语言，"带有恶意的调皮捣蛋"以及在未经资格认定的情况下私自进行宗教布道活动。为了防止在管制黑人的立法方面出现遗漏，州立法机构又宣布，除非经法律上做出的明确修订之外，所有先前针对管理奴隶和自由黑人的惩戒法令都将"原封不动地"继续得以实施。[47]

南卡罗来纳州的黑人法典包含了一些旨在恢复家长制活力的条款，并借法律的语言将其包装起来，譬如它禁止将年老的自由民从种植园中驱赶出去的做法，但实际上它在某些方面带有更强的歧视性。它并不禁止黑人租用土地，但禁止他们从事农业工人或家庭佣人行业之外的职业，除非他们能够支付10美元到100美元不等的年度税（这对于居住在查尔斯顿的自由黑人社区和先前的奴隶匠人来是一种非常严酷的打击）。该法要求黑人每年都必须签署年度劳工合同，对"仆人"与"主人"之间的关系做出了众多的详细规定，包括将劳动时间界定为从日出到日落，禁止签约劳工任意离开种植园，或不经雇主的同意在种植园接待来访客人。州政府还通过了另外一部惩罚流浪罪的法律，适用于那些没有在种植园就业的黑人，即"那些过着游手好闲或乌七八糟的生活的人"，甚至还将流动马戏团表演者、占卜算卦者和演员等也包括

---

[47] Harris, *Presidential Reconstruction*, 99–100, 112–115, 130–131; 39th Congress, 2d Session, Senate Executive Document 6, 192–195.

在内。[48]

　　北部对这些法律所做出的愤怒反应迫使其他的南部州不得不对同类的管理自由民的早期法律在用词上做出调整,但并没有改变这些法律的原始目的。几乎所有的前南部邦联州都实施了全面的反流浪罪法和劳工合同法,并辅之以各种"反引诱"条款,后者用来惩罚那些对已经签订劳工合同的雇工提供更高工资以诱惑他们弃职而去的做法。为了打击要求获得高报酬的集体行动,弗吉尼亚州刻意规定,将那些拒绝接受"支付给其他种类劳工的通常和惯用工资标准"的人界定为无业游民。佛罗里达州的黑人法典由一个专门委员会起草,该委员会的报告将奴隶制作为一种"仁慈"体制来大加赞扬,称其唯一的不足是没有对黑人的性行为进行足够严厉的管理,该州的黑人法典将针对雇主的不服从、无礼,甚至"出言不逊"等行为界定为犯罪。那些违反劳工合同的黑人将受到鞭笞或在身体上套上木枷刑具的体罚,或被以长达一年的无报酬劳动的价格出卖给其他雇主,而具有同类违约罪行的白人劳工所面临的只是民事诉讼的威胁。为了阻止黑人妇女从田野劳作中退出,路易斯安那和得克萨斯两州的法律要求劳工合同的监管效力"必须覆盖劳工家庭中所有能够参与劳动的成员"。路易斯安那同时又规定,一位雇主与他的雇工之间的所有纠纷"将以前者……的裁决为准"。与密西西比和南卡罗来纳州的黑人法典不同的是,许多后来的类似法律并不明确地界定适用的种族范围,

---

[48] Francis B. Simkins and Robert H. Woody, *South Carolina During Reconstruction* (Chapel Hill, 1932), 48–50; 39th Congress, 2d Session, Senate Executive Document 6, 218–219.

目的是避免被斥为种族歧视的法律，也是为了遵守 1866 年后开始实施的联邦《民权法》。但正如亚拉巴马的种植园主和民主党政客约翰·杜波伊斯后来指出的，所有人都明白，（法律中）"所指的无业游民指的是种植园中的黑人"。[49]

尽管所有这些措施都引发了黑人的抗议，但最为人切齿痛恨的是各州的学徒法，因为这些法律利用奴隶制留下的后果——奴隶家庭的分离和自由民所处的赤贫状态——为借口，为种植园主提供了免费使用黑人儿童的劳动提供了机会。一般来说，这类法律允许法官将对黑人幼童和那些其亲生父母被认定为无力抚养的黑人儿童进行监护与使用的权利判给白人雇主拥有。原来拥有这些儿童的前主人拥有监管这些儿童的优先权，而无须征得儿童父母的同意，法律同时运行对这些儿童实施"轻微程度的体罚"。尽管学徒制在欧洲和美国都有悠久的历史，但此刻南部学徒法却与在技能行业中训练学徒工的传统理念大相径庭。的确，在有的地区，法院将有些几乎不能算作幼童的个人与白人雇主绑定，允许后者免费使用前者的劳动；北卡罗来纳州的一个县所绑定的学徒工人口中有十分之一的人超过了 16 岁，甚至包括了一名在磨油坊工作的、需要供养妻子和孩子的"婴儿"劳工。对于黑人来说，

---

[49] William Cohen, "Negro Involuntary Servitude in the South, 1865–1940: A Preliminary Analysis", JSH, 42 (February 1976), 35–50; Theodore B. Wilson, *The Black Codes of the South* (University, Ala., 1965), 96–100; 39th Congress, 2d Session, Senate Executive Document 6, 172–177, 180–183, 222–226; John T. O'Brien, "From Bondage to Citizenship: The Richmond Black Community, 1865–1867" (unpub. diss., University of Rochester, 1974), 304; Michael Wayne, *The Reshaping of Plantation Society: The Natchez District, 1860–1880* (Baton Rouge, 1983), 46–47; John W. DuBose, *Alabama's Tragic Decade*, edited by James K. Greer (Birmingham, 1940), 55.

这样的学徒体制所代表的无异于是奴隶制的一种延续。在马里兰和北卡罗来纳州，法院在未经他们父母的同意，有的时候甚至是在他们的父母不知情的情况下，将数以千计的未成年黑人与白人"监护人"绑定。黑人提出的呼吁和请求几乎淹没了自由民局，他们要求自由民局为自己或逝去的亲戚的孩子解除这种绑定。"当父母有能力保护这些孩子的时候，"一位自由民写道，"法律不能将他们送去绑定。""我想对于先前的主人来说，"另一位自由民宣称，"当我知道奴隶制已经死亡的时候，他想要继续占有我的家人是很困难的。"在1867年年底，自由民局和地方治安官仍然努力，将黑人儿童从依法院命令而绑定的学徒制中解救出来。[50]

规范劳工和学徒制的南部法律，用北部记者悉尼·安德鲁斯的话来说，"承认了那种一个人针对另一个人的特殊奴役制已经被推翻的现实，但同时也力图……建立起一种一个州对于个人的普遍奴役制"。新的刑法制定也再现了同样的过程，因为这一过程的目的是在压制前奴隶的要求之上建立和实施对地主财产权的绝对保护。在奴隶制下，公共与私有权威之间的界限是模糊的；盗窃

---

[50] 39th Congress, 2d Session, Senate Executive Document 6, 172–174, 180–181, 190, 209–210; Roberta S. Alexander, *North Carolina Faces the Freedmen: Race Relations During Presidential Reconstruction, 1865–1867* (Durham, 1985), 115–117; W. McKee Evans, *Ballots and Fence Rails: Reconstruction on the Lower Cape Fear* (Chapel Hill, 1967), 74–75; Joseph P. Reidy, "Masters and Slaves, Planters and Freedmen: The Transition from Slavery to Freedom in Central Georgia, 1820–1880" (unpub. diss., Northern Illinois University, 1982), 216; Charles M. Hooper to Wager Swayne, April 20, 1867, Wager Swayne Papers, ASDAH; Rebecca Scott, "The Battle over the Child: Child Apprenticeship and the Freedmen's Bureau in North Carolina", *Prologue*, 10 (Summer 1978), 101–113.

奴隶制的毁灭

"获得解放的黑人欢庆林肯总统的《解放奴隶宣言》":弗吉尼亚北部靠近温切斯特的场景。(《世界画报》1863年3月21日)

身份不明的内战联邦军队中士。(芝加哥历史学会)

身着海军军服的罗伯特·G.菲茨杰拉德,1863年。在联邦陆军和海军服役之后,菲茨杰拉德成为弗吉尼亚州和北卡罗来纳州的一名教师。(保利·默里庄园)

战时的动乱

黑人难民跨越拉帕汉诺克河,弗吉尼亚州,1862年。(国会图书馆)

"南部联邦派的秘密会议"。(《哈珀周刊》1866年8月4日)

"纽约市的骚乱：暴民在克拉克森街以私刑处死一名黑人"。(《伦敦画报》1863年8月8日)

里士满的废墟，1865年。(国会图书馆)

黑人社区的支柱：学校、教会与家庭

劳拉·汤与她的学生，1866年。汤是最初的"吉迪恩社"成员之一，一直在南卡罗来纳州海岛地区担任教师，直至1901年去世。（纽约市立公共图书馆，尚伯格黑人文化研究中心）

"祈祷会"。（《哈珀周刊》1867年2月2日）

身份不明的黑人家庭。（纽约历史学社）

自由民局的两种形象

"自由民局":该局在战后南部扮演了推动种族和平的角色。(《哈珀周刊》1868年7月25日)

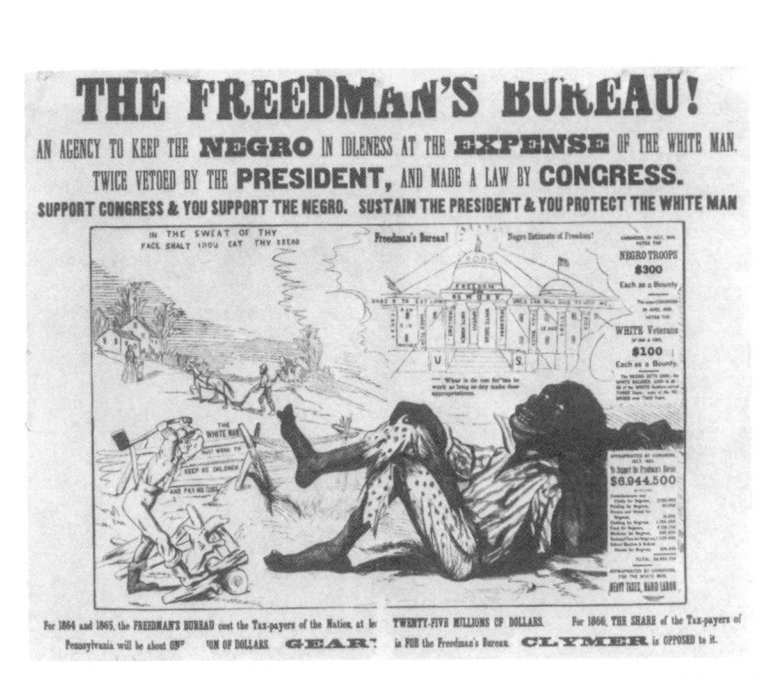

民主党制作的整页广告,来自1866年宾夕法尼亚州的国会和州长竞选活动。(国会图书馆)

南部的劳工：黑人与白人

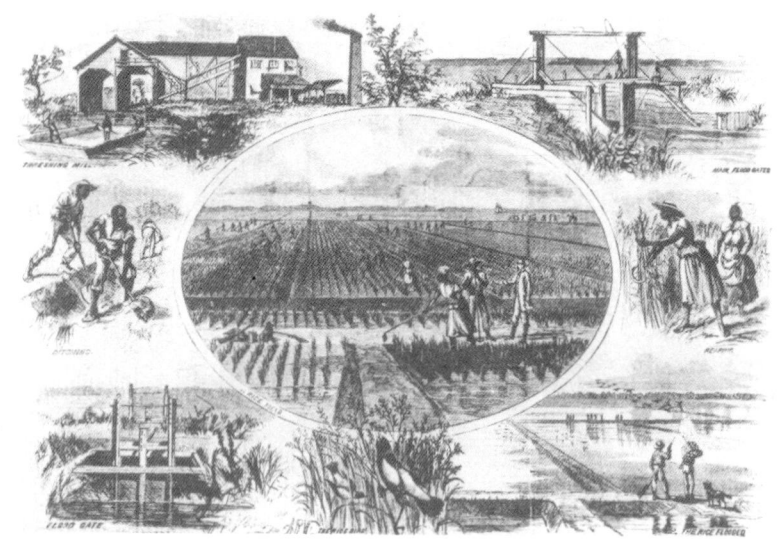

"奥吉奇河畔的稻米文化，在佐治亚州萨凡纳附近"。(《哈珀周刊》1867年1月5日)

"路易斯安那州的甘蔗丰收"。(《哈珀周刊》1875年10月30日)

摘棉花者。(纽约历史学社)

一个南部内陆地区的家庭,身着家庭自制的服装,弗吉尼亚州锡达山。(国会图书馆)

重建辩论的主角

安德鲁·约翰逊，美国第17任总统。(国会图书馆)

撒迪厄斯·斯蒂文斯，来自宾夕法尼亚州的国会议员，众议院共和党的议场领袖和敢于直言的激进派。(国会图书馆)

莱曼·特朗布尔，来自伊利诺伊州的参议员，司法委员会主席，1866年《民权法》和自由民局法案的作者。(国会图书馆)

查尔斯·萨姆纳，来自马萨诸塞州的参议员和法律平等原则的雄辩者。(国会图书馆)

之类的罪行通常被视为是一种劳工问题,通常由种植园主自己来处理。"在奴隶制中,我从来没有听说过要蹲牢房的事情,"一位佐治亚州自由民后来回忆说。"为了让黑人听话,他们当时的做法就是把黑人狠狠地揍上一顿。"奴隶制的废除显然要求重构执法机构。正如著名的南卡罗来纳州商人乔治·特伦霍姆在内战结束之后不久所解释的:"迄今为止,要么这些烧杀抢掠的行为都被忽视了,要么犯罪之人只是受到轻描淡写的惩罚,名誉得以恢复。现在必须要有所不同了。盗窃不再是针对他的主人的一种犯罪行为,而是一种针对州的罪行。"[51]

在奴隶制废除之后,如同在奴隶制之下一样,种植园主们对四处可见的黑人的盗窃行为抱怨不停。一位亚拉巴马州种植园主的儿子写道,种植园的劳工"简直就是一群流氓,把能偷的东西都偷得精光。马匹和首饰、鸡肉和猪肉、蔬菜和燃料,以及一切可以想象的财产,都是他们的偷盗之物"。一个人眼中的偷盗行为,在另外一个人的眼中,也许就是一种"权利"的行使,尤其是当前者的财产占有备受质疑的时候。一位黑人牧师曾因偷盗而遭到囚禁,但他时常在布道讲坛上对自己的信众说,从白人那里偷东西无伤大雅,因为人们只是将原本属于自己的东西拿了回来。但州的立法者不这样认为,他们迅速地采取行动,迅速加大了对小偷小摸行为的惩罚力度。弗吉尼亚和佐治亚两州在1866年将偷盗一匹马或一头骡子定为一种重罪。南卡罗来纳州则要求在种植

---

[51] Sidney Andrews, "Three Months Among the Reconstructionists", *Atlantic Monthly*, 17 (February 1866), 244; George A. Trenholm to Alfred G. Trenholm, October 7, 1865, George A. Trenholm Papers, USC.

园干活的黑人在出售农产品之前，出具由他们的"主人"提供的书面授权证明。在北卡罗来纳州，在一位名叫威廉·格雷厄姆前州长的敦促下，甚至将"盗窃的想法"界定为一种犯罪，并下令将所有的企图进行的盗窃，即便是未遂的，统统按偷盗罪来进行惩处。[52]

与此同时，南部的立法者们也采取行动，限制黑人独立获取经济资源的通道。享用类如狩猎、捕鱼和牛羊放养的权利，对于白人来说是天经地义的；在奴隶制下，这些权利也为一些奴隶所享有，但在此刻，在有的地区，行使这些权利变成了犯罪行为。种植园主们对狩猎活动十分反感，认为这是黑人获取食物、逃避种植园劳动的途径；此外，狩猎者会经常非法闯入私人地产领域，从而造成对白人财产权的侵犯。有几个州将黑人拥有武器界定为非法行为，或对他们的猎狗和枪支征收附加税。1866年，佐治亚州在拥有大量黑人人口的县禁止周日进行狩猎，禁止从私有地产上取用木材、摘取草莓、水果和任何"有价值的"东西。与此同时，一些法定措施开始生效，禁止在不设围栏的土地上自由放养家畜，而对于内陆地区的自耕农和自由民来说，这样的做法早已是一种根深蒂固的传统。尽管要求饲养者将他们的家畜围起来圈养（这样无地之人就不可能拥有猪或者牛之类家畜）的法律一直

---

[52] Eric Foner, *Nothing But Freedom: Emancipation and Its Legacy* (Baton Rouge, 1983), 57–58; John Sanford to John W. A. Sanford, February 25, 1866, John W. A. Sanford Papers, ASDAH; D. M. Carter to Tod R. Caldwell, May 19, 1872, North Carolina Governor's Papers; Alrutheus A. Taylor, *The Negro in the Reconstruction of Virginia* (Washington, D.C., 1926), 21; *Georgia Acts 1865–1866*, 232; *South Carolina Acts 1865*, 274; Alexander, *North Carolina*, 48.

到20世纪都备受争议,但在南部山地地区关闭自由放养的最初规定是在总统重建时期开始的。这些早期的围栏法经常是只适用于位于黑土地带的县。显然,这些法律和措施具有多重目的——禁止拥有枪支的规定部分地反映出白人对可能发生的黑人暴动的恐惧心理;为了保护庄稼不受漫山遍野四处乱跑的家畜的危害,农业生产改良者不得不在大块土地上修建围栏,他们时常为此花费抱怨不止。通过限制他们的狩猎和捕鱼活动以及要求他们修建围栏等,新的地方法律使得黑人除了接受在种植园里工作的条件之外很难再找到谋求食物和收入的其他渠道。[53]

这一整套复杂的劳工管制和刑法规定都是由一套警察和司法体制来实施的,而黑人在其中没有任何声音。城镇警察队伍和州民兵队伍都是由白人组成的,正如一位密西西比州白人在1865年指出的,其目的是"在黑人人口中保持良好的秩序和纪律"。尽管寻衅滋事和扰乱治安并非黑人的专利,但几乎所有的州民兵队伍都只是在黑土地带的县内警戒巡逻。州民兵时常由前邦联老兵组成,他们穿着灰色军服(前邦联军队的制服),经常对黑人人口施行恐吓和威胁,洗劫黑人的住所,没收他们的枪支和其他财产,

---

[53] Foner, *Nothing But Freedom*, 62-66, 115-117; Charles L. Flynn, *White Land, Black Labor: Caste and Class in Late Nineteenth-Century Georgia* (Baton Rouge, 1983), 123-125; Steven H. Hahn, *The Roots of Southern Populism: Yeoman Farmers and the Transformation of the Georgia Upcountry 1850-1890* (New York, 1983), 58-61; 39th Congress, 2d Session, Senate Executive Document 6, 174, 183-184, 195-196; *Fur, Fin and Feather: A Compilation of the Game Laws of the Principal States and Provinces of the United States and Canada* (New York, 1872 ed.), 142-150; J. Crawford King, "The Closing of the Southern Range: An Exploratory Study", *JSH*, 48 (February 1982), 53-70.

并大肆虐待那些拒绝签署种植园劳工合同的人。路易斯安那的黑人将州民兵称为"巡逻队",它的出现让人想起奴隶制时代,黑人不明白"这些人几个月前还是一群拿枪反叛政府的家伙,为何现在就把枪放回到他们的手中"。[54]

黑人也无望从法院那里得到公正的审判。南部最初禁止黑人在牵涉到白人的案件审理中出庭作证,但这一规定很快被收回了,收回的理由与公平无关。亚拉巴马州州长帕森斯在1865年要求一个由著名律师组成的委员会就是否允许黑人在起诉白人的案件中出庭作证一事提出咨询意见,这个群体认为,让黑人作证反对白人虽然是一种"令人厌恶的、伤害白人感情的和让人蒙羞的"做法,但仍然建议州长对其加以采纳,从而能够摆脱军事法庭和自由民局的法庭,也有助于化解北部愤怒的民意。到1866年年中,大多数南部州都允许黑人以与白人同等的资格出庭作证。然而,正如一位英国律师所观察到的,在1867年年初的里士满法庭审判中,黑人被禁止参加陪审团,而"判决的结果总是偏向于白人而不利于黑人"。有些州则企图从根本上打消黑人采用法庭诉讼的做法。在北卡罗来纳州,地方法院对那些佃农败诉案件所牵涉的土地主给予双倍的赔偿;密西西比州规定,一个黑人如果"错误地

---

[54] Howard N. Rabinowitz, "The Conflict Between Blacks and the Police in the Urban South, 1865-1900", *Historian*, 39 (November 1976), 63-64; Carter, *When the War Was Over*, 220; George C. Rable, *But There Was No Peace: The Role of Violence in the Politics of Reconstruction* (Athens, Ga., 1984), 21-28; Clinton A. Reilly to J. W. Ames, August 14, 1865, J. R. Ellis to William W. Holden, June 25, 1865, North Carolina Governor's Papers; Thomas J. Durant to Henry C. Warmoth, January 13, 1866, Warmoth Papers; Thomas Kanady to Z. K. Wood, December 23, 1865, L-896 1865, Letters Received, Ser. 1757, Dept. of La., RG 393, pt. 1, NA [FSSP C-655].

和带有恶意地"通过法律起诉一个白人,他将受到罚款、监禁和出租给他人做苦工的惩罚。[55]

在遇到白人被指控为犯有伤害黑人的犯罪案例时,地方警察、治安官和其他地方官员非常不情愿处理这类案件。这样做,一位佐治亚的警察说,将是"令人反感的"和危险的,而他在阿肯色州的同仁告知自由民局的特派员说,对一位欺诈自由民的白人种植园主采取反对行动,无异于"在秋季的选举中败选"。当政府官员或自由民局特派员将类似案例带入法庭时,南卡罗来纳州自由民局的头目罗伯特·斯科特说,它们"大多以无罪释放作为结果"。如果当事人被判定有罪,法官在判刑时对白人的判罪要比对犯有同样罪行的黑人更为宽松。得克萨斯法院在1865和1866年间,对大约500名白人进行起诉,指控他们杀死黑人,但这些人一个也没有被判罪。"自反叛墨西哥的时候开始,该州从来没有一个白人因谋杀而受到惩罚,"该州的一位北部访客这样评论道,"谋杀被理解为他们的一种不可剥夺的州权。"[56]

---

[55] T. Reavis et al. to Lewis E. Parsons, August 11, 1865, Alabama Governor's Papers; Wharton, *Negro in Mississippi*, 136–137; Henry Latham, *Black and White* (London, 1867), 105; Roberta D. Miller, "Of Freedom and Freedmen: Racial Attitudes of White Elites in North Carolina During Reconstruction, 1865–1877" (unpub. diss., University of North Carolina, 1976), 252–253; 39th Congress, 2d Session, Senate Executive Document 6, 196–197.

[56] John A. Carpenter, "Atrocities in the Reconstruction Period", *JNH*, 47 (October 1962), 238; W. A. Inman to Dennis H. Williams, June 30, 1866, Narrative Reports of Operations, Ser. 242, Ark. Asst. Comr., RG 105, NA [FSSP A-2458]; Robert K. Scott to James L. Orr, December 13, 1866, South Carolina Governor's Papers; James W. Smallwood, *Time of Hope, Time of Despair: Black Texans During Reconstruction* (Port Washington, N.Y., 1981), 33; O. D. Bartlett to Benjamin F. Wade, July 7, 1867, Benjamin F. Wade Papers, LC.

在南部的大部分地区，总统重建时期的法庭看上去似乎更在意规训黑人，强迫他们从事劳动，而不是帮助他们获得正义。"事实是这样的，"佛罗里达的硕果仅存的一位白人激进派人士一针见血地指出，"习俗在［当地白人］那里变成了法律。"如果雇主不再可能对黑人进行体罚，法庭会站出来，对那些犯有流浪罪和小偷小摸盗窃罪的黑人判处公开鞭笞的惩罚。如果作为个人的白人不再可能继续将黑人当成强制奴役的劳工时，法院可以将他们判处长期的监禁惩罚，强迫他们在没有报酬的条件下从事公用事业的劳动，或将他们租用给其他愿意支付他们的罚款的白人雇工。此外，起源于内战前的罪犯租赁制度原本规模很小，此刻得到迅速扩张，成为为雇主提供廉价劳动力的做法。1867年在得克萨斯州州监狱里关押的罪犯人口中仅有三分之一是黑人，但黑人在租用给铁路公司的罪犯劳工人数中的比例高达90%。[57]

逮捕他们的是白人警察，审判他们的是白人法官和白人陪审团，黑人自然对总统重建时期的法庭不抱有任何信任感。一群查尔斯顿的黑人在1867年年初抱怨说，这里，"正义遭到嘲弄，不正义却披着正义的外衣大行其道"。黑人力图寻求南部法庭之外的法律渠道，他们在遇到需要解决纠纷和惩罚犯罪行为时，更愿意向自由民局或联邦军队求助。佐治亚州格林县的艾布拉姆·科尔

---

[57] Shofner, *Nor Is It Over Yet*, 105; 39th Congress, 1st Session, House Report 30, pt. 2:272; Edward L. Ayers, *Vengeance and Justice: Crime and Punishment in the Nineteenth-Century American South* (New York, 1984), 165; J. Thorsten Sellin, *Slavery and the Penal System* (New York, 1976), 145–162; A. Elizabeth Taylor, "The Origins and Development of the Convict Lease System in Georgia", *GaHQ*, 26 (June 1942), 113–115; James P. Butler to J. T. Kirkman, May 13, 1867, Box 1, B13, Fifth Military District, RG 393, NA.

比是当地平等权利协会的领袖,他要求自由民局赋予黑人"以司法审判的权利,来解决黑人与其他人直接的商业纠纷",因为"我们在(州和地方)法庭内没有赢得正义的任何机会"。一位自由民局的官员得出结论说,在总统重建时期的法制体系下,黑人的处境"如同是在一个没有法治和没有政府的情况之中一样"。[58]

税收提供了公共政策向不公平转向的另外一个例子。在内战之前,南部各州的土地财产几乎不用缴纳财产税,州财政的大部分资金主要来自人头税和对奴隶财产、奢侈品、商业活动和专业技能活动的征税。其结果是,白人自耕农几乎不缴税,种植园主赋税更多,尽管他们纳税的数额与他们的财产和收入相比极不相称(部分原因是他们一般是自我评估自己的财产),而城镇和商业利益则抱怨自己承担了过重的纳税负担。内战和奴隶解放不可避免地增加了州财政的需求,而南部的贫困则使得即便是一个低额度的税收也是难以承受的重负。在这种情况下,税收制度便成为南部各阶级的利益要求进行对决的战场。[59]

在世界范围内,政治精英们都曾使用"人头"税作为工具推动有自食其力能力的农民进入劳工市场,因为人头税要求个人获

---

[58] *CG*, 39th Congress, 2d Session, 1709; Abram Colby et al. to Davis Tillson, [August 1866], Unregistered Letters Received, Ser. 632, Ga. Asst. Comr, RG 105, NA [FSSP A-5349]; Nelson G. Gill to O. O. Howard, October 14, 1866, G-310 1866, Letters Received, Ser. 15, Washington Headquarters, RG 105, NA [FSSP A-9528].

[59] Foner, *Nothing But Freedom*, 67–68; J. Mills Thornton III, "Fiscal Policy and the Failure of Radical Reconstruction in the Lower South", in J. Morgan Kousser and James M. McPherson, eds., *Region, Race, and Reconstruction: Essays in Honor of C. Vann Woodward*, (New York, 1982), 351–360; J. M. Hollander, ed., *Studies in State Taxation* (Baltimore, 1900), 85–92, 187. 人头税是直接针对个人的税收,与选举权没有必然的联系,但缴纳该项税收有的时候被视为获得投票权的先决条件。

取现金。在总统重建时期，税收政策的目的之一是强化种植园主相对于劳工的优势地位。对自由民征收沉重的人头税，刺激他们为工资而拼命工作，而那些无法支付人头税的人则被视为是无业流民，他们因此也可以被租用给任何能够支付他们的人头税的人使用。与此同时，对土地财产的征税税额却始终保持在极低的水平上（譬如，在密西西比州，保持在千分之一的水平），从而保护种植园主和拥有土地的自耕农不受不断上涨的政府开支的负担的影响。其结果是，"一个拥有2000英亩土地的人比起他雇佣的几十名劳工缴付的税收还要少，尽管他的劳工并不拥有价值一美元的财产"。土地财产的拥有者所缴付的税也少于城镇的手工匠人，后者的收入税要远远高于土地财产税。在密西西比州的沃伦县，三个最大的土地有产者每人缴付的税不到200美元，而一个马厩的主人需要缴付的税收却将近700美元，一个屠宰场主也要缴税200美元以上，一个鞋匠需要缴付75美元的税收。此外，有的时候，在黑土地带的各县，地方政府在人头税上额外征收地方税，以这种方式来增加它们的财政收入。莫比尔对每个男性成年人征收5美元的特别税，"如果不支付这项税收，"该城的一家黑人报纸报道说，"将面临被罚做戴着镣铐的囚犯劳工的惩罚。"将州、县和地方的税收加在一起，黑人发现仅人头税一项他们每年就要支付15美元。[60]

---

[60] Murdo J. MacLeod, "The Sociological Theory of Taxation and the Peasant," *Peasant Studies Newsletter*, 4 (July 1975), 2–6; Jackson *Daily Mississippi Pilot*, August 29, 1870, August 24, 1871; Jackson *Weekly Mississippi Pilot*, January 23, 1875; 42d Congress, 2d Session, House Report 22, Mississippi, 728 (hereafter cited as KKK Hearings); A. T. Morgan, *Yazoo: or, On the Picket Line of Freedom in the South* (Washington, D.C., 1884), 262–263; Mobile *Nationalist*, March 22, 1866; 40th Congress, 3d Session, House Miscellaneous Document 52, pt. 2:274–287.

毫不奇怪，黑人对这个极不公平的财政体制非常不满，如同一位在北卡罗来纳州任职的自由民局特派员所报告的，"他们认为自己从这个税收体制中没有得到过任何好处，而这的确是真实的"。自由民并不反对纳税这一行动；他们经常通过自我课税的方式，来为兴办学校筹集资金。但他们要求从税收体制中获得某些退税的回报。但总统重建时期的州政府则竭力回避对黑人人口承担任何政府责任（除了强制他们从事劳动之外）。有几个州在这段时间开始采取措施，建立起合法实施的种族隔离制度，将原本在奴隶制下并不存在的种族隔离措施强加于黑白种族。密西西比州和得克萨斯州禁止黑人在乘车时进入头等车厢（作为他们雇主的仆人除外），佛罗里达州将任何黑人"自行闯入"那些为白人预留的宗教仪式、公共集会或交通设施的行为统统视为非法。但是，这些做法只是后来铺天盖地而来的法定种族隔离体制的一种初始预兆。此刻南部州采取的措施还不是法律上的种族隔离体制——这一体制意味着州需要为黑人提供一套分离的公用设施——但表明它们企图将黑人从公共体制中完全地驱逐出去。[61]

尽管黑人和白人缴纳的税收帮助填充了州的钱袋子，但州和城镇政府却禁止黑人使用州的贫困救济体制，孤儿院、公园、学校和公用设施，声称自由民局应该为黑人提供他们需要的一切服务和帮助。佐治亚在1866年拨款20万美元，来资助邦联（不

---

[61] Allan Rutherford to J. T. Chur, October 29, 1866, Annual Reports of Operations, Ser. 2463, N.C. Asst. Comr., RG 105, NA [FSSP A-692]; 39th Congress, 2d Session, Senate Executive Document 174, 79; Smallwood, *Time of Hope*, 123; Richardson, *Negro in Florida*, 43.

是联邦)士兵的遗孀和子女以及其他"年老的和有精神病的白人"。在1867年之前,里士满市从未给黑人乞丐提供过任何救助金。当州打算解决黑人的需要时,所使用的资金通常是来自向黑人征收的特别税,而不是来自州的通用财政体系。得克萨斯和佛罗里达是在总统重建时期仅有的两个开始兴办黑人教育的州,利用一种与白人分离的特殊税来资助这些学校的存在,辅之以学费的填补。另一方面,路易斯安那州则将班克斯将军建立起来的富有活力的黑人学校体制给瓦解了,正如该州学区总监罗伯特·M.卢瑟所认为的,教育应该用来"证实白人种族的荣誉和至高无上性"。[62]

教育在北卡罗来纳州的命运说明,在总统重建时期,白人社会准备在相当长的时间内,回避将黑人视为共同选民队伍的一部分的问题。州长乔纳森·沃思于1865年当选,他在早期任职的时候,曾倾向在北卡罗来纳州建立一个州财政支持的公立教育体制,但此刻却改弦易辙,决定游说州立法机构彻底放弃这一设想。尽管建学校的资金"被雪崩一扫而尽",财政因素不是沃思改变立场的原因。真实的原因是,州长担心,如果州使用公共财政来教育白人儿童,"我们也必须要用同样的方式来资助对黑人的教育"。

---

[62] Howard N. Rabinowitz, "From Exclusion to Segregation: Southern Race Relations, 1865–1890", *JAH*, 63 (September 1976), 326–327; Peter Wallenstein, *From Slave South to New South: Public Policy in Nineteenth-Century Georgia* (Chapel Hill, 1987), 138; O'Brien, "From Bondage to Citizenship", 313; William P. Vaughan, *Schools for All: The Blacks and Public Education in the South, 1865–1877* (Lexington, Ky., 1974), 52–54; Roger A. Fischer, *The Segregation Struggle in Louisiana 1862–1877* (Urbana, Ill., 1974), 27–28.

为了避免在黑人教育上花费公共资金,沃思和他的立法机构命令各地方政府建立受政府税收资助的私立学校,尽管这样做,一位支持者警告说,会"遭到整个(白人)贫穷阶级的反对",并将毁掉南部唯一的覆盖面广泛的州立教育体制。[63]

许多南部白人相信,总统重建时期的州立法机构的工作是为面对奴隶解放带来的后果而进行的一种真诚努力。1865年和1866年制定的一些法律,在他们看来,基本上是按照联邦军队和自由民局的劳工规则制定的,而流民法在北部同样存在,而且那里的自由黑人也经常被剥夺了参加陪审团、参加州民兵和在州立学校就学的权利。然而,联邦军队和自由民局的规定只是临时性的措施,而不是一种为南部劳动体制勾画的永久性蓝图,北部的种族限制制度虽然给了南部人抨击北部人虚伪的理由,但它们所影响到的只是少数人,而不是绝大多数的劳动人口。北部各州的法院倾向于将那些没有工作的人视为生活遭遇不幸的人,而不是将他们视为罪犯,流民法也主要是用来规训妓女和小偷小摸者。至于南部立法的核心内容——要求一个人必须在年初就拥有就业的证明,对违反雇工合同者施行惩罚,禁止对雇工的引诱等——北部并没有同类的法律规定。除了海员的跳船(变更供职的船只)行为之外,违反合同的行为属于民事违规而不是刑事犯罪。"我从来

---

[63] Daniel J. Whitener, "Public Education in North Carolina During Reconstruction, 1865-1876", in Fletcher M. Green, ed., *Essays in Southern History* (Chapel Hill, 1949), 66-73; Charles Phillips to unknown, March 19, 1866, Cornelia Phillips Spencer Papers, UNC; J. G. de Roulhac Hamilton, ed., *The Correspondence of Jonathan Worth* (Raleigh, 1909), 1:467; Hamilton and Williams, eds., *Graham Papers*, 7:10, 41.

不知道一个主人上法庭"去为一个雇工不辞而别打官司,纽约的钢铁大亨艾布拉姆·休伊特在1867年宣称说,他认为旨在惩罚违反合同的刑法是"非常不合适的"。[64]

南部法律制造了一个庞大的、无法平等地获得司法保护和进入市场的阶级,因而也违反了自由劳动意识形态的基本原则。因为如此,黑人法典中这些最明目张胆的条款从来没有真正地实施过。联邦军队将领丹尼尔·E.西克尔斯声称"所有法律必须同等地适用于所有居民",依此原则,他禁止南卡罗来纳州黑人法典的实施;阿尔弗雷德·特里将军则推翻了弗吉尼亚州的流民法,视其为一种"实质上重新建立奴隶制的"企图。密西西比州州长沙基为针对早期的法律所出现的反应所惊觉,宣布禁止黑人租用土地的法律"可能因违反宪法从而无效",而在亚拉巴马州,州长巴顿直接否决了该州的劳工合同和学徒工法案。到1866年年底,大多数的南部州已经宣布这些只针对黑人的法律无效或作废。然而,南部的州法院却继续实施那些没有明确涉及种族区分的流民法、违反合同和学徒工法,税收政策、民兵体制以及全白人的司法和刑事体系仍然没有丝毫的改变。[65]

---

[64] Wilson, *Black Codes*, 36–39, 57–59; Allen R. Steinberg, "The Criminal Courts and the Transformation of Criminal Justice in Philadelphia, 1815–1874" (unpub. diss., Columbia University, 1983), Chapter 3; Richard B. Morris, "Labor Controls in Maryland in the Nineteenth Century", *JSH*, 14 (August 1948), 393–396; *U. K. Parliamentary Session Papers*, 1867, 32, c. 3913–3928.

[65] Wilson, *Black Codes*, 70–75; Jack P. Maddex, Jr., *The Virginia Conservatives, 1867–1879* (Chapel Hill, 1970), 39; William L. Sharkey to William H. Seward, December 30, 1865, William H. Seward Papers, University of Rochester; McPherson, *Political History*, 21; Donald G. Nieman, *To Set the Law in Motion: The Freedmen's Bureau and the Legal Rights of Blacks, 1865–1868* (Millwood, N. Y., 1979), 73–96.

第五章 总统重建的失败 **363**

那些后来对激进重建抱有敌视态度的历史学家曾为1865和1866年的立法辩护，称其与奴隶制相比为黑人带来了权利的扩展，或者将这些法律具有的压迫性质说成是出自"下层白人对黑人抱有的天然反感"。然而，在总统重建时期，只有为数不多的几个州的立法机构拥有较多的贫穷白人代表（在拥有较多贫穷白人代表的田纳西和阿肯色州，新的流浪法和反引诱法案都未能通过）。这些法律也不是极端联邦分裂分子的作品；它们是由享有盛名的律师和保守的辉格党联邦派所起草的。著名的法学家戴维·沃德劳和阿米斯特德·伯特两人起草了南卡罗来纳州的黑人法典，而前者是"本州最能干的律师"；显赫的甘蔗种植园主邓肯·肯纳起草了路易斯安那州的黑人法典。正如出生在北卡罗来纳州的废奴主义者丹尼尔·R.古德罗所观察到的，南部的领导人看上去"有些疯狂"，以至于自认为"从战场上获胜的北部……会容忍这些新的奴隶法典"。但南部的立法者们固执地认为黑人绝对不会自愿地工作，同时也为自由民所表现出来的、出乎他们意料的坚决态度而震惊，正如一家报纸所报道的，他们决定"为南部各州和社会争取最有利的结果；并时刻牢记［他们是］在为一个白人的州立法"。[66]

---

[66] Wilson, *Black Codes*, 196–197; William A. Dunning, *Reconstruction, Political and Economic 1865–1877* (New York, 1907), 57–58; interview with Joseph W. Barnwell, Southern Notebook "C", Frederic Bancroft Papers, Columbia University; *Ex-Governor Hahn on Louisiana Legislation Relating to Freedmen* (n.p., 1866), 3; Daniel R. Goodloe, "History of Southern Provisional Governments of Louisiana", manuscript, Goodloe Papers; Ross H. Moore, "Social and Economic Conditions in Mississippi During Reconstruction" (unpub. diss., Duke University, 1937), 41.

无人敢称南部复杂的劳工队伍、财产结构和 1865、1866 年实施的税收法完全成功地控制了黑人劳动力,或决定了南部经济未来演进的方向。"劳动力短缺"的问题,连同黑人对种植园劳工管制的反抗,持续不断地困扰着南部。如同一位南卡罗来纳州种植园上的医生所说:"法律可以强迫他们签订合同,但如何强迫他们从事劳动却并不确定。"然而,总统重建时期的法律制度却产生了影响深远的后果,限制了开放给黑人的机会,强化了白人对经济资源先机占有的优势地位,保护种植园主们不受奴隶解放的后果的全面冲击,阻碍了一个自由的土地和劳动力的市场的发展。[67]

在黑人劳动力的问题上,让旧秩序尽可能的死灰复燃,这一企图与新的州政府的第二个目的发生了冲突:这个目的就是改造南部经济,以建设一个新型的南部。在内战之前,有一小帮现代化改革者曾敦促南部通过修建铁路和工厂,与种植园经济齐头并进,从而改变经济发展的方向。尽管这些改革者中没有什么人对奴隶制作为南部经济的中心的地位提出质疑和挑战,他们的改革计划因为种植园主阶级的反对而泡汤。但随着奴隶制的废除,棉花王国明显地遭到瓦解,建设一个与 19 世纪"进步"更加合拍的南部的前景再度浮现出来。北部的投资将会刺激铁路和工厂的增长,移民的进入将带来新的企业精神,自耕农也不必再担心他们的资本为劳动力的花费所封冻。南部报纸大肆颂扬这样的愿景,战前规模甚小的棉纺工业将得到扩张,利用本地生产的棉花,同

---

[67] J. H. Easterby, ed., *The South Carolina Rice Plantation as Revealed in the Papers of Robert F. W. Allston* (Chicago, 1945), 224; Foner, *Nothing But Freedom*, 71.

时为成千上万的因内战而变成孤儿寡母的人提供就业机会。对种植园体制的批评，在战前只是一个次要的话题，此刻顿时成为不可遏制的热门话题，引发了许多关于建立一种更为科学的、基于小农场和多品种作物之上的农业生产。"我们的大种植园，"一家南卡罗来纳州的报纸在1866年时宣称，"必须分割成为有限规模的农场；我们的水力资源必须用于工厂的建造之中……我们的年轻一代必须要学会工作。"一位新南部的倡导者，本身也是一名种植园主，甚至提出对没有开发的土地征收重税，强迫土地拥有者耕种他们的土地或者放在市场上出售。[68]

在总统重建时期，这个全面的经济改革愿景从未获得大多数南部人的支持。但包括詹姆斯·奥尔、詹姆斯·约翰逊和罗伯特·巴顿在内的州长们却大力推销新南部的美好，将一批前辉格党人变成了自己的听众，而后者在政治中占有主导地位，积极地接受了关于州资助的铁路和工业发展是经济现代化的关键的思想。在内战之前，大多数南部州曾以不同方式资助铁路的修建，佐治亚州甚至（利用政府拥有的奴隶劳工）自建了一条铁路。但在铁路里程方面，南部远远落后于全国，南部铁路的大部分都是小规模的、投资不足的建设工程，它们的主要目的是将种植园的产品运输到海岸地区。此刻，一股真正的"铁路热"席卷这一区域，

---

[68] Eugene D. Genovese, *The Political Economy of Slavery* (New York, 1965), 124–153; Carter, *When the War Was Over*, 106–116; Patrick J. Hearnden, *Independence and Empire: The New South's Cotton Mill Campaign, 1865–1901* (DeKalb, Ill., 1982), 3–13; Columbia *Daily Phoenix*, March 9, 1866; Aubrey L. Brooks and Hugh T. Lefler, eds., *The Papers of Walter Clark* (Chapel Hill, 1948–1950), 1:145–146, 158.

州和地方都对"铁马"进行投资,对铁路的期望值也倍增。亚拉巴马州人认为,铁路修建将会开发本州的矿产资源,创造一种本州的南部和北部从未分享过的"感情认同"。那些商业受到威胁的城市,如查尔斯顿和维克斯堡,也将铁路视为是一种解决经济停滞的灵丹妙药;然而对内陆地区的城镇来说,铁路会将它们带入全国商业的分享网络之中,让它们有机会绕过老旧的城市和贸易线路而直接与北部联系起来。一家密西西比州报纸宣称,铁路将"恢复人民的能量,打开州的资源,将我们推进到生长和普遍繁荣的路上"。[69]

尽管以州作为信用抵押来推进铁路建设的政策通常被认为是一种与激进重建联系在一起的做法,但事实上,这种做法始于约翰逊重建政治下的州政府。1867年2月,亚拉巴马州的一部法律授权州政府发行铁路债券,以修建每一英里发行1.2万美元债券的比率,此举构成了后期的亚拉巴马州资助的先例。得克萨斯州州长詹姆斯·思罗克莫顿本人就是一个从前从事铁路建造的企业家,颁发了修建16条新铁路线的特许状,采用了一个比亚拉巴马州更为慷慨的资助计划。与此同时,州立法机构对制造业、矿

---

[69] Paul M. Gaston, *The New South Creed* (New York, 1970), 23-30; *Address of the Hon. James L. Orr Governor Elect, Delivered Before the Legislature of South Carolina* (Columbia, S.C., 1865), 6; Carter Goodrich, *Government Promotion of American Canals and Railroads 1800-1890* (New York, 1960), 112-119; John F. Stover, *Iron Roads to the West: American Railroads in the 1850s* (New York, 1978), 89, 116; Simkins and Woody, *South Carolina*, 186-191; Huntsville *Advocate*, July 12, 1865; Jamie W. Moore, "The Lowcountry in Economic Transition: Charleston since 1865", *SCHM*, 80 (April 1979), 156-158; Harris, *Presidential Reconstruction*, 214.

业、银行业和保险业公司颁布了特许状。为了在推动农业投资，各州对一些借贷安排提供法律支持和保护，因为这些借贷保证为农业提供贷款和物资供应的人拥有农作物收成的首要留置权。这些早期的法律回避了令人烦恼的不同债权人之间的优先权问题，只是宣布任何支付预付款的人都同等地享有留置权。黑人对此表示抗议，因为这些法律没有建立起劳工对农产品的留置权，允许债权人将一个负债的种植园主的全部作物没收瓜分，而不给他的雇工留下任何一点粮食。但这些法律的主要目的，如同一位密西西比州前州长所解释的，是为了通过"激发起资本家的信心"而将资金吸引到南部来。[70]

南部的州长们也力图抵挡日益增长的债务减免要求，担心"暂缓法"会打击外部投资进入的信心，但他们这样做的成效不等。总统重建时期的债务问题在南部白人中引发的分裂超过其他任何问题，尽管围绕分裂而产生的阶级和地区组合并非遵循一种简单的模式。不光是债台高筑的种植园主，还有不少的有产者也发现暂缓法很有吸引力，后者一直企图回避支付战前向北部商人和金融家借贷的贷款。（如同一位得克萨斯的政治领袖后来回忆说：

---

[70] A. B. Moore, "Railroad Building in Alabama During the Reconstruction Period", *JSH*, 1 (February 1935), 422–424; Carrier, "Political History of Texas", 75–76, 122, 144–145; Carter Goodrich, "Public Aid to Railroads in the Reconstruction South", *Political Science Quarterly*, 71 (September 1956), 411–425; Harold D. Woodman, "Post Civil War Southern Agriculture and the Law", *AgH*, 53 (January 1979), 319–337; William C. Carson and forty others to George C. Meade, January 1868, C-55 1868, Letters Received, Third Military District, RG 393, NA; William McWillie to Benjamin G. Humphreys, December 31, 1866, Mississippi Governor's Papers.

"抵制北部债务做法的想法没有什么不对，这是战争的一部分。"）但其他人认为暂停偿还法将为种植园主提供保护，保障他们不会被雇工就支付工资的事情而遭到起诉。一般来说，要求采用法律来"延迟"偿还债务或干脆废除债务的呼声主要来自内陆地区的自耕农，当地的经济独立因战时的破坏和战后农作物的歉收而受到威胁。[71]

在这种复杂的形势下，各州产生了一连串的法律，程度不同地推迟了对债务的追讨，根据急速下降的土地产值来按比例"缩小"旧的债务，推迟法庭的审理，免除对一定数额的土地和个人财产的扣押。有些做法象征着债务人赢得了真实的胜利，其他的则是为了阻止更为激进的措施的采用，譬如对债务的完全废除。但所有这些激发了北部的抗议——一位北部记者在给佐治亚州州长查尔斯·詹金斯的信中指出，在一个"使用延期偿付法来组织追债"的地方，没有人会来投资——州的高层官员立即采取行动来限制这些法律的效力。在佐治亚州、密西西比州和南卡罗来纳州，州法院废除了债务人救济法。亚拉巴马州州长巴顿对来自内陆地区的呼声充耳不闻，后者要求他在1866年的灾难性的农业歉收取消法庭审理，北卡罗来纳州州长沃思将暂缓法斥责为"对债务人和债权人都同样的有害"，尽管他无法阻止几部救济措施的

---

[71] Carter, *When the War Was Over*, 77–79; John Murphy to John O'Neil, January 15, 1867, John O'Neil Papers, USC; "Lawabiding Citizen" to James L. Orr, January 13, 1866, South Carolina Governor's Papers; John B. Stiles to William H. Seward, December 9, 1865, Seward Papers; Lucy A. Erath, "Memoirs of Major General Bernard Erath", *SWHQ* 27 (October 1923), 161.

实施。[72]

　　法院和州长们为了安抚未来的北部投资者而甘愿冒险得罪"相当一部分不满意的人",说明了他们对实施经济现代化抱有深厚的决心。但在几乎每一个方面,总统重建的经济政策都遭遇了失败。资助铁路修建的计划基本上是一事无成——在前邦联的 11 个州内,在 1866、1867 年里,只铺设了 422 英里长的路轨,在路易斯安那、南卡罗来纳和密西西比州,铺设的铁轨里程为零。尽管南部各州任命了负责移民事务的官员,但几乎所有进入美国的移民仍然留在北部和西部——1870 年在前邦联的 11 个州内外国出生的居民人口数低于 1860 年。工业发展的速度与质量毫无起色。为数不多的一些企业,如里士满的特雷德加钢铁厂吸引力足够的北部投资后得以恢复生产,但大多数到北部寻求资本的南部企业家最终都是空手而归。西部的投资机会众多而且有利可图,而南部的政治不稳定,投资者显然不愿意拿他们的资金来冒险。"没有什么人愿意拿他们的投资到南部下注,"马萨诸塞州前州长约翰·安德鲁得出结论说,"在北部市场,卖掉一个想象中的木星上的铜矿,要比在南部租用 10% 的最好土地,要容易得多。"[73]

---

[72] Carter, *When the War Was Over*, 135–145; *AC*, 1866, 13; A. W. Spies to Charles Jenkins, November 30, 1866, Georgia Governor's Papers; Simkins and Woody, *South Carolina*, 46–47; Harris, *Presidential Reconstruction*, 157–159, 174–176; Hamilton, ed., *Worth Correspondence*, 4:48.

[73] Benjamin H. Wilson to James L. Orr, June 22, 1866, South Carolina Governor's Papers; Goodrich, "Public Aid to Railroads", 436; Simkins and Woody, *South Carolina*, 244–246, 289; U.S. Census Office, *Ninth Census, 1870, Population*, 1:299; Charles B. Dew, *Ironmaker to the Confederacy: Joseph R. Anderson and the Tredegar Iron Works* (New Haven, 1966), 318; Broadus Mitchell, *The Rise of Cotton Mills in the South* (Baltimore, 1921), 63; John Andrew to Montgomery Blair, January 7, 1867, Letterbook, John Andrew Papers, MHS.

导致这个早期的新南部计划胎死腹中的原因很多,有的原因超出了南部政治家们的权力所掌控的范围。在短短两年之内,不可能消除内战所带来的灾难性的经济后果,也无法消除种植园经济在数十年的主导中留下的遗产。然而,在某种意义上,失败反映出那些经济变革提倡者的内心分裂状态和他们计划中的自相矛盾的目标。南部在吸引移民方面的无能说明了问题所在。有些改革者将新来者视为潜在的土地拥有者,他们的到来将帮助打破种植园体制,帮助一种现代的、市场导向的小规模农业的兴起。其他人则期待移民继续保护种植园体制的存在,而不是破坏它。"移民,"北卡罗来纳州的一位著名律师在1865年写道,"对我们来说,无疑是一种恩赐,但我们必须要能够控制它,让它完全地服从我们的需要。"可以想象,欧洲移民对南部希望他们取代黑人成为种植园劳工的想法并不买账。一位亚拉巴马州种植园主在1866年将30名瑞典移民带回到自己的种植园,将他们安置在当年奴隶们住的木屋中,给他们提供当年奴隶的饭食。一周之内,这些劳工便离他而去,并告知他说"他们不是奴隶"。为了吸引移民,另一位亚拉巴马州人库珀指出,南部必须抛弃将劳工与种植园联系在一起的想法:"我们必须放弃这样的想法,即我们可以指挥、控制劳工。对于移民,我们必须要做好准备,以一个自由人的身份来接受他,视他为平等的,并以平等的方式来对待他。"[74]

库珀抓住了一个重要的事实。如同内战之前由奴隶制主导的

---

[74] Highsmith, "Louisiana Landholding", 44-45; J. G. de Roulhac Hamilton, ed., *The Papers of Thomas Ruffin* (Raleigh, 1918-1920), 4:45; Mobile *Nationalist*, May 9, 1867; A. B. Cooper to Robert M. Patton, May 25, 1867, Alabama Governor's Papers.

政治经济体制阻碍了农业改革的努力一样,如果战后南部要想推进一场真实的现代化运动,必须要以摧毁种植园体制为前提。在全世界,种植园制社会的特征之一是持续的经济落后。种植园的目标是为世界市场生产农作物产品,它们的国内市场非常脆弱,而种植园主阶级害怕其他的经济形态会威胁到他们对劳动力的控制,总是使用手中的政治权力来阻止它们的出现。[75] 因为他们未能处理好种植园本身的问题,总统重建时期的州领导人缺乏一种连贯的关于南部进步的设想和愿景。他们想要经济发展的名分,但不愿意接受它的完整的后果——一场农业革命和一个自由的劳动力市场。那些提出拆散种植园的人同时也在要求制定严厉的阻止黑人劳工自由流动的法律。旨在推动南部经济现代化的法律,正好与旨在规训种植园劳动力的措施同时实施,而这两种法律都是由同一个立法机构制定的。土地税的标准是如此的低,以至于建立公立学校或其他前瞻性的社会福利体制等都变成了遥不可及的奢望。

种植园主阶级至少还能做到言行一致;它并没有打算瓦解自身。它会支持铁路和工厂的修建,支持对北部投资的吸引,只要这些努力能够辅助和激活种植园经济,而且不威胁黑人劳动力队伍的稳定性。那些谈论推翻种植园的人对于黑人人口将遭遇什么的问题一无所知。整个新南部的计划,事实上建立在一种黑人劳工可以被替代的假设之上。科学化的农业和机器的使用将会帮助

---

[75] George L. Beckford, *Persistent Poverty: Underdevelopment in Plantation Economies of the Third World* (New York, 1972).

大种植园主彻底"摆脱自由民提供的劳动"。家庭劳动将能满足小型农场的需要。改革者高谈新南部的愿景,工厂雇佣白人劳工,新来的白人在小农场里耕种,对于前奴隶的安置与取向,除了预测他们会在得病之后非常便利地"死掉"之外,改革者们没有给予任何的思考。这个预想中的新南部发言人当然不会预测该地区最好的土地将会交由黑人来掌握。[76]

总统重建时期的整个经验表明,白人社会对获得解放的奴隶和他们在新社会秩序中应有位置的态度如何深刻地影响了其对南部政体和经济的设想。无条件联邦派拒绝将自由民纳入自己的政治基础之内,从而使得大面积的剥夺前邦联成员的政治权利变得十分必要,这种情况加剧了因内战产生的仇恨,也使得这些带有跨界政府背负了不合法的恶名。安德鲁·约翰逊执意要规训和管制黑人,而他的想法不可避免地导致新政府放弃了摧毁种植园主的经济与政治霸权的计划。他建立的新政府的领袖人物完全无法想象黑人除了成为种植园劳工之外还能扮演其他任何角色,这种想象力的无能也就断送了进行真正的经济变革的可能。到最后,他们的政策所想象的不是一个新南部,而不过是一个旧南部的改版而已。

这个结果表明,南部进行"自我重建"的努力自始至终在视野上都是失败的。随着总统重建走向终点,南部白人意识到,一个改革的机会已经失去了。各种报纸用后来批评"激进"政府的语言对立法者们进行严厉、尖刻的抨击:他们不仅无能、懒惰,

---

[76] Wiener, *Social Origins*, 156-157; Wagstaff, "'Call Your Old Master'", 337-338; Richmond *Dispatch*, April 19, 1867; Brooks and Lefler, eds., *Clark Papers*, 1:154-156; Highsmith, "Louisiana Landholding", 48-49.

而且在有效解决区域问题方面一败涂地。"也许立法机构能够做的最好的事情,"一位给南卡罗来纳州长奥尔写信的人说,"就是告老还乡。"一些有见解的观察家后来承认,是南部白人自己把激进重建引入了南部。"1865年,我们在亚拉巴马曾经有一个白人政府……,"约翰逊任命的临时州长刘易斯·帕森斯宣称,"但我们自己把它弄砸了。"这个"大错"在于没有"立即将黑人权利置于法律的保护之下"。[77]

总统重建带来了许多后果,其中一个后果便是,它极为深刻地影响了黑人的政治行为。在奴隶解放之后的牙买加,那个人数甚少的白人人口试图与黑白混血人口中的精英分子结为政治盟友,他们的努力获得了相当程度的成功。但总统重建时期的南部各州在实施法律的时候,不分青红皂白地只是区分"自由人"和"获得自由的人"。一些黑白混血的自由黑人原本处于黑人与白人之间的中间地段,但是当白人的政策将他们希望保留的这一中间地带抹杀之后,他们别无选择地站到了自由民一边,并与后者结盟。"就法律而言,"莫比尔《国家主义者》指出,"克里奥尔人与黑人站在同一平面上……两者在未来必须同生死,共命运。"当黑人法典被斥为是"一种文明的耻辱"的时候,这一说法很快变成了黑人政治语言中的常用语。"如果你把它称作是'自由'的话,"一位黑人老兵写道,"那你怎么称呼'奴隶制'?"这一时期的"不可置疑的历史",黑人国会议员约西亚·沃尔斯后来评论道,一

---

[77] Thomas Holt, *Black over White: Negro Political Leadership in South Carolina During Reconstruction* (Urbana, Ill., 1977), 24; William E. Earle to James L. Orr, December 15, 1866, South Carolina Governor's Papers; KKK Hearings, Alabama, 93.

方面解释了为什么南部黑人拒绝投民主党人的票，同时也警示黑人选民"一旦他们[指白人民主党人]重新掌握了政府，他们将要干什么"。最重要的结果是，总统重建强化了黑人对联邦权力的认同。只有来自外部的干预才能保证自由民享有一种最起码的正义。[78]

北部的反应

当最初宣布时，安德鲁·约翰逊的重建政策深得北部的广泛支持。许多共和党人虽然不拒绝黑人选举权的原则，但除了激进共和党人之外，他们并不急于将此作为该党的一项政策原则，也不愿意以此作为诋毁总统的理由。1865 年 5 月初，康涅狄格州参议员詹姆斯·迪克森曾对北部人向约翰逊表示出的"热情和慷慨的态度"评论道："这看上去似乎是'美好情感时代'的一种回归。"约翰逊在月底发布的重建宣言也没有改变公众对他的看法。一个范围广泛的联合力量接受了约翰逊的计划，并力求推动它的实施。许多不同种类的北部人出于各自的理由，愿意看到南部各州迅速回归联邦；民主党人希望该党能够在经历了"最糟糕的一个时代之后"重振旗鼓，死而复生；那些从民主党人转变而来的共和党人实际上分享约翰逊的州权主义倾向和种族偏见；还有另外一些共和党人，他们希望抓住机会，表明与新总统站在一起，

---

[78] *New York Times*, September 8, 1868; *CG*, 43d Congress, 2d Session, Appendix, 169; Henry Mars to Edwin M. Stanton, May 14, 1866, M-240 1866, Letters Received, Ser. 15, Washington Headquarters, RG 105, NA [FSSP A-6032].

从而增强自己在党内政治中的影响力。[79]

北部民主党人迅速意识到,约翰逊的重建计划同时包含了体现该党意识形态和帮助其实现政治复兴的核心思想——各州拥有对地方事务的控制权,白人至上主义,以及迅速恢复南部的联邦地位的目标。纽约州民主党人领袖首先意识到与总统联盟将会使本党受益。纽约州是19世纪民主党政治的大本营所在,不仅在1836年至1900年之间为民主党输送了7名总统候选人,而且自诩拥有奥古斯特·贝尔蒙特作为该党的主要资助人,并拥有纽约《世界报》作为该党主要的全国性报刊。《世界报》的共同老板之一的塞缪尔·巴洛卷入了包括铁路、矿业和各种商业冒险之中,并将在重建时期卷入南部的铁矿和稻米种植园的投资之中。但他的最爱是政治。1865年他全力以赴游说约翰逊,令后者相信他作为总统的政治未来在于将自己变成民主党的领袖。达到这一目的之后,纽约《世界报》对约翰逊的重建计划予以热情的支持,宣称"南部人民对约翰逊先生一致感到满意"。[80]

如同在南部一样,对约翰逊的认同大大缩小了选择其他重建方案的考虑空间。5月初,《世界报》曾宣称,自由民不能"永久

---

[79] Michael L. Benedict, *A Compromise of Principle: Congressional Republicans and Reconstruction 1863-1869* (New York, 1974), 43; James Dixon to Andrew Johnson, May 5, 1865, Johnson Papers; Irving Katz, *August Belmont: A Political Biography* (New York, 1968), 91.

[80] Edward L. Gambill, *Conservative Ordeal: Northern Democrats and Reconstruction, 1865-1868* (Ames, Iowa, 1981), 20-33; George T. McJimsey, *Genteel Partisan: Manton Marble, 1834-1917* (Ames, Iowa, 1971), 60-63; Robert F. Hohe to Samuel L. M. Barlow, December 8, 1865, P. M. Nightingale to Barlow, August 30, 1867, Barlow Papers; New York *World*, June 29, 1865.

地被排除在选民队伍之外",并坚持认为南部各州不能通过(特定的)"歧视有色人种"的法律。然而,当约翰逊宣布他的重建计划之后,这家报纸立刻原形毕露,回归到它熟悉的种族主义立场上,将黑人描述成"放荡不羁"之人,并称自由民局为联邦政府的一个"贫民部"。因为黑人缺乏家庭的概念和习惯,赋予他们选举权会导致摩门教徒人数的飙升,带来一夫多妻制的合法化!在整个北部,支持总统和反对赋予黑人选举权,成为了民主党的集结号。各州民主党的竞选纲领宣称,允许黑人参加选举将"令投票权蒙羞受辱",导致共和政体身败名裂,民主党演讲者把共和党人描绘成对白人种族漠不关心的"黑鬼崇敬者"。选举权的问题,民主党人国会议员塞缪尔·考克斯认为,不仅构成了重建的"基础",而且还将教会约翰逊,让他明白他在南部"需要依靠谁……和需要得到谁的支持"。[81]

"今天,整个(民主)党都变成了约翰逊的党,"巴洛在 7 月宣布,民主党人纷纷致电约翰逊,邀请他出面为参加 11 月选举的北部民主党候选人站台,并要求他将苏厄德和斯坦顿从内阁中解职。他们的计划得到一群共和党人的赞同,后者与约翰逊的背景一样,战前就是民主党人。这些民主-共和党人长期以来就对前辉格党人在战时共和党里占主导地位甚为不满。他们把约翰逊的上位视为一种让自己受益而进行政治重组的机会。一次"大的

---

[81] New York *World*, May 3, 13, June 23, 29, July 29, August 21, October 12, 1865; *AC*, 1865, 685; Kent A. Peterson, "New Jersey Politics and National Policy-Making, 1865-1868" (unpub. diss., Princeton University, 1970), 110-111; Samuel S. Cox to Montgomery Blair, May 16, 1865, Blair Family Papers, LC.

洗牌"正在出现,联邦助理邮政局长亚历山大·W. 兰德尔写道。"我们党内的激进派的全部"都得靠边站,让位给"民主党的人"。像海军部长威尔斯这样的民主－共和党人都将激进派视为"老蓝灯联邦党人"*的直系后裔,他们鼓吹建立"一个强大的、拥有征服州和人民的崇高权力的中央政府"。与约翰逊一样,威尔斯也喜欢将复杂的政治问题简化为一种"清楚无误的"宪法的解释问题。他坚持认为,在针对各州的"地方和市政问题"上,南部保留了所有的权力,包括黑人选举权在内;采用任何其他的设想都将"改变政府的性质"。[82]

在民主－共和党人中,布莱尔家族对总统的影响力最大。与约翰逊一样,布莱尔家族也是来自边界州的联邦派,他们坚定不移地支持内战的事业,但对激进主义和黑人毫无好感。弗朗西斯·布莱尔是家族之首,曾经是安德鲁·杰克逊总统麾下备受信任的顾问,而杰克逊则是约翰逊顶礼膜拜的英雄。小弗兰克·布莱尔曾是密苏里州共和党的发起人之一,在内战中成长为一名联邦军队的将领;他的弟弟蒙哥马利·布莱尔在马里兰共和党政治中扮演了一个积极的角色,担任过林肯的邮政总监,但最后在激

---

* old blue light federalism,原指1812年战争时期为英国军队通风报信的联邦党人。——译者

[82] Samuel L. M. Barlow to Montgomery Blair, July 24, 1865, Johnson Papers; Eric Foner, *Free Soil, Free Labor, Free Men: The Ideology of the Republican Party Before the Civil War* (New York, 1970), 149–185; Richard N. Current, *The Civil War Era, 1848–1873* (Madison, Wis., 1976), 575; James R. Doolittle to Lucius Fairchild, September 16, 1865, Lucius Fairchild Papers, SHSW; untitled manuscript, ca. 1867, Gideon Welles to Andrew Johnson, July 27, 1869, Gideon Welles Papers, HL; Gideon Welles to Charles Sumner, June 30, 1865, Sumner Papers; Gideon Welles to Mark Howard, January 6, 1866, Mark Howard Papers, Connecticut Historical Society.

进派的压力之下被林肯解职。1865年3月，约翰逊与布莱尔家族建立起一种非常密切和牢固的联系。当时正是副总统就职典礼前后，约翰逊因患伤寒终日躲在家里与威士忌酒为伴。显然，他的就职演说因饮酒过度的影响而变成了一种"冗长而漫无边际的奇谈怪论，让人听起来极其难受，甚至痛苦不堪"。当媒体将他嘲笑为是"一头蠢驴"的时候，布莱尔家族则催促约翰逊前往位于马里兰银泉的家族庄园疗养，恢复健康。[83]

布莱尔家族坚持认为，约翰逊应该抛弃得到激进派支持的想法，而依靠"他的天然支持者身上"——即像他们一样的联邦派民主党人和民主-共和党人。他们相信，战后政治的关键在于将辩论的焦点从奴隶制转向为种族问题。长期以来，布莱尔家族深陷种族"混合"的幽灵的控制之中，与约翰逊一样，偏见将他们带入一条不合逻辑的思路，将黑人和支持黑人选举权的人与奴隶制和奴隶主权势等同起来。对布莱尔家族来说，之所以如此，是因为奴隶制曾导致了种族混杂情况，出现一个"混合种族"的趋势，黑人投票将会带来同样的结果。此外，种族问题可以在政治中大作文章。"如果我们能够处理好奴隶问题，"蒙哥马利·布莱尔预测说，"我们将可以把种族混合分子[这是对任何支持黑人投票的人的称谓]组成他们自己的政党，并很容易地击败他们。"布莱尔家族坚定地支持约翰逊希望将黑人选举权的问题——"唯一具有真正重要意义的问题"——留给南部白人来处理的想法。其

---

[83] George F. Milton, *The Age of Hate: Andrew Johnson and the Radicals* (New York, 1930), 145-148; Castel, *Johnson*, 9-10.

他的民主－共和党人也分享这一想法，他们构成了共和党联盟中带有最深种族主义偏见的一个群体。[84]

"布莱尔家族现在占了上风，"查尔斯·萨姆纳在6月写道，然而约翰逊是一个老谋深算的政客，从不轻易将自己与共和党内的某一派别捆绑在一起，或与民主党捆绑在一起，后者在很多人眼中仍然脱不了犯有叛国罪的干系。他拒绝以总统的名义支持那些参加秋季选举的民主党候选人，而共和党人则轻而易举地赢得了北部的选举。总统独立性的一个重要标志是他顶住压力，拒绝从内阁中解除国务卿苏厄德的职务，苏厄德是民主党人和民主－共和党人的政治宿敌。他早期的激进主义很早就退潮了，经过内战之后，苏厄德对黑人命运的态度发生了一种有哲学意味的转变：他们必须"根据自己的能力"在棉花田里充当劳工，而不应该在国家重建、恢复和谐的过程中挡道。他从病床上挣扎而起，反对特赦那些具有2万美元财产的邦联支持者和参与者，但除此之外，他在约翰逊早期政策的制定中所扮演的角色非常有限。随着暑季的到来，他的影响力不断减少，直到1865年年底，许多人将他视为引导政府的灵魂所在。苏厄德在共和党内仍然备受尊重，只要他留在总统的内阁班子中，人们很难想象约翰逊会"跳船"转身

---

[84] La Wanda Cox and John H. Cox, *Politics, Principle, and Prejudice 1865-1866* (New York, 1963), 54-56; William E. Smith, *The Francis Preston Blair Family in Politics* (New York, 1933), 2:328-329; Montgomery Blair to Samuel L. M. Barlow, January 12, June 14, July 16, November 12, 1865, Barlow Papers; Jean H. Baker, *The Politics of Continuity: Maryland Political Parties from 1858 to 1870* (Baltimore, 1973), 91-101, 143-147; Francis P. Blair to Andrew Johnson, August 1, 1865, Johnson Papers; Foner, *Free Soil, Free Labor, Free Men*, 267-270.

变成民主党人。[85]

在1865年,用一家纽约报纸的话来说,人们相信"旧的政党必须很快进行新的重组"。但对于总统的不同支持者来说,政治重组意味着完全不同的内容。布莱尔家族所想象的是一种由忠诚的民主党人和前民主党人来掌舵的新组织,苏厄德和他在纽约州的政治干将瑟洛·威德则将约翰逊的重建政策看成是一种重新界定共和党内部的权力关系的机会。他们欢迎民主党人的加盟,但后者只能是作为帮手。在纽约州,总统和温和民主党人的支持将帮助苏厄德和威德战胜由州长鲁本·芬顿领导的激进派。在南部,苏厄德将眼光投向前辉格党人,包括种植园主,将他们视为政治盟友。苏厄德和他的支持者对约翰逊施加压力,敦促他主动接纳先前的敌人,并避免给人留下一种令他政治上致命的印象,即他已经被民主党人"收入囊中"。[86]

另外还有一群极富影响力的北部人对总统的重建计划表示支持;他们相信迅速恢复棉花生产对于国家的经济健康极为重要。棉花王国的复活已经不再可能,但作为美国的主要出口商品,正如《纽约时报》指出的,棉花仍然是"王中之王"。"白色黄金"的贸易对于那些控制了波士顿、费城、纽约和其他商业中心的富

---

[85] Castel, *Johnson*, 43; Sefton, *Johnson*, 114; S. L. M. Barlow to Montgomery Blair, November 8, 1865, Barlow Papers; Glyndon G. Van Deusen, *William Henry Seward* (New York, 1967), 389, 415-435, 452-453; Montgomery Blair to Samuel L. M. Barlow, September 14, 1867, Barlow Papers; Blaine, *Twenty Years*, 2:68-82.

[86] Homer A. Stebbins, *A Political History of the State of New York 1865-1869* (New York, 1913), 65; Thurlow W. Barnes, ed., *Memoir of Thurlow Weed* (Boston, 1884), 451; Cox and Cox, *Politics, Principle, Prejudice*, 45-51; Van Deusen, *Seward*, 422.

商来说是极为关键的,对于包括律师、银行家、保险经营人和船主在内的一大批商人和专业人士来说也是非常关键的。这些人相信,除非迅速恢复棉花生产,否则南部人永远无法偿还他们战前欠下的债务,新英格兰地区的棉纺厂就得被迫关门,国家也就无法赚取足够的外汇,用于恢复硬币支付和归还海外欠账。如果没有棉花,罗得岛棉纺厂主同时也是国会参议员的威廉·斯普拉格宣称,美国在"各个方面都将破产"。[87]

早在内战之前,这些现实的经济联系就产生出一个利益共同体,其成员包括了东部的商人、金融家、棉纺产品厂主和南部的奴隶主——在废奴主义者的眼中,它是一个臭名昭著的"纺织贵族"和"皮鞭贵族"的联盟。"华尔街,"一位激进派编辑在1868年评论说,"就是铜头蛇*。"事实上,大多数金融家和商业资本家是支持内战的,并为之解囊相助。但他们多为温和的民主党人或保守的共和党人,对激进政治非常反感,担心它将阻挠南部经济的复兴。他们害怕黑人选举权会破坏南部的劳工构成,支持强迫自由民签署劳工合同的州法。如此一来,这些强大的北部经济群体深知他们的利益与联邦的迅速重建和经济作物农业的恢复是连在一起的,他们相信约翰逊的政策可以实现这些目的。在纽约、华盛顿和圣路易斯的"所有冷静而富有的人",格兰特将军的随行

---

[87] *New York Times*, August 3, 1865; George L. Anderson, "The South and Problems of Post-Civil War Finance", *JSH*, 9 (May 1943), 186–188; George R. Woolfolk, *The Cotton Regency: The Northern Merchants and Reconstruction, 1865–1880* (New York, 1958), 41–60; *CG*, 39th Congress, 2d Session, 1929.

* Copperhead,指内战中同情南部的北部民主党人。——译者

参谋亚当·巴多在 1865 年 10 月报告说，都支持总统的计划。一些与商业利益有密切关联的都市大报，如《纽约时报》、纽约《晚邮报》和费城《公共纪事报》以及一大批商业报纸等，也都纷纷表态支持约翰逊的重建政策。"如果有色人种的所有利益，"纽约《商业日报》宣称，"能够退回到它们本来的位置，大量的生产劳动力……将出现在南部各州。"即便是那些并不直接依靠南部原材料和通过南部贸易而赢利的商人也将关于重建的争论看作是一种令人烦恼的节外生枝。国家，银行家杰伊·库克写道，需要一个"普通、简单和具有常识的计划"，借此来关注和解决经济问题。[88]

当其他北部人自然而然地支持新总统和一大串利益集团积极地团结在他的背后时，只有一个群体站出来，公开地反对约翰逊的重建计划。激进共和党人对约翰逊 5 月宣布的计划深感震惊，认为在黑人选举权问题上，约翰逊深深地误导了他们。"我们必须扩展我们的战线，"查尔斯·萨姆纳在 6 月写道，"当国会开幕时，它将宣布真正的重建原则。"1865 年的夏天和秋天，激进派和废奴主义者发起了一次宣传攻势，力图说服北部公众，称选举权是"随黑人解放而来的逻辑性的后果之一"。有人将自己的主张建构

---

[88] Joseph Medill to John Sherman, January 7, 1868, John Sherman Papers, LC; David Montgomery, *Beyond Equality: Labor and the Radical Republicans 1862-1872* (New York, 1967), 59-67; Adam Badeau to Elihu B. Washburne, October 20, 1865, Washburne Papers; Peter Kolchin, "The Business Press and Reconstruction", *JSH*, 33 (May 1967), 183-186; Dorothy Dodd, *Henry J. Raymond and The New York "Times" during Reconstruction* (Chicago, 1936), 24-27; Philadelphia *Public Ledger*, January 23, 1866; New York *Journal of Commerce*, December 28, 1865; Ellis P. Oberholzer, *Jay Cooke, Financier of the Civil War* (New York, 1907), 2:22.

为自由民提供最终公平的原则之上。温德尔·菲利普斯写道："南部没有任何一个政党是善待黑人的，或者打算为他争取正义。"没有投票权，黑人注定要被抛入到"一个世纪之久的农奴制之中"。其他人则采用另外一种说法，祈望获得更广范围的北部民意的支持。来自马里兰州的激进派亨利·温特·戴维斯避免使用"泛泛而谈的模糊语言"，直截了当地指出黑人的选票能够摧毁"那些反叛国家的人手中的权力……这是一个关乎权力而不是关乎权利的问题"。对有些激进派来说，黑人选举权只是一个更为宏大的改造南部的联邦干预政策的一部分；其他人发现这一举措很吸引人，因为相对于国家永久地承担保护自由民的责任而言，黑人选举权提供了另外一种政策选择。黑人一旦有了选票，《哈珀周刊》宣称，"'黑人问题'就会自我解决"。这些不同的强调为后来在重建政策上出现裂痕以及激进派的最终分裂留下不祥的预兆。但在1865年，所有激进共和党人都能团结在一个原则之下，即不面对黑人选举权的问题，重建便是一句空话。[89]

在这几个月里，激进派领袖之间频繁地通过信件进行交流，对约翰逊的政策痛加指责，承诺要组织起来反对这些政策。但下面这封信却明显透出一种灰暗的气氛，"我希望你竭尽所能保护好

---

[89] Pierce, ed., *Memoir and Letters of Sumner*, 4:253-254; Charles Sumner to Carl Schurz, June 15, 1865, Carl Schurz Papers, LC; *The Works of Charles Sumner* (Boston, 1870-1883), 9:424-925, 441-477; Philip S. Foner, ed., *The Life and Writings of Frederick Douglass* (New York, 1950-1955), 4:158-165; *National Anti-Slavery Standard*, June 3, 1865; Henry Winter Davis to Charles Sumner, June 20, 1865, Sumner Papers; Henry Winter Davis, *Speeches and Addresses* (New York, 1867), 580-583; McKitrick, *Andrew Johnson*, 53-54; *Harper's Weekly*, May 20, 1865.

贫穷的黑人",参议员亨利·威尔逊在给自由民局局长霍华德的信中写道,因为"这个国家看上去要抛弃他们,把他们交还给那些反叛联邦的前主人"。"全都给弄拧了,"本·巴特勒在7月写道,"我们正在输掉这四年斗争的结果。"在马萨诸塞等为数不多的几个州之外,激进派是处于守势的少数派。大多数共和党人似乎赞同新任内务部部长詹姆斯·哈兰的观察,在黑人选举问题上,与约翰逊的斗争"将为共和党组织的某种和不可避免的分裂奠定基础,(而)我倾向于认为总统的政策将会获胜"。[90]

黑人选举权的问题,来自纽约的乔治·邓普顿·斯特朗在日记中写道,"是一个困难重重、权利相互冲突的问题。没有任何政治家曾经面临过比这更难缠的问题"。尽管一些种族限制在1864、1865年有所松动,北部黑人也展开了争取选举权的活动,但只有新英格兰的5个州允许黑人以平等的资格与白人一起投票。大部分的共和党人不是激进派,而是温和派和保守派,他们对党内那些"脑子里终日关心黑人的分子"非常反感,担心黑人权利的问题会给该党的选举前景带来致命的打击。"对任何一个有见识的人来说,"一位俄亥俄州的共和党人在给参议员约翰·谢尔曼的信中写道,"鼓动此事一定会(给本党)带来伤害。"[91]

伤害很快就明显地表现出来,几乎在每一个州里,黑人权利

---

[90] Thaddeus Stevens to Charles Sumner, June 3, 14, 1865, Sumner Papers; Charles Sumner to Thaddeus Stevens, June 19, 1865, Stevens Papers; McFeely, *Yankee Stepfather*, 91; Benjamin F. Butler to Benjamin F. Wade, June 26, 1865, Wade Papers; James Harlan to Charles Sumner, June 15, 1865, Sumner Papers.

[91] Allan Nevins and Milton H. Thomas, eds., *The Diary of George Templeton Strong* (New York, 1952), 4:62; A. L. Brewer to John Sherman, June 11, 1865, Joseph A. Geiger to Sherman, October 19, 1865, Sherman Papers.

都成为共和党内的一个充满分裂性的和具有潜在破坏性的问题。在新英格兰以外的地区，情况不容激进派感到乐观。纽约州的共和党大会由瑟洛·威德一手掌控，对总统的政策表示支持。宾夕法尼亚州的共和党大会支持了撒迪厄斯·斯蒂文斯关于重新分配亲邦联种植园主的土地的呼吁，但却以"过于重要和不成熟"的理由回避了黑人选举权的问题。在印第安纳州，州长奥利弗·莫顿抓住反对立即实施黑人选举权的声音，将之变成一种武器，用于反党内激进派的长期努力之中。威斯康星州共和党大会通过了一个由参议员詹姆斯·杜利特尔起草的政党纲领，杜利特尔强烈支持约翰逊推行的将选举权问题留给各州自行解决的政策。俄亥俄州共和党的州长候选人雅各布·考克斯不仅支持约翰逊的重建计划，而且还支持将黑人移居到一个与美国分离的领土的殖民计划，"让他们在那里自己想办法拯救自己"。在面临民主党对共和党支持黑人平等的指控下，考克斯认为他的立场是捍卫共和党的唯一办法。"在那个问题上，如果民主党人得逞的话，"他对激进派国会众议员詹姆斯·加菲尔德说，"你将被打得落花流水。"[92]

用 1865 年举行的三次将选举权扩展到人数甚少的北部黑人人口的公决的结果来衡量，考克斯对民意的确有精准的判断。在明

---

[92] Stebbins, *Political History of New York*, 58–62; Thaddeus Stevens to Charles Sumner, August 26, 1865, Sumner Papers; Foulke, *Morton*, 1:446–452; James R. Doolittle to Andrew Johnson, September 9, 1865, Johnson Papers; George H. Porter, *Ohio Politics During the Civil War Period* (New York, 1911), 206–218; Wilbert H. Ahearn, "The Cox Plan of Reconstruction: A Case Study in Ideology and Race Relations," *CWH*, 16 (December 1970), 293–308; Jacob B. Cox to James A. Garfield, July 21, 1865, James A. Garfield Papers, LC.

尼苏达州，州共和党大会支持将选举权赋予本州几百名黑人居民，但相关内容的州宪法修正案却因为 2600 张反对票而被击败，尽管该州选出了一名共和党人担任州长。威斯康星州州长候选人卢修斯·费尔柴尔德将军本人是支持黑人选举权的，但直到在竞选后期才公然表明这一立场，正如他在私下所说，他宁愿看到选举权问题被击败，而不愿"丢失选票和（州）宪法修正案"。费尔柴尔德赢得了 1 万张选票的多数而当选，但（有关黑人选举权的）州宪法修正案却因缺少 9000 张支持票而被击败。康涅狄格州的结果也同样令激进派感到失望，在那里支持黑人选举权的州宪法修正案因少于 6000 张支持票而未能获得通过。[93]

如果他们看得稍微长远一点，激进派应该可以从这些结果中找到一丝安慰。黑人选举权在康涅狄格州获得了 43% 选民的支持，明尼苏达州的支持率达到 45%，在威斯康星州则达到 47%，这些数字都远远超过了战前的任何一次公决结果。此外，尽管几乎所有的民主党人都反对黑人选举权的政策，但绝大多数共和党人对赋予黑人选举权表示支持，这说明该党对于黑人权利的态度在内战中有了很大的转变。然而，只要共和党中的一个少数派在这个问题上始终站在民主党一边，黑人选举权获得通过的机会就几乎为零。随后在堪萨斯、俄亥俄、纽约等州以及内布拉斯加领土举行的同样的表决结果都是同样的；在这几年里，只有艾奥瓦

---

[93] Martin Ridge, *Ignatius Donnelly: The Portrait of a Politician* (Chicago, 1962), 94-102; Lucius Fairchild to H. B. Harshaw, September 15, 1865, Fairchild to "My Dear General", September 22, 1865, Letterbook, Fairchild Papers; Sam Ross, *The Empty Sleeve: A Biography of Lucius Fairchild* (Madison, Wis., 1964), 72-75.

和明尼苏达两州（都在 1868 年）以公决方式将选举权赋予各自的黑人公民。1865 年的公决极大地鼓舞了民主党人，增强了约翰逊的信心，削减了激进派的影响力。这些结果令总统的支持者们相信，他的反对者不过是一个由"激进和狂热分子"组成的极小团体，这一切也强化了约翰逊推行自己路线的决心。正如财政部长助理威廉·钱德勒对一位激进派共和党人所解释的，约翰逊认为共和党"无法在全国层面推动[黑人选举权]这一问题；康涅狄格公决的结果证明了他是对的"。许多激进派开始思考采用战术撤退的做法。"如果我们不能坚持在选举权问题上的抗争，"加菲尔德写道，"我们难道不应该在联邦立即复原的问题上组织一场初步的抵制，以求赢得一些时间吗？"当国会在 12 月开幕时，黑人选举权的问题从政治上暂时消失了。[94]

然而，难为约翰逊政策表面获胜的现象所掩盖的，是在北部更为广泛的民意范围和有影响力的共和党领袖人物中出现的一股明显的不安情绪。北部人对迅速回归到正常状态的期望并不意味着他们没有检测总统重建是否成功进行的标准。北部共和党人要求看到具体的证据，来证实南部已经真诚地接受了内战的所有结

---

[94] William Gillette, *The Right to Vote* (Baltimore, 1969 ed.), 25–28; G. Galin Berrier, "The Negro Suffrage Issue in Iowa—1865–1868", *Annab of Iowa*, Ser. 3, 39 (Spring 1968), 241–260; John H. Moore, ed., *The Juhl Letters to the "Charleston Courier"* (Athens, Ga., 1974), 59–60, 72; William E. Chandler to George S. Boutwell, October 7, 1865, William E. Chandler Papers, LC; Richard H. Abbott, *Cobbler in Congress: The Life of Henry Wilson, 1812–1875* (Lexington, Ky., 1972), 166–169; James A. Garfield to Salmon P. Chase, October 4, 1865, Salmon P. Chase Papers, LC. 威斯康星州的黑人最终于 1866 年通过州最高法院的一项判决获得了选举权。

果——包括南部分裂联邦行为的失败、奴隶的解放和共和党在南部的立足与兴起等。至少这意味着前邦联的领导人要被彻底否定，南部的亲联邦派和北部人将拥有安全感，自由民的基本权利将受到保护。北部人对南部的更不明确但却同等重要的期待则是，南部人需要从他们的情绪、声明和行为中，展示对分裂联邦行为的忏悔，"接受"因他们的战败而产生的"结果"。白人的南部的"精神"，《纽约时报》宣称，将比它的"正式法律"更能决定北部对总统重建的成果。如果南部并不打算以真诚的努力来满足这些要求，不管这些努力是实实在在的还是象征性的，无论共和党人在黑人选举权问题上有何分歧，他们都将认为约翰逊的政策需要进行修订。"我对此事最生动的想象是，"本·巴特勒在7月写道，"就是反叛者会非常恶劣地表现自己，乃至于再次将政府和北部唤醒一次。"[95]

　　整个夏天和秋天，北部人仔细地观察南部的发展，希望从所有的证据中找出"南部人民的脾性和性情"的痕迹。大量的报刊记者和单独的事实调查者从战败的邦联境内传送回来大量的消息，补充他们的报告的是联邦军人、联邦官员和其他北部人的私人通信以及由南部的白人和黑人写作的信件。这些报告当然并不完全是客观的。威廉·钱德勒观察说："我注意所有去南部的人，无论是激进派还是保守派，当他们返回的时候，先前的观点都得到了证实。"然而，这些报告加起来，却削减了约翰逊政策的支持力

---

[95] McKitrick, *Andrew Johnson*, 16-19, 28-30; *New York Times*, December 2, 1865; Benjamin F. Butler to Benjamin F. Wade, July 26, 1865, Wade Papers.

量。因为除了某些例外,他们所观察到的是,南部无法对奴隶制终结的结果做出调整,普遍虐待黑人、联邦派和北部人,到处弥漫着一种拒绝忠于联邦的气氛。到 11 月底,来自南部的报告使得许多北部人相信,正如一位纽约人指出的,总统的重建"等于没有重建"。[96]

使用暴力虐待自由民的消息和黑人法典得以实施的消息在北部引发了极大的愤怒,其影响力远远超出了激进派圈子。几乎所有的共和党人都同意,正如爱德华·阿特金森所说,"不管你用其他什么名字称呼它",内战就是"一场为了建立自由劳动体制的战争"。所以,南部州立法机构所做的事不过是不用其名而实际上恢复了奴隶制,这种努力令人感到厌恶。"不管是谁,那些赞同总统重建计划的人,"国会众议员詹姆斯·布莱恩后来观察说,"也赞同这些法律,而且还赞同给予反叛州继续制定这类令人痛恨的立法的所有权利。"也许约翰逊永远不会理解这一点,对于像布莱恩这样的主流共和党人来说,自由民已经在国家的良心上占据了他们的位置。一部分是因为黑人军队的贡献,他们的命运与内战的结果密切地等同起来。许多北部人虽然不分享激进派拥有的对黑人政治权利的决心,但他们坚持自由民的个人自由和他们作为自由劳动者在市场竞争的能力必须得到保障,不然的话,奴隶解放

---

[96] Perman, *Reunion Without Compromise*, 13-14; Leon B. Richardson, *William E. Chandler, Republican* (New York, 1940), 66; J. Michael Quill, *Prelude to the Radicals: The North and Reconstruction During 1865* (Washington, D.C., 1980), 127-130; S. F. Wetmore to John Andrew, November 20, 1865, Andrew Papers.

无异于一场嘲弄而已。[97]

报道还揭露了针对北部旅行者的羞辱事件——旅店将他们拒之门外,餐馆拒绝让他们用餐,蒸汽机船不让他们登船等。南部白人的"绝大多数",一位纽约州罗切斯特的居民在南部四个州旅行之后对国务卿苏厄德报告说,"对北部和北部人极为痛恨,不管他们有的时候如何竭力掩饰着这种仇恨"。也许最有杀伤力的是那些关于"反叛者"政治霸权的复活和对南部联邦派的迫害的报道。"至于黑人选举权,"芝加哥的报纸编辑查尔斯·达纳宣称,"在西北部的大多数联邦派并不关心。但让他们觉得恐惧的是反叛者被允许回归政治……并在政府中重新掌权,好像反叛从未发生过一样。"1860年南部新当选的许多参议员和众议员曾经反对过脱离联邦的决定,但这一事实看上去远不如他们曾加入和参与过邦联政府的事实更为重要——这些人中包括10名邦联军队的将领,温和派报纸《印第安纳波利斯日报》将这些人称为"可恶的叛徒"。前奴隶主罗伯特·弗洛诺伊从密西西比州写信给斯蒂文斯,提到约翰逊的重建计划摧毁了"正在形成并将在未来得以成长的真实的亲联邦的感情"。他敦促国会不要接纳南部的国会议员:"要让这些反叛州知道并且让它们感觉到,还存在着一种可以启用和惩罚叛国罪的权力。"[98]

[97] Edward Atkinson, *On Cotton* (Boston, 1865), 40; Blaine, *Twenty Years*, II, 92-93, 105; Eugene H. Berwanger, *The West and Reconstruction* (Urbana, Ill., 1981), 43-53.

[98] Powell, *New Masters*, 57-63; Benjamin F. Sanford to William H. Seward, November 23, 1865, Seward Papers; McKitrick, *Andrew Johnson*, 36; Charles A. Dana to Isaac Sherman, September 17, 1865, Isaac Sherman Papers, Private Collection; Carter, *When the War Was Over*, 229-230; Charles Roll, "Indiana's Part in Reconstruction", in *Studies in American History Dedicated to James Albert Woodburn* (Bloomington, Ind., 1926), 308; Robert W. Flournoy to Thaddeus Stevens, November 20, 1865, Stevens Papers.

北部民主党人对总统的大肆赞扬本身就令许多共和党人深感不安，这些报道更是产生了深刻的累积影响。即便是吉迪恩·威尔斯也认为，南部白人所做之事正中激进派的下怀，反而"令那些想与他们为友的人感到难堪"。南部形势慢慢地改变了像莱曼·特朗布尔这样有影响力的温和派的思想，特朗布尔来自伊利诺伊州，一开始是约翰逊政策的坚定支持者。特朗布尔远不是一个黑人选举权的鼓吹者，但他开始认为，在允许南部恢复其在国家政治生活中的地位之前，联邦政府有必要采取进一步的措施，来保护自由民的民权，支持南部的联邦派力量，打击暴力压迫。11月中旬，众议院院长斯凯勒·科尔法克斯在华盛顿发表了一篇即兴演说，要求南部在重建的结束被认可之前达到一些额外的要求。黑人必须获得法律面前平等的保障，国会议员必须是从未自愿帮助过邦联的人，南部人必须"拿出证据来表明他们对联邦的真诚的和发自内心的忠诚感"。他没有提及黑人选举权。演说得到了共和党报纸的热烈欢迎，包括支持约翰逊的《纽约时报》。一位华盛顿的记者写道，这是"国会共和党人的行动宗旨"。科尔法克斯认为，他勾画一个竞选纲领，共和党将凭借它在明年秋天"赢得全国从东海岸到西海岸的所有选举"。[99]

当第39届国会在12月初准备开幕时，约翰逊的地位仍然是

---

[99] McKitrick, *Andrew Johnson*, 60–61; Beale, ed., *Welles Diary*, 2:420; Gideon Welles to Mark Howard, December 12, 1865, Howard Papers; Mark M. Krug, *Lyman Trumbull: Conservative Radical* (New York, 1965), 231–232; O. J. Hollister, *Life of Schuyler Colfax* (New York, 1887), 270–273; Kenneth L. Tomlinson, "Indiana Republicans and the Negro Suffrage Issue, 1865–1867" (unpub. diss., Ball State University, 1971), 88; Quill, *Prelude*, 133.

不可撼动的。总统真的认为他在南部创建了一种新的政治秩序，掌控秩序的是忠诚于联邦的人，他们也诚心诚意地接受了奴隶制终结这一结果。有人怀疑，他绝不相信北部共和党人会因为自由民权利这样一个极不现实的问题来抛弃他的重建计划。的确，没有什么共和党人希望与总统发生冲突，从而导致本党分裂，致使联邦政府落入民主党人手中。"我们应该尽量避免与他决裂，"激进派参议员雅各布·霍华德在11月对萨姆纳说，"还要保证他与我们站在一起。"马萨诸塞州参议员亨利·威尔逊整个夏天都在抨击约翰逊的政策，即便如此，他告知苏厄德说，国会面临的不是黑人是否拥有投票权的问题，而是要"废止所有反对自由民的和反对让他们享有完整自由的法律"。他期望国会的这种努力能够得到行政部门的支持。共和党内逐渐形成了一种共识，即自由民有权获得除选举权之外的民权平等，战时联邦派必须在南部政治中扮演更为重要的角色。如果约翰逊拒绝在他的重建政策中做出这些改变，他必然会强迫大量的共和党人在放弃自己的原则和选民支持者与放弃总统之间做出决定，这也就完全有可能带来一种他最害怕的结果。因为，正如一位西弗吉尼亚的报纸主编在到北部旅行结束之后所观察到的，"从理论上讲，美国人并不支持黑人参与选举，但如果是为了反对反叛者掌握国会的权力，甚至只是在南部掌权，他们将支持黑人选举权"。[100]

---

[100] W. R. Brock, *An American Crisis* (London, 1963), 196-198; Jacob Howard to Charles Sumner, November 12, 1865, Sumner Papers; Henry Wilson to William H. Seward, November 20, 1865, Seward Papers; Richard O. Curry, ed., "A Note on the Motives of Three Radical Republicans", *JNH*, 47 (October 1962), 277.

但那些与约翰逊关系密切的人知道,他不会倾向于妥协。事实上,他们期望围绕重建而进行一场政治交锋。"一场介于激进派和行政部门的争斗是不可避免的了,"哈维·沃特森宣称,"那就让它来吧。早一点来对整个国家都更好。"[101]

---

[101] Harvey M. Watterson to Joseph E. Brown, December 13, 1865, Hargrett Collection, UGa.

第 六 章

激进重建的降生

国会选举距它的第一次会期间隔了一年多的时间,这是19世纪美国政治的一个特例。第39届国会的选举是在内战中进行的,1865年12月才开幕,一开始就面临了重建的关键问题:谁将控制南部?谁将统治联邦国家?获得解放的奴隶将拥有什么地位?在国会两院,共和党人以三比一的多数超过民主党人。显然,一个联合起来的共和党实施一套重建政策应该不会有任何困难,而且如果有必要的话,可以推翻总统对国会决策的任何否决。但美国政党并不是那种具有严密组织结构和统一意识形态的政治机器,共和党内存在着具有鲜明特色的不同派别,国会重建政策的形式与内容将主要由它们之间的互动结果来决定。

激进共和党人

位于共和党左翼的是激进派共和党人,他们是具有政治追求的一代人,彼此分享共同的经验与理想,拥有基层选民的支持,富有道德情操，并且也有一套重建的计划。处在国会激进派核心地位的人包括：参议员查尔斯·萨姆纳、本·韦德、亨利·威尔逊；众议员撒迪厄斯·斯蒂文斯、乔治·朱利安、詹姆斯·阿什利，他们的政治生涯早在内战之前就已经围绕奴隶制的争论而定型。除了斯蒂文斯，他们所代表的选民集中在新英格兰地区和由新英格兰移民居住的北部乡村地区，后者从纽约州北部一直蔓延到俄亥俄州的西部保留地、伊利诺伊州北部和西北地区的北部地带。在这一片广袤的地区，家庭农场和小城镇发展迅速，自由劳动体制的优越性显而易见并备受推崇，内战前的各种改革运动如火如荼，自诞生开始共和党便在此地选民中占有绝对多数的优势。

激进派将废奴主义运动的道德感带入政治之中，很早就开始强调奴隶制和黑人权利在所有政治问题上都占有优先权。大多数的激进派，正如此刻为一家法国报纸充当美国前线记者的年轻的乔治·克列孟梭所观察到的，"在开启废奴主义航程的时候并不清楚他们的事业将会走向何方"。然而他们已经在海洋上航行多年，学会了如何在深海中探寻自己的航线。他们漫长的政治生涯赋予他们一种献身于共同事业的决心，增加了他们在国会发生重大成员变换的关键时刻施加影响的能力。众议院里有一半的成员都是第一次进入国会任职，对他们来说，斯蒂文斯显然是不可忽视的人物，因为他的政治生涯在内战打响许久之前就已经开始，并可以讲述在众议院的昔日轶事，包括"气势汹汹的图姆斯（一位内战前来自佐治亚州的强势众议员）如何顶着他的一头蓬松头发，带领一帮人,用充满挑衅的狂呼乱叫,把立法院搞得天昏地暗"的故事。[1]

激进派的两位著名领袖人物——撒迪厄斯·斯蒂文斯和查尔斯·萨姆纳——在个人性格和政治风格上迥然不同。斯蒂文斯是公认的众议院的议场领袖,也是一位国会政治的博弈大师,精通议事程序和技巧,讲话咄咄逼人,不留任何情面。一位同时代人把他称为"一个完美的政治强盗,……一位政治与个人恶斗中的骁将",他的巧舌如簧和能言善辩更是成为一种传奇。"当解放奴隶和武装黑人的建议首次提出的时候,"他在 1865 年说,"半个国家不都吓得不寒而栗吗?极端保守分子、各种势利小人和国会内的那些男侍者们全都恐惧到歇斯底里了。"即便是那些与他政见不同的人,也难以掩饰对他和他拥有的坦率真诚、理想主义和荣辱不惊的处事风格的崇敬,而这些风格在政客们身上并不常见。1865 年时,斯蒂文斯已经 73 岁,但他令克列孟梭印象深刻,后者称他为"第二次美国革命"的"罗伯斯庇尔"。然而,斯蒂文斯对自己影响力的限度也十分清楚。国会中"没有人比斯蒂文斯遭

---

[1] Eric Foner, *Free Soil, Free Labor, Free Men: The Ideology of the Republican Party Before the Civil War* (New York, 1970), 105–106; Hans L. Trefousse, *The Radical Republicans: Lincoln's Vanguard for Racial Justice* (New York, 1969), 49–55; Margaret Shortreed, "The Anti-Slavery Radicals: From Crusade to Revolution 1840–1868," *Past and Present*, 16 (November 1959), 65–87; Georges Clemenceau, *American Reconstruction*, edited by Fernand Baldensperger, translated by Margaret MacVeagh (New York, 1928), 278; Morton Keller, *Affairs of State: Public Life in Late Nineteenth Century America* (Cambridge, Mass., 1977), 61; *CG*, 39th Congress, 1st Session, 2544.

到的否决更多",一家波士顿报纸在他去世不久后这样评论道,但斯蒂文斯愿意抓住眼前的政治优势,并在必要时做出妥协。[2]

与斯蒂文斯一样,萨姆纳也是一个"坚信自己此时此刻是站在历史的正确一边的人"。因为过于以自我为中心、自以为是和拒绝妥协等原因,他并不受参议院同事的待见,但在采取行动时他总是将自己当成新英格兰良心的声音和象征。在某种意义上,他的确也是这样一个人。萨姆纳丝毫不关心国会委员会的工作细节,对立法政治的技巧与手腕甚至不屑一顾,他的擅长是进行长篇大论、旁征博引的演讲,并在演讲中反复强调贯穿于他政治生涯中的一个主题:法律面前人人平等的原则。他的发言对立法的技术细节很少有影响,但在内战和重建的危机之中,他的思想却在共和党人圈子里制造出一个人数不断增多的追随者群体。萨姆纳在黑人权利问题的不妥协立场,一位加利福尼亚人在1866年年初写道,导致许多共和党人重新审视他们自己的立场,"四年前你的说教在本州无人听信,现在却有了成百上千的信徒"。斯蒂文斯从未与道德改革派圈子里的人有过交往,而萨姆纳却不同,他与废奴主义者保持经常的通信,后者也将他视为他们的政治代表人物。南部和北部的普通黑人也是如此认为,他们纷纷写信给他,寻求参考意见,倾诉自己的冤屈。"你的名字,"一位黑人老兵在1869

---

[2] S. W. Bowman to John Sherman, March 1, 1866, John Sherman Papers, LC; *Reconstruction. Speech of the Hon. Thaddeus Stevens Delivered in the City of Lancaster, September 7, 1865* (Lancaster, Pa., 1865), 7; Springfield *Republican*, August 15, 1868; Clemenceau, *American Reconstruction*, 77-79; Boston *Advertiser*, August 13, 1868.

年写道,"将永远活在我们的心中。"[3]

有一种信念将斯蒂文斯、萨姆纳和其他激进派共和党人在1865年联合起来,这就是,内战构成了一个历史上的"黄金时刻",一个能够促成具有深远影响的变革的时刻,如果不抓住这个时刻,它"要等许多年之后才会再现,或者永远不会再现"。一部分选民曾要求将南部邦联的领袖人物以叛国罪名义处以绞刑时,其中包括一位名叫亨利·科芬的马萨诸塞州人(因他的姓氏与"棺材"[coffin]正好是同一个词,他的主张因而显得特别到位),但激进派中仅有极少的人对此表示赞同。[4] 激进派意识形态的动力不是复仇,而是来自一种乌托邦的愿景,希望创建一个国家,所有公民能在其中享有公民权利和政治权利的平等,并受到一个强大而仁慈的联邦国家的保护。在这一愿景能够产生任何可能的政治利益之前的数十年里,斯蒂文斯、萨姆纳和其他激进派就已经在捍卫并不受欢迎的提倡黑人应该拥有选举权的事业,并痛斥那种将美国[政体]视为一个"白人的政府"的说法(这种说

---

[3] Eric L. McKitrick, *Andrew Johnson and Reconstruction* (Chicago, 1960), 268; David Donald, *Charles Sumner and the Rights of Man* (New York, 1970); Asa Hatch to Charles Sumner, February 16, 1866, Parker Pillsbury to Sumner, March 16, 1866, James P. Lee and fourteen others to Sumner, February 12, 1866, G. B. Thomas to Sumner, April 3, 1869, Charles Sumner Papers, HU.

[4] *CG*, 39th Congress, 1st Session, 1016; Henry A. Coffin to Charles Sumner, February 22, 1866, Sumner Papers. 萨姆纳、韦德和斯蒂文斯反对以死刑惩罚叛国罪,亨利·威尔逊与约翰逊总统进行接触,为杰斐逊·戴维斯说情。Charles Sumner to John Bright, April 18, 1865, Add. Mss 43,390, f. 216, John Bright Papers, British Museum; Trefousse, *Radical Republicans*, 342.

法，斯蒂文斯认为，"将使刚去世不久的首席大法官［罗杰·B. 坦尼］永远地臭名远扬；我甚至认为，将使他永远地被地狱之火熏烤"）。尽管斯蒂文斯和萨姆纳以任何标准衡量都是主张种族平等的人，但许多激进派则并不能完全摆脱当时盛行于世的各种偏见的影响。许多人都对流行的思维定式不加置疑地接受，包括具有男子气概和充满活力的盎格鲁－撒克逊人，笃信宗教并带有"女性气质"的黑人，以及聪慧的穆拉托人等，而且还认为黑人从体质上对炎热的气候有着天然的适应等。即便是那些在内心深处对黑人内战能力抱有怀疑态度的人，也认为用种族作为理由来限制对美国政治文化核心价值观中的平等的追求，等于是对共和体制的一种愚弄。一个"完美的共和国"绝不应该允许一个在法律和政治上此等阶级的存在，而这个想象中的完美共和国必将从内战中得以产生。[5]

"我笃信公民之间的平等——在最广泛和最全面的民主意义上的平等，"马萨诸塞州国会参议员亨利·威尔逊宣称。但在1865年，"平等"是一个令人捉摸不定的词，内涵并不清楚。在重建开始的时候，大多数共和党人仍然坚持采用从内战前承袭而来的那套政治话语，它将权利严格地分成自然权利、公民权利、政治权利和社会权利。第一种权利不能正当地为政府所限制；奴隶制从根本上就是一个错误的体制，因为它违背了人的自然权利——生

---

[5] Foner, *Free Soil, Free Labor, Free Men*, 149, 281-292; *Nation*, September 14, 1865; George S. Boutwell, *Speeches and Papers* (Boston, 1867), 472; Hans L. Trefousse, "Ben Wade and the Negro, *OHQ*, 68 (April 1959), 161-176; *CG*, 39th Congress, 1st Session, 75, 258; 2d Session, 251.

命权、自由权和追求幸福的权利——这些是所有人类共享的权利。公民权利的平等——即在法院审理和民法与刑法待遇上对所有公民一视同仁——对于大多数共和党人来说几乎是与自然权利同等重要的权利,因为没有它们,自然权利就无从得到保障。尽管激进派主张黑人选举权必须成为重建的一部分,但投票权通常被视为是一种"特权",而不是一种"权利";各州对行使选举权的资格有不同的规定,而一个人在选举权行使方面遭遇的不平等,或被完全排除在选民队伍之外,并不影响他的公民身份和地位。至于社会关系——即商业和个人组合的选择——大多数美国人将之视为一种私人事务,不在政府的监管和干预范围之内。的确,在整个重建时期,"社会平等"一词被与一些黑人可能强行闯入白人的私人俱乐部、家庭和卧室之中的奇思怪想联系起来。"黑人平等……,"斯蒂文斯向众议院保证说,"绝不是指一个黑人将与白人平起平坐或同桌用餐。这是每个人根据个人喜好来自我决定的事情。"[6]

针对这种意义上的平等原则,内战将联邦国家拥有的权力与潜能作为一种新的思想内容嵌入其中。激进派比其他共和党人更充分地接受了联邦权力在战时扩张的现实,并将这样一种信念带入重建政治之中,即当联邦国家全面界定和保护公民权利的时候,联邦制和州权必须不能阻止这一努力。"等级制的魔鬼",萨姆纳在1865年宣称,必须被彻底消灭。"这个曾经摧毁奴隶制的联邦

---

[6] *CG*, 40th Congress, 3d Session, 1326; Foner, *Free Soil, Free Labor, Free Men*, 291-297; *CG*, 39th Congress, 2d Session, 252.

政府绝不允许另外一种自命不凡的制度得以存活。"[7]

对于斯蒂文斯而言,内战创造了自己的逻辑和前提。"我们是在创造一个民族国家",他对众议院说,那些过时的"技术规则"必须不能成为我们路上的障碍。南部各州退出了联邦,向联邦发动了战争,尔后被战败和摧毁了;它们主动放弃了自己的宪政地位,国会现在只能将它们当成被征服的领土来对待,按自己的意志行事。这个立场的优势在于它是实事求是的。不管法学家如何在法理上进行推理,但南部败在战场上却是不争的事实。然而,斯蒂文斯因为过于不尊重宪政运作的细节,在一群立法者中难以获得广泛的支持。其他的激进派则企图从他们的另外一些政治项目中找到权力的来源,而不是遵循"征服者枪杆子里面出政权"的逻辑。萨姆纳认为,独立宣言必须与联邦宪法一样成为美国的一种"基本法",具有同等的地位,授权联邦政府采取行动,保护法律面前人人平等的原则。他还提出了一种关于"州的自杀"的观点——南部各州虽然从法律上也许没有退出联邦,但实际上已经退回到联邦领土的地位上,此刻它们的去向只能听命于国会的权威。[8]

然而,更多的激进派却倾向于从另外一个联邦权力储藏库去寻求权威,即宪法中关于保障各州拥有共和政体的条款。保障条款的最初用意是防止各州出现内乱和防止君主制与贵族制的死灰复燃,但在内战前一直处于沉睡状态。激进共和党人认为这一条

---

[7] Allan G. Bogue, *The Earnest Men: Republicans of the Civil War Senate* (Ithaca, N.Y., 1981), 313-325; *The Works of Charles Sumner* (Boston, 1870-1883), 9:424-425.

[8] *CG*, 40th Congress, 2d Session, 1966; 39th Congress, 1st Session, 697, 1310; *Reconstruction. Stevens Speech*, 3; McKitrick, *Andrew Johnson*, 110; *Works of Sumner*, 12:191-192.

款非常有吸引力,因为它为联邦政府保护公民权利的行动提供了宪法上的合法性。这是"宪法的瑰宝所在",来自伊利诺伊州的参议员理查德·耶茨如是说。萨姆纳将这一条款称为"一个沉睡的巨人……从未苏醒过来,直到最近的这场战争为止,但现在它带着巨人的权力出现了。宪法中没有其他任何一句话与它雷同。宪法中还有另外一条原则,赋予国会拥有高于各州的崇高权威"。但保障条款具有一种令人迷惑不解的、"几乎带有一种德尔斐神谕力量"的色彩。什么是共和政体政府?联邦政府如何保障它?"给这些词汇注入它们的含义,"萨姆纳宣称,"这个时代已经来临了。"在阅读了"从柏拉图到最近的法国预言家们……关于共和制的所有写作之后",他于1866年2月在参议院做了一次关于《世界上所有共和政府的基础》的长篇演说。演说冗长而繁琐,带有通常的旁征博引的风格,足足用了两天的时间才完成,在《国会议事大全》上整整占据了用小号字体排列的41条长框的版面。但演说的观点却是直截了当的:一个政府,如果剥夺了自身公民受平等法律保护的权利,等于没有完全建立在被统治者同意的基础之上,它也就不能被视为一个共和制政府。(他的批评者认为,根据这个定义,"那地球上就从来没有过任何的共和制政府"。)[9]

---

[9] William M. Wiecek, *The Guarantee Clause of the U.S. Constitution* (Ithaca, N.Y., 1972), 1-2 and passim; Charles O. Lerche, Jr., "Congressional Interpretations of the Guarantee of a Republican Form of Government During Reconstruction", *JSH*, 15 (May 1949), 192-211; Edward L. Pierce, ed., *Memoir and Letters of Charles Sumner* (Boston, 1877-1893), 3:258-259; *CG*, 39th Congress, 1st Session, 673-687; 40th Congress, 1st Session, 614; 2d Session, 1961; 41st Congress, 2d Session, 1327.

与美国革命时代的共和主义一样,"重建激进主义"首先而且最主要的是一种公民意识形态,其基础深扎在对美国公民地位的定义之中。在针对当时的经济问题上——关税、流通货币和铁路补贴等——激进派内部并没有形成一个富有特色和统一的立场。斯蒂文斯本人是一个生铁工厂的小厂主,倾向于支持对小生产主和拥有雄心的中小商人更为有利的经济计划,包括保护性关税政策、低息贷款、充足的绿背纸币和政府对内陆改进工程的资助等。对于斯蒂文斯和同样来自宾州的威廉·凯利以及来自马萨诸塞州的本·巴特勒来说,这些政策与那些交易环节中的中间人、金融家和其他种类的"非生产者"的意图是针锋相对的,后者提倡经济民族主义的计划来势汹汹,得到了地位正日益上升的大企业主的支持,包括那些其工业因为内战而得到快速扩张的企业主。另一方面,类似于查尔斯·萨姆纳和《民族》主编戈德金等激进派,则坚持正统的自由竞争经济理论,倾向于支持包括低关税额、金本位制的快速恢复和最低限度的政府对经济的干预等,这些政策得到了包括银行家、商业资本家和东北部那些根基牢固的制造业主的支持。[10]

---

[10] Glenn M. Linden, "'Radicals' and Economic Policies: The Senate, 1861–1873", *JSH*, 32 (May 1966), 189–199; Glenn M. Linden, "'Radicals' and Economic Policies: The House of Representatives, 1861–1873", *CWH*, 13 (March 1967), 51–65; Irwin Unger, *The Greenback Era: A Social and Political History of American Finance 1865–1879* (Princeton, 1964), 85–86; David Montgomery, "Radical Republicanism in Pennsylvania, 1866–1873", *PaMHB*, 85 (October 1961), 439–457; Pierce, ed., *Sumner*, 4:355–360; *Nation*, March 22, 1866; Amos A. Lawrence to Charles Sumner, January 25, 1867, July 18, 1868, Sumner Papers; Edward Atkinson to Henry Wilson, July 9, 1866, Letterbooks, Edward Atkinson Papers, MHS.

国会激进派议员中的有些人,如扎卡赖亚·钱德勒和约翰·艾利本身就是事业有成的企业资本家,钱德勒来自密歇根,是当地富有的商人和土地投机商,艾利则是马萨诸塞州琳恩市制鞋行业中的首富;其他一些人,如艾奥瓦州国会议员威廉·艾利森,则与地方的铁路利益群体深深地联系在一起。但总体来说,国会中的激进共和党人将经济问题看成是重建政治中的次要问题。"任何关于财政或银行、货币和关税的问题,"理查德·耶茨宣称,"都不能掩藏这一时代中重大道德问题的重要性。"詹姆斯·阿什利因为过于全力以赴地关注重建问题,而遭到本党同仁的批评,后者认为他忽视了他所代表的托莱多选区的商业利益。萨姆纳曾经说自己对金融一窍不通,很少就经济问题发表意见,但在1868年为了赢得波士顿"各商业阶层"对他连选连任的支持,不识时务地提出来立即恢复硬币支付的建议——不曾想到这一建议与财政现实完全脱节,乃至于连商人都告诉他该计划将给经济带来巨大的灾难。至于斯蒂文斯,一位费城的商人抱怨说,"他似乎对任何黑人不能受益的措施都表示反对"。[11]

---

[11] W. R. Brock, *An American Crisis* (London, 1963), 82-84; Alan Dawley, *Class and Community: The Industrial Revolution in Lynn* (Cambridge, Mass., 1976), 100; Leland L. Sage, *William Boyd Allison: A Study in Practical Politics* (Iowa City, 1956), 65-67, 77-78, 85-86; *CG*, 40th Congress, 2d Session, Appendix, 351; Maxine B. Kahn, "Congressman Ashley in the Post-Civil War Years", *Northwest Ohio Quarterly*, 36 (Autumn 1964), 206-207; John G. Sproat, *"The Best Men": Liberal Reformers in the Gilded Age* (New York, 1968), 188; Edward L. Pierce to Charles Sumner, July 24, 31, 1868, John Murray Forbes to Sumner, November 16, 1868, Edward Atkinson to Sumner, December 4, 1868, Amasa Walker to Sumner, December 25, 1868, Sumner Papers; J. Williamson to Thomas A. Jenckes, February 16, 1866, Thomas A. Jenckes Papers, LC.

一些著名的北部企业家也深深地为激进派的意识形态所吸引。约翰·默里·福布斯是波士顿商界精英中的一个"稀有的共和党人",也是中西部铁路行业的主要投资人,他认为如果北部要在重建后的南部投资获利,需要有政治保障,而黑人选举权是建立这种保障的唯一条件。北部小城镇的企业主也对激进派表示支持,他们相信,黑人的社会地位一旦得到提升,将形成一个有利于他们产品的新市场。但其他的商人,尤其是那些与棉花贸易有直接或间接联系或希望在南部投资的人,则担心激进派的政策会"破坏廉价的南部劳动力队伍",干扰南部棉花生产的恢复。显然,资本家内部对重建并没有一种共识。即便是加利福尼亚的著名的铁路大亨们在这个问题也是处于分歧状态。克罗克和利兰·斯坦福支持激进派,而科利斯·亨廷顿则将黑人选举权的主张斥为一种"法兰西哲学"的产物……"更适用于作为某种社会科学厅堂而非立法议会的装饰"。[12]

激进派共和主义思想的确带有一个社会和经济内容,它来自自由劳动的意识形态,而非来自任何一个特定的商业群体。北部的胜利,霍勒斯·格里利宣称,标志着"共和主义和自由劳动的

---

[12] Stanley Coben, "Northeastern Business and Radical Reconstruction: A Re-Examination", *MVHR*, 46 (June 1959), 67-90; Dale Baum, *The Civil War Party System: The Case of Massachusetts, 1848-1876* (Chapel Hill, 1984), 75; Sarah F. Hughes, ed., *Letters (Supplementary) of John Murray Forbes* (Boston, 1905), 3:25-26, 43-44; Mark Howard to Mrs. Howard, July 12, 1865, Mark Howard Papers, Connecticut Historical Society; E. B. Crocker to Cornelius Cole, April 12, 1865, Leland Stanford to Cole, February 9, 1867, Cornelius Cole Papers, University of California, Los Angeles; Collis P. Huntington to Andrew Johnson, February 27, 1866, Andrew Johnson Papers, LC.

胜利"。正如激进派将公民和政治平等的思想延伸到黑人群体一样，他们也认为，自由民也应该拥有白人劳工所享有的同等的经济机会的权利。萨姆纳的一位来信者在信中描述了没有一家纽约市的旅店为他的黑人佣人提供住宿的情况，对激进派提出的不分种族拥有同等机会的思想表示强烈的支持：

> 如果这是一片自由的土地，这种情况难道不是美国的一种耻辱吗？难道黑人——作为自由人——必须在任何时候遭遇这样的侵犯和侮辱吗？……白人佣人并不被认为与他的雇主是平等的人——但他拥有上升成为平等之人的权利。黑人仆人也并不是与他的雇主平起平坐的——但他也应该有与白人佣人一样的争取平等的权利。

一度流行的观点曾将共和党激进派的思想描述成北部商业利益的一种表达，但从关税等具体问题的角度来看，这种观点是站不住脚的；然而，激进派希望以北部小型的竞争性资本主义的模式来改造南部社会却是真实的。正如卡尔·舒尔茨所说，"一个以自由劳动为基础的社会必须要建立起来，必须建立在以奴隶劳动为基础的社会的废墟之上"。虽然很多温和派共和党人分享这个目标，但很少有人希望把重建作为这种转变的人质。对于激进派来说，南部的政治与经济"再生"构成了同一硬币的两面。"我的梦想是，"一位激进派共和党人解释道，"是期望看到一个模范的共和国，为所有人提供同等的保护和权利……荒原将消失殆尽，教会与学校将出现……在自由劳动的魔力点击下，整个大地会充满生机地复活过来。"[13]

在激进共和主义的最高目标中，重塑南部社会的思想导致了一种国家行动计划的产生，它期望推翻种植园体制，为前奴隶提供住宅与生活的基地。在1865年9月对宾夕法尼亚州共和党代表大会的演讲中，斯蒂文斯呼吁，没收南部最富有的10%的人所拥有的4亿英亩土地。每一个成年自由人可以从中获得40英亩土地的赐予；他后来补充说，剩余的土地——大约占没收土地总数的90%——将以每块不大于500英亩的面积出售给出价最高者。出售土地所获取的收入将帮助联邦政府支付内战老兵的抚恤金，为那些效忠联邦但在内战中蒙受了经济损失的人提供救助（在他所代表的宾夕法尼亚南部的选区里居住着不少这样的人），并偿还大部分的国债。如同计划作者的行为习惯一样，该计划将理想主义、权宜之计和北部的自我利益等融为一体，目标是为一个具有长远影响力的革命服务：

> 必须改革南部社会的整个结构，如果失去了这次机会，改革将不再可能实行。不进行这种改革，这个政府将永远不会成为一个真正的共和国，就像过去永远不曾是这样一个共和国一样……共和政府的体制，自由的学校、自由的教会和自由

---

[13] Horace Greeley to Thomas Dixon, June 2, 1865, Horace Greeley Papers, NYPL; William C. Jewell to Charles Sumner, February 19, 1866, Sumner Papers; Howard K. Beale, "The Tariff and Reconstruction, *AHR*, 35 (January 1930), 276-294; Joseph Schafer, ed., *Intimate Letters of Carl Schurz 1841-1869* (Madison, Wis., 1928), 340-341; *CG*, 39th Congress, 2d Session, 118, Appendix, 78.

的社会交往，何以能在一个同时掺和了富豪与农奴人口的社区中共存？如果南部希望被建造成一个安全的共和国，它的土地就应该由土地拥有者或者由有知识公民组成的自由劳动者来耕种。[14]

这番话显示，在最宽泛的意义上，斯蒂文斯追求的是政治目标，而不是严格的经济目标。正如凯利在斯蒂文斯去世不久之后所说的："他知道在一个共和国里，一个土地贵族阶级和一个无地阶级具有同样的危险性，他希望通过一种正义的行动同时废除两者。"没收南部最富之人的土地，斯蒂文斯认为，将打破南部传统统治阶级的权力，转化南部的社会结构，为在南部创建一个走向胜利的、由黑人和白人自耕农和购置了南部土地的北部移民组成的共和党创造一个基础。然而，即便是在废奴主义者和激进共和党人中间，仅有为数不多的一小部分人对土地问题像斯蒂文斯那样的持续而强烈地予以关注。在整个19世纪60年代，乔治·朱利安一直在锲而不舍地推动一个反对"土地垄断"的国会行动，呼吁为资助黑人而采取没收土地的政策，谴责继续对铁路公司赠与土地和满足那些侵占共有土地的要求的做法，因为这些要求致使宅基地的原则受损。温德尔·菲利普斯以及本杰明·巴特勒和查尔斯·萨姆纳（偶尔）也会提倡一种联邦土地分配政策。但对于大多数共和党人来说，自由民的土地问题虽然是一个高尚的理

---

[14] Eric Foner, *Politics and Ideology in the Age of the Civil War* (New York, 1980), 128-149; *Reconstruction. Stevens Speech*, 5-7; *CG*, 40th Congress, 1st Session, 203.

想,但并不像黑人选举权问题那样具有即时的关键意义。"如果我是一个黑人,手脚都穿戴着镣铐……,"詹姆斯·阿什利说道,"你如果给予我选票,或者给我一座木屋和40英亩种植棉花的土地,我会选择选票。"[15] 对土地问题的不同回应彰显了长久以来在自由定义问题上和奴隶解放后南部经济失败问题上的分歧,这种分歧即便在激进派中也依然存在。许多激进派并不情愿支持这个必将侵犯产权的神圣性的没收计划,这一点其实并不应该令人感到吃惊;但令人感到吃惊的是,除了希望个人能够依循自由劳动的意识形态来展望个人成功的前景之外,共和党人拿不出另外的设想。在某种意义上,斯蒂文斯的建议是在回应18世纪的共和思想,他关心的是代议制的社会基础,他希望将自由与生产资料的拥有等同起来。"工资劳动力的体制,"凯利解释说,"并不是他……梦想的自由体制。"斯蒂文斯认为,只有带有激进性质的政府行动才能防止刚从奴隶制中走出来的黑人很快又变成没有土地财产的劳工。但大多数的激进派认为,在一个实施自由劳动体制的南部,随着公民平等和政治平等机制的建立,黑人和白人将会各自找到自我的位置,正如本·韦德所说的,"最终根据自己的天赋占据一个平台"。关键在于,所有人都应该获得"一个完全公平的机会"。此外,马萨诸塞金融家和棉花产业主爱德华·阿特金森认为,一旦高涨的棉花价格和对他们劳动力的竞争给黑人带来了获得高工资

---

[15] *CG*, 40th Congress, 3d Session, 133-134; Patrick W. Riddleberger, "George W. Julian: Abolitionist Land Reformer", *AgH*, 29 (July 1955), 108-115; Foner, *Politics and Ideology*, 134; Benjamin W. Arnett, ed., *Duplicate Copy of the Souvenir from the Afro-American League of Tennessee to the Hon. James M. Ashley of Ohio* (Philadelphia, 1894), 408.

的机会，市场的力量将不可避免地摧毁种植园体制。阿特金森预计一个黑人自耕农阶级最终将会在南部出现。但他强调说，没收土地将"毁掉自由民"，因为这种做法会误导他们去相信无须"经过劳动和购买"就可以获得土地。[16]

这场辩论同时显示了激进派内部的分野和激进派意识形态的局限性。激进派对平等的大肆谈论引起了像宾夕法尼亚州参议员埃德加·考恩这样的保守派共和党人的警觉，考恩认为"在所有的高谈阔论之后……"，社会结构"早已是事先成为定局的安排"。考恩问道，如果萨姆纳的理论成为现实的话，那"谁来给人擦靴子，谁来给人喂马，谁来干世界上那些琐碎低微的杂活儿？"但萨姆纳也明确指出，法律面前人人平等并不意味着废除财富、地位和权力方面的差别。他在1871年告知参议院，他反对铁路公司在火车上将白人和黑人乘客安排在相互隔离的车厢的做法，但他并不反对为乘客提供一等、二等和三等车厢的做法："这是一个很简单的价格的问题。"换言之，在平等问题之外，还有与自由民密切相关的阶级关系的问题，后者在关于土地没收的辩论中只是被轻描淡写地提及，完全不在激进派共和党人的思考范围之内。[17]

[16] *CG*, 40th Congress, 3d Session, 133-134; 39th Congress, 2d Session, 63; Frederic Bancroft, ed., *Speeches, Correspondence and Political Papers of Carl Schurz* (New York, 1913), 1:370-371; Edward Atkinson to John Andrew, December 9, 1865, Atkinson to Hugh McCulloch, January 2, 1866, Atkinson to Henry Ward Beecher, June 25, 1867, Atkinson to J. C. Peters, June 26, 1867, Letterbooks, Atkinson Papers; Atkinson to Charles Sumner, July 8, 1867, Sumner Papers.

[17] *CG*, 39th Congress, 1st Session, 342; *Works of Sumner*, 14:362; David Montgomery, *Beyond Equality: Labor and the Radical Republicans 1862-1872* (New York, 1967).

然而，无论激进派在战后南部经济问题上如何的犹豫不决，但他们意识形态的核心内容——一个强大的联邦国家，保障黑人拥有同等的政治地位和在一个自由劳动的经济体制中拥有平等的机会——已经形成了一种鲜明的与美国公共生活的传统的分离。随着国会准备开幕，无人知道有多少共和党人愿意将前进的步伐迈进到这个程度。即便是来自宾夕法尼亚州的激进派国会议员约翰·布鲁莫尔也不确定，他在提及需要将所有支持黑人选举权的众议员联合起来的时候，加入了这样的句子："除了首先计算的十几人之外，谁知道其余人究竟是怎么想的？"后来的分析显示，激进派虽然未能"控制"国会，但却拥有相当大的权力，他们构成了众议院共和党人中将近一半的人数，在参议院共和党议员中所占的比例要小一些，但仍然是一个不可小觑的力量。事实上，许多共和党人并不会恪守派别的精确划分，随着重建政治危机的加深，很多人还会改变自己的立场。的确，危机本身以极为矛盾的方式影响了第39届国会的立法进程与结果。因为推翻总统的否决需要得到国会两院三分之二多数的同意，所以这届国会尤其重视党内团结和政治温和主义，这种情形也同时为激进主义的生长提供了一个有益的政治气候。[18]

南部白人拒绝做出妥协，而约翰逊总统又没有能力满足国会提出的要求，即需要赋予黑人权利并为亲联邦的南部白人提供保

---

[18] John M. Broomall to Thaddeus Stevens, October 27, 1866, Thaddeus Stevens Papers, LC; Michael L. Benedict, *A Compromise of Principle: Congressional Republicans and Reconstruction 1863–1869* (New York, 1974), 25–26, 348–357; Edward L. Gambill, "Who Were the Senate Radicals?", *CWH*, 11 (September 1965), 237–244.

护,这种不断增长的形势判断将推动共和党的重心向左翼偏移。然而,激进主义带有一种自身的内在动力,这种动力建构在一个重要的事实之上——在危急时刻唯有激进派共和党人才拥有一种逻辑连贯的目标感。得克萨斯州当选的参议员奥兰·罗伯茨抵达华盛顿后很快发现,"拥有实实在在的目标和确切思想的一群人"是"党内的激进分子……他们确切地知道自己想做什么,而且下定决心要这样做下去"。此外,激进派也的确代表了一种不可忽视的北部民意,分享这种民意的人则构成了北部共和党选民的一个重要组成部分。"没有温和派的支持,我们无法取胜,"亨利·威尔逊观察说。同理,如果说激进派没有掌握总的"决策"控制权的话,那他们对于"决策"的认可也是必不可少的。任何不为激进派接受的决策都有可能摧毁共和党的内部团结;而激进派则会毫无疑问地继续进行其反对奴隶制及其遗产的长期斗争。这正是共和党人面临的难局所在。一方面,黑人选举权是一个充满危险的问题——正如威尔逊在1869年对参议院所说的,共和党如果在"美国的任何一寸土地上"将自己与黑人的权利联系起来,都将丢失党内白人的选票。然而,另外一名共和党人回应道,共和党内最忠实的追随者最为看重的是该党的改革者的形象;如果共和党抛弃支持"有色人种的权利的立场,这个党就没有保存的价值"。[19]

---

[19] O. M. Roberts, "The Experience of an Unrecognized Senator," *Texas State Historical Association Quarterly*, 12 (October 1908), 132; Henry Wilson to Henry C. Carey, April 16, 1866, Henry C. Carey Papers, Edward Carey Gardiner Collection, HSPa; *CG*, 40th Congress, 3d Session, 672, 708.

激进派,一位纽约《论坛报》的读者写道,只能以"自己的信仰为方向"来领导国会。然而,在一个意识形态激烈交锋的时代,信仰始终处在迅速变化的状态之中。激进派再一次地提出了不受欢迎的立场,而他们立场只能由随后发生的事件来证明是对的。对奴隶制蔓延的毫不妥协的反对、解放奴隶、组建黑人军队——所有这一切在最初提出的时候并不受欢迎,但最终为共和党的主流民意所接受。"此时此刻我们不是处于一个寻常政治的时代,"温德尔·菲利普斯宣称。"此时此刻是生长与形成的时刻;国家的目的与思想在 30 天内的生长与成熟相当于平常数十年内所发生的情形一样。"人人都知道,激进派将要发起新一轮政治动员。无论黑人的法律和政治平等有何可取之处,俄亥俄州温和派参议员约翰·谢尔曼的一位来信者写道:"如果你在任何不符合这些原则的基础上重建南部,你会……招来无穷尽的政治麻烦,直到达到这些原则为止。"[20]

民权的起源

从第 39 届国会开幕之日起,作为多数党的共和党对约翰逊的重建就心存疑虑,这已经成为一个清楚的事实。众议院的书记员爱德华·麦克弗森在点名的时候完全忽视了新当选的来自南部各州的议员;国会两院随之建立起一个重建联席委员会,负责对

---

[20] New York *Tribune*, February 17, 1866; Wendell Phillips to Charles Sumner, March 24, 1866, Sumner Papers; Thomas Richmond to John Sherman, February 27, 1866, Sherman Papers.

南部各州的情况进行调查,并向国会报告它们是否有资格在国会重获代表权。(国会同时拒绝了南部当选议员提出的享有议员生活补助的要求,如同有人所提到的,国会让这些人自己决定"要么打道回府,要么留下来忍饥挨饿"。)对于约翰逊来说,这样的决定意味着国会认定了南部曾脱离联邦的事实,他的许多支持者也用心险恶地将这些决定说成是一场由激进派发动的政变。然而,在拒绝接纳南部议员的决定上,共和党党团会议的成员几乎是一致同意的,而重建委员会的构成则非常谨慎地兼顾了党内各派的平衡。委员会主席的位置由来自缅因州的温和派参议员威廉·皮特·费森登所占据,而萨姆纳因为"过于激进"而被彻底排除在委员会成员之外。[21]

有些约翰逊的支持者认为国会的决定是对总统权威的直接挑战,但约翰逊送交国会的国情咨文却采用一种寻求和解的语气。咨文将退出联邦描述成从一开始就是一种"法律上无效的"行动,承认南部各州的政府因此陷入了一种"暂时中止"的境地之中,回顾了新的州政府得以建立和第十三条宪法修正案得以批准的过程。对于自由民,约翰逊表示出一种家长制意味的关切;一方面声称他无权将黑人选举权强加于南部头上,另一方面又提出各州在未来可能会做出扩展选举权的行动,并通过强调黑人应该拥有"获得公平劳动报酬的权利"来间接地批评南部各州的立法机构。

---

[21] McKitrick, *Andrew Johnson*, 258; N. G. Taylor to Thomas A. R. Nelson, December 27, 1865, Thomas A. R. Nelson Papers, McClung Collection, LML; James E. Sefton, *Andrew Johnson and the Uses of Constitutional Power* (Boston, 1980), 121; *New York Times*, December 3, 1865.

但从根本上来说,"恢复的工作"已经完成——留给国会的工作就是接纳南部选举出来的国会议员。约翰逊的咨文是非常用心写成的,意在争取南北两地最广泛的民意的支持,但它也带来了多元的,甚至是相互矛盾的解读。咨文使用"恢复"而不是"重建"一词显示,在南部各州的权利问题上,约翰逊并不打算做出任何让步。但在另外一方面,总统也做出了一些妥协,承认国会拥有决定审查自己成员的资格的权利,显然是在邀请国会扮演一个对重建进步进行评判的角色。大多数共和党人似乎都同意纽约《论坛报》的评论:"从总体来看,我们怀疑有任何一份先前的(总统)咨文同时包含了如此多的能被普遍接受和理应批准的以及如此少的将会引发争议的内容。"[22]

"无论人们如何看待约翰逊先生的政策……,"乔治·克列孟梭在12月底的报道中写道,"他似乎已经赢得了……极端激进派的领袖人物的支持。"而他对激进派最初提出的影响国会重建方向政策的回应也支持了这一判断。在参议院,本·韦德提出国会应禁止那些拒绝赋予黑人选举权的南部州重获国会代表权,萨姆纳提出了一连串关于公民和政治平等的决议草案,威斯康星州的蒂莫西·豪提议在前邦联占领的"地区"内建立临时政府。斯蒂文斯将前来国会的南部各州政府代表讥讽为"一群由被漂白的反叛者组成的团伙"——要求国会创建一批新的领土政体,作为带有

---

[22] James D. Richardson, ed., *A Compilation of the Messages and Papers of the Presidents, 1789-1897* (Washington, D.C., 1896-1899), 6:355-359; LaWanda Cox and John H. Cox, *Politics, Principle, and Prejudice 1865-1866* (New York, 1963), 129-139; New York *Tribune*, December 6, 1865.

黑人选举权和土地再分配内容的社会转型革命的一种前奏。但推翻约翰逊重建方案下产生的南部州政府和将国会与黑人选举权捆绑在一起的呼吁没有得到任何回应。"没有任何一个政党,不管它有多么强大,都无法坚持这样的党纲超过一年以上,"一家共和党的报纸评论道。激进派提出的建议中,唯一获得部分成功的是关于赋予哥伦比亚特区的黑人选举权的法案,法案于1866年1月在众议院获得通过,但却为参议院的一个委员会所扼杀。(特区曾企图阻止国会的行动,于1865年12月在白人公民中举行了一场公民公决,其结果是:支持黑人拥有选举权的人数仅35人,而反对者则高达6951人。)[23]

激进派的动议遭到失败之后,国会的政治领导权转移到了温和派手中。几乎所有的共和党人都分享捍卫一组目标的决心,这些目标包括:确保对联邦政府的"忠诚",在南部建立以自由劳动为基础的经济体制,为自由民的基本权利提供保护,保证曾拯救了联邦的共和党能够团结一致并在南部政治中占有优势地位。但从政治上、意识形态上和个人气质上,温和派的领袖人物,如众议院的詹姆斯·布莱恩和约翰·宾厄姆以及参议院的莱曼·特朗布尔、约翰·谢尔曼和威廉·费森登等,则与他们的激进派同事有着天壤之别,大相径庭。温和派通常代表了激进主义兴盛的新

---

[23] Clemenceau, *American Reconstruction*, 63; Hans L. Trefousse, *Benjamin Franklin Wade: Radical Republican from Ohio* (New York, 1963), 263; Donald, *Sumner*, 239-241; *CG* 39th Congress, 1st Session, 74, Appendix, 217; Benedict, *Compromise of Principle*, 141-146; Constance M. Green, *The Secret City: A History of Race Relations in the Nation's Capital* (Princeton, 1967), 75-77.

英格兰移民地带之外的选区，或位于靠南的北部各州，后者的内部通常存在南北区域的分离（如同整个国家所遭遇的南北分野一样），并各自带有独特的政治传统。1865年之前，在伊利诺伊、印第安纳和俄亥俄这样的州内，政治上保持中间立场是赢得竞选胜利的关键。像谢尔曼这样的人认为，国家已经在"极端分子和喜好争议的人"手中受尽了苦难，希望重建能够尽快完成，让国家迅速回过头来面对急迫的经济问题。温和派虽然完全拥抱内战带来的变化，他们将重建视为一个现实的问题，而不是一个将一种无限制的社会革命强加于南部头上的机会。他们也不相信与约翰逊决裂是不可避免的或值得期望的事情。如果"萨姆纳和斯蒂文斯和其他一小撮像他们这样的人不想我们与总统纠缠在一起"，费森登坚持说，"事情可以令人满意地得到解决——令人满意指的是令各州内亲联邦派的大多数人感到满意"。[24]

温和派对黑人选举权在南北两地的前景也不看好，在北部它代表了一种政治包袱，在南部它看上去也不太可能为组建一个新的共和党提供稳定的基础，最多可能成为追求进步的南部白人的政治盟友。许多温和派对约翰·安德鲁的观点表示赞同，他在1866年1月从马萨诸塞州州长职位卸任时曾经说过，对于南部白人的判断，必须依照他们"当前（对联邦）的忠诚情况"，而不是他们"过去的不忠诚"行为。他与美国土地交易公司的交往

---

[24] John Sherman, *Recollections of Forty Years in the House, Senate and Cabinet* (Chicago, 1895), 1:366-367; William Sheffield to J. C. Hall, January 13, 1866, C. J. Albright to John Sherman, February 27, 1866, Sherman Papers; McKitrick, *Andrew Johnson*, 76-78; Charles A. Jellison, *Fessenden of Maine* (Syracuse, 1962), 198-201.

经历令他相信,许多种植园主是值得信赖的,因为他们心悦诚服地接受了脱离联邦的失败和自由劳动的原则,并愿意公平地对待自由民。这家公司是一个专门设计的风险投资机构,购买南部土地,然后转卖给北部定居者和前奴隶,从而帮助北部投资者从中赚取利润。"他们看到了一个新的而且他们必须服从的社会秩序。"这样一批"知道如何充当领袖"的人无论如何不能被永久地排除在南部的权力体制之外。安德鲁认为,黑人选举权只有通过南部"本土产生的领袖"的自愿同意而不是以北部强加的方式赋予黑人时,才会更为安全和可靠。[25]

尽管如此,温和派共和党人认为约翰逊的重建政策需要补充和修订。他们对大量的南部"反叛者"就任公职一事感到震惊,要求获得更多的"忠诚度"的保证,希望约翰逊停止关于政党重组的言说,不再与那些"令人可憎的民主党人"公开来往。同样重要的是,主流共和党人在拒绝考虑黑人选举权的同时,接受了黑人应享有平等公民权的原则,而连续不断的关于南部违反自由劳动原则的报告增强了对这一立场的坚持。伊利诺伊州共和党领袖杰西·费尔认为,北部有责任"采取措施来保证非洲人种族的安全与地位提升。他们目前拥有的名义上的自由不过是一种对自由的嘲弄而已"。与林肯一样,温和派是一群专注解决现实问题的

---

[25] Jacob Cox to James A. Garfield, January 1, 1866, James A. Garfield Papers, LC; Henry G. Pearson, *The Life of John Andrew* (Boston, 1904), 2:273-283; John Andrew to Herman Bokum, November 30, 1865, Letterbook, Andrew Papers; Lawrence N. Powell, "The American Land Company and Agency: John A. Andrew and the Northernization of the South", *CWH*, 21 (December 1975), 294-298, 302-303.

人，关于南部所处的精准法律地位的辩论在他们看来是毫无意义的。"至于反叛州是否因退出联邦的行动而从程序上脱离了联邦的问题，在我看来，是一个与实际后果关联不大的问题。"特朗布尔的一位通信者写道。"在决定恢复它们全部权力所需要满足的要求和条件方面，国会拥有足够的权力。"[26]

但这并不意味着，温和派共和党人分享激进派的扩展性联邦权力观。他们承认内战带来了联邦权力的增强，但并不认为州丧失了原来拥有的合法权利或传统的联邦制原则被废止了。他们也不认为宪法的（共和政体）保障条款给予了联邦政府无止境地干预各州事务的权力。这些分歧影响了那些与重建毫无关系的事务。1866年5月，在一次关于保护美国人免受海外霍乱感染的辩论中，萨姆纳提出，"国家权力"具有处理这一危机的最佳能力，而温和派参议员则回应说，处理公共卫生的事务"完全属于州的治安权权限范围"。温和派的困境在于，他们想要保护的黑人权利中的绝大多数早已成为各州掌管的事务。联邦政府为保障这些权利而进行的干预自然会引发对不恰当的权力"集中化"的担忧。在拒绝接受（激进派）关于"被占领的省份"和州被降低至领土地位的观点之后，温和派采取了一种与总统并不相悖的宪法立场。州并没有被摧毁，但它们因企图脱离联邦而丧失了原有的一部分权利；

---

[26] M. Stone to John Sherman, December 27, 1865, Sherman Papers; Ransom Balcom to William H. Seward, December 27, 1865, William H. Seward Papers, University of Rochester; Jellison, *Fessenden*, 203; Cox and Cox, *Politics, Principle, and Prejudice*, 207; Jesse W. Fell to Lyman Trumbull, December 26, 1865, J. G. Wilson to Trumbull, January 21, 1866, Lyman Trumbull Papers, LC.

在战争的结果正在获得保障的时候,它们可被暂时地置于"战争控制"的状态之中。约翰逊在任命临时州长和要求南部各州批准第十三条宪法修正案的时候,使用的基本上就是这一理由。温和派认为,同样的逻辑赋予了国会同样的权力:在自由民的基本权利获得保障之前,国会有权拒绝恢复南部在国会的代表权。[27]

新年过后不久,参议院司法委员会主席莱曼·特朗布尔提出了代表温和派政策的两条法案。作为国会中最有影响力的人之一,特朗布尔认为激进派对总统的谴责过于急切。他在圣诞节前与约翰逊有过会谈,从中得出结论说,"总统没有任何会与国会发生冲突的问题,如果我们的朋友具有充分的理性,我们大家都会和谐地相处下去"。他同时也花时间研究了自由民局的运作和来自南部的各种报告。他与自由民局局长霍华德的谈话极大地影响了他的第一部法案建议,这部法案提出要延长自由民局的生存时期,为其活动提供直接的经费支持,授权自由民局的官员处理牵涉黑人的案件,并惩罚那些拒绝将"属于白人的民权"赋予黑人的州官员。[28]

在平常时候,这一法案将代表一种与联邦政策路径的激进分

---

[27] Herman Belz, *Emancipation and Equal Rights* (New York, 1978), 77-78; *Works of Sumner*, 10:435-449; Richard Henry Dana, Jr., *Speeches in Stirring Times*, edited by Richard Henry Dana III (Boston, 1910), 243-248; Benedict, *Compromise of Principle*, 124-127.

[28] Lyman Trumbull to Dr. William Jayne, December 24, 1865, Dr. William Jayne Papers, Illinois State Historical Library; [Oliver O. Howard] *Autobiography of Oliver Otis Howard* (New York, 1907), 2:280; Donald G. Nieman, *To Set the Law in Motion: The Freedmen's Bureau and the Legal Rights of Blacks, 1865-1868* (Millwood, N. Y., 1979), 106-109.

离，但特朗布尔向参议员们保证，自由民局"并不打算成为一种永久性建制"。意义更为深远的是他的第二个法案，即民权法案。这部法案被《纽约时报》编辑同时也是来自纽约州的众议员亨利·雷蒙德称为"要求众议院采取行动的最重要的法案之一"。该法案将所有出生在美国的人（印第安人除外）界定为联邦公民，规定了他们应该不分种族而平等享有的权利——签订合同、到法庭起诉，以及"完整而平等地享有为保证个人和财产的安全而制定的所有法律和程序所衍生的福利"。任何州的法律或习俗都不能剥夺任何公民享有这些被特朗布尔称为"属于每一个自由人的根本权利"。法案授权联邦地区检察官、联邦法警和自由民局官员对违反者进行起诉；授权联邦法院审理这类案件；该法案还规定，包括州官员在内的任何人，依据州法剥夺了任何公民的民权，都将受到罚款和监禁的惩罚。[29]

从宪政角度来看，民权法案代表了一种赋予第十三条宪法修正案实在意义的努力，从立法的角度来界定自由的内容。在针对特朗布尔法案的辩论中，国会议员反复谈到联邦政府负有保护美国公民的"根本权利"的责任。但这些权利的具体内容是什么，并没有一个确切的答案。对于激进派来说，法律面前人人平等是一个具有扩展性的原则，可以用来涵盖公共生活的几乎所有方面。而温和派关于这些权利的定义则要狭窄得多，集中在那些对于黑

---

[29] *CG*, 39th Congress, 1st Session, 319, 474, 1266; Harold M. Hyman, *A More Perfect Union: The Impact of the Civil War and Reconstruction on the Constitution* (New York, 1973), 461-462. 宾厄姆认为民权法案是违宪的，但所有其他有影响力的共和党人却认为它的合宪性得到第十三条宪法修正案第二款的保障。

人进入合同世界、以自由劳工身份进行平等竞争具有关键意义的权利之上。法案所提出的,一位国会议员宣称,"是保证一个贫穷的、微弱的劳工阶级拥有为自己的劳动签署合同的权利、为保证他们获得工资而实施法律的权力,以及他们拥有和享受自己劳动成果的方式"。如果州拒绝承认黑人享有这些权利,另外一名共和党人指出,"我想要知道的是,那么废除奴隶制的宪法修正案还有什么现实意义?"但除了这些权利之外,温和派与激进派一样,拒绝接受法律可以在寻求司法正义和犯罪惩罚上区别对待白人和黑人的思想。黑人法典的阴影始终伴随着这些辩论,特朗布尔在开始他对民权法案的讨论时提及了密西西比州和南卡罗来纳州最近实施的法律,宣称他的目的是"要摧毁所有这些带有歧视的法律"。[30]

  作为第一种针对美国公民拥有的权利做出的法律界定,民权法案代表着联邦与州的关系的深刻转变,反映出那些曾被视为激进派观点的思想为党内主流所采用的过程。在内战之前,詹姆斯·布莱恩后来指出,只有"那种有病大脑的胡思乱想"才能想象出这样一部将"白人享有的所有民权"赋予黑人的国会法律。此外,该法案并不局限于南部或黑人。尽管它的主要目的是使自由民受益,该法案实际上也将废除北部的许多歧视性法律。共和党人还希望,将相关案例的审判从州法院转移至联邦法院(联邦法院的法官和陪审团成员都需要用铁誓做出从未背叛过联邦的担

---

[30] Harold M. Hyman and William M. Wiecek, *Equal Justice Under Law: Constitutional Development 1835–1875* (New York, 1982), 406–407; *CG*, 39th Congress, 1st Session, 42–43, 474, 1151–1555, 1159.

保），可以保护南部联邦派和在南部的联邦官员免受伤害诉讼和其他形式的法律骚扰。法案反映出诞生于内战之中的一种思想，即联邦政府拥有界定和保护公民权利的权威，它代表了美国法学实践中的一项重大突破。"我承认，"缅因州参议员洛特·莫里尔说，"这一类立法绝对是革命性的。但我们难道不就是正处于一场革命之中吗？"[31]

事实上，这部法案综合了同时具有延续与改革成分的内容，反映了1866年早期共和党党内的民意。它并不带有联邦政府持续干预地方事务的设想，而是尊重传统的做法，将法律实施视为州的一种主要责任，而与此同时建立的一个潜在的联邦机制只有在州实施歧视性法律时才被启动。"当我想到对于州来说想要回避实施这部法案是多么的容易……，"内华达州参议员威廉·斯图尔特宣称，"我想法案的强制性特征都被消除了。"国会也没有创造一支全国性警察力量或永久性的军事存在来保护公民权利。相反，它将一种前所未有的——同时也是极不现实的——法律实施的重担放在了联邦法院的肩上。一旦各州实施了无肤色差别的法律，尽管拥有扩大了的司法审判权，这些法院要想证明地方官员的歧视性违法行为实际上是相当困难的。尽管它微妙地提及了用来剥夺黑人法律平等权利的地方"习俗"，但民权法案主要针对的目标是带有官方性质的非正义行为，而不是私人行为。对特朗布尔和

---

[31] Robert J. Kaczorowski, *The Politics of Judicial Interpretation: The Federal Courts, Department of Justice and Civil Rights, 1866–1876* (New York, 1985), 1–4; James G. Blaine, *Twenty Years of Congress* (Norwich, Conn., 1884–1886), 2:179; *CG*, 39th Congress, 1st Session, 570, 1291.

其他温和派而言,对黑人权利的最大威胁存在于各州的州法之中,此时此刻这个假设是值得怀疑的,因为自由民面临着猖獗的暴力压迫,同时也面临来自警察、法官和陪审团的不平等待遇,而后者往往是在事实上没有涉及种族的法律的情况下进行的。而且,正如特朗布尔强调的,这部法案并不包括任何"有关黑人的政治权利"的条款。它严格地遵循了投票权是一种特权、不是公民资格的一项必要特征的传统。不带有投票权的民权,是"这个国家在目前所能接受的"现实。[32]

共和党人也没有打算在为自由民争取土地的问题上做更多的努力,这一点在众议院针对自由民局法案的辩论中变得十分明显。正如我们看到的,特朗布尔加入了一个条款,确认了在谢尔曼将军预留土地上居住的黑人拥有三年的土地使用权。该法案同时将南部的公共用地划出 300 万英亩来作为黑人的宅基地,授权自由民局购买更多的土地来转卖。但这部法案在 2 月初送交众议院进行辩论时,撒迪厄斯·斯蒂文斯提出将"被没收的敌人的地产"添加到黑人可以获得的土地之中。但因绝大多数共和党人的反对,这一动议惨遭失败,像阿什利和凯利这样的激进派也在反对者之列。"如此一来,我们看到了……众议院中雅各宾派的真实力量,"支持约翰逊的纽约《先驱报》这样欢呼道。(在这些年里,国会只是强迫前奴隶主人口中的一个群体为他们的前奴隶提供土地——

---

[32] Hyman and Wiecek, *Equal Justice Under Law*, 416; *CG*, 39th Congress, 1st Session, 319, 599-600, 1785; Nieman, *To Set the Law in Motion*, 110-114; Lyman Trumbull to Dr. William Jayne, January 11, 1866, Jayne Papers.

那些在内战中与邦联站在一起的印第安人奴隶主群体。)[33]

似乎是为了展示土地问题的复杂性,这一投票仅两天之后,共和党人以几乎全票的支持通过朱利安提出的《南部宅地法》,将南部的公有土地开放用于定居,给予黑人和忠诚于联邦的白人在1867年以前优先获得这一土地的权利。共和党人十分乐意为自由民提供获得土地的机会,这种机会已经为白人在1862年《宅地法》中为白人公民所享有,但他们不愿意侵犯种植园主的财产权。尽管它唱出高调,希望"粉碎(南部的)土地垄断",朱利安的法案最终也遭遇了惨败。种植园垄断了南部最好的土地;公有土地——带有沼泽、丛林,又远离交通要道——明显地在质量上略逊一筹。此外,自由民总体来说缺乏资金,联邦土地办事机构极为稀少,管理低劣。到1869年时,只有4000个黑人家庭尝试利用这部法案,其中的四分之三来自佛罗里达州,许多人随后也丧失了这些土地。从该法案下获得最大宗土地的全是白人,他们经常是以木材公司经纪人的身份来进行土地交易。[34]

这样,到1866年2月,共和党人在特朗布尔的自由民局法案和民权法案下联合起来,将两者视为对总统重建的必要修正。激

---

[33] William S. McFeely, *Yankee Stepfather: General O. O. Howard and the Freedmen* (New Haven, 1968), 211-236; *CG*, 39th Congress, 1st Session, 299, 655, 688; New York *Herald*, February 8, 1866; M. Thomas Bailey, *Reconstruction in Indian Territory* (Port Washington, N.Y., 1972), 60-72.

[34] *CG*, 39th Congress, 1st Session, 748; Boston *Daily Advertiser*, June 23, 1866; Christie F. Pope, "Southern Homesteads for Negroes", *AgH*, 44 (April 1970), 201-212; Claude F. Oubre, *Forty Acres and a Mule: The Freedmen's Bureau and Black Landoumership* (Baton Rouge, 1978), 90-92, 109-116, 137-142, 156, 188; Paul W. Gates, "Federal Land Policy in the South, 1866-1888", *JSH*, 6 (August 1940), 307-310.

进派将它们看成是向更加根本的改革所迈出的第一步，温和派则将它们视为恢复南部在国会代表权的前奏。与此同时，南部黑人和白人联邦忠诚派遭受迫害的控诉持续不断传递到华盛顿，不仅削弱了约翰逊的主要假定——南部各州无须联邦政府的监管，完全可以管好自己的事情——的合理性，也改变了国会的情绪。重建联席委员会正在收集的证词尤其令人感到震惊。尽管证人在许多问题上看法不同（前邦联副总统亚历山大·斯蒂芬斯甚至重新肯定了脱离联邦的权利），联邦军队的军官、自由民局特派员和南部联邦派讲述了大量的针对黑人、亲联邦白人和北部人的暴力行径。证人们一个接一个地批评约翰逊的大赦政策，认为它鼓动白人拒绝就范。在委员会面前作证的还有为数不多的黑人，他们对这种批评表示赞同。"如果[南部的]代表被国会接纳，"其中一位证人告知委员会成员，"自由民的遭遇将比奴隶的情况好不到哪里去。"在2月初，北卡罗来纳州的当选参议员约翰·普尔得出结论说，南部代表不会很快得到国会的接纳，如果约翰逊的南部州政府"采取了一种更谨慎和明智的路线"，南部将不得不"服从某些从未设想过的条件"。[35]

几乎所有的共和党人都假定，约翰逊会签署自由民局法案和民权法案。前者在2月份国会表决时几乎得到所有共和党人的一

---

[35] John A. Bidwell to George A. Gillespie, January 29, 1866, George A. Gillespie Papers, HL; Benjamin B. Kendrick, *The Journal of the Joint Committee of Fifteen on Reconstruction* (New York, 1914), 264-267; 39th Congress, 1st Session, House Report 30, pt. 2:30-31, 55-56; John Pool to Thomas Settle, February 4, 1866, Thomas Settle Papers, UNC.

致支持，包括像杜利德尔和迪克森这样直言不讳地支持约翰逊的参议员在内。在分别与约翰逊会面后，富有影响力的温和派参议员费森登、特朗布尔和艾奥瓦州的詹姆斯·格里姆斯都相信总统会签署法案。伊利诺伊众议员谢尔比·卡洛姆后来回忆说："在那个时候，否决的结果连听说都没有过。"如果约翰逊签署了那些法案，一位地方的共和党官员在给特朗布尔的信中写道，"除了几个人之外大家都不会在乎（来自南部的）参议员和众议员何时被允许坐到他们的座位上"，"也许人们从此就不再会记得那个古老的民主党"。[36]

令国会极为震惊的是，总统否决了自由民局法案。更有甚者，总统拒绝采用由苏厄德起草的一个带有和解意味的否决意见初稿，该初稿对法案的细节有所批评，但承认联邦政府对自由民拥有责任，约翰逊自己写作的否决意见则彻底否定了自由民局，将该局贬损为一个"巨大的发放恩惠好处的机构"，其存在是未经宪法许可的，而"我们财政条件的状况"也不能够维系它的生存。他指出，国会从来没有被要求为"我们自己的人民"提供经济救助、建立学校或购买土地；此外，这些救助也会伤害自由民的"品质"和"前景"，误导他们认为自己不用工作也能活下来。所有这些事情，约翰逊接着说，都不应该在11个州于国会没有代表权的情况下做出，不管怎么说，总统——是"由各州人民选举产生的"——

---

[36] Edward McPherson, *The Political History of the United States of America During the Period of Reconstruction* (Washington, D.C., 1875), 74; John Niven, *Gideon Welles* (New York, 1973), 518–519; Shelby M. Cullom, *Fifty Years of Public Service* (Chicago, 1911), 150; D. L. Phillips to Lyman Trumbull, January 7, 1866, Trumbull Papers.

在国家利益问题上,要比国会议员拥有一种更广阔的视野,而国会议员是从一个个"单独的选区里"选举产生的。

至少可以说,这是一份用意深远的文件。约翰逊呼吁采用财政保守主义、大肆渲染巨大的联邦官僚机器践踏公民权利的黑暗前景,坚持认为自立而不是依赖于外部的帮助是获得经济进步的最可靠方式,直到今天,反对派一直在使用这些观点来阻止联邦政府为帮助黑人而进行的干预行动。与此同时,他歪曲了国会的目标——将自由民局说成是公共行政中的一个永久分支,事实上却不是这样——并避免对自由民遭遇的困境做出任何带有同情心的表示。至于约翰逊将自己置于国会之上的做法,一位共和党人评论说,这对于"一个……由刺客造就的总统来说,已经是够谦虚的了"。总统的否决不容置疑地引发了国会与总统之间的一场政治恶斗,正如费森登所准确地描述的,因为根据事物的逻辑,总统"将要而且也必须……否决我们所通过的所有的关于重建的法案"。[37]

约翰逊为何选择这条道路?首先,他真诚地认为,自由民局没有得到联邦宪法的授权,担心该法案会鼓励黑人去过一种"游手好闲的懒惰生活"。他已经将一批助理局长解职,理由是他们过于同情黑人,此外,在整个 1866 年里他不断地给自由民局找茬,破坏它的信誉,削弱它的法律权威。随着政党重组的思想仍然在

---

[37] Richardson, ed., *Messages and Papers*, 6:399-405; John H. Cox and LaWanda Cox, "Andrew Johnson and His Ghost Writers", *JAH*, 48 (December 1961), 460-479; McKitrick, *Andrew Johnson*, 284-297. 7 月,国会否定了约翰逊的否决,通过了第二部延长自由民局任期的法案。

空中盘桓，约翰逊非常成功地保住了南部和北部、共和党和民主党内的支持者，但自由民局的法案迫使他开始在面临的多元化支持者盟友中进行区分。一位名不见经传的北卡罗来纳州立法者对当时的情形总结道："如果总统否决（法案）……他与激进派之间的冲突即刻会随之而来；如果他签署（法案）……所有人都能相安无事，但会在南部引发极大的动荡。"约翰逊深知南部白人对自由民局充满反感，也深知北部民主党人早就希望将它置于死地。他看上去是将温和派共和党人避免分裂的努力错误地理解为他们害怕与党公开决裂。他同时也相信，激进派正在密谋如何反对他，甚至计划将他解职。吉迪恩·威尔斯给他的劝告更增强了他不愿意妥协的意愿，因为这位墨守成规的海军部长坚持认为，总统必须"正视这个问题，必须与这些人开展一场面对面的激烈战斗"。[38]

根据威廉·特雷斯科特的报道，约翰逊希望激怒激进派，让他们站到反对自己的一边，这样可以孤立和消灭他们，而主流共和党人将会"与总统一起组成一个新的政党"。不幸的是，约翰逊认为对自由民权利的关切只是局限于激进派群体内，这一认知导致他对共和党内的派别做出了错误的划分。参议院对他的否决所进行的反否决投票本应该是一种让他收手的提示，因为虽然反否决的投票因两票之差未能达到三分之二的必要多数，但在38名

---

[38] Richardson, ed., *Messages and Papers*, 6:425; George R. Bentley, *A History of the Freedmen's Bureau* (Philadelphia, 1955), 125-130; Otto H. Olsen and Ellen Z. McGrew, "Prelude to Reconstruction: The Correspondence of State Senator Leander Sams Gash, 1866-1867, Part I", *NCHR*, 60 (January 1983), 58; Cox and Cox, *Politics, Principle, and Prejudice*, 178-180; Howard K. Beale, ed., *Diary of Gideon Welles* (New York, 1960), 2:409-434.

共和党参议员中有 30 人投票赞成否定总统的否决。特雷斯科特此刻意识到，共和党已经联合起来共同反对总统，开启了"在秋天以前所未有的方式与总统作对"的斗争。然而，约翰逊并不相信，共和党的大多数竟会在为黑人提供联邦保护的问题上与他对决。在参议院投票之后的第二天，总统继续对激进派展开攻击。在华盛顿生日活动的即兴演讲中，他将斯蒂文斯、萨姆纳和温德尔·菲利普斯与邦联的领袖等同起来，因为他们都"反对这个政府的基本原则"。他甚至暗示，这些激进派领袖政治密谋要暗杀他。[39]

华盛顿生日的即兴演讲将约翰逊最糟糕的一面暴露出来——他自我陶醉（在一小时长的讲话中提到自己 200 多次），不容忍任何批评，完全与政治现实脱节。但这次演讲正好是在约翰逊否决自由民局法案之后发表的，所以它让那些希望从共和党内部的分裂中获利的人感到很兴奋。一位康涅狄格的民主党领袖承认，演讲的有些部分在品味上是"有问题的"，但"他说出了你、我和其他人在过去 25 年里一直在不停地说的东西"。约翰逊也从保守的北部商业圈子里获得了支持。纽约的库珀学院举行集会，支持约翰逊的否决，会议吸引了纽约市最著名的银行家和商人，他们对自由民局齐声谴责，指责它干扰了种植园的劳动纪律，因为这种纪律对棉花生产的复兴极为关键。"会场上充满关于要强迫黑人工作的大声叫嚣，"一位在场的纽约人这样描述这次聚会，"但我

---

[39] William H. Trescot to James L. Orr, February 28, 1866, South Carolina Governor's Papers, SCDA; McPherson, *Political History*, 59–61, 74.

没有听到任何人要求那些迄今为止依靠黑人的劳动而存活的人提出同样的要求。"[40]

许多共和党人将约翰逊的否决看成是对该党和自由民的宣战声明。约翰逊的名字，一位底特律的居民写道，很快将"与约翰·泰勒*的名字，乃至本尼迪克特·阿诺德**的名字一样，变得臭名昭著"。但温和派的政党领袖反对将约翰逊踢出共和党。在那几周里，康涅狄格正在举行州长选举，该州共和党代表大会绞尽脑汁，力图找到一个既支持总统又不反对国会的位置——如同在做"一场同时要骑两匹马的……技艺高超的马术表演"，一位联邦官员评论说。同样的把戏也在印第安纳州和加利福尼亚州的州共和党大会上上演。此刻民权法案成为了关注的焦点，因为它在国会通过时几乎得到了所有共和党议员的支持。"我们都感到，本党的最重要利益处于岌岌可危的地步……，"俄亥俄州州议会的一位议员在给谢尔曼的信中写道，"如果总统否决民权法案，我认为我们有责任抛弃刀鞘，拔出剑来，决一死战。"约翰逊在党内的支持者坦率地告知他，共和党的民意是要求自由民必须拥有与白人"同等的财产权和个人权利"。他们敦促约翰逊签署该法案，正如俄亥俄州州长考克斯所写，即便这样做"有违（总统）本意"，但"克服成见去满足民意"的做法是必要的。除了威尔斯和苏厄德之

---

[40] McKitrick, *Andrew Johnson*, 292–293; Whitelaw Reid, *After the War: A Southern Tour* (Cincinnati, 1866), 574; C. M. Ingersoll to Thomas H. Seymour, undated [February 1866], Thomas H. Seymour Papers, Connecticut Historical Society; New York *Tribune*, February 23, 1866; Paul Babcock to Charles Sumner, February 24, 1866, Sumner Papers.

* John Tyler, 指 1841—1845 年任职的美国第 10 任总统。——译者
** Benedict Arnold, 指美国独立战争时期叛变投英的将领。——译者

外，所有的内阁成员都希望约翰逊能够签署该法案，国务卿告诫总统在否决时尽可能使用和解的语气，并对黑人公民权的原则表示支持的立场。但这个原则正是约翰逊不愿意接受的。[41]

如同他对自由民局法案的否决一样，约翰逊的否决意见不仅否定了民权法案的具体条款，而且也否定了支撑它的整套原则。联邦政府对黑人民权的保护以及法案含有的对联邦权力的宽泛定义，在他看来，违反了"我们作为一个民族的所有经验"，构成了一种"向权力集中化和将所有立法权归拢在联邦政府手中的迈进"。然而，否决意见令人印象最为深刻的是它包含的赤裸裸的种族主义思想；在自由民局法案的否决中隐而不宣的话语此刻被和盘托出。不知用何种方式，总统居然令自己相信，赋予黑人公民资格和公民权利将会对白人造成歧视——"本法案针对种族与肤色所做的区分将在实施中令黑人受惠，令白人受损"。他还提到了一个莫名其妙的观点，说来自海外的移民要比本土黑人更值得获得公民地位与权利，因为前者"更为了解我们体制的真谛与特征"。约翰逊甚至发出警告说，国会政策必然招致种族通婚的结果。

对于温和派共和党人来说，对民权法案的否决终结了所有与

---

[41] Joseph Warren to William H. Seward, February 22, 1866, Seward Papers; *CG*, 39th Congress, 1st Session, Appendix, 128–132; William Faxon to Mark Howard, February 27, 1866, Howard Papers; Russel M. Seeds, *History of the Republican Party of Indiana* (Indianapolis, 1899), 35–36; Winfield J. Davis, *History of Political Conventions in California, 1849–1892* (Sacramento, 1893), 234; E. B. Sadler to John Sherman, March 25, 1866, Sherman Papers; Jacob D. Cox to Andrew Johnson, March 22, 1866, Johnson Papers; Niven, *Welles*, 523.

总统进行合作的希望。在一次措辞尖锐的发言中,特朗布尔驳斥了约翰逊的推理逻辑,尤其是他所说的保证黑人民权的平等将会损害白人权利的说法。在进行推翻总统否决的投票之前,参议院先是投票,将新泽西州民主党参议员约翰·斯托克顿逐出国会,理由是该州在1865年为选举他而非法修订了参议员的选举规则,此举彰显出此时此刻共和党人分享的党派情感的烈度。4月初,国会通过了针对总统否决的一项主要立法,这种做法在美国历史上是破天荒的第一次。一份共和党报纸的标题生动地总结了当时的政治情势:"分离完成了"。[42]

约翰逊对民权法案的否决一直被人们视为他的一次重大失误,是他政治生涯中的一次灾难性的误判。如果总统的目的是为了孤立激进派并建构一个以他为中心的新政治联盟,那他的失败只能用惨败来形容。温和派此刻得出结论说,约翰逊的政策"将毁掉共和党"。他们同时也坚持认为,如同谢尔曼指出的,民权法案"显然是正确的"。无论他们之间有何分歧,但此刻几乎所有的共和党人都联合起来,对《斯普林菲尔德共和党人报》在约翰逊否决民权法案后发表的观点表示支持:为自由民的民权提供保护,"是随镇压内乱而来的[结果]……如果不这样做,那本党就什么都不是——如果国家在这个问题上表现出犹豫不决,那它就会颜

---

[42] Richardson, ed., *Messages and Papers*, 6:406-413; *CG*, 39th Congress, 1st Session, 1755-1760; Kent A. Peterson, "New Jersey Politics and National Policy-Making, 1866-1868" (unpub. diss., Princeton University, 1970), 97-99, 117-118; McKitrick, *Andrew Johnson*, 323; George M. Blackburn, "Radical Republican Motivation: A Case Study", *JNH*, 54 (April 1969), 126.

面扫地"。[43]

尽管有这些否决引发的后果,但约翰逊的做法绝非可以简单地用北部民意的强烈程度来解释。无论是在北部还是在南部的公共生活中,种族主义都是根深蒂固的,但正如弗雷德里克·道格拉斯在此刻所观察到的,"其他任何政治思想",都不及"各州有权控制地方事务的思想"那样"更为深入地根植于全国各区域人们的心目之中"。就民权法对联邦权威和黑人权利所做出的令人惊奇的扩展而言,约翰逊将其看作一部激进立法并认为自己可以动员足够的选民来反对它,其实并不应该令人感到诧异。在1866年4月的一次演讲中,约翰逊曾别有用心地问道:"否决的意义何在?"人群中有人大声回答说:"是为了将黑人踩在脚下。"约翰逊选择在这个问题上——联邦政府对黑人民权的保护——与国会共和党人对决,但他没有想到自己会在这个问题输掉这场决斗。[44]

第十四条宪法修正案

随着他们与总统的关系滑向破裂的边缘,共和党人开启了修订宪法的工作,这样做将使他们的努力不受总统否决权和不断变

---

[43] Cox and Cox, *Politics, Principle, and Prejudice*, 203; Albert Castel, *The Presidency of Andrew Johnson* (Lawrence, Kans., 1979), 71–73; Cullom, *Fifty Years*, 146; Rachel S. Thorndike, ed., *The Sherman Letters* (New York, 1894), 270; Stephen J. Arcanti, "To Secure the Party: Henry L. Dawes and the Politics of Reconstruction", *Historical Journal of Western Massachusetts*, 5 (Spring 1977), 42.

[44] Philip S. Foner, ed., *The Life and Writings of Frederick Douglass* (New York, 1950–1955), 4:199; Brock, *An American Crisis*, 121n.

化的政治多数的干扰,但也远远超出了他们对内战结果的原始设想。仅在1865年1月,就有不少于70条宪法修正案在国会得以提出。两院的重建联席委员会所面对的第一个宪政问题是奴隶解放这一被詹姆斯·布莱恩称为"令人感到震惊的结果"。在内战之前,南部奴隶人口的五分之三被包括在国会代表权分配的计算之中。此刻,如果将他们作为自由人计入南部总人口,将会极大地增强南部在众议院和总统选举人团的力量。如果保持原来的分配比例,一位国会议员预测说,战前的选举体制就会允许"死不反悔的……叛徒们"与北部的民主党人结盟,进而获得控制国会的权力,为奴隶主提供补偿,并在1868年选举罗伯特·R.李为总统。既然激进派的办法——赋予南部黑人选举权——未能得到大多数共和党人的赞同,国会开始寻求其他的途径。最简单的办法就是将符合资格的选民人数作为众议院代表权分配的基础,这一计划的便利之处在于,将选民资格标准的制定留给各州,同时也可间接推动黑人选举权的尝试与实施。此事构成了一个极为鲜见的合作场面,撒迪厄斯·斯蒂文斯提出了这一方案,而约翰逊在1月底表示他会予以批准。

方案看上去简单明了,但在政治和人口统计的现实面前很快就显得不堪一击。布莱恩指出,这样的宪法修正案将会因为争夺选民而引发一场"混乱不堪的大战"。因为西部移民人口中包括了大量的年轻男性,新英格兰地区比起西部各州拥有更高比例的女性人口;它们就即刻面临一个选择,或者接受其政治权力的削弱,或者实施妇女选举权。北部人口中还包括了大量尚未归化的外国移民;类如罗得岛这样的州也将面临选择,或者放弃基于这些人口之上的代表权计算比例,或者废除对选民的识字能力和归化的资格要求,如果选择后者,用布莱恩的话来说,选票将"大大贬值并不会受人尊重"。1月底,联席委员会提出一项新的建议——以一条新宪法修正案的形式宣称,如果一州以种族为理由剥夺了本州任何公民的选举权,所有同种族的人口都将被排除在该州总人口数的统计之外。这是一个构思巧妙的妥协设计,允许北部不受惩罚地继续将妇女、外国人和不识字的人排除在选民之外,同时阻止南部在剥夺黑人选举权的同时享受国会代表权的政治红利。这是一个十足的"半途政策",并没有为黑人提供真正的保护。而南部白人,正如一位弗吉尼亚州立法者对联系委员会所坦承的,将继续对选民采用不分种族的识字能力和财产资格要求这一"用心明显的政策",从而"在计算人口时我们可以享有拥有黑人人口的好处,而所有的投票都是由白人人口来行使的"。或者,他们也可以接受一个被削减的联邦角色但能按自己的方式来继续统治黑人的做法。"这是一种妥协,"一位参议员宣称,"在南部……白人将统治黑人,榨取他们身上的汗水和眼泪,除非北部和东部各州控制了联邦政府的权力。"[45]

尽管如此,众议院在1月31日通过了这条宪法修正案。但在参议院,它遭到了查尔斯·萨姆纳的强烈反对,萨姆纳将它斥为"一种错误的妥协",因为它允许州以种族为理由来限制选举权的

---

[45] Blaine, *Twenty Years*, 2:189; *CG*, 39th Congress, 1st Session, 141, 342, 353, 407, 2540, Appendix, 115; Kendrick, *Journal of the Joint Committee*, 41; Charles R. Williams, ed., *Diary and Letters of Rutherford Birchard Hayes* (Columbus, Ohio, 1922–1926), 3:16; 39th Congress, 1st Session, House Report 30, pt. 2:158.

拥有和行使。3月9日，包括萨姆纳在内的5名激进共和党人与民主党议员和约翰逊的支持者站在一起，拒绝给予该法案获得通过需要的三分之二多数的支持。该修正案，斯蒂文斯说道，在"它的朋友的殿堂中遭遇了致命的伤害……被一种幼稚而迂腐的批评所谋杀"。来自联席委员会的第二份提议遭遇了同样的命运。提议由来自俄亥俄州的约翰·宾厄姆起草，授权国会有权保障所有公民的"特权和豁免权"以及对"生命、自由和财产"的同等保护。但大部分共和党人认为，在通过民权法法案的时候，他们已经明确赋予了国会这项权力。所以，3月初，宾厄姆的提议被国会搁置，未能得到讨论和表决。[46]

"总统已经站到敌人那一边去了，"一位国会议员写道，"而我们的朋友却变得四分五裂。"内华达州参议员威廉·斯图尔特试图打破僵局，提出了一项同时实施"全面大赦和全民选举权"的立法提议，但两项提议都没有得到大多数的支持。直到4月底，在经历了一连串的持续不断的提议、投票和重新考虑之后，联席委员会向国会提出了宪法修正案的议案。这一次，议案将所有考虑的问题置于一份提议之中。它的第一款（将很快在后面仔细讨论）禁止各州剥夺（公民的）法律面前的平等权利。第二款规定，如果州剥夺本州男性公民的选举权，该州的国会代表权将按比例遭到削减。（这一规定阻止南部使用识字能力和财产资格来阻止黑人参与投票而继续享有在国会的完整代表权；它也显示一些北部州

---

[46] *Works of Sumner,* 10:119-237; *CG,* 39th Congress, 1st Session, 1224-1233, 1284-1289, 2459; Joseph B. James, *The Framing of the Fourteenth Amendment* (Urbana, Ill., 1956), 81-86.

会面临被削减政治权力的可能。)第三款禁止那些主动支持邦联政府的人在1870年以前参加全国性选举。该修正案议案还禁止支付邦联的债务,授权国会通过"合适的"立法来实施这条宪法修正案。参议员格里姆斯写道:"这不是我们所有人最初想要的内容,但我们为了确保有所结果,都被迫放弃一些我们个人期望的优先选择。"[47]

5月初,斯蒂文斯开启了众议院的辩论。议案的第一款,他宣称,建立起这样一条原则,即州法"将平等地适用于所有人"。这一原则就是民权法的意思,"我很难想象任何人会否认这一原则……是正义的"。国会代表权的条款,他继续说道,将迫使南部或者赋予黑人选举权,或者"在全国政府中永远[将自己]置于一个无望翻身的少数派的地位"。在1870年之前剥夺邦联参与者的选举权是"对叛国者所有惩罚中的最轻微的一种",至于对邦联债务的否定与废止,"任何不曾参加反叛的人……也绝不会出面表示反对"。此刻,大部分共和党人认为,除第三款之外,修正案5个条款中的其他条款都是无懈可击的。"要么给我们第三款,要么其他一切免谈",斯蒂文斯恳求道,但大多数共和党人认为剥夺邦联分子选举权的第三款带有明显的报复性,也是反民主的,很可能在北部引发反对。威廉·特雷斯科特对当时的情况有精到的分析:温和派共和党人认为,只要将第三款删除,该修正案可以"放心地交予全国[来批准]"。众议院的民主党人"显然不愿面对这一

---

[47] Benedict, *Compromise of Principle*, 160-161; McKitrick, *Andrew Johnson*, 341-342; Kendrick, *Journal of the Joint Committee*, 83-117; James, *Fourteenth Amendment*, 112-117.

意见的真实性",同时也受到总统的撺掇,选择与斯蒂文斯和他的支持者站在一起,阻止第三款的删除。最终众议院在没有触动第三款的情况下通过修正案的议案,但参议院共和党人用另外一个条款替换了第三款,新的条款没有提及选举权的问题,但禁止那些曾经宣誓效忠联邦宪法但后来又支持邦联的人担任联邦和州政府的任何公职。这一禁令的终止需要国会两院三分之二多数的同意。这一置换甚至得到了亲约翰逊的《纽约时报》的赞同:"将那些曾经叛国并又犯有伪证罪的人排除在政府公职之外,并不是过于严苛的惩罚。"[48]

1866年6月13日,众议院接受了参议院的修订,在没有任何一位民主党人表示赞同的情况下,最终通过了宪法修正案的议案。斯蒂文斯在议案表决前的发言对他的政治信念做了极为生动的阐述:

> 在我的青年时代、中年时代和老年时代,我一直怀抱一个美好的梦想,希望幸运地看到某个机会的出现,哪怕只是短暂地打破我们体制的基础,将我们从那些假自由之名强加于人的最专制的法律规定中解放出来,让共和国中聪明的、纯粹的和正义的人们……能够重新塑造我们所有的体制,从而将它们从种种形式的人类压迫、不平等的权利享有、对贫穷者的公然践踏和对富有阶层上等人地位[的捍卫中]解放出

---

[48] *CG*, 39th Congress, 1st Session, 2459, 2544, 2869; William H. Trescot to James L. Orr, May 12, 1866, South Carolina Governor's Papers; *New York Times*, May 31, 1866.

来……这个美好的梦想"如同无影无踪的梦幻一样"*已经消失了。我感到,我们不得不满足于只是对这座古老大厦的最糟糕的部分做一些修补,而在许多地方保留原样,任凭其在专制主义的暴风骤雨中遭受摧残。

你们问我,既然我抱有这样的看法,既然我希望坚持自己的一些意愿,为什么我还要接受这样一部如此不完美的立法议案?我的回答就是,因为我生活在人而不是天使中间。[49]

因为修正案议案隐约承认州有权以种族为理由限制投票权的享有,温德尔·菲利普斯将其斥为一种"致命的和彻底的投降"。他远不是唯一的谴责修正案的改革派。苏珊·B. 安东尼、伊丽莎白·卡迪·斯坦顿和妇女选举权运动的其他领袖也都感到自己被出卖了,因为修正案的第二款第一次将"男性"一词写进了宪法。在所有关于选举权的限制中,唯有性别限制不会导致州的国会代表权的削减。

从意识形态和政治上看,19世纪的女权主义与废奴主义运动是紧密地联系在一起的;绝大多数的妇女选举权提倡者也是奴隶制的死敌,而许多男性废奴主义者也曾经长期活跃在支持妇女权利的运动之中。在内战期间,妇女运动将选举权问题暂时搁置一边,加入拯救联邦和推动奴隶解放的事业中。与此同时,战争催

---

* 此句出自莎士比亚剧作《暴风雨》的第四幕。——译者
[49] *CG*, 39th Congress, 1st Session, 3148.

生了平等主义和民族主义的思想，妇女运动也分享了这两种意识形态的影响。"与南部的斗争摧毁了奴隶制"，悉尼·乔治·费希尔在日记中写道，"也极大地激发了大众对于自由和平等的热情"，这是妇女们所分享的一种热情。女权主义者此刻将激进主义意识形态重新交还给国会。如果"特殊阶层的特殊要求"是不合法、非共和式的举动，对妇女权利的剥夺何以能够自圆其说？与种族一样，性别为何必须不能成为一种可以接受的对公民进行区分的标准？面对重建是"黑人的时刻"的说法，她们将之定义为变革的时刻，这是一个必须抓住的改革机会，否则"在（修订）宪法的大门再次开启之前"她们将失去整整一代人的时间。[50]

在现实政治中，这的确是一个"黑人的时刻"。内战不是因为妇女地位的原因而起，战前30年的废奴动员工作也没有唤醒公众意识对妇女权利问题的重视。然而，围绕第十四条宪法修正案的争论却象征着19世纪改革的一个转折点。修正案让女权主义的领袖们深有遭到背叛的感觉，也使她们意识到，如同斯坦顿所说的，在寻求自己权利的斗争中，妇女"必须不能将希望寄托于男性"。妇女运动的领袖们此刻开启了一种新的事业，斩断了她们与废奴主义运动之间的传统盟友关系，创造了一种独立的女权运动，

---

[50] Wendell Phillips to Thaddeus Stevens, April 30, 1866, Stevens Papers; Ellen C. DuBois, *Feminism and Suffrage: The Emergence of an Independent Women's Movement in America, 1848-1869* (Ithaca, N.Y., 1978), 36-37, 50-51, 60-75; Nicholas B. Wainwright, ed., *A Philadelphia Perspective: The Diary of Sidney George Fisher Covering the Years 1834-1871* (Philadelphia, 1967), 523; Ida H. Harper, *The Life and Work of Susan B. Anthony* (Indianapolis, 1898), 1:260; Elizabeth Cady Stanton, *Eighty Years and More: Reminiscences 1815-1897* (New York, 1898), 256.

在现有的改革环境之外寻求新的支持者。与此同时,这场决裂也使得中产阶级女权领袖们先前未暴露的社会和种族偏见浮出水面。即便在自己的前激进派盟友们就黑人(男性)选举权问题统一立场的时候,斯坦顿就不光主张将选举权延伸至妇女,而且也提出以"智力和教育"作为享有和行使选举权的基础。就一个黑人妇女而言,她理论道,她"做一个有教养的白人的奴隶",其命运要好于"作为一个地位低贱、愚昧无知的黑人奴隶"。在废奴主义者和激进派方面,他们经常为自己敢于坚持一个有原则的立场和不愿进行妥协而感到自豪,此刻也抵挡不住政治权宜之计的诱惑,展示了内战如何将改革者与共和党和全国性政府密切地联系在一起。萨姆纳持有的范围广泛的平等主义,费森登评论说,逻辑上应该适用于所有的男性和女性,"但我注意到,尊敬的参议员先生小心翼翼地回避了提议的这一内容"。对此萨姆纳能够给出的解释是,妇女选举权"是一个关乎未来的大问题……但与现实的关联不大"。[51]

第十四条宪法修正案,一家亲共和党的报纸宣称,否定了"死亡的州"和"平等选举权"两条原则,而这正是激进派"于去年12月发起挑战"的出发点。[52] 但该修正案却给"联邦政府监管下的法律面前人人平等"这一原则罩上了一层宪法权威,而这正

---

[51] Ellen C. DuBois, ed., *Elizabeth Cady Stanton, Susan B. Anthony: Correspondence, Writings, Speeches* (New York, 1981), 90–92; Theodore Stanton and Harriot Stanton Blatch, eds., *Elizabeth Cady Stanton* (New York, 1922), 2:108–110; *CG*, 39th Congress, 2d Session, 40, 55–62, 84; *Works of Sumner*, 10:238.

[52] James, *Fourteenth Amendment*, 145.

是激进派一直孤军奋战力图坚持的原则。第一款是修正案的核心所在，它在最终的版本中宣称所有在美国出生或归化的人同时为联邦公民和州公民，禁止各州剥夺他们的"特权与豁免权"，禁止各州在不经正当程序剥夺任何人的生命权、自由权和财产权，或剥夺公民享有"法律面前平等"的权利。此后的一个多世纪内，政客们、法官们、律师们和学者们一直在围绕这一模棱两可的语言的含义争执不休。修正案的最终版本是联席委员会内的一系列得分极为接近的投票表决和随之而来的在国会进行辩论的结果，所以，要弄清楚修正案的"原始意图"是极为困难的。使问题变得更为复杂的是，最初对宪法修正案的目的做最为宽泛的陈述的是它的反对者们，因为他们企图诋毁修正案，故声称它将摧毁州的种种权力，"在各个方面"建立黑白种族之间的平等，并授权国会在其选择的事务上任意干预州的立法——而这一解释恰恰是被共和党人坚决予以否认的。

至于联邦和州法院是否应该受到某一条宪法修正案的"原始意图"的限制是一个政治问题，而非一个历史问题。但第十四条宪法修正案的多重目标只有在1866年政治和意识形态的语境之下才能得到理解：共和党人与总统发生了决裂，需要找到一条为所有共和党人所接受的措施，反映共和党内逐渐形成的一种共识，即有必要为除选举权之外的自由民的权利提供一种强有力的联邦保护。尽管修正案的制定经历了诸多不同的版本、屡屡的修订和删除，但其核心原则始终是不变的：为法律面前人人平等的原则提供了一种联邦保障。有些修正案的批评者的确有意煽动种族恐慌，声称从此以后各州不仅不能再针对黑人，而且也不能再针对印第安人、华人,甚至吉卜赛人进行立法。("我在美国居住了许多年,"一位共和党参议员评论道,"但我在过去两三年里听到的关于吉卜赛人的讨论超过了我在之前的所有时候。")然而,与此刻已经为人忘却的解除邦联分子选举权和国会代表权的条款相比,平等民权的原则在共和党圈子里已经得到了如此充分的讨论,修正案的第一条款所引发的讨论极为稀少。它"拥有如此[显而易见]正义性",一位温和派共和党人宣称,"没有任何众议院的议员能够对它提出严肃的反对意见"。[53]

对一位民主党人对修正案将引发"对模棱两可的歧义和……相互冲突的解读"的指责,共和党人并不否认。针对修正案的辩论充满了对"公民的基本权利"这类概括性用语的讨论,但共和党人拒绝了所有要求准确界定这些权利的建议。《1866年民权法》悉数列举了不能为州剥夺的诸种公民权利,但第十四条宪法修正案与之不同,它只是使用了一种最宽泛的语言来描述权利。显然,共和党人希望废除黑人法典,并彻底打消任何针对《民权法》宪法性的怀疑态度。然而,当目标被降低到这一标准时,共和党人也[不可避免地]混淆了普通法律与宪法修正案之间的区别。有

---

[53] Robert J. Kaczarowski, "Searching for the Intent of the Framers of the Fourteenth Amendment", *Connecticut Law Review*, 5 (Winter 1972-1973), 368-398; *CG*, 39th Congress, 1st Session, 2510, 2530. 正如卡乔夫斯基指出的,宪法学者进行多次尝试,试图确定第十四条宪法修正案的"原意",但他们的研究仅仅依赖于国会辩论中的少数精选引文,而不考虑共和党意识形态及其在内战时代演进的整个历史背景。Charles Fairman, "Does the Fourteenth Amendment Incorporate the Bill of Rights?: The Original Understanding", *Stanford Law Review*, 2 (1949), 5-139, and Raoul Berger, *Government By Judiciary: The Transformation of the Fourteenth Amendment* (Cambridge, Mass., 1977), 是这种说法的有影响力的例子。

的宪法修正案是针对具体的、迫在眉睫的问题，可以被解读为是一种成文法；她们将改变国家生活中的某个方面，但并不改变大的政治架构。其他宪法修正案则是对原则的宽泛陈述，给予那些为化解国家危机的做法以宪法形式的认可，从而永久性地改变美国的国家性质。第十四条宪法修正案正是后一种形式的措施。它的语言超越了种族与区域，它挑战了贯穿于整个美国的法律歧视，扩展了自由对于所有美国人来说应具备的含义。

至于法律面前人人平等的准确定义，共和党人内部是存有分歧的。然而，即便是温和共和党人也将重建视为一个动态过程，"特权和豁免权"这类词语将面临变动不居的解读。他们希望给予国会和联邦法院最大的灵活度来实施修正案的条款，有效反击南部许多不同地区出现的各种针对黑人的不正义行为。值得注意的是，修正案的最终版本要比宾厄姆最初提议的版本力度更强，最初版本授权国会立法者实施民权的权力，如果民主党人重新获得控制众议院或参议院的权力，这样的规定无异于是一纸空文。而在最终版本之下，无论哪个政党掌控国会，联邦法院有权推翻歧视性的州法。（事实上，如同对民权法的实施一样，国会将民权实施的希望寄托在一个奉行能动主义的联邦司法体制之上——相对于无限期地在南部保留一种联邦军队，或建立一个永久性的全国机构并授权其监管南部重建，这是一个更好的机制选择。）[54]

---

[54] *CG*, 39th Congress, 1st Session, 2467, 2537, 2765, 2890; Daniel A. Farber and John E. Muench, "The Ideological Origins of the Fourteenth Amendment", *Constitutional Commentary*, 1 (Summer 1984), 269; Jacobus TenBroek, *Equal Under Law* (New York, 1965), 207.

建立联邦公民资格的首要地位意味着州不能剥夺该资格附带的共享权利,通过这个举动,共和党人将诞生于内战之中的国家建构进程向前推进了一大步。正当国会辩论之际,温德尔·菲利普斯宣称,"与其他国家不同的是,我们国家仍然需要面对如何制造或建构公民的问题,这实在是一个令人感到奇怪的问题"。第十四条宪法修正案对此做了弥补;其结果是,约翰·宾厄姆评论说,"州的权力受到了限制,国会的权力得到了扩展"。密歇根州参议员雅各布·霍华德曾在参议院引领修正案的辩论直至它的通过,此刻宣称,对于《权利法案》所保护的不受联邦侵犯的公民自由,州也同样不能侵犯;因此,州从此以后必须尊重"所有受前八条宪法修正案所保证和保护的个人权利"。宾厄姆在众议院也表达了同样的观点。权利法案中的有些条款在 1866 年没有多少相关意义(没有人在此刻威胁要不经房主同意在私人住房中驻扎军队)。但大量证据显示,共和党人希望启用宪政权威要求州对一些关键条款履行尊重的责任,包括言论自由、携带武器的自由、接受公正陪审团的审判的权利、不受残酷和非常的惩罚以及不受不合理的搜查和收缴的权利。自由民局已经采取措施对这些权利实施保护,部分的原因是,这些权利中的每一项都在 1866 年的南部遭到了系统性的侵犯。[55]

如果说联邦对于州事务的干预此刻达到了一种在 1860 年之前

---

[55] *National Anti-Slavery Standard*, June 3, 1865; *CG*, 42d Congress, 1st Session, Appendix, 83; 39th Congress, 1st Session, 1033, 1088, 2765; Michael K. Curtis, "The Fourteenth Amendment and the Bill of Rights", *Connecticut Law Review*, 14 (Winter 1982), 237–306.

几乎是不可想象的程度,但并没有多少共和党人希望与联邦制的原则做到一刀两断。只有当州政府未能保护公民权利的时候,联邦政府才会采取必要的行动。"修正案没有从州拿走任何权利,"宾厄姆宣称,"……但给州施加了一种限制,以纠正它们对权力的滥用。"[56] 大多数共和党人假定,各州将继续保留处理地方事务的最大权力——在这一点上,他们遵循民权法所开辟的路径。但两者之间有一个重要的区别。虽然第十四条宪法修正案保留了对联邦制的尊重,但必须将它作为一个整体来加以理解,因为它直接介入了南部的政治,寻求创造一个新的政治领导力量,以尊重法律面前人人平等的原则。

有些共和党人仍然相信,削减国会代表权的前景可能会说服南部接受黑人选举权。如果不这样做的话,一家报纸的计算显示,整个区域在众议院的代表权将减少三分之一。然而在1866年,对南部地方事务的处理对于南部的政治领袖来说,是远比他们在国会代表权群体的大小更值得操心的事情。尼科尔森是来自田纳西州的著名法官和政客,他宣称,"如果北部同意让南部进行自治的实验的话",他自己"非常愿意"在10年之内完全放弃对国会代表权的考虑。然而,共和党人并不打算"对南部各州政治社会的基础做到不闻不问"。上南部地区的联邦派在回避黑人选举权的同时,已经面临推动政治改革的难局;修正案第三款暂时剥夺了所有邦联分子的政治权利,这一款已经在田纳西、密苏里和其他州得以实施,此刻推广到整个南部。边界州的共和党人对支持黑

---

[56] James, *Fourteenth Amendment*, 160–161.

人权利的立法并不感兴趣,但将这一条款歌颂为拯救亲联邦派的"唯一救星"。修正案的最终版本禁止那些在战前宣誓效忠联邦的邦联分子(包括从总统到邮局局长)担任公职,看上去似乎要仁慈一些,但带有非常广泛的含义。最初的条款只是适用于联邦选举,并不影响各州的政治结构,而修正案的最终版本虽然没有剥夺"反叛者"的投票权,却使得南部的[先前的]整个政治领导阶层都失去了担任公职的资格。国会共和党人从黑人和联邦派的大量抱怨中,得知毫无悔改的邦联分子充斥着由约翰逊重建主导建立的州政府的情形,为此感到非常不安。在不让共和党背上黑人选举权的重负的同时,修正案第三款希望推动南部公共生活的一次彻底转型。[57]

最终,第十四条宪法修正案的制定与对1866年中期选举的考虑有密切的关联。共和党人,众议院议长科尔法克斯宣称,绝对不能"背负任何可以避免的大众偏见"。修正案为共和党人提供了一个组织秋季竞选的平台,但将黑人选举权留待以后去解决。6月公布的联席委员会报告,为宪法修正案提供了一种正式的解释和支持,表明《民族》杂志所宣称的"一个伟大的政党必须要有自己的立场"。报告小心翼翼地回避了激进派和温和派之间的分歧(它将南部准确的宪政地位说成是一种"无利可图的抽象存在"),

---

[57] New York *Commercial Journal* in Raleigh *Weekly North Carolina Standard*, June 27, 1866; A. O. P. Nicholson to Marius C. Church, June 7, 1866, Seward Papers; *CG*, 39th Congress, 1st Session, 2504-2505, 2532; Philip J. Avillo, Jr., "Ballots for the Faithful: The Oath and the Emergence of Slave State Republican Congressmen, 1861-1867", *CWH*, 22 (June 1976), 172.

坚持认为不能对作为"自由人和公民"的自由民不闻不问,将削减代表权的条款解读为一种妥协,该条款允许州保留制定选民资格的权力,但会在"不久的将来"带来黑人选举权的降生。报告宣称,南部州将"反叛者"提升到掌权的位置,虐待了自由民和亲联邦的白人,它们因此而不满足返回联邦的条件。[58]

一些温和派仍然抱有希望,认为约翰逊会支持第十四条宪法修正案,或者他会鼓励南部接受它。然而,约翰逊先前对整个国会的讨论过程不闻不问,此刻却迅速对其予以否定。与温和派所希望的相反,他决定召开一个由他的支持者参加的全国会议来开启秋季的竞选。6月25日,报纸公布了一份由参议员杜利特尔起草的召开一次全国联邦大会的公告。[公告的颁布象征着]期待已久的政治重组的努力终于来临了。但此刻约翰逊在共和党内的支持者已经为数不多,在公告上签名的人寥寥无几——包括一小撮参议员和为数不多的几个内阁成员,其中无人具备任何真正的政治影响力——将这一令人感到尴尬的事实暴露出来。(三位内阁成员选择辞职而拒绝表示对公告的支持,斯坦顿也反对公告,但他选择继续留任。)不足为奇的是,在类似纽约上州的激进派地区,连一个支持总统政策的"联邦派人士"也找不出来。但即便是威廉·M. 埃沃特斯这样的保守派——这样的人对一个新政党的成功至关重要——也保持距离,他认为这样做的唯一结果只会是增强民主党的力量。一个标志着时过境迁的迹象的是当时全国

---

[58] O.J. Hollister, *Life of Schuyler Colfax* (New York, 1887), 285; *Nation*, June 12, 1866; 39th Congress, 1st Session, House Report 30, x–xviii.

261 发行量最大的纽约《先驱报》抛弃了对总统的支持。该报的主编詹姆斯·戈登·贝内特，据《先驱报》的一位作者称，决定"站到……他认为将是最强大的政党一边"。约翰逊能够赢得一场聚焦于第十四条宪法修正案和黑人公民权的竞争吗？总统认为他会赢，但对政治情势有深入考察的特雷斯科特说，"就我所知而言，我认为他不会赢"。[59]

当国会在7月休会时，两个具有分歧性的问题仍然悬而未决。一个问题是南部究竟应该做什么才能回归联邦。田纳西州迅速批准了第十四条宪法修正案，重新获得了自己在国会的代表权，但国会并没有明确地承认此举建立起了一个具有约束力的先例。芝加哥《论坛报》的编辑约瑟夫·梅迪尔呼吁说，国会在没有向全国提供一个关于重建的最终计划和"给南部提供一些关于回归的条件"之前不能休会。但国会却这样做了。至少在此时此刻，令人头痛的黑人选举权问题被暂时搁置一边。亨利·特纳是一位黑人牧师和政治活动家，他被佐治亚全州黑人大会派往华盛顿为黑人权利进行游说活动，他在给家乡的报告中写道："有几名国会议员告诉我，'黑人必须要参加投票'，但此刻必须回避这一问题，从而'能够保持国会[共和党]三分之二的权力存在'。"激进派

---

[59] Lyman Trumbull to Julia Trumbull, May 15, 1866, Trumbull Family Papers, Illinois State Historical Library; James L. Sellers, "James R. Doolittle," *WMH*, 18 (September 1934), 30; Niven, *Welles*, 530; Ransom Balsom to William H. Seward, July 13, 1866, Seward Papers; William M. Evarts to John A. Dix, July 25, 1866, John A. Dix Papers, Columbia University; W. B. Phillips to Andrew Johnson, May 20, 1866, Johnson Papers; William H. Trescot to James L. Orr, May 12, 1866, South Carolina Governor's Papers.

将第十四条宪法修正案视为一种临时的中间站，而不是一种定论，他们相信他们的恒星很快将冉冉升空。"如果我曾经是保守派的话，我此刻已经成为了一名激进派"，来自加利福尼亚的温和派众议员约翰·比德维尔这样写道，在堪萨斯州，共和党的领袖们决定"跟随激进派的路线奔跑"。即便是密苏里的保守派共和党人、参议员约翰·亨德森也认为黑人选举权必将来临："不出5年的时间，本院*将对之进行投票。这事是躲不掉的。"[60]

1866年竞选

1866年5月1日，两架分别由一个白人和一个黑人驾驭的马车在孟菲斯街头发生了撞车。当警察逮捕了黑人车夫后，一群刚刚脱下军装的黑人老兵进行了干预，一群白人也开始聚集。这一事件引发了持续三天的种族暴力活动，主要由爱尔兰裔警察和消防队员组成的白人暴民在街上袭击黑人，并侵入了孟菲斯城的南部，当地有一个棚户区，里面住着来自附近皮克林堡的黑人士兵的家庭。当骚乱平息之时，至少有48人身亡（除两人之外，都是黑人），5名黑人妇女遭到强奸，数百处的黑人住所、教堂和学校被大火烧得精光。

---

* 指参议院。——译者

[60] McKitrick, *Andrew Johnson*, 333; Joseph Medill to Lyman Trumbull, July 17, 1866, Trumbull Papers; Henry M. Turner to John E. Bryant, April 13, 1866, John E. Bryant Papers, DU; John A. Bidwell to George A. Gillespie, July 31, 1866, Gillespie Papers; Mark A. Plummer, *Frontier Governor: Samuel J. Crawford of Kansas* (Lawrence, Kans., 1971), 58–59; *CG*, 39th Congress, 1st Session, 3033.

作为这个暴力时代里最为血腥的一次暴乱,孟菲斯的骚乱起源于已经困扰该城一年之久的紧张局势之中。该城的黑人人口在内战中增加了4倍多,从黑人士兵到自由民局的医院和学校,变化的迹象比比皆是。对于当地白人人口来说,很难证明什么对他们是更大的威胁——是大量来自乡村的自由民,他们充斥着街道,四处寻找就业的机会,还是那些想方设法获得了一定的经济成功的群体(许多黑人受害者在骚乱中遭到抢劫,丢失了现金、手表、工具和家具)?种族冲突频繁地发生,该城的媒体总是对黑人居民竭尽污蔑之能事。"但愿他们能够回到非洲或其他别的海港城镇去,"孟菲斯《阿格斯》报在骚乱发生前两天宣称,"除了这里,哪儿都行。"对黑人和白人而言,这场骚乱都带来许多教训,不光是联邦当局的无能,因为自由民局无法帮助那些前来求助的人,军队指挥官也拒绝派出任何一支黑白军队去帮助黑人士兵的家庭。骚乱也暴露出黑人社区的分野,在骚乱结束之后,一群较为富有的黑人要求将来自乡村的自由民从城里驱逐出去,以缓和种族间的紧张关系。骚乱也凸显了田纳西州联邦派施行的排斥政策的局限性。剥夺前邦联分子政治权利的政策显然发生了预期的作用,让一批新人掌握了地方政府的权力,新近抵达的爱尔兰裔移民此刻主导了市政府。但他们对黑人并不抱有比旧式精英阶层更多的同情心。最重要的是,骚乱使约翰逊的重建政策丧失了信誉。如同一家报纸宣称的,"如果有什么事件能够将南部白人针对自由民的恶魔态度在光天化日之下明确揭示出来……看看这种事件就清楚了"。[61]

然而,更加具有破坏性的是12个星期之后发生在新奥尔良的种族暴乱。当地的白人再度扮演了攻击者的角色,而黑人也再度成为受害者,但这一次的暴力事件则是直接源于重建政治。在州长威尔斯政府的主持下,前邦联分子的势力不断增大,这种情形令激进派极为失望,最终也令威尔斯本人感到惊慌。虽然他予以否决,但州立法机构仍然在1866年早期命令进行一次新的市政府选举,选举的结果导致新奥尔良市在邦联时代的市长重新掌权。威尔斯此刻改变主意,决定重拾激进派在1864年提出的重建计划,希望能够赋予黑人选举权,禁止"反叛者"参加投票选举,组建一个新的州政府。随后几周,威尔斯的反对者为路易斯安那州将要"被革命"的前景不停表示愤怒和反对,该市警察队伍中的一些人(主要由前邦联老兵组成)显然力图用武力驱散新州政府的代表。在代表们接受正式任命的7月30日这一天,25名代表在大约200名黑人支持者组成的游行队伍的陪伴下开始聚集,黑人支持者中多为前联邦军队的士兵。街头冲突随之而起,警察包围了事件发生的地区,冲突急转直下,变成了一场联邦将军菲利普·谢里登后来描述的"纯粹的屠杀",警察对黑人不加区分地进行攻击,将代表们和他们的支持者封锁在议会大厅里,并在后

---

[61] Bobby L. Lovett, "Memphis Riots: White Reaction to Blacks in Memphis, May 1865–July 1866", *THQ*, 38 (Spring 1979), 9–33; James G. Ryan, "The Memphis Riot of 1866: Terror in a Black Community During Reconstruction", *JNH*, 62 (July 1977), 243–257; Altina L. Waller, "Community, Class and Race in the Memphis Riot of 1866", *JSocH*, 18 (Winter 1984), 233–246; 39th Congress, 1st Session, House Report 101; Cleveland *Leader*, June 4, 1866.

者试图逃离时进行射杀，尽管这些人打出了投降的白旗。至联邦军队抵达现场的时候，34名黑人和3名白人激进派已经身亡，还有100多人受伤。前副总统汉尼巴尔·哈姆林的儿子是一名内战老兵，他写道，"我在这里所目睹的大屠杀和对人类生命的漠视"，远远超过了他在内战战场上曾见证的一切。[62]

比起孟菲斯的骚乱来说，新奥尔良事件更加证明了约翰逊重建计划的失败，尽管该州的前两届政府是林肯的重建计划下组建的，新奥尔良市的暴力活动也众所周知。在先前的州议会不规范地休会两年之后，州制宪大会重新开启，当地联邦驻军指挥官曾向华盛顿发报，对可能发生的暴力活动发出警告，但并没有做任何应对的准备。战争部长斯坦顿未能将电报呈送给约翰逊，约翰逊指示路易斯安那州副州长对州制宪大会予以驱散。但令人震惊的事实却是，几乎所有的受害者都是黑人和制宪大会的代表，而且警察也参与了屠杀，他们的行动远不止是在维持秩序。联邦将领约瑟夫·霍尔特认为约翰逊的宽大和纵容政策将"反叛的野蛮性在其死灰复燃时期"释放出来，许多北部人对此评论甚为赞同。[63]

---

[62] Gilles Vandal, *The New Orleans Riot of 1866: Anatomy of a Tragedy* (Lafayette, La., 1983); Walter McG. Lowrey, "The Political Career of James Madison Wells", *LaHQ* 31 (October 1948), 1055; Duncan Kenner to James M. Wells, July 8, 1866, Sloo Collection, Louisiana State Museum; Ted Tunnell, *Crucible of Reconstruction: War, Radicalism, and Race in Louisiana 1862-1877* (Baton Rouge, 1984), 103-107; Cyrus Hamlin to Hannibal Hamlin, August 19, 1866, Hannibal Hamlin Papers, University of Maine, Orono.

[63] Joseph G. Dawson III, *Army Generals and Reconstruction: Louisiana, 1862-1877* (Baton Rouge, 1982), 40-41; Benjamin P. Thomas and Harold M. Hyman, *Stanton: The Life and Times of Lincoln's Secretary of War* (New York, 1962), 496; Benedict, *Compromise of Principle*, 206; Joseph Holt to Henry C. Warmoth, August 1, 1866, Henry C. Warmoth Papers, UNC.

对约翰逊来说，新奥尔良骚乱发生在一个再糟糕不过的时刻——正好是在全国联邦大会在费城召开的两个星期之前。会议的目的是组建一个由温和派和保守派的联盟，但因内部分歧，这一目标已经遭遇挑战。以国务卿苏厄德和他在纽约州的盟友瑟洛·威德和亨利·雷蒙德等试图在共和党内建立一个新的、由他们控制的联盟。杜利特尔和威尔斯则坚持，只要苏厄德在会议占据一个显赫位置，政党重组运动就不应进行下去。民主党人也不打算扮演一个共和党人的走狗的角色。他们愿意与总统合作，但要按照他们的条件，并且带有自己的目的。塞缪尔·L. 巴洛对建立一个"伟大的新政党"的说法嗤之以鼻，认为这不过是"一个狂野的梦想"，但希望这场运动能够吸引足够多的共和党人投票"分散乃至最终摧毁激进党，帮助我们赢得对几乎所有北部州的控制"。[64]

从表面上看，费城大会洋溢着和谐的气氛。当身材高大的南卡罗来纳州州长詹姆斯·奥尔与体型瘦小、来自马萨诸塞州的联邦军队将领达赖厄斯·库奇手挽手地带领大会代表的队伍通过会场主通道时，现场7000多名观众为之欢呼雀跃，掌声雷动。（法官戴维·沃德劳是南卡罗来纳州黑人法典的主要起草者，他却遭遇了一场令他无法高兴起来的欢迎仪式，因为他身上装有500美元的钱包被小偷窃走。）臭名昭著的主和派民主党人，如俄亥俄州的克莱门特·瓦兰迪加姆，还有著名的退出联邦运动的推动者，

---

[64] Dorothy Dodd, *Henry J. Raymond and the New York "Times" during Reconstruction* (Chicago, 1936), 51–57; James R. Doolittle to Mary Doolittle, July 1, 1866, James R. Doolittle Papers, SHSW; Beale, ed., *Welles Diary*, 2:533, 540–541; Samuel L. M. Barlow to Montgomery Blair, August 9, 1866, Barlow to Richard Taylor, July 31, 1866, Samuel L. M. Barlow Papers, HL.

都没有参加会议。但在会议幕后，派别分歧成为主流。雷蒙德被推出来做大会主旨发言，他提出的大会纲要草稿带有对第十四条宪法修正案的有节制的赞赏和对奴隶制的隐晦的批评，即便如此，决议委员会仍然不能接受，将那些带有冒犯性语言的段落删除。最终，大会没有企图建立一个新的全国政党，但呼吁选民选举那些支持约翰逊政策的国会议员候选人。[65]

总统此刻决定向北部人民直接阐述他的诉求。8月28日，在威尔斯、格兰特、海军将领戴维·法拉格特和其他名人的陪同下，他开启了一次前所未有的巡回演讲，意在影响即将举行的国会选举。事情一开始还进展顺利，纽约和费城的商业和金融人士热忱地对他表示欢迎。演讲团队随后进入纽约上州，并向西行进。约翰逊不止一次地重复同样的演说，呼吁南北之间的和解，肯定南部白人对联邦的忠诚，声称选民资格问题的决定权应该保留给各州掌握。他对第十四条宪法修正案只字不提。当巡回演讲团队抵达俄亥俄州时，演讲被一些现场发难者不时打断，约翰逊忍不住也大声叫嚷予以回击。在克利夫兰，听众中有一群人大声嚷道："绞死杰夫·戴维斯"，总统回应道："为什么不绞死撒迪厄斯·斯蒂文斯和温德尔·菲利普斯？"演讲中，约翰逊不时沉湎于一种独特的同时包含自傲和自怜成分的表白。在一次演讲中，他甚至透露自己的一个私密看法，上帝将林肯带走的目的是为了将

---

[65] Thomas Wagstaff, "The Arm-in-Arm Convention", *CWH*, 14 (June 1968), 101–119; Michael Perman, *Reunion Without Compromise: The South and Reconstruction 1865–1868* (New York, 1973), 220–221; Maurice Baxter, *Orville H. Browning: Lincoln's Friend and Critic* (Bloomington, Ind., 1957), 187–189.

他提升并进入白宫主政。在圣路易斯，他指责国会煽动起新奥尔良的骚乱，并用一通"逻辑混乱的胡说八道"来斥责他的反对者："我被谮言所污蔑，被诽谤所攻击，被邪恶所伤害，我被称为叛徒犹大……如果我是犹大，那么谁是我的耶稣呢？难道是撒迪厄斯·斯蒂文斯吗？"[66]

美国人经常选择平庸之人作为总统，但仍然要求他们遵从一种有悖于他们政治生活其他方面的礼节与庄重。总统演讲不是在格林维尔辩论俱乐部与人比试高低，年轻的约翰逊曾在那里辉煌一时，也不是在粗犷的田纳西政界做巡回演讲。当他混淆了政治辩论与无法自控的训斥的时候，约翰逊已经丧失了他的职位所赋予他的应有的尊严。"（总统的行动）应该受到彻底的谴责"，纽约《商业日报》大声疾呼道，前佐治亚州州长赫歇尔·约翰逊宣称，约翰逊已经牺牲了"他的职务所拥有的道德力量，给宪政重建带来了巨大的伤害"。9月中旬，总统返回华盛顿，他的一位崇拜者将此次活动称为"一次最好从未发生的旅行"。[67]

杜利特尔认为，约翰逊的"巡回演讲"使他丢掉了北部支持者中的100万张选票。然而，这并不是终结约翰逊政治生命的唯

---

[66] Montgomery, "Radical Republicanism in Pennsylvania", 444–445; Montgomery, *Beyond Equality*, 70; Gregg Phifer, "Andrew Johnson Argues a Case", *THQ*, 11 (June 1952), 148–170; Gregg Phifer, "Andrew Johnson Delivers His Argument", *THQ*, 11 (September 1952), 212–234; McPherson, *Political History*, 132–137; Carl Schurz, *The Reminiscences of Carl Schurz* (New York, 1907–1908), 3:243.

[67] Michael L. Benedict, *The Impeachment and Trial of Andrew Johnson* (New York, 1973), 3–4; New York *Journal of Commerce*, September 11, 1866; Herschel V. Johnson to James L. Orr, September 25, 1866, South Carolina Governor's Papers; John Erskine to Joseph E. Brown, September 21, 1866, Hargrett Collection, UGa.

一因素。总统掌握了巨大的官员任命权,约翰逊用它来击败自己的政治对手,这种做法也遭遇了同样的失败。在整个春季,民主党和亲约翰逊的共和党人频繁地光顾白宫,竭力说服总统将现有联邦官员队伍彻底换班,从而建立一个只效忠于他的政党。"如果我们有一支充满活力的、有正确身份的官员队伍,"一位支持者从俄亥俄州写道,"我们将成为一种让人感到害怕并能被感觉到的平衡力量,而现在两边都在鄙视我们。"但正如纽约《先驱报》比喻的,约翰逊是一个身着"双燕尾服"的人,利用民主、共和两党的互不信任,从中渔利。任命民主党人必将使共和党人联合起来对付自己。在未与国会最终决裂之前,总统部门仍然向联邦官员发出通令,要求联邦官员表态支持费城大会,这一举动很快就开始见效。杜利特尔掌握了威斯康星州的官员任命举荐权,开始对参议员蒂莫西·豪下手,拿掉他们的任命;在伊利诺伊州,新的联邦内政部部长奥维尔·H. 布朗宁将效忠特朗布尔的官员统统解职。联邦邮政总监亚历山大·兰德尔在他主管的部门监督实施了一场全面清洗;当年秋天,超过1600名邮政局长被解职。与那些因与激进派有联系而得到联邦任命的人相比,温和派共和党人亨利·道斯和哥伦布·德拉诺的朋友们也未能逃脱厄运。[68]

---

[68] Lewis D. Campbell to Andrew Johnson, June 22, 1866, Johnson Papers; Joseph Geiger to James R. Doolittle, June 25, 1866, Doolittle Papers; Cox and Cox , *Politics, Principle, and Prejudice*, 107; Wagstaff, "Arm-in-Arm Convention", 106–107; Sellers, "Doolittle", 27, 33–34; William H. Russell, "Timothy O. Howe, Stalwart Republican", *WMH*, 35 (Winter 1951), 95; James G. Randall, ed., *The Diary of Orville Hickman Browning* (Springfield, Mass., 1925–1933), 2:77–79; Mark M. Krug, *Lyman Trumbull: Conservative Radical* (New York, 1965), 244–245; Benedict, *Impeachment and Trial*, 48–51; Arcanti, "Dawes", 42–43; Columbus Delano to William E. Chandler, August 30, 1866, William E. Chandler Papers, LC.

但通过忠诚取向来分配恩惠任命的武器并没有获得期望的结果。一些联邦官员只是谨慎地表示与总统站在一起，而更多的人则选择被解职，而拒绝支持总统。在威斯康星州，豪报告说，"遭到断头台*砍杀的牺牲者充满了反抗精神"。汉尼巴尔·哈姆林从收入丰厚的波士顿海关总署署长的职位辞职，而不愿支持约翰逊的政策。总统发现，恩惠制可以用来巩固自己在一个现存政党中的地位，但无法用来魔幻般地创建一个新政党。全国联盟运动最终没有变成一个由亲约翰逊共和党人领导的保守派联盟，反而成为了一个经过改头换面的民主党。在提名大会代表时，威尔斯抱怨说，民主党人力荐了一些"忠诚的联邦派无法主动接受的人选"。到秋天时分，大多数的保守派共和党人又都重新回到本党的怀抱之中。雷蒙德的《纽约时报》因为他支持总统而丢失了三分之一的读者，他在10月表示支持纽约州的共和党候选人。如此一来，1866年的竞选未能见证一个新政党的诞生，重新回到两党相互争斗的熟悉场面：民主党宣称效忠约翰逊，而共和党则联合起来反对总统。[69]

于是，在美国历史上，黑人的民权第一次在一个主要政党的全国性竞选中成为了一个核心问题。但在黑人选举权的问题上，共和党人仍然存有分歧。在温和派共和党占主导的地区，民主党

---

* guillotine，指被快速解除联邦官职任命的行动。——译者

[69] Timothy O. Howe to Grace Howe, June 2, 1866 (copy), Timothy O. Howe Papers, SHSW; Hannibal Hamlin to Andrew Johnson, August 28, 1866 (copy), Hamlin Papers; McKitrick, *Andrew Johnson*, 377–382, 392–394; Beale, ed., *Welles Diary*, 2:590, 603; Homer A. Stebbins, *A Political History of the State of New York, 1865–1869* (New York, 1913), 111.

人对此施加压力,而共和党人或者保持沉默,或者否认该党有将黑人选举权强加于南部的打算。激进共和党人则利用竞选"来教育公众,推动对全民选举权的支持"。公众舆论也在不断变化,正如俄亥俄州州共和党委员会主席报告的,共和党党内"大众党员"的感情很难判断:"在[西部]保留地*的各县,我们党的一些演讲者公开提倡公正选举权的原则,而在其他地方,人们则认为需要……反对它。"[70]

如同这一时期的大多数竞选一样,1866年竞选也不乏五颜六色、恶语相加的政治话语。"民主党,"印第安纳州州长奥利弗·莫顿宣称,"可以用污水通用的下水道和脏污的垃圾桶来形容,里面装满了南部和北部的各种反叛分子。"(民主党人也不示弱,对身体欠佳、处于半瘫痪的莫顿予以回敬,称他为"政府中一块臭味熏天的赘肉","遭上帝贬罚的恶徒,在地球上提前享受地狱之苦"。)约翰逊的支持者以及后来对他抱有同情心的历史学家会强调说,共和党在1866年竞选的胜利是一小撮狂热分子的行动所锁定的,因为他们煽动起北部对"反叛者"和"铜头蛇"的反对,并阻止了对真正具有关键意义的问题的讨论。此外,他们也严斥总统未能与共和党人就关税等经济问题展开辩论,因为在这个问题上形成一个表面上的大多数是完全可能的。然而,两个政党在经济问题上都处于内部分裂的状态,选民在1866年对此也没有表

---

* [Western] Reserve,指俄亥俄州东北部地区。——译者
[70] *New York Times*, October 24, 1866; Leslie H. Fishel, Jr., "Northern Prejudice and Negro Suffrage", *JNH*, 39 (January 1954), 17; Blaine, *Twenty Years*, 2:243-244; B. R. Cowen to Salmon P. Chase, October 12, 1866, Salmon P. Chase Papers, LC.

现出太大的兴趣。"[芝加哥]《论坛报》的读者,"该报主编霍拉斯·怀特当年早些时候报告说,"几乎丧失了所有的关于自由贸易正对贸易保护的争执……只要重建的问题没有尘埃落定,关税问题不会也不能变成一个关键问题。"但最重要的是,选举变成了一场针对第十四条宪法修正案的全民公决。《纽约时报》宣称,一场政治竞争最终围绕"针对一个单一问题而采用排他性如此强烈的方式展开",极为少见。其结果是总统的一场灾难性失败。选民们挑战了执政党在中期选举失利的惯例,以一个数量巨大的国会多数确认了共和党在1864年建立起来的多数党地位。在下一届国会中,共和党人从人数上将大大多于民主党和约翰逊保守派,拥有足够的否定总统否决权所需要的三分之二的多数。[71]

"这是美国政治中从未见证过的最具有决定意义、最显著的胜利,"《民族》杂志欢呼道。选举之后,精明政治的道路似乎已经清楚明了。《纽约时报》警告说,南部必须批准和遵守第十四条宪法修正案,而总统则必须停止对它的反对;不然的话,黑人选举权将是此后不可避免的结果。贝内特的《先驱报》的一位社论作者也持类似看法:总统需要重视"人民的声音",这已经是再清楚不过了,这样做也是一种表现"政治家最高水平"的行动。但约翰逊拒绝改变他在第十四条宪法修正案问题上的立场。北部民主党人也持同样的立场。至于南部,一位俄亥俄州共和党领袖对佐

---

[71] Foulke, *Morton*, 474–477; Beale, ed., *Welles Diary*, 2:616–617; Howard K. Beale, *The Critical Year: A Study of Andrew Johnson and Reconstruction* (New York, 1930), 5–7, 142, 300, 385; Joseph Logsdon, *Horace White: Nineteenth Century Liberal* (Westport, Conn., 1971), 120–123; *New York Times*, October 11, 1866.

治亚州州长詹金斯的咨询意见是，它应该"让雅各宾党人按部就班地实施他们的计划，但坚决拒绝他们提出的所有关于宪法修正案和全民或公正选举权的令人感到贬损和羞辱的主张"。这类劝告的背后远不止是立场和情绪上的顽固不化。约翰逊的顾问们仍然相信，当约翰逊否决关于黑人选举权的立法时，国会没有能力获得足够的推翻总统否决需要的支持票，而国会希望这样做的任何企图都将"这个问题和盘托出……而我们可以在下一次总统大选中击败他们"。北部民主党人也对以黑人选举权为中心议题的全国竞选的道路表示欢迎。[72]

南部政治领袖对是否应该听取这些忠告者的意见表示怀疑，因为他们过去的建议时常被证明是错误的。北卡罗来纳的本杰明·赫德里克从华盛顿写信警告说，南部"如果参与到由已被击败的北部煽动家的战斗之中，将一无所获"。但大多数南部白人领袖依然认为，他们的政治命运密切地与约翰逊的命运捆绑在一起。此外，南部报纸不停地误导它们的读者，过高地估计了全国联盟运动的力量，将约翰逊的反对者描述成一群缺乏广泛大众支持的狂热分子，并预测国会无法推动它意图做的事情。1866年的选举结果虽然让人感到震撼，但它并没有改变人们对政治形势的

---

[72] *Nation*, November 15, 1866; *New York Times*, October 11, 1866; W. B. Phillips to Andrew Johnson, October 7, November 8, 1866, Johnson Papers; Alexander Long to Charles J. Jenkins, November 19, 1866, Alexander Long Papers, Cincinnati Historical Society; James R. Doolittle to Orville H. Browning, November 8, 1866 (copy), Doolittle Papers; George T. McJimsey, *Genteel Partisan: Manton Marble, 1834–1917* (Ames, Iowa, 1971), 111–113.

评估。[73]

白人的公众意见，亚拉巴马的报纸主编约翰·福塞斯观察说，几乎是"一致反对批准［第十四条］宪法修正案"。尽管许多人以它为黑人代表权打开缺口为由对修正案的代表权条款表示反对，但引发最强烈反对的是关于禁止前邦联分子从政的条款，因为它将一家报纸所称的"我们公民队伍中最为优秀的一部分人"排除在政治之外。南卡罗来纳州州长奥尔宣称，比起历史上的其他任何人民来说，南部（白）人被要求"对他们征服者的意愿做出更大的让步"。在1866年到次年1月之间，10个南部州州议会在讨论第十四条宪法修正案后，都以绝大多数的反对票数拒绝批准。无论州长们是敦促拒绝批准修正案，还是像在路易斯安那、弗吉尼亚和阿肯色等州那样表示支持修正案，他们的意见都无济于事。路易斯安那州的否定投票是全票通过："在这个国家的政治历史上，一州州长在州议会中没有得到任何议员的支持真是史无前例的，"一家新奥尔良报纸这样评论道。在整个南部州议会中，总共只有33名立法者干预违背名义，投票支持批准修正案。一位南卡罗来纳人责问道："这样做不等于我们事实上在自掘坟墓吗？"[74]

---

[73] J. G. de Roulhac Hamilton, ed., *The Correspondence of Jonathan Worth* (Raleigh, 1909), 2:784; Dan T. Carter, *When the War Was Over: The Failure of Self-Reconstruction in the South, 1865-1867* (Baton Rouge, 1985), 241; Perman, *Reunion Without Compromise*, 238-248.

[74] John Forsyth to Manton Marble, October 13, 1866, Marton Marble Papers, LC; Perman, *Reunion Without Compromise*, 236, 252-259; *Message No. 1 of His Excellency Gov. J. L. Orr* (Columbia, S.C., 1866), 19; McPherson, *Political History*, 194; C. W. Dudley to James L. Orr, December 31, 1866, South Carolina Governor's Papers.

然而，对另一群南部白人而言，第十四条宪法修正案给他们带来了进行一场有可能将他们带入权力中心的政治革命的希望。在南部的大部分地区，战时联邦派因为与"反叛者"和抱有敌意的民意作对，始终在政治上处于一种遭人围困的境地之中。只有在为数不多的几个地区，他们能够动员足够的力量来有组织地开展反对约翰逊政府的活动。在亚拉巴马的山地地区，战时联邦派拒绝向"反叛州"州政府纳税，阻止州长任命的法官开庭审理案件，对著名的邦联分子进行骚扰打击。但总体来说，他们的活动和影响极为有限，而只能指望从联邦政府那里得到帮助。在围绕重建的争执中，他们开始不断地与国会站在一起。在政治上逐渐向共和党偏移的人中包括州长威斯和皮尔庞特，两人虽仍然留任，但"放弃了所有的权力"，他们企图在路易斯安那和弗吉尼亚州开辟一个中间地带的努力被战后南部的政治现实彻底压垮。加入他们的还有两位总统重建时代的前任州长，来自得克萨斯的安德鲁·汉密尔顿，他亲手挑选的接班人被选民击败；而威廉·霍尔登则在北卡罗来纳州的选举中被选民抛弃。[75]

剥夺前邦联分子政治参与权的条款令南部政界拒绝接受第

---

[75] J. J. Grier to A. Chester, September 17, 1866, G-294 1866, Letters Received, Ser. 15, Washington Headquarters, RG 105, NA [FSSP, A-2210]; W. B. Wood to Robert M. Patton, November 3, 1866, Alabama Governor's Papers, ASDAH; Alfred F. Terry to Joseph R. Hawley, February 1, 1866, Joseph R. Hawley Papers, LC; Jack P. Maddex, Jr., *The Virginia Conservatives 1867-1879* (Chapel Hill, 1970), 41-43; Carter, *When the War Was Over*, 256; William W. Holden to Andrew Johnson, July 11, 1866, Johnson Papers; Perrin Busbee to Benjamin S. Hedrick, September 21, 1866, Benjamin S. Hedrick Papers, DU.

十四条宪法修正案,但同一条款却得到战时联邦派的热情拥抱。在上南部,为数不多的人对保障黑人权利的条款感兴趣,更少有人支持黑人选举权的提议。正如一位来自弗吉尼亚的联邦老兵在8月所宣称的,他自己已经变成"撒迪厄斯·斯蒂文斯的朋友了……抛开他政策中关于黑鬼的那些部分之外"。然而,在南部腹地,白人联邦忠诚者本来人数就远远少于上南部,那里的亲联邦派尽管不是太情愿,但却开始增加对黑人选举权主张的支持。"最邪恶的叛徒们"占据了州政府,一位南卡罗来纳州人写信给斯蒂文斯说,"我缓慢但坚定地接受了这样的结论,即黑人选举权是我们唯一的希望"。[76]

当南部忠诚派大会9月在费城召开时,南部联邦派内部在黑人选举权问题上的深度分歧变得显而易见。将近500名代表的大多数来自弗吉尼亚和路易斯安那州;其他地区的民众敌意过于强大,令支持者不敢参加会议。佐治亚的约书亚·希尔在解释他为何无法参会时说,这样做等于"将一场充满嘲笑和鄙视的雪崩倾倒在自己头上……而且还会导致家庭的每一个成员对你躲之不及"。那一周,费城未能向会议代表展示自己的"兄弟情谊"*,这些代表中仅仅包括一名黑人,即来自路易斯安那的P. B. 伦道夫。当弗雷德里克·道格拉斯出现在会场时,他被劝退,以免让会议

---

[76] Rutherford *Star*, October 3, 1866; George H. Berger to Leonidas C. Houk, August 4, 1866, Leonidas C. Houk Papers, McClung Collection, LML; James A. Baggett, "Birth of the Texas Republican Party", *SWHQ*, 78 (July 1974), 11–12; Simeon J. Corley to Thaddeus Stevens, February 6, 1866, Stevens Papers.

* brotherly love, 此语同指费城城市的别称。——译者

代表感到难堪。大会迅速表达了对第十四条宪法修正案的支持,但在其他问题上没有达成什么共识。来自南部腹地的代表坚持认为,他们在政治上的获救取决于黑人的投票权。由共和党掌权的边界州的代表构成会议的大多数,他们认为南部腹地的共和党人可以通过剥夺前邦联分子的政治权利和击败所有对黑人选举权的支持来维系自己的权力。出席会议的北部人则使劲儿展开反对黑人选举权的游说活动,担心此事对即将来临的涉及他们自身的选举的影响。只有当大多数边界州的代表离场之后,剩下的参会者才有机会批准了一个竞选纲领,其中把依约翰逊重建计划建立的州政府斥责为反叛贵族阶层所利用的工具,并鼓吹黑人选举权是解决南部忠诚派的困境的"唯一的和全面有效的补救措施"。[77]

1866年选举的灾难性结果甚至将上南部的联邦派也变成了黑人选举权的信徒。3月,在田纳西的中部和西部,布朗洛政府的反对派在地方选举中"大获全胜"。在秋季,阿肯色和马里兰两州的民主党人无视北部模式,从战时联邦派那里夺回议会控制权(阿肯色州的州法院曾废除了1864年解除邦联分子选举权的法律)。"反叛者必须被剥夺选举权⋯⋯黑人必须被给予选举权",这些州的联邦派此刻做出了这样的结论。很快,南部共和党协会在华盛顿聚集开会,要求用新的政府取代约翰逊组建的州政府,"除反叛者之外,所有人都有资格参加新政府的选举"。北卡罗来纳的"真

---

[77] Joshua Hill to Horace Greeley, September 22, 1866, Greeley Papers; [Frederick Douglass] *Life and Times of Frederick Douglass* (New York, 1962 ed.), 388-390; *The Southern Loyalists Convention* (New York, 1866); Richard H. Abbott, *The Republican Party and the South, 1855-1877: The First Southern Strategy* (Chapel Hill, 1986), 70-71.

正的联邦派"此刻也对此要求做出回应,黑人领袖詹姆斯·哈里斯也做出了同样的回应。他在12月抵达华盛顿,希望让国会议员相信,种植园主将永远不会"控制我们人民的选票"。1月,布朗洛坚持认为赋予黑人选举权是唯一的阻止"不忠诚的人"染指田纳西政治的办法,他赢得了一部赋予黑人选举权的立法,并予以实施(但这部法律仍然将黑人排除在担任公职和参加陪审团的审理之外)。如果"反叛者的优势"是另外一个选择的话,一位联邦派写道,山地地区的居民并不会"惧怕黑人选举权"。[78]

这样,当国会重新聚会之时,在激进派共和党人、南部联邦派和自由民自身的推动下,黑人选举权再度被列入了政治议程之中。他们的行动是约翰逊和他所建立的州政府无意之中教诲的结果。南部的顽固不化再一次让激进派占尽天机。正如本杰明·赫德里克曾经警告过的,"如果北部人在南部的逼迫之下在追随撒迪厄斯·斯蒂文斯或铜头蛇之间进行选择的话,我相信他们会选择前者"。[79]

---

[78] Abbott, *Republican Party and the South*, 72–76; William G. Brownlow to Oliver P. Temple, March 8, 1866, Oliver P. Temple Papers, University of Tennessee; Paige Mulhollen, "The Arkansas General Assembly of 1866 and its Effect on Reconstruction", *ArkHQ* 20 (Winter 1961), 333; Charles Wagandt, "Redemption of Reaction?—Maryland in the Post-Civil War Years", in Richard O. Curry, ed., *Radicalism, Racism, and Party Realignment: The Border States During Reconstruction* (Baltimore, 1969), 162–176; H. B. Allis to Richard Yates, November 13, December 25, 1866, Richard Yates Papers, Illinois State Historical Library; Raleigh *Tri-Weekly Standard*, January 1, June 4, 1867; Alexander H. Jones to Thaddeus Stevens, January 4, 1867, William B. Downey to Stevens, January 7, 1867, Stevens Papers; Knoxville *Whig*, January 2, 1867.

[79] Benjamin S. Hedrick to Jonathan Worth, April 3, 1866, Jonathan Worth Papers, NCDAH.

黑人选举权的来临

1866年12月参加第39届国会的共和党人将自己视为"形势的主人"。一年前,格里姆斯还在费尽心机在国会与白宫之间寻求一种生存方式,此刻表达了一种普遍情绪:"总统现在没有任何控制或影响任何人的权力,立法将获得如数通过,不管他有何意见或意愿"。约翰逊的年度国情咨文呼吁立即恢复"此刻尚未被代表的州"的权利,但无人理睬这一要求。纽约《先驱报》曾是约翰逊的支持者,此刻宣称,总统"忘了我们刚刚经历了一场巨大革命的烈火考验,从前的秩序已经不复存在,而且永远不再返回——我们面临着一项重建的伟大工作,我们无法逃避它"。[80]

然而,获胜的共和党人也面临着自身的困难,此刻最高法院宣布了两项判决。在米利根案的判决中,最高法院废止了军事法庭对一名印第安纳州人的判罪,理由是当时民事法庭仍然在运作之中。尽管执笔写下判决意见的大法官戴维·戴维斯坚持说判决与南部无关,但案件却将军事管制法和自由民局的合法性问题牵扯进来。在康明斯诉密苏里州案的判决中,最高法院推翻了密苏里州宪法要求该州律师、牧师和其他人宣读指定的效忠誓词的规定。具有讽刺意味的是,这是州宪法第一次被置于联邦司法审查

---

[80] Willard H. Smith, *Schuyler Colfax: The Changing Fortunes of a Political Idol* (Indianapolis, 1952), 247; James W. Grimes to Charles H. Ray, December 2, 1866, Charles H. Ray Papers, HL; Richardson, ed., *Messages and Papers*, 6:446-448; Montgomery, *Beyond Equality*, 72.

程序的审核之下,该案的判决反映出源自内战的联邦权力的扩展。但该案与米利根判决一样,预示着共和党人将很快面临一个带有敌意的最高法院。[81]

随着国会议事程序的进行,本杰明·富兰克林的"幽灵"在一位政治观察家眼前闪现,他预见到一部"剥夺南部反叛者的选举权、赋予黑人选举权"的法案将迅速为国会通过。其实,无须拥有千里眼就能清楚地看到黑人选举权的立法即将降生。在12月中旬,特朗布尔引用宪法中的确保条款告知参议院说,国会拥有权力"进入某些州,将控制和统治它们的不忠诚分子从权力中心剔除出去",这是温和派的一项重要声明,表明他们准备推翻约翰逊建立的州政府。1867年1月,一部将选举权赋予居住在哥伦比亚特区的黑人的法案因否定了总统的否决而变成了法律。(一个月后,该城举行了一次选举,在人们的记忆中,民主党人第一次没有选择打出"与黑鬼、种族通婚和其他类似问题相关"的旗帜。)国会接着将全民(男性)选举权扩展到联邦所管辖的领土上。共和党的领袖们似乎在三个问题上达成了"完全的共识",约翰·普尔从华盛顿报告说:现存的南部州政府将被取代,不允许"反叛者"在新政府中拥有任何位置,"黑人必须能够投票"。有人甚至提出了更为激进的主张,包括对(反叛者)选举权的大面积剥夺,

---

[81] Willard L. King, *Lincoln's Manager: David Davis* (Cambridge, Mass., 1960), 245–256; Charles Fairman, *Reconstruction and Reunion 1864–1868: Part One* (New York, 1971), 232–236; Thomas S. Barclay, *The Liberal Republican Movement in Missouri 1865–1871* (Columbia, Mo., 1926), 58–59, 114. *Ex Parte Milligan* had been decided in April, but the full opinion was only released in December.

在南部实施军管,没收财产和弹劾总统。一位纽约《先驱报》的社论作者为该报主张弹劾总统一事向约翰逊表示道歉:该报的主编詹姆斯·戈登·贝内特总是追随政治高潮,此刻大潮正在流向激进派一边。[82]

因为温和派在南部拒绝批准第十四条宪法修正案之后拿不出一个计划来,激进派就迅速挺进,抓住立法动议权。斯蒂文斯提出了一个法案,要求现有南部政府举行州制宪大会,大会代表由除了前邦联分子之外的所有(男性)公民选举产生,前邦联分子将被剥夺公民资格五年。此后,詹姆斯·阿什利提出了一个替代计划,将约翰逊的州政府全部推翻,一扫而空。宾厄姆提出了温和派的反击主张。斯蒂文斯的法案,他宣称,将南部白人当成"外国敌人"来对待,而未能真正解决黑人和忠诚派的困境——"它没有对任何人提供保护"。他把阿什利的替代方案称为"一部主张无政府主义,而不是追求复原的法案"。1月16日,宾厄姆提出将两个提案都交给两院重建联席会议去审理。阿什利表示反对,斯蒂文斯采取了一个绝望的后防举动,劝说阿什利撤销自己的替代议案,承诺允许在国会辩论时对自己提出的议案进行修订,并警告说交付委员会审核就意味着"提案的死亡"。但在1月28日,众议院以88票对65票的表决通过了宾厄姆的提议。斯蒂文斯得到了一个共和党内的多数支持,但民主党议员的投票为温和

---

[82] L. M. Smith to Horace Greeley, January 19, 1867, Greeley Papers; *CG*, 39th Congress, 2d Session, 159-160; McPherson, *Political History*, 160, 184; Hamilton, ed., *Worth Correspondence*, 2:902-903; Richard L. Zuber, *Jonathan Worth* (Chapel Hill, 1965), 245-246; W. B. Phillips to Andrew Johnson, January 25, 1867, Johnson Papers.

派的胜利提供关键的支持。[83]

国会再一次发现自己手中没有任何重建的方案，但并不是所有的共和党人对此表示后悔。在宾厄姆获胜的同一天，朱利安对仓促行动提出了警告。南部需要的不是"急急忙忙的回归"或引导人做伪证的誓言，而是需要"政府，从华盛顿这里延伸出去的权力铁腕"。只有经过一个漫长的联邦控制的时期，受到鼓励的忠于联邦的民意才能扎下深根，允许"北部资本和劳工，以及北部的能源和企业"到南部进行投资，并在那里建立起"一个基督教文明和一个鲜活的民主政体"。而南部将直接受到华盛顿的管制，他提议说，直到在"某个不确定的未来时间"之后，等它的"政治和社会成分"得到彻底的改革之后，它才能够重新返回国会。[84]

朱利安的演讲在国会引起了共鸣。联席委员会很快通过了一项对南部实施军管的法案。一位国会议员将此形容为"将政治时钟又拨回到了格兰特在阿波马托克斯村结束战斗而停止工作的时刻"。即便是来自宾夕法尼亚的保守派共和党人罗素·泰耶也承认这项法案"不是重建法案"，但对它表示欢迎，认为它是向"被压迫和迫害的南部联邦派"提供即时保护的一种方式。但许多温和派担心，法案会导致危机的无限期延长；他们接受军事管制作为一种暂时的权宜之计，但坚持认为，必须明确建立起南部组建新的公民政府的方式和恢复其在联邦内地位的手段。2月12日，宾厄姆提议，一旦南部各州批准了第十四条宪法修正案，并建立起

---

[83] Benedict, *Compromise of Principle*, 214–220; *CG*, 39th Congress, 2d Session, 250–254, 500–504, 781–782, 815–817.

[84] *CG*, 39th Congress, 2d Session, Appendix, 78.

黑人选举权，它们便可返回联邦；布莱恩补充道，南部各州应该被准允剥夺那些参与了反叛的人的选举权。自1866年以来政治气候是如何发生变化的，一个重要的标志是，辩论的焦点不是将选举权赋予黑人，而是如何限制白人内部的选举权。[85]

剥夺前邦联分子选举权的法案被一个调查新奥尔良骚乱的委员会纳入了自己的报告之中，该法案规定在路易斯安那州建立新的公民政府，由黑人和忠诚白人选举产生。2月12日，众议院通过了这一法案，将注意力再次转向军管法法案。第二天众议院会场便上演了一场高潮大戏。布莱恩提议将法案交由联席委员会讨论，指示其迅速向众议院报告讨论结果，并加入南部回归联邦的具体规定。众议院以微弱的多数通过了这一动议。斯蒂文斯竭尽全力，力图阻止一场失败。他谈到重建如同一场"燃烧的危机"，有许多亟须完成的工作，要求众议院不要急于提前用南部回归的问题来约束自己，他的声音十分微弱以至于他的同事不得不凑近他以便听清他的话。这番讲话最终成为了一篇"为数不多的改变了投票结果的国会发言"。众议院否决了布莱恩的动议，不加修订地通过了军管法法案。斯蒂文斯感到极为高兴，但如果没有先前赞成布莱恩动议的23名民主党人改变主意支持他，他也不可能获胜。尽管他们的政党将即便是暂时的军事管制视为"公民自由的丧钟"，许多民主党人此刻希望看到一个激进派赢得一场胜利，从而造成共和党内部的分裂和选民的疏远。"让激进派继续下去，"一位康涅狄格的民主党领袖写道，"他们的法案越激进……他们就

---

[85] *CG*, 39th Congress, 2d Session, 1097, 1176–1182, 1211, Appendix, 175.

会越早吃到苦头。"[86]

第二天,路易斯安那法和军管法两部法案送交参议院讨论。"两部法案都好极了,"萨姆纳宣称,"一部是一个真正重建的开始,另一部是一个真正保护的开始。"但其他人不这么看,还提出了一大堆对两部法案的修正案。为防止出现民主党人造成最终投票接近的结果,共和党参议员退出辩论,召开党团会议,任命一个由谢尔曼主持的七人委员会,来设计一个可被接受的法案。委员会基本上将两部法案合二为一,提供了适用于整个南部的军管规定和回归联邦的条件。黑人选举权是法案中具有争议的问题。所有人都同意,它必须在各州制宪会议代表的选举中使用,但无法决定是否也应要求新的州宪法将之纳入其中。对于谢尔曼来说,这是一个"细节"问题。而对于萨姆纳来说,这个问题十分关键,但七人委员会无法就此达成一致意见的时候,他要求将问题诉诸共和党全体党团会议。黑人投票的问题,萨姆纳说道,必须要得到解决,否则"从这里到里奥格兰德的每个州和每个村庄都会被它搅动得不得安宁"。最终党团会议以两票之差推翻了委员会的决定。亨利·威尔逊欢呼道:"这是本大陆的最为伟大的一次投票。"[87]

因此,共和党人决定黑人必须进入南部政府的建构之中。但

---

[86] *CG*, 39th Congress, 2d Session, 1077, 1129, 1175, 1213–1215; David Donald, *The Politics of Reconstruction, 1863–1867* (Baton Rouge, 1965), 70–75; McKitrick, *Andrew Johnson*, 464.

[87] *CG*, 39th Congress, 2d Session, 1303; 41st Congress, 2d Session, 1177–1182; Pierce, ed., *Memoir and Letters of Sumner*, 4:319–320; Brock, *An American Crisis*, 194.

在重建政策最终落实之前，还有其他的争议需要解决。当经参议院修订后的法案返回众议院讨论时，它引发了激进派的强烈反对。鲍特韦尔斥责道，反叛者曾"在重建过程中占据了主要位置"，法案虽然建立了军管程序，但原封不动地保留了约翰逊的州政府，也没有剥夺前邦联分子的选举权。边界州和上南部的共和党人尤其感到愤怒。田纳西州的威廉·斯托克斯宣称，这部法案对于南部联邦派来说就是一次"死亡的打击"："通过这个法案，你到哪里去找你的忠诚派，白人和黑人，他们会被踩在脚下，是的，先生们，他们会被踩在脚下"。民主党人再次提供了决定胜负的投票，众议院拒绝接受参议院的修订方案。但参议院的温和派则对"少数极端激进派与整个民主党议员的联盟"感到愤怒，拒绝讨论法案的进一步修订。[88]

此刻激进派意识到，如斯蒂文斯所说，"我们必须接受，或者就什么也不接受"。两项修正案得以提出，旨在将重建进程掌握在南部忠诚派手中，并使批评者更容易接受法案。第一项禁止任何根据第十四条宪法修正案被取消担任公职的人参与制宪大会的选举和在其中担任代表。第二项宣布约翰逊的州政府将受制于被随时改制和废除的条件之下，并禁止根据第十四条宪法修正案丧失了政治参与资格的人在法案之下参与选举或担任公职。如同当时许多人所指出的，这些剥夺性规定带有许多矛盾之处。它们暂时剥夺了那些曾为邦联效力的战前联邦官员的政治权利，包括那

---

[88] *CG*, 39th Congress, 2d Session, 1315-1316, 1340, 1557; *New York Times*, February 20, 1867.

些为了躲避军事任命而选择担任低级公职的联邦派成员,但却不包括那些战前没有担任公职的南部领袖以及南部士兵中的大部分人。无人知道有多少人会受到这种最后一刻的变化的影响:谢尔曼猜想大约有1万至15000名"带头的反叛者",其他人有不同的人数估计。但对于南部的联邦派来说,这些修订代表了一次重大胜利。整整一代政治人物中的一大部分人,包括具有地方影响力的战前的邮局局长、地方治安官、州议会议员到国会议员不等,都被暂时地排除在选举和担任公职的队伍之外。"这项修正……的重要性将在重建工作中得到证明……,"北卡罗来纳州支持霍登的罗利《标准报》宣称,"令我们感到欣喜的是,反叛者的统治终将结束。"[89]

在整个国会立法审议的过程中,约翰逊始终保持沉默。纽约《晚邮报》编辑查尔斯·诺德霍夫在2月底造访白宫。他发现总统显得"十分兴奋",相信"为了'保护黑鬼',南部人民……将被踩在脚下"。诺德霍夫曾经是总统的仰慕者,此刻却认为他是一个"长有猪脑子的人",想法单一:"强烈反对全民选举权"。由忠诚的自耕农人群控制重建南部的愿景消失了。"那些老的南部领袖们……,"一位曾经反对奴隶主势力的人宣称,"必须统治南部。"当3月2日重建法案送交到他的办公桌签署的时候,约翰逊立即予以否决,而国会也迅速推翻了他的否决。马里兰州参议员雷弗迪·约翰逊与斯蒂文斯一样,是出生在华盛顿担任总统的时代的

---

[89] New York *Herald*, July 8, 1867; *CG*, 39th Congress, 2d Session, 1399-1400, 1564, 1625-1626; Brock, *An American Crisis*, 197-198; N. G. Foster to John Sherman, April 5, 1867, Sherman Papers; Raleigh *Tri-Weekly Standard*, February 23, 26, 1867.

人，他是唯一的打破党派界限支持法案的参议员。无论它有何种缺陷，他宣称，这部法案提供了一条返回联邦的路线图，总统早就应该接受为人民清楚表达的意愿，而不是一味坚持自己的不妥协态度。雷维尔迪·约翰逊是1866—1867年间支持所有重建法案的唯一的民主党人员。[90]

在最终版本中，《1867年重建法》将除田纳西以外的南部10个州划分成为5个军事管辖区，由授权的联邦军队将领负责布防军队，保护生命与财产。虽然没有立即取代约翰逊的州政府，但它勾画了新的州政府得以创建和为国会所承认的步骤——基本内容包括，各州制定保证全民选举权规定的新的州宪法，新宪法需得到登记选民的大多数的批准，批准第十四条宪法修正案。（要求州以批准宪法修正案为前提条件获得国会代表权的做法是有先例的，因为约翰逊就曾如此处理第十三条宪法修正案的批准问题。）这部法案没有包括启动改革进程的运作机制，但这一忽略很快被一个补充措施所弥补，补充措施授权军事将领登记选民和举行选举。与此同时，不经多少辩论，国会通过了《人身保护令法》，该法极大地扩展了公民将案例转移至联邦法院去审理的能力；国会还通过了一个废除苦工的法律（即将某人当成苦工来使用，直至还清所欠债务为止）。国会同时呼吁在3月4日开启特别国会会期。[91]

---

[90] Charles Nordhoff to William Cullen Bryant, February 21, 1867, Bryant-Godwin Papers, NYPL; Richardson, ed., *Messages and Papers*, 6:507-509; *CG*, 39th Congress, 2d Session, 1733, 1796, 1972.

[91] McPherson, *Political History*, 191-192; William M. Wiecek, "The Great Writ and Reconstruction: The Habeas Corpus Act of 1867", *JSH*, 36 (November 1970), 530-548.

国会对待黑人选举权的态度发生如此令人震惊的迅速变化，既源于约翰逊和南部白人的顽固立场所造成的危机，也源自激进派、黑人以及最终包括南部联邦派的决心，后者坚持不接受任何没有达到这一要求的重建计划。如同第39届国会的所有决定一样，《重建法》也是一个多少包含了不协调的理想主义与政治权宜之计的混合产物。每一条激进内容都受到一个温和措施的钳制。该法案确立了军事管制，但只是作为一项维持和平的临时措施，敦促各州相对迅速重获它们在联邦的位置。它期望建立一个新的南部政治秩序，但却没有让南部联邦派迅速掌权。它没有为自由民提供任何经济上的帮助。即便是对黑人选举权的支持，也只止步于被战败的邦联，而并不适用全国。

终其所行，《重建法》反映出其得以制定的环境，尤其是必须找到一个能够同时得到国会三分之二多数的赞同和北部选民愿意支持的计划，同时还必须受制于根深蒂固的信念和偏见给国会行动带来的种种限制。自由劳动的意识形态激发了保障公民和政治平等的努力——两者都是竞争社会中自主公民必须具备的基本素质——但同时也抑制了为黑人的新自由提供经济基础的努力。的确，它宣称，一旦自由民获得平等权利，他们便能找到自己的社会地位，为自己的命运负责。联邦制也对共和党的政策制定施加了影响。如果说内战创造了一个民族国家，重建创建了一个其共享权利不能为州所剥夺的国家公民群体的话，大多数共和党人仍然相信，州保留了联邦干预范围之外的权利，并期待南部各州能尽快以平等一员的身份回归联邦。重建也没有创立一整套新的官僚机制来专门负责保护黑人权利。自由民局一直被视为一种临时建制,监管地方司法正义的长期负担最终将由工作过度、人手不足的司法部来承担,并落到辖区新近得以扩展的联邦法院体制的肩上。到19世纪70年代中期,南部几乎所有的牵涉黑人、白人忠诚派和联邦官员的案例都会最终移交到联邦法院审理。[92]

共和主义也左右了国会重建的方向。当国会在1867年讨论重建法案的时候,美国革命最后一位幸存的老兵恰好离世,给历史留下一个恰逢其时的脚注。因为如同美国革命一样,重建也是这样一个时期,公共生活的各种基础问题都被抛出来供公众讨论。共和主义为黑人选举权提供有力的理论证据,但排除了对南部白人选举权的大规模剥夺。"如果我们将南部反叛者排除在投票之外……,"谢尔曼问道,"那所有政府必须建立在被统治者的同意之上的共和主义信条还算什么?"它要求南部人对即将统治他们的政府做出判断,而不是简单地从外界将政府强加于他们头上。从将第十四条宪法修正案要求南部批准,到《重建法》坚持以多数票批准新的州宪法,国会政策的核心始终是包括大量"反叛者"在内的选民的同意。然而在此刻,选民的范围同时包含了黑人和白人。[93]

黑人选举权自然是国会重建的最为激进的内容,但这是从各种动机和算计的较量中产生的。对于激进派来说,它代表了一生

---

[92] Michael L. Benedict, "Preserving Federalism: Reconstruction and the Waite Court", *Supreme Court Review*, 1978, 40-48; Brock, *An American Crisis*, 301; William M. Wiecek, "The Reconstruction of Federal Judicial Power, 1863-1875", *American Journal of Legal History*, 13 (October 1969), 333-334.

[93] *CG*, 39th Congress, 2d Session, 1348, 1563-1564; 41st Congress, 2d Session, 565; Perman, *Reunion Without Compromise*, 5-6, 272.

改革事业的高潮。对其他人来说，它与其说是理想主义原则的实现，不如说是一种阻止联邦长期干预南部的替代方案，一种使黑人能够保护自己免受虐待，同时又能减轻国家责任的手段。许多共和党人将乌托邦理想的负担置于选举权之上。"选票，"激进派参议员理查德·耶茨欢呼道，"将解决黑人问题；它将解决一切与之相关的问题……我们不需要大量的开支，没有必要保持常规军队……先生们，选票就是自由人的摩西。"当这样的期望被证明是一场虚幻之时，幻灭定将随之而来。[94]

尽管有诸多局限性，但国会重建的确是一种积极的转型，一种惊人的和前所未有的跨种族民主的实验。在美国，投票选举不光是决定谁可以投票——它界定了一个共同的国家认同（如同妇女选举权提倡者孜孜不倦地指出的）。民主党人正是在这些问题上竭力反对黑人选举权。印第安纳州参议员托马斯·亨德里克斯宣称："抛开平等问题不谈，我说我们不属于同一种族；我们是如此的不同，不应该构成同一个政治共同体。"黑人获得选举权的实现标志着对这种想法的有力否定。在某种意义上，这是一个具有飞跃性质的大胆期许。广大的自由民们是否真的为拥有政治权利做好了准备？驻扎在阿肯色州的联邦指挥官奥德将军认为，他们"曾遭遇如此的奴役，如此习惯于服从白人的指使，以至于他们不敢前往投票站去现身"。甚至一些激进派也在内心怀疑，担心黑人选民会受到"煽动者"的蛊惑或为他们的前主人所操控。其他人

---

[94] Eugene H. Berwanger, *The West and Reconstruction* (Urbana, Ill., 1981), 112–113; Brock, *An American Crisis*, 268; *CG*, 39th Congress, 1st Session, Appendix, 103.

则警告说，没有经济上的独立，政治权利将是毫无意义的。[95]

在重建进行的过程中，自由民将反驳这些和其他预测。他们将展示自己的政治精明与独立，以及利用选票来改变得享自由条件的能力。不管作为对奴隶制遗产的回应是如何的不完备，公民和政治平等的崇高目标未能永久实现，这始终是一个悲剧。重建的结束并不是因为无产的黑人屈服于经济压迫，而是因为一个政治上顽强不屈的黑人社区遭到了国家的抛弃，成为了暴力和欺骗的受害者。

在 19 世纪废除奴隶制的国家中，仅美国在解放奴隶的几年内，赋予自己的前奴隶与白人同等的公民权利。从此以后，重建政治的主战场从华盛顿转移到了南部。在这里，拥有选举权的黑人对传统的白人特权和承袭而来的社会结构造成巨大的挑战。《民族》后来评论道："它触及社会结构的每一部分，从基础到顶层。"种植园经济中的土地精英有充分的理由害怕政治民主，因为他们对这些社会的稀缺资源的控制，在很大程度上取决于他们拥有的地方政治霸权。如果斯蒂文斯所设想的经济计划没有伴随黑人选举权同步进行，南部就可能发生进一步的改变。这是一场革命，北卡罗来纳州州长乔纳森·沃思哀叹道："无人可以预见革命中的行动。"[96]

---

[95] *CG*, 39th Congress, 1st Session, 880; E. O. C. Ord to O. O. Howard, January 27, 1867, E. O. C. Ord Papers, Bancroft Library, University of California, Berkeley; Springfield (Mass.) *Weekly Republican*, August 10, 1867; *CG*, 39th Congress, 2d Session, 1316, 1323; 40th Congress, 1st Session, 114; New York *World*, January 28, 1867.

[96] *Nation*, September 7, 1876; Eric Foner, *Nothing But Freedom: Emancipation and Its Legacy* (Baton Rouge, 1983), 37; Jeffrey M. Paige, *Agrarian Revolution* (New York, 1975), 17-21; Hamilton, ed., *Worth Correspondence*, 2:914.

3月1日，眼看《重建法》即将最终通过，北卡罗来纳州最后一个由全白人选举产生的州立法机构在遭到解散时变成了一个醉酒的嬉戏活动，似乎反映了旧秩序临终之前的阵痛。"一些来自东部的老富人，"一位议会成员回忆说，"在议会大厦东走廊里，向人们散发最好的烈酒……整个州议会大厦一片哗然。"三天之后，立法者宣布休会；他们中一些人的位置将很快为获得解放的奴隶所占据。"我们已经与整个死亡的过去彻底分离了，"参议员豪写道，"我们已经把我们的船锚抛向百年之远的地方。"他的同事，西弗吉尼亚州的韦特曼·威利采用了一种更为谨慎的语调："过去两年的立法将在历史上留下要么伟大要么邪恶的一页——我希望是前者。然而，危机尚未过去。"[97]

---

[97] Otto H. Olsen and Ellen Z. McGrew, "Prelude to Reconstruction: The Correspondence of State Senator Leander Sams Gash, 1866–1867, Part III", *NCHR*, 60 (July 1983), 360; Timothy O. Howe to Grace Howe, February 26, 1867 (copy), Howe Papers; Waitman T. Willey Diary, March 5, 1867, Waitman T. Willey Papers, University of West Virginia.

第七章

共和党南部的多幅蓝图

黑人社区的政治动员

如同奴隶解放一样，1867年《重建法》的通过在黑人中间激发出一种生活在百年不遇新时代的黎明之中的感觉。前奴隶们此刻与白人平等地站在一起，一位黑人演说家在萨凡纳的一次群众集会上说，他们面前展现出"一片广大得无法想象的田野"。如同在1865年一样，黑人找到了无数的方式来争取自立和平等，并抓住机会推动进一步的变革。在前邦联将军约翰·戈登的水稻种植园里工作的工人们将白人监工统统赶走，戈登将此举归因于激进重建的挺进。由黑人码头工人组织的罢工在查尔斯顿、萨凡纳、莫比尔、里士满和新奥尔良等地爆发，并迅速蔓延到其他工人群体，包括里士满的铜匠和塞尔玛的餐馆侍者。成千上万的黑人拒绝向当任政府缴纳税收，人们将全由白人组成的里士满警察队伍所逮捕的同伴从监牢中营救出来。在杰克逊维尔，一位演讲者在集会上说，有色人种用自己的骨头和肌肉建造了这座城市，他们因此有同样的资格来享受它和管理它。[1]

先前在乘坐马拉的城市公共街车时,除了陪同雇主和护送白人儿童之外,黑人乘客被迫坐在车外平台或乘坐另外的车厢,此刻马车成为抗议活动的特定目标。在里士满,当三名黑人拒绝离开白人准乘的车厢时,人们纷纷前来观战和助威,并大声高呼:"让我们拥有权利"。几名查尔斯顿市的黑人在一辆城市街车上进行"静坐"抗议,在新奥尔良,人们强行控制了公共街车,以胜利者的姿态令其进行环城行驶。到仲夏之际,这些和其他南部城市已经出现了种族混合乘坐的城市交通设施。[2]

然而,在1867年,黑人的诉求主要集中在政治问题上。在那个奇迹之年,旧政府的即将消亡为政治动员横扫黑土地带打开了机会的大门。黑人和白人的旅行演说家把共和党的信息带入南

---

[1] Savannah *Daily News and Herald*, March 19, 1867; Allen P. Tankersley, *John B. Gordon: A Study in Gallantry* (Atlanta, 1955), 234; Philip S. Foner and Ronald L. Lewis, eds., *The Black Worker: A Documentary History from Colonial Times to the Present* (Philadelphia, 1978–1984), 1:352–353; William C. Hine, "Black Organized Labor in Reconstruction Charleston", *Labor History*, 25 (Fall 1984), 506; Peter J. Rachleff, *Black Labor in the South: Richmond, Virginia, 1865–1900* (Philadelphia, 1984), 42–43; Joseph G. Dawson III, *Army Generals and Reconstruction: Louisiana, 1862–1877* (Baton Rouge, 1982), 52; Thomas H. Wade to James L. Orr, April 16, 1867, South Carolina Governor's Papers, SCDA; Barbara A. Richardson, "A History of Blacks in Jacksonville, Florida, 1860-1895: A Socio-Economic and Political Study" (unpub. diss., Carnegie-Mellon University, 1975), 184.

[2] Michael B. Chesson, *Richmond After the War 1865–1890* (Richmond, 1981), 102; Rachleff, *Black Labor*, 42; William C. Hine, "The 1867 Charleston Streetcar Sit-Ins: A Case of Successful Black Protest", *SCHM*, 77 (April 1976), 110–114; Roger A. Fischer, "A Pioneer Protest: The New Orleans Street Car Controversy of 1867", *JNH*, 53 (July 1968), 219–233; Mobile *Nationalist*, July 25, 1867.

部乡村的心脏。一位自称为 J.W. 托尔教授的黑人浸信会派牧师带着一个"魔法灯笼"在佐治亚和佛罗里达旅行,展示"重建的进步……他做了一个场景,称之为'解放宣言之前',又做了另外一个场景,称其为'解放宣言之后',接着是一个'第 22 有色人种联邦军团邓肯旅'的场景"。负责选民登记的官员指导自由民学习美国历史与政府的知识以及"公民的个人利益"。1867 年之前,亚拉巴马州门罗县从未举行过任何黑人政治集会,此刻自由民围着演讲者大声疾呼"上帝保佑你","我们为此感谢上帝"。在整个南部,种植园主抱怨说黑人忽视了他们的工作。1867 年夏天,得克萨斯州韦科"全县的黑人"每周都有一天不干活,停工去参加政治集会。在亚拉巴马州,为了同样的目的,"他们随时放下手里的活儿,前往格林斯伯勒*"。8 月 1 日,里士满的烟草工厂被迫关门,因为许多黑人劳工在参加共和党的州代表大会。[3]

黑人对政治的热情如此高涨,正如一位前奴隶牧师后来写道的,以至于"当政治来到我们中间后曾一度令我们的宗教复兴活动黯然失色"。在路易斯安那州的圣兰德里,黑人控制的《进步

---

* Greensboro,此处是指亚拉巴马州的城市。——译者

[3] Elias Yulee to C. C. Sibley, April 23, 1867, Y-552 1867, Letters Received, Ser. 631, Ga. Asst. Comr., RG 105, NA [FSSP A-193]; Robert L. Hall, "Tallahassee's Black Churches, 1865-1885", *Florida Historical Quarterly*, 58 (October 1979), 194; Samuel S. Gardner to O. D. Kinsman, July 23, 1867, Wager Swayne Papers, ASDAH; Frank B. Conner to Lemuel P. Conner, May 16, 1867, Lemuel P. Conner Family Papers, LSU; George W. Hagins to Henry Watson, Jr., September 8, 1867, Henry Watson, Jr., Papers, DU; Edward Magdol, *A Right to the Land: Essays on the Freedmen's Community* (Westport, Conn., 1977), 42.

报》的办公室暂时取代教堂成为了社区会议的场所，每个周日都有数百名自由民聚集在此，听取由人大声朗读的一周要闻。更经常的情形是，教会以及几乎每个黑人机构都已经政治化了。据说，佐治亚州的每一个非洲人卫理公会的牧师都积极参与到共和党的组织活动之中，政治宣讲材料在"教会、社团、盟会、俱乐部、舞会和野餐会，以及其他所有的聚会上得以由人大声朗读"。一位种植园经营者对此情形总结道："你从未见一个人在政治问题上比南部黑人更感到兴奋的了。他们的心全都变野了。"[4]

  联邦同盟会的迅速组建反映和引导了这种政治动员活动。同盟会起源于内战时期的北部，最初是一个中产阶级爱国主义者的俱乐部，此刻它转化为南部贫穷自由民表达政治意志的工具。早在1867年之前，地方性的同盟会组织已经在一些南部黑人中间开始组建，在战时和战后南部山区的白人联邦派中也迅速得以组建。此刻随着大量黑人加入同盟会，"黑人问题"打乱了内陆地区的一些分支组织，导致许多白人成员彻底退出或撤退到实施种族隔离的新分支组织中。但许多地方分支的跨种族和谐却达到了令人惊奇的程度。在北卡罗来纳州，一个由自由民、白人联邦派和邦联军队逃兵组成的种族混合同盟会组织经常"在弃种的田地或一些不当道的旧屋中［聚会］，挑选可以加入他们组织的候

---

[4] Houston H. Holloway Autobiography, Miscellaneous Manuscript Collections, LC; Geraldine McTigue, "Forms of Racial Interaction in Louisiana, 1860–1880" (unpub. diss., Yale University, 1975), 175–178, 271; Henry M. Turner to Thomas L. Tullock, July 8, 23, 1867 (copies), Robert B. Schenck Papers, Hayes Memorial Library; John H. Parrish to Henry Watson, Jr., August 6, 1867, Watson Papers.

选人"。[5]

到1867年年底，南部几乎所有的黑人选民都加入了联邦同盟会或其他一些类似的地方政治组织。尽管同盟会的全国领导人敦促各分支在"一个舒适宜人的房间"举行会议，但事实证明这往往是不可能的；同盟会分支在黑人教堂、学校和家里聚会，必要时甚至在树林和田野里聚会。通常，桌子上放有一部《圣经》、一份独立宣言、一座铁砧或其他类似的劳工标志，一个牧师以祈祷开启会议，新成员进行入会宣誓，承诺支持共和党、坚持平等权利和相互支持等原则。持枪的黑人哨兵——据一位惊慌的白人报告说，这是"南卡罗来纳州历史上前所未闻的事情"——负责警卫许多会议的会场。的确，非正式的自卫武装组织围绕联邦同盟会迅速得以组建，黑人携带武器进行操练，有时这些活动是在带有自封"军事头衔"的人的指挥下进行的，这类报道引发了白人的极大忧虑。[6]

---

[5] Henry W. Bellows, *Historical Sketch of the Union League Club of New York* (New York, 1879); Edmund L. Drago, *Black Politicians and Reconstruction in Georgia* (Baton Rouge, 1982), 76-77; Rutherford *Star*, September 17, 1870; J. M. Hare and A. H. Merrill to Robert M. Patton, May 29, 1867, Alabama Governor's Papers, ASDAH; Henry W. Warren, *Reminiscences of a Mississippi Carpetbagger* (Holden, Mass., 1914), 44; Susie L. Owens, "The Union League of America: Political Attitudes in Tennessee, the Carolinas, and Virginia, 1865-1870" (unpub. diss., New York University, 1943), 89. 早期的学者将联邦同盟会描绘成白人共和党人用来操纵自由民的一种手段，联络密码的使用和形式夸张的入会仪式能够将易上当受骗的自由民吸引到同盟会中。Roberta F. Cason, "The Loyal League in Georgia", *GaHQ*, 20 (June 1936), 125-153; Walter L. Fleming, *Civil War and Reconstruction in Alabama* (New York, 1905), 553-559.

[6] J. M. Edmunds to Thomas W. Conway, April 9, 1867, Loring Moody Papers, Boston Public Library; 42d Congress, 2d Session, House Report 22, South Carolina, （转下页）

然而，同盟会的主要功能是进行和推动政治教育。"我们到了那里之后，"一位不识字的北卡罗来纳州黑人成员解释说，"讲讲话，针对一个又一个的问题发表意见。"在同盟会的聚会中，成员们大声朗读共和党的报纸，辩论时事问题，提名成员候选人，制作带有"有色人种军队曾浴血奋战"口号的旗帜，为集会、游行和烧烤聚餐等活动做准备。北卡罗来纳州一个种族混合同盟会分支在不同场合讨论了一系列的问题，包括7月4日独立日庆典的组织、与美国英雄组织的合作（1867年这一活动在联邦派中正在复兴），以及剥夺公民权、债务人救济和州立教育等可能会出现在州制宪大会上的问题等。南卡罗来纳州约克县的一个同盟会分支则"经常阅读和讨论"《黑人法典》，提醒人们不要忘记总统重建时代的种种不公正。[7]

田纳西州马里斯维尔是一个有着悠久反奴隶制传统的山地社区，当地同盟会的详细会议记录为观察其内部运作提供了难得一见的机会。它记录了该组织经常讨论的一些问题，包括国家债务、约翰逊总统的弹劾，以及更为广泛的问题，如"女性教育与男性

（接上页）320-321, 805-806, 949-952 (hereafter cited as KKK Hearings); Vernon L. Wharton, *The Negro in Mississippi 1865-1890* (Chapel Hill, 1947), 165-166; C. Smith to James L. Orr, April 25, 1867, E. S. Canby to Orr, November 25, 1867, W. C. Bennett to Robert K. Scott, July 26, 1868, Milledge L. Bonham to Scott, August 19, 1868, South Carolina Governor's Papers; E. A. Brady to Wager Swayne, April 7, 1867, Swayne Papers.

[7] *Trial of William Woods Holden* (Raleigh, 1871), 3:1198-1199; Benjamin G. Humphreys to Lucius Q. C. Lamar, January 3, 1875, Lamar-Mayes Papers, MDAH; Journal of Hamburg Lodge, Union League of America, John M. Brown Papers, UNC; S. B. Hall, *A Shell in the Radical Camp* (Charleston, 1873), 22-23.

教育是同等重要吗？""学生是否应该缴纳公司税？""东田纳西是否应该成为一个单独的州？"等。虽然它主要由白人联邦派组成——主要成员为小自耕农、农业工人和城镇商人，其中许多人曾是联邦军队老兵——而且位于一个黑人人口仅占当地人口十分之一的县里，马里斯维尔同盟会分支选举了好几名黑人官员，要求田纳西州议会至少要送一名黑人进入国会，1868年它还任命了一名黑人治安官和四名黑人市政官员。[8]

然而，同盟会地方分支的许多活动远远超出了选举政治的范围。分支组织经常是在1865至1866年建立的黑人机构基础上建立的，它们推动学校的兴建和为"照顾病人"而集资的活动。分支成员起草请愿书，对地方陪审团排斥黑人的做法提出抗议，要求逮捕犯罪的白人等。在亚拉巴马州布洛克县，分支成员还组成了自己的"黑人政府"，实施一套法规，配有自己的警察和法院（联邦军队最终将它的领袖、前奴隶乔治·肖特收监入狱）。[9]

同盟会也为自由民争取经济利益，正如许多白人所抱怨的一样，它教导自己的成员如何在与雇主签订劳工合同时敢于"大胆"和勇敢地提出要求。"我有与你和其他人同样的权利，我绝不让他

---

[8] Maryville Union League Minute Book, McClung Collection, LML; Ralph W. Lloyd, *Maryville College: A History of 150 Years: 1819-1969* (Maryville, Tenn., 1969), 11-14, 202-206. Inez E. Burns, *History of Blount County, Tennessee* (Maryville, Tenn., 1957), [此书] 包含了关于许多同盟成员的信息，我同时使用了诺克斯维尔《辉格党人》(Knoxville *Whig*) 1867年1月30日版和1870年联邦人口普查统计的手稿做了补充。

[9] KKK Hearings, Mississippi, 569; Georgia, 661-662; *New York Times*, July 1, 1867; *New York Tribune*, December 5, 23, 1867; C. H. Smith to E. O. C. Ord, September 16, 1867, Letters Received, Office of Civil Affairs, Box 1, A232, Fourth Military District, RG 393, NA.

们受到剥夺"，一位劳工因为参加同盟会会议而被解除雇佣合同，他随后对亚拉巴马州未来的州长乔治·休斯顿这样说。在亚拉巴马州的黑土地带，同盟会组织者乔治·考克斯经常收到来自自由民的问题咨询，索要有关如何起诉他们的雇主、为参加政治会议躲避罚款、保证在秋收季节获得公平的粮食划分等信息。在这里和南卡罗来纳州，同盟会的地方分支为争取高工资组织起罢工，鼓励其成员不要接受少于一半粮食分成的劳工合同，而在得克萨斯州，一些同盟会分支则提出，对那些在《解放宣言》颁布之后仍然处于奴役之中的黑人应该支付拖欠的工资。一位北卡罗来纳州同盟会组织者——他将自己描述成"一个贫穷的有色人种"——建议同盟会扮演起自由民"保护者"的角色，帮助"那些不知道如何与人讨价还价的自由民……帮助他们获得自己的收入"。白人也为自己的经济目的而利用同盟会。马里斯维尔同盟会的领袖警告那些与租佃户签署新劳工合同的土地主说，如果他们"将租金抬高到比当地习惯标准更高的程度时，他们会遭到报复"。[10]

这种政治动员的热烈气氛给黑人政治领袖队伍的扩展带来了可能，这支力量在1864至1867年间开始出现（主要由生而自由

---

[10] W. D. Wood, *Reminiscences of Reconstruction in Texas* (n.p., 1902), 14; Burnet Houston to George S. Houston, August 3, 1867, George S. Houston Papers, DU; Michael W. Fitzgerald, "The Union League Movement in Alabama and Mississippi: Politics and Agricultural Change in the Deep South during Reconstruction" (unpub. diss., University of California at Los Angeles, 1986), Chapters 4-5; J. C. A. Stagg, "The Problem of Klan Violence: The South Carolina Up-Country, 1868-1871", *Journal of American Studies*, 8 (December 1974), 310; John P. Carrier, "A Political History of Texas During the Reconstruction, 1865-1874" (unpub. diss., Vanderbilt University, 1971), 215-216; Samuel Lewis to William W. Holden, January 4, 1869, North Carolina Governor's Papers, NCDAH; Knoxville *Whig*, May 27, 1868.

的都市混血黑人构成）。有些人，如那些深入乡村去传播共和主义理念的查尔斯顿市的自由黑人，曾有数年政治活动经验的积累。其他的人选则来自共和党国会委员会资助的由 80 多人组成的"有色人种巡游演讲者"团队，其中包括威廉·桑德尔斯，他先是巴尔的摩的理发匠人，后参加了联邦军队；也包括了詹姆斯·林奇，他辞去了《基督教记录报》*的编辑工作到密西西比州去组织共和党集会；甚至包括了杰斐逊·戴维斯的前内务仆人詹姆斯·琼斯。在 1867 至 1868 年穿梭于南部的黑人演讲者中，林奇被公认为是最伟大的雄辩家。"他的演说流利而优雅，没有人能像他那样将听众如此高昂地鼓动起来"，有一次他的绝佳口才像魔咒一样将在场 3000 多名听众定格一处长达一个多小时之久。[11]

1867 年投身于政治的黑人中，有不少是在北部出生或长大的。即便在南卡罗来纳州，虽然那里有根基深厚的土生土长的领导力量，但占据显著领导角色的仍然是来自北部的黑人。一位参加该州第一次州共和党大会的白人代表为"有色人种代表们所展示的聪明和能力的程度"甚为"震惊"。他特别指出威廉·瓦伊尼的例子：瓦伊尼出生在俄亥俄州郡，是一名年轻的内战老兵

---

* *Christian Recorder*，非洲人卫理公会的主要报纸。——译者

[11] Thomas Holt, *Black over White: Negro Political Leadership in South Carolina During Reconstruction* (Urbana, Ill., 1977), 28; Thomas Haughey to Loring Moody, March 22, 1867, Moody Papers; "Names of Speakers and Organizers employed or aided by the Republican Congressional Committee", undated manuscript [September 1867], Schenck Papers (a list of 118 speakers, eighty-three of them black); Joe M. Richardson, *The Negro in the Reconstruction of Florida, 1865-1877* (Tallahassee, 1965), 141-144; W. H. Hardy, "Recollections of Reconstruction in East and Southeast Mississippi", *PMHS*, 4 (1901), 126.

(1867年时25岁),在南部低地地区购买了土地,在《重建法》通过之后,自费组织起这一地区的政治会议。与瓦伊尼一样,许多黑人是随联邦军队来到南部的;其他人则在自由民局就职,或作为教师和牧师被黑人教会和北部传教士团体招募和派遣而来到南部。还有一些人则是北部反奴斗争中的老将和返回家乡的逃奴。除此之外,还有一些家境富裕的南部自由黑人的子女,他们曾被送往北部接受教育(通常在奥伯林学院就读)和寻求在南部家乡无法获得的经济机会。重建是美国历史上为数不多的一个时刻,它为聪明而具有雄心的黑人提供了一个不仅为本种族服务,而且也能比在北部展示更大个人能力的机会。北部黑人移民南部的活动在允许的情形之下持续不断地进行。直到1875年,来自俄亥俄州的22岁的科尔顿抵达南卡罗来纳州后不久就当选为选举监察官。其结果是,北部黑人社区那些具有政治雄心的人,以及律师和其他专业人士大量流向南部。这些黑人移民对北部的种族歧视知之甚深——乔纳森·吉布斯在进入达特茅斯学院之前曾"遭到过18所大学的入学拒绝"——他们带着强烈的决心,希望利用重建将浸透在美国生活各个方面的种族歧视彻底扫除干净。[12]

---

[12] Richard H. Abbott, ed., "A Yankee Views the Organization of the Republican Party in South Carolina, July 1867", *SCHM*, 85 (July 1984), 247; Joel Williamson, *New People: Miscegenation and Mulattoes in the United States* (New York, 1980), 432; Russell Duncan, *Freedom's Shore: Tunis Campbell and the Georgia Freedmen* (Athens, Ga., 1986), 13-15; 44th Congress, 2d Session, Senate Miscellaneous Document 48, 2:535-536; Carter G. Woodson, *A Century of Negro Migration* (New York, 1918), 123-125; Jonathan Gibbs to O. O. Howard, January 14, 1873, O. O. Howard Papers, Bowdoin College.

287　　与北部黑人占据突出地位的事实相比，更为令人印象深刻的发展是黑土地带的本土黑人领袖群体的迅速出现。在这里，没有多少黑人在内战前是自由人，1867年前的政治动员发展极不平衡，地方领袖大多出自那些背景普通的前奴隶，他们也从未有过"在公共场合"表达自己意见的"特权"。许多人是教师、牧师或者社区内拥有某种技能的人。前奴隶托马斯·艾伦是一位联邦同盟会的组织者，他很快会被选入佐治亚州立法机构，但他之前是一名无产的浸礼会牧师、鞋匠和农夫。然而，令他成为领袖人物的是他的识字能力："在我的县里，自由民前来询问信息，我为他们力所能及地提供最好信息。我读纽约《论坛报》和其他报纸，因此我知道许多的事情，我会告诉他们那些我认为是对的信息。"从职业背景来看，地方积极分子中人数最多的是工匠。工匠人数只占黑人人口的5%，他们的技能与独立将他们与普通劳工区别开来，但他们的生活却深扎在自由民社区之中。他们中的许多人，如伊曼纽尔·福琼，在奴隶时代就已经颇有名气；正如他的儿子、报纸编辑托马斯·福琼后来所回忆道："在一个独立的黑人运动中成为领袖对他来说是很自然的。内战之前和内战中，他是一个皮匠，精通制鞋和皮靴制作，能够自由支配时间。在这种奴隶生活所允许的情况下，他参加了教会工作，扮演了带头人的角色。"联邦同盟会也将其他人带到了重要的位置上。詹姆斯·阿尔斯通是亚拉巴马州的一名鞋匠和音乐家，也是邦联将领卡伦·巴特尔的前奴隶，但他"对麦肯县有色人种心灵所产生的影响比任何人都更为强烈"。阿尔斯通将他的这一能力归功于他在1867年接受的负责组建一个同盟会分支的任命。[13]

还有一些其他的人,他们备受尊重是因为具备良好的个人素质——理智、拥有演讲才能、参加过联邦军队,或者像南卡罗来纳州共和党组织者阿尔弗雷德·赖特那样,"从来就是一个坚持原则的积极分子"。一位佛罗里达州的名叫卡尔文·罗杰斯的黑人治安官被另外一名自由民描述为"一个透明坦荡的人,大嗓门,使劲鼓动有色人种做正确的事情……他愿意为人工作,但也要人给他支付工资"。在1867年,拥有这些能力看上去比拥有教育和政治经验更为重要。"你可以教给我法律,"一位得克萨斯州黑人写道,"但你不能教给我什么是正义。"在一个为黑人的成功设置了无法逾越障碍的地区,高格调的社会地位对于获取政治资格似乎完全不是一种必要条件。"所有本县的有色人种都懂得,"一位黑人作家后来写道,"一个人做什么,并不表明他是什么。"[14]

1867年和1868年,在同盟会组织、共和党聚会和即兴召集的会议上,普通黑人坚持要求拥有美利坚共和国的公民身份。如同在"伟大传统"抗议活动中训练出来的北部黑人,以及1865年

---

[13] Charleston *Advocate*, April 20, 1867; KKK Hearings, Georgia, 607-614; Michael P. Johnson, "Work, Culture, and the Slave Community: Slave Occupations in the Cotton Belt in 1860", *Labor History*, 27 (Summer 1986), 331; Peter Kolchin, *First Freedom: The Responses of Alabama's Blacks to Emancipation and Reconstruction* (Westport, Conn., 1972), 163-166, 180; Magdol, *A Right to the Land*, 113-125, 136; Dorothy Sterling, ed., *The Trouble They Seen* (Garden City, N.Y., 1976), 111; KKK Hearings, Alabama, 1016-1029.

[14] KKK Hearings, South Carolina, 1173; Florida, 113-114; J. M. Donalson to Charles Griffith, July 16, 1867, Letters Received, Office of Civil Affairs, Box 1, D22, Fifth Military District, RG 393, NA; *Christian Recorder*, November 23, 1876.

和 1866 年主导了州制宪大会的都市自由黑人一样,前奴隶们也十分认同《独立宣言》的遗产,要求美国不辜负其宣称的理想。亚拉巴马州的一次黑人大会上采用了一种与 1865 年那种和解语调非常不同的语言,宣示了它对平等公民身份的理解:

> 我们要求享有与白人同等的权利、特权和豁免权——我们不要求更多的,但绝不会满足于得到比之更少的[权利]……法律不再区分白人和黑人,而将所有人都视为人,因此,我们有权乘坐交通工具,担任公职,参加陪审团,以及做一切我们在过去仅仅因为肤色的理由而被禁止的事情。

在他们对最完美的乌托邦的想象中,重建中的黑人期望看到一个铲除了一切种族区别的社会。这并不意味着他们缺乏种族认同感,他们仍然为黑人士兵的成就而感到骄傲,更愿意让黑人教师来教育自己的子女,更喜欢到黑人教堂去祈祷。然而,在政府体制中,这些曾经长期因为肤色而遭到禁止和歧视的人将平等界定为一种无肤色差别的法律待遇。"我听到一个白人说,"黑人教授罗伯特·菲茨杰拉德在日记中写道,"今天是黑人的日子;明天是白人的。我心里想,可怜的家伙,那种以肤色来区分白天与黑夜的日子,在这个(现在)已经获得自由的国家中已经结束了。"的确,黑人政治家有时发现他们的听众并不接受种族自我意识的说教。马丁·德莱尼曾被誉为"黑人民族主义之父",他当时是南卡罗来纳州的一名共和党组织者,发现在"进入一个地区后不顾环境地谈论肤色是危险的,总会遇到反驳的声音:'我们不要听那些话；我们现在都是同一种肤色了'"。[15]

在激进重建期间，黑人也没有对移民表现出兴趣。1866年到1867年年初，大约共有1000多人，因为"受够了他们每时每刻遭遇的无端蔑视和偏见"，在美国殖民协会的组织下，从佐治亚和南卡罗来纳出发，乘船前往利比里亚。但黑人选举权的到来所激发的乐观主义令这一运动戛然而止。"你现在无法动员他们去利比里亚了，"一位殖民运动的提倡者写道。此刻，黑人可能比美国历史上任何时候都更认为自己是一个完完全全的美国人；有人甚至对一位演讲者所称的"我们的文明"带有的高昂民族主义表示赞同。在整个重建期间，黑人非常自豪地参加7月4日的游行，"这天，"一位查尔斯顿人在日记中写道，"黑鬼们正在街上游行，白人却待在家里和工作。"到1876年，一位演讲者在一个黑人大会上提及移民海外时，立即招来一片"极力反对的反应"。"该死的非洲，"一位代表宣称，"如果史密斯想去的话，让他去好了；我们要留在美国。"[16]

---

[15] Montgomery *Alabama State Sentinel*, May 21, 1867; Robert G. Fitzgerald Diary, April 22, 1868, Robert G. Fitzgerald Papers, Schomburg Center for Research in Black Culture; *New National Era*, August 31, 1871.

[16] Francis B. Simkins, "The Problems of South Carolina Agriculture After the Civil War", *NCHR*, 7 (January 1930), 54-55; Wyatt Moore to William Coppinger, July 5, 1866, E. M. Pendleton to Coppinger, March 18, 1867, American Colonization Society Papers, LC; P. Sterling Stuckey, "The Spell of Africa: The Development of Black Nationalist Theory, 1829-1945" (unpub. diss., Northwestern University, 1973), 91-92; *Proceedings of the Southern States Convention of Colored Men, Held in Columbia, South Carolina* (Columbia, S.C., 1871), 99-100; Jacob Schirmer Diary, July 4, 1867, July 4, 1872, SCHS; Cincinnati *Commercial*, April 10, 1876.

与整个重建时代一样,1867年的政治与自由民的经济愿望是密切地联系在一起的。的确,许多北部黑人将自由劳动意识形态带入南部,强调它对私有财产和个人主动性的尊重。"黑人提包客"*的领袖们认为,资本与劳工的利益是一致的,自由民所应得到的只不过是一次"诚实的人生竞争的机会"。这些观点得到南部黑人精英的呼应,后者中有许多人反对谈论没收财产,认为坚持政治平等并不等于要消灭阶级区别:"我们并不要求愚昧和低贱之人与有教养和聪明的人在社会地位上得到一视同仁的待遇。"然而,在1867年向黑土地带的自由民宣扬个人自助是不合时宜的,因为连续的作物歉收致使那些签订了分成劳工合同的人收入很少或者完全没有收入,并导致了现金工作机会的急速下降。"我们已经尝试了三年的[种植园劳工体制],"一位亚拉巴马州黑人写道,"比我们开始的时候更加糟糕……我们连安家的钱都挣不够。"劳工合同体制看上去要将乡村黑人置于永久的贫困与对土地主的依附之中,因而引发了普遍的不满,黑人因而也再次提出了获得土地的要求。[17]

土地问题激活了1867年的基层黑人政治。《重建法》也重新点燃联邦政府打算为黑人提供宅基地的信念,1865年12月因而见证了许多人拒绝为来年签署劳工合同的现象。讨论没收财产的问题,一位北卡罗来纳美国传教协会的官员报告说,"在这里有着

---

* black carpetbaggers,指美国内战后来自北部、有心在南部从事政治的黑人。——译者

[17] *Christian Recorder*, January 7, August 5, September 9, 16, 1865; *CR*, 43d Congress, 2d Session, 982; Mobile *Nationalist*, April 25, 1867; 40th Congress, 3d Session, House Executive Document 1, 1040; Mobile *Nationalist*, October 24, 1867.

比我们北部的朋友意识到的更为重要……穷人们普遍地感到非常激动"。在萨凡纳举行的一次群众大会上，参加者包括了武装起来的乡村地带的自由民，人们听到亚伦·布拉德利呼吁，要将属于"富有白人"的土地划分给黑人家庭。在他逃到波士顿之前，布拉德利在奴隶制中长到成人，后来成了为数不多的、积极卷入自由民土地斗争的北部黑人领袖之一。萨凡纳当地著名的黑人政治家们否定了他的计划，但布拉德利的想法却得到了稻米王国自由民们的支持；有些在市郊白人土地上工作的黑人开始拒绝缴付租金。在亚拉巴马州，自由民发表了"煽动性"演讲，声称"所有白人的财富都是由黑人劳动所创造的，黑人有权在所有积累中获得公平的分享"。"你难道没有清理过白人的土地？"一位演讲者问道。"清理过的，"人群中有不少人回答说，"那我们就有权拥有它！"前南卡罗来纳州州长本杰明·佩里写道，看上去"'黑人'问题比撒迪厄斯·斯蒂文斯抢占土地问题的危险性更大"。[18]

到 1867 年年中，威廉·特雷斯科特观察说，黑人坚信，作为联邦同盟的成员，他们"将确保以某种方式占有土地，尽管他们

---

[18] Michael Wayne, *The Reshaping of Plantation Society: The Natchez District, 1860–1880* (Baton Rouge, 1983), 122; Fisk Brewer to E. P. Smith, May 27, 1867, AMA Archives, Amistad Research Center, Tulane University; Joseph P. Reidy, "Aaron A. Bradley: Voice of Black Labor in the Georgia Lowcountry", in Howard N. Rabinowitz, ed., *Southern Black Leaders of the Reconstruction Era* (Urbana, Ill., 1982), 281–308; Manuel Gottlieb, "The Land Question in Georgia During Reconstruction", *Science and Society*, 3 (Summer 1939), 373–377; Savannah *Daily News and Herald*, April 8, 1868; KKK Hearings, Alabama, 976; James S. Allen, *Reconstruction: The Battle for Democracy* (New York, 1937), 124; Benjamin F. Perry to F. Marion Nye, May 25, 1867, Letterbook, Benjamin F. Perry Papers, UNC.

还并不知道究竟如何获得"。然而，这仅仅只是黑人希望从重建政治中寻求的诸多目标中的其中一个。在一个经济差距巨大、社会和宗教生活中种族隔离日益严重的社会中，政治成为黑人和白人在平等的基础上相遇和进行较量的唯一领域。尽管选举官员和投票仍然是男性保留的权利，但黑人妇女也卷入政治动员之中。她们参加集会和游行，甚至参加群众大会的决议表决，此举令一些男性参会者感到惊愕不已。1868年，密西西比州亚祖县的白人发现自己的家庭遭遇了一场"纽扣入侵"，因为他们的黑人女佣和厨师所穿衣服的纽扣上竟公然饰有格兰特将军的头像。[19]

在整个重建时期，黑人始终是一群"不可压制的民主派"。"黑人们再一次为政治而发疯了，"一位密西西比州种植园主在1873年秋写道，"每10个黑人中就有一名是竞选公职的候选人。"而共和党——解放了奴隶和支持黑人选举权的政党——与教会和学校一样，也成为黑人社区的一个中心体制。为数不多的黑人民主党人（多为依赖白人恩惠制任职以谋取生计的人）被认为是"我们人民的敌人"。在没有受到暴力威胁的时候，黑人迫不及待地参加政治聚会，总是以众多的人数参与投票；他们在许多选举中的投票率高达90%。"想让黑人远离投票站无疑是天底下最困难的事情，"一位亚拉巴马州的白人如是说，"这是他们最想做的事，投票。"在被剥夺选举权很久之后，黑人会记得投票行为是一种公开的无视白人优越习俗的行动，他们将"选举权的丧失视为自由的

---

[19] "Letter of William Henry Trescot on Reconstruction in South Carolina, 1867," *AHR*, 15 (April 1910), 575–576; Richmond *Dispatch*, August 2, 1867; A. T. Morgan, *Yazoo: or, On the Picket Line of Freedom in the South* (Washington, 1884), 231–233, 293.

丧失"。[20]

1868年年初,一位负责报道亚拉巴马选举的北部人捕捉到了激进重建可能在南部展开的感觉。黑人们"无视疲劳、困苦、饥饿和雇主的威胁",成群结队地来到投票站。每五十人中找不到一个穿着"不打补丁衣服"的人,许多人甚至连一双鞋也没有,然而,他们在一场"无情的风雨"中站成了一排,等待好几个小时。为什么?因为他们"渴望得到他们感受到的和理解到的白人所拥有的机会……这就是把他们带到这里来的原因"。[21] 很少有一个社区像激进重建时期的黑人那样把如此多的希望寄托在政治之上。

共和党联盟

随着政治动员横扫黑土地带,南部的传统领袖们深感震惊。"整个社会此刻站在一个圆锥的尖端上,"战前国会议员弗朗西斯·皮肯斯写道,"任何微小的争斗都会将它翻个底朝天。"许多人担心,更糟糕的时间正在来临。"我希望明年多种植250亩土地,"爱德华·海沃德在7月写道,"如果黑人不占有我的财产,

---

[20] [Belton O'Neall Townsend] "The Political Condition of South Carolina", *Atlantic Monthly*, 39 (February 1877), 192; A. D. Grambling to Stephen Duncan, August 10, 1873, Stephen Duncan Papers, Natchez Trace Collection, UTx; 44th Congress, 2d Session, Senate Miscellaneous Document 48, 2:227; KKK Hearings, Mississippi, 725; Melinda M. Hennessey, "Reconstruction Politics and the Military: The Eufaula Riot of 1874", *AlHQ*, 38 (Summer 1976), 116; Paul D. Escott, *Slavery Remembered* (Chapel Hill, 1979), 153–154; 41st Congress, 2d Session, House Miscellaneous Document 154, 181–182.

[21] Cincinnati *Commercial* in *American Freedman*, February 1868, 373.

把土地主赶走的话，但这种事情完全有可能发生。"许多白人看上去因犹豫不决而陷入瘫痪之中。"我们应该远离黑人吗？"一个北卡罗来纳州的编辑问道，"或者进入政治中去寻求他们的支持？"具有讽刺意味的是，那些提倡后一种路线的人，自称是"合作主义者"，恰恰是退出联邦派的人，他们在1865年之后便从政治聚光灯下消失了。他们争辩说，南部白人向不可避免的形势屈服，可以确保自己免受财产被没收之虞，同时等待"具有影响力、品格和财富之人"夺回他们已经习惯的政治霸权。[22]

最初，合作主义者对赢得黑人的政治支持表示乐观。一位田纳西州的政治活动家吹嘘说，他可以"仅凭一把班卓琴和一坛子威士忌就能赢得黑人的选票"。其他人则诉诸更老练的方式，努力说服自由民，说南部白人是他们"最好的朋友"。"我们是慷慨的主人，"一位亚拉巴马州演讲者宣称，"我们一起长大；你们有些人的血管里还流着我们祖先的血。"还有一些人对自由黑人表示奉承，说后者比自由民更为优越，鼓励他们"从黑人当中分离出来"。在路易斯安那州亚历山大市，寻求黑人选票的白人第一次破例允许黑白人混用城镇的舞厅。但令合作主义者吃惊的是，他们的请求没有得到任何回应。黑人对事实看得很清楚，合作主义者

---

[22] J. H. Easterby, ed., *The South Carolina Rice Plantation as Revealed in the Papers of Robert F. W. A Alliston* (Chicago, 1945), 236; Edward B. Heyward to Katherine M. C. Heyward, July 23, 1867, Heyward Family Papers, USC; J. A. Engelhard to Manton Marble, May 10, 1867, Manton Marble Papers, LC; Michael Perman, *Reunion Without Compromise: The South and Reconstruction 1865-1868* (New York, 1973), 274-290; Herschel V. Johnson to Alexander H. Stephens, March 29, 1867, Alexander H. Stephens Papers, LC; William H. Trescot to Daniel E. Sickels, August 8, 1867, Miscellaneous Manuscripts, New-York Historical Society.

的讲话并不是真心为赢得黑人支持而说的。"他们只是笼统地说他们是我们的朋友，"萨凡纳市黑人领袖詹姆斯·西姆斯评论道，"但在下一段话里，你会看到我们遭到与他人同样恶劣的虐待。"韦德·汉普顿将军的企图"左右黑人选票"的做法提供了一个例证。汉普顿更为关心的是黑人对地方事务的控制，而不是他们在国家政治中的角色，他宣称，如果"他们能让我们掌握州政府的话"他愿意"将黑人送入国会"。然而，当他将黑人称为"南部人"，并强调他们与当地白人分享一个共同反对"外人"的社区时，汉普顿明确地表现出对《重建法》的憎恶，以及他对全民选举权原则的拒绝。[23]

合作主义者积极推销这样一种思想，这种思想后来也为当时的北部和后世的许多历史学家所接受，即更为富有的南部人比较低阶层的白人更愿意以公平的方式对待黑人。"对黑人的宽容随着种植园主的土地扩展而增大，"一位康涅狄格人在南部旅游之后评论说。某些北部黑人、享有特权的奴隶，以及生而自由的工匠（后者深知白人工匠工会一直试图粉碎南部的"有色人种匠人"）也持同样的看法。但对此表示赞同的自由民却寥寥无几。"我们的老主人是我们的敌人"，一个黑人代表团在战争结束不久之后对约

---

[23] Manuscript newspaper article by "Alpha", May 27, 1867, Leonidas Houk Papers, McClung Collection, LML; Thomas M. Peters to Wager Swayne, May 29, 1867, Swayne Papers; Mobile *Times*, July 7, 1867; Mobile *Nationalist*, July 11, 18, 1867; William E. Highsmith, "Some Aspects of Reconstruction in the Heart of Louisiana", *JSH*, 13 (November 1947), 484; 40th Congress, 3d Session, House Miscellaneous Document 52, 10; Wade Hampton to James Conner, March 24, April 9, 1867, Hampton to unknown, March 31, 1867, Hampton Family Papers, USC; Charleston *Daily Courier*, March 23, 1867.

翰逊总统说道,在总统重建和种植园里发生的日常冲突更加强化了这种认知。1866年,当詹姆斯·斯蒂德曼将军在北卡罗来纳州威明顿举行的一次群众集会上问听众,他们对哪一个阶级的白人有"最糟糕的感觉",一位黑人演讲者回答说:"统治阶级。"[24]

最重要的是,黑人将旧的政治领袖们与奴隶制等同起来。佐治亚州的战前州长赫歇尔·约翰逊在奥古斯塔的一次集会上讲话之后,一位黑人牧师对人群中发出的欢呼回应说:"奴隶制那艘老船,已经死了,我很高兴它死了。难道我还要雇佣它的船长或它的管理者再次带我出海航行吗?"的确,当自由民在1867年登上政治舞台时,奴隶制的记忆与形象也成为黑人政治语言的主要内容。詹姆斯·林奇(他本人出生时便是自由人)"用一种极为怜悯的语调来描绘奴隶制的恐怖生活情形(如同他所想象的那样),直到使听众中的每个黑人都放声痛哭"。威廉·特雷斯科特认为,仅凭北部共和党人所做的这样一种演说是无法赢得黑人的选票的:

> 他向前走到舞台边,环顾四周,惊呼:"……我是在做梦吗?——这是我10年前来此到过的那个拍卖人的查尔斯顿吗?你们来这里是拍卖自己吗?……我会把你们统统拍卖……成交!成交!"然后他突然停下,仰望天空,向上指着并继续说:"看那边——你看到谁在为你出价吗?——亚伯

---

[24] Stephen Powers, *Afoot and Alone: A Walk from Sea to Sea* (Hartford, Conn., 1872), 28; Whitelaw Reid, *After the War: A Southern Tour* (Cincinnati, 1866), 51; E. Merton Coulter, *The South During Reconstruction 1865-1877* (Baton Rouge 1947), 164; *Christian Recorder*, December 2, 1865, June 9, 1866; New York *Tribune*, June 17, 1865; 39th Congress, 1st Session, House Executive Document 120, 42.

拉罕·林肯的灵魂……林肯带走了很多人——离开了!"你可以通过人群感受演讲的效果。在我前面的老妇人嚷道:"好的,你去保佑那个老人家吧,哈里路亚。"……你指望我们对此应该如何回应呢?[25]

许多著名的南部白人从一开始就攻击合作主义者的计划。前南卡罗来纳州长佩里、佐治亚州的种植园主兼律师本杰明·希尔和北卡罗来纳州辉格党领袖威廉·格雷厄姆在1867年之前以温和的政治立场为豪,此刻却使用最极端的语言抨击黑人选举权。佩里宣称,重建将把南部的控制放到那些"愚昧的、愚蠢的和半野蛮人"的手中。格雷厄姆认为赋予黑人选举权将"使文明至少向后倒退两个世纪"。当控制黑人选票的努力终将无效的情形变得清晰之时,汉普顿等人后退一步,敦促白人选民反对召开州制宪大会。随着南部建制派对重建反对的日益增强,黑人愈发坚定地与共和党站在一起。"我心里并不怀疑黑人投激进派的票……"。埃拉·克兰顿·托马斯在日记中写道。"想想看,投票权……即将被他们抓在手中……在投票允许剥夺我的这一权利之前,我需三思而行。"[26]

---

[25] Drago, *Black Politicians*, 33; Hardy, "Recollections", 126; William H. Trescot to unknown (copy), April 7, 1867, William H. Trescot Papers, USC.

[26] Lillian A. Kibler, *Benjamin F. Perry: South Carolina Unionist* (Durham, 1946), 449–460; Columbia *Daily Phoenix*, May 30, 1867; Benjamin H. Hill, Jr., *Senator Benjamin H. Hill of Georgia: His Life, Speeches and Writings* (Atlanta, 1893), 730–911; J. G. de Roulhac Hamilton and Max R. Williams, eds., *The Papers of William Alexander Graham* (Raleigh, 1957–), 7:358; Charleston *Daily Courier*, August 29, 1867; Ella Gertrude Thomas Journal, November 2, 1868, DU.

在整个重建时期,黑人构成了南部共和党的大多数。但一位北部观察家在1866年曾评论道,"一个仅由黑人选票支撑的政党无法成熟起来"。在11个旧邦联州内,黑人人口只在南卡罗来纳、密西西比和路易斯安那州占多数;在得克萨斯、田纳西、阿肯色州黑人人口仅占四分之一,在弗吉尼亚和北卡罗来纳州占40%,在亚拉巴马、佛罗里达和佐治亚州差一点占到一半。即便是在黑人人口占多数的州内,南部共和党仍然需要吸引南部白人的支持。而"提包客"(来自北部的移民)和"南方佬"(南部土生的白人,政治上站在自由民一边)则处于被民主党对手洪流般的攻击之中,他们也始终是传统重建史学在做道德训斥时最为痛恨的一群人。[27]

政治、区域和阶级偏见共同建构了提包客作为北部人口中的"低等阶级"的形象。据称,一个提包客将毕生"拥有的尘世杂物"用一块地毯打包,在《重建法》通过之后,来到南部"借我们的灾难发财",毒化1865至1867年间出现的和谐种族关系。事实上,提包客绝非是北部社会的底层人物,而更多是受过良好教育、具有中产阶级背景的人。许多人做过律师、商人、报纸编辑,也是北部社区中的其他支柱性人物。大多数人(包括重建时期在国会任职的60人中的52人)是参加过内战的联邦老兵,他们的背景包括教师、自由民局特派员和已经在棉花种植园里投资数千

---

[27] A. B. Butler to John Sherman, February 27, 1866, John Sherman Papers, LC; Samuel D. Smith, *The Negro in Congress 1870-1901* (Chapel Hill, 1940), 2. 因为对那些在战前担任公职的邦联分子的权利剥夺,以及白人对重建的冷漠或厌恶,1867年黑人在亚拉巴马州和佛罗里达州构成了一个暂时的选民多数。

美元的人。几乎所有人都是在 1867 年之前就来到了南部，当时黑人还没有投票权，他们期望担任公职的前景十分渺茫。出生在伊利诺伊州的亨利·沃莫思是路易斯安那州的第一任共和党人州长，从 1864 年随联邦军队抵达路易斯安那之后就投身于政治，但绝大多数的提包客到南部来并不是寻求官职。[28]

作为聪明而具有雄心的二三十岁的年轻人（俄亥俄出生的爱默生·本特利是路易斯安那州圣兰德里教区的报纸编辑和教师，1867 年时只有 18 岁），提包客们看南部的角度如同 19 世纪许多美国人看西部的时候是一样的——将之视为一片可以争取个人成功的田野。有些人已经展示出这个时代特有的躁动不安。约翰·韦斯利·诺斯先前曾参与西部铁路修建、采矿和土地投机活动，1866 年来到田纳西。威斯康星的约翰·卡利斯先在加利福尼亚参与淘金，在加入联邦军队之前还到过中美洲。他后来为亚拉巴马州亨茨维尔的自由民局工作（当地黑人拥有的一块手表，上面就刻着一张卡利斯制止一个举着鞭子的种植园主的照片），接着又当了一届国会议员。这些人没有必要为来到南部居住而感到有所歉疚或需要道歉。有人在 1871 年指出，大多数的国会议员所代

---

[28] Cleveland *Leader*, June 16, 1877; Hardy, "Recollections", 109; Raleigh *Daily Sentinel*, July 10, 1868; Richard N. Current, "Carpetbaggers Reconsidered", in David H. Pinkney and Theodore Ropp, eds., *A Festschrift for Frederick B. Am* (Durham, 1964), 139-157; Terry L. Seip, *The South Returns to Congress: Men, Economic Measures, and Intersectional Relationships, 1868-1879* (Baton Rouge, 1983), 58; Ted Tunnell, *Crucible of Reconstruction: War, Radicalism, and Race in Louisiana* (Baton Rouge, 1984), 136-150. "提包客"（carpetbagger）和"南方佬"（scalawag）这两个词已经变成重建历史和研究中无法避免的用语，我在本书中继续使用它们，但并不接受它们所包含的贬义。

表的州都不是他们出生的州,但只有北部出生的南部共和党人才背负了"提包客"的"荒谬绰号"。[29]

1867年,各种不同的动机和经历推动这些北部人进入了南部政治之中。有些人是典型的19世纪男性,政治为他们提供了快速谋利的机会。纽约出生的乔治·斯宾塞随军队来到亚拉巴马,很快"抓住了发财"的机会,一方面从事贬值铁路股票的投机生意,另一方面又做收缴棉花的买卖。他最终得以进入国会参议院。其他人进入政治是因为他们在做自由民局官员时赢得了自由民的信任,或者,就约瑟夫·纽瑟姆的个案而言,他原本是来自伊利诺伊州的提包客,但作为他们新社区内唯一的律师,他为黑人顾客服务。还有一些人,在失败的棉花种植中失去了一生的积蓄,把政治视为一种挣钱吃饭、养家糊口的方式。亨利·沃伦出生在马萨诸塞州,上过耶鲁大学,还有来自俄亥俄州的年轻联邦老兵阿尔伯特·摩根,都在密西西比的棉花种植中失利。两人都迅速抓住了1867年出现的一个政治机会。军事当局任命沃伦担任选民登记官员,当地黑人邀请摩根竞选州制宪大会的代表席位,两人从此开始了最终将他们带入立法机构的政治生涯。有些提包客是理想主义者,在他们眼中,南部共和党的使命是实现废奴主义理想,或者具有像未来密西西比州州长阿德尔伯特·阿姆斯那样的信念,

---

[29] Emerson Bentley to Henry C. Warmoth, June 12, 1868, Henry C. Warmoth Papers, UNC; Merlin Stonehouse, *John Wesley North and the Reform Frontier* (Minneapolis, 1965); David H. Overy, Jr., *Wisconsin Carpetbaggers in Dixie* (Madison, Wis., 1961), 46; *CG*, 42d Congress, 1st Session, Appendix, 265.

他"拥有一个大写 M 的、帮助前奴隶的使命"。[30]

大多数提包客可能把个人获利与参与"以自由的文明取代奴隶制的文明"的努力结合起来。对这些人来说，北部的经济投资和北部人对共和党政治的参与构成同一努力的两个部分，这种努力便是通过"建立自由体制、自由学校和自由劳动体制"来改革"不进步的"南部。他们对南部生活久远改变的承诺，在提包客和黑人之间建立起一种利益纽带。提包客普遍支持旨在使南部民主化和现代化的措施——民权立法、对经济发展的资助、公立学校体制的兴建等。许多人对黑人的土地要求表示同情，尽管很少有人支持没收土地的做法。亚拉巴马提包客达斯坦宣称：土地"不能不经赚取就拥有，不能不经劳动而赚取"。（达斯坦自己并没有完全遵守这一格言，因为他通过娶了德莫波利斯一个种植园主的女儿而获得了一笔相当可观的土地控制权。）[31]

提包客通常代表黑土地带的选民，他们尤其在佛罗里达、南

---

[30] Sarah V. Woolfolk, "George E. Spencer: A Carpetbagger in Alabama", *Alabama Review*, 19 (January 1966), 41-52; Seip, *South Returns to Congress*, 62-63; Lawrence N. Powell, "The Politics of Livelihood: Carpetbaggers in the Deep South", in J. Morgan Kousser and James M. McPherson, eds., *Region, Race, and Reconstruction: Essays in Honor of C. Vann Woodward* (New York, 1982), 317-321; Warren, *Reminiscences*, 95-97; Morgan, *Yazoo*, 124-138; Adelbert Ames to James W. Garner, January 17, 1900, James W. Garner Papers, MDAH.

[31] William C. Harris, "The Creed of the Carpetbaggers: The Case of Mississippi", *JSH*, 40 (May 1974), 199-224; *CG*, 42d Congress, 1st Session, Appendix, 264; J. P. Rexford to Charles Sumner, August 3, 1872, Charles Sumner Papers, HU; Otto H. Olsen, *Carpetbagger's Crusade: The Life of Albion Winegar Tourgée* (Baltimore, 1965); C. W. Dustan, "Political Speech to Negroes", undated manuscript (ca. 1867), C. W. Dustan Papers, ASDAH.

卡罗来纳和路易斯安那州分享了重建时期公职的份额，这些地方土生土长的白人共和党人相对较少。然而，北部人很难为南部共和党提供足够的选民基础，因为他们在任何州的总人口都不超过2%。人数更多的是南部本土出生的白人共和党人，即"南方佬"派。对民主党人来说，一个南方佬政客就是"本土社区的一个麻风病人"，比提包客更遭人痛恨。"我们欣赏一个住在北部的人，……甚至为了我们而战，"一位北卡罗来纳州前州长宣称，"但对于背叛自己家庭的叛徒，绝不应该给予信任和尊重。"共和党从未在南部任何一个州吸引过白人选民的多数。然而，鉴于奴隶制和战败的双重遗产，以及对那些敢于出席"黑人大会"和接受非正统政治职务的白人的横加指责，令人印象深刻的不是支持共和党的白人人数是如何的少，而在某些州是如此的多。"对于一个北部人来说，做一个联邦人算不了什么，"一位佐治亚州白人共和党人写道，"但我们在这里受到的鄙视和迫害……是一个令人感到恐怖的故事。"然而，南方佬政客曾经一时主导了亚拉巴马、佐治亚、田纳西、得克萨斯的州政府，并在密西西比州扮演了一个主要的角色。[32]

南方佬政治人物被他们的对手辱骂为"白皮肤的黑人"，因为他们为了追求官职而背叛了他们的区域，但比起北部出生的共和

---

[32] Maurice M. Vance, "Northerners in Late Nineteenth Century Florida: Carpetbaggers or Settlers?", *FlHQ*, 38 (July 1959), 3; Sarah W. Wiggins, *The Scalawag in Alabama Politics, 1865–1881* (University, Ala., 1977), 1; J. G. de Roulhac Hamilton, ed., *The Correspondence of Jonathan Worth* (Raleigh, 1909), 944; Caleb Tompkins to Benjamin F. Butler, July 16, 1867, Benjamin F. Butler Papers, LC.

党人来说，南方佬政客的背景和动机更为多元。这个群体包括地位显赫的人、有身份的外来者、战时联邦派、脱离联邦的鼓吹者、提倡现代化新南方的企业家，以及寻求保护半自给自足农业的自耕农等。他们共同分享一种理念，相信他们在共和党统治的南部会有更大的机会来推进自己的利益，而不是与重建的反对者站在一起。

有些南方佬是有地位的人，其中包括南部几个最为富有的家族。查尔斯·海斯是"亚拉巴马最大的种植园主之一"，曾经支持退出联邦运动，并且参与过南部邦联军队的战斗，但他在1867年加入了共和党，最终进入了州立法机构和联邦国会。他的社会声望并未能使他免受诋毁；一位编辑评论道，海斯是一个臭名昭著的名字，其"声名狼藉的程度"甚至超过提包客，哪怕是选一个"曾在鞭刑杆上遭到惩罚的最差的奴隶"也要比他强。伯内特是佐治亚州亚特兰大以北最大的奴隶主，也加入了共和党；加入共和党的还有丹尼尔·拉塞尔，他是北卡罗来纳最大的土地主的儿子。尽管并没有多少邦联的军事或平民领袖人物加入共和党，但该党得到了詹姆斯·朗斯特里特将军的支持，这一做法激发起一些邦联老兵仿效他加入共和党。其中一人是阿尔伯特·帕森斯，他是"五月花号"清教徒移民的后裔，1867年在韦科创办了一家报纸，提倡黑人选举权，推动得克萨斯中部投票支持共和党。[33]

---

[33] Hamilton and Williams, eds., *Graham Papers*, 7:533; William W. Rogers, " 'Politics is Mighty Uncertain': Charles Hays Goes to Congress", *Alabama Review*, 30 (July 1977), 163–190; KKK Hearings, Georgia, 950–954; Jeffrey J. Crow and Robert F. Durden, *Maverick Republican in the Old North State: A Political Biography of Daniel L. Russell*（转下页）

许多南方佬代表拥有丰富的政治经验；他们当中包括了战前的国会议员、法官和地方官员。这些人多为前辉格党人，也认为共和党是辉格党的"合法继承人"。詹姆斯·阿尔科恩是亚祖－密西西比三角洲最大种植园的主人，可能也是最为显赫的老辉格党人"南方佬"。1865 年，他主张有限的黑人选举权，又于 1866 年同意批准第十四条宪法修正案，从而展示了他的政治智慧。阿尔科恩现在需要面对密西西比州白人的"直言不讳"。黑人占有选民的多数是不可避免的事实，如果像他这样的人在重建中发挥引领作用，"一场可控的革命"能够发生，黑人的公民和政治权利得到保障，而白人则可保留对州政府的控制。此外，只有共和党国会才能为州的经济复苏提供必要的资本。阿尔科恩的目标，激进派提包客阿尔伯特·摩根抱怨说，是希望"看到南部的旧文明变得现代化起来"，而不是建造一个完全崭新的秩序。正是基于这个理由，一些黑土地带的辉格党人种植园主追随他加入共和党，假定他们可以"引领和指挥黑人的投票"。只要黑人在一个白人主导的政治结盟中扮演一个次要的角色，这些老辉格党人将留在党内，但

（接上页）(Baton Rouge, 1977), 1-18; William B. Hesseltine, *Confederate Leaders in the New South* (Baton Rouge, 1950), 23, 103-111; William L. Richter, "James Longstreet: From Rebel to Scalawag", *LaH*, 11 (Summer 1970), 215-230; Paul Avrich, *The Haymarket Tragedy* (Princeton, 1984), 3-10. 朗斯特里特加入共和党的决定使他终身成为了南方民主党人的"仇恨对象"。1903 年他去世时，邦联之女联合会（United Daughters of the Confederacy）投票决定不给他的葬礼献花，与对待其他邦联将军不同的是，在整个区域的历史景观中，南部没有竖立一座朗斯特里特的雕像。Thomas L. Connelly and Barbara L. Bellows, *God and General Longstreet: The Lost Cause and the Southern Mind* (Baton Rouge, 1982), 34-37.

如果黑人拒绝服从白人的指挥，阿尔科恩和他的追随者将抛弃共和党。[34]

然而，另外一群南方佬则是现代化派，他们将共和党视为一个能为南部带来一场早就应该进行的社会和经济革命的"进步党"。北卡罗来纳的托马斯·塞特尔宣称：战前的"思想与感情"必须被"深深地埋葬……扬基人和扬基的概念正是这个国家所需要的。我们想要用他们的资本来建设工厂和机械作坊。我们想要他们的聪明才智、他们的能量，以及他们的企业"。持同样看法的还有佐治亚州的约瑟夫·布朗，他是一个众所周知的政治变色龙，政治上一生多变，从最初的退出联邦鼓动者到邦联时期佐治亚州州长和战时工作的麻烦制造者，然后加入了共和党，最终在救赎者政府*执政时得以进入参议院。布朗鼓励白人选民支持共和党，因为是吸引"我们州的发展"所需外来资金的唯一方式。与阿尔科恩一样，他对黑人权利并不感兴趣，完全指望白人掌控重建政治：

---

[34] James A. Baggett, "Origins of Early Texas Republican Party Leadership", *JSH*, 40 (August 1974), 454; J. R. G. Pitkin, *To the Whigs* (n. p., 1876), 2–3; Lillian A. Pereyra, *James Lusk Alcorn: Persistent Whig* (Baton Rouge, 1966); James L. Acorn to Elihu B. Washburne, June 29, 1868, Elihu B. Washburne Papers, LC; *Views of the Hon. J. L. Alcorn on the Political Situation of Mississippi* (Friar's Point, Miss., 1867), 3–5; *Address of J. L. Alcorn to the People of Mississippi* (n.p., 1869), 13; Albert T. Morgan to Charles Sumner, February 4, 1870, Sumner Papers; Warren A. Ellem, "Who Were the Mississippi Scalawags?", *JSH*, 38 (May 1972), 217–240; *CG*, 41st Congress, 2d Session, 2721; David H. Donald, "The Scalawag in Mississippi Reconstruction", *JSH*, 10 (November 1944), 447–460.

* 指民主党人替代重建时期建立起来的共和党人占主导地位的州政府。——译者

"他们有众多的人数、他们有财富,还剩下什么,教育和智力"。虽然该州大多数的战前领袖们将他斥为当代的本尼迪克特·阿诺德,布朗却赢得了一群城市商业推动者的支持,后者接受了他的"新时代"愿景,其中包括铁路、矿山、机械工场和棉花工厂,而所有这一切都将由北部来资助建设。他的盟友包括了鲁弗斯·布洛克,后者是麦肯和奥古斯塔铁路公司的总裁,也是奥古斯塔第一国民银行的行长,对他来说,"经济问题和物质问题"远比其他重建问题更为重要。[35]

共和党人同时也吸引了一些都市和城镇工匠以及其他人,重建看上去为这些人提供了他们在种植园体制下无法获得的机会。南卡罗来纳州的裁缝西梅翁·科利在战前曾因为是一名联邦派分子、禁酒运动的提倡者和奴隶制的批评者而"备受仇视和痛恨",后来作为共和党人担任了一届国会众议员。在南部的外国出生的都市工人群体中,从欧洲进口而来的激进思想将一些人带入到共和党之中,包括库根,他是查尔斯顿的联邦派,也是在1866年唯一在州议会支持第十四条宪法修正案的议员;另外还有从法兰西第二帝国流放出来的"红色共和党人"弗雷德里克·卡里,他在路易斯安那特雷伯恩教区担任警察。得克萨斯州西南部的德意志人构成了南部共和党移民人口中的最大群体,他们给国会送去了

---

[35] Raleigh *Tri-Weekly Standard*, July 25, 1867; Joseph H. Parks, *Joseph E. Brown of Georgia* (Baton Rouge, 1976), 369–410; Joseph E. Brown to William D. Kelley, March 18, 1868, Joseph E. Brown Letterbook, Hargrett Collection, UGa; Atlanta *Daily New Era*, November 17, 1866, February 26, 1867; Rufus B. Bullock, "Reconstruction in Georgia, 1865-1870", *The Independent*, 55 (March 1903), 671.

爱德华·德格纳。德格纳是圣安东尼奥的一个食品店店主,参加过欧洲1848年革命,被邦联当局关押过,曾看着自己的两个儿子以叛国罪被处死。[36]

然而,白人共和党人最集中的地方是在战时联邦派的内陆堡垒地区。"除了东田纳西、密苏里、北卡罗来纳、西弗吉尼亚和西得克萨斯之外","真正的共和党,即基于信仰和原则之上的共和党",得克萨斯共和党领袖詹姆斯·纽科姆写道,"只在南部很小一部分白人中间存在"(他也许会加上阿肯色州的西北部和亚拉巴马州北部)。所有这些地区都变成了共和党的堡垒,有些县,如亚拉巴马州的温斯顿,1880年只有17名黑人居民,但始终是共和党的大本营,直到进入20世纪之后。北卡罗来纳州的威尔克斯是白人共和党的"旗帜县";在该州的西部地区,成百上千的居民"在战争时期曾身着[联邦军队的]蓝色军服"。这样的地区产生了亚拉巴马州的共和党人州长威廉·史密斯和得克萨斯州的共和党人州长埃德蒙·戴维斯,两人在南部退出联邦之后都曾遭到驱逐,并都加入过联邦军队参加内战。在这些地区,共和党吸引了被一位共和党人称之为"我们人民中最具有美德的、最为诚实的

---

[36] Simeon Corley to Charles Lanman, July 28, 1868, USC; *Proceedings of the Constitutional Convention of South Carolina* (Charleston, 1868), 1:200–201; Simeon Corley, *To the Voters of the Third Congressional District of South Carolina*, broadside, April 4, 1868, USC; Ira Berlin and Herbert G. Gutman, "Natives and Immigrants, Free Men and Slaves: Urban Workingmen in the Antebellum South", *AHR*, 88 (December 1983), 1182–1187; H. Pinkney Walker to Lord Stanley, December 22, 1866, F. O. 5/1078/192–3, Public Record Office, London; William Downing to Charles Sumner, April 26, 1869, Sumner Papers; Philip J. Avillo, Jr., "Phantom Radicals: Texas Republicans in Congress, 1870–1873", *SWHQ*, 77 (April 1974), 433.

和最贫穷的一部分人"。北卡罗来纳州拉瑟福德县位于蓝岭山脉的脚下,那里的共和党人的大多数包括了"小自耕农、佃农和劳工"以及小城镇的工匠。1870年,每一个竞选县政府公职的候选人都是"农场或工匠作坊的真实代表",但是共和党没有吸引到"白人绅士群体中的任何领袖人物,……没有一位律师,也没有一位医生"。[37]

对于内陆地区的共和党人来说,该党最重要的是代表战时联邦忠诚主义的继承者。他们在战时遭受迫害的痛苦记忆使他们变得更为团结,在全面禁止"反叛者"参政的问题上,内陆地区的共和党人比其他共和党人更为坚决。美国英雄组织的主席威廉·亨德森宣称:"邦联分子的孩子们应该说'我的父亲被剥夺了权利,因为他企图摧毁阳光底下最好的政府',我就是这样的共和党人。"但是,如果说战时联邦主义是自耕农共和主义的种子,1867年则是在内陆地区进行政治动员和扩大意识形态视野的一年。"许多人习惯于从带有贵族标记的奴隶主那里寻求政治指导,"东田纳西的一名南方佬共和党人宣称,"现在可以并且敢于与这些奴隶制爱国者们在政治辩论中相遇。"在联邦同盟会和美国英雄组

---

[37] "An Appeal in Behalf of the Republicans of Texas", manuscript, March 19, 1869, James P. Newcomb Papers, UTx; Allen W. Trelease, "Who Were the Scalawags?", *JSH*, 29 (November 1963), 456-643; U. S. Census Office, *Compendium of the Tenth Census* (Washington, D.C., 1883), 1:336; W. B. Siegrist to William E. Chandler, October 16, 1868, William E. Chandler Papers, LC; 39th Congress, 1st Session, House Report 30, pt. 3:10-11; Baggett, "Origins of Early Republican Leadership", 441; J. Pace to William W. Holden, August 20, 1868, North Carolina Governor's Papers; J. G. de Roulhac Hamilton, ed., *The Papers of Randolph Abbott Shotwell* (Raleigh, 1929-1939), 2:280, 293; Rutherford *Star*, June 18, 1870; New York *Herald*, June 13, 1871.

织的会议上，长期存在的阶级对立和州内的区域竞争被转化成19世纪的激进主义政治。一些传统的区域要求，如终止对北卡罗来纳州议会议员的财产资格要求，此刻被提了出来，与对奴隶制的追溯性批判合为一体，被斥为旧社会秩序的基础，正是这个秩序，如同对黑人的压迫一样，"尽量将贫穷的白人……压制再奴役体制之下"。"贵族统治即将结束"的希望激励着内陆地区的白人共和党人，他们也深为一种改革的气氛所包围。一位佐治亚山区的居民写道："现在是时候了，每个人都要站出来，公开说明他的原则，给自由投票，我们已经被奴役得太久了。"[38]

对于一些内陆地区南方佬政客来说，重建有可能带来州政策的变化，过去的政策时常以牺牲他们所在的县为代价来使种植园县获利。1867年7月4日，在佐治亚山区举行的一次共和党大会呼吁修建铁路，建立"不分种族和肤色"的免费州立学校体制，鼓励移民和资本进入本州。像田纳西州州长威廉·布朗洛这样的经济增长推动者长期以来就寻求建造一条连接全州的铁路系统（"无论其完成需要付出何种代价"）和北部资本的融入，为东田纳西带来资本主义发展的效益。但许多小自耕农却有着更紧迫的经济考虑，尤其是那些居住在内陆地区社区中的人，当地不仅遭受了战争的摧残，而且也经历了连续几年的灾难性作物歉收。在

---

[38] *The Great Republic* (Washington, D. C.), July 30, 1867; Rutherford *Star*, June 8, August 17, 1867; Orangeburg *Carolina Times*, May 27, 1867; W. H. D. McAteer to Robert K. Scott, October 28, 1871, South Carolina Governor's Papers; B. S. Lindsey to George E. Meade, April 2, 1868, Letters Received, L39 (1868), Third Military District, RG 393, NA.

激进重建开始的时候，许多佐治亚和南卡罗来纳的自耕农实际上已经处在"饥饿的边缘"，而亚拉巴马山丘地带也传来了"爱尔兰大饥荒迹象"的报告。那些将战前债务带入重建的家庭，新近以抵押农场的方式来取代在战时被毁掉的牲畜和工具的家庭，此刻面对有可能因欠债而失去家园的危险。许多人指望共和党将"穷人……从这场巨大的灾难中"拯救出来，向他们提供总统重建未能提供的债务减免。在北卡罗来纳州，美国英雄组织提出要求，无人应该支付高于过去债务价值10%的欠债。[39]

这里埋下了未来围绕共和党经济政策将发生的冲突的种子。深陷债务危机的自耕农对具有雄心的经济计划并不感兴趣，因为它们将不可避免地提高税收以及提供债权人担保以吸引外部资本。温斯顿县共和党人威尔希特是出席州制宪大会的代表，他提出的纲领包括剥夺邦联分子的选举权、兴建州公立学校和"低税收"。有些内陆地区的南方佬政客甚至与黑人站在一起，要求重新分配种植园主的土地，经济增长的推动者显然认为，这样的计划将得罪和离间北部的投资者。1867年，土地问题同时激发起白人和黑

---

[39] *The Great Republic* (Washington, D. C.), July 4, 1867; E. Merton Coulter, *William G. Brownlow: Fighting Parson of the Southern Highlands* (Chapel Hill, 1937), 87–89, 374; Knoxville *Whig*, April 4, 1866, December 23, 1868; James B. Campbell, "East Tennessee During the Radical Regime, 1865–1869", *ETHSP*, 20 (1948), 97; Petition (ninety-two signatures), May 30, 1867, South Carolina Governor's Papers; Robert A. Gilmour, "The Other Emancipation: Studies in the Society and Economy of Alabama Whites During Reconstruction" (unpub. diss., Johns Hopkins University, 1972), 63–68, 114, 130–144; Columbia *Daily Phoenix*, October 30, 1867; John Conklin to William W. Holden, July 20, 1868, North Carolina Governor's Papers; Raleigh *Tri-Weekly Standard*, November 9, 1867.

人共和党人的躁动不安；如果将没收土地的方案交与人民，一位北部记者写道，"[两群人中的]一大部分人……都会投票赞同"。没收土地的呼吁对内陆地区的激进派也很有诱惑力，后者急切地希望将一个"富有而自以为是的贵族群体"贬低到"以劈柴为生"的地步——算是一种对那些在战争时期被赶出家门的联邦忠诚派的精神赔偿——并向"缺地的联邦派穷人"提供帮助。一般来说，南方佬激进派更关心的是白人而不是黑人如何从没收土地中获利。然而，当一群佐治亚州自耕农向国会请愿，要求将宅基地分给黑人家庭和贫穷的白人联邦派时，他们的行动揭示了黑白政治语言在1867年的密切交织。如果黑人吸收了更大政治文化中的共和党语言，这些[白人]请愿者也拥抱了自由民的土地要求中所包含的世俗和宗教理由：

> 将富人的大量剩余土地划一部分出来，为无助的和依附性的黑人提供一个舒适的家，他们在过去200年的辛勤劳作值得拥有这样的遗产……我们相信，自由民，就像以色列子民到应许之地一样，拥有在分裂分子的土地上建立家庭的权利，后者曾企图以分裂联邦的方式来延长奴隶制的生命。[40]

---

[40] Wesley S. Thompson, *The Free State of Winston: A History of Winston County, Alabama* (Winfield, Ala., 1968), 108; Philadelphia *Press* in *New York Times,* May 30, 1867; James Mullins et al. to Thaddeus Stevens, March 10, 1867, Thaddeus Stevens Papers, LC; William Birthright to John M. Broomall, July 14, 1867, John M. Broomall Papers, HSPa; C. C. Ewing to Benjamin F. Butler, August 1, 1867, Butler Papers; J. Robert and ten others to John Sherman, May 1, 1867, Sherman Papers. 1867年5月1日请愿信签名者的信息存于1870年联邦人口统计关于佐治亚州梅里韦瑟县的资料中。

这类对黑人愿望的认同感在内陆地区极少存在，愿让黑人殖民海外的想法在当地更为流行，如同一位地方政党领袖所说，"我们的人民反对反叛者比支持黑人权利更为激进"。自然，南方佬共和党人几乎众口一致地反对那种将黑人政治权利与任何形式的"社会平等"等同的思想。罗伯特·弗洛诺伊是一个富有的前奴隶主，以"密西西比州的威廉·劳埃德·加里森"的美誉著称，他在自己的报纸庞托托克的《平等权利》上提倡种族融合教育，从小学直至州立大学，但他只是一个固定的声音。大多数南方佬会赞同一位北卡罗来纳人的写作："没有任何理由提倡黑人和白人坐在同一条凳子上、上同一间学校和使用同一家旅馆。没有这些，两者也能享有法律的同等保护和权益。"[41]

对于大多数南方佬政客来说，与黑人的结盟只是一种权宜之计的婚姻。然而，无论其起源如何，这种伙伴关系带有更进一步的捍卫黑人的政治权利和公民权利的承诺，这对于在奴隶制社会长大的人来说完全是前所未有的举动。一家北卡罗来纳州共和党报纸宣称，联邦派必须在"黑人手下的拯救或反叛者手下的毁灭"两者之间做出选择，"如果一个联邦派此刻认为自己太好或太白而无法与黑人在完全的政治平等基础上进行合作，那就让他离开去加入反叛者的队伍"。此外，与黑人在联邦同盟会和其他政治集会的接触，如同一位东田纳西共和党人所报告的，微妙地减少

---

[41] KKK Hearings, Alabama, 1765; W. P. Hubbard to William E. Chandler, September 7, 1868, Chandler Papers; Huntsville *Advocate*, August 23, 1867; M. G. Abney, "Reconstruction in Pontotoc County", *PMHS*, 11 (1910), 254; *New National Era*, July 10, 1873; Hamilton and Williams, eds., *Graham Papers*, 7:349.

了"自幼在摇篮就被灌输的、毫无根据的反对黑人的偏见"。一位北卡罗来纳州美国英雄组织的组织者在听过几位黑人在共和党集会上的讲话之后说:"两个种族之间的天赋方面没有任何差别,我愿意在竞争中给他们一个平等的开始。我是赞同'自由、联邦和政治平等'的。"当然,将这些说成种族主义的传统一夜之间化为乌有,显然是不准确的。但如此众多的内陆地区白人愿意"在政治上与……黑人联合起来",揭示了1867年横扫南部的政治革命的范围。[42]

因此,南部共和党事业吸引了一个由范围广泛的支持者构成的联盟,各自带有相互重叠但又独特的政治议程。共和党致力于追求公民和政治平等,将自己塑造为一个代表"进步和文明的政党",承诺将把新的社会理想带入南部,为黑人和白人、穷人和富人打开"成功和改进的康庄大道",这一切都为共和党联盟提供了团结和活力的基础。一位北卡罗纳共和党人宣称:这是"一场伟大的革命,为上帝所赐,即将随共和党的成功而降临"。随着第一次州党代表大会于1867年在各州的召开,生活在一个崭新时代的感觉令共和党上下激动不已。然而,这些会议也暴露了内部的紧张关系,后者将在联邦短暂而充满暴风雨的生命中持续困扰它。几乎所有的党代表大会都处于"没收土地激进派"和温和派的分歧与对峙中,前者通常包括黑人,但在有些地方激进的白人也加入其中,后者决心将党控制在白人手中,致力于推动经济发展的

---

[42] Raleigh *Register* in Rutherford *Star*, March 23 1867; *The Great Republic* (Washington, D.C.), July 30, 1867; Joel Ashworth to Nathan H. Hill, April 15, 1867, Nathan H. Hill Papers, DU; Perman, *Reunion Without Compromise*, 284-285.

政策，目的是让外来投资者和本土的经济推动者比贫穷的自由民和内陆自耕农分享更多的好处。[43]

在弗吉尼亚州出现了一个特别分裂的局面，报纸编辑詹姆斯·亨尼克特内战中曾逃亡北部，此刻成为激进派的领袖人物。1866年他在里士满创办了《新国家报》，因支持黑人选举权而赢得了本城黑人的支持，他应邀到黑人政治聚会上演讲，鼓吹一种"革命化的"弗吉尼亚的愿景，并提出建立公立学校、推动"制造业城镇和工业"，以及重新分配"奴隶主寡头"的土地等。亨尼克特和他的支持者主导了第一次共和党州立大会，会议代表的三分之二是黑人。会议于1867年4月在里士满以户外会议方式举行，看上去不是一个传统的政党大会，而更像是一个群众集会，因为当代表们有不同意见的时候，成千上万的黑人旁观者会也大声地表达他们自己的意见。所有黑人代表，无论是都市的或乡村的，无论是自由民还是生而自由之人，都支持没收土地的提议；大会纲领回避了对土地分配的明确要求，承诺共和党将致力于改善本州的"穷人和低贱之人"的地位。[44]

尽管它支持几项辉格党色彩的经济政策——包括州资助的内陆改造，对高利贷法的修订，以吸引"在本州寻求投资的外国资

---

[43] Rutherford *Star*, June 16, 1868; Montgomery *Alabama State Sentinel*, August 1, 1867; Raleigh *Tri-Weekly Standard*, July 11, 1867; *New York Times*, June 12, 1867.

[44] Richmond *New Nation*, April 12, 1866, March 7, 1867; *The Debates and Proceedings of the Constitutional Convention of the State of Virginia* (Richmond, 1868), 691–693; Alrutheus A. Taylor, *The Negro in the Reconstruction of Virginia* (Washington, D.C. 1926), 210; Rachleff, *Black Labor*, 41–42; *New York Times*, April 19, 1867; Edward McPherson, *The Political History of the United States of America During the Period of Reconstruction* (Washington, D.C., 1875), 253–254.

本"——党纲未能安抚温和派的代表，后者对代表们的"挑衅性演讲"和激进话语感到震惊。有些激进派将支持经济发展与其他改革结合起来，包括政府管制铁路运费、磨坊主费用和银行利息等，以防止超额利润等；在暴风雨般的欢呼声中，亨尼克特谴责现有种植园体制是一种对财富的"抢劫"。一个由激进派、黑人主导的政党令那些希望控制弗吉尼亚共和党的"聪明而备受尊重的白人公民"震惊不已。在一个由波士顿、纽约和费城温和派派遣而来的代表团的帮助下，弗吉尼亚温和派举行了第二次州代表大会。然而，当会议在里士满召开时，黑人挤满了大厅。亨尼克特谴责温和派从前反对黑人选举权和第十四条宪法修正案，会议最终在一个公共广场以群众集会的方式结束，重新确认了4月的党纲。一位黑人代表写道，激进派的工作"是如此的迅速，乃至于保守派都惊呆了，手足无措，不知道如何办才好"。就此刻而言，亨尼克特和他的支持者控制了弗吉尼亚州的共和党。[45]

同样的分裂也发生在北卡罗来纳州，当地的政党会议上也回响着来自黑人联邦同盟会员和白人联邦派要求分配土地的声音。一个代表告诉州党代表大会说，"本州的人民对没收土地抱有希望，如果拿掉这一希望，共和党人就放弃了他们获得的权力"。州代表大会对提出的党纲发生了分歧，该党纲提议将没收财产说出

---

[45] Richmond *Dispatch*, April 18, August 1-3, 1867; William D. Henderson, *The Unredeemed City: Reconstruction in Petersburg, Virginia: 1865-1874* (Washington, D.C., 1977), 165; Charles H. Lewis to Henry Wilson, November 19, 1867, Henry Wilson Papers, LC; Union League Club of New York, *Report of the Proceedings of the Conference at Richmond* (New York, 1867), 6-12; Robert G. Fitzgerald Diary, August 1, 2, 1867, Fitzgerald Papers.

是"令人讨厌的";许多黑人对此说法表示反对,但党纲得到了白人大多数和一些著名黑人领袖的支持,这些黑人领袖包括亚伯拉罕·加洛韦、詹姆斯·哈里斯和詹姆斯·胡德(他们在战前都在北部居住过)。最终,大会达成了一项妥协——保证遵从国会在这个问题上的决定。党内各派之间的平衡仍然岌岌可危。温和派主导了州委员会,然而大会击败了老辉格派提出的决议,后者提议对前邦联分子实施豁免,提议对大宗土地财产限制税收;而在基层,要求分配土地和减免债务的呼声持续增高。[46]

在南卡罗来纳州,激进主义在1867年则大获全胜。3月,生而自由的查尔斯顿黑人主导了在那里举行的共和党大会,通过一个当年最为激进的决议,提出对州生活各方面进行全面改革的方案。决议呼吁建立一个内陆改造的"自由体制"(黑人和白人将"平等和公平地分享"工作合同),但将更为深远的改革纳入其中:建立一个种族融合的公立学校体制,废除体罚和债务监禁,反对对"穷人的住房"强制性进行债务抵押,要求政府承担照顾"老年人、弱智之人和无助之人"的责任,要求政府对未开垦的土地课以重税以打击"大宗土地垄断"体制,在更贫穷的阶级中推动未占有土地的划分和出售。7月,州的党代表大会基本上采用了这一决议,包括对土地进行"温和式没收"的政策建议。[47]

如果在南卡罗来纳州和弗吉尼亚州,自由黑人在1867年分享

---

[46] Raleigh *Tri-Weekly Standard*, September 7, 10, 14, 1867; *New York Tribune*, April 24, September 9, 1867; Olsen, *Tourgée*, 83; *CG*, 42d Congress, 1st Session, Appendix, 169.

[47] Charleston *Daily Courier*, March 22, 1867; *New York Times*, July 31, 1867.

了乡村黑人对土地的要求，路易斯安那州的情形却非常不同，这里的共和党从诞生起就遭受"无数细小的敌对力量"的肆虐。提包客希望吸引本土白人的支持，提出了一个计划，将经济发展与对糖业利益的保护结合起来，并承诺不让黑人主导共和党州政府。与此同时，他们也企图利用"自由黑人与自由民之间存在的明显的嫉妒情绪"，从而获得对乡村黑人的领导权。在自由黑人一边，为"原来的自由人口"发声的新奥尔良《论坛报》，指责"新来者"并不真心实意地推动种族平等，坚持认为只有自由的精英黑人才能"牵着新近获得解放的黑人的手，为他们指出通往自由和平等的道路"。[48]

6月党代表大会通过的精心平衡的纲领反映了提包客和自由黑人的考虑。大会由新奥尔良代表主导，通过了修建密西西比河堤坝工程的计划，邀请移民和外部资本进入本州，支持8小时日工作制以吸引都市机械匠人的支持。会议决议对"法律面前的完全平等"做了界定，包括拥有参加陪审团工作、旅行、进入公共娱乐场所、学校的同等通道，承诺公职提名将会在种族之间进行平等的划分。（但决议加上了一句话，在黑人中，"无论提名人或任命人是否是出生时身为自由人的，他们之间是没有区别的。自由黑人因此提出在全州按种族比例来分配代表权席位，但反对这

---

[48] Richard H. Abbott, *The Republican Party and the South, 1855-1877: The First Southern Strategy* (Chapel Hill, 1986), 94-99; Thomas W. Conway to J. M. Edmunds, May 7, 1867, Moody Papers; Richter, "Longstreet," 221-222; J. H. Sypher to Henry C. Warmoth, August 24, 1867, Warmoth Papers; New Orleans *Tribune*, May 8, 19, 1867.

一原则在黑人社区中使用。)唯一对决议感到不满的代表是乡村地区的前奴隶,因为提包客、南方佬和自由黑人在土地划分的问题上组成了联合阵线。"除了一人之外,所有自由民,"一家共和党人报纸宣称,"都赞成没收土地……如果不是因为白人和生而自由的黑人的卖力运作,这一决议也许早已被采纳了。"党代表大会同意接受的最激进主张是,"尽可能现实地"将路易斯安那乡村划分为小农场,敦促国会没收那些因政治原因而开除黑人劳工的雇主们所拥有的土地。[49]

没有必要在此详细叙述其他州的内部冲突和复杂多样的政治策略。佐治亚共和党人在债务减免问题上,为了争取"羊毛帽男孩们"——内陆地区自耕农——的支持而淡化黑人的要求。在得克萨斯州占上风的是温和派,他们希望与前邦联分子和解,大力推动铁路修建,让黑人扮演一个次要的角色;但他们遭到了激进派的挑战,后者要求将反叛者排除在政治之外,坚定地捍卫黑人权利,推行一个"反垄断"的内陆改造计划,防止政府对铁路修建资助的滥用等。这类派别斗争在美国政治中是司空见惯的现象。然而,一些同代人想知道,作为新政党的共和党,在面对那些无论在经济实力、教育还是在政治经验上都更为优越的对手时,是否能够有本钱不把主要精力放在建构和保证内部团结之上。显然,仅仅用个人利益的争夺来解释这些派别分歧是远远不够的。决定成败的是共和党中不同社会群体所拥有的不同愿景的竞争以及重

---

[49] New Orleans *Tribune*, June 14, 15, 18, 1867; St. Landry (La.) *Progress*, September 14, 1867.

建可能带来的改革广度。[50]

尽管有这些内部分歧，作为一个六个月前在南部几乎并不存在的政党，共和党看上去似乎享有了一个健康成长的过程。的确，该党支持者在1867年对于他们可能获得持续成功的前景过于乐观了。"我们的人民表现出一种安全感，"平奇贝克警告说，"这是令人不安的。他们似乎认为……伟大的战斗已经完成，胜利已经赢得。"田纳西州州长布朗洛则更为现实："我们将面临一场从未见证过的冲突。"[51]

北部与激进重建

正当南部共和党人为本区域新社会秩序的特征进行内部辩论时，外部力量也正在努力将重建推向一个温和方向。在约翰逊总统任命的军事将领中，只有得克萨斯和路易斯安那辖区的菲利普·谢里登将军在积极地辅佐联邦同盟会和共和党的组建，谢里登使用他的权力将大量官员解职，包括詹姆斯·思罗克莫顿州长和詹姆斯·威尔斯州长以及整个新奥尔良市市议员委员会成员。但总统很快用更为保守的温菲尔德·汉考克取代了谢里登。汉考

---

[50] Theophilus G. Steward, *Fifty Years in the Gospel Ministry* (Philadelphia, 1921), 128; Elizabeth S. Nathans, *Losing the Peace: Georgia Republicans and Reconstruction, 1865–1871* (Baton Rouge, 1968), 40–43; C. D. Lincoln to William P. Fessenden, September 20, 1867, William P. Fessenden Papers, LC; Carrier, "Texas During Reconstruction," 168–219.

[51] James Haskins, *Pinckney Benton Stewart Pinchback* (New York, 1973), 52; William G. Brownlow to unknown, May 8, 1867 (copy), Moody Papers.

克宣布,从此之后军事当局将以从属身份服从民选政府。弗吉尼亚州的军事将领约翰·斯科菲尔德本来就将第十四条宪法修正案视为"不正义和不明智的",此刻更是积极支持"那些有身份的共和党人反对低层阶级掌权者的斗争,因为后者控制着大量的有色人种选民"。在密西西比州,奥德将军不仅"彻底"反对《重建法》,而且敦促自由民不可因为"参加政治讨论"而忽略自己的劳动。由于大多数军事指挥官不愿承担民事责任,总统重建的州和地方政府总体保持不变。为数不多的黑人得到一些微不足道的底层公职任命——其中第一位是帕斯卡·图纳,他在4月被任命为新奥尔良市的干草质检官员。但在军管期间,那些由地方大佬控制的民事法庭继续发挥作用,它们做出的判决只是偶尔被联邦军队推翻,联邦公职的任命权通常为约翰逊总统的支持者所掌控。"面对一个由铜头蛇将领当政的、一个反叛者当州长的,并由反叛者占据了每个官职的州政府……,"一位密西西比州共和党人抱怨说,"我们有很多事情要应付。"[52]

---

[52] Dawson, *Army Generals and Reconstruction*, 46-84; Carl Moneyhon, *Republicanism in Reconstruction Texas* (Austin, 1980), 67-70; James E. Sefton, ed., "Aristotle in Blue and Braid: General John M. Schofield's Essays on Reconstruction", *CWH*, 17 (March 1971), 45-57; John M. Schofield to Ulysses S. Grant, April 2, 1868, Ulysses S. Grant Papers, LC; Bernard Cresap, *Appomattox Commander: The Story of General E. O. C. Ord* (San Diego, 1981), 239-261, 293; New Orleans *Tribune*, April 19, 1867; Donald G. Nieman, *To Set the Law in Motion: The Freedmen's Bureau and the Legal Rights of Blacks, 1865-1868* (Millwood, N. Y., 1979), 200-208; A. C. Fish to William E. Chandler, July 24, 1868, Chandler Papers; Charles W. Clarke to John Covode, August 31, 1867, John Covode Papers, LC. 1867年,总共有16066名联邦军队士兵驻扎在整个南部,其中四分之一的士兵驻扎在得克萨斯州,他们的主要任务是应对与印第安人的战事。40th Congress, 2d Session, House Executive Document 1, 462-463.

尽管约翰逊作为联邦军队总指挥拥有巨大的影响力，但重建政策最终是由国会确立的。从1867年3月第40届国会开幕开始，事情变得十分明显，主流共和党人虽然决心捍卫已经取得的成就，但没有心情将事情继续推进一步。尽管激进派施加压力，但国会还是决定在整个夏天休会，放弃了对约翰逊行动的监管。当萨姆纳提出决议法案，要求扩展重建的范围、立即废除南部各州政府、建立种族融合的公立学校、为自由民提供宅基地等建议时，即便是激进派的亨利·威尔逊也表示反对，声称"我们制定的条件已经足够严厉了"。对于温和派来说，这类立法建议看上去构成了参议员詹姆斯·格里姆斯所称的"阶级立法"*——挑出一群公民享受特殊的政府恩惠。费森登反对土地分配的提议，"这比我们为白人做的多"，他宣称说。（萨姆纳对此的回应是："白人从来没有被人奴役过。"）在众议院，斯蒂文斯因为重病在身而无法讲话，请一位同事代为宣读一份长篇发言，并提出一部立法议案，要求联邦从没收土地中以40英亩的份额划分给自由民。"这是重建工作的收官之笔，"他的一位崇拜者这样写道。[53]

在南部，斯蒂文斯的发言引发了争取土地活动的新高潮，他的发言稿在联邦同盟会的会议上被大声朗读。"土地没收必须到来，否则所有过去的为有色人种创造更好条件的努力都将功亏一篑，"

---

* class legislation，也译为"专类立法"。——译者

[53] Michael L. Benedict, *A Compromise of Principle: Congressional Republicans and Reconstruction 1863–1869* (New York, 1974), 246–255; *CG*, 40th Congress, 1st Session, 15, 51, 55, 79, 114, 147, 203–208, 304–308, 463; C. J. Baylor to Benjamin F. Butler, March 26, 1867, Butler Papers.

一位弗吉尼亚的南方佬政客写道,"上帝啊,给我们一百个本·巴特勒和萨德·斯蒂文斯吧。"北部温和派的领袖们则并不希望"被革命之车推翻"。自阿波马托克斯(李将军投降)事件起,事件发生的进程慢慢地在共和党内建构起一种支持南部黑人的公民和政治权利的共识。在土地问题上这样的共识并不存在。谢尔曼说,没收土地是一种"可怕的"主张,它将"使南部各州陷入混乱,将其社会带入革命之中"。斯普林菲尔德《共和党人报》认为,由政府将土地赐予黑人,这将是一种"错误的善良"行为,并在阻止黑人习得"自由工人的习惯"。更为保守的共和党人则谴责斯蒂文斯,说他的发言增加了资本家的不信任感,后者已经为其所困扰。《纽约时报》刊登了许多警告性的报告,揭示了"对没收的恐惧"已经使南部商业陷入困境和停顿,如果这个问题继续存在下去,"资本和移民都不会顺势而来"。[54]

令人感到更有威胁的是这样的可能,《纽约时报》认为,先例一旦建立,没收土地的实施将"不止局限在南部进行"。该报警告说,北部也有自己的"极端分子",他们极其希望摧毁"产权不可侵犯的神圣性"。的确,其他"干预财产或商业的计划"在1867年也把政治情势搅动得急躁不安。在堪萨斯州,本·韦德发表了一个流传甚广的讲话,宣称随着奴隶制问题的解决,资本和劳工问题将转移到国家政治的中心舞台。他宣称:"财产并没有得到平

---

[54] Raleigh *Tri-Weekly Standard*, April 4, 1867; Gottlieb, "Land Question", 371; Thomas L. Gale to Butler, June 16, 1867, Butler Papers; Kemp P. Battle to Benjamin S. Hedrick, July 5, 1867, Benjamin S. Hedrick Papers, DU; *CG*, 40th Congress, 1st Session, 52; Springfield *Weekly Republican*, June 15, 1867; *New York Times*, February 19, March 10, April 10, June 27, 1867.

等的划分，必须产生一个更为公平的资本分配形式。"在伦敦的卡尔·马克思深为韦德的讲话所触动，在同年发表的《资本论》德文版中将之称为是一种"时代的标志"。但在北部共和党人中分享这一热情的人却寥寥无几。《纽约时报》抨击激进派希望用"一场反对财产权的战争……来继续反对奴隶制的战争"；《民族》将韦德的讲话与土地没收、组织化劳工对八小时日工作制的要求、爱尔兰裔美国人中费尼亚主义等的出现联系起来，作为例证，说明"煽动者"如何抛弃了"真实的激进主义"——法律面前人人平等，以及平等的经济机会——而去追求"特殊阶层的特殊恩惠"。[55]

这些观点不可避免地影响了北部人如何回应南部出现的发展。他们在土地问题上的立场与北部共和党人对其南部新翼的态度是一致的。斯蒂文斯这样的人认为，土地没收可以加强黑人与贫穷白人之间的政治联盟。一家共和党报纸宣称，重建从本质上是一个"关于劳工而不是关于种族"的问题；成功之路在于"让查尔斯·萨姆纳和撒迪厄斯·斯蒂文斯的情绪在得克萨斯州像在马萨诸塞州一样的受人欢迎"。但这正是温和派共和党人最为害怕的。他们坚守南部联盟的愿景，通过它将开明的种植园主都市商业利益和黑人选民联合起来，并由白人有产者牢牢掌握政权。南部辉格派承诺只要他们的财产权得到保障，他们将加入共和党，这样的承诺令温和派大受鼓舞，他们坚持要剔除土地问题，抨击弗吉尼亚的亨尼克特等"煽动者"把"南部的财产持有人"赶出了共

---

[55] *New York Times*, June 14, July 9, 1867; William F. Zornow, " 'Bluff Ben' Wade in Lawrence, Kansas: The Issue of Class Conflict", *OHQ*, 66 (January 1956), 44-52; Karl Marx, *Capital* (New York, 1967 ed.), 1:10; *Nation*, June 27, July 18, 1867.

和党。1868年年初,众议院的秘书麦克弗森将政府的印刷合同收回,直接置亨尼克特的报纸于死地。[56]

为了抗击没收土地赞成派的影响,1867年春末,一群共和党人演说家访问了南部,在自由民集会上发表演讲。霍勒斯·格里利在里士满非裔教会的一次大型集会上说:"你们有可能自己挣得一个家,而不是以任何没收的形式获得一个家。"亨利·威尔逊也将同样的信息带到了弗吉尼亚和南卡罗来纳,与温和派的交流使他相信许多白人愿意在重建中予以配合。威廉·凯利的旅行带有双重使命:传递自由劳动的福音和为北部联合投资南部做准备;他将土地拥有推崇为获得"一个具有男子气概和令人尊敬的独立"的基础,但"反对没收的主意"。许多黑人自然对这些被斯蒂文斯称为"共和党流星"人物的演讲不屑一顾,因为他们在南部所追寻的是一桩"错误的……事业"。一位黑人牧师事后回忆威尔逊的演讲之一时说:"好心肠的参议员给他们(他的黑人听众)留下一些建议。但他们不是在寻求建议,而是为了他们的妻子和孩子,在寻求可以用来播种玉米和土豆的土地。"[57]

---

[56] Eric Foner, *Politics and Ideology in the Age of the Civil War* (New York, 1980), 145-147; Washington *Daily Morning Chronicle*, April 30, 1867; W. M. Herbert to John Sherman, July 30, 1867, Sherman Papers; *Nation*, October 31, 1867; Springfield *Weekly Republican*, May 11, 1867; Abbott, *Republican Party and the South*, 110-111, 125-136.

[57] New York *Tribune*, May 17, 27, 1867; Richard H. Abbott, *Cobbler in Congress: The Life of Henry Wilson, 1812-1875* (Lexington, Ky., 1972), 182-189; Raleigh *Tri-Weekly Standard*, May 2, 9, 1867; *CG*, 42d Congress, 1st Session, 341; William D. Kelley, *Speeches, Addresses and Letters on Industrial and Financial Questions* (Philadelphia, 1872), 167-169; *New York Times*, May 29, 1867; Peter Randolph, *From Slave Cabin to the Pulpit* (Boston, 1893), 69.

显然，不管南部共和党人如何期望，北部共和党并不愿意接受土地问题。原因之一是 1867 年北部共和党人面临着本州自身的问题。随着南部问题的解决（至少看似如此），新的问题进入到政治领域之中，带来了新的危险。问题之一是西部人对两党都提出了要求通货膨胀的要求，或至少暂时停止将绿背纸币退出流通领域政策的实施；绿背纸币于 1865 年由财政部长休·麦库洛奇引入，为恢复黄金支付铺路。收缩政策得到了东部银行家的强力支持，因为他们在紧缩的货币中拥有既得利益，但紧缩政策遭到多方的尖锐批评，债务人、希望获得低息贷款的企业主，以及西部农场主，其所在地区为"太少"而不是太多的货币所困扰。尽管民主党人希望从货币问题上谋取政治利益，但其政治含义充其量是模棱两可的；因为紧缩政策在两党内部都引发了日益增长的反对声音。民主党人有可能在联邦债务问题上做文章从而获取政治资本，至少可以在西部这样做。在战争期间，国会曾为以黄金方式支付战争债券的利息做出过规定，但它忽视了其中一个主要品种——5-20 战时债券系列*——如何被兑换的问题。1867 年，前国会议员乔治·彭德尔顿提出后来著名的"俄亥俄主意"的建议——以绿背纸币偿还债券。[58]

---

* 原文 5-20s，指内战时期联邦政府发行的一种 20 年到期但 5 年之后可以兑换的债券。——译者

[58] Herbert S. Schell, "Hugh McCulloch and the Treasury Department, 1865–1869", *MVHR*, 17 (December 1930), 404–421; Edward Atkinson to William B. Allison, December 3, 1867, Letterbook, Edward Atkinson Papers, MHS; Winslow S. Pierce to Elihu B. Washburne, October 24, 1868, Washburne Papers; Robert P. Sharkey, *Money, Class, and Party: An Economic Study of Civil War and Reconstruction* (Baltimore, 1967 ed.), 59–82, 110–117.

"国会的重建政策,如加利福尼亚州所示"。在这幅来自由民主党人制作的关于1867年竞选的漫画中,共和党的州长候选人乔治·C. 戈勒姆对男性全民选举权的支持被描述成是一种对美国政府体制的破坏,因为这一立场会将选举权赋予黑人、华人移民和印第安人。(国会图书馆)

为数不多的共和党人,包括斯蒂文斯和巴特勒,对彭德尔顿方案表示了热情的支持。但大多数共和党人将联邦债务的神圣性视为内战的一种道德遗产,其道德含量仅次于奴隶解放。"每一张绿背纸币,"萨姆纳说,"都是红色的,浸透着同胞公民的鲜血。"这些共和党人将"俄亥俄主意"等同于一种(对债券的)否定,虽然提出这一主意的是约翰逊总统,而不是彭德尔顿。约翰逊在1866年国情咨文中提出,未来的利息支付应该计为债券本金的减少。尽管这个问题不以政党分野而画线,因为像奥古斯特·贝尔蒙特这样的华尔街民主党人也坚定地反对彭德尔方案,但它在1867年得到了西部民主党人的支持。"我们支持黑人选举权,"一位堪萨斯州共和党人写道,"但我们反对共和党开启的金融抢劫和对生产者阶级的掠夺。"[59]

这位作者没有提及他对妇女选举权的意见,但在堪萨斯州,这个问题也在1867年引发了当地政治的新转向。共和党控制的州议会在秋季进行了两次全民公投,将选举权分别赋予黑人和女性。那年夏天,伊丽莎白·卡迪·斯坦顿和苏珊·安东尼来到堪萨斯州,希望为推动两者摇旗呐喊。她们发现,堪萨斯州的共和党人支持黑人选举权,但不愿意冒险将自己与对妇女投票权的支持等同起来。于是斯坦顿和安东尼转向民主党求助,从乔治·弗朗西

---

[59] Benjamin F. Butler to S. P. Cummings, January 22, 1868, endorsement on Cummings to Butler, January 18, 1868, Butler Papers; Morton Keller, *Affairs of State: Public Life in Late Nineteenth Century America* (Cambridge, Mass., 1977), 191; James D. Richardson, ed., *A Compilation of the Messages and Papers of the Presidents 1789–1897* (Washington, D. C., 1896–1899), 6: 678; A.J. Groves to Butler, October 20, 1867, Butler Papers.

斯·特雷恩那里得到了帮助,特雷恩是一个行为古怪的商人和金融家,热衷于反对黑人,鼓吹爱尔兰民族主义,喜欢讲究排场的华丽冒险(正是他在1870年完成了一次80天的周游世界的旅行)。特雷恩资助了斯坦顿和安东尼在堪萨斯大草原的巡回演讲,并每晚都穿着全套晚礼服出席她们的演讲活动。对激进派和废奴主义者来说,与特雷恩合作无疑是令人生厌的举动;威廉·劳埃德·加里森将他描述成一个"脑子进水的傻子和半疯子"。但斯坦顿和安东尼则坚持认为,她们有权在任何地方寻找自己的政治盟友。[60]

货币、债券和女权问题为未来的政治问题提供了一瞥,但在大多数北部州,主导秋季选举的仍然是人们熟悉的种族和重建问题。在面对选民时,共和党人第一次联合起来对黑人选举权(至少是对南部的黑人选举权)表示支持。《民族》杂志写道:"没有任何一个反对黑人选举权的理由不是基于偏见之上。"然而,民主党人以报复的方式抓住了这一偏见。纽约《世界报》宣称,共和党人把南部的一群"懒惰、放纵和野蛮的家伙"变成了选民,这个种族曾热衷于巫术和驱魔这类"奇怪的、疯狂的、异想天开的和野蛮的实践"。俄亥俄州将黑人选举权作为秋季选举的公决法案,该州的民主党人州长候选人艾伦·瑟曼发誓要将本州从"黑

---

[60] Ellen C. DuBois, *Feminism and Suffrage: The Emergence of an Independent Women's Movement in America, 1848–1869* (Ithaca, N.Y., 1978), 62–103; Theodore Stanton and Harriot Stanton Blatch, eds., *Elizabeth Cady Stanton* (New York, 1922), 1:212–213; Robert E. Riegel, "The Split of the Feminist Movement in 1869", *MVHR*, 49 (December 1962), 490; Walter M. Merrill and Louis Ruchames, eds., *The Letters of William Lloyd Garrison* (Cambridge, Mass., 1971–1981), 6:2.

鬼主义"中拯救出来。在西海岸，民主党人加上了反华的诉求，坚持认为共和党的"所有种族在一切问题一律平等"的政策将带来一场"亚洲人"的大量涌入和由"蒙古人、印第安人和非洲人的"结盟最终对州政权的控制。[61]

就他们自己而言，许多共和党人力图回避种族问题。一位俄亥俄州政客评论道："双方都最为强烈地诉诸偏见——一方在唠叨'黑鬼'，另一方在抱怨'铜头蛇'。"联邦政治中心的逐渐左翼，对基层共和党人也有影响。一大批非激进派的人现在也开始支持北部黑人的政治平等权利。俄亥俄州州长候选人拉瑟福德·海斯明确支持黑人选举权，纽约州共和党的党纲也表示支持黑人选举权——"为保持一致而在政治力量上做出的牺牲"，一家报纸这样说道。即便是在保守的新泽西，共和党此刻也将自己致力于黑人选举权的斗争，加利福尼亚州州长候选人乔治·戈勒姆严厉斥责了"反苦力"运动，声称"同一个上帝创造了欧洲人和亚洲人"。[62]

---

[61] *Nation*, May 22, 1866; New York *World*, September 30, November 14, 1867; Reginald McGrane, *William Allen: A Study in Western Democracy* (Columbus, Ohio, 1925), 179; *Speech of H. H. Haight, Esq. Democratic Candidate for Governor* (n.p., 1867), 3; Alexander Saxton, *The Indispensable Enemy: Labor and the Anti-Chinese Movement in California* (Berkeley, 1971), 81.

[62] Mary L. Hinsdale, ed., *Garfield-Hinsdale Letters* (Ann Arbor, 1949), 96–97; Kenneth E. Davison, *The Presidency of Rutherford B. Hayes* (Westport, Conn., 1972), 10–11; Homer A. Stebbins, *A Political History of the State of New York, 1865–1869* (New York, 1913), 169, 263; Kent A. Peterson, "New Jersey Politics and National Policy-Making, 1865–1868" (unpub. diss., Princeton University, 1970), 145–154, 166–167; *Speech Delivered by George C. Gorham of San Francisco* (San Francisco, 1867), 13.

两套选举在1867年秋举行,产生了完全不同的结果。在南部,选民面临的是呼吁召开州制宪大会和选举制宪大会代表,共和党在每一个州都取得了胜利。"黑人们,"一位居住在亚拉巴马州田纳西河流域的白人共和党人宣称,"使出所有的走路力气来参加投票,凡是能够走到投票站的,没有一个人待在家里。"黑人投票率在佐治亚达到70%,在弗吉尼亚接近90%,而且他们的投票都是一致的(有三个州的记录显示,没有一个黑人选民对召开制宪大会投的是反对票)。白人选民的投票率非常低,冷漠态度除外,还有人希望他们的弃权能够阻止公投获得登记选民必要多数的支持,共和党吸引白人选民的努力只是取得了部分的成功。在北卡罗来纳、佐治亚、亚拉巴马和阿肯色,五分之一多的白人选民支持召开制宪大会,但在其他州,白人共和党是一个人数甚少的少数。共和党在内陆地区取得了令人鼓舞的进展,但在其他地方,选民队伍依然为种族界限所分割。[63]

南部的胜利因北部的严重挫折而大打折扣。从缅因州到加利福尼亚州,民主党人收获甚多,在纽约州多赢了5万张选票,以3000张选票的优势赢得俄亥俄州州长并控制了州立法机构(从而杜绝了本·韦德连任参议员的可能);根据《民族》杂志的报道,民主党人还横扫了加利福尼亚,将共和党在1866年的巨大多数减少了四分之三。与此同时,黑人选举权的公投在明尼苏达、俄亥俄和堪萨斯都遭遇失败(妇女选举权也在堪萨斯遭遇失败,比黑

---

[63] H. H. Russell to William H. Smith, October 19, 1867, Swayne Papers; Perman, *Reunion Without Compromise*, appendix; Martin E. Mantell, *Johnson, Grant, and the Politics of Reconstruction* (New York, 1973), 47–49; Abbott, *Republican Party and the South*, 137.

人选举权得到的票数更少)。因为选举只涉及为数不多的主要公职,所以选举结果并未严重伤害共和党。乐观主义者甚至还有理由感到安慰,因为事实上共和党选民的大多数是支持黑人选举权的,俄亥俄选民投的赞成票超过其他任何州。(考虑到将偏见从"盎格鲁-撒克逊人封闭的大脑的一个角落"删除的困难性,乔治·克列孟梭认为这样的结果已经是一个了不起的胜利。)此外,地方问题——马萨诸塞和纽约的禁酒问题,加利福尼亚选民对铁路垄断的敌视态度,俄亥俄的彭德尔顿计划——都影响了选举的结果。然而,地方问题很难解释区域选举结果的高度一致性,两党都认为种族问题是惊人的选举结果的主要原因。《民族》宣称:"没有必要否认,共和党对平等权利事业的忠诚……是它这次重大失败的主要原因之一。"[64]

选举结果对党内的力量平衡产生了重要的影响,温和派因而相信,必须不惜一切代价避免触碰剥夺邦联分子的权利、北部黑人选举权和弹劾总统等问题。即便是在马萨诸塞州,一位共和党人编辑报告说,"极端的激进政策正在变得越来越不受欢迎了"。在其他地方,1867年那种直截了当的平等主义热潮消退了。一位纽约人在给众议院议长斯凯勒·科尔法克斯的信中写道,"公正贤明"之人必须告知"极端激进派分子,到目前为止我们与你

---

[64] Michael L. Benedict, "The Rout of Radicalism: Republicans and the Election of 1867", *CWH*, 18 (December 1972), 334-344; Eugene H. Berwanger, *The West and Reconstruction* (Urbana, Ill., 1981), 163-167; Georges Clemenceau, *American Reconstruction*, edited by Fernand Baldensperger, translated by Margaret MacVeagh (New York, 1928), 116; *Nation*, November 21, 1867.

们一同前行,但我们不能继续向前……你们看到了秋天的选举给我们的事业所带来的灾难性结果,因为我们采用了你们的观点"。商业导向的共和党人,如俄亥俄银行家同时也是该州共和党领袖的亨利·库克,还有詹姆斯·布莱恩等,更是将绿背纸币主义和"极端异教激进分子"斯蒂文斯和巴特勒提出的"拒付"政策与激进派在重建中的激进立场联系起来。他们认为,所有这一切都必须"停止和放下"。在即将出现的共和党自我形象中,它拥有对联邦的忠诚和肩负的财政责任将取代对公民平等和政治平等的追求。尽管没有什么共和党人想到要抛弃重建,但许多人都赞同俄亥俄州一位共和党政客的观察:"在未来一段时间,黑人问题将不再是那样令人瞩目了。"显然,选举结果也终结了北部共和党人将拥抱一个土地分配的计划的希望。"让没收土地在你们州内……成为一个心照不宣的词,"亨利·威尔逊在11月对北卡罗来纳的黑人领袖詹姆斯·哈里斯说,"它在这里已经毫无意义了。"事情看上去已成定局,共和党将努力带给重建一个圆满的结果,而不是推动它向前迈进。这不能不影响到南部内部的权力平衡的变动。[65]

---

[65] Benedict, *Compromise of Principle*, 256, 275-276; Dale Baum, *The Civil War Party System: The Case of Massachusetts, 1848-1876* (Chapel Hill, 1984), 123-125; Peterson, "New Jersey Politics", 170-175; John Binney to Schuyler Colfax, November 2, 1867 (copy), Fessenden Papers; H. D. Cooke to John Sherman, October 12, 1867, Sherman Papers; Ellis P. Oberholzer, *Jay Cooke, Financier of the Civil War* (New York, 1907), 2:28; Hinsdale, ed., *Garfield-Hinsdale Letters*, 112; Raleigh *Tri-Weekly Standard*, November 14, 1867.

州制宪大会

随着大部分的战前官员被排除在代表之外,而黑人和提包客又代表了种植园地带,1867至1869年召开的南部各州的州制宪大会,如同一位英国旅行者所观察到的,反映了"在美国发生的巨大革命"。然而,抱有敌意的报纸则认为,会议代表基本没有任何政治经验,身无分文,几乎"没有任何财产"。当然,黑人第一次以立法者身份与白人并肩而坐,这一事实吸引了南部自由民的注意力。在南卡罗来纳州的部分地区,黑人拒绝签署1868年的劳工合同,"期待制宪大会(做出)给他们分配土地"的决定。在弗吉尼亚,当重要的问题提交州制宪大会讨论时,会场的走廊里聚集着黑人听众,烟叶制造厂出现了大规模的缺勤现象,一些白人家庭因为缺少家庭佣人而不得不"自己动手做晚饭,或者吃点剩下的冰冷午餐了事"。并非只有黑人在"聚精会神地"关注大会进程。国会呼吁州制宪大会采取"明智和中肯的行动",并警告说会议的最终文件必须得到"国家的开明判断"的批准。提包客阿尔比恩·图尔吉抱怨说,对于北部官员来说,"唯有共和党和它的利益是至高无上的,而这些州的人民的需求是什么似乎并不重要"。[66]

---

[66] David Macrae, *The Americans at Home* (New York, 1952 [orig. pub. 1870]), 138; Malcolm C. McMillan, *Constitutional Development in Alabama 1798–1901: A Study in Politics, The Negro, and Sectionalism* (Chapel Hill, 1955), 114–117; William M. Jenkins to James L. Orr, January 31, 1868, South Carolina Governor's Papers; Arney R. Childs, ed., *The Private Journal of Henry William Ravenel, 1859–1887* (Columbia, S.C., 1947), 317; Rachleff, *Black Labor*, 45–48; Schuyler Colfax to John C. Underwood, January 7, 1868, Elihu B. Washburne to Underwood, December 7, 1867, John C. Underwood Papers, LC; *National Anti-Slavery Standard*, January 4, 1868.

因为绝大多数的重建反对者都没有参与投票，总数刚超过1000人的代表包括了极少人数的民主党人或保守派，而后者在会议上的高缺勤率则更削减了他们的影响力。一般来说，用一位黑人代表的话来说，他们喜欢抓紧机会攻击共和党的原则，"倾泻满腔的仇恨和复仇情绪，极富特征地展示出一个曾经统治一切但现在正在衰落的贵族群体的风格"。有些保守派继续捍卫奴隶制和斯科特案判决*；其他人则威胁说，政治平等将赋予自由民"娶他们的女儿为妻的权利，以及如果需要的话拥抱他们的妻子的权利"。这样的煽动性演讲受到南部很多报纸的赞赏。这些报纸对"骨头和班卓琴制宪大会"充满了冷嘲热讽，嘲笑黑人自认为有"制定法典"的能力。[67]

作为第一批大量当选的南部共和党人，各州制宪大会的代表浓缩了该党的社会背景构成。六分之一的代表是来自北部的提包客，大多数由黑土地带的选区选举产生。一般来说，联邦军队老兵和提包客是受教育程度最高的共和党代表，他们中间有不少人是律师、医生和其他专业人士。提包客具有才华，雄心勃勃，年轻有为（他们的平均年龄是36岁），通常担任了制宪大会重要委

---

* Dred Scott decision，1857年联邦最高法院做出的支持奴隶制在联邦领土上扩张的判决。——译者

[67] Richard L. Hume, "The 'Black and Tan' Constitutional Conventions of 1867–1869 in Ten Former Confederate States: A Study of Their Membership" (unpub. diss., University of Washington, 1969); Autobiography of George Teamoh, Carter G. Woodson Papers, LC; *Debates and Proceedings of the Convention Which Assembled at Little Rock* ... (Little Rock, 1868), 88–89, 431, 637 (hereafter cited as *Arkansas Convention Debates*); Cal M. Logue, "Racist Reporting During Reconstruction", *Journal of Black Studies*, 9 (March 1979), 335–350.

员会的主席,并负责起草新的州宪法中最重要的条款。[68]南部白人共和党人构成了各州制宪大会代表总体中的最大群体;他们在北卡罗来纳、佐治亚、阿肯色和得克萨斯的人数尤其众多。也有一些根基深厚的人,如本杰明·萨福尔德,他是亚拉巴马州前首席大法官的儿子,但他们的人数远远不敌来自内陆地区的农场主和小镇商人、手工匠人和专业人士,这些人中很少有人担任过公职。但他们中几乎所有的人都反对退出联邦的行动,许多人曾在联邦军队中服役,或因为同情联邦而遭到监禁。如同北部提包客一样,本土出生的南方佬代表们也认为,新的州宪法必须在旧南部的废墟上建立一个"更为崇高、更为持久的文明",但更为直接的问题同样引起了他们的关注,包括剥夺前邦联分子的权利和为负债累累的小农场主减免债务等。在种族问题上,这批人内部的分歧十分严重。阿肯色州山区的一位代表宣称自己信仰"所有人都生而平等",并引用《圣经》和《独立宣言》来支持自己的立场;其他人则在联邦同盟会中与黑人有过密切的合作。然而,正如一位重建反对者所注意到的,南方佬代表是"带着反对黑人的情绪当选的,不管他们看上去有多么的贴近共和党"。[69]

---

[68] Richard L. Hume, "Carpetbaggers in the Reconstruction South: A Group Portrait of Outside Whites in the 'Black and Tan' Constitutional Conventions", *JAH*, 64 (September 1977), 313-330; *CG*, 41st Congress, 1st Session, 431; Olsen, *Tourgée*, xii; Jack B. Scroggs, "Carpetbagger Constitutional Reform in the South Atlantic States, 1867-1868", *JSH*, 27 (November 1961), 475-477; *Arkansas Convention Debates*, 642-643.

[69] Richard L. Hume, "Scalawags and the Beginnings of Congressional Reconstruction in the South" (unpub. paper, annual meeting of American Historical Association, 1978); McMillan, *Constitutional Development in Alabama*, 121; Olsen, *Tourgée*, 93; Raleigh *Daily Standard*, February 24, 1868; *Arkansas Convention Debates*, 661-662; Richard(转下页)

尽管他们在各州制宪大会中总共有 265 名代表，但黑人在大多数州的代表性仍然相当不足。他们在路易斯安那州和南卡罗来纳州构成了多数，在佛罗里达州的代表中占 40%，但在亚拉巴马、佐治亚、密西西比和弗吉尼亚等州只占五分之一，在阿肯色、北卡罗来纳和得克萨斯州只占 10%。在有履历资料的黑人代表当中，有 107 人是出生于奴隶制中（其中有 19 人在内战前就已经获得自由），有 81 人是生而自由的人。28 人在北部度过了自己的一生或一生中的大部分时间，或者像两名南卡罗来纳州代表那样，曾经到过西印度群岛。至少有 40 名黑人代表曾在联邦军队服役，最大的职业背景群体包括了牧师、工匠（多为木工、鞋匠、铁匠和理发师）、农场主和教师。只有一小部分人是田野劳工或普通劳工。很少有黑人代表拥有大量的财产，但即便是在南卡罗来纳州也是如此；大多数黑人代表从未缴纳过任何州税（除人头税之外）。几乎所有的黑人代表都将在制宪大会之后继续参与政治，担任重建时期的其他公职，其中 147 人将当选为州立法机构的议员，9 人将成为国会议员。[70]

（接上页）G. Lowe, ed. "Virginia's Reconstruction Convention: General Schofield Rates the Delegates", *VaMHB*, 80 (July 1972), 347, 352; M. J. Keith to Henry Watson, Jr., October 2, 1867, Watson Papers.

[70] Richard L. Hume, "Negro Delegates to the State Constitutional Conventions of 1867–1869", in Rabinowitz, ed., *Southern Black Leaders*, 129–153; Holt, *Black over White*, appendix; KKK Hearings, South Carolina, 1241-1244. 我自己的人数清点结果与休谟的研究略有出入。根据可能是最好的研究结果，黑人代表的人数是：亚拉巴马州 17 人，阿肯色州 8 人，佛罗里达州 19 人，佐治亚州 36 人，路易斯安那州 50 人，密西西比州 16 人，北卡罗来纳州 14 人，南卡罗来纳州 71 人，得克萨斯州 10 人，弗吉尼亚州 24 人。

然而，这些数字掩盖了不同的地方格局，后者则反映了南部不同地区的黑人政治本质和黑人社会结构。近一半的黑人代表，其中有一大半是生而自由之人，在南卡罗来纳和路易斯安那州任职，而两地的政治组织工作是由都市自由黑人所领导的。而且拥有最为久远的历史。在路易斯安那州，生而自由的黑人几乎垄断了所有的黑人位置。佐治亚州的自由黑人人口较少，几乎没有黑人参加过军队，或随自由民局来到本州（自从谢尔曼将军拒绝征召黑人新兵，自由民局也没有雇佣过任何黑人），但黑人教会提供了大部分的主要领袖人物——22名黑人代表中包括了不少于17名牧师。弗吉尼亚州的情况显示，上南部地区的奴隶能够更多的获得解放、逃跑的机会，自由人和自由民之间的联系非常紧密；大约有三分之一多的黑人代表出生时是奴隶，但在1860年之前获得了人身自由。生为自由人的威利斯·霍奇斯是弗吉尼亚州制宪大会的黑人代表，他曾在战前描述了自由黑人与奴隶的关系，说他们是"同样的生活在悲伤之中的人"，他也曾帮助奴隶从奴役之中逃脱。[71]

在南卡罗来纳和路易斯安那，那些受过良好教育、能言善辩、拥有政治经验的出生时即为自由人的代表在各自的州制宪大会扮演了重要的角色，他们主导了大会辩论并时常在博弈中以智取胜超越白人代表。在其他州，也出现了善于雄辩的人，他们通常积

---

[71] Tunnell, *Crucible of Reconstruction*, 231–233; Drago, *Black Politicians*, 37–39; Willard B. Gatewood, ed., *Free Man of Color: The Autobiography of Willis Augustus Hodges* (Knoxville, 1982), xxxv, 3–4.

极参与会议的进程——如阿肯色州的威廉·格雷,他曾是前弗吉尼亚州州长亨利·怀斯家中生而自由的仆人,并以此身份在战前观摩过联邦国会的会议;还有得克萨斯州的乔治·鲁比,他是一个20多岁的年轻人,来自北部,曾为自由民局兴办学校,后来升至得克萨斯州联邦同盟会的领袖人物;还有逃奴托马斯·贝恩博士,自1865年起就是弗吉尼亚黑人政治的一名老兵,他"讲话流畅自如,知识渊博,善用幽默故事……而且特别能善解人意"。[72]

但在路易斯安那和南卡罗来纳,大部分的黑人代表缺乏正规教育的训练,只拥有"在农田干活的学位和从砖瓦厂来的毕业证书",完全没有为一个州制宪大会的复杂会议程序做好准备。在辩论中,他们时常"无话可说",有的时候甘愿让白人代表利用他们的缺乏经验来占尽先机。亨利·特纳后来回忆说,在人头税问题上,佐治亚州的黑人代表受到了误导,他们误以为人头税不能被用来限制黑人的投票权。尽管黑人代表在会议辩论中通常不出声,但他们在判断政治和宪法问题、为自己的选民争取利益方面,却十分能干。在公民权和接受教育的问题上,所有州的黑人组成了一个团结一致的整体;但在剥夺前邦联分子的选举权和经济政策等问题上,黑人代表与白人代表一样,处于分裂状态,忠实地反映了黑人社区多样化的社会趋势和政治策略。[73]

---

[72] Holt, *Black over White*, 35–37; Joseph M. St. Hilaire, "The Negro Delegates in the Arkansas Constitutional Convention", *ArkHQ*, 33 (Spring 1974), 43, 61; Carl H. Moneyhon, "George T. Ruby and the Politics of Expediency in Texas", in Rabinowitz, ed., *Southern Black Leaders*, 363–368; *New York Times*, January 11, 1868.

[73] George Teamoh Autobiography, Woodson Papers; KKK Hearings, Georgia, 1041.

南卡罗来纳州州长詹姆斯·奥尔说出了许多南部白人的心里话，他认为，一个本地区的"智识、教养和财富"未能得到代表的群体永远无法制定出战后南部需要的新的州宪法。事实上，大多数的州制宪大会创作出了具有现代精神和民主思想的宪政文献。新奥尔良《论坛报》编辑霍卓写道，它们宣称的"自由原则"实在是"太宏伟壮观"了。各州州宪法建立起了南部第一个由州资助的、由一个中心教育委员会监管的免费公立教育体制，南卡罗来纳和得克萨斯州还将儿童就学列为强制性的要求，这一规定得到黑人代表的有力支持。各州州宪法强制性要求建立监狱、孤儿院、精神病院等机构，加上对贫困救济的规定，这些新的宪法条款扩展了州政府的公共责任。

所有的州宪法都承诺保障黑人的公民和政治权利，如一家得克萨斯州的报纸所称，此举完成了一场"民权革命"。州宪法也废除了深为白人和黑人所痛恨的旧制度遗产——惩罚犯罪所用的鞭刑，担任公职的财产资格要求，以及因债务而遭到监禁的做法（最后一项被南方佬政客称为"封建时代的野蛮遗存"）。佛罗里达州甚至在州议会中给塞米诺尔印第安人留出两个席位。新宪法减少了重罪的种类，并在三个地方按新英格兰城镇的划分来重组地方政府，旨在推翻根扎在县法院中未经选举而产生的地方政治寡头。10个州里有9个承认了已婚妇女拥有分离的财产权（但此举的目的并不是表现女性主义的姿势，而是为了更好的保护家庭财产不受丈夫的债权人的侵犯）。南卡罗来纳州有史以来第一次授权准允离婚。战前关于权利的所有民权法案被推倒重写，新加入了《独立宣言》的语言，宣称所有人生而自由，承认公民应对联邦政府抱有极大的忠诚感。这样的规定迫使南部各州政府紧跟并与其他地方已经发生的变化保持一致。"我们需要这些……（南部各州的）宪法变成像我们的法律一样"，来自马萨诸塞州的共和党参议员亨利·威尔逊宣称，除了黑人选举权的问题，南部各州新宪法中的许多条款都是从北部州宪法中直接复制过来的。[74]

尽管各州制宪大会明显地展示了南部共和党致力于推动平等权利和建设新南部的决心，但它们也暴露了该党的内部分歧。共和党人在普遍原则上所达成的共识远远多于他们在具体实施政策的一致：他们支持公立教育，但在学校是否应该种族融合问题上意见存有分歧；他们提倡黑人的公民和政治权利，但不主张"社会平等"；他们希望推动民主的扩展，但不主张黑人对地方和州政府的主导；他们赞成忠于联邦的人掌权，但不主张剥夺前反叛者的投票权；他们呼吁经济现代化，但在如何平衡需要吸引外部资金和满足白人农场主的债务减免和黑人的土地要求方面僵持不下。这些辩论的结果显示了不同州内的各种力量的博弈与平衡，也展示了不同政治眼界之间的冲突：该党究竟是应该努力通过为黑人和更为贫穷的白人的利益服务而建构一个政治多数呢，还是应该

---

[74] *South Carolina Convention Proceedings*, 1:47–50; Jean-Charles Houzeau, *My Passage at the New Orleans "Tribune": A Memoir of the Civil War Era*, edited by David C. Rankin, translated by Gerard F. Denault (Baton Rouge, 1984), 143; *The Campaign Speech of Hon. Foster Blodgett …* (Atlanta, 1870), 6; Suzanne Lebsock, "Radical Reconstruction and the Property Rights of Southern Women", *JSH*, 43 (May 1977), 201–207; Nelson M. Blake, *The Road to Reno: A History of Divorce in the United States* (New York, 1962), 63, 234; *CG*, 40th Congress, 1st Session, 144; McMillan, *Constitutional Development in Alabama*, 142–144. 关于重建时期各州的州宪法文本，见：Francis N. Thorpe, ed., *The Federal and State Constitutions*, 7 vols. (Washington, D.C., 1909).

将自己的主要目标放在吸引"备受尊敬"的白人群体加入自己的队伍中来、吸引外部资本到南部来投资的工作上。

对于保守派来说,种族关系问题提供了最佳方式,既可以令他们的对手感到难堪,又可以打乱共和党的联盟。在每一个交锋的回合,他们试图在一些问题上迫使共和党人站队,包括种族通婚和为黑人和白人提供分离的学校系统。许多共和党人希望完全回避这些分歧严重的问题,但重建反对者在好几个州制宪大会上非常得心应手地制造了几起关于种族通婚的冗长辩论。(一位佐治亚州代表提议,凡是主持这类婚姻的牧师都应受到20年监禁的惩罚,或者被驱逐到利比里亚去居住。)黑人代表对娶白人妇女为妻并无兴趣,但他们中有些人也十分有节制地指出,他们反对者大肆鼓噪的"血缘的纯正"事实上早已在种植园主侵犯黑人女奴或与后者同居时"被不经意地干扰了"。[75]

然而,保守派并不是唯一的在"社会平等"问题上提出异议的群体。生来自由的南部黑人和来自北部的黑人中不乏有产人士,他们在旅行或进入旅店与餐馆时都经历了"大量的尴尬局面",因此他们要求在交通和公共住宿设施方面为黑人提供同等的待遇。詹姆斯·布兰德是一个木匠,他在弗吉尼亚州制宪大会提出了这个问题;原为纽约一家酒店服务生的突尼斯·坎贝尔,莫比尔市自由黑人社区"公认领袖"奥维德·格雷戈里,以及出生在印度

---

[75] *Journal of the Constitutional Convention of the State of North Carolina at Its Session 1868* (Raleigh, 1868), 473; *Journal of the Proceedings of the Constitutional Convention of the People of Georgia* (Augusta, 1868), 143; *Arkansas Convention Debates*, 363, 491–499, 501.

的牧师同时也是联邦军队老兵的詹姆斯·怀特分别在佐治亚、亚拉巴马和阿肯色州的制宪大会上提出了同样的问题。但无论是自由黑人还是获得解放的黑人，都对此提议表示支持，但北部提包客和南方佬代表在这个问题上或处于分裂状态或表示反对，大多数制宪大会在这个问题的最终决定是采取了回避的态度，既不保证对公用交通设施实行平等待遇，也不要求实施强制性的种族隔离。南卡罗来纳和密西西比州颁布了用词模糊的规定，禁止基于肤色之上的"区别[待遇]"，唯有在生而自由的黑人占主导地位的路易斯安那州，其制宪大会明确要求在公用交通和获得经营执照的商业运营中实施种族平等的待遇。[76]

引起更大争议的是州立教育中的种族融合问题。没有任何一个州实际上要求实施种族隔离的就学体制，这一忽略甚至导致13名亚拉巴马州白人辞去该州共和党代表的职务。然而，只有路易斯安那和南卡罗来纳两州明确地禁止种族隔离教育。大多数黑人更为关心的问题似乎是他们的孩子获得受教育的机会和黑人教师的雇佣问题，而不是种族融合教育的前景。在弗吉尼亚州，只有微弱多数的黑人代表支持托马斯·贝恩博士提出的种族融合教育措施，但他的提议最终未能成功。即便在南卡罗来纳州，同一个黑人代表团一方面赞赏种族融合教育的宪法语言，认为其奠定了社会"新结构的基础"，与此同时又承认黑白种族都愿意接受种

---

[76] *Virginia Convention Debates*, 154; Drago, *Black Politicians*, 40-41; *Official Journal of the Constitutional Convention of the State of Alabama* (Montgomery, 1868), 15; St. Hilaire, "Negro Delegates", 64; *Official Journal of the Proceedings of the Convention for Framing a Constitution for the State of Louisiana* (New Orleans, 1868), 125.

族分离的教育。但在所有的州内，黑人对宪法中要求实施种族隔离的语言都表示反对。詹姆斯·胡德后来担任了北卡罗来纳州教育总监助理，他当时主张建立黑白学生分离的学校，因为几乎所有的白人教师"在这个国家都受过必要的教育"，而他们将所有的黑人儿童都视为"天生的低贱"。然而，他极力反对将种族隔离写进州宪法里："将 [种族] 区别写进你的基本法中，白人儿童就会占尽所有的好学校……而黑人儿童则什么好学校也得不到。"只有提出种族融合的威胁才能强迫各州为黑人提供属于他们自己的"好学校"。[77]

共和党人在南部政治民主化的范围和含义的问题上也存在分歧。随着黑人选举权的实施，大多数州都开始实施基于人口总数或登记选民人数之上的州议会席位分配制度。代表权分配中"白人基础"的终结也标志着内陆地区削减种植园县的权力的长期斗争的最终失败，也推动一些南方佬开始寻求在全州范围内限制黑人的政治权力。此外，在州和地方公职竞选中，由黑人和改革派白人候选人提出的主张往往在白人为主的县遭遇被恐惧驱动的民主党多数派的反击，也遭到辉格派南方佬的抵制，因为后者希望是他们，而不是由黑人来控制种植园地带的地方事务。制宪大会时常处于被两种力量撕裂的状态之中，一方面希望扩展大众对政府的控制，另一方面又担心有多少白人会对此表示支持，其结果

---

[77] McMillan, *Constitutional Development in Alabama*, 152; *Louisiana Convention Journal*, 186; Hume, "Negro Delegates", 144; *Journal of the Constitutional Convention of the State of Virginia* (Richmond, 1867 [actually 1868]), 333–340; *South Carolina Convention Proceedings*, 2:889–901; Raleigh *Daily Standard*, March 7, 1868.

是，它们采用了一种自相矛盾的政策，民主在一些地方得到了极大的增强，而在其他的地方则遭遇了事实上的限制。

在北卡罗来纳州，内陆地区对州和地方政府的非民主结构的怨恨由来已久，共和党的跨种族联盟看上去是安全稳妥的，州制宪大会产生了亨利·威尔逊所称的"美国最具共和主义精神的宪法"。此话十分贴切，因为那种唤起革命时期共和主义思想的语言始终回响在大会的辩论之中。一位南方佬代表提出要废除州立法机构的参议院，因为它代表了"公民群体中一个特殊阶级的特权优势"。另一位代表谴责了州对竞选公职人提出的财产资格要求，以及其实施的陈旧、古老的立法代表权分配制度，两者都是从"人民没有自治能力的陈词滥调"中衍生而来的实践。尽管州参议院得以保留，代表们则废除了旧的州行政委员会，将原来由州立法机构任命组成的县法院系统全部换成了由选民直选产生的州和地方官员。他们同时将法官的产生从任命改为直选产生，从地方治安官一直到州最高法院，均是如此。[78]

站在政治光谱另外一端的是佐治亚和佛罗里达，这两个州的制宪大会都是由温和派南方佬代表所主导，他们使用巧妙的方法，将重建变成适合白人选民口味的进程，并尽力减少佐治亚州第一任共和党州长所称的"黑人选举权的危险"。佐治亚州立法机构席位分配是以县为基础，这一体制限制了地理上人口集中的黑人的

---

[78] *CG.* 40th Congress, 2d Session, 2691; "Resolution of Mr. Congleton, February 14, 1868", Secretary of State Papers, Constitutional Convention, NCDAH; Raleigh Daily Standard, February 14, 1868; Paul D. Escott, *Many Excellent People: Power and Privilege in North Carolina, 1850–1900* (Chapel Hill, 1985), 142.

影响力,与此同时,州关于除州长之外所有州政府官员的立法任命,以及州长对地方政务官以上的法官任命的相关规定,似乎都预示着黑人担任这些职务的人数将很少。州宪法也省略了对黑人担任公职权利的提及,要求陪审团成员必须是"有素质的和聪明的"公民,这样的规定给了地方官员足够的权力将自由民排除在外。在经过了一系列的斡旋之后,佛罗里达州制宪大会由一个商业导向的白人共和党和辉格传统保守派构成的联盟来主导,同样将立法代表权的设计向白人人口居多的县倾斜,赋予州长任命官员的"帝王般"权力,授权立法机构就投票权的行使建立一个教育程度的资格要求。佛罗里达共和党在政治上温和,致力于经济发展,这样的设计是为了吸引白人选民的加入,《民族》杂志评论说,该州宪法在"保守性方面超过了全国其他任何州"。[79]

另外一个牵涉民主承诺和政党生存的问题是对前邦联分子的权利的剥夺。许多共和党人无法同时接受他们党宣称的民主话语和要大面积地剥夺"反叛者"的投票权的建议。尽管内陆地区的南方佬代表,尤其是那些在内战中因坚守联邦信仰而吃尽苦头的人以及来自那些在南部内部冲突中备受攻击的地区的人,对剥夺邦联分子权利的主张给予最为强烈的支持,但在这个问题上,并没有出现单一的解决模式,因为它与共和党党内在吸引白人选民

---

[79] Scroggs, "Carpetbagger Constitutional Reform", 485-488; Bullock, "Reconstruction in Georgia", 672; Drago, *Black Politicians*, 40-44; Richard L. Hume, "Membership of the Florida Constitutional Convention of 1868: A Case Study of Republican Factionalism in the Reconstruction South", *FIHQ* 51 (July 1972), 5-7, 15-16; Samuel Walker to Elihu B. Washburne, June 12, 1868, Washburne Papers; *Nation*, May 21, 1868.

问题上的分歧纠缠在一起。在5个州内，只有为数甚少或几乎为零的邦联分子的权利遭到剥夺：在佐治亚、佛罗里达和得克萨斯州，温和派意在吸引白人保守派加入共和党，他们主导了会议进程；南卡罗来纳、北卡罗来纳、亚拉巴马和阿肯色州则禁止那些为第十四条宪法修正案剥夺了资格的人和那些在内战中"违反了文明战争法则"的人当选担任公职，并要求所有选民宣誓支持黑人的公民和政治权利。各州的背景有所不同，南卡罗来纳州的制宪大会是由一个巨大的黑人多数控制的，北卡罗来纳州拥有一个坚定的白人选民基础（但该州的山地代表对州宪法的宽恕条款表示反对）。亚拉巴马州和阿肯色州禁止那些根据第十四条宪法修正案被剥夺公职的人以及那些在内战中违反了文明战争规范的人投票，并要求所有选民宣誓承认黑人享有平等的公民和政治权利。即便如此，一位来自饱受战乱蹂躏的阿肯色州山区的代表仍然不满意，他"希望剥夺他们所有人的权利"。在路易斯安那州，获得白人支持的希望十分渺茫，该州剥夺了一大批前邦联分子的权利，从鼓吹退出联邦的报纸编辑和教会牧师到那些参加了表决支持退出联邦法令的人，但将那些在激进重建时期宣誓效忠联邦的人排除在外。密西西比州和弗吉尼亚州也将一大批"反叛者"排除在选民之外，尽管具有辉格传统的共和党人对此做法颇为不满。[80]

剥夺邦联分子权利是内陆地区共和党人的标志性政策主张，

---

[80] *Alabama Convention Journal*, 30-34; *Arkansas Convention Debates*, 320-321, 658, 673; *Virginia Convention Debates*, 528-533; William A. Russ, Jr., "Disfranchisement in Louisiana (1862-1870)", *LaHQ*, 18 (July 1935), 575-576; Hamilton J. Eckenrode, *The Political History of Virginia During Reconstruction* (Baltimore, 1904), 98-102; *Journal of the Proceedings of the Constitutional Convention of the State of Mississippi, 1868* (Jackson, 1871), 732.

在黑人代表中没有引发太多的关注,有许多黑人看上去也不是太赞成这一政策,因为它可能会破坏共和党对全民选举权的决心与承诺。"我并不打算将投票权从白人手中拿走,"曾为奴隶的亚拉巴马州代表托马斯·李这样宣称,"我所想要的是在法院的平等权利和我去参与投票的平等权利。"其他人则担心这样的政策会使共和党在全国蒙羞。弗吉尼亚的黑人代表詹姆斯·布兰德迫切地向国会议员伊莱休·沃什伯恩询问道:"这是一项继续剥夺反叛者权利的政策吗?……请立即告诉我你的意见。"一般来说,黑人在这个问题上的投票与白人共和党领导人的意见相同,在佐治亚和北卡罗来纳州,他们倾向赞成宽大处理;在弗吉尼亚州,黑人跟随亨尼克特,支持对邦联分子参与政治采取禁止措施。路易斯安那州的黑人在这个问题上产生了分歧。新奥尔良《论坛报》很早就开始反对剥夺邦联分子的权利,理由是,"如果我们剥夺任何阶级的选举权,它也可以从我们手中被夺走"。一位北部记者发现,黑人代表在这个问题上要比白人代表更倾向于对前邦联分子实施剥夺权利,最终,包括少数几名被认定为前奴隶的人在内的绝大多数人,投票赞成剥夺邦联分子的政治权利。[81]

在经济问题上,求发展的精神成为了主旋律。在一部现代宪法的指引下,密西西比州联邦同盟会的主席奥尔斯顿·迈格特宣称,"大型土地庄园将被分割成小块农田……机械化[将]蓬勃发

---

[81] McMillan, *Constitutional Development in Alabama*, 129; James W. D. Bland to Elihu B. Washburne, March 15, 1868, Washburne Papers; *Georgia Convention Journal*, 299–300; *North Carolina Convention Journal*, 251; *Virginia Convention Journal*, 221, 239–240, 271, 283–284, 295; New Orleans *Tribune*, November 25, 1866; *New York Times*, February 1, 1868.

展,农业将变成科学种植,内陆改进将得到推进"。推动经济增长的愿望促使亚拉巴马制宪大会建立起工业资源局,佐治亚制宪大会决定将本州的首都从昏昏欲睡的小镇米利奇维尔迁往蓬勃发展的商业中转中心亚特兰大。(在那里,约瑟夫·布朗解释说,"州可以建造一个精美的花岗岩议会大厦,花岗岩来自附近的石山,可通过罪犯劳工以非常低廉的价格获得"。)新的州宪法允许为铁路和其他风险企业提供广泛的资助,但有时也加入了监管措施,防止资金滥用。(密西西比和弗吉尼亚两州禁止州向公司提供州信贷资助,得克萨斯州禁止向铁路公司赠与土地,但三州都允许提供直接财政补贴。)北卡罗来纳州制宪大会的代表不愿等到州议会的立法行动,直接投票拨付200万美元的即时的铁路资助。有几个州根据通用公司法授权颁发公司宪章,有些公司第一次为公司股东建立起有限责任。许多州一劳永逸地废除了高利贷法或极大地提高了利率的法律上限。[82]

吸引外部资本的愿望毁掉了激进派提出的重起炉灶的重建计划,该计划希望废除现存的州债务和所有法律,包括公司执照和铁路公司的土地赠与,废除法律的起点甚至可以推至邦联时代。在每一个州,提包客都是经济现代化计划的最强劲的提倡者;内陆地区的南方佬和黑人,尤其是前奴隶们,则更为小心翼翼。亚

---

[82] *Mississippi Convention Journal*, 4; Atlanta *Daily New Era*, March 11, 1868; Mark W. Summers, *Railroads, Reconstruction, and the Gospel of Prosperity: Aid Under the Radical Republicans, 1865–1877* (Princeton, 1984), 25; Carter Goodrich, "The Revulsion Against Internal Improvements", *JEcH*, 10 (November 1950), 158–161; Jonathan M. Wiener, *Social Origins of the New South 1860–1885* (Baton Rouge, 1978), 148–151.

拉巴马州激进派代表丹尼尔·宾厄姆试图对接受州补贴的铁路公司征收 5 万美元的税,他的议案得到了内陆地区南方佬和黑人大多数的支持,但却为一个由提包客、保守派和黑土地带的南方佬代表组成的联盟所击败。北卡罗来纳州的提包客与黑人和保守派站在一起,认可了该州战前债券的合法性,这些债券的大部分都掌握在铁路公司的手中,但大会企图建立一个负责移民事务官职的建议却遭到保守派、南方佬和黑人的联合反对。(一位黑人代表指责那些希望用州资金来帮助移民的人——"如果要进行再分配的话,贫穷的黑人应该是最有资格得到分配的。")佐治亚州的黑人代表最为谨慎,他们无一遗漏地站在提包客和都市南方佬一边,击败了一个颇受许多内陆地区的南方佬青睐的州宪法条款,该条款授权州议会推翻或修订公司宪章。在南卡罗来纳,北部来的自由黑人有的已经卷入铁路投资的冒险之中,他们反对将资助局限在内陆改进的范围之内。"这是一个进步时代",出生在宾夕法尼亚的乔纳森·赖特宣称:政府应该"放手去做那些公众要求的公善事情"。[83]

围绕债务人救济的辩论则更为复杂,这一问题在北卡罗来纳、佐治亚和亚拉巴马州的内陆地区为共和党赢得了不少的支持。面对丢失的土地,许多负债累累的小农场主使用了强烈的阶级话语来评论救济问题。"这是资本与劳工之间的斗争,"一位佐治亚州

---

[83] Moneyhon, *Republicanism in Reconstruction Texas*, 72–76, 87; *Alabama Convention Journal*, 137; *North Carolina Convention Journal*, 204, 214, 310; Olsen, *Tourgée*, 110; Leonard Bernstein, "The Participation of Negro Delegates in the Constitutional Convention of 1868 in North Carolina", *JNH*, 34 (October 1949), 408; *Georgia Convention Journal*, 336–337; *South Carolina Convention Proceedings*, 1:249–250, 2:659–662.

南方佬代表宣称，"是介于富有的贵族和广大的人民群众之间的斗争。"事实上，"富有的贵族"也在那些呼吁进行救济的人之中。"整个南部现在都破产了"，一位种植园主的妻子哀叹道，而且整个区域到处都在打广告出售地产，以偿还债务。无论他们在政治上有何分歧，内陆农场主和和黑土地带种植园主在保留对自己土地的控制方面都享有共同的利益。然而，其他人对债务人救济却并不那么热心。如果当地客户能够设法逃避预付款的偿还，那些必须满足外州供应商的支付需求的商人就将遭遇破产。经济推动者担心，如果他们不能将拖欠成性的债务人告上法庭的话，北部人将永远不会借贷给铁路公司和其他企业。许多黑人对一位佐治亚人对他的前主人所说的话表示赞同："自由民不会从这个政策中获益。他们无债可欠。"此外，黑人知道，暂缓法事实上帮助雇主避免履行对劳工的义务，他们当然也没有帮助将种植园阶级从清偿债务的麻烦中解救出来的愿望。詹姆斯·胡德对北卡罗来纳州制宪大会说，暂停清理债务将有利于那些现在"拥有土地的人"，并"阻止穷人获得土地"。[84]

佐治亚州废除了1865年以前的所有债务，仅在那里有大量的黑人代表对暂缓偿还的措施表示支持，他们为了吸引白人选民而压制了其支持者要求获得土地的愿望。密西西比州黑人代表的大

---

[84] Atlanta *Daily New Era*, February 2, 1868; Mrs. W. A. Kincaid to Mrs. E. K. Anderson, August 20, 1867, Kincaid-Anderson Papers, USC; Henry Watson, Jr., to James Dixon, December 20, 1867, Watson Papers; Jerrell H. Shofner, "A Merchant Planter in the Reconstruction South", *AgH*, 44 (April 1972), 291–296; A. W. Spies to Charles Jenkins, November 30, 1866, Georgia Governor's Papers, UGa; Joshua Hill to John Sherman, January 10, 1868, Sherman Papers; Raleigh *Daily Standard*, February 3, March 6, 1868.

多数曾敦促军队建立一个公共救济项目,作为债务人救济的另外一个措施选项,以解救黑白种族的赤贫者(但军事当局对此不感兴趣)。在南卡罗来纳州,出生时即为自由人的查尔斯顿裁缝罗伯特·德拉吉和北部人威廉·惠珀敦促代表们倾听"本州贫困人民的声音"。但弗朗西斯·卡多佐反对任何有可能阻止打散那个"地狱般的种植园体制"的行动。代表们最终以微弱的优势呼吁军队停止收缴债务;南方佬代表以压倒性的优势支持这一措施,而黑人,无论是自由黑人还是前奴隶,统统表示强烈的反对。[85]

暂缓法使富人和穷人债务人平等受益,黑人普遍来说更支持宅地豁免措施,这是一种更有针对性的救济方式。这种措施旨在保护特定数量的不动产和动产不受债权人的收缴,事实上保证了小农场主或工匠不会失去他们的土地、工具或家具等。"那些拥有2万美元财产的请愿者的声音被安德鲁·约翰逊听到了",弗吉尼亚州一个跨种族共和党人群体宣称,他们呼吁州制宪大会,要确保那些财产只有1000美元或500美元的人在丧失抵押品赎回权时能够保留家庭住房。除路易斯安那州之外,每个州的宪法都纳入了一个住宅豁免的条款——价值范围从南北卡罗来纳州的1500美元到阿肯色和得克萨斯斯的5000美元不等——与此同时,该条款也禁止被用来反对劳工的工资索赔以及税收债务的清理。因为南部

---

[85] *Georgia Convention Journal*, 198-199, 252, 458-459; William C. Harris, *The Day of the Carpetbagger: Republican Reconstruction in Mississippi* (Baton Rouge, 1979), 134-135; *South Carolina Convention Proceedings*, 1:108-114, 125-130, 148. 在南卡罗来纳州制宪大会上,针对呼吁军队停止追缴欠债的动议以57对52票的结果获得通过,具体投票细节是,提包客代表6对4票,南方佬代表27对6票,自由民代表13对22票,南部自由黑人4对11票,身份不明代表1对1票。

的土地价值自战争以来剧烈下跌，大宗的豁免有效地保护了南部白人的大多数。一位记者报道说，"如果明天就出售的话，没有多少人的农场和住宅……能够卖出5000美元。"黑人普遍希望实施一种低产值豁免条款，希望它能使小农场主获益，同时强迫那些"拥有5万到8万英亩土地"的人在陷入债务危机时将他们的土地划分出一部分来。[86]

如果说债务救济暂时地稳定了南部土地拥有的模式，税收改革则似乎提供了一个重塑阶级关系的机会。在弗吉尼亚由激进派主导的制宪大会上，黑人和白人代表纷纷对战前税收制度和总统重建时期州和地方的过高人头税表示强烈的不满。"穷人不得不承担起本州所有的税收负担……"，托马斯·贝恩宣称，他注意到，自由民缴纳的人头税是3美元到4美元，而"价值数千美元的空置土地被征的税却只有50美分"。亨尼克特指出，低额的土地税鼓励种植园主和土地投机商大肆积累未开垦的荒地，对这些土地课以重税，可以迫使它们转移到市场上。"如果我们不对土地征税，"一个自称是"工人"、名叫弗兰克·莫斯的黑人代表说，"我们根本就不用到这里来制定一部宪法。"

有些黑人提议，通过对未开发的土地额外征税的方式，制定一个渐进税收体制，或如同一个路易斯安那州代表所建议的，对面积不足60英亩的农场完全免税。唯一采用这一措施的是弗吉尼

---

[86] Olsen, *Tourgée*, 129–135; *Virginia Convention Debates*, 87–88; J. H. Thomas, "Homestead and Exemption Laws of the Southern States," *American Law Register*, 19 (1871), 1–17, 137–150; *New York Times*, February 5, 1868; *North Carolina Convention Journal*, 348–349; *South Carolina Convention Proceedings*, 1:137, 141.

亚州制宪大会，它授权对年收入高于 600 美元的人征收一项特别税收。总体来说，各州新宪法将通用财产税设定为州财政收入的基础，这一原则早已在北部建立和实践多年，但在南部财政政策的历史上却是一个崭新的变革。所有的财产——土地、个人财产、股票和债券——从此都将一视同仁地征税，大大增加了从种植园主到小农场主等土地拥有者的负担，与此同时，无产的自由民和商业利益群体、手工匠人和从前必须缴纳沉重执照税的专业人士则从中获益。尽管内陆地区表示反对，州宪法也授权征收少量的人头税，将此收入专用于建立新的公立学校系统。黑人对这些新税一般表示支持，因为他们懂得仅由财产税支持的公立教育很快会失去白人的支持。[87]

当各州制宪大会开幕时，用一家新奥尔良报纸的话来说，许多保守派担心出现一种"绝对平均地产主义"的政策（这是 19 世纪的语言，指对私有财产的侵犯）。一位佐治亚州人警告说，随着"黑人"和"托利党人"的当政，"一场对土地的划分"很快就会来临，那些"管制劳工工资和土地租金的法律也将接踵而至——所有这一切都将使黑人和穷人获益"。土地与劳工等相互连接的问题通过不同方式在各州的制宪大会上被提出来，但针对这些问题的立法结果很难证明 1867 年所点燃的究竟是希望还是恐惧。有几个制宪大会做出决定，允许机械工匠和劳工从雇主财产获得工资

---

[87] *Virginia Convention Debates*, 104, 129–130, 138, 487, 652, 686–687, 695, 713–715, 722; Louis Post, "A Carpet-Bagger in South Carolina", *JNH*, 10 (January 1925), 31; *Louisiana Convention Journal*, 112; J. Mills Thornton III, "Fiscal Policy and the Failure of Radical Reconstruction in the Lower South", in Kousser and McPherson, eds., *Region, Race, and Reconstruction*, 349–394; Olsen, *Tourgée*, 108.

留置权,得克萨斯废除了"任何形式的债务苦工制",但自由劳动的推想毁掉了其他关于改善黑人工人境况的企图。南卡罗来纳前邦联军队的逃兵詹姆斯·艾伦建议将作物收成的一半作为最高土地租金的上限,但这一提议遭遇了失败,一位弗吉尼亚提包客关于为"雇工"建立日8小时工作制的建议也被制宪大会的多数击败。路易斯安那州的宪法包括了一个条款,禁止州立法机构"对体力劳动力价格设限",这一条款得到了提包客和保守派的大力支持。富有的自由黑人,如甘蔗种植园主皮埃尔·德尚德和奥古斯特·多纳托,也支持这一条款,其他支持者还包括一些著名的新奥尔良自由黑人,对于后者来说,任何对劳工市场的干预都让人回想起班克斯将军统治下那些遭人痛恨的强制性合同规定。其他的新奥尔良代表,无论是白人还是黑人,都对这一条款表示反对,希望能够满足该城劳工运动提出的日8小时工作制的要求。两名前奴隶投票反对这一保障劳工自由市场的条款,他们也许期望未来的州立法能够使雇工受益。[88]

黑人和白人激进派都谈到需要为自由民提供土地,并鼓励打破种植园体制。"我走遍了全州,"理查德·凯恩在南卡罗来纳州报道说,"在每一个地方我都被同样的问题所包围:我们如何才能够得到宅地?"有几部州宪法采取了一些不起眼的措施来满足这

---

[88] New Orleans *Picayune*, February 20, 1868; Alan Conway, *The Reconstruction of Georgia* (Minneapolis, 1966), 148; *South Carolina Convention Proceedings*, 1:194; *Virginia Convention Journal*, 297; *Louisiana Convention Journal*, 26, 120-121. 黑人代表在路易斯安那州立法问题上的投票结果正好是支持票与反对票持平,21对21票,该立法最终以43对34票获得通过。

一要求。得克萨斯州向该州巨大公共领地上居住的居民提供了免费的宅基地，密西西比州规定，该州因税收理由而没收的土地将不得以超过160英亩面积的板块出售。路易斯安那州制宪大会将这类出售土地的单块面积限制在更低的50英亩，但它击败了另外一个旨在限制个人在类似土地出售中可购买数量的建议。（新奥尔良的自由黑人支持第一个条款，但意见一致地反对第二条款，也许他们希望他们自己能够从中获得大量土地）。南卡罗来纳州制宪大会采取的行动最具有实质性，它授权州立法机构建立一个州委员会，负责以长期贷款方式为转售土地而购买土地。当制宪大会开幕后不久，代表们否定了由黑人提包客兰登·兰利提出的一项建议。兰利是著名的马萨诸塞州第54有色人种步兵团的老兵，他提出"永远放弃"对土地没收和剥夺前邦联分子政治权利两个问题的讨论。60%的白人共和党人对他的提议表示赞同，但一个由南部自由黑人和自由民组成的多数表示反对。对提案最重要的黑人支持来自于像兰利这样信仰自由劳动思想的北部黑人。但土地没收的问题从未有机会被提交大会进行辩论，部分的原因是代表们担心国会会否定带有这样条款的州宪法。[89]

随着各州产生出自己的、同时掺杂着激进与温和内容的新宪

---

[89] *South Carolina Convention Proceedings*, 1:380; *Journal of the Reconstruction Convention, Which Met at Austin, Texas* (Austin, 1870), 1:895; *Mississippi Convention Journal*, 739; *Louisiana Convention Journal*, 266-267, 1465. 一项重新讨论兰利提议的动议以46对61票的表决而失败（*South Carolina Convention Proceedings*, 1:43），具体的投票结果是：南方佬代表20对10票，提包客代表6对5票，自由民代表8对25票，北部黑人代表6对8票，南部黑人代表6对8票，身份不明代表1对2票。

法，这些州宪法总体来说，未能满足来自基层的经济要求，而这些要求正是受到1867年政治动员与组织的激发所产生的结果。但它们将新的变化带入了南部的政治结构之中，而在那些与旧南部传统和总统重建关联深厚的人眼中，这些变化充满了危险。该区域的传统精英领导群体，同时包括民主党人和前辉格党人，此刻动员起来对此进行了反对。他们的反对活动直截了当地诉诸白人对种族问题的敏感。与"本州应该由白人或黑鬼来统治？"这个压倒性的问题相比，其他问题均显得"微不足道"。亚拉巴马州民主党执行委员会中只有一个人赞成为争取黑人选票而努力，其他人更喜欢集结在"白人政府的战斗口号"之下。北卡罗来纳州保守派大肆抨击藏身于新建公立学校体制中的种族融合精神，认为白人儿童在这样的体制中将"接受所有非洲人的低贱和低级的本能"。[90]

然而，对种族主义情绪的煽动往往与白人对政府前景的担心是联系在一起的，尤其是当北卡罗来纳州州长沃斯所称的"社会渣滓"可能会控制政府的时候。全民选举权——一种"仅由数字"决定的政府，沃斯写道，"我认为是对文明的破坏"。文明在他的定义中是"财产的占有和保护"。显然，这些话语并不仅仅是针对黑人的。1867年，当丹尼尔·西克尔斯将军宣布所有纳税人都有资格担任陪审员时，沃斯抗议说："抛开黑人不说，在命令之下，

---

[90] William M. Browne to Samuel L. M. Barlow, April 22, 1868, Samuel L. M. Barlow Papers, HL; Conway, *Reconstruction of Georgia*, 154; manuscript account of Democratic Executive Committee meeting, January 15, 1868, Robert McKee Papers, ASDAH; "Anti-Constitution", *To the White Men of North Carolina*, broadside, 1868.

即便全是由白人组成的陪审团,也没有资格对他们同胞的权利说三道四。"北卡罗来纳州的宪法需要修订,沃斯和其他民主党领袖希望回到 1776 年制定的政府架构中,那个架构包含了投票需要拥有实足的财产的条款。虽然他们的反对声音在北卡罗来纳这样的州最为响亮,因为该州有大量的白人自耕农似乎准备加入共和党,但传统精英对重建的反对却在整个南部到处可见。选举权,一家新奥尔良报纸宣称,是"一种责任而不是一项权利,它在白人中间实在是过于多了,[我们感到]很遗憾"。该州民主党人劳心费力地制作了一篇"劝谏书"送往国会,揭露只有为数不多的制宪大会代表交付了州税,抨击建立一个为穷人服务、由有产者出资的公立学校的思想。(撒迪厄斯·斯蒂文斯评论说,"这些被抗议书列为是糟糕透顶的事情",在他这样的共和党人眼中,"却都是美德"。)[91]

随着黑人几乎一致地支持新宪法,共和党人与保守派一样,也把他们的注意力放在白人选票上,尽管他们的战略在每个州都不尽相同。佛罗里达州温和派获得了提包客哈里森·里德的州长候选人提名,里德曾是约翰逊州长的支持者,他与保守派达成默契,以白人至上原则和经济发展为纲来管理本州。在佐治亚州,制宪大会代表提名鲁弗斯·布洛克为州长候选人,从而避免举行一个很可能为联邦同盟会控制的州共和党大会;该党采用了一种

---

[91] Hamilton, ed., *Worth Correspondence*, 2:1155-1156, 1201, 1217-1218; Elizabeth G. McPherson, ed., "Letters from North Carolina to Andrew Johnson", *NCHR*, 29 (January 1952), 110-111; T. Harry Williams, "An Analysis of Some Reconstruction Attitudes", *JSH*, 12 (November 1946), 478; KKK Hearings, South Carolina, 1241-1244.

"两面派"的做法，帮助黑人在种植园县里竞选地方职位，同时专注解决内陆地区的救济问题，并向白人保证宪法不会让黑人担任公职。在其他地方，共和党人自称为"穷人的政党"，猛烈抨击那个将大量白人置于贫困和愚昧之中的"土地贵族"。亚拉巴马州州长候选人威廉·史密斯允诺保证给本州带来工厂、矿山和其他先前曾被一个政权封杀过的企业，这个政权谴责内陆地区"不发达，人民贫困"。共和党人不时提醒南部效忠派，正是此刻反对重建的那群"贵族和操弄退出联邦的寡头们"曾经将这一地区带入反叛之中。[92]

除了佐治亚州和佛罗里达州之外，共和党并没有为了赢得白人选民而抛弃黑人政治平等的原则。然而，因为各种情势的综合与纠结，黑人和白人激进派在几乎每一个南部州的影响力都减弱了。斯科菲尔德将军为弗吉尼亚州宪法剥夺邦联分子权利的条款感到震惊，认为"言而无信的白人和黑人激进派"很快将要控制该州，因而拒绝进行一场新宪法批准的选举。除南卡罗来纳州和路易斯安那州外，其他南部州因为害怕疏远白人选民而将黑人排除在州级公职候选人的名单之外。此时黑人已经面对了一个后来将贯穿于整个重建时期的政治困境——他们作为共和党人的整体性可能导致那些寻求白人选票的政党领袖们将他们的支持当成一

---

[92] Jerrell H. Shofner, "Florida: A Failure of Moderate Republicanism", in Otto H. Olsen, ed., *Reconstruction and Redemption in the South* (Baton Rouge, 1980), 15-21; Atlanta *Daily New Era*, March 11, 1868; Nathans, *Losing the Peace*, 88-92; Harris, *Day of the Carpetbagger*, 187; Harry K. Benson, "The Public Career of Adelbert Ames, 1861-1876" (unpub. diss., University of Virginia, 1975), 129; Mobile *Nationalist*, January 30, 1868; Raleigh *Daily Standard*, March 16, 1868.

种理所当然的囊中之物。[93]

令人意想不到是，一些最不可思议的事件发生在路易斯安那州，该州黑人共和党内的派别分歧使温和派提包客得以控制该党。在州制宪大会上，亨利·沃莫思以微弱多数击败了弗朗西斯·杜马斯，赢得了州长候选人的提名，后者是一位在法国出生的、有着八分之一黑人血统的富人，也得到新奥尔良《论坛报》及其圈子的支持。也许因为他曾经是本州最大的奴隶主之一，杜马斯未能赢得自由民的支持（尽管根据各方面的报道，他对他的奴隶一直很好，在内战中，他在巴特勒将军手下担任联邦军队军官，而且他也鼓励自己的奴隶参加联邦军队）。沃莫思也得到了平奇贝克和詹姆斯·英格拉哈姆这样的自由黑人的支持，后者来自讲法语的自由黑人精英圈子之外的地方。当《论坛报》拒绝支持沃莫思的候选人提名时，它丢掉了州与联邦的印刷合同，被迫停刊。它的主编让·查尔斯·霍卓离开美国前往牙买加在一个香蕉种植园定居，最终回到了他的祖国比利时，成为皇家天文台台长。《论坛报》曾为将共和党引入南部立下了汗马功劳，但就在共和党的统治刚刚开始的时候，它却遭到灭亡，而它的消失也让南部失去了一个激进主义的雄辩家。[94]

在当年冬天和1868年春天举行的批准宪法和选举州官员的选

---

[93] John M. Schofield to Ulysses S. Grant, April 18, 1868 (copy), John M. Schofield Papers, LC; Jack P. Maddex, Jr., *The Virginia Conservatives 1867–1879* (Chapel Hill, 1970), 60–63.

[94] F. Wayne Binning, "Carpetbaggers' Triumph: The Louisiana State Election of 1868", *LaH*, 14 (Winter 1973), 21–39; New Orleans *Tribune*, July 2, 1867; Houzeau, *My Passage*, 15, 48, 149.

举为南部共和党人带来了喜忧参半的结果。黑人的选票仍然十分稳固,但共和党吸引白人选民的努力并没有在所有州带来期望的结果。最终使大量白人共和党人能够现身投票站的是一个以保守派共和党人构成的候选人组合(在佛罗里达州)、一种内陆地区联邦派的突出表现(在阿肯色和亚拉巴马州北部),或者这两种情形中的一种与能够吸引白人自耕农的经济发展计划的结合(在北卡罗来纳和佐治亚州)。共和党的最大成功出现在北卡罗来纳州,保守派的种族团结口号未能阻止两万多白人选民投票赞成新的州宪法,他们构成了白人选民的四分之一。威廉·霍尔登赢得了州长选举,共和党横扫全州,赢得了州议会的绝对多数。"至少在北卡罗来纳州,"一位观察家写道,"不能说州宪法的批准是受到了外部势力影响的结果。"布洛克成为佐治亚州州长,他以 7000 票的优势击败了前邦联将领约翰·戈登;州宪法以两倍多的票数差距获得了批准。救济问题和约瑟夫·布朗在小农场主中的旺盛人气令共和党人备受鼓舞,一连赢得 12 个内陆地区的县,并在更多的其他县赢得了巨大的支持。在南卡罗来纳州,很少有白人投票给共和党,但共和党也不需要他们这样做,因为该党以 2 比 1 的多数领先。

在其他地方,选举结果则更为凶险。沃莫思大获全胜,但只赢得了路易斯安那州白人选票的极少部分。即便是联邦派主导的韦恩教区也变成了民主党的天下,尽管该教区[立法机构]的 113 名共和党人构成了路易斯安那南方佬政客的最大集合体。此外,民主党人利用提包客、自由民和自由黑人之间的分野,赢得一些种植园教区的控制。亚拉巴马和密西西比两州的选民拒绝批准新宪法。在亚拉巴马州，一场白人发起的抵制以需要登记选民的大多数批准为由阻止了宪法的批准（国会迅速将这一要求改为需要实际投票选民多数的批准）。在密西西比州，其剥夺（邦联分子）权利条款几乎令所有白人对共和党抱着敬而远之的态度，民主党甚至赢得了被誉为内战时期联邦主义的"标兵县"的乔克托。[95] 因此，在邦联政府被消灭三年之后，共和党人在南部多数地方得以掌权。"这些政府和宪法，"一家民主党报纸发誓说，"是在刺刀下建立起来的，也只能由刺刀来维系它们的存在，没有刺刀，它们一天也维持不下去。"重建的命运仍然将由1868年联邦政治的角力结果来决定。[96]

对约翰逊的弹劾与格兰特的当选

重建给美国政治带来了许多戏剧性的创新，1868年春天又添加了一项史无前例的新剧目：总统因"重罪和轻罪"在参议院接受审判。弹劾安德鲁·约翰逊这一事件的根源不仅在于他与国会之间日益升温的敌对关系，而且还在于共和党重建政策自身所带有的一个非常异类的特点。国会责成军队执行一项其总司令表示

---

[95] *Tribune Almanac*, 1869, 75–84; Jesse Wheeler to Benjamin S. Hedrick, May 27, 1868, Hedrick Papers; Donald W. Davis, "Ratification of the Constitution of 1868—Record of Votes", *LaH*, 6 (Summer 1965), 301–305; William T. Blain, "Banner Unionism in Mississippi, Choctaw County 1861–1869", *Mississippi Quarterly*, 29 (September 1976), 218–219. 除弗吉尼亚州之外，得克萨斯也没有举行选举，因为该州的制宪大会直到1869年才结束制宪工作。

[96] Charleston *Mercury*, February 5, 1868.

反对的政策。早在1867年之前，一些激进派就已经要求将约翰逊解职，他们担心，只要约翰逊在任一天，重建就永远不会成功。俄亥俄州国会议员詹姆斯·阿什利对此事十分执着，力图证明有人谋杀了林肯是为了让他的副总统入主白宫，就像威廉·哈里森和扎卡里·泰勒（他认为后者是被毒死的）所遭遇的一样。然而，国会并没有采用阿什利的思路去启动弹劾总统的程序，而是更倾向于保护自己的政策和共和党不受总统的干涉。1867年，国会要求所有发给下级军队将领的命令都需要经过格兰特将军的批准，在《官员任期法》中，国会要求凡经过参议院批准的联邦官员继续留在职位上，直到其继任者得到批准为止。该法的主要目的旨在保护较低等级的、因恩惠制关系得以任命的官员；该法同时也禁止总统，在未经参议院同意的情况下，将他任期内所任命的内阁成员解职；然而，不清楚的是，这条法律是否适用于战争部长斯坦顿，因为他是由林肯任命的。

一些总统的支持者敦促约翰逊将斯坦顿解职，宣布《重建法》无效。尽管约翰逊决心阻挠国会政策的实施，但他并不觊觎代人受过的角色。相反，他耐心地等到仲夏时分才利用《官员任期法》的一个条款来采取行动。该条款允许他在国会休会期间将斯坦顿停职，然后在参议院重开会期之后投票将斯坦顿永久解职。只要约翰逊依法行事，弹劾便没有机会启动。12月初，阿什利自上年冬天提出的动议终于提到了众议院的议事日程上，但遭遇了惨败，所有的民主党人和大多数共和党人都投票反对。在秋季选举之后，众议院的投票令总统相信，北部公众最终对他的政策表示了支持，于是开始采取强硬行动。他一方面积极鼓励南部的重建反对者，同时将几名军队将领解职，任命更为保守的继任者取而代之。但当参议院拒绝同意他对斯坦顿的解职时，约翰逊却在1868年2月12日强行撤销了斯坦顿的战争部长职务。[97]

《民族》杂志评论说，约翰逊没有能够为有色人种扮演摩西的角色，但他却成功地为他的"弹劾者们"扮演了这一角色。一连串的动机和算计——对民众支持的过于自信、重振总统权威的愿望，甚至包括投身于民主党，将自己变成该党1868年总统候选人的打算——决定了他最终采取的路线。然而，如同过去反复发生的情形一样，约翰逊再一次失算了。谢尔曼将军经常分享总统的观点，但发现他的行动根本站不住脚："他企图在已经失去了统治方式之后继续行使统治权。如同一个军队将领一样，他企图打仗，但他却没有军队。"在全体共和党人议员的一致同意之下，众议院决定对约翰逊进行弹劾。尽管这个决定多少代表了一种情绪宣泄，但更是在表达一种决心：要摆脱这个令人讨厌的行政首脑，共和党人还有更现实的理由希望约翰逊早日离开总统办公室，尤其是当人们意识到他的行动对重建的成功构成了威胁的时候。南部激进派尤其收到大量南部来信，报告那些反对国会政策的人垄断了联邦公职的任命权，同时宣称约翰逊的解职对南部共和党的生存

---

[97] Robert F. Horowitz, *The Great Impeacher: A Political Biography of James M. Ashley* (Brooklyn, 1979), 123-142; Hans L. Trefousse, *Impeachment of a President: Andrew Johnson, the Blacks, and Reconstruction* (Knoxville, 1975), 44-50, 96-112; Howard K. Beale, ed., *Diary of Gideon Welles* (New York, 1960), 3:160-161; Benedict, *Compromise of Principle*, 276-294.

具有关键意义。[98]

然而，从一开始，反对总统的案例就显得软弱无力，漏洞百出。在11条弹劾条款中，有9条指控或者是针对斯坦顿的解职，或者是针对一项未经证实的指称，即总统企图诱使洛伦佐·托马斯将军接受未经格兰特同意而下达的命令的行动。其他两个条款，分别由巴特勒和斯蒂文斯起草，指控总统否认国会权威，企图令国会"蒙羞"。全部条款中没有任何地方提及共和党希望赶走约翰逊的真正理由——他的政治观点、他实施《重建法》的行政方式以及他的完全无能。在一个议会制的政府体制中，约翰逊可能早就离职而去了，因为几乎所有的共和党人都同意最高法院大法官戴维·戴维斯对约翰逊的描述：这位总统是一个"固执己见、自以为是和十分好斗的人"，完全不适合担任总统。但所有这些显然都不是弹劾他的罪名。尽管巴特勒和斯蒂文斯做了修订，但总体来说，弹劾条款隐含地接受了约翰逊辩护团队在后来使用的核心论点：只有清楚无误的违法行动才能成为罢免总统的理由。[99]

其他的因素也增加了约翰逊将得以留任的机会。因为副总统的空缺，他的继任者将是本·韦德，后者是参议院议长，因为在

---

[98] *Nation*, February 27, 1868; James E. Sefton, *Andrew Johnson and the Uses of Constitutional Power* (Boston, 1980), 157–159; M. A. De Wolfe Howe, ed., *Home Letters of General Sherman* (New York, 1909), 373; Eric L. McKitrick, *Andrew Johnson and Reconstruction* (Chicago, 1960), 490, 507.

[99] Richardson, ed., *Messages and Papers*, 6:709–718; Thaddeus Stevens to Benjamin F. Butler, February 28, 1868, Butler Papers; Willard L. King, *Lincoln's Manager: David Davis* (Cambridge, Mass., 1960), 260; Michael L. Benedict, *The Impeachment and Trial of Andrew Johnson* (New York, 1973), 26–34.

重建问题上的激进立场而不受温和派的待见，同时因为提出高关税、软钱和亲劳工的意见而不受商人和信奉自由放任意识形态之人的喜欢。"所有的伟大的北部资本家"，一位激进派编辑观察说，担心弹劾总统会摧毁公众对政府和其债券的信心。（"按40美分对1美元的比率兑现5-20[联邦债券]，"他补充道，"是保存总统的宪政权力的强大理由。"）许多人会因看到"约翰逊被赶走"而感到兴高采烈的人，但他们对将韦德提升至总统又甚为犹豫不决，因为韦德"认为我们的绿背纸币是世界上最好货币、其唯一的缺点是它的数量还不够多"。[100]

随着对约翰逊在参议院的审判拉开序幕，首席大法官蔡斯暗藏心计，刻意将审判程序朝着狭隘的法律方向指引，因为他与被告一样，也认为自己是民主党总统候选人的材料。因为他们无法提出广泛的政策问题或直接指认总统的真实"罪行"，众议院的弹劾公诉人只能将他们的指控集中在斯坦顿的解职问题上。辩方也有自己的弱点，特别是其表述的观点处处都是自相矛盾。一方面，约翰逊的律师争辩说，因为《官员任期法》不适用于斯坦顿，他的解职是完全合法的，尽管在这个案例中很难解释总统为何在1867年曾严格遵循此法律，在将战争部长停职时将自己的决定告知参议院。在另一方面，他们又争辩说，约翰逊违反《官员任期法》的目的是为了让最高法院能够就该法的合宪性问题做出裁决，

---

[100] Hans L. Trefousse, *Benjamin Franklin Wade: Radical Republican from Ohio* (New York, 1963), 295-309; T. W. Egan to Andrew Johnson, October 7, 1867, Andrew Johnson Papers, LC; Horace White to Elihu B. Washburne, May 1, 1868, Washburne Papers; *Nation*, February 27, April 30, 1868.

这一立场将允许总统来决定哪些是他必须遵循的法律。[101]

无论该案的细节如何，一个富有影响力的参议院共和党群体很快表现出一种倾向，正如约翰逊的律师威廉·埃瓦茨所说，他们更愿意"维持现状而不愿接受提出的变化"。特朗布尔、费森登和格里姆斯在重建问题上都持温和派的观点，坚持自由贸易的立场，担心权力制衡体制的破坏会导致对约翰逊的判罪和随韦德的总统执政而带来的新经济和政治政策的实施。此外，危机的气氛在2月时已经逐渐缓解。共和党人在一连串的南部选举中获胜，最高法院也对国会匆忙通过的一项法律予以了支持，该法免除了法院对人身保护令状案件的审理权，从而使得一位被囚禁的密西西比州的报纸编辑的上诉变得毫无意义，而该上诉则有可能质疑重建的合宪性问题。与此同时，埃瓦茨也悄悄地传递了一个担保信息，声称如果约翰逊被免罪的话，他将停止阻碍国会共和党人推行其南部政策的努力。[102]

到4月时，华盛顿博彩公司的胜算已经转向赞成免罪，但最终决定的时刻在5月中旬来临的时候，只有35名参议员投票赞成定罪，比要求所需的三分之二多数少一票。7名共和党人为约翰逊微弱的胜利提供了必要的投票，尽管其他一些人随时准备在必要的时候支持总统。韦德没有自动解除资格，参与了这次有

---

[101] Clemenceau, *American Reconstruction*, 174, 182; Benedict, *Impeachment*, 144–154.
[102] William M. Evarts to Edwards Pierrepont, April 16, 1868, Edwards Pierrepont Papers, Yale University; James W. Grimes to Charles H. Ray, May 7, 1868, Charles H. Ray Papers, HL; Theodore C. Smith, *The Life and Letters of James A. Garfield* (New Haven, 1925), 1:425; Charles Fairman, *Reconstruction and Reunion 1864–1888: Part One* (New York, 1971), 415–467; Mantell, *Johnson, Grant, and Reconstruction*, 90–96.

可能将自己送入白宫的投票。(堪萨斯州共和党参议员埃德蒙·罗斯投票支持免罪决定,但也以行为不当受到指控,因为他很快将总统的感激之情予以兑现,为几位朋友谋得了收入丰厚的恩惠制职位。)与后来的传说相反的是,共和党人并没有将"7位烈士"从党内踢出去,所有人当年秋天都竭力为格兰特竞选。更为准确的说法应该是,弹劾事件在一连串的连环事件中构成了重要的一环,它使这7人以及其他投定罪票的一些人变得对重建愈加失望。7人中的4位幸存者在1872年加入自由派共和党人的阵营之中。[103]

约翰逊的免罪进一步削弱了激进派在共和党中的位置,并使尤利西斯·格兰特的总统候选人提名变得无法避免。格兰特是一个职业军人,只是在19世纪50年代有过一段并不愉快的平民生活插曲。在内战之前,尽管他在观点上偏向于民主党,但格兰特对政治并不感兴趣。如果说格兰特缺少政治经验的话,他绝不缺少政治直觉。他在内战中能够做到从无到有,大放光彩,所凭借的不仅仅是他的勇气和军事天才,而且也是因为在实施奴隶解放和招募黑人士兵等方面他与林肯和国会进行了充分有效的合作。

---

[103] Patrick J. Furlong and Gerald E. Hartdagen, "Schuyler Colfax: A Reputation Tarnished", in Ralph D. Gary, ed., *Gentlemen from Indiana: National Party Candidates 1836–1940* (Indianapolis, 1977), 72; Charles A. Jellison, *Fessenden of Maine* (Syracuse, 1982), 244–245; Mark A. Plummer, "Profile in Courage? Edmund G. Ross and the Impeachment Trial", *Midwest Quarterly*, 27 (Autumn 1985), 39–46; Ralph J. Roske, "The Seven Martyrs?" *AHR*, 66 (January 1959), 323–329. 这7位共和党人是费森登、格里姆斯、特朗布尔、罗斯、田纳西州的约瑟夫·福勒、密苏里州的约翰·亨德森和西弗吉尼亚州的彼得·范温克尔。费森登于1869年去世,格里姆斯和范温克尔于1872年去世,亨德森于1870年加入自由派,但在1872年回归共和党阵营。

他在内战冲突中以最为卓越的军事英雄得以崛起,早在 1866 年就知道具有影响力的共和党人已经在预测他的总统候选人提名。虽然格兰特最初试图避免将自己和军队卷入重建政治之中,但到 1868 年他已经完全致力于支持国会的重建政策。尽管如此,正如一位共和党人所说,他的候选人提名带有一股"保守的气味",这既是因为他本人明显缺乏意识形态的信念,也是因为他最早的支持者曾是支持过约翰逊的"纽约市大保守派和商业利益"圈子里的人。该市的商业精英害怕民主党的胜利将再度搅动起已经解决的重建问题,而一个格兰特政府则会承诺温和执政、财政责任感和在南部投资所需要的稳定局面。温和派也加入格兰特支持者的行列中,希望以此削弱激进派在州一级政党中的影响力。其他共和党人,一位伊利诺伊州的激进派哀叹道,支持格兰特仅仅因为"他们认为他能够当选。当我们只是看人而不是看原则的时候,这是一个坏兆头"。[104]

许多激进派曾希望,如果韦德接任总统,他可能会获得 1868 年大选总统候选人的提名。当格兰特获得提名的潮流变得难以阻挡的时候,他们将自己的期待后撤,要求格兰特按"一个坦率的

---

[104] William S. McFeely, *Grant: A Biography* (New York, 1981); William H. Trescot to James L. Orr, March 4, 1866, South Carolina Governor's Papers; Harold M. Hyman, "Johnson, Stanton, and Grant: A Reconsideration of the Army's Role in the Events Leading to Impeachment", *AHR*, 66 (October 1960), 96-98; Thompson Campbell to Cornelius Cole, February 11, 1868, Cornelius Cole Papers, University of California, Los Angeles; William B. Hesseltine, *Ulysses S. Grant, Politician* (New York, 1935), 81-102; Cyrus H. McCormick to Samuel L. M. Barlow, December 20, 1867, Barlow Papers; J. M. Edmunds to William Sprague, July 26, 1867, William Sprague Papers, Columbia University; Eva I. Wakefield, ed., *The Letters of Robert G. Ingersoll* (New York, 1951), 151.

和直言不讳的激进纲领"来展开竞选。但激进派的这个要求被共和党全国大会所否定。大会是在约翰逊被免罪之后不久在芝加哥举行的。自从1867年北部州选举失利之后,一位激进国会议员注意到,温和派"在讨论黑人选举权的时候,态度一下子变得像少女做事那样怯生生的,似乎在怀疑[黑人选举权的]正当性似的"。这种犹豫不决也反映在共和党竞选纲领上,党纲宣称,对于南部来说,从"公共安全、感恩和正义"的角度考虑,黑人投票都是极为重要的,但北部的黑人选举权问题则交由各州的选民自己去处理。即便如此,一位马萨诸塞州代表报告说,也要比可被称为"简直就是残暴"的党纲初稿要好,初稿居然为将黑人投票强加于南部头上而表示歉意。由芝加哥《论坛报》主编霍勒斯·怀特起草的"财政方案"将"一切形式的(对战时债券的)拒付"视为一种"国家罪行"。总之,如纽约《商业杂志》所说,党纲"比起预想的要保守许多"。然而,法律面前人人平等和自由民有权参与南部政府的原则没有受到触动,成为共和党的基本原则。[105]

格兰特获得提名之后,国会开始巩固该党在秋季竞选的地位,

---

[105] Schuyler Colfax to Theodore Tilton, January 4, 1868, Schuyler Colfax Papers, NYPL; *CG*, 40th Congress, 2d Session, Appendix, 300; Kirk H. Porter and Donald B. Johnson, eds., *National Party Platforms 1840-1956* (Urbana, Ill., 1956), 39; Francis W. Bird to Charles Sumner, May 25, 1868, Sumner Papers; Adam S. Hill, "The Chicago Convention", *North American Review*, 107 (July 1868), 176-178; New York *Journal of Commerce*, May 23, 1868. 众议院议长斯凯勒·科尔法克斯获得副总统候选人提名,这是一个罕见的例子:一个禁酒主义者击败了一位免费向代表分发酒水的候选人(本·韦德)。

将 7 个州重新纳入联邦。有些激进派对南部共和党的脆弱性看得十分清楚,批评这种做法过于仓促。在他们的要求下,国会禁止这些州以种族为由限制选举权。但有一个州的宪法的确引起了负面的关注,即佐治亚州的宪法,该宪法的一条款废除了 1865 年以前的债务,一个南部追缴欠款机构的官员指出,这种做法似乎未能与芝加哥党纲的承诺"保持一致"。参议员奥利弗·莫顿说,如果共和党要以"诚信党"的形象来竞选,他们必须废除佐治亚自己的"拒付债务"行为。国会的确这样做了,尽管有人警告说这样做会给佐治亚州的共和党带来"灾难性"的后果。到国会闭幕时,共和党的竞选形象已经建立起来了——在南部进行重建,尊重联邦,所有这一切均由格兰特负责监管,而他的口号是"让我们拥有和平"。[106]

民主党人仍然沉浸在 1867 年获胜的喜悦之中,该党自然不乏跃跃欲试要与格兰特一比高低的人选。而约翰逊则认为,他的提名是最符合逻辑的做法。"他们凭什么不应该提名我?"当民主党全国大会在 7 月召开时他问道。"他们承认接受我的政策;他们说我坚持捍卫宪法并为此进行了崇高的斗争。"布莱尔家族推出了小弗朗西斯·布莱尔将军,他的提名可以帮助该党免受对联邦不忠的指控。詹姆斯·杜利特尔也在内心暗藏被提名的希望。但随着大会的临近,俄亥俄州的乔治·彭德尔顿成为了领跑者,他计划

---

[106] *CG*, 40th Congress, 2d Session, 1868, 2464, 2602–2603, 2742–2744, 2970, 2999–3002; Jonathan McK. Gunn to Thaddeus Stevens, May 26, 1868, Stevens Papers; Joseph E. Brown to Schuyler Colfax, June 9, 1868, Brown Letterbook, Hargrett Collection.

用绿背纸币来支付 5-20 债券, 这一主张得到西部地区的极大支持。彭德尔顿对"绿背纸币问题"十分看重,以至于他表示愿意以接受黑人选举权的政纲来参加竞选。许多并不赞成他的主张的民主党人认为彭德尔顿是最有吸引力的选择。一位芝加哥的报纸编辑认为,关键是"从选举中获得选票",而不是去担心"政治经济学是否健康完美"。[107]

彭德尔顿的旺盛人气令波旁民主党人甚为震惊,这个群体包括了纽约的塞缪尔·巴洛、塞缪尔·蒂尔登和奥古斯特·贝尔蒙特等,他们与金融界关系密切,将彭德尔顿的计划视为一种拒付形式。但他们又拿不出一个可行的替代方案。前纽约州州长霍雷肖·西摩尔是最显而易见的选择,但他坚决拒绝成为候选人(尽管怀疑论者指出,自从 1850 年他第一次竞选州长以来,他在每次竞选中都表达了同样的拒绝)。一时间,反彭德尔顿的民主党人甚至试图引诱最高法院首席大法官蔡斯,而具有讽刺意味的,不仅蔡斯长期推动废奴主义事业和黑人选举权,而且共和党激进派在早些时候也将他视为一个潜在的共和党提名人。雄心勃勃的首席大法官在春天修订了自己在黑人权利问题上的立场,最终同意由各州来决定,但他作为民主党候选人参选这一事实本身将表明,民主党愿意埋葬过去,接受内战的结果,放弃种族问题。正因为

---

[107] New York *World*, January 10, 1868; Colonel William G. Moore Diary (transcript), July 3, 1868, Johnson Papers; Edward L. Gambill, *Conservative Ordeal: Northern Democrats and Reconstruction, 1865-1868* (Ames, Iowa, 1981), 105, 123-129; James R. Doolittle to Mary Doolittle, July 13, 1868, James R. Doolittle Papers, SHSW; James C. Olsen J. *Sterling Morton* (Lincoln, 1942), 148-149; W. F. Strong to Manton Marble, February 12, 1868, Marble Papers.

如此，他在北部几乎没有激起任何热情，但却在南部引发了毫不掩饰的敌意，正如一位党的领袖指出的，"'一个白人的政府'"始终是"我们拥有的最受欢迎的战斗口号"。具有讽刺意味的是，东部的民主党领袖也使用种族问题来反对彭德尔顿，如同多年来他们曾习惯于用此来反对共和党人一样。贝尔蒙特认为，与黑人选举权相比，金融问题微不足道（罗斯柴尔德家族的美国代表采用这样的立场，不能不令人感到奇怪）。[108]

最终，在宣布参选的候选人相互竞争经历了21轮投票而无果之后，大会终于决定提名霍雷肖·西摩尔。对那些早有疑心的人来说，这一切似乎都是纽约人事先早就计划好了似的。（约翰逊在头两轮投票中排在第二名，他将自己的失败归咎于民主党人的"口是心非、欺骗、狡猾的操作和露骨的阴谋"。）代表们虽然否定了彭德尔顿的提名，但却采用了他的金融观点，在一个政纲宣言中，呼吁对联邦债券进行征税，并以"合法的钱"来归还借款——但这些主张随后遭到民主党提名人的否定。平淡无奇的西摩尔似乎成了一个最不满意的选择；国务卿苏厄德评论说，"在民主党的提名中，再也找不出对共和党选票威胁最小的总统候选人了"。西摩尔在战时的表现直接将忠诚问题的质疑拱手交到共和党人手中（他曾将纽约市征兵骚乱的捣乱者称为"我的朋友们"），而他与纽

---

[108] Irving Katz, *August Belmont: A Political Biography* (New York, 1968), 164–170; Jerome Mushkat, *The Reconstruction of the New York Democracy, 1861–1874* (Rutherford, N. J., 1981), 129–133; J. W. Schuckers, *The Life and Public Services of Salmon Portland Chase* (New York, 1874), 575–588; L. C. Washington to Howell Cobb, June 21, 1868, Cobb-Erwin-Lamar Papers, UGa.

约金融大亨们的密切关系也将利用经济怨恨情绪来吸引西部选民的希望化为乌有。[109]

这样一来，民主党人被迫退回到一个单一问题的底线：反对重建；这个策略因为西摩尔的竞选伙伴弗兰克·布莱尔的行为变得无法避免。在大会前夕写的一封流传甚广的信中，布莱尔驳斥了重建是既成事实的思想：一个民主党人总统可以通过宣布新政府"无效"，并使用军队驱散它们，从而恢复"白人"对南部权力的重新掌握。这封信对民主党的前景伤害很大，将第二次内战的幽灵唤醒，曾在布莱尔家内部得到激烈的讨论，但很少为外界所知。此外，布莱尔违背西摩尔的意愿，开启了一场演说竞选活动，其结果是灾难性的，正如约翰逊当年巡回演讲的经历和结果一样。他用一种不加掩饰的种族主义语言，对共和党人大加谴责，因为他们将南部置于黑人种族的统治之下，而这个"半野蛮的种族"充满了恋物癖和一夫多妻制的信奉者，他们期望"将白人妇女置于他们不受节制的性欲的征服之下"。这些话听上去十分粗俗无礼，但布莱尔的讲话只是这个家族私人通信讨论的内容的冰山一角。弗兰克在读了达尔文的《物种起源》之后，其长期以来拥有的对种族混合的担心和恐惧更为强烈，此刻他宣称，种族混合将逆转进化论的进程，产生一种不具备繁殖能力的低等物种，并将摧毁"无数个世纪积累起来的文明进步"。这就是民主党的美国

---

[109] Mantell, *Johnson, Grant, and Reconstruction*, 121-127; Alexander C. Flick, *Samuel Jones Tilden: A Study in Political Sagacity* (New York, 1939), 176-179; Porter and Johnson, eds., *Platforms*, 37-39; Beale, ed., *Welles Diary*, 3:457; Hesseltine, *Grant*, 123-124.

副总统候选人的信念所在。[110]

一位具有影响力的民主党国会议员后来把西摩尔的失败归咎于布莱尔的"愚蠢的和站不住脚的"行为。但布莱尔为民主党的竞选定下来基调，这将是最后一次以白人至上为中心议题的总统竞选。根据一位竞选策划家的观点，民主党的前景取决于如何有效地将"大众对黑人平等的厌恶情绪搅动"起来。就他们而言，共和党人敦促老兵们在他们的前指挥官后面列队，渲染随民主党胜利而来的动荡不安。一条竞选标语写道："西摩尔反对上一次内战，布莱尔希望再来一次内战"。许多曾经支持过约翰逊的北部保守派此刻转向支持格兰特，包括三名内阁成员。当他确信自己成功推广的债券不会被绿背纸币兑换时，杰伊·库克向共和党竞选捐赠了2万多美元，其他商业领袖也纷纷仿效，认为他们的捐赠是"一种商业投资，一种他们能做到的最好的投资"。民主党人并不是缺少资金。农业机械制造商塞勒斯·麦考密克和与贝尔蒙特有关联的金融家都给民主党捐款，然而，最大的一笔捐款来自一个名叫洪堡的专利医药广告商。所以，相较于先前的任何一次选举，北部资本家更大量地团结在共和党的周围。[111]

[110] McPherson, *Political History*, 380-381; John D. Van Buren to Horatio Seymour, September 5, 1868, Horatio Seymour Papers, New York Historical Society; Montgomery Blair to Samuel L. M. Barlow, January 29, 1868, Barlow Papers; Forrest G. Wood, *Black Scare: The Racist Response to Emancipation and Reconstruction* (Berkeley, 1968), 126-128; Francis P. Blair, Jr., to Francis P. Blair, January 24, March 1, April 14, August 2, 1868, Blair-Lee Papers, Princeton University.

[111] Michael C. Kerr to Manton Marble, November 8, 1868, Marble Papers; Lawrence Grossman, *The Democratic Party and the Negro: Northern and National Politics 1868-1892* (Urbana, Ill., 1976), 10-12; Joseph L. Brent to Samuel L. M. Barlow, n.d.（转下页）

在南部，西摩尔的胜利将推翻激进重建的前景成为民主党人竞选的主题。一场种族战争的威胁就在眼前，邦联时代得克萨斯州的州最高法院首席大法官奥兰·罗伯茨宣称，"只有剥夺黑人种族的选举权才能将其制止"。随着白人不断散布要对黑人共和党人进行经济报复的威胁，事件的发展越来越带有险恶的用心。一份针对黑人选民发布的民主党声明极其坦率地表达了该党的立场：

> 我们拥有资本，并提供工作机会。我们拥有土地，需要劳动力，从而使土地能够具有生产能力……你们希望得到工作……我们知道，没有你们，我们可以活下去。我们认为，没有我们，你们会活得很艰难……而我们则拥有财富。

如果自由民没有悟出这样信息的含义，民主党人就会使用他们的"雇佣权"，商人们会切断那些去参加共和党会议的黑人的信贷，而对于那些"拒绝承诺不再支持激进派的黑人"，土地主将把他们驱逐出种植园。[112]

（接上页）[1868], Samuel Ward to Barlow, July 22, 1868, Barlow Papers; Mary R. Dearing, *Veterans in Politics: The Story of the G. A. R.* (Baton Rouge, 1952), 165; Benedict, *A Compromise of Principle*, 324; Leon B. Richardson, *William E. Chandler: Republican* (New York, 1940), 96–97; Flick, *Tilden*, 182.

[112] Olsen, *Tourgée*, 168; Oran M. Roberts to James M. Burroughs, June 20, 1868 (typescript), Oran M. Roberts Papers, UTx; *Address of the Democratic White Voters of Charleston to the Colored Voters of Charleston, the Seaboard, and of the State Generally* (Charleston, 1868), 3–4; M. M. Cooke to Robert McKee, July 13, 1868, McKee Papers; Athens *Southern Watchman*, May 6, 1868; Jonathan J. Knox to M. Frank Gallagher, May 6, 1868, Letters Received, B243 (1868), Third Military District, RG 393, NA.

342　自1865年以来，暴力便成为与南部社会变革进程形影不离的一个内容，此刻直接进入选举政治之中。三K党于1866年建立，最初是田纳西州的一个社交俱乐部，现在得到广泛传播和蔓延到几乎所有的南部州，对黑人和白人共和党领袖发动起一场"恐怖统治"。死于这场恐怖主义攻击的人包括阿肯色州国会议员詹姆斯·海因兹，南卡罗来纳州州议会的3名议员，以及其他几名参加各州州制宪大会的代表。在亚拉巴马州北部，三K党"在黑人和穷苦白人中散布一种不可名状的恐惧"，同时也将恐惧气氛在其他共和党人群中散布。一位黑人老兵写信给亚拉巴马州州长威廉·史密斯说："言语无法描述这里是一个什么时代。我们的先辈来自非洲，我们此刻在这里，在上帝的世界里，找不到一个栖身之地……拯救我们，如果你做得到的话。"然而，联邦军队对此无动于衷，因为被约翰逊任命到岗的军事指挥官都是反对重建的，而新的重建州政府也缺乏制止暴力活动的能力。[113]

　　虽然1868年的暴力主要集中在白人人口多于黑人的皮德蒙特地区的各县，但佐治亚和路易斯安那两州的暴力却延伸到了黑土地带的核心地区。在佐治亚州西南部的卡米拉村，400名武装白人在当地警长带领下，向一场由黑人组织的选举游行开火，然后追击到乡村地区，搜寻那些逃离现场的人，最终打死打伤了数

---

[113] Allen W. Trelease, *White Terror: The Ku Klux Klan Conspiracy and Southern Reconstruction* (New York, 1971), 3–154; Amos T. Akerman to Foster Blodgett, April 23, 1868, Amos T. Akerman Papers, GDAH; William B. Figures to William H. Smith, October 20, 1868, W. G. Crittenden to Smith, October 10, 1868, Alabama Governor's Papers. 关于三K党的全面讨论，见第九章。

十名黑人。黑人毫不怀疑谁是暴力事件的幕后黑手。"我们不把他们称作民主党人，"一位当地黑人领袖评论说，"我们称他们为南部的凶手。"类似的事件也在路易斯安那州发生，到10月时就连温和派前州长哈恩都抱怨说，"谋杀和恐吓成为当今本州秩序的代名词"。白人暴力团伙在新奥尔良市到处出动，恐吓黑人，驱散和破坏共和党人的集会。在圣兰德里教区，一群暴徒摧毁了当地的一家共和党报纸，将年轻的教师和该报编辑艾默生·本特利从当地驱逐出境，然后侵入数个种植园中，对200多名黑人进行滥杀。当地联邦驻军指挥官洛夫尔·卢梭将军是约翰逊总统的朋友和支持者，他拒绝采取行动，而只是敦促黑人为自我保护远离投票站，并甚为欣喜地表示，"本州黑人的崛起行将终结"。由于无法安全地举行会议，再加上担心继续进行投票只会导致更多的屠杀，佐治亚州和路易斯安那州的共和党人被迫放弃了总统竞选活动。[114]

在南部的部分地区，武装起来的白人阻止黑人前去投票，或阻止投票站在选举日向选民开放。然而，在没有白人暴力肆虐的地区，黑人选民信心十足地参与投票，正如罗伯特·菲茨杰拉德在日记中提到的那样，"我们种族历史上的伟大时代终于来到了"。

---

[114] Trelease, *White Terror*, 117–119, 127–132; Theodore B. Fitzsimmons, "The Camilla Riot", *GaHQ*, 35 (March 1951), 116–125; William Mills to R. C. Drum, September 29, 1868, Philip Joiner to John E. Bryant, September 5, 1868, John E. Bryant Papers, DU; Michael Hahn to Elihu B. Washburne, October 26, 1868, Washburne Papers; Melinda M. Hennessey, "Race and Violence in Reconstruction New Orleans: The 1868 Riot", *LaH*, 20 (Winter, 1979), 77–91; Carolyn E. De Latte, "The St. Landry Riot: A Forgotten Incident of Reconstruction Violence", *LaH*, 17 (Winter 1976), 41–49; Dawson, *Army Generals and Reconstruction*, 86–90.

不出人们所料，格兰特赢得了胜利，但詹姆斯·布莱恩却发现他获胜的差额竟然如此接近，几乎小到了"可以忽略不计"的程度。在全国范围内，他赢得了除8个州之外的所有州，但所获民选票不到全国总数的53%。西摩尔很可能赢得了全国大多数白人选民的支持。两个北部州——艾奥瓦和明尼苏达——首次批准了赋予黑人权利的州宪法修正案。[115]

在南部，西摩尔赢得了佐治亚州和和路易斯安那州，显然，当地的暴力使共和党组织遭受了沉重的打击，致使黑人无法参加投票。佐治亚州11个黑人人口占多数的县显示，共和党候选人在其中居然没有收获任何选票。三K党活动的有效性在格兰特所赢得的各州内也展示出来，因为共和党赢得的选票数在田纳西州中部、亚拉巴马州北部和南卡罗来纳州的内陆地区都出现了急剧的减少。引起共和党焦虑的还有其他的原因。在佐治亚州，许多先前在春季时分因经济原因而接受该党的白人，现在又退回到民主党的怀抱中。"如果白人能够做到像黑人……那样被动员起来，"一位北卡罗来纳州皮德蒙特县的共和党组织者称，"我们可能会给予共和党一个大多数的支持。"白人共和党中最坚定的支持者仍然来自山地地区的联邦派大本营。就南方山区整体而言，格兰特赢

---

[115] D. Knight to William Stone, November 6, 1868, South Carolina Governor's Papers; Robert G. Fitzgerald Diary, November 3, 1868, Fitzgerald Papers; James G. Blaine, *Twenty Years of Congress* (Norwich, Conn., 1884–1886), 2:408; Charles H. Coleman, *The Election of 1868* (New York, 1933), 363–365; Robert K. Dykstra, "The Issue Squarely Met: Toward an Explanation of Iowans' Racial Attitudes, 1865–1868," *Annals of Iowa*, 3 Ser., 47 (Summer 1984), 430–450.

得了超过60%的选票。[116]

一方面，1868年标志着内战时代美国政治传统的惊人逆转。共和党曾在过去一代人以主张改革的政党而著称，此刻却以秩序和稳定作为政纲，而民主党人在过去诉诸继承与延续，现在却将自己塑造成真正的革命造反派。如果格兰特的当选确保了重建的继续进行，它也证实了共和党领导层将发生变更，而这个变更后的领导层将领导未来的重建进程。撒迪厄斯·斯蒂文斯永远地离开了此时的政治情势，他于当年8月去世，他的遗体吸引了成群的哀悼者前往国会大厦去瞻仰，人数仅次于瞻仰林肯遗容的人群。在生命的终点，斯蒂文斯最后一次挑战他的同胞超越偏见的勇气和胆量，因为他被埋葬在宾夕法尼亚州的一个黑白混合的墓地之中，根据他自己起草的墓志铭，这样做的目的是"以我的死亡来描述我毕生主张的原则，即所有人在他们的造物主面前都是平等的"。激进派一代人正在消逝，他们的光芒逐渐被接任的布莱恩和亨利·道斯（后者接替斯蒂文斯担任众议院拨款委员会主席）等政治人物遮掩。对正在冉冉升起的新领袖而言，斯蒂文斯的死似乎是一种"共和党的解放"。他们认为，"为黑人[权利]的斗争"必须让位给经济问题。值得注意的是，格兰特就职后实施的第一部国会法律是《公共信贷法》，它承诺用黄金支付联邦债务。"我

---

[116] KKK Hearings, Georgia, 454-459; F. Wayne Binning, "The Tennessee Republicans in Decline, 1869-1876", *THQ* 29 (Winter 1980), 473; Kibler, *Perry*, 475; Steven Hahn, *The Roots of Southern Populism: Yeoman Farmers and the Transformation of the Georgia Upcountry, 1850-1890* (New York, 1983), 207-209, 214-216; Benjamin S. Field to William W. Holden, November 5, 1868, North Carolina Governor's Papers; Gordon B. McKinney, *Southern Mountain Republicans 1865-1900* (Chapel Hill, 1978), 32.

期待格兰特政府，"一位联邦官员写道，"开启一个真正的和真实的保守主义时代。"[117]

温和主义路线的趋势也在南部显现出来。在城市里，正式的地区委员会和由正规选举的代表组成的政党大会越来越多地取代了1867年那种充满好战情绪的群众大会。在许多乡村地区，联邦同盟会陷入混乱之中，其基层组织被暴力摧毁。"所有［组织］都被打碎了"，一位来自北卡罗来纳州格雷厄姆的黑人同盟会成员说，该地区正是三K党活动十分猖獗的地方。即使在同盟会组织得以幸存的地方，共和党的领袖们也采取行动，将它们改造成一种更有纪律性的政党机制，此举也引发了黑人激进派的强烈抗议。不容置疑的是，同盟会所体现的地方政治组织的传统在整个重建过程中以不同形式得以坚持。在南卡罗来纳州的阿比维尔县联邦同盟会由兄弟会、联合兄弟会继承，最终在1875年转型为劳工联盟，正如一位自由民所解释的，"他们都是劳动者［的组织］"。然而，同盟会的衰落抹去了南部共和党内一个富有激进思想的核心团体，而此刻正是更温和的共和党人在州一级开始掌权的时候。[118]

---

[117] Michael Perman, *The Road to Redemption: Southern Politics, 1869–1879* (Chapel Hill, 1984), 3–5; W. R. Brock, *An American Crisis* (London, 1963), 282; George F. Hoar, *Autobiography of Seventy Years* (New York, 1903), 1:239; James A. Putnam to Elihu B. Washburne, June 29, 1868, Washburne Papers; Joseph Logsdon, *Horace White: Nineteenth Century Liberal* (Westport, Conn., 1971), 156; J. T. Barnett to Samuel L. M. Barlow, November 6, 1868, Barlow Papers.

[118] Rachleff, *Black Labor*, 50; KKK Hearings, Alabama, 8; Georgia, 28, 48; Mississippi, 77; North Carolina, 145; Fitzgerald, "Union League," Chapter 6; *Trial of Holden*, 2:1201; Harris, *Day of the Carpetbagger*, 189; Moneyhon, *Republicanism in Reconstruction Texas*, 155–157; 44th Congress, 2d Session, House Miscellaneous Document 31, 1:221, 235.

随着国会重建的启动,一位佐治亚州律师说出了许多南部白人的担忧:"我的最大担心是,南部将组织起一个比北部的激进政党更为激进的政党"。到1868年,发生在联邦层面的一系列事件,连同共和党联邦的内在性质,已经排除了一年前曾经设想的一些更激进的政策方案。然而,那些在11月参与投票的人则认为,1867年的梦想并没有消失,而是得以幸存。正如南卡罗来纳州内陆地区的一位居民在格兰特当选总统四天后给该州共和党州长的信中所表达的:

> 我是……一个土生土长的南卡罗来纳人,一个一无所有并从未拥有过奴隶的穷人……我因为效忠我的原始政府而被人仇恨和鄙视……但我欣喜地认为,全能的上帝给了南卡罗来纳州的穷人一个政府,一个将不带种族或肤色偏见地倾听、感受和保护地位卑微的穷人的政府。[119]

也正是在此刻,南部各州的新重建政府承担起了新的任务:实现支持它们的那些地位卑微的选民们具有的愿望,创建一个崭新的和更为公正的南部。

---

[119] R.J. Moses to Alexander H. Stephens, April 2, 1867, Stephens Papers, LC; W. O. B. Houth to Robert K. Scott, November 7, 1868, South Carolina Governor's Papers.

第八章

重建进程：政治与经济

重建时期南部的政党与政府

1868年至1870年间开始掌权的共和党人面临了前所未有的挑战。前任留下的成就乏善可陈，各州财政困难，几乎是囊空如洗，而他们面对的却是一个饱受战争破坏的社会所拥有的众多巨大问题，还有随奴隶解放而来的公共责任以及需要巩固一个尚在襁褓之中的政治组织的艰巨任务。最重要的是，政党和政府两者都面临了合法性的危机。通常，政党认为拥有政府的权威和对手的诚信是理所当然之事。然而，重建的反对者则认为新的州政府是一种外来的强加体制，并认为新政府中的黑人选民并不具备在美国体制中扮演一种永久性角色的资格。对于南部共和党人来说，其结果是，两党间讨价还价的"正常政治"被一场为获得政治幸存的绝望斗争取代。[1]

---

[1] Lawrence N. Powell, "Southern Republicanism During Reconstruction: The Contradictions of State and Party Formation" (unpub. paper, annual meeting of Organization of American Historians, 1984)，它开启了关于合法性危机问题的讨论。

如同人们对美的欣赏一样，政治合法性也是出自欣赏者的眼中。对于黑人来说，激进重建时代的州政府比南部历史上的任何政府都更具有合法的权力正当性。但是，由于南部传统的经济和政治精英几乎一致地反对它们，北部共和党人敦促他们的南部盟友努力扩大新政府在当地白人中的政治基础，新的州长们也依次开始向自己的政治敌人献殷勤。这些举动自然助长了共和党党内的派系斗争，使得本来就已经十分羸弱的组织显得更加岌岌可危，很快导致了黑人提出在党内事务中拥有更大声音的要求。

南部共和党组织的"根本生存"，一位共和党人在1868年宣称，取决于赢得白人选民的支持。然而，随着激进重建的展开，发生在佐治亚州的事件凸显了为寻求白人支持而抛弃黑人选民的危险性。共和党领袖们仍然抱有一种期望，希望通过将债务救济、经济发展和白人至上等计划混合调制，从而在南部创造出一个共和党占多数的选民群体，所以他们劝告自由民放弃政治（除了继续投共和党的票之外），集中精力"挣得一份诚实的生计"。1868年9月，民主党人采取行动，要将黑人议员从州议会中驱逐出去，理由是新的佐治亚州宪法并没有保证他们有权担任公职。尽管州长布洛克表示反对，但有足够多的共和党人或者投票支持或者有意缺席从而致使这一动议被批准。"如果没有激进派成员的辅助，"萨凡纳的一家报纸评论说，"民主党人永远无法将黑人赶出议会。"白人共和党领袖为了摆脱该党早期主张种族平等的污点而进行了长达一年的努力，对黑人议员的驱逐正是这一努力不可避免的结果，而驱逐本身则摧毁了黑白力量之间的政治联盟，暴露出白人共和党领袖缺乏原则、对黑人问题漠不关心的做法，所有这一切都决定了佐治亚州的重建必然过早地走向崩溃。[2]

在佐治亚州以外，寻求建立新政府合法性的努力遵循的是一条并不如此极端的道路。共和党人虽然没有抛弃黑人政治平等，但却通过废除选举限制来赢得白人的支持。到1871年，所有需要重建的州内，仅有阿肯色一州继续保留了将内战时期的联邦忠诚作为选民资格的基础的做法。与此同时，共和党州长们利用他们掌握的广泛的公职任命权，用恩惠制对根基深厚的地方领袖予以奖励，从而力图制造一种温和施政的形象，化解黑人统治或提包客统治可能带来的政治恐惧。路易斯安那州州长沃莫思在提名法官和教区官员时听从"优秀的保守派公民"的建议。密西西比州州长阿尔科恩任命的民主党人（尤其是像自己一样的前辉格党人）与共和党人一样的多。即便是在南卡罗来纳州，罗伯特·斯科特州长最初任命了一大批黑人庭审法官，但很快用白人民主党人取代了他们。[3]

这类政策为共和党赢得了为数不多的有名的皈依者，如总统重建时期的南部州长詹姆斯·奥尔和刘易斯·帕森斯等，但它们并没有带来大规模的民主党人的身份转换。即便在密西西比州，

---

[2] William B. Rodman to William W. Holden, May 5, 1868, William W. Holden Papers, NCDAH; Joseph E. Brown to Henry Wilson, December 19, 1868, Rufus Bullock Collection, HL; Edmund L. Drago, *Black Politicians and Reconstruction in Georgia* (Baton Rouge, 1982), 48–52; Savannah *Daily News and Herald*, September 15, 1868.

[3] Michael Perman, *The Road to Redemption: Southern Politics, 1869–1879* (Chapel Hill, 1984), 26; Henry C. Warmoth, *War, Politics and Reconstruction* (New York, 1930), 81, 88; Lillian A. Pereyra, *James Lusk Alcorn: Persistent Whig* (Baton Rouge, 1966), 129–133; Jackson *Daily Mississippi Pilot*, August 23, 1871; 42d Congress, 2d Session, House Report 22, South Carolina, 11–12 (hereafter cited as KKK Hearings).

阿尔科恩最多也只带动了几千名老式辉格党人的皈依。但任命民主党人担任公职的做法最终是得不偿失，它在共和党的精英和基层中都引发了深深的不满。对于那些得到任命的人，黑人大多不表示信任，因为这些人"不会给我们带来正义……他们在战时一直反对我们，竭尽全力来反对政府，也反对我们"。南方佬对此也甚为不解，为何"彻头彻尾的民主党人"和"被打败的反叛者"能够享有"胜利的果实"，而战时忠诚派"却被冷落在一旁"。当路易斯安那州完成了一批新的恩惠制任命轮回之后，有五名共和党人抗议说："把一个激进派共和党人从学区委员会拿掉，换成一个混蛋的反叛分子，这实在是一种羞辱。"[4]

带有和解意味的恩惠制政策导致了共和党内的派系划分，每个南部州都未能幸免。但这并非是唯一的原因，派系竞争也加剧了政策分歧（随后将讨论）、长期存在的州内冲突，以及共和党内部的本土派与北部派、黑人与白人之间的紧张关系。"我们必须团结一心，无论我们是南方佬、提包客还是黑人"，一位北卡罗来纳州共和党人宣称。但党的领袖们未能发展出一种能够使团结成为美德的政治文化。在那个时代，政治派别自然不是只局限在南部，

---

[4] Roger P. Leemhuis, *James L. Orr and the Sectional Conflict* (Washington, D.C., 1979), 154–155; Sarah W. Wiggins, *The Scalawag in Alabama Politics, 1865–1881* (University, Ala., 1977), 50–53; William C. Harris, "Mississippi: Republican Factionalism and Mismanagement", in Otto H. Olsen, ed., *Reconstruction and Redemption in the South* (Baton Rouge, 1980), 81; Salvy Benjamin to William W. Holden, March 5, 1869, North Carolina Governor's Papers, NCDAH; W. H. Mounce to Robert K. Scott, July 4, 1869, South Carolina Governor's Papers, SCDA; T. W. Greene to "my friend", December 16, 1868, Alabama Governor's Papers, ASDAH; James McBride et al. to Thomas W. Conway, August 28, 1870, State Board of Education Correspondence, Louisiana State Archives.

考虑到南部共和党的其他弱点,党内团结简直就是该党无法享有的一种奢侈。尽管如此,共和党人在相互责难时所使用的语言,即便用19世纪的标准来衡量,也是极其恶毒的。(佐治亚的编辑克拉克·斯韦兹至少力图展示一种不偏不倚的种族立场,他将一个党内的白人竞争对手描述为"一个无原则的公母同体的杂种",而将一个黑人竞争对手说成是"牧师恶棍、妓女老鸨、假币制作者和散发者"。)与此同时,会议中愤然离席和大打出手也扰乱了政党大会的秩序,一些派别成员甚至纵容民主党人来击败自己的对手,共和党的州议会对共和党的州长提出弹劾,佛罗里达州的副州长居然强行夺走州政府的官印,宣称拥有统治权。所有这些表演都极大地削弱了共和党的内部统一,玷污了其在北部的形象,破坏了其宣称的将一个新的负责任政府的时代带给南部的承诺。[5]

因为派系冲突通常针对公职的任命和分配问题,一州的共和党派系通常由该州的州政府和地方官员组成,他们主要围绕州长进行活动,而另一个派系则由那些担任了联邦恩惠制任命的公职官员组成,他们的任命是由各州的国会参议员和众议员控制。如

---

[5] Otto H. Olsen, *Carpetbagger's Crusade: The Life of Albion Winegar Tourgee* (Baltimore, 1965), 170–171; John W. Morris to William Claflin, September 14, 1868, William E. Chandler Papers, LC; Macon *American Union*, April 30, August 20, 1869; Peggy Lamson, *The Glorious Failure: Black Congressman Robert Brown Elliott and the Reconstruction in South Carolina* (New York, 1973), 158–162; James H. Atkinson, "The Arkansas Gubernatorial Campaign and Election of 1872", *ArkHQ*, 1 (December 1942), 311; Jerrell H. Shofner, *Nor Is It Over Yet: Florida in the Era of Reconstruction, 1863–1877* (Gainesville, Fla., 1974), 204–206, 220–222.

在亚拉巴马州,州长威廉·史密斯和参议员乔治·斯宾塞各自率领一个竞争派别。州长的支持力量主要来自本土白人,后者曾夸大了有关"新来者"垄断了所有的恩惠制任命的事实。(事实上,南方佬政客在联邦和州的恩惠职位任命中占了大多数。)在密西西比州,对詹姆斯·阿尔科恩不满的共和党人团结在阿德尔伯特·阿姆斯的周围。到1871年,密西西比州的共和党人看上去就像是"一支由新兵组成的军队",缺少组织性和纪律性,"人人都在为自己而战"。[6]

也许最具拜占庭风格的派系斗争发生在路易斯安那州。"老联邦的公民们"不无理由地指责说,一小撮提包客们夺得了该州共和党的控制权。这个派别之争很快为另外一场争斗所加剧,后者发生在州长沃莫思和联邦法警斯蒂芬·帕卡德与署长詹姆斯·凯西领导的海关总署帮之间,帕卡德是来自缅因州的提包客,而凯西则是格兰特总统的连襟。从这场争斗中衍生出一连串

---

[6] Perman, *Road to Reunion*, 42–52; Wiggins, *Scalawag in Alabama*, 39, 46–48, 57, 136–153; H. C. Blackman to Adelbert Ames, February 13, 1871, A. R. Howe to Ames, January 7, 1871, Ames Family Papers, SC; G. Wiley Wells to O. O. Howard, September 1, 1871, O. O. Howard Papers, Bowdoin College. 重建时期南部共有113名共和党人在联邦国会担任国会议员,包括60名北部提包客和53名南方佬。尽管提包客在不同时候在南卡罗来纳州、佛罗里达州、密西西比州、路易斯安那州、佐治亚州和阿肯色州当选过州长,但他们只有在拥有大量黑人人口和极少本土出生的南部白人共和党人的州内(如路易斯安那州和南卡罗来纳州)才能构成党内的最大权力,但在北卡罗来纳州、亚拉巴马州和得克萨斯州等拥有大量南方佬共和党人的州内,提包客的力量最小。(但这一事实并未能阻止历史学家创造关于提包客控制的神话,尽管重建时期的得克萨斯州所产生的每一位重要的政治领袖人物都是在南部出生的,纽恩仍然将他的一本著作命名为《处于提包客统治之下的得克萨斯州》(*Texas Under the Carpetbaggers* [Austin, 1962]。)

的悲剧性事件：1871年两个相互竞争的州范围的共和党大会；几位州议会议员藏身于一艘装满香槟酒的联邦税收快艇上以阻止议会拥有通过立法所需要的法定多数；1872年海关总署帮派出联邦代理法警将州长和17名议员予以逮捕；沃莫思使用州民兵队伍夺回对政府大楼的控制等。[7]

一家共和党报纸在重建衰落的日子里报道说："我们党的组织混乱，行动紊乱，士气低落，……深陷于内部争斗的分裂之中。"在这种自伤元气的派系斗争背后存在着共和党面临的现实困境，它的领袖们在南部的商界和职业界缺乏一个安全的位置，他们的生计必须依赖其政治地位来维系。对于那些在棉花种植投资风险中失败并于1867年进入政治的提包客，以及那些被民主党拒绝的律师、商人和手工匠人来说，通过恩惠制获得官职不光是一种个人威望的展现，或成功的商业生涯中的一段插曲，它更是一个共和党人求取生存的唯一方式。正如佐治亚州提包客约翰·布赖恩特在申请联邦职位时所解释的那样：

> 共和党领袖们在南部的生存环境与北部不同，与战前南部政党领袖所置身的环境也不一样……在北部……积极参与推动共和党利益，不会伤害律师、商人、机械制作者或技术匠人

---

[7] Michael Hahn to Elihu B. Washburne, October 26, 1868, Elihu B. Washburne Papers, LC; Joe G. Taylor, *Louisiana Reconstructed, 1863–1877* (Baton Rouge, 1974), 210–226; Althea D. Pitrie, "The Collapse of the Warmoth Regime, 1870–1872," *LaH*, 6 (Spring 1965), 161–188.

自身的商业活动。[8]

因此，共和党立法者大幅度地提高了从州长到地方治安官的职位津贴，共和党人不仅积极谋求这些职位，而且一旦获得之后便紧紧抓住不放。南部民主党人可以在离开公职之后，重操旧业，继续当商人、种植园主和律师，但对于共和党人来说，丢掉公职经常就意味着面临经济灾难。"我不知道自己应该干什么"，一位路易斯安那州的南方佬政客在被解除新奥尔良市重量和测量监察员的职位之后悲叹道。"我的亲戚们都不搭理我……我不可能得到任何就业机会。"共和党的报纸，对该党组织十分必要，也同样过着一种并不稳定的生活。因为选民群体的普遍贫困和文盲现象，它们的读者群非常小（南卡罗来纳州的10份共和党报纸在1873年的周发行量勉强超过500份），绝大部分商业都不在上面登广告，它们因此不得不完全依靠政府的印刷合同和"政治好处"。即便是根基深厚的杂志，如果在党内派系争吵中站错了队，也将面临某种形式的灭亡。[9]

---

[8] Lawrence N. Powell, "The Politics of Livelihood: Carpetbaggers in the Deep South", in J. Morgan Kousser and James M. McPherson, eds., *Region, Race, and Reconstruction: Essays in Honor of C. Vann Woodward* (New York, 1982), 315-348; John E. Bryant to Amos T. Akerman, May 15, 1871, John E. Bryant Papers, DU.

[9] Horace W. Raper, *William W. Holden: North Carolina's Political Enigma* (Chapel Hill, 1985), 108-109; E. W. Fostrick to William P. Kellogg, January 9, 1875, William P. Kellogg Papers, LSU; Henry L. Suggs, ed., *The Black Press in the South, 1865-1979* (Westport, Conn., 1983), 293-295; Frank B. Williams, "John Eaton, Jr., Editor, Politician, and School Administrator, 1865-1870", *THQ*, 10 (December 1951), 292-295; Charleston *Daily Republican*, September 8, 1871.

在黑人中间，党内派系斗争越发令人感到不安。一位弗吉尼亚自由民在1868年宣称，共和党人"应该将他们的力量联合起来，而不是相互内斗，消耗自己"，一些党的领袖人物，如密西西比州的詹姆斯·林奇和北卡罗来纳那州的詹姆斯·胡德，试图"调和"相互竞争的派系。其他人则身不由己地卷入争斗之中。虽然一些黑人政治领袖，如路易斯安那州副州长奥斯卡·邓恩和平奇贝克，逐渐成为党内的独立的权力协调人，但大多数人却只能围绕处于竞争中的白人政客派系，随之起舞。在每个州，每一个主要的派别都有自己的黑人队伍，但由于大多数黑人反对早期重建州长所奉行的以白人为主的恩惠制任命做法（这一做法经常与州长对民权立法的不情愿支持紧密联系在一起，因为后者往往会疏远潜在的白人支持者），大部分人站在联邦官员领导的派系一边，通常会由提包客领导。他们的反对最终帮助推翻了那种在党内尽量削减其作用的政策，并推翻了与这种政策有关联的州长。[10]

然而，在最初的时候，当政治的"五饼二鱼"被分割时，黑人站在一边——不仅因为白人共和党人如此不顾一切地渴望公职，还因为许多黑人领导人不想让他们的政党感到难堪，加剧内部对立，或者给民主党的"黑人至上论"指控提供弹药。佐治亚州的黑人"挨家挨户地在'黑人地带'中寻找白人共和党候选人"，在

---

[10] *The Debates and Proceedings of the Constitutional Convention of the State of Virginia* (Richmond, 1868), 492; James Lynch to Adelbert Ames, December 12, 1871, Ames Family Papers; Raleigh *Tri-Weekly Standard*, September 7, 1867; Atkinson, "Arkansas Gubernatorial Campaign", 312; W. B. Raymond to Adelbert Ames, December 17, 1871, Ames Family Papers.

北卡罗来纳州，詹姆斯·哈里斯担心他的提名"会损害北部的政党"，而拒绝了作为一名国会议员的提名。其他人认为自己不具备担任公职的资格（"我拒绝参选，因为我对需要做什么一无所知"，佐治亚州教师休斯顿·霍洛韦后来在回忆他为何拒绝州立法机构的提名时说道）。当然，并不是所有的黑人都是如此的温良恭俭让。一些路易斯安那州的自由黑人"谦虚地将职位让与那些往往在智力和文化不如他们的人"，但其他人则从一开始就要求公平地分享职位。在南卡罗来纳州，北部出生的人尤其强调黑人必须"完全地参与对事物的掌控"。1868年，尽管有白人的反对，他们把自己的一员本杰明·伦道夫放到了州共和党委员会的主席的位置上。即便如此，许多黑人仍然担心做出"可能伤害本党的事情"。1868年，弗朗西斯·卡多佐（被提名升任为副州长）和马丁·德莱尼（被提名竞选国会议员席位）以需要"最大可能的小心与谨慎"为由拒绝参选，最终拥有一个黑人议员多数的立法机构选择了一名南方佬议员富兰克林·摩西，而没有选择黑人提包客罗伯特·埃利奥特来担任议长。[11]

---

[11] Dale A. Somers, "James P. Newcomb: The Making of a Radical", *SWHQ*, 72 (April 1969), 466; Edwin S. Redkey, ed., *Respect Black: The Writings and Speeches of Henry McNeal Turner* (New York, 1971), 17; Raleigh *Sentinel*, February 29, 1868; Houston H. Holloway Autobiography, Miscellaneous Manuscript Collections, LC; New Orleans *Louisianian*, February 19, 1871; Charleston *Mercury*, July 8, 1868; John W. Morris to William Claflin, September 14, 1868, William E. Chandler Papers; William B. Nash to Charles Sumner, August 22, 1868, Charles Sumner Papers, HU; William C. Hine, "Dr. Benjamin A. Boseman, Jr.: Charleston's Black Physician-Politician", in Howard N. Rabinowitz, ed., *Southern Black Leaders of the Reconstruction Era* (Urbana, Ill., 1982), 340; unidentified newspaper clipping (Martin Delany letter), February 1876, SCHS; *New York Times*, July 7, 1868.

从政治秩序的顶端到底层，黑人最初获得的公职比例低于他们在党内选民中所应得的比例。在重建期间，有 16 名黑人在国会任职，但其中只有 3 名在第 41 届国会（1869 至 1871 年）中任职。密西西比州的牧师和教育家海勒姆·雷维尔斯出生于北卡罗来纳州，1870 年 2 月，他成为了第一位在美国参议院任职的黑人。众议院里，生为自由人的南卡罗来纳州理发师约瑟夫·雷尼和佐治亚州自由民杰斐逊·朗，1871 年被选入国会，完成为期两个月的短国会的任期，但这样的职位"没有人特别感兴趣"。在第 42 届国会，黑人代表的人数增至 5 人，然而其中两人花费大量时间来反驳选举违规的指控，最终丢掉了国会议员的位置。[12]

在州政府的最高等级，黑人也没有得到很好的代表权。在 5 个州——得克萨斯、北卡罗来纳、亚拉巴马、佐治亚和弗吉尼亚——没有任何黑人在重建时期担任过重要的公职。出生在费城的牧师和教育家乔纳森·吉布斯是唯一在佛罗里达州担任过重要公职的黑人，他从 1868 至 1872 年担任州务卿的职位，后来又担任了教育总监。黑人在密西西比州和南卡罗来纳州行使了更大的权力，但在这里，白人最初也几乎垄断了全州的公职。在密

---

[12] Samuel D. Smith, *The Negro in Congress 1870-1901* (Chapel Hill, 1940), 5-6; KKK Hearings, Georgia, 1037. 与雷尼同时进入第 42 届国会担任议员的还有：来自亚拉巴马州的本杰明·特纳，他是一位自学成才的自由民，也是塞尔玛的一名富裕商人；约西亚·沃尔斯，他是一名前奴隶，内战时加入了联邦军队，此刻代表佛罗里达州；来自南卡罗来纳州的是生而自由、居住在查尔斯顿的裁缝罗伯特·德拉格和黑人提包客罗伯特·艾略特（后者被一位观察家描述成"南部最有能力、具有智识的黑人"）。*Chicago Tribune*, November 2, 1872. 沃尔斯和德拉格是被取消议员资格的两位。重建时期担任国会议员的 16 名黑人中，有 9 人在出生时是奴隶，有 7 人在出生时是自由人。

西西比州，州务卿詹姆斯·林奇最初是唯一的黑人州级官员，直到 1870 年，南卡罗来纳州州务卿弗朗西斯·卡多佐还是他在南卡罗来纳州的唯一的对应同伴。只有在路易斯安那州，从共和党执政开始，黑人拥有不止一个重要的公职职位。1868 年，奥斯卡·邓恩成为副州长，富有的出生时是自由人的甘蔗种植园主安托万·杜布克莱特成为该州的州司库，并一直留任到 1877 年。[13]

没过多久，黑人领袖们便对自己在共和党联盟中扮演小兄弟的角色感到不满。这种不满情绪在黑人人口众多的州表现得尤其激烈。他们不断要求"在公职分配和任命中获得一种公平的比例"，并开始在党内事务中主动扮演更大的角色。这一切举动在南卡罗来纳产生的结果最为戏剧化。1870 年，当地黑人领袖们在经历了一场争取更大权力的共同努力之后，获得了 8 个行政职务中的一半，选举了 3 名国会众议员，并将乔纳森·赖特任命为州最高法院的法官，也使他成为在整个重建时期所有南部州内唯一担任这一职务的黑人。在密西西比州，他们动员起来，有力地反对阿尔科恩州长。1872 年，密西西比州的一名白人共和党人说："我们州的政治事务的肤色明显地变暗了"；次年，黑人发动了用阿德尔伯特·阿姆斯取代阿尔科恩亲自挑选的接班人里奇利·鲍尔斯的行动，并为他们自己赢得了一半的全州职务。阿肯色州在 1872 年选出了第一批黑人州官员；他们是教育总监约瑟夫·科尔宾和

---

[13] Joe M. Richardson, "Jonathan C. Gibbs: Florida's Only Black Cabinet Member", *FlHQ*, 42 (April 1964), 363–366; Charles Vincent, "Aspects of the Family and Public Life of Antoine Dubuclet: Louisiana's Black State Treasurer, 1868–1878", *JNH*, 66 (Spring 1981), 29–36.

公用工程专员詹姆斯·怀特,前者是受过大学教育的、来自俄亥俄的黑人,而后者则是从印第安纳州来的牧师。[14]

到重建结束时,有18名黑人曾经担任了副州长、州司库、教育总监或州务卿(见下表)。

重建时期南部各州主要的黑人州一级官员一览表

州长:
　路易斯安那州:平奇贝克,1872年12月9日—1873年1月13日

副州长:
　路易斯安那州:奥斯卡·邓恩,1868—1871;平奇贝克,1871—1872;
　　凯撒·安托万,1873—1877
　密西西比州:亚历山大·戴维斯,1874—1876
　南卡罗来纳州:阿朗佐·兰西尔,1871—1873;理查德·格里夫斯,
　　1873—1877

司库:
　路易斯安那州:安托万·杜布克莱特,1868—1877
　南卡罗来纳州:弗朗西斯·卡多佐,1873—1877

教育总监:
　阿肯色州:约瑟夫·科尔宾,1873—1874
　佛罗里达州:乔纳森·吉布斯,1873—1875

---

[14] W. A. Collett to Tod R. Caldwell, June 9, 1872, Tod R. Caldwell Papers, DU; Thomas Holt, *Black over White: Negro Political Leadership in South Carolina During Reconstruction* (Urbana, Ill., 1977), 105-108; Perman, *Road to Redemption*, 40; William J. Davis to Adelbert Ames, May 1, 1872, Ames Family Papers; Elizabeth Rothrock, "Joseph Carter Corbin and Negro Education in the University of Arkansas", *ArkHQ*, 30 (Winter 1971), 277-314; Walter Nunn, "The Constitutional Convention of 1874", *ArkHQ*, 27 (Autumn 1968), 186-188.

路易斯安那州：威廉·布朗，1873—1877

密西西比州：托马斯·卡多佐，1874—1876

州务卿：

佛罗里达州：乔纳森·吉布斯，1868—1873

密西西比州：詹姆斯·林奇，1869—1872；海勒姆·雷维尔斯，1872—1873；汉尼拔·卡特，1873; M. M. 麦克劳德，1874；詹姆斯·希尔，1874—1878

南卡罗来纳州：弗朗西斯·卡多佐，1868—1873；亨利·海恩，1873—1877

除了前奴隶詹姆斯·希尔，以及戴维斯和麦克劳德在出生时的身份我无法确认之外，以上的其他人都是生为自由之人。这些人究竟掌握了多少权力，很难准确地判断。在重建期间，担任礼仪性质的州务卿职位的黑人要多于担任其他职位的人，总体来说，各州最重要的政治决定都是由白人做出的。另一方面，四位黑人教育总监对新的学校体制的创建产生了实质性影响，黑人副州长在州长生病或不在州内时负责主持州参议院会议并行使州长的权力。1872年12月，平奇贝克成为美国历史上唯一的黑人州长，他接替了因弹劾程序而被停职的亨利·沃莫思。

同样的模式也在州立法机构中出现，最初是黑人代表权不足，随后在有的州黑人的影响力不断增加。在得克萨斯州第一届共和党主持的立法机构中，共有100多名议员，但其中仅有14名是黑人；北卡罗来纳州的州议会人数更多些，但也只有21名黑人成员，而这一比例随着重建工作的进展，一直保持稳定。在佐治亚州和佛罗里达州，黑人人口虽然占有更大的比例，但是议员分配制度将他们的影响力降至最低（在1868年选出的216名佐治亚州州议员中,除 32 人之外,其余都是白人)。黑人在密西西比州、亚拉巴马州和路易斯安那州的第一届重建立法机构中占较大比例,不仅他们的人数随着时间的推移不断增加,而且随着白人共和党影响力的减弱,黑人在党内代表权中所占的比例也越来越大。但也正是在这些州,白人几乎控制了所有重要的委员会,大多数由黑人议员独立提出的法案都未能得到通过。只有在南卡罗来纳州,黑人逐渐开始主导立法进程。在整个重建过程中,他们组成了州众议院的多数,控制了其关键委员会,并从 1872 年开始,选出了黑人议长。1873 年,北部记者詹姆斯·派克报道,"桑博[*]……已经在立法机构中成为自己的领袖了。议长是黑人,书记员是黑人,看门人也都是黑人,连跑路的小书童也都是黑人。"第二年,黑人在州参议院也获得了多数席位(而在其他地方,几乎所有的黑人议员都在众议院任职)。[15]

---

[*] Sambo,对黑人的蔑称。——译者

[15] Alwyn Barr, "Black Legislators of Reconstruction Texas", *CWH*, 32 (December 1986), 340-352; Elizabeth Balanoff, "Negro Leaders in the North Carolina General Assembly, July, 1868-February, 1872", *NCHR*, 49 (Winter 1972), 55; Drago, *Black Politicians*, 38; Joe M. Richardson, *The Negro in the Reconstruction of Florida, 1865-1877* (Tallahassee, 1965), 187; Buford Satcher, *Blacks in Mississippi Politics 1865-1900* (Washington, 1978), 203-207; Wiggins, *Scalawag in Alabama*, 147-151; Charles Vincent, *Black Legislators in Louisiana During Reconstruction* (Baton Rouge, 1976), 71-83, 201-204; Holt, *Black over White*, 108; James S. Pike, *The Prostrate State* (New York, 1874), 15. 下列黑人曾担任州议会众议院的议长:密西西比州的林奇(John R. Lynch 1872-1873)和沙德(I. D. Shadd 1874-1876);南卡罗来纳州的李(Samuel J. Lee 1872-1874)、艾略特(Robert B. Elliott 1874-1876)。根据目前能获得的最完整统计,在民主党全面"救赎"各州之时,担任过激进重建时代各州立法机构黑人议员的人数(转下页)

尽管总体的政治模式是白人掌控,但超过600名黑人——除路易斯安那州和弗吉尼亚州外,其中大多数人是前奴隶——担任了立法议员这一事实在美国政治中代表着一场令人震撼的转向。此外,由于黑人人口的地理集中性和许多南方佬选民不愿投票给黑人候选人,几乎所有的黑人议员都来自种植园县,那里是那些战前最富有的也是最强大的南方人的家园所在。这种由前奴隶来代表沿海地区稻米王国或纳奇兹棉花大佬的景象集中映现出重建所带来的政治革命。

同样令人印象深刻的转变也发生在地方一级,在那里公职人员的决定直接影响到日常生活和权力的分配。尽管各州的政府架构不尽一致,但地方治安官总体来说负责裁决轻微刑事犯罪行为以及大部分的民事案件,而县政府专员负责建立税率、控制地方拨款和管理贫困救济,警察负责执法、选择庭审陪审团成员,以及执行止赎命令和出售公地等。这些官员,用一位亚拉巴马州律师的话说,处理"人民拥有的实际权利,……我们的'业务与生活'"。在战前的南部,这些职位都是被地方精英所垄断,然而,由共和党人——无论这些新当政的人是前奴隶还是小康之家的白人——来占据这些位置的前景,对于老建制派来说,比起他们失去对全州的控制更令人感到不安。豪厄尔·科布说,他可以容忍自由民坐在佐治亚州的州议会中,"但当涉及家乡的市政府时——

(接上页)分别是(有些数字是大约统计数字):亚拉巴马州69人;阿肯色州8人;佛罗里达州30人;佐治亚州41人;路易斯安那州87人;密西西比州112人;北卡罗来纳州30人;南卡罗来纳州190人;得克萨斯州19人;弗吉尼亚州46人。

所有投票反对我当选的黑人都得走人"。[16]

尽管黑人官员在南卡罗来纳州、路易斯安那州和密西西比州的人数最多，在佛罗里达州、佐治亚州和亚拉巴马州的人数最少，任何州都不缺少黑人地方官员。少数人担任了市长的职务，包括路易斯安那州唐纳森市的皮埃尔·兰德里和纳奇兹的罗伯特·伍德等。兰德里是一位奴隶面点师，战前受过其父亲/主人的教育，而伍德则来自该城最受人尊敬的自由黑人家庭。一个人数更为众多的黑人群体则在从里士满到休斯敦的城市和镇议会中任职。1868年，美国首都自身选出了两名黑人市议会议员。在重建期间，南方一些最重要的城市，以及许多不太为人知晓的城镇成为黑人政治权力的中心。共和党人从1870至1874年控制了彼得斯堡的主要铁路和工业中心，黑人在其中担任了从市政府议会议员到海关总署副署长以及济贫官员等职务。纳什维尔市议会的成员大约三分之一是黑人，小石城的市议会有时出现黑人多数的现象。即便在白人共和党占多数的内陆社区，如北卡罗来纳州拉瑟福顿，以及东田纳西州的诺克斯维尔和马里斯维尔，黑人市议员的候选人也可能当选。[17]

---

[16] Eric Anderson, "James O'Hara of North Carolina: Black Leadership and Local Government", in Rabinowitz, ed., *Southern Black Leaders*, 108; James W. Garner, *Reconstruction in Mississippi* (New York, 1901), 284; Powhaten Lockett to Joseph Wheeler, January 1, 1876, Joseph Wheeler Papers, ASDAH; Paul D. Escott, *Many Excellent People: Power and Privilege in North Carolina, 1850–1900* (Chapel Hill, 1985), 144; Drago, *Black Politicians*, 79.

[17] "Dunn-Landry Papers", *Amistad Log*, 2 (August 1984), 1–3; Vernon L. Wharton, *The Negro in Mississippi 1865–1890* (Chapel Hill, 1947), 167; Michael B. Chesson, "Richmond's Black Councilmen, 1871–1896", in Rabinowitz, ed., *Southern Black Leaders*, 198–199; Barry A. Crouch, "Self-Determination and Local Black Leaders in Texas", （转下页）

重建期间，在几乎每个黑人人口众多的县，都有黑人担任某种地方公职。位于地方权力金字塔尖的是警长，这一职位被一位密西西比州政治人物描述为"该州薪酬最丰厚的职位"，年薪和津贴经常达数千美元。在大多数的共和党人控制的县中，这个职位在整个重建期间始终掌握在白人手中，部分原因是黑人有志竞争者往往无法支付任职所需要的担保费用。但随着时间的推移，黑人警长也在许多种植园县出现。最终，在路易斯安那州有19名黑人担任警长，在密西西比州担任警长的黑人有15人（在该州超过三分之一的黑人人口居住在那些选举了黑人警长的县内）。越来越多的黑人也就任类如县监察官员和税收官员这样极其有权的职位，尤其是在那些这类职位是通过选举而产生的各州。到1871年，前奴隶已经在整个密西西比的黑土地带控制了监察委员会。大部分的地方黑人官员就任的职位较为次要，如学校管理委员会的成员、负责选举的官员和地方治安官等。然而，正如前亚拉巴马州州长巴顿所说，这些职位"对于人民来说也是相当重

（接上页）*Phylon*, 39 (December 1978), 347; Constance M. Green, *The Secret City: A History of Race Relations in the Nation's Capital* (Princeton, 1967), 89–91; William D. Henderson, *The Unredeemed City: Reconstruction in Petersburg, Virginia: 1865–1874* (Washington, D.C., 1977); Monroe M. Work, "Some Negro Members of Reconstruction Conventions and Legislatures and of Congress", *JNH*, 5 (January 1920), 115; Bobby L. Lovett, "Some 1871 Accounts for the Little Rock, Arkansas Freedman's Savings and Trust Company", *JNH*, 66 (Winter 1981–1982), 328; Clarence W. Griffen, *History of Old Tryon and Rutherford Counties, North Carolina 1730–1936* (Asheville, 1937), 321; Alrutheus A. Taylor, *The Negro in Tennessee, 1865–1880* (Washington, D.C., 1941), 248; Maryville Union League Minute Book, McClung Collection, LML.

要的"。[18]

与北部一样,对从警长到治安官职位的控制,辅之以州和联邦的恩惠制任命以及偶尔发生的立法机构对选区的重划,都构成了地方政党机器的基础建设。1871年,路易斯安那州立法机构创建了雷德河教区,该教区很快成为由佛蒙特州提包客马歇尔·特威奇尔领导的一个强大组织的所在地。在成为一名成功的棉花种植园主之后,特威奇尔把全家迁居南部。他让自己的弟弟和两个连襟担任地方官员,为妻子在一所黑人学校谋得教职,为自己保留了四个重要职位,还为他出版的斯巴达《时报》赢得了州政府的印刷合同。与此同时,特威奇尔还通过任命黑人担任次要职位和积极推动公立教育而赢得了自由民的信任。[19]

一般来说,白人主导了共和党的组织以及他们负责分发的政治回报。在整个南方,在从邮政局长到土地办公室办事员的次要恩惠制任命职位上,都可以找到黑人官员,少数人则拥有更有利可图的职位,如联邦税收官等。但重要的恩惠制任命职位时常绕开他们,除了极个别的例外,像詹姆斯·英格拉哈姆于1872年被任命为新奥尔良的港口检验官,年薪高达6千美元。例如,在孟菲斯市,三名提包客控制了共和党的政治机器:约翰·伊顿

---

[18] *New National Era*, October 26, 1871; J. Mason Brewer, *Negro Legislators of Texas* (Dallas, 1935), 50–52; John H. Moore, ed., *The Juhl Letters to the "Charleston Courier"* (Athens, Ga., 1974), 247; Vincent, *Black Legislators*, 219–221; Satcher, *Blacks in Mississippi Politics*, 38–39, 53–54; Robert M. Patton to J. Hayden, March 6, 1868, Letters Received, Third Military District, RG 393, NA.

[19] Ted Tunnell, *Crucible of Reconstruction: War, Radicalism, and Race in Louisiana 1862–1877* (Baton Rouge, 1984), 173–188.

（他在内战时期担任格兰特的自由民事务总监，田纳西州的教育总监），他的兄弟卢西恩·波拿巴·伊顿（《孟菲斯邮报》的主编，西田纳西的联邦法警），还有巴伯·刘易斯（他是该市共和党委员会的主席，他坚持认为，在分配恩惠制任职问题上，当地黑人"应该愿意等上一段时间"）。[20]

随着重建工作的前行，黑人对被用来作为"就任公职的垫脚石"甚为不满，他们的不满导致他们提出要在许多地方共和党组织中扮演更大的角色。这正是发生在位于南卡罗来纳州皮德蒙特产棉地带的埃奇菲尔德县的情况。虽然该县黑人占其人口的60%，但包括本土出生的和提包客在内的白人共和党人最初主导着地方和县一级的公职。但到了19世纪70年代，黑人已经担任了治安官、治安法官、学校专员和州民兵队伍的官员等职务。在战前曾经是沿海地区贵族聚居中心的博福特也出现了类似的情形。"革命在这里进行得相当快而且很深入"，记者爱德华·金在1873年评论道；市长、警察队伍和地方法官统统都是黑人，著名的前奴隶罗伯特·斯莫尔斯主宰了地方政治。其他的黑人政治权力飞地也在密西西比州和路易斯安那州的种植园地带出现。布兰奇·布鲁斯在密西西比州玻利瓦尔县创造出一个强大的地方政治组织，一人同时担任警长、税务员和教育总监的职务。该组织成为布鲁斯在1875年进入联邦参议院的跳板。曾为前奴隶的警长亨利·德马斯控制了路易斯安那州施洗者圣约翰教区，影响力一直延续到19

---

[20] Holt, *Black over White*, Appendix; KKK Hearings, Florida, 105–107; Donald B. Sanger and Thomas R. Hay, *James Longstreet* (Baton Rouge, 1952), 358; Walter J. Fraser, Jr., "Black Reconstructionists in Tennessee", *THQ*, 34 (Winter 1975), 367–368.

世纪90年代。[21]

在其他州，黑人上升到同类职位的人则比较罕见。佐治亚州黑人政治权力的唯一真正飞地位于沿海的麦金托什县。在这里突尼斯·坎贝尔担任了州参议员和地方治安官，坎贝尔出生在新泽西州，曾是战前废奴运动的参加者，内战期间来到南部，参加海岛实验。坎贝尔坚持认为，庭审陪审团应同时包括同等人数的黑人和白人成员，他使用自己的权力来捍卫当地自由民的经济利益。在一桩有争议的案件中，他下令逮捕了一名虐待黑人水手、拒绝支付工资的商船的船长。一位白人监工认为自己"无能为力"，无法实施劳动规则，因为如果发生劳工争执，"我只能给自己带来麻烦，坎贝尔会派出黑人警长来逮捕我"。当地白人把坎贝尔视为"挥之不去的烦恼"；自由民则把他视为"他们权利的鼓动者，他们的负担的承担者"。[22]

在黑人地方官员中，有许多人在奴隶解放前就拥有显赫的地位——比如南卡罗来纳州地方法官爱德华·瓦迪尔在"自由来临

---

[21] Orville V. Burton, *In My Father's House Are Many Mansions: Family and Community in Edgefield, South Carolina* (Chapel Hill, 1985), 299; Edward King, *The Southern States of North America* (London, 1875), 426-428; William C. Harris, "Blanche K. Bruce of Mississippi: Conservative Assimilationist", in Rabinowitz, ed., *Southern Black Leaders*, 7-8; Clara L. Campbell, "The Political Life of Louisiana Negroes, 1865-1900" (unpub. diss., Tulane University, 1971), 135.

[22] Russell Duncan, *Freedom's Shore: Tunis Campbell and the Georgia Freedmen* (Athens, Ga., 1986), 14-21, 42-80; Frances Butler Leigh, *Ten Years on a Georgia Plantation Since the War* (London, 1883), 132-136; W. Gignilliat to Rufus Bullock, January 15, 1872, Testimony of C. H. Hopkins, W. R. Gignilliat, W. J. Dunwoody, Tunis G. Campbell Papers, GDAH; KKK Hearings, Georgia, 846-858.

之前很久"就已经开始主持奴隶的婚姻仪式,而汉密尔顿·吉布森则是一名"巫师",他在1868年当选为路易斯安那州地方治安官。其他人则是战后黑人大会或联邦同盟的老将。但重建也见证了一个新的黑人领袖群体的出现,它逐渐取代了1865至1867年黑人政治动员的组织者。随着共和党统治的展开,越来越多的前奴隶开始走向前台,这种现象在1867年已经十分引人注目。例如,在路易斯安那州的圣兰德里教区,1873年,共和党执行委员会里的出生时为自由人的人数首次被自由民的人数超过。此外,尽管教会牧师继续在政治中扮演重要的角色,但乡村地区浸礼会的牧师人数也开始超过曾在奴隶解放初期地位显赫的、来自城市的非洲人卫理公会的牧师人群。许多黑人社区的新政治领袖都因他们的早熟而引人注目。埃奇菲尔德县的黑人政治家在担任公职时还不满25岁,约翰·盖尔在路易斯安那州议会开始任职时仅21岁,而约翰·林奇成为密西西比州众议院议长时只有24岁。但是,无论他们的年龄差异,也无论他们是生而自由的还是后来获得自由的,一个关系网将第一代黑人官员连接起来,构成了一个因奴隶解放而创立的宗教、兄弟情谊和教育机构组成的人脉关系网。在孟菲斯和新奥尔良等城市,政治领袖与宗教和慈善机构的领袖人物之间的区别已经十分明显,前者通常是富有且生而自由的穆拉托人,而后者则通常是无技能的前奴隶。但在黑土地带的乡村地区,政治领袖与社团领袖之间的相互重叠则更为普遍。黑人学校、消防队、教会和兄弟会等与地方政党组织交织为一体,成为培养黑人公职官员的训练场,尤其对那些随着重建的展开而崭露头角的前奴隶而言。[23]

显然，相当一部分黑人官员不具备受过教育的优势也就不足为奇了。他们中有许多人完全是文盲，不得不在执行公务时依赖其他黑人或白人共和党人。"我有一个儿子，当他很小的时候，我就送他去上学"，佐治亚州议会的议员艾布拉姆·科尔比说。他是一位不识字的理发匠和牧师，1851年为他的主人所释放而获得自由。"我让他给我读所有我收到的信件，并帮助我的所有写作。我始终让他陪伴在旁。"但在地方和州两级政府中，大量的黑人政治家都设法获得了教育，尤其是但也并不完全是那些生而自由的人。亚特兰大市议员威廉·芬奇就是在主人的家庭学会读写的，而他的主人则是佐治亚州首席大法官约瑟夫·伦普金。其他的黑人官员在内战之后上过自由民局的学校或在被联邦军队解放之后到北部接受了教育。几乎所有的黑人提包客政客和在路易斯安那州和南卡罗来纳州担任公职的自由黑人都接受过教育，有些人甚至已经完成了大学教育。米夫林·吉布斯（佛罗里达州官员乔纳

---

[23] R. Turner et al. to Robert K. Scott, February 3, 1872, South Carolina Governor's Papers; George P. Deweese to Henry C. Warmoth, April 25, 1868, Henry C. Warmoth Papers, UNC; Geraldine McTigue, "Forms of Racial Interaction in Louisiana, 1860-1880" (unpub. diss., Yale University, 1975), 306-308; *Christian Recorder*, October 28, 1875; Emma L. Thornbrough, ed., *Black Reconstructionists* (Englewood Cliffs, N.J., 1972), 11; Armstead L. Robinson, "Plans Dat Corned from God: Institution Building and the Emergence of Black Leadership in Reconstruction Memphis", in Orville V. Burton and Robert C. McMath, Jr., eds., *Toward a New South* (Westport, Conn., 1982), 89-92; John W. Blassingame, *Black New Orleans 1860-1880* (Chicago, 1973), 157-158; Vernon Burton, "Race and Reconstruction: Edgefield County, South Carolina", *JSocH*, 12 (Fall 1978), 32; Alrutheus A. Taylor, *The Negro in the Reconstruction of Virginia* (Washington, D.C., 1926), 55.

森·吉布斯的兄弟）曾担任温哥华市议会议员，在奥伯林学院研习过法律，之后在小石城担任法官。此外，到19世纪70年代，新建立的黑人大学培养的学生大大扩展了黑人政治家的队伍。在担任公职之前曾在霍华德大学学习过法律的包括詹姆斯·奥哈拉和马修·莱维，奥哈拉于1874年当选为北卡罗来纳州哈利法克斯县监事会成员，莱维担任了佛罗里达州的一个邮政局长和地方治安官，直至重建的结束。类似这样的人，无论是在更大的社区还是在当地黑人社区，都发挥着"政治中间人"的作用，在国家与地方两级之间帮助解读相互的政治文化和社会经验。[24]

对于黑人社区中那些具有政治雄心的人来说，政治提供了获得有尊严的就业机会和个人进步的难得机会。主要政治职位的回报远远高于黑人通常挣到的收入，对于乡村的自由民来说，即便是每天两三美元的陪审团成员报酬也是一笔高得令人目眩的收入。黑人立法者一直反对缩短议会会期或减少官方工资的做法——有人解释说，毕竟"我们所有的麻烦都是因为不向人们支付他们的劳动费用而产生的"。从职业背景来看，地方官员一般是工匠、店主和小地主，或牧师与教师之类的专业人士。他们的经济状况要好于大部分的自由民，多数人处于小康状态，但在个人经历和经

---

[24] KKK Hearings, Georgia, 702; Florida, 105–107; James M. Russell and Jerry Thornbery, "William Finch of Atlanta: The Black Politician as Civic Leader", in Rabinowitz, ed., *Southern Black Leaders*, 309; David C. Rankin, "The Origins of Black Leadership in New Orleans During Reconstruction", *JSH*, 40 (August 1974), 432–433; Holt, *Black over White*, 52–55; Mifflin W. Gibbs, *Shadow and Light: An Autobiography* (Washington, D.C., 1902); Anderson, "James O'Hara", 101–104; Suggs, ed., *Black Press*, 97; Marc J. Swartz, ed., *Local-Level Politics* (Chicago, 1968), 200–202.

济利益方面,他们与自己代表的选民群体并无明显的不同。许多人对奴隶制的恐怖都了如指掌,比如亚拉巴马州州议会议员、编辑和律师威廉·康斯尔,他曾亲眼看到自己的两个兄弟在1857年被卖掉,从此再也没有听到过关于他们的消息。州议员威廉·哈里森曾是佐治亚州一个显赫奴隶主家族中的一名"得宠"奴隶,在战后曾拥有13英亩的土地,但他认为自己是一个靠"勤奋工作"而谋取生活的人——他"伐木,摘棉花,拉饲料,并在西部和大西洋铁路公司干活"。无论是在生活方式还是在价值观方面,哈里森与大部分自由民相比都并无大的区别,他之所以进入政治之中,是因为《重建法》承认"我与我的人民都是人,而从前我们不过是财产而已"。[25]

  黑人政治领袖中的确包括了几个十分富有之人。在查尔斯顿和新奥尔良的生而自由的黑人精英中,有内战前就已经拥有价值数万美元的种植园主和商人,他们中一些人在重建时期担任了公职。其他的一些人,则与他们的北部和南部白人同行一样,将担任公职转换成一种获取经济利益的渠道。佛罗里达州国会议员约西亚·沃尔斯买下来先前由邦联将军詹姆斯·哈里森拥有的大宗地产,约三分之一的弗吉尼亚州州议会的黑人议员用他们的薪水购买了土地。乡村地区的工匠-政治家们则往往从地方政府的建

---

[25] Garner, *Reconstruction in Mississippi*, 324–325; *Virginia Convention Debates*, 35; William C. Hine, "Black Politicians in Reconstruction Charleston, South Carolina: A Collective Study", *JSH*, 49 (November 1983), 561; Edward Magdol, *A Right to the Land: Essays on the Freedmen's Community* (Westport, Conn., 1977), 113–136; Charles A. Brown, "William Hooper Council: Alabama Legislator, Editor, and Lawyer", *Negro History Bulletin*, 26 (February 1963), 171; KKK Hearings, Georgia, 923–931.

筑合同中发财致富。一些黑人领袖在重建期间享有一种贵族风格的生活方式,如路易斯安那州州长安托万和布兰奇·布鲁斯,安托万拥有一匹价格昂贵的赛马,而布鲁斯不仅在房地产交易收入了一笔巨大的财富,而且还获得了"一种切斯特菲尔德的礼仪"的美称。还有报道说,南卡罗来纳州沿海地区的稻米种植园主、黑人提包客威廉·惠珀在一次通宵牌局赌博中输掉了75000美元(其中一半的钱是在他的一把由4个A组成的好牌被另外一位黑人议员手中的一把同花顺所击败时输掉的)。[26]

虽然一些黑人政客享有资产阶级地位,而另一些人则渴望获得这一地位,但事实证明,他们中很少有人能够将其政治权力转化为对各州经济发展成功的分享。即使在南卡罗来纳州,著名的黑人官员组成了查尔斯顿有轨街车公司,并获得了州政府的公司合同,但他们却无法筹集到修建这条街车路线所需的资金,而由黑人立法者所组建的磷酸盐公司,因缺少资金,无法支付深水开采所需的挖泥船和驳船的费用,最终只能开发浅水水域的边缘矿床。同样遭遇失败的是平奇贝克和安托万的代办公司,它其实是一家由两人与其他路易斯安那州黑人政客组建的汽船公司。黑人政客的财富,虽然与大多数自由民的收入相比令人感到印象深刻,但与保守派和白人提包客所有的财富相比,却显得微不足道。

---

[26] Peter D. Klingman, *Josiah Walls* (Gainesville, 1976), 52; Luther P. Jackson, *Negro Office-Holders in Virginia 1865–1895* (Norfolk, Va., 1945), 49; New Orleans *Louisianian*, March 26, 1871; Samuel Shapiro, "A Black Senator from Mississippi: Blanche K. Bruce (1841–1898)", *Review of Politics*, 44 (January 1982), 85–88; Frank A. Montgomery, *Reminiscences of a Mississippian in Peace and War* (Cincinnati, 1901), 279; "Campaign of 1876", manuscript, Robert Means Davis Papers, USC.

即使是像海勒姆·雷维尔斯、罗伯特·艾略特和普利斯·里弗斯这样的著名领导人,有时也不得不向白人政客申请小额贷款,以满足日常开支。大多数真正富有的黑人都回避卷入政治,要么是因为他们将商业承诺放在优先地位,要么是为了不损害与其经济地位所依赖的白人富人之间的个人关系。的确,黑人政治领袖中地位较为优越的人主要由技能熟练的工匠组成,他们与白人精英的共同点较少,而与19世纪大西洋两岸的激进工匠人群更为接近——后者致力于使用共和平等和机会开发的原则重塑社会。[27]

对许多黑人来说,政治参与并不是实现向社会高端流动的一种便利,而更是一种可能给自己带来毁灭性损失的原因。南卡罗来纳州联邦同盟的一名组织者和州立法机构议员原来的职业是砖瓦工和石膏匠人。他说:"在进入政治之前,我总是有很多的工作需要做,但后来我再也没有得到一份工作。我想他们这样做只是因为他们想打击我,阻止我参与政治。"国会议员杰斐逊·朗是一名裁缝,在其政治生涯开始之前,曾引领了麦肯县的"许多优良习俗",但"他的政治立场毁了他与白人的生意,而后者是他的主要顾客"。因此,如果说一些黑人从成为政治领袖的生涯中得到了

---

[27] Hine, "Boseman", 346–347; Tom W. Schick and Don H. Doyle, "The South Carolina Phosphate Boom and the Stillbirth of the New South, 1867–1920", *SCHM*, 86 (January 1985), 9–10; Blassingame, *Black New Orleans*, 72; Hiram Revels to Adelbert Ames, April 4, 1870, Ames Family Papers; Robert B. Elliott to Franklin J. Moses, Jr., June 9, 1874, Prince Rivers to Robert K. Scott, December 29, 1871, South Carolina Governor's Papers; Chesson, "Richmond's Black Councilmen", 196; Michael P. Johnson and James L. Roark, *Black Masters: A Free Family of Color in the Old South* (New York, 1984), 203–205; Hine, "Black Politicians", 563–564.

回报，另一些黑人则付出了沉重的代价，最终有许多人从这一斗争中退出。"我曾经是一个为政治而狂热的人，"阿肯色州自由民后来回忆说，"但我失去了一切，最终退出了政治。"那些坚持下来的人最终也变得越来越依赖于公职来获取自己的经济生存。事实上，黑人要求获得对选举职位和恩惠任命职位的更大份额分享，并非是一种黑人选民民族主义情绪高涨的反应（尽管许多人憎恨白人试图垄断这些职位），而更多的是迫于一种经济压力，正是同样的经济压力在白人共和党人中产生出了"生计政治"的现象和需求。在整个南部，黑人立法者从一届到下一届的更替率往往超过了 50%，这反映了一些人在面对经济胁迫或暴力时被迫离开政治的情形，同时也反映了随着雄心勃勃的地方一级新领袖的出现，州一级的公职竞争变得更加激烈的局面。[28]

带有同情心的共和党官员的出现，无论他们是黑人或白人，都让自由民在日常生活感受到了真正的改变。许多人对改善黑人社区的生活质量表现出积极的关系，确保它们在市政建设项目上获得公平的工作份额。"他们将我视如一个保护人，"北卡罗来纳州索尔兹伯里的白人市长写道，"黑人把我放在这个位置上……不是希望一无所获的，我除了与他们友好相处之外，不能用其他方式对待他们。"路易斯安那州雇用了黑人、白人和华工来修筑

---

[28] KKK Hearings, South Carolina, 325; Theophilus G. Steward, *Fifty Years in the Gospel Ministry* (Philadelphia, 1921), 129; George P. Rawick, ed., *The American Slave: A Composite Autobiography* (Westport, Conn., 1972–1979), 8, pt. 2:201–202; Vincent, *Black Legislators*, 114; *Christian Recorder*, January 28, 1875; Balanoif, "Negro Legislators", 24.

堤坝,但与传统做法不同的是,所有工人都获得了同等的工资待遇。正如项目的总工程师所报告的,"我们的卡迪安朋友对不实施双重工资标准感到不高兴,而华人则为能够挣到如此之多的钱感到震惊,非裔美国公民也为能够挣到'平价'(工资)感到高兴"。[29]

对于那些习惯于将法律视为一种压迫工具的人来说,南部执法机制此刻为共和党人所掌握似乎具备了特别重要的意义。塔拉哈西和小石城选举产生了领导警察队伍的黑人警察局长,新奥尔良和维克斯堡的警察队伍中任命了有权命令白人的黑人队长。到1870年,数百名黑人担任了城市警察和乡村地区的治安警官;黑人构成了蒙哥马利和维克斯堡警察队伍的一半人数,以及新奥尔良、莫比尔和圣彼得堡警察队伍中四分之一以上的警力。在法庭上,被告此刻经常需要面对黑人法官和治安官以及种族融合的陪审团。一位白人律师被迫在法庭上称黑人为"陪审团的绅士们",他将此种经历描述为"我感受到的最为沉重的打击"。[30]

在整个重建过程中,种植园主们时常抱怨说,要在盗窃和合

---

[29] Russell and Thornbery, "William Finch", 318–319; Howard N. Rabinowitz, *Race Relations in the Urban South 1865–1890* (New York, 1978), 265; Thomas B. Sony to William W. Holden, February 12, 1869, North Carolina Governor's Papers; Jeff Thompson to Henry C. Warmoth, May 10, 1871, Warmoth Papers.

[30] Susan B. Eppes, *Through Some Eventful Years* (Macon, 1926), 351–352; Rawick, ed., *American Slave*, 9, pt. 4:42; "Copy of Police Roll, City of Vicksburg", manuscript, 1871, Mississippi Governor's Papers, MDAH; Dennis C. Rousey, "Black Policemen in New Orleans During Reconstruction", *Historian*, 49 (February 1987), 223–336; KKK Hearings, North Carolina, 234; Katherine W. Springs, *The Squires of Springfield* (Charlotte, 1965), 251.

同纠纷案例中寻求定罪的判决几乎不太可能,因为"司法正义基本上是为保护劳动者利益而实施的"。他们也不能再像在总统重建期间那样利用《流民法》来强迫自由民签署劳工合同。1870年,亚拉巴马的一家报纸说:"我们的法典中有一部《流民法》……但它是一部虚法,因为正是流民们的投票使那些负责执行这项法律的人获得了他们现在的职位。"其实,黑人罪犯一般不会逃脱重建法庭的惩罚而逍遥法外。事实上,作为暴力活动的经常受害者,黑人在有效执法方面有既得利益;用一份请愿书的话来说,他们只是要求政府官员,"超越现有的偏见,用一碗水端平的方式……来执法"。然而,这一最基本的平等正义概念对南部的根深蒂固的法理传统提出了挑战。共和党人陪审团成员和地方仲裁官此刻尊重黑人的证词,州也试图惩罚白人针对黑人的犯罪行为,而轻微的违法行为也不用再接受总统重建时期那样的严厉惩罚。[31]

由于这些和其他更多的原因,共和党官员们发现自己面临的选民要求远比正常政治时期更为广泛和多元。约翰·林奇后来回忆说,当他担任地方治安官时,自由民们将他职位的功能"放大了"许多倍,"远远超出了其[原有的]重要性",要求他处理的包括了从与雇主的劳工纠纷到家庭争吵等一个极大范围内的案件。

---

[31] F. W. Loring and C. F. Atkinson, *Cotton Culture and the South, Considered with Reference to Emigration* (Boston, 1869), 29; Selma *Southern Argus*, February 3, 1870; Donald G. Nieman, "Black Political Power and Criminal Justice: Washington County, Texas as a Case Study, 1868–1885" (unpub. paper, annual meeting of Organization of American Historians, 1985); Petition, 109 names, November 22, 1869, South Carolina Governor's Papers.

在亚拉巴马州格林县,自由民们希望当地官员"告诉他们在销售他们的玉米时,应该做什么和不应该做什么"。更令人印象深刻的是,黑白两个种族的普通共和党人都大量写信给新州长们,详细叙述他们的冤情与希望,请求获得财政援助,并就各种公共和私人事务寻求建议。北卡罗来纳州的一个家庭因为投票给共和党而遭到地主的驱逐,在其给州长霍尔登的信中,家庭成员写道:"我们认为我们自己是在你的保护和照顾之下。"在一定程度上,这些信件反映了许多共和党选民的政治经验不足。但它们也反映出一种理解,即自由民们寄托于重建的乌托邦希望的实现此刻取决于南部新政府的政策。[32]

掌权中的南部共和党人

如同生活中的许多其他方面一样,内战、奴隶解放和重建的综合影响从根本上改变了南部州政府的性质。北卡罗来纳州提包客政客阿尔比恩·图尔吉写道,共和党面临的任务无疑不亚于"创建一个国家",而重建时代的政体与战前南部的任何实践、知识和想象都截然不同。战前,奴隶制严重限制了公共权力的范围,因为正如詹姆斯·阿尔科恩指出的,它创造了一个"父权制累积群体"的社会,黑人受制于其主人的权威,而不是完全处于"政

---

[32] John R. Lynch, *Reminiscences of an Active Life: The Autobiography of John Roy Lynch*, edited by John Hope Franklin (Chicago, 1970), 60-64; 43d Congress, 2d Session, House Report 262, 706; James P. Burton to William W. Holden, August 28, 1868, John Shepperd et al. to Holden, February 4, 1869, North Carolina Governor's Papers.

府权威的承认"范围之内。由于种植园主们在政治权力中占有不成比例的权势，税收和社会福利的支出很低，南部的教育状况更是一种"耻辱"，这是一位民主党人在战后也坦白承认的事实。19世纪50年代，一些州的确扩大了政府的公共责任，为白人精神病患者、聋哑人和盲人修建了学校和精神病院。然而，当亨利·沃莫思在1868年成为路易斯安那州州长时，该州连一条硬面公路也没有，新奥尔良市只有两家医院，其供水系统十分原始，并导致黄热病和疟疾的定期暴发。[33]

由于它服务的对象是一个扩展的公民群体，并承担起一套新界定的公共责任，新的共和党州政府几乎影响了南部生活的方方面面。不仅其活动范围，而且它渴望服务的各种利益，都将重建时期的州政府与其前身和继任者清楚地区分开来。公立学校、医院、监狱、孤儿院和精神病院等第一次得到兴建或获得了更多的资金。南卡罗来纳州为贫困公民提供了医疗服务，亚拉巴马州为赤贫的被告提供了免费法律咨询的服务。法律改变了家庭内部的关系，扩大了提出和准允离婚的理由范围，扩大了已婚妇女的财产权，对未成年人免受父母虐待提供了保护，并追究白人父亲为抚养他们的穆拉托子女提供支持的责任。在许多共和党控制的地方，政府责任的范围也同时得到扩大。在提包客市长奥古斯塔

---

[33] *National Anti-Slavery Standard*, October 19, 1867; James L. Alcorn, Inaugural Address, galley proof, James L. Alcorn Papers, MDAH; Raleigh A. Suarez, "Chronicle of a Failure: Public Education in Antebellum Louisiana", *LaH*, 12 (Spring 1971), 120-122; Henry Ewbank to Robert K. Scott, December 15, 1870, South Carolina Governor's Papers; Warmoth, *War, Politics, Reconstruction*, 79-80.

斯·奥尔登的任内，纳什维尔市扩大了医疗设施，并向穷人提供面包、菜汤和柴火。彼得斯堡建立起蓬勃发展的学校体系，规范了马车交通费率，重新铺设了街道，成立了一个卫生委员会，并在1873年的天花流行时提供免费医疗。华盛顿市本身也启动了一项公共工程计划，包括铺设该城急需的下水管道。所有这些活动不可避免地导致了政府花费的急剧增长。南卡罗来纳州共和党人指出，在1860至1873年之间，该州的预算翻了一番，大部分的增长来自对精神病院、孤儿院、州立监狱和公立学校的兴建与资助，而所有这些建制在战前都并不存在。[34]

与后来的发展相关的是，不断上涨的税收负担加剧了种植园主和自耕农对重建的反对。但黑人则全力拥抱这种能动性的、具有改革精神的政府，希望以此来制衡反对他们的财富与传统力量。"他们紧盯着立法,"亚拉巴马州的一家报纸评论道，"因为就事物的本质而言，他们不能指望其他任何东西。"黑人立法者不仅支持对学校、精神病院和社会福利的拨款，而且提出了进一步扩大政府公共责任的一系列建议，包括监管私人市场和保险公司、实施强制性入学规定、限制酒类的销售，甚至在路易斯安那州，禁止在周日

---

[34] Robert H. Bremner, *The Public Good: Philanthropy and Welfare in the Civil War Era* (New York, 1980), 166; Hine, "Boseman", 344; *Alabama Acts 1868*, 490; Balanoff, "Negro Legislators", 43-44; Suzanne Lebsock, "Radical Reconstruction and the Property Rights of Southern Women", *JSH*, 43 (May 1977), 195-216; Dorothy Sterling, ed., *We Are Your Sisters: Black Women in the Nineteenth Century* (New York, 1984), 341; Gary L. Kornell, "Reconstruction in Nashville, 1867-1869", *THQ*, 30 (Fall 1971), 277-278; Henderson, *Unredeemed City*, 183-186, 235; Green, *Secret City*, 91-92; *New National Era*, April 16, 1874.

举行集市、赌博和赛马等活动,尽管这些努力并没有成功。[35]

共和党人重塑南部社会和建立自身合法性的努力与局限性在四个相互关联的领域内表现出来:教育、种族关系、劳动制度和经济发展。所有这一切都激发了党内争论,这些争论发生在那些寻求吸引最广泛的选民和那些更关心解决党内最忠诚选民的需求的两派之间。所有人都见证了与战前南部传统的巨大背离,共和党政府虽然很有成就,但总体来说,它们并未能充分实现重建设定的崇高目标。

自由民局和自由民援助运动的老将,以及新的教育主管们将学校教育视为一种新的、平等的社会秩序的基础。但是,他们力图建立一种以北部最先进的教育思想为模式的现代化的、集中管理的学校体系的目标,却被证明是无法实现的。没有一个州能够完全满足几乎从零开始建立一个学校系统的巨大成本,而本土白人、共和党和民主党所珍视的地方自治和低税收传统则限制了州教育官员的权力范围。北卡罗来纳州的南方佬立法者坚持认为,学校监管应由地方教育委员会来执行,其资金筹措最初应主要依赖于州的人头税和地方税。(由于许多县拒绝提供必要的资金,州立法机构随后为教育费用向全州范围征收财产税。)此外,一些州将学校资金转用来支付州的债务,而教师因为数月没有工资收入,

---

[35] Philip S. Foner and Ronald L. Lewis, eds., *The Black Worker: A Documentary History from Colonial Times to the Present* (Philadelphia, 1978–1984), 2:149; Vincent, *Black Legislators*, 105, 180, 199; Howard N. Rabinowitz, "Holland Thompson and Black Political Participation in Montgomery, Alabama", in Rabinowitz, ed., *Southern Black Leaders*, 257–258; *AC*, 1874, 17; Charleston *Daily Republican*, January 21, 1870; Charles Vincent, "Louisiana's Black Legislators and their Effort to Pass a Blue Law During Reconstruction", *Journal of Black Studies*, 7 (September 1976), 47–56.

或如同经常发生的那样，只是接受到以折旧的州信用单为工资时，往往显得士气低落、心灰意冷。[36]

尽管有这些障碍，一个公立学校的体制在重建时期的南部逐渐形成。1873年，一位北部记者发现成年人和儿童挤满了维克斯堡的学校，并报告说，"黑人女佣甚至在受雇前提出条件，雇主应该允许她们上夜校"。白人也越来越多地利用新的教育机会。到1872年，得克萨斯州拥有1500所学校，该州大多数的儿童都能够就读。在密西西比州、佛罗里达州和南卡罗来纳州，登记入学人数稳步增长，直到1875年，黑白种族儿童中约有一半都在就读学生中。在许多方面，教育进步看上去进展十分缓慢；城镇地区的受教育率仍然远远高于乡村地区；1880年，70%的黑人人口仍然是文盲。尽管如此，共和党人在南部历史上仍然首次确立了州对公共教育负有责任的原则。[37]

建造学校是一回事，将学校建成平等社会的基石则是非常不

---

[36] Robert C. Morris, *Reading, 'Riting, and Reconstruction: The Education of Freedmen in the South 1861-1870* (Chicago, 1981), 235-236; William C. Harris, "The Creed of the Carpetbaggers: The Case of Mississippi", *JSH*, 40 (May 1974), 209-212; Daniel J. Whitener, "Public Education in North Carolina During Reconstruction, 1865-1876", in Fletcher M. Green, ed., *Essays in Southern History* (Chapel Hill, 1949), 79-82; James Norton to Justus K. Jillson, March 11, 1871, State Superintendent of Education Papers, SCDA; J. L. McDowell to John Eaton, January 27, 1868, John Eaton Papers, TSLA; Orval T. Driggs, Jr., "The Issues of the Powell Clayton Regime, 1868-1871", *ArkHQ*, 8 (Spring 1949), 40-44.

[37] *The Jewish Times* (New York), February 7, 1873; John P. Carrier, "The Political History of Texas During the Reconstruction" (unpub. diss., Vanderbilt University, 1971), 455-456; William C. Harris, *The Day of the Carpetbagger: Republican Reconstruction in Mississippi* (Baton Rouge, 1979), 328; Shofner, *Nor Is It Over*, 151; Joel Williamson, *After Slavery: The Negro in South Carolina During Reconstruction* (Chapel Hill, 1965), 224-237; U. S. Bureau of the Census, *Historical Statistics of the United States, Colonial Times to 1970* (Washington, 1975), 382.

同的一种挑战。种族融合的学校在北部并不常见，皮博迪基金会是北部的一个慈善组织，其资金援助为南部学校预算提供了重要的补充，但它强烈地反对种族融合教育。此外，无论他们的政治倾向如何，白人父母都不愿意让自己的孩子和黑人儿童同坐在教室里。共和党的铁杆报纸拉瑟福德《星报》警告说，任何主张种族融合的议员将发现自己的"政治生命已经结束，至少对北卡罗来纳州西部的人民而言"。1868年，共和党人向白人选民保证，他们的孩子不会被强迫与黑人一起上课，他们一般会信守诺言。得克萨斯州的一个教育委员会试图建立一所种族融合的学校，该委员会被该州共和党人担任的州教育总监解散。只有路易斯安那州试图建立一个种族合校的体制。该州的自由黑人领袖长期以来一直要求种族融合，担任教育总监的托马斯·康威先前担任过州自由民局的负责人，也认为学校应该向两个种族的孩子开放。虽然大多数乡村教区的学校仍然处于隔离状态，但新奥尔良见证了跨种族教育的一次非同寻常的实验。第一年，白人入学的人数直线下降，新的隔离式的私立和教会学校应运而生。但是，许多参加这次"白人逃离"的人很快又返回，到1874年，有数千人在种族融合学校就学。[38]

---

[38] William P. Vaughan, *Schools for All: The Blacks and Public Education in the South, 1865–1877* (Lexington, Ky., 1974), 55; F. Bruce Rosen, "The Influence of the Peabody Fund on Education in Reconstruction Florida", *FlHQ*, 55 (January 1977), 310–320; Rutherford *Star*, February 27, 1869; C. T. Garland to Charles Sumner, December 9, 1872, Sumner Papers; Samuel J. Powell to James McCleery, June 25, 1870, W. O. Davis to T. W. Conway, February 15, 1871, State Board of Education Correspondence; Louis R. Harlan, "Desegregation in New Orleans Public Schools During Reconstruction", *AHR*, 67 (April 1962), 663–675.

对于黑人来说，许多人肯定会赞同孟菲斯市激进政治领袖爱德华·肖的意见，他认为种族隔离将一种"自卑的耻辱感贴到了黑人儿童的身上"。然而，为数不多的人似乎认为种族融合是可行的。一般来说，当地方官员建立隔离学校时，黑人政治领袖会表示默许，即便是在密西西比州和南卡罗来纳州，尽管当地的黑人开始控制了许多地方教育委员会，然而，隔离的设施仍然是当地法律，一统天下。(南卡罗来纳州的聋哑和盲人学校最初是种族融合的，在白人教师辞职表示抗议后，建立了种族隔离的班级；因此，"在看不到颜色的地方，对肤色进行区分"。)大多数黑人对新学校体制的评判似乎较少从种族融合的抽象理想出发，而是更看重其与过去那种被完全剥夺了教育机会的经历的比较。就连弗雷德里克·道格拉斯的《新国家时代》也觉得种族隔离学校相较于完全没有学校的情形具有"无限的优越性"。黑人家长似乎主要关心的事情是确保学校资金的公平分配，许多人认为，全黑人学校比白人学校更容易接受家长管理，更有可能雇用黑人教师。事实上，随着黑人大学的毕业生在 19 世纪 70 年代带来了教师队伍的扩展，许多人在新的公立学校找到了工作。南卡罗来纳州的黑人教师人数从 1869 年的 50 人上升到 6 年后的 1000 多人。[39]

---

[39] Lester C. Lamon, *Blacks in Tennessee 1791–1970* (Knoxville, 1981), 38; Balanoff, "Negro Legislators", 35; Vaughan, *Schools for All*, 57–70; Williamson, *After Slavery*, 222; *New National Era*, June 16, 1870; 46th Congress, 2d Session, Senate Report 693, pt. 3:143; Jacob Broadnax to John Eaton, January 2, 1868, Eaton Papers; Howard N. Rabinowitz, "Haifa Loaf: The Shift from White to Black Teachers in the Negro Schools of the Urban South, 1865–1890", *JSH*, 40 (November 1974), 566, 578; *South Carolina Reports and Resolutions 1869–1870*, 406–407, *1875–1876*, 409.

除了一个明显的例外,种族隔离在州立高等教育机构中占据着主导地位。密西西比州建立了阿尔科恩大学,学校配有一个黑人董事会,并由前参议员海勒姆·雷维尔斯担任校长,但建立它的目的部分地是希望阻止黑人进入州立大学的要求。1872年当阿肯色大学成立时,有几位黑人学生被录取,但为了避免让教职员工难堪,大学校长在正常教学时间结束之后对他们分别进行授课。南卡罗来纳大学在战前被认为是"贵族之子"的领地,此刻成为试图进行种族融合和将高等教育民主化的唯一的南部大学。南卡罗来纳州的州务卿亨利·海恩在1873年进入该校医学院时,他是该校的第一位黑人学生,随后,大多数白人学生从该校退学,大部分教师也从该校辞职。作为回应,州立法机构从北部引进了教授,取消了学费,为那些不够入学资格的人设立了预修课程。虽然大部分学生是黑人,但这所激进大学也设法吸引了白人学生入校,据一位本科生的回忆,两个种族的学生"一起学习,到相互的房间互访,[并]一起打球"。[40]

如果它对教育责任的承担,使重建时期的南部州政府与北方公共权力早期扩大的努力保持一致的话,那么它在保证黑人在交通和公共住宿场所方面享有平等待遇的努力,则使它进入了美国法理学中一个处于未知状态的领域。但是,与教育领域一样,建立平等公民权的法律原则,要比实施这一原则容易得多。在全面

---

[40] Harris, *Day of the Carpetbagger*, 347–351; Guerdon D. Nichols, "Breaking the Color Barrier at the University of Arkansas", *ArkHQ*, 27 (Spring 1968), 3; Charleston *Republican*, April 13, 1872; Daniel W. Hollis, *University of South Carolina* (Columbia, S.C., 1951–1956), 2:44–79; *New National Era*, July 9, 1874.

的法定种族隔离制度兴起之前，种族歧视具有多种形式。许多公共和私人机构完全排斥黑人；有些机构仅提供隔离的和表面平等的设施；还有一些则向黑人提供明显次等的服务。铁路和汽船公司通常拒绝让黑人进入头等舱，不管他们是否有支付的经济能力，而是将他们统统与底层白人一起被贬到"吸烟车厢"或底层甲板去乘坐。

显然，某些形式的歧视，例如将黑人排斥在学校等公共设施之外和将黑人排除在领取贫困救济之外等，是针对整个黑人群体的。然而，在许多情况下，私营企业的行为只影响到一小部分人。新奥尔良《论坛报》虽然将保障黑人获得使用公共设施权利的立法视为共和党政府面临的"首要任务"，但它同时也向白人保证，由于大多数自由民仍然"太穷而不能经常光顾"餐馆、剧院和酒店，后者将发现自己只会服务"少数[黑人顾客]，而其中的大多数都拥有财产，并受过教育"。那些富裕、有文化的黑人对他们试图获得餐食、住宿或交通便利时遭遇的侮辱深感愤慨，要求获得与他们地位相称的待遇。当新奥尔良歌剧院拒绝让生而自由的黑人麦卡蒂入场时，新奥尔良《论坛报》评论说，麦卡蒂是"一位仪态典雅、备受尊重的绅士，整个剧场的观众中可能再也找不出一个比麦卡蒂先生更适合的光顾上流聚会的人了"。密西西比州警长约翰·布朗生动地表达了杰出的黑人对歧视性待遇的强烈不满："教育程度等于零，良好的风度等于零，有色人种男人或女人用金钱也买不到应有的体面待遇，以及白人声称的和可以获得的舒适。"然而，如果将这些抱怨视为一种纯粹出于自私或与普通自由民基本无关的发泄则是错误的。许多普通自由民参加了城市轨道公车的种族融合运动,该运动此刻蔓延到了路易斯维尔和萨凡纳等城市。即使是那些买不起头等舱车票的人,也很可能认为针对他们的当选代表的歧视待遇是对整个黑人选民群体的一种侮辱。[41]

黑人提出的废除种族歧视的要求得到了许多提包客的支持,但却比任何其他问题都更深刻地暴露了和深化了共和党内部的分歧。南卡罗来纳州的一位白人议员宣称,如果要通过这样的法律,"我将不再与党站在一起了。我愿意给予黑人政治和公民权利,但社会平等权,绝不"。在亚拉巴马州和北卡罗来纳州,在本土白人共和党人的主导下,黑人立法者提出的确保公共交通设施平等权利的法案未能获得通过。(一位黑人立法者对亚拉巴马州北部的南方佬政客进行了指责,因他们反对民权法案。在战争期间,他提醒他们说,内陆地区的家庭陷于赤贫之中,"我见过黑人从自己主人那里偷出玉米,使你们的女人和孩子免于挨饿"。)两个州颁布了看似支持种族隔离的法律:佐治亚州的法律命令公共交通为所有乘客提供"相似的和同等的乘坐待遇";阿肯色州的法律要求为黑人旅行者提供"与头等座相同的座位"。[42]

---

[41] New Orleans *Tribune*, January 1, 10, 21, 1869; 46th Congress, 2d Session, Senate Report 693, pt. 2:361–363; Marjorie M. Norris, "An Early Instance of Nonviolence: The Louisville Demonstrations of 1870–1871", *JSH*, 32 (November 1966), 496–503; August Meier and Elliott M. Rudwick, "A Strange Chapter in the Career of 'Jim Crow'", in August Meier and Elliott M. Rudwick, eds., *The Making of Black America* (New York, 1969), 2:15–16.
[42] Columbia *Daily Phoenix*, September 18, 1868; Richard Bailey, "Black Legislators During the Reconstruction of Alabama, 1867–1878" (unpub. diss, Kansas State University, 1984), 171; Balanoff, "Negro Legislators", 41; Allen W. Trelease, "Radical Reconstruction in North Carolina: A Roll-Call Analysis of the State House of Representatives, 1868–1870", *JSH*, 42 (August 1976), 331; *Georgia Acts 1870*, 398, 427–428; *Arkansas Acts 1868*, 39–40.

即使在黑人在党内享有更大影响力的地方,共和党州长们最初也利用他们的影响力来挫败民权法案,或在法案通过后予以否决,他们担心这些措施会威胁到通过争取白人支持来建立其执政合法性的努力。"没有任何为在种族间建立'社会平等'的立法……得以建立和实施",当州长阿尔科恩否决了一项禁止该州准建的铁路公司歧视黑人的法案后,密西西比州共和党州委员会夸耀说。1872年,一项针对犯有歧视罪的旅馆业主和铁路、旅店运营商实施刑事处罚的立法得以通过(几乎南方佬议员对此表示支持),但在其送往执法部门官邸的途中神秘地丢失了或被盗窃了,导致该法案未能成为法律。佛罗里达州州长哈里森·里德在1868年否决了一项确保公共交通中平等待遇的法案,而沃莫思则两次推翻了路易斯安那州立法机构通过的民权措施,这些行动虽然赢得了两党本土白人的掌声,但却令黑人领袖群体中的大部分人甚为失望。[43]

随着黑人的影响力和自信心的增加,以及第一批州长的谨慎政策的名声扫地,确保平等享有交通和公共膳宿便利的法律在南部腹地各州得以颁布。1871年,得克萨斯州废除了总统重建时期通过的要求州铁路实行隔离的法律,代之以一部禁止它们"在载客方面做出任何区分"的法律。两年后,密西西比州、路易斯安那州和佛罗里达州对那些拒绝给予任何公民以"完全和平等权利

---

[43] *Address of the State Central Committee of the Republican Party*, broadside, December 8, 1870, MDAH; Albert T. Morgan to Adelbert Ames, March 24, April 6, 1872, Ames Family Papers; Shofner, *Nor Is It Over*, 202; Roger A. Fischer, *The Segregation Struggle in Louisiana 1862–1877* (Urbana, Ill., 1974), 61–73.

待遇"的铁路、汽船、客栈、旅店和剧院处以罚款和监禁(在密西西比州最高惩罚为 1000 美元罚金和 3 年时间的监禁)。一般来说,执法责任在于受到伤害的一方,但一些州授权州总检察官提起损害诉讼,并以可能丧失他们运营执照的警告威胁相关的公共承运商和特许企业。内容最为全面的立法是在南卡罗来纳州颁布的。该州黑人立法者最初企图取缔种族歧视的立法在白人控制的州议会参议院中胎死腹中,但从 1869 年开始,州议会通过了一系列的法律,要求在所有提供公共膳宿的地方和所有由市、州和联邦政府发放执照的商业实施平等待遇。对从剧院业主到铁路公司检票员等个别违规者的最高处罚是 1000 美元罚款和 5 年的监禁,违规公司将被没收运营执照。[44]

　　重建期间,种族融合在一些地方得到了真实的推进。在新奥尔良,因其具有的独特的法兰西传统,一年一度的狂欢节庆典吸引了所有的市民参加,城市附近的许多度假村为黑人和白人提供服务,平等规则盛行于市区的有轨街车上。"规模虽小但不乏国际都市氛围"的奥斯汀也见证了出现在餐馆、商店和沙龙里的"不同肤色人群的自由混合"。白人对查尔斯顿种族融合有轨街车的抵制活动也逐渐消失,因为许多人"为支付私人交通的花费……感到疲惫不堪和厌倦"。1870 年,一名到杰克逊市访问的前邦联骑兵军官发现黑人和白人"手拉手或并排行走",他感到"这一场景对我来说",比从《大伯李乐》中"读到的乔治国王肖像变成华盛

---

[44] *Texas General Laws, Second Session 1871*, 16; *Mississippi Laws 1873*, 66-69; *Louisiana Acts 1873*, 156-157; *Florida Acts and Resolutions 1873*, 25-26; *Revised Statutes South Carolina 1873*, 338, 739-740, 897-898.

顿将军肖像的故事都更为离奇"。[45]

在南方城市社会的底层,种族之间的日常接触,在战前就并不罕见,重建期间似乎更有所增加。杂货店、妓院和赌博窝点为混杂一起的顾客服务,运动队通常是隔离的,但有时也会玩跨种族的比赛,斗鸡比赛吸引了大量围观人群,其中"戴手套的绅士……与龌龊肮脏的黑人一比高低",正如一本民主党杂志抱怨说。(代表南卡罗来纳州的冠军公鸡战胜了来自佐治亚州的挑战者,这一胜利激发了种族混合的旁观者大声欢呼"胜利永远属于南卡罗来纳州"。一家共和党报纸问道:"这对于重建会有什么的影响?")偶尔,受到歧视的黑人也依据新法成功地提起诉讼。佐治亚州州议员詹姆斯·西姆斯在被拒绝乘坐头等座车厢之后,提出诉讼,从一家弗吉尼亚铁路公司获得了近 2000 美元的赔偿,而平奇贝克在被拒绝乘坐普尔曼卧铺车厢之后赢得了庭外和解的胜利。[46]

然而,总体来说,这些州民权法基本上未能得到实施。类如孤儿院这样的州设施仍然对白人和黑人儿童分开处理,铁路公司

---

[45] Dale A. Somers, "Black and White in New Orleans: A Study in Urban Race Relations, 1865–1900", *JSH*, 40 (February 1974), 32–34; Henry C. Warmoth to H. S. McComb, July 11, 1871 (copy), Warmoth Papers; A. C. Green, "The Durable Society: Austin in the Reconstruction", *SWHQ*, 72 (April 1969), 501–502; *CG*, 41st Congress, 3d Session, 1058; Montgomery, *Reminiscences*, 275.

[46] Ira Berlin, *Slaves Without Masters: The Free Negro in the Antebellum South* (New York, 1974), 260–265; Michael B. Chesson, *Richmond After the War, 1865–1890* (Richmond, 1981), 101–102; Dale A. Somers, *The Rise of Sport in New Orleans 1850–1900* (Baton Rouge, 1972), 120, 204–205; Charleston *Daily Republican*, April 9, 1870; Taylor, *Negro in Virginia*, 53; New Orleans *Louisianian*, July 9, 1871.

继续将"有色人种妇女和绅士"指引到吸烟车厢去乘坐，根据一 372
份抱怨材料的描述，在那里"低层白人不停地在吸烟、喝酒和进
行粗俗不堪的谈话"，只有为数不多的黑人认为在剧院、旅店和
餐馆坚持拥有平等待遇的权利是值得争取的。在密西西比州，尽
管法律禁止种族隔离的运送交通，黑人乘客"不可避免地进入那
些为吉姆·克罗提供的[车厢]"。事实上，随着独立黑人教会和
兄弟联谊会社团的兴起，种族分离学校的建立，以及从溜冰场到
酒吧等黑人设施的迅速扩大，种族分离，而不是种族融合，成为
重建时代社会关系的特征。然而，尽管大多数黑人珍视这些自治
的机构，并不反对自愿的种族分离，但他们坚持认为州必须在公
民的法律待遇上保持色盲的原则。事实上，政治和政府是南部生
活中种族融合进行得最彻底的机构。黑人和白人一起坐在陪审团、
学校委员会和市议会中，共和党为两个种族志同道合的人提供了
难得的聚会场地。因此，如果重建没有建立起一个种族融合的社
会，它确实建立了一种平等公民权的标准，并承认黑人有权享有
州提供的服务，这一标准与这种权利，比起奴隶制和总统重建留
下的遗产，比起未来由州强制实施的种族隔离制度，都是一种极
为不同的历史体验。[47]

与教育和种族关系一样，经济立法也反映了重建时期州政府
职能范围的扩大和目的的改变。最为引人注目的转变与劳工关系
有关。在南部历史上，种植园主第一次发现自己无法使用公共权

---

[47] Fischer, *Segregation Struggle*, 83-85; Taylor, *Negro in Tennessee*, 78-79; *New National Era*, January 18, 1872; Somers, "Black and White", 25-30; Williamson, *After Slavery*, 274-277.

力来加强自己对黑人劳动力的控制，这一变化同时也体现在废除现行法律、拒绝颁布其他法律，以及新立法与传统的分离等方面。南部立法者扫除了黑人法典的残余，包括废除对自由人行动自由和经济选择的限制，要求在实施学徒制时征得父母的同意，修改《流浪法》以缩小犯罪的定义，并禁止将无法支付罚款的罪犯对外出租。共和党人将总统重建时代的严酷刑法加以人性化，禁止体罚，大幅减少了重罪的数量和减轻了对盗窃罪的惩罚。[48]

同样重要的是，立法者持续地拒绝讨论强化劳工纪律的提案。在整个重建过程中，种植者要求采取措施确保"遵守和履行劳动合同"，防止雇主从另外一个雇主那里"诱惑"其劳工离职，禁止夜间出售农产品以打击劳工的盗窃行为，并限制黑人自耕农的经济选择，但都没有成功。（即使是保守的佛罗里达州也拒绝了这样的"日落"法案，当同类法案被提交到亚拉巴马州立法者面前时，黑人议员将其抨击为"阶级立法"，最终走向失败。）种植园主和农业改革者在他们修订现有围栏法的努力中也没有取得成功。1870年，一项要求佐治亚人用围栏圈养他们的牲畜的建议引起了内陆地区议员和黑人议员的"强烈反对"；当亚拉巴马州的法律令一个黑土地带县的主人对其牲畜造成的作物损害负责的时候，引起了许多"黑人的不满"，从而法律该条款被迅速废除。限制在私人土地上进行狩猎的法律的努力也没有获得成功。"现在白人在立

---

[48] Daniel A. Novack, *The Wheel of Servitude: Black Forced Labor After Slavery* (Lexington, Ky., 1978), 22-26; Vincent, *Black Legislators*, 108-109; *Texas General Laws, 1871*, 90-91; *Georgia Acts 1868*, 16-17; *AC*, 1869, 633; J. G. de Roulhac Hamilton, *Reconstruction in North Carolina* (New York, 1914), 355.

法机构中的代表人数实在是太少，"南卡罗来纳州一位种植园主感叹道，"偷猎者四处游荡却不受惩罚。"[49]

积极立法也反映了劳工政策的新目标。在总统重建期间，任何向种植园主或自耕农提供粮食和物资供应的人，都允许拥有作物留置权，有时不给那些负债累累的雇主手下的劳工留下任何分享的农业收成。此刻，根据自由民局建立的先例，法律赋予劳工比所有其他雇主财产分享者都更优先的留置权，禁止雇主因政治原因而解雇劳工，并规定被驱逐的佃农应获得解雇之前所做工作的报酬。1865至1868年，佛罗里达州黑人议员罗伯特·米查姆声称，黑人经常在庄稼收获前因无关紧要的原因被开除，从而丧失了他们在收获时应得的作物分成份额；"现在……有了这样一部法律，它允许一个人得到他的劳动所得"。南卡罗来纳州的立法走得更远，确保工人的工资被排除在追加债务之外，禁止作物在支付劳工之前被转移，并授权劳工要求在一个利益无关方的监督之下进行收成划分。密西西比州的立法机构指示治安官"以最宽松的方式"来解读法律，"以保护和鼓励劳工"。难怪一位种植园主在1872年抱怨道："根据南部各州的大多数法律，土地租佃者得到了充分的保护，而土地主得到的保护却寥寥无几。"[50]

[49] Montgomery *Alabama State Journal*, February 10, 1871; New Orleans *Picayune*, January 22, 1871; *Southern Field and Factory*, 1 (January 1871), 15; Shofner, *Nor Is It Over*, 130; Mobile *Register*, April 16, 1873; Atlanta *Constitution*, August 30, 1870; *Alabama Acts 1868*, 473, *1870–1871*, 93; "A. L." to C. W. Dustan, July 14, 1869, C. W. Dustan Papers, ASDAH; King, *Southern States*, 434.

[50] *Revised Statutes South Carolina 1873*, 490–491, 550, 557–558, 728; *North Carolina Public Laws 1869–1870*, 253–255; Novack, *Wheel of Servitude*, 24; Florida *Acts and Resolutions 1870*, 29–31, 39, *1872*, 54; KKK Hearings, Florida, 101–106; *Mississippi Laws 1872*, 135; *Rural Carolinian*, 3 (March 1872), 335.

共和党政府还调整了经济立法，以期在白人居住的内陆地区建立起合法性，因为那里的债务仍然"是人民肩上的沉重负担"。1869年，当北卡罗来纳州最高法院宣布一项暂缓追收债务的法律无效时，在自耕农中引发了强烈的抗议。一位山区的共和党人抱怨说，"最终受苦受难的还是这个县的穷人……"。事实上，由于一个州接着一个州相继从债务抵押（工资债权除外）的强制收缴中免除了一定数额的土地、个人财产、匠人的工具和农具，大多数小有产者以及部分大有产者发现自己受到了保护，不会因债主的威逼而失去财产。在内陆地区，债务救济曾一时成为"重建党的一张硬牌"。黑人虽然很少从这些政策中直接受益，但仍然支持这些增强党的力量的政策。1870年，阿朗佐·兰西尔在竞选副州长的时候，不忘提醒南卡罗来纳州内陆地区的听众，自耕农无须害怕因债务而"被赶出家门"，他同时也指出，这项措施是因为有黑人选票的支持而通过的——"这是有色人种和有色人种的立法的功劳"。[51]

黑人当然也有自己的经济议程。共和党政府的掌权也重新点燃了拥有土地的持久梦想。1869年，一位提包客政客在对南卡罗来纳州埃奇菲尔德县的听众演说时，将自己的政党形容为代表"贫穷的和劳动阶级"时，引发了一阵"震耳欲聋的欢呼声"和

---

[51] "One of the People" to Tod R. Caldwell, February 26, 1869, Lucius Dockworth to Caldwell, November 22, 1868, Caldwell Papers; Kenneth E. St. Clair, "Debtor Relief in North Carolina During Reconstruction", *NCHR*, 18 (July 1941), 223; J. H. Thomas, "Homestead and Exemption Laws of the Southern States", *American Law Register*, 19 (1871), 137-150; John M. Cain to Rufus Bullock, May 10, 1870, Reconstruction File, GDAH; Charleston *Daily Republican*, October 8, 1870.

"阿门，感谢上帝"的呼喊，他还预计几年之内"将在他们自己的农场里看到几乎每一个在座的白人和黑人选民"。这个目标看上去似乎也不是一种纯粹的乌托邦式的幻想。战后南部仍然是一个人口稀少的地区，有大片未开垦的土地（在重建结束时，路易斯安那州的3000万英亩土地中只有不到10%得以耕种）。此外，由于许多地主急需现金，土地价格急剧下降，财产购置的花费似乎并不是那样地令人望而却步。"我花85美元买到了一个人一天失去的所有东西，"一位南卡罗来纳州人在1868年的一次警长拍卖活动后报告说，"地产、住房和厨房家具、股票和其他所有东西。"然而，很少有自由民拥有在公开市场上获得土地所需的即便是微薄的资金，即便是面临这些极为便宜的价格时。因此，黑人指望州提供帮助。正如佛罗里达州领导人伊曼纽尔·福琼说："我们必须向政府购买土地……否则，我们无法得到土地。"他们的要求至少得到了一些白人共和党人的响应。北卡罗来纳州山区的一位居民警告霍尔登州长："我认为，除非想办法让无地人口拥有家庭住房，否则我们党将会下台。""我们县的反叛分子拥有大部分的土地财产，但绝大多数忠于联邦的穷人都没有土地。"[52]

土地问题虽然重要，但共和党政府在这方面采取的具体行动却很少，这一点让人印象深刻。如同在许多其他问题上一样，南

---

[52] Charleston *Daily Republican*, August 31, 1869; William I. Hair, *Bourbonism and Agrarian Protest: Louisiana Politics 1877–1900* (Baton Rouge, 1969), 46; John J. Ragin to John H. King, April 20, 1868, John H. King Papers, USC; KKK Hearings, Florida, 95; William W. Buchanan to William W. Holden, November 30, 1868, North Carolina Governor's Papers.

卡罗来纳州再度证明了自己的例外做法，它实施了一项突破性的土地分配计划，计划由一个专门的土地委员会来监督实施，委员会有权购买地产，并在长期贷款的支持下转售土地。该委员会受到自由民的热情欢迎，但在最初备受管理不善和腐败的困扰。在1872年州务卿弗朗西斯·卡多佐对其进行重组之前，该委员会取得的成就乏善可陈。但到了1876年，约有14000个黑人家庭（约占该州黑人人口的七分之一）加上少数白人，已经在宅基地上定居。位于阿比维尔县的一块土地，由一群黑人家庭联合购得。一直延续至今，是被称为"应许之地"社区的所在地。[53]

其他州的共和党人没有效仿南卡罗来纳州的做法，而是选择利用税收作为一种削弱种植园权势和促进黑人土地拥有的间接手段。不仅州政府开支的上升和南部财产价格的要求提高税率，而且新的税收制度也极大地改变了南部不同群体所相对承担的财政负担。战前实施的是低土地税政策，并以奴隶税和其他一系列的许可证和费用等作为补充，总统重建时期则采用高额人头税，此刻州的主要收入则来自土地和个人财产的从价税。此外，虽然种植园主以前允许因税收目的而对自己的财产价值进行评估，但现在执行这项任务的是共和党的官员，他们中间有些人曾经是被评估者的前奴隶。因此，许多种植园主和白人农场主第一次要为他

---

[53] Carol R. Bleser, *The Promised Land: The History of the South Carolina Land Commission, 1869–1890* (Columbia, S.C., 1969); Elizabeth Bethel, *Promiseland: A Century of Life in a Negro Community* (Philadelphia, 1981), 20–29. 1872年，佛罗里达州提供了将州拥有的未出售的沼泽地作为宅基地出售的机会，每宗交易的面积可达160英亩。*Florida Acts and Resolutions 1872*, 16–18.

们拥有的收入中的很大一部分纳税,亚拉巴马州的一位民主党人抱怨说,而法律却"'放过'每一个黑人,如同俗话所说"因为少量的个人财产、工具和牲畜被免予征税。"新制度,"一家共和党报纸宣称,"旨在对财产征税。……一个一无所有的人不应该缴纳税款,也许,除了人头税之外。"[54]

不断上涨的税收很快成为重建反对者的一个集结号,但许多黑人希望高税收将使大量未开垦的土地变得无利可图,从而迫使土地财产进入市场的流通之中。"我想看到那些拥有一两千英亩土地的人,为每一英亩土地上纳税一美元,"亚伯拉罕·加洛韦宣称,"如果他们不能缴税,就把财产卖给出价最高的人……然后我们黑人将成为拥有地产的人。"在重建期间,大片土地因不缴税而落入州政府之手——仅密西西比州就有 600 多万英亩土地因此而被没收,这些土地占到了该州总面积的五分之一。斯蒂芬·邓肯是战前南部最大的棉花种植者,1874 年,他亲眼看到自己在路易斯安那州的 7 个种植园被查封,并因欠税而被出售。几乎每个州都规定,类似的财产在上市时应该划分成小块土地。然而,这些土地易手的情况实际上很少发生,因为出售的威胁往往

---

[54] J. Mills Thornton III, "Fiscal Policy and the Failure of Radical Reconstruction in the Lower South", in Kousser and McPherson, eds., *Region, Race, and Reconstruction*, 349-394; J. M. Hollander, ed., *Studies in State Taxation* (Baltimore, 1900), 85-92; KKK Hearings, Mississippi, 289, 369-373, 384, 414; Georgia, 304; South Carolina, 117, 775; Alabama, 963-64; Jackson *Weekly Mississippi Pilot*, August 29, 1870. 佐治亚州在 1852 年引入了从价税体制,但没有增加种植园主和自耕农的负担,因为州的大部分收入来自州有的西部和大西洋铁路公司。Peter Wallenstein, *From Slave South to New South: Public Policy in Nineteenth-Century Georgia* (Chapel Hill, 1987), 54-57.

迫使地主缴纳他们拖欠的税收，而邻居们也经常联合起来阻止土地拍卖时的竞标行动。而且，虽然欠税土地拍卖引起了自由民的巨大兴趣，而且一些自由民——具体人数尚未确定——也以这种方式获得了土地，但大多数人缺乏与富有的投资者和投机者（包括像路易斯安那州的马歇尔·特威奇尔这样的共和党政客）进行竞争的资源，后者两眼直盯着市场上的大部分土地。征税地的产权也并不总是有保障的，因为大多数州允许原地主通过支付税金来赎回被没收的土地，即便这种支付是发生在土地转售已经完成之后。在密西西比州，95%的没收土地最终还是回到了原地主的手中。用基本的公平标准来判断，重建时期的税收制度在共和党人看来比其前身更为可取，因为先前的税收制度"对人民是如此的不公正和不平等"。但作为一种土地分配的手段，它根本就是无效的。[55]

事实上，在南卡罗来纳州以外的地方，那些曾经阻止制宪大会成功解决自由民的土地问题的政治和意识形态障碍，继续阻挠着自由人希望通过重建掌握土地梦想的实现。一方面，共和党政

---

[55] Raleigh *Tri-Weekly Standard*, September 7, 1867; KKK Hearings, South Carolina, 238–239, 1434–1436; Alabama, 1416–1417; Mississippi, 502–503; E. N. Farrar to Stephen Duncan, May 25, 1875, Stephen Duncan Papers, Natchez Trace Collection, UTx; *Texas General Laws 1873*, 191–192; *North Carolina Public Laws 1868-1869*, 174–175; *Florida Acts and Resolutions 1871*, 331; John W. Graves, "Town and Country: Race Relations and Urban Development in Arkansas 1865–1905" (unpub. diss., University of Virginia, 1978), 151–152; Jimmy G. Shoalmire, "Carpetbagger Extraordinary: Marshall Harvey Twitchell 1840–1905" (unpub. diss., Mississippi State University, 1969), 105; Michael Wayne, *The Reshaping of Plantation Society: The Natchez District, 1860-1880* (Baton Rouge, 1983), 95–97; Edward McPherson, *The Political History of the United States of America During the Period of Reconstruction* (Washington, D.C., 1875), 481.

治从未彻底逃脱一种"殖民地"模式的影响。由于它未能在强大的反对者眼中建立起执政的合法性,新的州政府的生存最终还是要取决于联邦政府的支持。因此,华盛顿决定了改革的范围;正如阿尔伯特·摩根所指出的,"立法机构中四分之三的共和党议员认为自己仍然处于国会的控制之下……如果不屈从国会的话,他们似乎连我们的日常津贴都无法决定"。随着激进主义在北方的退潮,联邦层面的共和党似乎没有心情在经济政策上支持"农业"转向。此外,吸引进步倾向的种植园主政治支持的愿望也往往与援助自由民的目的发生冲撞。自由劳动意识形态本身就反对政府在土地问题进行直接干预。大多数白人共和党人,还有许多生而自由的黑人,虽然确保自由民作为自由劳工和平等公民的权利,但反对利用政府的权力来重新分配财产。一家南方共和党报纸宣称,重建的意义在于"保护和公平竞争",而不是"免费赠送土地或金钱"。[56]

1869年年底在佐治亚州和南卡罗来纳州举行的全州"劳工大会"上,以及1871年年初在亚拉巴马州举行的类似大会上,黑人对重建政府未能为种植园工人提供更多的帮助,同时也为黑人领导人未能超越自由劳动思想的局限,表示了极大的不满。虽然工匠和农业工人在大会的代表中占了绝对多数,但最终控制会议议程的是黑人政治家,而不是"实际上从事农业或从事某种机械职业"的黑人劳工。一些代表希望将带有宽泛公共责任的重建定

---

[56] Albert T. Morgan to Adelbert Ames, April 16, 1870, Ames Family Papers; Charleston *Daily Republican,* April 19, 1869.

义直接应用于经济关系的处理之中,提倡州政府对土地租金进行管制,并"为种植园的田野劳工制定工资价格"。这些想法招致像杰斐逊·朗等政治领袖的强烈反对,朗在佐治亚州集会中扮演了"统治精神"的角色,也遭到了州参议员卢修斯·温布什的反对,后者告诉南卡罗来纳州大会的听众,工资和价格不能由法律来制定和监管。[57]

然而,南卡罗来纳州大会的确提出了一系列法律,以提高黑人劳工的议价能力。每个县将任命一名官员来监督合同的签署,并为劳工提供"咨询顾问",庭审陪审团将充分代表"劳工阶级",9小时的日工作量将成为制造业和技能工人的法定界限。但是,当一项包含这些想法的法案在1870年年初提交立法机构讨论时,它却遭到了众多的批评。"供求法则,"内陆地区的南方佬议员约翰·费里特宣称,"必须规范市场……由立法机构来传达这样一种想法是错误的,即认为它可以将工资标准提高哪怕是一美分。"黑人提包客威廉·惠珀警告立法机构不要"侵犯私权"。由于自由民的支持远远大于白人共和党人和自由黑人(北方或南方)所提供的支持,众议院最终通过了一部被大量稀释的法案。议案所包含的为劳工诉讼提供公共资金的条款在白人控制的参议院辩论时被删除,议案的力度遭到了进一步的削弱。"如果一名原告,无论他如何的贫穷和低贱,"查尔斯顿《共和党人报》评论说,"他只要

---

[57] Foner and Lewis, eds., *The Black Worker*, 2:4–15; Montgomery *Alabama State Journal*, January 4, 1871; Charleston *Daily Republican*, November 27–30, 1869; Charleston *Daily News*, November 29, 1869.

有一个很好的起诉理由,他将不难获得律师的帮助,以起诉他的案件。"次年冬天,南卡罗来纳州自由民亚伦·洛根提交了一项法案,被纽约《世界报》称作"立法史中最不寻常的(法案)之一",该法案提议对零售商人的利润进行规范,授权种植园劳工"集会,并通过投票来确定雇主应支付他们的工资比率"。该法案从未付诸表决,但它至少表现了一些前奴隶继续希望利用重建政府的力量来解决他们的经济困境的愿望。[58]

在佐治亚州和亚拉巴马州,劳工大会还建立了全州性工会组织,要求提高农业工资(佐治亚州大会提出了30美元是可接受的月工资率),并"为给我们的穷人提供住房"而筹集资金。亚拉巴马工会联盟将该州许多联邦同盟的组织者卷入其中,一直延续到19世纪70年代中期。虽然重建只是见证了种植园的零星罢工事件,农业工人的工会化的时间尚未到来,但想法已经开始出现。重要的是,这一尝试说明了重建农村劳工组织化的可能性,而这种创造在奴隶制期间是不可想象的,在救赎者的统治时代也几乎是不可能的。而那些著名黑人官员对这一步骤的支持也显示,他们已日益认识到重建未能解决的经济问题。[59]

---

[58] Foner and Lewis, eds., *The Black Worker*, 2:22–23; Holt, *Black over White*, 154–162; Charleston *Daily Republican*, December 3, 21, 1869, January 12, 17, February 2, 3, 8, 9, 25, December 17, 24, 1870; New York *World*, February 27, 1871.

[59] Foner and Lewis, eds., *The Black Worker*, 2:7; Charles R. Edwards to John E. Bryant, December 27, 1869, Bryant Papers; Michael W. Fitzgerald, "The Union League Movement in Alabama and Mississippi: Politics and Agricultural Change in the Deep South during Reconstruction" (unpub. diss., University of California, Los Angeles, 1986), Chapter 5; William W. Rogers, *The One-Gallused Rebellion: Agrarianism in Alabama 1865–1896* (Baton Rouge, 1970), 12.

正如新奥尔良《论坛报》反复指出的，自由人所面临的现实暴露了自由劳动思想是完全不切实际的：自由民缺乏土地，持续遭遇的不是社会和谐，而是种植园主和商人们的敌意，他们"无法崛起，除非是极为特殊的情形之外……他们必须是他人的仆人，完全没有改善自己境况的希望"。但大多数的共和党领袖们虽然深信种植园制度和"一个巨大的无地产阶级"的存在对区域进步和有效政府构成了威胁，但他们宁愿等待自由民通过市场的自然运行而缓慢地获得财产。他们把变革的希望不是放在经济再分配的政策上，而是放在一个以铁路建设为中心内容的区域发展计划上。[60]

繁荣的福音

在激进重建的头几年，经济发展问题比其他任何问题都更吸引共和党领袖们的注意力。他们相信，在州的援助下，落后的南部可以转化为一个拥有繁荣的工厂、兴旺发达的城镇、摆脱了种植园经济控制的多元化农业，以及为黑人和白人提供丰富就业机会的社会。"一个自由的和充满活力的共和国，"田纳西州的南方佬政客宣称，"将从铁路的轨道上生长出来，就像草和花必然会在春天里成长和盛开一样。"这是一个愿景，对广大南部人都具有吸

---

[60] New Orleans *Tribune*, January 8, 1869; Samuel S. Ashley to Charles L. Woodworth, January 1, 1869 (misdated 1868), AMA Archives, Amistad Research Center, Tulane University.

引力——无论是希望开发该地区尚未开发的矿产资源和利用其河流来为棉花厂提供动力的企业家,还是长期以来对垄断南部经济资源表示不满的城镇手工匠人和商人,以及对寻求新的工作和进步机会的黑人而言,均是如此。密西西比州黑人领袖梅里蒙·霍华德写道,他所居住的县里有两千名自由民在焦急地等待着修建铁路的工作机会:"我们在铁路上开始工作的那一天……将是整个南部蓬勃发展的开始"。最重要的是,"繁荣的福音"吸引了共和党早期统治的温和派领导人,他们希望经济发展能遵循一条非种族路线来重塑政治进程与内容,从而为新的重建政府赢得合法性。"首先完成了内陆改进体系的政党……,"威廉·霍尔登州长的一位追随者写道,"将掌握这里的权力,直至多年之后。"[61]

在某种意义上,援助铁路修建的计划并无新意,因为长期以来美国各级政府一直对促进创业活动予以重视。内战前,全国各州和各地的地方政府都给予铁路公司和其他公司许多特权,并以自己信誉担保以帮助各种经济企业的资金筹集。(它们的经验其实应该是提出了一种警告,因为不止一个州发现自己负债累累,被迫暂时破产。)总统重建时期也见证了各州为资助铁路建设和工业发展做出的许多努力,但几乎没有收获任何具体的成果。然而,

---

[61] Mark W. Summers, *Railroads, Reconstruction, and the Gospel of Prosperity: Aid Under the Radical Republicans, 1865–1877* (Princeton, 1984); *CG*, 40th Congress, 2d Session, 976; Merrimon Howard to O. O. Howard, January 16, 1868, H-33 1868, Letters Received, Washington Headquarters, RG 105, NA; unknown to William W. Holden, August 20, 1868, North Carolina Governor's Papers.

共和党政府援助的范围和目的与它们的前辈则非常不同。在战前的南部,铁路通常被视为种植园体制的附属系统,是一种辅助主要作物销售的方式。虽然1865至1867年的政策设计对一种更加多元的经济前景做了设想,但除了将他们变成依赖性的种植园工人之外,这些政策并未对改善黑人状况提供任何设想。然而,共和党人却把铁路看成是一种和平革命的催化剂,而这场革命将会把种植园从南部经济霸主的地位上拉下来。即使共和党的鼓吹者也把自由民视为一种劳动力来源,他们也是比自己的前辈更为言行一致的现代化推动者,因为他们明白,如果将黑人与种植园绑在一起,他们将永远无法为一个振兴复苏的南部的矿场和工厂工作。[62]

在共和党统治的最初几年,每个南部州都向铁路公司提供了慷慨的援助,或者是通过向特定公司直接付款的法令,或者是以通用法形式,授权该州在某铁路公司完成指定里程数的铁轨铺设之后认购其铁路债券(从而向潜在投资者担保,如果该公司无法支付利息的时候,州政府将承担支付责任)。县政府和地方政府也直接认购了铁路股票,从为此花费了100多万美元的莫比尔市,到南卡罗来纳州的小镇斯帕坦堡,后者为此花费了5万美元。共和党的立法机构还授权几十家银行和制造公司负责,并拨款整修密西西比河的堤坝,开垦沼泽地,并在有的时候继续前任开始的

---

[62] Carter Goodrich, "State In, State Out—A Pattern of Development Policy", *Journal of Economic Issues*, 2 (December 1968), 365–367; Carl Moneyhon, *Republicanism in Reconstruction Texas* (Austin, 1980), 144; Summers, *Railroads, Reconstruction, and the Gospel of Prosperity*, 158; Jackson *Daily Mississippi Pilot*, January 13, 1871.

鼓励欧洲和北部移民移居南部的政策。[63]

　　无论州资助的范围如何广泛，单靠州的援助无法给南部带来资本主义的发展。为此，私人投资是必不可少的，而为吸引外部资本所进行的疯狂努力最终导致共和党政府偏离方向，其选择的路径在很多方面与其自诩的黑人和穷苦白人的代言人的形象是自相矛盾的。为了开发北卡罗来纳州西部的矿产资源，一位支持者向霍尔登州长建议说："有必要争取北部资本家的援助。除非在税收方面制定一些保护性法令，否则我非常怀疑我们能否吸引到任何一个对此感兴趣的 [人]。"这种逻辑导致几个州在总统重建期间的不同时期免除了铁路公司和工业企业的税收；共和党人虽然不得不为大幅增加的公共责任提供资金，但继续并扩大了这一免税政策。在密西西比州，铁路公司、工厂和银行几乎完全逃避了纳税的负担。一些州还准允对罪犯劳动力的租用，这一制度为布洛克、里德和沃莫思等共和党州长的企业家盟友提供了廉价劳动力，尽管其涉及的人数远远小于救赎者统治时代的常规人数。[64]

　　此外，南方法律也被重新设计，以鼓励资本的自由流动，并增强公司财产权的力度。几个州废除了高利贷法律，使货币"自

---

[63] Summers, *Railroads, Reconstruction, and the Gospel of Prosperity*, 32–46, 63–84; Carter Goodrich, "Public Aid to Railroads in the Reconstruction South", *Political Science Quarterly*, 71 (September 1956), 407–442; Rowland T. Berthoff, "Southern Attitudes Toward Immigration, 1865–1914", *JSH*, 17 (August 1951), 336–337.

[64] N. L. Stith to William W. Holden, February 10, 1869, North Carolina Governor's Papers; Harris, *Day of the Carpetbagger*, 336, 572; A. Elizabeth Taylor, "The Origins and Development of the Convict Lease System in Georgia", *GaHQ*, 26 (June 1942), 113–115; J. Thorsten Sellin, *Slavery and the Penal System* (New York, 1976), 145–162.

由地调节自己的价格";州政府还利用自己的征地权协助铁路修建和工厂建造;通用公司法也开始出现在南部成文法的汇编之中。一位颇有抱负的南卡罗来纳州企业家评论说,这些措施"对我们来说可能是新的,但它们在联邦的其他制造业州内却是很常见的"——事实上,这些变化重复了北部法律曾在早期为推动资本主义发展而做出的同类转型。[65]

在某种程度上,"繁荣的福音"成功地拉近了两党的距离。民主党人在获得公共援助的铁路委员会中任职,在许多州的立法机构对铁路公司补贴法案投票表示支持。在亚拉巴马州,共和党控制的亚拉巴马-查塔努加铁路公司,和与民主党结盟的路易斯维尔-纳什维尔,为公共援助和获得该州的矿产资源而进行激烈竞争。1870年民主党州长罗伯特·林赛的当选改变了州资助的方向,但并没有改变总体政策。在地方一级,两党的领导人经常在铁路推广方面进行合作。著名的埃奇菲尔德县民主党人暂时抛开他们的白人至上信念,在吸引铁路公司的努力中与黑人官员站在一起,查尔斯顿市贸易委员会毫不犹豫地在黑人立法者中游说,要求州政府援助蓝岭铁路,希望这条连接西部市场的线路能够扭转该市的经济衰退。阿肯色州民主党领袖戴维·沃克一方面坚决否认共和党州政府的法律权威,另一方面却又援引其援助法,以图吸引

---

[65] Knoxville *Whig*, January 15, 1868; *Mississippi Laws 1873*, 81-82; *Arkansas Acts 1868*, 32; Jonathan M. Wiener, *Social Origins of the New South: Alabama 1860-1885* (Baton Rouge, 1978), 151; Benjamin Evans to Robert K. Scott, July 13, 1868, South Carolina Governor's Papers; Morton J. Horwitz, *The Transformation of American Law, 1790-1860* (Cambridge, Mass., 1977).

北部资本家修建一条通向费耶特维尔的铁路。[66]

在支持公司方面，共和党人也并不总是团结一致。虽然铁路援助的机会最初得到所有派别的支持，但它与党内温和派的关系最为密切。从一开始，一些共和党人就坚持对公立学校和其他社会项目的资助应该优先于经济现代化，而另一些人则反对在铁路公司承认黑人乘客享有平等待遇之前对它们进行资助。当密西西比州在1871年将近200万英亩土地赠予莫比尔－西北铁路公司的时候，有25名共和党议员对这项措施进行谴责，因为这些土地先前被指定用于为凑集创建公立学校的资金才能出售。得克萨斯州则呈现了一幅共和党州长——激进的南方佬州长埃德蒙·戴维斯——当政时的不寻常景象，他反对由党内温和派和民主党联合推动的大规模铁路援助计划，但没有成功。许多黑人并不分享追求现代化的心态。当杰伊·古尔德在得克萨斯州黑土地带的哈里森县为一项铁路项目寻求援助时，一位自由民后来回忆道，"他们告诉他说，我们不需要他的铁路"。[67]

---

[66] Summers, *Railroads, Reconstruction, and the Gospel of Prosperity*, 68-84; Horace Mann Bond, *Negro Education in Alabama: A Study in Cotton and Steel* (Washington, D.C., 1939), 41-51; Burton, "Race and Reconstruction", 39; Jamie W. Moore, "The Lowcountry in Economic Transition: Charleston since 1865", *SCHM*, 80 (April 1979), 156-158; W. L. Trenholm to Robert K. Scott, July 21, 1868, South Carolina Governor's Papers; W.J. Lemke, ed., *Judge David Walker: His Life and Letters* (Fayetteville, N.C., 1957), 78-79; George H. Thompson, *Arkansas and Reconstruction* (Port Washington, N.Y., 1976), 86.

[67] Summers, *Railroads, Reconstruction, and the Gospel of Prosperity*, 83-84; Charleston *Daily Republican*, March 19, June 10, 1870; Harris, *Day of the Carpetbagger*, 533; Moneyhon, *Republicanism in Texas*, 137-150; Rawick, ed., *American Slave*, Supplement, Ser. 2, 8:3096.

尽管如此，在大多数情况下，铁路援助法案是由共和党委员会起草，由共和党立法机构通过，并由共和党州长执行的。黑人立法者，像白人一样，强烈要求向承诺改善他们社区的企业提供援助。全南部的共和党人都将本党的命运与"繁荣的福音"等同起来。[68]但是，由州资助的资本主义发展计划，虽然怀着远大的希望，但在很多方面却证明了该党的失败。它极大地增加了政府的财政要求，产生了不断增加的州债务和税收，并耗尽了用于建造学校和其他项目的资源。它不仅没有提高共和党人受人尊重的程度，反而打开了普遍腐败的大门。州援助计划也分化了白人内陆地区的选民，许多自耕农和工匠担心，铁路发展会将他们自给自足的社会放到受制于市场暴政的地位上。自由民也因为经济现代化计划未能带来可见的利益，对曾帮助其掌权的领导人越来越感到失望。这个最初曾为支持共和党政府而产生的希望工程，竟然很快就变成了一种损害整个重建实验的威胁。

高涨的税收、不断增加的债务以及州债券的贬值，这些都成为新政府财政问题的最明显证据。在很大程度上，重建时期州政府的财政危机不可避免地源于内战和奴隶解放时代，也源自共和党开始掌权的历史环境。在缺乏巨大数额的联邦资助的情况下，重修遭到破坏的设施，为满足人口翻了一番的公民队伍的需要，这一切都需要州开支的急剧增加，而地产税不得不大幅增加，以补偿南部土地价格的下降。此外，第一批共和党州长们还继承

---

[68] Summers, *Railroads, Reconstruction, and the Gospel of Prosperity*, 83-84; Klingman, *Walls*, 29; Drago, *Black Politicians*, 70-72; Holt, *Black over White*, 141.

了他们前任留下的巨额公共债务和空空如也的州财库。当哈里森·里德1868年在佛罗里达州上任时,他发现,1848至1860年或总统重建期间,州政府资金是如何花的,居然没有任何账目可以查证。里德不得不自掏腰包来支付政府的最初开支。当各州新的立法机构在1868年发行债券时,它们发现,除非有巨额折扣,否则债券的销售无法进行。由于联邦层面的民主党威胁要推翻新生的州政权,而重建的当地反对者承诺要拒绝"刺刀债券",北方投资者表示在"政治不确定性"消退之前,不愿接触南部发行的证券。[69]

格兰特竞选总统的胜利确保了重建的生存,南部债券迅速升至面值的80%或90%,虽然仍低于北方证券期待的价格,但已经是相当大的改善。然而随着铁路援助计划的实施,由共和党政府发行或赞助的债券充斥了市场。到1872年,北卡罗来纳州的债务因为一项极为奢侈的铁路援助项目而翻了一番,眼见其信用几乎消失殆尽,而南卡罗来纳州的债券以25美分对1美元的价格出售,仍然无法支付当前开支或巨额债务。与此同时,财产税稳步上升。在密西西比州,在共和党州政府执政之前,财产税是1厘(0.001美元),1871年时上升到了9厘,两年之后到了12厘。在此之上,还增加了地方税和县税。由于财产价值的急剧下降,这些数字夸大了实际缴纳的税款,但税收的大幅增长确实是真实的。当税收

---

[69] B. U. Ratchford, *American State Debts* (Durham, 1941), 182–183; Thornton, "Fiscal Policy", 352; Shofner, *Nor Is It Over*, 200–201, 218–219; Ella Lonn, *Reconstruction in Louisiana After 1868* (New York, 1918), 18–19; Charleston *Daily News*, July 17, 1868; H. H. Kimpton to Robert K. Scott, October 1, 1868, South Carolina Governor's Papers.

和债券销售未能提供足够的收入来支付政府的需要时,一些州开始发行小面额临时纸币(密西西比人称之为"阿尔科恩货币"的债务证明),但这些代用币的价值迅速贬值,令那些被迫接受其作为纳税支付的官员和接受其作为工资的公职人员愤怒不已。[70]

有许多因素导致危机加剧,包括民主党人和心怀不满的共和党人发出的绝不接受重建州政府债务的威胁,但主要的原因则是一种普遍担心,人们害怕各州的新政府缺乏履行其日益增长的义务所需要的资源。一位纽约人在给州长霍尔登的信中写道,"只要债务人不具备支付利息的能力",增加州的债务无疑将是一场财政自杀。然而,当州急于向铁路公司提供财政援助时,这样的警告却被忽略了。具有讽刺意味的是,正是吸引外部资本的努力最终摧毁了南部证券业中的"资本家的信心"。[71]

如果信用的崩溃降低了南部州政府资助其推动的雄心勃勃的经济发展计划的能力,普遍的腐败则破坏了它们建立其政治合法性的努力。几乎每个重建时代州政府的公共事务运作都蒙上了腐败的阴影,但这并不是唯独重建时代才有的现象。自从早期殖民时期的弗吉尼亚州副州长塞缪尔·阿高尔上尉利用机会"不管他

---

[70] *CG*, 41st Congress, 2d Session, 2811; Summers, *Railroads, Reconstruction, and the Gospel of Prosperity*, 137–138; Raper, *Holden*, 127; Francis B. Simkins and Robert H. Woody, *South Carolina During Reconstruction* (Chapel Hill, 1932), 147–154; 44th Congress, 1st Session, Senate Report 527, Documentary Evidence, 149; Cecil E. McNair, "Reconstruction in Bullock County," *AlHQ*, 15 (Spring 1953), 106; Driggs, "Clayton Regime," 51–53; Harris, *Day of the Carpetbagger*, 291–294.

[71] *New National Era*, August 8, 1872; C. B. Curtis to William W. Holden, February 18, 1869, North Carolina Governor's Papers; J. G. Neagle to Robert K. Scott, October 4, 1871, South Carolina Governor's Papers.

人怎么想，趁着阳光灿烂时晒干草"以来，贿赂、欺诈和贩卖影响力一直是美国政治中一种经久不衰的流行病。在杰克逊时代，纽约海关的关税总监曾携带100万美元的盗款逃往英国。类似事件在战前的南部也不是什么新闻，而在总统重建期间，亚特兰大的司库"离职时，将该市资金一同卷走，与他一起退休了"。重建时代的北部州政府——此刻正是特威德帮和威士忌帮派如日中天的时代——也没有提供一个廉洁诚实的典范。在全国范围内，公共信誉的丧失是内战带来的诸多伤亡之一。[72]

腐败也许在美国历史上无处不在，但由于共和党执政得以产生的具体情况，腐败在重建时代的南部尤为盛行。州政府公共责任的扩大和与州有联系的资本主义企业的快速增长不仅大大增加了预算的规模，而且也增加了对它们的需求。官员们经常处理前所未有的大额资金，公司企业争相从州政府的资助资金中获益，不同社区为获得那些被认为能确保未来经济繁荣的路线而激烈竞争——这些背景为贿赂和掠夺的出现提供了许多的机会。促进经济发展的流行风气助长了"迅速致富"的心态，许多官员认为在不断扩大的经济馅饼中为自己捞上一块并没有什么错。"十年之后，"一位企业家的盟友写道，"人民……将清楚地看到目前提议修建的铁路所带来的巨大好处，他们才不会去关心这些铁路是

---

[72] Edwin G. Burrows, "Corruption in Government", in Jack P. Greene, ed., *Encyclopedia of American Political History* (New York, 1984), 1:417-418; Edward Pessen, "Corruption and the Politics of Pragmatism: Reflections on the Jacksonian Era", in A. S. Eisenstadt et al., eds. *Before Watergate: Problems of Corruption in American Society*, eds. (Brooklyn, 1979), 79-80; Hartford *Courant*, February 6, 1867.

如何或以什么手段建造的。"许多黑人和白人共和党人因为地处社会财富和地位的边缘，所以才将担任公职作为一种谋生手段，这种现实也使得腐败的发生成为无法避免的结果。因为拥有相对较少的财产，同时也面对不确定的政治未来和个人前途，许多共和党人决心充分利用他们的任期获得最大的利益。"我希望赚钱——梦想着赚成千上万美元"，丹尼尔·张伯伦后来回忆道他进入南卡罗来纳州政坛时的想法。最后，重建政治制度的新颖之处意味着，企业影响政府决策的通常渠道（例如，向党组织捐款，而不是贿赂官员）远不如其他州那样发达。[73]

重建时代南部的腐败有多种形式。贿赂在几个州变得特别普遍，贿赂要么是由铁路公司和其他寻求州政府援助的企业自愿采取的一种行动，要么是因州政府官员提出的要求而发生的。亨利·沃莫思建立起一种路易斯安那州铁路公司的"贡品索取"制度，从州长职位卸任时成了一名富豪。（路易斯安那州有着悠久的腐败政治历史——其战前的立法者们甚至都懒得将贿赂作为一种犯罪行为。）虽然在州开支中占据最大数额的铁路资助导致了最多数量腐败的产生，但公共生活的其他领域也不能幸免。位于纽约的哈珀兄弟出版公司向佐治亚州提包客约翰·布赖恩特提供了3万美元的贷款，以换取新的州立学校系统采用他们的教科书的

---

[73] Summers, *Railroads, Reconstruction, and the Gospel of Prosperity*, 98-117; Henry E. Colton to George W. Swepson, November 16, 1868, George W. Swepson Papers, NCDAH; Daniel R. Chamberlain to Francis W. Dawson, June 9, 1875, Francis W. Dawson Papers, DU; James C. Scott, "The Analysis of Corruption in Developing Nations", *Comparative Studies in Society and History*, 15 (June 1969), 321-325.

承诺。[74]

上述这些例子并没有完全展示以压倒公共责任的方式来尽力追求个人私利的做法。铁路修建的立法通常包含保护州利益的严格规定：要求只有在完成了规定的铁路里程之后才能发放资助，并规定，为防止违约带来的后果，州拥有针对公司财产的首要留置权。然而，铁路公司的债券却经常过度发行，部分是因为铁路公司虚报或谎报了其建设的进度和质量，同时也是因为像沃莫思、布洛克和斯科特这样的州长允许与其有连带的铁路公司逃避既定的法律要求。布洛克非法批准了发行由密友汉尼拔·金博尔控制的铁路的债券，尽管这些公司并没有达到施工的要求。（金博尔还获得了建造一个崭新的亚特兰大露天广场的商业合同，购买了该市的歌剧院，然后十倍于原价返售给该州政府作为州立法机构大厦，并利用所得资金建造了金博尔之家，后者享有南部最好的酒店的美誉。）[75]

南卡罗来纳州州长罗伯特·斯科特和州财政经纪人金普顿（共和党领袖丹尼尔·张伯伦的大学室友）合伙做州债券的投机生意，同时发行和试图推销比立法机构授权准允数额更多的债券。

---

[74] Summers, *Railroads, Reconstruction, and the Gospel of Prosperity*, 104–105; William P. Kellogg to J. J. Creswell, January 29, 1874, Kellogg Papers; Joe G. Taylor, *Louisiana Reconstructed, 1863–1877* (Baton Rouge, 1974), 194–200, 250; John E. Bryant to Harper and Brothers, April 1, June 15, 1868, Bryant Papers.

[75] Summers, *Railroads, Reconstruction, and the Gospel of Prosperity*, 42–55; W. C. Morrill to Simon Cameron, November 22, 1871, Simon Cameron Papers, LC; Alice E. Reagan, *H. I. Kimball: Entrepreneur* (Atlanta, 1983), 15–23; Willard Range, "Hannibal I. Kimball", *GaHQ*, 29 (June 1945), 47–70.

斯科特也加入一个由政府官员组成的"圈子"中，后者使用欺诈手段收购了州政府在格林维尔－哥伦比亚铁路公司中的股份，收购价格仅为实际价值的极少一部分。他同时卷入了土地委员会的腐败行为之中，该腐败案牵涉到以高价从与他关系密切的人那里收购毫无使用价值的沼泽地的买卖。这些欺诈行为所伤害的是黑人获得土地的前景，但却给州长带来好处，因为斯科特设法在他的家乡俄亥俄州拿破仑镇的房地产市场上投资了10万美元。重建还见证了许多利益冲突的发生，虽然这些利益冲突在当代的北部并不罕见，也并不违法，但它们却为政治和经济偏袒制造了大量的机会。许多州议员在接受资助的铁路公司里担任董事或拥有股份，路易斯安那州首席大法官和佐治亚州总检察长等官员也是如此，后两人同时也被要求就与自己有关联的公司是否履行了法律义务的问题做出裁决。[76]

虽然政治领袖们经常为谋求私利而策划腐败，但最大的腐败计划却是来自投机商人，他们随时觊觎州政府的资助，期盼用其来实现建设铁路帝国的宏伟梦想。最臭名昭著的是由米尔顿·利特菲尔德和乔治·斯韦普森所牵头的"帮派"，利特菲尔德是一名前联邦将领，据称招募了黑人士兵，并私吞了他们的赏金；斯韦普森是北卡罗来纳的企业家，希望创建一个巨大的南部交通枢纽

---

[76] H. H. Kimpton to Robert K. Scott, September 25, 28, 1868, South Carolina Governor's Papers; Kimpton to Scott, July 9, 1869, September 10, 1870, Robert K. Scott Papers, Ohio Historical Society; Williamson, *After Slavery*, 383–386; Bleser, *Promised Land*, 78–81; E. Dale Odom, "The Vicksburg, Shreveport & Texas: The Fortunes of a Scalawag Railroad," *Southwestern Social Science Quarterly*, 44 (December 1963), 280–284; Henry P. Farrow to J. B. Hargroves, September 25, 1871, Henry P. Farrow Papers, UGa.

中心。斯韦普森也是北卡罗来纳州州长霍尔登的顾问,他拥有科尼利厄斯·范德比尔特和托马斯·斯科特等北部铁路大亨的眼力,但缺乏他们那种获得资金的机会,因此为了融资,他将目标转向州立法机构。该帮派向州议会议员付了 20 万美元的贿赂、贷款和豪华奢侈的招待活动,从而成功地获得了州政府数百万美元的拨款,专门用于其控制的铁路线路。然而,他们并没有把钱花在铁路建设上,而是用这些钱来购买其他铁路公司的股票,在州政府债券上做风险投机,用高昂的法律费用和虚假的建筑合同回报政治盟友,并资助其组织的一次欧洲之游。有一次,斯韦普森挪用州政府对北卡罗来纳州铁路的援助资金,再加上一张信誉不佳的 50 万美元个人支票,购买了三条破产的佛罗里达铁路线,随后他游说该州的州立法机构对其进行资助。霍尔登本人似乎并没有从这些财政操纵中获利,但他一方面虽然意识到该帮派的"可恶的流氓行为",另一方面却由于个人忠诚或者无能等原因,没有对此采取任何行动。[77]

尽管腐败指控大大破坏了重建的声誉,贿赂、利益冲突和因私而滥用公职的做法超越了党派界限。"我的道德哲学的原则是,行贿者和受贿者是同等的糟糕",一位黑人国会议员评论道,民主

---

[77] Jonathan Daniels, *Prince of Carpetbaggers* (New York, 1958); Charles L. Price, "The Railroad Schemes of George W. Swepson", *East Carolina Publications in History*, 1 (1964), 32–50; Paul E. Fenlon, "The Notorious Swepson-Littlefield Fraud: Railroad Financing in Florida (1868–1871)", *FIHQ*, 32 (April 1954), 231–261; Tod R. Caldwell to William W. Holden, August 30, 1868, John Pool to Holden, December 13, 1868, North Carolina Governor's Papers; Holden to George W. Swepson, November 1, 1869, Swepson Papers.

党的说客和铁路公司的主管与他们的共和党对手一样非常愿意花钱。"你错了，"路易斯安那州一位民主党人写道，"如果你认为所有的邪恶……只是来自提包客和黑人——当任何带有支付承诺的议案被提出讨论时，民主派与他们是绑定在一起的。"在争夺个人利益时，享有"盛名"的人把自己的名字借给了那些寻求州资助的"烂公司、彩票发行商和其他企业"。那些从斯韦普森-利特菲尔德欺诈案中获利的包括著名的民主党人奥古斯塔斯·梅里蒙和佛罗里达州前州长戴维·沃克。在佐治亚州，相互对立的党派的领导人携起手来，将州拥有的西部和大西洋铁路出租，这桩交易的安排做得非常出色，"无人需要预付一美元，但所有人都将从中获得丰厚的分红回报"。南卡罗来纳州的重要民主党人领袖马修·巴特勒和马丁·加里两人都是前联邦将军和"一等绅士"，他们安排了一次纳税人大会，认可该州的债券，在此之前他们已经与一群纽约银行家签署合同，希望从预想中随之而来的债券市值增长中获取一笔红利。尽管有几个州的民主党人在推翻共和党统治后曾开展过腐败调查，但事实证明，他们不愿意寻求刑事起诉或"任何赃物的追缴"，很可能是因为害怕这样做会引火烧身，将本党党员牵连进去。[78]

---

[78] *CG*, 45th Congress, 3d Session, Appendix, 267; R. Hutcheson to Alexander Long, May 27, 1871, Alexander Long Papers, Cincinnati Historical Society; [Belton O'Neall Townsend] "South Carolina Morals", *Atlantic Monthly*, 39 (April 1877), 469; Benjamin H. Hill to Columbus Delano, January 27, 1871, Cameron Papers; Price, "Swepson," 34-35; New York *Sun*, February 1, 1878; Agreement, April 17, 1871 (copy), Martin W. Gary Papers, USC; Memorandum, December 1875, Dawson Papers; W. E. B. Du Bois, *Black Reconstruction in America* (New York, 1935), 622.

黑人共和党人也很难幸免于受到非法利益的诱惑。平奇贝克利用他在新奥尔良公园委员会的职位，设计了一场高价的土地购买活动，而他是被购土地的地主之一。他还在州债券的投机生意中赚取了可观的利润。他坦率地承认，内幕情报是他成功的秘诀："我是州议会的成员，知道它要做什么决定，等等。我的投资就相应地进行了。"托马斯·卡多佐在担任密西西比州教育总监期间似乎也挪用过州政府资金。黑人议员们对他们担任董事或持有其股票的铁路公司的资助法案都表示支持，还因为在其他事情上投票而接受现金。对黑人议员的贿赂帮助得克萨斯铁路公司解决了州长戴维斯反对进行州资助的难题。"我们的领军人物……，"一个为此感到愤怒的自由民写道，"为了黄金将自己出卖了。"社会地位的边缘化和"民生政治"的压力对黑人官员的影响甚至比白人更大。正如南卡罗来纳州一位议员在一次联邦参议员选举中出售他的选票后所解释的，"我手头很紧，如果能得到两百美元，我根本不在乎候选人是谁。"不过，总的来说，黑人在受贿或腐败案例中所占的份额，与像沃莫思和斯科特这样的州长相比，显然是微不足道的，因为他们很少占据了允许他们获得掠夺通道的政治职位。在州议员的受贿中，白人的受贿率通常要超过黑人。[79]

---

[79] James Haskins, *Pinckney Benton Stewart Pinchback* (New York, 1973), 85–86; New Orleans *Times* in New Orleans *Louisianian*, March 14, 1872; Euline W. Brock, "Thomas W. Cardozo: Fallible Black Reconstruction Leader", *JSH*, 47 (May 1981), 203–204; Okon E. Uya, *From Slavery to Public Service: Robert Smalls 1839–1915* (New York, 1971), 63; *New National Era*, November 3, 1870; Williamson, *After Slavery*, 394; Drago, *Black Politicians*, 67; W. W. Howe to Henry C. Warmoth, July 21, 1870, Warmoth Papers.

即使是在白人垄断了重建贪污案例的地方，如北卡罗来纳州和佐治亚州，也很少有黑人敢于对此提出批评，要么是因为害怕削弱共和党的力量，要么是因为臭名昭著的腐败分子非常精明地采取措施，强化他们在黑人选民中的地位。利特菲尔德向非洲人卫理公会的教育活动提供了资金，汉尼拔·金博尔曾在建造他的酒店和其他工程项目中雇用黑人劳工。（一首在亚特兰大的黑人中流行的小曲儿唱道："只要金博尔来到议会大厅 / 老天爷就不会再下雨了。"）然而，越来越多的黑人领袖逐渐意识到，广泛的腐败使他们在党内处于极为不利的地位。罗伯特·利奥特是一位杰出的共和党组织者，他"对南卡罗来纳州每一个角落的政治状况都了如指掌"。但是，当他在1872年寻求竞选联邦参议员席位时，发现获得金钱的重要性远大于个人的聪明才智和为党奋斗的工作经历。艾略特拒绝了以15000美元的价格换取退出竞选的提议，但由于缺乏资金，他无法与提包客"诚实的约翰"帕特森竞争，后者花了三倍于此的价钱贿赂州议会议员。用艾略特的话说，"'全能美元'的有力影响"决定了竞选结果。腐败还耗尽了黑人特别关注的州项目的资金。对教育资金的盗用曾一度使得路易斯安那州几个教区无法提供教育，黑人教师罗伯特·菲茨杰拉德被北卡罗来纳州的教育官员告知说，因为办学校的钱"都被利特菲尔德、铁路账单和那些权高位重的人挥霍一空"，他"回到田里干活还可能挣得更多一些"。南卡罗来纳州的土地委员会的欺诈案显得特别令人无法容忍。"这帮家伙，"一位黑人写道，"不仅是小偷……还是强盗；他们把自由民获得宅基地的机会给剥夺了。"[80]

最重要的是，腐败有可能破坏重建本身的公正性，不仅在南部反对派的眼中，而且也在北部舆论的法庭上。除此之外，的确，腐败也在南部以外的地方盛行，而渎职指控通常来自于反对派，后者因为既得利益而总是对其范围夸大其词。在正常时期，腐败似乎是政治生活中一个不幸但又无法避免的方面，但如果他们的政府具有诚实的良好名声，南部共和党人将会获益匪浅。[81]

随着税收的不断增加和州债务的急剧膨胀，腐败不仅为民主党提供了一个极具杀伤力的口实，而且导致了整个"繁荣的福音"计划走向灭亡。州资助的高潮发生在1868年至1871年之间。然后，由于这一计划的巨额成本、盛行的腐败和收效甚微的结果，幻想破灭。这一反应恰逢共和党内对最初和解政策的反对声音开始日益高涨、黑人开始在政治上采取主动进取姿态的时候，铁路资助项目展示早期共和党州长们力图与民主党建立密切工作关系的努力，它们也显示，共和党的未来在于安抚本党的反对者，而不是有力地推动本党自身支持者的利益。1869年至1871年间的黑人劳工大会反映了不断增长的、针对重建政府对经济优先事项及其基础所做的假设的不满情绪。南卡罗来纳州敦促州立法机构

---

[80] Balanoff, "Negro Legislators", 39; Drago, *Black Politicians*, 67–68; Lamson, *Elliott*, 164–167; Sterling, ed., *Trouble They Seen*, 205; Robert B. Elliott to Franklin J. Moses, Jr., November 23, 1872, South Carolina Governor's Papers; R. K. Diossy to Thomas W. Conway, May 16, 1871, State Board of Education Correspondence; Robert G. Fitzgerald Diary, January 26, 1870, Robert G. Fitzgerald Papers, Schomburg Center for Research in Black Culture; "Kush", *The Political Battle Axe for the Use of the Colored Men of the State of South Carolina* (Charleston, 1872), 6.

[81] Harris, "Creed of the Carpetbaggers", 216.

终止制定向铁路提供资助的未来立法,利用这些资金为自由民争取土地。"我们有什么理由去思考,"州议会议员乔治·考克斯在亚拉巴马州的集会上问道,"(新的矿山和工厂)会对我们有利吗?"制造商的免税待遇此刻引起了"阶级立法……和有利于资本的歧视",越来越多的共和党人要求公司承担其税收负担中属于自己的那一份公平的责任。黑人议员对罪犯租赁制度发动了攻击,将其适用范围限制在亚拉巴马州和佐治亚州的范围之内,并在南卡罗来纳州完全废除这一制度。南卡罗来纳州众议院甚至在 1871 年投票通过了一部重建高利贷法,尽管参议院否决了这项措施。[82]

到 19 世纪 70 年代初,铁路资助计划停止了。北卡罗来纳州的立法机构在 1870 年废除了其慷慨的援助法,命令铁路公司将未售出的债券归还给州财政部,并成立了一个委员会来调查斯韦普森-利特菲尔德帮派的活动。但调查没有取得任何结果,因为斯韦普森警告说,若不透露"州议会中哪些议员得到了哪些报酬",他不可能承担"所有这些事情的罪名"。然而,铁路计划实际上已经失败了。类似的反应发生在其他州。铁路公司并没有在共和党圈子里失去所有的朋友,但他们发现获得援助变得越发困难。[83]

如果州支持的经济发展计划能够接近实现其雄心勃勃的目标,

---

[82] Summers, *Railroads, Reconstruction, and the Gospel of Prosperity*, 243-249; Charleston *Daily Republican*, November 30, 1869; Foner and Lewis, eds., *The Black Worker*, 2:122; Aiken *Tribune*, February 15, 1873; Jackson *Daily Mississippi Pilot*, June 3, 1871; *Alabama Acts 1872-1873*, 133; *Georgia Acts and Resolutions 1870*, 421-422; Charleston *Daily Republican*, February 15, 17, 20, 25, 1871.

[83] Raper, *Holden*, 140-141; George Swepson to A. J. Jones, February 12, 1870, Swepson Papers; Carrier, "Political Histor of Texas", 499; Summers, *Railroads, Reconstruction, and the Gospel of Prosperity*, 250-267.

这种反应可能会不那么严重。与失败的总统重建计划相比，事实上，共和党已经可以声称取得了真正的成就。1868年至1872年间，南部的铁路得到重建，增加了约3300英里，增幅接近40%。但这种进展仅限于佐治亚州、亚拉巴马州、阿肯色州和得克萨斯州；除了巨额债务在身之外，其他州未能表现出它们的慷慨。在整个南部，铁路修建和运营面临着越来越多的经济困难，因为州资助无法满足巨大的建设和运行成本。到1872年，许多人生活在破产的阴影下，金博尔和斯韦普森的经济帝国已经轰然倒地。而移民的引入或预期的工业革命也没有成为现实。"我无法想象为什么有人会从这个富裕的西部移居去南部"，一位著名的佐治亚州南方佬政客在访问圣保罗时惊呼道。田纳西州的工业在1865年至1870年之间取得了"显著的进步"，在南部，制造业的就业人数略有增加，但主要是在农产品加工方面。南部纺织厂的真正扩张直到19世纪80年代才得以发生，而亚拉巴马的工业潜力直到那时也还没有得以唤醒。[84]

部分问题在于，尽管新的法律提供了动力，但北部和欧洲的资本未能以能够引发经济革命所需的数额进入南部。北部人十分愿意为棉花生产提供资金，并协助恢复战前的建制，如里士满的特雷德加钢铁厂和亚拉巴马州的谢尔比钢铁公司，但他们不愿为

---

[84] Goodrich, "Public Aid to Railroads", 436; Raper, *Holden*, 128–132; Range, "Kimball", 57–61; Henry P. Farrow to "My dear Carrie", May 27, 1868, Farrow Papers; Constantine G. Bellissary, "The Rise of Industry and the Industrial Spirit in Tennessee, 1865–1885", *JSH*, 19 (May 1953), 197–199; Dwight B. Billings, Jr., *Planters and the Making of a "New South": Class, Politics, and Development in North Carolina, 1865–1900* (Chapel Hill, 1979), 42; Ethel Armes, *The Story of Coal and Iron in Alabama* (Birmingham, 1910), 253.

新企业的兴建投资。也有例外的存在，如不断扩大的得克萨斯水牛王国、南卡罗来纳州磷酸盐矿和佛罗里达州的旅游业，后者每年冬天已经成为北部度假者的圣地。但是，这些年建成的大多数工业企业不得不从国内寻求资金。毕竟，资本通常力图回避不确定的政治环境，尽管南部的新立法努力吸引投资，但普遍存在的"社会不和"，正如纽约日记作者乔治·邓普顿·斯特朗所评论的，使南部"成为地球上北部或欧洲资本家最不[愿意]在此投资一美元……的地区"。的确，南部之所以成为像斯韦普森这样的投机取巧者的受害者的原因之一，是因为更多的事业有成的企业家尽量避开了这一地区（那些与南部有着长期联系的纽约人除外）。战后的岁月见证了大规模资本在国内的流动，以及来自欧洲大规模资金的流入，但绝大多数的投资者更喜欢来自北部的和西部的投资诱惑。南部共和党人曾期待的大规模资本流入（与之同来的是外部对南部铁路的控制和许多工业企业）要到重建结束后才会到来。[85]

因此，繁荣的福音在两个目标上都遭遇了失败，它既没有产生一个稳定的共和党多数派，也没有产生一个现代化的经济。然而，深刻的变化正在南部社会发生，并影响到黑人和白人社区的

---

[85] Charles B. Dew, *Ironmaker to the Confederacy: Joseph R. Anderson and the Tredegar Iron Works* (New Haven, 1966), 305–311; Robert H. McKenzie, "Reconstruction Historiography: The View from Shelby", *Historian*, 36 (February 1974), 213–219; Lewis Atherton, *The Cattle Kings* (Bloomington, Ind., 1961), 1–5; Frederic C. Jaher, *The Urban Establishment* (Urbana, Ill., 1982), 403; George W. Smith, "Carpetbag Imperialism in Florida 1862-1868", *FIHQ*, 27 (January 1949), 298–299; Billings, *Planters and the Making of a "New South"*, 60, 94–95; Allan Nevins and Milton H, Thomas, eds., *The Diary of George Templeton Strong* (New York, 1952), 4:158; Allan G. Bogue, *Money at Interest: The Farm Mortgage on the Middle Border* (Ithaca, N.Y., 1955), 7; John F. Stover, *The Railroads of the South 1865-1900* (Chapel Hill, 1955), 55.

内部结构以及彼此的关系。从内战和奴隶解放开始,南部生活的转型便在某些方面开始加速,而在另外一些方面则因共和党政府执政的岁月而改变了方向。

经济变化的不同模式

一个新的社会秩序在重建时期的南部开始慢慢地形成。这个新秩序虽然与共和党决策者们所设想的现代化经济相差甚远,但它在关键的几个方面却与战前的南部大相径庭。奴隶制的消亡和在白人居民为主的内陆地区迅速蔓延的市场关系,在南部黑人和白人中间产生了新的劳动力体制和阶级结构。南部的经济转型承载着沉重的历史负担,这一地区被战争摧残得满目疮痍,资金短缺,缺乏支持经济持续增长所需要的体制基础,面临世界对其主要出口产品的疲软需求,同时又被排除在对国家政治权力的有效分享之外。回想起来,战后南部似乎不可避免地要陷入一种典型的欠发达模式之中,其经济增长率和人均收入均远远落后于全国其他地区。然而,共和党执政的出现微妙地影响了变革的进程,加速了南部内陆地区的商业化,同时增强了为控制种植园劳动而持续斗争的自由民的谈判能力。[86]

"有一件事是完全可以确定的,"肯塔基州民主党人加勒特·戴

---

[86] Richard A. Easterlin, "Regional Income Trends, 1840–1950", in Seymour E. Harris, ed., *American Economic History* (New York, 1961), 528; Barbara J. Fields, "The Nineteenth-Century American South: History and Theory", *Plantation Society in the Americas*, 2 (April 1983), 8–9, 22–25; Peter Temin, "The Post-Bellum Recovery of the South and the Cost of the Civil War", *JEcH*, 36 (December 1976), 898–907; Gavin Wright, "Cotton Competition and the Post-Bellum Recovery of the American South", *JEcH*, 34 (September 1974), 610–635.

维斯在1867年告诉参议院,"[棉花]将由黑人劳工来生产。"此话具有极大的误导性。南部不同的地区以不同的速度将白人农场主吸纳到棉花经济中来。然而,当铁路建设延伸到了已经为人定居的内陆县地带,如南卡罗来纳州、佐治亚州和亚拉巴马州,或者在得克萨斯州、阿肯色州和路易斯安那州新开辟的种植区地带,从自给自足的粮食生产向商业化农业的转型就迅速发生了。不断改进的商业肥料供应也刺激棉花种植持续向较为贫穷的内陆地带推广。虽然商业化的全面影响要到共和党执政结束之后才会发生,但这种趋势在重建期间已经十分明显。1872年,佐治亚州的一家报纸报道了内陆农业的一场"可观的革命":"棉花种植,以前只是在有限的土地上进行,过去几年已经迅速地增加了。"一年后,北部记者爱德华·金报道说,铁路和"新化肥的普遍使用"已经将棉花生产引入战前无人知晓的穷乡僻壤。[87]

到19世纪70年代中期,棉花生产的地理和种族划分都发生了变化。此刻的棉花产出几乎达到了奴隶制时代的水平——这是在南部主要产品独一无二的情况,在所有的后奴隶制的社会中都是极其罕见的。但白人与黑人劳工一样对此情况的出现负有责任。

---

[87] *CG*, 39th Congress, 2d Session, 1931; David F. Weiman, "The Economic Emancipation of the Non-Slaveholding Class: Upcountry Farmers in the Georgia Cotton Economy", *JEcH*, 45 (March 1985), 71–94; William W. Rogers, ed., "From Planter to Farmer: A Georgia Man in Reconstruction Texas", *SWHQ*, 72 (April 1969), 527–528; Peter Temin, "Patterns of Cotton Agriculture in Post-Bellum Georgia", *JEcH*, 43 (September 1983), 661–674; Steven Hahn, *The Roots of Southern Populism: Yeoman Farmers and the Transformation of the Georgia Upcountry, 1850–1890* (New York, 1983), 141–151; King, *Southern States*, 515.

近40%的棉花作物是在密西西比河以西种植的（那里大多数棉农是白人），而在老的南部州内，棉花生产越来越多地转移到内陆地区。1860年，南部棉花作物的十分之九是由黑人劳工种植的，而在1876年，他们只种植了南部60%的棉花。[88]

内战结束时，爱德华·阿特金森曾预言，奴隶制的消亡将在希望创业的白人农场主中引发一场种棉高潮，后者会像他们的北部同行一样，将因为更多地参与市场而走向致富之路。但事情并没有如此发展。一些自耕农在商业化农业中找到了经济救世主，但对另一些人来说，由于内战债务、战后的作物歉收、重建税的上涨，以及19世纪70年代农产品价格的急剧下跌，种棉成为经济灾难的根源。只要有任何可能，自耕农们都会拼死抓住自己的农场不放。正如一位种植园主所评论的，不可能在种植园里雇用贫穷的白人"来干黑人的活"："他们大多数人拥有一小块地，无论收成如何糟糕，也愿意自己耕种，而不愿意像他们所想的那样，受他人雇用，从而降低自己的地位。"独立自主，如同我们所看到的，是内陆地区自耕农坚守的信条，除了其他之外，独立还意味着不欠债。"托上帝的恩赐，"一位农场妇女在1869年写道，"我在世界上不欠十美元，我宁可贫穷，但绝不欠债。"但随着重建的推进，自耕农们发现，他们的自治权将受到越来越严重的

---

[88] *Report of the Commissioner of Agriculture for the Year 1876* (Washington, D.C., 1877), 119, 136; Lawrence D. Rice, *The Negro in Texas 1874-1900* (Baton Rouge, 1971), 159; Walter L. Fleming, *Civil War and Reconstruction in Alabama* (New York 1905), 726; Robert P. Brooks, *The Agrarian Revolution in Georgia, 1865-1912* (Madison, Wis., 1914), 79-80.

损害。[89]

越来越多的内陆自耕农陷入了新的依附形式的束缚之中，他们的处境因战后南部的信贷制度变得更加恶化。由于内陆地区长期的资金短缺和银行机构的稀少，当地商人一般是可用信贷的唯一来源。由于土地价值暴跌，商人通常只会以当年棉花作物的留置权换取贷款，而不是像北部传统的做法那样以房地产作为抵押品。当棉花作物留置权作为南部农业信贷的主要形式出现之后，负债累累的自耕农就被迫将精力集中在棉花种植上，其结果是生产规模进一步扩大，而产品价格被进一步压低。最终的结果往往就是失去了为人珍视的经济独立。1874年，来自亚拉巴马州的一份报告哀叹道，许多自耕农已降格成为"商人的佃农"。另外一些人则被迫以农业工人身份寻找就业机会。19世纪70年代中期的经济萧条大大加快了丧失土地的进程。到1880年，棉花种植州内三分之一的白人自耕农是佃农，通过使用现金或作物分成的方式来租种土地，内战前一个自给自足的地区此时已经无法养活自己。[90]

---

[89] Edward Atkinson, *On Cotton* (Boston, 1865), 40-46; Hahn, *Roots of Southern Populism*, 186-193; Augustine T. Smythe to "My dear brother", December 5, 1867, Augustine T. Smythe Letters, USC; Mrs. N. F. Norton to "My dear brother", January 30, 1869, Joseph J. Norton Papers, USC.

[90] *Rural Carolinian*, 5 (July 1874), 545-546; Gavin Wright, *The Political Economy of the Cotton South* (New York, 1978), 164-174; Forrest McDonald and Grady McWhiney, "The South from Self-Sufficiency to Peonage: An Interpretation", *AHR*, 85 (December, 1980), 1113-1116. 最近的研究显示，内战前土地租赁的做法在白人自耕农之间比过去的想象要更为经常地发生，但毫无疑问这一做法在战后得到极大的扩展。Frederick A. Bode and Donald E. Ginter, *Farm Tenancy and the Census in Antebellum Georgia* (Athens, Ga., 1986).

1871年，一位来自北卡罗来纳州的记者报道说，租佃制的增长"似乎并不太受贫穷白人的欢迎"。许多自耕农将租佃制的蔓延归咎于共和党州政府的铁路推广计划，因为该计划将市场关系引入了内陆地区，也归因于不断上涨的重建税收，后者增加了小自耕农对现金的需求。的确，对于皮德蒙特地区的白人选民来说，南部共和党在这些问题上的失职引发的不满，与该党因提倡黑人政治平等引发的白人怨恨是同等的。极为重要的是，白人共和党的选票在南方山区仍然是最可靠的，因为战时联邦主义不仅在这里深深扎根，而且在重建期间铁路尚未完全进入，大多数自耕农仍然耕种着自家的土地，向棉花生产的转型几乎没有取得任何进展。"繁荣的福音"承诺在南部实现经济现代化，将白人选民吸引到共和党内来，但其收获的两项结果却是极具讽刺意义：州政府资助带来的经济增长帮助把棉花王国的影响延伸到了内陆地区；重建时期共和党拥有的最坚韧的支持力量在资本主义发展最不得力的地方得到了保存。[91]

　　内陆地区棉花种植的兴起，只是代表了南部贸易格局根本转向的一部分，也只是区域经济实力的全面转移的一部分。随着铁路和电报线进入内陆地区，那些快速发展的市镇里的商人首次发现，他们完全可以绕过传统上垄断南部商业的沿海城市，直接与北部进行贸易交往。亚特兰大是典型的内陆繁荣的城市，它之所

---

[91] New York *Herald*, June 13, 1871; Hahn, *Roots of Southern Populism*, 9n., 144; Brooks, *Agrarian Revolution*, 72-74; U.S. Census Office, *Tenth Census*, 1880, 3:236-237, 240-241; Fleming, *Alabama*, 788-805; William Barney, "Patterns of Crisis, Alabama Families, and Social Change", *Sociology and Social Research*, 63 (April 1979), 529.

以得以崛起，一是被选为州首府的所在地，二是开通了与北部铁路的连接，因而成为佐治亚州皮德蒙特棉花种植区的聚集地和北部商品的集散地。1870年，一位游客在这里看到了："比我见过的所有其他南部城市加起来都还多的生活气息和商业活动。"铁路还把塞尔玛和麦肯等小城镇改造成商业转运中心，并催生了其他一批原本名不见经传的城镇。根据人口普查统计，南卡罗来纳州被称为城镇的社区数量在1860年至1870年之间翻了一番，并在下一个十年内增加了三倍。1868年，一家报纸报道说，小小的萨姆特城"已经成为一个颇有规模的棉花市场，并因此成为各种商品的分销地"。与此同时，老的港口城市却显得萎靡不振。到1880年，查尔斯顿不过是一个几乎没有商业意义的小海港城市。新奥尔良也无法与圣路易斯竞争得克萨斯州东部不断扩大的棉花贸易，而里士满、萨凡纳和莫比尔也因为不在主要铁路干线上在经济上处于停滞不前的状态。[92]

"南部内陆的经济重建"为一个由商人、铁路推广者和居住在

---

[92] Roger L. Ransom and Richard Sutch, *One Kind of Freedom: The Economic Consequences of Emancipation* (New York, 1977), 116; David R. Goldfield, "The Urban South: A Regional Framework", *AHR*, 86 (December 1981), 1015–1017; Cleveland *Leader*, February 11, 1870; Jerry W. DeVine, "Town Development in Wiregrass Georgia, 1870–1900",*Journal of Southwest Georgia History*, 1 (Fall 1983), 1–6; King, *Southern States*, 265; Moore, ed., *Juhl Letters*, 257; John P. Radford, "Culture, Economy and Urban Structure in Charleston, South Carolina, 1860–1880" (unpub. diss., Clark University, 1974), 221; L. Tuffly Ellis, "The Revolutionizing of the Texas Cotton Trade, 1865–1885", *SWHQ*, 73 (April 1970), 478–489; Chesson, *Richmond After the War*, xvii, 436–445; Justin Fuller, "Alabama Business Leaders, 1865–1900", *Alabama Review*, 16 (October 1963), 280–281.

内陆城镇的银行家构成的资产阶级的崛起奠定了基础。从全国来看，这个新阶级手中几乎没有任何经济权力，因为它的生存与活动依赖于北部金融家和大宗批发商的信贷和供应。但在南部，它从棉花农业的蔓延中收获甚丰。尽管这些商界领袖中的有些人来自老的种植园主阶层，但新内陆精英拥有的经济重要性的基础是获得信贷的通道和与北部的联系，而不是与战前贵族之间的关系网。这些变化的全部影响只有在共和党执政的混乱岁月结束之后才能产生，但到重建结束时，一个在战前由自给自足的自耕农主导的地区，正在转型成为一个由商人、佃农、农场工人和商业导向型自耕农群体构成的商业经济——而这些群体在战前并不占据重要的位置。[93]

城镇和城市对黑人生活的影响也越来越大，尽管1870年后来自乡村的移民大大减缓。学校、教会、报纸和兄弟会社团等齐聚各城市中心，并从中产生了许多能言善辩的重建政治领袖。就业机会的多样性远远超过了乡村社会。1871年，因密西西比州默里迪恩骚乱到法庭作证的12名黑人中，包括了4名理发师和1名鞋匠，酒店搬运工、仓库工人、商人、劳工、马车夫、木匠各1名，以及1名"在街上行走"的男子。但是，与白人社会相比，重建期间开始出现的黑人城市社会结构出现了极端化的断层，并严重地

---

[93] Lacy K. Ford, "Rednecks and Merchants: Economic Development and Social Tensions in the South Carolina Upcountry, 1865-1900", *JAH*, 71 (September 1984), 294-318; Harold D. Woodman, *King Cotton and His Retainers: Financing and Marketing the Cotton Crop of the South, 1800-1925* (Lexington, Ky., 1968), 348-355; David L. Carlton, *Mill and Town in South Carolina, 1880-1920* (Baton Rouge, 1982), 9-10; Hahn, *Roots of Southern Populism*, 201-202.

偏向底层。几乎所有的城市黑人都靠体力劳动谋生，绝大多数是仆人、搬运工和无技能的日间短工。他们领取的是温饱工资，面临的失业率远远超过白人，几乎没有积累财产或向上流动的机会。[94]

黑人城市社区并不包括事业有成的富有银行家和商人，大多数的白领职位都对黑人关闭。在重建期间，只有极少数的人获得了专业地位，尽管在19世纪70年代因为黑人大学的培养黑人律师和医生的人数开始上升。牧师构成了最大的黑人专业人士群体，但他们不得不依靠贫穷的教区居民的自愿捐款为生，并以从事其他形式的劳动来补足他们宗教职业的收入。工匠也许占大多数南部城镇就业黑人人口的四分之一，他们是在非技能劳工阶层之上人数最多的群体。其中很大一部分人设法购置了财产，但财产数额通常是极为有限。（在1870年的路易斯维尔，只有11%的黑人家庭拥有价值超过100美元的财产。）工匠的经济地位不但没有带来财富，而是越来越不稳定。黑人工匠被剥夺了贷款的机会，受到来自北部的便利增多的工业制成品的威胁，并受到白人雇主和白人工匠从许多行业的驱赶，他们大多局限在只需少量资本的行业之中，如木匠、铁匠、砖匠和制鞋工，或者像理发师这样传统上白人有意避开的职业。随着时间的推移，工匠在黑人社区中所

---

[94] Orville V. Burton, *In My Father's House*, 295-296; Wharton, *Negro in Mississippi*, 106-107; KKK Hearings, Mississippi, 127-164; Frank J. Huffman, "Town and Country in the South, 1850-1880: A Comparison of Urban and Rural Social Structures", *SAQ*, 76 (Summer 1977), 375-376; Green, *Secret City*, 82; Richard J. Hopkins, "Occupational and Geographic Mobility in Atlanta, 1870-1896", *JSH*, 34 (May 1968), 200-213; Herbert A. Thomas, Jr., "Victims of Circumstance: Negroes in a Southern Town, 1865-1880", *Register of the Kentucky Historical Society*, 71 (July 1973), 262.

黑人选举权的到来

"第一次投票"。注意这些选民代表了黑人政治领导群体的主要来源——带着榔头的工匠、穿着得体的城市人和士兵。(《哈珀周刊》1867年11月16日)

"南部的竞选"。妇女与男人一样参与这些早期的政治集会。(《哈珀周刊》1868年7月25日)

黑人政治领袖

（左上）本杰明·S. 特纳，来自亚拉巴马州的国会众议员。（国会图书馆）

（右上）P. B. S. 平奇贝克，路易斯安那州副州长和州长。（国会图书馆）

（左）布兰奇·K. 布鲁斯，来自密西西比州的国会参议员。（国会图书馆）

（左下）罗伯特·斯莫尔斯，内战英雄，来自南卡罗来纳州的国会众议员。（国会图书馆）

（右下）罗伯特·B. 艾略特，来自南卡罗来纳州的国会众议员。（国会图书馆）

南方佬和提包客

（左上）詹姆斯·L. 阿尔科恩，密西西比州州长。（国会图书馆）

（右上）威廉·G. 布朗洛，田纳西州州长。（国会图书馆）

（右）亨利·C. 沃莫思，路易斯安那州州长。（国会图书馆）

（左下）阿尔比恩·W. 图尔吉，北卡罗来纳州法官。（国会图书馆）

（右下）阿德尔伯特·阿姆斯，密西西比州州长。（国会图书馆）

重建的反对者

（左上）民主党竞选徽章，1868年。（纽约市立公共图书馆，尚伯格黑人文化研究中心）

（右上）泽布隆·万斯，北卡罗来纳州救赎者州长。（国会图书馆）

（左）韦德·汉普顿，南卡罗来纳州救赎者州长。（国会图书馆）

（左下）约翰·B. 戈登，民主党州长候选人和佐治亚州三K党头目。（国会图书馆）

（右下）威廉·H. 特利斯科特，南卡罗来纳州种植园主。（国会图书馆）

三 K 党

三 K 党的警告：当民主党人在 1868 年总统大选中获胜时，这是俄亥俄州提包客 A. S. 拉金和南方佬诺厄·B. 克劳德将面临的悲惨命运。（塔斯卡卢萨《独立观察报》1868 年 9 月 1 日）

"穿戴着伪装服的两位三 K 党成员"。（《哈珀周刊》1868 年 12 月 19 日）

三 K 党人朝着黑人家庭射击。（多萝西·斯特林）

格兰特时代的人物

（左上）维多利亚·伍德哈尔，女权主义者。（纽约历史学会）

（右上）杰伊·古尔德，金融家（国会图书馆）

（左）罗斯科·康克林，来自纽约州的国会参议员。（国会图书馆）

（左下）疯马，小比格霍恩战役中乔治·W. 卡斯特的征服者。（芝加哥历史学社）

（右下）苏珊·B. 安东尼，女权主义者。（大都会艺术博物馆）

自由劳动：意识形态与现实

铁路工人。（美国社会史项目）

"资本与劳工"：来自棉纺织品，描绘的是劳工与工业的场景，1870年左右。资本与劳工利益的核心是自由劳动意识形态的核心原则。（大都会艺术博物馆）

科利斯引擎。费城百年博览会上新工业化时代的象征。（《哈珀周刊》1876年5月27日）

被毁坏的匹兹堡蒸汽机车车库，"大罢工"，1877年7月。（《斯科里布纳》，1895年7月）

从重建后撤

"他为何不能享有投票权?"(《哈珀周刊》1865年8月5日)

"这是一个白人的政府"。(《哈珀周刊》1868年9月5日)

"一个得以重建(?)的州中的有色人种统治?"(《哈珀周刊》1874年3月14日)

漫画艺术家托马斯·纳斯特对黑人形象描述发生的变化反映了北部共和党人态度的变化。左上图,作为正直公民的黑人士兵应该享有投票权;右上图,前奴隶成为了爱尔兰移民、邦联老兵和华尔街金融家(民主党的三大支柱)的无辜牺牲品;下图,作为民主政府嘲弄者的黑人立法者。

占的比例不断缩小。到 1880 年，他们的平均年龄大大超过了白人工匠，这表明年轻一代几乎不可能进入技能工作的行业之中。黑人手工技能行业的危机有助于解释为什么许多人被迫依靠政府的雇佣为谋生手段。[95]

在城市社区的顶端，仅有那少数几个黑人能够逃避体力劳动而从事创业工作的职业。在查尔斯顿、新奥尔良和纳奇兹等城市，富有的生而自由的穆拉托人将技能和资本引入战后时代，肤色和阶级地位发生重合，并一直延续到 20 世纪之中。即使在内陆城镇的穆拉托人往往能够利用白人亲戚关系获得信贷，在工匠和商人中所占的比例也远远高于整个黑人社区。然而，在许多方面，重建是老的自由精英人士的危机时代。他们受到前奴隶对他们政治领袖的地位的挑战，由于旧港口城市的衰落，他们也面临着严重的经济困难。特别是在像亚特兰大和蒙哥马利这样的内陆城市，新来者不必与一个先前存在的黑人精英群体抗衡，一个新的商业阶层，由具有进取心的自由民组成，服务于黑人顾客群体。[96]

---

[95] David Sowell, "Racial Patterns of Labor in Postbellum Florida", *FlHQ*, 63 (April 1985), 438–439; William Harris, "Work and the Family in Black Atlanta", *JSocH*, 9 (Spring 1976), 320; Drago, *Black Politicians*, 39; John W. Blassingame, "Before the Ghetto: The Making of the Black Community in Savannah, Georgia, 1865–1880", *JSocH*, 6 (Summer 1973), 465–467; Ransom and Sutch, *One Kind of Freedom*, 32–35; Herbert G. Gutman, *The Black Family in Slavery and Freedom, 1750–1925* (New York, 1976), 479–482, 626; Huffman, "Town and Country", 375–376; Thomas, "Victims of Circumstance", 264.

[96] Arnold H. Taylor, *Travail and Triumph: Black Life and Culture in the South Since the Civil War* (Westport, Conn., 1976), 185–190; Thomas, "Victims of Circumstance", 267–270; Peter Kolchin, *First Freedom: The Responses of Alabama's Blacks to Emancipation and Reconstruction* (Westport, Conn., 1972), 145; Russell and Thornbery, "William Finch", 312; Rabinowitz, *Race Relations*, 84.

在几个城市，黑人上层阶级达到了一定的规模，足以构成上流社会的一个独特部分，并有自己的生活方式和娱乐活动。在华盛顿市内由最浅肤色的"有色人种和高等生活方式构成的精英"中，包括了理发师、餐馆老板、霍华德大学的教授、政治委任官员以及一些黑人律师和医生。新奥尔良的精英们，包括老的生而自由集团的富有成员，辅之以像平奇贝克这样的新人，以其奢华的娱乐和"丰盛之餐"而闻名。在哥伦比亚市，罗林姐妹（凯瑟琳·德·梅迪奇、夏洛特·科迪和路易莎·穆尔巴赫）主持了最上层的黑人社会生活。她们是一位著名的奴隶主的女儿，战前曾在波士顿接受教育，她们的家此刻好像成为"一个共和党总部的所在地"，也是"我们有色人种社会的精英"的聚集地。[97]

然而，这些例子不应掩盖黑人上层阶级的一些基本事实——它们的规模小，其经济重要性显得微不足道。只有在生活方式和愿望方面，这些精英才构成了一个"黑人资产阶级"，因为它缺少资本和经济自主权，也没有银行、商店和磨坊等可以为其他黑人提供就业机会的渠道。黑人的商业都是一些小商业：杂货店、餐馆、葬礼厅和寄宿房——为个人分别拥有，并无经济意义。黑人业主也没有成为全国或区域资产阶级的一部分，他们的企业长期面临生存的暗淡前景（大多数在一两年后就从城市商业指南目录上消失了）。当黑人商人获得财富时，他们倾向于将财富用来投资房地产，而不是经济企业。在重建期间，黑人上层阶级仍然太

---

[97] *New National Era*, May 26, 1870; Green, *Secret City*, 94; Blassingame, *Black New Orleans*, 159–160; New Orleans *Louisianian*, December 20, 1870; New York *Sun*, March 29, 1871.

小太弱，即便在自己的社区，也无法享有政治或文化霸权。然而，随着分离的黑人社区的稳步成长，为巩固一个黑人商人阶级的经济基础已经奠定，该阶级在未来占有突出地位的种子已经播下，而黑人工匠和港口城市中生而自由的精英们的地位逐步下降，预示他们作为黑人政治领袖的光辉将不可避免地失去光泽。[98]

黑人社区，一位北卡罗来纳州白人共和党人在1879年观察到，才刚刚开始出现"社会阶层或等级"的划分。一个新的社会分层经提炼之后将取代战前的自由黑人与奴隶、穆拉托人种与黑人之间的分野，但这个过程在重建时期才刚刚开始，这一事实有助于解释为何黑人社区拥有非凡的政治团结。在大城市之外，黑人的社会生活尚未按阶级界限来划分；如舞会、野餐、音乐会和体育赛事等社区活动的组织都是针对大面积的人群，而不是针对因阶级地位而界定的小群体，许多黑人商人曾经历过奴隶制，并拥有置身于劳工阶级中的家庭成员。然而，正如在城市和白人居住的内陆地区一样，种植园地带的新阶级结构也慢慢地取代了过去那种已经被打碎的由主人与奴隶构成的世界。[99]

种植园主仍然占据着这个新的社会金字塔的顶端。奴隶制已

---

[98] Taylor, *Negro in Tennessee*, 154–156; Blassingame, "Before the Ghetto", 466–468; E. Franklin Frazier, *Black Bourgeoisie* (New York, 1957), 43, 53, 153, 168; Rice, *Negro in Texas*, 97, 189; Rabinowitz, *Race Relations*, 97, 189; John Kellogg, "The Evolution of Black Residential Areas in Lexington, Kentucky, 1865–1887", *JSH*, 48 (February 1982), 21–52.

[99] 46th Congress, 2d Session, Senate Report 693, 403; Barbara A. Richardson, "A History of Blacks in Jacksonville, Florida, 1860–1895: A Socio-Economic and Political Study" (unpub. diss., Carnegie-Mellon University, 1975), 130–131; Taylor, *Travail and Triumph*, 194.

经消失,但因为没有进行大规模的土地再分配,种植园体制得以保存下来。"种植园主持续性"在不同的南部经济作物区域的程度不同。路易斯安那州的甘蔗种植园主,因为无法筹集起修复战时破坏所需的巨额资金,眼睁睁地看着自己的地位被新来者所取代;到1870年,大约一半的种植园地产已经落入北方投资者的手中。在沿海地区的稻米王国,同样庞大的资本需求,与持续不断的劳工动乱和密西西比河以西土地的开放,共同阻止了外部投资的进入。许多无法恢复生产的种植园主陷入贫困之中。"我不相信法国贵族在第一次革命时遭遇的毁灭,"一位北部记者评论道,"比南卡罗来纳低地那些骄傲、富有和精心造就的贵族所遭受的……更为彻底。"然而,在南部的其他地方,种植园经济乍一看似乎成为一种社会和经济连续性的显著样板。在烟叶和棉花种植园地带,没有出现"改变土地所有权的革命"。对从弗吉尼亚到得克萨斯乡村地带的研究显示,大多数种植园主家庭设法保住了对自己土地的控制权。然而,尽管他们以令人不可思议的方式存活下来,战争、奴隶解放和重建却彻底改变种植园主的世界,也改变了他们在其中所扮演的角色。[100]

---

[100] J. Carlye Sitterson, *Sugar Country* (Lexington, Ky. 1953), 312; Eric Foner, *Nothing But Freedom: Emancipation and Its Legacy* (Baton Rouge, 1983), 81–84; Wiener, *Social Origins of the New South*, 5–33; Crandall A. Shifflett, *Patronage and Poverty in the Tobacco South: Lousia County, Virginia, 1860–1900* (Knoxville, 1982), 3–4; Kenneth G. Greenberg, "The Civil War and the Redistribution of Land: Adams County, Mississippi, 1860–1870", *AgH*, 25 (April 1978), 292–307; Randolph B. Campbell, "Population Persistence and Social Change in Nineteenth-Century Texas: Harrison County, 1850–1880", *JSH*, 48 (May 1982), 185–204; A. Jane Townes, "The Effect of Emancipation on Large Landholdings, Nelson and Goochland Counties, Virginia", *JSH*, 45 (August 1979), 403–412.

1874年，路易斯安那州一个种植园主观察到，"自战争以来，种植园主们的共同体验在很大程度上是令人失望的希望与期望大于其他"。在战前，种植园主主导着区域政治，并分享很大一部分联邦权威。此刻，他们在华盛顿毫无影响，在好几个州内，他们发现自己在州和地方一级政府中也没有任何权力可言。与此同时，奴隶解放和南部土地价值的下降意味着种植园主的财富只是战前财富总额的一小部分。他们曾经独自霸占南部社会的顶层，此刻却看见其他群体的经济重要性在不断攀升。1860年，种植园主曾占最富有的得克萨斯人中的绝大多数，但十年后他们只占其中的17%。与旧南部的情况不同的是，拥有一个种植园不再是财富的保证。"虽然我拥有南卡罗来纳州的……两个最好、最大的棉花种植园，"前州长米利奇·卢克·博纳姆在1874年哀叹道，"我的生活却始终耗费在保持自己不被淹死的努力之中。结果却是非常令人失望的。"亚历山大·斯蒂芬斯和约翰·戈登将军的地位落到了通过为达比预防液（一种在纽约制造的药物）撰写推销信来赚钱的地步。（"所有家庭都必须拥有它"，这位前邦联的副总统宣称道。）许多曾经把经营种植园视为唯一高尚职业的人现在敦促他们的儿子改为经商或从事其他职业。一位南卡罗来纳州人评论道："种植园主享有财富和独立自主的日子已经一去不复返了。任何人想要从事农业生产，他必须得掌握其他的金钱资源，否则就得落到手把犁柄的地位。"[101]

---

[101] Albert A. Batchelor to "Dear Ned", October 16, 1874, Albert A. Batchelor Papers, LSU; Jayne Morris-Crowther, "An Economic Study of the Substantial Slaveholders of Orangeburg County, 1860–1880", *SCHM*, 86 (October 1985), 300–305, 313;（转下页）

最重要的是，对土地的控制不再自动转化成一种对劳动力的控制，这种情况自奴隶制结束以来就已经显而易见，但在许多方面因重建的来临而加剧。"你要知道，现在对你父亲来说，种植园里的生活是多么难以忍受，"一位种植园主的妻子在1870年给她的儿子写信说，"当我们……完全没有指挥劳动力的可能时，我看不到更好的前景。"1869年，两位来自波士顿的棉花经纪人向数十名种植园主寄送了调查问卷，询问农业生产的状况。受访者几乎是异口同声地抱怨持续不停的劳工问题。"我们曾经拥有可靠的劳动力，可以随心所欲地支配"，一位佐治亚的种植园主评论道。"现在……劳工既不确定又不可靠；我们经常是在非常不利的情况下签署合同。"一位路易斯安那人表示同意，"目前的劳动力比起反叛结束以来的任何时候都更加稀缺，更难获得"。许多黑人妇女继续回避做田野劳工，黑人儿童正在上学，在那些新经济企业竞相争夺黑人劳工的地区，自由民似乎渴望利用这个机会逃离种植园。铁路建设工程将"数千名劳工从田野"中吸引走。当工作完成之后，劳工们返回种植园，带来了一种新的独立感；种植园主们发现他们变得"不守规矩，傲慢，不听使唤"，他们被用于"从事系统工作的价值……被摧毁了"。19世纪70年代初，磷酸盐矿业公司制作广告，以招聘大量工人，致使沿海地区的自由民不用

（接上页）Ralph A. Wooster, "Wealthy Texans, 1870," *SWHQ*, 74 (July 1970), 24–35; Wayne, *Reshaping of Plantation Society*, 75–83, 99–109; Milledge L. Bonham to Joseph E. Johnston, January 19, 1874 (draft), Milledge L. Bonham Papers, USC; Atlanta *Constitution*, January 10, 1869; James L. Roark, *Masters Without Slaves: Southern Planters in the Civil War and Reconstruction* (New York, 1977), 150–158; John W. Kirk to Emily K. Moore, June 28, 1868, Kirk Family Papers, Private Collection.

在稻田里工作就赚到了"现金",而迅速扩张的养牛业雇用了成千上万的得州自由民当厨师和牛仔。还有许多黑人则在弃置的土地上落脚为生,或企图通过狩猎和捕鱼为生。[102]

"我们就是资本,"一位密西西比州的种植园主在1871年宣称,"让我们来开列条件。"相反,种植园主们继续相互竞争劳动力,提供比邻居更好的就业条件,并"引诱"已经签订合同的黑人离开对手的种植园。为了保住一个自由民的雇佣,一位佛罗里达的种植园主告诉他的雇工,"任何时候他想要骑马的时候,无须请示任何人,去找头骡子,直接骑走"。此外,要建立起有效的种植园纪律似乎也是不可能的。南卡罗来纳州一名种植园主报告说:"他们耽误了很多天的时间,开工的时候迟到,吃饭用了更久的时间,周六中午后就拒绝干活。"甚至工资的增长带来的不是更多而是更少的可用劳动力。密西西比州一名种植园主抱怨道,自由民"不是希望获得高工资和利用有利条件,而是宁愿利用自己的权力来减少劳动,也不愿增加报酬"。[103]

---

[102] Mrs. Basil G. Kiger to Basil G. Kiger, Jr., November 27, 1870, Basil G. Kiger Papers, Natchez Trace Collection, UTx; Loring and Atkinson, *Cotton Culture*, 13-16, 22-24; Charleston *Daily Republican*, July 28, 1870; Uya, *Robert Smalls*, 73; Kenneth W. Porter, "Negro Labor in the Western Cattle Industry", *Labor History*, 10 (Summer 1969), 346-375; Ronald L. F. Davis, "Labor Dependency Among Freedmen, 1865-1880", in Walter J. Fraser, Jr., and Winfred Moore, Jr., eds., *From Old South to New: Essays on the Transitional South* (Westport, Conn., 1981), 162.

[103] *Southern Field and Factory*, 1 (March 1871), 116; J. M. Perry to Grant Perry, February 19, 1869, J. M. Perry Family Papers, Atlanta Historical Society; Ulrich B. Phillips and James D. Glunt, eds., *Florida Plantation Records from the Papers of George Noble James* (St. Louis, 1927), 182-185; Loring and Atkinson, *Cotton Culture*, 8, 110.

共和党的统治微妙地改变了南部乡村的权力平衡。正如我们所看到的，种植园主们抱怨说，共和党官员没有阻止流浪和盗窃，也没有干预种植园内发生的纠纷。随着州不再继续强化劳工纪律和对自由民抱有同情心的地方官员的执政开始，重建时期的南部种植园里出现了一种僵局。"资本是无能为力的，劳工士气低落，"南卡罗来纳州农业改革者怀亚特·艾肯写道。劳动力之所以"稀缺"，不仅是因为愿意在种植园工作的黑人越来越少，还因为那些愿意在种植园工作的人难以管理："虽然劳工的数量巨大，但实际上这种劳动力却极为稀少，不是因为没有劳工，而是因为所有的劳工都是不可靠的。"塞尔玛《南阿格斯报》表示赞同："控制（黑人劳动）的权力已经一去不复返了。"[104]

早在1869年，《年度百科全书》就已经对"南方各州劳动制度转型状态"做出评论。然而，新的社会关系模式在那时已经出现在南部种植园地带的不同作物地区，其形式在奴隶获得解放后的初期就已经预示，但也受到了重建进程的影响。在路易斯安那州的蔗糖产区，延续与变化的对立关系得到最明显的展示，那里的集中化的种植园制雇用结队劳工的做法一直保留到奴隶制结束之后。外来资本的涌入拯救了这个行业，事实上，也产生了蔗糖教区内的土地拥有集中化。虽然蔗糖生产在收获季节要求有极其艰苦的田间劳动和蔗糖加工厂24小时连轴转的工作支持，但在其他一些地方它可以为分成农单独种植，后者在季节结束时，将他

---

[104] *Rural Carolinian*, 2 (January 1871), 195, 3 (January 1872), 173; Selma *Southern Argus*, February 17, 1870.

第八章 重建进程：政治与经济 **679**

们的收获带到中心加工厂去处理。然而，在路易斯安那州，每个种植园都拥有自己昂贵的蒸汽动力加工糖厂，因此需要一个大丰收和终年可以使用的劳动力队伍，从而降低了分成制和小产业主的经济可行性。许多种植园拥有广泛的灌溉和堤防系统，它们的维护也需要劳动力的协作。

随着旧种植园主阶层的衰败和新业主对获得现金通道的掌握，这种情形帮助产生了南部最为迅速的向资本主义劳动关系的转向。黑人迅速成为赚取工资的劳动力，每天或每月的工资大大超过南部其他地方，并享有种植蔬菜和饲养家禽、牲畜的传统权利。然而，该制度并没有终结围绕劳动纪律产生的冲突。成功的糖业生产需要"对大量和连续性的劳工进行彻底的控制"，但种植园主在整个重建时期都在抱怨劳工短缺，特别是在收获季节，他们还抱怨黑人不断要求提高工资。的确，共和党执政的来临恰逢糖业工资急剧上涨的时刻，这种上涨一直持续到1873年经济崩溃发生之时。此外，种植园主还批评说，黑人花在经营他们自己蔬菜园地的时间要比花在甘蔗地的时间多。在重建期间，许多甘蔗种植园都被闲置，直到19世纪90年代，糖业生产才恢复1861年的水平。[105]

一种更为复杂的经济转型则发生在稻米王国，在那里种植者

---

[105] *AC*, 1869, 207; Sitterson, *Sugar Country*, 221, 291–301, 312; Joseph P. Reidy, "Sugar and Freedom: Emancipation in Louisiana's Sugar Parishes" (unpub. paper, annual meeting of American Historical Association, 1980); Robert Somers, *The Southern States Since the War 1870–1871* (London, 1871), 222–225; Charles Nordhoff, *The Cotton States in the Spring and Summer of 1875* (New York, 1876), 70; *Rural Carolinian*, 2 (August 1871), 11; New York *Journal of Commerce*, September 1, 1871; Walter Prichard, "The Effects of the Civil War on the Louisiana Sugar Industry", *JSH*, 5 (August 1939), 322–331.

拉尔夫·米德尔顿将劳工关系描述为"一场持续的斗争,而种植园主一直处于非常不利的地位"。与前奴隶获得自由的早期一样,在重建期间,各种劳动力制度并存。一些种植园主对恢复生产感到绝望,他们把土地交给自由民去耕种。另一些人则眼瞅着破产,把所持财产卖给了黑人或州土地委员会。在南卡罗来纳州的科尔顿县,19世纪70年代初的几个大型种植园被一份报纸称为在"某种共产主义"的形式下运作,黑人劳工组成了各种社团,选举官员,集体购买种植园财产。一些自由民在弃置土地上占地,收获季节时充当种植园的日间劳工;其他人则依照"两天"制进行劳作。此外,地方政治权力很快落入黑人手中。"黑人地方法官或他们所称的陛下告诉他们,"米德尔顿说,"直到所有的稻米都先生产出来,'按照法律'进行划分之后,才能运出。"种植园主甚至连处置自己的作物的控制权也没有。

沿海地区的稻米产量从未恢复到战前的水平。1874年,爱德华·金发现废弃的庄园零星地点缀着这一地区,像"悲伤的鬼魂一样"矗立在那里,"哀叹着时光不再"。最终,曾显赫一时的巨大庄园破败瓦解,它们的土地或者被出租或者被出售给黑人——到重建结束时,这一进程还在顺利进行。在原来大种植园的地盘上,出现了小规模的农业耕种模式,黑人家庭在那里种植自己的粮食,并通过出售农产品或在查尔斯顿和萨凡纳做日间短工来补充家庭收入。此刻在沿海地区,一种独特的情势组合——最初的联邦政策、吸引外部投资的无望、地方黑人政治权力的长期存在,以及黑人社区的进攻性——推动了黑人土地所有权的建立。其结果是,在这一地区,自由民能够比在南部的任何其他区域都更成功地按照自己的期望来塑造劳动关系。[106]

在南部那些规模更为庞大的烟叶和棉花种植区内,经济转型则完全不同。在这里,农业耕作对资本和劳动力协调的需求都较少,种植园主阶级在很大程度上保留了对自己原来土地的控制权,并恢复了生产。与此同时,重建强化了一种被一家南部报纸所称的"日益倾向于摆脱一切限制、通过为自己'建立规则'来宣示自由的尊严"的立场。很少有黑人通过购买自己的宅基地来实现这一期望,因为即便是那样拥有必要的购地资源的人也发现大多数白人坚决反对黑人拥有土地。在密西西比州,黑人要求将土地分成小块,并出价 10 美元一英亩,但地主以一半的价格将土地以大块的方式出售给白人——这样的做法看上去似乎有悖于市场法则,一位著名的北部经济学家评论道,并且展示"当利益面对激情或情绪的时候它是多么的没有效力"。佛罗里达州的许多自由民利用《南部宅地法》的便利,而南卡罗来纳州的自由民则利用该州土地委员会,在重建结束的时候,分别有 10% 或更大比例的黑人自耕农获得了土地。但在大多数的产棉州内,1876 年农业专员报告说,每 20 户黑人家庭中只有一户可以设法做到

---

[106] Foner, *Nothing But Freedom*, 85–90, 107–110; Ralph I. Middleton to Henry A. Middleton, August 24, 1869, April 16, 1870, Middleton Papers, Langdon Cheves Collection, SCHS; *New National Era*, September 25, 1873; John S. Strickland, "Traditional Culture and Moral Economy: Social and Economic Change in the South Carolina Low Country, 1865–1910", in Steven Hahn and Jonathan Prude, eds., *The Countryside in the Age of Capitalist Transformation* (Chapel Hill, 1985), 154–163; King, *Southern States*, 427–428, 451; James M. Clifton, "Twilight Comes to the Rice Kingdom: Postbellum Rice Culture on the South Atlantic Coast", *GaHQ*, 62 (Summer 1978), 146–154.

这一点。[107]

如同城市商人一样，土地拥有者站在新兴的黑人阶级结构的顶端，但在实际经济中却不具有任何真实的意义。与白人相比，他们拥有的农庄规模较小，只拥有为数不多的机械设备和牲畜，也不太经常使用化肥。一般来说，在一个县里，一两个白人拥有的地产价值要高于所有黑人农场价值的总和。许多黑人自耕农所经营的小块土地无法为家庭提供足够的生计，必须不时去从事种植园的劳动。在土地拥有者之下，站着那些以现金或棉花支付固定租金的租佃农，这些人在不受白人控制、拥有独立自主的方面与土地拥有者的距离最为接近。到重建结束时，土地租佃者人数似乎达到黑人自耕农的20%。挣工资的农场工人位于黑人社会秩序的底层，他们的人数在整个重建时期居高不下，尤其是在上南部地区，那里持续进行的从烟叶到粮食和商用蔬菜种植的经济转型减少了对全年常驻劳工的需求量。但到了19世纪70年代初，特别是在种棉地带，分成制已经成为黑人劳动力的主要形式。[108]

---

[107] Selma *Southern Argus*, February 17, 1870; KKK Hearings, Georgia, 213–214; E. Pershine Smith to Henry C. Carey, November 30, 1868, Edward Carey Gardiner Collection, HSPa; Claude F. Oubre, *Forty Acres and a Mule: The Freedmen's Bureau and Black Landownership* (Baton Rouge, 1978), 194–195; *Report of Commissioner of Agriculture 1876*, 137.

[108] Shifflett, *Patronage and Poverty*, 18–23, 39–40, 58–61; Edward Bonekemper III, "Negro Ownership of Real Property in Hampton and Elizabeth City County, Virginia, 1860–1870", *JNH*, 55 (July 1970), 175–178; Ransom and Sutch, *One Kind of Freedom*, 183; Brooks, *Agrarian Revolution*, 24–25, 35, 44, 53; Barbara J. Fields, *Slavery and Freedom on the Middle Ground: Maryland During the Nineteenth Century* (New Haven, 1985), 4–5, 170–171; Nan Netherton et al., *Fairfax County, Virginia: A History* (Fairfax, Va., 1978), 382, 448.

政治与经济结合起来,推动了这一体制的迅速传播。正如我们所看到的,联邦同盟鼓励黑人寻求经济自治。"他们的领袖,"一位南卡罗来纳州种植园主抱怨说,"告诫他们不要为工资而工作,而是坚持自立标准。"1869年的棉花收成——自内战结束以来最好的一次——对那些从事部分棉花种植的黑人来说是非常有利可图的,以至于其他人发誓来年"除了租种或参与分成制之外,绝不做其他选择"。如此一来,大型的结伙劳动队伍和那些在许多种植园取代它们的由十几个工人组成的小分队都被解散,转化成家庭劳动单位。到十年结束时,这一转型并没有结束,有的时候,现金支付的工资制和不同形式的租佃制在同一个种植园中同时存在。但到1870年,一位在南部旅行的英国记者报道说,由于分成制的实施"十分普遍以至于其他的合同制似乎都成为一种例外"。[109]

根据农业部1870年的一份报告,分成制的发展不是"因共同兴趣而形成的一种自愿组合,而是对于自由民成为业主的愿望所做出的一种让步"。许多种植园主继续顽强地抵制这一制度,因为在重建的条件下,它未能允许足够的劳工监督得以实施,即

---

[109] Fitzgerald, "Union League", Chapter 5; Gerald D. Jaynes, *Branches Without Roots: Genesis of the Black Working-Class in the American South, 1862–1882* (New York, 1986), 280–301; Mary C. Oliphant et al., eds., *The Letters of William Gilmore Simms* (Columbia, S.C., 1952–1956), 5:276; David C. Barrow, Jr., "A Georgia Plantation", *Scribner's Monthly*, 21 (March 1881), 830–836; Ronald F. Davis, *Good and Faithful Labor: From Slavery to Sharecropping in the Natchez District, 1860–1890* (Westport, Conn., 1982), 102–104; *Southern Field and Factory*, 1 (May 1871), 237–238; Somers, *Southern States*, 128.

便是分成合同清楚地规定了作物种植和如何种植的时候。"工资，"一位种植园主写道，"是唯一的控制劳工的有效手段。"然而，引入工资制度的努力却遭到"自由民希望成为自己时间的主人的愿望"的阻碍。农业改革者怀亚特·艾肯大力抨击分成制的低效，但却发现他也不得不在自己的种植园中采用这种体制："我不得不屈服，否则我就得失去我的劳工。"他的情况并不鲜见。当佐治亚州的官员对一群"聪明而有经验的"土地拥有者做征询调查，询问他们更喜欢哪种形式的劳动力时，三分之二的人选择了工资劳动力，但事实上五分之四的人采用了租佃制或分成制。分成制日益增长的重要性对乡村黑人社会的结构有深远的影响。随着群居性奴隶住所（许多自由民视其为"他们从前受压迫体制的遗物"）的消亡，黑人家庭此刻居住在散布在种植园各个角落、相互隔绝的租佃土地上，家庭便成了社会组织的基本单位。因此，像教会、兄弟会和政党这样的机构成为黑人社区中日益重要的具有凝聚功能的因素。[110]

在某种程度上，分成制"解决"了种植园劳动力短缺的问题。因为每个家庭对于更大量的作物产出拥有既得利益，黑人妇女和黑人儿童也大量地返回到田野劳作之中（此刻他们劳动的程度和配置取决于家庭的决定，而不是白人的指令）。但从其他方面

---

[110] *Rural Carolinian*, 1 (June 1870), 9; Joseph D. Reid, Jr., "Sharecropping in History and Theory", *AgH*, 49 (April 1975), 427–428; *Tenth Census, 1880*, 5:84, 154, 6:156; Loring and Atkinson, *Cotton Culture*, 13, 32; Southern Fertilizer Company, *The Cotton Question* (Richmond, 1876), 24–25; *Rural Carolinian*, 2 (March 1871), 323–324; Ransom and Sutch, *One Kind of Freedom*, 103; [Belton O'Neall Townsend] "South Carolina Society", *Atlantic Monthly*, 39 (June 1877), 678.

来看,这一制度仅仅只是转移了劳工冲突的焦点而已。因为体制的安排——即分成制使得佃农成为"作物的部分主人",因此有权自己决定他家庭的工作节奏——黑人拥有一种"准业主"的气势,种植园主们对此非常不满。共和党政府的法律授予劳工对作物的首要留置权,这强化了黑人的关于他们拥有自己的分成,而不是从种植园主那里接受一种工资的观点。事实上,在重建时期,种植作物的财产权仍然是不确定的,这一情况在一位密西西比州种植园主的信中得到证实,他在信中提到用"一半的棉花"来支付自由民的工资,用从"他们的作物"中所获得的属于他自己的那一部分作为生活来源的基础。虽然分成制没有满足黑人完全经济自立的期望,但种植园主对其佃农的日常生活的强制性权力的结束,标志着乡村社会权力平衡的一个根本转变,它给予黑人某种程度上的控制自己的时间、劳动和家庭安排的权力,这在奴隶制下是不可想象的。[111]

然而,对于许多黑人来说,随着分成制的事实而兴起的信用体制很快地破坏了自治的承诺。战前,单个的种植园主为整个劳工队伍大宗购买像服装这样的商品;现在,黑人组成了一个独立的物资供应市场,他们的消费水平远远高于奴隶制时代的微薄水平。"我今年和去年卖给杰克·彼得斯的黑人的货物,"一位亚拉

---

[111] Burton, *In My Father's House*, 282; Loring and Atkinson, *Cotton Culture*, 29–32, 131; W. B. Jones–D. H. Smith Plantation Journal, January 1872, MDAH; *Rural Carolinian*, 1 (February 1870), 317; S. Z. Williamson to Richard Sadler, March 24, 1870, David Hope Sadler Papers, Winthrop College; J. William Harris, "Plantations and Power: Emancipation on the David Barrow Plantations", in Burton and McMath, eds., *Toward a New South?* 256–257; Davis, *Good and Faithful Labor*, 100–101.

巴马州的商人报告说,"要多于我从前所卖给彼得斯的商品,当时他拥有450名奴隶。"此外,黑土地带的各县也可日益方便地进入北部的直接贸易网络。因此,那些在战前为作物的融资和推销而只与种植园主打交道的沿海经纪人发现自己被地方商人取代了,后者为种植园主和佃农提供物质,以换取对生长作物的留置权,在作物季节结束时,将棉花运送到北部。尽管黑土地带几乎没有城市的增长,但小城镇和十字路口的商店在整个地区四处可见,提供各种各样的商品,充当着政治和社会生活的中心。"在每个十字路口都有商店,"一位南卡罗来纳的记者报道说,"它们在火车站和乡村成倍地增长,真的是史无前例。"到1880年,南部的种棉地区拥有8000多家乡村商店。许多地主在自己的种植园里开设了商店,有的时候甚至发现给佃农提供商品供应"比种植或租赁土地更有利可图,如果不是更多的话"。[112]

黑土地带的种植园主与不断扩大的商人阶级之间时常存在着紧张的关系,后者的起源经常可以追溯到北部或者欧洲。种植园主指责说,乡村商店的遍地出现,激发佃农偷盗棉花作物和在作物还没有分成之前就将其出售,从而破坏了良好的秩序。(然而有报告称,有一些种植园主也干同样的事。)他们也十分反对留置权法,因为在地主的租金和佃农所欠地方商人的债务之间,该法未能给予土地主任何优先权。然而,当种植园主和他们的儿子进入商界、商店主开始购置土地时,这两个群体倾向于进行合作。重

---

[112] Woodman, *King Cotton*, 260–308; *New York Times*, March 12, 1866; Thomas D. Clark, *Pills, Petticoats and Plows: The Southern Country Store* (New York, 1974); Moore, ed., *Juhl Letters*, 163; Loring and Atkinson, *Cotton Culture*, 75.

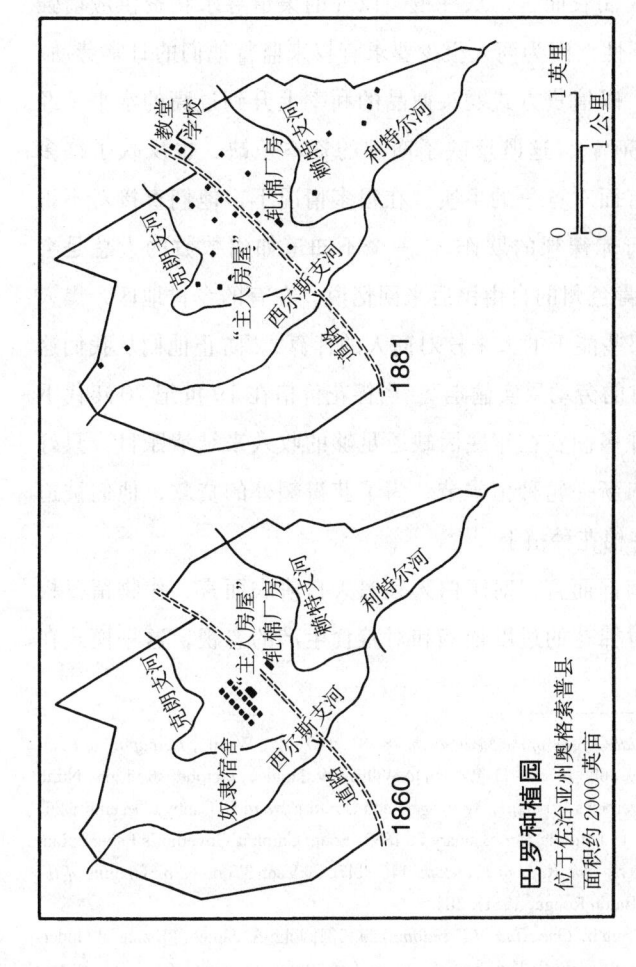

巴罗种植园

位于佐治亚州奥格尔索普县
面积约2000英亩

1860年与1881年的巴罗种植园。根据《斯科里布纳月刊》1881年4月刊登的插图描绘。这些地图生动地展示了奴隶解放给黑人生活带来的一些变化。1860年,该种植园的所有黑人集中居住在公用奴隶宿舍中。20年之后,分成租佃制和现金租佃制的家庭分散居住在种植园内不同的地块上。1865年后由黑人修建的一座教堂和一所学校也在运行之中。1881年时,一半以上的黑人家庭中至少有一名成员在内战之前曾经是该种植园的奴隶。

地图标注(1860):古朗支河、"主人房屋"、轧棉厂房、奴隶宿舍、西尔斯支河、赖特支河、利特尔河、道路

地图标注(1881):教堂、学校、古朗支河、"主人房屋"、轧棉厂房、西尔斯支河、赖特支河、利特尔河、道路

建见证了一个新的地主-商人阶级的起源,它将在19世纪末主宰南部乡村的生活。[113]

对于黑人佃农而言,从种植园以外的渠道寻求物资供应增强了他们的独立性,因为商人很少要求有权来监督他们的日常劳动。另外一方面,以信贷方式购买商品的利率上升到过高的水平(经常是超过了50%),这既反映了南部的资本短缺,也反映了许多乡村商人没有面对竞争的事实。在很多情况下,他们直接对不识字的佃农进行赤裸裸的欺诈。"一个不知道如何数数的人总是会输",一位阿肯色州的自由民后来回忆说,在有的乡村地区,黑人联合起来找那些能干的人来核对商人的计算,"防止他们从我们这里将我们所有的劳动果实偷走"。当棉花价格在19世纪70年代下跌的时候,许多佃农在年底因缺乏足够的收入来结清账目,只好带着债务进入新一轮种植季节。为了获得额外的贷款,他们被迫更多地集中在棉花种植上。[114]

就整个南部而言,对于白人和黑人自耕农而言,作物留置权导致了一种对棉花的过度依赖和对粮食生产的忽视,这一模式在

---

[113] Wiener, *Social Origins of the New South*, 78-81, 110-120; Wayne, *Reshaping of Plantation Society*, 165-167; M. H. Wetson to William W. Holden, October 16, 1868, North Carolina Governor's Papers; E. W. Rogers and Co. to Edward S. Canby, December 26, 1867, Canby to James L. Orr, January 7, 1868, South Carolina Governor's Papers; Ransom and Sutch, *One Kind of Freedom*, 146-147; C. Vann Woodward, *Origins of the New South* (Baton Rouge, 1951), 184.

[114] Ransom and Sutch, *One Kind of Freedom*, 120-131; John A. James, "Financial Underdevelopment in the Postbellum South", *Journal of Interdisciplinary History*, 11 (Winter 1981), 444-445; Graves, "Town and Country", 166; 44th Congress, 1st Session, Senate Report 527, 1585-1586.

19世纪70年代已经非常清楚地呈现出来。一位密西西比州的居民报告说："信贷制被频繁和广泛地使用,以至于作物在种植之前就被抵押,用来换取生产所需物品。除了棉花之外,所有的其他种植都被抛弃了或大大地限制了。"对于黑人来说,这种让他们越来越远离自给自足的趋势尤其令人沮丧。1873年,亚拉巴马州劳工联盟敦促州政府免除所有以玉米、豆类和土豆为主要作物的农场的税收,其税收损失将从对"垄断者和投机者"财产增加的税收中得以收回。看上去,分成制所能提供的只会越来越是一种永久的贫困。正如一位佐治亚州的黑人所写的,"在他人的土地上工作,哪怕是只要求一半的分成并自理个人和家庭的衣食住行,也赚不到钱。其结果是,自由民每年都会越来越穷"。因此,同样的信贷制曾经将许多内陆地区的白人从自耕农降低为佃农的地位,也使得黑人不可能使用它作为一种积累财富和获取土地的跳板。[115]

回想起来,分成制看上去更像是一种过渡性安排,是奴隶制和工资劳动力之间的中途站,它最终将演变为一种经济压迫的形式,甚至在某些情形下演变为一种劳役抵债的安排。即使在重建期间,大量自由民仍然容易受到各种形式的经济不公正的侵害,这一事实在1869年和1871年各州的劳工大会上被重点强调,会上关于许多地方情况的报告描绘了一幅令人不安的画面:土地主们联合起来拒绝给予黑人获得土地的通道,商人收取过高的信贷利率,其结果是导致分成农"通常是负债累累",劳工们的收入也

---

[115] E. Fisher to Joseph Holt, February 10, 1874, Joseph Holt Papers, LC; *AC*, 1873, 19; Harrison Berry to John M. Broomall, November 17, 1867, John M. Broomall Papers, HSPa.

经常遭到欺诈,在保守的佐治亚州,种植园主"像在奴隶制时代一样经常采用鞭刑,而不受地方当局的干涉。前联邦同盟的组织者、亚拉巴马州立法机构的成员乔治·考克斯哀叹道:"我们今天的处境与 1866 年时一模一样。"[116]

与重建时代南部的其他劳动力体制一样,分成制的形成并不是一蹴而就的,其轮廓也因围绕种植园劳动控制权的日常斗争而不断受到重塑。只有在 19 世纪 70 年代的经济萧条和重建结束之后,黑人劳工的议价能力受到两者联合起来的力量的严重打击,只有到这个时候,分成制的剥削性影响才完全明朗化。事实上,19 世纪 70 年代,在棉花产量上升的刺激下,南部出现了部分的经济复苏,而当时的棉花价格按历史标准仍然居高。尽管他们仍然无法获得土地,但许多黑人是分享了此刻的相对繁荣。来自整个区域的报告提到农业工人工资的上升,自由民储蓄银行的存款增加,以及越来越多的分成农上升成为现金租佃农的地位。"有色人种……,"1870 年密西西比州一家共和党报声称,"从来没有像现在这样富裕过。他们有了可以在商店花销的钱。"[117]

1872 年,美国的报纸报道了乔治·华盛顿的最后一个幸存的

---

[116] T. J. Byres, "Historical Perspectives on Sharecropping", *Journal of Peasant Studies*, 11 (Winter 1983), 7–41; Macon *American Union*, October 29, 1869; Foner and Lewis, eds., *Black Worker*, 2:122–129.

[117] Eugene Lerner, "Southern Output and Agricultural Income, 1860–1880", *AgH*, 33 (July 1959), 124; Williamson, *After Slavery*, 168; Taylor, *Louisiana Reconstructed*, 350–351, 376, 385; Harris, *Day of the Carpetbagger*, 274–279; Charleston *News and Courier*, July 8, 1873; Carl R. Osthaus, *Freedmen, Philanthropy, and Fraud: A History of the Freedman's Savings Bank* (Urbana, Ill., 1976), 125–130; Jackson *Weekly Mississippi Pilot*, April 2, 1870.

奴隶莫里斯·贾斯珀去世的消息。贾斯珀的父母在一个多世纪前被从非洲贩运到美洲,《新国家时代》评论道,他活着看到了"第二次革命"的发生。[118] 他死的时候,共和党重建的第一个阶段刚刚落幕,南北双方正在清点交锋的胜负。在政治、经济和社会生活中,这些年呈现了一个同时兼有成就和失望的复杂模式。与它们的前任相比,新的州政府的成就确实令人感到印象深刻。美国历史上前所未闻的双种族民主政府在南部的许多地方都在有效地运作。最近刚刚从奴隶制枷锁中获得解放的男性不仅参加投票,而且坐在陪审团里,在南部腹地,还在州一级政府中不断分享权力,而那些自殖民地时代一直到1867年曾经主导南部政府的保守统治集团却被排除在权力之外。公共设施得以重建和扩展,州立学校体系得以创建,税法也现代化了。在从奴隶制向自由过渡的关键时刻,重建将希望通过合法劳动纪律制度取代强迫奴役的企图扼杀在萌芽状态,增强了黑人在种植园劳动中的议价能力。总之,一位南卡罗来纳州的白人律师在1870年宣称,"我们经历了我们彼此关系中最为显著的一种变化,这或许已经成为世界历史上众所周知的变化"。

也许,最引人注目的对自由民的影响。因为重建以无法用统计数字的方式和在法律无法触及的领域里转换了他们的生活与期望。1873年年初,一位北部记者从维克斯堡报道说,他捕捉到了黑人对自己看法的一些变化:"人们几乎没有意识到,他们

---

[118] *New National Era*, May 30, 1872. 事实上,在他的父母根据华盛顿的遗嘱获得自由之后,贾斯珀也许是生而自由的。See Donald Sweig, ed., *Registrations of Free Negroes Commencing September Court 1822 ...* (Fairfax, Va., 1977), 19, 71.

在这里看到的许多黑人……在短短的几年前曾经是奴隶,至少就他们的举止而言,他们现在成为新近获得所有美国公民权利和特权的个人。他们十分享受他们的新地位,不停地炫耀他们的独立性……。"当然,在很多方面,"第二次革命"是非常的不完整。共和党人承诺"在一个以所有其他方面都不平等为特征的社会里推动政治平等"。[119] 黑人仍然遭受着极度的贫困,而旧的统治阶级基本上仍然完好无损,对社会的新秩序抱着决不妥协的敌意。然而,只要重建得以幸存,进一步变化的可能性也就会得以幸存。

"没有什么能比一场半途革命……把一个社会搅动得更加躁动不安",卡尔·舒尔茨在1865年时写道。[120] 如果说重建的失败背叛了共和党政府开始执政时所带有的乌托邦式的理想,但它的成功则使得那些习惯于掌控南部命运的人深信,这场实验必须被彻底推翻。当共和党的领袖们还在煞费苦心地力图巩固一个饱受派系主义、种族主义和政府腐败困扰的政党和政府,制订一个既能够赢得白人支持又能满足自由民需求的计划,并把自己确立为南部政治格局中的一个永久性体制的时候,他们的对手却正在组织起来,磨刀霍霍,打算以一种残暴且不可逆转的方式来终结重建。

---

[119] KKK Hearings, South Carolina, 796; *The Jewish Times* (New York), February 7, 1873; W. McKee Evans, *Ballots and Fence Rails: Reconstruction on the Lower Cape Fear* (Chapel Hill, 1967), 251.

[120] Frederic Bancroft, ed., *Speeches, Correspondence and Political Papers of Carl Schurz* (New York, 1913), 1:354.

第九章

重建政策实施过程中的挑战

新起点与第一次救赎

如果说南部共和党人备受派系、意识形态和种族纷争的困扰,那么他们的对手也遭遇到了自身困难的纠缠。在格兰特赢得总统大选之后,重建似乎成为既成事实,南部民主党人直接面对了他们自身的合法性危机:他们需要让北部相信,他们的政党所坚持的并不仅仅是重返旧制度。虽然许多民主党的选民仍然拒绝将黑人选举权作为南部政治格局的一种永久特征来接受,但越来越多的民主党领袖则意识到,纯粹地否认黑人行使投票权和拥有公职的现实是毫无意义的。这些人开始提出一种"新起点"的思路,他们认为,他们的党只有把内战和重建问题甩在脑后,才可望重新掌权。于是,一个新的时代得以开启,与共和党人一样,民主党人宣示了自己的现实主义和温和主义路线,并承诺要舒缓种族间的紧张关系。但是,如果新起点策略在政治辞令的"融合"[1]中

---

[1] Michael Perman, *The Road to Redemption: Southern Politics, 1869–1879* (Chapel Hill, 1984), 21.

占了上风，它在实践中则更加凸显民主、共和两党在关键问题上的分歧所在，并展示了民主党接受重建引发的南部生活变化的意愿的局限性。

1869年，南部民主党人首次采取行动，试图夺取政治中心。该党没有提出自己的州公职竞争者，而是转向支持那些心怀不满的共和党人，将自己的竞选专注于恢复前邦联成员的投票权而不是反对黑人选举权的问题上。在弗吉尼亚州和田纳西州，这一战略得到了立竿见影的回报。如先前提到的，因为约翰·斯科菲尔德将军拒绝批准该州对一份由激进派主导的州制宪大会起草的文件进行全民公投，所以弗吉尼亚州一直处于军事管制之下。在他就任后不久，格兰特总统就呼吁该州对州宪法举行公民表决（在针对剥夺前邦联成员投票权的严厉条款问题上，进行另外的单独投票），与此同时举行全州官员的选举。共和党推出了亨利·威尔斯的竞选团队，威尔斯是一名前联邦将领，1868年被斯科菲尔德任命直接负责州事务，此后他便成为共和党激进派中的一员。对州长批评最甚的是影响力巨大的铁路修建倡导者威廉·马洪，他的计划是将弗吉尼亚州的铁路线合并，组成一个可以与巴尔的摩和俄亥俄公司相竞争的铁路网络，但这一计划遭到威尔斯的反对。

马洪身材矮小（体重不到100磅），但才智过人、雄心巨大，他是一名民主党人，认为他的政党应当承认[黑人的]法律地位，从而"优雅地接受既成事实"，并以"作为弗吉尼亚人"的口号来争取他们，反对像巴尔的摩和俄亥俄公司那样的外州财团和企业来控制地方的经济。他很快成为一场"新运动"的主要赞助者，这场运动力图将民主党人和温和派共和党人凝聚起来,制定一部新的州宪法,废除剥夺前邦联成员选举权的条款,并支持马洪的铁路合并方案。这一联盟的州长候选人是吉尔伯特·沃克,他是一位在北部出生的银行家、工厂主和铁路人,1864年移居弗吉尼亚,因而他与该州的退出联邦运动毫无关联。沃克的支持者确保一个由罗伯特·威瑟斯上校牵头的竞争团队退出了竞争,威瑟斯是老派民主党人中的一员,他"并不打算从黑人那里……争取选票"。与此同时,共和党人却感到"信心备受打击,心灰意冷"。黑人抱怨说,在威尔斯的政府下,他们被排除在陪审团和地方公职的范围之外,潜在的白人选民则因为该党提出有一名黑人来竞选副州长的提议而日渐疏远,格兰特政府则认为沃克的参选是一个沿着非种族路线来重塑弗吉尼亚政治的机会,所以几乎没有对该州的竞选提供什么支持。由于共和党的选票主要限于弗吉尼亚州东部和南部的种植园县里,沃克当选为州长,他的支持者也席卷了州立法机构的职位,弗吉尼亚成为唯一一个逃避了激进重建经历的前邦联州。[2]

同样的事件也在田纳西州内发生,不同的是当地的政治重组是由共和党州长本人发起的。1869年2月,当"帕森"·布朗洛到联邦参议院就职后,德威特·森特担任州长,通过与本州的民

---

[2] Jack P. Maddex, Jr., *The Virginia Conservatives 1867-1879* (Chapel Hill, 1970), 66-82; Nelson M. Blake, *William Mahone of Virginia: Soldier and Political Insurgent* (Richmond, 1935), 83-144; Robert E. Withers, *Autobiography of an Octogenarian* (Roanoke, 1907), 246-249; Allen H. Curtis to Charles Sumner, April 2, 1869, Charles Sumner Papers, HU; Richard Lowe, "Another Look at Reconstruction in Virginia", *CWH*, 32 (March 1986), 71-75.

主党人和解,从而凭自身力量赢得了选举。共和党本身已经备受派系斗争的困扰,他的政策则让其变得更加分崩离析,而该党在全州掌权的基础仍然是对前邦联分子选举权的普遍剥夺。在共和党的州代表大会上,代表们在经历一轮"拳脚相加、拔枪舞剑"的争吵后,在没有提出州长候选人人选的情况下休会。州长的连任遭到来自国会议员威廉·斯托克斯的挑战,后者是一名联邦军队的老兵,也是和解政策的反对者,州长选择搁置选举权法的讨论,允许数千名前邦联分子登记参加选举,民主党人因而支持他的连任。结果是森特获得了压倒性的胜利,他以超过2比1的优势领先,甚至在东田纳西州险胜。[3]

在密西西比州和得克萨斯州,1869年的"新运动"则不太成功。密西西比州的共和党人也抓住了自己的温和派高地,提名辉格派种植园主詹姆斯·阿尔科恩为州长候选人,其竞选纲领要求废除该州宪法中的选民限制措施,这些内容曾在1868年遭到该州选民的拒绝。尽管民主党支持仓促组成、由路易斯·登特(约翰逊总统的姐夫)领导的一个全国联邦共和党的竞选,并承诺接受黑人选举权,但因为对田纳西州的结果深感震惊,格兰特政府对阿尔科恩表示全力支持。登特一派则不遗余力地争取黑人的选票,甚至提名一名自由民为州务卿人选,但他们的努力充其量也就是笨拙有余。"你不能因为你们遭受过奴役而怪罪我们",一位登特的支持者对一群黑人听众说。"你们大部分人在当奴隶的时候

---

[3] Thomas B. Alexander, *Political Reconstruction in Tennessee* (Nashville, 1950), 198–222; *CG*, 41st Congress, 2d Session, 137.

过得要比现在好。"选举日那一天,几乎每个自由民都把票投给了阿尔科恩,许多民主党人待在家里,其结果是州宪法得以批准,剥夺前邦联分子选举权的条款被击败,共和党取得了压倒性的胜利。在得克萨斯州,激进的南方佬派埃德蒙·戴维斯击败了民主党人支持的温和派共和党候选人安德鲁·汉密尔顿,尽管胜利的差距——在将近8万张选票中以不到800张的差额获胜——对共和党未来的成功并非是一种好兆头。[4]

虽然这些"新运动"都没有吸引到大量的黑人支持,但新起点策略在1870年使力量聚集起来。如同在弗吉尼亚州和田纳西州一样,密苏里州的民主党人与自诩的自由派共和党人组成了一个胜利联盟,采用了一个承诺推动"完全大赦和完全普选"的竞选纲领。密苏里西部的小农场地区在内战中曾遭受过小股游击武装的践踏,但只有这一地区在州长选举中始终坚定地支持共和党,2万黑人登记参加选举,因为第十五条宪法修正案的原因第一次参加投票,但他们的投票不能抵消共和党分裂带来的后果或民主党在数千名移民中占有大多数带来的影响,这些移民都是1865年后进入该州的。南卡罗来纳州的民主党人创建了一个联邦改革党,它提名愤愤不平的共和党人法官理查德·卡彭特为州长候选人,积极寻求黑人的选票,但这一切努力却都因为州长罗伯特·斯科

---

[4] William C. Harris, *The Day of the Carpetbagger: Republican Reconstruction in Mississippi* (Baton Rouge, 1979), 219-237; *Speech of Hon. Amors R. Johnston, at Sardis, Mississippi* (n.p., 1869), 7; Carl H. Moneyhon, *Republicanism in Reconstruction Texas* (Austin, 1980), 104-124.

特连任选举的胜利而失效。[5]

在其他州,民主党人接受了重建作为"一种最终结果"的现实,但保留了他们的政党身份,而不是合并成新的组织或支持持异见的共和党人。亚拉巴马州的民主党州长候选人罗伯特·林赛坚持认为,他的政党已经放弃了种族问题,而注重经济问题,他公开地寻求黑人的选票。1867年时,佐治亚州的本杰明·希尔曾毫不妥协地反对黑人选举权,此刻他却公开承认黑人享有"自由、完整和不受限制的"投票权。路易斯安那州的民主党人也放弃了种族性言辞——该党的州代表大会宣称,"我们的纲领是缩减开支和改革"。一些新起点策略的拥护者真诚地希望吸引黑人选票;其他人则认为这种想法不太可能,后者在相信民主党人已经接受了"战争的既成事实"之后,则期望赢得"温和派和保守派白人共和党人"的支持。无论选举的结果如何,民主党人希望新起点策略能够增强他们在北部眼中所具有的合法性。密西西比州国会议员卢修斯·拉马尔在1873年评论说,自格兰特当选之后,民主党的候选人提名和竞选纲领都主要是为了"确保"获得联邦政府的"支持和赞同"而设计的。[6]

---

[5] Thomas S. Barclay, *The Liberal Republican Movement in Missouri 1865-1871* (Columbia, Mo., 1926), 154-185, 241-270; William E. Parrish, *Missouri Under Radical Rule 1865-1870* (Columbia, Mo., 1965), 269-310; Francis B. Simkins and Robert H. Woody, *South Carolina During Reconstruction* (Chapel Hill, 1932), 448-453.

[6] Perman, *Road to Redemption*, 16-21; Joshua B. Moore Diary (typed copy), March 7, 1870, ASDAH; Benjamin H. Hill, Jr., *Senator Benjamin H. Hill of Georgia: His Life, Speeches and Writings* (Atlanta, 1893), 58; *AC*, 1871, 457, 36; James H. Stone, "L. Q. C. Lamar's Letters to Edward Donaldson Clark, 1868-1885, Part I: 1868-1873", *JMH*, 35 (February 1973), 70.

民主党的领袖们现在把精力投入到对共和党州政府的财政政策的批评上,而不是种族问题。好几个州都发起组织了纳税人大会,其会议纲领都痛斥重建州政府的腐败现象和铺张浪费,要求减少税收和州政府的开支。共和党人则回应说,对高税收"抱怨"不止的人"仅限于大土地主",他们痛恨负债风险的增加,并对丧失战前为纳税目的评估自己持有财产的权利而愤愤不平。的确,那些自诩为拥有"财富、美德和智慧"的人带头组成了纳税人大会——南卡罗来纳州的会议包括了银行家、商人和种植园主等,其中包括4名前州长、59名前州立法机构的成员和11名前邦联军队的将领。然而,有关增税的抱怨则跨越了阶级界限,并成为团结重建反对者的集结号。在北卡罗来纳州西部这样的基本上自给自足的地区,那里的"家庭一般全年也很难见到20美元的收入",哪怕是几美元的税收也显得很繁重。"你不知道金钱在这里是多么的缺乏",一位居住在内陆地区的南卡罗来纳州居民在1871年对州长斯科特报告说。"税收现在成了人们最大的焦虑,为了缴纳各种税收,人们将他们能够得到的每一个鸡蛋或鸡崽都卖掉。"回望过去,战前时光对于小农经济的农场主来说简直就是一个财政黄金时代。当一位农场主被问及100英亩土地征收4美元的税收是否过高时,他回答说:"看上去是这样,现实,从前的税收……则几乎为零。"[7]

---

[7] *Proceedings of the Tax-Payers' Convention of South Carolina* (Charleston, 1871); Ernest W. Winkler, *Platforms of Political Parties in Texas* (Austin, 1916), 140; W. C. Venning to Robert K. Scott, November 9, 1869, Robert K. Scott Papers, Ohio Historical Society; J. Mills Thornton III, "Fiscal Policy and the Failure of Radical Reconstruction in（转下页）

尽管要求减税的呼声具有广泛的吸引力,但事实证明,在重建政治的转型之中,这个日益突出的问题远比看上去的要复杂得多。的确,这些纳税人大会在表示接受重建的"最终结果"和公民与政治平等的原则的同时,也暴露了政治"融合"的局限性。民主党领袖们在承认黑人的要求的同时又拒绝了他们的希望。这些大会和它们的支持者深信,重建拒绝了有产之人控制公共事务的正当权利,并将不断增长的税收负担归咎于"州立法机构成员中的十分之九的人并不拥有财产和并不纳税"的事实。大多数民主党人不仅反对州政府开支的数额(这个数字永远是被夸大了的),而且反对将公共开支用于覆盖税收支持的州立中小学体制这类新的用途。民主党人将种族主义、精英主义,乃至传统的美国共和主义(它强调经济独立自主是政治独立性的唯一基础)融合为一体,呼吁回归到由"聪明的有产之人"进行统治的时代,这一主张不仅将会把许多白人排除在政府治理之外,而且还隐含地否定了黑人在南部公共事务中扮演任何角色的可能,除了选举那些拥有比他们更优越社会地位的人之外。[8]

(接上页)the Lower South", in J. Morgan Kousser and James M. McPherson, eds., *Region, Race, and Reconstruction: Essays in Honor of C. Vann Woodward* (New York, 1982), 367-371; J. G. de Roulhac Hamilton, ed., *The Papers of Randolph Abbott Shotwell* (Raleigh, 1929-1939), 2:284; "Anonymous" to Robert K. Scott, March 13, 1871, South Carolina Governor's Papers, SCDA; 42d Congress, 2d Session, House Report 22, South Carolina, 892(此后引用简称为 KKK Hearings)。

[8] Eric Foner, *Politics and Ideology in the Age of the Civil War* (New York, 1980), 116; *Proceedings of the Tax Payers' Convention of South Carolina* (Charleston, 1874), 12-14; *South Carolina Before the National Government. Address of L. Cass Carpenter, Esq.* (Washington, D.C., 1874), 3.

即便是在它的鼎盛时期，新起点策略也未能赢得南部民主党人的一致支持。该党的一大部分选民仍然拒绝承认重建的合法性或黑人选举权的永久性。例如，在1870年，这一年民主党人与自由派共和党人为盟，"救赎"了密苏里州，他们在西弗吉尼亚州的同行们选择进行了一场独立的、公然的反对黑人的活动。尽管该州的共和党人心存疑虑，新近生效的第十五条宪法修正案还是让数千名黑人公民获得了选举权，而民主党人则抓住机会，再次提出了"白人政府"的原则。在一个白人人口占95%以上的州，这一原则几乎不带任何风险，但在政治上却是极为有效的。尽管州法仍然禁止"反叛者"投票，但民主党人赢得了州长和州立法机构的选举。"前次反叛的情绪正在上升……"，一位共和党的领袖总结道。"对黑人选举权的仇视是我们选举遭到失败的主要因素。"和解政策在黑人选民占多数的南部腹地州获得了最大的支持。但是，即便是在那些其竞选纲领力图争取黑人支持的州内，许多当地的民主党组织也继续遵循"严格划定的白人基础"进行竞选活动。[9]

即便在其拥护者心目中，新起点策略也并非是一种对重建所代表的民主革命的真心接纳，而更多的是一种为赢得北部对其政党意图的信任而采用的战术设计。事实上，民主党对黑人公民和政治权利平等的拥护总是显得有些勉为其难的样子。一家密西西

---

[9] Milton Gerofsky, "Reconstruction in West Virginia, Part I", *WVaH*, 6 (July 1945), 329–354; Waitman T. Willey Diary, October 26, 1870, University of West Virginia; Perman, *Road to Redemption*, 66; W. M. Byrd to John W. A. Sanford, November 9, 1870, John W. A. Sanford Papers, ASDAH.

比州的报纸在1871年宣称:"我们走到这一步,并不是因为选择,而是迫于形势的必然——迫于一系列事件的内在逻辑。"在公开场合下,民主党领袖们高谈南部政治的新时代,但许多人在私下却希望"尽可能……更早地"除掉黑人选举权的"邪恶"。一位著名的亚拉巴马州民主党人敦促他的政党"超越……对黑人抱有的偏见和蔑视",但他同时补充道,十五年之后,白人也许能够在没有北部干预的情况下解决"选举权问题"。甚至中间派民主党人也不支持一种独立的黑人政治组织。例如,南卡罗来纳州的纳税人大会就提出要求解散联邦同盟组织。亚拉巴马州的州长罗伯特·林赛和南卡罗来纳州联邦改革党副州长候选人马修·巴特勒曾在1870年竞选时争取黑人的选票,但在次年被问到如何界定各自州内的政府构成时,两人分别的回答都是"我指的是白人"。这些言论令黑人意识到,正如其中一人所说的,民主党人"在今天仍然与过去一样,与坦尼大法官给出那个臭名昭著的斯科特案判决的时候一模一样"。[10]

民主党的经济政策所呈现的"融合"也是同样的形式大于实质。主张在种族问题上采用新起点策略的人同样使用一种支持新的南部经济的语言,并经常对共和党提出的州资助经济发展的计划表示支持。本杰明·希尔承认"扬基文明的优越性",呼吁南部

---

[10] Thomas B. Alexander, "Persistent Whiggery in Mississippi Reconstruction: The Hinds County Gazette," *JMH*, 23 (April 1961), 84; John P. Carrier, "A Political History of Texas During the Reconstruction, 1865–1874" (unpub. diss., Vanderbilt University, 1971), 355; Albert Elmore to John W. A. Sanford, June 8, 13, 1870, Sanford Papers; KKK Hearings, Alabama, 206; South Carolina, 1190; Matthew T. Newsome to Adelbert Ames, November 1, 1872; Ames Family Papers, SC.

人对铁路和工厂建设、城市发展和劳工教育（同时针对白人和黑人）当成通向区域繁荣的道路予以支持。许多与民主党有政治联系的杂志——《我们热爱的土地》《乡村卡罗来纳人》《南部耕种者》《南部田野与工厂》和《德博评论》——都竭力宣扬农业现代化的福音（甚至提议引进像肉豆蔻和香蕉等新奇作物），严厉斥责种植园主们对棉花种植的过度依赖、不受节制的债务累积以及对落后耕种技术的使用等。甚至于在战前因对北部阶级关系予以猛烈批评而名噪一时的乔治·费茨休，此时也以资本主义企业的"商会助推器"的身份出现。在正在崛起的、由都市报纸编辑和企业家构成的新一代人中，新南部的意识形态以最为激进的方式得以表现，提出用多样化、科学化的小型农场取代种植园为基础的农业经济。《德博评论》的一位撰稿人甚至建议，州应该出面，打散和分解大型种植园。[11]

"说南部应该而且能够做到自我持续发展，"一位记者写道，"无疑是在重申一项即便是在 50 年前也绝无新意的宣言。"新起点经济学可以说是总统重建计划的一种直系后裔，是取代种植园经济主导地位的一种企图，但与它的所有先行者一样，它在自然、

---

[11] Hill, *Hill*, 334-349; E. Merton Coulter, "The New South: Benjamin H. Hill's Speech Before the Alumni of the University of Georgia, 1871", *GaHQ*, 57 (Summer 1973), 179-185; William E. Highsmith, "Louisiana Landholding During War and Reconstruction", *LaHQ*, 37 (January 1955), 46; Harris, *Day of the Carpetbagger*, 376; *Southern Field and Factory*, 1 (January 1871), 2; *Rural Carolinian*, 1 (October 1869), 11-12, (November 1869), 73; Jonathan M. Wiener, "Coming to Terms with Capitalism: The Postwar Thought of George Fitzhugh", *VaMHB*, 87 (October 1979), 438-347; Paul M. Gaston, *The New South Creed* (New York, 1970), 26-30, 65-66; Jonathan M. Wiener, *Social Origins of the New South: Alabama 1860-1885* (Baton Rouge, 1978), 186-195.

经济和政治障碍的联合阻击下遭遇了失败。虽然混合型农业在上南部地区可以而且确实取得了进展，但棉花州的土壤与气候注定了农业多样化是没有前景的，除非是能够大量的使用化肥，而这项费用只有最富裕的种植园才能承担得起。此外，在以作物留置权为主的信贷体制中，为种植棉花提供的贷款可以很容易地获得，但它们不是用来推动农业现代化的。[12]

这个新南部的计划没有为经济变革提供一个成功的可行方案，而只是凸显了种植园主在民主党内的持续影响，以及改革派在想象黑人角色时继续表现得无能，在他们眼中，除了是依赖于农业生产的劳工之外，黑人什么都不是。工业化的鼓吹者一般指望贫穷的白人和移民来提供劳动力资源。当他们谈到一种新式自耕农经济时，改革者们心里想到的是从南部的无地自耕农和来自北部或欧洲的移民那里汲取劳动力资源，而不是自由民。马修·巴特勒认为，多样化农业要在南卡罗来纳州获得成功，需要黑人向外移民，离开本州，在他们身后留下"被分割成小型农场的土地和聪明而节俭的白人人口"。的确，整个农业改革计划最终将证明对黑人利益是极其有害的。如果种植园主从棉花生产转向养牛，新的围栏法将是必要的，但它也将阻止没有土地的自由民拥有牲畜。因为"进步"的耕种强调化肥的科学使用和作物组合的精心配制，它要求对劳工的密切监督，所以改革者谴责分成制的自由

---

[12] John H. Moore, ed., *The Juhl Letters to the "Charleston Courier"* (Athens, Ga., 1974), 266-267; Julius Rubin, "The Limits of Agricultural Progress in the Nineteenth-Century South", *AgH*, 69 (April 1975), 364-370; Gilbert C. Fite, "Southern Agriculture Since the Civil War: An Overview", *AgH*, 53 (January 1979), 9-10.

散漫，主张工资劳力制的回归。一位改革派的种植园主写道："为了成功地管理好自己的作物，一个农场主应该拥有对自己的作物管理的完全控制权，但当你的劳工是你的合伙人的时候，你很难做到这一点。"[13]

毫不奇怪，大部分种植园主对新南部意识形态采取了各取所需的态度。在种植园生产中增强劳动纪律的力度，而不是在种植园生产之外建立一种新经济秩序的前景，将许多"对黑人劳工极为厌恶的"人吸引到改革思想的旗帜下。当一些新南部倡导者开始谈论将白人移民作为划分大型种植园的前奏而引入南部时，种植园主去依旧迷恋自己的想法，希望从海外引入一种新型的依赖性劳工队伍从而强化他们的统治地位。一位亚拉巴马州的编辑评论说，关于移民问题的辩论，"简单地说，可以总结如下：'我们拥有土地，但我们无法再控制黑人了……所以我们需要北部劳工、爱尔兰的劳工、德意志劳工来南部，取代黑人劳工，以10美元一个月的工资耕种我们的土地'"。更有吸引力的是来自中国的契约劳工，他们具有的"天生"的温顺与服从性格将加强种植园的劳动纪律，而他们的到来，像潮水般地融入劳工市场，将降低黑人的工资。随着华人劳工的到来，一家报纸写道，"曲调……将不再是'四十英亩土地加一头骡子'，而是'黑鬼们得工作，不然就是

---

[13] *Letter from Chas. A. Fonde*, broadside, October 1868, South Carolina Governor's Papers; Atlanta *Constitution*, November 17, 1868; KKK Hearings, South Carolina, 1216; *Southern Field and Factory*, 1 (September 1871), 306; *Rural Carolinian*, 2 (April 1871), 382–383, 3 (February 1872), 229; Edmund L. Drago, *Black Politicians and Reconstruction in Georgia* (Baton Rouge, 1982), 128.

饿死'"。这样的言论有的时候甚至带有一种气势磅礴的味道。"把500万华人劳工引入密西西比河流域,交到我们的手中,"一位种植园主的妻子写道,"我们可以向全世界提供棉花,教训黑人,让他们知道自己的位置所在。"同样,种植园主从养牛、粮食生产和节劳机械的使用中所看到的,不仅仅是一种实现区域经济自立的途径,而同时也是一种解决劳动力短缺的方式,以此来杜绝对某些黑人劳力的需要,并使得其他的劳动"不那么令人生厌,产生更高的利润"。农业机械尤为诱人;不仅因为它总是"在完全的控制之下",还因为它有一个额外的优点,那就是,它"不能投票"。[14]

许多改革者对这些态度表示包容和鼓励,因为他们意识到他们需要得到种植园主的支持,虽然他们不承认这一点,但实际上他们分享许多传统种植园主所关心的同类设想。新南部倡导者将他们对种植园体制和对"黑人的痛斥"结合起来,坚持认为黑人具有的不可救药的懒惰,以及其在分成制下因普遍性的松散监管而日益加剧,有助于解释南部经济落后的原因。改革者不但没有

---

[14] William Hones to John and Joseph Le Conte, January 14, 1868, Le Conte Family Papers, Bancroft Library, University of California, Berkeley; Robert A. Gilmour, "The Other Emancipation: Studies in the Society and Economy of Alabama Whites During Reconstruction" (unpub. diss., Johns Hopkins University, 1972), 41; Gunther Barth, *Bitter Strength: A History of the Chinese in the United States 1850–1870* (Cambridge, Mass., 1964), 188; *Southern Field and Factory*, 1 (February 1871), 55; Mrs. Basil G. Kiger to Basil G. Kiger, Jr., November 4, 1869, Basil G. Kiger Papers, Natchez Trace Collection, UTx; *Rural Carolinian*, 1 (November 1869), 71; J. C. A. Stagg, "The Problem of Klan Violence: the South Carolina Up-Country, 1868–1871", *Journal of American Studies*, 8 (December 1974), 312.

接受黑人拥有在市场上竞争的权利,反而害怕看到他们的经济成功,有的时候甚至将对科学农业的推进当成一种对抗黑人独立的精准武器来使用。"如果黑人都以他们自己的方式去耕种,"一位密西西比州的现代农业方法鼓吹者写道,"那我们就必须用我们优越的文化体制把他们从中赶出去。"塞尔玛《南阿格斯报》是经济现代化的不懈鼓吹者,它宣称,在发达农业中,"南部种植园主已经找到了解决劳工问题的办法……[那就是]将我们中间的低贱种族置于适当的从属地位"。改革者们坚持认为,劳工在一个种植园的管理中不应具有任何发声的权利,而只能向其他物品一样在市场上被任意买卖,但与此同时,他们敦促种植园主联合起来,确定这种"商品"的价格。因此,正如政治上的新起点策略未能完全接受居于重建中心的民主革命成果一样,经济新南部策略的提倡者仍然执着于维系劳工控制和种族压迫的希望,而对两者的坚持则暴露了他们那种致力于深远社会变革的口头承诺所掩盖的真实目的。[15]

在那些仍然由民主党控制的社区,官方行为也没有激发人们对政策或意识形态发生过什么真正转变的信心。在这里,黑人抱怨他们仍旧被排除在陪审团之外、因微不足道的轻罪而遭受重罚、他们的孩子继续在违背父母意愿的情况下被当作学徒工来对待,以及普遍无法伸张正义等。"我在办公室里看不到一个与我同肤色

---

[15] Highsmith, "Louisiana Landholding", 48; Sam Nostlethwaite to James A. Gillespie, March 14, 1869, James A. Gillespie Papers, LSU; Selma *Southern Argus,* March 3, 1870; Claude H. Nolen, *The Negro's Image in the South* (Lexington, Ky., 1967), 156–157; *Southern Field and Factory,* 1 (January 1871), 27.

的人……",一位田纳西州的前奴隶在1869年抱怨说。"当一个白人杀死了一个黑人时,如果有黑人在陪审团里,我们可以在法律面前捍卫我们的权利。"1870年在亚拉巴马州的一个由民主党人控制的县里,一位黑人遭到一伙白人的毒打之后,向法院提出诉讼,她反而被要求在案件受理之前筹集16.45美元的法庭费用。当她筹集并交款之后,法官释放了打人者,并告知受伤的妇女或者撤诉或者面临蹲监狱的惩罚。夏洛特市监狱的一群囚犯报告说,狱警经常鞭打共和党人囚犯,而"在这个上帝都不待见的地方中的那个民主党人……却活得像个贵族一般"。一些民主党人法官拒绝承认宅地豁免法的合法性,下令出售整个农场来抵销债务。"我以为我们激进派批准的宪法是让穷人拥有一个家……",一位北卡罗来纳州的南方佬写道。"反叛者说我们根本就没有宪法。"[16]

同样引发深思的是民主党人在边界州和上南部州采用的全州政策:包括肯塔基州和特拉华州,这是共和党从未控制过的两个州;马里兰州和西弗吉尼亚州则分别在1867年和1870年为民主党人所"救赎";弗吉尼亚、田纳西和密苏里在1869年和1870年为"新运动"所捕获落入民主党手中。在后三个州,民主党人从一开始就控制了州立法机构,并迅速将他们帮助选举的温和派共和党人州长撇在一边。1871年密苏里州的民主党人无视卡尔·舒

---

[16] New York *Herald*, August 30, 1871; J. W. Bailey to DeWitt Senter, May 15, 1869, Tennessee Governor's Papers, TSLA; Joseph Eddens to William H. Smith, January 18, 1870, Jacob Fisher to Smith, June 17, 1870, Alabama Governor's Papers, ASDAH; Ben Smith et al. to William W. Holden, February 3, 1869, A. N. Barker to Holden, January 29, 1869, North Carolina Governor's Papers, NCDAH.

尔茨提出的将一名"至少是半个共和党人"的人选入参议院,而是选择了小弗朗西斯·布莱尔,而后者此时此刻仍然是一位黑人选举权的公开反对者。[17]

边界州和上南部各州曾在战时重建中起了引领作用,此刻也率先开辟了"救赎"之路。联邦政府干预的威胁遏制了最极端的立法提案,而民主党联盟的内在多元性也决定了各州的具体政策因地而异,但该党仍然致力于坚持白人至上和劳工控制的政策,这一点则非常清楚。直到1872年,肯塔基州仍然禁止黑人在法庭上作证。这些州还在法律隔离方面扮演了先行者的角色,特拉华州授权酒店、剧院和公共交通工具拒绝接纳对其他顾客会有"冒犯"的人,田纳西州的民主党人废除了共和党人通过的惩罚对黑人实行歧视的铁路公司的法律,同时起草了一部新州宪法,其中包含要求在州立学校系统中实施种族隔离教育。最后一项规定似乎显得多余,因为1869年当选的公共教育学监认为"完全没有必要教育农场主、技工或劳工"的需要,州议会废除了州教育法,将接受教育作为一种自愿决定,交由各县自行决定,将除了在孟菲斯和纳什维尔两地之外的黑人公立教育体系一举毁灭。特拉华、肯塔基和马里兰州的民主党人原先并没有为黑人教育制定规定,随后则命令这些学校的财政将由黑人家长的税收来资助。弗吉尼亚州的教育主管威廉·拉夫纳通过软泡硬磨、死缠烂打的方式从州立法机构争取到资金,但在弗吉尼亚州之外,公立学校教育成了

---

[17] Maddex, *Virginia Conservatives*, 100–103; Parrish, *Missouri*, 312–317; Carl Schurz to William Grosvenor, January 7, 1871, William Grosvenor Papers, Columbia University; *CG*, 42d Congress, 1st Session, 701.

民主党统治下的一个主要牺牲品。[18]

尽管禁止以种族为由剥夺选举权的第十五条宪法修正案在1870年获得批准,边界州的民主党人仍然创造出限制黑人投票权的许多巧妙办法。特拉华州的民主党人坚持认为,该州不受任何战后宪法修正案的"道德约束"(从字面上看,这一立场似乎想象到了奴隶制的恢复),他们在1873年将缴纳人头税作为投票的一个资格要求,有效地剥夺了大量黑人的选举权,并保证了民主党在该州长达20多年的连续执政。田纳西州1870年的宪法也包括这样的规定,要求在投票前支付人头税。为确保民主党的控制,弗吉尼亚州的救赎者政府对城市进行了带有党派私利的选区划分,减少了黑人选区的投票站站点,授权州立法机构任命地方政府,禁止所有未缴纳人头税或犯有轻微偷盗罪的人参加投票。马里兰州的1867年州宪法将代表权的重心重新调整到种植园县区域,牺牲了巴尔的摩及其北部和西部的小农场主地区。"他们把这个说成是一个白人的政府,"一位批评者评论说。"这就是把被剥夺了选举权的黑人计算在内,为数不多的几个白人来统治许多白人的权

---

[18] Victor B. Howard, "The Black Testimony Controversy in Kentucky, 1866–1872", *JNH*, 58 (April 1973), 140–165; Harold B. Hancock, "The Status of the Negro in Delaware After the Civil War, 1865–1875", *Delaware History*, 13 (April 1968), 64–65; Lester C. Lamon, *Blacks in Tennessee 1791–1970* (Knoxville, 1981), 47; Leroy P. Graf, ed., "Education in East Tennessee, 1867–1869: Selections from the John Eaton, Jr. Papers", *ETHSP*, 23 (1951), 111; Henry L. Swint, ed., "Reports from Educational Agents of the Freedmen's Bureau in Tennessee, 1865–1870", *THQ*, 1 (June 1942), 164–166; *CG*, 41st Congress, 3d Session, 1039; *AC*, 1870, 467; Walter J. Fraser, Jr., "William Henry Ruffner and the Establishment of Virginia's Public School System, 1870–1874", *VaMHB*, 79 (July 1971), 272–273.

力。这是在开历史的倒车……"[19]

因此，甚至在重建结束之前，民主党政府就已经开始破坏黑人取得的法律和政治成果。但在早期的救赎者的经济政策中，尚未出现同样的团结一致。田纳西州废除了共和党政府的铁路资助计划，但弗吉尼亚州立法机构给予铁路公司"巨大的让步"。西弗吉尼亚州的所谓1872年"律师宪法"禁止铁路官员获得州立法机构的席位，但包含了一个关于土地所有权的条款——被描述成"一个将诉讼成为该州主要事务的阴谋诡计"——它为小业主向矿业和木材公司转让房地产和矿产所有权提供了便利。然而，无论它们的其他有限选项是什么，这些早期救赎政府在通过劳工控制的措施时会做到毫不犹豫。田纳西州对捕鱼和狩猎活动进行了限制，废除了共和党政府制定的工匠留置权法和一项对工人提出的工资要求进行快速处理的法律，并允许对马车、车队和家具等予以没收和出售，以支付州的投票选举人头税。弗吉尼亚州废除了州宪法中的宅地豁免条款，恢复了对小偷小摸的罪行实施鞭刑的惩罚——这一惩罚，一位著名的黑人立法者乔治·蒂默评论说，可能只会影响到穷人，"富人从来不会……永远不会干小偷小摸的

---

[19] *AC*, 1872, 235; Amy H. Hiller, "The Disfranchisement of Delaware Negroes in the Late Nineteenth Century", *Delaware History*, 13 (October 1968), 124-154; Joshua W. Caldwell, *Studies in the Constitutional History of Tennessee* (Cincinnati, 1895), 150-151; William Gillette, *Retreat from Reconstruction 1869-1879* (Baton Rouge, 1979), 40-41; James T. Moore, "Black Militancy in Readjuster Virginia, 1879-1883", *JSH*, 41 (May 1975), 168-169; *CG*, 41st Congress, 3d Session, 282; Charles E. Wynes, *Race Relations in Virginia 1870-1902* (Charlottesville, 1961), 13; Barbara J. Fields, *Slavery and Freedom on the Middle Ground: Maryland During the Nineteenth Century* (New Haven, 1985), 134.

事情……他没有被五花大绑地捆在鞭刑柱上受罚的危险"。[20]

然而,最全面的推翻重建的事情发生佐治亚州,该州的立法机构在1870年落入民主党人手中,次年州长职位又为民主党人赢得。一项人头税的规定,加上居住期限和选民登记的规定,大大减少了黑人选民的人数,而选举方式从选区到全市范围选举的转变淘汰了亚特兰大市议会中的共和党议员。为了摧毁麦金托什县中黑人政治权力的堡垒,州立法机构将突尼斯·坎贝尔赶下台,用一名民主党人取而代之,并任命一个委员会来取代民选的地方政府。州法院随后以一个站不住脚的结果将(63岁的)坎贝尔判处一年的苦力劳动,原因是他在担任地方治安官的时候以不当方式逮捕了一名白人。救赎者州长詹姆斯·史密斯劝告黑人放弃政治,"脚踏实地地进行诚实劳动",这也正是民主党法官们和立法者们即将发布的带有法律效力的禁令。那些在重建时期无法实施的措施此刻出现在法律法规中,禁止在未经地主的允许下在夜间出售农产品,将雇用已经签署劳工合同的劳工的行为定为刑事犯罪,劳工留置权的定额被限定为低于种植园主,对狩猎和捕鱼活动进行限制,为改变围栏法提供便利,致使无地劳工的利益受损。

---

[20] Caldwell, *Constitutional History*, 153-163; Allen W. Moger, "Railroad Practices and Policies in Virginia after the Civil War", *VaMHB*, 69 (October 1951), 427-139; Milton Gerofsky, "Reconstruction in West Virginia, Part II", *WVaH*, 7 (October 1945), 39; John A. Williams, "The New Dominion and the Old: Ante-Bellum and Statehood Politics as the Background of West Virginia's 'Bourbon Democracy'", *WVaH*, 33 (July 1972), 366-367; *Fur, Fin, and Feather: A Compilation of the Game Laws of the Principal States and Provinces of the United States and Canada*, 5th ed. (New York, 1872), 58-59; *Tennessee Acts 1869-1870*, 102, 112; Maddex, *Virginia Conservatives*, 167-169; *New National Era*, January 26, March 16, 1871.

有些措施影响到两个种族的穷人,但很多措施只是在黑土地带的县区实施。总之,佐治亚州的救赎者展示了史密斯州长讲话的真相,即州可以"不违反美国的任何法律,但仍然继续根据我们的劳动力体制进行立法,以保存我们的旧的种植园体制"。[21]

北卡罗来纳州的一群共和党人,"既有白人也有有色人种",在 1869 年警告说,如果民主党在南部重新掌权,"他们可以废除共和政府的形式,将有色人种和白人中的劳动阶级放在同样的位置上,这会比他们从前的位置更糟糕"。如果南部的第一次救赎运动还没有走到这一步,那么它显然暴露了南部民主党人并没有重建在民主和自由劳动方面建立的成果。对其他州的共和党人来说,这一结果吹响了集合号,也警告他们当政权落入民主党人手中后可预期的结果将会是什么。1870 年,罗伯特·艾略特对南卡罗来纳州的一群听众说:"我请你们看一看田纳西州。""当他们一旦坐稳了立法机构的位置……他们就从法律法规中删除学校法,而后者确保有色人种的孩子有受教育的机会。"[22]

---

[21] Horace C. Wingo, "Race Relations in Georgia 1872–1890" (unpub. diss., UGa, 1969), 17–21; James M. Russell and Jerry Thornbery, "William Finch of Atlanta: The Black Politician as Civic Leader", in Howard N. Rabinowitz, ed., *Southern Black Leaders of the Reconstruction Era* (Urbana, Ill., 1982), 323; Russell Duncan, *Freedom's Shore: Tunis G. Campbell and the Georgia Freedmen* (Athens, Ga., 1986), 83–87; *Sufferings of the Rev. T. G. Campbell and His Family, in Georgia* (Washington, D. C., 1877); Atlanta *Herald* in Savannah *Morning News*, December 8, 1874; Charles L. Flynn, Jr., *White Land, Black Labor: Caste and Class in Late Nineteenth-Century Georgia* (Baton Rouge, 1983), 87–95, 124–130; *Savannah Advertiser and Republican*, August 17, 1873.

[22] Silas L. Curtis et al. to William W. Holden, August 11, 1869, North Carolina Governor's Papers; *Speech of Col. R. B. Elliott, at Anderson Court House, South Carolina* (Charleston, 1870), 9.

从他们的角度来看，无论是"白人路线"或是新起点策略，或是传统农业秩序的支持者，或是新南部秩序的支持者，所有的民主党人都将推翻重建视为他们追求自己的政治和经济目标的前提条件。那些对降低税收和紧缩州预算的感兴趣的人对共和党人能否达到这些目标并不抱有信心，因为"黑人的投票总是不会因为政府的经济考量而受到影响。倡导新南部策略的民主党人虽然愿意与共和党人合作，推进铁路建设和工业发展，但这种意愿并没有改变他们的信念，即在"黑人政府"被推翻和"政治家和最聪明的人主持政事"之前，资本将永远不会被吸引到南部来。所有派别和倾向的民主党人也认为，只要共和党人继续掌权，种植园的劳动纪律就无法得到强化。无论他们对未来的蓝图如何，所有民主党人都分享新起点派的发言人本杰明·希尔的信念："要做的第一件事情就是确保所有的地方事务由地方政府来掌管"。[23] 为了追求"地方自治"，重建的反对派发起了一场暴力运动，不仅嘲弄了先前关于那些政治融合的谈论，也对共和党在重建时期建立的州政府提出了最根本的挑战——一种对它们的现实生存的威胁。

---

[23] Linton Stephens to Alexander H. Stephens, April 25, 1872, Alexander H. Stephens Papers, Manhattanville College; Daniel Pratt to Robert M. Patton, August 20, 1867, Alabama Governor's Papers; *Southern Field and Factory*, 1 (August 1871), 243; Gaston, *New South Creed*, 37; Eric Foner, *Nothing But Freedom: Emancipation and Its Legacy* (Baton Rouge, 1983), 48; Savannah *Morning News*, August 19, 1873.

三 K 党

对欧洲人来说,美国看上去始终是一块充满暴力的土地——这也许是因其个人主义价值观、边疆传统和羸弱的政府权威带来的一种结果。然而,1868 年至 1871 年间,一场反革命的恐怖浪潮席卷了南部的大部分地区,究其所产生的普遍影响和目的的多重性而言,无论是在美国自身的历史经验中,还是在 19 世纪废除了奴隶制的其他西半球社会中,都难以找到可以对应的例子。对重建的反应是如此的极端,乃至于它成了衡量重建时期南部变化的深刻程度的一种标准。

与此相关的是,自 1865 年以来,暴力活动在南部大部分地区普遍存在。但激进重建的出现刺激了它的进一步扩张。到 1870 年,三 K 党和像白茶花骑士党和白人兄弟会等类似组织已经在几乎每一个南部州都深深扎根。即便是在它的鼎盛时期,人们也不应该认为三 K 党是一个具有良好架构和明确的区域领导层的组织。暴力行动通常是由地方组织主动发起和实施的。然而,它们在目的和常用战术方面的一致性使得这些地方组织所追求的目标和所产生的影响得以再生和放大,并对重建的存活构成挑战。实质上,三 K 党是一支军事力量,目的是为民主党、种植园主阶级和所有希望恢复白人至上秩序的人的利益服务。它的目的具有政治性,而且是具有广泛意义上的政治性,因为它力图影响整个南部社会中的同时贯穿于公共和私人领域的权力关系。它的目标是扭转重建期间那些相互捆绑在一起但横扫整个南部的变化:摧毁共和党的基础组织，破坏重建时期建立的南部州政府，重新建立起对黑人劳动力队伍的统治，并在南部生活的方方面面恢复种族从属的社会模式。[24]

在南部的一些地区，担任公职的黑人每天都面临暴力迫害的威胁。国会议员理查德·凯恩和家人生活在"持续的恐惧"之中，他们的家日夜都由武装人员守护着。但针对地方领袖人物施行暴力则是更典型的现象。正如伊曼纽尔·福琼所解释的："它的目的是将共和党的领袖人物赶尽杀绝……杀死那些占据显赫位置的人。"福琼自己就是被三K党从佛罗里达州的杰克逊县赶出来的。参加1867—1868年州制宪大会的黑人代表中至少有十分之一在重建中成为暴力的受害者，包括7名实际被杀害的人。佐治亚州格林县的三K党分子将艾布拉姆·科尔比逼进树林中，"在那里把他的衣服剥光，用最残忍的方式殴打了他将近三个小时"。根据美国传教协会在当地的联络人的报告，他的攻击者说"他是本县黑人的领袖，要找他算很多的旧账"，因为他在1866年曾经组织起佐治亚州平等权利协会中的最大、最具有热情的分支机构，而且他还在两年之后赢得了进入州立法机构的选举。（科尔比的母亲、妻子和女儿目睹了这次迫害。"我的年幼的女儿冲出来，祈求他们不要将我带走……她始终没有挺过这一关"，随后很快就去世了。）州立法机构的成员理查德·伯克1870年遭到谋杀，他被亚拉巴马

---

[24] Ray Granada, "Violence: An Instrument of Policy in Reconstruction Alabama", *AlHQ*, 30 (Fall-Winter 1968), 182-183; Ryland Randolph to Walter L. Fleming, October 15, 1901, Walter L. Fleming Papers, NYPL; Allen W. Trelease, *White Terror: The Ku Klux Klan Conspiracy and Southern Reconstruction* (New York, 1971), xlvi.

州萨姆特县的白人认为是"令人讨厌的人",因为他曾是"联邦同盟的一个领导人",而且在"有色人种中具有很大的影响力"。他的遇害是暴力浪潮的一部分,整个暴力活动导致了好几名黑人的死亡,"他们走遍了全县,尽力保持党的活力"。杰克·杜普雷是密西西比州门罗县一场尤为残忍的谋杀案的受害者——他的攻击者割断他的喉咙,肢解他的身体,所有这一切都是当着他妻子的面进行的,而她刚刚才生下来一对双胞胎——原因是他是"一个共和党俱乐部的主席",并以"敢于直言不讳"而闻名。[25]

无数的其他地方领袖在遭到野蛮的鞭打之后被迫逃离家园。安德鲁·弗劳尔斯1870年在查塔努加一次地方治安官的竞选中因击败一位白人候选人而遭到毒打。"他们说,他们并没有特别理由反对我,"他后来回忆说,"他们也不否认我是一个好人……但他们就是不愿意看到任何黑人在美国担任公职。"许多黑人仅仅因为行使公民的权利而成为被攻击的目标。亚拉巴马州的自由民乔治·穆尔报告说,1869年,三K党分子闯入他家,殴打他,还"强暴了一位正在拜访我妻子的年轻女孩",并打伤了一位邻居。"他们说,他们这样做的原因是因为我们投票支持激进派的候

---

[25] George P. Rawick, ed., *The American Slave: A Composite Autobiography* (Westport, Conn., 1972–1979), Supplement 2,4:1272; KKK Hearings, Florida, 94–95; Richard L. Hume, "Negro Delegates to the State Constitutional Conventions of 1867–1869", in Rabinowitz, ed., *Southern Black Leaders*, 146; R. H. Gladding to Rufus B. Bullock, November 29, 1869, Georgia Governor's Papers; KKK Hearings, Georgia, 696–697; Alabama, 334–337, 998–999; 46th Congress, 2d Session, Senate Report 693, pt. 1:399; KKK Hearings, Mississippi, 270, 360, 435, 809.

选人"。[26]

  白人共和党人也未能幸免于暴力的迫害。三K党分子杀害佐治亚州州议会的三名南方佬议员，并将另外10人赶走。北卡罗来纳州参议员约翰·斯蒂芬斯是一名马具制造商，据称曾躲避邦联政府的强制征兵活动，"对前奴隶主阶层表现出特别的仇视"，并在卡斯韦尔县共和党活动中崭露头角，但于1870年遇刺身亡。斯蒂芬斯一再被警告他的生命处于危险之中，但他"总是说3000名贫穷无知的黑人共和党选民冒着被迫害和忍受饥饿的风险……一直在支持他，他不会放弃他们而向三K党分子屈服"。北卡罗来纳州西部的三K党分子在与战时联邦派算总账的时候，烧毁了拉瑟福德《星报》的办公室，残忍地鞭打了亚伦·比格斯塔夫，后者是一名美国英雄组织和共和党的组织者。事实上，随着重建工作的推进，南方佬政客的处境变得越来越绝望。"我们县的白人男性中很少有人是共和党人，"一位来自亚拉巴马州卡尔霍恩县的人写道，"而为数不多的几个白人共和党人遭受了孤立和诅咒……有的时候，他们的住房在夜间被伪装的团伙包围，包围的人威胁说，如果他们不停止他们的政治活动，就要遭受生命危险。"[27]

---

[26] *New National Era,* January 12, 1871; KKK Hearings, Florida, 41-43; South Carolina, 292; Alabama, 1188.

[27] Drago, *Black Politicians,* 144; Jonathan W. O'Neil et al. to Senate of the United States, January 1, 1869, Georgia Governor's Papers; Otto H. Olsen, *Carpetbagger's Crusade: The Life of Albion Winegar Tourgee* (Baltimore, 1965), 162-164; New York *Tribune,* August 3, 1870; KKK Hearings, North Carolina, 20-21, 29, 106, 111-113, 127-130; Hamilton, ed., *Shotwell Papers,* 2:400-435; John A. Detman et al. to William H. Smith, August 7, 1869, Alabama Governor's Papers.

有的时候，暴力活动从对个人的伤害升级为一种针对整个共和党及其领导人的全面攻击。1870年10月，一群武装的白人闯入正在亚拉巴马州格林县县政府所在地尤托举行的共和党竞选集会，打死4名黑人，并打伤了54人。同月，就在共和党赢得了南卡罗来纳州皮德蒙特种棉地带的劳伦斯县选举的第二天，一场发生在劳伦斯维尔的种族争吵演变成一场"追捕黑人"的行动，一群群的白人团伙在乡村中搜寻黑人，将150名自由民从家中赶走，并犯下了13起谋杀案。被谋杀的受害者包括新当选的白人遗嘱检验法官、一名黑人州议员，以及"与政治有关联的著名的和显赫的"其他人。在密西西比州的小镇默里迪恩涌入了许多从亚拉巴马州西部的三K党活动中心逃离来的黑人，1871年3月，三名黑人领导人因发表"煽动性"演讲而被捕。在法庭听证会上爆发了枪击事件，共和党人法官和两名被告当场被杀，随后发生了整整一天的骚乱，大约30名黑人在其中被残忍地杀害，其中包括"该镇上所有的有色人种的领袖人物，除一两个人之外"。[28]

然而，三K党的目的远远超出政党政治的范围。事实上，早在肯塔基州的黑人于1870年获得选举权之前，该组织就已经在那里出现了。类如教会和学校这样代表黑人自治的机构经常成为

---

[28] Melinda M. Hennessey, "Political Terrorism in the Black Belt: The Eutaw Riot", *Alabama Review*, 33 (January 1980), 35–48; W. W. Ball, *A Boy's Recollections of the Red Shirt Campaign of 1876 in South Carolina* (Columbia, S.C., 1911), 3–4; John Hubbard to Robert K. Scott, February 14, 1871, South Carolina Governor's Papers; KKK Hearings, South Carolina, 1306–1307, 1333; Mississippi, 7–204; Jackson *Daily Mississippi Pilot*, March 8, 11, 1871; John R. Lynch to Adelbert Ames, March 10, 1871, Ames Family Papers.

攻击的目标。1870年秋天,在塔斯基吉地区,"几乎每一个有色人种的教堂和学校"被烧得一干二净。女教师、男教师、白人教师与黑人教师都受到攻击。阿朗佐·科利斯是一位北部出生的、身有残疾的贵格会教徒,北卡罗来纳州的三K党分子不仅攻击他,并把他从该州赶走,因为"教育黑鬼,让他们变得像白人一样"。在佐治亚州,"一个从不声张的基督教公民"因为租房给北部教师居住而遭到"最残忍的鞭打"。威廉·卢克出生于爱尔兰,在一所黑人学校教书,先是遭到口头辱骂,后来又有人朝他家里开枪,最终在1870年,他与另外四名黑人男性在亚拉巴马州的克罗斯普莱恩斯被私刑处死。那些设法接受了教育的黑人经常被挑出来作为攻击的对象。佐治亚三K党分子杀害了自由民华盛顿·伊格,据他兄弟说,因为他是"一个了不起的人……他可以读书和写字,并自己能够搞定一切"。三K党还捣毁了一个教师的图书馆,声称"他们想看看究竟还有哪个黑人敢在家里拥有一本书"。[29]

在暴力活动的目标中占同样重要地位的是恢复白人拥有的农场和种植园里的劳动纪律。在某种意义上,三K党分子试图同时行使两种功能,一种是已经逝去的奴隶主拥有的个人权威,另一种是已被重建时期州政府抛弃的劳工控制。一位南部本土派法官

---

[29] Trelease, *White Terror*, 89, 124, 294; KKK Hearings, Alabama, 747, 1024-1025; Mrs. H. J. Moore to William W. Holden, January 16, 1869, North Carolina Governor's Papers; KKK Hearings, North Carolina, 144-150; D. A. Newsom to Rufus B. Bullock, September 13, 1869, Georgia Governor's Papers; Gene L. Howard, *Death at Cross Plains: An Alabama Reconstruction Tragedy* (University, Ala., 1984); KKK Hearings, Georgia, 668, 402.

报告说，他所在亚拉巴马州地区三K党起源于当地的白人雇主，他们感到不再能够"通过法院……来控制劳工"，但决心"利用恐惧来强迫黑人做他们无法通过法律来让他们做的事情"。那些在年底对作物分成部分提出异议的黑人经常遭到鞭打，正如在1865年和1866年时一样，暴力团伙经常在作物收获后就将自由民赶出种植园，剥夺了他们应得的份额。在佐治亚州的一个县，三K党分子于1869年用私刑将一名自由民和他的妻子处死，因为他们对"遭受他们雇主的鞭打而表示不满"；在另外一个县，他们谋杀了一个铁匠，因为他拒绝为一个白人雇主工作，除非后者支付对先前劳动欠下的工钱。在南卡罗来纳州一个铁路建设工程工作的一群黑人也遭到鞭打，并被告知"滚回农场去干活"。密西西比州三K党人的受害者中包括了一名因为"懒惰"而被殴打的黑人妇女，还包括一名因将一名白人债务人告上法庭而被殴打的自由民；攻击他的白人宣称"黑鬼起诉白人的时代已经过去了"。那些试图更换雇主的黑人也成为暴力的受害者。"如果我们逃出来，想办法去找别的可以去的地方，"一位得克萨斯人后来回忆道，"他们三K党的人就会把黑人狠狠地揍上一顿。"[30]

但最令白人"感到反感"的黑人似乎是那些取得一点点经济成功的人，因为，正如一位密西西比州的白人农场主所评论的，三K党"不喜欢看到黑人先冒头"。南卡罗来纳州弗洛伦斯的夜袭

---

[30] KKK Hearings, Alabama, 1758; A. S. Bradley to John Eaton, December 13, 1868, John Eaton Papers, TSLA; Morgan L. Ogden to J. H. Taylor, August 5, 1869, Georgia Governor's Papers; KKK Hearings, Georgia, 8, 12; South Carolina, 27–28; Mississippi, 672, 277; Rawick, ed., *American Slave*, Supplement 2, 2:101.

暴徒在一个种植园中杀死了一名自由民,"因为它是租给有色人种耕种的,他们的看法是,这样的事情就不应该发生"(即种植园不应租给黑人耕种)。据一位了解密西西比州诺克斯比县的三K党内情的前邦联军官说,当地三K党的目标是"阻止黑人租用土地,以此来确保白人公民的大多数人可以控制劳动"。三K党还反对黑人拥有自己的动物,有时将自由民的牲畜加以杀害,以使他们更依赖于他们的雇主。佛罗里达州拥有更多的可用土地和比南部其他州更高比例的黑人土地拥有者,该州的三K党把自己的大部分活动都直接指向那获得了经济独立的自由民。"我难道不知道他们不允许该死的黑鬼在自己的土地上生活吗?"一位黑人家宅的房主报告说,他和妻子及孩子遭到白人的殴打,并被命令去为白人雇主工作。那些鼓励黑人争取经济自立的白人,包括从黑人佃农那里购买棉花的商人,也因此引发了三K党的愤怒。北卡罗来纳州一位年迈的农场主将土地分配给他的前奴隶耕种,他为此遭受了鞭打。甚至詹姆斯·阿尔科恩在当选密西西比州州长前不久,也看到自己的几座种植园建筑被烧毁,作为对他向自由民出租土地的一种惩罚。[31]

最终,正如一位前邦联官员所说的,三K党的目标是在规范黑人的"社会地位"。有时,它以法外治安的方式惩罚那些被指

---

[31] P. C. Cudd to Robert K. Scott, May 17, 1869, South Carolina Governor's Papers; KKK Hearings, Mississippi, 233-235, 355, 376; W. R. Jones to William H. Smith, August 9, 1870, Alabama Governor's Papers; KKK Hearings, Florida, 279-280; Trelease, *White Terror*, 336; Lillian A. Pereyra, *James Lusk Alcorn: Persistent Whig* (Baton Rouge, 1966), 79.

控犯罪的人。1869年，田纳西州一名自由民和他的家人因涉嫌毒害一名白人邻居的马而遭到鞭打，但受害者强烈否认了这一指控。更常见的情况是，暴力不是针对被指控的罪犯，而是针对那些"放肆的黑人"，即那些不再遵守奴隶制下所要求的行为模式的人。一位北卡罗来纳州自由民讲述了在他被鞭打后，三K党分子"告诉了我法律是什么——是他们的法律，即每当我遇到一个白人时，无论他是谁，也不管他是穷人还是富人，我都要摘下帽子"。其他受害者包括被指控对白人说话不尊重的黑人，那些没有在人行道上给白人让道的人，以及那些"盛装打扮自己……浓妆艳抹，洋洋自得"的人。跨种族夫妇，尤其是其中的男性是黑人的情况，毫无疑问会遭受虐待和打击（这种违反传统习俗的生活方式出现的频率要比当时的记录所能想象的更为频繁）。1870年，佐治亚州黑人马里恩·贝鲁普斯以悲惨的细节描述了他和怀孕的白人妻子所遭受的"迫害"。三K党把他们从自己的家中赶出去，残酷地鞭打贝鲁普斯夫人；当她"逃向自己种族的人那里去寻求保护时，他们却把她赶了出来"。当地官员随后将她和她从先前婚姻带来的孩子关进了监狱。"我努力地工作，做出了一些东西，让她看上去像一个有地位的人，"贝鲁普斯在给州长鲁弗斯·波洛克的信中写道，"但他们现在想把我们拆散……你知道天气正在变凉，她和她的小孩子在监狱里会感到越来越冷。"[32]

---

[32] KKK Hearings, Georgia, 37; North Carolina, 54; J. B. to DeWitt Senter, May 18, 1869, Tennessee Governor's Papers; *Trial of William W. Holden* (Raleigh, 1871), 2:1214; KKK Hearings, Georgia, 74–78, 402; Marion Bellups to Rufus B. Bullock, August 10, 1870, Marion Bellups Papers, GDAH.

总体来说，三 K 党的活动集中在皮德蒙特地区的各县，那里的黑人占人口的少数或一个数量不大的多数，民主、共和两党处于势均力敌的地步。但是，没有一个简单的说法可以解释这种为何在南部某些地区横行肆虐、为何在其他地区相对缺乏危害的恐怖模式。在亚特兰大东部和东南部的黑土地带和皮德蒙特种棉县域中，三 K 党最为活跃，同样在该州西北部白人占人口多数的一些县中，三 K 党也是十分活跃的。在黑人占绝大多数的南卡罗来纳州和佐治亚州沿海地区，三 K 党并不太为人知晓，但在亚拉巴马州西部的种植园地带却十分活跃。还有一些以疯狂般的残暴而臭名远扬的县分布在南部各地。在他负责的位于北卡罗来纳州中部的皮德蒙特司法辖区内，北部提包客法官阿尔比恩·图尔吉统计发生的暴力事件包括12起谋杀案，9起强奸案，14起纵火案，以及 700 多起殴打案（包括对一名 103 岁的妇女的鞭打）。而一个范围更为广泛的"恐怖统治"则吞没了杰克逊，这是一个位于佛罗里达州西北部狭长地带的种植园县。"撒旦在这里拥有他的位置"，一位黑人牧师说道；人们被告知，此地有 150 多人被杀害，遇害者中包括了黑人领导人和犹太商人塞缪尔·弗莱希曼，他因为持有共和党的观点和与黑人顾客公平打交道的名声而备受憎恨。[33]

---

[33] Charles L. Flynn, "The Ancient Pedigree of Violent Repression: Georgia's Klan as a Folk Movement", in Walter J. Fraser, Jr., and Winfred B. Moore, Jr., eds., *The Southern Enigma: Essays on Race, Class, and Folk Culture* (Westport, Conn., 1983), 190-191; KKK Hearings, Georgia, 1007-1009; South Carolina, 87; Trelease, *White Terror*, 246; New York *Tribune*, August 3, 1870; KKK Hearings, Florida, 174, 222-223; Ralph L. Peek, "Lawlessness in Florida, 1868-1871", *FlHQ*, 40 (October 1961), 172-180.

三K党的组织在南卡罗来纳州皮德蒙特的各县最为根深蒂固,那里中等规模的农场数量居多,黑白种族人口的数量也大致相等。在1870年10月的选举中,共和党人仅以微弱的优势保住了控制这一地区的权力,但一场恐怖活动随即爆发。1871年1月,500名蒙面男子袭击了尤宁县监狱,导致8名黑人囚犯被私刑处死,这可能是在南部发生的一场规模最大的三K党暴力活动。斯帕坦堡是一个白人人口占多数的县,并有一个民主党人占多数的政府,那里的数百名共和党人遭到鞭打,眼睁睁地看到他们的农场财产被摧毁。当地的受害者包括了相当数量的南方佬政治人物和战时的联邦派,其中包括约翰·温斯密斯博士,他是"当地的旧土地贵族"中的一员,在1871年3月被三K党分子打伤。约克县的所有白人男性几乎都加入了三K党,并共同参与了至少11起谋杀案和数百起的鞭刑案;到1871年2月,成千上万的黑人为了躲避暴力袭击,每晚都不得不躲到树林里去过夜。黑人受害者中包括一名黑人民兵领袖,他在当年3月时被发现在一棵树上被绞死,胸前钉着一张纸条,上面写着"有名的民兵组织者吉姆·威廉姆斯";受害者还包括伊莱亚斯·希尔,一位自学成才的黑人教师、牧师和"他的人民中的领袖人物"。即使是以战后南部的标准来看,对希尔的鞭打也是极为野蛮的:他一个身材矮小的残疾人,四肢"萎缩,并疼痛难受",他错误地认为"我可怜的身体状况会让我逃避这次鞭打"。希尔已经在组织当地黑人离开该地区,出去寻找约克县拒绝给予他们的"和平生活、免费学校和富饶的土地"。在遭遇殴打后不久,他与大约60个黑人家庭一起动身前往非洲的利比里亚定居。[34]

当时的民主党人常常将三 K 党的残暴恐怖行动归因于来自贫穷白人的恐惧和偏见，这种观点也得到后世学者的呼应。（一位历史学家认为，地位更为高尚的南部人从来不可能犯下这些"可怕的罪行"。）然而，证据却无法支持这种解释。的确，在一些内陆地区的县，三 K 党把黑人从贫困白人农场主想要的土地上赶走，偶尔还对那些雇用自由民而不雇用白人佃农的种植园主发起攻击。有时，暴力活动加剧了地方劳动力的短缺，迫使自由民逃离该地区，这一切导致种植园主要求终止三 K 党的活动。然而，三 K 党经常是超越阶级界限的。如果说普通的农场主和白人劳工在三 K 党成员中占大多数，而那些精力充沛的"年轻血液"要比中年种植园主和律师们更有可能参与午夜袭击活动，"受人尊敬的公民们"则负责选取目标，并也经常身体力行地参与暴行。[35]

三 K 党分子通常会穿戴伪装的服饰——这是一种十分典型的服装，由一件长而飘逸的白色长袍和连衫头罩组成，头罩顶部带有尖角——他们有时声称自己是邦联士兵的鬼魂，正如他们声称

---

[34] KKK Hearings, South Carolina, 29, 299, 367–369, 624, 897–898, 919–922, 943, 1406–1412, 1465–1485; Trelease, *White Terror*, 356–358, 362–372; *Proceedings the Ku Klux Klan Trials at South Carolina* (Columbia, S.C., 1872), 221–224; R. M. Camden to Robert K. Scott, January 23, 1871, South Carolina Governor's Papers; *New National Era*, August 24, 1871.

[35] Francis B. Simkins, "The Ku Klux Klan in South Carolina, 1868–1871," *JNH*, 12 (October 1927), 618, 622; Granada, "Violence," 196; KKK Hearings, Georgia, 420; South Carolina, 47; N. J. Reynolds et al. to Rufus B. Bullock, June 3, 1869, Georgia Governor's Papers; Trelease, *White Terror*, 52; Paul D. Escott, *Many Excellent People: Power and Privilege in North Carolina, 1850–1900* (Chapel Hill, 1985), 154–158; Annie Young to Robert K. Scott, July 8, 1869, South Carolina Governor's Papers.

的，以此来吓唬相信迷信的黑人。但很少有黑人将这种无稽之谈当真。"老家伙，我们刚从地狱出来，正在赶往回家的路上"，一群三K党分子对一位前奴隶说道。前奴隶回答说："如果换作我的话，我是不会想要回到人间来的。"受害者通常能够认出那些攻击他们的袭击者。一位亚拉巴马州的自由民看到三K党分子用刀子残忍地将他的儿子"砍成碎片"，他在施暴者中认出了穿着伪装服饰的"迪克·海因兹"，"我知道他。我和他是一起长大的"。不穿戴伪装服的人也经常施行暴力。那些对密西西比州南方佬罗伯特·弗洛诺伊的家发起攻击的一伙白人中，同时包括了穷人和有产之人，以及"我们现有的那些受人尊重的人"。弗洛诺伊主编的报纸曾将三K党人斥责为"一群午夜游荡者、强盗和刺客"。在攻击他的65名三K党分子中，艾布拉姆·科尔比指认了一些"连他们吃的面包也不值"的人，但也指认了一些"我们镇上的一等公民"，包括一名律师和一名医生。[36]

个人的受害经历导致黑人将暴力行动归咎于南部的"贵族阶层"，他们这样看是有充分理由的，因为三K党的领袖人物中包括了种植园主、商人、律师，甚至牧师。"最受尊重的公民都参与其中，"一位佐治亚州自由民局的特派员报告说，"如果这些人还有什么值得被尊重的地方的话。"南部一些报纸的编辑，包括罗利《哨兵报》的约西亚·特纳、塔斯卡卢萨《观察报》的赖兰·伦道夫（他在多年后回忆起他曾以"常规的前氪气方式"施用鞭笞的

---

[36] KKK Hearings, North Carolina, 2–3; Mississippi, 662–663, 667; Alabama, 674–676; Simkins, "Ku Klux Klan," 618; Nannie Lacey, "Reconstruction in Leake County," *PMHS*, 11 (1910), 275–276; KKK Hearings, Mississippi, 93; Georgia, 696–697.

行动)和亚特兰大《宪法报》的艾萨克·埃弗里等,以及1868年佐治亚州民主党州长候选人约翰·戈登都是著名的三K党人。[37] 当白茶花骑士党在阿肯色州发起组织的时候,塞缪尔·切斯特是他的教会的牧师,为该组织的成员施行了宣誓仪式,它的参与者包括了长老会教会的执事和长老成员,"以及社区中的每个重要成员"。在佛罗里达州杰克逊县,"坏人的总头领……三K党的总司令"是一个富有的商人;在黑土地带的其他地方,种植园主似乎是该组织的控制者。即便是在内陆地区,"最优秀的公民"也指挥了暴力行动。"来自受人尊敬的农业种植阶级的年轻一代"组成了三K党在北卡罗来纳州西部的普通成员,但它的领导人则是更具有实质性分量的人物——前州立法机构的成员柏拉图·达勒姆、律师勒罗伊·麦卡菲(他的侄子托马斯·迪克森后来在他的浪漫传奇小说《三K党人》中对暴力活动进行了粉饰)和编辑伦道夫·肖特韦尔。正如拉瑟福德《星报》所说,三K党人"不是一帮穷人垃圾,这是民主党的领袖们希望我们相信的,他们是有产之人……一群令人起敬的公民"。[38]

---

[37] Montgomery *Alabama State Journal,* January 6, 1871; Stagg, "Klan Violence", 305; W. C. Morrill to "Dear General", November 2, 1868, Georgia Governor's Papers; Trelease, *White Terror,* 191; Ryland Randolph to Walter L. Fleming, August 21, 1901, Fleming Papers; I. W. Avery, *The History of the State of Georgia from 1850 to 1881* (New York, 1881), 382; Allen P. Tankersley, *John B. Gordon: A Study in Gallantry* (Atlanta, 1955), 249-256.

[38] Samuel H. Chester, *Pioneer Days in Arkansas* (Richmond, 1927), 63; KKK Hearings, Florida, 151; Drago, *Black Politicians,* 151-152; J. R. Davis, "Reconstruction in Cleveland County", *Trinity College Historical Society Historical Papers,* 10 (1914), 27; Hamilton, ed., *Shotwell Papers,* 2:256, 345-349; Trelease, *White Terror,* 338-340; Rutherford *Star,* December 10, 1870.

当然，许多"可敬的公民"与暴力行为没有任何关系，少数公民则勇敢地发声，反对暴力。当北卡罗来纳州前首席大法官托马斯·拉芬的儿子加入三K党时，这位父亲对儿子的行动痛加斥责："我确信，这样的组织……对社区是危险的，而且非常不道德的……这样做是错误的——是彻底的错误，我的儿子，我祈求你不要与它沾边。"然而即便是拉芬，他在公共场合却什么也没说。事实上，最著名南部白人的沉默充分说明了被刘易斯·梅里尔上校所称的"公众舆论的消沉"；梅里尔曾对南卡罗来纳州约克县的三K党情况进行了调查。在许多社区，为数不多的几个人仍然在塑造白人政治情绪方面发挥关键的作用。奥兰治县是北卡罗来纳州三K党活动的起源地，据说当地人对前州长威廉·格雷厄姆的跟随就如同"一个虔诚的天主教徒……对教皇"的跟随一样。格雷厄姆的"一封短信"，黑人州议员詹姆斯·哈里斯认为，"立刻就可以停止所有这些暴行"。然而，像其他许多人一样，格雷厄姆始终保持沉默，事实上对三K党的活动表示了默许。[39]

对于这些没有直接参与暴力但"无法阻止他们的儿子在光天化日之下谋杀并没有冒犯自己的邻居"的"可敬之人"，无论是白人还是黑人共和党人都充满了鄙视。然而，在无法形容的罪行面前，他们的共谋远远超越了沉默。正是通过他们对黑人、北部提包客、南部本土派和重建的持续诋毁，这些"老的政治领袖们营造了一种纵容暴力的气候，并将暴力的使用作为争取救赎斗争的

---

[39] J. G. de Roulhac Hamilton, ed., *The Papers of Thomas Ruffin* (Raleigh, 1918–1920), 4:225–227; KKK Hearings, South Carolina, 1482; Olsen, *Tourgée*, 158; Zebulon Vance to Cornelia Spencer, April 27, 1866, Transcripts, William A. Graham Papers, UNC; *Speech of Hon. James Harris on the Militia Bill* (Raleigh, 1870), 21–22.

一种合法武器。此外，民主党领袖对于他们党与三K党的关系也未能做到开诚布公。亚拉巴马州州长罗伯特·林赛在1870年当选后也试图阻止暴力，但即便是他，也宣称，"我不认为，任何针对一个有色人种犯下的暴行，都带有政治动机。"提倡"白人路线"和新起点策略的民主党领袖都参与保释被捕的三K党分子的活动，大谈该组织虽然有"过度"行为，但也取得了"好"的成就，而且反对联邦政府对这一情势的干预。著名的民主党人不是摆脱自己与恐怖运动的关系，而是尽力淡化三K党的活动，或者为他们提供一种几乎不加掩饰的合理化的解释。有些人则完全否认该组织的存在，指责关于暴力活动的报道是竞选宣传，是共和党的"诽谤工厂"的产品。另一些人则试图对受害者进行诋毁，把他们描绘成小偷、通奸者或"坏蛋"，或多或少是自作自受，不值得同情。还有一些人将暴力的施行归因于个人怨恨和家庭恩怨，而不是政治原因，然后为三K党进行辩护，将之说成是针对联邦同盟的增长所做出的一种回应。[40]

在平常时候，梅里尔上校评论说，"每个人都会撸起袖子与罪犯对抗"。在一个民主社会，执法最终取决于公众与警方合作的意愿，而重建时期的南部并不存在这种情况，正如威廉·特雷斯科

---

[40] W. J. Purman to "Dear Captain", October 17, 1869, Black History Collection, LC; KKK Hearings, Mississippi, 75; Alabama, 200; Trelease, *White Terror*, 332; George J. Leftwich, "Reconstruction in Monroe County", *PMHS*, 9 (1906), 69; David Schenck Diary, December 18, 1869, UNC; Charleston *Courier*, September 28, 1871; Atlanta *Constitution*, April 23, 1870; KKK Hearings, South Carolina, 94–99; Mississippi, 377; Georgia, 184; Alabama, 349–350, 872, 907. 迈克尔·珀曼提出的论点认为，"到1871年中期，新方向策略的提倡者的确找到了迫使三K党就范的意愿和手段"，但这一论点无法得到证据的支持。Perman, *Road to Redemption*, 63–64.

特说的，大多数的白人人口"不相信目前的州政府是合法的"。许多三K党的活动发生在民主党控制的县里，那里的地方官员要么是民主党人，要么拒绝对三K党采取行动。然而，即使在共和党地区，法律也陷入瘫痪状态之中。当警长克服了对暴力的恐惧对嫌疑人进行逮捕之后，证人却不愿意出庭作证，三K党分子则互相提供不在场证明来作伪证，正如一位佛罗里达州共和党领导人所指出的，如果"这些人中的任何一个坐在陪审团里……你就无法定罪"。只有在稀有的情况下三K党成员会作证指认自己的同伙。（该组织成员之间的团结感之强大，甚至当一名三K党分子在强奸了另一名同伙12岁的女儿之后，还能从亚拉巴马州监狱中获救出狱。这导致了愤怒的父亲向大陪审团揭露了一位名叫威廉·卢克的教师被谋杀的细节，但犯罪嫌疑人最终仍然没有被定罪。）地方社区对三K党的支持远远超出了其实际成员的范围，支持者包括了众多的为夜袭者缝制服装和伪装的南部妇女，以及那些试图通过采用"Ku-Klux"作为产品名称从而增加销售额的制造商。此外，那些与三K党并无关联的白人似乎依然认为，针对黑人的暴力并不适合被看成是一种罪行。"如果一个白人在本州的任何一个县里杀死了一个有色人种，"一位佛罗里达州的警长哀叹道，"你无法判他有罪。"[41]

---

[41] KKK Hearings, South Carolina, 1603; Wilbur E. Miller, "Reconstruction as a Police Problem" (unpub. paper, annual meeting of Organization of American Historians, 1978); William H. Trescot to Robert K. Scott, October 24, 1868, South Carolina Governor's Papers; Trelease, *White Terror*, 376–384; KKK Hearings, Georgia, 960; South Carolina, 1371–1372; Florida, 153; Howard, *Death at Cross Plains*, 115; Kathryn R. Schuler, "Women in Public Affairs in Louisiana During Reconstruction", *LaHQ*, 19 (July 1936), 675; Atlanta *Constitution*, June 8, 1872; KKK Hearings, Florida, 125.

对于那些冒着生命危险在大陪审团和国会调查人员面前作证，或在面对某些报复时仍然坚持自己立场的受害者来说，没有人会怀疑他们的政治决心或个人勇气。在遭遇三K党的殴打之后，艾布拉姆·科尔比被问及他是否会再次投票给共和党。"如果明天有选举，我将投激进派的票，"他回答说，"然后他们会按规矩，再鞭打我一千次。"当三K党人骑马穿过亨茨维尔大街时，一位名叫乔治·罗珀的黑人老兵冲进街道，大喊着"格兰特和科尔法克斯万岁"，随后他遭到枪击和殴打。一些共和党人不得不将自己武装起来，反击对他们住家的袭击。一名佐治亚州的白人因为对暴力的厌恶而加入该党（"如果这就是他们所谓的南方民主，"他宣称，"那我受够了"），他单枪匹马地击退了20名袭击者，并打死其中的4人。有的时候，有组织的群体能够成功地与三K党对抗。亚拉巴马州布隆特县山区的白人联邦军队老兵们组织起一个"反三K党"组织，对三K党分子发出进行报复的警告，除非后者停止对联邦拥护者的鞭打和对黑人教堂和学校进行焚烧的行动，这一警告终止了该地区的暴力行动。南卡罗来纳州贝内特斯维尔的黑人也武装起来，上街巡逻，以防止三K党分子的袭击。一些自由民团体有时也发出威胁说，如果暴力行动持续发生的话，它们将对已知的犯罪分子采取自己的报复行动。在亚拉巴马州的种植园地带发生的一次近乎对抗的冲突中，"黑人……甚至主动提出进行一场对决，声称他们进入一个宽敞的地方，'拼出一个高低来'"。[42]

---

[42] KKK Hearings, Georgia, 414-420, 696; Alabama, 668-671, 687-689, 777-779; John P. Green, *Fact Stranger than Fiction* (Cleveland, 1920), 143-144; Pierce Burton to William H. Smith, August 4, 1870, Alabama Governor's Papers.

然而，暴力实施的规模使得这些法外报复行动的努力相形见绌。事实上，许多北部人用一种指责的语气大声质问道，共和党社区何以能让自己被夜袭者的恐怖主义搞得如此惶惶不安。"一个由人民自治的政府的能力，"一位北部朋友在给图尔吉法官的信中说，"首先是要有自我保护的意识和能力……如果人们遭到三K党的杀害，那他们为什么不去杀死三K党呢？"图尔吉的答复看上去几乎是在怪罪受害者本身的无能："我们整个党都由穷人组成……没有北部人那种天生的自尊。"另一些人则从奴隶制的遗产中去寻求答案。"他们不像那些一直享有自由的人，"一位白人共和党警长评论道，"太不一样了……他们不知道如何抗拒白人。"使用这些解释的也不仅仅是白人。国会议员耶利米哈·拉尔森在1865年以前一直是奴隶，他宣称，"总体来说，黑人……是惧怕白人的。他自己从小到大的成长经历养成了对白人的惧怕"。[43]

确实如此，奴隶制产生了多种形式的黑人抵抗活动，但并没有产生一种对虐待行为进行暴力报复的普遍传统。在获得解放后，自由民相较于白人来说远不易采取暴力行动，无论是在自己社区内或是针对外人。那些被囚禁在州立监狱里的大量黑人中，几乎所有人都是因侵犯财产而被判罪，而不是因为攻击个人。但是，如果说这是意志软弱的表现的话，如果真是这样一回事，那么这

---

[43] Albion W. Tourgée, *A Fool's Errand* (Cambridge, Mass., 1961 [orig. pub. 1879]), 233-234; Catherine Silverman, "'Of Wealth, Virtue, and Intelligence': The Redeemers and Their Triumph in Virginia and North Carolina, 1865-1877" (unpub. diss., Graduate Center, City University of New York, 1971), 184; KKK Hearings, Mississippi, 259; 44th Congress, 2d Session, Senate Report 704, 191.

也是整个共和党体制内从上到下都存在的问题，并不局限于一个种族。北卡罗来纳州西部的共和党领袖詹姆斯·贾斯提斯承认，他的南部本土派选民"并不对我们的错误感到愤恨和进行抵制"，他为此"感到羞耻"；"我们本来应该这样做的，但我们没有这样做"。地方上的共和党官员们，无论是黑人和白人，都不愿谈论暴力，并敦促愤怒的武装黑人团伙自我解散。事实上，一些黑人政治领袖似乎也不知道应该如何为感到恐惧的选民提供安慰和帮助。奥斯卡·邓恩后来承认，在1868年路易斯安那州的那场充满暴力气氛的总统竞选中，他有意避开了自己的选民，因为"我没有给他们任何建议"。[44]

也许问题的关键在于，黑人和白人共和党人都比对手更为严肃地对待民主进程。1871年，阿肯色州的一群自由民用私刑方式将3名白人处死，后者被指控谋杀了一名黑人律师，但这种事情确实很少发生。黑人有时也会恐吓自己社区中的那些投票给民主党的成员，在教堂里嘲笑他们，并在有的时候用暴力威胁他们，但是没有共和党人在夜间骑马外出去谋杀自己的政治敌人，武装队伍也从来没有试图将民主党人选民从投票站中赶走。"我们可以烧毁他们的教堂和学校，但我们不想犯法或伤害任何人"，一位来自佐治亚州深受暴力蹂躏地区的黑人写道。"我们想要的只是生活在法治之下。"[45]

---

[44] KKK Hearings, North Carolina, 169; Mississippi, 670; Florida, 134–135; Georgia, 1035; 41st Congress, 2d Session, House Miscellaneous Document 154, pt. 1:178.

[45] AC, 1871, 35; 42d Congress, 1st Session, Senate Report 1, 147; *New National Era*, February 17, 1870.

无论"奴隶制的遗产"留下了何种影响或黑人对法治程序如何的坚信不疑,武装抵抗所面临的实际障碍是巨大的。许多乡村的自由民都拥有枪支,但一般都是滑膛枪,远远不如三K党人手中的"一流武器",如温彻斯特步枪和六响左轮手枪。虽然许多黑人曾在联邦军队服役,但在一个几乎每一个白人男性都接受过持枪训练的地区,具有作战经验的黑人人数远远少于白人。那些曾成功击退三K党袭击的个人的命运也没有激发起人们对治外抵抗方式的信心,因为许多人因害怕随之而来的袭击而被迫逃离家园,眼看着家里人成为报复的受害者。至于有组织的自卫,那种武装起来的黑人将法律掌握在自己手中的想象无疑将激怒白人社区,并导致暴力活动的进一步升级。亚拉巴马州一位白人共和党官员评论说:"如果黑人采取这种做法,那就意味着他们的彻底灭亡。"这一说法于1873年在路易斯安那州得以验证。1872年的选举产生了州长职位的竞争对手,这种情况在全州各地都是同时出现的。在格兰特教区,因为害怕民主党人会夺取政府,自由民封锁了科尔法克斯县的县府,并在黑人老兵和地方民兵军官的指挥下,开始操练和挖掘战壕。他们在这个小镇上坚守了三个星期;在复活节的星期天,手持步枪和小型大炮的白人击败了守城的黑人,随后对他们进行了不分青红皂白的大屠杀,包括屠杀了大约50名已经举起白旗并放下武器的黑人。两名白人也在这场冲突中死亡。

科尔法克斯大屠杀是在重建时代发生的最为血腥的种族屠杀事件,它提供了许多的教训,包括一些反对重建的人为了重新获得他们曾有的权威而不计代价。在黑人中,这一事件证明,在与白人的任何大型对抗中,他们始终处于致命的劣势地位。"反对他们的组织太强大了……"，路易斯安那州黑人教师和州立法机构成员约翰·刘易斯后来说。"他们试图在科尔法克斯［武装自卫］。但结果是，在1873年的复活节星期日，当太阳在那天傍晚落下时，它落在了280具黑人的尸体上。"[46]

当然，归根结底，打击犯罪的责任并不在于受害者，而在于州政府。南部的共和党州长们纷纷收到了雪崩般的令人心碎的保护请求。"如果首席大法官坦尼说一个有色人种不能享有白人必须尊重的权利是错误的话，这些权利没有得到尊重……"，一位南卡罗来纳州共和党人在给州长斯科特的信中写道。"我相信，如果你真的知道或看到这些不法之徒的恶魔行为，你会立刻敦促为这些无辜的劳工提供保护的。"地方官员宣称他们自己无法实施法律，呼吁迅速组建州民兵，或要求派遣联邦军队前来，这些要求得到了基层共和党人的响应。"我们今天在这些恶人的手中，比起从前更像是奴隶一样……"，六名亚拉巴马州联邦同盟的成员宣称道。"只有派一支常规军队来到这里才能赋予我们权利与生命。"偶尔也有当地的共和党人（通常是南部本土派）要求州长们送武器来，"然后让我们决一死战"。更经常的情况是，这些信件证明了人们在面对三K党恐怖主义时普遍存在的无助感。"三K党分子正在射杀我们的家庭，并残酷地殴打他们"，一封寄给北卡罗来纳州州

---

[46] KKK Hearings, Mississippi, 244; South Carolina, 15; 46th Congress, 2d Session, Senate Report 693, pt. 2:357, 373, 409, 433; Paul D. Escott, *Slavery Remembered* (Chapel Hill, 1979), 157–158; KKK Hearings, Georgia, 209–210; Alabama, 63; Joe G. Taylor, *Louisiana Reconstructed, 1863–1877* (Baton Rouge, 1974), 268–270; Ted Tunnell, *Crucible of Reconstruction: War, Radicalism, and Race in Louisiana 1862–1877* (Baton Rouge, 1984), 189–193.

长霍尔登的信这样写道。"我们不知道该怎么办。"[47]

"戴上你的铁手套",一位北部人对南部共和党人建议说。在纸面上,新的州政府确实采取了一系列果断措施,取缔穿着伪装服四处游荡,提高了对袭击、谋杀和共谋的罚款,授权普通公民逮捕三K党分子的权力,有时甚至要求各县向权利受到伤害或财产被暴徒破坏的公民支付损害赔偿金。然而,一旦涉及执行这些法律时,共和党的领袖们则显得犹豫不决。在这些年间,民兵在全国任何地方都不是一支有效的战斗力量,在白人共和党人人数很少的州里,州长们极不愿意启用一个几乎完全是由自由民组成的组织。事实证明,愿意与黑人并肩作战是赢得内战胜利的关键,但南部腹地的州长们对自由人如何面对训练有素的邦联老兵并不看好,他们担心武装起来的黑人民兵会导致一场全面的种族战争。此外,这样的步骤肯定会破坏共和党人吸引白人支持、展示温和态度的努力。因此,那些曾反对强有力的民权立法和任命民主党人担任地方官员职务的南部州长们并没有对请求保护做出有效的回应。[48]

---

[47] John T. Henderson to Robert K. Scott, November 30, 1868, South Carolina Governor's Papers; A. A. Smith to William H. Smith, April 7, 1870, James Martin et al. to Smith, May 25, 1869, Alabama Governor's Papers; W. A. Patterson to William W. Holden, July 1, 1868, M. Hester et al. to Holden, October 9, 1869, North Carolina Governor's Papers.

[48] A. W. Spies to Robert K. Scott, March 8, 1871, South Carolina Governor's Papers; *South Carolina Acts and Joint Resolutions 1870-71*, 559-562; James W. Patton, *Unionism and Reconstruction in Tennessee 1860-1869* (Chapel Hill, 1934), 195; *Alabama Acts 1868*, 444-446; Jerry M. Cooper, *The Army and Civil Disorder* (Westport, Conn., 1980), 11-12; George W. Williams to Robert K. Scott, April 3, 1869, South Carolina Governor's Papers; Trelease, *White Terror*, 116; Otto H. Olsen, "Reconsidering the Scalawags," *CWH*, 12 (December 1966), 318-319; Perman, *Road to Redemption*, 34-35.

暴力问题非但未能将共和党团结起来为生存而战,反而进一步加剧了该党的内部不和。在地方共和党人的敦促下,亚拉巴马州州长威廉·史密斯宣称,有关暴力的报道夸大了事实,并坚称地方官员对执法负有主要责任。史密斯的确发布了一个州长公告,命令武装团伙解散,但就在公告发布的当天,300名三K党人入侵亨茨维尔,威胁自由民,并把他们从教堂中赶了出来——这是他们对这种"只有空话、没有行动"的政策的回应,一位南方佬不无讽刺地评论道。州长的谨慎导致他在许多普通共和党人眼中的信誉大跌,增强了黑人对其对手参议员乔治·斯宾塞的支持。密西西比州州长詹姆斯·阿尔科恩和史密斯一样,也是不愿意启用黑人民兵队伍,而是提议建立一支有白人组成的精英骑兵队(这个想法在立法机构中遭到否决),并建立一个七人特勤局——一支几乎不可能镇压暴力的力量。佐治亚州的共和党政府甚至拒绝组建一支民兵队伍,佛罗里达州州长哈里森·里德虽然招募了一支大部分由黑人组成的武装力量,但他从未将其派出去进行针对三K党的行动。[49]

1870年,南卡罗来纳州州长罗伯特·斯科特招募了数千名黑人加入州的民兵组织,为其政治盟友创造了恩惠制的机器,这些盟友填补了民兵队伍中的军官职位,帮助确保共和党选民在秋季

---

[49] W. B. Jones to William H. Smith, April 3, 1870, John H. Wager to Smith, July 3, 1869, Alabama Governor's Papers; John Z. Sloan, "The Ku Klux Klan and the Alabama Election of 1872", *Alabama Review*, 18 (April 1965), 116–120; Trelease, *White Terror*, 261–264, 299–301; William T. Blain, "Challenging the Lawless: The Mississippi Secret Service, 1870–1871", *JMH*, 40 (May 1978), 119–131; Pereyra, *Alcorn*, 134–138; Otis A. Singletary, *Negro Militia and Reconstruction* (Austin, 1957), 11.

选举中的大量参与。然而，在赢得连任后，斯科特的政策发生了变化，当暴力活动在皮德蒙特泛滥时，州长反而解除了许多部队的武装，借以安抚他的对手。路易斯安那州创建了一支州控制的都市警察队伍，并委任前联邦将军詹姆斯·朗斯特里特担任指挥，负责新奥尔良的巡逻；尽管如此，沃莫特政权对暴力的主要反应是成立了一个选票审查委员会，授权它将那些暴力和恐吓行动盛行地区的选举结果修订或者废除。[50]

如果南部腹地的州长们是通过和解的手段来寻求稳定，那些能够吸引大量白人共和党人选民的州长们则采取了果断的行动。田纳西州州长威廉·布朗洛招募了一支主要由东部联邦派组成的民兵队伍，并于1869年年初宣布在9个暴力活动猖獗的县实施戒严，这一步骤大幅度地减少了三K党的活动。但为了争取民主党的支持，他的继任者德威特·森特于2月底上任，恢复了整个地区的民选政府，并解散了民兵组织。阿肯色州州长鲍威尔·克莱顿和得克萨斯州州长埃德蒙·戴维斯取得了更为持久的成果。克莱顿在1868年年底将10个县置于戒严状态之中，并派遣了一支由黑人和南部本土派（通常是以种族隔离的方式）组成的州民兵队伍，由前将军罗伯特·卡特森指挥。数十名涉嫌犯罪的三K党分子遭到逮捕；三人在军事法庭审判后被处决，还有许多人逃离了该州。到1869年年初，秩序得到恢复，三K党被摧毁了。戴

---

[50] Joel Williamson, *After Slavery: The Negro in South Carolina During Reconstruction* (Chapel Hill, 1965), 261-262; Herbert Shapiro, "The Ku Klux Klan During Reconstruction: The South Carolina Episode", *JNH*, 49 (January 1964), 44-45; Taylor, *Louisiana Reconstructed*, 174-180.

维斯也采取同样的有力行动,他组织了一次两百名成员构成的州警部队,其中40%的成员是黑人。1870年至1872年,州警部队逮捕了6000多人,有效地镇压了三K党活动,在这个以四处泛滥的暴力活动而臭名昭著的州为自由民人口提供了一种具有实效的保护。[51]

克莱顿和戴维斯采取的行动表明,一个愿意暂停正常法律程序和使用武力的政府是可以对三K党的暴力恐怖主义做出有效回应的。但是,正如许多现代政府所发现的,为了执法的需要而中止公民的宪法权利有其自身的风险,风险之一是暴力行为者的身份有可能从罪犯转变为受害者,尤其在那些对被捕者的动机(如果不是其采用的方法的话)表示同情的公民的眼中。这种进退两难的情况在北卡罗来纳州的表现最为明显,州长威廉·霍尔登对民兵的使用引发了一场强烈的反应,最终导致他的政府下台。面对1869年和1870年年初日益严重的暴力事件,霍尔登决策时来回摇摆,犹豫不决,只呼吁当地警长执法,向遭到袭击的受害者发送同情的问候。但是,约翰·斯蒂芬斯被谋杀和克莱顿在阿肯色州镇压三K党的成功,刺激州长做出决定,派遣了几支白人民兵队伍,这些队伍在北卡罗来纳州西部山区到卡斯韦尔和阿拉曼斯等县的地区组成,并由前联邦军队军官乔治·柯克指挥。在这

---

[51] Trelease, *White Terror*, 43–44, 155–179; *CG*, 42d Congress, 1st Session, Appendix, 199; Drval T. Driggs, Jr., "The Issues of the Powell Clayton Regime, 1868–1871", *ArkHQ*, 8 (Spring 1949), 15–27; Carrier, "Political History of Texas", 428–430, 443–450; Ann P. Baeniziger, "The Texas State Police During Reconstruction: A Reexamination", *SWHQ*, 72 (April 1969), 475–476.

次行动中，大约有100人遭到逮捕，尽管州宪法没有授权州长宣布戒严，霍尔登还是下令暂停地方法院（都是三K党分子控制的地方法院）的运作，命令在押犯罪嫌疑人在军事委员会受审，并拒绝尊重由州首席大法官签发的人身保护令。具有讽刺意味的是，民主党人随后根据1867年《人身保护法》向联邦法院提出上诉，而该法案最初是为了保护黑人和白人联邦派而实施的。霍尔登被迫释放在押的被捕者，反对三K党的运动也随之失败。[52]

虽然有些囚犯受到了粗暴的对待，但在这场柯克－霍尔登战争中并没有死人。然而此事却为霍尔登的反对者提供了一个现成的机会，1870年的立法选举正好发生在因人身保护令引发的民怨怒火之时，其结果是民主党大获全胜。在该州的一些地方，三K党人使共和党的基层组织陷入瘫痪（15个县改旗易帜，民主党在其中成了多数，其中有10个县在这场变动中经历了严重的暴力摧残）。在其他县，霍尔登对军队的使用巩固了反对派的力量，也使对外部势力侵入本地社区甚为不满的自耕农感到不安。民主党赢得了北卡罗来纳州西部的山区地带。获胜后，霍尔登的反对者将足够多的共和党议员驱逐出州议会，从而获得了三分之二的多数，随即开始对州长进行弹劾，理由是他在该州"推翻了个人自由"的原则。（一篇将霍尔登与铁路欺诈案联系起来的文章神秘地消失了，可能是因为民主党的领袖们对揭露腐败的曝光也深感恐惧。）他的律师提出了大量关于三K党暴行的证据，但这些对事先注定

---

[52] William W. Holden to Mrs. H. J. Moore, January 4, 1869, Letterbook, North Carolina Governor's Papers; Trelease, *White Terror*, 209-222.

的结果毫无影响，霍尔登因此成为美国历史上第一位被弹劾罢免的州长。总之，对于霍尔登本人来说，这是他漫长且反复无常的政治生涯的不光彩结局，但对于重建来说，它的前景在这个州曾经是如此的光明，此刻却也是以一种令人蒙羞的方式得以落幕。[53]

北卡罗来纳州并不是共和党在1870年选举中唯一失控的州，因为亚拉巴马州和佐治亚州当年也落入了民主党的手中。许多因素导致了这些结果的产生，其中一些因素源自于共和党人自己的行动。在亚拉巴马州，史密斯州长和参议员斯宾塞之间的权力对决以及黑人领袖詹姆斯·拉皮尔成为州务卿的提名人选，帮助民主党以非常微弱的多数赢得了该州州长的职位。自1868年以来，佐治亚州的共和党人一直因布洛克政府的保守主义和种族主义政策而显得士气低落；民主党在1870年立法机构选举中的全面胜利，只是证实了重建在一个从未真正站稳脚跟的州的失败。在整个南方，只要是在黑人可以放心投票而不必担心暴力的地方，他们仍然是共和党的坚定支持者。然而，在白人选民中，民主党人继续得益于优越的经济资源、一种近乎被垄断的媒体，以及白人至上主义的强烈吸引力（无论它用的是"白人路线"领导人的极端语言，还是新起点提倡者使用的更优雅的语调来表示的）。此外，共和党人还因派系主义和腐败丑闻而削弱了自己的力量，而

---

[53] Horace W. Raper, *William W. Holden: North Carolina's Political Enigma* (Chapel Hill, 1985), 158; Olsen, *Tourgée*, 165–166; Escott, *Many Excellent People*, 156, 163; Gordon B. McKinney, *Southern Mountain Republicans 1865–1900* (Chapel Hill, 1978), 47; Cortez A. M. Ewing, "Two Reconstruction Impeachments", *NCHR*, 15 (July 1938), 204–221.

黑人对公职职位日益增长的要求似乎也至少导致了一些南部本土派离开了该党。在传统的内陆联邦派的中心地带，共和党的权力仍然非常强大，在选民中，政治忠诚是在内战期间得以建立起来，尽管该党奉行雄心勃勃的经济计划，并对前邦联分子采取了和解政策，但它未能吸引到新的白人支持力量，无论这种新力量来自正在加入选民队伍的年轻男性或是来自民主党的叛逃者。

暴力活动影响了1869年和1870年的选举结果，但它所发挥的作用因州的不同而有很大的差异。在密苏里州、西弗吉尼亚州、弗吉尼亚州和田纳西州，建立在剥夺前邦联分子选举权的基础上共和党多数已经消失，政党分裂为民主党的重新掌权打开了大门，在民主党获胜的过程中，三K党的参与极为有限，或者根本就没有参与。在南部腹地，它的影响力就更为显著。暴力使得共和党人几乎不可能在佐治亚州大部分地区进行竞选活动或投票。亚拉巴马州的选举结果显示，民主党不可能通过和平的方式赢得该州，因为仅格林县一地（这是尤托骚乱和许多其他恐怖行动发生的地方）共和党人选票减少的票数，就超过了州长林赛在全州获胜的多数票的票数。与此同时，在佛罗里达州，除黑人人数最众的县之外，暴力活动将全州各地的共和党多数一扫而空，并帮助民主党人赢得了副州长的选举。[54]

---

[54] Loren Schweninger, "Black Citizenship and the Republican Party in Reconstruction Alabama", *Alabama Review*, 29 (April 1976), 90-91; Elizabeth S. Nathans, *Losing the Peace: Georgia Republicans and Reconstruction, 1865-1871* (Baton Rouge, 1968), 204; Hennessey, "Eutaw Riot", 48; Peek, "Lawlessness", 185. 选举结果可见1871年《论坛报年鉴》(*Tribune Almanac*)。

在其他方面,暴力活动对重建政治也产生了深远的影响。因为三K党摧毁了许多地方社区的共和党组织。到1871年时,在南部的许多地方,共和党的组织被"打散、击溃和瓦解"。"他们在那些地方没有领袖——完全没有",南卡罗来纳州尤宁县的一位自由民哀叹道。阿德尔伯特·阿姆斯评论说,无论是北部还是南部,没有任何政党在看到自己数以百计的"最优秀、最可靠的党工"被谋杀之后还能仍然"保持活力"的可能。事实上,相对于白人社区来说,黑人社区更容易受到暴力破坏对其政治基础造成的影响。地方政治领袖人物在学校、教会和兄弟会组织中扮演着各种各样的角色,其中一个人的遇害或被驱逐会影响到许多组织和团体。对于一个基本上处于文盲状态的群体来说,政治信息是通过口头交流而不是通过报纸或传单等来传播,地方领袖人物是连接社区与外部更大政治世界的桥梁,是政治信息和指导不可或缺的来源。共和党基层组织的官员,无论是黑人还是白人,都是这场革命的缩影,而这场革命似乎已经把旧秩序翻了个底朝天。他们的遇害或被驱逐大大打击了他们社区的士气。[55]

1869年至1871年的暴力恐怖活动将三K党永久地铭刻在黑人社区的民间记忆之中。"凡是经历过那些日子的人,怎么能够不记得这一切呢?"一位老年的得克萨斯自由民在事情过去60年之后问道。要求得到保护的问题超越了黑人社区的所有内部分歧,将富人和穷人、生而自由的人和自由民联合起来,呼吁政府采取

---

[55] KKK Hearings, South Carolina, 1161; *CG*, 42d Congress, 1st Session, 197; Vernon Burton, "Race and Reconstruction: Edgefield County, South Carolina", *JSocH*, 12 (Fall 1978), 32.

严厉行动，恢复秩序。对黑人来说，暴力无可辩驳地否认了南部白人经常宣扬的道德优越性和更高文明程度。"请告诉我，"罗伯特·艾略特问道，"在这里，究竟谁是野蛮人？"[56]

更为急迫的后果是，暴力再次突出了重建政治的"非正常性"。战前，民主党人和辉格党人在南部各地进行了激烈的竞争，但正如弗吉尼亚激进派领袖詹姆斯·亨尼克特指出的，当时两党都没有鼓动各自的支持者用"赶走、饿死和消灭"的手段来将政治对手赶尽杀绝。腐败的选举程序、政治上的阴谋诡计，甚至用非法手段将反对党赶下台的企图等，在北部不是什么秘密，但两党竞争并不诉诸普遍政治暴力的使用。"在缅因州我从来不知道会有这样的事情"，亚拉巴马州一位提包客评论道。"共和党人和民主党人在那里都能相互容忍。"正如人们意识到的，只有当政治不直接反映深度社会分歧的时候，民主运作才能达到最佳的效果，每一方都能够接受对方的胜利，因为双方都拥有许多共享的价值观，而竞争失败并不意味着一种"对切身利益……做出致命的投降"。这是发生在北部的情形，一位亚拉巴马州的共和党人说，"谁当选都并不重要"。但在重建政治因卷入了太多的利害关系，以至于"正常政治"无法成为主流。正如一位南方佬指出的，北部的政治竞争专注于"财政、个人能力以及相关的问题，我们在这里的竞选是为了捍卫生命，为了赢得赚取吃面包的权利……是为了获得一种作为人和社会成员应有的

---

[56] Rawick, ed., *American Slave*, Supplement 2, 9:3635; *CG*, 42d Congress, 1st Session, 391-392.

体面和尊重"。[57]

最重要的是,暴力以最醒目的方式提出了一个政府的合法性问题,这个问题始终困扰着南部各州的重建政府。三K党暴力活动的受害者约翰·温斯密斯博士总结道,南部的重建应该重新开始:"我认为,一个不能保护其公民的政府乃是一种彻底的失败。"事实上,正如一位前邦联军队军官一语道破的,三K党的目标正是要"藐视重建的各州州政府,轻蔑地对待它们,表明它们并没有真正的存在着"。当然,有效行使权力,虽然不能导致自发的忠诚,但会赢得尊重。但只有极为个别的情况下,共和党政府才找到了发挥这种力量的勇气和决心。只有通过"决断的行动",亚拉巴马州的一位南方佬写道,"州才能……保护其公民,维护自己的权威和自己得以生存的权利"。然而,当他们的反对者的行动类似于在进行一场革命,共和党人通常通过和解的方式来寻求稳定。[58]

在赢得北卡罗来纳州立法机构的控制权后不久,民主党就选出了前联邦州长泽布隆·万斯进入联邦参议院。一位黑人共和党人写道:"看来在前奴隶主的领导下,我们正在漂回到过去。我们以前的主人们正在迅速接管政府。"然而,1870 年令人失望的选

---

[57] *The Debates and Proceedings of the Constitutional Convention of the State of Virginia* (Richmond, 1868), 72; George L. Woods Recollections, Bancroft Library, University of California, Berkeley; Carl Becker, *New Liberties for Old* (New Haven, 1941), 106–107; John H. Henry to William E. Chandler, July 15, 1872, B. F. Saffold to Edwin D. Morgan, October 5, 1872, William E. Chandler Papers, LC.

[58] KKK Hearings, South Carolina, 625–628; J. W. Williams to William H. Smith, February 6, 1869, William B. Figures to Smith, July 26, 1869, Alabama Governor's Papers.

举结果并没有显示出重建立即消亡的迹象。佐治亚州的救赎看来是不可逆转的，但在亚拉巴马州和北卡罗来纳州，先前的共和党掌权为两党对峙形成的僵持而取代——在前者立法机构的两院分别为两党控制，而在后者共和党继续控制着州长的职位。在这两个州，共和党人仍然可以声称，在和平选举的情况下，他们仍然是多数党。事实上，当北卡罗来纳州民主党在1871年提议召开一次州制宪会议以"恢复旧秩序"时，选民们果断地否决了这一想法，他们担心取消宅地豁免的条款，也担心战前地方政府的寡头政治结构会死灰复燃。然而，这种坚韧性的持续需要终止南部政治中的暴力活动。随着1870年选举后三K党获得的升级，南部共和党人再次转向华盛顿请求救援。[59]

"来自外部的权力"

尤利西斯·格兰特是以"让我们拥有和平"的口号当选总统的，但他被迫应对南部的暴力现状。虽然总统明确认同共和党的重建政策，但无人知道他的政府会以何种态度来对待南部。他的就职演说由"一连串的陈词滥调"堆砌而成，"只因简短而值得赞扬"，几乎没有提供任何线索。当新内阁成员名单宣布时，无论是

---

[59] George M. Arnold to Charles Sumner, December 2, 1870, Sumner Papers; Sarah W. Wiggins, *The Scalawag in Alabama Politics, 1865-1881* (University, Ala., 1977), 66-67; Olsen, *Tourgée*, 129; Aubrey L. Brooks and Hugh T. Lefler, eds., *The Papers of Walter Clark* (Chapel Hill, 1948-1950), 1:179; David Schenck Diary, August 4, 1871; Escott, *Many Excellent People*, 164.

他的朋友还是敌人都表示震惊。林肯组阁时，愿意邀党内最有影响力的人入阁，为己所用，格兰特不是这样，他的军事背景令他将内阁成员视为他的"参谋人员"，后者的主要资格是总统对他们的信任或他们曾经私下帮助过总统。格兰特的内阁主要由政治影响力很小、"能力在平庸之下"的人组成，他们似乎与关于重建的辩论完全脱节。最初，安德鲁·约翰逊的前支持者人数超过了那些认同国会重建政策的人，南部共和党的代表则被完全排除在外。新任海军部长阿道夫·博里原来是一名退休的费城商人，他的入阁显然是因为他在特拉华河沿岸的庄园里曾经招待过格兰特。宾夕法尼亚州的一家报纸还祝贺总统发现了一个在该州闻所未闻的人。[60]

更不寻常的选择是财政部长亚历山大·斯图尔特，作为美国最大的进口商，他与他被任命负责主管的部门所做成的生意比任何其他公民都多。斯图尔特在纽约市的阿斯特广场修建了那个时代最著名的百货公司，在那里他开创了现代零售技术的先河，并雇用了一小队间谍来专门抓捕商店扒手。直到他被参议院确认之后，才有人注意到一项可追溯到18世纪80年代的法规，该法规禁止从事贸易的人来掌管财政部。尽管总统提出了要求，但国会还是拒绝废除这一规定，因斯图尔特宣布他打算将一批全新的官

---

[60] Gillette, *Retreat from Reconstruction*, 20; Adam Badeau, *Grant in Peace* (Hartford, Conn., 1887), 163; William B. Hesseltine, *Ulysses S. Grant, Politician* (New York, 1935), 133-139; Henry C. Baird to Charles Sumner, March 8, 1869, Sumner Papers; Allan Nevins, *Hamilton Fish: The Inner History of the Grant Administration* (New York, 1936), 1:100, 108-109; Erwin S. Bradley, *The Triumph of Militant Republicanism* (Philadelphia, 1964), 303.

员任命到纽约海关总署,这一举动促成了国会的决定。然而,从根本上说,这一拒绝反映出国会对格兰特明显希望超越党派政治约束的不满。"共和党是依靠其领袖人物建立起来的,"深谙政治义务本质的坦慕尼协会的彼得·斯威尼评论说,"他们应该被允许管理这份财产。"[61]

格兰特很快学会了政党政治的规则。他开始不断从国会的领袖人物那里寻求建议和指导,并将激进共和党人乔治·鲍特韦尔延揽入阁,作为斯图尔特的继任者。然而,几乎所有他最初任命的人都对重建持有温和或保守的观点,这一事实表明了他对政治现实的认知。因为格兰特的当选既证实了南部重建的"最终定论",同时也表明因奴隶制的争议引发的问题终于尘埃落定。就他上任时,一位共和党人甚至称,关于选举权的所谓"棘手的问题"也似乎都已经解决了。1869年2月,国会通过了第十五条宪法修正案,禁止联邦和州政府以种族为由剥夺任何公民的选举权。这一修正案是由鲍特韦尔在众议院提出的,他当时宣称,无论"是作为一届国会,还是作为一个政党",共和党都无法再"逃避这个问题了"。一年多之后,该宪法修正案变成了宪法的一部分。[62]

---

[61] William Leach, *True Love and Perfect Union: The Feminist Reform of Sex and Society* (New York, 1980), 222-228; Henry E. Resseguie, "Federal Conflict of Interest: The A. T. Stewart Case", *New York History*, 47 (July 1966), 271-278; *New York Herald*, November 26, 1869.

[62] Morton Keller, *Affairs of State: Public Life in Late Nineteenth Century America* (Cambridge, Mass., 1977), 260; Eugene H. Berwanger, *The West and Reconstruction* (Urbana, Ill., 1981), 173; *CG*, 40th Congress, 3d Session, 555.

对民主党人来说，第十五条宪法修正案似乎是国会有史以来通过的"最具有革命性的措施"，是激进共和党人阴谋中的"加冕之举"，目的是推动黑人平等，将美国从一个州构成的联盟国家转变为一个中央集权制的民族国家。然而，尽管第十五条宪法修正案对黑人选举权赋予宪法的承认，但它没有像许多激进共和党人所希望的那样，对担任公职的权利做出规定，也没有对行使投票权的要求"在全国各地建立统一的规定"。亨利·威尔逊的确对修正案使用的"软弱的和吞吞吐吐的"语言极为不满，因为它并没有禁止识字能力、财产资格和教育程度等限制的使用，尽管这些限制看似不带种族歧视，但很可能有效地将大多数黑人选民排除在投票站之外。（当然，根据第十四条宪法修正案，采取这些限制的州将牺牲自己在国会的一部分代表权。）民主党人认为，这条修正案将"有色人种种族作为它特殊保护和最为关爱的对象"，然而，这样的理解并非是一种完全的误读。因为与第十四条宪法修正案不同的是，第十五条宪法修正案使用的普遍性语言并没有扩大针对所有美国人的公民权定义。共和党人关心的是让边界州的黑人获得选举权，并防止南部从重建中后撤。（此外，一些人还期望从北部黑人获得选举权的后果中获取一定的边际收益。）国会否决了一项范围更为广泛的修正案提案，该提案提出在享有选举权和担任公职时禁止实施基于"种族、肤色、出生地、财产、教育或宗教信仰"之上的歧视性限制。该修正案也没有坚决地打破投票是一种各州可以根据自己的意愿加以规范的"特权"的概念。"整个选举权的问题，"一位参议员宣称，"像现在一样，只是受到一种限制，即不得进行出于种族理由的歧视。"[63]

因此，亨利·亚当斯说，第十五条宪法修正案的内容显示，"它不能做的事要比它能够做的事更为重要"。该修正案未能将保障黑人担任公职的权利纳入其中的原因，是制宪者担心这样的规定会危及修正案在北部获得批准的前景。更重要的是，国会也否决了同时"覆盖了白人"和黑人的选举权条款。南部共和党人与许多北部激进共和党人一样，担心对选举权的全面保障将使得对剥夺"反叛分子"选举权的规定失效。同样重要的是，北部各州希望保留本州的选举权资格。在西部，华人不能投票；如果第十五条宪法修正案改变了这种情况，加州的共和党参议员科尼利厄斯·科尔警告说，它将"置我们党于死地，毫无生还的可能"。宾夕法尼亚州要求选民缴纳州税之后方能投票；罗得岛州要求外国出生的选民必须拥有价值134美元的地产；马萨诸塞州和康涅狄格州则坚持只有具有识字能力的人才有资格投票。本土主义的偏见和党派优势可以解释这些限制为何得以保留，因为穷人、文盲和外国出生的人普遍地支持民主党。但不管是什么原因，北部各州在重建期间实际上比南部更广泛地限制了选举权的范围。约翰·宾厄姆赞成通过一条扫除所有限制的修正案，他说"法律平等正是美国体制的磐石所在"。然而，共和党人却不愿意在自己州

---

[63] Charles C. Tansill, *The Congressional Career of Thomas Francis Bayard 1869–1885* (Washington, D. C., 1946), 36, *AC*, 1869, 665; 1870, 335; *CG*, 40th Congress, 3d Session, 728, 979, 1625–1626; William Gillette, *The Right to Vote* (Baltimore, 1969 ed.), 52–71; Michael L. Benedict, *A Compromise of Principle: Congressional Republicans and Reconstruction 1863–1869* (New York, 1974), 331–334.

内接受这一原则。[64]

此刻，作为一种对长期政治传统的逆转，与消除其他形式的不平等的努力相比，对黑人投票权的支持看上去并不那么具有争议性。因此，导致第十五条宪法修正案得以产生的，不是因为对黑人权利的有限承诺，而是企图保留其他影响到白人的不平等的愿望，但这一修正案为南部的人头税、识字能力资格和财产资格打开了大门。有意思的是，对修正案发表评论的黑人更希望它采用一种明确保证所有男性公民投票权的语言。他们对于平等公民权理想的信仰超过了其他的美国人，这种现象在美国历史上也不是第一次发生。[65]

当然，无论是提倡制定一个"强的"，还是一个"弱的"第十五条宪法修正案的人，都忽视了妇女的要求。对像伊丽莎白·卡迪·斯坦顿和苏珊·安东尼这样的女权主义者来说，这一修正案似乎是共和党在伤害她们事业的过程中所制定的一系列"羞辱"事件的新增一例。她们反对那种认为宪法应禁止投票中的种族歧视但却允许性别歧视的说法，她们对第十五条宪法修正案的批准表示反对，从而给昔日的废奴主义者-女权主义者联盟造

---

[64] Henry Adams, "The Session", *North American Review*, 108 (April 1869), 613; *CG*, 40th Congress, 3d Session, 725, 1427; Cornelius Cole to Olive Cole, June 25, 1870, Cornelius Cole Papers, University of California, Los Angeles; Simeon E. Baldwin, "Recent Changes in Our State Constitutions", *Journal of Social Science*, 10 (1879), 146-147; Patrick H. Conlan to Benjamin F. Butler, December 17, 1874, Benjamin F. Butler Papers, LC; Richard H. Abbott, *Cobbler in Congress: The Life of Henry Wilson, 1812-1875* (Lexington, Ky., 1972), 205; Charles Fairman, *Reconstruction and Reunion 1864-1888: Part One* (New York, 1971), 1266-1267.

[65] William D. Forten to Charles Sumner, February 1, 1869, Sumner Papers.

成了最后的打击,这个联盟早在围绕第十四条宪法修正案和1867年堪萨斯州竞选的争执中就遭受了致命的伤害,处于风雨飘摇的状态。随着对昔日盟友的尊重逐渐消退,斯坦顿开始越来越多地发表带有种族主义和精英主义的言论,反对赋予黑人男性选举权而继续将拥有文化教养和财富的女性排除在选民之外的做法。"设想一下,那些个名叫帕特里克、桑博、汉斯和吴东的男人,"她写道,"连君主制和共和制的区别都分不清,也从来不曾读过《独立宣言》……而他们却要为莉迪亚·玛丽亚·蔡尔德、柳克丽霞·莫特,或范妮·肯布尔制定法律。"1869年5月,在平等权利协会的年会上,这个曾致力于争取黑人和女性选举权的组织因发生激烈的争吵而解散。"白人妇女们,"黑人女权主义者弗朗西斯·哈珀评论道,"全力以赴地谈论性别平等,将种族问题丢弃在次要的地位上。"弗雷德里克·道格拉斯恳求代表们认识到黑人面临问题的特殊性和紧迫性,他认为第十五条宪法修正案是值得欢迎的,它虽然有局限性,但却是走向全民普选权的关键一步,但他的提议被大会击败。在争吵和解体的残骸中出现了相互竞争的全国性组织:斯坦顿和安东尼领导的全国妇女选举权协会和美国妇女选举权协会,前者是独立的女权主义运动的化身,而后者则仍然与先前的改革传统保持联系。直到19世纪90年代,两个群体才走向和解。[66]

---

[66] Susan B. Anthony to Charles Sumner, February 8, 1870, Sumner Papers; Ellen C. DuBois, *Feminism and Suffrage: The Emergence of an Independent Women's Movement in America, 1848–1869* (Ithaca, N. Y., 1978), 163–197; Dorothy Sterling, ed., *We Are Your Sisters: Black Women in the Nineteenth Century* (New York, 1984), 414–415; Philip S. Foner, ed., *The Life and Writings of Frederick Douglass* (New York, 1950–1955), 4:43.

然而，大多数的改革者对第十五条宪法修正案表示欢迎，将其颂扬为为奴隶争取权利40年斗争的一个胜利结局。废奴主义者和激进共和党人对胜利的欣赏与品尝是可以被原谅的。几年之前，一条保障黑人选举权的宪法修正案是完全不可想象的。直到1868年，只有8个北部州准允黑人投票，而且共和党人在他们的全国代表大会上回避了这个话题。"历史上没有任何东西"，威廉·劳埃德·加里森欣喜若狂地表示，能与这里发生的事情相比——一个"曾经任意出售四百万人的拍卖场……通过这个美妙、安静和突然的转型变成了投票箱"。1870年3月，美国反奴隶制协会宣布解散，成员们认为，它的工作此时已结束了。然而，在欢庆胜利的喧闹之中，仍然可以听到一些冷静和谨慎的声音。受国家保护的公民和政治平等的激进主义意识形态获得了胜利。但难道这些足以给予黑人自由完整的意义吗？温德尔·菲利普斯在对正式终止废奴主义运动的同时也警告说，"长期运动"并没有真正的结束，因为作为"残酷偏见"和"累积的不正义"的受害者，自由民将继续需要得到国家的"特别同情"。然而，即使在改革者中，这种观点也受到批评。托马斯·温特沃斯·希金森曾协助约翰·布朗的斗争，并指挥过黑人军队，但他认为，为了他们自己的利益，自由民"不应该继续成为受国家监护的人"。[67]

这种观点在共和党圈子中开始变得越来越引人注目。尽管他

---

[67] Harold M. Hyman, ed., *The Radical Republicans and Reconstruction 1861-1870* (Indianapolis, 1967), 493; James M. McPherson, *The Struggle for Equality: Abolitionists and the Negro in the Civil War and Reconstruction* (Princeton, 1964), 428; *National Anti-Slavery Standard*, February 5, 1870.

们把黑人选举权写进了宪法,许多共和党的发言人却认为,令人烦心的"黑人问题"终于从联邦政治议题之中移除出去了。在他们的公民和政治平等得到保障后,黑人不再有理由向联邦政府需求进一步的保护;他们的社会地位将由自由市场的竞争规则来决定。"第十五条宪法修正案,"富有影响力的国会议员詹姆斯·加菲尔德宣称,"赋予了非洲种族关照自己的命运的责任,它把他们的命运交到了他们自己手中。""黑人现在是选民和公民",伊利诺伊州一家报纸回应道。"让他从此以后在生命之战中尝试自己的运气吧。"[68]

与所有伟大的社会和政治变革一样,第二次美国革命也到了一个巩固成果的时期。"我们的时光,"菲利普斯对激进派和废奴主义者发出警告说,"正在迅速溜走。一旦让公众的思想从战争的主要问题上飘离而去,也许需要一代人的时间才能将它带回到公众讨论中。"然而,北部公众舆论越来越多地转向其他问题。在1867 年以前,共和党国会议员收到的信件主要涉及对南部事务的关注,而现在的信件主要讨论的是货币、税收和内陆改进等经济问题。早在 1870 年,在关于重新接纳弗吉尼亚州的辩论中,波士顿的一家报纸评论说,虽然这个问题在国会内引起了"相当大的兴奋",但它在民众中却没有产生任何影响。甚至连激进立场的波士顿《联邦报》也宣布,一个新的政治时代已经到来:"一个政党不能靠过去的传统来得以维持。它必须继续向前迈向

---

[68] James A. Garfield to Robert Folger, April 16, 1870, Letterbook, James A. Garfield Papers, LC; Roger D. Bridges, "Equality Deferred: Civil Rights for Illinois Blacks, 1865–1885", *JISHS*, 74 (Spring 1981), 92–95.

新的征服。"[69]

该党的南部分支也没有在北部引起很多兄弟谊般的关注。由于缺乏当地商界的大力支持，南部共和党人被迫依靠外部援助来资助报纸出版和开展竞选活动。他们看不到多少新发展的来临。一般来说，联邦层面的党组织无视南部州一级的党组织和地方竞选活动，即使在总统选举的关键时刻，也很少有富有经验的演讲人愿意冒险南下，共和党全国委员会也很少给南部送钱资助。1868年，该委员会"为了援助宾夕法尼亚州和印第安纳州而陷入破产"，几乎没有给南部的需要留下任何可用的资源。"我从来不知道[共和党]全国委员会会做对南部来说有意义的事，"佐治亚州一位有名的南方佬在重建接近尾声时发表评论说，"现在就更不指望得到任何不可能得到的东西。"[70]

在华盛顿，南部共和党人发现自己的地位也颇为尴尬，因为他们是被当作一种很难处理的关系，而不是一种特别值得被关

---

[69] *National Anti-Slavery Standard*, November 13, 1869; Berwanger, *West and Reconstruction*, 241-247; Hans L. Trefousse, *The Radical Republicans: Lincoln's Vanguard for Racial Justice* (New York, 1969), 437-439, 464-465; Charles Blank, "The Waning of Radicalism: Massachusetts Republicans and Reconstruction Issues in the Early 1870's" (unpub. diss., Brandeis University, 1972), 15, 18; John L. Larson, *Bonds of Enterprise: John Murray Forbes and Western Development in America's Railway Age* (Cambridge, Mass., 1984), 112.

[70] Terry L. Seip, *The South Returns to Congress: Men, Economic Measures, and Intersectional Relationships, 1868-1879* (Baton Rouge, 1983), 87-92; Richard H. Abbott, *The Republican Party and the South, 1855-1877: The First Southern Strategy* (Chapel Hill, 1986), 194-195, 219-221; William E. Chandler to William Sprague, October 16, 1868, William Sprague Papers, Columbia University; Leon B. Richardson, *William E. Chandler, Republican* (New York, 1940), 113; James Atkins to James A. Garfield, February 1, 1877, Garfield Papers.

心的对象。一位参议员对南卡罗来纳州的一位国会议员说，北部人已经"厌倦重建这个词了"。南部州的国会议员很少得到重要的国会委员会的位置，而且很难得到在参众两院大会上发言的机会。由于北部人掌控了关键的立法职位，并继续将南部视为不值得联邦政府慷慨解囊相助的一个"反叛分子"之地，南部共和党人也无法在联邦开支的分配上获得一种公平的份额。在第41届国会为内陆改进而分配的联邦资金中，整个南部只接收了15%的份额，而其中的大部分，正如密西西比州众议员乔治·麦基所抱怨的，是用于资助"北方资本家"控制的铁路建设。（麦基说，他提议将他的关于改造亚祖河的法案"考虑为位于威斯康星州和密歇根州的边境内"的工程，因为这是确保法案得以国会批准的唯一方法。）在国会任职的一小撮黑人议员尤其显得无能为力。虽然他们为他们的黑人选民群体设法获得了一些恩惠制下的公职任命位置，如邮政局长、海关总署检察官和联邦税务局的特派员等，但他们提出的关于帮助他们选区中的公司和机构的大多数议案都在国会委员会中消失了，连一丝痕迹也没有留下。海勒姆·雷维尔斯是第一位黑人国会参议员，他帮助黑人机械师获得了在华盛顿海军基地的受雇，但只提出了一项最终获得成功的法案——一项解除对前邦联将领阿瑟·雷诺兹政治参与权予以剥夺的措施。[71]

---

[71] *CG*, 41st Congress, 1st Session, 437; 3d Session, 200; 42d Congress, 2d Session, 795; 3d Session, 220; Seip, *South Returns to Congress*, 115–119, 219–226; *CR*, 43d Congress, 1st Session, 88, 1443; John Hosmer and Joseph Fineman, "Black Congressmen in Reconstruction Historiography", *Phylon*, 39 (Summer 1978), 97–107; Julius E. Thompson, "Hiram R. Revels, 1827–1901: A Biography" (unpub. diss., Princeton University, 1973), 92, 98.

由于联邦经济政策非常不利于他们区域的发展,南部共和党人被夹在政党忠诚和他们的选民利益之间,地位非常尴尬。在废除许多战时税收种类的同时,国会保留了对烈性酒的消费税(这通常是与世隔绝的内陆社区内的"得以畅销的主要商品")——对于南部山地那些在内战时期忠于联邦的居民来说,这实在是一种残酷的奖励。联邦政府的通货紧缩财政政策以及国民银行货币分配体制——它将70%的银行票据保留在新英格兰和中部州里,也进一步加剧了南部自耕农和企业家所面临的经济困难。在两党的南部人的支持下,政府对战后即时征收的棉花税进行了退税,但这些努力仅吸引了为数甚少的北部选票。总之,北卡罗来纳州的参议员约翰·普尔评论说,南部共和党人在华盛顿因"友好立法的缺失"而受到严重的伤害。[72]

极少数的共和党领袖似乎做好了准备,打算接受重建最终将不可避免的灭亡的结果。共和党全国委员会主席威廉·钱德勒写道:"南部的事业终将要有一个了结的时候。""我们肯定会被每个南部州内的新的反叛者组合所淹没。"然而,分享钱德勒的悲观主义的人却屈指可数。的确,在一个因为经济问题而存在内部分歧的政党中,内战、奴隶解放和重建问题提供了一种"凝聚力",这也是共和党得以继续保持其统治的理由所在。几乎所有的共和党人仍然相信重建必须得到保护。但对于共和党人来说,

---

[72] Horace Kephart, *Our Southern Highlanders* (New York, 1922 ed.), 450; Seip, *South Returns to Congress*, 5-6, 174-187; *CG*, 42d Congress, 2d Session, 2723, Appendix, 411; 3d Session, 891.

如果要在南部社会推动进一步的社会变革,成功的可能性极为渺茫,这一前景也越来越明显。黑人国会议员本杰明·特纳提出了一项建立全国土地委员会的法案,他还为此发表了一场感动人心的演讲,他谈到前奴隶们所处的困境,谈到他们的劳动如何使国家变得富裕但其"却比其他阶级的人们……更少地分享到这种富裕",不过这项提案从未获得表决的机会。乔治·朱利安也试图阻止恢复战前给予南部铁路公司的赠地,希望将这些土地收回并重新变成公共土地,用于安置自由民,但他的提案同样没有获得成功。[73]

因此,尽管共和党人几乎不会从大的政治原则上放弃内战产生的联邦权力的概念,但事实证明,他们不愿意推动国家权力向新领域的扩张。以联邦预算的规模、政府官僚机构的规模和提交国会讨论的法案数量来衡量,联邦国家权力的范围远远超过了内战之前的水平。"体制的成长已经超出了预期……",亨利·亚当斯在1870年写道。"各种各样的新人、新任务、新职责和新负担都越来越多地充斥和挤占着政府。"然而,即使在共和党人中,对这个能动主义国家的怀疑依然存在,虽然许多设想继续扩大联邦权力的举措被提出,但只有少数最终得以成为可以实施的法律。一个最终变成现实的想法是国家气象局在1870年的建成。但关于建立一个联邦卫生局、一个联邦铁路委员会和将电报业国有化的

---

[73] William E. Chandler to Benjamin F. Butler, August 10, 1869, Butler Papers; Willard H. Smith, *Schuyler Colfax: The Changing Fortunes of a Political Idol* (Indianapolis, 1952), 325; *CG*, 42d Congress, 2d Session, Appendix, 541; 41st Congress, 2d Session, 1762–1763.

提案均在国会讨论中遭遇胎死腹中的命运。[74]

国会也没有在促进公立教育方面发挥积极作用,这一想法曾得到北部激进共和党人和南部共和党人的大力支持,他们对南部第一代救赎者摧毁重建时期创建的公立学校体制的行动备感震惊。(詹姆斯·拉皮尔说,他希望美国的每一所学校的校舍都刻有"美国"的字样,能够看到"国家教科书系列"的出版并在其中概述公民的职责。)如果一个州不能建立公立学校系统,马萨诸塞州的乔治·霍尔建议说,联邦政府自身应该承担起这样的责任。民主党议员们则像往常一样,痛斥任何"中央集权"的思想和做法,一位国会议员描述了一幅令人感到恐惧的画面——政府官员要求所有学校都采用"在剑桥或波士顿附近出版的教科书,在乘法口诀表旁边印上清教徒的忏悔词"等。但许多共和党人也把提供教育视为州的一种责任。霍尔的提案几乎没有获得任何支持,也从未付诸国会的表决。密西西比州北部提包客议员温菲尔德·珀斯提出了一项相对温和的措施,即为那些希望获得联邦援助的各州提供教育资助,该提案于1872年年初得到众议院的批准,但却遭到参议院的否定。[75]

---

[74] Margaret S. Thompson, *The "Spider Web": Congress and Lobbying in the Age of Grant* (Ithaca, N. Y., 1985), 45–48; Alan Trachtenberg, *The Incorporation of America: Culture and Society in the Gilded Age* (New York, 1982), 164–165; Keller, *Affairs of State*, 101, 107; Harold M. Hyman, *A More Perfect Union: The Impact of the Civil War and Reconstruction on the Constitution* (New York, 1973), 382, 404.

[75] Philip S. Foner and Ronald L. Lewis, *The Black Worker: A Documentary History From Colonial Times to the Present* (Philadelphia, 1978–1984), 2:136; *CG*, 41st Congress, 3d Session, 809, 1244, 1371, Appendix, 101; 42d Congress, 2d Session, 862; *CR*, 44th Congress, 1st Session, Appendix, 318; Richard E. Welch, Jr., *George Frisbie Hoar and the Half-Breed Republicans* (Cambridge, Mass., 1971), 21–25; Kenneth R. Johnson, "Legrand Winfield Perce: A Mississippi Carpetbagger and the Fight for Federal Aid to Education", *JMH*, 34 (November 1972), 340–353.

尽管共和党领袖们不愿进一步地推动重建,但他们仍致力于捍卫已经取得的成就。国会共和党人对其在边界州的统治被推翻深感震惊,他们意识到更南面的共和党政府的脆弱性,也意识到政治浪潮的正常起伏最终将使民主党获得掌权的机会,因此至少在目前的一段时间内,国会需要在大多数的南部州内寻求额外的方法,以确保各州将来不会侵蚀黑人享有的公民权利和政治权利。当弗吉尼亚州、密西西比州和得克萨斯州最终批准了它们各自的重建州宪法时,国会在1870年年初对南部回归联邦的进程增加了新的规定,禁止各州在未来的州宪法修订中剥夺公民的选举权、出任公职权以及州提供的接受教育的通道。

将超出1867年重建法规定的"基本条件"强加于南部头上,看上去是激进主义获得的一种胜利。查尔斯·萨姆纳是这些新要求的主要推动者,他因为在党内获得了多数的支持而发现自己甚至处于一种不习惯的位置。然而,正如密苏里州激进参议员查尔斯·德雷克所观察到的,这场辩论标志着国会政治所发生的一种"非凡"变化。在对先前的重建措施的最后表决中,两党都为自己准备了"实力雄厚"的支持力量。此刻,共和党的队伍产生了分裂——19名参议员和37名众议员反对在接纳弗吉尼亚州重返联邦的要求中增加额外的条件,反对者包括了罗斯科·康克林、约翰·谢尔曼和詹姆斯·加菲尔德等正在党内崛起的掌权人物。与他们一样持不同意见的是莱曼·特朗布尔,他坚持认为国会无权干预南部州宪法的内容构成,如同它不能干预北部的地方事务一样。特朗布尔对萨姆纳提出的理由非常不满,并对后者发起了猛烈的攻击,指责他总是为了推动他自己的"古怪……而不切实际的措施",而对"实际而有效的[重建]措施"设置障碍。内华达州参议员威廉·斯图尔特也加入了这次对萨姆纳的批判之中。德雷克评论道:"这是参议院在全国人民面前大跌身份的一天。"[76]

隐藏在这种尖刻的言辞交锋背后的,不仅有政治和意识形态上的分歧,还有日益渗透到共和党基层队伍中的挫折感。亚拉巴马州参议员威拉德·华纳评论说,这些党内的辩论揭示了"在重建这些南部州的时候,共和党人在坚持已经建立起来的共和党信念时,既没有足够的信心,也没有足够的信仰"。许多共和党人对重建抱有一种共同的预感,但无法确认应该做些什么。对"基本条件"的要求(许多国会议员认为它们永远无法被执行),为更深远地重新定义重建的企图提供了一种替代方案。一位纽约州的众议员写道,接纳弗吉尼亚州重返联邦的法案"对许多议员来说是非常不令人满意的,但它以高票得以通过,要让南部各州意识到它们的命运真的取决于国会,这是唯一可行的方式"。[77]

然而,即使他们在向南部发出了这一信息的时候,国会也拒绝了干预各州事务以把重建新政府从不理想的选举结果中拯救出来的想法。参议员斯图尔特评论说,要求各州采用共和政府的形式,传达了"[他们]无权立法将自己变成属于共和党的一部分"的意思。布朗洛政府倒台之后,田纳西州共和党人曾大声疾呼,

---

[76] David Donald, *Charles Sumner and the Rights of Man* (New York, 1970), 421-426; Edward McPherson, *The Political History of the United States of America During the Period of Reconstruction* (Washington, D. C., 1875), 573-578; *CG*, 41st Congress, 2d Session, 421-422, 541, 1174, 1183, 1361.

[77] *CG*, 41st Congress, 2d Session, 1359; Hyman, *More Perfect Union*, 520-521; Noah Davis to Isaac Sherman, January 25, 1870, Isaac Sherman Papers, Private Collection.

要求在他们的州里进行第二次军事统治。他们发现国会对这样的重建立法"从内心感到厌恶",并对"联邦干预"的想法更为反感。1868年,当佐治亚州立法机构将一名黑人议员予以驱逐时,国会在等了一年多之后,才下令让被罢黜的议员回归议会。但在一系列非常接近的表决中,国会拒绝了布洛克州长关于将议会任期延长到1870年秋季选举之后的要求。特朗布尤其抨击了这种"篡夺未经授权的权力"的努力。他警告说,这样的举措在北方选民的眼中,如同把"一块磨盘石挂在党的脖子上"。正如黑人议员的请愿书所预测的那样,其结果就是民主党的一次胜利大扫荡,"把我们的手脚捆绑起来,一并交到对我们最仇视和最无情的敌人手中"。[78]

这样,在1869年和1870年,国会处于一种介于从重建中撤退和要求进一步推进其南部政策的僵局之间。佐治亚州北部提包客阿莫斯·阿克曼在格兰特就职后不久造访了华盛顿,他观察到,虽然战后宪法修正案使联邦政府"在理论上更像是一个全国政府",但同时也注意到"即使在共和党人中,人们对于行使权力来纠正州的错误也是犹豫不决的"。阿克曼为此感到震惊,因为他相信,"除非人民现在习惯于行使这些权力,趁着刚结束的战争的光芒还温暖着国家精神的时候……,'州权'精神可能会再度制造

---

[78] A. J. Ricks to Oliver P. Temple, January 15, 1870, Oliver P. Temple Papers, University of Tennessee; Nathans, *Losing the Peace*, 164-171; Donald, *Sumner*, 449-450; *CG*, 41st Congress, 2d Session, 326, 1856, 2677, 2820-2821, 4797, 5378, 5621, Appendix, 291-293; Mark M. Krug, *Lyman Trumbull: Conservative Radical* (New York, 1965), 280-294; Lyman Trumbull to Henry P. Farrow, August 26, 1870, Henry P. Farrow Papers, UGa.

麻烦"。然而,正如安德鲁·约翰逊及其南方政府的不妥协态度在1866年帮助激化了国会行动一样,三K党的恐怖运动也帮助共和党人克服了不愿干预南部事务的犹豫不决。"如果这是唯一的选择,"谢尔曼说,"我愿意……再次呼吁使用国家的力量击溃这场有组织的内战,如同我们曾经做过的那样。"[79]

国会在1870年和1871年通过的一系列《实施法》体现了国会对暴力的反应。第一部《实施法》是"针对选举问题的刑法",它禁止州官员以种族为由歧视选民,授权总统任命选举检察官,后者有权在联邦法院对涉及选举舞弊、贿赂或恐吓选民的行为进行起诉,也可以针对合谋阻止公民行使宪法权利的行为向联邦法院提出诉讼。第二部《实施法》的设计更多的是以遏制北部城市中的民主党行为而不是规范南部条例为目的,加强了在大城市的执法力度。但随着暴力的持续蔓延,国会实施了一项更全面的措施——1871年4月的《三K党法》。该法第一次将个人所犯的某些罪行认定为可受联邦法律惩罚的罪行。所有企图剥夺公民的选举权、担任公职权、参加陪审团的权利和享受平等法律保护的权利的阴谋活动,如果各州不能对它们采取有效的制止行动,现在可能受到联邦地区检察官的起诉,甚至导致军事干预的介入和人身保护令的中止。[80]

《三K党法》将共和党人推向了宪法改革的外部边界。《民权法》

---

[79] Amos T. Akerman to Charles Sumner, April 2, 1869, Sumner Papers; *CG*, 42d Congress, 1st Session, 820.

[80] *CG*, 41st Congress, 2d Session, 3656; Hyman, *More Perfect Union*, 526-530; Trelease, *White Terror*, 385-391.

和战后宪法修正案主要旨在保护自由民免受带有敌意的州政府的行动，但将私人的犯罪行为管理留在地方执法官员的职权范围内。此刻，国会将侵犯公民权利和政治权利的暴力行为界定为一种联邦罪，并呼吁联邦国家充分利用自己的权威对其进行镇压，国会"试探性地进入了现代世界"。"这些都是意义重大的变化……"，《民族》杂志评论道。"它们不仅扩大了中央政府的权力，而且赋予它管理某一类案例的司法管辖权，对这些案件，联邦政府迄今为止不曾有过，也从未假装拥有任何管辖权。"民主党人则为这个代表"权力的集中和收缩的法律"感到悲哀，他们警告说，如果联邦政府能够惩罚各州州内的犯罪行为，地方自治的传统就会灭亡。加利福尼亚州参议员尤金·卡瑟利宣称："实施第十五条或第十四条宪法修正案的激进法律显然是违宪的，因为它们惩罚的是个人，而不是州……这是击败那些恶棍法律的巨石。"民主党人从未接受这些实施法律的合法性。二十多年后，当该党自19世纪50年代以来首次控制了白宫和国会之后，它将几乎废除了这些法律的所有条款。[81]

在为《实施法》辩护时，共和党人再次诉诸因内战而产生的并由战后宪法修正案来表现的联邦国家权威的广泛概念。"此刻的宪法不再是过去那样……"，俄亥俄州的乔布·史蒂文森坚持认

---

[81] Herman Belz, *Emancipation and Equal Rights* (New York, 1978), 127–128; Hyman, *More Perfect Union*, 530; *Nation*, March 23, 1871; *CG*, 41st Congress, 3d Session, 1271; 42d Congress, 1st Session, Appendix, 223; Eugene Casserly to Manton Marble, March 12, 1871, Manton Marble Papers, LC. (这位丝毫不谦虚的参议员接着说，这个"伟大的观点是我的发现"。)

为。"这个古老的、令人烦恼的问题,即这个国家究竟真正是一个全国性联邦,还是一个互不相交的邦联……已经永远地得到解决了。""如果联邦政府,"本杰明·巴特勒问道,"不能通过法律保护在各州的美国公民的权利、自由和生命,为什么要把对这些基本权利的保障写进宪法中呢?"当然,对联邦权力的最坚定的捍卫来自黑人国会议员,他们的选民们一直在向国会发出呼吁,要求采取有力行动,"使我们能行使公民的权利"。民主党人则将这些法律污蔑为"强制法",是对个人自由的可怕威胁。然而,一个人的武力也许会给另一个人带来自由。由于暴力恐怖在南方的大部分地区十分猖獗,黑人国会议员们对"法律上的细节"表示不耐烦,对有关宪法的抽象辩论也没有兴趣。约瑟夫·雷尼宣称:"我希望,对宪法的条款给予尽可能宽泛和自由的理解,以便它能对哪怕是最最卑微的公民提供保护。不要告诉我,一部宪法不能在自己正当的权力之下为一个国家的人民提供保护。"[82]

布莱恩在谈到《实施法》所引发的激烈的党派分歧时评论道:"党派界限如此严格的划分,这种情形并不常见。"然而,一群人数不多但能言善辩的共和党人却从联邦权力的最新的扩张退缩了。其中最直言不讳的是莱曼·特朗布尔。他呼应民主党人的指控,认为《三K党法》将彻底颠覆联邦制。他坚称,各州仍然是"个人权利的保护者"——如果国会能够颁布"通用刑法",对攻击和谋杀等类罪行进行惩罚,"那还需要政府来做什么?"特朗布尔的

---

[82] *CG*, 42d Congress, 1st Session, 394-395, Appendix, 299; 2d Session, 448, 808-810, 1987; Herbert Aptheker, ed., *A Documentary History of the Negro People in the United States* (New York, 1969 ed.), 594-595.

观点得到卡尔·舒尔茨的响应，后者认为《三K党法》在宪法中找不到立法根据。私下里，他把这部法律描述为一种"精神失常"症状。[83]

这些批评预示着南部政策上出现的一个主要分歧，它最终导致1872年的自由共和党运动。然而，就目前而言，南方暴力的现实重新激发了公众对重建命运的关注，而像特朗布尔和舒尔茨这样主张对南方采取自由放任做法的人则处在被孤立的地位。亨利·威尔逊宣称："你们所享有的一切自由都是通过联邦政府的行动获得的。"大多数共和党人也认为，公民权利遭到州官员和犯罪分子侵犯的危险性要远远大于联邦政府对权力的有效使用。然而，许多人对授权中止人身保护令的规定——即允许在不加指控的情况下逮捕和拘留嫌疑人——感到不安。该条款之所以得以通过，是因为南部共和党人几乎一致的支持，但它随后也遭到修订，并于次年失效。马萨诸塞州国会议员亨利·道斯可能表达了共和党的主流意见，他承认"下的药"是"过猛了"，但当问到共和党是否有其他的选择："我是否要选择放弃保护宪法赋予美国公民的权利的企图？"[84]

虽然根据《实施法》，受害的个人可以对袭击者提起诉讼，但镇压暴力的主要责任现在落在了联邦政府的肩上。指挥和监管这

---

[83] James G. Blaine, *Twenty Years of Congress* (Norwich, Conn., 1884), 2:466; *CG*, 42d Congress, 1st Session, 575–579; Carl Schurz to E. L. Godkin, March 31, 1871, E. L. Godkin Papers, HU.

[84] Joseph Logsdon, *Horace White: Nineteenth Century Liberal* (Westport, Conn., 1971), 192–194; *CG*, 42d Congress, 1st Session, 579, 519, 477.

一进程的是两位南部共和党人的代表人物：在新罕布什尔州出生但在佐治亚州长期居住的律师阿莫斯·阿克曼，他在19世纪70年代中期担任联邦司法部长一职；还有来自担任联邦检察长的本杰明·布里斯托，他是来自肯塔基州的联邦军队老兵。两人都决心大力实施新法律。阿克曼虽然在许多重建问题上是温和派（他反对佐治亚州1868年宪法中的债务人救济条款，并赞成对投票权设置财产和教育资格限制），但他此刻相信，镇压三K党需要采用"特殊的手段"。"这些[手段的]组合，"他在1871年写道，"相当于一场战争，不可能被任何其他理论有效地粉碎。"作为肯塔基州的联邦律师，布里斯托曾为保障黑人的权利做出积极的努力，使他在仍然禁止黑人出庭作证的肯塔基州显得十分出众。受阿克曼和布里斯托指挥的是新近成立的联邦司法部和一支由联邦法警和地区检察官组成的执法队伍。然后是联邦军队，但军队的人数有限（如果不包括在得克萨斯州的驻军，因为联邦在那里仍然与印第安人进行持续不断的战争，驻扎在南部的联邦军队不到6000名士兵），联邦军官也不太愿意扮演执法者的角色，所以军队的使用只能作为一种最后的手段。[85]

对三K党人的起诉面临一系列的困难：预算有限，获取证据

---

[85] William S. McFeely, "Amos T. Akerman: The Lawyer and Racial Justice", in Kousser and McPherson, eds., *Region, Race, and Reconstruction*, 396-404; *Journal of the Proceedings of the Constitutional Convention of the People of Georgia* (Augusta, 1868), 132-135, 266; Amos T. Akerman to Foster Blodgett, November 8, 1871, Akerman to B. Silliman, November 9, 1871, Amos T. Akerman Papers, University of Virginia; Ross A. Webb, "Benjamin H. Bristow: Civil Rights Champion, 1866-1872", *CWH*, 15 (March 1969), 39-53; Joseph G. Dawson III, *Army Generals and Reconstruction: Louisiana, 1862-1877* (Baton Rouge, 1982), 150-153.

也异常困难,一些受害者也不愿作证,负责起诉的联邦检察官通常因过度工作而十分劳累,而被告则因得到了一些法律辩护基金的援助——其中包括一个由韦德·汉普顿领头的基金项目——可以雇用兼具才华与经验的律师来挑战联邦检察官,尽管如此,起诉工作在1871年正式开始。数百人在北卡罗来纳州被定罪,驻扎在当地的联邦军队帮助逮捕了犯罪嫌疑人。许多人最终被关进监狱,包括拉瑟福德县三K党领袖伦道夫·肖特韦尔,他在纽约州奥尔巴尼的一所监狱服刑两年。联邦检察官威利·威尔斯在密西西比州确保将近700人受到起诉并被定罪,尽管其中的大多数人以缓刑的方式逃避了监禁的惩罚,他并警告要在暴力卷土重来时要施以更严厉的惩罚。只有在南卡罗来纳州,《实施法》中的军事条款才得以启用。在阿克曼的敦促下,格兰特于1871年10月宣布在9个内陆地区县处于"法律失效状态",并中止了人身保护令。联邦军队占领了该地区,逮捕了数百人,大约有2000名三K党人逃离了该州。司法部长亲自策划了联邦政府的法律战略,允许那些承认罪行和指认三K党组织头目的人可以不受惩罚地逃脱惩罚,同时将几十名行径最为恶劣的暴徒带到以黑人成员为主的陪审团面前受审。大多数的被起诉者最终认罪,并被判处监禁。[86]

---

[86] Robert J. Kaczorowski, *The Politics of Judicial Interpretation: The Federal Courts, Department of Justice and Civil Rights, 1866-1876* (New York, 1985), 57-61, 90; Kermit L. Hall, "Political Power and Constitutional Legitimacy: The South Carolina Ku Klux Klan Trials, 1871-1872", *Emory Law Journal*, 33 (Fall 1984), 936, 938, 941; Clarence W. Griffin, *History of Old Tryon and Rutherford Counties, North Carolina 1730-1936* (Asheville, 1937), 326-332; Trelease, *White Terror*, 345-348, 399-409; Harris, *Day of the Carpetbagger*, 399-400; McFeely, "Akerman", 407-408; Amos T. Akerman to B. Silliman, November 9, 1871, Akerman Papers.

1871年的法律攻势，以及最终动用军队来根除南卡罗来纳州的三K党势力的做法，代表了格兰特政府南部政策的一个引人注目的转变，因为在头两年该政府在这方面几乎毫无建树。但这项攻势的成就大部分应该归功于阿克曼。三K党人审判中揭露的种种令人发指的暴行深深地影响了这位司法部长。"尽管我对三K党即便在一个社区遭到镇压而感到欢欣鼓舞，"他写道，"但我也为[三K党从事的]活动感到非常难过。它揭示了南部白人道德情感的变态，这预示着在这一代人的时间里这个国家的那一部分陷入了病态之中。"阿克曼发动了一场个人圣战，力图将南部暴力的全部现实公之于众，他在北部各地来回巡讲，并在内阁会议上详细讲述三K党暴行的细节。但格兰特的顾问中并不是所有人都分享他的专注。国务卿汉密尔顿·菲什就抱怨说，司法部长"总是喋喋不休……一周两次听同样的讲述，不得不说是让人感到无趣"。1871年12月，当一系列的三K党案审理还在进行之中时，阿克曼突然被解职，显然，这是因为他对某铁路土地赠予案做出的裁决让与科利斯·亨廷顿和杰伊·古尔德有联系的具有影响力的共和党人感到不快。但他的继任者、前俄勒冈州参议员乔治·威廉斯继续推动审理与起诉。[87]

　　以实际遭到起诉和定罪的三K党人的比例来判断，"实施"的成果似乎有限，在数千名犯下令人发指的罪行的人中，仅有数百人受到惩罚。但从更为广大的目的来看——恢复地方秩序，重

---

[87] Gillette, *Retreat from Reconstruction*, 103, 166–168; Amos T. Akerman to Alfred H. Terry, November 18, 1871, Akerman to Lewis W. Merrill, November 9, 1871, Akerman Papers; Nevins, *Fish*, 2:591; McFeely, "Akerman", 409–411.

振南部共和党人的士气,使黑人能够行使公民权利等——这项政策是十分成功的。"站在自由一边的法律,"弗雷德里克·道格拉斯后来说,"只有在权力使法律得到尊重的时候,法律才会大有作为。"到1872年时,联邦政府明确表现出一种履行其法律责任和行使其强制性权威的意愿,这一意愿给三K党带来了致命的打击,也导致了暴力活动在整个南部的急剧下降。[88]

三K党在重建时期的生涯就此结束了,这无疑是美国历史上最不光彩的篇章之一。联邦权力实现了大多数南部州政府无法实现而南部白人公众舆论也不愿意实现的目标:服从法治。然而,对于南部各州的重建政权而言,对外部干预的需要无疑也成为一种令人蒙羞的对自身软弱无能的承认。"实施法律,"一位密西西比州共和党人写道,"拥有一种源自自身的权力效力;但州政府无权行使这样的法律,地方权力实在是太弱了。"这一结果则进一步增强南部共和党人指望从华盛顿争取保护的倾向。提包客阿尔伯特·摩根认为,只有"稳定的、坚定的来自外部的权力"才能确保重建的永久性。[89] 这种权力在未来能否如期到来,不仅取决于发生在南部的事件,还取决于北部如何对自己的重建经历做出反应。

---

[88] Gillette, *Retreat from Reconstruction*, 42–45; Kaczorowski, *Politics of Judicial Interpretation*, 79; James W. Garner, *Reconstruction in Mississippi* (New York, 1901), 343–344; Trelease, *White Terror*, 287, 348, 414–415; [Frederick Douglass] *Life and Times of Frederick Douglass* (New York, 1962 ed.), 377.

[89] Caleb Lindsay to Adelbert Ames, May 13, 1872, Ames Family Papers; A. T. Morgan, *Yazoo: or, On the Picket Line of Freedom in the South* (Washington, D.C., 1884), 323.

第 十 章

北部的重建

　　与南部一样,赢得胜利的北部在内战后也经历了一场社会转型。如果北部的重建不具有南部重建那样激烈的革命性,但战争所催生的变革在和平时代却不停地加速推进。纵观整个西方世界,作为一个由胜利的工业资产阶级所领导的空前的经济扩张时期,古典资本主义时代此刻已进入最火爆的最后几年之中。在美国,资本主义经济得以巩固的证据比比皆是:在南部,奴隶制得以终结,白人自耕农与市场关系进一步扩大,内陆地区商业中心不断崛起;在北部出现了制造业的繁荣、新型工业组织的蔓延和铁路线联网工程的完成;与此同时,整个密西西比和西部都向采矿、伐木、牧场和商业化的农业开放。北部的社会结构,与南部一样,在这些年里也都发生了变化。一个日益强大的、由工业家和铁路企业家构成的阶级与老牌的商业精英齐头并进,平起平坐;专业人才和白领工人的人数急剧增加,工薪工人不可逆转地取代了独立工匠,成为工人阶级中的典型成员。1868年,当查尔斯·弗朗西斯·亚当斯和他的家人从英国归来时,看到一个由煤炭、铁厂和蒸汽机组合的新经济胜利地凌驾于一个以农业和手工业为中心的世界之上,他们完全惊呆了,觉得自己"犹如来自公元前1000年的泰利安商人,从直布罗陀乘船而至,上岸后置身于一个与10年前相比已经发生了巨大变化的世界之中,令人感到极为陌生。"[1] 此外,与南部一样,经济和社会变革也对国家提出了新的要求,改变了政治辩论的条件和政党组织的模式。从劳资关系到政党政治,以及到对待战后南部的态度,生活中没有任何一个方面没有受到北部重建的影响。

北部与资本时代

随着和平的到来,受战争刺激而出现的工业利润和投资繁荣只是暂时地放缓,制造业的产出迅速恢复了其急速上升的进程。到1873年,美国的工业生产比1865年的水平高出75%,鉴于南方的经济停滞,这个数字显得更加令人印象深刻。在同一个八年的时间里,300万移民进入了美国,他们的目的地几乎全部都是北部和西部,他们的劳动力强烈地推动着像纽约这样的大都市中心和从帕特森到密尔沃基这样的小工业城市的快速增长。在新英格兰以外,典型的制造业仍然是个人或家庭拥有的小作坊,而不是以公司为基础而组建的大型工厂。但是,19世纪60年代目睹了工业劳动力的显著增长,以及劳动力向钢铁、机械工具制作和

---

[1] Eric Hobsbawm, *The Age of Capital 1848–1875* (London, 1975); [Henry Adams] *The Education of Henry Adams* (Boston, 1907), 237–238.

其他高度机械化的重工业部门的转变。到1873年,美国的制造业产量仅次于英国,非农业劳动工人的数量已经超过自耕农人口,北部已经义无反顾地进入了一个工业化时代。[2]

如果说棉纺厂是早期工业革命的象征,那么铁路就是成熟资本主义秩序的缩影。从1865年至1873年,美国铺设了35000英里的铁轨,这个数字超过了1860年全国铁路网的里程。铁路的修建帮助经济从1865年的低迷状态中走了出来,带来了煤炭和生铁生产的繁荣(两者都在战后十年中翻了一番多),并刺激了贝塞默钢化炉制造新工艺的迅速蔓延。铁路为商业化农业开辟了广阔的新领域,并帮助芝加哥和堪萨斯城等城市将其经济影响力扩大到内陆的农村地带。这些城市对资金的贪婪需求吸收了美国投资资本的大头(几乎没有给信贷饥渴的南部留下可用资金),推动了银行业的发展,同时也促进了美国资本市场进一步集中在华尔街。[3]

然而,随着全国运输系统的建成,其协调和整合也显得非

---

[2] Allan Nevins, *The Emergence of Modern America 1865-1878* (New York, 1927), 31-33; Ralph Andreano, ed., *The Economic Impact of the American Civil War*, 2d ed. (Cambridge, Mass., 1967), 226; U. S. Bureau of the Census, *Historical Statistics of the United States, Colonial Times to 1870* (Washington, D. C., 1975), 106; David Montgomery, *Beyond Equality: Labor and the Radical Republicans 1862-1872* (New York, 1967), 4-13; David T. Gilchrist and W. David Lewis, eds., *Economic Change in the Civil War Era* (Greenville, Del., 1965), 160; Clarence H. Danhof, *Change in Agriculture: The Northern United States, 1820-1870* (Cambridge, Mass., 1969), 10.

[3] U. S. Bureau of the Census, *Historical Statistics*, 731; Rendigs Fels, *American Business Cycles 1865-1897* (Chapel Hill, 1959), 92-98; Stephen Salisbury, "The Effect of the Civil War on American Industrial Development", in Andreano, ed., *Economic Impact of the Civil War*, 180-187; Alfred D. Chandler, *The Visible Hand: The Managerial Revolution in American Business* (Cambridge, Mass., 1977), 258-267; Dolores Greenberg, *Financiers and Railroads: A Study of Morton, Bliss and Company* (Newark, Del., 1980), 13-45.

常重要，因为大型干线（大部分由东部资本家控制）越来越多地吸收和兼并了规模较小的公司。当时美国最大的公司是宾夕法尼亚铁路公司，该公司在托马斯·斯科特的积极领导下，组建了一个横跨整个北美大陆的经济帝国，其资产包括许多煤矿和远洋蒸汽动力机船队。世界上只有英国和法国两个国家拥有比宾夕法尼亚州公司的6000英里更多的铁路轨道。作为"第一个现代的商业型企业"，主干铁路远远超过了制造业主们所关心的一些最大问题，包括资本的筹集和运作、运营的费用和员工人数等，并且拥有一大批专业经理来监管其遥远的运作，开创了新的劳工控制和官僚管理形式。对于战后许多年内成为经济企业象征的企业家们——科利斯·亨廷顿、詹姆斯·希尔、杰伊·古尔德等——来说，铁路为闻所未闻的巨大财富创造了机会（尽管许多铁路从未支付过股息，并最终走向破产）。对于其他美国人来说，铁路如同战争本身一样，以一种国家力量的身份在行动，大幅降低了运输成本，建立起一个庞大的全国性市场，为美国在四分之一世纪内获得爆炸性的增长奠定了基础，而这种成长则将使美国成为世界最重要的工业国家。[4]

资本主义的渗透速度没有比在密西西比河西部进行的更快或更富有戏剧性的了。这块"广阔无垠、尚无人间踪迹的巨大空间"（如沃尔特·惠特曼所称的那样）此刻被吸纳入不断扩大的经济中

---

[4] Nevins, *Emergence*, 63-64; Chandler, *Visible Hand*, 79-80, 87-88, 95-115, 123-124, 151-155, 289-190; Thomas K. McCraw, *Prophets of Regulation* (Cambridge, Mass., 1984), 4; Thomas C. Cochran and William Miller, *The Age of Enterprise: A Social History of Industrial America* (New York, 1942), 131-134.

来。内战结束时,定居的边疆还没有延伸到密西西比河以西。西部有数百万英亩的肥沃的和矿产丰富的土地,成群结队的水牛群在土地上游荡,这一切为大约25万印第安人源源不断地提供食物、服饰和栖身之处;这些印第安人中的很多人最早来自东海岸的印第安人部落,两个世纪前被迫从东海岸向内陆迁徙,并在19世纪初旧西北地区和西南地区向白人自耕农和种植园主开放定居后继续西迁。虽然格兰特政府的印第安人政策引起了许多争议,但几乎所有的军事和文职官员都分享一个共同的假设,即联邦政府应该说服或强迫中部平原的印第安人放弃他们原来的宗教、财产公有的习俗和"四处游牧"的生活方式,以换取基督教的信仰和在联邦监管的保留地上过定居农业式的生活。换言之,他们应该放弃他们声称占有的大部分土地,不再继续成为印第安人。"如果印第安人试图让白人像他们一样的生活,"桑蒂苏族印第安人的代表大鹰说,"白人将会反抗的,与许多印第安人对白人要求的反抗是一样的。"尽管格兰特的和平政策广为人知,但军队与各部落之间的冲突仍在激烈进行,联邦将领们采用的方法(如消灭水牛群,随之而消亡的是印第安人经济的基础)与他们在战胜邦联军队的胜利中所使用的战术并无二致。[5]

---

[5] Alan Trachtenberg, *The Incorporation of America: Culture and Society in the Gilded Age* (New York, 1982), 19; Nevins, *Emergence*, 101–114; Richard R. Levine, "Indian Fighters and Indian Reformers: Grant's Indian Peace Policy and the Conservative Consensus", *CWH*, 31 (December 1985), 329–350; Francis P. Prucha, *The Great Father: The United States Government and the American Indians* (Lincoln, Neb., 1984), 1:481–520, 534–535; Dee Brown, *Bury My Heart at Wounded Knee* (New York, 1970), 38; Robert G. Athearn, *William Tecumseh Sherman and the Settlement of the West* (Norman, Okla., 1956), 230–231.

与"提升"自由民的努力一样，试图通过教导印第安人信仰基督教和自由劳动的生活方式从而将他们"文明化"，也不乏高尚的动机。然而，在实践过程中，每当印第安人与渴望得到土地的定居者、牧场主、矿业公司和铁路公司发生权利冲突时，印第安人最多只能排在第二位。1871年，国会废除了曾将印第安人视为独立民族的条约体制——这一举措得到了铁路公司的大力支持，后者认为部落主权是铁路建设的主要障碍，而激进共和党人则认为，传统制度似乎是一种与内战催生的统一国族体制互不兼容的地方自治形式。当格兰特卸任时，铁路已经穿越中部大平原地区，农场主和牧场主已经取代了水牛群，大多数的印第安人都被集中限制在保留地范围中，虽然与印第安人的战争直到1890年在翁迪德尼对苏族人的屠杀之后才会结束，但平原印第安人的世界已经终结了。[6]

对印第安人的征服构成了西部经济剥削的一个重要的前奏。尽管与印第安人的战争尚未结束，但汹涌如潮的定居者大量进入跨密西西比地区；美国在内战后三十年里开发耕种的土地比之前两个半世纪美国历史上所开发的土地还要多。当南部还在为复苏的问题挣扎时，一个新的农业帝国在中部边界地区（明尼苏达、北达科他、南达科他、内布拉斯加和堪萨斯等地）开始出现，其

---

[6] Richard Slotkin, *The Fatal Environment: The Myth of the Frontier in the Age of Industrialization 1800–1890* (New York, 1985), 311–319; Prucha, *Great Father*, 1:529–531; H. Craig Miner, *The Corporation and the Indian* (Columbia, S.C., 1976), 32, 76; *CG*, 41st Congress, 2d Session, 1258; Edward E. Dale, *The Range Cattle Industry* (Norman, Okla., 1930), 36–46.

人口从1860年的30万增长到200多万。铁路以不可阻挡之势将西部这个独立自主农场主的神话家园带入资本主义的轨道之中。加州人已经注意到了一个引人注目的趋势，即土地所有权越来越集中地掌握在大片土地的拥有者手中，而他们的土地是由华人契约劳工和墨西哥移民来耕种的，在一个崇尚自由劳动的社会中，这是一种令人感到不安的趋势。"加利福尼亚不是一个农场组成的国家，而是……一个由种植园和庄园组成的国家"，年轻的记者亨利·乔治在1871年写道，他敦促政府利用税收来打击"土地垄断"，并"给所有人一个平等的机会"来实现共和国公民的独立。

然而在西部的其他地方，尽管出现了几个"邦纳查农场"，但这些年标志着家庭农场的最后一个鼎盛时期。虽然人口普查资料报告有大量佃农的存在，但与他们的南部同行不同的是，这些佃农仍然可以现实地想象未来的前景，即他们最终有机会沿着农业阶梯爬上顶端，成为一个拥有土地的农场主。然而，在旧西部和新西部，自给自足的农业的希望却变得日益黯淡，农场主的利益不仅受到变幻莫测的世界市场的影响，而且对抵押贷款、化肥和机械工具的依赖程度也日益增加。[7]

然而，西部不仅仅是一个农业帝国。在五大湖和俄亥俄河流域周围，出现了新的采矿和工业复合体，旨在处理农场主不断扩

---

[7] Nevins, *Emergence*, 154; U. S. Bureau of the Census, *Historical Statistics*, 457; Paul W. Gates, "Public Land Disposal in California", *AgH*, 49 (January 1975), 158–178; Henry George, Jr., ed., *The Complete Works of Henry George* (New York, 1911), 8:68–69, 86–88; Paul W. Gates, "Frontier Landlords and Pioneer Tenants", *JISHS*, 38 (June 1945), 159–160; Donald L. Winters, *Farmers Without Farms: Agricultural Tenancy in Nineteenth-Century Iowa* (Westport, Conn., 1978).

大的农作物产品，满足铁路对机械、煤炭和铁制品的巨大需求。增长速度最为惊人的是芝加哥，因为铁路的缘故，芝加哥主导了这一区域的粮食、肉类和木材贸易，并逐渐成为一个主要的工业中心，许多钢铁厂、农业机械厂和肉类加工厂都在此落户。从1860年至1870年，该市的人口几乎增加了两倍，其扩张也提升了伊利诺伊在制造业州中的排名，从1850年的第十五位在20年后提升到第六位。在整个西部，高度资本化的公司企业以惊人的速度大量涌现。尽管在投资和产出方面，芝加哥还远远落后于费城和纽约，后两者是美国制造业的领先中心，但其劳动力中的很大一部分是为拥有50名或更多雇员的公司工作。威斯康星州和密歇根州的木材业在1860年由小规模生产商主导，但现在为东部资本支持的公司所控制，这些公司霸占了大片的森林，兴建了许多木材加工厂，后者雇用了大批的伐木工人，其木材产量远远超过了内战之前的木材生产。以密尔沃基和明尼阿波利斯为中心的面粉加工业也经历了类似的拥有权集中化和生产大规模化的趋势。西部采矿业，无论是密歇根州的铁矿石、铜矿，还是加利福尼亚、内华达和科罗拉多等地的金矿银矿，都不断落入一些大公司的控制之中，这些公司运营东部和欧洲资本引进最先进的采矿技术，取代了独立的探矿者。后者只能用他的镐头和铁铲在地表面选取矿样，而前者则使用赚取工资的、能够进行深井探矿操作的矿工。[8]

---

[8] Frederick C. Jaher, *The Urban Establishment* (Urbana, Ill., 1982), 472–486; John H. Reiser, *Building for the Centuries: Illinois, 1865 to 1898* (Urbana, Ill., 1977), xiii, 182; John B. Jentz and Richard Schneirov, *The Origins of Chicago's Industrial Working*（转下页）

"火车头，"1873年《民族》杂志写道，"正在与我们体制的框架接轨。"与南部一样，在面对突然增加的对国家资源的要求方面，北部的政治结构同样也没有做好准备，并且也没有能力去应对因资本主义经济迅速发展而造成的新的腐败机会。"在每个州立法机构的走廊上和大厅里……，"伊利诺伊州一位共和党领袖说，"都挤满了为这家或那家公司谋取利益的人说客。"1867年，铁路公司的游说者推动马萨诸塞州立法机构向波士顿－哈特福德－伊利铁路公司颁发了一笔300万美元的拨款，斯普林菲尔德《共和党人报》将此项目斥责为一个"捞钱"的阴谋诡计，它"通过投票……把马萨诸塞州的州财政中的钱投进到［铁路公司董事们的］口袋里"。尽管有通用公司法的存在，但北部各州的立法机构向铁路、制造业和矿业公司授予了数千份特许状，授予它们有关债务限额和董事责任方面的大量特权。宾夕法尼亚州的立法机构的恶名在外，被称为美国最腐败的公共机构（该机构的一位前议员说，"除非在这个问题上被逼问"，他从来不愿承认自己曾经在其中拥有过议员的位置），在这个立法机构中，由铁路游说者组成的"第三院"拥有的影响力与民选的两院不相上下。立法者允许该州的铁路公司赋予其雇员拥有治安权（这一规定刺激了私人侦探机构的发展，如由前联邦间谍艾伦·平克顿所主持的

（接上页）*Class* (forthcoming), Chapter 3; Lawrence Costello, "The New York City Labor Movement, 1861–1873" (unpub. diss., Columbia University, 1967), 20–22; Frederick Merk, *Economic History of Wisconsin During the Civil War Decade* (Madison, Wis., 1916), 71–75; Richard N. Current, *The Civil War Era, 1848–1873* (Madison, Wis., 1976), 478; Rodman Paul, *Mining Frontiers of the Far West 1848–1880* (New York, 1963), 90–91, 193; Mark Wyman, *Hard Rock Epic* (Berkeley, 1979), 6–18.

那种机构一样),并颁布了无数的法案,为本州的公司提供援助。[9]

然而,正是在西部,一种类似于南部重建时代的"发展政治"以令人意想不到的方式得以出现,参与其中的有将公共和私人利益混为一谈的主要官员,还有那些对政府决策过度施压的铁路、木材和矿业公司。西部州的州宪法包含了内战前的一些禁止性规定,包括严禁州对私人公司提供州的直接援助,但在整个区域里,不同的县市相互攀比竞争,对铁路公司提供大量的援助福利,而州立法机构则往往假装对法律禁令视而不见。堪萨斯州州长塞缪尔·克劳福德也是一位与太平洋铁路公司有密切关系的律师,在他执政期间,该州州议会将数十万英亩的公共土地在该州的铁路公司中进行划分。伊利诺伊州州长约翰·帕尔默是前民主党人,对公司抱有一种杰克逊式的怀疑态度,仅在1869年就否决了72项特许状和铁路资助法案,但另有数百项其他类似法案成为法律。在威斯康星州,许多州立法机构的议员都持有从州政府资助中受益的木材公司和铁路公司的股票或在其中担任董事。游说者挤满了州议会大厅;"人类性格中最不堪入目的特征都由他们表现出来,"州长卡德瓦拉德·沃什伯恩说,"而眼睁睁地看着我们立法议员的大多数人在为争权夺利而拼抢……实在

---

[9] *Nation*, April 10, 1873; *CG*, 40th Congress, 3d Session, 652; Samuel Shapiro, *Richard Henry Dana, Jr., 1815-1882* (East Lansing, Mich., 1961), 134; John Cadman, Jr., *The Corporation in New Jersey: Business and Politics 1791-1875* (Cambridge, Mass., 1949), 160-172; William A. Russ, Jr., "The Origin of the Ban on Special Legislation in the Constitution of 1873", *PaH*, 11 (October 1944), 261; Frank Morn, *"The Eye That Never Sleeps": A History of the Pinkerton National Detective Agency* (Bloomington, Ind., 1982), 43-52, 94-95.

是一种羞辱。"在"大佬"伊莱沙·凯斯的授意下,共和党组织定期为大公司提供好处。例如,在 1873 年,凯斯利用"我掌握的所有资源"为西威斯康星铁路公司获得了土地赠予和免税优惠待遇。[10]

与南部一样,政治和商业的关系超越了党派界限。铁路公司十分谨慎地同时向两个政党捐款,并在自己的董事会中将两党的代表都包括在内。民主党的议员与北部的许多地方政府都支持铁路资助立法,用宾夕法尼亚州一家报纸的话说,"腐败不属于任何一个政党,但它已经征服了所有的政党"。在威斯康星州,正如凯斯所指出的,一些铁路的"商业利益"与"我们的政治命运有着千丝万缕的联系",但密尔沃基和圣保罗两市却启用了"所有它们能支配的强大的引擎"来支持民主党。然而,由于战争把这么多企业家的财富与全国政府的捆绑在一起,也由于共和党人不断营造尊重经济发展的氛围,而且看似也更适合扮演一个促进经济发展的政府的角色,他们与日益强大的工业资本家和铁路资本势力

---

[10] Howard R. Lamar, "Carpetbaggers Full of Dreams: A Functional View of the Arizona Pioneer Politician", *Arizona and the West*, 7 (Autumn 1965), 187–206; Carter Goodrich, *Government Promotion of American Canals and Railroads 1800–1890* (New York, 1960), 230–242, 275; Mark A. Plummer, *Frontier Governor: Samuel J. Crawford of Kansas* (Lawrence, Kans., 1971), 92; John M. Palmer, *Personal Recollections of John M. Palmer* (Cincinnati, 1901), 290–293, 312–314; Helen J. Williams and T. Harry Williams, "Wisconsin Republicans and Reconstruction, 1865–1870", *WMH*, 23 (September 1939), 18–21; Cadwallader C. Washburn to Lucius Fairchild, February 24, 1873, Lucius Fairchild Papers, SHSW; Elisha W. Keyes to D. A. Baldwin, March 13, 1873, Letter-books, Elisha W. Keyes Papers, SHSW.

建立了最密切的联系。[11]

在华盛顿，共和党领袖与商业公司之间日益增多的联系似乎更加明显。即使那些正直得无可指责的官员，也心安理得地接受在今天看来是极为严重的利益冲突的安排。例如，莱曼·特朗布尔在参议院任职期间，曾从伊利诺伊州中央铁路公司接受过一份年度聘用金。不太谨慎的议员们则把大部分时间都用在了填充自己钱包和为那些与他们或他们的政党有关系的公司谋利之上。宾夕法尼亚州参议员西蒙·卡梅伦是煤炭、石油和铁路企业的一名投资人，1869年，他与宾夕法尼亚铁路公司密切合作，将名不见经传的公司律师约翰·斯科特推选为参议员。艾奥瓦州的国会众议员格伦维尔·道奇处处为联合太平洋铁路公司的利益打点，因为他是该公司的首席土木工程师。许多国会议员都从铁路公司那里获得好处，内容不等，从享有免费铁路通行证到拥有土地和股票。内华达州参议员威廉·斯图尔特曾在太平洋铁路公司委员会中任职，中央太平洋铁路公司为此给予他5万英亩土地作为回报。银行家杰伊·库克被誉为"内战的金融家"，也是格兰特总统竞选活动的主要个人赞助者，他不仅是整个共和党的债主，而且也是相当一批共和党重要官员的债主。库克为众议院议长詹姆斯·布莱恩在首都华盛顿的住宅支付了贷款，以"一笔十分便宜的价格"

---

[11] Lee Benson, *Merchants, Farmers and Railroads: Railroad Regulation and New York Politics 1850-1887* (Cambridge, Mass., 1955), 62; Robert D. Marcus, *Grand Old Party: Political Structure in the Gilded Age 1880-1896* (New York, 1971), 246-247; Frank B. Evans, *Pennsylvania Politics, 1872-1877: A Study in Political Leadership* (Harrisburg, Pa., 1966), 43-44; Elisha W. Keyes to James H. Howe, October 6, 1872, Letterbooks, Keyes Papers.

将一块价值甚高的在德卢斯的土地卖给了俄亥俄州州长拉瑟福德·海斯，并聘请了本·韦德和伊格内修斯·唐纳利等已经卸任的政客出山，担任说客。与政府有业务关系的公司急切地寻求共和党全国委员会主席威廉·钱德勒的影响力。有一次，钱德勒发现自己同时被列在四家铁路公司的薪酬发放表上，其中包括联合铁路公司。[12]

与各州州政府一样，联邦政府也非常热心于铁路公司和其他公司的利益。1866 年的《国家矿产法》免费向矿业公司提供了数百万英亩矿产丰富的公共土地。联邦最高法院一再阻止地方市政当局拒绝铁路资助债券，即使有证据表明这些债券的发行是因贿赂而导致的。1862 年至 1872 年，联邦政府提供了 1 亿多英亩的土地和数百万美元的直接援助，以支持铁路建设，主要用于资助内战期间和内战之后授权修建的跨北美大陆铁路。黑人不禁会注意到，联邦政府的这种慷慨大度与其不给自由民提供土地的失败之间的对比。得克萨斯州自由民安东尼·韦恩问道，为什么"国

---

[12] Mark M. Krug, *Lyman Trumbull: Conservative Radical* (New York, 1965), 277; Erwin S. Bradley, *The Triumph of Militant Republicanism* (Philadelphia, 1964), 316–319; Stanley P. Hirshson, *Grenville M. Dodge* (Bloomington, Ind., 1967), 128–161; Russell R. Elliott, *Servant of Power: A Political Biography of Senator William M. Stewart* (Reno, 1983), 47–74; David S. Muzzey, *James G. Blaine: A Political Idol of Other Days* (New York, 1935), 64; Charles R. Williams, ed., *Diary and Letters of Rutherford Birchard Hayes* (Columbus, Ohio, 1922–1926), 3:89–91; Hans L. Trefousse, *Benjamin Franklin Wade: Radical Republican From Ohio* (New York, 1963), 315; Martin Ridge, *Ignatius Donnelly: The Portrait of a Politician* (Chicago, 1962), 129–130; Margaret S. Thompson, *The "Spider Web": Congress and Lobbying in the Age of Grant* (Ithaca, N. Y., 1985), 169.

会能够将数百万英亩的土地分配给那些铁路宠儿的项目……但它却不能资助处于饥寒交迫之中的可怜的安东尼和他的人民呢?"从来没有人回答过这个问题。[13]

与重建时期的南部一样,格兰特时代的腐败主要源于政府推动铁路发展的政策。其中最臭名昭著的腐败可能要算是与莫比尔信贷公司相关的案例。这是一家彻头彻尾的僵尸公司,由联合太平洋铁路公司的股东在内部组成,负责监管该公司接受政府资助的铁路线的建设。说穿了,公司的参与者以高额的利润与自己签订修建自己的铁路线的合同,但他们将莫比尔信贷公司的股票分发给有影响力的国会议员,从而使这一安排得以瞒天过海获得保护。一家报纸将这一安排曝光之后,国会展开调查,其结果导致两名国会议员被逐出国会,此事大大损害了许多其他公职人员的名声,包括众议院议长布莱恩、格兰特的副总统斯凯勒·科尔法克斯和亨利·威尔逊。[14]

联邦和州政府对土地、金钱和特殊优惠待遇肆无忌惮的分发也激励铁路建设的鼓吹者和投机者拼命争夺对铁路公司的控制权,通过这种控制,他们可以通过给股票注水和将政府援助转用于私人事业,从而获取巨额利润。由此给政治和经济企业造成的扭曲在争夺伊利铁路线控制权的恶斗中得到了生动的体现,这次恶性

---

[13] Elliott, *Stewart*, 55; Charles Fairman, *Reconstruction and Reunion 1864–88: Part One* (New York, 1971), 918–1116; Goodrich, *Government Promotion*, 193–201; Anthony Wayne to Charles Sumner, September 2, 1872, Charles Sumner Papers, HU.

[14] Willard H. Smith, *Schuyler Colfax: The Changing Fortunes of a Political Idol* (Indianapolis, 1952), 369–397; Allan Peskin, *Garfield* (Kent, Ohio, 1978), 355–362.

竞争发生在科尼利厄斯·范德比尔特和丹尼尔·德鲁、杰伊·古尔德、吉姆·菲斯克三人之间，范德比尔特是蒸汽机船和铁路大王，拥有的财富超过1亿美元，后三人也不是等闲之辈，均为伊利铁路公司的管理者，也是连手指都不用动便可积聚财富的专家。除其他事情之外，这场巨富之间的竞争引发一系列怪异的现象，伊利公司的新股票的印制速度与范德比尔特买进该公司现有股票的速度一样的快，目的是阻止他获得该公司的大部分股份，而由法官发出的禁令与对藐视法庭行为的传讯令则层出不穷，自相矛盾。与此同时，1868年的纽约州立法机构是该州历史上"最恶劣的官贼分子的组合"，它试图充分利用这一争斗从中渔利，因为争斗双方都为议会通过于已有利的立法而大肆行贿。但是，正如小查尔斯·弗朗西斯·亚当斯在一篇对这一事件精彩的叙述中所总结的，该叙述极大地震惊了《北美评论》的中产阶级读者，伊利铁路控股之战最重要的是证明了，"我们的大公司正在迅速地从国家控制中寻求自我解放，或者说正在将国家置于他们的控制之下"。[15]

然而，亚当斯有些夸大了事实，因为由铁路业主和工业资本家建构的政治霸权还远远没有完成。显然，如果斥责每位议员都犯有渎职罪，或者认为大公司的说客和政治腐败充分解释了马克·吐温所称的美国镀金时代政府的慷慨大方，那就错了。最终变得更为重要的是人们对资本主义发展带来的社会效益和政治优

---

[15] Charles Francis Adams, Jr., and Henry Adams, *Chapters of Erie and Other Essays* (Boston, 1871), 1–96; Wheaton J. Lane, *Commodore Vanderbilt: An Epic of the Steam Age* (New York, 1942), 223–260.

势抱有一种普遍的信仰。此外,尽管这些新公司的力量日益增强,它们只是那些企图利用国家来促进自身利益的众多群体中的一个。事实上,与南部一样,社会变革的进程深刻地影响了战后北部的政治和政府。在这里,国家也成为不同竞争者争夺权威的一个战场——不仅企业家在此寻求经济优势,而且激进派、黑人和妇女都希望将政府推动的社会和种族重建的进程向北部推进,农场主、劳工和其他一些人致力于纠正因资本主义的迅速扩张而造成的不平等,而一个新型的自鸣得意的知识分子群体则决心要重新界定"改革"的内涵。

政治的转型

在某些方面,北部公共权威在范围和宗旨方面的变化与重建时期的南部改革十分相似。州政府大大扩大了其公共卫生、福利和州立学校教育方面的责任,城市也在公园建设和改善水与煤气供应等公共工程方面投入巨资。因为政府能动主义引发了政治反弹,它在一些城市得以蓬勃发展,如在费城,当地政府被掌握在坚不可摧的政治机器手中;或者在像密歇根、马萨诸塞和纽约这样的州内,因为共和党人享有一个具有安全意义的多数,或者激进派共和党人掌握了最大的权力,它的生长也势不可挡。但在类似康涅狄格州和加利福尼亚州等地,共和党的地位最为岌岌可危,政府能动主义显得最弱。而在俄亥俄州,内部派系林立的共和党则完全不可能提出新的政策举措。在马萨诸塞州,一个由关系密切的骨干激进派组成的"伯德俱乐部"(因老牌改革家弗朗西斯·伯德而命名）在整个19世纪60年代一直控制着共和党政治，州政府建立了州公共慈善机构和公共健康两个委员会以及一支州警察队伍。密歇根州的共和党人扩大了为无家可归的儿童和精神病患者、聋哑人和盲人服务的州立设施；建立了一个卫生委员会，第一次将儿童接受教育作为强制性的要求，取缔了虐待动物的行为，并为民主党控制的底特律市创立了一个大都会地区警察委员会。与在南部一样，这些举措，加上对公司的援助，迅速扩大了州和城市的财政预算、债务和税率。从1860年至1870年，北部五个州的税负增加了两倍，密歇根州增加了五倍，新泽西州增加了六倍，而在1873年经济恐慌发生之前的六年中，波士顿、纽约和芝加哥的债券债务增加了两倍。（当然，与南部不同的是，北部的纳税能力——其总财富与人均收入——在这些年里也在上升。）[16]

在激进派州长鲁本·芬顿的主持下，纽约州实施北部最为雄心勃勃的改革计划。从1865年至1867年，州立法机构建立了8

---

[16] Morton Keller, *Affairs of State: Public Life in Late Nineteenth Century America* (Cambridge, Mass., 1977), 117, 124, 134; John C. Teaford, *The Unheralded Triumph: City Government in America, 1870-1900* (Baltimore, 1984), 285-294; Howard F. Gillette, "Corrupt and Contented: Philadelphia's Political Machine, 1865-1887" (unpub. diss., Yale University, 1970), 125; John Niven, "Connecticut: 'Poor Progress' in the Land of Steady Habits", Felice A. Bonadio, "A 'Perfect Contempt of All Unity'", Richard H. Abbott, "Maintaining Hegemony", George M. Blackburn, "Quickening Government in a Developing State", in James C. Mohr, ed., *Radical Republicans in the North: State Politics During Reconstruction* (Baltimore, 1976), 3-8, 26-49, 82-103, 130-138; C. K. Yearley, *The Money Machines: The Breakdown and Reform of Governmental and Party Finance in the North, 1860-1920* (Albany, 1970), 10.

所新的师范学院，成立了该州第一个慈善委员会，取消了州立学校的学费，为纽约市设定了最低条件的住房标准。一支专业的消防队伍取代了该市臭名昭著的、由志愿者组成的低效消防公司，立法机构创立了一个新的卫生委员会，这是该时期为数不多的拥有实权的行政机构之一，它不仅有权收集和公布数据，而且有权执行自己制定的规定（包括颁发酒类销售的许可证）。显然，该计划带有多种目的。长期以来，基督教安息日的维护者对周日饮酒表现出极大的厌恶，他们一直要求将这种厌恶转化为对该市德国和爱尔兰移民的一种限制；一位评论家写道，新的执照颁发程序将使"穷人的休息和娱乐日……变成阴郁和难受的一天"。新法律还旨在削弱控制纽约市政治的民主党组织，因为志愿者消防队直接卷入了1863年的征兵骚乱，并构成坦慕尼协会政党机器中的重要齿轮。然而，无法逃避的城市现实推动了这个全国最拥挤城市的两项改革：对住房条件的规范和一个卫生委员会的成立，两者都力图降低纽约市的高死亡率和改进该市臭名昭著的不健康卫生设施（有些人认为这是市长将清扫街道的合同授予自己的政治亲信的做法所致）。[17]

此外，在整个北部，共和党人也采取措施，改善居住在这一区域的黑人的生活状况。打击种族歧视的努力很难为共和党带来政治利益，因为对这种政策持反感态度的白人选民人数可能会超

---

[17] James C. Mohr, *The Radical Republicans and Reform in New York During Reconstruction* (Ithaca, N. Y., 1973); Matthew P. Breen, *Thirty Years of New York Politics* (New York, 1899), 109–112; Jerome Mushkat, *The Reconstruction of the New York Democracy, 1861–1874* (Rutherford, N. J., 1981), 92–93.

过人数甚少的北部黑人人口。事实上，随着德裔移民因周日禁酒法而叛逃至民主党阵营之中，纽约共和党人还试图取消该州强加于黑人选民的财产资格，但这一做法遭到党内广泛的指责，认为其要为民主党在1868年夺取州长职位和1869年夺取立法机构控制权负责，这令州政府支持的改革年代突然中断。相反，争取公民和政治平等的动力则从激进派对其意识形态的执着追求、重建政治的进程以及黑人本身的动员中的得以产生，黑人的教会、报纸和全州大会不断施加压力，要求废除歧视性法律，争取使用学校和公共交通设施等的权利，以及将重建的民主革命成果推广到北部。[18]

　　一部分是因为国会的措施在全国得以实施，一部分是因为州和地方一级采取的行动，北部黑人的政治、公民和社会权利在内战后的十年获得了惊人的进步。《1866年民权法》和战后的宪法修正案将那些禁止黑人进入北方各州、出庭作证和投票的州法宣布为无效，这些法律也成功地被黑人个人用来对铁路和城市轨道交通提出损害赔偿，因为这些铁路和有轨街车将他们完全排斥或禁止他们进入头等舱车厢。虽然州法院普遍认为，隔离设施如果是真正平等的，它们并没有违反第十四条宪法修正案，但交通歧视在北部许多地方逐渐地消失了。宾夕法尼亚州议会于1867年禁止有轨街车实施种族隔离，六年后，纽约州共和党人颁布了一项

---

[18] Mohr, *Radical Republicans in New York*, 264–265; Emma L.Thornbrough, *The Negro in Indiana Before 1900* (Indianapolis, 1957), 232, 238; *Proceedings of the Iowa State Colored Convention* (Muscatine, Iowa, 1868); [Lewis H. Putnam] *Review of the Revolutionary Elements of the Rebellion ... By a Colored Man* (Brooklyn, 1868).

具有开创性的、禁止公共住房歧视的民权法。黑人也获得了机会，进入那些从前没有为他们的教育提供经费的州立学校。一些拥有较多黑人人口的城市，如纽约和辛辛那提，设立了独立的黑人学校，而在其他城市，如芝加哥、克利夫兰和密尔沃基，不仅开办了种族融合的学校系统，而且偶尔还雇用一名黑人教师。在为数不多的几个州里，种族融合教育此刻已经成为常态。1867年，密歇根州的立法机构将学校的种族隔离宣布为非法（尽管底特律市的学校董事会拒绝服从法院判决长达四年之久），该州州立大学在1868年录取了第一批黑人学生。艾奥瓦州最高法院裁定种族隔离教育违反了第十四条宪法修正案。[19]

尽管传统的种族障碍被迅速推翻，但事实证明，北部的种族关系重建在许多方面不如南部的重建影响深远。辛辛那提的黑人领袖彼得·克拉克哀叹道，歧视四处可见："它在我生活中的每一个方面都形成障碍，无论是在商业、政治或宗教方面，包括在作为父亲或作为丈夫的每一种关系之中。"北部黑人人口的大部分仍

---

[19] Robert J. Chandler, "Friends in Time of Need: Republicans and Black Civil Rights in California During the Civil War Era", *Arizona and the West*, 22 (Winter 1982), 319–331; David A. Gerber, *Black Ohio and the Color Line 1860-1915* (Urbana, Ill., 1976), 47, 53–57; Harry C. Silcox, "Nineteenth Century Philadelphia Black Militant: Octavius V. Catto (1839–1871)", *PaH*, 44 (January 1977), 53–76; Jonathan Lurie, "The Fourteenth Amendment: Use and Application in Selected State Court Civil Liberties Cases, 1870–1890", *American Journal of Legal History*, 28 (October 1984), 304–313; Leslie H. Fishel, Jr., "Repercussions of Reconstruction: The Northern Negro, 1870–1883", *CWH*, 14 (December 1968), 340–341; David M. Katzman, *Before the Ghetto: Black Detroit in the Nineteenth Century* (Urbana, Ill., 1973), 50, 84–88; Elizabeth G. Brown, "The Initial Admission of Negro Students to the University of Michigan", *Michigan Quarterly Review*, 2 (October 1963), 233–236; Robert R. Dykstra, "Iowa: 'Bright Radical Star'", in Mohr, ed., *Radical Republicans*, 186.

然陷于城市贫困之中，只能居住在低劣的住房中，从事体力和无技能的工作（即便是在这里，由于欧洲移民的不断涌入以及雇主和工会的歧视，他们的立足点也变得越来越不稳定）。1871年对纽约市黑人社区的一项调查发现，约有400人是餐馆侍者和500人是码头工人，但只有两名医生和为数不多的熟练工匠。北部的黑人政客缺乏他们的南部同行的战斗精神，未能制定出一种解决其社区经济困境的可行战略。也许，对于一个主要来自小黑人商业阶层并代表一个在政治上处于边缘位置的选民群体来说，这种情况是不可避免的（黑人在北部人口仅占不到2%的比例）。尽管有黑人政客在马萨诸塞州和伊利诺伊州的立法机构中赢得了席位，但他们中的大多数并没有获得民选职位的现实前景，最终只能依赖白人共和党人的恩惠而获得职位。[20]

尽管如此，黑人此刻发现北部的公共生活以战前不可思议的方式向他们开放。承认黑人拥有平等的公民权利和政治权利，此刻已经成为作为一名共和党人的意义所在，纽约州不少于90%的共和党选民在1869年的全民公决中对种族平等的选举权表示支持。[21]然而，黑人并不是唯一要求将重建延伸到北部的群体。其

---

[20] Lawrence Grossman, "In His Veins Coursed No Bootlicking Blood: The Career of Peter H. Clark", *Ohio History*, 86 (Spring 1977), 94; H. D. Bloch, "The New York City Negro and Occupational Eviction, 1860–1910", *International Review of Social History*, 5 (1960), 26–31; New York *Tribune*, August 25, 1871; Fishel, "Repercussions of Reconstruction", 325–330, 344; Kenneth L. Kusmer, *A Ghetto Takes Shape: Black Cleveland, 1870–1930* (Urbana, Ill., 1976), 98–100, 116; Katzman, *Before the Ghetto*, 177–179; *CG* 39th Congress, 2d Session, 104; Bridges, "Equality Deferred", 98.

[21] Phyllis F. Field, *The Politics of Race in New York: The Struggle for Black Suffrage in the Civil War Era* (Ithaca, N. Y., 1982), 205.

他的主张则更具有分裂性，对能动主义国家和共和党人对法律面前平等的决心提出了考验。

在黑人获得选举权后，妇女仍然是"政府中唯一完全没有得到代表的公民阶层"。尽管废奴主义－女权主义联盟在围绕战后宪法修正案的争论中解体，但一个基础广泛的独立运动继续在施加压力，要求终止对妇女社会和法律权利的种种限制。伊丽莎白·卡迪·斯坦顿和苏珊·安东尼这样的女权领袖对男女关系变化的想象远远超出了选举权的范围，她们声称，女性在美国男性十分看重的个人进步方面也应有同样的自决权和机会。"要建立一个真正的共和国，"斯坦顿写道，"教会和家庭也必须经历一种我们所看到的国家所经历的剧变。"她坚持认为，自由合同原则是重建意识形态的核心，应扩大到家庭本身，婚姻应被视为一种可以随意取消的自愿协议，已婚妇女应享有一种自己做主的处置自己工资收入的权利。斯坦顿甚至接受了"自由恋爱"的异端思想，提出妇女拥有节育的权利。然而，投票权仍然是女权主义思想的核心，因为它承诺通过承认妇女在公共生活中的平等地位，来推翻那种将家庭界定为妇女领域的意识形态，从而使妇女能够通过集体政治行动来解决她们的其他不满。[22]

[22] *Official Proceedings of the National Democratic Convention Held at New York* (Boston, 1868), 29; Elizabeth Cady Stanton to Charles Sumner, April 3, 1866, Charles Sumner Papers, HU; Amy Dru Stanley, "Status or Free Contract: Marriage in the Age of Reconstruction" (unpub. paper, annual meeting of American Historical Association, 1985); Ellen C. DuBois, ed., *Elizabeth Cady Stanton, Susan B. Anthony: Correspondence, Writings, Speeches* (New York, 1981), 92-100; Steven M. Buechler, *The Transformation of the Woman Suffrage Movement: The Case of Illinois, 1850-1920* (New Brunswick, N.J., 1986), 26-27, 38-43, 79-81, 91-99.

"如果我能对女人所处的从属地位的被压抑的愤怒给予自由的发泄，"莉迪亚·玛丽亚·蔡尔德在1872年写道，"我可能会吓到你……可以说，要么我们的政府理论是错误的，要么妇女应该拥有投票的权利。"蔡尔德的愤恨在19世纪的妇女中并不罕见，她的逻辑是无可辩驳的。像萨姆纳这样的激进共和党人仍然对女性选举权抱有更同情的态度，但即使在马萨诸塞州，共和党人在这个问题上也出现了分裂。在伯德俱乐部的领导下，州已经扩大了已婚妇女的财产权和合同权，也扩大了允许离婚的理由范围，包括丈夫的极端残忍、习惯性的酗酒和丈夫未能尽到养家糊口的责任等。但是，尽管威廉·克拉夫林州长支持妇女选举权的要求，但1871年的州党代表大会回避了这个问题——只指出它"值得最谨慎和最受尊重的关注"——而一条相关的宪法修正案在立法机构的辩论中遭遇失败。艾奥瓦州和缅因州的同类提案也遭遇了同样的命运，当十分忠于共和党的密歇根州在1874年举行全民公决时，妇女选举权的提案也遭遇了惨败。妇女在两个美国准州获得了选举权——怀俄明在1869年12月做出这一决定，两个月后犹他跟进——但两者的行动都不是出于女权主义的理由。怀俄明准州的男性占其成年人口的七分之六，它希望选举权能呼唤来自东部的一批"女性移民"，而犹他准州的摩门教徒则希望选举权能够抵消一个人数在不断增长的"外邦人"（大多数是未婚矿工）群体的选票，并增强一夫多妻制家庭中男性的政治权力。[23]

---

[23] Lydia Maria Child to Charles Sumner, July 9, 1872, Sumner Papers; Dale Baum, "Woman Suffrage and the 'Chinese Question': The Limits of Radical Republicanism in Massachusetts, 1865-1876", *New England Quarterly*, 56 (March 1983), 63-69; Abbott,（转下页）

如果说妇女争取投票权的要求和推动暴露了共和党人不愿将平等权利原则按照其逻辑贯彻到底,那么经济上受压制的北部人提出的政治要求则给共和党带来不同类别的一系列问题。尤其是在西部,铁路网的扩张引发了越来越多的抗议浪潮。商业农场主们抱怨运价过高、为优惠大宗商品托运人而对其他人的歧视,以及机械制品的高昂价格。位于江河湖泊的港口城市因为被铁路绕过而大为不满,甚至连芝加哥的商人也声称其他地方享有更加优惠的运费待遇,并抗议由铁路控制的仓库所收取的高额费用。对所有这些群体来说,铁路似乎并不是一种进步的象征,而更像是一种外来的侵略力量,它扰乱了传统的经济安排和商业渠道,威胁到个人和地方社区的独立性。对这种情况做出的反应之一,是在密西西比河上游流域迅速出现了一个名叫"农业保护者"或"格兰其"的组织,它采取行动,建立起合作社,以设法躲避中间商的剥削,"迫使运营商以公平的价格来运送我们的产品"。尽管格兰其组织本身并不属于任何政党,但其成员很快转向政治,要求那些向企业提供慷慨援助的能动主义政府纠正因资本主义经济的快速增长而造成的失衡状况。[24]

(接上页) "Maintaining Hegemony", 6-7; Edward McPherson, *A Handbook of Politics for 1872* (Washington, D. C., 1872), 120-121; Harriette M. Dilla, *The Politics of Michigan 1865-1878* (New York, 1912), 172; T. A. Larson, "Woman Suffrage in Western America", *Utah Historical Quarterly*, 38 (Winter 1970), 9-17; Alan P. Grimes, *The Puritan Ethic and Woman Suffrage* (New York, 1967), 28-34, 53-58.

[24] George H. Miller, *Railroads and the Granger Laws* (Madison, Wis., 1971), 15-16, 19-21; Irwin Unger, *The Greenback Era: A Social and Political History of American Finance 1865-1879* (Princeton, 1964), 200-204; North Star Grange, Minutes of Meetings, February 5, 1870, Minnesota Historical Society.

越来越多的铁路批评者呼吁州政府采取行动,控制铁路运费率和仓库的租用费用。铁路公司对此表示坚决的反对,声称这样的行动将侵犯私有财产权,而在支持监管的人的眼中,铁路公司的抗议彰显出其极度的虚伪。一位格兰其组织的成员指出,铁路公司"以公共利益为借口",呼吁政府提供援助,还叫嚣着要求有权没收施工道路上的财产。"为了做到这一点,他们声称是公用公司,是为公众利益行事的。而一旦被授予宪章和路权,……铁路公司就成了私人企业,不再受州立法机构或州法院的约束。"要求监管铁路的呼声超越了党派界限,但由于共和党控制了北部几乎所有的州政府,并在成熟的商业化农业地区掌握着多数,如伊利诺伊州的北部,那里的反铁路情绪最为激烈,共和党人面临了需要对要求监管的呼声做出必要回应的艰巨任务。[25]

尽管这种早期的"反垄断"运动在随后几年出现的汹涌的农场主反抗浪潮面前显得有些苍白无力,但它确实推动了几个州试图控制铁路运费和仓库租金。在这方面最著名的行动结果——马萨诸塞州和伊利诺伊州的铁路委员会——表明共和党在州干预私人经济利益的问题上存有尖锐的分歧。马萨诸塞州铁路委员会在1869年的建立,深受小查尔斯·弗朗西斯·亚当斯的启发,他对铁路霸权可能带来的危险十分了解,但他担心"强制立法"会因干涉到铁路管理层的合法特权而带来弊大于利的后果。亚当斯认

---

[25] Rasmus S. Saby, "Railroad Legislation in Minnesota, 1849–1875", *Minnesota Historical Society Collections*, 15 (1915), 84; Miller, *Granger Laws*, 165–166; Philip D. Swenson, "Illinois: Disillusionment with State Activism", in Mohr, ed., *Radical Republicans*, 108–109.

为,更好的方式是建立一个由无党派专家组成的机构,该机构通过信息的公开和说服来展示权威性。按照这个蓝图,立法机构设立了一个缺乏强制力的委员会,但后者很快成为一个极其保守的工具,不仅竭力保护州的铁路免受进一步立法的干扰,而且反对铁路公司的工人组织工会。(亚当斯本人虽然是委员会的成员,却也在从事铁路债券的投机事业,并在拟建铁路沿线地带做土地投机生意;他的行为似乎与谴责的"伊利铁路分支"的行为有什么明显的不同。)相比之下,伊利诺伊州铁路和仓库委员会则对州的监管权力做出了更为广泛的界定,因为州立法机构赋予该委员会消除运费率的歧视做法、确定最高收费标准以及为执行其决定而采取法律行动的权力。由铁路公司发起的一桩法律挑战导致最高法院在1877年的芒恩诉伊利诺伊州案中,做出了里程碑式的判决,确认州拥有监管那些具有半公共性质的商业企业的权力。[26]

更为棘手的政治和意识形态问题来自在战后北部开始复苏的劳工运动。组织化劳工力量的急剧增长令当时许多人感到意外,因为战后的经济繁荣造成的劳动力短缺,以及随着战时通货膨胀的减弱,物价下降,导致平均实际工资在1865年至1873年间上涨了40%。但资本主义的复杂而不均衡的发展并没有创造出一个同质性的工人阶级群体,因为大型工厂与成千上万的小企业同时存在,而传统工匠与挣工资的操作工、季节性无技能"户外工人"

---

[26] McCraw, *Prophets of Regulation*, 2-20; Edward C. Kirkland, *Charles Francis Adams, Jr., 1835-1915: The Patrician at Bay* (Cambridge, Mass., 1984), 41-53, 67-77; Keller, *Affairs of State*, 178-179; Miller, *Granger Laws*, 76-96. 威斯康星、艾奥瓦和明尼苏达三州在这些年里也实施了铁路监管法则。

"纽约市的阳光与阴影"：马修·史密斯1868年畅销书的卷首插图。

（铁路货车的搬运工、运煤工人、码头工人等）也都共存于劳力市场之中。马萨诸塞州工厂里的无技能工人的年均收入约为600美元，这是一个家庭无法维持生计的工资收入，而在纽约这样的城市，成千上万的男女制衣工人在环境肮脏的血汗工厂里工作，他们所能挣到的工资甚至更少。但匹兹堡仍然是一个"工匠帝国"，其中的劳工贵族由拥有技能的钢铁工人构成，他们控制着劳动过程，并享有高额工资的收入。出生地、宗教和政党政治则在劳工大家庭中造成了更进一步的分歧。[27]

尽管工人阶级的经历具有多样性，但他们中间仍在逐步形成一种团结感，然而令几乎所有劳工（和许多其他美国人）甚为吃惊的是经济生活的方方面面所发生的变化。尽管当时有一种普遍的经济繁荣，但工业和商业大亨们积累起的空前数额的财富，将贫富之间的收入不平等推向了美国历史上一个最大程度的时刻。马修·史密斯1868年出版的畅销书《纽约的阳光与阴影》以一幅版画为卷首，展示了百货公司巨头亚历山大·斯图尔特居住的价值200万美元的豪宅与纽约市贫民窟公寓所形成的鲜明对比；就连罗切斯特铁路公司的总裁艾萨克·巴茨也把财富集中在"越来

---

[27] Philip R. P. Coelho and James F. Shepherd, "Regional Differences in Real Wages: The United States, 1851–1880", *Explorations in Economic History*, 13 (April 1976), 212–213; Steven J. Ross, *Workers on the Edge: Work, Leisure, and Politics in Industrializing Cincinnati, 1788–1890* (New York, 1985), 67–68, 81–83; Richard Schneirov, "Chicago's Great Upheaval of 1877", *Chicago History*, 9 (Spring 1980), 3; *Report of Bureau of Statistics of Labor* (Boston, 1872), 340–341; Francis G. Couvares, *The Remaking of Pittsburgh: Class and Culture in an Industrializing City, 1877–1919* (Albany, 1984), 9–30; Montgomery, *Beyond Equality*, 40–42, 75.

越少的几个人手中"视为美国面临的最严重的问题。不可阻挡的工业机械化和追求更大生产规模的趋势将熟练的工匠转化为"机器的看护人",并威胁要将《民族》杂志所称的"旧世界的伟大诅咒——社会分裂为阶级——带入美国生活的深层之中"。马萨诸塞州的工业,爱德华·阿特金森在内战期间就曾指出,处于"一个过渡状态,工人们从最初的临时性帮工、农场主的女儿等,工作和在寄宿房居住几年之后,转化为一个永久性的工厂人口"。到1870年时,同样的趋势在西部也变得十分明显。例如,在辛辛那提,为数不多的几家大型工厂所雇用的工人人数与该市数千家小作坊所有的帮工人数差不多。以上这些都提出了一些令人不安、涉及自由劳动原则是否继续有效的问题:自由取决于对有生产能力的财产的所有权,而为工资而工作只是通往经济自立道路上的一个暂时的栖身之地的状态。[28]

战后劳工运动借用以工匠独立和共和平等为特征的传统理想来动员技能和非技能工人,以及本土和外国出生的工人。对于那些宣扬贪婪的个人主义美德和供需铁定法则的市场经济正统说教,劳工们则以互助互惠的伦理和被一个机械师称之为"道德经济"的观点予以回击,道德经济的思想强调,经济活动,与其他的活动一样,必须以伦理标准来判断。到19世纪70年代初,在内战

---

[28] Jeffrey G. Williamson and Peter H. Lindert, *American Inequality: A Macroeconomic History* (New York, 1980), 75; Matthew H. Smith, *Sunshine and Shadow in New York* (Hartford, Conn., 1868), frontispiece; Isaac Butts to Isaac Sherman, February 6, 1872, Isaac Sherman Papers, Private Collection; *Report of Bureau of Statistics of Labor*, 342; *Nation*, June 27, 1867; Edward Atkinson to Charles Eliot Norton, March 7, 1864, Charles Eliot Norton Papers, HU; Ross, *Workers on the Edge*, 80.

中幸存下来的3个全国性工会组织已经发展到21个;北部的城市都出现了地方工会和市政劳工委员会,罢工也已成为工业生活中的一种常见现象。虽然许多冲突集中在对工资水平的争论上,但激发劳工运动的却是对更广泛问题的关注,尤其是对"工资制度"的长期厌恶。劳工领袖艾拉·斯图尔德声称,重建是一个全国性的问题,因为"与奴隶制相关的某些东西"仍然在北部继续存留。一个工会宣称,"大众永远不会获得完全的自由……直到他们完全摆脱雇佣制。"[29]

处于新旧观念之间的劳工运动,也反映出经济本身的过渡状态。尽管阶级冲突日益加剧,但大多数工会领导人无法完全摆脱自由劳动思想的影响(鉴于在资本时代市场价值拥有的广泛霸权,这种情况几乎是不可避免的,也与同代的英国劳工运动的情形相似)。劳工改革者没有把自己想象成一个挣取工资的阶层的代言人,也不认为自己与雇主的利益从本质上是对立的,他们仍然把"资本与劳工之间的合作"视为一种自然而值得期待的事情结果,并坚持认为美国必须避免出现永久性的阶级划分。像艾拉·斯图尔德这样的人有时也谈到雇主和雇员之间存在"不可抑制的冲突",但在其他时候,他宣称,这些问题可以通过建立工人所

---

[29] David Montgomery, "Working-Class Radicalism in America 1860–1920" (unpub. paper, Milan [Italy] Conference on American Radicalism, 1979); *Nation*, November 16, 1865; Samuel Bernstein, "American Labor in the Long Depression, 1873–1878", *Science and Society*, 20 (Winter 1956), 66; New York *Tribune*, May 13, 14, 16, 1867; Cincinnati *Commercial*, April 15, 1867; David Roediger, "Ira Steward and the Anti-Slavery Origins of American Eight-Hour Theory", *Labor History*, 27 (Summer 1986), 424; *The Proceedings of the Annual Meeting of the Knights of St. Crispin for 1869* (Boston, 1870), 33–34.

有的合作社从而允许"劳工获得资本"的方式来解决（在大多数行业还处于小型企业规模状态的时候，这不乏是一种可能有效的策略）。[30]

如果工人通过自己的努力采用合作来反击"工资奴役制"的蔓延，那么劳工纲领中的其他原则则期望来自政府的行动。绿背纸币主义——废除银行货币，支持使用数额充足的国家纸币——承诺要降低利率，从而促进合作社的建立，促进经济增长，并将货币控制从一个寄生性的"金钱权力"手中转移到民主政府手中。更受欢迎的是要求通过立法减少每天的劳动时间，这一要求动员起工匠、工厂操作工和日工的支持。劳工群体没有把八小时日工作制视为一个狭隘的"经济"问题，而是赋予其一种几乎是乌托邦意义的投入，将劳动时间的缩短视为一种"新福音"，它将使工人能够将时间投入到教育、自我完善和公民参与等活动中，从而建立起"工人阶级的独立性"，并保证"我们共和体制的成功"。[31]

"所有先前的政治共和国，"1869 年一份劳工报纸宣称，"都已经消亡了，原因是它们不是建立在一个社会共和国的基础之

---

[30] Montgomery, *Beyond Equality*, 4, 178-180, 446; Hobsbawm, *Age of Capital*, 114, 249; John R. Commons et al., eds., *A Documentary History of American Industrial Society* (Cleveland, 1909-1911), 9:151; Robert P. Sharkey, *Money, Class, and Party: An Economic Study of Civil War and Reconstruction* (Baltimore, 1967 ed.), 206; Roediger, "Steward," 413-423.

[31] Montgomery, *Beyond Equality*, 260, 422-444; Chester McA. Destler, *American Radicalism 1865-1901* (New London, 1946), 7-8; Commons et al., eds., *Documentary History*, 9:145, 177-179, 206, 216-218, 234-235; *Workingman's Advocate* (Chicago), May 11, 1866.

上。"但是，如果组织化的劳工设想了重建时期建立的平等权利原则可以向更广范围延伸的前景，劳工组织自己拥有的平等概念在许多方面仍然是一种彻头彻尾的传统理念。工会成员主要是由工匠和熟练工业工人组成，他们并不愿意将自己的成员扩大到白人男性之外。尽管劳工队伍中妇女人数不断增加，并出现了一个寻求与男性劳工组织进行合作的"劳动妇女协会"，但大多数工会认为，妇女对男性工人的工资水平、技能和社会特权构成了威胁，包括他们掌管"家庭工资"的能力，而正是因为有"家庭工资"，他们的妻子和女儿才能留在家中不外出工作。也没有证据显示，组织化的劳工在种族问题采取了包容的态度。在加利福尼亚州，到1870年时，作为契约劳工的中国移民已经占到工资劳动力队伍的四分之一，然而，对华人劳工的排斥活动，比任何其他问题都更关键地塑造了劳工运动的发展。[32]

此外，在全国各地，几乎所有的工会都将黑人排除在外。战后的全国劳工大会要么主张成立隔离的地方黑人工会，要么认为整个黑人劳工问题是"如此的神秘，而且我们成员中对它的意见又是如此的分散"，以至于无法做出任何决议。这些集会同时也无视重建的问题，除了呼吁"迅速恢复"南部在联邦的地位之外，就还注意到北部的就业直接或间接地依赖于棉花生产的恢复。许多劳工领袖对安德鲁·约翰逊——辛辛那提的一位工人称他为

---

[32] *Workingman's Advocate* (Chicago), September 25, 1869; Ellen C. DuBois, *Feminism and Suffrage: The Emergence of an Independent Women's Movement in America, 1848-1869* (Ithaca, N. Y., 1978), 111-133; Alexander Saxton, *The Indispensable Enemy: Labor and the Anti-Chinese Movement in California* (Berkeley, 1971).

"老裁缝"——抱有同情之心。另一些人则担心，对黑人的政治和经济愿望的支持就意味着与共和党发生联系，而这样做将会破坏劳工政治的独立性，并冒犯那些忠于民主党的工人。即便是那些主张建立黑人劳工组织的人，也对黑人自己关系的问题并不感兴趣。1869年年初，铁模工工会主席威廉·西尔维斯在南部巡回演讲时，曾招募了黑白两个种族的成员参加工会，但他同时称自由民局"对于这个国家的诚实劳工而言是一个巨大的欺骗"，他并指责北部提包客是南部的困境所在。因此，尽管黑人对经济自立的寻求与劳工自身对"工资奴役制"的敌意有相通之处，但北部劳工运动却未能将其自身的愿望和利益与前奴隶们的愿望和利益相互等同起来。[33]

白人劳工不想与黑人合作，这是不可避免的现实；此外，两个种族的工人的经历和他们关注点的差异也阻碍了两个劳工组织之间的联合行动。一位黑人代表在前往参加1869年全国有色人种劳工大会（会议的参加者主要由政治人物、宗教领袖和专业人士组成，而不是田野耕种者的后代）的路上，在乘坐火车时被逐出头等舱，这种情况是白人劳工改革者永远不会遭遇的。大会讨论的议题集中在不分种族的就业平等、法律面前人人平等，以及如何协助自由民获得土地的方法——而这些是白人劳工集会并不关

---

[33] Philip S. Foner, *Organized Labor and the Black Worker 1619–1973* (New York, 1974), 18–23; Sumner E. Matison, "The Labor Movement and the Negro During Reconstruction", *JNH*, 33 (October 1948), 445–453; Commons et al., eds., *Documentary History*, 9:139, 185, 190–191, 227, 237; James M. Morris, "The Road to Trade Unionism: Organized Labor in Cincinnati to 1893" (unpub. diss., University of Cincinnati, 1969), 216; *Workingman's Advocate* (Chicago), February 13, March 6, 27, 1869.

心的问题。大会通过的决议要比白人大会的决议更加强调罢工的徒劳无益，并更主张寻求资本与劳工利益之间的和谐。这些压力都反映了许多黑人工匠的经验。的确，大会主席、巴尔的摩造船厂的捻缝工艾萨克·迈尔斯曾在1865年目睹了一场"针对有色人种机械师和码头装卸工的大罢工"，这次罢工直接导致1000名黑人船厂工人被解职。白人雇主反对罢工，一位白人商人随后通过出租自己的船坞来帮助了迈尔斯和一群黑人商人。此外，与白人劳工大会不同的是，黑人劳工的大会仍然坚定地与共和党站在一起，拒绝讨论独立的劳工政治，也拒绝使用绿背纸币来支付国家债务等观点，尽管这些观点在白人工人中很受欢迎，但与格兰特政府的政策不同。[34]

当劳工问题进入政治领域之后，它产生了一种非常不同的围绕重建而进行的政治划分与组合。在国会，乔治·朱利安关于为联邦雇员规定每天8小时工作制的法案，赢得了并不常见的北部民主党人与激进共和党人的联合支持，前者代表了许多城市工人阶级选区，而激进共和党人则习惯于利用民主国家的政体进行改革。尽管撒迪厄斯·斯蒂文斯和查尔斯·萨姆纳将所有精力完全放在重建问题上，对8小时日工作制的事业仍然处于漠不关心或怀有敌意，但大多数批评来自温和派和保守派的共和党人。"我坚

---

[34] Philip S. Foner and Ronald L. Lewis, eds., *The Black Worker: A Documentary History from Colonial Times to the Present* (Philadelphia, 1978–1984), 2:36–47, 53–54, 58, 63–78, 85–86, 90, 95, 113; Martin E. Dann, ed., *The Black Press 1827–1890* (New York, 1971), 231–233; Bettye C. Thomas, "A Nineteenth Century Black Operated Shipyard, 1866–1884: Reflections Upon Its Inception and Ownership", *JNH*, 59 (January 1974), 1–12.

决反对用法律来规范劳动时间的想法",费森登说。"让这个问题由伟大的监管者——供求关系——来监管。"8小时工作制的法案于1867年3月在众议院获得通过（几乎所有激进共和党人和民主党人都投了赞成票），但却葬身于参议院的一个委员会手中。1868年,约翰·谢尔曼提议,当联邦工作日从10小时降为8小时后,工资应按比例降低。激进派共和党人和民主党人联合挫败谢尔曼的提议。尽管如此,"老裁缝"（安德鲁·约翰逊）的司法部长仍然下令削减海军造船厂工人的每日工资,在格兰特上任后,这一法令被撤销。[35]

一家共和党报纸认为国会激进共和党人对8小时工作制法案的支持是完全自然的,因为劳工和激进派共同分享"人类的基本尊严"和"普遍平等"的理念。然而,在州一级,问题就要更为复杂一些,因为虽然联邦法律只适用于政府雇用的工人,但州立法将影响私营企业的雇员。一些激进派的报纸,如由乌托邦派社会主义者查尔斯·达纳编辑的芝加哥《共和党人》报,支持8小时日工作制的运动,但另一些报纸则警告不要立法干预经济的"自然规律",并重申它们的信念,"雇主和雇工的利益是相同的"。由于劳工运动过于软弱,无法将其意志强加于北部州政府之上,两党都寻求从一些无效措施中赚取政治资本,而这些措施对于8小时工作制的想法也只是动动嘴皮子的功夫而已。北部7个州的立法机构将8小时宣布为法定的工作日时间长度,但缺乏实

---

[35] Ira Steward to George W. Julian, March 19, 1866, George W. Julian Papers, Indiana State Library; *CG*, 39th Congress, 1st Session, 1969; 40th Congress, 1st Session, 413-414, 425, 2d Session, 3424-3429; Montgomery, *Beyond Equality*, 312-318.

施条款，而且还将"签约自由"的条款纳入其中，该条款允许劳资双方就工时的延长共同表示同意，这些规定因此形同一纸空文。1867年，一家报纸报道说，没有一个雇主会遵守纽约州的8小时工作制法律。所有获得工时削减的工人都是通过自己的努力而争取到这一结果的。1867年，因为雇主拒绝遵守伊利诺伊州的相关法律，芝加哥的工人举行了一次失败的大罢工，但5年后，约10万名工人通过罢工将8小时日工作制至少暂时地带入了纽约市。[36]

劳工问题所带有的内在分裂性在马萨诸塞州——美国最为彻底的工业化州——表现得尤其显著。在这里，劳工运动与激进共和党人持有的基本立场相同，因为许多工会领导人在战前曾受到废奴主义运动的影响，波士顿《每日晚报》是1864年在出版商关闭工会化的印刷厂之后成立的一家劳工杂志，它对国会重建的措施表示支持，并敦促工会停止对黑人工人的排斥。许多马萨诸塞州的激进共和党人，包括众议院议长詹姆斯·斯通，都对限制工作日、禁止童工和确保工作环境安全的立法表示支持。然而，包括激进派领袖弗朗西斯·伯德（一家成功的造纸厂厂主）在内的

---

[36] Washington *Weekly Chronicle*, July 4, 1868; Jentz and Schneirov, *Chicago's Working Class*, Chapter 5; Montgomery, *Beyond Equality*, 301–305, 311; New York *Journal of Commerce*, October 3, 1867; Costello, "New York City Labor Movement", 369–375. 康涅狄格州、纽约州、宾夕法尼亚州、伊利诺伊州、密苏里州、威斯康星州和加利福尼亚州都通过了8小时日工作制的法律。这些州的立法机构的大多数，但不是所有的，是由共和党控制的，然而，投票的模式并不以党派认同或对重建问题的分歧画线。譬如，在新泽西州，共和党人对该法的支持率超过了民主党人，但在纽约州的投票结果则正好相反。Kent A. Peterson, "New Jersey Politics and National Policy-Making, 1865–1868" (unpub. diss., Princeton University, 1970), 202–203; Mohr, *Radical Republicans in New York*, 134.

其他人则坚持认为，劳工的要求将违反市场的供求法则，并违背共和党人试图引入南部的自由合同原则。一系列由激进派主导的政府委员会调查了劳工立法的需要，但都无一例外地反对州对劳动时间进行监管，认为政府干预将"颠覆个人财产权"。（其中一份报告的结论是，劳工立法可以在其他方面为工人提供帮助，例如兴建"公园、野生动物园和植物园"等，供他们娱乐和休闲。）1866年，州立法机构禁止工厂雇用10岁以下的儿童，8年后又立法规定妇女和儿童每周最多的工作时间为60小时，但拒绝颁布一项关于8小时日工作制的通用法律。当制鞋工人工会圣克里斯平骑士团申请获得一份州的特许状，使其能够建立合作制企业时，州的立法者们断然拒绝了这一请求。[37]

据一位鞋匠说，克里斯平骑士团申请特许状失败的经历表明，在马萨诸塞州，"在一个奴隶制的制度中，资本拥有劳动力"。鞋业工人和其他工会对此做出的反应是，发起组织一个劳工改革党，并提出一个政纲，呼吁减少工作时间，对政府债券实行征税，用绿背纸币来支付国债。该党的支持力量集中在像林恩和黑弗里尔这样的制鞋城市（该党在后者获得了超过三分之一的选票），新党在1869年的全州选举中获得了10%的选票，并将23名代表送入州立法机构。次年，劳工改革者则声称自己是马萨诸塞州激进主

---

[37] Philip S. Foner, "A Labor Voice for Black Equality: The Boston Daily Evening Voice, 1864-1867", *Science and Society*, 38 (Fall 1974), 304-325; Baum, "Woman Suffrage", 70-71; Montgomery, *Beyond Equality*, 120-126, 266-268; James Leiby, *Carroll Wright and Labor Reform: The Origins of Labor Statistics* (Cambridge, Mass., 1960), 47-48, 51; *Seventh Annual Report of the Bureau of Statistics of Labor* (Boston, 1876), 274-277, 293.

义传统的继承人。新党采用了"人人权利平等"的口号，提名温德尔·菲利普斯为州长（这是这位伟大的演说家一生中唯一一次对政治职位的寻求），并提名黑人议员乔治·拉芬为州司法部长。菲利普斯通过支持爱尔兰民族主义来争取移民选民的支持，并谴责"工资制度"的实施阻止了"劳资共有利润的公平分配"。当北亚当斯城的一家制鞋厂在竞选期间引进75名中国劳工企图破坏克里斯平骑士团的罢工活动时，菲利普斯拒绝附和排斥东方人的大众情绪，对使用契约劳工作为罢工破坏者的做法表示谴责，但他坚持认为，马萨诸塞州应该欢迎所有种族的自愿移民。尽管遭到了昔日激进派和废奴主义盟友的强烈抨击，菲利普斯仍然夺得了16%的选票，在工业城市和爱尔兰裔美国人中赢得的支持尤其明显（尽管他也得到禁酒党的支持）。而拉芬的得票则处于领先地位。[38]

1870年的选举标志着马萨诸塞州独立劳工政治的高潮时刻，但这场运动已经迫使州立法机构做出了一个让步，即美国第一个劳工统计局的建立。在一位开明的工厂经理和一位工会积极分子的带领下，该局的第一份报告揭示了该州工厂中普遍存在的长工时、低工资和普遍的童工雇佣情况，呈现了一幅令人感到极为压抑的画面，并绘声绘色地描绘了波士顿廉价公寓的居住条件，将公寓业主的名字和收入曝光，公之于众。这份报告引起了各方

---

[38] *Report of the Bureau of Statistics of Labor 1870*, 281–282; *AC*, 1869, 416; Dale Baum, *The Civil War Party System: The Case of Massachusetts, 1848–1876* (Chapel Hill, 1984), 147–153; Irving H. Bartlett, *Wendell Phillips: Brahmin Radical* (Boston, 1961), 351–355; Frederick Rudolph, "Chinamen in Yankeedom: Anti-Unionism in Massachusetts in 1870", *AHR*, 53 (October 1947), 1–29; *AC*, 1870, 474; S. P. Cummings to Charles Sumner, December 14, 1871, Sumner Papers.

足够的关注,马萨诸塞州众议员乔治·霍尔因此提议成立一个联邦劳工委员会,这一提议在1871年和1872年就政府干预劳动力市场是否得当的问题引发了激烈的辩论。尽管霍尔想象的联邦机构是一个其职责仅限于收集和传播信息的机构,但其他共和党人则呼吁采取更严厉的行动。印第安纳州众议员约翰·尚克斯宣称:"这个国家的劳动者今天认为,他们受到了资本的不公正待遇……如果他们是正确的,国会有责任将他们从这种压迫下拯救出来。"霍尔的一个崇拜者对这一说法感到欣喜若狂,这是"国家立法工作中的一个全新的计划"。然而,这一切对于坚持有限政府理论的民主党人和那些正在从能动政府理念中后撤的共和党人来说,实在是不能承受之重。"我们在哪里停下来?"一位国会议员质问道:"在私人生活中,还有什么不能让政府入侵的神圣地方留下来?"霍尔的提案在众议院获得了通过,但在参议院讨论时首先被一个修正案将其改头换面转化成一部关税调查法案,随后则销声匿迹。[39]

亨利·威尔逊对霍尔的法案表示支持,但这场辩论中使用的语言深感不安:"我在这里听到'劳动阶级'这个词的使用,不能不令我想起以前听到'奴隶'一词时的同样的感觉",他告诉参议院,并补充说,法律绝不应该承认"在这片信仰平等的土地上有阶级"的存在。威尔逊的不适恰好显示了劳工改革计划如何含蓄地挑战自由劳动的意识形态,并对一个仁慈政府只是确保公民的

---

[39] William R. Brock, *Investigation and Responsibility: Public Responsibility in the United States, 1865-1900* (New York, 1984), 151; Leiby, *Carroll Wnght*, 57-58; S. G. F. Spackman, "National Authority in the United States: A Study of Concepts and Controversy in Congress 1870-1875" (unpub. diss., Cambridge University, 1970), 214-226; *CG*, 42nd Congress, 2d Session, 102-104, 221-222, 4016, 4042-4044.

法律和政治平等的做法提出挑战，质疑其拥有的激进性是否能够满足新的改革要求。1865年，一家共和党报纸宣称重建的目标是"如同在北部所做的一样"，采用"一种尽可能给双方造成最小的不公正的方式……"来解决南部的"劳工问题"。劳工运动通过对北部劳动关系中的公平性进行质疑，对自由劳动意识形态的根本问题提出了质疑。如同那些寻求土地的自由民和主张对铁路实施管制的西部农场主一样，劳工改革者也呼吁共和党迈出步伐，超越其仅对法律平等原则的承诺，将经济权力中的不平等和普遍存在的经济依赖的现实纳入视野之中，并承担其改变两者的责任。阶级冲突本身并不是"激进派梦想遭遇破灭的浅滩"；正如我们所看到的，激进共和党人的努力在十分明显的种族和重建的政治中被搁浅了。然而，被《民族》杂志所称的"阶级感情的政治"的确削弱了激进政治，因为它产生和培养了一种新的政治领导人：他们将在一个争议不断的、多元利益交错的社会中扮演一种不带党派意识形态的权力经纪人的角色。[40]

战后北部各州政府所面临的诉求多样化也促进了在共和党内部发生的一种转变，将从一种意识形态的政治模式向一种组织政治的模式转变。该党的成员中仍然包括了像拥有废奴主义者背景的报纸编辑摩根·贝茨，他于1868年至1872年出任密歇根州副州长，但在开始他的政治生涯之前曾是格里利的纽约《论坛报》印刷厂的一名工匠，此刻继续借钱给贫穷的宅地拥有者。但是，

---

[40] *CG*, 42d Congress, 2d Session, 4018, 4040; *New York Times*, July 22, 1865; Montgomery, *Beyond Equality*, ix–x; *Nation*, June 27, 1867.

尤其是在格兰特就任总统之后,约翰逊时代的意识形态危机得以化解,共和党激进派在华盛顿的影响被削弱,各州共和党组织落入有权势的参议员的控制之下,后者并不将政府视为一种改革的工具,而是将其视为一种获取公职、调解构成北部社会的各种经济和族裔群体所提出的对立主张的手段。这些领袖人物的权力基础在于他们对联邦恩惠制职位的控制,这些职位是地方政治机器的润滑剂,它们的级别和种类范围包括了从地方报纸的编辑、邮政局长和税收官员,一直到市、县和州一级的政党委员会的成员。

尽管"中坚派"中的许多人早在反奴隶制运动中深受熏陶,但大多数人对意识形态模式的政治已经越来越感到不耐烦,这种模式在共和党诞生的时候发挥过巨大的作用,并经过内战和重建的危机而得到进一步的强化。但此刻赢得他们对党的最高忠诚的是党组织本身,而不是曾经创建了该党的政治问题。而且,对他们本人来说,他们是成功的,因为政党仍然是北部民众的强烈支持的对象,选民的投票率达到了令人难以置信的高水平(在一些州,90%的合格选民都在定期参与投票),共和党继续作为北部的"自然"多数行使着统治权力。[41]

---

[41] Lewis M. Miller, "Reminiscences of the Michigan Legislature of 1871", *Michigan Pioneer and Historical Society Historical Collections*, 32 (1903), 425–446; Montgomery, *Beyond Equality*, 359–360; David Donald, *Charles Sumner and the Rights of Man* (New York, 1970), 349–350; Morton Keller, "The Politicos Reconsidered", *Perspectives in American History*, 1 (1967), 406–407; James D. Norris and Arthur H. Shaffer, eds., *Politics and Patronage in the Gilded Age: The Correspondence of James A. Garfield and Charles E. Henry* (Madison, Wis., 1970), xx–xxvii; Richard L. McCormick, "The Party Period and Public Policy: An Exploratory Hypothesis", *JAH*, 66 (September 1979), 281–283; Melvyn Hammarberg, *The Indiana Voter: The Historical Dynamics of Party Allegiance During the 1870s* (Chicago, 1977), 27.

从内战时期的意识形态政治到镀金时代的"职业化运作的政治"的过渡，虽然一直要到重建结束才完成，但在格兰特的第一个任期内，这一转变已经开始进行。新兴的政治人物包括了正在崛起的第二代共和党领袖和那些能够适应组织化模式的政党创始人。也许最典型的中坚派人物是纽约州参议员罗斯科·康克林。他是一个精明、富有、长相潇洒的人，对身体健康带有一种现代性的痴迷（他热衷于骑马、拳击和锻炼，不抽烟也不喝酒）。1870年在赢得纽约海关总署的控制权后，康克林的权力迅速超过了前州长芬顿和他的激进派支持者。同样，战时州长安德鲁·柯廷在宾夕法尼亚州铁路公司和匹兹堡、费城两地强大的城市机器的支持下，被参议员西蒙·卡梅伦所取代，后者一跃成为宾夕法尼亚州共和党的党魁。（卡梅伦的选举法使地方官员在具有传奇色彩的"闪电计算器"尼克·英格利希的帮助下，能够产生该党需要赢得每个州选举所需的任何多数。）而伊利诺伊州参议员约翰·洛根则使来自同州的参议院同事莱曼·特朗布尔黯然失色。退伍军人是前联邦军队将领洛根将军团队的骨干支持者：在某一个县，共和党人"选举了一名单腿士兵担任县财务主管，选出一名单臂士兵担任巡回办事员，并选出一名好士兵担任县法官"。其他有权势的共和党大佬包括参议员威廉·艾利森、扎卡赖亚·钱德勒和奥利弗·莫顿（据说，除了在他自己的组织内，莫顿反对任何地方的奴隶制，在他的小圈子里，他要求其成员做到"绝对的奴役式服从"）。[42]

---

[42] Baum, *Civil War Party System*, 209; David M. Jordan, *Roscoe Conkling of New York* (Ithaca, N. Y., 1971), 133-153; Erwin S. Bradley, *Simon Cameron: Lincoln's*（转下页）

从某种意义上说，具有组织意识的政客们日益占有优势，这代表着从杰克逊时代那种蓬勃发展的非意识形态大众政治的倒退。但是，政府职能的大幅扩展和恩惠职位的剧增也使得建构比战前规模更大、权势更强的政治机器成为可能。政党组织的各种机构中充满了成千上万的人员，他们或者部分，或者全部依靠从政而挣取生活来源，所以政党组织成为当时最大的体制建构。它们同时也是最昂贵的组织，州的政党机器雇用了数以千计的工作人员，以及它们设计的越来越复杂和铺张的竞选活动——辅之以数百万份竞选小册子、大幅标语牌、竞选纽扣、横幅和其他用品用具——花费都高达数万美元。通常，候选人和公职官员必须通过"自愿"捐款的方式为自己的政党提供资金，这些赞助可能要占取其年薪的很大一部分。（宾夕法尼亚州的这类赞助的摊派在数额上高低不等，从送信人的 15 美元到县公职提名人的 4000 美元不等。）[43]

此时由官员处理的资金数额庞大，政府履行的新职责日益增加，再加上经营政治组织成本的不断增加，所以这一切都令镀金

（接上页）*Secretary of War* (Philadelphia, 1966), 285–324; Robert Harrison, "The Structure of Pennsylvania Politics, 1876–1880" (unpub. diss., Cambridge University, 1970), 67–68; James P. Jones, *John A. Logan: Stalwart Republican from Illinois* (Tallahassee, 1982), 17–28; James D. Kilpatrick to Richard Yates, February 12, 1869, Richard Yates Papers, Illinois State Historical Society; Keller, *Affairs of State*, 255–256; David Turpie, *Sketches of My Own Times* (Indianapolis, 1903), 221–222.

[43] Yearley, *Money Machines*, 104–107; Keller, *Affairs of State*, 241–244, "List of Officeholders in Wisconsin Who Have Contributed to the Funds of the U[nion] R[epublican] Cong. Ex. Comm., Washington", n.d [October 1872], Keyes Papers; Harrison, "Pennsylvania Politics", 183–184.

时代产生了大量的政治丑闻。格兰特时代的腐败大部分涉及那些企图寻求政府资助的商业公司向公职人员进行贿赂的行动，如同在重建时期的南部，通常很难判断贿赂的起点在哪里，敲诈勒索又是从何时开始这类问题。规则复杂的进口法允许海关官员就轻微的技术性违规对商人处以罚款，而罚款有时则直接进入政党的金库之中。共和党领导人期望从公共工程承包商那里获得回扣，而从惠顾型立法中获益的商人也被指望要为政党竞选活动做出资金贡献。臭名昭著的圣路易斯、密尔沃基和其他城市的"威士忌帮"将共和党官员、联邦税务监察官和酿酒商通过一个巨大的阴谋诡计串联起来，骗取了联邦政府数百万美元的特许税收，同时将非法收入装进了参与者的腰包和用作政党竞选的专项经费。这些丑闻展示了格兰特时代企业与政府关系的复杂性。共和党的新大佬们在为商业公司服务的同时，也毫无顾忌地从它们那里索取和谋利，许多企业家对定期要求他们向个人行贿和向政党捐助的体制十分痛恨。共和党不为任何人所"拥有"，或者换句话说，共和党的第一忠诚总是针对自身。[44]

在州和联邦一级，组织化政治的兴起淹没了与重建有关的具有高度意识形态意义的问题。一些新兴共和党政治人物表示对这些问题不感兴趣。例如，威斯康星州政治机器的关键人物、国会

---

[44] Edwin G. Burrows, "Corruption in Government", in *Encyclopedia of American Political History*, ed. Jack P. Greene (New York, 1984), 1:429; Leonard D. White, *The Republican Era: 1869-1901* (New York, 1958), 118–126; Amy Mittelman, "The Politics of Alcohol Production: The Liquor Industry and the Federal Government 1862-1900" (unpub. diss., Columbia University, 1986), 76–101; Matthew Josephson, *The Politicos 1865-1896* (New York, 1938), 101–104; Yearley, *Money Machines*, 122.

议员菲莱图斯·索耶只专注于为本州获取内陆改进的资金;他对约翰逊弹劾的辩论的唯一贡献是提议终止辩论:"哦,那给他们十分钟好了"。逐渐地,重建问题让位于战争的经济遗产和资本主义迅速扩张带来的影响——对这些问题的界定造成了政治联盟的转移,新的联盟是以东部-西部、都市-乡村和职业路线而建构,而不再是以激进-温和的分野,甚至也不是民主党-共和党的分野来建构。这一发展使得善于操纵权力的协调和妥协的政治艺术显得十分重要。例如,在口头上,共和党人仍然承诺支持"稳健货币",但在实践中,格兰特政府却抵制迅速恢复硬币支付,1870年,国会通过增加国民银行货币流通量,再稍微调整和减少东北地区的货币流通量,从而向西部和南部提供更轻松的信贷要求,以回应它们的不满。正如詹姆斯·加菲尔德所指出的,关税问题也需要得到"最仔细、最谨慎的管理",以免威胁到党的团结。虽然共和党经常发现回应带有族裔-文化色彩的要求——如禁酒运动、周日安息日、在公立学校中使用詹姆斯王钦定版《圣经》——是动员地方选民的有效手段,但这些问题也往往疏远了关键的投票群体,如信仰新教的德裔人口,而丢失这些人的支持是共和党无法承受的政治损失。[45]

然而,共和党人内部在几乎所有其他问题上都存有分歧,而

---

[45] James C. Mohr, "New York: The Depoliticization of Reform", in Mohr, ed., *Radical Republicans*, 76–77; Richard N. Current, *Pine Logs and Politics: A Life of Philetus Sawyer 1816–1900* (Madison, 1950), 55, 98–99; Norris and Shaffer, eds., *Politics and Patronage*, xv-xvi, 15; Unger, *Greenback Era*, 66–67, 164–165; Harold M. Helfman, "The Cincinnati 'Bible War', 1869-1870", *Ohio Archaeological and Historical Quarterly*, 60 (October 1951), 369–386; Keller, *Affairs of State*, 129–130.

这一事实则凸显了内战和重建作为超越地域差别的试金石的重要性，并继续成为该党身份界定的重要内容。对一些政客来说，这意味着在每次选举前都要言不由衷地"挥舞血衣"；对另一些人来说，对南部黑人命运的真正关切是一种持久的事业。[46] 因此，如果南部问题作为一种影响深远的改革理想或一种新政策动议的来源的功能衰竭了，那么对重建的承诺仍然是北部政党领袖人物得以团结起来的起点。具有讽刺意味的是，中坚派共和党人的崛起并没有对共和党的南部政策带来致命的破坏，而一个具有极大影响力的政党改革派群体的出现，不仅直面反抗格兰特时代的新政治，而且还提出了终止重建的要求。

自由派的兴起

在格兰特的第一个总统任期结束时，一位心怀不满的共和党领袖抱怨说，"共和党的大组织"已经"堕落成了37个由参议员指挥的阴谋集团或'帮派'"，每个人都垄断了本州在联邦恩惠任职中所占的份额，而且每个帮派都因腐败而臭名远扬。镀金时代的新政治也产生了越来越多的要求"改革"的呼声，不同种类的北部人对此表示支持，包括早已被政党机器的巧取豪夺折磨殆尽

---

[46] David J. Rothman, *Politics and Power: The United States Senate 1869–1901* (Cambridge, Mass., 1966), 87; Marcus, *Grand Old Party*, 6–11; Swenson, "Disillusionment", 109–115. "挥舞血衣"（waving the bloody shirt）一语指的是展示带有内战士兵血迹的制服，这是共和党在竞选时使用的一种手段，它以比喻的方式来描述该党通过启用内战记忆来巩固自己的选民支持的实践。

的商人和在争夺联邦恩惠制任职中失利的政治人物。但站在改革前沿的是一群知识分子、宣传人员和专业人士,他们的人数稀少,但因其占据的战略位置和具有的写作才华而拥有了远远超出他们人数的巨大的影响力。这个群体的主要成员包括编辑戈德金、霍勒斯·怀特和塞缪尔·鲍尔斯,学院派经济学家弗朗西斯·阿马萨·沃克和戴维·威尔斯,富有思想的商人爱德华·阿特金森和艾萨克·谢尔曼,以及具有改革思想的政治家卡尔·舒尔茨和詹姆斯·加菲尔德。这些自称为"最优秀的人"大都受过大学教育,居住在东北部或像辛辛那提和芝加哥这样的西部城市,他们通过美国社会科学协会(该协会成立于1869年,成员包括戈德金、阿特金森、威尔斯以及哈佛和耶鲁的校长)等组织,以及由一系列有影响力的刊物如《民族》、《北美评论》、斯普林菲尔德《共和党人》和芝加哥《论坛报》等构成的舆论网络,表达了共同的意识形态,并发展出一种集体认同感。他们的影响力变得日益突出,反映了美国知识分子群体要在镀金时代的政治上留下自己印记的决心。[47]

改革派意识形态的核心内容是这样一种信念,即政治世界,与自然世界一样,可以由可确定的法律所规范,而可确定的法律则为"科学立法"提供了基础。古典自由主义为改革者"金融

---

[47] Hermann K. Piatt, ed., *Charles Perrin Smith: New Jersey Political Reminiscences 1828-1882* (New Brunswick, N.J., 1965), 181; John G. Sproat, *"The Best Men": Liberal Reformers in the Gilded Age* (New York, 1968); Michael G. McGerr, *The Decline of Popular Politics: The American North, 1865-1928* (New York, 1986), 43-45; *Journal of Social Science*, 1 (1869), 195-199; Stephen Skowronek, *Building a New American State* (New York, 1982), 42-46.

科学"——自由贸易、供求规律和金本位制——提供了公理。这些学说带有美国大学内那种生硬的正统学说的特性,但被改革者提升为一种道德教条,他们不厌其烦地提倡废除内战留下的财政遗产。作为联邦税收的特别专员,戴维·威尔斯呼吁全面降低关税,这也是美国自由贸易联盟所提出的要求之一。联盟于1865年由"少数富有和受过大学教育的年轻人"成立的,他们都是"亚当·斯密的忠实门徒"。(联盟成员把自己视为"新废奴主义者",把保护性关税视为"商业奴隶制"的一种形式,但温德尔·菲利普斯却把他们看成是一群"偏执狂者"。)[48] 改革者同时坚定地主张恢复硬币支付,强烈反对国家纸币通货膨胀和用绿背纸币赎回政府债券的主张。《北美评论》的编辑查尔斯·艾略特·诺顿写道,与自由贸易一样,黄金含有的"诚实美元"体现了自然规律,而通货膨胀则"意味着不诚实、腐败、赖账"。改革派信仰的另一个支柱是有限政府,因为州对经济事务的干预助长了镀金时代政治中所有令人厌恶的方面:贿赂、高税收和公共花费的奢侈浪费。"政府,"戈德金宣布说,"必须摆脱'保护性'商业、'补贴性'商业、'改善性'商业和'发展性'商业……它只要一染指这些商

---

[48] Sidney Fine, *Laissez-Faire and the General-Welfare State* (Ann Arbor, 1956), 47–50; Bernard Newton, *The Economics of Francis Amasa Walker: American Economics in Transition* (New York, 1968), 2–3, 153; Edwin L. Godkin, "Legislation and Social Science", *Journal of Social Science*, 3 (1871), 122; James A. Garfield to Edward Atkinson, August 11, 1868, Edward Atkinson Papers, MHS; Roeliff Brinkerhoff, *Recollections of a Lifetime* (Cincinnati, 1904), 194; Joanne H. Reitano, "Free Trade in the Gilded Age" (unpub. diss., New York University, 1974), 82–83, 104; Walter M. Merrill and Louis Ruchames, eds., *The Letters of William Lloyd Garrison* (Cambridge, Mass., 1971–1981), 6:105.

业，腐败就会得以滋生。"[49]

关锐、纸币通胀和所得税等措施，都是利用国家体制在损害其他阶级利益的基础上来造福某个"阶级利益"的手段，这些正是改革派最痛恨的"阶级立法"（或特殊立法）的典型例子。在他们自己的眼中，自由派改革者作为公共利益的无私代言人，站在超越了社会分歧的位置上。然而，与此同时，改革派的思想也帮助建立起一种独特而日益趋向于保守的中产阶级意识。与传统的对生产劳动的推崇相反的是，"商业阶级"被认为是社会的中坚力量，美国社会科学协会的一位作家认为，它在公共事务中的作用被工业时代催生的新阶层所掩盖了。历史学家弗朗西斯·帕克曼写道："一个完全无知的无产阶级和只受过一半教育的富豪阶级，已经像黑暗幽灵一样出现在我们的社会和政治视野之中。"然而，尽管改革派猛烈抨击铁路工人和"铁和煤的帮派"，说他们的行动扭曲了市场和政府，并哀叹"由店主控制的小作坊"在"由缺席股东拥有的大企业工厂"的阴影笼罩下黯然失色，他们似乎更担心日益严重的来自下层的政治威胁。[50]

---

[49] Sproat, *"Best Men"*, 4, 145–146, 184–185, 246; Charles Eliot Norton to Charles Sumner, February 9, 1868, Sumner Papers; Richard L. McCormick, "The Discovery That 'Business Corrupts Politics': A Reappraisal of the Origins of Progressivism", *AHR*, 86 (April 1981), 255.

[50] Boston *Journal*, April 21, 1869, supplement; Michael L. Benedict, "Laissez-Faire and Liberty: A Re-Evaluation", *Law and History Review*, 1985, 293–331; Hamilton A. Hill, "Relations of Business Men to National Legislation", *Journal of Social Science*, 3 (1871), 149–150; Francis Parkman, "The Failure of Universal Suffrage", *North American Review*, 127 (July–August 1878), 14; George S. Merriam, *The Life and Times of Samuel Bowles* (New York, 1885), 2:196; Edward Atkinson, "An Easy Lesson in Money and Banking", *Atlantic Monthly*, 34 (August 1874), 204–205.

州通过的格兰其法授权政府监管铁路，这在改革派眼中成为最令人不能容忍的"阶级立法"的例子。（与其对铁路运费进行监管，他们更倾向于赞成马萨诸塞州由小查尔斯·弗朗西斯·亚当斯领导的铁路委员会的做法，该委员会将由中立"专家"编写的对商业实践的详细评估结果定期公布，这种做法既能帮助市场更有效地运作，又能避免施加任何政府胁迫的暗示。）虽然他们几乎不可能不知道劳工的问题——《民族》杂志注意到了一个"几乎令人难以置信的事实，即整个马萨诸塞州的工人阶级的状况正在下降"——"最优秀的人"针对罢工和8小时日工作制的要求，报之以猛烈的反击。这些"干涉财产的计划"破坏了供需原则，为了一类公民的利益，利用政府的强制权力，违反了"政治经济的永恒规律"。《民族》杂志甚至赞扬了制鞋厂主卡尔文·桑普森的创业计划，桑普森将一批华裔罢工替代者带入马萨诸塞州北亚当斯市。与1871年巴黎公社有关的暴力事件，加上同年在天主教和新教爱尔兰裔纽约人之间发生的大规模暴乱，重新点燃了战时北部"危险阶级"所进行的征兵暴动引发的恐惧。乔尔·黑德利在他那部富有影响的、关于纽约市骚乱史的著作中得出的结论是，纽约市必须组织一支经过专门训练的警察队伍来保护自己，因为不能总是依靠军队来"镇压他们的朋友和熟人"。[51]

改革派认为，镀金时代政治的变质与退化，主要源于煽动者和破坏者的成功，他们通过操纵工人阶级选民的偏见而得以上台

---

[51] Sproat, *"Best Men"*, 164, 208–211; *Nation*, June 16, 1866, June 27, 1867, June 8, 1871; Joseph Logsdon, *Horace White: Nineteenth Century Liberal* (Westport, Conn., 1971), 142–143; Rudolph, "Chinamen in Yankeedom", 18; Joel T. Headley, *The Great Riots of New York, 1712–1873* (New York, 1873), 20–22.

执政。纽约市的自由派改革者与比他们人数更多的商人、律师、金融家和反对派政治家联合起来，一起推翻了"大佬"威廉·特威德掌控的民主党政治机器，后者从这座城市掠夺了数以千万美元（其掠夺的规模使重建时期南部发生的所有贪污贿赂都相形见绌）。对于"最优秀的人"来说，特威德帮体现了腐败、组织化的政治、铁路公司和都市工人阶级拥有的政治权力以及滥用政府的行动之间存在的共生关系。因为大佬（特威德）控制了城市的恩惠制，在伊利铁路公司争夺战期间与吉姆·菲斯克和杰伊·古尔德结成联盟，与工会建立了密切的联系，并创造了一种福利制度，利用市政资金资助天主教学校，为穷人提供食物和燃料。此外，令改革者烦恼的是，特威德活动虽然被揭露和曝光，但并没有降低他在下层选民中的受欢迎程度。19世纪70年代流行的一首爱尔兰裔美国民谣将他说成是城市罗宾汉和劳工的朋友，"不管你谴责谁……（他）都是穷人的最好的保护人"。"'改革'这个词，"纽约民主党党魁霍雷西奥·西摩指出，"并不受工人们的欢迎。对他们来说，这意味着能挣到的钱更少，获得工作的机会也更少。"[52]

比特威德更令人感到愤恨的是马萨诸塞州国会议员本杰明·巴特勒，因为他是一名共和党人，他居然大肆张扬地与那些

---

[52] Alexander B. Callow, Jr., *The Tweed Ring* (New York, 1966); John W. Pratt, "Boss Tweed's Public Welfare Program", *New York Historical Society Quarterly*, 45 (October 1961), 396–411; Michael A. Gordon, "Studies in Irish and Irish-American Thought and Behavior in Gilded Age New York City" (unpub. diss., University of Rochester, 1977), 387; Alexander C. Flick, *Samuel Jones Tilden: A Study in Political Sagacity* (New York, 1939), 307.

令改革派震惊的事业为伍：8小时日工作制、通货膨胀以及以纸币支付国家债务等。他甚至接受妇女选举权的主张，拥抱爱尔兰民族主义，盛赞巴黎公社，这一切都令上流社会的舆论界倍感震惊。所谓"巴特勒主义"成为一种新型的大众政治的标志，将"欧洲暴民的精神"注入美国的公众生活之中。在改革派的报纸中，巴特勒和卡尔·马克思因同为"破坏"财产的鼓吹者而并列，而且两人在其中并列的频率要比现代读者想象的要高许多。1868年，富有而拥有哈佛学位的律师兼作家理查德·亨利·达纳决心"打倒巴特勒，并埋葬他"，他向巴特勒提出挑战，想要夺走他的国会议员席位。尽管得到了"全国共和党人中最优秀成员的"热情支持，波士顿债券持有人和银行家们对巴特勒的金融言论十分震惊，因而也解囊相助，但达纳的竞选仍然是一场惨不忍睹的失败。在公众舆论中，达纳被称为"最势利的一种贵族"，而他因为反对8小时日工作制，并厌恶"与普通百姓混合相处"，最终只获得了9%的选票。三年后，改革派的努力似乎更成功一些，他们帮助阻止了巴特勒以非正统的政治口号争取获得州长候选人的提名的企图（他在全州展开竞选活动，谴责剥削诚实工人的资本家，并敦促共和党将劳工改革计划作为自己的竞选呐喊）。[53]

显然，自由派的改革同样也是一种道德信条，是社会的新兴

---

[53] Hans L. Trefousse, *Ben Butler: The South Called Him BEAST!* (New York, 1957), 219–224; William D. Mallam, "Butlerism in Massachusetts", *New England Quarterly*, 33 (June 1960), 186–206; *Nation*, November 12, 19, 1868; Edward Atkinson to Henry L. Dawes, March 17, 1874, Henry L. Dawes Papers, LC; Samuel Shapiro, "'Aristocracy, Mud and Vituperation': The Butler-Dana Campaign in Essex County in 1868", *New England Quarterly*, 31 (September 1958), 340–360; Baum, *Civil War Party System*, 156–161.

科学的一部分,是一个中产阶级知识分子发出的呼喊,他们深为阶级冲突的加剧和机器政治的支配地位感到震惊,并为自己被排除在权力圈子之外而感到非常愤怒。它的出现表明,在内战和早期重建期间盛行的激进主义冲动正在走向分裂。几乎所有的自由派改革者都曾经是黑人解放和黑人选举权的早期倡导者。(艾萨克·谢尔曼甚至还帮助支付约翰·布朗在纽约的农场,并为他的"军事开支"提供援助。)然而,如果所有激进派都赞成国家应该建立起公民和政治平等的原则,自由派则越加坚信,除此之外国家不应该再做其他任何事情。随着劳工、农场主和其他的北部群体要求政府展开新一轮的社会和经济变革,那些曾经主张使用能动主义国家权力的自由派改革者此时则退缩到了一位民主党国会议员所称的一种"真正的保守主义"立场。他们担心强大的政府可能被错误的目的所利用,猛烈抨击那种"企图通过立法来造福人类的谬论",并坚称公共权力从"本质上讲是一种浪费、腐败和危险"。[54]

在这种对政府能动主义的批评的激发下,改革派竭力寻求将政治与北部城市工人阶级的影响相分离的途径,并呼吁限制政府的规模与开支。如果他们的经济视野反映了英国政治经济学教育的影响的话,那他们也越来越把英国作为一种政治模式

---

[54] F. B. Sanborn to Isaac Sherman, December 1, 1875, Sherman Papers; Michael C. Kerr to Manton Marble, August 26, 1872, Manton Marble Papers, LC; Charles Moran to Edward Atkinson, June 30, 1871, Atkinson Papers; Harold M. Hyman, *A More Perfect Union: The Impact of the Civil War and Reconstruction on the Constitution* (New York, 1973), 533.

来仿效。然而，将改革派称为英国的崇拜者并不准确，因为他们的忠诚并不是指向一个拥有成熟的工业化和正在扩大政治参与的现实中的英国，而是指向那个被他们理想化了的以等级、秩序和社会和谐为标志的旧英国。许多改革者完全放弃了民主原则，尤其主张在全国大城市的选民资格中增加教育程度和财产资格的限制，并要求增加通过任命而不是通过选举而产生的官员数量。早在1866年，戈德金就曾提议，针对"仅由数字构成的代表所制定的"城市市政开支，纳税人应该行使否决权。随着时间的流逝，这种观点会在知识界变得越来越流行。"有思想的人渴望立法含有诚实、经济和大量智慧的内容，"纽约市一家报纸在1869年报道说，"这种趋势要求在现有选举权的范围内进行更进一步的限制。"[55]

正如一位改革派成员所承认的，全面限制投票权的提议几乎无望获得批准，因为"人们绝不会为剥夺自己的权利而投票"。其他的改革则提供了成功的更大可能。一些"积极的工商主义者和商人"认为自己在政府腐败和不断上涨的税率的重压之下首当其冲，深为不满，改革派与他们联合起来，共同施压，要求改变市政府的结构，以驱逐破坏者，减少市政开支，并将"商业原则"引入市政事务之中。摧毁特威德帮并不是他们唯一的成功。芝加哥《论坛报》在1869年组织的一场"一张公民选票"运动暂时地将该市腐败的共和党机器扫地出门。一群费城的改革派和商人说

---

[55] Donald, *Sumner*, 234; Horace White, "An American's Impressions of England", *Fortnightly Review*, September 1, 1875, 291–305; Sproat, *"Best Men"*, 250–253; *Nation*, October 18, 1866; New York *Journal of Commerce*, February 2, 1869.

服州政府,要求举行一次州制宪会议,希望借此打击该城的"政治机器帮派"。由"一百名律师和三十三名诚实可信之人"组成的大会既关注了针对腐败的强烈抗议,也注意到了要求以通用法律和行业宪章来取代难以预测的且容易导致勒索的特殊优惠立法的强烈愿望。新的州宪法废除了城市市政委员会,这是政党机器的一个重要齿轮,通常由一般地位的人占用;州宪法还禁止授予特别许可证,对费城城市的债务设定了限制,并将立法者的人数增加了一倍,所有这些举措旨在阻止贿赂。其他几个州也进行了类似的改革。[56]

这些变化代表了一种从内战后国家能动主义时代的后撤,实际上并未能终结以恩惠制为基础的政治运作,或产生出一个有效的政府。公务员制度改革也没有取得这样的结果。文官制度改革是自由派最愿意使用的方式,希望用它来打破政党机器的权力,将政府公职向像他们这样具有责任感的人开放。从1865年开始,罗得岛州众议员托马斯·詹克斯就根据英国的先例,提出一系列建议,呼吁实施一种包括竞争考试体制和联邦雇员终身任期的制度。詹克斯认为,将那些"在专业知识行业或商业领域中获得声望的有成就的人"吸引来担任政府公职,是一种提升公共生活基调的方式。可以预见的是,政党领袖们对威胁其组织命脉的提案并不热心。出于自身的原因,他们也指出了这类计划隐含了反民

---

[56] Dorman B. Eaton, "Municipal Government", *Journal of Social Science*, 5 (1873), 7; Boston *Journal*, April 21, 1869, Supplement; Charles Nordhoff, "The Misgovernment of New York—a Remedy Proposed", *North American Review*, 113 (October 1871), 321–343; Hill, "Relations of Business Men", 155–164; Logsdon, *White*, 175–176; Gillette, "Corrupt and Contented", 43–76; Evans, *Pennsylvania Politics*, 81–84; Keller, *Affairs of State*, 112, 140.

主的前提。批评人士谴责道，终身任期制度将建立一个不受人民意愿影响的"公职拥有者的贵族群体"。考试制度，在只有一小部分美国人有机会接受大学教育的时候，将公职限制在一群富有的"傻瓜"之中，他们"在耶鲁大学靠死记硬背获得文凭"，但对实际事务却一无所知。1871年，反对腐败的强烈抗议触发了国会采取行动，授权总统（显然是与他的明智判断唱反调）任命一个委员会，负责为申请公务员职位的申请人制定规则。但次年颁布的指导方针却基本上被忽视了。[57]

  文官制度改革缺乏进展，但这只是改革派与格兰特政府之间相互日益疏远的几个原因之一。尽管国会最初对这位从不涉足政党政治的新总统寄予厚望，但改革派便开始指责格兰特与亲信和破坏者在一起。他们看到内阁中唯一接近"最优秀的人"中的成员——包括内政部长雅各布·考克斯、司法部长埃比尼泽·霍尔和特别税收专员戴维·威尔斯——于1870年被迫离位。自由贸易的想法也没有取得进展。但总统在兼并多米尼加共和国方面所做的努力明显地揭示了他的用心所在，他对改革者们感兴趣的改革并不关心。[58]

  兼并多米尼加这个不光彩的计划是由若干因素共同促成的。美国海军希望在加勒比海地区拥有一个基地，该岛上拥有财产的

---

[57] Ari Hoogenboom, *Outlawing the Spoils: A History of the Civil Service Reform Movement 1865–1883* (Urbana, Ill., 1961), 16–19, 87–95, 132–133; *CG*, 39th Congress, 2d Session, 838; 41st Congress, 2d Session, 3257; 42d Congress, 2d Session, 458; Yearley, *Money Machines*, 99–101; W. C. Dodge to Horace Austin, July 17, 1873, Horace Austin Papers, Minnesota Historical Society.

[58] Sproat, *"Best Men"*, 74–75; Peskin, *Garfield*, 339; Logsdon, *White*, 179–186.

美国商人则强烈要求将其吞并为美国领土,格兰特总统的想法是,南部黑人也许希望在多米尼加共和国寻求庇护场所,而自由劳动在当地的成功将迫使邻近的古巴和波多黎各废除奴隶制。此外,当政的多米尼加政治派别希望从当地持续的内战中挽救自己被推翻的命运,而格兰特的私人秘书奥维尔·巴布科克在该岛上拥有土地财产,在没有知晓国务卿汉密尔顿·菲什的情况下,就开始了协议谈判,并预期在美国的统治下当地的土地将会大幅升值。没有人考虑过当地人民的意愿,尽管当局提前四天举行了一次全民投票,但伴随投票的是一桩警告:凡是反对该条约的人将被流放或遭到枪杀。投票的结果是绝大部分人都赞成兼并。[59]

1870年上半年,参议院就兼并条约展开了辩论,辩论再次凸显了内战在共和党中激发出来的高涨的民族主义情绪。在约翰逊总统时期,国务卿苏厄德已经成功地策划了对阿拉斯加的购买,并试图购买丹麦在西印度群岛的领地,但没有成功;此刻,一些支持者认为对多米尼加的兼并是最终将加拿大、墨西哥和"所有西印度洋岛屿"吸纳进美利坚合众国进程中的一步。正如英国以当年致力于奴隶解放的努力为自己在19世纪晚期的帝国主义扩张正名一样,在内战前曾因领土扩张会把"奴隶制铆接在"新领土上而竭力反对"天定命运"口号的共和党人,此时却坚持认为,随着奴隶制的废除,美国的扩张将使"我们的邻国能够与我们一

---

[59] Allan Nevins, *Hamilton Fish: The Inner History of the Grant Administration* (New York, 1936), 1:250-277, 315; *AC*, 1868, 687; Daniel Ammen, *The Old Navy and the New* (Philadelphia, 1891), 509; James D. Richardson, ed., *A Compilation of the Messages and Papers of the Presidents 1789-1897* (Washington, D.C., 1896-1899), 7:62, 99-100.

起享有我们自由体制的恩赐"。包括参议员海勒姆·雷维尔斯和众议员约瑟夫·雷尼等黑人领袖在内的南部共和党人,也都分享这种扩张主义的精神。弗雷德里克·道格拉斯担任了一个委员会的秘书,于1871年访问了多米尼加共和国,试图为国会批准兼并条约提供支持,他回到美国后对当地居民的贫困和落后感到极为震惊,并对美国的兼并会提升这个岛国,"将美国的光荣体制移植到它位于热带边境的国土之内"充满信心。[60]

然而,该条约很快遭到了参议院外交关系委员会主席查尔斯·萨姆纳的强烈反对。尽管总统亲自请求萨姆纳给予支持,但外交关系委员会在3月却以表示反对的意见向参议院提交了这一条约。在他发表的冗长演讲中,萨姆纳坚称,兼并将使美国与欧洲大国的关系复杂化,使美国卷入多米尼加的内战,而且——这是他最关切的观点——会威胁到邻国海地的独立,而海地是西半球唯一的黑人共和国。(作为回应,印第安纳州参议员奥利弗·莫顿则大谈岛上的自然资源,甚至提到将一大块多米尼加盐带到参议院议事大厅里,让参议员们轮流吮舔。)但共和党领袖的大多数都站在总统一边,支持萨姆纳的反而是民主党人、新英格兰的盟友以及像莱曼·特朗布尔和卡尔·舒尔茨这样的共和党人,后两人已经接受了自由改革派的意识形态,笃信兼并条约的提出不过

---

[60] Glyndon G. Van Deusen, *William Henry Seward* (New York, 1967), 526–543; New York *Evening Post*, May 13, 1870; David B. Davis, *Slavery and Human Progress* (New York, 1984), 298–312; *CG*, 41st Congress, 3d Session, 226, 416, 427–428; Nevins, *Fish*, 2:497–499; Nathan I. Huggins, *Slave and Citizen: The Life of Frederick Douglass* (Boston, 1980), 125–126; *New National Era*, January 12, 1871.

是格兰特政府遭遇政治腐败侵蚀的另一个结果。1871年6月，对条约的表决投票只获得了28比28的平局结果，没有得到需要的三分之二多数票的赞同，总统因此遭受了一次羞辱性的失败。虽然格兰特政府又在年底再次尝试恢复对这一想法的讨论，但兼并议题实际上已经名存实亡。[61]

关于多米尼加兼并条约的"愤怒竞争"对共和党政治产生了深远的影响，加固了格兰特与康克林、莫顿和巴特勒等权势显赫的中坚派共和党人之间的结盟，并彻底地将总统与改革派的关系转化为一种对立关系。格兰特从未放弃吞并的计划，甚至在他的第二次总统就职演讲之中插入了一段莫名其妙的段落，将兼并与一个神圣的计划联系起来，声称要将世界统一为"一个国家，说一种语言，而不再需要……军队和海军"。总统确信萨姆纳背叛了自己，因此将萨姆纳的密友约翰·洛思罗普·莫特利从驻英国大使的职位上解职。在萨姆纳方面，他对总统的攻击则变得越来越个人化，用词也更为恶毒。他的一篇演说甚至将兼并条约与堪萨斯-内布拉斯加法案相等同，并将格兰特与皮尔斯、布坎南和安德鲁·约翰逊并列。这一违规行为在1871年12月第42届国会开幕时被终结。参议院共和党的核心党团按格兰特的要求，将萨姆纳从参议院对外关系委员会的领袖位置上撤下，表面的理由是因为他不再与总统和国务卿菲什有对话的来往。接替委员会主席一职的是西蒙·卡梅伦——正如纽约《世界报》描述的那样，"用一只蛤蟆取代了一只鹰"。没有什么比萨姆纳遭遇的屈辱更为明显地

---

[61] Donald, *Sumner*, 434-452.

展示了组织化的政治此刻已经占有的优势。[62]

整个事件最引人注目的特征之一是条约的批评者非常方便地借用种族主义来支持他们的立场。萨姆纳关心的是非白人民族应该拥有追求自己独立命运的权利，但他发现自己和那些认为多米尼加人不适合享有美国公民的权利和责任的人结成了一种令人感到尴尬的联盟。听到民主党国会议员反对将"堕落的种族"安全地纳入美国体制的言论，并不令人感到奇怪。但卡尔·舒尔茨也试图说明，将热带民族纳入美国体制的举动将会摧毁共和国的基础。热带地区郁郁葱葱的环境，舒尔茨认为，使当地居民不劳动也可以生活下去；他们因此而陷入一种"无变化"的生活状态之中，因而缺乏成为具有生产能力的自由劳工和积极参与的公民所必需的自律能力。由于热带地区的人民不能以民主方式统治自己，兼并将给该国的公共生活带去一种"毒药"，并无疑会导致其走上专制政府的道路。舒尔茨声称，他认真思索而得出的观点在于强调环境，而不是针对种族素质，但其他改革派却不那么小心翼翼。在他的《民族》杂志上，戈德金痛斥了那种认为"愚昧无知的天主教西班牙黑人"也可能成为美国公民的想法，而纽约《晚邮报》的查尔斯·诺德霍夫则毫无顾忌地谈论多米尼加共和国的"野蛮人口"。他们对兼并决议的批评为19、20世纪之交兴起的种族性反帝主义的运动奠定了基础，而后者也将同类人群的许多个人牵

---

[62] Jonathan B. Brownlow to Leonidas C. Houk, December 23, 1870, Leonidas C. Houk Papers, McClung Collection, LML; Donald, *Sumner*, 445–500; Richardson, ed., *Messages and Papers*, 7:222; *CG*, 41st Congress, 3d Session, 226–231; 42d Congress, 1st Session, 35–52; New York *World*, March 14, 1871.

涉其中，包括戈德金和舒尔茨在内。[63]

具有讽刺意味的是，正如伊利诺伊州参议员理查德·耶茨指出的，反对扩张主义的人所使用的论点不由得让人联想到亲奴隶制的意识形态，而支持扩张的人所坚持的原则则是非白人可以成功地融入美国的政治体系之中。（内华达州参议员詹姆斯·奈反讽道，没有人会因为"过于低贱"而不适合成为美国公民；"我们有新泽西州，各方面的情况证明，它已经是一种成功"。）所有这些争执与交锋都对重建产生了深远的影响。一位马萨诸塞州的共和党人评论说，萨姆纳"已经表明，他可以反对兼并，但不会失去昔日火焰的火花"。但对另一些人来说，对兼并条约的反对助长了人们对平等主义意识形态和整个重建实验日益强烈的失望感。舒尔茨将两者之间的联系清楚无误地表现出来。南部腹地——"本共和国的半热带部分"——永远无法达到拥有一个稳定的共和政府的标准。为此目的而进行进一步的联邦干预似乎是毫无意义的。[64]

然而，改革者日渐强烈的对重建的反感来自多种渠道。许多人认为南部问题是一个令人感到厌恶的问题，它使得那些因政党分肥体制而获得官职的人通过"挥舞血衣"来保持选民的忠诚，

---

[63] *CG*, 41st Congress, 3d Session, 798–799, Appendix, 26–34; Charles Nordhoff to Charles Sumner, December 21, 1870, Sumner Papers; Robert L. Beisner, *Twelve Against Empire* (New York, 1968), 561–577.

[64] *CG*, 41st Congress, 3d Session, 429; Jud Samon, "Sagebrush Falstaff: A Biography of James Warren Nye" (unpub. diss., University of Maryland, 1979), 393; Thomas Russell to J. A. Smith, April 22, 1871, Sumner Papers; *CG*, 41st Congress, 3d Session, Appendix, 29.

但却阻止了像关税削减、公务员制度改革以及良善政府等议题登上政治舞台的中心。尽管他们曾经支持并帮助制定了重建的法案和战后宪法修正案，但改革派共和党人比其他共和党人更不遗余力地坚持认为，当平等权利的原则获得保障之后，共和党应该继续前行去解决镀金时代的"鲜活问题"。民主党人对南部政府的批评逐渐地在北部的自由改革派听众中变得越来越受欢迎。与"特威德帮"和"巴特勒主义"一样，重建增加了肆无忌惮的民主和底层阶级的政治无能所具有的危险性。1869年，小查尔斯·弗朗西斯·亚当斯写道："在直白的英语中，普选权的意思只能是一个由无知和邪恶构成的政府——它意味着一个在大西洋沿岸的欧洲无产阶级，尤其是一个凯尔特人的无产阶级，一个在墨西哥海湾的非洲无产阶级，以及一个在太平洋沿岸的华人无产阶级。"对像亚当斯这样的改革派来说，平等主义思想似乎是一种时过境迁的理念，是一种退回到早期的不科学的感伤主义时代的举动。随着改革派的主张不断将自己与国内底层社会的距离拉大，他们对前奴隶的争取平等的愿望也日益表现出一种冷漠和麻木不仁的态度。阶级偏见与种族歧视的情绪齐头并进，相互强化。[65]

除了南部和北部的腐败具有明显的相似之处外，重建时期南部州政府的经济和社会政策也被改革派视为不可接受的"阶级立

---

[65] *Nation*, October 17, 1867; Harris L. Dante, "The Chicago Tribune's 'Lost' Years, 1865–1874", *JISHS*, 58 (Summer 1965), 150–151; Logdson, *White*, 178; Roger A. Cohen, "The Lost Jubilee: New York Republicans and the Politics of Reconstruction and Reform, 1867–1878" (unpub. diss., Columbia University, 1975), 96–102; McGerr, *Decline of Popular Politics*, 46.

法"的例子。南部的纳税人大会曾对由无产立法者所制定的极为铺张的公共财政开支大肆批评，他们的抱怨赢得了"最优秀的北部人的衷心同情"，因为后者也注意到在北部出现的日益增长的税收和膨胀的公共财政预算，与此同时，两个区域的普通财产税法竟然都允许穷人从中完全逃税。"最优秀的人"甚至组织了他们自己的纳税人联盟，并配有一本题为《纳税人的人民画报》，为推动税收改革进行游说。来自南部的共和党国会议员也不受改革派的待见，因为他们中的大多数人都反对降低关税，赞成通货膨胀，很少对公务员制度改革的想法表示同情（对于那些比北部议员更需要依赖分肥制来获取公职的人来说，这是可以理解的立场），甚至支持将萨姆纳从对外关系委员会主席职位上撤职。[66]

对改革者来说，重建似乎越来越成为国家能动主义所带来的有害结果的集大成者。即使在1865年和1866年国家主义情绪的鼎盛时期，像舒尔茨这样的人们也担心，为保护自由民而有效的行使联邦权力，无论在短期内是多么必要的，都会产生一种"否定州权的习惯"和"一种对武断权力程序的致命熟悉"。改革者坚持认为，自由不是指经济自主，或拥有获得能动主义政府的资助的权利，而是在市场上自由竞争和享有不受强大政府的迫害的能力。改革派比其他共和党人更坚持认为，美国已经为黑人做了

---

[66] *Nation*, July 15, 1869, July 6, 1871; Yearley, *Money Machines*, xii-xv, 10, 37-45; William M. Grosvenor to Edward Atkinson, February 1, 1872, Atkinson Papers; Reitano, "Free Trade", 120-121; Terry L. Seip, *The South Returns to Congress: Men, Economic Measures, and Intersectional Relationships, 1868-1879* (Baton Rouge, 1983), 162-164, 178-187; *CG*, 42d Congress, 1st Session, 52, 2d Session, 3159, 2d Session, Appendix, 128-129; Logsdon, *White*, 168.

其力所能及的一切；自由民需要靠自己在世界上开辟自己的道路。《民族》杂志在 1867 年宣称："消除白人对黑人的偏见的工作，几乎完全取决于黑人自身。"立法永远无法抵抗黑人种族背负的"巨大负担"：它"缺乏所有的获得社会尊重所需要的基本能力"。正如我们所看到的，改革派对联邦继续干预政策的反对在 1871 年关于《反三 K 党法》的辩论中已经遏制不住地表现出来（这场辩论在众议院由遭人痛恨的巴特勒负责主持）。许多人此刻将保护黑人平等权利的目标描述成一种堂吉诃德式的努力。"到处都是社会的无序，"舒尔茨在参议院宣称，"它们是很难用法律来治愈的。"如果地方政府不愿意或不能放弃使用暴力的话，应该怎么办？戈德金说，黑人应该搬到那些仍然尊重他们权利的那些州去居住。[67]

从根本上说，改革者认为，南部暴力与政府腐败来源于同一原因：那就是，具有智识和文化的人"被排除在公职担任者的队伍之外。如果公务员制度改革为北部的问题提出了一个解决方案，在南方，改革派主张终止禁止前邦联分子——该区域的"当然的领袖人物"——的参政和担任公职的做法。"我们必须回到安德鲁州长的告别演说中的信条中……，"雅各布·考克斯写道，"并认识到这样一个事实，即只有通过掌握了智慧和资本的那些社区领袖的努力，南部才能得到治理。"爱德华·阿特金森在 1870 年

---

[67] Carl Schurz, "The True Problem", *Atlantic Monthly*, 19 (March 1867), 371-378; William M. Armstrong, ed., *The Gilded Age Letters of E. L. Godkin* (Albany, 1974), 75; *Nation*, August 1, 1867; Charles Nordhoff to Charles Sumner, March 15, 1871, Sumner Papers; *CG*, 42d Congress, 1st Session, 686-687; *Nation*, March 23, 1871.

短暂地访问南部后也得出了同样的结论。撇开"肤色的问题"不谈，他认为，南部的恶政不可避免地源于将"对事务的控制权置于一个更为无知的阶级的手中"的误导性企图，而"一大部分最活跃和最有头脑的人则[仍然]……处于政治禁令的限制之中"。因此，同情之心发生了令人不可思议的逆转，南部白人越来越多地被描绘成遭遇不公正待遇的受害者，黑人则被认为是不适合行使选举权的人，而北部的提包客则被斥责为毫无原则感的窃贼。自由改革派起源于对北部发生的社会和政治变革的批判，但它最终将重建视为一种表现了镀金时代所有的真实的和想象中的罪恶的现实。"重建，"《民族》杂志宣称，"在道德上似乎是一个比叛乱更具有灾难性的过程。"作为一种政府的实验，它"已经彻底地失败了"。[68]

1872年选举

随着格兰特的第一届总统任期接近尾声，先前那种因与黑人、南部和重建相关而定义的温和派和激进派的分类，已经不能用来准确地描述此时共和党的派系构成了。随着激进主义的衰落、组织化政治的上升以及自由改革派的出现，新的政党重组集中在对格兰特本人和对镀金时代新政治的态度分野上。

---

[68] *Nation*, December 2, 1869, June 16, 1870; Springfield *Republican*, April 7, 1871; Jacob D. Cox to James A. Garfield, March 27, 1871, Edward Atkinson to Garfield, May 13, 1871, James A. Garfield Papers, LC; *CG*, 42d Congress, 2d Session, 699; *Nation*, March 23, July 6, 1871, March 28, 1872.

改革派意识到他们在共和党内并无优势，而格兰特政府虽然屡屡犯错，但继续享有旺盛的人气，所以他们改变思路，打算组织一个新的政党，在弗吉尼亚、田纳西和密苏里州组成改革派共和党人和民主党人的联盟，并期望通过新党"在全国舞台上"取得令人震惊的胜利。1871 年 9 月，舒尔茨在纳什维尔发表演讲，发起了一次全国性的自由派共和党人运动，提出了一份竞选纲领，它所涉及的政治议题包括公务员制度改革、降低关税、降低税收、恢复硬币支付和终止对铁路公司的土地馈赠政策。然而，为了与发言的地理位置相对应，演讲重点集中在南部。舒尔茨虽然坚持战后的宪法修正案必须不受任何侵犯，但他提出政治大赦，结束联邦的干预，并恢复由"有财产和有企业"的人主持的"地方自治"。舒尔茨真诚地相信，黑人的权利在这样的政府下要比在重建政府的统治下更加安全。但无论他是否真的这样认为，他的计划除了回归到白人至上主义时代，没有任何其他的意义。正如奥利弗·莫顿在几年后所说，"当某些人谈论人民的地方自治时，他们的人民指的是白人"。1872 年 1 月，密苏里州自由共和党人呼吁 5 月初在辛辛那提举行全国提名大会。戈德金写道，这次集会将预示着"旧政党体制的破裂"："重建和奴隶制的工作，我们已经完成了；对于行政改革和财政改革，我们渴望立即开始"。[69]

---

[69] James R. Doolittle to Manton Marble, January 5, 1872, Marble Papers; Frederic Bancroft, ed., *Speeches, Correspondence and Political Papers of Carl Schurz* (New York, 1913), 2:258–285; *CR*, 43d Congress, 2d Session, 371; *Nation*, March 21, 1872.

共和党的创始人有许多人站到了自由派一边，这一事实充分显示共和党的组织发生了多么巨大的变化。这份转向自由派的名单包括了许多前民主党人，如莱曼·特朗布尔，他相信"老辉格党人主导了（共和）党"。名单上还有当年反奴隶制的先锋，如乔治·朱利安，他相信政治已经退化成"里里外外争夺私利的斗争"，而自由派承诺将对政治原则的坚守放在高于对组织纪律的要求之上。但是，将这些心怀不满的政客联合起来的是他们被该党的新领导层抛在一边的共同经历。只有为数不多的自由派领袖，如伊利诺伊州州长约翰·帕尔默和马萨诸塞州的弗朗西斯·伯德，保留了相当大的权力（尽管伯德俱乐部对萨姆纳遭受的待遇感到非常不满，但它不愿看到本·巴特勒的崛起）。更典型的则是三位内战时期共和党州长的经历：纽约的鲁本·芬顿，他的影响力已经被康克林参议员超过；宾夕法尼亚的安德鲁·柯廷，他的支持者统统被卡梅伦帮解职；奥斯汀·布莱尔，他对密歇根国会参议员的位置期盼已久，这一雄心受到扎卡赖亚·钱德勒帮派的阻拦而不得实现。一群怨气十足的激进派国会议员也有同样的遭遇。1870年，朱利安看到在莫顿参议员的授意下，印第安纳州议会通过不公正的选区划分夺走了他的参议员位置。伊格内修斯·唐纳利指责明尼苏达州共和党大佬亚历山大·拉姆齐导致了他在1868年的失败。俄亥俄州的詹姆斯·阿什利认为参议员约翰·谢尔曼应对他被罢免蒙大拿州州长一职负责，他是在国会众议院的选举中失败之后被任命担任该职位的。伊利诺伊州贡献了令人印象最深刻的自由派名单，除了特朗布尔和帕尔默之外，该州自由派的领袖人物包括了林肯的亲密同事，如古斯塔夫·柯纳、戴维·戴维斯、杰西·杜波伊斯和奥维尔·布朗宁——这些人统统都遭到约翰·洛根的政党机器的无视。[70]

鉴于这个长长的名单上包括了如此众多的政治老手，虽然多数人已经不担任公职但却经验丰富，因此，辛辛那提大会的提名并不缺乏人选也就不足为奇了。仅伊利诺伊州就隐藏了三位雄心勃勃的人：州长帕尔默（他在芝加哥大火灾时，用州权的强硬立场反对联邦援助，此举为他赢得了不少来自南部的支持）；最高法院法官戴维斯（他已经得到一个劳工改革大会的提名）；参议员特朗布尔（他模仿林肯在1860年的做法，在纽约市库珀学院发表演讲，相当于宣示自己的愿意参选）。许多东部人支持查尔斯·弗朗西斯·亚当斯作为候选人，然而，他谨慎地表示答应之后，就去欧洲度假了。纽约《论坛报》的编辑霍勒斯·格里利是芬顿的亲密盟友，20年前曾担任过不满一届的国会议员，自然也渴望获得提名，密苏里州州长格拉兹·布朗也渴望获得提名。（但这一运动

---

[70] Michael E. McGerr, "The Meaning of Liberal Republicanism: The Case of Ohio", *CWH*, 28 (December 1982), 311–312; Brinkerhoff, *Recollections*, 191–193; Evarts B. Greene, "Some Aspects of Politics in the Middle West, 1860–1872", *Proceedings, SHSW*, 59 (1911), 72–75; Abbott, "Maintaining Hegemony", 21; Bradley, *Triumph of Militant Republicanism*, 416–419; Robert C. Harris, "Austin Blair of Michigan: A Political Biography" (unpub. diss., Michigan State University, 1969), 207–213; George W. Julian, *Political Recollections, 1840 to 1872* (Chicago, 1884), 303; George W. Julian Journal, April 25, December 21, 1870, Julian Papers; Ridge, *Donnelly*, 108–118; Robert F. Horowitz, *The Great Impeacher: A Political Biography of James M. Ashley* (Brooklyn, 1979), 162–165; Stephen L. Hansen, "Principles, Politics, and Personalities: Voter and Party Identification in Illinois, 1850–1876" (unpub. diss., University of Illinois, Chicago, 1978), 278–283.

的杰出发言人舒尔茨因其出生在国外，不能参选。）[71]

在辛辛那提聚会的是一个遭到格兰特政权疏远的背景多元的群体：改革派、自由贸易鼓吹者、反奴运动的老兵（包括大量"1848年和1852年的老牌自由土地者"），以及大量"已经不再担任公职或希望担任公职"的人。在这样一次致力于政治改革的场合上，大会见证了大量的幕后交易和斡旋活动。甚至在大会召开之前，舒尔茨就已经与民主党全国委员会主席奥古斯特·贝尔蒙特进行了秘密谈判，目的是将两党团结在亚当斯－特朗布尔的候选人团队之下。与此同时，四位著名的改革派编辑同意，他们将同时发表针对戴维斯的攻击文章，从而形成了一种反戴维斯的"奇妙的舆论共识"。但是，正如亨利·沃特森后来指出的，到了最后，所有这些计划都功亏一篑，除了纽约《论坛报》的执行编辑怀特劳·里德外，所有主编对候选人提名的最终结果都感到十分吃惊：霍勒斯·格里利最终以提名人胜出，布朗成了他的竞选伙伴。[72]

---

[71] George H. Work to John M. Palmer, February 21, 1872, John M. Palmer Papers, Illinois State Historical Library; Willard L. King, *Lincoln's Manager: David Davis* (Cambridge, Mass., 1960), 278–280; *Speech of Hon. Lyman Trumbull* (Washington, D.C., 1872); Earle D. Ross, *The Liberal Republican Movement* (New York, 1919), 82; Charles Francis Adams Diary, April 1–24, 1872, Adams Family Papers, MHS; Norma L. Peterson, *Freedom and Franchise: The Political Career of B. Gratz Brown* (Columbia, Mo., 1965), 212–215.

[72] George W. Julian Journal, May 9, 1872, Julian Papers; *CG*, 42d Congress, 2d Session, 4015; Irving Katz, *August Belmont: A Political Biography* (New York, 1968), 198; Henry Watterson, "The Humor and Tragedy of the Greeley Campaign", *Century*, 85 (November 1912), 32–39; James G. Smart, "Whitelaw Reid and the Nomination of Horace Greeley", *Mid-America*, 49 (October 1967), 227–243.

其他主要候选人的弱点帮助产生了这个意想不到的结果。知识分子群体选择了具有绅士气质的亚当斯，但他被伯德俱乐部的老对手做了手脚，无论如何，作为"北半球最大的冰山"，他不是一个能够激发信心的有效的竞选活动家。而学究气十足的特朗布尔在大众中也没有多少吸引力。戴维斯因为没有拒绝劳工大会的提名而遭到怀疑，劳工大会的纲领包括了8小时日工作制、支持绿背纸币和对政府债券征税的要求。因为拥有过多的"本土骄子"，伊利诺伊州无法团结起来，集中支持其中的任何候选人。格里利曾有一段带有错误判断的历史，包括他曾支持过1860至1861年的冬天的和平退出联邦运动，以及他在1864年曾发起一场寻求和平的私人努力。但他确实很得人心，他漫长的编辑生涯令许多具有反奴隶制背景的代表感到可信和亲切。该党的纲领回应了舒尔茨在1871年奠定的原则（法律面前人人平等、大赦、地方自治、文官制度改革），但有一个大的例外。因为格里利的名字与保护性关税是同义词，代表们因此回避了自由贸易的问题。[73]

许多自由派认为格里利是一位令对手难以对付的候选人。"他从缅因州到加利福尼亚州都很受欢迎"，一位纽约人写道，在"企业主和工人"中，他的支持率远远超过任何承诺降低关税的人。然而，对改革派来说，提名格里利是一个惊人的失败，因为他是

---

[73] Matthew T. Downey, "Horace Greeley and the Politicians: The Liberal Republican Convention in 1872", *JAH*, 53 (March 1967), 727–750; Smart, "Whitelaw Reid", 231–232; Samuel Bowles to Charles Sumner, May 21, 1872, Samuel Bowles Papers, Yale University; Logsdon, *White*, 228–239; Martin Duberman, *Charles Francis Adams 1807–1886* (Stanford, 1960), 356–366.

一个反对自由贸易和金银货币的人，对文官制度改革漠不关心，支持禁酒运动，并支持各种货色的"庸医、骗子、无知者和感伤主义者"利用国家来为他们自己的目的服务。舒尔茨认为提名人的遴选结果使得改革派运动丧失了"其更高尚的道德品质"，为此他向格里利发出了一封用词并不客气的长信，邀请他放弃到手的提名。当格里利对此加以拒绝时，一些自由贸易商人徒劳地试图将另一个候选人拉入竞选场中。最后，大多数改革者认为格里利比格兰特更可取，尽管包括戈德金和阿特金森在内的相当一部分人最终选择支持总统。（"格兰特是一头蠢驴，"一个俄亥俄州自由派人写道，"这点没有人会否认，但一头蠢驴也要比一个喜欢恶作剧的白痴更好。"）会议的结果致使关税削减运动丧失了信誉（自由贸易联盟"去了辛辛那提，但再也没有回来"），戈德金写道，这个结果使"任何人都不可能在不被人大声嘲笑的情况下……谈论'改革'"。同样重要的是，这个结果确保格里利的竞选将只集中关注一个问题：南部的新政策，因为只有这样它才能将目的混杂的自由派联盟团结在一起。[74]

关于这个问题，格里利拥有无可挑剔的改革派的资历。从战争结束的那一刻起，他反对没收敌产和进行叛国罪审判的活动，并呼吁南北两个区域的"绅士"团结起来，支持一个以"全面大

---

[74] Walter M. Dwyer to Lyman Trumbull, April 29, 1872, Lyman Trumbull Papers, LC; Horace Greeley, *Essays Designed to Elucidate the Science of Political Economy* (Philadelphia, 1869), 57, 74–78; *Nation*, May 23, 1872; Bancroft ed., *Carl Schurz*, 2:361–369, 377–378, 384; Brinkerhoff, *Recollections*, 216–220; Reitano, "Free Trade," 176–178; S. Lester Taylor to Edward Atkinson, July 27, 1872, Atkinson Papers; Armstrong, ed., *Letters of Godkin*, 186.

赦和公正选举"为基础的宽宏大量的重建。1867年,他提供了一部分担保金,使杰斐逊·戴维斯得以从监狱中释放出来(他的行为也导致《论坛报》在一段时间内的发行量的急剧下降)。格里利在谴责三K党和支持联邦执法努力的同时,也认为高税收和将"最优秀的人"排除在公职之外阻止了北部的移民和投资进入南部,而他认为,北部的移民和投资是区域发展和南北和解的关键。与此同时,这位曾经长期捍卫黑人权利的人却越来越对民主党对自由民的抱怨表示赞同。"他们是一个随意的、毫无价值的种族,从不考虑明天,而……你的事业助长了他们的弱点",他在1870年写道,批评约瑟芬·格里芬的救济工作,格里芬在首都华盛顿独当一面地主持一个"一女子福利机构"。黑人,格里利坚持,必须要自己照顾自己;他对黑人的训令是:"蠢猪,找不到吃的,就饿死你。"1872年年初,希望获得总统职位的野心导致格里利加大了对南部重建政府的猛烈批评;此刻,《论坛报》将它们称之为建立在"无知和堕落"之上的政权。格里利之所以赢得辛辛那提大会的提名,部分原因是南部代表的大力支持,在他写的接受提名的信中,他强调"地方自治"问题,并呼吁美国人忘却战争和重建,"跨越血腥的鸿沟,握手相助"。[75]

---

[75] New York *Tribune*, April 6, 10, May 27, September 12, 1865, May 30, 1866, January 9, 1868; Glyndon G. Van Deusen, *Horace Greeley: Nineteenth Century Crusader* (Philadelphia, 1953), 317–325, 343–356, 381–386; *Mr. Greeley's Letters from Texas and the Lower Mississippi* (New York, 1871), 48–53; James M. McPherson, *The Struggle for Equality: Abolitionists and the Negro in the Civil War and Reconstruction* (Princeton, 1964), 392; Cohen, "The Lost Jubilee", 51–56, 205–212, 267–271, 307–308; Samuel Bowles to Frederick Law Olmsted, May 11, 1872, Bowles Papers.

如果格里利的候选资格"与他的软弱无力一样的可笑",詹姆斯·加菲尔德说(他作为一名改革派,在共和党内依然享有相当权力,但对辛辛那提大会仍然保持一种敬而远之的态度),"他可能遭到嘲笑和被人忽视,但不幸的是,它拥有强大的力量"。面对这一意想不到的挑战,共和党人的反应如同任何美国政党通常在此情况下所做的那样——他们采取行动去抢对方的风头。在格里利获得提名后一个月内,国会削减了10%的关税,并颁布了一项大赦法,恢复了几乎所有被第十四条宪法修正案限制的前邦联分子担任公职的权利。1870年和1871年,国会也曾讨论过类似的立法,但都未能获得三分之二多数的同意。由于该法案只影响到少数的个人,大赦辩论所具有的更多的是象征意义,而不是实际重要性。但大赦法案引起了大多数黑人国会议员的反对,他们把三K党的暴力事件归咎于著名的"反叛分子"的行动,并担心大赦会成为共和党彻底放弃重建的一种先兆。[76]

在接受大赦法之前,共和党领导人不得不处理自1870年以来在国会中反复讨论的另一项措施,即查尔斯·萨姆纳的民权法案。该法案提出要保障所有公民拥有平等使用公共设施和公共交通,平等进入公共学校、教堂、墓地,平等参与陪审团工作的权利,但它同时带有其作者所特有的弱点和力量。法案中的教会条款似乎违反了第一条宪法修正案,但萨姆纳的兴趣并不在于为整个法

---

[76] Peskin, *Garfield*, 350; F. W. Taussig, *The Tariff History of the United States*, 8th ed., (New York, 1931), 184-185; James A. Rawley, "The General Amnesty Act of 1872: A Note", *MVHR*, 47 (December 1960), 480-484; *CG*, 42d Congress, 2d Session, 398-399, 524, 1908-1912, 3382-3383, 3660.

案提出一个宪法说明,而是直接引用《独立宣言》和《登山宝训》(然而,其他共和党人坚持认为,根据第十四条宪法修正案,这是完全合理的)。法案的实施机制十分简单,即授权那些权利受到伤害的人向联邦法院提起诉讼。然而,作为一项广泛的原则声明,该法案要求国家保持萨姆纳所称的"一个公正的公民身份所承诺的平等权利"的原则。此外,他明确否认"隔离但平等"设施的合法性;"相等"与"平等"并不是同一回事。黑人们的信件请求国会通过该法案。"我们需要它,"一份请愿书说,"也许我们的政府事实上是一个真正的共和国。"[77]

在1870、1871年,民权法案被国会共和党人视为一桩政治麻烦,因而在委员会中搁浅。但是,当萨姆纳在1871年12月提出将这些法案作为大赦法案的修正案时,共和党领袖突然抓住他的措施,以此作为确保大赦失败和指责对手的一种手段。但参议院在2月的表决中,副总统科尔法克斯投下打破平局的一票,萨姆纳的议案得以批准,但两个联合起来的议案在民主党坚决反对下,未能获得必要的三分之二多数票。5月初,同样进程的事件再次发生。但到了月底,对格里利提名感到担忧的共和党领导人与民主党参议员谈判达成了一个协议。当处于病中的萨姆纳缺席时,参议院在一次通宵会议中通过了一项被极大削弱的民权法案,删除

---

[77] Donald, *Sumner*, 529–534; Bertram Wyatt-Brown, "The Civil Rights Act of 1875", *Western Political Quarterly*, 18 (December 1965), 767; Richard T. Greener to Charles Sumner, January 15, 1872, George W. Richardson to Sumner, January 27, 1872, James White to Sumner, January 27, 1872, Landon Kurdle to Sumner, February 3, 1872, Sumner Papers; *CG*, 42d Congress, 2d Session, 381, 432, 842–884.

了针对学校和陪审团的条款，并将执法权留给州法院。参议院投票刚刚结束，他再度提出自己原先的、更为强硬的法案，但议案遭到一个压倒性多数的反对而失败。接下来，大赦法案以几乎一致的表决获得通过。不出所料，"被削弱的民权法案"很快在众议院被否定。"本届议会使用的各种手段与技巧，"对议会政治权术并不陌生的康克林说，"超过了我之前见过的一切。"[78]

如果格里利的提名让共和党人慌忙应对，急忙建构一个与重建有关的温和形象，它带给民主党则是另外一种性质的问题。自由派运动对于那些试图证明他们的政党终于接受内战结果的民主党人来说，是一种天赐之物。但是，辛辛那提大会的候选人选择却像是将"一条湿毯子"扔在他们身上。民主党能够接纳一个全身致力于抨击该党及其所代表的一切的人作为自己的候选人吗？格里利的提名，民主党全国委员会主席奥古斯特·贝尔蒙特宣称，是"那些惊人的令人难以理解的错误之一"。但是，他补充说，如果民主党希望击败格兰特，它别无选择。民主党的决定因为一种新的现实变得更加容易，即该党力图击败第十五条宪法修正案的努力遭遇惨败。在此之后，北部的民主党开始发起了自己的新起点策略，不再强调传统的种族诉求，而是专注于关心类如政府中的经济、降低税收和政治改革等问题。[79]

---

[78] Donald, *Sumner*, 535–539, 544–546; *CG*, 42d Congress, 2d Session, 919, 3268–3270, 3730–3739, 3932; James M. McPherson, "Abolitionists and the Civil Rights Act of 1875," *JAH*, 52 (December 1965), 502.

[79] John Tapley to James R. Doolittle, May 4, 1872, James R. Doolittle Papers, SHSW; Katz, *Belmont*, 200–202; New York *World*, June 3, 1871.

与南部的同伴一样，北部新起点提倡者实际立场的改变要比看到的要少，一方面它接受了"宪法保持现状"，但另一方面继续反对联邦实施强制法的努力，这一立场将实质性地削弱战后的宪法修正案的效力。然而，民主党的言辞和政纲开始发生重要的变化，惯于玩弄种族政治的老将开始抛弃"黑鬼"一词，而改用"黑人"或"有色人种"。纽约坦慕尼帮的彼得·斯威尼呼吁民主党人放弃"用黑人议题来鼓动选民"，因为这种行为反而帮助共和党人"带走了许多选民"，而应将自己与平等和进步联系起来。甚至内战时期臭名昭著的反对派、俄亥俄州的克莱门特·瓦兰迪加姆也赞同这项新政策。改革，而不是种族问题，纽约《世界报》宣称，应该是民主党的战斗口号。（此外，它指出，"如果我们能控制白人选民的判断，黑人问题就不具任何政治分量"。）7月，民主党全国代表大会对自由党派的总统候选人和政纲表示支持。无论格里利是输还是赢，《世界报》宣称，都无关紧要；因为他的提名已经"将本党与过去的死问题一刀两断"。[80]

与北部一样，南部自由派运动也吸引了在党内权力斗争中失势的著名共和党人的支持。前亚拉巴马州参议员威拉德·华纳加入到自由派阵营中，路易斯安那州州长亨利·沃莫思采取了同样的行动，他的政策曾遭到党内大部分成员的否定，心怀不满的

---

[80] August Belmont to G. W. McCook, June 5, 1871, Marble Papers; Lawrence Grossman, *The Democratic Party and the Negro: Northern and National Politics 1868-92* (Urbana, Ill., 1976), 24-27, 35-36; Springfield *Weekly Republican,* December 16, 1870; New York *Herald,* November 26, 1869; George T. McJimsey, *Genteel Partisan: Manton Marble, 1834-1917* (Ames, Iowa, 1971), 154-156; New York *World,* July 11, 17, 1872.

得州人安德鲁·汉密尔顿也弃共和党而加入自由派运动,他被州长埃德蒙·戴维斯推出权力的中心。许多老派辉格党人对黑人在密西西比州党内影响力的增强深为震惊,他们也支持格里利。最初,格里利竞选班子也有望在黑人选票上取得重大进展,因为格里利长期以来一直支持平等权利的原则,而且他的竞选也得到查尔斯·萨姆纳的支持。在被伯德俱乐部的朋友们纠缠了三个月后,萨姆纳终于在7月底向全国的黑人选民们写了一封公开信。他认为,格兰特的政策过于软弱,无法制止南部的暴力,但却强大到足以激怒该区域的白人人口;总统曾拼命为多米尼加兼并条约的通过而努力,但却未能迫使民权法案在国会获得通过。萨姆纳总结说,在格里利政府之下,自由民的权利要比在格兰特政府的继续执政下更为安全。信中所呈现"痛苦不堪的推理"揭示了一个厌恶格兰特的人内心的矛盾与混乱,但他心里明白,格里利的获胜就意味着重建的结束。[81]

大多数的老废奴主义盟友都驳斥了萨姆纳的论点。"即便魔鬼自身掌握着国家大船的舵位,"莉迪亚·玛丽亚·蔡尔德写道,"我的良心也不允许我将他*解职,从而为民主党留出上位的空间。"

---

[81] Michael Perman, *The Road to Redemption: Southern Politics, 1869–1879* (Chapel Hill, 1984), 112–114; Joe G. Taylor, *Louisiana Reconstructed, 1863–1877* (Baton Rouge, 1974), 228–236; Carl H. Moneyhon, *Republicanism in Reconstruction Texas* (Austin, 1980), 176; Richard A. McLemore, ed., *A History of Mississippi* (Hattiesburg, 1973), 1:581; Francis W. Bird to Charles Sumner, April 15, 1872, Edward Atkinson to Sumner, April 8, 11, 1872, Sumner Papers; *The Works of Charles Sumner* (Boston, 1870–1883), 15:175–195; James M. McPherson, "Grant or Greeley? The Abolitionist Dilemma in the Election of 1872," *AHR*, 71 (October 1965), 56.

* 指格兰特。——译者

但最令人感到痛彻心扉的抗议，用弗雷德里克·道格拉斯的话来说，则来自萨姆纳在"四分之一世纪代表其心声"的那些人。一些黑人认为这封信是一个恶作剧，相信他们的捍卫者"永远不会抛弃他们"。其他人则指出，萨姆纳没有提到的是——民主党和自由派的领袖舒尔茨和特朗布尔一直在国会中反对三K党实施法案和民权法案。尽管格里利的个人记录值得信赖，但黑人并不相信民主党对尊重平等权利做出的承诺。"如果我进到南部的一家旅馆，"一位记者告诉萨姆纳，"他们在那里挂上了带有霍勒斯·格里利和格拉茨·布朗肖像的彩色地图或图表……我却被告知：滚出去，这不是黑鬼待的地方！"[82]

"改革"的口号对黑人也没有太大的吸引力。对他们来说，财政紧缩和降低税收就意味着政府服务范围的减少，改革派大声疾呼反对"阶级立法"，并告诫自由民"自己决定自己的命运"，在这些言论背后，黑人察觉到自由派拒绝承认黑人独特的历史经验，并对他们的命运抱有一种残酷的冷漠之心。《新国家时代》问道："当对邪恶之事的禁止开始的时候，是否也就意味着个人和国家的责任到了必须终止的时候？"或者，正如威廉·惠普提醒自由派的，"自从我们政府成立以来，白人种族就一直受益于阶级立法"。此外，黑人还认识到，公务员制度改革将有效地禁止"整个有色人种"群体进入公职。密西西比州的一名自由民在参加了灯塔守

---

[82] McPherson, "Grant or Greeley", 43-61; Lydia Maria Child to Charles Sumner, June 28, 1872, Frederick Douglass to Sumner, July 19, 1872, H. Boemler to Sumner, July 15, 1872, Edwin Belcher to Sumner, August 5, 1872, Sambo Estelle to Sumner, August 5, 1872, Sumner Papers.

护人的联邦考试后,对这一前景做了极为精辟的解释:

> 我没有受教育的好运。我从年轻到成年时代,一直处于受奴隶制的束缚之中……但我学会了处于我这样境地中的人所有实用的东西……我可以用我们的声音来为轮船导航。但我却无法应对关于几何学、科学工程、数学,甚至艺术书法的考试……我想,不是自吹的话,我毫不夸张地说,我有资格担任一个灯塔台的守护人……如果这次考试就是规则的话,你将把这条海岸线上所有的有色人种排除在这个职位之外。你对我们说,这个国家的所有荣耀都对我们开放,然而你却通过一个我们谁也无法通过的难关,将我们排斥在获得这些荣耀的可能之外。[83]

摆在黑人面前的选择再清楚不过了,他们继续把共和党视为唯一能够确保南部的"自由和文明新秩序"的体制。1872年见证了整个重建时期最和平的选举。唯一的例外是佐治亚州,当地的民主党州政府没有采取任何措施来阻止选举日发生的暴力活动,绝大多数的黑人投了共和党的票(此举进一步强化了改革派的说法,即黑人"无法理解一场政治竞选中的真实问题所在")。在戴维斯半岛的飓风种植园,投票的结果是格兰特442票,格里利只有1票。格里利只赢得了三个前邦联州(佐治亚、田纳西和得克

---

[83] *New National Era*, April 14, 1870, December 12, 1872, April 10, 1873; Pinckney Ross to John R. Lynch, March 7, 1873, Ames Family Papers, Smith College.(这封信是克莱伯恩手写的,但却是由罗斯署名的。)

萨斯）以及肯塔基州、马里兰州和密苏里州。共和党令人惊奇地重新夺回了在1869年和1870年丢失的各州，赢得了西弗吉尼亚州，在田纳西州和弗吉尼亚州赢得了国会议员的多数，并在北卡罗来纳州和亚拉巴马州成功地选举了共和党人州长。尽管亚拉巴马州的立法机构仍然由两党分割占有，但该州成为重建期间共和党人重新控制先前被民主党"救赎"的州政府的唯一例子。这一选举结果反映了黑人选民的忠诚、一个稳定的南部本土派支持力量的存在，以及一些无法忍受格里利的民主党人决定留在家中的事实。尽管他们在一些州的胜利非常微弱（北卡罗来纳州不到2000票），但这并没有阻止共和党人声称，他们在一次和平的选举中构成了南部选民的一个自然多数。救赎似乎既不是不可避免的，也不是不可逆转的；新当选的黑人国会议员约翰·林奇后来回忆说，共和党人似乎是"未来的政党"。[84]

在北部，格里利竞选从一开始就十分不顺，困难源自候选人自己的历史。一位民主党人说："我很想知道他的朋友将会如何写他的传记。"格里利的支持者们不得不花很多时间来解释他过去为何将民主党指认为"杀人犯、通奸者、醉汉、懦夫、骗子、小偷"等。（"我从未说过所有的民主党人都是酒吧老板"，候选人格里利有一次宣称。"我所说的是所有的酒吧老板都是民主党人。"）尽管

---

[84] *New National Era*, April 4, 1872; William L. Scruggs to William E. Chandler, October 5, 1872: Logsdon, *White*, 247–248; Dorothy Sterling, ed., *We Are Your Sisters: Black Women in the Nineteenth Century* (New York, 1984), 469; *Tribune Almanac*, 1873, 59–63, 72–83; Allen W. Trelease, "Who Were the Scalawags?", *JSH*, 29 (November 1963), 452–458; John R. Lynch, "The Tragic Era", *JNH*, 16 (January 1931), 110.

共和党叛逃者（包括马萨诸塞州的州长候选人弗朗西斯·伯德和伊利诺伊州的古斯塔夫·柯纳）有时会在政党融合的州级选举中成为领袖人物，但令自由派感到懊恼的是，民主党人拒绝解散他们的党组织。格里利的竞选面临的"巨大困难"在于，一位自由党人写道，"民主党一直坚持不死"。的确如此，从传统上看，塞勒斯·麦考密克是民主党竞选资金的主要来源，但在他被允许接替州长帕尔默担任伊利诺伊州格里利竞选委员会主席之前，他一直拒绝打开他的支票簿。[85]

两党内部在其他问题上都存在分歧，南部政策因而成为秋季竞选的主旨话题。格里利及其支持者的演讲几乎完全集中对重建罪恶的声讨和对需要恢复"地方自治"的呼吁上。《民族》杂志问道："我们怎么从格里利先生的竞选演讲中总是不断听到关于南部状况的讨论，完全没有或者很少听到关于其他的改革的讨论，而这些改革正是召开辛辛那提大会的原因所在？"因此，1872年竞选最终促成了将对重建的反对与一种更广泛的建立良善政府的改革不可分离地结合起来的结果。共和党人对挥舞血衣的做法有所收敛，但却频繁提及"三K党的暴行、午夜谋杀和抢劫"。"去把

---

[85] Edward Mayes, *Lucius Q. C. Lamar: His Life, Times, and Speeches* (Nashville, 1896), 170; Samuel J. Bayard to J. B. Guthrie, September 8, 1872, Samuel J. Bayard Papers, Princeton University; Horace S. Merrill, *Bourbon Democracy of the Middle West 1865-1896* (Seattle, 1953), 73; Baum, *Civil War Party System*, 170; Thomas J. McCormack, ed., *Memoirs of Gustave Koerner 1809-1896* (Cedar Rapids, Iowa, 1909), 2:562; W. C. Flagg to Lyman Trumbull, July 15, 1872, Trumbull Papers; William T. Hutchinson, *Cyrus Hall McCormick* (New York, 1930-1935), 2:319-324.

票投给那些烧毁学校的人，投给那些亵渎教堂和侵犯妇女的人，"本杰明·巴特勒对他的听众说，"或者把票投给霍勒斯·格里利，两者都是一码事。"除了这些言论之外，共和党还宣称它将致力于坚持黑人享有平等公民权和免受暴力攻击的权利等原则，而这些概念此刻已经深深地扎根于共和党选民的政治意识之中。"黑人的自由仍然处于危险之中的呼喊……，"自由派编辑霍勒斯·怀特总结道，"一直是这场竞选中最有力的武器。"[86]

最后，格兰特赢得了梅森－迪克森线*以北的每一个州。只有在新英格兰地区，自由派的反抗才在选民中被转化为较大比例的叛逃；马萨诸塞州共和党人中大约有10%的人似乎投了格里利的票。在中西部出现的情况是，不是共和党人抛弃格兰特，而是更多的民主党人转而选择格兰特（尤其是那些对格里利的禁酒主义倾向感到震惊的德裔移民）。从全国的情况来看，共和党总体赢得了超过55%的民选票，这是任何政党在1836年至1892年之间的所有总统选举中所获民选票的最大多数。格里利在选举结果公布后哀叹道："我是竞选这一崇高职位中输得最惨的人。我遭受了如此狠毒的抨击，以至于我几乎不知道自己是在为成为总统还是在为被送进监狱而竞选。"严酷的竞选令他耗尽了体力，而竞选中遭受的诋毁和他妻子在选举日前不久的去世更使他陷入极度的沮

---

[86] Ross, *Liberal Republican Movement*, 175; *Nation*, August 1, 1872; *Behold! The Contrast*, broadside, September 1872, Keyes Papers; James R. Doolittle to Augustus Schell, December 4, 1872, Doolittle Papers; Logsdon, *White*, 252.

* Mason-Dixon Line，马里兰与宾夕法尼亚两州的地理分界线，内战前被认为是南北区域的分界线。——译者

丧之中，格里利于当年 11 月 29 日去世。[87]

1872 年选举确认并巩固了组织化政治的威力。首先，许多前共和党激进派支持格里利的事实表明，作为一种政治运动和一种连贯的意识形态的激进主义已经永久地寿终正寝了。此外，一批著名共和党领袖人物的政治转向并没有影响到共和党的结构，反而巩固了中坚派对权力的掌控。看上去，个人并不重要，重要的是党具有一直的永恒性。包括舒尔茨在内的一些叛变者最终将重返共和党阵营，但对许多其他的变节者来说，尤其是那些在加入共和党之前曾经是民主党的人，自由派运动则成为帮助他们回归最初政党忠诚的跳板。仅以几位著名的自由派共和党人为例，1876 年，特朗布尔、帕尔默、朱利安、奥斯汀·布莱尔和查尔斯·弗朗西斯·亚当斯等则转身为民主党竞选。事实上，在 1877 年至 1910 年俄亥俄州的大多数州长竞选中，前自由派共和党人始终是民主党候选人名单上的领跑者。至于改革派中的记者和专业人士，1872 年后，大多数人采取了无党派的独立立场，他们宁愿扮演像内战前加里森废奴主义者那样的角色，通过激发公众舆论和向政治家施压来表达他们的观点，而不动手组建自己的政党。[88]

具有讽刺意味的是，1872 年选举既表现了北部共和党人对重

---

[87] Baum, *Civil War Party System*, 172–173; W. Dean Burnham, *Presidential Ballots 1836–1892* (Baltimore, 1955), 109–110; Hutchinson, *McCormick*, 2:326; Horace Greeley to Mrs. Jennie Mason, November 8, 1872 (copy), Horace Greeley Papers, NYPL.

[88] Patrick W. Riddleberger, "The Break in the Radical Ranks: Liberals vs. Stalwarts in the Election of 1872", *JNH*, 44 (April 1959), 136–157; Hansen, "Principles, Politics, and Personalities", 300–305; Krug, *Trumbull*, 338; Patrick W. Riddleberger, *George Washington Julian: Radical Republican* (Indianapolis, 1966), 279–286; Harris, "Blair", 253; Duberman, *Adams*, 393–394; McGerr, "Liberal Republicanism", 319–322; Skowronek, *Building American State*, 42.

建的承诺，也强化了在两党内部出现的倾向，而这些倾向很快将使南部政策走上一条为自由派所率先提倡的路线。一家共和党报纸写道，此举"将导致民主党的死亡"，这种发展"几乎是不容置疑的"。事实上，民主党再次证明了它具有不可思议的生存天赋。的确，北部民主党人从选举失败中走出来，占据了有力的战略位置，并从随后到来的经济萧条中获利；通过放弃对种族问题的明确呼吁和吸收了一批知名度甚高的自由派共和党人，他们部分地摆脱了旧的与种族主义和对联邦不忠诚的关联，但从未改变他们要求终止联邦对黑人权利进行保护的企图。与此同时，在南部，选举结果使得那些提倡合流、融合和新起点的人名誉扫地，确保了该党从此将在最能够动员白人选民的"直截了当"的基础上展开战斗。对于共和党人来说，民主党－自由党对"地方自治"的要求、对重建腐败的批评以及关于区域和解的呼吁，此刻也在党内找到了一个更愿意倾听的听众，虽然选举结果给人的印象并不是如此。尽管他们对黑人投票权表示支持，但北部共和党人很少有人真正地为南部各州的重建政府进行辩护。更常见的是，他们似乎接受那种将这些政权描述为无能并腐败的定性，在讨论它们时采用一种致歉或表示尴尬的语调，并求助于格兰特的连任将给南部带来稳定和良好政府的希望作为安抚对手的说辞。从此之后，尽管总统在竞选中取得了一场全面的胜利，但无论在北部还是在南部，重建都将处于一种守势。[89]

---

[89] Dilla, *Politics of Michigan*, 147; Dale Baum, "The 'Irish Vote' and Party Politics in Massachusetts, 1860–1876," *CWH*, 26 (June 1980), 138; Mushkat, *Reconstruction of New York Democracy*, 226; Perman, *Road to Redemption*, 121–131; Cohen, "The Lost Jubilee," 380–385.

第十一章

经济萧条的政治

经济萧条及其后果

1873年,资本主义时代令人陶醉的经济扩张遭遇了痛苦的停顿时刻。当年9月,曾为美国银行业支柱的杰伊·库克及公司因无法推销数百万美元的北太平洋铁路公司债券而倒闭。几天之内,一场金融恐慌席卷了整个信贷系统。银行和经纪公司纷纷倒闭,股市也暂时停止运作,许多工厂开始解雇工人。在整个西方世界,1873年经济恐慌开启了一个直到20世纪30年代才被命名为"大萧条"的时代,这个经济衰退的时代,虽然包括了断断续续的复苏期,但几乎一直延续到19世纪末才结束。这场工业资本主义的第一次大危机永久地改变了经济企业的性质,产生了深刻的政治和意识形态后果。经济萧条的发生粉碎了维多利亚时代中期人们对于进步的必然性所抱有的信心,加剧了阶级冲突,将"劳工问题"推向了社会思想的前沿,破坏了位于自由劳动意识形态核心地位的一系列假设,重塑了国家的政治议程以及政党之间的权力平衡。[1]

从某种意义上讲，北太平洋公司的金融问题引发了恐慌，因为如果说是铁路的繁荣滋养了战后的经济增长，那么铁路网络的过度扩张，在大量投机性信贷支付的支撑下，造就了一座金融纸牌屋，所以，最终的崩溃只是一个时间问题。到1876年，全国超过一半的铁路公司已经无法兑现它们的债券，并且被债券的接收者所掌管。随着轨道建设的停止，那些随铁路增长而蓬勃发展出来的工业便遭遇了灾难性的逆转。到1874年年底，全国近一半的铁化炉已经停运。仅1878年一年，就有超过10000家企业倒闭，当年也是经济萧条触底的时刻。经济增长在第二年年初恢复，但1873年恐慌之后的65个月仍然是美国历史上持续经济收缩时间最长的时期。[2]

与19世纪60年代通胀利润的繁荣相比，经济萧条带来了一个全新的商业环境，即一种你死我活的竞争和一场持续不停的大幅度的价格滑坡。到1879年，批发价格跌至6年前的30%。运输交通业内的残酷竞争导致铁路货运价格下降，并激发了"联营"形式的出现，一些主要铁路线路试图通过这种方式来稳定运费价

---

[1] Rendigs Fels, *American Business Cycles 1865-1897* (Chapel Hill, 1959), 99-107; Eric Hobsbawm, *The Age of Capital 1848-1875* (London, 1975), 4-5, 46.

[2] Allan Nevins, *The Emergence of Modern America* (New York, 1927), 293-303; U. S. Bureau of the Census, *Historical Statistics of the United States, Colonial Times to 1970* (Washington, 1975), 732; Samuel Rezneck, "Distress, Relief, and Discontent in the United States During the Depression of 1873-1878", *Journal of Political Economy*, 58 (December 1950), 495-497; Irwin Unger, *The Greenback Era: A Social and Political History of American Finance 1865-1879* (Princeton, 1964), 213-224, 265-266; Fels, *Business Cycles*, 83, 107-111.

格，并在内部分配相互之间应享的交通份额。尽管大多数的此类协议很快就破裂了，但它们反映了一种对新经济秩序的追求，而这种秩序也日益成为商界所关注的重点。不同行业的领袖人物先后成立了全国性的贸易协会，旨在稳定价格和设定产业配额，但大多没有成功。与此同时，新一代企业家抓住机会，对他们追求的目标进行重新排序，力争达到提高生产力和降低成本的目的。经济大萧条时常为资本主义生产进行结构的变革提供机会，19世纪70年代的危机也不例外。约翰·洛克菲勒和安德鲁·卡内基深信，"新的时代"需要新的商业实践，当洛克菲勒控制了石油工业的时候，安德鲁·卡内基则奠定了他的钢铁帝国的基础。当然，大多数工业此刻仍然受到过度竞争而不是垄断的困扰。但是，虽然产出总量下降了，企业的总数却保持不变，制造业雇佣的工人人数在继续增加，反映出资本的日益集中化和大规模机械化生产的胜利。1880年的人口普查统计报告说，五分之四的制造业工人是"在工厂制度下"劳动。[3]

对工人来说，经济萧条无非就是一场灾难，其受害者包括那些幸存下来的合作社、全国大多数的工会，以及已经得以实施8

---

[3] U. S. Bureau of the Census, *Historical Statistics*, 139, 201, 666–667; Gabriel Kolko, *Railroads and Regulation 1877–1916* (Princeton, 1965), 7–10; Alfred D. Chandler, Jr., *The Visible Hand: The Managerial Revolution in American Business* (Cambridge, Mass., 1977), 135–141, 246, 316–317; David Montgomery, "Radical Republicanism in Pennsylvania, 1866–1873", *PaMHB*, 85 (October 1961), 455–457; David Hawke, *John D.: The Founding Father* (New York, 1980), 94–108, 154–155; Nevins, *Emergence*, 33–43; Steven J. Ross, *Workers on the Edge: Work, Leisure, and Politics in Industrializing Cincinnati, 1788–1890* (New York, 1984), 219–232; U. S. Census Office, *Tenth Census, 1880*, 2:16.

小时日工作制的成功。实际工资仅略有下降，雇主为保持竞争力而减薪，但物价的持续下跌也弥补了减薪带来的伤害，然而主要城市中心都出现了普遍的失业。据估计，1874年纽约市四分之一的劳工都找不到工作。爱尔兰移民弗兰克·罗尼次年抵达旧金山，发现当地的工厂都关闭了，生活成为一种不断挣扎求生的经历，工人阶级的生活中毫无希望可言。许多人外出寻找工作，到了这十年的中期，"流浪汉"现象已经成为社会景观上的一种"固定设置"。宾夕法尼亚州劳工统计局评论说，在美国历史上，从来没有"这么多工人阶级的成员，熟练的和非熟练的，……一直在从一个地方移动到一个地方，四处寻求根本就没有的就业机会"。[4]

　　经济萧条对劳工运动产生了深远的影响，劳工运动的重点也从19世纪60年代的问题——争取绿背纸币、合作主义和8小时日工作制——转移到要求获得公共救济、拼命维持萧条前的工资水平，以及对少数工人来说，拥抱社会主义的思想。1873—1874年的冬天，从波士顿到芝加哥等城市发生了大规模示威游行，要求政府通过启动街道和公园改善以及建设新的快速交通系统等项目来缓解经济危机——展示出劳工对政府角色和责任的任职大大扩展了。"工作或面包"运动在纽约市达到高潮，1874年1月13

---

[4] Philip R. P. Coelho and James F. Shepherd, "Regional Differences in Real Wages: the United States, 1851-1880", *Explorations in Economic History*, 13 (April 1976), 212-213; Neil L. Shumsky, ed., "Frank Roney's San Francisco—His Diary: April 1875-March 1876", *Labor History*, 17 (Spring 1976), 245-247; Paul T. Ringenbach, *Tramps and Reformers 1873-1916: The Discovery of Unemployment in New York* (Westport, Conn., 1973), 3; Samuel Bernstein, "American Labor in the Long Depression, 1873-1878", *Science and Society*, 20 (Winter, 1956), 60-82.

日,该市警察用暴力驱散了聚集在汤普金斯广场的7000名示威者,逮捕了数十名工人,并启动了一个针对随后出现的劳工集会进行"极端镇压"的时期。[5]

尽管失业工人的零星示威活动在整个萧条时期仍在继续进行,但汤普金斯广场的"骚乱"标志着呼吁公共就业运动的实际终止。此后的劳工运动变得四分五裂。一些工人,尤其是德裔和波希米亚裔的移民,现在明确地朝着接受社会主义思想的方向前进。他们认为,基于共和主义和自由劳动思想之上的传统意识形态已经无可救药地过时了,他们创立了像伊利诺伊州工人党这样的小型组织,致力于推动铁路和工厂的公有制。许多本土出生的和来自英国的劳工领袖(包括年轻的塞缪尔·龚珀斯)从汤普金斯广场事件中吸取了另外的教训:劳工绝不能让公众将自己与暴力活动和"共产主义"联系在一起。他们认为,工人应该集中精力维持工资水平、工作规则和工会——这充其量是一项艰巨的任务,因为对于雇主来说,从失业者中找人来取代罢工者实在是一件易如反掌的事情。为了保护自己免受经济萧条的影响,劳工贵族的工会退而采取一种防御立场,同时避免与资本家的对抗和与非熟练工人阶级的合作。另一方面,许多矿场和工厂的工人在激进和充满暴力的罢工中努力抵制减薪。1874年,铁路公司和中西部矿场

---

[5] Herbert G. Gutman, "The Failure of the Movement by the Unemployed for Public Works in 1873", *Political Science Quarterly*, 80 (June 1965), 254−276; Herbert G. Gutman, "The Tompkins Square 'Riot' in New York City on January 13, 1874: A Re-examination of Its Causes and Its Aftermath", *Labor History*, 6 (Winter 1965), 44−70; Samuel Gompers, *Seventy Years of Life and Labor* (New York, 1925), 1:92−97.

都发生了激烈的劳资纠纷，次年，15000名纺织工人为反对减薪，举行了长达两个月的离厂罢工，但未获成功。同样在1875年，宾夕法尼亚州无烟煤田的"长期罢工"以强大的工人慈善协会的失败而结束，并导致了著名的莫利·马奎尔系列审判，最终20名被认为是鼓动分子的矿工被处以绞刑。[6]

一家波士顿的报纸称，这些一连串的罢工事件代表了美国历史上的"一个过渡期"。经济萧条似乎已经将欧洲式的阶级冲突带入了美国，正如宾夕法尼亚州一位官员所评论的，这种冲突"十分可怕地"强化了"富人与穷人之间的对抗"。无论是向社会主义、面包加黄油工会主义倾斜，还是与资本家进行激进对抗，劳工们都越来越抛弃了旧的自由劳动思想，转而更直接地承认工资劳工制的永久性以及雇主与雇工之间冲突的现实。独立生产者的理想以及"平等权利"和自由劳动的语言得以幸存下来（在19世纪80年代劳动骑士团将会使之重新焕发活力），但它们日渐成为一种"抗议思想"，即对新兴资本主义秩序的一种批判，而不是对个人的社会流动性和社会中所有利益的和谐相处所表示的一种

---

[6] John B. Jentz and Richard Schneirov, *The Origins of Chicago's Industrial Working Class* (forthcoming); Gompers, *Seventy Years*, 1:97; Leonard S. Wallock, "Chapel, Custom, Craft: The Transformation of the Struggle to Control the Labor Process Among the Journeyman Printers of Philadelphia, 1850-1886" (unpub. diss., Columbia University, 1983), 386-389, 416, 437-438; Herbert G. Gutman, "Trouble on the Railroads in 1873-1874: Prelude to the 1877 Crisis?", *Labor History*, 2 (Spring 1961), 215-235; Herbert G. Gutman, "Reconstruction in Ohio: Negroes in the Hocking Valley Coal Mines in 1873 and 1874", *Labor History*, 3 (Fall 1962), 243-264; Eric Foner, *Politics and Ideology in the Age of the Civil War* (New York, 1980), 170-175.

信心。[7]

　　对农场主来说，萧条也带来了经济混乱，并激起了新的抗议形式。农业人口和产量在 19 世纪 70 年代的整个十年中继续增长，但随着农产品价格和土地价值的暴跌，战后繁荣被困难时期所取代。在全世界，经济萧条摧毁了那些为国际市场进行生产的小农场主。在美国，特别是西部农场主发现自己越来越深地陷入沉重的债务之中，而无法获得土地的佃农的数量也在急剧增加，农业工人的工资却在直线下降。到 1878 年，中西部甚至发生了一些无法找到工作的农场工人破坏机器的事件。当大规模的"绅士农民"通过多样化生产的实践挺过金融风暴时，小农场主们则大量涌入格兰其组织的阵营中；该组织的一些领导人此刻呼吁"工人兄弟们"加入他们的队伍，展开对铁路和土地投机者的攻击，甚至建议州议会废除铁路公司的特许状，"并将它们的财产退还给委员会手中，由委员会为人民经营这些财产"。较为温和的格兰其成员则呼吁加强铁路监管和通货膨胀，以此来提高农产品价格，使负债的农民能够偿还抵押贷款。[8]

---

[7] Wayne G. Broehl, Jr., *The Molly Maguires* (Cambridge, Mass., 1964), 205; Bernstein, "American Labor", 73; *Report of the Committee of the Senate upon the Relations Between Labor and Capital, and Testimony Taken by the Committee* (Washington, D.C., 1885), 1:49, 358; Jentz and Schneirov, *Chicago's Working Class*. 关于一种"抗议思想"概念的提出与讨论，见：Franco Venturi, *Utopia and Reform in the Enlightenment* (Cambridge, Mass., 1971), 尤其见第三章。

[8] U.S. Bureau of the Census, *Historical Statistics*, 201; Margaret B. Bogue, *Patterns from the Sod* (Springfield, Mass., 1959), 139-176; Peter H. Argersinger and JoAnn E. Argersinger, "The Machine Breakers: Farm Workers and Social Change in the Rural Midwest of the 1870s", *AgH*, 58 (July 1984), 395-406; Gerald Prescott, "Gentleman Farmers in the Gilded Age", *WMH*, 55 (Spring 1972), 197-205; Robert McCluggage, "Joseph（转下页）

在一些西部州，经济萧条粉碎了两党政治的模式，催生了党内的反叛运动，这些运动在1873年取得了虽然是暂时的但却十分显著的成功。"反垄断"联盟将民主党与一些心怀不满的共和党农场主和商人联合起来，在明尼苏达州选出了两名代表自己利益的州官员，并赢得了艾奥瓦州议会中一院的控制权。在威斯康星州，改革党候选人威廉·泰勒推翻了州长卡德瓦拉德·沃什伯恩，这是由一种不同寻常的情势和盟友组合而产生的令人吃惊的结果。经济萧条的来临助长了农场主和密尔沃基的商人"彻底反抗"高运费的情绪，德裔选民对最近颁布的禁酒法感到十分不满（尽管泰勒本人是反酒精制品的良善禁酒会的成员），而未能从沃什伯恩政府获得资助的铁路公司则暗中支持了改革者。（即将离任的州长形容获胜的联盟代表了一种"由黑暗、威士忌、啤酒、铁路和少许格兰其成员组成的力量"。但当州立法机构开会时，这个本身并不可靠的联盟很快就分崩离析，结果使共和党人能够"对改革者进行改造"，通过颁布《波特法》*，建立起一个三人委员会，授权其降低铁路费率。）随着运费的下降，监管运动的呼声得以平息，民主党开始利用经济萧条而不是通过合并建构新的政治联盟，1873年出现的那些反垄断党则逐渐淡出政坛。但它们短暂的成功说明了这场危机是如何将经济问题猛烈地推上政治舞台的中心位

（接上页）H. Osborn, Grange Leader", *WMH*, 35 (Spring 1952), 183–184; A. Gaylord Spalding to Joseph H. Osborn, December 23, 1874, Joseph H. Osborn Papers, Oshkosh Public Museum; Henry S. Magoon to Elisha W. Keyes, June 9, 1874, Elisha W. Keyes Papers, SHSW.

* 这是一部通过州立法机构来监管和控制价格的州法。——译者

置的。[9]

19世纪70年代的经济萧条粗暴地打断了社会和谐的各种景象，代表了北部意识形态发展中的一个重大转折。随着劳工与资本家之间的广泛存在的紧张关系成为当时主要的经济和政治问题，公共话语沿着阶级路线而发生了分裂。在北部各地的小型工业中心，罢工工人继续得到当地官员和小城镇商人的支持，其中许多人分享劳工的愤怒，对由社区外力量控制的大公司造成的破坏性影响感到十分不满。但是，在美国大城市和两大政党的上层，那种旧的、强调平等权利和劳动尊严的观念已经开始让位于一种新的认知：不同阶级之间存在着不可消弭的种种障碍；需要注重对财产、"政治经济学"和经济现状的维护。[10]

随着经济萧条的加深和阶级冲突的加剧，对劳工和农场主运动与能动主义民主国家的批评声音也日渐增强，这种由自由改革派开创的批评力量发现，他们在北部城市的中产阶级和上层阶级的受众人数不断扩大。对后者中的一些人来说，威斯康星州

---

[9] Solon J. Buck, *The Granger Movement* (Cambridge, Mass., 1913), 88; *Tribune Almanac*, 1874, 65–69; Dale E. Treleven, "Railroads, Elevators, and Grain Dealers: The Genesis of Antimonopolism in Milwaukee", *WMH*, 52 (Spring 1969), 205–215; W. W. Fields to Lucius Fairchild, November 20, 1873, Lucius Fairchild Papers, SHSW; Horace Rublee to Cadwallader C. Washburn, December 4, 1873, Cadwallader C. Washburn Papers, SHSW; Herman J. Deutsch, "Disintegrating Forces in Wisconsin Politics of the Early Seventies", *WMH*, 15 (March 1932), 296; Graham A. Cosmas, "The Democracy in Search of Issues: The Wisconsin Reform Party, 1873–1877", *WMH*, 46 (Winter 1962–1963), 97–105; George H. Miller, *Railroads and the Granger Laws* (Madison, Wis., 1971), 153–160.

[10] Herbert G. Gutman, "The Workers' Search for Power", in H. Wayne Morgan, ed., *The Gilded Age* (Syracuse, 1970 ed.), 37–52; Morton Keller, *Affairs of State: Public Life in Late Nineteenth Century America* (Cambridge, Mass., 1977), 162; Walter T. K. Nugent, *Money and American Society 1865–1880* (New York, 1968), 177, 205–207.

的《波特法》是对政治场景中四处可见的私有财产形成的一种威胁——是"铁路立法历史上最无知、最武断、最无理的法律",小查尔斯·弗朗西斯·亚当斯这样描述道。"工作或面包"运动也帮助将城市资产阶级推向右翼,因为两党报纸都加入到对公共就业想法的谴责之中,重新提及巴黎公社的幽灵,并盛赞纽约警察如何有效地捍卫了法律和秩序。城市报纸将劳工领袖视为"社会的敌人",因为他们认为"世界欠他们一份生计",而实际上工人贫困的原因在于他们的懒惰和奢侈。这些报纸坚持认为,政治经济学的法则只指出了一条摆脱经济萧条的出路,那就是"事物必须自我调节"。[11]

这些信念迅速扩大,将非政府慈善事业和工人自身发起的集体努力都纳入批判的范围之内。美国社会科学协会发布的一份关于"赤贫状态"的特别报告不仅驳斥了在工场外提供公共援助的想法,还对那些"不分青红皂白"和"过于慷慨"的私人救济进行指责,认为它们鼓励失业者拒绝接受低薪工作,从而鼓动和加剧了劳工的骚乱。与此同时,反工会的情绪继续变得强硬起来。接替霍勒斯·格里利担任纽约《论坛报》主编的怀特劳·里德对工会采取了一种尤其凶狠的态度,这种态度不仅反映在他撰写的社论中,而且也通过他降低印刷工人工资的成功中表现出来,1874年当建造该报新办公楼的建筑工人举行罢工的时候,里德将

---

[11] Miller, *Railroads and the Granger Laws*, 140; Gutman, "Failure of the Unemployed", 254-260, 270-275; Samuel Bernstein, "The Impact of the Paris Commune in the United States", *Massachusetts Review*, 12 (Summer 1971), 444-445; New York *World*, December 21, 1873, January 10, 1874; Gutman, "Tompkins Square", 47, 56-57, 68-70.

意大利裔劳工引入作为罢工替代者。事实上，许多城市报纸认为经济萧条"并非一种纯粹的邪恶"，因为它带来了降低工人工资、约束劳工并限制工会权力等结果。[12]

这种对罢工和贫困的态度一直是自由劳动思想构成中的一些分支。此刻，它们与这种意识形态中那些更强调平等的内容相分离之后，便形成了有自觉意识的资产阶级世界观的一部分，它的出现与巩固正是自由主义改革派直接鼓励的。戈德金写道："我们时代的所有工业都处于同生死、共命运的状况。"他呼吁商人们抛开狭隘的利益关切，认识到他们相互之间共同的阶级利益。随着萧条的加深，成为一个独立的资本主义阶级（而不是一个更广泛的"生产者"群体）成员的意识在商业界中蔓延开来。工业家们基本上放弃了他们早先的宽松货币的主张，许多以前曾批评铁路公司的城市商人也从监管的想法中退缩了。19世纪70年代行业协会的激增也反映了资产阶级意识的增长，芝加哥公民协会等商人中的新政治组织的形成也反映了资产阶级意识的增长。因此，面对农场主的反抗和工人阶级的激进性，大都市资本家以前所未有的方式联合起来，捍卫财政保守主义和财产权的不可侵犯性。[13]

---

[12] Robert H. Bremner, *The Public Good: Philanthropy and Welfare in the Civil War Era* (New York, 1980), 200-207; "Pauperism in the City of New York", *Journal of Social Science*, 6 (1874), 74-83; Bingham Duncan, *Whitelaw Reid: Journalist, Politician, Diplomat* (Athens, Ga., 1975), 61; Gutman, "Worker's Search for Power", 36.

[13] *Nation*, November 6, 1873; Walter T. K. Nugent, *The Money Question During Reconstruction* (New York, 1967), 62-63; Lee Benson, *Merchants, Farmers, and Railroads: Railroad Regulation and New York Politics 1850-1887* (Cambridge, Mass., 1955), 67-72; Richard Schneirov, "Class Conflict, Municipal Politics, and Governmental Reform in Gilded Age Chicago", in Hartmut Keil and John B. Jentz, eds., *German Workers in Industrial Chicago, 1850-1910: A Comparative Perspective* (DeKalb, Ill., 1983), 194-195.

经济萧条还把改革派对政治民主和能动主义政府所抱有的精英主义敌意（除在法律和秩序方面除外）推向了近乎歇斯底里的高度。芝加哥《论坛报》的霍勒斯·怀特早些时候曾对格兰其组织的崛起表示欢迎，因为农场主们至少同意政治不应该再围绕"奴隶制的僵尸"展开，但此刻他却急剧向右转。他谴责农场主组织和劳工组织发动了"一场针对既得权利和财产的共产主义式的战争"，并坚持认为普选权将政治权力交到那些受"煽动者的胡说八道"所蛊惑的人手中，从而"贬低了选票"的价值。里德将"无知选民"幻想成"一个对社会利益构成威胁的政党，就像法国共产党人那样"，而《民族》杂志则把北部穷人和南部自由民联系起来，将两者都视为危险的新"无产阶级"中的成员，他们"与共和国成立时的人口不同，好像属于一个外来民族"。戈德金对建国之父的启用很有揭示意义，因为自由派改革者越来越受到麦迪逊等人在一个世纪前曾面对的困境的困扰——如何调和私有财产与政治民主之间的冲突。[14]

尽管改革者最终未能实现他们珍爱的目标——对所有都市选民行使选举权添加财产资格的限制，但经济危机却极大地增强了使市、州政府不受变幻莫测的民意影响的运动。一位评论者指出，19世纪70年代新的州宪法代表了"与我们长期以来毫不置疑地接受的那些政府理论的广泛分离"，因为它们延长了州长和法官的

---

[14] Joseph Logsdon, *Horace White: Nineteenth Century Liberal* (Westport, Conn., 1971), 263-267; Roger A. Cohen, "The Lost Jubilee: New York Republicans and the Politics of Reconstruction and Reform, 1867-1878" (unpub. diss., Columbia University, 1975), 201-202; *Nation*, April 9, 1874.

任期，对立法会议的会期建立起限制规定，在少数情况下甚至对陪审团制度做出限制。随着经济萧条加剧了州和市政府的财政困难，并形成了进一步提高税收水平的威胁，紧缩开支成为一种当然的时尚。有几个州禁止使用公共资金对铁路公司进行资助，对预算和税率设置上限，并赋予州长择项否决立法法案的权力。此外，州政府也越来越愿意启用法院和州国民警卫队来支持资方的诉求，正如宾夕法尼亚州共和党人州长约翰·哈特兰夫特在1875年矿工们进行"长期罢工"时所做的那样，这样的做法赢得了两党报纸的掌声。也许更能表现北部公共生活新趋势的迹象是流浪法在各州的大量制定与出现，这些法律旨在打击想象的流浪人群可能构成的社会威胁。虽然这些法律的目的更多的是清除城镇的乞丐人口，而并非建立一个准自由劳动的体制，但因为失业被界定为一种罪行，这些法律与1865—1866年的南部黑人法典颇为相似。印第安纳州甚至强迫那些拒绝就业的人去做城市的街道清洁工作，并把本州的罪犯出租给一家铁路客车车厢制造商去使用。这些政策说明自由劳动原则在经济萧条时期似乎已经遭到彻底的践踏。[15]

---

[15] Simeon E. Baldwin, "Recent Changes in Our State Constitutions", *Journal of Social Science*, 10 (1879), 138–139; C. K. Yearley, *The Money Machines: The Breakdown and Reform of Governmental and Party Finance in the North, 1860–1920* (Albany, 1970), 5–10; Jon C. Teaford, *The Unheralded Triumph: City Government in America, 1870–1900* (Baltimore, 1984), 105, 285–294; Carter Goodrich, "The Revulsion Against Internal Improvements", *JEcH*, 10 (November 1950), 152; Keller, *Affairs of State*, 110–114; Frank B. Evans, *Pennsylvania Politics, 1872–1877: A Study in Political Leadership* (Harrisburg, 1966), 233–234; Bernstein, "American Labor", 76–77; Emma L. Thornbrough, *Indiana in the Civil War Era 1850–1880* (Indianapolis, 1965), 316–317, 588.

妇女权利运动内部的变化也反映出体面与得体观念的影响越来越大。反对饮酒的讨伐活动——其中包括了一群妇女跪在酒吧前祈祷,在"兴奋的人群"面前销毁酒精等活动——席卷了宾夕法尼亚州和中西部地区,1874年建立的基督教妇女禁酒联盟迅速成为美国最大的妇女组织,被它动员起来的妇女人数远远超过那些追求选举权的人数。禁酒联盟将成千上万的妇女带入公共领域,为扩大女性政治活动指出了方向。最终,它将把自己对酒吧的谴责与妇女追求选票的诉求结合起来。但在19世纪70年代,该组织在"保护家庭"的名义下,拒绝与妇女选举权牵涉在一起。禁酒运动的迅速崛起和对投票权兴趣的暂时减弱,象征着目标宽泛的女权主义传统,逐渐被一种范围更狭窄的运动所取代,前者强调男女的共同人性,而后者则强调女性单独拥有的道德纯洁,以及她们需要将美德带入道德缺失的男性世界之中的责任。[16]

随着意识形态的重心在女权主义的基层发生转移,其全国性层面的领导力量也发生了类似的转变。触发这一转变的是比彻-蒂尔顿丑闻。这是一桩耸人听闻的事件,其中改革派报纸主编西奥多·蒂尔顿指责牧师亨利·沃德·比彻与他的妻子保持着一种

---

[16] T. A. Goodwin, *Seventy-Six Years' Tussle With the Traffic* (Indianapolis, 1883), 26–27; Ernest L. Bogart and Charles M. Thompson, *The Industrial State 1870–1893* (Springfield, Ill. 1920), 48; Mari Jo Buhle, *Women and American Socialism 1870–1920* (Urbana, Ill., 1981), 53–56, 60–65; Steven M. Buechler, *The Transformation of the Woman Suffrage Movement: The Case of Illinois, 1850–1920* (New Brunswick, N.J., 1986), 102–107, 118, 138; Barbara Epstein, *The Politics of Domesticity: Women, Evangelicism, and Temperance in Nineteenth-Century America* (Middletown, Conn., 1981), 125–127.

非法关系。尽管比彻的罪责看似无可争议，但上流社会还是竭力为他辩护。1875年的审判——被称为"十年中最伟大的全国奇观"——最终以陪审团的意见无法统一而宣告结束。不幸的蒂尔顿逃去巴黎，资产阶级群体将其愤怒倾泻到维多利亚·伍德哈尔身上，因为她首先在自己的周报上将这一丑闻曝光。

除了当编辑外，伍德哈尔还是第一个开经纪公司的女性（此事得益于科尼利厄斯·范德比尔特的协助，而范德比尔特则迷上了她活泼的妹妹田纳西·克拉夫林），也是第一个为女性选举权问题在国会委员会上作证的女性。这位杰出的女性也是国际工人协会（第一国际）中的一个极富争议的成员，她所持有的强烈的个人主义精神使她与卡尔·马克思等欧洲社会主义者的意见相左。然而，她最出名的身份则是一个直言不讳的对性双重标准的批评家。事实上，伍德哈尔对比彻的抱怨并不是针对他的不道德做法，而是针对他的虚伪。正如她指出的，这位受人尊重的牧师一方面在讲坛上谴责自由恋爱，与此同时却又在私下里偷偷地践行自由恋爱。伍德哈尔的观点强烈地影响了女权主义领导人分享的对性平等的要求。但是，舆论对丑闻的反应，加上根据《科姆斯托克法》采取法律行动的威胁（该法禁止通过邮件传播"淫秽"材料），迫使女权主义者退出了对性问题的公开讨论，她们还刻意将自己在婚姻和离婚改革问题上的立场与那些"自由性爱者"的立场分离开来。（伍德哈尔本人则前往英国，在那里嫁给了一位伦敦的银行家，并一直生活到20世纪20年代，她最终帮助创建了一家淑女汽车俱乐部和一个妇女航空联盟。)[17]

全国政治很快见证了两种相互冲突的要求带来的影响,一种是呼吁政府进行干预,以减轻经济萧条的影响;另一种则强调法律、秩序和道德的重要。第43届国会于1873年12月召开,但因艾奥瓦州共和党议员乔治·麦克拉里的一个提议而陷入争议之中。麦克拉里提议组建一个全国委员会来设定"合理的"铁路运费。尽管少数民主党人对此表示支持,认为该计划是对"伟大的劳工问题"的合法回应,但大多数人却将之斥为"集权化"的又一个例子。与此同时,共和党人看到他们的政党沿着区域分界线产生了分裂,西部和南部人(包括所有七名黑人国会议员)都支持这项法案,而大多数的东部人都表示反对。对这一提议的支持者来说,联邦对铁路的规范权应该是一种扩大的国家主权的合法行使。"这个问题,"艾奥瓦州的詹姆斯·威尔逊评论道,"已经超出了各州的能力范围……它具有全国性的影响,所带来的利益也是为全国所分享,其错误也将由全国来承担。"但东部共和党人不仅谴责该法案是一种"共产主义"性质的产物,而且还诉诸州权的原则——一位田纳西州国会议员评论说,"现在,对这一原则的提倡突然而意外地来自北部"。该法案以五票的优势在众议院获得通过,但却终结于参议院中。[18]

---

[17] Altina Waller, *Reverend Beecher and Mrs. Tilton* (Amherst, Mass., 1982), 1–11, 146–147; Madeline B. Stern, ed., *The Victoria Woodhull Reader* (Weston, Mass., 1979), 1–10; William Leach, *True Love and Perfect Union: The Feminist Reform of Sex and Society* (New York, 1980), 61–63; Buechler, *Transformation of Woman Suffrage*, 8.

[18] *CR*, 43d Congress, 1st Session, 490–491, 1946–1947, 2046, 2180, 2240, 2421, 2493.

货币问题则更具有破坏性，因为在这个问题上，两党内部分歧的复杂程度不相上下，都同时包含了从"疯狂"的通货膨胀主义者到主张即刻恢复硬币支付等立场极为不同的人。国会接到了大量的提案，反映出"情感和意见的多样性几乎达到了无限的状态"。早在1874年，谢尔曼曾提出了一个计划，这是一个通过"巨大的劳动、长期的考虑和妥协所得出的结果，"目的是稳定货币。但是，在两党西部议员和南部议员的敦促下，一连串的修正案将这项提案变为了一项"通货膨胀法案"，提议在绿背纸币和国民银行货币的流通货币中增加6400万美元。尽管这一增长幅度并不算是奢侈，但该法案展示了一种思想，即为了满足经济波动的需求，政府可以对货币供应进行调节。但对大都市的资产阶级来说，它体现了经济萧条所释放出的所有带有异端思想的冲动和充满危险的社会倾向。"几乎每个在商业和金融事务方面有智慧和经验的人"，《民族》杂志声称，都反对这项措施，改革派的媒体也集合起上流社会对此的反对意见。国务卿汉密尔顿·菲什在内阁中代表纽约商业界的利益，他极力主张否决此案，该州的老州长约翰·迪克斯也主张予以否决，他是一位硬币通货的狂热支持者，口袋里始终装着几枚金币，"偶尔看看这些金币，也会让自己耳目一新"。虽然格兰特总统最初倾向于签署这一法案，但这些不同的压力产生了它们的影响力。4月底，他否决了这项法案，国会未能动员其三分之二的投票来推翻总统的否决。[19]

---

[19] Unger, *Greenback Era*, 216, 233-240, 410; Roscoe Conkling to Isaac Sherman, December 26, 1873, Isaac Sherman Papers, Private Collection; Nugent, *Money and*（转下页）

格兰特对通货膨胀法案的否决,在西部的自耕农和小城镇的小企业主中非常不受欢迎,因为两者都渴望放松信贷,但他却赢得了"有钱人、根基稳固的商人和拥有实在利益者的"赞同,甚至在西部也是如此。在东部的"头面人物"中,只有一向别出心裁的本杰明·巴特勒表示反对。改革派对总统的赞颂之多,连他们自己也觉得过于奢侈。《哈珀周刊》宣称,总统的否决挽救了"国家的荣誉",成为"他执政期间最重要的事件"。然而爱德华·阿特金森所称的发生在金钱问题上所谓的"共和党成员中的内战"并没有突然停止。但否决具有里程碑的意义,正如亨利·道斯所称,它表明一种"缓慢、保守的情绪"在共和党的圈子中占了上风,对经济问题的重视取代了对黑人公民的权利平等的重视,成为该党重塑自我形象的核心立场。[20]

无论它对大都市中心的吸引力如何,威斯康星州民主党领袖乔治·保罗说,共和党的经济立场"都应该彻底改变西北部"。但

(接上页) *American Society*, 221–224; John Sherman, *Recollections of Forty Years in the House, Senate, and Cabinet* (Chicago, 1895), 1:495–496, 504; Cohen, "The Lost Jubilee", 435–443; *Nation*, March 26, 1874; Allan Nevins, *Hamilton Fish: The Inner History of the Grant Administration* (New York, 1936), 2:704–713; Morgan Dix, *Memoirs of John Adams Dix* (New York, 1883), 2:190; William S. McFeely, *Grant: A Biography* (New York, 1981), 395–397.

[20] H. M. Jones to Richard Ogelsby, April 25, 1874, N. C. Thompson to Ogelsby, April 25, 1874, B. F. Parks to Ogelsby, April 24, 1874, Richard Ogelsby Papers, Illinois State Historical Library; New York *Commercial Advertiser*, undated clipping, E. S. Keitt Scrapbook, SCHS; Thomas J. McCormick, ed., *Memoirs of Gustave Koerner 1809–1896* (Cedar Rapids, Iowa, 1909), 2:583; *Harper's Weekly*, May 9, 1874; Edward Atkinson to Henry L. Dawes, February 21, 1874, Henry L. Dawes Diary, March 14, 1876, Henry L. Dawes Papers, LC.

随着1874年选举的临近，财政保守主义只是北方共和党人肩负的许多负担之一。在1873年的"薪水抢夺"中，国会将总统的薪酬提高了一倍，并给自己的成员40%的追加薪水的待遇，这一举动令人非常反感。次年，财政部长威廉·理查森曾允许马萨诸塞州一位著名政治人物接手对逃税者的调查，从中收取了总计20万美元的费用，此事曝光之后，他被迫辞职。所有这些都为民主党提供了求之不得的机会；"腐败的婊子……，"一份圣保罗报纸惊呼道，"竟带着赤裸裸的恐怖在国家畅行无阻。"与此同时，妇女禁酒运动，加上西部州立法机构实施的限制酒类销售的法律，疏远了德裔共和党选民，极大地破坏了选民联盟。[21]

然而，无论选民对当地情况如何的不满，只有经济萧条才能解释1874年席卷北部的选举浪潮。正如1896年和1932年所发生的情形一样，在日子非常艰难的时候，选民的第一反应是反对执政党。选举产生了整个19世纪政党重组历史中最大的一次逆转，选举结果抹去了自南部退出联邦以来共和党一直享有的国会多数席位，将该党在众议院的110票的多数优势转化为民主党的60个席位的多数。"这次选举不仅仅是一场胜利，而是一场革命，"纽约的一家报纸宣称，因为塞缪尔·蒂尔登在该州以多出5万票的优势战胜了共和党人州长迪克斯。民主党也首次赢得了马萨诸塞

---

[21] George H. Paul to Joseph H. Osborn, August 20, 1874, Osborn Papers; Hans L. Trefousse, *Ben Butler: The South Called Him BEAST!* (New York, 1957), 225-226; Ross A. Webb, *Benjamin Helm Bristow: Border State Politician* (Lexington, Ky., 1969), 134; Henry A. Castle, "Reminiscences of Minnesota Politics", *Minnesota Historical Society Collections*, 15 (1915), 568; Thornbrough, *Indiana*, 262-264.

第十一章 经济萧条的政治 **875**

州州长职位，并在新罕布什尔州、新泽西州、宾夕法尼亚州、伊利诺伊州、印第安纳州和俄亥俄州大获全胜。共和党人保留了联邦参议院的控制权，但在州议会选举中的失利意味着该党的七名参议员失去了返回华盛顿的机会。[22]

"这意味着什么？"一位民主党人在得知选举结果后问道。"这是一种永久性的，还是只是各种情况碰巧组合而出现的一种结果，而其中最突出的情况是工业的普遍衰败？"时间最终会揭示，1874年开启了全国政治的一个新时代，尽管这个时代的特征是两党对峙的僵局，而非民主党的崛起。直到1896年，共和党才会重新确立其在选举中所占的统治地位；在此之前，同一个政党同时控制两院的机会只有三次，同时控制白宫和国会的机会只有两次。国会将不止一次发现自己处于瘫痪之中，因为重要的法案在参众两院之间来回穿梭，两院联席会议不断遭受失败，而特别会议变得非常必要。鉴于政治僵局，全国政策的新转向变得不可想象。美国人将不得不在缺乏来自华盛顿的领导力的情况下渡过经济危机的磨难。[23]

尽管在共和党的竞选失败的原因中，经济萧条所占的分量远远超过了重建，但失败对于南部共和党的影响确实是不祥之兆。

---

[22] Dale Baum, *The Civil War Party System: The Case of Massachusetts, 1848-1876* (Chapel Hill, 1984), 183; William Gillette, *Retreat from Reconstruction 1869-1879* (Baton Rouge, 1979), 246; Jerome Mushkat, *The Reconstruction of the New York Democracy 1861-1879* (Rutherford, N.J., 1981), 242; *Tribune Almanac*, 1875, 49-94.

[23] Gustavus Fox to Gideon Welles, November 11, 1874, Gideon Welles Papers, HL; Leonard D. White, *The Republican Era: 1869-1901* (New York, 1958), 59; Baum, *Civil War Party System*, 17-18.

当民主党在1875年控制众议院时,南部人将占有众议院各委员会主席职位中的一半位置。南部共和党人担心,选举结果预示着共和党将放弃支持他们和保护他们权利的全国性努力。黑人对本杰明·巴特勒的败选尤其感到悲痛,他是在民主党的压倒性胜利面前落败的共和党国会议员之一。"我必须说,"巴尔的摩的一位黑人居民写道,"因为你的失败……有色人种失去了他们最好的一位朋友。自从战争开始,在我们的自由和平等权利的问题上,你就一直和我们在一起。"总之,《纽约先驱报》高兴地宣称,选举结果表明,南部白人将作为"我们的兄弟和同胞公民"受到欢迎。然而,如果真的像《纽约先驱报》建议的那样,北部最终把内战抛在了脑后,那么重建能长存吗?[24]

从重建后撤

在格兰特的第二个任期内,北部对南部的态度发生明显的转变,这一点已经从1874年选举中表现出来。随着展示区域和解的迹象日益增多,重建的捍卫者们发现自己陷入一场被一个南部民主党人称之为"反叛战斗之后的口水战"中,并且正在输掉这场战争。新迹象之一是北部在1874年针对密西西比州民主党众议员

---

[24] Margaret S. Thompson, *The "Spider Web": Congress and Lobbying in the Age of Grant* (Ithaca, N.Y., 1985), 195, 207; John R. Lynch, *Reminiscences of an Active Life: The Autobiography of John Roy Lynch*, edited by John Hope Franklin (Chicago, 1970), 145; George W. Gilham to Benjamin F. Butler, December 31, 1874, Benjamin F. Butler Papers, LC; Mushkat, *Reconstruction of New York Democracy*, 244.

卢修斯·拉马尔为查尔斯·萨姆纳去世所致悼词的反应。拉马尔特别赞扬了萨姆纳"致力于坚持自由是所有人类与生俱来的权利这一原则",并说北部也许很难相信这一点,但"密西西比州对查尔斯·萨姆纳的去世感到遗憾,真诚希望能携手向他致以敬意"。拉马尔没有放弃他对重建的强烈反对;正如他私下解释的,直到北部公众相信"战争的结果已经无法为反对力量推翻"否则南部白人"控制自己事务"的权力永远不会得到恢复。他的演讲令北部人感到颇为惊讶和些许欣慰,并赢得了两党报纸的一致赞扬。第二年,一支前邦联军队在访问波士顿和纽约时受到了公众的热烈欢迎。[25]

经济萧条期间共和党观点向保守方向的转变,强烈地影响了人们对重建的普遍态度。1875年,前自由民局特派员、佐治亚州州议员约翰·布赖恩特在《纽约时报》撰文,在讨论他的第二故乡的政治局势时,自己了解到北部共和党的思想发生了多么巨大的变化。布赖恩特的分析仍然是基于古典的自由劳动推论之上。他坚持认为,重建的核心仍然是导致内战发生的同样问题,那就是"两种劳动制度"之间的斗争。北部人认为"劳动者应该像资本家一样的独立";而南部白人却仍然在心底认为工人"应该是奴隶"。尽管有些夸大事实,但布赖恩特的分析强调了劳工关系在重

---

[25] *CR*, 44th Congress, 1st Session, 2105; 43d Congress, 1st Session, 3410–3411; Mattie Russell, ed., "Why Lamar Eulogized Sumner", *JSH*, 21 (August 1955), 374–378; James B. Murphy, *L. Q. C. Lamar: Pragmatic Patriot* (Baton Rouge, 1973), 113–118; Willie Lee Rose, *Rehearsal for Reconstruction: The Port Royal Experiment* (Indianapolis, 1964), 400.

建政治中的核心地位。但在有一点上，他似乎已经显得落伍了。劳工应该"像资本家一样独立"，这难道还是北部共和党人坚守的信条吗？正如布赖恩特的一位北部朋友告诉他的，"有理由相信"南部的"旧统治阶级"对"劳工问题"的态度，以及他们对"社会和政府的总体观点"，现在已经为"北部的一个大阶级所基本认同"。[26]

就在几年前，共和党人还团结一致，决心按照自由劳动、法律和政治平等的原则来重塑南部社会。而此刻自由劳动意识形态的消退使得明目张胆的种族主义的死灰复燃成为可能，而种族主义则破坏了支持重建的力量。也许这一发展最有影响力的典范是詹姆斯·派克，他是一位资深的反奴隶制记者，也是美国在内战时期驻荷兰的大使，1873年年初，纽约《论坛报》派他到南卡罗来纳州。派克发回的报道最初是作为一组系列文章出现，然后形成一部名为《被征服的州》一书，其中描绘了一个被政治腐败和政府奢侈花费所吞没的州，完全处于被"一大批野蛮黑人的控制下……"，这是"人类有史以来所见到的……最愚昧的民主"。派克的写作根本算不上是客观的——他长期以来持有种族主义观点，积极参与了1872年格里利的竞选活动（当时他的兄弟以自由派共和党人的身份竞选国会议员），并将访问该州之前所写的同类批评的文章也纳入书中。此外，他的大部分材料来自对民主党白人领袖的采访，他似乎只与一位卡罗来纳黑人交谈过。派克也没有将南部的腐败放在一个全国背景中来讨论。（当一位民主党人开始在

---

[26] *New York Times*, April 26, 1875; Robbins Little to John E. Bryant, July 10, 1875, John E. Bryant Papers, DU.

国会大厅里朗读《被征服的州》时,黑人国会议员罗伯特·斯莫尔斯问道:"你那里不也有一本关于纽约市的腐败的书?")

尽管派克提出的观点很少是新的,但他的书代表了反重建宣传的一个重大转向。与南部州政府的民主党批评者不同的是,自由派改革者以前曾有意回避种族主义的立场。然而,派克主要关注的是黑人与生俱来的无能。正如《民族》杂志对《被征服的州》的回应所揭示的,他的叙述引起了共鸣。在他惯常使用的将重建、特威德帮和巴特勒主义等同于"社会主义"的类比中——一种更关乎阶级而不是种族关系的批评——戈德金又增加了一种新的反对黑人的敌意,这种敌意在根本假设上并无多少新意,但在表达上却更直白和更凶狠。他声称,那些"肤色最黑"的州立法者是最糟糕的罪犯,南卡罗来纳州的自由民人口总体来说只享有一种"平均水平的智力,略高于动物的水平"。[27]

有时,从北部媒体上也能读到一种不同的声音。《纽约先驱报》于 1874 年发表了一篇来自南卡罗来纳州的立场非常平衡的报告,报告指出了教育和经济进步的事实,并指出派克的观察"源于一种并不全面的研究"。然而,尽管该书有诸多缺陷,《被征服的州》不仅给南卡罗来纳州冠以腐败恶政的代名词,而且强化了"黑人

---

[27] James S. Pike, *The Prostrate State* (New York, 1874), 12, 67; Robert S. Durden, *James Shepherd Pike: Republicanism and the American Negro, 1850–1882* (Durham, 1957); Okon E. Uya, *From Slavery to Public Service: Robert Smalls 1839–1915* (New York, 1971), 95; *Nation*, April 16, 1874. 在遭到托马斯·温特沃斯·希金森的谴责之后,戈德金略有收敛,说自己的议论只限于指"低地地区的黑人",他认为那一地区的黑人"正如派克先生所描述的那样是低贱的"。*Nation*, April 30, 1874.

政府"是这种情形的原因的看法。此事之后,就连长期支持重建的报纸也加入了对黑人立法者的谴责之中,相关的大量文章也出现在《斯克里布纳月刊》《哈珀周刊》和《大西洋月刊》等中产阶级期刊上,对这样一种结论做出回应,即只有结束重建,良好的政府和区域的经济繁荣才能重返南部社会。继《被征服的州》之后,查尔斯·诺德霍夫的《棉花州》的影响最为广大,这是他在1875年《纽约先驱报》写的一系列文章的合集。和派克一样,诺德霍夫也是格里利运动的积极支持者,和他的前任一样,他在南部也发现了他前来寻找的东西:白人领袖们已经准备好,承诺在恢复对地方权力的掌握之后要维护黑人的权利,自由民因为过于愚昧而无法在政治中扮演一个负责任的角色,他们因为太缺乏创业精神而无法摆脱自身的贫困。与此同时,这些期刊也展示了一种倒行逆施的种族主义态度,这种态度从它们刊印的铜版插图的转向得到了非常直白的表现,自由民的形象从先前那种正直挺立但遭到暴力反对者骚扰的公民,被转化成了用意恶毒的讽刺漫画,从而将他们作为一群肆无忌惮的动物来表现。因此,具有讽刺意味的是,在北部民主党人的政治诉求中,种族主义作为一种公开的内容在逐渐减少的时候,它却在共和党精英阶层的舆论中获得了支持,为重建的"失败"提供了一个方便的解释。[28]

---

[28] New York *Herald*, October 19, 1874; Columbia *Daily Union*, February 17, 1874; Richard H. Abbott, *The Republican Party and the South, 1855–1877: The First Southern Strategy* (Chapel Hill, 1986), 229; Vincent P. DeSantis, *Republicans Face the Southern Question* (Baltimore, 1959), 41–42; Charles Nordhoff, *The Cotton States in the Spring and Summer of 1875* (New York, 1876), 10–21, 36–39, 97; Gillette, *Retreat from Reconstruction*, 368–369.

一场"反革命"的发生正在取代重建,副总统亨利·威尔逊对威廉·劳埃德·加里森哀叹道:"人们开始发出要改变黑人的状况的暗示……我们反奴隶制的老战士们必须再次大胆表示我们的立场。"但到了19世纪70年代中期,"改革"发生了转向,改革派追求的是让"最优秀的人"来行使统治,而不是将种族不平等从美国生活中清除出去,激进一代的幸存者在此刻看来似乎成为过去时代的一种遗迹。乔治·朱利安在访问俄亥俄州西部保留地时发现,"废奴主义的传统在老的激进主义的堡垒里几乎已经灭绝……硕果仅存的几位反奴隶制的先驱生活在孤独与失落之中"。事实上,许多反奴隶制老战士也都分享了国家和解的期望。一部分原因是经济萧条中断或毁掉了他们的收入来源,北部救助社团的传教热情在19世纪70年代也大大减弱。新英格兰自由民援助会于1874年宣布解散,而美国传教协会则为赢得南部白人的善意表现出浓厚的兴趣,将黑人选举权视为一种失败,并宣布自由民们是一群忘恩负义的人,没有对该组织为他们做出的许多努力表示欣赏和感恩。[29]

到这个十年的中期,《纽约时报》在报道废奴主义者格里特·史密斯的去世时评论道,"道德政治的时代"已经明确接近尾声。当一大群"白头银发的男女"聚集在芝加哥参加1874年废

---

[29] James M. McPherson, "Coercion or Conciliation? Abolitionists Debate President Hayes' Southern Policy", *New England Quarterly*, 39 (December 1966), 476; Gillette, *Retreat from Reconstruction*, 238; Rose, *Rehearsal*, 389; Richard B. Drake, "Freedmen's Aid Societies and Sectional Compromise", *JSH*, 29 (May 1963), 175, 182–184; Joe M. Richardson, *Christian Reconstruction: The American Missionary Association and Southern Blacks, 1861–1890* (Athens, Ga., 1986), 252–253.

奴主义者的团聚活动时，会议并没有像一些参加者所希望的那样，为黑人民权进行有力的辩护。只有为数不多的几个不和谐的音符打乱了人们拥有的针对解放奴隶的使命已经完成的感觉。来自弗吉尼亚的早期废奴主义者迈伦·霍利的女儿讲述了一群暴徒最近如何破坏她开办的黑人儿童学校。她补充说，"我们周围充满了这样的证据，说明美国奴隶制的幽灵仍然存在，"她接着说，"我还没有为庆祝反奴隶制工作的完成而做好准备。"另一位废奴主义者在完成南方旅行之后写道，他仍然相信联邦政府需要采取行动来保护自由民的权利；如果他们现在不采取行动，"那就等于反奴隶制的人所做的一切都等于零"。[30]

因为受到不断变化的公众舆论浪潮的冲击，先是面临了经济萧条，随后又卷入了另一波政治丑闻，第二届格兰特政府无法制定出一个连贯的南部政策。一位南部的民主党参议员写道："激进主义正在消散——被打得七零八落，但取代它的东西还没有完全出现。"[31] 危机组成的事件不断发生，寻求和解和坚守立场的情感交替出现，但始终没有出现一种总体的目标感。然而，回想起来，虽然一部分事件超出了他的控制，但有一点是清楚的：在他的第二个任期内，格兰特主导了一场范围广泛的从重建政策中后撤的

---

[30] *New York Times*, December 30, 1874; George W. Julian Journal, June 28, 1874, George W. Julian Papers, Indiana State Library; Larry Gara, "A Glorious Time: The 1874 Abolitionist Reunion in Chicago", *JISHS*, 64 (Autumn 1972), 280–292; Sallie Holley to Zebina Eastman, June 8, 1874, Zebina Eastman Papers, Chicago Historical Society; Lawrence J. Friedman, *Gregarious Saints: Self and Community in American Abolitionism, 1830–1870* (New York, 1982), 278–280.

[31] Gillette, *Retreat from Reconstruction*, 180–182; Augustus S. Merrimon to D. F. Caldwell, April 29, 1874, D. F. Caldwell Papers, UNC.

活动。

格兰特赢得连任后,迅速采取行动,避免进一步的联邦干预。联邦恩惠制职位不受节制地流向"受人尊敬的"南部民主党人那里——"在派系纷争中……安抚反叛者,以获得他们的选票,"一位北方政治人物抱怨道,"每个政府部门都塞满了他们的人。"同时,司法部也大量减少了根据《实施法》进行的起诉案件数量,许多已经被定罪的三K党人得到迅速的赦免。1874年,当阿肯色州爆发了一场小规模的政治冲突时,总统拒绝为当地共和党人提供援助。即使是依据重建的标准,该州的政治联盟划分也是混乱不堪的。共和党的伊莱沙·巴克斯特是一位忠诚于联邦的奴隶主和联邦军队的老兵,他在1872年富有争议的州长选举中因战胜了约瑟夫·布鲁克斯而当选,后者是北部提包客,得到自由派、民主党人和本地联邦拥护者的支持,他们认为北部人在共和党事务中已经把他们排挤在外。然而,巴克斯特一上任就通过了一项宪法修正案,赋予前邦联分子以投票权,并拒绝向阿肯色州铁路公司发放更多的州债券,从而搞坏了与支持者之间的关系。因此,共和党人否定自己的州长,反而为布鲁克斯的事业摇旗呐喊。随之而来的是"布鲁克斯-巴克斯特战争",这个带有戏剧性的标题是对一系列小规模的冲突的描述,冲突发生在两个竞争对手的支持者之间,两人都有自己的立法机构和州民兵队伍的支持。1874年5月,经过一段时间的犹豫不决之后,格兰特承认了巴克斯特的州长地位,并命令支持布鲁克斯的力量解散,这一举动锁定了阿肯色州重建的厄运。是年秋天,曾主持和策划了巴克斯特策略的民主党人奥古斯塔斯·加兰以压倒性的优势赢得了选举,成为他的继任者。[32]

即便白宫希望干预南部的政策得以存活，最高法院在格兰特第二任期内做出的一系列裁决也削弱了采取这种行动的法律理由。法院在从前并不愿意卷入重建的争议之中。但在19世纪70年代，由于北部舆论风向的变化，最高法院开始从一种对联邦权力进行宽泛界定的策略中退却，并缓慢向削弱战后宪法修正案力度的方向转变——这是一个极为关键的发展，尤其是考虑到国会曾把落实黑人公民权利和政治权利的重任交给联邦司法机构来管理的背景。

第一个关键决定是在1873年宣布的，这就是屠宰场案。在此四年前，路易斯安那州特许一家公司垄断新奥尔良的屠宰业，表面的理由是为了保护公众健康，但实际目标是为了建设一个现代化的肉类加工设施，使该市能够争夺得克萨斯州水牛产业的控制权。那些突然被剥夺了工作机会的屠宰场主们向联邦法院起诉，声称新出现的垄断侵犯了他们追求生计的权利，他们坚持，这项权利是受到第十四条宪法修正案保护的。事实上，他们要求法院决定该修正案是否扩大了所有美国人的联邦公民权利的定义，或者只是将白人已经享有的某些权利赋予黑人。塞缪尔·米勒大法官代表五人构成的多数宣读审判意见，他拒绝了屠宰场主们的请

---

[32] W. C. Dodge to Horace Austin, July 17, 1873, Horace Austin Papers, Minnesota Historical Society; Robert J. Kaczorowski, *The Politics of Judicial Interpretation: The Federal Courts, Department of Justice, and Civil Rights, 1866–1876* (New York, 1985), 105–113; George H. Thompson, *Arkansas and Reconstruction* (Port Washington, N.Y., 1976), 88–166; Earl F. Woodward, "The Brooks and Baxter War in Arkansas, 1872–1874", *ArkHQ*, 30 (Winter, 1971), 315–336.

求，坚称国会最初的愿望是扩大前奴隶的权利。黑人可能有理由认为，即这样的理解将支持联邦捍卫他们权利的行动，但米勒对联邦公民和州公民做了严格的区分，并强调该修正案只保护那些因联邦政府的存在而产生的权利。这些权利是什么呢？这些联邦权利是什么？米勒提到进入港口和通航水道的权利，以及竞选联邦公职、前往政府所在地的权利，在公海和国外得到联邦保护的权利。显然，这些权利中很少有为大多数的自由民所非常关切的。米勒宣布，第十四条宪法修正案并没有从根本上改变传统的联邦制；公民享有的大多数权利仍然受到各州的控制，与宪法修正案"并无关系"。正如斯蒂芬·菲尔德法官在措辞尖锐的异议中指出的，假若这就是该修正案的意思的话，"那它就是一项徒劳无功的立法，既没有取得任何成就，也没有必要令国会和人民对它的通过而感到欣喜若狂"。[33]

这桩被《民族》称为"有点古怪的案例"充满了讽刺意味，不仅仅是因为在联邦法院寻求救济的当事人是南部白人，而不是真正带有冤情的南部自由民。替白人屠宰场主申诉的律师约翰·坎贝尔是一名民主党人，他在内战前曾担任联邦最高法院的大法官，内战中担任过邦联政府的助理战争部长，他在陈述中援引了自由劳工的原则，敦促最高法院保护公民选择生计的权利。菲尔德法官在他的反对意见中认为，"自由劳动权"是"我们共和

---

[33] Charles Fairman, *Reconstruction and Reunion 1864—1888: Part One* (New York, 1971), 1321—1359; Kaczorowski, *Politics of Judicial Interpretation*, 143—159; Harold M. Hyman and William M. Wiecek, *Equal Justice Under Law: Constitutional Development 1835—1875* (New York, 1982), 475—481.

体制的一个显著特征"。(他显然不相信妇女有权享有这项权利,因为在同时审理的一个案件中,他与法院的多数派站在一起驳回了迈拉·布拉德韦尔的诉讼,因为她试图推翻伊利诺伊州法院禁止妇女从事法律职业的禁令。)然而,菲尔德对第十四条宪法修正案的宽泛解释与重建的关系不大,事实上作为一名民主党人,他是反对重建的,或者说,他对任何与黑人权利沾边的重建问题几乎都没有什么兴趣。相反,他已经从格兰其、巴黎公社和其他的"阶级"运动中悟出,联邦政府必须对各州的不明智行动启用某种带有限制性的权力制衡。他在屠宰场案的观点为19世纪80年代和90年代的司法保守主义开辟了一条道路,到那个时候,联邦法院成为那些寻求财产权不受地方经济企业法规限制的人的一个避难所。但从米勒大法官的角度来看,他反对屠宰场场主的要求,因为他不希望最高法院成为"各州所有立法的永久审查者"。作为艾奥瓦州共和党的创始人,他仍然坚持自由民享有法律面前的平等权利的原则。但他认为授予和保护公民权利的主要权力由各州掌握,这样的判决导致下级联邦法院对联邦国家的司法管辖权受到限制,其结果是进一步削弱了联邦公民权利的实施。[34]

---

[34] *Nation,* December 1, 1870; Michael L. Benedict, "Preserving Federalism: Reconstruction and the Waite Court", *Supreme Court Review,* 1978, 55-57; Fairman, *Reconstruction and Reunion,* 1364-1366; Carl B. Swisher, *Stephen J. Field, Craftsman of the Law* (Washington, D.C., 1930), 376-383, 418-420, 429; William E. Forbath, "The Ambiguities of Free Labor: Labor and the Law in the Gilded Age", *Wisconsin Law Review,* 1985, 772-799; Robert G. McCloskey, *American Conservatism in the Age of Enterprise 1865-1910* (Cambridge, Mass., 1951), 73-84; Charles Fairman, *Mr. Justice Miller and the Supreme Court, 1862-1890* (Cambridge, Mass., 1939), 138, 193-194; Kaczorowski, *Politics of Judicial Interpretation,* 173-193.

屠宰场案至少证实了一个不争的事实,即战后宪法修正案是为保护黑人权利而设计的(尽管最高法院否定了它对白人的适用性,而法院对于从州和联邦公民资格衍生而来的权利所做出的学术区分,在任何研读过19世纪60年代国会辩论记录的人看来都是值得怀疑的)。然而,更具有破坏性的案例是1876年做出的美国诉克鲁克香克案的判决。该案源自科尔法克斯大屠杀事件,这是重建时期最为血腥的暴力屠杀事件。根据1870年《实施法》提出的定罪,对剥夺受害者的公民权利的密谋行为提出指控。联邦最高法院以法律措辞未能将种族因素清楚地指定为暴乱者的行动动机,从而推翻了政府设法锁定的三项定罪。然而,还有比语言错误更严重的指责,最高法院继续理论说,战后宪法修正案只是授权联邦政府禁止州侵犯黑人权利;而惩罚个人犯罪的责任却始终掌握在地方和州政府手中。这一判决维护了联邦政府保护"联邦公民资格的附属权利",但这些权利在屠宰场案的判决被定义得非常狭窄,以至于它们对黑人几乎不再具有任何现实的意义。在联邦制的名义下,该判决造成的结果是,联邦政府无法就针对黑人的犯罪行为进行起诉,同时为那些地方官员不能或不愿对其执法的恐怖行为打开了放行的绿灯。[35]

在19世纪70年代,更多的证据显示,联邦政府对自由民权利和利益的捍卫力度日渐减弱。当美国西点军校的学员对该校第一批黑人学员进行孤立和胁迫时,格兰特总统没有要求学员对那

---

[35] Kaczorowski, *Politics of Judicial Interpretation*, 205-216; Benedict, "Preserving Federalism", 69-73; Fairman, *Reconstruction and Reunion*, 1371-1378.

些冒犯者采取惩罚措施,部分原因是他自己的儿子也参与了这桩犯罪活动。詹姆斯·史密斯是南卡罗来纳州自由民局学校培养出来的学生,被康涅狄格州慈善家戴维·克拉克带入他的家中受教育,并于1870年突破肤色禁忌,进入西点军校受训。在承受了三年的迫害之后,史密斯因为未能通过一次考试而被开除学籍,考试是由他的哲学教授私下主持的(这是一种有违传统的做法)。他的继任者也经受了类似的磨难。后继者包括了亨利·弗利珀,其来自佐治亚州,是一名奴隶工匠的儿子,他以坚韧不拔的毅力坚持到1877年从西点军校毕业,成为第一个在正规军队中担任军官的黑人。[36]

对于大多数的黑人来说,更为重要的是自由民储蓄和信托公司的命运,该公司是众多遭受经济萧条摧残的金融机构之一。这家银行于1865年获得特许状得以建立,积极从自由民那里寻求存款,与此同时也在节俭生活方面给他们提供指导。为了激发人们对其活动的信心,它雇用了地方黑人领袖充当出纳员和分支银行的顾问委员会的成员。成千上万的黑人带着很少的存款来到银行开户——大多数账户的存款不足50美元,有些甚至只有几便士——并利用它来处理自己的财务事项,将钱汇给远方的亲人。从教会到联谊会等组织都对该银行十分信任,将自己微薄的收入存放在银行的金库之中。1867年,亨利·威尔逊曾宣称,存放在这家银行中的自由民的钱"就像放在美国财政部一样的安全"。不

---

[36] McFeely, *Grant*, 375–377; David Clark to Charles Sumner, December 24, 1870, Charles Sumner Papers, HU; Henry O. Flipper, *The Colored Cadet at West Point* (New York, 1878).

幸的是，该银行的董事们很快迷失了方向，忘记了他们的改革热情和谨慎从业的商业行为，卷入19世纪70年代初的投机热中，在首都华盛顿大量投资房地产，并向铁路公司和其他公司提供巨额的无担保贷款。当经济恐慌来临时，他们近乎疯狂地力图保持储户的信心，甚至任命弗雷德里克·道格拉斯为该机构的总裁，并诱使他出具一张1万美元的个人支票，表面上是为了支付因邮政延误的资金。但道格拉斯再也没有机会收回这笔钱，1874年6月，银行只有31000美元的储备金，却要支付61000个储户的存款，最终自由民银行不得不停业。[37]

虽然从法律上讲，自由民银行是一家私营公司，而不是政府的一个分支机构，但它经常与自由民局共用办公室，利用联邦军官来招揽顾客，并通过报纸广告和带有林肯形象的通告，这些做法导致黑人相信，联邦政府是银行活动的背后支持者。就连一位与自由民无缘的肯塔基州民主党人也对众议院说，政府"在道义上确保存放在该银行中的任何一美元都不会丢失……如同将此作为一种可能的道德责任来建立一样"。尽管一连串的总统和联邦审计官敦促用联邦资金偿还自由民，但国会所做的只是协助银行进行清盘。最终，有一半的储户得到了补偿——平均每人得到18.51

---

[37] Carl R. Osthaus, *Freedmen, Philanthropy, and Fraud: A History of the Freedman's Savings Bank* (Urbana, Ill., 1976); Savannah *Freemen's Standard*, February 15, 1868; Bobby L. Lovett, "Some 1871 Accounts for the Little Rock, Arkansas Freedman's Savings and Trust Company", *JNH*, 66 (Winter 1981–1982), 322–328; Robert Somers, *The Southern States Since the War 1870-1871* (London, 1871), 54; *CG*, 40th Congress, 1st Session, 79; Robert E. Withers, *Autobiography of an Octogenarian* (Roanoke, Va., 1907), 334.

美元，即他们账户价值的五分之三左右。其余的人则什么也没有得到，他们中的人，有的去世了，有的希望破碎了，有的则是没有按要求将自己的银行存折寄到华盛顿。这场崩溃事件给黑人组织带来了一种"瘫痪效应"，并在事后许多年里摧毁了自由民对银行的信心。进入20世纪后，一些寻求结清账户里余欠款的悲情呼吁信仍然不断抵达华盛顿。"总统先生，"一位写信人在1921年写道，"我祈望你考虑我们这些老人的处境……我们最好的年华是在奴隶制中度过的……我们只是要求得到我们的工作所得。"他们的信件现在只是被埋没在国家档案馆的尘埃之中。[38]

然后还有民权法案的问题。尽管格兰特在第二次就职演说中首次公开表态支持该法案，但直到1874年它却仍深陷在国会辩论的僵局中动弹不得。回顾一下，这项措施将使用公共住宿和娱乐场所的黑人和白人顾客进行区分的做法视为非法，并禁止在公立学校、陪审团成员的遴选、教堂、墓地和交通设施的使用中进行种族歧视。该法案之所以得以幸存，完全是由于查尔斯·萨姆纳的不懈坚持。1874年3月，当他临终时，萨姆纳对一位访客低声说："你必须推动民权法案，……不要让它失败。"两个月之后，他的参议院同事通过了萨姆纳的法案，只是删除了涉及教会的条款，——作为向这位将自己23年的参议院生涯贡献给种族平等原则的同事表示的一种敬意，尽管许多投票支持法案的人并不相信

---

[38] Mobile *Nationalist*, May 23, 1867; *CR*, 43d Congress, 1st Session, Appendix, 477; John W. Blassingame, *Black New Orleans 1860-1880* (Chicago, 1973), 67; Dorothy Sterling, ed., *The Trouble They Seen* (Garden City, N.Y., 1976), 260-261; *Report of Committee on Labor and Capital*, 4:420-421; Osthaus, *Freedman's Savings Bank*, 211-219.

它有机会为众议院所接受。众议院负责该法案辩论的正好是本杰明·巴特勒,他在会期之初介绍这一法案时,曾极为生动地讲述了黑人士兵在内战中的表现如何纠正了他自己的种族偏见。巴特勒回忆说,500多名黑人在詹姆斯河上的一次战斗中丧生:"当我看着他们古铜色的脸在灿烂的阳光下面对天堂,仿佛看到他们对这个他们为之献出生命的国家发出一种要求其改正错误的默默请求……我感觉自己在过去误解了他们……我向自己庄严宣誓……捍卫这些人的权利,因为他们将自己的鲜血贡献给了我和我的国家。"[39]

屠宰场案判决为民权法案的辩论增添了一个新的维度。民主党人抓住最高法院对第十四条宪法修正案的限制性解释,声称萨姆纳民权法案所保护的权利不属于联邦政府管辖的范围之内。先前曾是邦联副总统的亚历山大·斯蒂芬斯此刻像一个旧时代的幽灵一样,以佐治亚州众议员的身份出现在国会中,并以反对派的身份发表了一篇重要讲话,他认为这项措施将把共和国"转变为一个中央集权的帝国"。为了说明该法案超出了联邦政府拥有的宪法权威,肯塔基州民主党议员詹姆斯·贝克大声朗读了宪法的前十项修正案,一一列举第十四条宪法修正案要求各州不得侵犯的特权。他指出,这些特权并没有提及学校或公共住宿。(正如贝克的讲话所指出,"合并"原则——即要求各州不得违反《权利法

---

[39] James D. Richardson, ed., *A Compilation of the Messages and Papers of the Presidents 1789-1897* (Washington, D.C., 1896-1899), 7:221; David Donald, *Charles Sumner and the Rights of Man* (New York, 1970), 586; Gillette, *Retreat from Reconstruction*, 200-206; *CR*, 43d Congress, 1st Session, 457.

案》——到1874年时实际上已经成为国会对该修正案目的的一种几乎没有争议的最起码的解释。)该法案的捍卫者对第十四条宪法修正案的解释则更为广泛。他们坚持认为,萨姆纳法案是战后宪法修正案所带来的个人权利国家化的合法表现。[40]

第43届国会中有7名黑人议员,他们所有人都以充沛的活力和雄辩的口才就民权法案发言。众议院的旁听台上挤满了黑人听众。黑人议员的演讲既引用了个人经历来现身说法,同时也引用了在重建期间臻于成熟的黑人政治意识形态。有好几位黑人议员谈及他们自身遭遇的"打击和羞辱"。约瑟夫·雷尼在弗吉尼亚乘车时被从有轨街车上扔出来,约翰·林奇在乘坐火车时被迫与赌徒和醉汉挤在吸烟车厢里,理查德·凯恩和罗伯特·埃利奥特在北卡罗来纳州用餐时被从一家餐馆赶了出来。詹姆斯·拉皮尔在蒙哥马利和华盛顿市之间的每一个停车点要求进入旅馆住宿时均遭到拒绝。对拉皮尔来说,这种"反共和原则的"歧视让人想起其他国家的阶级和宗教不平等:在欧洲,"他们有王子、公爵、领主",在印度,有"婆罗门或牧师,他们排在首陀罗人或劳工之上";而在美国,"我们的区别是肤色"。凯恩提醒众议院说,世世代代的"黑人劳动"让这个国家变得富裕起来,他还反驳北卡罗来纳州一位民主党人的论点,后者将黑人描述为野蛮人,并声称奴隶制给他们带来了文明和基督教。凯恩认为,他的同事可能从未听说过汉尼拔、哈米尔卡和其他有成就的古代黑人,"因为那种

---

[40] *CR*, 43d Congress, 1st Session, 312, 342, 412, 427; S. G. F. Spackman, "American Federalism and the Civil Rights Act of 1875", *Journal of American Studies*, 10 (December 1976), 317-323.

文学从来不到北卡罗来纳州来"。阿朗佐·兰西尔借鉴了自由劳动原则，认为黑人不能享有"人生竞赛中的平等机会"，同时还经常受到"羞辱性歧视"。在一次引起全国关注的演讲中，埃利奥特回顾了黑人士兵做出的牺牲，并仔细分析了屠宰场案判决，以证明它并没有对国会制定该法案的权力表示怀疑。[41]

在"救赎"州里，"隔离但平等"的教育不过是一种嘲弄，南部黑人将关于学校的条款视为该法案最重要的特征。1874年4月，一个田纳西州黑人大会宣称，该州的隔离教育是"有缺陷的"和"反共和传统的"，它教给白人一种"等级和仇恨的精神"，教给黑人一种"自卑"心理。然而，巴特勒面临了要求埋葬这项法案的巨大压力。许多南部共和党人警告说，该法案的通过将给本党带来伤害，并会给这一地区的公共教育带来一种"被立即摧毁"的威胁。在国会中，在重要的共和党人中，只有鲍特韦尔公开站出来捍卫种族融合教育，认为这是推翻种族偏见的一种方式。众议院共和党人已经面临了足够多的政治责任，他们决定将民权法案的审议推迟到1874年秋季选举之后。随着总统和联邦法院立场的改变，国会对该法案的处理表明，重建的南部捍卫者们将独自面对经济萧条的后果以及正再度转向暴力的反对派。[42]

---

[41] Alfred H. Kelly, "The Congressional Controversy over School Segregation, 1867–1875", *AHR*, 64 (April 1959), 552; *CR*, 43d Congress, 1st Session, 344, 382, 407–409, 565, 901–902, 4782, 4785, 2d Session, 945; Peggy Lamson, *The Glorious Failure: Black Congressman Robert Brown Elliott and the Reconstruction in South Carolina* (New York, 1973), 171.

[42] Nashville *Union and American*, April 30, 1874; W. G. Eliot to Benjamin F. Butler, May 28, 1874, Eugene B. Drake to Butler, June 2, 1874, D. H. Graves to Butler, June 12, 1874, Butler Papers; *CR*, 43d Congress, 1st Session, 4116, 4592.

南部共和党的衰落

19世纪70年代经济萧条给南部带来了比美国其他地区更为严重的打击。从1872年至1877年，棉花价格下降了近50%，直到跌到了与生产成本大致相等的程度；烟草、大米和糖等的价格也遭遇了急剧下降。这些影响波及南部的整个经济，不仅使农场主陷入贫困之中，而且还耗尽了该地区原本就数额不足的信贷。经济萧条扰乱了港口和内陆城市的商业，致使商人破产，严重破坏了工匠们的经济前景（尤其是黑人工匠，因为他们通常比白人同行拥有更少的资源），而且几乎抹杀了黑白种族非技能工人向上社会流动的前景。它不由分说地粉碎了早期出现的对一个现代化的、繁荣的南方经济的期望，甚至于像里士满的特雷德加钢铁厂这样历史悠久的南部工业堡垒也被迫破产。1880年，南部的人均收入只有全国其他地区的三分之一，比起19世纪70年代初，南部的农业和工业总产值都远远地落后于北部。经济灾难再次打击了幸存的重建州政府的信誉，帮助推动南部腹地地区走向救赎之路。"如果商业的营业额保持不间断……，"一位南卡罗来纳州记者在1877年写道，"黑人和北部提包客将会无限期地掌权。"[43]

---

[43] U.S. Bureau of the Census, *Historical Statistics of the United States*, 208; Eugene Lerner, "Southern Output and Agricultural Income, 1860–1880," *AgH*, 30 (July 1959), 124; Joe G. Taylor, *Louisiana Reconstructed, 1863–1877* (Baton Rouge, 1974), 360–361; Richard J. Hopkins, "Occupational and Geographic Mobility in Atlanta, 1870–1896," *JSH*, 34 (May 1968), 200–213; Charles B. Dew, *Ironmaster to the Confederacy: Joseph R.* （转下页）

与北部一样，与危机相伴而来的是影响深远的结构变化，后者永久地改变了经济实力的平衡。具有讽刺意味的是，经济萧条促进了北部资本对南部的渗透，而这正是重建州政府此前无法做到的。南部铁路建设的停止要比北部来得更加突然（19世纪70年代，南部在全国铁路里程中所占份额下降了20%），该区域的大部分线路最终落入接收者的手中。像科利斯·亨廷顿这样的外部投资者利用这个机会，以优惠的价格购买了破产的南部铁路线路，大大加快了对南部铁路系统的整合，使之存有的线路日益减少，并被融入全国的交通模式之中。没有任何一条落入接收者手中的南部铁路逃离了北部的金融影响，从而使这一区域的经济更加牢固地被锁定在一种殖民主义的模式之中。[44]

但遭受经济萧条最严厉冲击的领域是农业。由于内陆地区的自耕农再度陷入贫困和债务之中，棉花种植和为获得粮食和资源而依赖商人的趋势，自内战以来就十分明显，此刻更是加速发展。位于北卡罗来纳州西部的克利夫兰县在1870年只生产了520包棉花，但十年后棉花产量却增长了十倍多。在亚拉巴马州和佐治亚州，类似的增长也发生在内陆地区。随着棉花生产而来的是租佃劳动形式的增长。在佐治亚州的一个内陆县，到1880年，三分之

（接上页）*Anderson and the Tredegar Iron Works* (New Haven, 1966), 318; Richard A. Easterlin, "Regional Income Trends, 1840–1950", in Seymour E. Harris, ed., *American Economic History* (New York, 1961), 528; [George W. Bagby] *Selections from the Miscellaneous Writings of Dr. George W. Bagby* (Richmond, 1884–1885), 2:163.

[44] John F. Stover, *The Railroads of the South 1865-1900* (Chapel Hill, 1955), xv-xviii, 66–67, 125–154, 282; Robert L. Brandfon, *Cotton Kingdom of the New South* (Cambridge, Mass., 1967), 70; Maury Klein, "The Strategy of Southern Railroads", *AHR*, 73 (April 1968), 1060–1061.

二的白人农场主以现金或股份形式租种土地;在另一个县,人口普查局发现,在1870年,只有40个白人家庭耕种的农场是租用的,但十年之后,将近250个家庭都靠租用农场谋生。在经济萧条时代,一个无法在自己土地上维持生计或被赶出自己土地的白人人口的急速增长,为市场创造了大量的廉价劳动力,这种情况使得棉纺织业在19世纪80年代的迅速扩张成为可能。[45]

在黑土地带,许多曾经挺过了战后不确定性的种植园主眼睁睁地看着不断下跌的土地价格急剧降低了他们所有土地的价值,而农业收入的下降更使他们无法在年底偿还对当地商人欠下的债务。在纳奇兹周围的富裕棉花地区,到1875年,有150多名种植者因债务或未纳税而丧失了全部或部分的土地。经济萧条对南卡罗来纳州和佐治亚州沿海地区的稻谷贵族们也造成了最后的打击,迫使他们加速将自己的种植园分成小块土地,由黑人自耕农所拥有和耕种。1876年,稻米大亨路易斯·马尼高写道:"我们面临的即刻困境年复一年地加剧,迄今为止,许多家庭都一直在想方设法地应对,但他们最终还是被压垮了……从那些在战前曾经是最富有和最古老的家庭那里,我听到的全是关于贫困与悲惨的消

---

[45] J. R. Davis, "Reconstruction in Cleveland County", *Trinity College Historical Society Historical Papers*, 10 (1914), 14; Walter L. Fleming, *Civil War and Reconstruction in Alabama* (New York, 1905), 804-805; Steven Hahn, *The Roots of Southern Populism: Yeoman Farmers and the Transformation of the Georgia Upcountry, 1850-1890* (New York, 1983), 146-147; Frank J. Huffman, "Town and Country in the South, 1850-1880: A Comparison of Urban and Rural Social Structures", *SAQ*, 76 (Summer 1977), 376-377; Frank J. Huffman, "Old South, New South: Continuity and Change in a Georgia County, 1850-1880" (unpub. diss., Yale University, 1974), 222; Gavin Wright, "Cheap Labor and Southern Textiles Before 1880", *JEcH*, 39 (September 1979), 655-657, 678-680.

息。"外部势力控制路易斯安那州甘蔗种植园的趋势有增无减,仍在继续,许多小种植园主看到他们的土地落入大型庄园的所有者手中。随着能够支付工资的种植园主的人数越来越少,经济萧条也最终推动了分成制作为棉花农业的一种几乎普遍的劳动制度的扩散。在19世纪70年代结束时,联邦人口普查局曾深入研究了棉花生产的情况,发现分成制存在于几乎每个被调查的县,包括那些在十年前曾盛行工资劳动体制的县。[46]

如果分成制的蔓延部分地满足自由民对日常生活中的自治的渴望,但在其他方面,经济萧条对黑人来说简直就是一场灾难,严重限制了他们对工作条件施加影响的权力。在那些继续实施工资劳动体制的地方,如路易斯安那州的甘蔗种植园和上南部地区的多元化种植农场里,劳工的月薪直线下降,农业工人面临着长期失业的威胁。除了稻米王国和上南部的部分地区外,经济困难终止了黑人争取经济独立活动的生长,这种速度缓慢的进步是由一群独立的黑人自耕农在19世纪60年代末和70年代初开启的,经济萧条则使许多土地主和现金土地租佃者重新回到分成农和劳工的行列之中。许多购得土地的黑人都面临着严峻的形势。"我以为我只是在这个国家的大城市里看到了贫困……,"一位联邦官员

---

[46] Jayne Morris-Crowther, "An Economic Study of the Substantial Slaveholders of Orangeburg County, 1860–1880", *SCHM*, 86 (October 1985), 305, 313; Michael Wayne, *The Reshaping of Plantation Society: The Natchez District, 1860–1880* (Baton Rouge, 1983), 84; "Season of 1876", in "Statement of Sales, Cowrie Plantation, Savannah River", Manigault Family Papers, UNC; Walter Prichard, "The Effects of the Civil War on the Louisiana Sugar Industry", *JSH*, 5 (August 1939), 330; Clifton Paisley, *From Cotton to Quail: An Agricultural Chronicle of Leon County, Florida 1860–1967* (Gainesville, Fla., 1968), 34; *Tenth Census, 1880*, 5:83, 104–105, 154, 161, 6:61, 155, 172.

在评论佐治亚州沿海地区的利波蒂县时宣称,"但我从来没有见过任何情形可以与当地黑人的贫困相比。"他认为,他们作为奴隶时所拥有的财产价值超过了他们在19世纪70年代结束时所拥有的财产价值。[47]

但更为残酷的讽刺在于,经济萧条来临的时候,正是当黑人在那些重建得以幸存的各州中开始增加政治影响力的时候。这一发展反映了白人共和党力量的衰落,基层黑人选民中的感觉到,尽管共和党是"权力的源泉",但他们经常看到自己的利益被白人共和党人所忽视,而黑人政治领袖们也对自己只是为该党扮演"砍柴挑水"的角色而日益不满。在整个共和党掌控的南部地区,黑人官员的人数在19世纪70年代初显著增加。1873年,国会中的黑人议员从5人增加至7人,1875年达到8人的高峰(他们代表6个不同的州)。(这表明黑人政治领袖的背景也在发生变化,在1872年后首次任职的9名黑人国会议员中,只有3人是生而自由的。)1872年,佛罗里达州和阿肯色州分别选出了各自州的第一位黑人州官员,路易斯安那州和南卡罗来纳州各选出三名黑人作为州官员。在好几个州里,黑人州议会议员的数量急剧增加,即使在那些没有出现这种情况的州里,更多的黑人获得了州议会参议院里的委员会主席和委员的位置。在地方一级,黑人担任公

---

[47] Ralph Shlomowitz, " 'Bound' or 'Free'? Black Labor in Cotton and Sugarcane Farming, 1865-1880", *JSH*, 50 (November 1984), 578; Barbara J. Fields, *Slavery and Freedom on the Middle Ground: Maryland During the Nineteenth Century* (New Haven, 1985), 188-189; Foner, *Politics and Ideology*, 120; Roger Ransom and Richard Sutch, *One Kind of Freedom: The Economic Consequences of Emancipation* (New York, 1977), 83, 181; 46th Congress, 2d Session, Senate Report 693, pt. 2:261.

职的人数也继续增加。1873年，记者爱德华·金在南部旅行采访时，他在彼得斯堡、休斯敦和小石城都遇到黑人市议会议员，在路易斯安那州遇见了教区陪审团的黑人成员，并在黑土地带见到了分布在各地的黑人警长。1873年，共和党重新控制查尔斯顿后，黑人在该市的警察队伍和市议会成员中占了一半，该市立法代表团的所有成员几乎都是黑人。[48]

担任公职人数的上升并不总是代表黑人在州政府最高层里占

---

[48] Petition, April 1876, Tunica, Louisiana, William P. Kellogg Papers, LSU; Nashville Union and American, April 30, 1874; Michael Perman, *The Road to Redemption: Southern Politics, 1869-1879* (Chapel Hill, 1984), 137-139; Charles Vincent, *Black Legislators in Louisiana During Reconstruction* (Baton Rouge, 1976), 143-155, 192-194; Edward King, *The Southern States of North America* (London, 1875), 113, 281, 293, 448, 581-582. 关于黑人州官员的完整名单，见英文原著353页。43届国会中的黑人国会议员有：理查德·凯恩、罗伯特·埃利奥特、约瑟夫·雷尼和阿朗佐·兰西尔（以上均来自南卡罗来纳州），约西亚·沃尔斯（佛罗里达州），詹姆斯·拉皮尔（亚拉巴马州）以及约翰·林奇（密西西比州）。第44届国会中的黑人议员包括：雷尼和罗伯特·斯莫尔斯（南卡罗来纳州），林奇和参议员布兰奇·布鲁斯（均来自密西西比州），查尔斯·纳什（路易斯安那州），约翰·海曼（北卡罗来纳州），耶利米·哈拉尔森（亚拉巴马州）以及沃尔斯。在新的国会议员中，布鲁斯是受惠于弗吉尼亚的一名种植园主的奴隶，内战之后在奥伯林学院接受了教育，随后在密西西比州的玻利瓦尔县建立起了自己的政治基础，凯恩是一名生而自由的AME教会的牧师，哈拉尔森是一名自学成才的前奴隶，讲话"带有玉米地的口音"（John H. Henry to William E. Chandler, July 15, 1872, William E. Chandler Papers, LC）。海曼是一个自耕农、小店主和前奴隶，曾经"被当成牲口一样被人买卖"（John A. Hyman to Charles Sumner, January 24, 1872, Sumner Papers）。林奇是由联邦军队解放的一名奴隶，在纳奇兹自由民学校受教育，当过摄影师。纳什是一个自由民和砖瓦匠，在联邦军队服役时受伤，一条腿被截肢，兰西尔是查尔斯顿一名生而自由的航运书记员，拉皮尔是亚拉巴马州一个富裕的自由黑人家庭的成员，在重建时期购得了一个种植园，斯莫尔斯是一名享有盛名的前奴隶，博福特县的政治大佬和战后的商人。关于第一批黑人国会议员的介绍，见英文原著352页。

有的实际权力的扩展。1874年,路易斯安那州的16位著名黑人政治家公开抱怨说,他们无法获得"关于共和党和政府秘密运作的任何知识",并"在与占有权力的人打交道时经常受到羞辱,而那些掌权的人正是由我们将他们推上权力位置的"。另一方面,在密西西比州,黑人政治领袖曾被州长詹姆斯·阿尔科恩和里奇利·鲍尔斯的保守政策所冷落,他们在1873年州长候选人提名中发挥了关键的作用,将参议员阿德尔伯特·阿姆斯提名为州长候选人,同时还组成了一个6人的州竞选团队,其中包括3名黑人候选人在内。在黑人选民的积极支持下,阿姆斯轻松地击败了受民主党支持的阿尔科恩。就连阿尔科恩种植园里的劳工也投票反对他。与此同时,黑人大大增加了他们在州立法机构中的代表权,并巩固了他们对整个黑土地带地方公职的控制。当立法者们开始开会时,他们选出了一位黑人众议院议长,并选举布兰奇·布鲁斯为美国参议院议员。[49]

从某种意义上说,黑人日益增强的自信不仅背离了他们早先那种愿意让位以支持白人候选人的做法,同时也代表了一种理想的并不看重肤色的政体模式的消失。南部政治生活的严酷现实令他们意识到,黑人选民必须要由黑人官员来代表。(1874年,亚拉巴马州的一个黑人大会甚至裁定,诉讼案中的黑人一方有权要

---

[49] New Orleans *Louisianian*, October 3, 1874; John R. Lynch to Adelbert Ames, January 31, 1873, J. M. P. Williams to Ames, February 19, 1873, Ames Family Papers, SC; William C. Harris, *Day of the Carpetbagger: Republican Reconstruction in Mississippi* (Baton Rouge, 1979), 468-479; Lillian A. Pereyra, *James Lusk Alcorn: Persistent Whig* (Baton Rouge, 1966), 160; James W. Garner, *Reconstruction in Mississippi* (New York, 1901), 307-308.

求陪审团"不少于一半的成员由本种族成员组成"。)白人共和党人指责这种做法是划分政治"肤色线",黑人领袖回应说,种族在历史上曾是"(被)排斥的原因",现在必须成为一种"获得承认的理由,直到尺度获得再次平衡之后为止"。[50]

在其他情况下,黑人很可能利用他们增强的政治权力来推动大胆而新颖的政治和经济计划。然而,随着1873年,共和党人只在阿肯色州、路易斯安那州、密西西比州和南卡罗来纳州拥有无可争议的州政府控制权。田纳西州、佐治亚州和弗吉尼亚州属于被"救赎"的州,而在亚拉巴马州、佛罗里达州、北卡罗来纳州和得克萨斯州,共和党州长们则面对了抱有敌意的或分裂的州立法机构。此外,随着北部对腐败和"奢华浪费"的批判达到顶峰,黑人的政治角色也逐渐发挥出来。带有这种表述的抨击,对南部各州的信贷、税收和预算都造成了极大的破坏,进一步增加了州财政紧缩开支的紧迫性。加上不断需要吸引白人选民的选票,这些发展大大缩小了南部共和党的政策选择范围。种族权力的平衡在党内的不断变化,确实有助于解释为何佛罗里达州、路易斯安那州和密西西比州能够在1873年通过民权法。佛罗里达州的黑人立法者在1874年和1875年对伐木工人和码头工人的罢工做出反应,通过州立法机构推动了一些亲劳工措施的立法。一部法律为工人在生产木材时提供了优先留置权,以保证工资的支付;另一部法律则要求拥有执照的码头工人需要有提前六个月的居住期的

---

[50] 46th Congress, 2d Session, Senate Report 693, pt. 2:395; Garner, *Mississippi*, 293; *New National Era*, August 28, 1873.

密西西比州州立法机构成员，1874—1875

（摄影：E. 冯·佐伊特 [E. von Seutter]，杰克逊，密西西比州）

参议院

1. 副州长 A. K. 戴维斯（A. K. Davis），议长
2. 秘书 W. C. 怀特（W. C. White）
3. 菲尼斯·H. 利特尔（Little, Finis H.）
4. 亚历克斯·华纳（Warner, Alex）
5. M. 坎贝尔（Campbell, M.）
6. H. B. 麦克卢尔（McClure, H. B.）
7. J. P. 卡特（Carter, J. P.）
8. P. R. 托恩顿（Tornton, P. R.）
9. J. L. 门登霍尔（Mendenhall, J. L.）
10. J. F. 塞申斯（Sessions, J. F.）
11. M. A. 梅茨（Metts, M. A.）
12. M. H. 塔特尔（Tuttle, M. H.）
13. R. H. 泰勒（Taylor, R. H.）
14. C. E. 弗朗（Furlong, C. E.）
15. T. B. 格莱厄姆（Graham, T. B.）
16. W. M. 普莱斯（Price, W. M.）
17. J. M. 斯通（Stone, J. M.）
18. R. H. 艾伦（Allen, R. H.）
19. J. E. 埃弗雷特（Everett, J. E.）
20. N. B. 布里奇斯（Bridges, N. B.）
21. J. A. 麦克尼尔（McNeil, J. A.）
22. C. 卡伦斯（Cullens, C.）
23. 约瑟夫·贝内特（Bennett, Jos.）
24. S. A. D. 斯蒂尔（Steel, S. A. D.）
25. J. P. 吉尔默（Gillmer, J. P.）
26. 亨德森（Henderson）
27. 维尔·格雷（Gray, Will）
28. P. B. 巴罗（Barrow, P. B.）
29. G. W. 怀特（White, G. W.）
30. G. C. 史密斯（Smith, G. C.）
31. 艾莎姆·斯图亚特（Stuart, Isham）
32. 罗布·格利德（Gleed, Rob）
33. J. M. P. 威廉斯（Williams, J. M. P.）
34. 查尔斯·考德威尔（Caldwell, Chas.）
35. G. W. 奥尔布赖特（Albright, G. W.）
36. 阿迪斯·鲍尔小姐（Miss Adies Ball），邮政局长

密西西比州最后一届重建时期的州参议院成员（国会图书馆）

资格（这是为了保护黑人码头装卸工的利益，因为他们在冬天要与来自加拿大的移民工人竞争工作机会）。路易斯安那州（托上帝的福，暂时地）废除了罪犯租赁制度。然而，总的来说，黑人发现自己只是帮助主持一段旨在推进温和稳定施政的时期，而不是采用激进方式向新方向大步迈进。[51]

具有讽刺意味的是，南部州的重建政府现在拾起了他们的反对者曾一度使用的关于紧缩和改革的口号。虽然州对铁路资助的支持已经减弱，但危机给"繁荣的福音"带来了最后的打击。共和党政府对州债务的上限做出了严格的限制，用使用统一利率和代表少量本金的新债券取代了未偿还债券（激发了对华尔街的"拒付"的呼声）。紧缩进程在佛罗里达州被推进得最远，该州通过了一部通用公司法，用其取代了特殊的公司立法，并修改了宪法，禁止将州的信贷借给任何公司。到1876年，州政府官员的工资被削减，州立法机构的会期改为隔年一次，州政府的费用只是刚刚超过总统重建时期的水平。路易斯安那州的共和党人还降低了该州的债务、政府开支和税率，并控制了沃莫思时代的"华丽偷窃"。正如密西西比州的阿姆斯所发现的，紧缩政策有时会加剧共和党内部的不和。虽然阿姆斯的提名和当选归功于黑人，但他于1874年上任后，他确信，经济萧条和日益增大的减税喧嚣迫使他的政府在财政事务中遵守"节俭经济和严格的问责制"。阿姆斯的一些建议为州议会所接受，包括降低财产税和停止接受折旧保

---

[51] Perman, *Road to Redemption*, 139, 213; Jerrell H. Shofner, "Militant Negro Laborers in Reconstruction Florida", *JSH*, 39 (August 1973), 402–408; *Florida Acts and Resolutions 1874*, 57–58; Taylor, *Louisiana Reconstructed*, 259.

证书作为支付州税的做法,但立法机构拒绝大幅削减开支。大多数白人共和党人支持他的计划,但黑人议员团结起来,击败了他企图降低立法者的工资、降低学校税和建立两年开一次立法会议的努力。[52]

相对于白人而言,黑人共和党人并不太为改革的诱惑所动。经济萧条使许多黑人领袖变得更加依赖官方工资来维持生计,而黑人官员和普通自由民都担心紧缩将不可避免地意味着削减教育等州的项目,而这一点对他们的社区显得格外重要。此外,许多黑人继续期待能动主义政府来帮助缓解他们面临的经济困境。一位自由民写道:"如果我们不从政府那里得到帮助,我们就是工作一辈子永远也不会得到进步。"另一封信抱怨说,"我们的商人在这里为我们提供需要的东西……但是,我们却不能靠它为生,因为当我们的作物被运走之后,永远不会留下任何其他的东西",写信人要求凯洛格政府向租佃自耕农提供物资。但是,这种想法远远超出了南方政府的紧张资源,也超出了全国政党领袖们所持有

---

[52] Perman, *Road to Redemption*, 143-145; Mark W. Summers, *Railroads, Reconstruction, and the Gospel of Prosperity: Aid Under the Radical Republicans, 1865-1877* (Princeton, 1984), 268-286; J. Mills Thornton III, "Fiscal Policy and the Failure of Radical Reconstruction in the Lower South", in J. Morgan Kousser and James M. McPherson, eds., *Region, Race, and Reconstruction: Essays in Honor of C. Vann Woodward* (New York, 1982), 383-385; Cohen, "The Lost Jubilee", 451; Carter Goodrich, "Public Aid to Railroads in the Reconstruction South", *Political Science Quarterly*, 71 (September 1956), 423-437; Joe M. Richardson, *The Negro in the Reconstruction of Florida, 1865-1877* (Tallahassee, 1965), 205-211; Taylor, *Louisiana Reconstructed*, 260-265; Harry K. Benson, "The Public Career of Adelbert Ames, 1861-1876" (unpub. diss., University of Virginia, 1975), 226-233, 270-271; Harris, *Day of the Carpetbagger*, 430-436, 603-610, 633.

的关于国家应该扮演的适当的角色的概念。[53]

阿姆斯在就职演说中对作物留置权和种植园农业制度进行了谴责，认为它们使该州的自耕农陷入贫困之中，使黑人无法获得土地，它也暗示了另一种选择。尽管他没有提出推动土地分配的具体方案，但州立法机构很快采取行动，将州政府掌管的土地开放出来，用作定居，这些土地大部分是因欠税而被没收的。尽管一些木材公司和铁路公司利用法律收购了亚祖－密西西比河三角洲的土地权，但很少有黑人能够那么幸运，部分原因是州政府也让土地所有者更容易赎回拖欠税款的土地。当州立法者终止收债做法，并废除了州的留置权法时，阿姆斯改变了自己的立场，否决了这两项法案，担心它们会完全耗尽土地所有者和佃农的供应和信贷。该州从而结束了阿姆斯尝试推动的一场短暂的经济变革。1874年年底，当一个黑人选民群体呼吁州长提供"共和党的保护"时，他们坚持认为，"我们不能……获得我们劳动的所有福利"，阿姆斯只能回答，"时间会带来许多变化，耐心是一种我们必须培育的美德"。在自由民来信的背面，州长的私人秘书用一个词写下了他自己对信的内容的反应："烦恼"。[54]

---

[53] Lawrence N. Powell, "The Politics of Livelihood: Carpetbaggers in the Deep South", in Kousser and McPherson, eds., *Region, Race, and Reconstruction*, 324; Henry Pearce to Benjamin F. Butler, June 13, 1874, Butler Papers; D. P. Carter to William P. Kellogg, January 19, 1875, Kellogg Papers.

[54] *Inaugural Address of Gov. Adelbert Ames* (Jackson, Miss., 1874), 7; Harris, *Day of the Carpetbagger*, 507, 612; John C. Hudson, "The Yazoo-Mississippi Delta and Plantation Country", *Proceedings, Tall Timbers Ecology and Management Conference*, 16 (1979), 67–74; Perman, *Road to Redemption*, 147–148; J. D. Penn to Adelbert Ames, November 5, 1874, Ames to Penn, November 14, 1874, Letterbook B, Mississippi Governor's Papers, MDAH.

在南卡罗来纳州，改革的需求最紧迫，或者说，"改革"的保守意味也最为明显。在这里，该州第一位共和党州长罗伯特·斯科特从1868年任职到1872年，留下了一份并不令人羡慕的渎职记录，他的继任者、南方佬富兰克林·摩西也是一个"完全没有道德意识"的人。在摩西政府执政期间，南卡罗来纳州加入了蔓延全国的对铁路援助和昂贵政府的反对阵营，减少了公共债务和州税。但是州长在哥伦比亚市设法获得的豪宅里所过的奢华生活方式令该党的很多成员都对他敬而远之。1874年，摩西连任的提名被北部提包客丹尼尔·张伯伦的提名所取代。张伯伦在秋天的选举中击败了民主党和改革派共和党人的联盟。（改革派的候选人约翰·格林在选举后不久去世；如果是他获胜的话，他的黑人竞选伙伴马丁·德莱尼将成为南卡罗来纳州州长。）[55]

张伯伦是来自马萨诸塞州的一位坚定热忱的废奴主义者，也是内战时期一个黑人军团的军官，他于1866年来到南卡罗来纳州，希望在海岛地区种植棉花。但和其他有抱负的北方种植者一样，他在经济上失败了，转而以搞政治为生。在某些方面，张伯伦似乎是根除腐败的一个糟糕的选择，因为在担任州总检察长的时候，他曾参与了斯科特政府的几桩欺诈活动。然而，张伯伦也代表了北部自由主义精英群体的化身。作为哈佛大学的毕业生，

---

[55] Robert H. Woody, "Franklin J. Moses, Jr., Scalawag Governor of South Carolina, 1872-1874", *NCHR*, 10 (April 1953), 111–123; Interview with Francis L. Cardozo, Southern Notebook E, Frederic Bancroft Papers, Columbia University; Goodrich, "Public Aid", 432; Francis B. Simkins and Robert H. Woody, *South Carolina During Reconstruction* (Chapel Hill, 1932), 464–473.

他喜好阅读经典著作,他带有威严、令人难以接近的清高神态让黑人领袖贝弗利·纳什想起"旧贵族辉格党人"。对张伯伦来说,改革为加强白人对共和党的控制、吸引民主党中的精英成员加入共和党提供了一种工具。早在十年之前,他曾担任过纳税人大会的副主席,并毛遂自荐要竞选州长,以防止该党向黑人主义方向发展。[56]

张伯伦上任后承诺要进行彻底的改革,以确保"政府管理中的经济和诚实",在很大程度上他的确做到了。他的政府重组了州财政,整合和适当地偿还债务,减少税收和调整了财产评估的标准,大幅削减了公共印刷品的花费,并启动了对以往欺诈行为的调查。所有这些措施都赢得了南卡罗来纳州立法机构的支持,而此刻两院都在黑人的控制之下。但其他"改革"提案却引起了黑人的广泛反对。为了进一步削减开支和赢得白人纳税人的支持,张伯伦缩减了州民兵队伍的规模,撤掉了许多黑人审判法官和地方学校的官员,而经常任命白人民主党人取而代之。他还提议恢复罪犯租赁制的运用,减少对精神病院、州立大学和公立学校的拨款,但这些都未能获得立法机构的批准。到1875年年中,州长成为被民主党上流社会交口赞誉的人,他频繁访问查尔斯顿文学协会,与查尔斯顿《新闻和信使报》极有影响力的编辑弗朗西

---

[56] Lamson, *Elliott*, 154; Daniel H. Chamberlain to Francis W. Dawson, April 20, 1876, Francis W. Dawson Papers, DU; Interview with Beverly Nash, Southern Notebook C, Bancroft Papers; Thomas Holt, *Black over White: Negro Political Leadership in South Carolina During Reconstruction* (Urbana, Ill., 1977), 176–177; Charleston *News and Courier*, September 16, 1876.

斯·道森公开结为盟友。"如果张伯伦州长继续坚持他在过去12个月以来执行的路线,"前州长本杰明·佩里在1875年11月评论道,"而民主党还要反对他的连任,我认为那将是极其不明智和忘恩负义的做法。"[57]

1875年年底,黑人对张伯伦路线的反感终于爆发了。州立法机关选举威廉·惠珀和小富兰克林·摩西为查尔斯顿市的法官,但张伯伦拒绝签署他们的任命书。摩西几乎不具备担任法官应有的品格,而张伯伦的愤慨却集中在惠珀身上,他是一位举止张扬的北部出生的黑人律师和种植园主,他承认在"过去的堕落时代"曾当过赌徒,但声称在宗教觉醒后已经悔过自新重新做人了。张伯伦愤怒地指责说,惠珀的当选是"一场可怕的灾难",直接危及"清教徒和骑士的文明"。对道森来说,这一任命揭示了一个令人发指的阴谋,即要"将南卡罗来纳非洲化,将其变成一个黑人共和国"。张伯伦的"政变"成功地阻止了这些任命,但却使南卡罗来纳州的大多数黑人共和党人充满了对他的怨恨。然而,它收获了来自该州"最聪明、最有影响力的公民"的热烈掌声,并

---

[57] *Inaugural Address of Gov. D. H. Chamberlain* …(Columbia, S.C., 1874), 3; *The Campaign in South Carolina … Letter of Gov. Chamberlain to the Chairman of the State Democratic Executive Committee* (Columbia, S.C., 1876), 4; Alrutheus A. Taylor, *The Negro in South Carolina During the Reconstruction* (Washington, D.C., 1924), 213-226; Holt, *Black over White*, 179-182; Joseph Middleton et al. to Daniel H. Chamberlain, January 6, 1875, John B. Dennis to Chamberlain, January 15, 1875, A. W. Folger to Chamberlain, May 8, 1875, South Carolina Governor's Papers, SCDA; Francis W. Dawson to Mrs. Dawson, September 12, 13, 1874, Daniel H. Chamberlain to Dawson, February 18, 1875, Dawson Papers; Lillian A. Kibler, *Benjamin F. Perry: South Carolina Unionist* (Durham, 1946), 483.

赢得了北部共和党人的一致好评。辛辛那提《公报》写道："如果张伯伦州长的路线不能拯救南卡罗来纳的话，那它是不值得拯救的。"[58]

惠珀事件及对它的反应无可辩驳地表明，黑人在南部政治的最高层所扮演的仍然是一个小伙伴的角色，北部对重建的支持正在减弱。重建未能根本地改变黑人的生活条件，人们预感到一个又一个的州将如数落到救赎者的手中，所有这些现实令黑人领袖们甚为沮丧，激励他们中的一些人寻求新的社区发展战略。但他们的努力收效甚微。独立的黑人政治在19世纪70年代不时浮出水面，但很快被普通自由民拥有的对共和党的坚定忠诚感所击败。当孟菲斯的著名黑人领袖爱德华·肖竞选国会议员时，他的对手是在位的白人共和党人，他只获得了165票。亚伦·布拉德利个人在佐治亚州沿海地区的自由民中很受欢迎，但他接二连三的独立竞选也是无果而终。事实上，普通黑人对任何可能削弱解放奴隶党的政治策略都抱有极端敌视的态度。在1876年全国黑人大会上，亚拉巴马州州议会议员查尔斯·史密斯提议黑人应该宣布政治独立，他的提议虽然得到尊重，但总体并不受欢迎，而"游荡在街角的有色人种"却在谈论要割断他的喉咙。布兰奇·布鲁斯在参议院的一次演讲中，只是有节制地批评北部对自由民困境的漠不关心，即便如此，草根黑人也赠给他一个"保守的黑人"的

---

[58] Walter Allen, *Governor Chamberlain's Administration in South Carolina* (New York, 1888), 192–201, 237–240; Charleston *News and Courier*, December 18, 20, 22, 1876; F. J. Donaldson to Daniel H. Chamberlain, January 3, 1876, South Carolina Governor's Papers.

名声。因此,黑人政治领袖们在党外几乎没有选择的可能,因为寻求政治自治的举动不仅威胁到他们获得恩惠任职的机会,而且损害了他们在黑人社区的信誉。[59]

随着黑人选票被共和党视为理所当然的囊中之物,寻求政治独立几乎是不可能的,黑人政治人物除了充当共和党的"干粗活的打工仔"之外别无选择(弗雷德里克·道格拉斯用这个词来形容自己在重建期间扮演的政治角色,他似乎并不真正欣赏这一角色)。然而,一些黑人发言人敦促他们的选民减少对州的依赖,更多地以个人自助作为改变自身的策略。这种想法从未完全在黑人思想中消失过,但随着19世纪70年代的演讲,它的影响力不断增加。早在1871年,詹姆斯·林奇就注意到重建并没有阻止新的经济依赖形式的蔓延,他劝告黑人不要过于将"享受政治荣誉"视为一种"提升我们的手段",而是要依靠自己的资源。亨利·弗利珀认为,尽管存在偏见,黑人学员还是可以"将我们在西点军校的生活变成我们所想要的",他的思想体现了这种新的态度。他甚至认为,他在西点军校的前任詹姆斯·史密斯直言不讳地坚持要求得到平等的待遇,其行为表明他在自己想办法解决遇到的困

---

[59] Walter J. Fraser, Jr., "Black Reconstructionists in Tennessee", *THQ*, 34 (Winter 1975), 373–374; Joseph P. Reidy, "Aaron A. Bradley: Voice of Black Labor in the Georgia Lowcountry", in Howard N. Rabinowitz, ed., *Southern Black Leaders of the Reconstruction Era* (Urbana, Ill., 1982), 297; Alexander A. Lawrence, ed., "Some Letters from Henry C. Wayne to Hamilton Fish", *GaHQ*, 43 (December 1959), 400; Nashville *Daily American*, April 1876, undated clipping, William Pledger Scrapbook, John E. Bryant Papers, DU; Maurice Bauman to Blanche K. Bruce, February 17, 1876, Blanche K. Bruce Papers, Howard University.

难。路易斯安那州州议员兼编辑戴维·扬对此表示赞同,老是对黑人权利的剥夺"保持同样的抱怨是没有用的"。1876年,一位代表告诉全国黑人大会,黑人种族只有证明自己的价值,然后才能获得对自身权利的承认——"受过教育的有色人种必须出现在铸造厂、机器车间、木匠店铺之中"。[60]

这种关于寻求一条个人进步路线的谈论,回避了有利于经济自助的政治行动,预示了一种与布克·华盛顿相关的获得全面演进的保守意识形态的来临,它将在救赎之后的南部出现。与华盛顿一样,在重建期间,保守的黑人领袖们敦促他们的选民寻求与"南部的独立-保守派"结成政治联盟。和他一样,他们认为提出平等使用公共设施这类咄咄逼人的要求是不现实的,而且会适得其反。当新奥尔良市开始在公立学校实施种族融合时,一些黑人警告说,这样做的唯一结果是"把整个白人社区刺激起来反对我们,而如果没有南部的大量白人,我们就无法和睦相处"。[61]

只要重建幸存下来,新的保守主义就对普通自由民没有什么吸引力,并且仍然是黑人思想中的次要主题。但它的出现表现了黑人社区内部日益增长的阶级分化所带来的政治含义,也表明

---

[60] [Frederick Douglass] *Life and Times of Frederick Douglass* (New York, 1962 ed.), 416; Jackson *Daily Mississippi Pilot*, February 26, 1871; William C. Harris, "James Lynch: Black Leader in Southern Reconstruction", *Historian*, 34 (November 1971), 55-57; Flipper, *Colored Cadet*, 134-138, 160-165; New Orleans *Louisianian*, August 14, 1875; Nashville *Daily American*, April 1876, undated clipping, Pledger Scrapbook, Bryant Papers.

[61] Nashville *Daily American*, April 1876, undated clipping, Pledger Scrapbook, Bryant Papers; "Colored men" to Thomas W. Conway, May 19, 1870, State Board of Education Papers, Louisiana State Archives.

在某些州内自由黑人和奴隶之间的战前区分仍然是重要的。保守思想在新兴的黑人商人阶层中找到了最大的支持者——这个群体后来为华盛顿的意识形态提供了主要的基础支持。黑人商人罗伯特·格利德据说在19世纪70年代初身价15000美元，在密西西比州1871年种植园主大会的中央委员会任职。其他的黑人土地拥有者和企业家也赞同"政府应该由文雅之人来实施管理"的陈词滥调，特别是随着经济萧条的来临，也与民主党人一样表现出对高税收和州政府高支出的不满情绪。在1871年开展了一桩土地经营和经纪业务后，马丁·德莱尼多次向黑人鼓吹资本和劳工之间的利益和谐，并大声谴责提包客政治家——说他们是"北部社会最低等级"的代表人物。德莱尼拥有的日益保守的观点融合了个人的经济利益、政治野心未获满足的失望和对未来的悲观情绪。他认为，人们应该抛弃那种其他永久改变南部生活的乌托邦梦想；掌握财产的人最终将统治南卡罗来纳州，如同在其他地方一样，所以黑人应该在他们仍然掌握巨大的讨价还价权之时与白人领袖们达成协议。[62]

但是，在南卡罗来纳州和路易斯安那州的富裕自由黑人中，用跨种族的保守联盟来取代现有共和党州政府的想法赢得了最热烈的响应。在这两个州里，自由黑人曾在政治组织方面扮演了领跑的角色，但因为提包客对公职的占有以及自由民日益增强的政

---

[62] Jackson *Daily Mississippi Pilot*, January 27, 1871; *New National Era*, February 22, 1872; 43d Congress, 2d Session, House Report 261, pt. 3:460-462; Victor Ullmann, *Martin Delany: The Beginnings of Black Nationalism* (Boston, 1971), 420-423, 440-450; Martin Delany, "A Warning Voice," unidentified newspaper clipping, SCHS; Robert H. Woody, *Republican Newspapers of South Carolina* (Charlottesville, Va., 1936), 17.

治进攻性,他们的影响力被减弱了。在南卡罗来纳州,张伯伦的保守政策赢得了发达的穆拉托州议员的支持。在路易斯安那州,许多新奥尔良的自由黑人被1873年的联合运动所吸引,该运动是在两个政党之外独立组成的政治联盟,它承诺要恢复本州的种族和谐、经济繁荣和社会和睦。该运动的组织者包括了该市一些最杰出的商人和专业人士——该城的"财富与文化的集锦"——它对黑人的愿望做出了比其他州的"改革"联盟大得多的让步,不仅承诺保障他们的公民权利和政治权利,而且也同意接受州立学校和公共住宿设施的种族融合以及黑白种族在担任公职方面的平等划分。它甚至承诺鼓励自由民获得土地。该运动的黑人支持者主要来自先前的生而自由的有色人种,他们对北部提包客尤其不满,并认为那些"低贱"的黑人是在以牺牲"更富有、更聪明、更精致的有色人种"为代价的基础上获得公职的。新奥尔良《论坛报》的创始编辑路易斯·鲁达内斯是内战时期黑人政治的先驱,他是联合运动的支持者,与他为伍的是富有的慈善家阿里斯蒂德·玛丽等拥有财产的自由黑人精英(玛丽在1872年竞争共和党州长提名时遭遇失败)。[63]

尽管联合运动在公众舆论中名噪一时,但它的寿命不长,因为大多数自由民对其白人组织者的动机存有怀疑,而它对黑人要求做出的真实让步又在大多数白人选民中产生了敌意。事实上,

---

[63] Holt, *Black over White*, 190-192; T. Harry Williams, "The Louisiana Unification Movement of 1873", *JSH*, 11 (August 1945), 349-360; New York *Herald*, October 9, 1874; David C. Rankin, "The Impact of the Civil War on the Free Colored Community of New Orleans", *Perspectives in American History*, 11 (1977-1978), 403-404.

即使当联合派努力寻求新的政治中间立场的时候,整个南部的民主党人也正在放弃"新起点"时代的中坚派说辞,转而支持回归到早期重建套用的公开性种族主义立场之中。各种因素和考虑使"白人路线"政治最终取胜,包括格里利的竞选失败、新起点口号在吸引黑人选票方面的失败,以及民主党人对未来的坦率判断——即唯有白人至上主义的口号能够为动员民主党选民和赢得剩余的南方佬共和党人带来最佳前景。政治肤色界限的重新建立对民主党政治和经济战略的制定产生了深远的影响。白人路线政治的指导思想与对新政治组织模式的采用同时进行——集中而密集的地方拉票取代了传统的"烤肉午餐和群众大会"的选民动员方式——以期最大限度地提高白人选民的投票率。特别是在南部腹地,如果不将部分黑人选民置于消音状态,民主党就完全不可能获胜,这也就意味着政治暴力使用的死灰复燃。而且,还出现了一个明显的转变,即与白人至上主义言论相伴的是对州资助的现代化运动的放弃(新起点策略失败之后的经济结果)。经济萧条强化了紧缩和减税对白人选民的吸引力,这些白人选民将昂贵的政府开支与新的主要有利于大公司和黑人的州发展计划联系起来,他们担心高税收会导致种植园主和自耕农丧失土地。由于共和党人提出的经济计划不过是一个温和版本的"改革",白人选民从中几乎找不到任何有利可图的东西来抵挡民主党使用的种族主义对他们的诱惑。[64]

---

[64] Taylor, *Louisiana Reconstructed*, 278-279; Williams, "Louisiana Unification Movement", 362-367; Perman, *Road to Redemption*, 127-128, 150-155, 173-177.

"白人路线"战略意味着此刻民主党对选票的追求将集中在种植园带以外的县。但种植园主在救赎运动中仍具有决定性的影响力,而他们在格兰其中扮演的领袖角色更加强化他们的影响力。1873年经济恐慌之后,格兰其在南部迅速地扩张和发展。正如北卡罗来纳州的迪亚里斯特·申克所指出的那样,该组织表面上是无党派的,但"其实是一个政治组织",它将黑人排除在会员之外,并积极参与了19世纪70年代中期的救赎运动。该组织的主要精神领袖包括怀亚特·艾肯(据报道,他策划了1868年刺杀南卡罗来纳州黑人政治领袖本杰明·伦道夫的行动)、密西西比州民主党编辑埃塞尔伯特·巴克斯代尔和威廉·布洛克斯汉姆,后者是佛罗里达州最著名的民主党政治家之一。在1874年的亚拉巴马州的竞选中,许多议员以民主党候选人的身份参选,以至于随后一届的州议会被称为"格兰其的立法机构"。[65]

艾肯写道,"自耕农之间的合作"可以"将整个南部从政治压迫中救赎出来,因为正是我们的雇工,而且只有他们单独一个阶级,在阻止我们回归[民主党的统治]"。正如艾肯的话清楚地表达的,虽然格兰其人声称他们代表一种无差别的"农业利益",但他们主要是为有雇佣权的自耕农代言,而不是为那些以维持生计

---

[65] David Schenck Diary, July 19, 1873, UNC; Buck, *Granger Movement*, 59, 74n.; 44th Congress, 2d Session, Senate Miscellaneous Document 45, 224; J. S. Corthian to D. Wyatt Aiken, January 15, 1869, D. Wyatt Aiken Papers, USC; Willie D. Halsell, "The Bourbon Period in Mississippi Politics 1875–1890", *JSH*, 11 (November 1945), 529; Ruby L. Carson, "William Dunnington Bloxham: The Years to the Governorship", *FlHQ*, 27 (January 1949), 227; William W. Rogers, *The One-Gallused Rebellion: Agrarianism in Alabama 1865–1896* (Baton Rouge, 1970), 76.

为主的自耕农、佃农或劳工发声。事实上，南部格兰其运动的领袖们几乎全部来自种植园主阶层，即使在其内陆地区的县也是如此，那里的大多数成员都是小自耕农。"我们必须减少自由，更多地增加对财产的保护"，一位在密西西比州格兰其会议上发言的人宣称，该组织花费大量时间推动限制黑人劳工经济选择的法律，例如在举行围栏法的公投表决中将选举权的使用限制在有产者的范围之内，以及禁止商人从事小额农产品的交易活动。南部格兰其成员对商人的敌意不仅反映了对中间商的反感情绪，也反映了种植园主企图重新单独控制其佃农的经济关系的决心。一些地方的分部密谋设定黑人劳工工资的限度，密西西比州的格兰其在资助白人自耕农教育项目的同时，呼吁废除共和党州政府建立的公立学校制度。一位在区域格兰其大会上发言的人甚至报告说，为了将黑人"置于彻底的控制之下"，他恢复了"对他的一些黑人实施鞭刑"的做法。[66]

这些相互关联的问题——白人至上、低税收和对黑人劳动力的控制等——为19世纪70年代中期的民主党竞选活动定下了基调。1873年和1874年，随着民主党人在已经掌控的州内不断加

---

[66] *Rural Carolinian*, 7 (November 1876), 516; Robert A. Calvert, "A. J. Rose and the Granger Concept of Reform", *AgH*, 51 (January 1977), 182-184; Hahn, *Roots of Southern Populism*, 221-222; *Southern Field and Factory*, 4 (February 1874), 667; Cecil B. McNair, "Reconstruction in Bullock County", *AlHQ*, 15 (Spring 1953), 122; James S. Ferguson, "Co-operative Activity of the Grange in Mississippi", *JMH*, 4 (January 1942), 5-9; 44th Congress, 1st Session, Senate Report 527, 1744; James S. Ferguson, "The Grange and Farmer Education in Mississippi", *JSH*, 8 (November 1942), 500; Jackson *Daily Mississippi Pilot*, January 9, 1875.

固自己的权力,并继续对新的州展开"救赎",该战略的有效性日渐明显。1873年,得克萨斯州民主党人理查德·科克以大于2比1的差距击败了州长埃德蒙·戴维斯。人口结构的变化几乎决定了这一选举结果,因为得克萨斯州是增长最快的州之一,大量的南方白人移民涌入该州,使民主党的基层队伍不断壮大,从而减少了黑人、德裔移民和本土出生的联邦派,这些都是共和党组织的中坚力量,它们逐渐缩减为人口中的少数派。与此同时,弗吉尼亚的民主党抛弃了1869年与他们合作的温和派共和党人,以一种"单一政党"的候选人组合名单和"种族间的竞争"的政纲赢得了该州的选举。对共和党来说,1874年的南部选举遭遇的失败与北部选举一样的惨不忍睹。民主党赢得了该地区三分之二的国会众议员的席位,成功地"救赎"了阿肯色州,并获得了佛罗里达州州立法机构的控制权。此外,在整个阿巴拉契亚山脉的南部,共和党的投票率明显下降,当代人认为这是因为民权法案悬而未决的情况所导致的。在田纳西州长竞选中失败的共和党州长候选人霍勒斯·梅纳德哀叹说,数千名东田纳西州的联邦派投票支持他的对手,"他们在这样做的时候,发誓再也不会投票给支持黑白种族共同教育的政党"。[67]

这些竞选活动大多数发生在黑人占人口少数的各州,民主党

---

[67] Homer L. Kerr, "Migration into Texas, 1860-1880", *SWHQ*, 70 (October 1966), 189-192; Perman, *Road to Redemption*, 154-155; James A. Bear, Jr., ed., "Henry A. Wise and the Campaign of 1873", *VaMHB*, 62 (July 1954), 332-333; Abbott, *Republican Party and the South*, 230; William W. Davis, *The Civil War and Reconstruction in Florida* (New York, 1913), 643-644; Gordon B. McKinney, *Southern Mountain Republicans 1865-1900* (Chapel Hill, 1978), 40, 49; F. Wayne Binning, "The Tennessee Republicans in Decline, 1869-1876", *THQ*, 40 (Spring 1981), 76-77.

的胜利主要取决于该党在划定政治肤色界限方面的成功。然而，在路易斯安那州和亚拉巴马州，白人路线政治的黑暗面已经开始显现。在重建时期的路易斯安那州，事件似乎遵循了它们自身的荒谬逻辑，在1868至1876年之间举行每次选举都摆脱不了猖獗暴力和普遍存在的舞弊行为的污名。在1872年备受争议的选举中，两位候选人曾在同一时间都自称是州长，来自伊利诺伊州的提包客威廉·凯洛格最终击败了约翰·麦克内里。凯洛格试图通过为对手提供地方公职的任命和改革州财政的做法来赢得和解，但事实证明这些无法消除他们相互的仇恨。麦克内里声称自己仍然是州长，组织起自己的民兵组织，企图在1873年3月夺取新奥尔良市的警察局，但没有成功。同年4月发生了科尔法克斯大屠杀事件，当时无政府状态盛行于路易斯安那州的大部分乡村地带，这是其中最为极端的例子。由于联邦军队人数不到2000人，无法建立起秩序，许多白人教区拒绝纳税，或以其他方式拒绝承认州政府的权威。1874年，白人联盟成立，宣称将致力于使用暴力来恢复白人至上主义，局势更加恶化。白人联盟以地方共和党官员作为目标展开暗杀活动，扰乱法庭，并将黑人劳工从家中赶走。该州民主党的政纲以"我们，路易斯安那州的白人"为开篇词，一家民主党的报纸则宣布一场"种族间的战争"即将来临。白人联盟的暴力和广泛使用的对黑人选民的经济恐吓手段主导了整个竞选活动。就连新奥尔良市的联合运动的老战士也接受了这些策略。正如其中一人所解释的：

去年夏天，我们有一百人，基本上代表了所有公共和社会地位的不同等级,放下身段,做最后一次努力,寻求与有色人种的合作,以确保获得一个良好的政府,但失败了……对于白人来说,机会最终来到了。决不能让黑鬼统治我们。[68]

在雷德河教区,竞选活动演变成一场暴力的恐怖统治,最终导致6名共和党的官员在8月遭到冷血杀害,遇害者中包括了共和党领袖马歇尔·特威奇尔的3名亲属。(特威奇尔具有非凡的勇气,他在1874年秋返回教区参加选举。1876年5月,一名化装作案的枪手将他打伤,伤势严重,不得不双臂截肢。)在红河地区的"成功"的鼓舞下,白人联盟在新奥尔良发动了一场大规模的起义,企图恢复麦肯瑞的州长职位。9月14日,大约有3500名联盟成员,其中大多数是参加过内战的老兵,击退了相同数量的黑人民兵和大都会警察,后者的指挥是前邦联将军詹姆斯·朗斯特里特;白人联盟成员占领了市政厅、州议会大厦和军火库。他们直到联邦军队抵达之后才撤离,联邦军队是遵循格兰特总统的命令前来增援的。[69]

---

[68] Taylor, *Louisiana Reconstructed*, 241–255; Charles E. Nash et al. to William P. Kellogg, July 28, 1873, Kellogg Papers; Joseph G. Dawson III, *Army Generals and Reconstruction: Louisiana, 1862–1877* (Baton Rouge, 1982), 141–48; 46th Congress, 2d Session, Senate Report 693, pt. 2:114, 171; 43d Congress, 2d Session, House Report 261, pt. 3:752–753, 791; J. Dickson Burns to Manton Marble, July 2, 1874, Manton Marble Papers, LC.

[69] Ted Tunnell, *Crucible of Reconstruction: War, Radicalism, and Race in Louisiana, 1862–1877* (Baton Rouge, 1984), 196–208; Frank L. Richardson, "My Recollections of the Battle of the Fourteenth of September, 1874, in New Orleans, Louisiana," *LaHQ*, 3 (October 1920), 498–501; Dawson, *Army Generals and Reconstruction*, 156–180.

在后来的数十年中,"自由之地战斗"将在路易斯安那州的政治运动中不断被挖掘出来,作为团结民主党选民和巩固党内团结的集合号。1874年,这场决斗显示了重建政治的两个对手拥有的不顾一切的决心,同时也展示了凯洛格政权的无能。新奥尔良的反叛震惊了格兰特政府,也使其从先前的麻痹态度中醒悟过来。有一些改革派的杂志为白人联盟进行辩护——《民族》杂志宣称该事件的独特性,因为"在这场反对建制政府的武装抵抗中,反叛者一方很明显地拥有更多的正义,这在现代世界是独此一例"。但这是一场武装叛乱,不是一些纳税人的抗议集会,因此大多数的共和党人,包括纽约《论坛报》等对格兰特政府持批评态度的报纸,都对格兰特的坚定表现予以赞扬。[70]

1874年的路易斯安那州选举并没有使民主党获得胜利,而是产生了一个得票接近、充满争议的结局,一部分原因是共和党控制的选票审查委员会将那些饱受暴力困扰的教区的选举结果宣布为作废。然而,与此同时,亚拉巴马州成为自佐治亚州以来第一个被"救赎"的黑土地带州。该州的黑人和白人人口几乎相等,掌握政治平衡的是数千名居住在内陆地区的联邦派。为了向这些选民保证民主党的胜利并不意味着重返邦联的统治,该党提名来自亚拉巴马州北部的乔治·休斯顿为州长候选人,因为他在内战期间一直保持"中立"。与此同时,民主党也放弃了所有寻求黑人支持的借口(寻求黑人选票也是无论如何不太可能实现的,因

---

[70] Joy Jackson, "Bosses and Businessmen in Gilded Age New Orleans Politics", *LaH*, 5 (February 1964), 387–388; *Nation*, September 24, 1874; William D. Foulke, *Life of Oliver P. Morton* (Indianapolis, 1899), 2:351–352; Cohen, "The Lost Jubilee", 525–526.

为众所周知，休斯顿已经将他庄园中参加过联邦同盟的黑人劳工予以解雇和驱逐)。"诉诸白人种族的利益、骄傲和偏见"，一位民主党的战略策划家写道，为克服亚拉巴马州白人内部的地区和阶级分歧提供了最保险的手段，在不忽视低税率等问题的同时，该党将"要黑鬼，还是不要黑鬼"作为竞选活动的主要问题。民主党人对即将审议的民权法案中关于种族合校的条款尤其进行了抨击，认为内陆地区的白人"对这个问题比所有其他的白人都更敏感"。[71]

当进入1874年竞选时，亚拉巴马州共和党的"领袖之间相互充满敌意，它的基层选民也是……四分五裂和心不在焉的"。好像经济萧条和"围绕我们铁路体制所产生的复杂因素"带来的破坏程度还嫌不够糟糕，民权问题更使该党处于守势，在黑人和白人共和党人之间造成了严重的分歧。在白人政党领袖的控制下，州共和党代表大会提名了一个由全白人组成的候选人团队，挫败了支持民权法案的企图，并否认了任何推动"不同种族间的社会平等"或"混合学校和混合公共住宿设施"的愿望。黑人代表詹姆斯·拉皮尔后来提到，黑人代表对该纲领表示同意，因为没有这些条件，"亚拉巴马州北部的共和党人……不能确保获得白人的

---

[71] Taylor, *Louisiana Reconstructed*, 299–302; Daniel H. Bingham to William H. Smith, August 7, 1867, Wager Swayne Papers, ASDAH; Edward C. Williamson, "The Alabama Election of 1874", *Alabama Review* (July 1964), 210–218; Rogers, *One-Gallused Rebellion*, 42–43; *AC*, 1874, 15; H. C. Jones to Robert McKee, May 23, 1874, W. Brewer to McKee, May 10, 1874, R. K. Boyd to McKee, May 10, 1874, Robert McKee Papers, ASDAH.

选票"。[72]

编辑罗伯特·麦基认为，该州民主党的成功取决于"党纪的透彻性和效率"。但该党也采取行动扰乱共和党的竞选活动，以减少黑土地带的投票率。8月，两名萨姆特县的共和党领袖人物——一名黑人和一名提包客——分别被暗杀，其他人则看到白人暴徒将他们的家园和庄稼摧毁。与此同时，巴伯县白人在"伪装的'最佳公民'"的带领下，建立起一种"完美的恐怖统治"。尽管如此，数百名的黑人在选举日仍然在巴伯的主要市场尤法拉举行游行，要求参加投票。为了避免给对手留下任何使用暴力的借口，他们没有携带武器，然而这一决定被证明是灾难性的，武装的白人向人群开枪，当场打死7名黑人，打伤的人数则是那个数字的10倍。当晚，一群暴徒包围了投票站，杀害了南方佬法官伊莱亚斯·凯尔斯的儿子，并烧毁了投票箱。（凯尔斯本人逃离了该州，再也没有回来，而行凶暴民的领袖则在两年后赢得了州参议院的选举。）在莫比尔，武装的白人也把黑人选民从投票站赶走。[73]

在白人选民的压倒性优势的支持下，休斯顿赢得了州长职位，这一结果得益于经济萧条带来的影响以及许多南方佬的政治转向，民主党向后者发出专门的呼吁，"希望他们为反对黑人站在自己肤

---

[72] Montgomery *Alabama State Journal*, October 9, 1875, June 25, 27, August 23, 1874; *AC*, 1874, 15–16; *CR*, 43d Congress, 2d Session, 1001.

[73] Robert McKee to A. W. Dillard, May 7, 1874, McKee Papers; 43d Congress, 2d Session, House Report 262, 16–20, 130, 345–349, 425; Elias M. Keil to Mr. Gardner, August 25, 1874, Alabama Governor's Papers, ASDAH; Melinda M. Hennessey, "Reconstruction Politics and the Military: The Eufaula Riot of 1874", *AlHQ*, 38 (Summer 1976), 112–125.

色一边，从共和党撤回自己的支持"。在白人占多数的县中，只有位于亚拉巴马山区的立场坚定的联邦派控制的温斯顿县才产生了一个共和党的选举多数。虽然大部分黑土地带的投票率有所上升，但普遍的暴力使巴伯和其他六个黑人占多数的县都落入民主党的阵营之中。当民主党控制了州一级的职位、州立法机构的两院时，亚拉巴马州的重建进程也走到了尽头。[74]

1875年危机

到1874年12月第43届国会再度召开时，政治格局已经发生了变化。由于民主党在选举中获得了压倒性的胜利，这次会期将是未来两年（事实上，正如后来所发生的，将是未来10年里）共和党最后一次同时控制白宫和国会的时间。随着政治暴力在南部许多地区再次爆发，以及他们党在华盛顿的霸权即将结束，本杰明·巴特勒和其他的中坚派设计了一个计划，以保护尚存的重建工作。他们的提案包括民权法案；一项新的实施法案，该法案扩大了总统的权力，以打击旨在恐吓选民的阴谋活动，并赋予总统终止人身保护令的权力；一项为期两年的军队拨款法案（以防止继任众议院限制联邦军队在南部发挥作用）；还有另外一部法案，它将进一步扩大联邦法院的管辖权，并为得克萨斯和太平洋铁路公司提供补贴。综合起来，这一揽子计划体现了一个同时包含理

---

[74] 44th Congress, 2d Session, Senate Report 704, 139; Sarah W. Wiggins, *The Scalawag in Alabama Politics, 1865–1881* (University, Ala., 1977), 97–99.

想主义、党派性和共和党政治中常见的对经济优势的抢先占有等内容的结合。民权法案将是这一计划的先锋，为了使其更容易为人接受，巴特勒放弃了该法案最具争议的部分，即要求实施种族合校的条款。[75]

路易斯安那州发生的事件影响了已经十分脆弱的党内团结，而这种团结是推动这一计划必须具备的。在镇压了1874年9月的新奥尔良反叛之后，格兰特重新表态，决心要"保护有色人种选民的权利"，命令谢里登将军使用联邦军队来维持凯洛格政府的生存，并镇压暴力。1875年1月4日，当民主党试图通过强制性的做法，将本党成员安插在五个有争议的议员席位上，以夺取州议会的控制权时，菲利普·德·特罗布里安德上校指挥的联邦部队小分队及时赶到，将五名企图就座的民主党议员从议会大厅中押走。第二天，谢里登发电报给战争部长贝尔克纳普，敦促在当地设立军事法庭，将白人联盟的头子作为"土匪"来审判。[76]

对特罗布里安德实施的议会"清洗"（这一举动在一些人心目中，让其想起了英国内战期间普赖德对英国议会的"清洗"）的反应与对格兰特9月干预的反应大相径庭。对于重建的批评者来说，如果南卡罗来纳州是腐败和"黑人统治"罪恶的缩影，那么在路易斯安那州发生的事件代表着联邦政府过度干预地方事务所带来的危险。描述士兵们冲进议会大厅，端着刺刀逼迫议员离开会场

---

[75] Spackman, "American Federalism", 315-316; Kelly, "Congressional Controversy", 556-557.

[76] Marshall Jewell to Lucius Fairchild, December 29, 1874, Fairchild Papers; Dawson, Army Generals and Reconstruction, 197-211.

的场景描述,激发了北部的反对声浪,反对声音之多超过了对任何以前的联邦在南部行动的批评。在被誉为国家"自由摇篮"的波士顿,一大批"备受尊重的公民"在法尼尔大厅聚会,要求将谢里登解职,并将白人联盟组织与建国之父相提并论,比喻成共和自由的捍卫者。温德尔·菲利普斯当时也在场。四十年前,正是在这个大厅举行的一次类似的大会上他开始了自己的废奴主义者的生涯,当时他站起身来谴责一位演讲者,因为后者公然为杀害反奴隶制的编辑以利亚·洛夫乔伊的人进行辩护。当时,他的雄辩曾征服了现场的听众。而现在,联邦国家将奴隶们解放出来,而一些人则希望"将保护千百万前奴隶的权力从总统手中拿走",菲利普斯对此提出强烈谴责,但此刻他听到的只是嘘声、嘲笑声和"过时了,坐下"等叫唤声。《纽约时报》评论说:"温德尔·菲利普斯和威廉·劳埃德·加里森并没有完全从美国政治中消失,但他们所代表的对南部的观点在大多数共和党人眼中已经过时了。"[77]

路易斯安那事件的难局给格兰特政府造成了分裂和难堪,尽管此时它还在承受 1874 年选举失败中带来的灾难性后果。贝尔克纳普曾主动向谢里登保证说,总统对他完全信任,但另外两名内阁成员——本杰明·布里斯托和汉密尔顿·菲什——表示对此并不知情,并敦促格兰特"让整个事情与政府脱离干系"。总统在给

---

[77] Theodore C. Smith, *The Life and Letters of James A. Garfield* (New Haven, 1925), I, 519; Gillette, *Retreat from Reconstruction*, 124–131; Walter M. Merrill and Louis Ruchames, eds. *The Letters of William Lloyd Garrison* (Cambridge, Mass., 1971–1981), 6:367; *Wendell Phillips, in Faneuil Hall, on Louisiana Difficulties* (Boston, 1875), 13–15; James B. Stewart, *Wendell Phillips: Liberty's Hero* (Baton Rouge, 1986), 308–310.

国会的咨文中对联邦军队的行动只是做了最冷淡的辩护，并坚称军队是在政府不知情的情况下采取行动的。1875年2月，由纽约州共和党议员威廉·惠勒领导的一个国会委员会制定出一项挽救面子的妥协方案——共和党人将保留他们在路易斯安那州参议院的多数席位，而民主党将控制众议院，并以允许凯洛格继续不受干扰地继续担任州长的承诺作为回报。惠勒妥协帮助格兰特政府摆脱了不愉快的局面，但远非是一种企图捍卫重建的行动，事实上，该委员会的报告对路易斯安那州共和党人的腐败政府进行批评，并说过早地将选举权赋予黑人是个错误。围绕路易斯安那州事件而起的反对声浪令格兰特意识到，与重建的密切联系会给自己带来政治上的危险，并会使国会共和党人对进一步的南部军事干预行动极为防备。[78]

随着共和党决心的减弱，新的与重建有关的法案也卷入一系列复杂的议会策略的运作之中。当巴特勒试图将民权法案放到立法日程之中时，民主党议员提出一连串的动议，最终使众议院陷入瘫痪。巴特勒在立法进程中的副手、来自宾夕法尼亚州的约翰·塞斯纳试图修改议事规则，禁止拖延动议的提出，但他的提议未能获得所需的三分之二多数票，因为15名共和党人拒绝对此表示同意。然后，两位颇有影响力的众议院共和党人——议长布莱恩和加菲尔德——设计了一个更温和的规则修订。两人都支

---

[78] Webb, *Bristow*, 158-161; Benjamin H. Bristow to E. D. Forge, January 11, 1875, Benjamin H. Bristow Papers, LC; Richardson, ed., *Messages and Papers*, 7:305-311; James T. Otten, "The Wheeler Adjustment in Louisiana: National Republicans Begin to Reappraise Their Reconstruction Policy", *LaH*, 13 (Fall 1972), 349-367.

持民权法案，但反对联邦进一步干预南部事务，这一立场因他们相信重建已成为一种政治包袱而变得更加强硬。加菲尔德怀疑，1874 年的选举失败部分地是因为"人民对内战问题和黑人问题有一种普遍的漠不关心"，而布莱恩告诉约翰·林奇说，如果民主党推翻了每一个州的重建政府，"其结果将是一个坚固的北部与一个坚固的南部对峙；在这种情况下，共和党人将没有什么可害怕的"。议事规则的改变使得民权法案在国会休会前不久得以通过，成为法律。它还为众议院通过《司法管辖和案例转移法》提供了时间，该法为涉及受宪法和联邦法保护的公民权利诉讼案从州法院移交到联邦法院进行审判创造力条件，这一规定令重建时期联邦司法权的扩张达到了一个高潮。但实施法案、得克萨斯和太平洋铁路法案和两年军队拨款法案未能在第 43 届国会中得到立法讨论。[79]

1875 年 1 月和 2 月在立法问题上的内斗表明，共和党在重建问题上已经变得四分五裂。一位众议员问道："你可以在宪法中找到宣战、征税……在所有可以想象的问题上通过法律的权力，并能找到实施它们的手段，但你可能在宪法中找到保护美国公民……享有和行使他们的宪法权利的权力吗？"然而，国会共和党人对进一步干预南部事务的立法并不感兴趣。即便是像康涅狄格州的约瑟夫·霍利这样（有些夸张地）自称为"很早就是一个

---

[79] Kelly, "Congressional Controversy", 557–562; Bertram Wyatt-Brown, "The Civil Rights Act of 1875", *Western Political Quarterly*, 18 (December 1965), 772–773; Smith, *Garfield*, 1:521; Lynch, *Reminiscences*, 160; *CR*, 43d Congress, 2d Session, 1011, 1600–1601, 1870; Stanley I. Kutler, *Judicial Power and Reconstruction Politics* (Chicago, 1968), 143–144; Gillette, *Retreat from Reconstruction*, 284–291.

激进废奴主义者"的人也接受了这样的结论,认为对南部"社会、教育和道德的重建""永远不会出自任何立法大厅"制定的法律。其他人则附和民主党的老生常谈,说黑人应该放弃"[依靠]外部援助的……习惯",并高唱"地方自治"的赞歌。就在国会审议民权法案时,马萨诸塞州立法机构选举了亨利·道斯来填补萨姆纳的席位——这一选择表明共和党已经发生了怎样的变化,因为这位新参议员是一位不具名的政治人物,他的主要才能是与各派保持良好的关系,但同时并不与任何一方结盟。[80]

即便民权法案也反映了共和党人的分裂思想。尽管原有的种族合校条款被取消,但它却代表了联邦权力的史无前例的行使,并且比以往任何重建的立法都更全面地背离了联邦制的传统。前司法部长阿莫斯·阿克曼指出:"一个能够通过这桩法案的国会,为何对'实施法案'抱有顾忌,这实在是令人感到吃惊。"然而,事实上,该法展示的是更多的广义的原则,而不是联邦政府采取进一步强制行动的蓝图。它将法律实施的启动留给了黑人起诉人,由他们负责在已经负担过重的联邦法院启动关于他们权利的诉讼。只有少数的黑人站出来对旅店、剧院和铁路乘车中的种族歧视行为提出诉讼,在最高法院于1883年宣布该法违宪之前,这项法律早就变成了一纸空文。[81]

---

[80] *CR*, 43d Congress, 2d Session, 1838–1839, 1846, 1853, 1886.

[81] Spackman, "American Federalism", 325; Amos T. Akerman Diary (typescript), March 6, 1875, Amos T. Akerman Papers, GDAH; Wyatt-Brown, "Civil Rights Act", 763–765; John Hope Franklin, "The Enforcement of the Civil Rights Act of 1875", *Prologue*, 6 (Winter 1974), 225–235; Leslie H. Fishel, Jr., "Repercussions of Reconstruction: The Northern Negro, 1870–1883", *CWH*, 14 (December 1968), 342–343.

尽管国会共和党人在重建问题上存在着种种分歧和不确定性，但他们还是设法找到了共同的意愿，以此来重塑本党作为制造业守护者和财政责任捍卫者的形象。随着第43届国会接近尾声，他们废除了1872年制定的10%的关税削减，并规定在四年内恢复硬币支付。后一项法案在国会几乎不经辩论就迅速得以通过，展示了该党空前的团结，与其在不到一年前因货币问题的辩论而陷入分裂的情况形成鲜明对比。随着北部共和党人第一次为经济和财政政策而不是为重建问题更加紧密地团结起来，民主党也已经为控制众议院做好准备，《民族》杂志评论说，联邦政治已经从"内战的区域"走出来了。[82]

1875年的两场政治竞争为经过重整的共和党形象带来了早期的考验。其中一次发生在俄亥俄州，该州的州长选举成为自1858年林肯－道格拉斯竞选以来最受密切关注的州竞选。在一个饱受经济萧条伤害的州，绿背纸币主义的主张越来越受欢迎，威廉·艾伦州长利用这个背景，援引杰克逊式的言辞，强烈谴责《恢复硬币支付法》是"金钱权力"的果实，它"耗尽了美国人民的生命之血"。当"挥舞血衣"不再能够激励共和党选民的时候，共和党州长候选人拉瑟福德·海斯转向另外两个拿得出手的问题——新教和财政正统性。海斯抓住民主党通过的一项看似无懈可击的法律大做文章，该法允许天主教神父在州立医院和监狱为囚犯做牧师，借机指控教皇的影响威胁到了州的公立学校体制。

---

[82] F. W. Taussig, *The Tariff History of the United States*, 8th ed. (New York, 1931), 190; Webb, *Bristow*, 163–164; *CR*, 43d Congress, 2d Session, 205, 208, 317–319; Unger, *Greenback Era*, 250–263; *Nation*, March 11, 1875.

但货币问题取代了本土主义，成为共和党竞选的关键问题。共和党的媒体完全忽视正是自己的政党让绿背纸币充斥全国的事实，将纸币的使用与拒付欠债、赌博和没收私人财产等相提并论，甚至将艾伦描绘成一个"共产主义革命"的支持者。

在俄亥俄州有史以来规模最大的一次投票中，海斯获胜，共和党也重新控制了州立法机构。尽管通货膨胀问题帮助艾伦赢得了俄亥俄州那些经济萧条的工矿地区，但海斯确保了乡村地带新教徒对共和党的支持，并在克利夫兰、哥伦布和辛辛那提等城市将州长击败，那些地方受惊的中产阶级联合起来支持共和党的议题。尽管他获胜的优势十分微弱（在近60万张选票中不到1%），海斯的当选却代表了一种相对于1874年选举结果的惊人逆转。这场竞选活动，纽约《论坛报》欢呼道，已经"在货币问题上彻底教育了共和党……将党内众多的通货膨胀主义者皈依过来，或把他们逼到了民主党阵营之中"，证明了党的立场是正确的，并证明共和党是"清醒、勤劳、务实的崇敬上帝的人民"的代表，而人民是"我们国家的希望和力量所在"。报纸还强调了重建问题的政治重要性正在减弱。事实上，海斯自己向一位南部朋友保证说："现在看来'放任政策'是真实的路线；无论如何，现在对于你们，除了良好的愿望之外，没有其他。"[83]

---

[83] Forest W. Clonts, "The Political Campaign of 1875 in Ohio", *Ohio Archaeological and Historical Publications*, 31 (1922), 38–97; Irwin Unger, "Business and Currency in the Ohio Gubernatorial Campaign of 1875", *Mid-America*, 41 (January 1959), 27–39; Cincinnati *Commercial*, July 20, 1875; Charles R. Williams, ed., *Diary and Letters of Rutherford Birchard Hayes* (Columbus, Ohio, 1922–1926), 3:274, 297; New York *Tribune*, October 11, 1875; Rutherford B. Hayes to Horace Austin, August 22, 1875, Austin Papers; E. W. Winkler, ed., "The Bryan-Hayes Correspondence: V", *SWHQ*, 26 (October 1922), 156, 161.

"放任政策"的全部影响在另外一场全然不同的政治竞选中变得十分清楚，这是同时在密西西比州进行的一场选举。1874年，一套战术的预演已经在维克斯堡进行，随后将用来实现全州的"救赎"行动。那年夏天，该市的白人居民组织起一个"人民政党"或"白人政党"。在8月举行的市政选举中，该党的武装团伙在街上巡逻，用恐吓战术成功地阻止了足够多的黑人选民去投票，从而达到了将该市共和党官员赶下台的目的。与此同时，城市周围乡村的种植园主组成了白人联盟俱乐部，旨在消除该地区的"所有的捣乱的和领头的黑人……以更严格地控制我们的佃农和其他劳动力"。12月，在民主党人在北部选举中获胜的鼓舞下，武装起来的联盟成员要求黑人警长彼得·克罗斯比及其监事会全部辞职。克罗斯比逃往州的首府杰克逊市，一个临时组织起来的由乡村黑人组成的治安队负责维克斯堡的警戒，但他们很快被城市官员召集来的白人力量驱散。（一位参与者说，"战斗"不需要展示任何英勇的精神，因为它是一支配备了远程射击步枪的白人与仅仅只拥有猎枪和手枪的黑人的对决"。）随后几天，武装团伙在乡村扫荡，谋杀了大约300名黑人。1875年1月初，格兰特总统（在联邦军队对路易斯安那州进行更具争议性的干预的前夕）终于采取行动，向该市派遣了一支联邦连队，恢复了克罗斯比的任职。[84]

---

[84] 43d Congress, 2d Session, House Report 265, i–xiii, 108–109, 159, 169–170, 190–193, 400–402, 467–468; James M. Batchelor to Albert A. Batchelor, October 11, 1874, Albert A. Batchelor Papers, LSU; Harris, *Day of the Carpetbagger*, 645–648; George C. Rable, *But There Was No Peace: The Role of Violence in the Politics of Reconstruction* (Athens, Ga., 1984), 145–149.

用民主党众议员拉马尔的话说,维克斯堡事件表明,阿姆斯政府"缺乏真正权威所应有的要素"。阿姆斯在个人品格上无懈可击,但他是一位优柔寡断的领导人,对他认领的州并没有感情上的投入。救赎,他在给妻子布兰奇(本·巴特勒的女儿,她与他们的孩子留在马萨诸塞州的家中)的信中写道,对他个人来说将是一种"恩赐",虽然"在这一天到来时,我会对南部贫穷的有色人种表示同情"。阿姆斯也未能兑现他实施全面紧缩的承诺。就历史标准而言,密西西比州的税收率仍然很高,数百万英亩的土地因没有纳税而被没收。大自然本身似乎与阿姆斯政府有密谋在先,因为1874年目睹了密西西比河发生的一场灾难性洪灾。[85]

然而,在一个黑人占多数的州,经过在地方一级的有效动员,共和党对权力的控制至少看上去是安全的。密西西比州的白人却将1874年的选举解释为一种全国性的对重建的否定。正如一位民主党领导人后来所说,"1874年,北方的潮汐让我们确信,如

---

[85] James H. Stone, ed., "L. Q. C. Lamar's Letters to Edward Donaldson Clark, Part II: 1874–1878", *JMH*, 37 (May 1975), 191; James W. Garner to Adelbert Ames, December 4, 1899, Ames Family Papers; Blanche B. Ames, ed., *Chronicles from the Nineteenth Century: Family Letters of Blanche Butler and Adelbert Ames* (Clinton, Mass., 1957), 1:703–705; Harris, *Day of the Carpetbagger*, 612–632; Garner, *Mississippi*, 312–314. 在 *Profiles in Courage* (New York, 1956) 中,当时还在担任马萨诸塞州国会参议员的约翰·肯尼迪声称,"没有其他由提包客控制的州比阿姆斯统治下的密西西比州受到的伤害更大"(161)。布兰奇·阿姆斯是前州长的女儿,极有个性,她一直活到了20世纪60年代;她一直对肯尼迪穷追不舍,要求他收回一段完全不公正的评论;在肯尼迪当选总统之后,她甚至动用她的孙子、作家乔治·普林顿的关系在一次白宫的晚宴上进行游说(但没有成功)。见普林顿的记述,*New York Review of Books*, December 18, 1980, 56。

果我们成功地赢得密西西比州政府的控制权,我们将被允许享受它"。尽管民主党的州代表大会通过了一个承认黑人公民政治权利的政党纲领,但1875年的竞选活动很快演变成了一场暴力运动,以摧毁共和党组织和阻止黑人投票为目标。民主党的持枪俱乐部在黑土地带巡游,扰乱共和党人的会议,对地方共和党的领导人实施攻击。与三K党的蒙面骑手所犯罪行不同的是,1875年的罪行是在光天化日之下由不带任何伪装的人实施的,似乎有意凸显地方政府的无能和民主党人对联邦干预并不在乎的态度。[86]

夏末的两次"骚乱"为当年的竞选定下了基调。9月1日,亚祖县的一家白人"军队"冲击了共和党的一场集会,将提包客警长阿尔伯特·摩根和其他官员从该地区赶走,并随后杀害了几名著名的黑人领袖,包括一名州议员在内。摩根因为娶了一位来自北部的黑人女教师而激怒了密西西比州最富有的种植园县的老派精英人物,但他真正的罪行却是帮助大约300个黑人家庭获得了地产,并主持了扩建县立学校和其他公共设施的工程,所有这一切都不涉及任何腐败,税收也只是略有增加。几天后,民主党人袭击了距离该州首府仅15英里的克林顿举行的一场共和党人的户外聚会。双方各有数人被杀,武装的白人随后在乡村地区巡查,"如同打鸟般地"射杀黑人。他们声称攻击的受害者达30人,其中包括学校教师、教会领袖和地方共和党的组织者。10月,当地又发生了新的暴力事件。在科厄霍马县,前州长阿尔科恩否认自

---

[86] Harris, *Day of the Carpetbagger*, 634–635, 653–656; 44th Congress, 2d Session, Senate Miscellaneous Document 45, 206; Benson, "Public Career of Ames", 278; Vernon L. Wharton, *The Negro in Mississippi 1865–1890* (Chapel Hill, 1947), 182–190.

己曾是"黑人共和党人",在当地发起了一场他自定的救赎运动,组织起一群白人,他们袭击了黑人警长约翰·布朗在场讲话的一次会议。六名黑人和两三个白人被杀,布朗被迫从该地区逃走。"在科厄霍马被杀害的死者,"一位目睹了这一事件的共和党人宣称,"会用雷鸣般的声音来斥责假朋友阿尔科恩的欺骗和对黑人的背叛行为。"或许他们也为经久不衰的辉格党温和主义的神话提供了最终的墓志铭。[87]

要求获得保护的请求信潮水般地送达州长阿姆斯的办公室。"他们穿着士兵的服装,晚上在大街上来回搜寻,黑人们被迫逃跑以保全性命……",一份维克斯堡黑人居民的请愿书写道。"我们被白人吓怕了……除非有军队来保护我们,否则我们是不敢去投票的。""尊敬的先生,"另一封信写道,"不是说第十四条宪法修正案说的……未经正当法律程序,不得剥夺任何人的生命或财产吗?它说所有人都应得到平等的法律保护,但我看到我们有色人种却什么也没有得到……我说的对不对?不,先生,这样对待我们是错误的。"阿姆斯深信,"只有联邦国家的力量才能给我们

---

[87] E. H. Anderson, "A Memoir of Reconstruction in Yazoo City", *JMH*, 4 (October 1942), 187–195; Albert T. Morgan to Adelbert Ames, September 4, 1875, Mississippi Governor's Papers; A. T. Morgan, *Yazoo: or, On the Picket Line of Freedom in the South* (Washington, D.C., 1884), 416–444, 468–474; Herbert Aptheker, "Mississippi Reconstruction and the Negro Leader, Charles Caldwell", *Science and Society*, 11 (Fall 1947), 359–361; Sterling, ed., *Trouble They Seen*, 440–443; Pereyra, *Alcorn*, 173; David H. Donald, "The Scalawag in Mississippi Reconstruction", *JSH*, 10 (November 1944), 455; John Brown to Adelbert Ames, October 8, 1875, Mississippi Governor's Papers; E. Stafford to George S. Boutwell, June 5, 1876, U.S. Senate, Select Committee to Investigate Elections in Mississippi Papers, NYPL.

的公民带来他们应该享有的安全"。9月初，他请求格兰特向该州派遣军队。那年夏天，总统从新泽西海岸的家中向司法部长爱德华兹·皮尔庞特发出了相互矛盾的一些指示。其中有一句被广泛引用的话象征着北部从重建中后撤的信息："整个公众都对南部每年一度的秋季暴乱感到厌倦了……[和]现在随时都准备对政府的任何干预进行谴责。"然而，格兰特早些时候曾向巴特勒保证，他的女婿可以指望获得联邦政府的帮助，他还说，联邦当局不能"回避"州长发出的援助请求。然而，皮尔庞特是一个保守派和前民主党人，他巧妙地改变了格兰特信的主要意思，在给阿姆斯的回信中强调说，联邦政府只有在州政府用尽了自己的资源后才能采取行动。他建议，让共和党人建立一支民兵队伍，展示出"为争取他们的权利和消灭那些嗜血歹徒而必要的勇气和男子气概"。[88]

这样的建议只是暴露了联邦政府对该州的现实极不了解。许多民主党人实际上愿意与黑人民兵真刀真枪地打上一仗，他们坚信"我们会将他们从地球上一把抹去"。但几乎所有的共和党领袖人物，无论是黑人还是白人，都担心由州政府组建黑人民兵队伍只会引发一场"种族战争"，他们更希望依靠联邦力量的干预来恢复秩序。而此时的州长处于决心战斗到底和渴望与北部家人团聚

---

[88] "Three hundred voters" to Adelbert Ames, September 14, 1875, William Carely to Ames, October 9, 1875, Mississippi Governor's Papers; Ames, ed., *Chronicles*, 2:167; Adelbert Ames to Edwards Pierrepont, September 11, 1875, Pierrepont to Ames, September 14, 1875, Mississippi Governor's Papers; Benjamin F. Butler to Adelbert Ames, March 3, 1875, Ames Family Papers; Ulysses S. Grant to Edwards Pierrepont, September 13, 1875, Edwards Pierrepont Papers, Yale University.

的矛盾心理之中，皮尔庞特向该州派出一名助手，该助手在10月安排了一项"和平协议"的达成，据此协议，唯一的两个州民兵连队被解散，白人方面承诺解除武装。阿姆斯对这一安排感到非常高兴，"我相信我们将获得和平、秩序和一个公平的选举"。但正如黑人州参议员查尔斯·考德威尔所报道的，民主党人对这项协议"完全不屑一顾"。在选举日的前夜，武装起来的夜袭者将自由民从家中赶走，并警告他们说，如果他们第二天胆敢去投票，他们将被全部杀光。"这是我们有史以来暴力最盛行的时候，"一位黑人官员说道。在县府阿伯丁镇，白人携带来复枪，并配有六磅加农炮，"全副武装地来到投票站，将有色人种驱离出去"。在其他地方，民主党人则捣毁了投票箱，或者用他们自己的选票取代了共和党的选票。"几乎每小时都有报告送到我的手中，读完之后真是令人作呕……"，阿姆斯在给妻子的信中报告说。"而联邦政府则完全坐视不管。"[89]

密西西比州的竞选活动史无前例地将白人团结起来，将成千上万的在重建期间没有投过票的白人都动员起来，并全部废除了南方佬的选票，据估计，截至1873年，他们的人数估计有6000多人。然而，凡是在能够做到的地方，黑人选民仍然坚持投票；在一些种植园县内，共和党的选票事实上还有所增加。但是，如

---

[89] E. B. B. to Adelbert Ames, June 1875, James W. Lee to Ames, November 2, 1875, Mississippi Governor's Papers; Garner, *Mississippi*, 382–387; Morgan, *Yazoo*, 456–457; Adelbert Ames to Edwards Pierrepont, October 16, 1875, Pierrepont Papers; 44th Congress, 1st Session, Senate Report 527, 32–33, 90–94, 132–135, 863–865, 1031, Documentary Evidence, 20–23, 29.

果在那些共和党的基础组织遭到暴力破坏、黑人不得不"为自己的生命担心"的地方，如果黑人还敢于到投票站投票，他们投票的结果就构成了一场政治革命。在亚祖县，阿姆斯曾在1873年以1800票的多数票获胜，而此次选票统计显示民主党的获胜率是4044票对7票。在其他黑土地带县，共和党的选票大幅下降——科厄霍马县大约下降了800人，霍姆斯县下降了1600人，杰斐逊县下降了1300人，海恩兹县下降了1100人——民主党得票的总数则大幅上升，这表明将伪造选票填塞到投票箱中的做法相当普遍。白人县选票的增加，加上许多黑人县的选民队伍组成的变化，使民主党以压倒性优势赢得了州司库职位（这是参与竞选的唯一的州级公职职位），民主党也赢得了六名国会议员职位中的五个，并在州立法机构中以四比一的比例获得对多数席位的控制。[90]但这还不是密西西比州"救赎"的结束。在种植园县地带，因为共和党人仍然控制着地方政府的官职，所以选举后的暴力活动仍在继续，以暗杀威胁强迫官员们辞职，私人组成的地方警戒组织则对被控犯有偷窃罪和其他违反种植园纪律的黑人进行惩罚。查尔斯·考德威尔的一位同事认为他"是我认识的最勇敢的人"，但在圣诞节那天，他在克林顿县被一位白人"朋友"引诱去喝一杯时，被人从后面枪击。当州立法机构召开会议时，议会将副州长亚历山大·戴维斯弹劾和解职（这样可以确保州长阿姆斯离任之后，

---

[90] 44th Congress, 2d Session, Senate Miscellaneous Document 45, 206; Warren G. Ellem, "Who Were the Mississippi Scalawags?", *JSH*, 38 (May 1972), 222; Thomas H. Kinson to Adelbert Ames, November 3, 1875, Mississippi Governor's Papers; *Tribune Almanac*, 1876, 66–67; Harris, *Day of the Carpetbagger*, 670–687. 哈里斯的著作严重地低估了1875年暴力活动的程度和对选举结果造成的影响。

不会提升一个黑人来接替他的州长位置），随后州立法机构还以弹劾指控夹州长，强迫他辞职并离开密西西比州。[91]

这样，民主党人在公然无视联邦法律和宪法的情况下获得了对密西西比州的控制。正如阿姆斯在竞选过程中所写的那样，"一场革命得以发生——通过武力的方式——一个种族的选举权被剥夺了——他们将被返回到农奴制的条件下——这将是第二个奴隶制的时代。"阿姆斯政府首先背负了指责。事实证明，他的政府过于软弱，无法执行法律。但这一失败也没有免除联邦政府对选举结果应该承担的责任。格兰特曾经派出军队，去支持路易斯安那州的不稳定和腐败的共和党政权，但他却对力量更强大、道德上更为正直的密西西比州政府的恳求却充耳不闻。州政府能够有效地宣布战后宪法修正案的无效吗？美国公民的宪法权利能够在不引发联邦政府干预的情况下被公然侵犯吗？如果是这样的话，密西西比州在民主党压倒性胜利中硕果仅存的共和党国会议员约翰·林奇说，"那么内战不就等于白打了吗？"然而，北部共和党人此刻已经将重建视为一种政治包袱。11月当他问总统为什么不向密西西比州派出军队时，林奇本人领教了政治现实的教训。格兰特的回答是，北部共和党的领袖曾向他施压，要求他不要采取行动——如果挽救密西西比州的努力将带来输掉俄亥俄州的结果，

---

[91] 44th Congress, 1st Session, Senate Report 527, 435–438, 623, 1630–1637; C. H. Green to Adelbert Ames, November 22, 1875, Mississippi Governor's Papers; Albert D. Thompson to Blanche K. Bruce, December 8, 1875, Bruce Papers; Aptheker, "Caldwell," 369–371; Alexander Warner to James W. Garner, May 4, 1900, James W. Garner Papers, MDAH; Harris, *Day of the Carpetbagger*, 691–696.

拯救密西西比州将是没有意义的。[92]

但是，俄亥俄与密西西比竞选之间的内在关联具有一种比即刻的政治需求更为深刻的意义。在重建初期，斯凯勒·科尔法克斯曾指出，共和党是由一系列的不同社会利益的组合而成的政党，其中包括北部的"商业人士和有产人士"，以及"在南部居住的千百万地位低贱并无法自卫的"黑人。如果俄亥俄州的竞选巩固了共和党与前者的关系，那么它对密西西比州竞选的反应就突显出共和党与后者越来越走向分离。经济萧条及其后果——自由劳工思想的变质、中产阶级保守主义的增长和种族主义的复兴——都促成了该党重心上发生的这种转变。阿姆斯充满愤恨地评论道："我在为黑人而战，但对全国来说，任何一个白人都要比一个'黑鬼'更好。"但正如密西西比州的黑人们都知道的，鼓吹白人至上主义的运动也与维持种植园主的经济统治的斗争联系在一起。"我想这是一场穷人与富人之间的斗争"，亚历山大·布兰奇评论道，布兰奇是一名前奴隶，后来曾担任过威尔金森县警察委员会的成员。在这样一场斗争中，正如俄亥俄州的竞选所表明的，北部共和党人的同情心将偏向于有产之人。[93]

总之，第43届国会在自己最后的日子里无法就一个南部政策达成一致意见，而格兰特也未能对密西西比州的竞选进行干预，

---

[92] Ames, ed., *Chronicles*, 2:216; *CR*, 44th Congress, 1st Session, 3783; Lynch, *Reminiscences*, 171–174; Gillette, *Retreat from Reconstruction*, 159.

[93] Willard H. Smith, *Schuyler Colfax: The Changing Fortunes of a Political Idol* (Indianapolis, 1952), 337; Ames, ed., *Chronicles*, 2:200; 44th Congress, 1st Session, Senate Report 527, 1594.

两者都将 1875 年标志为共和党从重建后撤的一个里程碑时间。随着国家开始走向另一次总统大选，选举的结果似乎已经可以肯定，无论是谁获胜，重建本身都逃脱不了失败的命运。

第十二章
救赎及其后

建国百年的选举

为了庆祝美国独立一百周年，在1876年美国人蜂拥而至费城，他们想目睹"建国百年博览会"，而博览会本身则是"时代进步"的象征。参观博览会的人次将近1000万，代表了当时美国五分之一以上的人口。博览会展出了数千件展品，从暹罗的象牙到一个身着"轻便服装"的克利奥帕特拉的活动蜡像不等。预示美国经济和社会生活巨大变化的新发明比比皆是：电话、打字机、电灯、一种"称为油毡的新型地板布料"、包装好的酵母和内燃机。但公众关心的焦点是强大的科利斯蒸汽机，它有700吨重，40英尺高，象征着博览会的主题——机器正在重塑美国社会，并正在开启一个为所有美国人分享的技术进步和物质充裕的时代。[1]

---

[1] Robert C. Post, ed., *1876: A Centennial Exhibition* (Washington, D.C., 1976); Eric Hobsbawm, *The Age of Capital 1848-1875* (London, 1975), 32-33; Dee Brown, *The Year of the Century: 1876* (New York, 1966), 129-132; *AC*, 1876, 262-279.

面对持续不断的经济萧条、数百万工人的失业和普遍存在的劳资纠纷,这种自我陶醉的情绪似乎显得有些不协调。只有无视当时美国生活中并不令人羡慕的特征时,人们才能做到沾沾自喜。宾夕法尼亚州的展览没有提及1875年那场令人愤恨的漫长罢工,马萨诸塞州的展览展示了福尔里弗城27家纺织厂的产品,但没有讲述引发当地工人大罢工的工作环境。一家劳工报纸对工人是否享有"独立"提出质问,因为"资本家现在对我们的控制与英国贵族在美国革命时代拥有的控制力是同等的"。就连爱德华·阿特金森也怀疑机械化是否真的像博览会所展示的那样,具有一种仁慈善良的影响。工厂里的机器操作工自身已经沦为一种"机器";他们只能在"沉闷单调"的工作生活之外找到一种个人的满足感。博览会也没有给妇女们提供一个真正的机会来展示她们对美国社会的贡献。博览会的妇女展馆是"事后增添的,犹如神学家所声称的女性本身的起源一样",馆里收藏了针线工艺的作品,展示了女性地毯编织工和丝绸纺织工的才华,还展示了一位"女工程师"监管的动力纺纱机,但女性在法律上所处的从属地位并没有得到关注。直到7月4日那一天,伊丽莎白·卡迪·斯坦顿和苏珊·安东尼领导的女权主义者打断了博览会的庆祝活动,她们当众高声宣读《妇女独立宣言》的举动才使得这一疏忽得到了纠正。[2]

---

[2] Post, *1876*, 203; Philip S. Foner, ed., *We, The Other People* (Urbana, Ill., 1976), 19; *The First Century of the Republic: A Review of American Progress* (New York, 1876), 207-208; AC, 1876, 272-273; Theodore Stanton and Harriot Stanton Blatch, eds., *Elizabeth Cady Stanton* (New York, 1922), 1:263-269.

百年博览会也没有为美国的非白人人群伸张正义。黑人被排除在建造展厅的建筑工人队伍之外，在博览会上基本看不见他们的踪影。（唯一的例外是"南部餐厅"里，根据一本博览会的指南，该餐厅的特色是它拥有"一支由旧时的种植园'黑人'组成的乐队"在那里表演歌曲。）本杰明·蒙哥马利的一袋棉花赢得了一枚农业奖章，击败了来自全南部以及来自巴西、埃及和斐济群岛等地的竞争者，但没有人讨论推翻密西西比州重建的暴力或者即将采取的法律行动，后者将很快把蒙哥马利家族从戴维斯半岛赶走。博览会确实包括了对美国印第安人生活的展示，大多是把他们描绘成一个无害的、与白人文明形成鲜明对比的"原始"文明。然而，在7月，当由印第安人部落领袖坐牛和疯马指挥的苏族勇士将乔治·卡斯特将军及随从杀死的消息传到费城时，真正的印第安人才粗鲁地打断了庆祝活动。印第安人是在保卫1868年条约承诺给他们的保留地。尽管卡斯特的失败只是暂时推迟了白人士兵、定居者和探矿者不可阻挡的行进，但它比费城所有的展览都更生动地说明一个双重现实：政府对承诺的背弃和印第安人为捍卫自己生活方式而展示的坚韧不拔的精神。[3]

与经济一样，1876年的美国政治也并不健康，没有什么可以值得庆祝的理由，就在工人们为博览会的建成做最后点缀的时候，

---

[3] Robert W. Rydell, *All the World's A Fair: Visions of Empire at American International Expositions, 1876–1916* (Chicago, 1984), 21–31; Janet S. Hermann, *The Pursuit of a Dream* (New York, 1981), 151; Dee Brown, *Bury My Heart at Wounded Knee* (New York, 1970), 274–300; Robert M. Utley, *Frontier Regulars: The U.S. Army and the Indian, 1866–1891* (New York, 1973), 237–261.

格兰特政府已经被新丑闻的揭露弄得焦头烂额。美国此前有人透露,美国驻英国大使罗伯特·申克将自己的名字借给犹他州一家矿业公司的虚假招股说明书,使英国的投资者蒙受了数百万美元的损失,而他却从中谋利而变得富有了,虽然他最终颜面尽失地回到了美国。随后,战争部长威廉·贝尔克纳普被迫辞职,以避免受到弹劾和审判,因为有人揭露,他从居住在锡尔堡要塞由政府任命的印第安人贸易商那里收受了回扣。但最不可思议的事件与威士忌帮有关,后者将政府税收的数百万美元窃为己有。尽管财政部长本杰明·布里斯托展开的调查表明,总统的私人秘书奥维尔·巴布科克和密友约翰·麦克唐纳将军是整个欺诈案的核心人物,但格兰特拒绝相信对他们的指控。内阁迫使他放弃前往圣路易斯市为巴布科克作证的计划,但格兰特坚持要发出一份书面证词以证明其秘书无罪,从而保证他能获得无罪释放。(最终巴布科克被迫离开白宫的任职,但也获得了灯塔巡视员这个收入丰厚的新任命。)[4]

众多的丑闻表明,共和国未能保持建国之父们所期待的政治美德。在更现实的层面上,丑闻强烈地影响了共和党总统候选人提名的争夺。直到百年纪念年的初期,前众议院议长詹姆斯·布莱恩作为最受欢迎的共和党领袖人物,获得提名几乎可以说是板上钉钉的事。但到了2月,一些关于"布莱恩私人记录中的某些

---

[4] Clark C. Spence, "Robert C. Schenck and the Emma Mine Affair", *OHQ*, 68 (April 1969), 141–160; Edward McPherson, *A Handbook of Politics for 1876* (Washington, D.C., 1876), 157–161; Ross K. Webb, *Benjamin Helm Bristow: Border State Politician* (Lexington, Ky., 1969), 187–208.

微妙特征……"的故事开始传播,并对他的声誉"极其有害"。当一家报纸在4月将这个故事曝光之后,人们不难得出结论:布莱恩在担任议长时,利用自己的影响力,为他拥有股份的阿肯色州一家铁路公司获得了赠地资助;而另一家政府补贴的铁路公司,即联合太平洋公司也接受了该公司的股票作为布莱恩从未偿还的贷款的抵押品。这桩丑闻超过了其他丑闻,极大地损害了布莱恩的总统候选人资格,因为正如由"大佬"凯斯掌握的威斯康星州政治机器中的一位成员所指出的,"共和党的公众舆论"要求将"一个改革派放在该党竞选人名单的首位"。同样的原因也令中坚派中有意参选的罗斯科·康克林和奥利弗·莫顿的前景显得暗淡。许多自由派看好战争部长布里斯托,但他对威士忌帮的清算却招致了党内那些恩惠制官职占有者和总统的强烈反对。此外,正如支持布里斯托竞选的乔治·朱利安所承认的,"肯塔基州并不是即将冉冉升起的人出生的正确地方"。[5]

因此,16年来,共和党总统候选人的提名第一次没有锁定,可以真正成为让人争抢的位置。罗伯特·英格索尔是那个时代最令人着迷的演说家,他几乎凭着一场激动人心的演讲便锁定了布莱恩的提名,他把自己所提名的人描绘成一个"羽冠骑士",对着那些诋毁者和国家的敌人而举起了他的"闪亮的长矛"。但是,就

---

[5] Keith I. Polakoff, *The Politics of Inertia: The Election of 1876 and the End of Reconstruction* (Baton Rouge, 1973), 16–23, 44–52; E. B. Wight to William W. Clapp, February 28, 1876, William W. Clapp Papers, LC; Rock J. Flint to Elisha W. Keyes, May 22, 1876, Elisha W. Keyes Papers, SHSW; Webb, *Bristow*, 219–234; Grace J. Clarke, *George Washington Julian* (Indianapolis, 1923), 365.

像 1860 年一样，被提名者最终还是被来自关键的中西部地区的一个鲜为人知的人所获得，虽然他只是少数代表的第一选择，但几乎所有人都能接受他。然而，伟大的解放者*与俄亥俄州州长拉瑟福德·海斯之间的相似性仅此而已，既是开始，也是结束。因为毫无特色的海斯，用亨利·亚当斯的话说，顶多是一个"三流人物"，他的名声主要来自他能与共和党内所有派系都保持良好的关系。与林肯不同的是，他在总统位置上时，能力似乎是在萎缩，而不是成长。19 世纪 60 年代在国会中，海斯总是尽职尽责地支持本党的措施，并没有引起公众的太多关注。海斯做过俄亥俄州的三任州长，受过高档次的教育（其中包括拥有哈佛大学法学院的学位），在硬币问题上持有强硬立场，这一切都令他深受改革派的青睐，虽然他避免将自己与自由派运动捆绑在一起。副总统提名人威廉·惠勒是一位来自纽约州的小镇律师和银行家，曾在国会任职五届，他同样也是一位无伤大雅之人，而且几乎完全不为外人所知，部分的原因是公开演讲和"面对人群"会使他生病。《民族》杂志指出，这对候选人都是"极为可敬的人——就这个词语的严格定义而言，他们是共和党所有提名者中最令人起敬的人"。[6]

共和党的竞选纲领表现出一种与它的领袖同样的胆怯。纲领

---

* 指林肯。——译者

[6] C. P. Farrell, ed., *The Works of Robert G. Ingersoll* (New York, 1900), 9:59-60; Harry Barnard, *Rutherford B. Hayes and His America* (Indianapolis, 1954), 237-238, 277-287; Polakoff, *Politics of Inertia*, 67, 123; Charles R. Williams, ed., *Diary and Letters of Rutherford Birchard Hayes* (Columbus, Ohio, 1922-1926), 3:301; *Nation*, June 22, 1876.

是一份"语调温和的文件",它呼吁对腐败官员进行起诉,称妇女选举权是值得"认真考虑"的要求,强烈反对诉诸区域情结的政治。唯一引起争议是一条关于反对"移民和输入蒙古人种"的政策宣示——马萨诸塞州的一位代表指出,这是共和党第一次在自己的政纲中加入了一个带有"种族歧视"的内容。对于重建,它几乎没有提及。"你们打算在你们的宪法之下兑现你们的承诺吗?"弗雷德里克·道格拉斯在会上质问道。但大多数共和党领袖认为,北部公众不再支持联邦政府对南部事务的干预。在这方面,海斯做的并不出格,因为在格兰特的第二个任期内,他对"与南部有关的极端措施抱有怀疑态度",此外,他在措辞谨慎写成的接受总统候选人提名的信中,承诺给该区域带来"诚实和有能力的自治政府的祝福"(这是一句他熟谙的暗语,意指重建的结束)。"除非我是大错特错了,"卡尔·舒尔茨高兴地说,"辛辛那提大会在不知情的情况下提名了我们的人。"似乎是为了强调北部优先事项的转变和一个新的南部政策的确定性,无论选举结果如何,在共和党大会召开之前不久,国会废除了1866年《南部宅地法》,以便开放南部的公共土地,由木材和采矿公司开发和使用。[7]

---

[7] Polakoff, *Politics of Inertia*, 60–61, 104–105; *Proceedings of the Republican National Convention Held at Cincinnati, Ohio…*(Concord, N.H., 1876), 26–27; Barnard, *Hayes*, 265; Williams, ed., *Diary and Letters of Hayes*, 3:329; Frederic Bancroft, ed., *Speeches, Correspondence and Political Papers of Carl Schurz* (New York, 1913), 3:258–259; Paul W. Gates, "Federal Land Policy in the South, 1866–1888", *JSH*, 6 (August 1940), 310–315.

与共和党提名进程不同的是，民主党的总统候选人提名过程几乎没有悬念，因为富有的纽约国会议员艾布拉姆·休伊特亲自赞助了一次有效的"宣传"攻势，极力推崇纽约州州长塞缪尔·蒂尔登为提名人。蒂尔登实际上并不是需要休伊特的经济赞助，因为他本人就是美国最富有的人之一，他通过对破产的铁路线进行重组，帮助转销贬值的公司债券，并充当吉姆·菲斯克、杰伊·古尔德和其他镀金时代工业领袖的顾问，获得了一大笔财富（和一个"伟大的赎回权取消者"的绰号）。蒂尔登待人冷漠，时常拒人千里之外，并不是一个十分讨人喜欢的人（约翰·比奇洛说，他的政治盟友中，没有人"似乎对他个人很在意"），但他的支持者却认为他与华尔街之间的关系是一种很独特的资产。"他与这个国家的有钱人有很深的联系，"其中一位写道，"他将得到银行家们的支持……这正是我们想要的。当拥有国家财富的人打算拼一把的时候，无人能够奢望当选。"作为推翻特维特帮的领军人物，蒂尔登拥有无可挑剔的改革资历，尽管他在19世纪70年代继续打造属于自己的高度集中化的政治机器。到民主党全国代表大会举行时，他的提名已成定局，因为由近1000名代表（其中没有一个黑人）对他的提名表示支持。1876年的第三位候选人是新的绿背纸币党提名的彼得·库珀，他是一名实业家和慈善家，85岁的年龄不算年轻，在思想上却是最年轻的。尽管库珀无法展开一场激烈的竞选，但他将自己的观点广为传播，即一个新的由财富构成的"寡头阶级"已经取代了奴隶主势力，而政府应该采取措施，推动财产均等化，保护"贫穷的劳工和生产者"免受剥削。[8]

在北部，政治腐败和经济萧条成了蒂尔登念念不忘的口号；许多共和党人担心这些问题足以让他赢得选举。"当人们因为缺乏就业机会而受苦时，"一位政党领袖写道，"他们很容易认为变换一个政党可能会带来更好的时代。"作为回应，共和党人又退回到"挥舞血衣"的竞选策略中去了。然而，如果内战仍然主导了共和党的竞选语言，对黑人权利的维护则变成了次要的主题。到目前为止，自由派对重建的批评已经在主流共和党人的思想中深深扎根。正如有人私下写的那样，"事实是，黑人整体上是无知的，他们中的许多人几乎连半个文明人都算不上……[与]白人没法相比……我们[建立]的南部体制是错误的"。由于竞争激烈的选举就在眼前，经济萧条使得大额捐款难以筹集，共和党的竞选委员会将全部资源集中在北部，几乎把边界州和南部地区都留给蒂尔登去占领。一位南部共和党人问道，为什么共和党的演讲者"在从缅因州到印第安纳州的地带高昂地发声……但从来不抬足跨过波托马克河？"（一位共和党人在参观了共和党全国委员会的总部后说，全国委员会甚至完全不知道西弗吉尼亚州将于10

---

[8] Allan Nevins, ed., *Selected Writings of Abram Hewitt* (New York, 1937), 159; Horace S. Merrill, *Bourbon Democrats of the Middle West 1865–1896* (Seattle, 1953), 110; Alexander C. Flick, *Samuel Jones Tilden: A Study in Political Sagacity* (New York, 1939), 102–118, 164–165, 289; John Bigelow Diary, January 4, 1877, John Bigelow Papers, NYPL; S. P. Purdy to J. H. Harmon, May 14, 1876, Samuel J. Tilden Papers, NYPL; Jerome Mushkat, *The Reconstruction of the New York Democracy, 1861–1874* (Rutherford, N.J., 1981), 176–190; Brown, *Year of the Century*, 218; Allan Nevins, *Abram S. Hewitt, With Some Account of Peter Cooper* (New York, 1935), 286–289. 库珀在11月获得了81737张选票。

月举行一次选举。)[9]

最近的一系列事件——1875年实施法案的立法失败，最高法院对克鲁克香克案的判决以及总统拒绝向密西西比州派出联邦军队等——极大地打击了南部共和党人的士气。有些共和党人感到自己"已经被遗弃……落到了从三K党人那里接受怜悯施舍的境地"，于是放弃了竞选。"我们孤立无援，无法组织起来，"密西西比州的一位南方佬共和党人写道，"我们不敢去拉选票，也不敢做公开演讲。"但为了自己在政治上的生存，共和党人尤其在四个"未被救赎"的州里发起了殊死一搏的竞选活动。在北卡罗来纳州进行的轰轰烈烈的州长竞选，被称为"巨人之战"，由共和党人法官托马斯·安特与前邦联政权下的州长泽布隆·万斯竞争，万斯的外表非常引人注目，在经过一场国际搜索之后，他被一部地理教科书选为高加索人种（白人人种）的形象代表。两人在州内来回穿梭，相互辩论不下57次。在佛罗里达州，两党竞相用温和政治的衣钵装扮自己；共和党的领袖们选择了一个由全白人组成的州公职候选人竞选团队，甚至拒绝重新提名黑人国会议员约西亚·沃尔斯的连任，而民主党则选择了州长乔治·德鲁为州长，他是在新罕布什尔出生的木材商人，在内战期间曾支持联邦，

---

[9] John D. Defrees to Benjamin Harrison, August 17, 1876, Benjamin Harrison Papers, LC; Williams, ed., *Diary and Letters of Hayes*, 3:340–343; Matilda M. Gresham, *Life of Walter Quintin Gresham 1832–1895* (Chicago, 1919), 2:459–460; Sister Mary K. George, *Zachariah Chandler: A Political Biography* (East Lansing, Mich., 1969), 252–253; Edward F. Noyes to Rutherford B. Hayes, August 30, 1876, William E. Chandler to Hayes, October 12, 1876, Rutherford B. Hayes Papers, Hayes Memorial Library; *CR*, 44th Congress, 2d Session, 1535; John Defrees to W. H. Painter, July 27, 1876, Hayes Papers.

并在1868年投票支持格兰特。路易斯安那州出现了截然不同的情况，民主党提名了前邦联将军弗朗西斯·尼科尔斯作为州长候选人，尼科尔斯在内战的一次战斗中失去了一只手臂，在另一场战斗中又失去了一条腿，因而获得绰号"剩下的一切"。民主党的纲领承诺尊重战后宪法修正案保护的黑人权利，但"当黑人没有按规矩行事的地方"，民主党人将恢复对政治暴力的使用。武装团伙不断骚扰和破坏共和党的集会，鞭打自由民，暗杀地方官员；《哈珀周刊》评论说，他们的行为"会让保加利亚的土耳其人蒙羞"。[10]

然而，全国的注意力却集中在南卡罗来纳州，关注程度远远超过任何其他的南部州。该州的民主党人在进入1876年选举时分裂成为两派，以查尔斯顿为中心的"融合主义者"与鼓吹白人至上主义的"纯粹白人派"的拥护者，"融合主义者"面对该州黑人选民占多数的现实和州长丹尼尔·张伯伦的和解政策，主张放弃对州长的竞争，专注于对地方公职和州立法机构议员席位的争夺。采用以密西西比州经验为模式的竞争，内陆地区的种植园主兼律

---

[10] 44th Congress, 2d Session, Senate Report 704, 605; J. B. Work to James A. Garfield, December 16, 1876, James A. Garfield Papers, LC; James R. Cavett to James Redpath, August 22, 1876, U.S. Senate Select Committee on Mississippi Election Papers, NYPL; Glenn Tucker, *Zeb Vance: Champion of Personal Freedom* (Indianapolis, 1965), 456–457; Otto H. Olsen, "North Carolina: An Incongruous Presence", in Otto H. Olsen, ed., *Reconstruction and Redemption in the South* (Baton Rouge, 1980), 193; Jerrell H. Shofner, "A Note on Governor George F. Drew", *FlHQ*, 48 (April 1970), 412–414; Fanny Z. L. Bone, "Louisiana in the Disputed Election of 1876", *LaHQ*, 14 (July 1931), 439–440, (October 1931), 562–565, 15 (January 1932), 93–94, 100–103; William I. Hair, *Bourbonism and Agrarian Protest: Louisiana Politics 1877–1900* (Baton Rouge, 1969), 4–6.

师马丁·加里声称，可以将南卡罗来纳州从共和党人手中"救赎"出来。加里的"竞选计划"呼吁每个民主党人"通过使用恐吓、购买、阻止或个人认为可能的方式等手段，至少控制一名黑人的选票"，民主党人要始终牢记，"争论对他们是没有用的；只有恐惧才能对他们施加影响。"[11]

当年 5 月，南卡罗来纳州民主党大会闭会时，没有提名州公职的候选人——这是融合主义者的胜利。但发生在汉堡镇的事件很快改变了该州的政治气候。汉堡位于萨凡纳河对岸，面对奥古斯塔，是众多的重建时期黑人权力的中心之一。汉堡当地的官员包括普林斯·里弗斯，他是托马斯·温特沃斯·希金森领导的内战军团的成员之一，还包括民兵指挥官多克·亚当斯，他是一名熟练的木匠，联邦军队的老兵，奥古斯塔的前政客，他于 1874 年从奥古斯塔迁来汉堡镇居住，他抱怨说，在已经被救赎的佐治亚州内，黑人"不能按自己的方式来表达他们的政治观点，他不希望在那里受压迫"。当地白人声称，他们在途经汉堡时受到了严重的羞辱：他们被禁止使用公共饮水设施，因"微小的争执"而被捕，并被迫在大街上为民兵的游行让路——后一种情况让他们感到"地球上的白人从来不曾忍受过如此的奇耻大辱"。[12]

后来被称为"汉堡大屠杀"的事件始于当地黑人民兵庆祝 7

---

[11] Charleston *News and Courier*, May 8, 9, 30, June 5, 1876; Francis B. Simkins and Robert H. Woody, *South Carolina During Reconstruction* (Chapel Hill, 1932), 564-569.

[12] Charleston *News and Courier*, May 8, 1876; 44th Congress, 2d Session, Senate Miscellaneous Document 48, 1:34-35, 48, 73, 2:607; "Memoirs of Reconstruction", manuscript, 1918, Matthew C. Butler Papers, DU.

月4日百年纪念日的仪式。一个当地白人农场主的儿子和女婿来到现场,命令列队集合的民兵给他们的马车让路,双方随即发生口角和争吵,最终亚当斯还是让他的连队让出一条路来,让两人继续向前赶路。7月5日,这位白人农场主来到普林斯·里弗斯的法庭起诉,要求法院以阻挡"我的道路"的罪名逮捕亚当斯。亚当斯对法官竟然受理这一申述感到愤怒,显然对法官的决定有所抱怨,结果他反而被控藐视法庭,并被法庭命令在8日接受审判。8日,黑人民兵在汉堡集合,一大批武装的白人也在汉堡聚集。当地最著名的民主党政客马修·巴特勒将军要求亚当斯解散他的民兵连队,亚当斯拒绝照办,随后双方之间的战斗爆发了,大约40名民兵后撤到他们的军械库,巴特勒则向奥古斯塔撤退,随后带着大炮和数百名白人增援队伍返回。夜幕降临时,在武力和人力方面都不及对手的民兵试图撤离现场。汉堡的黑人法警遭遇了致命的伤害,有25人被抓获;其中5人在凌晨2点左右被冷酷无情地杀害。屠杀之后,暴徒洗劫了该镇黑人的住房和商店。8月,一个大陪审团以谋杀罪起诉了7名男子,并将另外数十人指名为胁从罪犯;但在救赎之后,所有人都被宣告无罪。一个白人青年也在这场冲突中丧生。[13]

---

[13] Joel Williamson, *After Slavery: The Negro in South Carolina During Reconstruction* (Chapel Hill, 1965), 267–269; 44th Congress, 2d Session, Senate Miscellaneous Document 48, 1:34–39, 712, 1050–1055, 2:326–331, 603, 3:473–476. 当代材料对汉堡镇冲突中究竟是6个还是7个黑人死亡持有争议。汉堡后来被并入北奥古斯塔。1916年,一座关于麦凯·梅里维瑟的纪念碑在那里得以建立,但无人提及丧生的黑人。Daniel S. Henderson, *The White Man's Revolution in South Carolina* (North Augusta, S.C., 1916), 1.

"如果你能找到描述［这场］暴行和野蛮屠杀的文字的话……，"张伯伦写道，"你的语言能力就超过了我。"该事件中最令人感到骇人听闻的是巴特勒将军的行为，他要么从被捕者中挑选即将被处决的人（根据黑人目击者的说法），要么在人群开始"犯掠夺罪"的时候离开现场（这是他自己并不更光彩的说法）。在这两种情况下，巴特勒的行为都证明了在那些称自己为当地的"自然领袖"的人中，原有的家长制义务的责任彻底地崩溃了，更不用说保持做人的基本准则了。（几个月后，他竟然对一个国会调查委员会说，黑人"并不尊重人的生命"。）当然，没有人能再次声称南部那些"可敬的"精英人士鄙视这种暴力事件，因为南卡罗来纳救赎者立法机构在1877年采取的首要行动之一，就是将巴特勒选举为国会参议院议员。[14]

在他们实施屠杀的时候，多克·亚当斯回忆说，白人不断重复高呼："这是南卡罗来纳州救赎的开始"。这场大屠杀行动将政治和种族的紧张对立提升至狂热的程度，终结了州长张伯伦的民主党和共和党支持者之间进行"融合"的任何可能性。8月，南卡罗来纳州民主党选择了一个由韦德·汉普顿将军为首的州竞选组合团队。汉普顿可能是该州最受欢迎的人物（至少在白人中是这样）。而共和党人在张伯伦的政策上仍然存在着严重的分歧，极为不情愿地提名他连任州长，但选择了两位最能言善辩的黑人批评者担任副州长和州总检察长。尽管汉堡事件引发了白人路线的

---

[14] Simkins and Woody, *South Carolina*, 487; 44th Congress, 2d Session, Senate Miscellaneous Document 48, 2:242–243, 616; 44th Congress, 2d Session, House Miscellaneous Document 31, 1:304.

政治情绪，汉普顿在讲话中承诺，他的政府将加强对教育体制的支持，避免实施"报复性歧视"，并提供反暴力的保护。对后一点承诺，张伯伦似乎无法提供。但在著名的黑人中，只有马丁·德莱尼为汉普顿助选。极少数的自由民对民主党的候选人表示支持；绝大多数人，包括那些遭遇行贿或面临失业威胁的人，仍然是忠于共和党的。埃奇菲尔德县副警长戴维·格雷厄姆拒绝"放弃张伯伦"，尽管有人用500美元现金和一份未来的工作来贿赂他。"我更愿意在农场干活，而不是去从政……，"格雷厄姆说，"但我在这里；那些头面人物没有我就相互不能相处。"（但对民主党人来说，这种正直的品行只能证明"美国黑人从来不会考虑明天"。）[15]

毫不奇怪，大多数自由民对诱惑进行了抵制，并质疑民主党的承诺，因为它的竞选名单全是前邦联官员构成，它的地方组织则是建立在持枪协会的基础上，而该协会的成员则多为参加过内战的邦联老兵。"他们说他们会做这些或者那些事，"一位在海岛居住的黑人说道。"我不问一个人他打算做什么——我只问他做过什么。"的确，尽管他尽情呼吁种族和谐，但仔细观察汉普顿的记录，很可能引起人们对他的政治家风度和温和立场的深度的怀疑。作为南部最富有的种植园主之一，汉普顿的财富王国随着奴隶解

---

[15] 44th Congress, 2d Session, *Senate Miscellaneous Document* 48, 1:46-47; Charleston *News and Courier*, August 17, 18, September 16, 1876; Thomas Holt, *Black over White: Negro Political Leadership in South Carolina During Reconstruction* (Urbana, Ill., 1977), 201; *The Pledges of Gen. Wade Hampton, Democratic Candidate for Governor, to the Colored People of South Carolina 1865-1876* (n.p., 1876), 2-7; Victor Ullmann, *Martin Delany: The Beginnings of Black Nationalism* (Boston, 1971), 489; 44th Congress, 2d Session, Senate Miscellaneous Document 48, 1:471.

放而崩塌,自1865年以来,他背负着巨额债务,在公共事务中几乎没有扮演过重要的角色。但他的通信和为数不多的公开声明则显示,他无法对重建危机做出一种连贯的回应。他对自由民局、黑人士兵,甚至《解放宣言》痛加谴责,他对于黑人的态度来回变动,早期的时候他曾支持赋予黑人"有条件的"公正选举权,也曾兜售自由民即将"灭绝"的预言,并直到1869年时还在提倡将黑人从美国迁移出去。两年后,他告诉国会三K党调查委员会,黑人缺乏拥有"先见之明"的能力,并时常因"夸大自身的权力"而深受其害。[16]

发生在沿海地区稻米王国的劳工冲突为1876年紧张的政治气候增添了另一个变数。5月,一些康巴希河种植园的日工们举行罢工,要求获得更高的工资,并要求用现金而不是用只能在种植园店铺兑换的支票来支付工资。数百名罢工者举行游行,穿过田野,呼吁还在工作的劳工放弃工作,并殴打那些拒绝加入罢工的人。8月,罢工活动的恢复引发了一个民主党持枪协会与武装的罢工者之间的冲突;只因国会议员罗伯特·斯莫尔斯的干预,流血事件才被阻止。十名罢工者遭到逮捕并被带到博福特,在那里成群的前奴隶在大街上为他们鼓掌,一名黑人审判法官驳回了所有对他

---

[16] Simkins and Woody, *South Carolina*, 500; Rupert S. Holland, ed., *Letters and Diary of Laura M. Towne* (Cambridge, Mass., 1912), 253-254; Hampton M. Jarrell, *Wade Hampton and the Negro: The Road Not Taken* (Columbia, S.C., 1950), 34; Wade Hampton to Armistead Burt, March 13, 1868, Wade Hampton Papers, DU; Charles E. Cauthen, *Family Letters of the Three Wade Hamptons 1782-1910* (Columbia, S.C., 1953), 129-130, 139-140; Duane Mowry, ed., "Post-Bellum Days: Selections from the Correspondence of the Late Senator James R. Doolittle", *Magazine of History*, 17 (August–September 1913), 51; 42d Congress, 2d Session, House Report 22, South Carolina, 1236.

们的指控。与此同时,张伯伦因为需要他能召集的每一张黑人选票,拒绝了种植园主要求联邦军队前来恢复秩序的请求(这一要求来自一群鼓吹"地方自治"的人,因为多少显得奇怪,但因为当地的民兵"大部分是由罢工者组成"的,它又显得十分必要)。最后,种植园主同意了工人们的要求。这一事件凸显了重建时期政治和经济权力之间的密切关系。因为他们无法获得地方或州政府的支持,种植园主们更加坚信,只有改变政府本身,稻米区域的劳动纪律才有可望得以恢复。[17]

因为成败在此一举,1876年竞选成为南卡罗来纳州历史上最为动荡不安的政治竞争,同时也成为重建模式的一个重要例外,在通常的模式中,黑人总是政治暴力的受害者,而白人则是唯一的加害者。9月,黑人共和党人对一些参加了查尔斯顿一次会议后正在离去的黑白民主党人发起攻击;导致几人受伤,还有一个白人丢掉了性命。一个月后,一群黑人对正在查尔斯顿城附近凯恩霍伊村举行的"联合讨论"集会开枪,造成了5名白人和1名黑人的死亡。马丁·德莱尼的出席激怒了当地的自由民,为暴力的发生做了铺垫;一位目击者报告说,"喊出的口号是,任何白人都有权成为民主党人,'但该死的黑人却没有这一权利'"。在整个州,黑人民主党人发现自己被当成"他们种族的逃兵"而被彻底孤立了。"黑人妇女"据说要"比男人更坏";一个黑人女性"把她丈夫的衣服扔到门外……并将家门反锁上,不让丈夫进家

---

[17] Eric Foner, *Nothing But Freedom: Emancipation and Its Legacy* (Baton Rouge, 1983), 91-106.

门",她说自己宁愿"靠乞讨得到面包",也不愿与"民主党人的黑鬼"同居一室;另一位黑人女性将一位汉普顿的黑人支持者骂成是"一个该死的民主党杂种",说他"投民主党的票是要将她和她的孩子们重新送回到奴隶制中去"。[18]

然而,汉普顿的支持者所发动的恐吓运动却令这类事件黯然失色。自黑人选举权开始实施以来,许多白人选民就没有参与过政治,为了动员白人选民,民主党候选人在数百名骑在马上的武装支持者的陪同下,开始了在州内的胜利之旅。在后来的不朽传说中,汉普顿的"红衫军"被描述成"骑着骏马的骑士",他们中的大部分人实际上骑的不过是毛驴而已,但这次旅行还是吸引了大批的狂热人群。与此同时,持枪协会成员用"暴力性和辱骂性的长篇演说"来扰乱共和党的集会。一种与三K党横行时代相似的恐怖统治席卷了埃奇菲尔德、艾肯、巴恩韦尔和其他皮德蒙特地区的县,暴徒们将自由民从家里赶出,残酷地鞭打他们,并杀害他们的"带头人"。"事情发展的方向是不对的……",一位黑人向州长抱怨说。"他们杀了每个选区的有色人种。"那种不用担心联邦会进行干预的想法给了民主党人放手大干一场的胆量。前奴隶杰里·桑顿·穆尔是艾肯县一个共和党协会的主席,从他的白人地主那里被告知,重建的反对者计划一定要赢得选举,"哪怕我们必须要在没膝深的血水中开出一条路来也在所不惜"。穆尔回答说:

---

[18] Melinda M. Hennessey, "Racial Violence During Reconstruction: The 1876 Riots in Charleston and Cainhoy", *SCHM*, 86 (April 1985), 100-112; 44th Congress, 2d Session, House Miscellaneous Document 31, 2:68, 215; 44th Congress, 2d Session, Senate Miscellaneous Document 48, 1:592-593, 939.

"小心你正在干的事情,联邦政府是强大的。"他的地主反击道:"但是,桑顿,不要忘了,……北部人民是站在我们这边的。"[19]

一位民主党观察家承认,南卡罗来纳州的选举"是有史以来最盛大的闹剧之一"。尽管民主党进行了恐吓竞选,张伯伦还是赢得了该州历史上最大多数的共和党支持票。但埃奇菲尔德和劳伦斯县的民主党人有效地实施了加里的指示,"早"投票,"常"投票,并阻止黑人靠近投票站,从而在这些县获得了大量的多数票,最终使他们的党以微弱的优势声称在全州获胜。在整个南部腹部,黑土地带的民主党人要么禁止自由民参加投票(亚祖县的记录显示海斯在此仅得两票),要么就是把投票箱塞满虚假选票,以"显示黑人在与他们一起投票"。与此同时,南方佬共和党人的力量继续处于下降之中。在北卡罗来纳州,塞特尔虽然被万斯击败,但他获得的白人选票与所获的黑人选票一样多,然而就整个南部而言,与四年前相比,一个有大量白人共和党人参加的选举只是在一半数量的县里出现。[20]

---

[19] [Belton O'Neall Townsend] "The Political Condition of South Carolina", *Atlantic Monthly*, 39 (February 1877), 180–181; Jarrell, *Hampton*, 71; Alfred B. Williams, *Hampton and His Red Shirts* (Charleston, 1935), 151, 201–212, 256; L. Cass Carpenter to William E. Chandler, August 26, 1876, William E. Chandler Papers, LC; W. J. Mixsons to Daniel H. Chamberlain, September 27, 1876, P. Jenkins to Chamberlain, September 30, 1876, E. J. Black to Chamberlain, October 2, 1876, South Carolina Governor's Papers, SCDA; 44th Congress, 2d Session, Senate Miscellaneous Document 48, 1:4–7, 2:429–430.

[20] [Townsend] "Political Condition of South Carolina", 186–187; Benjamin R. Tillman, *The Struggles of 76* (n.p., 1909), 28–29; 44th Congress, 2d Session, House Miscellaneous Document 31, 1:237; 44th Congress, 2d Session, Senate Miscellaneous Document 48, 3:98–99; 44th Congress, 2d Session, Senate Report 704, 606; Vernon L. Wharton, *The Negro in Mississippi 1865–1890* (Chapel Hill, 1947), 199–200; W. R. Richardson to Thomas Settle, December 4, 1876, Thomas Settle Papers, UNC; Allen W. Trelease, "Who Were the Scalawags?", *JAH*, 29 (November 1963), 460.

选举日当夜收到的第一批选举结果似乎预示民主党获胜。蒂尔登赢得了纽约、新泽西、康涅狄格和印第安纳州——已是绰绰有余，再加上预料中的西海岸各州和一个坚实的南部的胜利，足以让他成为总统。《纽约时报》的编辑乔治·琼斯甚至已经打电报给海斯，宣告他的失败。但在第二天的凌晨，纽约共和党总部中有人注意到，如果海斯不再继续输掉其他的北部州，并设法赢得南卡罗来纳州、佛罗里达州和路易斯安那州（在这些州该党掌握了投票机制）的选票，他就会以总统选举人票的一票多数而获胜。丹尼尔·西克尔斯将军和威廉·钱德勒后来也都声称注意到这一情况，并在处于熟睡中的党主席扎卡赖亚·钱德勒没有签名的情况下，给这三个州的共和党人发了电报，敦促那里的共和党官员为海斯守住他们的州。钱德勒醒来后不久宣布："海斯拥有185张选举人票，他当选了。"[21]

选举危机与重建的结束

因此，在退出联邦的危机发生16年之后，美国人又进入了一个充满政治混乱、宪法不确定性和内战言论的冬天。可以预见的是，佛罗里达州、南卡罗来纳州和路易斯安那州的共和党选举

---

[21] George F. Jones to Rutherford B. Hayes, November 8, 1876 (telegram); William E. Chandler to Hayes, November 9, 1876, Hayes Papers; William E. Chandler, undated memorandum, Chandler Papers; Jerome L. Sternstein, ed., "The Sickles Memorandum: Another Look at the Hayes-Tilden Election-Night Conspiracy", *JSH*, 32 (August 1966), 342-357; Nevins, *Hewitt*, 320-322.

委员会宣布,那些来自暴力活动盛行的各县的选票无效,径直宣布海斯和该党的州长候选人获胜。同样可以预见的是,民主党人对选举结果提出了质疑。在路易斯安那州和南卡罗来纳州,相互敌对的州政府分别得以建立,两党皆把自己的当选证据送交到华盛顿。佛罗里达州避免了两个行政当局的出现,因为该州的最高法院裁定民主党的乔治·德鲁赢得了州长竞选,但法官们没有对海斯的差距优势做出判决,德鲁随即任命了一个新的选举委员会,后者决心要判定蒂尔登赢得了该州。[22]

如同在许多其他问题上的情况一样,在如何决定富有争议的选票的有效性问题上,联邦宪法提供的解决方案是令人抓狂的混乱不清。第十二条宪法修正案指示参议院议长(1876年由密歇根州共和党参议员托马斯·费里担任)在参众两院面前打开选举结果认证书:"然后开始计算选票"。然而,不清楚的是,是否由主持清点选票的官员来决定计算哪一套选票——如果是这样的话,海斯的胜利似乎可以确保——或者两院中的任何一院可以质疑他的决定,在后一种情况下,两党对峙的僵局似乎无法避免,因为

---

[22] Polakoff, *Politics of Inertia*, 210–218, 226–230; Jerrell H. Shofner, *Nor Is It Over Yet: Florida in the Era of Reconstruction, 1863–1877* (Gainesville, Fla., 1974), 315–339. 也许不可能知道究竟谁"真的"赢得了1876年选举。海斯无疑是赢得了南卡罗来纳州。佛罗里达州的5万张选票中将两位候选人拉开距离的不到100张。在路易斯安那州,在一个被"相互矛盾的和被否定的证词"构成的迷宫中,真相"几乎无可救药地被埋葬了"。(Ella Lonn, *Reconstruction in Louisiana After 1868* [New York, 1918], 452.)一个以和平方式进行的选举将使海斯至少在7个南部州赢得胜利。但选举情势因为俄勒冈而变得更为复杂,该州州长用一名民主党选举人取代了一名共和党选举人,因为后者当时还担任着联邦公职。如果这个置换被认为有效的话,它将取消海斯声称拥有的一票的多数。

共和党控制了参议院,而众议院则掌握在民主党手中。与此同时,华盛顿不断接到有关基层选民"情绪处于最激动状态"的报道。据说黑人选民尤其处于激动的情绪之中,他们坚信,如果民主党获胜,"奴隶制将被重新建立起来"。由于蒂尔登在普选票中拥有的不可逾越的领先优势,许多民主党人发誓要看到他宣誓就职,如果有必要的话,甚至不惜动用武力。不止一家报纸宣称"要么是蒂尔顿当选,要么就是战争"的口号,大量信件被源源不断送到民主党领袖们那里,宣称有成千上万的"全副武装的人"随时准备向华盛顿进军。共和党人则坚信,在一场以和平方式举行的选举中,海斯会轻松获胜,他们发誓要抵制蒂尔登希望"通过欺诈和恐吓而成为总统"的企图。[23]

尽管这种好战的叫嚣满天飞,但两位候选人都不喜欢用暴力占领白宫或发动一场新内战的想法。"现在一切都取决于你的胆量和领导力",曼顿·马布尔在12月10日给蒂尔登的信中写道,但这位民主党候选人是一个对混乱抱有持久恐惧的人,似乎从危机开始的那一刻起就已经打算接受失败了。在整个12月的大部分时间里,蒂尔登并没有效地将他对胜选的坚持公之于众,而是退居到自己的书房中,花许多时间起草一份研究选票计算法律先例的长篇报告。与对手"令人心烦的无所作为"形成鲜明对比的是,

---

[23] Flick, *Tilden*, 352–355; H. C. Bruce to Blanche K. Bruce, November 14, 1876, Blanche K. Bruce Papers, Howard University; Barnard, *Hayes*, 338–341; "Corse" to Samuel J. Tilden, December 7, 1876 (telegram), C. D. W. Ries to Tilden, December 13, 1876, A. N. Robinson to Tilden, December 25, 1876, Tilden Papers; A. W. Stiles to Garfield, November 13, 1876, Garfield Papers.

海斯至少默许了一系列复杂谈判的进行,这些谈判涉及他的政治密友、南卡罗来纳州和路易斯安那州民主党的代表,以及一群自封的政治活动家,他们希望推销自己对新南部的愿景。这些努力的近期目标之一是设法让足够多的南部民主党国会议员与蒂尔登脱钩,所以参与者谨慎地担保下届共和党政府会以一种"让人感到亲近的态度"来对待南部,从而确保海斯的当选。但许多北部共和党人也希望利用这场危机来抛弃他们认为已经失败的重建政策。前俄亥俄州州长雅各布·考克斯声称,自由民需要节制自己企图影响政治的"新的雄心壮志",并认识到他们缺乏白人具有的那种"自我统治的遗传资质"。[24]

许多共和党人对考克斯的毫不掩饰的种族主义言论表示反对,但他们赞同他的观点,即共和党必须重塑自己的南部分支,减少北部提包客和黑人的影响,并努力吸引地方白人中的"优秀阶层"。那种相信南部始终存在一个人数众多、渴望加入共和党的辉格党人队伍的想法长盛不衰,其实这仅仅是一个一厢情愿的想法。但是,由于重建显然未能产生一个共和党控制的南部,很少有北部人能设想出一个其他的替代方案。就连30年来一直冲在前面的激进派威廉·凯利也对海斯建议说,共和党必须把"老辉格或亲联邦"的力量作为南部共和党势力的基础。而海斯也不失时机地让外界知道,他的观点"正是如此"。一位新奥尔良报纸的编辑与

---

[24] Manton Marble to Tilden, December 10, 1876, Manton Marble Papers, LC; John Bigelow Diary, November 11, 1876, Bigelow Papers; Polakoff, *Politics of Inertia*, 206, 222, 234–336; Flick, *Tilden*, 331; James A. Garfield to Hayes, December 12, 1876, Jacob D. Cox to Hayes, January 31, 1877, Hayes Papers.

海斯见面时传达了一个信息,说路易斯安那州民主党人更关心的问题如何获得控制本州的权力,而不是谁能入主白宫。海斯的回答是,"我相信,我一直都相信,任何国家的聪明人都应该成为统治它的人。"格兰特政府所采取的行动强化了人们对南部政策即将发生变动的普遍预期,因为总统拒绝承认张伯伦和斯蒂芬·帕卡德(路易斯安那州的共和党人州长候选人)为当选州长。格兰特私下里对内阁说,第十五条宪法修正案是一个错误:"它没有给黑人带来好处,反而成为南部的一种障碍,也绝没有给北部带来任何政治优势。"[25]

与此同时,另外一组分别进行但有重叠的谈判活动也在展开。这些活动卷入了其他的一些个人,包括威廉·史密斯和安德鲁·凯拉尔,史密斯是美联社西部分社的掌门人和海斯的密友,凯拉尔不仅是来自孟菲斯的编辑、田纳西州的铁路人,而且还自封为"独立保守党人",声称曾致力于该州的经济发展,并渴望帮助"在南部建立一个保守的共和党"。对这些人来说,所有的一切,包括和平解决危机的方法、海斯就职典礼的进行和南部政治的一个新时代等,都取决于共和党对南部内陆改造提供补贴资助的担保。他们特别渴望海斯做出为得克萨斯和太平洋铁路公司进行资助的承诺,该项目由宾夕法尼亚铁路公司的托马斯·斯科特

---

[25] Thomas A. Osborne to Edward F. Noyes, December 18, 1876, Edward F. Noyes to Rutherford B. Hayes, December 20, 1876, William D. Kelley to Hayes, December 17, 1876, Hayes Papers; George Sinkler, "Race: Principles and Policy of Rutherford B. Hayes", *Ohio History*, 77 (Winter, Spring, Summer 1968), 161; Barnard, *Hayes*, 357–358; Allan Nevins, *Hamilton Fish: The Inner History of the Grant Administration* (New York, 1936), 2:853–854.

主持，得到了南部政治领袖们的广泛支持，但北部民主党人国会议员对它却并不热心。凯拉尔本人与斯科特控制的200名华盛顿游说队伍有着联系，他希望看到孟菲斯市被选为该铁路的东部终点站之一。尽管史密斯努力做到让海斯明白该组织的企图，但海斯极不愿意给人一种为了当上总统而与人讨价还价的印象，所以他并没有对该计划发表任何意见。尽管如此，种种关于幕后交易的传言四处流传，一些报纸甚至还将一个处于萌芽状态的交易轮廓公布出来。纽约《太阳报》驻华盛顿记者12月中旬报道说："南部民主党人无疑存有叛变的危险性。""海斯的朋友肯定会在这个问题上出价很高……对得克萨斯和太平洋铁路的补贴是该计划的一部分，也算做是海斯的加分。帕克特和张伯伦将被抛弃，共和党的新起点政策将从海斯宣誓就职的那一刻开始。"[26]

然而，事情并没有按想象的方式顺利进行。一方面，虽然斯科特和他的劲敌、南太平洋的科利斯·亨廷顿暂时同意携起手来，共同从公共资金中获利，但因为缺少北部两党的支持，这部铁路补贴法案甚至远未进入众议院辩论大厅就夭折了。另一方面，共和党人因选举危机而在内部发生了严重的分裂。像奥利弗·莫顿

---

[26] C. Vann Woodward, *Reunion and Reaction: The Compromise of 1877 and the End of Reconstruction*, rev. ed. (Garden City, N.J., 1956), 11, 27-35, 50, 74-81, 85-87; David M. Abshire, *The South Rejects a Prophet: The Life of Senator D. M. Key, 1824-1900* (New York, 1967), 107-115, 122-125; Grady Tollison, "Andrew J. Kellar, Memphis Republican", *West Tennessee Historical Society Papers*, 16 (1962), 29-55; David J. Rothman, *Politics and Power: The United States Senate 1869-1901* (Cambridge, Mass., 1966), 198; William H. Smith to Rutherford B. Hayes, December 14, 1876, Hayes Papers; Williams, ed., *Diary and Letters of Hayes*, 3:393; Rutherford B. Hayes to James A. Garfield, December 16, 1876, Garfield Papers; A. M. Gibson to Charles A. Dana, December 13, 1876, Tilden Papers.

和本杰明·巴特勒这样的中坚派已经有了自己的计划：费里将被指示计算总统选举人选票，海斯将"在刺刀尖"的保护下宣誓就职，张伯伦和帕卡德将被确认为当选州长。然而，罗斯科·康克林和詹姆斯·布莱恩不仅担心海斯的"改革"倾向，而且已经开始思考1880年的选举，相信如果蒂尔登入主白宫的话，他们自己的抱负会得到更好的利用。至于格兰特，他似乎对谁将成为赢家一事完全漠不关心。[27]

由于两党都缺乏一个强有力的领导力量，也没有一个统一的目标，在这种情况下，建立一个独立委员会来决定有争议的选票便在国会中成为一个越来越受青睐的安排。尽管蒂尔登认为这一建议等于是"抛弃宪法"（但他未能有效地向华盛顿传达自己的观点），而担任众议院议长的宾夕法尼亚州民主党人塞缪尔·兰德尔则把这一方案说成是"对总统职位进行抽奖"，但国会中几乎每个民主党人都支持该方案，因为它至少提供了一个替代方案，而不是让参议员费里单独一人来计算选票。虽然大多数共和党人反对用一个十拿九稳的结果来与加菲尔德所谓的"一个委员会可能发生的不确定性……"，但足够多的康克林和布莱恩的追随者对选举委员会法案表示支持，帮助其通过了参议院。然而，除了党派政治的复杂性之外，"和平计划"的启动也反映了两党内部希望解决这一危机的愿望日益增强，这一愿望的增强也是因为部分地受

---

[27] Woodward, *Reunion and Reaction*, 120–123, 138–141; Ben: Perley Poore to William W. Clapp, December 29, 1876, January 8, 1877, E. B. Wight to Clapp, December 27, 1876, Clapp Papers; John Bigelow, ed., *Letters and Literary Memorials of Samuel J. Tilden* (New York, 1908), 2:491; Polakoff, *Politics of Inertia*, 259–269.

到了来自"商业界和商业利益"的压力,它们完全被两位候选人支持者的极端言论所震惊。一位愤世嫉俗者指出,主张和平解决危机的请愿书大量涌入华盛顿,正如一位评论者所讥讽的,这些请愿书"主要是由做南部贸易的公司签署的"。费城贸易委员会一致呼吁国会通过该法案,正如威廉·史密斯的华盛顿特派员亨利·博因顿将军报道的那样,"纽约(民主派和共和党人)的商业利益自己意识到……并要求采取一些行动,制止暴民队伍中的那些提倡使用暴力的言论"。军队也对和平解决危机表示欢迎,因为这样可以避免被迫帮助解决僵局的前景。威廉·谢尔曼将军写道,随着华盛顿需要军队的可能性减少,联邦军队可以集中全部精力"采取行动来对付充满敌意的苏族印第安人"。[28]

《选举委员会法》于1877年1月底颁布,该法建立起一个15名成员的机构:10名国会议员,在两大党之间平均分配,加上5名最高法院的大法官。最高法院的4人中,民主党人和共和党人大法官各2名,他们是由《选举委员会法》任命的,并获得选择第五名大法官的权利,而人人都认为第五名将是戴维·戴维斯大法官。蒂尔登的支持者对戴维斯抱有信心,他虽然是一个共和党

---

[28] John Bigelow, *The Life of Samuel J. Tilden* (New York, 1895), 2:74–79; Nevins, ed., *Hewitt Writings*, 155–156, 170–171; Samuel J. Randall to Manton Marble, January 15, 1877, Marble Papers; *CR*, 44th Congress, 2d Session, 913, 1050; James A. Garfield to Rutherford B. Hayes, January 19, 1877, Hayes Papers; Allan Peskin, *Garfield* (Kent, Ohio, 1978), 415–416; Frank B. Evans, *Pennsylvania Politics, 1872–1877: A Study in Political Leadership* (Harrisburg, 1966), 295–296; Ellwood E. Thorpe to John Sherman, January 24, 1877, John Sherman Papers, LC; Henry V. Boynton to James M. Comly, January 25, 1877, Hayes Papers; William T. Sherman to Philip H. Sheridan, January 29, 1877, William T. Sherman Papers, LC.

人，但在过去几年中"曾在政治上与民主党人和自由派"等都有交往，民主党人相信，在决定两州的争执选票时，他至少会做出一个有利于他们的决定，但他们并不知道戴维斯在私下里相信海斯是合法当选的。然而，尽管民主党人庆贺自己已经锁定戴维斯拥有"制造一个总统的权力"，但他们在伊利诺伊州的同党战友们却抓住了一个意想不到的机会，拒绝选举约翰·洛根连任参议员，并与一群绿背纸币议员们一起，携起手来，提名戴维斯来取代洛根。威廉·史密斯认为，这一意外的转折是一个计谋，目的是迫使戴维斯支持蒂尔登；另一些人则认为是伊利诺伊州共和党人在幕后安排了戴维斯的胜利从而取消戴维斯进入委员会的资格，最终击败了"反应迟钝的"对手。无论如何，戴维斯辞去了委员会的职务，共和党大法官约瑟夫·布拉德利取代了他，委员会经过一系列的8对7的投票，将全部有争议的总统选举人选票判给了海斯。一位十分愤怒的民主党人抗议道："我们被骗了，被可耻的对手给骗了。"[29]

然而，在海斯入主白宫之前，还有进一步的动荡摆在他的面前。蒂尔登的支持者威胁说，他们将通过使用无休止的休会动议和其他的拖延措施，使众议院的审议进程陷入瘫痪，从而阻止总统选举人选票的最后计票，并最终阻止3月4日就职典礼的如期举行。因对"这一局势非常的担心"，海斯在华盛顿的代表又发起

---

[29] William H. Smith to John Sherman, January 24, 1877, John Sherman Papers; *CR*, 44th Congress, 2d Session, 820; Willard L. King, *Lincoln's Manager: David Davis* (Cambridge, Mass., 1960), 290–293; William H. Smith to Rutherford B. Hayes, January 24, 1877, Hayes Papers; Flick, *Tilden*, 380–384; W. W. H. Davis to Samuel J. Randall, February 12, 1877, Samuel J. Randall Papers, University of Pennsylvania.

了新一轮的谈判。一个由"保守派"南部人组成的党团会议提议，海斯同意任命田纳西州参议员戴维·基为内阁成员，因为他是安德鲁·凯拉尔的密友，分享他对南部经济现代化和"政党重组"的兴趣。也有人谈论南部民主党人帮助共和党在下届国会中重新组织极度分裂的众议院，斯科特的铁路利益游说者也恢复了将德克萨斯和太平洋铁路的联邦援助作为任何交易的一部分的努力。2月26日，四名南部民主党人在华盛顿沃姆利酒店（一家由该市最富有的黑人居民詹姆斯·沃姆利拥有的酒店）会见了五名俄亥俄州共和党人。海斯的知己斯坦利·马修斯宣布，新总统打算承认尼科尔斯为路易斯安那州州长，并奉行一种不干涉南部事务的政策，而尼科尔斯的代表爱德华·伯克上校则承诺避免对该州共和党人进行报复，承认黑人的公民平等和政治平等。不久之后，海斯的代表又与汉普顿的代表进行了类似的讨论。[30]

最终，"地方自治"仍然是所有谈判的核心问题，其重要性超过了内陆改进和其他的讨论要点。2月底，阿比维尔的一家报纸评论说，"如果允许南卡罗来纳州拥有汉普顿和地方自治，谁在华盛顿掌权对我们来说都无关紧要"。在终结众议院"冗长辩论"方面，北部民主党人扮演了与南部民主党人同样重要的角色，指出这一点很重要，因为很少有人对南部的铁路资助问题感兴趣，但所有人都极力推动重建的结束。没有人比议长兰德尔在解决危机

---

[30] E. B. Wight to William W. Clapp, February 14, 1877, Clapp Papers; William H. Smith to Rutherford B. Hayes, February 17, 1877, Hayes Papers; Abshire, *Key*, 67–85, 145–151; Woodward, *Reunion and Reaction*, 188–196; Polakoff, *Politics of Inertia*, 298–312; *New National Era*, May 11, 1871; Edward A. Burke to Francis T. Nicholls, February 27, 1877 (copy), Chandler Papers.

方面起到了更为关键的作用。早些时候,他曾向民主党党团核心会议发表过"(使用)暴力演讲",对在南部实施"刺刀下的统治"提出警告,3月1日,他突然开始将拖延动议裁定为不符合程序的做法。在沃姆利酒店和其他地方进行的讨论,加上宾夕法尼亚州商人要求尽快结束僵局的来信,最终说服兰德尔施以援手,为海斯就任总统扫清了障碍。[31]

从某种意义上说,正如记者亨利·沃特森后来所写的那样,"双方都在玩弄一些'虚张声势'的东西",各种讨价还价在1877年2月产生了不可避免的结果:海斯的就职与重建的结束。一旦选举委员会做出决定,民主党只能阻挠计票,而不能将蒂尔登送入白宫。为了确保海斯有一个和平、宁静的就职典礼,并希望增强南部白人对新政府的信心,共和党人同意接受无法避免的必然结论——对尼科尔斯和汉普顿的当选予以认可。到这个时候,所有人都明白海斯会采取新的南部政策。堪萨斯州共和党州委员会主席在2月22日写道:"就我的观察而言,事情会是这样的,我认为新政府的政策将与南部的白人讲和。把提包客扔在脑后,让黑鬼们自己照顾自己。"[32]

---

[31] George C. Rable, "Southern Interests and the Election of 1876: A Reappraisal", *CWH*, 26 (December 1980), 346-353; Abbeville (S.C.) Press and Banner, February 28, 1877; Michael L. Benedict, "Southern Democrats in the Crisis of 1876-1877: A Reconsideration of Reunion and Reaction", *JSH*, 46 (November 1980), 497, 512-516; Charles Foster to Rutherford B. Hayes, February 21, 1877, Hayes Papers; Evans, *Pennsylvania Politics*, 304-307.

[32] Mary R. Dearing, *Veterans in Politics: The Story of the G. A. R.* (Baton Rouge, 1952), 242; Polakoff, *Politics of Inertia*, 292-297; John A. Martin to "Dear Senator", February 22, 1877, Hayes Papers.

参加了沃姆利酒店会议并提前离开的加菲尔德认为，在会议上"一个某种形式的约定得以形成"，但"1877年的交易"这一说法的内容具体是什么仍然无法得到精确的确定。当然，众议院的议事阻挠结束了，海斯成为总统，基被任命为联邦邮政总署署长而进入内阁。同样重要的任命还包括，曾在约翰逊的弹劾审批中担任辩护律师的威廉·埃瓦茨被任命为国务卿，卡尔·舒尔茨被任命为内政部长，这进一步表明海斯打算将重建抛在脑后，将他的政府定位在与党内"改革派"站在一起。得克萨斯和太平洋铁路从未获得期望的联邦资助，在次年秋天的众议院议长选举中，也没有任何一个南部民主党人投票支持加菲尔德的竞选。大批的前辉格党人也没有加入南部共和党的阵营，和平、诚实的选举也没有迅速回归南部。但路易斯安那州和南卡罗来纳州却很快迎来了"地方自治"。上任两个月之内，海斯命令负责守卫在南卡罗来纳州和路易斯安那州州政府的联邦军队撤离并返回军营驻地，但张伯伦和帕卡德仍然声称自己担任州长一职。（海斯并没有像传说中所说的那样，将最后一批联邦军队从南部撤出，但他的行动隐含着留在南部的为数不多的联邦士兵将不再在政治事务中发挥作用。）汉普顿和尼科尔斯分别以和平方式就任州长，他们的就任标志着"救赎"的最终胜利。"整个南部——南部的每一个州，"路易斯安那州黑人亨利·亚当斯哀叹道，"已经落入了那些曾经把我们当作奴隶的人的手中。"[33]

---

[33] Henry J. Brown and Frederick D. Williams, eds., *The Diary of James A. Garfield* (East Lansing, Mich., 1967-1973), 3:449-450; Barnard, *Hayes*, 414-417; Allan Peskin, "Was There a Compromise of 1877?", *JAH*, 60 (June 1973), 63-75; C. Vann（转下页）

"没有想到海斯会抛弃我们,"南卡罗来纳州的一名自由民评论道,"我们可是经过流血斗争才使他得以占有现在的位置的。"但正如纽约《先驱报》所指出的,海斯的行动并不是北部政策的突然改变,而只是在两个州里证实了"多年来他的前任或国会对南部采取的做法"。的确,对重建的放弃既是1876至1877年危机的原因,同时也是这场危机的结果,因为如果当时共和党人仍然愿意为维护黑人的权利对南部进行干预,蒂尔登绝对没有机会赢得整个南部的选票。然而,联邦军队的"撤出"成为联邦政策的一个重大转折点。芝加哥《论坛报》宣布:"(美国)关于黑人问题的长期争议似乎已经达到了终点。""黑人,"《民族》杂志呼应道,"将从国家政治的领域消失。从今以后,作为一个政治民族,这个国家将不再与其有更多的关联。"[34]

除其他的后果之外,1877年标志着联邦国家对一种思想的义无反顾的放弃,这种思想诞生于内战期间,它强调一个强大的国家拥有保护美国公民基本权利的责任与能力。然而,联邦政府并

(接上页) Woodward, "Yes, There Was a Compromise of 1877", *JAH*, 60 (June 1973), 215-223; Vincent P. DeSantis, "Rutherford B. Hayes and the Removal of the Troops and the End of Reconstruction", in J. Morgan Kousser and James M. McPherson, eds., *Region, Race, and Reconstruction: Essays in Honor of C. Vann Woodward* (New York, 1982), 417-450; Clarence C. Clendenen, "President Hayes' 'Withdrawal' of the Troops—an Enduring Myth", *SCHM*, 70 (October 1969), 240-250; 46th Congress, 2d Session, Senate Report 693, pt. 2:108.

[34] William T. Rodenbach to Daniel H. Chamberlain, April 8, 1877, South Carolina Governor's Papers; William Gillette, *Retreat From Reconstruction 1869-1879* (Baton Rouge, 1979), 333, 345-347; Vincent P. DeSantis, *Republicans Face the Southern Question* (Baltimore, 1959), 52; *Nation*, April 5, 1877.

没有在所有的事务上突然变得无能，只有在那些与黑人有关的事务上放弃了责任。对于其他的目的，海斯毫不犹豫地使用联邦国家的强制权力。就在最后一届南部重建州政府被推翻的时候，由前自由民局局长霍华德指挥的联邦军队也正在西部各地对内兹佩尔塞印第安人进行无情的追捕，按联邦命令将他们从俄勒冈州的瓦洛瓦山谷强行迁移。经过长达1700英里的撤退之后，但印第安人在与联邦军队的周旋中所表现出来的勇气和战术技巧在全国民众中赢得了令政府感到尴尬的钦佩，内兹佩尔塞印第安人最终被迫投降，虽然20年来他们的领导人约瑟夫酋长始终不断地向历任总统争取回到他们心爱的俄勒冈家园定居的权利。在霍华德部队中服役的士兵中，有一些在仲夏时分从南部转调而来的士兵，显然他们在南部的职责此时已经结束了。[35]

　　为了保护财产权，联邦政府也不是不愿意使用武力进行干预。在重建结束之后三个月内，海斯政府面临了美国历史上敌意最深的阶级冲突之一——1877年大罢工。从7月16日开始，巴尔的摩和俄亥俄铁路公司的工人在西弗吉尼亚州的马丁斯堡举行罢工，抗议在不到一年的时间内遭遇两次减薪，罢工沿着铁路大干线向西部蔓延，影响到了除新英格兰和南部腹地以外的全国所有地区，并扩展到包括其他行业在内的工人。在匹兹堡，宾夕法尼亚铁路公司的运营中断了，当地的煤矿和钢铁工人举行了同情罢工的活动。民兵从费城被带进来（因为当地的州警拒绝对罢工者采取镇

---

[35] Utley, *Frontier Regulars*, 309–315; *AC*, 1877, 39–40; Clendenen, "Hayes' 'Withdrawal'", 247–248.

压行动),当局从费城调来州警部队,当州警向占领该市铁路交换机的人群开枪并杀死20人之后,愤怒的市民放火把匹兹堡铁路公司的停车场烧了个精光。大火吞没了那里的100多辆机车和2000多节铁路车厢,这些被烧毁的机车和车厢占该公司机车车辆的很大一部分。总罢工也使芝加哥和圣路易斯两城陷入瘫痪之中,并将熟练工人和非熟练工人团结起来,联合提出要求8小时日工作制,恢复经济萧条之前的工资水平,终结童工制,铁路国有化,以及废除准允逮捕失业工人的"流浪汉规定"。在宾夕法尼亚州的无烟煤储藏地区,那里的"工资被削减,降低到那些曾经舒适滋养的家庭开始在痛苦中苦苦挣扎"的水平,大约4万名工人丢掉了他们的工作。[36]

"规模最为广泛、情况最为可悲的工人罢工发生在这个国家,其程度超过了任何其他的国家",正如《民族》杂志描述的,劳工关系的巨变说明,内战和重建多么深刻地重塑了美国的阶级关系。因为铁路已经渗透到许多美国社区,罢工揭示了人们对铁路——新工业秩序的象征和创造者——抱有的深刻敌意。纽约《论坛报》报道说,"所有地方的公众舆论几乎无一不在同情造反的人"。尽管在旧金山的罢工演变成一场反对华工的骚乱,但在其他地方,大罢工铸就了一种伟大的、超越技能水平、族裔和种族分歧的团结精神。在圣路易斯、路易斯维尔和其他城市,集会和游行队伍

---

[36] Philip S. Foner, *The Great Labor Uprising of 1877* (New York, 1977); Robert V. Bruce, *1877: Year of Violence* (Indianapolis, 1959); *Harper's Weekly*, August 11, 1877; David Roediger, "America's First General Strike: The St. Louis Commune of 1877", *Midwest Quarterly*, 21 (Winter 1980), 196-206; *AC*, 1877, 423-431.

中汇集了"白人和有色人种……和其他所有民族血统的人,集合起来在一个崇高的斗争中,共同争取工人的共同权利"。同时,大罢工也揭示了城市中、上层阶级的政治权力和集体意识,他们与市政当局和退伍军人组织一起组成了一支支的"公民民兵"队伍,与罢工者对抗作战。圣路易斯市公共安全委员会组织起一支庞大的私人军队,由两名参加过内战的将军(南部和北部各一名)指挥,对该市的大罢工进行了有效的镇压。路易斯维尔的市政厅基本上被"改造成一个军火库",供那些"有影响力的、富有的公民"从中获得武器,扩充当地的警察队伍。本杰明·哈里森曾在1876年作为共和党人竞选印第安纳州州长,但没有成功,这位未来的总统此时参加了民兵组织,"以便让我能够武装一个连,帮助镇压大罢工"。据一家报纸报道,哈里森身穿内战的军服,在印第安纳波利斯四处走动,看上去"与拿破仑有着惊人的相似之处"。[37]

对劳工抗议的反应突显了内战时代将新的工业资产阶级与共和党和联邦国家联系得多么紧密。当地方政府和中产阶级公民无法恢复秩序的时候,联邦军队就会介入来代替前者的角色。海斯

---

[37] *Nation*, July 26, 1877; *AC*, 1877, 424–427; Foner, *1877*, 37–39; Alexander Saxton, *The Indispensable Enemy: Labor and the Anti-Chinese Movement in California* (Berkeley, 1971), 114; David Roediger, " 'Not Only the Ruling Class to Overcome, But Also the So-Called Mob': Class, Skill, and Community in the St. Louis General Strike of 1877", *JSocH*, 19 (Winter 1985), 212–217, 221–226; Bill L. Weaver, "Louisville's Labor Disturbance, July, 1877", *Filson Club Historical Quarterly*, 48 (April 1974), 179–183. Dearing, *Veterans in Politics*, 217–218; Commission, July 27, 1877, Harrison Papers; Harry J. Sievers, *Benjamin Harrison: Hoosier Statesman* (New York, 1959), 136–139.

任命的内阁成员中包括了政党领袖，但这些人也是公司律师和铁路公司董事会的成员。宾夕法尼亚州铁路公司的总裁托马斯·斯科特在罢工期间可以直接进入白宫。当受到惊吓的州长和遭到围困的铁路管理人员向政府提出动用军队的要求时，海斯既没有对动用军队的要求进行调查，也没有对军队的使用制定明确的指导方针。因此，当联邦士兵被派往从布法罗到圣路易斯的城市时，他们扮演的角色不像是不偏不倚的秩序维持者，而更像是罢工的破坏者，他们的任务是负责开通铁路线，保护没有参与罢工的工人，并阻止工会会议的举行。随着军队的使用突然激增，新的部队被匆忙从南部调来，包括一些直到最近一直守卫着路易斯安那州议会大楼的士兵。到 7 月 29 日，大罢工终于结束了，尽管宾夕法尼亚州的矿工们继续坚持到 10 月，但他们的社区，如同在内战期间一样，因长期遭受联邦军队的占领而备受屈辱。总统在日记中写道："罢工者被武力镇压下去了。"[38]

因此，如果重建时代在 1863 年开启之时尚带有一种国家对黑人自由的承诺，但随之迅速而至的是纽约市街头的阶级和种族敌意的爆发，而在白人至上主义统治在南部得以恢复的同时，撕裂北部社会的冲突对人们发出了更令人惊心动魄的警示。对劳工和资本家来说，大罢工都带来了巨大的长期的后果。两者内部和

---

[38] Philip H. Burch, Jr., *Elites in American History* (New York, 1981), 2:75-77; George F. Howe, ed., "President Hayes's Notes of Four Cabinet Meetings", *AHR*, 37 (January 1932), 286-289; Foner, *1877*, 74-76, 193; Jerry M. Cooper, *The Army and Civil Disorder* (Westport, Conn., 1980), 45-48, 64, 75-79; Clendenen, "Hayes' 'Withdrawal'", 248-250; Williams, ed., *Diary and Letters of Hayes*, 3:440.

之间的阶级意识不断强化,在随后20年里引发了美国见证的最具暴力性的劳资冲突。对于劳工来说,技能工人与非技能工人之间、黑人工人与白人工人之间,展开了前所未有的合作,预示了19世纪80年代劳工骑士团的全面崛起。在貌似体面的中产阶级中,这种社会动荡则进一步强化了精英主义的偏见,而这种偏见早在自由主义的兴起和从重建后撤的过程中就已经十分明显地表现出来。纽约《论坛报》宣称,这次罢工表明,"共产主义"的激进精神已经在国内广为流传,只有"人数众多的、拥有财产的"阶级才能拯救"文明社会"。对于这些观察家来说,大罢工使美国信仰中根深蒂固的信条之一——例外主义的梦想,即美国可以拥有一种没有阶级冲突的资本主义,可以拥有一种没有欧洲式"撒旦般的黑暗工厂"的工业化——受到质疑。《纽约时报》沉重地宣告:"这个国家曾经可以免受长期困扰旧国家的那些社会纷争而尽情享受自己的自由,这样的日子结束了……我们将很快面临一个不受欢迎的事实,即我们需要应对危险的社会因素,而由于我们政治制度的特殊性,这些因素甚至会变得更加危险。"[39]

遭遇社会动乱伤害的还有中产阶级对地方法治机制和力量的信心,因为州警部队不愿意或没有能力去镇压劳工抗议。哈佛大学教授、《北美评论》前主编查尔斯·艾略特·诺顿写道,"公民

---

[39] David Montgomery, "Strikes in Nineteenth-Century America", *Social Science History*, 4 (Winter 1980), 95-97; Richard Schneirov, "Chicago's Great Upheaval of 1877", *Chicago History*, 9 (Spring 1980), 13-17; Gabriel Kolko, *Railroads and Regulation 1877-1916* (Princeton, 1965), 12-14; New York *Tribune*, July 25, 1877; *New York Times*, July 25, 1877.

士兵的说法"已失去了效用,各州的国民警卫队"必须从根本上进行改造",以便能够"为保护生命和财产,以及维持秩序提供一支有效的力量"。1877年之后,各城市重新训练并扩大了警察部队,而地方治安队伍和国民警卫队则变成了专业化的建制,并装备了更现代化的武器。在接下来的四分之一世纪里,动用国民警卫队来解决工业纠纷的次数超过了100次。与此同时,联邦政府并没有在南部建造军火库来保护黑人公民,而是将军火库建造在北方的主要城市里,以确保在随后对付劳工抗议时军队能够方便地加以利用。因此,1877年的劳动动荡标志着国家政治议程的一个根本转向。"巨大的劳工问题使得所有其他的问题都相形见绌……",一位俄亥俄州的共和党人写道。"我们现在有了足够多的令我们操心的内部问题。"查尔斯顿的一家报纸写道,"南部问题"已经"死亡了"——铁路大罢工将"劳工与资本、工作与工资问题"推到了政治的前沿位置。[40]

前总统格兰特离职后在欧洲短暂地享受闲暇,但他发现1877年的事件"多少有点奇怪"。他写道,在他执政的期间,整个民主党和"共和党中那些令人作呕的'诚实派'和'改革派'"认为,雇佣联邦军队来"保护黑人的生命"的做法是极其"可怕的"。然而在此刻,"即便罢工引发的威胁根本就微不足道,但政府竟然会

---

[40] Sara Norton and Mark A. De Wolfe Howe, eds., *Letters of Charles Eliot Norton* (Boston, 1913), 2:69; Sidney L. Harring, *Policing A Class Society: The Experience of American Cities, 1865-1915* (New Brunswick, N.J., 1983), 27, 108-110; Cooper, *Army and Civil Disorder*, 9-13, 44; J. M. Dalzell to John Sherman, July 29, 1877, John Sherman Papers; Charleston *Daily Courier*, July 28, 1877.

毫不犹豫地动用自己的全部权力对其进行镇压"。对当时出现的极具讽刺意味的对比并存现象——在南部实施地方自治，在北部动用军队进行干预——格兰特并不是唯一的注意到这一现象的当代人。"我希望谢里登［将军］出现在匹兹堡，"一位邻居对威廉·劳埃德·加里森二世说道。"是的，"加里森回答说，"但请记住，你当时在新奥尔良是如何谴责他的。"[41]

总之，1877 年证实了共和党中日益增长的保守主义，并预示了联邦国家在重建之后的岁月里将扮演的新角色。例如，联邦各级法院保留了重建时期获得极大扩展的司法管辖权；但它们更多地是利用它们来保护大公司不受地方法规的监管。当然，无论是曾经帮助创建了共和党的人道主义冲动，还是内战和重建产生和发展起来的对平等公民权的承诺，都并没有完全消失。然而，南部问题在北部共和党的政治中所占有的分量持续减弱，对以联邦干预的方式来实施第十四条、第十五条宪法修正案的支持也在持续减弱。1882 年，费城一家报纸承认，黑人在他们生活中的各个方面都面临着不可容忍的不平等，但它的结论是，"联邦政府能够对此进行干预的时间已经过去了，而对他们提供保护此刻会被认为是一种暴政"。次年，最高法院将《1875 年民权法》宣布为违宪。约瑟夫·布拉德利在总统选举委员会的投票使得海斯得以成为总统，但他此刻代表最高法院撰写了多数派判决意见，其中指出黑人必须停止"成为受法律特殊惠顾的人"。唯一持异见的大法

---

[41] David Ammen, *The Old Navy and the New* (Philadelphia, 1891), 537; William Lloyd Garrison II to William Lloyd Garrison, July 24, 1877, Garrison Family Papers, SC.

官是肯塔基州的约翰·马歇尔·哈兰。他警告说,美国已经进入"一个宪法的时代,在这个时代里,自由的权利和美国公民的身份绝不会来自于一个曾经毫不犹豫地为奴隶制提供足够多的保护的国家"。但哈兰一人孤掌难鸣。《民族》杂志指出,全国对这一判决的普遍赞成揭示了内战引发的"奢侈期望"是"如何彻底地消失殆尽的"。[42]

救赎者的新南部

在重建时期,共和党控制着南部政治,黑人享有广泛政治权力,联邦政府承担着保护黑人公民基本权利的责任,但随着海斯的就职,这一时期以不可逆转的方式画上了句号。当然,"地方自治"的到来并没有立即终止变革的进程,或解决由内战引发的社会冲突。但是在1877年后,所有这一切发生在一个新的背景下,南部的统治者在管理该区域的内部事务时享有了极大的自由。1883年,阿肯色州一位以自己著名的祖父命名的种植园主约翰·卡尔霍恩在参议院的一个委员会上表示,将南部"留给我们

---

[42] Harry N. Scheiber, "Federalism, the Southern Regional Economy, and Public Policy Since 1865", in David J. Bodenhamer and James W. Ely, Jr., eds., *Ambivalent Legacy: A Legal History of the South* (Jackson, Miss., 1984), 75-77; Tony A. Freyer, "The Federal Courts, Localism, and the National Economy, 1865-1900", *Business History Review*, 53 (Autumn 1979), 343-363; Philadelphia *Evening Bulletin*, January 11, 1882; John A. Scott, "Justice Bradley's Evolving Concept of the Fourteenth Amendment from the Slaughterhouse Case to the Civil Rights Cases", *Rutgers Law Review*, 25 (Summer 1971), 562-568; Milton R. Konvitz, *A Century of Civil Rights* (New York, 1961), 118-119; *Nation*, October 18, 1883.

自己去管理吧",南方白人可以解决涉及黑人人口的"所有问题"。救赎者们受到的制约有限,联邦干预的可能性变得越来越遥远,为数不多的共和党政治权力基地面临自己的生存困难,占主导地位的民主党内部有可能造成分裂,所以救赎者们在19世纪的最后几十年里采取行动,在南部建立起一套新的政治、阶级和种族关系的体系。新的社会秩序没有立即到位,重建的成就也不可能一夜之间被一笔抹杀。但救赎者统治的严酷现实证实了北卡罗来纳州一位民主党人在重建开始时所预言的:"当刺刀将要离开的时候……注意关注反应。然后,将发生一种底朝天的反转。"[43]

对于南部救赎者的社会起源或政治目的,无法用一句话或一种单一的概念来形容,他们的队伍中包括了曾经支持退出联邦活动的民主党人和亲联邦的辉格党人,邦联的老兵和正在崛起的年轻领导人,还有传统的种植园主,以及现代化新南部的鼓吹者。但他们共同分享一个目标,即彻底瓦解各州的重建政府,削减黑人的政治权力,并根据劳工控制和种族从属体制的需要,重塑南部的法律制度。在南部的大多数州内,他们上任之后,用新的、严重限制政府规模和开支的新文件取代了各州的重建宪法。正如一家报纸所描述的那样,这些救赎者扮演的角色就是一群"禁止的工具",他们降低了州官员的工资,限制了州立法的会期期限,削减了州和地方的财产税,削弱了政府承担财政义务的权力(在佐治亚州和路易斯安那州,州政府只能在需要击退外地入侵或镇

---

[43] *Report of the Committee of the Senate upon the Relations Between Labor and Capital, and Testimony Taken by the Committee* (Washington, D.C., 1885), 2:160, 169; Raleigh *Sentinel*, July 4, 1868.

压叛乱才可以举债借钱），并全部或部分地拒绝支付重建州欠下的债务。宪法还禁止向铁路和其他公司提供公共资金的资助，还有几个州废除了它们的中心教育委员会。[44]

从兑现减少政府成本和减轻财产税负担的选举承诺来判断，救赎者的政府是成功的。密西西比州的民主党人在1875年后的十年里削减了50%以上的州预算，并将先前因欠税而被没收的数百万英亩土地归还给了原地主。（事实证明，消除政府腐败则是更加困难的事情。路易斯安那州的第一位救赎者州财务卿、曾因参与沃姆利酒店谈判而知名的爱德华·伯克居然将州资金100万美元卷走，逃亡去了洪都拉斯。）但南部人并没有平等地从税收和支出削减中获益。在土地税被削减的同时，执照税和人头税也有所上升。佃农并没有从土地财产的减税中获益，自耕农的赋税虽然有所减少，但发现先前曾对某些固定数额的财产予以免税的重建法被新的免税规定所取代，而新的免税物品仅包括种植园使用的机器和工具等特定物品。劳工、佃农和小农场主几乎要为他们所拥有的一切东西——工具、骡子，甚至家具——纳税，而许多种植园主拥有的数以千计的财产却被排除在纳税的范围之外。佐治

---

[44] C. Vann Woodward, *Origins of the New South, 1877-1913* (Baton Rouge, 1951), 1-5, 20, 65, 86-92; Judson C. Ward, Jr., "The New Departure Democrats in Georgia: An Interpretation", *GaHQ*, 41 (September 1957), 228-229; James T. Moore, "Redeemers Reconsidered: Change and Continuity in the Democratic South, 1870-1900", *JSH*, 44 (August 1978), 357-364; Michael Perman, *The Road to Redemption: Southern Politics, 1869-1879* (Chapel Hill, 1984), 172-210; Malcolm C. McMillan, *Constitutional Development in Alabama: 1798-1901: A Study in Politics, the Negro, and Sectionalism* (Chapel Hill, 1955), 202-206, 233-234.

亚州一家共和党报纸哀叹道:"农场主的铲子和犁,以及匠人的锯子和刨子都必须被征税来支持政府的运作……哪一个富人会使用铲子或刨子,指出来给我看看。"因此,税收制度反而显得越来越倒退,因为那些财产最少的人承担着比例最重的税收负担。此外,虽然宅基地免税的规定仍然在书面上得以保留,但新的法律允许房主自愿放弃这一豁免,而有些"鲨鱼店主"(大店铺主)往往拒绝预支耕种需要的物品,除非事先将宅基地划定为抵押物,在作物歉收的情况下,这一安排直接威胁到佃农和小农场主的个人财产和土地财产的安全。[45]

财政紧缩与从承担广泛社会责任的能动主义国家的想法中后撤的行动是同步进行的。佛罗里达州州长乔治·德鲁在1877年向州议会建议说:"除非是绝对必要,否则不要花钱。"议员们牢记他的建议,废除了州的监狱体制,从而节省了25000美元,并放弃了一所几乎已经完工的农学院的建造,导致该州没有任何一所公立或私立的高等院校。亚拉巴马州的救赎者关闭了蒙哥马利和塔拉德加的州立医院,路易斯安那州的公立医院是"如此的经

---

[45] Richard A. McLemore, ed., *A History of Mississippi* (Hattiesburg, 1973), 1:601; Charles Vincent, "Aspects of the Family and Public Life of Antoine Dubuclet: Louisiana's Black State Treasurer 1868-1878", *JNH*, 66 (Spring 1981), 32-33; Allen J. Going, *Bourbon Democracy in Alabama 1874-1890* (University, Ala., 1951), 80-82, 97-98; 44th Congress, 2d Session, Senate Report 704, 137; *The Weekly Sun*, August 6, 1874, clipping, scrapbook, John E. Bryant Papers, DU; Crandall A. Shifflett, *Patronage and Poverty in the Tobacco South: Louisa County, Virginia, 1860-1900* (Knoxville, 1982), 75-83; Wayne K. Durrill, "Producing Poverty: Local Government and Economic Development in a New South County, 1874-1884", *JAH*, 71 (March 1985), 768-769; *Report of Committee on Labor and Capital*, 4:69.

济……乃至为人民提供的州服务几乎全部消失了"。尽管经济萧条的影响挥之不去,但类似的削减影响了对精神病患者、盲人和南部穷人进行救济的拨款项目。南卡罗来纳州的一些黑人通过州土地委员会提供的抵押贷款而获得土地,此刻该州民主党人收紧对信贷归还的要求,从而导致了"黑人定居者的溃败"。公共教育——被一位救赎者州长描述为一种"奢侈品"——受到的打击尤其严重,一些州几乎废除了重建期间建立的州立教育系统。得克萨斯州开始对学校系统实施收费,而密西西比州和亚拉巴马州则取消了全州的学校税,将办学所需的全部资金交由当地社区来承担。路易斯安那州在州立教育上的花费极少,成为美国唯一的本土出生的白人文盲比例在1880至1900年间上升的州。阿肯色州的学校注册人数直到19世纪90年代才恢复重建时期的水平。黑人受教育紧缩的影响最大,花在黑人和白人学生的教育支出的差距持续扩大。[46]

与此同时,救赎者接连采取行动,加强对州政府和地方政府的控制,并削减共和党手中掌握的剩余政治权力。1877年后,各州的政治生活质量差别很大。在边境州和上南部地区,白人共和

---

[46] Woodward, *Origins of the New South*, 60–65; Edward C. Williamson, "George F. Drew, Florida's Redemption Governor", *FlHQ*, 38 (January 1960), 207–208; *Alabama Acts 1874*, 155–156; Joe G. Taylor, *Louisiana Reconstructed 1863–1877* (Baton Rouge, 1974), 508; Howard N. Rabinowitz, *Race Relations in the Urban South 1865–1890* (New York, 1978), 134, 170; Carol R. Bleser, *The Promised Land: The History of the South Carolina Land Commission, 1869–1890* (Columbia, S.C., 1969), 126–133; Nell I. Painter, *Exodusters* (New York, 1976), 46–52; Hair, *Louisiana*, 120–123; Powell Clayton, *Aftermath of the Civil War in Arkansas* (New York, 1915), 232.

党人继续参加投票,"地方自治"的来临对黑人行使选举权的能力几乎没有立即的影响,结果共和党在19世纪90年代仍保持强劲的竞争力。阿肯色州和得克萨斯州是白人选民占多数的产棉州,黑人在救赎后也能继续自由投票。但是在南部腹地,选举舞弊现象十分普遍,暴力威胁对黑人社区的影响十分严重,当地的共和党在1877年后就完全处于崩溃状态。在这里,早在世纪之交黑人被彻底剥夺选举权之前,他们的政治权利就已经逐步遭到侵犯。[47]

南部报纸在1875年宣称,第十四条和第十五条宪法修正案"可能会永远存在;但我们打算……把它们变成法律法规文献中的形同虚设的条文"。尽管尼科尔斯和汉普顿任命了一些黑人担任地方上的一些微不足道的官职,但救赎者做出的尊重黑人宪法权利的承诺,正如一位前奴隶所指出的那样,"就像馅饼皮一样,很容易被戳破"。由于民主党控制了重建期间建立的选举机制,在黑人选民占多数的县里,选票欺诈成为司空见惯的做法。一位路易斯安那州的共和党议员抱怨道:"在投票结束之后,选举才真的开始。"此外,在整个南部,选区被重新划分,旨在减少共和党

---

[47] Gordon B. McKinney, *Southern Mountain Republicans 1865-1900* (Chapel Hill, 1978), 9-10, 63-76; Richard O. Curry, ed., *Radicalism, Racism, and Party Realignment: The Border States During Reconstruction* (Baltimore, 1969), xxv; John W. Graves, "Town and Country: Race Relations and Urban Development in Arkansas 1865-1905" (unpub. diss., University of Virginia, 1978), 109; Lawrence D. Rice, *The Negro in Texas 1874-1900* (Baton Rouge, 1971), 120; George B. Tindall, *South Carolina Negroes 1877-1900* (Columbia, S.C., 1952), 31-36, 43-44; "My Experience in Aspiring to Be a Statesman", manuscript, Ephraim S. Stoddard Papers, Tulane University.

的选票力量。密西西比救赎者将一大部分的黑人人口集中在一个类似于"鞋带"形状、纵贯密西西比河的国会选区内,保证白人在其他5个选区中占有多数。亚拉巴马州将其州内部分黑土地带分成六个独立的选区,以稀释黑人的选票。从里士满到蒙哥马利的城市都重新划分了自己的选区,以确保民主党的控制。威尔明顿市的黑人选区内,包含了该市五分之四的人口,但只能选出三分之一的市议会议员。佐治亚通过一种累积人头税的要求来严格限制黑人投票,这是应罗伯特·特姆斯的坚持通过的一项措施,他宣称他愿意"面对一场30年的战争,让南部彻底埋葬黑人选举权"。[48]

与此同时,救赎者立法机构开始控制最重要的地方公职,因为在种植园县这些公职仍然可能还由黑人选民控制。"这是绝对必要的……,"一位北卡罗来纳州的民主党人写道,"该县的资金应放在多数黑人无法接触到的地方之外。"该州救赎者的回应是将选举县专员和地方治安官的权力移交给州的立法机构,实际上恢复了内战之前的地方政府寡头统治体制。亚拉巴马州对一些特定的黑土地带县也采取了同样的做法。密西西比州民主党人通过要求

---

[48] *CR*, 43d Congress, 2d Session, 1929; 46th Congress, 2d Session, Senate Report 693, pt. 2:435−436; Tindall, *South Carolina Negroes*, 22−23; Hair, *Louisiana*, 21; J. Morgan Kousser, *The Shaping of Southern Politics* (New Haven, 1974), 153, 210−215; Sarah W. Wiggins, *The Scalawag in Alabama Politics, 1865−1881* (University, Ala., 1977), 116; Loren Schweninger, *James T. Rapier and Reconstruction* (Chicago, 1978), 151; Rabinowitz, *Race Relations*, 266−273; W. McKee Evans, *Ballots and Fence Rails: Reconstruction on the Lower Cape Fear* (Chapel Hill, 1967), 167−171; William Y. Thompson, *Robert Toombs of Georgia* (Baton Rouge, 1966), 230.

公职官员提供新的担保金和授权州长替换那些无法筹集必要资金的人，将许多县政府中的共和党官员清洗出局。一些地方也采取了更为暴力的方式来废除共和党的官员——1883年，一群白人暴徒用私刑方式将亚祖市黑人税务员威廉·福特处死。[49]

黑人对公职的担任并没有随救赎的进行而完全中断。少数黑人继续在南部州立法机构中担任议员，为数不多的少数黑人甚至赢得了国会议员的选举。（在进入现代之前，最后一位南部的黑人国会众议员是北卡罗来纳州的乔治·怀特，他于1897年任职至1901年。）黑人仍然在市议会和一些种植园县的次要职位上担任公职，从北卡罗来纳州东部的"第二黑人"国会选区，到南卡罗来纳州低地地区和得克萨斯州的黑土地带，一些保留着真实的黑人权力的飞地依然存在。其中许多担任地方官员的黑人代表了新一代的黑人政治领导力量。他们中间有的是受过法律训练或在新兴的黑人院校学习过的职业人士，有的是正在兴起的黑人中产阶级成员，他们拥有比重建时期的前辈更多的教育和更多的财产。但他们从政的政治环境与共和党统治的时代相比已经发生了深刻的变化。地方官员面对的是带有敌意的州政府，黑人立法者发现自己不可能在民主党当道的立法机构中施加任何影响。与重建时

---

[49] William Eaton to David S. Reid, September 20, 1875, David S. Reid Papers, NCDAH; Paul D. Escott, *Many Excellent People: Power and Privilege in North Carolina, 1850–1900* (Chapel Hill, 1985), 167–170; McMillan, *Constitutional Development in Alabama*, 218; G. C. Chandler to Adelbert Ames, February 27, 1876, Mississippi Governor's Papers, MDAH; Bettye J. Gardner, "William H. Foote and Yazoo County Politics 1866–1883", *SS*, 21 (Winter 1982), 404.

期相比,他们能否为本选区的选民提供服务,不是取决于政治上动员黑人选区的领导力,而更取决于自己与有影响力的白人共和党人之间的关系,或本地显赫的民主党人的善意。[50]

在他们的选举权遭到法律程序的剥夺之前,那些被允许投票的黑人依然勇敢而努力地对南部公众生活施加影响,在共和党存在的地方继续投票支持该党,并表明他们愿意与挑战救赎者统治的其他白人团体结盟。两党之外的独立政党和绿背纸币党在19世纪70年代末和80年代初在南部内陆部分地区蓬勃发展,得到了黑人的大力支持。有的时候,黑人也能分享一些战胜救赎者统治的胜利,虽然很短暂但极为重要。弗吉尼亚州的"税收调节者"运动提议取消部分州债务,从而获得资金来资助教育和其他社会福利项目,这项提议吸引了皮德蒙特和山区白人农场主以及各种植园县的黑人的选票。在令人起敬的铁路企业家威廉·马洪的带领下,税收调节者在1879年横扫全州获得权力。上任后,税收调节者向公立学校投入资金,取消人头税,提高公司税,同时减少对小农场主的税收,并采取行动增强黑人的公民权利和政治权利。

---

[50] Frenise A. Logan, *The Negro in North Carolina 1876-1894* (Chapel Hill, 1964), 25-37; Edward N. Akin, "When a Minority Becomes a Majority: Blacks in Jacksonville Politics, 1887-1907", *FlHQ*, 53 (October 1974), 136-137; Michael B. Chesson, "Richmond's Black Councilmen, 1871-1896", in Howard N. Rabinowitz, ed., *Southern Black Leaders of the Reconstruction Era* (Urbana, Ill., 1982), 191-192; Tindall, *South Carolina Negroes*, 54-64; Rice, *Negro in Texas*, 86-91; Eugene J. Watts, "Black Political Progress in Atlanta: 1868-1895", *JNH*, 59 (July 1974), 286; Joseph H. Cartwright, "Black Legislators in Tennessee in the 1880's: A Case Study in Black Political Leadership", *THQ*, 32 (Fall 1973), 265-266; Carl H. Moneyhon, "Black Politics in Arkansas During the Gilded Age, 1876-1900", *ArkHQ*, 44 (Autumn 1985), 222-233.

从某种意义上说，在19世纪60年代逃脱了激进统治的弗吉尼亚在税收调节者当权的四年里，经历了自己的重建。十年后，一个由平民党人－共和党组成的联盟赢得了北卡罗来纳州的控制权，为该州带来了"第二次重建"，在这个时期，教育经费得以增加，县政府的控制权被重新归还到地方选民手中，黑人的公职担任也得以短暂的恢复。[51]

然而，这些胜利无法掩盖黑人的政治和社会选择在逐渐缩小的事实。的确，在某些领域内，变化来得很慢。重建期间事实上存在的黑白儿童种族分离的教育很快被写入南部的州宪法和法律之中，救赎者废除或无视共和党的民权立法，但南部的种族关系在一段时间内仍然保持一定的灵活性和某种不确定性。从教会仪式到体育赛事，黑人和白人各行其是；19世纪80年代初，北卡罗来纳州一位白人律师评论道："两个种族之间通常相互没有交往。"然而，黑人仍然可以进入剧院、酒吧和一些酒店，并能在一些城市公交车上和铁路交通的客车厢里获得同等座位。种族关系的一套新礼节在救赎者统治下慢慢成形，一种更带有自我节制的日常行为方式取代了重建期间极为明显的黑人自信风格。但一直

---

[51] Kousser, *Shaping*, 11-17, 26-28; Michael Hyman, "Response to Redeemer Rule: Hill Country Dissent in the Post-Reconstruction South" (unpub. diss., City University of New York, 1986); Akin, "When a Minority", 126-127; Lawrence C. Goodwyn, "Populist Dreams and Negro Rights: East Texas as a Case Study", *AHR*, 76 (December 1971), 1435-1456; James T. Moore, "Black Militancy in Readjuster Virginia, 1879-1883", *JSH*, 51 (May 1975), 167-186; Carl N. Degler, *The Other South: Southern Dissenters in the Nineteenth Century* (New York, 1974), 270-304; Escott, *Many Excellent People*, 247-253.

要到19世纪90年代,种族隔离制度才被嵌入南部的法律之中。[52]

然而,在其他领域,变化来得非常快。一旦北部允许南部白人"放开手干",南卡罗来纳州一位作家在1877年年初预言说,他们将"在不实际重新建立个人奴役制的情况下……尽一切可能来限制有色人种的自由"。在整个南部,民主党上台后立即着手改写了法律,加强了种植园主对劳工的控制。范围宽泛的新流民法允许当局逮捕几乎任何没有工作的人,而"反诱惑"法将向已经签订劳工合同的人提供就业机会,或引诱劳工在合同期满之前离开工作的行为,定为一种刑事犯罪活动。法律还禁止在夜间销售棉花种子(即未播种)和其他农产品。作为打击盗窃的手段,这些管制"日落"后活动的措施严重限制了前奴隶的经济权利。"如果一个人犯了罪,他应该受到惩罚,"前黑人国会议员詹姆斯·拉皮尔评论道,"但每个人都应该有权处置自己的财产……我可以用种子种尽可能多的棉花,但法律却禁止我把棉花卖给除地主之外的任何人。"虽然这些新的法律可以追溯到总统重建时代的《黑人法典》,但由于第十四条宪法修正案的缘故,它们在表面上对黑人和白人的影响是同等的。然而,许多法律只适用于黑人人口占多数的县。无论如何,正如田纳西州的一次黑人大会所指出,"依据

---

[52] William P. Vaughan, *Schools for All: The Blacks and Public Education in the South, 1865-1877* (Lexington, Ky., 1974), 70, 100; C. Vann Woodward, *The Strange Career of Jim Crow*, 3rd ed. (New York, 1974), 17-48; Howard N. Rabinowitz, "From Exclusion to Segregation: Southern Race Relations, 1865-1900", *JAH*, 63 (September 1976), 325-350; 46th Congress, 2d Session, Senate Report 693, pt. 1:404; Tindall, *South Carolina Negroes*, 292-294; Charles E. Wynes, *Race Relations in Virginia 1870-1902* (Charlottesville, Va., 1961), 68-78.

这些法律对白人进行惩罚的事情一次也没有发生过，也从不期望会发生。"[53]

与此同时，南部各州的刑法大幅加重了对小偷小摸行为的处罚。由于针对黑人的暴力活动通常不受法律的惩罚（部分原因是旨在镇压三K党的州法已被废除），执法部门的唯一关切似乎集中在对白人财产的保护之上。南卡罗来纳州将纵火定为死罪，规定入室盗窃判处终身监禁，还加大了对盗窃牲畜的刑罚。在北卡罗来纳州和弗吉尼亚州，一位黑人发言人指控说，"如果一个人偷了一只鸡，他们会把他送到监狱"。密西西比州著名的"猪法"将任何涉及盗窃牛或猪的行为界定为大宗盗窃，可被判处高达五年的监禁。"在我看来，"该州一位黑人居民评论道，"白人正尽可能地把他们能抓到的人都投入监狱之中。"这样做的结果之一是罪犯租赁制度的极大扩展。在救赎完成之后的两个月内，南卡罗来纳州的立法机构批准了将本州几乎所有罪犯出租使用的做法，佛罗里达州在废除其监狱制度后也做了这样的决定。铁路、采矿和木材公司以及种植园主为获得这种新型非自愿劳动力队伍而争吵不已，这种劳动力队伍中的绝大多数是因轻罪入狱的黑人。共和党人对这一制度的指控没有错："法院被用来重新奴役有色人种

---

[53] [Townsend] "Political Condition of South Carolina", 192; Alrutheus A. Taylor, *The Negro in Tennessee, 1865–1880* (Washington, D.C., 1941), 137–138; Perman, *Road to Redemption*, 243–244; 46th Congress, 2d Session, Senate Report 693, pt. 2:23, 466–467; Charles L. Flynn, Jr., *White Land, Black Labor: Caste and Class in Late Nineteenth-Century Georgia* (Baton Rouge, 1983), 85, 94–95; Nashville *Union and American*, May 20, 1875.

种族。"[54]

遵循种植园主的利益要求,新法律还对信贷和财产权做了重新界定——两者都是南部乡村经济权力的实质内容。在获得作物分成的秩序方面,留置法赋予地主相对于劳工工资或商人供给更为优先的权利,从而将大部分农业风险从雇主转移到了雇工身上。北卡罗来纳州臭名昭著的《1877年地主与佃户法》将整个作物的控制权都放在种植园主手中,直到地租付清之后,并允许种植园主拥有决定佃户责任何时完毕的全部权力——正如一位前奴隶所抱怨的,这种做法使地主集"法院、治安官和陪审团"的功能和权力于一身。此外,从1872年佐治亚州对阿普林诉奥德姆案的判决开始,一系列的法院判决不再将分成农界定为农业生产中的一个"合伙人",或正在生长的农作物的带有财产权的佃户,而是将他们界定为一个"只拥有到地里去种植、干活和采集作物的权利"的工资劳动者。与此同时,救赎者政府恢复了共和党统治时期曾被终止的一些法律,包括允许用栏杆将开放空地圈围起来的规定(以防止那些没有土地的人拥有牲畜),禁止非法侵入和限制狩猎范围的法律等。为了不引起自耕农人群的敌意,这些法律最初只

---

[54] *Alabama Acts 1875*, 84–85; Alrutheus A. Taylor, *The Negro in South Carolina During the Reconstruction* (Washington, D.C., 1924), 263–264; Perman, *Road to Redemption*, 242–243; 46th Congress, 2d Session, Senate Report 693, pt. 1:130, pt. 3:490–491; Wharton, *Negro in Mississippi*, 237; Gilbert Horton to Blanche K. Bruce, May 16, 1877, Bruce Papers; Tindall, *South Carolina Negroes*, 267; Mildred L. Fryman, "Career of a Carpetbagger: Malachai Martin in Florida", *FlHQ*, 56 (January 1978), 317, 333; Fletcher M. Green, "Some Aspects of the Convict Lease System in the Southern States", in Fletcher M. Green, ed., *Essays in Southern History* (Chapel Hill, 1949), 115–120; *Colored Men, Read! How Your Friends Are Treated!* broadside, July 1876, R. C. Martin Papers, LSU.

适用于黑土地带的县，但最终也蔓延到了内陆地带。亚拉巴马州共和党议员在一份递交给国会的备忘录中抱怨说，这种形式的州权"对于自由劳动社区……的法律条文和精神抱有一种完全敌视的态度"。[55]

此外，黑人被无一例外地排除在执法体制和机制之外。地方警察部队或州民兵队伍中的黑人所剩无几，它们的预算没有受到救赎者财政紧缩的影响。除了在少数地方之外，黑人不再担任南部陪审团的成员。（一位佐治亚州的自由民评论说，黑人的名字似乎被"钉在"了装有陪审员备选人名单的盒子的底部。）而且，如果有必要的话，救赎者州随时准备为控制劳工而使用残酷的暴力。虽然城市工人在重建结束后有时能够有效地组织起来，但乡村劳工的集体行动几乎是不可能的。在19世纪80年代和90年代，南部警察在州民兵的支持下，一次又一次地粉碎了组织农业工人的努力。1887年，路易斯安那州甘蔗种植园的劳工因要求提高工资而举行罢工，导致100多名黑人被州民兵和白人私刑组织所屠杀。四年后，在阿肯色州一场采棉工人的罢工中，有15名领导人被杀

---

[55] Jonathan M. Wiener, *Social Origins of the New South: Alabama 1860–1885* (Baton Rouge, 1978), 98–103; Perman, *Road to Redemption*, 247–251; Joseph H. Taylor, "The Great Migration from North Carolina in 1879," *NCHR*, 31 (January 1954), 26–30; Harold D. Woodman, "Post-Civil War Southern Agriculture and the Law," *AgH*, 53 (January 1979), 319–337; Foner, *Nothing But Freedom*, 61, 66–67; Flynn, *White Land, Black Labor*, 117–121, 131–136; J. Crawford King, "The Closing of the Southern Range: An Exploratory Study," *JSH*, 48 (February 1982), 55–64; Steven Hahn, *The Roots of Southern Populism: Yeoman Farmers and the Transformation of the Georgia Upcountry, 1850–1890* (New York, 1983), 239–268; 43d Congress, 2d Session, Senate Miscellaneous Document 107, 1–4.

害，其中9人是在被捕后被私刑处死的。[56]

所有这些都不应表明救赎者的统治在控制黑人劳动力方面取得了完全成功。单靠法律无法强迫男人和女人有纪律地劳动。在重建结束后的南部，关于"劳动力短缺"的抱怨仍在继续，黑人紧紧抓住从分成制中获得的日常生活中的自主权与空间，并坚持捍卫能在不同种植园之间选择工作的权利（不用说，这是一项在奴隶解放之前不可思议的权利）。但是南部社会阶层之间的权力平衡发生了根本性的变化——重建结束后不久，这一进程就已经显现出来。"自内战以来，"一家纽约的商业杂志在1877年年底报道说，"今年是劳动力处于控制之下的第一个季节。"[57]

救赎者政府的政策不仅重塑了南部的阶级关系，而且影响了19世纪最后四分之一的时间里区域经济发展的进程。部分地因为

---

[56] Philip J. Wood, *Southern Capitalism: The Political Economy of North Carolina, 1880-1980* (Durham, 1986), 25-26, 108-110; Harold D. Woodman, "Postbellum Social Change and Its Effect on Marketing the South's Cotton Crop", *AgH* (January, 1982), 215-230; Howard N. Rabinowitz, "The Conflict Between Blacks and the Police in the Urban South, 1865-1900", *Historian*, 39 (November 1976), 64-65; "List of Expenditures for Arms for Militia", October 9, 1873, Georgia Governor's Papers, UGa; *Report of Committee on Labor and Capital*, 4:616; Thomas W. Kremm and Diane Neal, "Challenges to Subordination: Organized Black Agricultural Protest in South Carolina, 1886-1895", *SAQ*, 77 (Winter 1978), 98-112; Philip S. Foner and Ronald L. Lewis, eds., *The Black Worker: A Documentary History from Colonial Times to the Present* (Philadelphia, 1978-1984), 3:143-242, 367-404; William F. Holmes, "The Demise of the Colored Farmers' Alliance", *JSH*, 41 (May 1975), 187-200.

[57] Wharton, *Negro in Mississippi*, 95-96; Flynn, *White Land, Black Labor*, 9, 72-73, 110-111; Gavin Wright, *Old South, New South: Revolutions in the Southern Economy Since the Civil War* (New York, 1986), 64; New York *Commercial and Financial Chronicle*, in *AC*, 1877, 231.

救赎者的统治，南部出现了一个奇特的混合体——一个极为贫困的殖民地经济栖身于国家资本主义市场之中，但却带有自己独特的、充满压迫性的劳动关系体制。当该地区新的上层种植园主、商人和实业家发财致富的时候，南部黑白两个种族的大多数人却越来越深地陷入贫困之中。

对于南部的自耕农来说，白人至上主义的恢复并没有带来经济上的回报。随着棉花价格下跌和世界需求的停滞不前，棉花种植继续将内陆地区的自耕农逼到了负债累累和降为租赁佃户的境地。到1890年，在佐治亚州的上皮德蒙特地区，只有不到一半的农场是由其农场主自己耕种的。一些自耕农家庭的经济衰退以及另外一些人所直接遭遇的土地丧失，都为迅速扩张的棉纺织业创造了一支同时包括了男人、妇女和儿童的而且人数不断增长的劳动力队伍，内陆地区的大小河流旁边也都布满了新建的棉纺工厂。但是，由于新兴棉纺业对潜在投资者的主要吸引力来自南部的低工资规模和遭遇工人罢工时可以使用罪犯劳动力的便利，它的发展并没有能够遏制席卷内陆家庭的贫困循环。事实上，在新出现的工厂村庄中，救赎者"解决了"一个将在后来困扰其他社会（如20世纪的南非）统治者的问题：即在一个带有严格按种族划分的劳动力市场的社会中，如何建立白人和黑人的低工资制度。[58]

---

[58] Hahn, *Roots of Southern Populism*, 151–169; Grady McWhiney, "The Revolution in Nineteenth-Century Alabama Agriculture", *Alabama Review*, 31 (January 1978), 4; Wood, *Southern Capitalism*, 43; John W. Cell, *The Highest Stage of White Supremacy: The Origins of Segregation in South Africa and the American South* (New York, 1982), 127–130.

乍一看，棉纺织业的扩张似乎预示着一个现代化新南部的到来，随着经济萧条的结束，被吸引到这一区域的北部投资开始大量涌入，"地方自治"得以恢复，这一切更加证实了新南部的开始。这种发展的大部分发生在上南部地区，当地的救赎者与新的创业精英群体的关系最为密切；在棉花州内那些位于皮德蒙特山脉的县里，已经拥有了一支白人工业劳动力队伍。然而，救赎者控制下的经济变革并没有走入一个进步和繁荣的时代，反而将贫困和外部经济控制更加牢固地与该区域锁定在一起。对乡村劳动力的强力控制扼杀了追求农业机械化的动力。随着北部投资大量进入开采企业（如采矿和伐木业），它们对区域发展没有做出持久的贡献，南部乡村人群的贫困阻止了一个具有实质意义的内部市场的兴起，结果证明，经济革命的成就极为有限。经济变化是以零敲碎打的形式进行的，并在一个带有殖民地特性的框架中发生，低税收和本身带有缺陷的救赎者政府允许外部公司剥削南部的资源，允许它们在并不促进该区域发展的情况下重塑其资源环境。南部腹地完全处于停滞不前的状态，其人均收入在 1880 至 1900 年之间完全没有增长，甚至在皮德蒙特地区，工业化的进程仍然没有影响到大部分的乡村地带。到 1900 年时，只有 6% 的南部劳动力队伍在从事制造业的工作。[59]

---

[59] Ronald D. Eller, *Miners, Millhands, and Mountaineers: Industrialization of the Appalachian South, 1880–1930* (Knoxville, 1982), 47–93; Gail W. O'Brien, *The Legal Fraternity and the Making of a New South Community, 1848–1882* (Athens, Ga., 1986), 144–146; Jack P. Maddex, Jr., *The Virginia Conservatives 1867–1879* (Chapel Hill, 1970); Rupert B. Vance, *Human Geography of the South* (Chapel Hill, 1932), （转下页）

一位历史学家将新南部描述为"一片充满凄凉和悲惨的土地，为数不多的几块富裕飞地零零碎碎地点缀其中，但无法将光明带给环绕在它们周围的贫困"。贫困同时困扰着南部的白人和黑人，土地租赁制和压迫性日益增强的留置权制度是区域性的体制，而不只是针对某一种族。但当他们面临一种独特的包括合法的和法外形式的双重胁迫时，黑人更容易受到欺诈，并更难获得替代性的就业机会。上南部地区确实提供了一些不多的机会：矿山、铸铁工厂和烟草工厂等雇用了黑人劳工，越来越多的黑人农民设法获得了自己的土地，尽管这些土地大部分是土质低劣的小块土地，并无法维持一个家庭的生活。但在海湾州，种植园主们能够完全阻止工业发展，而在东南部的产棉州里，不断扩大的纺织劳工队伍的成员仍然完全由白人组成，表明种植园主与工业实业家之间存在着一种理解的默契，即经济发展绝不能威胁到对乡村黑人劳动力的控制。1900年，南部产棉地区的黑人拥有的土地比例要小于重建结束的时候，除了通过每年1月在不同种植园之间变换工作场所的方式来寻求条件的改善之外，其他选择也很少。根据气候和棉花价格的变迁，他们的命运每年都会不同，但很少有黑人农场主能够在经济上保持向上流动，或能够摆脱对白人土地所有者和商人的依赖。随着黑人高等教育的成长和南部城市中种族隔

（接上页）274-280; David R. Goldfield, "The Urban South: A Regional Framework", *AHR*, 86 (December 1981), 1029-1033; Louis Ferleger, "Farm Mechanization in the Southern Sugar Sector After the Civil War", *LaH*, 23 (Winter 1982), 34; Wright, *Old South, New South*, 159-163; Roger L. Ransom and Richard Sutch, *One Kind of Freedom: The Economic Consequences of Emancipation* (New York, 1977), 8-9, 176; Paul M. Gaston, *The New South Creed* (New York, 1970), 203.

离社区的扩张和推动，黑人职业人士和企业家阶层得以缓慢的生长和扩大。但绝大多数的黑人城市居民仍然被局限在从事家政服务和非技能劳动的工作之中。[60]

因此，生活在救赎者的新南部的黑人发现自己被套在一个充满压迫、编织严密的网络之中，其中的经济、政治和社会压迫相互串联并相互强化。在文盲率、营养不良、住房不足和其他一系列负担方面，黑人为重建的结束和南部经济的停滞不前付出了最高昂的代价。"贫穷，"一位观察家在阿肯色州被救赎几年之后评论道，"这个词不足以描述这些人的状况。他们似乎不可能解放自己。"随着政治作为通向权力的途径被消除了，而顽强好斗精神的展示可能会招致压倒性力量的反应，黑人社区中那些雄心勃勃、才华横溢的人转向从其他渠道——教育、商业、教会和专业技能——寻找出路。在重建期间，政治参与、经济自助以及家庭和体制建设联合起来，共同组成一种促进社区进步的连贯意识形态的不同部分。随着重建的结束，这一计划被分割成不同的部分。因为参与更大目标的政治生活的通道被堵死，特别对于新兴黑人

---

[60] Robert L. Brandfon, *Cotton Kingdom of the New South* (Cambridge, Mass., 1967), viii; Allen W. Moger, *Virginia: Bourbonism to Byrd 1870-1925* (Charlottesville, Va., 1968), 79-83; Claude F. Oubre, *Forty Acres and a Mule: The Freedmen's Bureau and Black Landownership* (Baton Rouge, 1978), 178-180; Shifflett, *Patronage and Poverty*, 18-23; Stanley B. Greenberg, *Race and State in Capitalist Development: Comparative Perspectives* (New Haven, 1980), 215-227; Roger Ransom and Richard Sutch, "Sharecropping: Market Response or Mechanism of Race Control", in David E. Sansing, ed., *What Was Freedom's Price?* (Jackson, 1978), 67; W. E. B. Du Bois, *The Negro in Business* (Atlanta, 1899), 7-13, 19-24; Richard J. Hopkins, "Occupational and Geographic Mobility in Atlanta, 1870-1896", *JSH*, 34 (May 1968), 200-213.

中产阶级的成员来说，经济自助成为他们卷入与公共生活的另类选择。"我所有的政治，先生们，"罗利市的一个马房的黑人老板告诉国会委员会说，"就是，如果一个人有 25 美分，我会驾车把他送到城里去。"总体来说，黑人的活动转向社区内部。它采取了一种防御性的姿态，专注于加强黑人社区的内部力量，而不是直接挑战新的现状。[61]

观察改变的可能性缩小的一个指数是移居到非洲或西部的兴趣的恢复。这种想法在重建期间几乎消失。在南部经历救赎之后，大量黑人公开集会和给美国殖民协会写信，表示希望移民，这些举动不像是民族主义意识的高涨，而是反映了黑人对寄托于重建的希望的破灭，以及随白人至上主义的恢复而激起的对未来的深切恐惧。前联邦士兵、路易斯安那州的政治组织者亨利·亚当斯在 1877 年声称，他登记了 6 万多名渴望离开南部的"勤劳工作者"的名字。"这是美国的一个令人感到恐惧的地方，"他从什里夫波特给美国殖民协会写道，"我们的种族付出了劳动却得不到钱，……我们不可能与南部的这些奴隶主生活在一起，享受他们享有的权利。"[62]

---

[61] A. L. Stanford to William Coppinger, November 1, 1877, American Colonization Society Papers, LC; Samuel D. Proctor, "Survival Techniques and the Black Middle Class", in Rhoda L. Goldstein, ed., *Black Life and Culture in the United States* (New York, 1971), 281–285; *Report of Committee on Labor and Capital*, 4:560, 612, 620, 789; 46th Congress, 2d Session, Senate Report 693, pt. 1:245; Elizabeth Bethel, *Promiseland: A Century of Life in a Negro Community* (Philadelphia, 1981), 144.

[62] 46th Congress, 2d Session, Senate Report 693, pt. 2:393–395; Nashville *Union and American*, May 20, 1875; Mose J. Pringle to William Coppinger, May 1, 1876, Isaac Skinner to Coppinger, July 30, 1877, Nicholas Dill to Coppinger, August 11, 1877, Henry Adams to John H. B. LaTrobe, August 31, 1877, Henry Adams to William Coppinger, September 24, 1877, American Colonization Society Papers.

为移居利比里亚组织的最广泛的活动是在南卡罗来纳州进行的。可以理解的是，这一兴趣在哈里森·布伊所称的"埃奇菲尔德的悲惨县"中表现得最为强烈，布伊是一名自由民，当过学校教师和担任过遗嘱验证官。他的许多邻居似乎都认同他的观察，即"有色人种在美国没有家"。黑人律师约翰·马登伯勒向殖民协会转发了一份列有400名潜在移民姓名的名单，这些人都已经整装待发，接到通知后可以立即启程。马登伯勒的"殖民者"包括了从婴幼儿到80岁高龄、从劳工到工匠和教师等职业不同的人，一方面体现了重建留下的持久性成就（因为几乎所有人都是有家庭的成员，许多父母也指出他们的孩子已经学会了读写），另一方面也表现了随救赎而来的痛苦的幻灭。1878年4月，一艘名为"亚速尔"的轮船离开查尔斯顿前往非洲。轮船是由黑人经营的利比里亚殖民合股轮船公司租用的，它载着200名南卡罗来纳州的黑人，其中包括布伊和亨利·特纳牧师，特纳在佐治亚州经历过重建，根据经验，他相信美国白人永远不会允许他的人民"摆脱农奴地位的状态"。他为该船的开航做了祈祷仪式。[63]

尽管人们对移民利比里亚普遍感兴趣，但很少有黑人真正前往非洲，而像哈里森·布伊这样去了非洲的人不久之后就又返回来了。财政紧缺是原因之一，美国殖民协会和联邦政府都没有听

---

[63] Nelson Davis to William Coppinger, August 23, 1877, Samuel J. Lee to Coppinger, September 19, 1877, Jasper Smith to Coppinger, October 5, 1877, J. J. Russell to Coppinger, October 15, 1877, Harrison N. Bouey to Henry M. Turner, May 23, 1877, John Mardenborough to William Coppinger, April 30, June 6, 1877, American Colonization Society Papers; Tindall, *South Carolina Negroes*, 154-160; Edwin S. Redkey, ed., *Respect Black: The Writings and Speeches of Henry McNeal Turner* (New York, 1971), 42-43.

从向移民预支资金的呼吁,殖民合股轮船公司也很快破产了。但它也反映了一个事实,即大多数黑人并没有准备放弃他们对公民身份和平等权利的要求。1877年,布兰奇·布鲁斯参议员的一位通信人写道:"我们现在不是非洲人,而是有色人种美国人,我们拥有美国公民身份。"如果黑人不能"在白人中间"享有这种地位,那么政府应该划出"一个州或一片领土"来让他们定居。尽管国会并没有兴趣来做这样的事,整个南部的黑人则在19世纪70年代末开始呼吁进行一场国内的"移民"活动。一群密西西比自由民提议集体迁徙到新墨西哥州或亚利桑那州去居住。北卡罗来纳州的黑人散发了小册子,描述根据联邦宅地法可以在内布拉斯加州获得的可用土地。但最大的兴趣则集中在堪萨斯州,最终,堪萨斯成为数以万计来自"压迫和束缚"之中的难民的目的地。[64]

包括弗雷德里克·道格拉斯在内的全国知名黑人领袖对移民堪萨斯州的运动表示反对,他们担心这样做等于默许对南部争取公民权斗争的放弃。但这一运动在普通黑人中引起了极大的兴奋。他们给它起的名字——出埃及记——表明它与深刻的宗教信仰密切相连。1874年,在民主党获得亚拉巴马州的胜利之后不久,蒙哥马利的一个黑人大会宣布,自由民可能会被迫"重复以色列人的历史"和"在超越法老统治和管辖之外的地方……寻找新的家园"。对无数黑人来说,堪萨斯提供了一个包括政治平等、免于暴

---

[64] William J. Simmons, *Men of Mark: Eminent, Progressive and Rising* (Cleveland, 1887), 953-954; Tindall, *South Carolina Negroes*, 160-161; L. W. Ballard to Blanche K. Bruce, November 2, 1877, C. A. Sullivan to Bruce, October 1, 1877, Bruce Papers; Taylor, "Great Migration", 23-24; Painter, *Exodusters*, 191.

力、接受教育的机会、经济机会和从旧奴隶阶级的继续存在中获得解放的前景——总而言之，重建未能确保"实际的独立"。那些推动这项运动的人（包括由前奴隶本杰明·"帕普"·辛格尔顿组织的一家房地产公司）散发的石版画，描绘黑人农场主为成群牲畜和富饶的五谷环绕的景象，甚至还包括黑人在开放的牧场套水牛的画面。很少有移民在堪萨斯州找到了这种田园诗般的生活景象。大多数人因缺乏资金或从事平原农业生产的经验，最终定居在该州的城镇中，干着报酬低微的无技能工作。但很少有人因为过于失望而返回南部。用一位积极参与运动的牧师的话，"我们宁可受苦但拥有自由"。[65]

在北部雇主们废除将几乎所有工业职位限制在白人范围内的种族限制之前，绝大多数黑人注定要留在南部。然而，堪萨斯移民运动不仅揭示了随重建结束而来的幻灭，而且证明了这样一个事实，即黑人在表面的沉默并不意味着他们对救赎者霸权的同意。"我们前面没有敌人"，密西西比州的卢修斯·拉马尔在海斯就职后不久评论道。"但是，黑人在沉默和无所作为的时候，几乎与以前他们积极进取的时候一样，始终是有纪律的。"在黑人眼里，救赎者打造的整个体制都带有非法性的标志。南部法院对犯罪行为的审判在黑人社区中几乎没有任何惩戒意义。田纳西州一位编辑

---

[65] Painter, *Exodusters*, 108–115, 142, 178–180, 247–250; 46th Congress, 2d Session, Senate Report 693, pt. 2:118, 243–244, 252, 400, 528, pt. 3:379; John M. Langston, *Freedom and Citizenship* (Washington, D.C., 1883), 238; Morgan D. Peoples, " 'Kansas Fever' in North Louisiana", *LaH*, 11 (Spring 1970), 127–128; Robert G. Athearn, *In Search of Canaan: Black Migration to Kansas, 1879–1880* (Lawrence, Kans., 1978), 69–75, 81, 255–278; Rice, *Negro in Texas*, 202–204; 46th Congress, 2d Session, Senate Report 693, pt. 1:90.

评论说:"曾在监狱里关押过的有色人种,出狱后和同伴们一起生活,并没有受到任何侮辱或社会耻辱。"事实上,另一个白人说,许多人"反而因此变成了名人"。新南部的政治制度也没有赢得黑人的尊重。"我们没有代表权却被征税……",联邦军队的老兵、前亚拉巴马州议会议员查尔斯·哈里斯写道:

> 我们遵守法律;但其他人制定法律。我们支持州的教育机构,但这些机构的大门基本上对我们是关闭的。我们支持精神病院和医院,但我们的病人、聋子、哑巴和盲人却在门口遭遇令人尴尬的区分和极不公正的歧视……从这些和许多其他的压迫之中……我们的人民渴望自由。

1879 年,在约瑟夫·雷尼 9 年国会生涯的最后一天,他对救赎者的统治发表了一段极为恰当的评论:"毫无疑问,[重建时期的政府]要更加奢侈一些……[但是]节省下来的几十万或几千万美元可以弥补美国公民在政治遗产方面的损失吗?"正如在奴隶制下一样,生活在救赎者统治的新南部的黑人,从未对他们被迫生活在其中的社会秩序的公正性予以认可。[66]

---

[66] Lucius Q. C. Lamar to William H. Trescot, July 24, 1877, William H. Trescot Papers, USC; Edward L. Ayers, *Vengeance and Justice: Crime and Punishment in the Nineteenth-Century American South* (New York, 1984), 178–179; Steven V. Ash, *Middle Tennessee Society Transformed, 1860–1870: War and Peace in the Upper South* (Baton Rouge, 1987), 221; Charles Harris to William Coppinger, August 28, 1877, American Colonization Society Papers; *CR*, 45th Congress, 3d Session, Appendix, 267.

结 语

"大河有弯道"

这样,用杜波伊斯的话来说,"奴隶们获得了自由,在阳光下短短地待了一会儿,然后又被推回到奴隶制之中"。救赎者发动的反革命的规模既凸显了重建所带来的变革的范围,也彰显了重建失败所带来的后果。当然,奴隶解放和共和党统治的时代并不缺乏影响力久远的成就。变革的浪潮在高涨之后会退潮,但它留下了一个被改变了的景观。自由民享有的政治和公民平等虽然是短暂的,但独立自主的黑人家庭生活以及一个由宗教和社会组织构成的网络在重建结束之后得以幸存。重建时代播下的教育进步的种子也不可能被完全根除。虽然救赎者统治下的中小学教育对两个种族的学生来说都是完全不足的,但在黑人被彻底排除在得享公共服务之外的日子里,它的确是一个卓越的进步。[1]

如果说黑人未能获得内战后曾设想的经济独立,但相对于救赎者的新南部而言,重建杜绝了那些更具压迫性的替代经济形式

---

[1] W. E. B. Du Bois, *Black Reconstruction in America* (New York, 1935), 30; Howard N. Rabinowitz, *Race Relations in the Urban South 1865–1890* (New York, 1978), 152.

的出现。重建之后的劳动力体制既没有回到内战前那种被严密监管的结队劳动形式，也没有采用1865和1866年南方白人所设想的那种方式，即对黑人劳动力进行彻底的占有和行动控制，并辅之以强制学徒制的羁绊。黑人也没有像20世纪的南非那样被禁止成为国家公民，或被法律禁止从国内的一个区域迁移到另一个区域去居住。黑人土地拥有者、商人和职业人士的人数不多但始终在持续增长，这表明，经济机会的大门一旦被打开，便永远无法被完全关闭。此外，如果没有重建，很难想象一个关于公民法律权利的框架会得以建立并得到联邦宪法的尊奉，这个权利框架虽然在1877年后仍然被公然违反，但却为后来联邦干预南部事务创造了一个体制工具。重建是一次史无前例的对美国政体的重新界定，它的结论之一便是将南部的种族制度限定为一种区域性而非全国性的体制，当经济机会最终在北部得到开放的时候，这一结论将产生重要的结果。

然而，无论是以奴隶解放所激发的梦想，还是以更有限的目标——确保黑人作为公民和自由劳工的权利，以及在南方建立一种持久的共和党力量——来衡量，重建只能被判定为一场失败。在大量针对这一结果的历史解释中，有几条显得格外重要。事件的发展远远超出南部共和党所能控制的范围——联邦信贷和银行体系的内在本质、19世纪70年代的经济萧条、世界市场对棉花需求的停滞不前——这些都严重地阻止了对影响深远的经济改革前景的展望。联邦政府在重建初期拒绝支持土地改革，导致一个种植园主阶级得以保存，它虽然比起战前来脆弱了许多，也不如从前那样富裕，但仍然能够将其威望与经验投入对重建的反对之中。派系主义和腐败虽然并不仅限于发生在南部共和党人的身上,但却损害了后者声称的合法性,并使他们难以有效地回应来自意志坚定的反对者所发起的攻击。共和党人也未能发展出一套吸引白人选民的有效策略,致使他们在反击救赎者的种族政治时倍感困难。然而,如果没有暴力活动的配合,上述一切都不可能成为具有决定性的因素,暴力活动改变了南部许多地方的选举结果,削弱了北部的决心,而北部决心的减弱本身也是社会和政治变化的一个结果,正是这些变化破坏了位于重建政策核心地位的自由劳动和平等原则。

对于历史学家来说,后见之明也有可能会是一个不可信赖的盟友。它可以帮助我们追溯过去事件的隐秘模式,但它也会用必然性的幻觉来迷惑我们,令我们假设在可能性限度之外还存在着某种不同的结果。可以肯定的是,其他的种植园社会的历史并没有提供许多能够让我们感到乐观的理由,即奴隶解放一定会带来一个繁荣而平等的南部,或一个摆脱了殖民地不发达模式的新社会。回想起来,扩大南部本土白人支持力量的前景——这是保证南部共和党能够在当地长存的根本——看上去几乎是完全无望的。在山区和战时联邦派的飞地之外的地区,内战时期那一代南部白人总是可能将共和党视为一种外来的、象征内战失败和黑人平等的化身。此外,联邦国家不仅缺乏意志同时也缺乏一种现代官僚机制来对南部事务施行一种永久性的监管。也许,重建的不同寻常之处不是因为它失败了,而是因为它曾被企图付诸实践,以及它何以能够尽可能地存活如此长的时间。然而,我想,人们尽可想象其他的结果和适度的成功:共和党将自己确立为南部政治景观中的一种永久性体制,北部凝聚起一种为保证宪法得到尊重的决心。正如税收调节者统治下的弗吉尼亚州和由平民党-共和党人联盟控制下的北卡罗来纳州的经验所显示的,即便在救赎时代,黑白双种族混合政治的可能也没有被完全封死,由此引发的问题是,如果在19世纪80年代当平民党运动席卷南部白人县的时候,南部腹地的黑人仍然享有真正的政治自由,那南部的生活将会受到何种影响。

然而,此刻我们就进入一种纯粹的猜测之中。唯一可以确定的是重建的确失败了;对于黑人来说,重建的失败是一场灾难,其规模是无法被它得以延续的真实成就所掩盖的。对于整个美国来说,重建的崩溃是一场悲剧,深刻地影响了国家未来发展的进程。如果种族主义导致了重建的失败,同样,重建的死亡和黑人作为一个被剥夺了选举权、具有依附性的劳工阶级的出现,则极大地加速了种族主义的进一步扩张与蔓延;这种情形一直延续到20世纪初,自废奴运动开始或在我们整个历史上,种族主义比以往都更加深刻地嵌入美国的文化与政治之中。将美国劳动阶级人口的相当一部分人从公共生活中排斥出去,导致了美国政治的重心向右偏移,从而使今后数代改革者的任务变得更加复杂。在进入20世纪许久之后,南部仍然是一个一党州的区域,处在一个反动的统治精英阶层的控制之中,后者同时使用暴力与选举欺诈,而两者也正是当年用来击败重建和压制异见的手段。重建失败带来的一个持续结果是,坚固的南部帮助界定了美国政治的轮廓,不仅限制了在种族问题上进行改革的前景,而且也削弱了在其他许多领域中争取进步主义立法的可能与想象。

重建结束之后，那些曾经率先为重建南部社会而冲锋陷阵的男男女女则分道扬镳，四处散落。有些人通过联邦恩惠制任职来维持生计。马歇尔·特威奇尔在遭遇1876年几乎令他丧命的谋杀之后，十分不幸地失去了双臂，后被任命到美国驻加拿大安大略省金斯敦领事馆担任领事，于1905年在那里去世。路易斯安那州的选举委员会曾经做出决定使海斯最后得以当选，该委员会成员的亲友中有50人获得了在新奥尔良海关总署的职位，斯蒂芬·帕卡德放弃了他对州长一职的坚持，但获得了美国驻英国利物浦领事的职位作为补偿。约翰·伊顿曾在内战期间为格兰特将军协调自由民事务，随后在田纳西州重建中发挥了积极作用，1870至1886年一直担任联邦教育专员，当美国在美西战争夺得波多黎各之后，他在那里创办了公立学校体系。大部分的提包客政治人物最终都返回北部，在当地找到了他们在南部未能获得的经济成功。戴维斯·蒂尔森在内战之后曾任佐治亚州自由民局的负责人，回到北部后在缅因州的花岗岩生意中赚了一大笔钱。南卡罗来纳州前州长罗伯特·斯科特回到俄亥俄州拿破仑市之后，成为当地一名极为成功的地产商人——鉴于他曾经参与了土地委员会的投机活动，这对他来说是"最合适的职业"。他的继任者是南方佬富兰克林·摩西，其命运就不那么幸运，摩西漂泊到了北部，因轻罪被判处监禁，1906年在马萨诸塞州的一间寄宿屋中去世。[2]

---

[2] Ted Tunnell, *Crucible of Reconstruction: War, Radicalism, and Race in Louisiana 1862–1877* (Baton Rouge, 1984), 209; William I. Hair, *Bourbomsm and Agrarian Protest: Louisiana Politics 1877–1900* (Baton Rouge, 1969), 20; Frank B. Williams, "John Eaton, Jr., Editor, Politician, and School Administrator", *THQ*, 10 (December 1951),（转下页）

那些曾通过争取白人民主党人的选票和限制黑人的政治影响而赢得了温和派名声的共和党州长们,感受到救赎者政府对他们的极大宽容。亨利·沃莫思成为一位成功的甘蔗种植园主,一直居住在路易斯安那州,直至1931年去世。詹姆斯·阿尔科恩返回他的密西西比种植园中,"以国王的风格来主持德尔塔地带的一方领地",同时担任不同类型的地方职务。他依然保持着共和党人的身份,但对一位北部来的访客说,民主党的统治在黑白种族之间产生了"良好的友谊"。即便是曾被指责贪得无厌而不得不逃离而去的鲁弗斯·布洛克不久也重新进入亚特兰大的社交圈子,出任该市商会的会长。丹尼尔·张伯伦于1877年离开了南卡罗来纳州,在纽约市开启了十分成功的律师生涯,他多次返回南卡罗来纳州访问,每次都得到体面的接待。在回首往事的时候,张伯伦改变了他当初对重建的看法:这是一次"可怕的实验",企图将"一个落后或低等种族提升"以实现政治平等,它自然产生了"令人震惊和难以忍受的恶政"。一家查尔斯顿的报纸评论道:"张伯伦州长在其中生活过并从中汲取了教训。"[3]

(接上页) 292; William C. Harris, *Day of the Carpetbagger: Republican Reconstruction in Mississippi* (Baton Rouge, 1979), 717–720; Paul A. Cimbala, "The 'Talisman Power': Davis Tillson, the Freedmen's Bureau, and Free Labor in Reconstruction Georgia, 1865–1866", *CWH*, 28 (June 1982), 171; Carol Bleser, *The Promised Land: The History of the South Carolina Land Commission, 1869-1890* (Columbia, S.C., 1969), 57; Francis B. Simkins and Robert H. Woody, *South Carolina During Reconstruction* (Chapel Hill, 1932), 545.

[3] Richard N. Current, *Three Carpetbag Governors* (Baton Rouge, 1967), 41; interview with James L. Alcorn, Southern Notebook B, Frederic Bancroft Papers, Columbia University; Alan Conway, *The Reconstruction of Georgia* (Minneapolis, 1966), 211–214; William McKinley to Rufus Bullock, November 13, 1893, Rufus Bullock Collection, HL; Simkins and Woody, *South Carolina*, 544; Daniel H. Chamberlain, "Reconstruction in South Carolina", *Atlantic Monthly*, 87 (April 1901), 476–478; Charleston *News and Courier*, August 1, 1904.

然而，并非所有的共和党人都放弃了重建的理想。1890年，一群改革者、慈善家和宗教领袖参加了莫洪克湖黑人问题讨论会，会议由前总统海斯主持。会议提出了一系列建议，包括黑人应回避政治参与，专注争取教育和经济的进步，并致力于改正自己的性格缺陷，但此刻已经再度回到北部生活的前北卡罗来纳州法官阿尔比恩·图尔吉表达了一种不甚和谐的声音。其实没有什么"黑人问题"，图尔吉说，而是有一个"白人"问题，因为"所有的仇恨、压迫和不正义都源自我们这一边"。次年，图尔吉组建了全国公民权利协会，这是全国有色人种协进会的前身，存活的时间不长，但专注于对各种影响南部黑人的不公正现象提出挑战。阿德尔伯特·阿姆斯1875年离开密西西比州，回到明尼苏达州，加入他父亲经营的面粉加工厂商业中，后来又移居到马萨诸塞州定居，他一直坚持捍卫自己的重建政绩。1894年，他对布朗大学校长本杰明·安德鲁斯写作的密西西比州重建史提出批评；安德鲁斯在书中提到，在阿姆斯任州长期间，他导致了2000万美元的债务的产生。阿姆斯指出，真实的债务数字是那个数额的3%，安德鲁斯何以在书写"一个2000万美元的陈述中犯下了一个1950万美元的错误"，这令他难以理解。阿姆斯一直活到98岁，从未放弃过"等级制就是世界的诅咒"这一信念。另外一名密西西比州的提包客政治人物是出生在马萨诸塞州的亨利·沃伦，他是一名教师和州立法机构的议员，1914年出版过自传，仍期待着有一天，"可能在本世纪"，美国能够实现自己宣称的"不分种族人人享有平等政治权利"的理想。[4]

　　对有些人来说，重建的经验成为他们终身参与社会改革事业的一个跳板。路易斯安那州山地的韦恩教区的白人选民在选举中持续地表现了他们的激进主义，他们在19世纪80年代支持平民党人，在1912年支持社会主义党，后来又投票支持本州之子休伊·朗的竞选。在开拓自由民教育事业的女性老战士中，科妮莉亚·汉考克创办了费城儿童援助社，阿比·梅在马萨诸塞州妇女选举权运动中表现突出，艾伦·柯林斯将注意力转向纽约市住房改革运动，约瑟芬·肖·洛厄尔成为劳工运动的支持者，也是纽约消费者联盟的主要创始人。路易斯·波斯特是新泽西出生的提包客，19世纪70年代曾在南卡罗来纳州州立法机构担任速记员，她后来变成亨利·乔治的追随者，参加过全国有色人种协进会的创始会议，担任过伍德罗·威尔逊的助理劳工部长，并试图减轻1919年恐红运动中打击异见思想的严厉程度，阻止对外国出生的

---

[4] Isabel C. Barrows, ed., *First Mohonk Conference on the Negro Question* (Boston, 1891), 10-28, 108-110; Otto H. Olsen, *Carpetbagger's Crusade: The Life of Albion Winegar Tourgée* (Baltimore, 1965), 312; Harris, *Day of the Carpetbagger*, 721; Adelbert Ames to John R. Lynch n.d. [1914] (draft), Ames Family Papers, SC; Ames to E. Benjamin Andrews, May 24, 1895 (copy), Ames to R. H. DeKay, October 22, 1923 (copy), Adelbert Ames Papers, MDAH; Henry Warren, *Reminiscences of a Mississippi Carpetbagger* (Holden, Mass., 1914), 87-90. 1901年纽约联盟俱乐部的一个委员会举行会议，商讨如何解决因"白人和有色人种仆人的不和谐"而对会员造成的"烦恼"问题，40年前，该俱乐部曾竭尽全力推动废奴隶解放、征召黑人士兵入伍、黑人选举权等。现在，委员会建议解雇俱乐部的所有黑人仆人。一群"老家伙"在韦杰·斯韦恩的带领下，说服全体会员推翻这一决定，理由是"这种行动违背了本组织的所有传统"。斯威恩曾担任重建时期亚拉巴马州自由民局的负责官员，随后在纽约成为一名成功的大公司律师。*New York Times*, April 25, 1901, December 19, 1902.

激进分子的驱逐。得克萨斯的南方佬编辑阿尔伯特·帕森斯成了全国知名的芝加哥劳工改革者和无政府主义者,他的演讲将南部黑人和北部产业工人面临的困境、将基于奴隶制之上的贵族统治和基于对产业工人剥削之上的新寡头统治进行比较,前者已经被内战摧毁,但后者正是内战帮助催生的结果。帕森斯在得克萨斯的重建中得以幸存,但因在1886年秣市广场爆炸案被误判犯有共谋罪而被送上了伊利诺伊州的绞刑架。[5]

与他们的白人同伴一样,许多重建时期的黑人老战士在"地方自治"来临之后也是依靠联邦恩惠制任职得以维持生计。平奇贝克与布兰奇·布鲁斯曾担任过一系列的职位,后来移居到哥伦比亚特区华盛顿居住,最终成为该市享有特权的黑人上流社会的成员。理查德·格林纳在重建时期曾是南卡罗来纳大学的一名教授,将自己的法律、新闻和教育生涯的背景与不同的政府任职结合起来,包括曾前往符拉迪沃斯托克短暂地担任美国的商务代理。罗伯特·斯莫尔斯在低地地区建构的政治机器因剥夺黑人选举权运动而遭到破坏,此后他一直担任博福特港海关总署署长,并于1915年在那里去世。米夫林·吉布斯担任过许多不同的职务,从小石城土地办公室的登记员到美国驻马达加斯加的领事等。其他

---

[5] John M. Price, "Slavery in Winn Parish", *LaH*, 8 (Spring 1967), 146; Allis Wolfe, "Women Who Dared: Northern Teachers of the Southern Freedmen, 1862–1872" (unpub. diss., City University of New York, 1982), 195–198; Dominic Cadeloro, "Louis Post as a Carpetbagger in South Carolina: Reconstruction as a Forerunner of the Progressive Movement", *American Journal of Economics and Sociology*, 34 (October 1975), 423–432; Paul Avrich, *The Haymarket Tragedy* (Princeton, 1984), 13–25; Philip S. Foner, ed., *The Autobiographies of the Haymarket Martyrs* (New York, 1969), 27–36.

的黑人领袖则完全离开了政治舞台，投身于宗教和教育事业，移民项目或者个人发展领域。罗伯特·菲茨杰拉德继续在北卡罗来纳州任教，直到1919年去世；孟菲斯的爱德华·肖专注于黑人共济会和非洲人卫理公会的活动；理查德·凯恩在得克萨斯州韦科市担任一所黑人大学的校长；弗朗西斯·卡多佐则成为华盛顿特区一所高中的校长。亚伦·布拉德利是佐治亚沿海地区自由民的激进代言人，积极参与推动移民堪萨斯的运动，于1881年在圣路易斯去世；而亨利·特纳在1880年成为非洲人卫理公会的主教，是19世纪末最为显赫的推动黑人移居非洲运动的倡导者。前亚特兰大市议会议员威廉·芬奇成了一名生意兴隆的裁缝。亚拉巴马州众议员耶利米·哈拉尔森前往科罗拉多州从事煤矿开采，据说他在那里"遭到野兽的攻击而死"。[6]

其他的重建领袖人物的经历则不同，用一位黑人律师的话来

---

[6] Joel Williamson, *New People: Miscegenation and Mulattoes in the United States* (New York, 1980), 148; Vernon L. Wharton, *The Negro in Mississippi 1865–1890* (Chapel Hill, 1947), 161; Allison Blakeley, "Richard T. Greener and the 'Talented Tenth's' Dilemma", *JNH*, 59 (October 1974), 307–309; Okon E. Uya, *From Slavery to Public Service: Robert Smalls 1839–1915* (New York, 1971), 152–155; Tom W. Dillard, "Golden Prospects and Fraternal Amenities': Mifflin W. Gibbs' Arkansas Years", *ArkHQ*, 35 (Winter 1976), 313–317; Pauli Murray, *Proud Shoes* (New York, 1956), 275; Lester C. Lamon, *Blacks in Tennessee 1791–1970* (Knoxville 1981), 27; William J. Simmons, *Men of Mark: Eminent, Progressive and Rising* (Cleveland, 1887), 430, 867; Joseph P. Reidy, "Aaron A. Bradley: Voice of Black Labor in the Georgia Lowcountry", in Howard N. Rabinowitz, ed., *Southern Black Leaders of the Reconstruction Era* (Urbana, Ill., 1982), 300; Edwin S. Redkey, *Black Exodus: Black Nationalist and Back-to-Africa Movements, 1890–1910,* 24; Clarence A. Bacote, "William Finch, Negro Councilman and Political Activities in Atlanta During Early Reconstruction", *JNH*, 40 (October 1955), 363–364; Virginia Hamilton, *Alabama* (New York, 1977), 78.

说，"木秀于林，风必摧之"。前南卡罗来纳州国会议员、副州长阿朗佐·兰西尔1882年死于贫困之中，他在生命的最后几年受雇于查尔斯顿海关总署的守夜人，还当过该城的清洁工人。罗伯特·埃利奥特曾经是南卡罗来纳州最出色的政治组织家，他发现自己"面对政治对手的处处打压和卑鄙的偏见，完全无法谋生"。他后来迁往新奥尔良居住，以当律师勉强维持生活，于1884年去世。詹姆斯·拉皮尔将自己的财富分散在黑人学校、教会和移民组织中，他于1883年去世时身无分文。大多数地方领袖后来都默默无闻，完全从历史记录中消失了。尽管他们的有些子女获得了荣誉，但重建时代的黑人官员中没有人创造出一个家族式的政治王朝——这说明救赎如何中断了南部黑人政治领导层的发展。如果他们的后代得以向前迈进，那是通过商业、艺术和职业生涯。纽约《时代》的编辑托马斯·福琼是佛罗里达官员伊曼纽尔·福琼的儿子；哈莱姆文艺复兴运动的作家琼·图默是平奇贝克的孙子；著名爵士乐钢琴家弗莱彻·亨德森的爷爷曾经参加过南卡罗来纳州制宪大会，并担任过该州的州立法机构的议员。[7]

---

[7] "Ridout and Thompson" to William Coppinger, May 29, 1877, American Colonization Society Papers, LC; Terry L. Seip, *The South Returns to Congress: Men, Economic Measures, and Intersectional Relationships, 1868–1879* (Baton Rouge, 1983), 28; Peggy Lamson, *The Glorious Failure: Black Congressman Robert Brown Elliott and the Reconstruction in South Carolina* (New York, 1973), 270–287; Robert B. Elliott to John Sherman, June 23, 1879, John Sherman Papers, LC; Loren Schweninger, "James T. Rapier of Alabama and the Noble Cause of Reconstruction", in Rabinowitz, ed., *Southern Black Leaders*, 94; Darwin T. Turner, ed., *The Wayward and the Seeking: A Collection of Writings by Jean Toomer* (Washington, D.C., 1980), 22–25; Henry L. Suggs, ed., *The Black Press in the*(转下页)

世纪之交时,当南北士兵在美西战争中携起手来、共同承担"白人的负担"时,人们已经普遍将重建视为联邦走向团聚路上的一段令人感到遗憾的弯路。对大多数南部白人来说,重建是一个"野蛮暴政"的时代,"既没有取得任何有用的成果,也没有留下任何愉悦的记忆",这样的评价已经成为一种公认的结论。约瑟夫·勒康特为了避免教授黑人学生,离开南卡罗来纳州,到加州大学去当教授,他此刻写道,黑人选举权被所有"有思想的人"认为是"人类犯下的最大的政治罪行"。许多北部人,包括幸存的重建政策的设计师们,也同意这样的判断,但他们的用词显得更为冷静。"多年的思考和观察"令霍华德确信,"将土地归还给种植园主为黑人提供了一个更好的未来"。约翰·谢尔曼的回忆录也记录了类似的心路历程的转变:"经过这个漫长的时段,我确信约翰逊先生的重建计划是明智的和中肯的……遗憾的是它没有得到国会的支持。"[8]

因为有专业历史学家群体的参与——这将是本国历史学界的一种永久性耻辱——重建历史的改写被赋予了一种学术上的合法性。20世纪初,一群来自南部的年轻学者聚集在哥伦比亚大学,在约翰·伯吉斯和威廉·邓宁教授的指导下,研究重建历史。他

(接上页)*South, 1865-1979* (Westport, Conn., 1983), 104; "Papers of the Fletcher Hamilton Henderson Family", *Amistad Log*, 2 (February 1985), 8-9.

[8] I. W. Avery, *The History of the State of Georgia From 1850 to 1881* (New York, 1881), 335; Hilary A. Herbert, ed., *Why the Solid South?* (Baltimore, 1890), 139; William D. Armes, ed., *The Autobiography of Joseph Le Conte* (New York, 1903), 238-239; [Oliver O. Howard] *The Autobiography of Oliver Otis Howard* (New York, 1907), 2:244; John Sherman, *Recollections of Forty Years in the House, Senate and Cabinet* (Chicago, 1895), 1:361.

们的导师教导说，黑人们就是一群"孩子"，完全不能欣赏强加给他们的自由。北部将选举权赋予黑人，是干了"一件糟糕透顶的事"，"因为一个黑皮肤的人始终是黑人种族的成员之一，而这个种族从来没有成功地用理智降伏激情，也因此从来没有创造过任何一种形式的文明"。除非将南部的政治秩序建立在种族不平等的原则之上，否则它无法生存下去。学生们对南部各州的专门研究成果也呼应了这些观点。一部研究北卡罗来纳州的专著写道："重建是自私自利的政客们在联邦政府的支持下的一种努力……它企图将该州非洲化，企图通过恶政来剥夺人民，压制深受人民珍视的生活方式。"邓宁学派的观点塑造了几代人的历史写作，并通过格里菲斯的电影《一个民族的诞生》（这部电影对三 K 党进行美化和赞颂，其首映式是伍德罗·威尔逊任总统时在白宫举行的），以及备受欢迎的詹姆斯·福特·罗兹写作的多卷本内战史和克劳德·鲍尔斯的畅销书《悲剧时代》，在大众领域得到了广泛的传播。鲍尔斯写道，南部白人实际上被"仇恨使者""折磨得死去活来"，而这些仇恨使者还不断给"自以为是的黑人"火上加油，甚至激发他们对白人女性进行"性侵犯"。[9]

很少有历史的解读产生了像（历史学家描绘的）重建形象那样的如此广泛和深远的后果。正如南卡罗来纳州出生的历史学家

---

[9] John W. Burgess, *Reconstruction and the Constitution 1866-1876* (New York, 1902), 44-45, 133, 244-246; William A. Dunning, *Essays on the Civil War and Reconstruction* (New York, 1904), 384-385; J. G. de Roulhac Hamilton, *Reconstruction in North Carolina* (New York, 1914), 667; Vernon L. Wharton, "Reconstruction", in Arthur S. Link and Rembert W. Patrick, eds., *Writing Southern History* (Baton Rouge, 1965), 297-306; Claude G. Bowers, *The Tragic Era* (Cambridge, Mass., 1929), vi, 198-200, 307-308.

弗朗西斯·辛金斯在20世纪30年代所指出的,"关于重建恐怖的指控"将南部白人的心灵锁定在一种僵化状态,使他们始终抵制任何来自外部的、要求进行社会改革的压力,南部白人反对任何可能威胁到民主党优势的建议,无视任何要求废除种族隔离体制的呼声,拒绝接受关于将选举权重新赋予被剥夺了选民资格的黑人的想法。这些历史解读也使北部人能够心安理得地面对第十四、十五条宪法修正案事实上处于无效状态的现实。除了像辛金斯这样为数不多的白人异见者之外,对这些盛极一时的正统重建解读进行挑战的任务只能由黑人作者来承担。在20世纪初,没有人比约翰·林奇在这方面做得更为尽心。林奇曾是密西西比州的国会议员,当时居住在芝加哥,他针对罗兹和鲍尔斯写作中的种族偏见和史实错误发表了一系列命中要害的批评。"我毫不犹豫地断言,"林奇写道,"南部重建时期的政府是这些州曾经拥有过的最好的政府。"1917年,林奇表示,希望"有一天,看到有一位公平的、公正的和不带偏见的历史学家写出一部涵盖重建时期的历史,[讲述]所发生事件的真实事实"。[10]

只有在黑人社区的家庭传统和集体民间记忆中,一个不同的重建史版本才得以幸存。波利·默里成长于20世纪20年代,她从不曾"允许自己忘记"她是穿着父辈曾经穿过的"自豪的鞋子"

---

[10] Francis B. Simkins, "New Viewpoints of Southern Reconstruction", *JSH*, 5 (February 1939), 50-51; John R. Lynch, *The Facts of Reconstruction* (New York, 1913); Lynch, "Some Historical Errors of James Ford Rhodes", *JNH*, 2 (October 1917), 345-368; Lynch, "More About the Historical Errors of James Ford Rhodes", *JNH*, 3 (April 1918), 144-145; Lynch, "The Tragic Era", *JNH*, 16 (January 1931), 103-120.

在奋斗，因为她的祖父罗伯特·菲茨杰拉德曾在联邦军队"为自由而战"，然后作为一名教师参加了铲除从奴隶制中遗留下来的无权和无知状态的"第二场战争"。20世纪30年代经济大萧条时期，联邦公共事业振兴署派出专员深入黑土地带去采访前奴隶时，他们发现，前奴隶对重建既有对重建感到失望和被背叛的记忆，也有将重建看成是一个充满希望、可能性和成就的时代的记忆。联邦政府未能进行土地再分配以及未能保护黑人的公民和政治权利，这些失望与苦涩的记忆仍然挥之不去。"北方佬帮助解放了我们，如他们说的那样，"81岁的前奴隶托马斯·霍尔宣称，"但他们又让我们再次回到了奴隶制中。"然而，与这种幻灭相伴的是关于"有色人种曾经担任公职的"充满自豪感的生动记忆。一些人从书架上拿出沾满灰尘的来自重建时期报刊的剪报；另外一些人仍然可以悉数列举当地黑人领袖的名字。"他们是相当公正的官员"，一位年老的自由民回忆说；"我认为他们执政的时候是这个国家的美好时光"，另一位补充道。年轻一些的黑人提到，他们的父母曾经"对他们说起往事，主要是关于重建和三K党的事情"。"我知道人们以为书上写的是真话，但事实并非如此"，一位88岁的前奴隶对公用事业振兴署的采访人说道。[11]

对于一些黑人来说，这些记忆有助于保持重建时代的希望和抱负。"这里曾经是一个不错的县，"阿肯色州自由民波司登·布

---

[11] Murray, *Proud Shoes*, 9-10, 24; George P. Rawick, ed., *The American Slave: A Composite Autobiography* (Westport, Conn., 1972-1979), 9, pt. 3:30, 81, pt. 4:42, pt. 5:220, 14:145, 361, Supplement 1, 5:1650, 6:134, 7:567, Supplement 2, 1650, 4015; Paul D. Escott, *Slavery Remembered* (Chapel Hill, 1979), 153.

莱克威尔说,"但我告诉你,现在这里变得很艰难。我认为,我们现在不能投票,这是错误的——绝对是错误的。""我相信,黑人应该得到投票的权利",塔比·琼斯呼应道,他是1850年出生于南卡罗来纳州的一名奴隶,"因为他们曾经经历过彩旗飞扬的重建时期"。对另外一些人来说,重建激发起一种让他们相信好日子还在前头的乐观主义。"《圣经》说,'出现过的东西还会再来'",亚拉巴马州分成农内德·科布说。科布出生在1885年,一生中从未投过一次票,但他从来没有忘记来自南部之外的人曾经参与过黑人的事业——对于一个在面临巨大的和带有敌意的地方权力深知自己软弱无力时,这种对外部力量的想象是一种不可或缺的希望的来源。20世纪30年代,当北部的激进分子冒险进入南部,帮助农业工人组织起来的时候,科布似乎一直在等待他们:"白人南下,带来解放,但不等解放完成,他们就离开了……现在他们又来了,是来完成解放的工作的。"重建的遗产也在其他方面影响了黑人进取精神的恢复。两名亚拉巴马州分成租佃农户工会的领袖人物,拉尔夫·格雷和托马斯·格雷声称自己是重建立法者的后裔。(与许多19世纪的前辈一样,拉尔夫·格雷为挑战南部的社会秩序付出了生命——他在与一个地方治安武装队伍的枪战中丧生。)[12]

20多年后,又一代南部黑人对新南部的种族主义发起了最后

---

[12] Rawick, ed., *American Slave*, 8, pt. 1:172, Supplement 2, 6:2152; Theodore Rosengarten, *All God's Dangers: The Life of Nate Shaw* (New York, 1974), 7; Mark D. Naison, "Black Agrarian Radicalism in the Great Depression: The Threads of a Lost Tradition", *Journal of Ethnic Studies*, 1 (Fall 1973), 53-55.

的挑战。为数不多的民权运动参与者认为自己是沿着内战后开辟的道路前行。在谈到他参与民权运动的原因时,一位密西西比州的黑人提到了"一些黑人曾经被密西西比州政府和美国所接纳"。在弗兰克·约翰逊法官的工作中,重建的遗产也非常清楚地体现出来,他与州长乔治·华莱士进行了长达12年的关于种族正义的战斗。约翰逊出生于温斯顿县,这是内战时期联邦主义的中心之一,他的曾祖父曾经在重建时期以共和党人身份担任过地方警长。[13]然而到这个时候,重建时期的一代人已经离场,即便在黑人社区,关于重建时期的记忆几乎完全消失了。但内战之后建立的体制——黑人家庭、学校和教会——为现代民权运动的生长提供了基础。在选择它的法律策略时,现代民权运动重新启用了重建时代的法律和宪法修正案。

"大河有弯道,再长的路必有尽头。"[14]当不公正的黑夜降临南部的时刻,曾经身为奴隶的皮特·伦道夫牧师写下了这样的话。当这个国家企图再度接受奴隶解放的内涵以及重建的政治和社会改革议程的时候,将是在大约一个世纪之后。然而,在许多方面,美国还没有开始这样的努力。

---

[13] Sally Belfrage, *Freedom Summer* (New York, 1965), 210; Jack Bass, *Unlikely Heroes* (New York, 1981), 66.

[14] Peter Randolph, *From Slave Cabin to the Pulpit* (Boston, 1893), 131.

致　谢

在研究和写作这本书的九年中，诸多人士如图书馆员、学者、研究助理、学生、朋友和编辑为我提供了无尽的帮助。在此不再逐一向他们致谢（我已经单独这样做了），以免增加这部已经十分冗长的著作的厚度，但我希望借此向所有慷慨帮助过我的人表示深深的谢意，感谢他们或为我提供研究上的支持，或为我指明研究资源所在，或与我分享关于重建历史的思想与信息，或准允我阅读尚未发表的作品，或对本书初稿提出批评性评论，感谢他们以其他各种方式为我提供的帮助和鼓励。

本书的部分内容曾于1986年在耶路撒冷希伯来大学的帕利讲座中宣读过，有些章节曾在《激进历史评论》和《美国历史研究》上发表过。本书的研究得到了国家人文研究基金、纽约市立大学教师研究基金和哥伦比亚大学历史系邓宁基金的资助。

谨以本书献给我深深珍视的一种特殊情谊。

精选史料与参考书目

手稿文献集

D. Wyatt Aiken Papers, South Caroliniana Library, University of South Carolina

Amos T. Akerman Papers, University of Virginia

Alabama Governor's Papers, Alabama State Department of Archives and History

American Colonization Society Papers, Library of Congress

American Missionary Association Archives, Amistad Research Center, Tulane University

Ames Family Papers, Sophia Smith Collection, Smith College

Edward Atkinson Papers, Massachusetts Historical Society

Frederic Bancroft Papers, Columbia University

Samuel L. M. Barlow Papers, Huntington Library

Albert A. Batchelor Papers, Louisiana State University

Blair Family Papers, Library of Congress

Benjamin H. Bristow Papers, Library of Congress

Blanche K. Bruce Papers, Howard University

John E. Bryant Papers, Duke University

Bryant-Godwin Papers, New York Public Library

Rufus Bullock Collection, Huntington Library

Benjamin F. Butler Papers, Library of Congress

William E. Chandler Papers, Library of Congress

Salmon P. Chase Papers, Library of Congress

William W. Clapp Papers, Library of Congress
Cobb-Erwin-Lamar Papers, University of Georgia
Cornelius Cole Papers, University of California, Los Angeles
Lemuel P. Conner Family Papers, Louisiana State University
Francis P. Corbin Papers, New York Public Library
Cave Johnson Couts Papers, Huntington Library
John Covode Papers, Library of Congress
Henry L. Dawes Papers, Library of Congress
Francis W. Dawson Papers, Duke University
James R. Doolittle Papers, State Historical Society of Wisconsin
Stephen Duncan Papery, Natchez Trace Collection, Eugene C. Barker Texas History Center, University of Texas
John Eaton Papers, Tennessee State Library and Archives
Lucius Fairchild Papers, State Historical Society of Wisconsin
Henry P. Farrow Papers, University of Georgia
Robert G. Fitzgerald Papers, Schomburg Center for Research in Black Culture
James A. Garfield Papers, Library of Congress
James W. Garner Papers, Mississippi Department of Archives and History
Georgia Governor's Papers, University of Georgia
George A. Gillespie Papers, Huntington Library
Horace Greeley Papers, New York Public Library
Hargrett Collection, University of Georgia
Rutherford B. Hayes Papers, Hayes Memorial Library
Benjamin S. Hedrick Papers, Duke University
Heyward Family Papers, South Caroliniana Library, University of South Carolina
Houston H. Holloway Autobiography, Miscellaneous Manuscript Collections, Library of Congress
Mark Howard Papers, Connecticut Historical Society
O. O. Howard Papers, Bowdoin College

Timothy O. Howe Papers, State Historical Society of Wisconsin
Andrew Johnson Papers, Library of Congress
George W. Julian Papers, Indiana State Library
William P. Kellogg Papers, Louisiana State University
Elisha W. Keyes Papers, State Historical Society of Wisconsin
Basil G. Kiger Papers, Natchez Trace Collection, Eugene C. Barker Texas History Center, University of Texas
Kincaid-Anderson Papers, South Caroliniana Library, University of South Carolina
Le Conte Family Papers, Bancroft Library, University of California, Berkeley
Alexander Long Papers, Cincinnati Historical Society
Manton Marble Papers, Library of Congress
Maryville Union League Minute Book, McClung Collection, Lawson McGee Library
Robert McKee Papers, Alabama State Department of Archives and History
William N. Mercer Papers, Louisiana State University
Middleton Papers, Langdon Cheves Collection, South Carolina Historical Society
Mississippi Governor's Papers, Mississippi Department of Archives and History
Loring Moody Papers, Boston Public Library
Joshua B. Moore Diary, Alabama State Department of Archives and History
Thomas A. R. Nelson Papers, McClung Collection, Lawson McGee Library
James P. Newcomb Papers, Eugene C. Barker Texas History Center, University of Texas
North Carolina Governor's Papers, North Carolina Division of Archives and History
E. O. C. Ord Papers, Bancroft Library, University of California, Berkeley
J. M. Perry Family Papers, Atlanta Historical Society
Edwards Pierrepont Papers, Yale University

Charles H. Ray Papers, Huntington Library

Records of the Bureau of Refugees, Freedmen, and Abandoned Lands, Record Group 105, National Archives

Records of the United States Army Continental Commands, Record Group 393, National Archives

John W. A. Sanford Papers, Alabama State Department of Archives and History

Rufus and S. Willard Saxton Papers, Yale University

Robert B. Schenck Papers, Hayes Memorial Library

Jacob Schirmer Diary, South Carolina Historical Society

Carl Schurz Papers, Library of Congress

Robert K. Scott Papers, Ohio Historical Society

Thomas Settle Papers, Southern Historical Collection, University of North Carolina

William H. Seward Papers, University of Rochester

Isaac Sherman Papers, Private Collection

John Sherman Papers, Library of Congress

Augustine T. Smythe Letters, South Caroliniana Library, University of South Carolina

South Carolina Governor's Papers, South Carolina Department of Archives

William Sprague Papers, Columbia University

State Superintendent of Education Papers, South Carolina Department of Archives

Alexander H. Stephens Papers, Manhattanville College

Thaddeus Stevens Papers, Library of Congress

Charles Sumner Papers, Houghton Library, Harvard University

Wager Swayne Papers, Alabama State Department of Archives and History

Oliver P. Temple Papers, University of Tennessee

Tennessee Governor's Papers, Tennessee State Library and Archives

Samuel J. Tilden Papers, New York Public Library

William H. Trescot Papers, South Caroliniana Library, University of South Carolina

Lyman Trumbull Papers, Library of Congress

U.S. Senate, Select Committee to Investigate Elections in Mississippi Papers, New York Public Library

Henry C. Warmoth Papers, Southern Historical Collection, University of North Carolina

Elihu B. Washburne Papers, Library of Congress

Henry Watson, Jr., Papers, Duke University

Gideon Welles Papers, Huntington Library

Richard Yates Papers, Illinois State Historical Library

政府文件和出版物

Congressional Globe

Congressional Record

39th Congress, 1st Session, House Executive Document 70: Orders Issued by the Freedmen's Bureau, 1865–1866

39th Congress, 1st Session, House Report 30: Report of the Joint Committee on Reconstruction

39th Congress, 1st Session, Senate Executive Document 27: Reports of Assistant Commissioners of the Freedmen's Bureau, 1865–1866

39th Congress, 2d Session, Senate Executive Document 6: Reports of Freedmen's Bureau Assistant Commissioners and Laws in Relation to the Freedmen

40th Congress, 3d Session, House Miscellaneous Document 52: Condition of Affairs in Georgia

42d Congress, 2d Session, House Report 22: Testimony Taken by the Joint Committee to Enquire into the Condition of Affairs in the Late Insurrectionary States (Ku Klux Klan Hearings)

43d Congress, 2d Session, House Report 261: Condition of Affairs in the

South (Louisiana)

43d Congress, 2d Session, House Report 262: Affairs in Alabama

43d Congress, 2d Session, House Report 265: Vicksburg Troubles 44th Congress, 1st Session, Senate Report 527: Mississippi in 1875 44th Congress, 2d Session, House Miscellaneous Document 31: Recent Election in South Carolina

44th Congress, 2d Session, Senate Miscellaneous Document 45: Mississippi

44th Congress, 2d Session, Senate Miscellaneous Document 48: South Carolina in 1876

46th Congress, 2d Session, Senate Report 693: Report and Testimony of the Select Committee of the United States Senate to Investigate the Causes of the Removal of the Negroes from the Southern States to the Northern States

Report of the Commissioner of Agriculture for the Year 1876. Washington, D.C., 1877.

Report of the Committee of the Senate upon the Relations Between Labor and Capital, and Testimony Taken by the Committee, 4 vols. Washington, D.C., 1885.

Richardson, James D., ed., *A Compilation of the Messages and Papers of the Presidents 1789-1897*, 10 vols. Washington, D.C. 1896-1899.

Thorpe, Francis L., ed., *The Federal and State Constitutions*, 7 vols. Washington, D.C., 1909.

U. S. Bureau of the Census, *Historical Statistics of the United States, Colonial Times to 1870*. Washington, D.C., 1975.

Proceedings of the constitutional conventions of the Southern states

Sessional laws of the Southern states

报纸、期刊和年刊

American Freedman

Annual Cyclopedia

Atlanta Constitution
Atlantic Monthly
Augusta *Loyal Georgian*
Charleston *Daily Republican*
Charleston *News and Courier*
Charleston *South Carolina Leader*
Christian Recorder
Cincinnati *Commercial*
Columbia *Daily Phoenix*
Harper's Weekly
Huntsville *Advocate*
Jackson *Mississippi Pilot*
Journal of Social Science
Knoxville *Whig*
Macon *American Union*
Mobile *Nationalist*
Mobile *Register*
Montgomery *Alabama State Journal*
Nashville *Colored Tennessean*
Nashville *Daily Press and Times*
National Anti-Slavery Standard
National Freedman
New National Era
New Orleans *Louisianian*
New Orleans *Tribune*
New York *Herald*
New York *Journal of Commerce*
New York Times
New York *Tribune*
New York *World*

North American Review
Raleigh *Daily Sentinel*
Raleigh *Standard*
Richmond *Dispatch*
Richmond *New Nation*
Rural Carolinian
Rutherford *Star*
St. Landry *Progress*
Savannah *Daily News and Herald*
Savannah *Freemen's Standard*
Savannah *Weekly Republican*
Selma *Southern Argus*
Southern Cultivator
Southern Field and Factory
Springfield *Republican*
The Great Republic (Washington, D.C.)
The Nation
Tribune Almanac
Washington *Chronicle*

同时代出版物和已出版的文献

Abbott, Martin, ed., "A Southerner Views the South, 1865: Letters of Harvey M. Watterson", *Virginia Magazine of History and Biography*, 68 (October 1960), 478–489.

Allen, Walter, *Governor Chamberlain's Administration in South Carolina*. New York, 1888.

Ames, Blanche B., ed., *Chronicles from the Nineteenth Century: Family Letters of Blanche Butler and Adelbert Ames*, 2 vols. Clinton, Mass., 1957.

Andrews, Eliza F., *The War-Time Journal of a Georgia Girl*. New York, 1908.

Andrews, Sidney, *The South Since the War*. Boston, 1866.

Atkinson, Edward, *On Cotton*. Boston, 1865.

Avery, I. W., *The History of the State of Georgia from 1850 to 1881*. New York, 1881.

Bancroft, Frederic, ed., *Speeches, Correspondence and Political Papers of Carl Schurz*, 6 vols. New York, 1913.

Banks, Nathaniel P., *Emancipated Labor in Documentary History of Emancipation Louisiana*. N.p., 1864.

Barrow, David C., Jr., "A Georgia Plantation", *Scribner's Monthly*, 21 (March 1881), 830–836.

Beale, Howard K., ed., *Diary of Gideon Welles*, 3 vols. New York, 1960.

Bellows, Henry W., *Historical Sketch of the Union League Club of New York*. New York, 1879.

[Benham, George C.] *A Year of Wreck*. New York, 1880.

Berlin, Ira et al., eds., *Freedom: A Documentary History of Emancipation*. New York, 1982–

———, eds., "The Terrain of Freedom: The Struggle over the Meaning of Free Labor in the U.S. South", *History Workshop*, 22 (Autumn 1986), 108–130.

Brooks, Aubrey L., and Hugh T. Lefler, eds., *The Papers of Walter Clark*, 2 vols. Chapel Hill, 1948–1950.

Brown, Henry J., and Frederick D. Williams, eds., *The Diary of James A. Garfield*, 3 vols. East Lansing, Mich., 1967–1973.

Burnham, W. Dean, *Presidential Ballots 1836–1892*. Baltimore, 1955.

Childs, Arney R., ed., *The Private Journal of Henry William Ravenel, 1859–1887*. Columbia, S.C., 1947.

Clemenceau, Georges, *American Reconstruction*. Edited by Fernand Baldensperger. Translated by Margaret MacVeagh. New York, 1928.

"Colloquy with Colored Ministers", *Journal of Negro History*, 16 (January 1931), 88–94.

Cox, La Wanda and John H., eds., *Reconstruction, the Negro, and the New South*. Columbia, S.C., 1973.

DeForest, John W., *A Union Officer in the Reconstruction*. Edited by James H. Crou-shore and David M. Potter. New Haven, 1948.

Dennett, John R., *The South As It Is: 1865–1866*. Edited by Henry M. Christman. New York, 1965.

DuBois, Ellen C., ed., *Elizabeth Cady Stanton, Susan B. Anthony: Correspondence, Writings, Speeches*. New York, 1981.

Easterby, J. H., ed., *The South Carolina Rice Plantation as Revealed in the Papers of Robert F. W. Allston*. Chicago, 1945.

Foner, Philip S., ed., *The Life and Writings of Frederick Douglass*, 4 vols. New York, 1950–1955.

———, and Ronald L. Lewis, eds., *The Black Worker: A Documentary History from Colonial Times to the Present*, 8 vols. Philadelphia, 1978–1984.

———, and George E. Walker, eds., *Proceedings of the Black National and State Conventions, 1865–1900*. Philadelphia, 1986–

———, and George E. Walker, eds., *Proceedings of the Black State Conventions, 1840–1865*, 2 vols. Philadelphia, 1979.

"George W. Julian's Journal—The Assassination of Lincoln", *Indiana Magazine of History*, 11 (December, 1915), 324–337.

Graf, Leroy P., and Ralph W. Haskins, eds., *The Papers of Andrew Johnson*. Knoxville, 1967–

Hamilton, J. G. de Roulhac, ed., *The Correspondence of Jonathan Worth*, 2 vols. Raleigh, 1909.

———, ed., *The Papers of Randolph Abbott Shotwell*, 3 vols. Raleigh, 1929–1936.

———, ed., *The Papers of Thomas Ruffin*, 4 vols. Raleigh, 1918–1920.

———, and Max R. Williams, eds., *The Papers of William Alexander Graham*. Raleigh, 1957–

Hinsdale, Mary L., ed., *Garfield-Hinsdale Letters*. Ann Arbor, 1949.

Holland, Rupert S., ed., *Letters and Diary of Laura M. Towne.* Cambridge, Mass., 1912.

Howe, M. A. De Wolfe, ed., *Home Letters of General Sherman.* New York, 1909.

Hyman, Harold M., ed., *The Radical Republicans and Reconstruction 1861–1870.* Indianapolis, 1967.

Kendrick, Benjamin B., *The Journal of the Joint Committee of Fifteen on Reconstruction.* New York, 1914.

King, Edward, *The Southern States of North America.* London, 1875.

Langston, John M., *Freedom and Citizenship.* Washington, 1883.

Loring, F. W., and C. F. Atkinson, *Cotton Culture and the South, Considered with Reference to Emigration.* Boston, 1869.

Macrae, David, *The Americans at Home.* New York, 1952 (orig. pub. 1870).

Mahaffey, Joseph H., ed., "Carl Schurz's Letters From the South", *Georgia Historical Quarterly*, 35 (September 1951), 222–256.

McPherson, Edward, *The Political History of the United States of America During the Period of Reconstruction.* Washington, D.C., 1875.

McPherson, Elizabeth G., ed., "Letters from North Carolina to Andrew Johnson", *North Carolina Historical Review*, 27 (July 1950), 336–363, (October 1950), 462–490, 28 (January 1951), 63–87, (April 1951), 219–237, (July 1951), 362–375, (October 1951), 486–516, 29 (January 1952), 104–119, (April 1952), 259–269, (July 1952), 400–431, (October 1952), 569–578.

Merrill, Walter M., and Louis Ruchames, eds., *The Letters of William Lloyd Garrison*, 6 vols. Cambridge, Mass., 1971–1981.

Moore, John H., ed., *The Juhl Letters to the "Charleston Courier".* Athens, Ga., 1974.

Mordell, Albert, ed., *Civil War and Reconstruction: Selected Essays by Gideon Welles.* New York, 1959.

Nordhoff, Charles, *The Cotton States in the Spring and Summer of 1875.* New

York, 1876.

Oliphant, Mary C. et al, eds., *The Letters of William Gilmore Simms*, 5 vols. Columbia, S.C., 1952-1956.

Olsen, Otto H. and Ellen Z. McGrew, "Prelude to Reconstruction: The Correspondence of State Senator Leander Sams Gash, 1866-1867", *North Carolina Historical Review*, 60 (January 1983), 37-88, (July 1983), 333-366.

Pearson, Elizabeth W., ed., *Letters From Port Royal Written at the Time of the Civil War*. Boston, 1906.

Pike, James S., *The Prostrate State*. New York, 1874.

Rawick, George P., ed., *The American Slave: A Composite Autobiography*, 39 vols. Westport, Conn., 1972-1979.

Reconstruction. Speech of the Hon. Thaddeus Stevens Delivered in the City of Lancaster, September 7, 1865. Lancaster, Pa., 1865.

Reid, Whitelaw, *After the War: A Southern Tour*. Cincinnati, 1866.

Schafer, Joseph, ed., *Intimate Letters of Carl Schurz 1841-1869*. Madison, Wis., 1928.

Sefton, James E., ed., "Aristotle in Blue and Braid: General John M. Schofield's Essays on Reconstruction", *Civil War History*, 17 (March 1971), 45-57.

Smith, Daniel E. Huger et al., eds., *Mason Smith Family Letters 1860-1868*. Columbia, S.C., 1950.

Somers, Robert, *The Southern States Since the War 1870-1871*. London, 1871.

Stealey, John E., III, ed., "Reports of Freedmen's Bureau Operations in West Virginia: Agents in the Eastern Panhandle", *West Virginia History*, 43 (Fall 1980-Winter 1981), 94-129.

Sterling, Dorothy, ed., *The Trouble They Seen*. Garden City, N.Y., 1976.

——, ed., *We Are Your Sisters: Black Women in the Nineteenth Century*. New York, 1984.

Stewart, Edgar A., ed., "The Journal of James Mallory, 1834-1877", *Alabama Review*, 13 (July 1961), 219-232.

Sufferings of the Rev. T. G. Campbell and His Family, in Georgia. Washington, D.C., 1877.

Swint, Henry L., ed., *Dear Ones at Home*. Nashville, 1966.

——, ed., "Reports from Educational Agents of the Freedmen's Bureau in Tennessee, 1865-1870", *Tennessee Historical Quarterly*, 1 (March 1942), 51-80, (June 1942), 152-170.

The Southern Loyalists Convention. New York, 1866.

The Works of Charles Sumner, 15 vols. Boston, 1870-1883.

Trowbridge, J. T., *The South: A Tour of Its Battle-Fields and Ruined Cities*. Hartford, Conn., 1866.

Tyler, Ronnie C. and Lawrence R. Murphy, eds., *The Slave Narratives of Texas*. Austin, 1974.

Wagandt, Charles L., ed., "The Civil War Journal of Dr. Samuel A. Harrison", *Civil War History*, 13 (July 1967), 131-146.

Wainwright, Nicholas B., ed., *A Philadelphia Perspective: The Diary of Sidney George Fisher Covering the Years 1834-1871*. Philadelphia, 1967.

Williams, Charles R., ed., *Diary and Letters of Rutherford Birchard Hayes*, 5 vols. Columbus, 1922-1926.

回忆录和自传

Blaine, James G., *Twenty Years of Congress*, 2 vols. Norwich, Conn., 1884-1886.

Brinckerhoff, Isaac W., "Missionary Work Among the Freed Negroes. Beaufort, South Carolina, St. Augustine, Florida, Savannah, Georgia", manuscript, American Baptist Historical Society.

Brinkerhoff, Roeliff, *Recollections of a Lifetime*. Cincinnati, 1904.

Burkhead, L. S., "History of the Difficulties of the Pastorate of the Front Street Methodist Church, Wilmington, N.C., for the Year 1865", *Trinity Col-*

lege Historical Society Historical Papers, 8 (1908-1909), 35-118.
Chamberlain, Hope S., *Old Days in Chapel Hill*. Chapel Hill, 1926.
Clayton, Powell, *Aftermath of the Civil War in Arkansas*. New York, 1915.
Cole, Cornelius, *Memoirs of Cornelius Cole*. New York, 1908.
Cox, Samuel S., *Three Decades of Federal Legislation*. Providence, R.I., 1885.
Cullom, Shelby M., *Fifty Years of Public Service*. Chicago, 1911.
[Douglass, Frederick], *Life and Times of Frederick Douglass*. New York, 1962 ed.
Eaton, John, *Grant, Lincoln and the Freedmen*. New York, 1907.
Eppes, Susan B., *Through Some Eventful Years*. Macon, Ga., 1926.
Gibbs, Mifflin W., *Shadow and Light: An Autobiography*. Washington, D.C., 1902.
Green, John P., *Fact Stranger Than Fiction*. Cleveland, 1920.
Hardy, W. H., "Recollections of Reconstruction in East and Southeast Mississippi", *Publications of the Mississippi Historical Society*, 4 (1901), 105-132, 7 (1903), 199-215, 8 (1904), 137-151.
Houzeau, Jean-Charles, *My Passage at the New Orleans "Tribune" : A Memoir of the Civil War Era*. Edited by David C. Rankin. Translated by Gerard F. Denault. Baton Rouge, 1984.
[Howard, Oliver O.], *Autobiography of Oliver Otis Howard*, 2 vols. New York, 1907.
Julian, George W., *Political Recollections, 1840 to 1872*. Chicago, 1884.
Lynch, John R., *Reminiscences of an Active Life: The Autobiography of John Roy Lynch*. Edited by John Hope Franklin. Chicago, 1970.
Morgan, A. T., *Yazoo: or, On the Picket Line of Freedom in the South*. Washington, D.C., 1884.
Randolph, Peter, *From Slave Cabin to the Pulpit*. Boston, 1893.
Schurz, Carl, *The Reminiscences of Carl Schurz*, 3 vols. New York, 1907-1908.

Sherman, John, *Recollections of Forty Years in the House, Senate and Cabinet*, 2 vols. Chicago, 1895.

[Sherman, William T.], *Memoirs of General W. T. Sherman, Written by Himself*, 2 vols. New York, 1891.

Warmoth, Henry C., *War, Politics, and Reconstruction*. New York, 1930.

Warren, Henry W., *Reminiscences of a Mississippi Carpetbagger*. Holden, Mass., 1914.

Withers, Robert E., *Autobiography of an Octogenarian*. Roanoke, Va., 1907.

论著

Abbott, Martin, *The Freedmen's Bureau in South Carolina, 1865–1872*. Chapel Hill, 1967.

Abbott, Richard H., *The Republican Party and the South, 1855–1877: The First Southern Strategy*. Chapel Hill, 1986.

Alexander, Roberta S., *North Carolina Faces the Freedmen: Race Relations During Presidential Reconstruction, 1865–1867*. Durham, 1985.

Alexander, Thomas B., *Political Reconstruction in Tennessee*. Nashville, 1950.

Allen, James S., *Reconstruction: The Battle for Democracy*. New York, 1937.

Ash, Stephen V., *Middle Tennessee Society Transformed, 1860–1870: War and Peace in the Upper South*. Baton Rouge, 1987.

Ayers, Edward L., *Vengeance and Justice: Crime and Punishment in the Nineteenth-Century American South*. New York, 1984.

Baum, Dale, *The Civil War Party System: The Case of Massachusetts, 1848–1876*. Chapel Hill, 1984.

Beale, Howard K., *The Critical Year: A Study of Andrew Johnson and Reconstruction*. New York, 1930.

Beard, Charles A. and Mary R., *The Rise of American Civilization*. New York, 1933 ed.

Belz, Herman, *A New Birth of Freedom: The Republican Party and Freed-*

men's Rights 1861–1866. Westport, Conn., 1976.
——. Reconstructing the Union: Theory and Practice During the Civil War. Ithaca, N.Y., 1969.

Benedict, Michael L., A Compromise of Principle: Congressional Republicans and Reconstruction 1863–1869. New York, 1974.

——. The Impeachment and Trial of Andrew Johnson. New York, 1973.

Bentley, George R., A History of the Freedmen's Bureau. Philadelphia, 1955.

Berwanger, Eugene H., The West and Reconstruction. Urbana, Ill., 1981.

Bethel, Elizabeth, Promiseland: A Century of Life in a Negro Community. Philadelphia, 1981.

Billings, Dwight B., Jr., Planters and the Making of a "New South": Class, Politics, and Development in North Carolina, 1865–1900. Chapel Hill, 1979.

Blassingame, John W., Black New Orleans 1860–1880. Chicago, 1973.

Bleser, Carol R., The Promised Land: The History of the South Carolina Land Commission, 1869–1890. Columbia, S.C., 1969.

Bogue, Allan G., The Earnest Men: Republicans of the Civil War Senate. Ithaca, N.Y., 1981.

Bond, Horace Mann, Negro Education in Alabama: A Study in Cotton and Steel. Washington, D.C., 1939.

Bowers, Claude G., The Tragic Era. Cambridge, Mass., 1929.

Bradley, Erwin S., The Triumph of Militant Republicanism. Philadelphia, 1964.

Bremner, Robert H., The Public Good: Philanthropy and Welfare in the Civil War Era. New York, 1980.

Brock, W. R., An American Crisis. London, 1963.

Brooks, Robert P., The Agrarian Revolution in Georgia, 1865–1912. Madison, Wis., 1914.

Brown, Dee, Bury My Heart at Wounded Knee. New York, 1970.

Bruce, Robert V., 1877: Year of Violence. Indianapolis, 1959.

Buechler, Steven M., *The Transformation of the Woman Suffrage Movement: The Case of Illinois, 1850-1920*. New Brunswick, NJ., 1986.

Burgess, John W., *Reconstruction and the Constitution 1866-1876*. New York, 1902.

Burton, Orville V., *In My Father's House Are Many Mansions: Family and Community in Edgefield, South Carolina*. Chapel Hill, 1985.

——, and Robert C. McMath, eds., *Toward a New South? Studies in Post-Civil War Southern Communities*. Westport, Conn., 1982.

Butchart, Ronald E., *Northern Schools, Southern Blacks, and Reconstruction: Freedmen's Education, 1862-1875*. Westport, Conn., 1980.

Campbell, Randolph B., *A Southern Community in Crisis: Harrison County, Texas, 1850-1880*. Austin, 1983.

Carlton, David L., *Mill and Town in South Carolina, 1880-1920*. Baton Rouge, 1982.

Carter, Dan T., *When the War Was Over: The Failure of Self-Reconstruction in the South, 1865-1867*. Baton Rouge, 1985.

Cell, John W., *The Highest Stage of White Supremacy: The Origins of Segregation in South Africa and the American South*. New York, 1982.

Chandler, Alfred D., *The Visible Hand: The Managerial Revolution in American Business*. Cambridge, Mass., 1977.

Chesson, Michael B., *Richmond After the War 1865-1890*. Richmond, 1981.

Cimprich, John, *Slavery's End in Tennessee*. University, Ala., 1986.

Cochran, Thomas C., and William Miller, *The Age of Enterprise: A Social History of Industrial America*. New York, 1942.

Conway, Alan, *The Reconstruction of Georgia*. Minneapolis, 1966.

Cooper, Jerry M., *The Army and Civil Disorder*. Westport, Conn., 1980.

Coulter, E. Merton, *The Civil War and Readjustment in Kentucky*. Chapel Hill, 1926.

——. *The South During Reconstruction 1865-1877*. Baton Rouge, 1947.

——, *William G. Brownlow, Fighting Parson of the Southern Highlands*.

Chapel Hill, 1937.

Cox, LaWanda, *Lincoln and Black Freedom: A Study in Presidential Leadership*. Columbia, S.C., 1981.

———, and John H., *Politics, Principle, and Prejudice 1865-1866*. New York, 1963.

Currie, James T., *Enclave: Vicksburg and Her Plantations, 1863-1870*. Jackson, Miss., 1980.

Curry, Richard O., ed., *Radicalism, Racism, and Party Realignment: The Border States During Reconstruction*. Baltimore, 1969.

Davis, Ronald F., *Good and Faithful Labor: From Slavery to Sharecropping in the Natchez District, 1860-1890*. Westport, Conn., 1982.

Davis, William W., *The Civil War and Reconstruction in Florida*. New York, 1913.

Dawson Joseph G., III, *Army Generals and Reconstruction: Louisiana, 1862-1877*. Baton Rouge, 1982.

DeSantis, Vincent P., *Republicans Face the Southern Question*. Baltimore, 1959.

Donald, David, *Charles Sumner and the Rights of Man*. New York, 1970.

———. *The Politics of Reconstruction 1863-1867*. Baton Rouge, 1965.

Drago, Edmund L., *Black Politicians and Reconstruction in Georgia*. Baton Rouge, 1982.

DuBois, Ellen C., *Feminism and Suffrage: The Emergence of an Independent Women's Movement in America, 1848-1869*. Ithaca, N.Y., 1978.

Du Bois, W. E. B., *Black Reconstruction in America*. New York, 1935.

Duncan, Russell, *Freedom's Shore: Tunis Campbell and the Georgia Freedmen*. Athens, Ga., 1986.

Dunning, William A., *Essays on the Civil War and Reconstruction*. New York, 1904.

———. *Reconstruction, Political and Economic 1865-1877*. New York, 1907.

Engs, Robert F., *Freedom's First Generation: Black Hampton, Virginia,*

1861-1890. Philadelphia, 1979.
Escott, Paul D., *Many Excellent People: Power and Privilege in North Carolina, 1850-1900*. Chapel Hill, 1985.
——. *Slavery Remembered*. Chapel Hill, 1979.
Evans, Frank B., *Pennsylvania Politics, 1872-1877: A Study in Political Leadership*. Harrisburg, Penn., 1966.
Evans, W. McKee, *Ballots and Fence Rails: Reconstruction on the Lower Cape Fear*. Chapel Hill, 1967.
Fairman, Charles, *Reconstruction and Reunion 1864-1888: Part One*. New York, 1971.
Field, Phyllis F., *The Politics of Race in New York: The Struggle for Black Suffrage in the Civil War Era*. Ithaca, N.Y., 1982.
Fields, Barbara J., *Slavery and Freedom on the Middle Ground: Maryland During the Nineteenth Century*. New Haven, 1985.
Fischer, Roger A., *The Segregation Struggle in Louisiana 1862-1877*. Urbana, Ill., 1974.
Fleming, Walter L., *Civil War and Reconstruction in Alabama*. New York, 1905.
Flick, Alexander C., *Samuel Jones Tilden: A Study in Political Sagacity*. New York, 1939.
Flynn, Charles L., Jr., *White Land, Black Labor: Caste and Class in Late Nineteenth-Century Georgia*. Baton Rouge, 1983.
Foner, Eric, *Free Soil, Free Labor, Free Men: The Ideology of the Republican Party Before the Civil War*. New York, 1970.
——. *Nothing but Freedom: Emancipation and Its Legacy*. Baton Rouge, 1983.
——. *Politics and Ideology in the Age of the Civil War*. New York, 1980.
Fraser, Walter J., Jr., and Winfred B. Moore, Jr., eds., *From Old South to New: Essays on the Transitional South*. Westport, Conn., 1981.
——, eds., *The Southern Enigma: Essays on Race, Class, and Folk Culture*.

Westport, Conn., 1983.

Fredrickson, George M., *The Inner Civil War: Northern Intellectuals and the Crisis of the Union*. New York, 1965.

——, ed., *A Nation Divided*. Minneapolis, 1975.

Gambill, Edward L., *Conservative Ordeal: Northern Democrats and Reconstruction, 1865-1868*. Ames, Iowa, 1981.

Garner, James W., *Reconstruction in Mississippi*. New York, 1901.

Gaston, Paul M., *The New South Creed*. New York, 1970.

Gerber, David A., *Black Ohio and the Color Line 1860-1915*. Urbana, Ill., 1976.

Gerteis, Louis S., *From Contraband to Freedman: Federal Policy Toward Southern Blacks, 1861-1865*. Westport, Conn., 1973.

Gilchrist, David T., and W. David Lewis, eds., *Economic Change in the Civil War Era*. Greenville, Del., 1965.

Gillette, William, *Retreat from Reconstruction 1869-1879*. Baton Rouge, 1979.

——. *The Right to Vote*. Baltimore, 1969 ed.

Glymph, Thavolia, and John J. Kushma, eds., *Essays on the Postbellum Southern Economy*. College Station, Tex., 1985.

Goodrich, Carter, *Government Promotion of American Canals and Railroads 1800-1890*. New York, 1960.

Grossman, Lawrence, *The Democratic Party and the Negro: Northern and National Politics 1868-1892*. Urbana, Ill., 1976.

Gutman, Herbert G., *The Black Family in Slavery and Freedom 1750-1925*. New York, 1976.

Hahn, Steven, *The Roots of Southern Populism: Yeoman Farmers and the Transformation of the Georgia Upcountry, 1850-1890*. New York, 1983.

Hair, William I., *Bourbonism and Agrarian Protest: Louisiana Politics 1877-1900*. Baton Rouge, 1969.

Hamilton, J. G. de Roulhac, *Reconstruction in North Carolina*. New York,

1914.

Harding, Vincent, *There Is a River: The Black Struggle for Freedom in America*. New York, 1981.

Harris, William C., *Presidential Reconstruction in Mississippi*. Baton Rouge, 1967.

——. *The Day of the Carpetbagger: Republican Reconstruction in Mississippi*. Baton Rouge, 1979.

Haskins, James, *Pinckney Benton Stewart Pinchback*. New York, 1973.

Henderson, William D., *The Unredeemed City: Reconstruction in Petersburg, Virginia: 1865-1874*. Washington, 1977.

Hermann, Janet S., *The Pursuit of a Dream*. New York, 1981.

Hesseltine, William B., *Ulysses S. Grant, Politician*. New York, 1935.

Hobsbawm, Eric, *The Age of Capital 1848-1875*. London, 1975.

Holt, Thomas, *Black over White: Negro Political Leadership in South Carolina During Reconstruction*. Urbana, Ill., 1977.

Hoogenboom, Ari, *Outlawing the Spoils: A History of the Civil Service Reform Movement 1865-1883*. Urbana, Ill., 1961.

Howard, Victor B., *Black Liberation in Kentucky: Emancipation and Freedom, 1862-1884*. Lexington, Ky., 1983.

Hutchinson, William T., *Cyrus Hall McCormick*, 2 vols. New York, 1930-1935.

Hyman, Harold M., *A More Perfect Union: The Impact of the Civil War and Reconstruction on the Constitution*. New York, 1973.

——, ed., *New Frontiers of the American Reconstruction*. Urbana, Ill., 1966.

——, and William M. Wiecek, *Equal Justice Under Law: Constitutional Development 1835-1875*. New York, 1982.

James, Joseph B., *The Framing of the Fourteenth Amendment*. Urbana, Ill., 1956.

Jaynes, Gerald D., *Branches Without Roots: Genesis of the Black Working*

Class in the American South, 1862–1882. New York, 1986.

Jellison, Charles A., *Fessenden of Maine*. Syracuse, 1962.

Jentz, John B., and Richard Schneirov, *The Origins of Chicago's Industrial Working Class* (forthcoming).

Jones, Jacqueline, *Labor of Love, Labor of Sorrow: Black Women, Work and the Family, from Slavery to the Present*. New York, 1985.

———. *Soldiers of Light and Love: Northern Teachers and Georgia Blacks, 1865–1873*. Chapel Hill, 1980.

Kaczorowski, Robert, *The Politics of Judicial Interpretation: The Federal Courts, Department of Justice and Civil Rights, 1866–1876*. New York, 1985.

Katz, Irving, *August Belmont: A Political Biography*. New York, 1968.

Katzman, David M., *Before the Ghetto: Black Detroit in the Nineteenth Century*. Urbana, Ill., 1973.

Keiser, John H., *Building for the Centuries: Illinois, 1865 to 1898*. Urbana, Ill., 1977.

Keller, Morton, *Affairs of State: Public Life in Late Nineteenth Century America*. Cambridge, Mass., 1977.

Kibler, Lillian A., *Benjamin F. Perry: South Carolina Unionist*. Durham, 1946.

King, Willard L., *Lincoln's Manager: David Davis*. Cambridge, Mass., 1960.

Kirkland, Edward C., *Industry Comes of Age: Business, Labor and Public Policy, 1860–1897*. New York, 1961.

Klingman, Peter D., *Josiah Walls*. Gainesville, Fla., 1976.

Kolchin, Peter, *First Freedom: The Responses of Alabama's Blacks to Emancipation and Reconstruction*. Westport, Conn., 1972.

Kousser, J. Morgan, and McPherson, James M., eds., *Region, Race, and Reconstruction: Essays in Honor of C. Vann Woodward*. New York, 1982.

Krug, Mark M., *Lyman Trumbull: Conservative Radical*. New York, 1965.

Lamon, Lester C., *Blacks in Tennessee 1791–1970*. Knoxville, 1981.

Lamson, Peggy, *The Glorious Failure: Black Congressman Robert Brown Elliott and the Reconstruction in South Carolina*. New York, 1973.

Litwack, Leon F., *Been in the Storm So Long: The Aftermath of Slavery*. New York, 1979.

Logsdon, Joseph, *Horace White: Nineteenth Century Liberal*. Westport, Conn., 1971.

Lonn, Ella, *Reconstruction in Louisiana After 1868*. New York, 1918.

Lynch, John R., *The Facts of Reconstruction*. New York, 1913.

Maddex, Jack P., Jr., *The Virginia Conservatives, 1867–1879*. Chapel Hill, 1970.

Magdol, Edward, *A Right to the Land: Essays on the Freedmen's Community*. Westport, Conn., 1977.

Maslowski, Peter, *Treason Must Be Made Odious: Military Occupation and Wartime Reconstruction in Nashville, Tennessee, 1862–1865*. Millwood, N.Y., 1978.

McCrary, Peyton, *Abraham Lincoln and Reconstruction: The Louisiana Experiment*. Princeton, 1978.

McFeely, William S., *Grant: A Biography*. New York, 1981.

———. *Yankee Stepfather: General O. O. Howard and the Freedmen*. New Haven, 1968.

McJimsey, George T., *Genteel Partisan: Manton Marble, 1834–1917*. Ames, Iowa, 1971.

McKinney, Gordon B., *Southern Mountain Republicans 1865–1900*. Chapel Hill, 1978.

McKitrick, Eric L., *Andrew Johnson and Reconstruction*. Chicago, 1960.

McMillan, Malcolm C., *Constitutional Development in Alabama 1798–1901: A Study in Politics, the Negro, and Sectionalism*. Chapel Hill, 1955.

McPherson, James M., *The Struggle for Equality: Abolitionists and the Negro in the Civil War and Reconstruction*. Princeton, 1964.

Messner, William F., *Freedmen and the Ideology of Free Labor: Louisiana*

1862–1865. Lafayette, La., 1978.

Milton, George F., *The Age of Hate: Andrew Johnson and the Radicals*. New York, 1930.

Mohr, James C., *The Radical Republicans and Reform in New York During Reconstruction*. Ithaca, N.Y., 1973.

——, ed., *Radical Republicans in the North: State Politics During Reconstruction*. Baltimore, 1976.

Moneyhon, Carl H., *Republicanism in Reconstruction Texas*. Austin, 1980.

Montgomery, David, *Beyond Equality: Labor and the Radical Republicans 1862–1872*. New York, 1967.

Morris, Robert C., *Reading, 'Riting, and Reconstruction: The Education of Freedmen in the South, 1861–1870*. Chicago, 1981.

Mushkat, Jerome, *The Reconstruction of the New York Democracy, 1861–1874*. Rutherford, N. J., 1981.

Nathans, Elizabeth S., *Losing the Peace: Georgia Republicans and Reconstruction, 1865–1871*. Baton Rouge, 1968.

Nevins, Allan, *Abram S. Hewitt, with Some Account of Peter Cooper*. New York, 1935.

——. *The Emergence of Modern America 1865–1878*. New York, 1927.

Nieman, Donald G., *To Set the Law in Motion: The Freedmen's Bureau and the Legal Rights of Blacks, 1865–1868*. Millwood, N.Y., 1979.

Novack, Daniel A., *The Wheel of Servitude: Black Forced Labor After Slavery*. Lexington, Ky., 1978.

Nugent, Walter T. K., *Money and American Society 1865–1880*. New York, 1968.

O'Brien, Gail W., *The Legal Fraternity and the Making of a New South Community, 1848–1882*. Athens, Ga., 1986.

Olsen, Otto H., *Carpetbagger's Crusade: The Life of Albion Winegar Tourgée*. Baltimore, 1965.

——, ed., *Reconstruction and Redemption in the South*. Baton Rouge, 1980.

Osthaus, Carl R., *Freedmen, Philanthropy, and Fraud: A History of the Freedman's Savings Bank.* Urbana, Ill., 1976.

Oubre, Claude F., *Forty Acres and a Mule: The Freedmen's Bureau and Black Landowner-ship.* Baton Rouge, 1978.

Overy, David H., Jr., *Wisconsin Carpetbaggers in Dixie.* Madison, Wis., 1961.

Paisley, Clifton, *From Cotton to Quail: An Agricultural Chronicle of Leon County, Florida 1860-1967.* Gainesville, Fla., 1968.

Parks, Joseph H., *Joseph E. Brown of Georgia.* Baton Rouge, 1976.

Parrish, William E., *Missouri Under Radical Rule 1865-1870.* Columbia, Mo., 1965.

Pereyra, Lillian A., *James Lusk Alcorn: Persistent Whig.* Baton Rouge, 1966.

Perman, Michael, *Reunion Without Compromise: The South and Reconstruction 1865-1868.* New York, 1973.

———. *The Road to Redemption: Southern Politics, 1869-1879.* Chapel Hill, 1984.

Peterson, Norma L., *Freedom and Franchise: The Political Career of B. Gratz Brown.* Columbia, Mo., 1965.

Polakoff, Keith I., *The Politics of Inertia: The Election of 1876 and the End of Reconstruction.* Baton Rouge, 1973.

Powell, Lawrence N., *New Masters: Northern Planters During the Civil War and Reconstruction.* New Haven, 1980.

Rabinowitz, Howard N., *Race Relations in the Urban South 1865-1890.* New York, 1978.

———, ed., *Southern Black Leaders of the Reconstruction Era.* Urbana, Ill., 1982.

Rable, George C., *But There Was No Peace: The Role of Violence in the Politics of Reconstruction.* Athens, Ga., 1984.

Rachleff, Peter J., *Black Labor in the South: Richmond, Virginia 1865-1890.* Philadelphia, 1984.

Ramsdell, Charles W., *Reconstruction in Texas.* New York, 1910.

Ransom, Roger L., and Richard Sutch, *One Kind of Freedom: The Economic Consequences of Emancipation.* New York, 1977.

Rice, Lawrence D., *The Negro in Texas 1874-1900.* Baton Rouge, 1971.

Richardson, Joe M., *Christian Reconstruction: The American Missionary Association and Southern Blacks, 1861-1890.* Athens, Ga., 1986.

———. *The Negro in the Reconstruction of Florida, 1865-1811.* Tallahassee, 1965.

Richardson, Leon B., *William E. Chandler, Republican.* New York, 1940.

Riddleberger, Patrick W., *George Washington Julian: Radical Republican.* Indianapolis, 1966.

Ripley, C. Peter, *Slaves and Freedmen in Civil War Louisiana.* Baton Rouge, 1976.

Roark, James L., *Masters Without Slaves: Southern Planters in the Civil War and Reconstruction.* New York, 1977.

Robinson, Armstead, *Bitter Fruits of Bondage: The Demise of Slavery and the Collapse of the Confederacy* (forthcoming).

Rogers, William W., *The One-Gallused Rebellion: Agrarianism in Alabama 1865-1896.* Baton Rouge, 1970.

Rose, Willie Lee, *Rehearsal for Reconstruction: The Port Royal Experiment.* Indianapolis, 1964.

Ross, Steven J., *Workers on the Edge: Work, Leisure, and Politics in Industrializing Cincinnati, 1788-1890.* New York, 1985.

Satcher, Buford, *Blacks in Mississippi Politics 1865-1900.* Washington, 1978.

Schweninger, Loren, *James T. Rapier and Reconstruction.* Chicago, 1978.

Sefton, James E., *Andrew Johnson and the Uses of Constitutional Power.* Boston, 1980.

———. *The United States Army and Reconstruction 1865-1811.* Baton Rouge, 1967.

Seip, Terry L., *The South Returns to Congress: Men, Economic Measures, and*

Intersectional Relationships, 1868-1819. Baton Rouge, 1983.

Sellin, J. Thorsten, *Slavery and the Penal System.* New York, 1976.

Sharkey, Robert P., *Money, Class, and Party: An Economic Study of Civil War and Reconstruction.* Baltimore, 1967 ed.

Shifflett, Crandall A., *Patronage and Poverty in the Tobacco South: Louisa County, Virginia, 1860-1900.* Knoxville, 1982.

Shofner, Jerrell H., *Nor Is It Over Yet: Florida in the Era of Reconstruction, 1863-1877.* Gainesville, Fla., 1974.

Silbey, Joel, *A Respectable Minority: The Democratic Party in the Civil War Era.* New York, 1977.

Simkins, Francis B., and Robert H. Woody, *South Carolina During Reconstruction.* Chapel Hill, 1932.

Sitterson, J. Carlyle, *Sugar Country.* Lexington, Ky., 1953.

Skowronek, Stephen, *Building a New American State.* New York, 1982.

Smallwood, James W., *Time of Hope, Time of Despair: Black Texans During Reconstruction.* Port Washington, N.Y., 1981.

Sproat, John G., *"The Best Men" : Liberal Reformers in the Gilded Age.* New York, 1968.

Stampp, Kenneth M., *The Era of Reconstruction 1865-1877.* New York, 1965.

Stewart, James B., *Wendell Phillips: Liberty's Hero.* Baton Rouge, 1986.

Stover, John F., *The Railroads of the South 1865-1900.* Chapel Hill, 1955.

Suggs, Henry L., ed., *The Black Press in the South, 1865-1919.* Westport, Conn., 1983.

Summers, Mark W., *Railroads, Reconstruction, and the Gospel of Prosperity: Aid Under the Radical Republicans, 1865-1811.* Princeton, 1984.

Taylor, Alrutheus A., *The Negro in South Carolina During the Reconstruction.* Washington, D.C., 1924.

———. *The Negro in Tennessee, 1865-1880.* Washington, D.C., 1941.

———. *The Negro in the Reconstruction of Virginia.* Washington, D.C.,

1926.

Taylor, Arnold H., *Travail and Triumph: Black Life and Culture in the South Since the Civil War.* Westport, Conn., 1976.

Taylor, Joe G., *Louisiana Reconstructed, 1863–1877.* Baton Rouge, 1974.

Thomas, Benjamin P., and Harold M. Hyman, *Stanton: The Life and Times of Lincoln's Secretary of War.* New York, 1962.

Thompson, C. Mildred, *Reconstruction in Georgia.* New York, 1915.

Thompson, George H., *Arkansas and Reconstruction.* Port Washington, N.Y., 1976.

Thompson, Margaret S., *The "Spider Web" : Congress and Lobbying in the Age of Grant.* Ithaca, N.Y., 1985.

Tilley, Nannie M., *The Bright-Tobacco Industry 1860– 1929.* Chapel Hill, 1948.

Tindall, George B., *South Carolina Negroes 1877–1900.* Columbia, S.C., 1952.

Trefousse, Hans L., *Benjamin Franklin Wade: Radical Republican from Ohio.* New York, 1963.

———. *The Radical Republicans: Lincoln's Vanguard for Racial Justice.* New York, 1969.

Trelease, Allen W., *White Terror: The Ku Klux Klan Conspiracy and Southern Reconstruction.* New York, 1971.

Tunnell, Ted, *Crucible of Reconstruction: War, Radicalism, and Race in Louisiana 1862–1877.* Baton Rouge, 1984.

Ullmann, Victor, *Martin Delany: The Beginnings of Black Nationalism.* Boston, 1971.

Unger, Irwin, *The Greenback Era: A Social and Political History of American Finance 1865–1879.* Princeton, 1964.

Uya, Okon E., *From Slavery to Public Service: Robert Smalls 1839–1915.* New York, 1971.

Vaughan, William P., *Schools for All: The Blacks and Public Education in the*

South, 1865-1877. Lexington, Ky., 1974.

Vincent, Charles, *Black Legislators in Louisiana During Reconstruction*. Baton Rouge, 1976.

Wagandt, Charles L., *The Mighty Revolution: Negro Emancipation in Maryland, 1862-1864*. Baltimore, 1964.

Walker, Clarence E., *A Rock in a Weary Land: The African Methodist Episcopal Church During the Civil War and Reconstruction*. Baton Rouge, 1982.

Wallenstein, Peter, *From Slave South to New South: Public Policy in Nineteenth-Century Georgia*. Chapel Hill, 1987.

Washington, James M., *Frustrated Fellowship: The Black Baptist Quest for Social Power*. Macon, Ga., 1986.

Wayne, Michael, *The Reshaping of Plantation Society: The Natchez District, 1860-1880*. Baton Rouge, 1983.

Webb, Ross A., *Benjamin Helm Bristow: Border State Politician*. Lexington, Ky., 1969.

Wharton, Vernon L., *The Negro in Mississippi 1865-1890*. Chapel Hill, 1947.

White, Howard A., *The Freedmen's Bureau in Louisiana*. Baton Rouge, 1970.

Wiener, Jonathan M., *Social Origins of the New South: Alabama 1860-1885*. Baton Rouge, 1978.

Wiggins, Sarah W., *The Scalawag in Alabama Politics, 1865-1881*. University, Ala., 1977.

Wiley, Bell I., *Southern Negroes 1861-1865*. New Haven, 1938.

Williamson, Joel, *After Slavery: The Negro in South Carolina During Reconstruction, 1861-1877*. Chapel Hill, 1965.

Wood, Forrest G., *Black Scare: The Racist Response to Emancipation and Reconstruction*. Berkeley, 1968.

Wood, Philip J., *Southern Capitalism: The Political Economy of North Carolina, 1880-1980*. Durham, 1986.

Woodward, C. Vann, *Origins of the New South, 1877-1913*. Baton Rouge,

1951.

―――. *Reunion and Reaction: The Compromise of 1877 and the End of Reconstruction*, rev. ed. Garden City, N.Y., 1956.

Wright, Gavin, *The Political Economy of the Cotton South*. New York, 1978.

Yearley, C. K., *The Money Machines: The Breakdown and Reform of Governmental and Party Finance in the North, 1860-1920*. Albany, 1970.

Zuber, Richard L., *Jonathan Worth*. Chapel Hill, 1965.

论文

Alexander, Thomas B., "Persistent Whiggery in the Confederate South, 1860-1877", *Journal of Southern History*, 27 (August 1961), 305-329.

Anderson, George L., "The South and Problems of Post-Civil War Finance", *Journal of Southern History*, 9 (May 1943), 205-216.

Aptheker, Herbert, "Mississippi Reconstruction and the Negro Leader, Charles Caldwell", *Science and Society*, 11 (Fall 1947), 340-371.

Arcanti, Stephen J., "To Secure the Party: Henry L. Dawes and the Politics of Reconstruction", *Historical Journal of Western Massachusetts*, 5 (Spring 1977), 33-45.

Auman, William T., and David D. Scarboro, "The Heroes of America in Civil War North Carolina", *North Carolina Historical Review*, 58 (Autumn 1981), 327-363.

Baggett, James A., "Origins of Early Texas Republican Party Leadership", *Journal of Southern History*, 40 (August 1974), 441-454.

―――. "Origins of Upper South Scalawag Leadership", *Civil War History*, 29 (March 1983), 53-73.

Balanoff, Elizabeth, "Negro Leaders in the North Carolina General Assembly, July, 1868-February, 1872", *North Carolina Historical Review*, 49 (Winter 1972), 22-55.

Barr, Alwyn, "Black Legislators of Reconstruction Texas", *Civil War History*, 32 (December 1986), 340-352.

Baum, Dale, "Woman Suffrage and the 'Chinese Question': The Limits of Radical Republicanism in Massachusetts, 1865–1876", *New England Quarterly*, 56 (March 1983), 60–77.

Beale, Howard K., "On Rewriting Reconstruction History", *American Historical Review*, 45 (July 1940), 807–827.

Belz, Herman, "Origins of Negro Suffrage During the Civil War", *Southern Studies*. 17 (Summer 1978), 115–130.

Benedict, Michael L., "Preserving Federalism: Reconstruction and the Waite Court", *Supreme Court Review*, 1978, 39–79.

———. "Preserving the Constitution: The Conservative Basis of Radical Reconstruction", *Journal of American History*, 61 (June 1974), 65–90.

———. "Southern Democrats in the Crisis of 1876–1877: A Reconsideration of Reunion and Reaction", *Journal of Southern History*, 46 (November 1980), 489–524.

Bernstein, Samuel, "American Labor in the Long Depression, 1873–1878", *Science and Society*, 20 (Winter 1956), 59–83.

Binning, F. Wayne, "The Tennessee Republicans in Decline, 1869–1876", *Tennessee Historical Quarterly*, 39 (Winter 1980), 471–484, 40 (Spring 1981), 68–84.

Blain, William T., "Banner Unionism in Mississippi, Choctaw County 1861–1869", *Mississippi Quarterly*, 29 (September 1976), 207–220.

Blassingame, John W., "Before the Ghetto: The Making of the Black Community in Savannah, Georgia, 1865–1880", *Journal of Social History*, 6 (Summer 1973), 463–488.

Bridges, Roger D., "Equality Deferred: Civil Rights for Illinois Blacks, 1865–1885", *Journal of the Illinois State Historical Society*, 74 (Spring 1981), 82–108.

Brock, Euline W., "Thomas W. Cardozo: Fallible Black Reconstruction Leader", *Journal of Southern History*, 47 (May 1981), 183–206.

Brown, Ira V., "Pennsylvania and the Rights of the Negro, 1865–1887",

Pennsylvania History, 28 (January 1961), 45-57.

———. "William D. Kelley and Radical Reconstruction", *Pennsylvania Magazine of History and Biography*, 85 (July 1961), 316-329.

Burton, Vernon, "Race and Reconstruction: Edgefield County, South Carolina", *Journal of Social History*, 12 (Fall 1978), 31-56.

Chandler, Robert J., "Friends in Time of Need: Republicans and Black Civil Rights in California During the Civil War Era", *Arizona and the West*, 22 (Winter 1982), 319-340.

Cimbala, Paul A., "The 'Talisman Power': Davis Tillson, the Freedmen's Bureau, and Free Labor in Reconstruction Georgia, 1865-1866", *Civil War History*, 28 (June 1982), 153-172.

Cimprich, John, "Military Governor Johnson and Tennessee Blacks, 1862-1865", *Tennessee Historical Quarterly*, 39 (Winter 1980), 459-470.

Coben, Stanley, "Northeastern Business and Radical Reconstruction: A Re-Examination", *Mississippi Valley Historical Review*, 46 (June 1959), 67-90.

Coelho, Philip R. P. and Shepherd, James F., "Regional Differences in Real Wages: The United States, 1851-1880", *Explorations in Economic History*, 13 (April 1976), 203-230.

Cohen, William, "Negro Involuntary Servitude in the South, 1865-1940: A Preliminary Analysis", *Journal of Southern History*, 42 (February 1976), 31-60.

Cox, John H. and La Wanda, "General O. O. Howard and the 'Misrepresented Bureau'", *Journal of Southern History*, 19 (November 1953), 427-456.

Cox, La Wanda, "The Promise of Land for the Freedmen", *Mississippi Valley Historical Review*, 45 (December 1958), 413-440.

Crouch, Barry A., "A Spirit of Lawlessness: White Violence, Texas Blacks, 1865-1868", *Journal of Social History*, 18 (Winter 1984), 217-232.

———, and Larry Madaras, "Reconstructing Black Families: Perspectives from the Texas Freedmen's Bureau Records", *Prologue*, 18 (Summer 1986), 109–122.

634 Current, Richard N., "Carpetbaggers Reconsidered", in David H. Pinkney and Theodore Ropp, eds., *A Festschrift for Frederick B. Artz*. Durham, 1964.

Curtis, Michael K., "The Fourteenth Amendment and the Bill of Rights", *Connecticut Law Review*, 14 (Winter 1982), 237–306.

Davis, J. R., "Reconstruction in Cleveland County", *Trinity College Historical Society Historical Papers*, 10 (1914), 5–31.

Donald, David H., "The Scalawag in Mississippi Reconstruction", *Journal of Southern History*, 10 (November 1944), 447–460.

Driggs, Orval T., Jr., "The Issues of the Powell Clayton Regime, 1868–1871", *Arkansas Historical Quarterly*, 8 (Spring 1949), 1–75.

Du Bois, W. E. B., "Reconstruction and Its Benefits", *American Historical Review*, 15 (July 1910), 781–799.

Durrill, Wayne K., "Producing Poverty: Local Government and Economic Development in a New South County, 1874–1884", *Journal of American History*, 71 (March 1985), 764–781.

Easterlin, Richard A., "Regional Income Trends, 1840–1950", in Seymour E. Harris, ed., *American Economic History*. New York, 1961.

Ellem, Warren A., "Who Were the Mississippi Scalawags?", *Journal of Southern History*, 38 (May 1972), 217–240.

Farber Daniel A., and John E. Muench, "The Ideological Origins of the Fourteenth Amendment", *Constitutional Commentary*, 1 (Summer 1984), 235–279.

Fields, Barbara J., "The Nineteenth-Century American South: History and Theory", *Plantation Society in the Americas*, 2 (April 1983), 7–28.

Fishel, Leslie H., Jr., "Repercussions of Reconstruction: The Northern Negro, 1870–1883", *Civil War History*, 14 (December 1968), 325–345.

Foner, Eric, "Reconstruction and the Black Political Tradition", in Richard

L. McCormick, ed., *Political Parties and the Modern State*. New Brunswick, N.J., 1983.

———. "Reconstruction Revisited", *Reviews in American History*, 10 (December 1982), 82–100.

Foner, Laura, "The Free People of Color in Louisiana and St. Domingue", *Journal of Social History*, 3 (Summer 1970), 406–430.

Foner, Philip S., "The Battle to End Discrimination Against Negroes on Philadelphia Streetcars", *Pennsylvania History*, 40 (July 1973), 261–290, (October 1973), 355–379.

Forbath, William E., "The Ambiguities of Free Labor: Labor and the Law in the Gilded Age", *Wisconsin Law Review*, 1985, 767–817.

Ford, Lacy K., "Rednecks and Merchants: Economic Development and Social Tensions in the South Carolina Upcountry, 1865–1900", *Journal of American History*, 71 (September 1984), 294–318.

Foster, Gaines M., "The Limitations of Federal Health Care for Freedmen, 1862–1868", *Journal of Southern History*, 48 (August 1982), 349–372.

Fraser, Walter J., Jr., "Black Reconstructionists in Tennessee", *Tennessee Historical Quarterly*, 34 (Winter 1975), 362–382.

Fuke, Richard P., "A Reform Mentality: Federal Policy Toward Black Marylanders, 1864–1868", *Civil War History*, 22 (September 1976), 214–235.

Gates, Paul W., "Federal Land Policy in the South, 1866–1888", *Journal of Southern History*, 6 (August 1940), 303–330.

Gerofsky, Milton, "Reconstruction in West Virginia", *West Virginia History*, 6 (July 1945), 295–360, 7 (October 1945), 5–39.

Goldfield, David R., "The Urban South: A Regional Framework", *American Historical Review*, 86 (December 1981), 1009–1034.

Goodrich, Carter, "Public Aid to Railroads in the Reconstruction South", *Political Science Quarterly*, 71 (September 1956), 407–442.

Gottlieb, Manuel, "The Land Question in Georgia During Reconstruction",

Science and Society, 3 (Summer 1939), 356-388.
Gutman, Herbert G., "The Failure of the Movement by the Unemployed for Public Works in 1873", Political Science Quarterly, 80 (June 1965), 254-276.
———. "The Tompkins Square 'Riot' in New York City on January 13, 1874: A Re-examination of Its Causes and Its Aftermath", Labor History, 6 (Winter 1965), 44-70.
Hall, Robert L., "Tallahassee's Black Churches, 1865-1885 ", Florida Historical Quarterly, 58 (October 1979), 185-196.
Harlan, Louis R., "Desegregation in New Orleans Public Schools During Reconstruction", American Historical Review, 67 (April 1962), 663-675.
Harris, William C., "James Lynch: Black Leader in Southern Reconstruction", Historian, 34 (November 1971), 40-61.
———. "The Creed of the Carpetbaggers: The Case of Mississippi", Journal of Southern History, 40 (May 1974), 199-224.
Hart, John F., "The Role of the Plantation in Southern Agriculture", Proceedings, Tall Timbers Ecology and Management Conference, 16 (1979), 1-20.
Hennessey, Melinda M., "Racial Violence During Reconstruction: The 1876 Riots in Charleston and Cainhoy", South Carolina Historical Magazine, 86 (April 1985), 100-112.
———. "Reconstruction Politics and the Military: The Eufaula Riot of 1874", Alabama Historical Quarterly, 38 (Summer 1976), 112-125.
Hesseltine, William B., "Economic Factors in the Abandonment of Reconstruction", Mississippi Valley Historical Review, 22 (September 1935), 191-210.
Highsmith, William E., "Louisiana Landholding During War and Reconstruction", Louisiana Historical Quarterly, 37 (January 1955), 39-54.
———. "Some Aspects of Reconstruction in the Heart of Louisiana", Journal of Southern History, 13 (November 1947), 460-491.

Hine, William C., "Black Organized Labor in Reconstruction Charleston", *Labor History*, 25 (Fall 1984), 504-517.

———. "Black Politicians in Reconstruction Charleston, South Carolina: A Collective Study", *Journal of Southern History*, 49 (November 1983), 555-584.

Hopkins, Richard J., "Occupational and Geographic Mobility in Atlanta, 1870-1896", *Journal of Southern History*, 34 (May 1968), 200-213.

Horowitz, Robert F., "Seward and Reconstruction: A Reconsideration", *Historian*, 47 (May 1985), 382-401.

Huffman, Frank J., "Town and Country in the South, 1850-1880: A Comparison of Urban and Rural Social Structures", *South Atlantic Quarterly*, 76 (Summer 1977), 366-381.

Hume, Richard L., "Carpetbaggers in the Reconstruction South: A Group Portrait of Outside Whites in the 'Black and Tan' Constitutional Conventions", *Journal of American History*, 64 (September 1977), 313-330.

Hyman, Harold M., "Johnson, Stanton, and Grant: A Reconsideration of the Army's Role in the Events Leading to Impeachment", *American Historical Review*, 66 (October 1960), 85-100.

Joshi. Manoj K., and Joseph P. Reidy, " 'To Come Forward and Aid in Putting Down This Unholy Rebellion': The Officers of Louisiana's Free Black Native Guard During the Civil War Era", *Southern Studies*, 21 (Fall 1982), 326-342.

Kaczorowski, Robert J., "Searching for the Intent of the Framers of the Fourteenth Amendment", *Connecticut Law Review*, 5 (Winter 1972-1973), 368-398.

Kellogg, John, "The Evolution of Black Residential Areas in Lexington, Kentucky, 1865-1887", *Journal of Southern History*, 48 (February 1982), 21-52.

Kelly, Alfred H., "The Congressional Controversy Over School Segregation, 1867-1875", *American Historical Review*, 64 (April 1959), 537-563.

King, J. Crawford, "The Closing of the Southern Range: An Exploratory Study", *Journal of Southern History*, 48 (February 1982), 53–70.

Kolchin, Peter, "The Business Press and Reconstruction", *Journal of Southern History*, 33 (May 1967), 183–196.

Kornell, Gary L., "Reconstruction in Nashville, 1867–1869", *Tennessee Historical Quarterly*, 30 (Fall 1971), 277–287.

Lebsock, Suzanne, "Radical Reconstruction and the Property Rights of Southern Women", *Journal of Southern History*, 43 (May 1977), 195–216.

Lerner, Eugene, "Southern Output and Agricultural Income, 1860–1880", *Agricultural History*, 33 (July 1959), 117–125.

Levine, Richard R., "Indian Fighters and Indian Reformers: Grant's Indian Peace Policy and the Conservative Consensus", *Civil War History*, 31 (December 1985), 329–350.

Lovett, Bobby L., "Memphis Riots: White Reactions to Blacks in Memphis, May 1865–July 1866", *Tennessee Historical Quarterly*, 38 (Spring 1979), 9–33.

———. "Some 1871 Accounts for the Little Rock, Arkansas, Freedman's Savings and Trust Company", *Journal of Negro History*, 66 (Winter 1981–1982), 322–328.

Lowe, Richard, "Another Look at Reconstruction in Virginia", *Civil War History*, 32 (March 1986), 56–76.

Lowrey, Walter McG., "The Political Career of James Madison Wells", *Louisiana Historical Quarterly*, 31 (October 1948), 995–1123.

May, J. Thomas, "The Freedmen's Bureau at the Local Level: A Study of a Louisiana Agent", *Louisiana History*, 9 (Winter 1968), 5–20.

McDonald, Forrest, and Grady McWhiney, "The South from Self-Sufficiency to Peonage: An Interpretation", *American Historical Review*, 85 (December 1980), 1095–1118.

McGerr, Michael E., "The Meaning of Liberal Republicanism: The Case of Ohio", *Civil War History*, 28 (December 1982), 307–323.

McPherson, James M., "Grant or Greeley? The Abolitionist Dilemma in the Election of 1872", *American Historical Review*, 71 (October 1965), 43-61.

McWhiney, Grady, "The Revolution in Nineteenth-Century Alabama Agriculture", *Alabama Review*, 31 (January 1978), 3-32.

Meier, August, "Negroes in the First and Second Reconstructions of the South", *Civil War History*, 13 (June 1967), 114-130.

Mering, John V., "Persistent Whiggery in the Confederate South: A Reconsideration", *South Atlantic Quarterly*, 69 (Winter 1970), 124-143.

Moneyhon, Carl H., "Black Politics in Arkansas During the Gilded Age, 1876-1900", *Arkansas Historical Quarterly*, 44 (Autumn 1985), 222-245.

Montgomery, David, "Radical Republicanism in Pennsylvania, 1866-1873", *Pennsylvania Magazine of History and Biography*, 85 (October 1961), 439-457.

Moore, James T., "Black Militancy in Readjuster Virginia, 1879-1883", *Journal of Southern History*, 41 (May 1975), 167-186.

Morris-Crowther, Jayne, "An Economic Study of the Substantial Slaveholders of Orangeburg County, 1860-1880", *South Carolina Historical Magazine*, 86 (October 1985), 296-314.

Nieman, Donald G., "Andrew Johnson, the Freedmen's Bureau, and the Problem of Equal Rights, 1865-1866", *Journal of Southern History*, 44 (August 1978), 399-420.

O'Brien, John T., "Factory, Church, and Community: Blacks in Antebellum Richmond", *Journal of Southern History*, 44 (November 1978), 509-536.

——. "Reconstruction in Richmond: White Restoration and Black Protest, April-June 1865", *Virginia Magazine of History and Biography*, 89 (July 1981), 259-281.

Odom, E. Dale, "The Vicksburg, Shreveport and Texas: The Fortunes of a

Scalawag Railroad", *Southwestern Social Science Quarterly*, 44 (December 1963), 277–285.

Olsen, Otto H., "Reconsidering the Scalawags", *Civil War History*, 12 (December 1966), 304–320.

Otto, John S., "Southern 'Plain Folk' Agriculture", *Plantation Society in the Americas*, 2 (April 1983), 29–36.

Peek, Ralph L., "Lawlessness in Florida, 1868–1871", *Florida Historical Quarterly*, 40 (October 1961), 164–185.

Peskin, Allan, "Was There a Compromise of 1877?", *Journal of American History*, 60 (June 1973), 63–75.

Pope, Christie F., "Southern Homesteads for Negroes", *Agricultural History*, 44 (April 1970), 201–212.

Powell, Lawrence N., "The American Land Company and Agency: John A. Andrew and the Northernization of the South", *Civil War History*, 21 (December 1975), 293–308.

Price, Charles L., "The Railroad Schemes of George W. Swepson", *East Carolina Publications in History*, 1 (1964), 32–50.

Rabinowitz, Howard N., "From Exclusion to Segregation: Southern Race Relations, 1865–1890", *Journal of American History*, 63 (September 1976), 325–350.

———. "Half a Loaf: The Shift from White to Black Teachers in the Negro Schools of the Urban South, 1865–1890", *Journal of Southern History*, 40 (November 1974).

———. "The Conflict Between Blacks and the Police in the Urban South, 1865–1900", *Historian*, 39 (November 1976), 62–76.

Rable, George, "Republican Albatross: The Louisiana Question, National Politics, and the Failure of Reconstruction", *Louisiana History*, 23 (Spring 1982), 109–130.

———. "Southern Interests and the Election of 1876: A Reappraisal", *Civil War History*, 26 (December 1980), 347–361.

Rankin, David C., "The Impact of the Civil War on the Free Colored Community of New Orleans", *Perspectives in American History*, 11 (1977-1978), 379-416.

———. "The Origins of Black Leadership in New Orleans During Reconstruction", *Journal of Southern History*, 40 (August 1974), 417-440.

Richardson, Joe M., "Jonathan C. Gibbs: Florida's Only Black Cabinet Member", *Florida Historical Quarterly*, 42 (April 1964), 363-368.

Robinson, Armstead L., "Beyond the Realm of Social Consensus: New Meanings of Reconstruction for American History", *Journal of American History*, 68 (September 1981), 276-297.

Roediger, David, "Ira Steward and the Anti-Slavery Origins of American Eight-Hour Theory", *Labor History*, 27 (Summer 1986), 410-426.

Rousey, Dennis C., "Black Policemen in New Orleans During Reconstruction", *Historian*, 49 (February 1987), 223-243.

St. Clair, Kenneth E., "Debtor Relief in North Carolina During Reconstruction", *North Carolina Historical Review*, 18 (July 1941), 215-235.

St. Hilaire, Joseph M., "The Negro Delegates in the Arkansas Constitutional Convention", *Arkansas Historical Quarterly*, 33 (Spring 1974), 38-69.

Savitt, Todd L., "Politics in Medicine: The Georgia Freedmen's Bureau and the Organization of Health Care", *Civil War History*, 28 (March 1982), 45-64.

Schneirov, Richard, "Class Conflict, Municipal Politics, and Governmental Reform in Gilded Age Chicago", in Hartmut Keil and John B. Jentz, eds., *German Workers in Industrial Chicago, 1850-1910: A Comparative Perspective*. DeKalb, Ill., 1983.

Schweninger, Loren, "Black Citizenship and the Republican Party in Reconstruction Alabama", *Alabama Review*, 29 (April 1976), 83-101.

Scott, John A., "Justice Bradley's Evolving Concept of the Fourteenth Amendment from the Slaughterhouse Case to the Civil Rights Cases", *Rutgers Law Review*, 25 (Summer 1971), 552-569.

Scott, Rebecca, "The Battle over the Child: Child Apprenticeship and the Freedmen's Bureau in North Carolina", *Prologue*, 10 (Summer 1978), 101–113.

Scroggs, Jack B., "Carpetbagger Constitutional Reform in the South Atlantic States, 1867–1868", *Journal of Southern History*, 27 (November 1961), 475–493.

Shlomowitz, Ralph, "The Origins of Southern Sharecropping", *Agricultural History*, 53 (July 1979), 557–575.

Shortreed, Margaret, "The Anti-Slavery Radicals: From Crusade to Revolution 1840–1868", *Past and Present*, 16 (November 1959), 65–87.

Simkins, Francis B., "New Viewpoints of Southern Reconstruction", *Journal of Southern History*, 5 (February 1939), 49–61.

Sitterson, J. Carlyle, "The Transition from Slave to Free Economy on the William J. Minor Plantations", *Agricultural History*, 17 (January 1943), 216–224.

Small, Sandra E., "The Yankee Schoolmarm in Freedmen's Schools: An Analysis of Attitudes", *Journal of Southern History*, 45 (August 1979), 381–402.

Smallwood, James, "Perpetuation of Caste: Black Agricultural Workers in Reconstruction Texas", *Mid-America*, 61 (January 1979), 2–24.

Smith, George W., "Some Northern Wartime Attitudes Toward the Post-Bellum South", *Journal of Southern History*, 10 (August 1944), 353–374.

Somers, Dale A., "Black and White in New Orleans: A Study in Urban Race Relations, 1865–1900", *Journal of Southern History*, 40 (February 1974), 19–42.

———. "James P. Newcomb: The Making of a Radical", *Southwestern Historical Quarterly*, 72 (April 1969), 449–469.

Spackman, S. G. F., "American Federalism and the Civil Rights Act of 1875", *Journal of American Studies*, 10 (December 1976), 313–328.

Sproat, John G., "Blueprint for Radical Reconstruction", *Journal of Southern*

History, 23 (February 1957), 25-44.
Swinney, Everette, "Enforcing the Fifteenth Amendment, 1870-1877", Journal of Southern History, 28 (May 1962), 202-218.
Stagg, J. C. A., "The Problem of Klan Violence: The South Carolina Up-Country, 1868-1871", Journal of American Studies, 8 (December 1974), 303-318.
Taylor, A. Elizabeth, "The Origins and Development of the Convict Lease System in Georgia", Georgia Historical Quarterly, 26 (June 1942), 113-128.
Thomas, Herbert A., Jr., "Victims of Circumstance: Negroes in a Southern Town, 1865-1880", Register of the Kentucky Historical Society, 71 (July 1973), 253-271.
Thornbery, Jerry, "Northerners and the Atlanta Freedmen, 1865-1869", Prologue, 6 (Winter 1974), 236-251.
Trelease, Allen W., "Who Were the Scalawags?", Journal of Southern History, 29 (November 1963), 445-468.
Vincent, Charles, "Aspects of the Family and Public Life of Antoine Dubuclet: Louisiana's Black State Treasurer, 1868-1878", Journal of Negro History, 66 (Spring 1981), 29-36.
Wagstaff, Thomas, " 'Call Your Old Master—"Master" ': Southern Political Leaders and Negro Labor During Presidential Reconstruction", Labor History, 10 (Summer 1969), 323-345.
Waller, Altina L., "Community, Class and Race in the Memphis Riot of 1866", Journal of Social History, 18 (Winter 1984), 233-246.
Weisberger, Bernard A., "The Dark and Bloody Ground of Reconstruction Historiography", Journal of Southern History, 25 (November 1959), 427-447.
West, Earle H., "The Harris Brothers: Black Northern Teachers in the Reconstruction South", Journal of Negro Education, 48 (Spring 1979), 126-138.

White, Kenneth B., "The Alabama Freedmen's Bureau and Black Education: The Myth of Opportunity", *Alabama Review*, 34 (April 1981), 107-124.

Wiecek, William M., "The Reconstruction of Federal Judicial Power, 1863-1875", *American Journal of Legal History*, 13 (October 1969), 333-359.

Wiley, B. I., "Vicissitudes of Early Reconstruction Farming in the Lower Mississippi Valley", *Journal of Southern History*, 3 (November 1937), 441-452.

Williams, Frank B., "John Eaton, Jr., Editor, Politician, and School Administrator, 1865-1870", *Tennessee Historical Quarterly*, 10 (December 1951), 291-319.

Williams, John A., "The New Dominion and the Old: Ante-Bellum and Statehood Politics as the Background of West Virginia's 'Bourbon Democracy'", *West Virginia History*, 33 (July 1972), 317-407.

Williams, T. Harry, "An Analysis of Some Reconstruction Attitudes", *Journal of Southern History*, 12 (November 1946), 469-486.

——. "The Louisiana Unification Movement of 1873", *Journal of Southern History*, 11 (August 1945), 349-369.

Woodman, Harold D., "Postbellum Social Change and Its Effect on Marketing the South's Cotton Crop", *Agricultural History*, 56 (January 1982), 215-230.

——. "Post-Civil War Southern Agriculture and the Law", *Agricultural History*, 53 (January 1979), 319-337.

未发表的博士论文和论文

Bailey, Richard, "Black Legislators During the Reconstruction of Alabama, 1867-1878", Kansas State University, 1984.

Benson, Harry K., "The Public Career of Adelbert Ames, 1861-1876", University of Virginia, 1975.

Blank, Charles, "The Waning of Radicalism: Massachusetts Republicans and Reconstruction Issues in the Early 1870's", Brandeis University, 1972.

Carrier, John P., "A Political History of Texas During the Reconstruction, 1865-1874", Vanderbilt University, 1971.

Cohen, Roger A., "The Lost Jubilee: New York Republicans and the Politics of Reconstruction and Reform, 1867-1878", Columbia University, 1975.

Fitzgerald, Michael W., "The Union League Movement in Alabama and Mississippi: Politics and Agricultural Change in the Deep South during Reconstruction", University of California, Los Angeles, 1986.

Frankel, Noralee, "Workers, Wives, and Mothers: Black Women in Mississippi, 1860-1870", George Washington University, 1983.

Gilmour, Robert A., "The Other Emancipation: Studies in the Society and Economy of Alabama Whites During Reconstruction", Johns Hopkins University, 1972.

Graves, John W., "Town and Country: Race Relations and Urban Development in Arkansas 1865-1905", University of Virginia, 1978.

Hansen, Stephen L., "Principles, Politics, and Personalities: Voter and Party Identification in Illinois, 1850-1876", University of Illinois, Chicago, 1978.

Harrison, Robert, "The Structure of Pennsylvania Politics, 1876-1880", Cambridge University, 1970.

Hume, Richard L., "The 'Black and Tan' Constitutional Conventions of 1867-1869 in Ten Former Confederate States: A Study of Their Membership", University of Washington, 1969.

Lancaster, James L., "The Scalawags of North Carolina, 1850-1868", Princeton University, 1974.

McTigue, Geraldine, "Forms of Racial Interaction in Louisiana, 1860-1880", Yale University, 1975.

Miller, Wilbur E., "Reconstruction as a Police Problem", paper, annual meeting of Organization of American Historians, 1978.

Mittelman, Amy, "The Politics of Alcohol Production: The Liquor Industry and the Federal Government 1862–1900", Columbia University, 1986.

Moore, Ross H., "Social and Economic Conditions in Mississippi During Reconstruction", Duke University, 1937.

Phillips, Paul D., "A History of the Freedmen's Bureau in Tennessee", Vanderbilt University, 1964.

Powell, Lawrence N., "Southern Republicanism During Reconstruction: The Contradictions of State and Party Formation", paper, annual meeting of Organization of American Historians, 1984.

Reidy, Joseph P., "Masters and Slaves, Planters and Freedmen: The Transition from Slavery to Freedom in Central Georgia, 1820–1880", Northern Illinois University, 1982.

———. "Sugar and Freedom: Emancipation in Louisiana's Sugar Parishes", paper, annual meeting of American Historical Association, 1980.

Richardson, Barbara A., "A History of Blacks in Jacksonville, Florida, 1860–1895: A Socio-Economic and Political Study", Carnegie-Mellon University, 1975.

Spackman, S. G. F., "National Authority in the United States: A Study of Concepts and Controversy in Congress 1870–1875", Cambridge University, 1970.

Stanley, Amy Dru, "Status or Free Contract: Marriage in the Age of Reconstruction", paper, annual meeting of American Historical Association, 1985.

插图和地图一览表

插图

"家谱图" / 151

338 至 339 页之间插页

"获得解放的黑人欢庆林肯总统的《解放奴隶宣言》"

身份不明的内战联邦军队中士

身着海军军服的罗伯特·G. 菲茨杰拉德

黑人难民跨越拉帕汉诺克河

"南部联邦派的秘密会议"

"纽约市的骚乱"

里士满的废墟

劳拉·汤与她的学生

"祈祷会"

身份不明的黑人家庭

"自由民局"

民主党制作的整页广告

"奥吉奇河畔的稻米文化"

"路易斯安那州的甘蔗丰收"

摘棉花者

一个南部内陆地区的家庭

安德鲁·约翰逊

撒迪厄斯·斯蒂文斯

莱曼·特朗布尔

查尔斯·萨姆纳

"国会的重建政策,如加利福尼亚州所示" / 532

654 至 655 页之间插页

"第一次投票"

"南部的竞选"

本杰明·S. 特纳

P. B. S. 平奇贝克
布兰奇·K. 布鲁斯
罗伯特·斯莫尔斯
罗伯特·B. 艾略特
詹姆斯·L. 阿尔科恩
威廉·G. 布朗洛
亨利·C. 沃莫思
阿尔比恩·W. 图尔吉
阿德尔伯特·阿姆斯
民主党竞选徽章
泽布隆·万斯
韦德·汉普顿
约翰·B. 戈登
威廉·H. 特利斯科特
三K党的警告
"穿戴着伪装服的两位三K党
　成员"
三K党人朝着黑人家庭射击
维多利亚·伍德哈尔
杰伊·古尔德
罗斯科·康克林

疯马
苏珊·B. 安东尼
铁路工人
"资本与劳工"
科利斯引擎
被毁坏的匹兹堡蒸汽机车车库
"他为何不能享有投票权？"
"这是一个白人的政府"
"一个得以重建（？）的州中的
　有色人种统治？"
"纽约市的阳光与阴影" / 798
密西西比州最后一届重建时期的
　州参议院成员 / 902

地图

1860年南部主要地理和经济
　作物区域分布 / 222
1860年奴隶人口 / 223
1860年与1881年的巴罗
　种植园 / 687

索 引

（索引页码为英文原书页码，即本书边码；
索引页码中的"n"指注释）

A

Abbeville County, South Carolina 阿比维尔县（南卡罗来纳州）344, 375, 581

Aberdeen, Mississippi 阿伯丁（密西西比州）561

Abolitionism 废奴主义（运动）：与黑人权利/民权 60, 67, 221, 527；在芝加哥的团聚 527；与宪法修正案 67, 225, 448；终结与解散 448；与奴隶解放 1, 2；与联邦权力的扩张 24；与劳工运动 482；与退出联邦运动 5；与"十分之一计划"36；与联邦军队 9；减弱 527-528；与妇女运动 255, 447-448, 472。同见：具体人名

Adams, Charles Francis 查尔斯·弗朗西斯·亚当斯：与工业革命 460；与自由派共和党人 501, 502, 510

Adams, Charles Francis, Jr. 小查尔斯·弗朗西斯·亚当斯：与种族主义 497；与铁路 468, 475, 490, 517；与选举权 497

Adams, Dock 多克·亚当斯 570, 571, 572

Adams, Henry [freedman] 亨利·亚当斯（自由民）78, 81, 119, 582, 599

Adams, Henry [writer] 亨利·亚当斯（作家）446, 451, 567

Africa 非洲 598-601

Age of Capital 资本时代 461-469, 512。同见：工业，铁路

Agnew, Samuel 塞缪尔·阿格纽 134

Agriculture 农业：黑人的~ 51, 403, 404, 597；商业性的~ 392-394, 461, 474；与债务/信贷体系 19, 211-212, 392-394, 408, 418, 464, 515-516, 588-589；与民主党 418-420；与经济萧条 535, 536；~的发展 21, 211；多元化的~ 418-419, 516；承受的内战经济影响 125-128；~的机械化/现代化 19, 418-419, 597；与南部共和党人 394。同见：Authority/Control of the labor system；Cotton；Farming；Labor system；Land policies；Plantation system；Rice；Sugar；具体州和具体地域、地区的名字

Aiken, D. Wyatt 怀亚特·D. 艾肯 401, 405, 548, 549

Aiken, William 威廉·艾肯 162-163

Aiken County, South Carolina 艾肯县（南

卡罗来纳州)574

Akerman, Amos T. 阿莫斯·T. 阿克曼 454, 457–458, 556

Alabama 亚拉巴马（州）：～的农业 129, 141, 392–393, 536, 548; ～的黑人社区 101, 294, 552–553; ～的黑人代表大会 112, 114, 116, 117; ～的预算 589; ～的提包客/南方佬 297, 349n6, 553; ～的民权 114, 149, 204, 369–370, 552–553; 内战对～的影响 16, 124; ～的阶级冲突 390; ～的腐败 390; ～的债务/信贷体系 301, 326, 394, 408–409; ～的民主党 381, 415, 442, 548, 550, 552–553; ～的经济 12, 125–128, 141, 211, 325, 381, 536; ～的教育 322, 552–553; ～的选举 196, 314, 332–333, 342, 343, 415, 508, 548, 550, 552–553; 与黑人移民运动 600; 与第十四条宪法修正案 324; 与自由民局 143; ～的工业 211, 325, 331, 390, 391; ～的三K党 342, 343, 426–430, 435, 437–439, 441–442; ～的劳工大会 377–378, 390; ～的劳工政策 209, 373, 377, 378, 390; ～的土地政策 105, 116, 290; ～的法律体系 362, 421, 439, 539; ～的地方政府 355; ～的公职官员 352, 354, 354–355n15, 355, 362; 与恩惠制 188, 349; ～的政治 282, 288, 352, 354, 355, 362, 377, 539, 590; ～的公共责任 364, 589; ～的铁路 211, 325, 380–381, 390, 395; ～的救赎 444, 508, 552–553, 589, 590, 600; ～的共和党 300, 314, 349, 442, 444, 508, 539, 552–553; ～的骚乱 15; ～的罢工 281; ～的选举权 294n27, 314, 324, 330, 590; ～的税收 206, 381, 390, 408–409; ～的联邦同盟会 285, 378; ～的亲联邦派 13, 15–16, 193, 269, 332, 552–553; ～的暴力 121, 426–430, 435, 437, 438, 439, 441–442, 552–553; ～的自耕农 13, 394。同见：Alabama, state constitution in; Alabama, racism/segregation in; 具体人名

Alabama 亚拉巴马（州）的种族主义/种族隔离：与教育 321–322; 与法律体系 421, 428–429, 435, 439; 与政治 330, 417, 426, 427, 439, 441, 442

Alabama 亚拉巴马（州）州宪法：与议员席位分配 195; 与黑人政治 112, 116, 318, 318n70; ～的制宪大会 112, 114, 116, 193, 314, 317, 318, 318n70; 与债务减免 326; 与教育 322; 与工业发展 325; ～的批准 332–333; 与共和党 314, 317, 322; 与选举权 324, 330

Alabama Labor Union 亚拉巴马（州）劳工工会 408–409

Alamance County, North Carolina 阿拉曼斯县（北卡罗来纳州）440

Alaska 阿拉斯加州 495

Alcorn, James L. 詹姆斯·L. 阿尔科恩 14, 298, 347–348, 349, 352–353, 364, 414, 429, 439, 538–539, 560, 605

Alcorn money 阿尔科恩货币 384

Alcorn University 阿尔科恩大学 368

Alden, Augustus E. 奥古斯塔斯·E. 奥尔登 364–365

Alexandria, Louisiana 亚历山德里亚（路易斯安那州）292

Allen, James M. 詹姆斯·M. 艾伦 328

Allen, Thomas 托马斯·艾伦 287
Allen, William 威廉·艾伦 557
Alley, John B. 约翰·B. 阿利 233
Allison, William B. 威廉·B. 艾利森 233, 585
Alston, James T. 詹姆斯·T. 阿尔斯通 287
Amelia Island, Florida 阿米莉亚岛（佛罗里达州）76
American Anti-Slavery Society 美国废奴协会 67, 448
American Colonization Society 美国殖民协会 289, 598-600
American Free Trade League 美国自由贸易联盟 489
American Freedmen's Inquiry Commission 美国自由民咨询委员会 68
American Freedmen's Union Commission 美国自由民联邦委员会 145, 147
American Land Company and Agency 美国土地公司与代办机构 241-242
American Missionary Association 美国传教协会 91, 97, 98-99, 145, 153, 426, 527
American Social Science Association 美国社会科学协会 488, 489, 517-518
American Woman Suffrage Association 美国妇女选举权协会 448
Ames, Adelbert 阿德尔伯特·阿姆斯 296, 349, 353, 442, 538-539, 541, 542, 558-563, 606
Ames, Blanche 布兰奇·阿姆斯 559, 559n85
Amnesty Act [1872] [1872年] 大赦法, 504, 505
Amnesty policies [Andrew Johnson] [安德鲁·约翰逊] 特赦政策, 247

Andrew, Abram P. 艾布拉姆·P. 安德鲁 141
Andrew, John A. 约翰·A. 安德鲁 5, 8, 213, 241-242, 499
Andrews, E. Benjamin 本杰明·E. 安德鲁斯 606
Andrews, Fanny 范妮·安德鲁斯 131
Andrews, Sidney 悉尼·安德鲁斯 15-18, 169, 202
Annual Cyclopedia 年度百科全书 401-402
Anthony, Susan B. 苏珊·B. 安东尼 255, 313, 447, 448, 472, 565
Antoine, Caesar C. 凯撒·C. 安托万 353, 360, 361
Appalachian South 阿巴拉契亚南部：12, 550。同见：具体州名
Appling v. *Odum* 阿普林诉奥德姆 594
Apportionment [众议院] 议员席位分配：12, 322-323。同见：Congressional representation；具体州名
Apprenticeship system 学徒制 40, 45n28, 201-202, 372, 421, 602
Argall, Samuel 塞缪尔·阿高尔 384
Arkansas 阿肯色（州）：～的农业 392-393, 595；～的黑人社区 294, 590, 598；～的黑人大会 112, 116；～的布鲁克斯与巴克斯特之争 528；～的提包客 349n6；～的债务／信用体系 327, 408；～的民主党 270, 550；～的教育 368, 589；～的选举 196, 314, 332, 342, 550；与第十四条宪法修正案 269, 324；与格兰特政府 528；约翰逊对～的承认 182；三K党在～, 342, 433, 436, 440；～的劳工政策, 45n28, 595；～的土地政策 118；～的法律系统 204, 362；～的地方政府 356,

538；~的军管法/军事统治 308, 440；~的公职官员 318n70, 353, 354-355n15, 356, 362, 538；~的政治 112, 116, 209, 318n70, 353, 354-355n15, 356, 362, 528, 538；~的种族主义/种族隔离 368, 369-370；~的铁路 382, 340, 528；~的重建问题 528；~的救赎 550, 589, 590, 595, 598；~的共和党 300, 314, 539, 550；~的州宪法 10, 45n28, 112, 317, 318, 318n70, 324, 327, 528；~的罢工 595；~的选举权 10, 45n28, 270, 314, 324, 347, 528, 590；~的税收 589；~的亲联邦派 45n28, 185, 196, 270, 332；~的暴力 119, 342, 433, 436, 440, 595；~的战时重建 45n28, 73。同见：具体人名

Armour, Philip D. 菲利普·D. 阿穆尔 20

Armstrong, Samuel C. 塞缪尔·阿姆斯特朗 146

Army appropriation Bill [1875] [1875 年] 军队拨款法案 553, 556

Arnold, Richard D. 理查德·D. 阿诺德 128

Artisans 工匠 287, 299, 382-383, 396-397, 479, 535

Ashley, James M. 詹姆斯·M. 阿什利 228, 233-334, 236, 246, 273, 333, 334, 501

Ashley, Samuel S. 塞缪尔·S. 阿什利 146

Atkinson, Edward 爱德华·阿特金森 53, 66, 225, 237, 393, 477, 488, 499, 503, 522, 564

Atlanta, Georgia 亚特兰大市（佐治亚州）90, 96, 325, 384, 386, 389, 395, 397, 423-424, 430

Austin, Texas 奥斯汀（得克萨斯州）371

Authority/control of labor 劳工控制权：与移民 419；与工业 597；与三 K 党 428-429；与新起步（方针）420；与种植园体制 128-142, 198-199, 213-214, 372-373, 419, 549, 593；与救赎 597；与分成制 406；与州政府 198-199；与白人对黑人的监管 103-104, 137-138, 174, 405

Avery, Isaac W. 埃弗里·W. 艾萨克 432-433

B

Babcock, Orville E. 奥维尔·E. 巴布科克 494, 566

Badeau, Adam 亚当·巴多 220

Baltimore, Maryland 巴尔的摩市（马里兰州）39, 40, 422

Banking system 银行系统 22-23, 531-532

Banks, Nathaniel P. 纳撒尼尔·P. 班克斯 46-50, 54-56, 60, 62, 63, 65, 73, 182-183, 207

Barbados 巴巴多斯 134

Barbour County, Alabama 巴伯县（亚拉巴马州）552, 553

Bargain of 1877 1877 年交易 580-581

Barksdale, Ethelbert 埃塞尔伯特·巴克斯代尔 548

Barlow, Samuel L. M. 塞缪尔·L. M. 巴洛 216-217, 264, 339

Barnwell County, South Carolina 巴恩韦尔县（南卡罗来纳州）574

Bates, Morgan 摩根·贝茨 484

Battle, Kemp P. 肯普·巴特尔 133

Baxter, Elisha 伊莱沙·巴克斯特 528

Bayne, Thomas 托马斯·贝恩 87, 111, 319, 322, 327
Beadle, W. H. H. W. H. H. 比德尔 169
Beale, Howard K. 霍华德·K. 比尔 xix
Beard, Charles and Mary 查尔斯·比尔德与玛丽·比尔德 xxi-xxii, 2-3
Beaufort, North Carolina 博福特（北卡罗来纳州）, 98
Beaufort, South Carolina 博福特（南卡罗来纳州）1-2, 3, 62, 357, 573
Beck, James B. 詹姆斯·B. 贝克 533
Beecher, Edward 爱德华·比彻 28
Beecher, Henry Ward 亨利·沃德·比彻 520-521
Beecher-Tilton scandal 比彻-蒂尔顿丑闻 520-521
Belknap, William 威廉·贝尔克纳普 554, 555, 566
Bell, James H. 詹姆斯·H. 贝尔 197
Bell, John 约翰·贝尔 45
Bellups, Marion 马里恩·贝鲁普斯 430
Belmont, August 奥古斯特·贝尔蒙特 32, 216, 311, 339, 502, 505
Benevolence 仁慈 67-69, 484, 587
Benham, George 乔治·贝纳姆 142
Bennett, James Gordon 詹姆斯·戈登·贝内特 261, 272-273
Bennettsville, South Carolina 贝内特斯维尔（南卡罗来纳州）435
Bentley, Emerson 爱默生·本特利 295, 342
Berea College 贝雷亚学院 145
Bertonneau, Arnold 阿诺德·贝尔托诺 49, 49n27
Bidwell, John A. 约翰·A. 比德维尔 261

Big Eagle 大鹰 462
Bigelow, John 约翰·比奇洛 568
Biggerstaff, Aaron 亚伦·比格斯塔夫 427
Bill of Rights《权利法案》24, 258-259, 533
Bingham, Daniel 丹尼尔·宾厄姆 325
Bingham, John A. 约翰·A. 宾厄姆 241, 244n29, 253, 258, 259, 273, 274, 447
Bird, Francis W. 弗朗西斯·W. 伯德 469, 482, 500, 509
Bird Club 伯德俱乐部 469, 473, 500, 502, 506
Birth of a Nation [film]《一个民族的诞生》[电影], 609
Black Codes 黑人法典: 199-201, 208-209, 215, 225, 244, 257, 372, 519, 593。同见：具体州名
Black colleges 黑人大学 145, 359, 367-369, 396, 598
Black community 黑人社区：～的阶级／社会结构 80-82, 396-399, 404-406, 546；与保守派 546-547；～的经济期望／地位 360-361, 374-377, 396-397, 429-430, 597-598, 602；～的派别主义／紧张关系 65, 113, 262, 436-437；与重建的失败 604；～的家庭生活 82-88；～的领导力 286-288, 318, 358-359；～的动员 xxv, 281-291；～的名字 79；与黑人代表权 539；北部的～ 25-26, 286, 470-472；～的军事占领 396-397, 472, 598；南部城市～的人口 81-82；与共和党 470-472, 508, 544-546；与自助 545-546；～的自我形象 8, 10, 64, 102-103, 410；关于～重建的观点

610—611;～的妇女57, 85-87, 400, 405, 574。同见：Black politics; Black rights; Black suffrage;具体城市、州或题目名称

Black literacy 黑人识字率 9, 96, 117, 287, 359, 366, 442, 598, 599

Black nationalism 黑人民族主义 27, 288, 598-599

Black newspapers 黑人报纸 117。同见：具体报纸名称

Black politics 黑人政治：与黑人社区111, 360-362, 537-542, 544-546;与黑人大会27-28, 112-118;与民权法案[萨姆纳, 19世纪70年代]533-534;～的保守派546-547;与腐败388-389;～的耗费361-362;与民主党591;与经济萧条537-542;与教育359, 541;与奴隶解放/奴隶制75-76, 293;与法律平等27;～的派系, 65-66;与重建的失败603;与劳工体制154-155, 289;与土地政策116, 290;～的领导力xxv, 26, 27, 64, 112, 282-283, 287, 442-443;与中产阶级591;与黑人在政府中代表权的需要539;北部的～472;与北部人26, 294-297;～的组织/党派组合118-119, 319, 350-363;～的起源75-76;与恩惠制472, 545;与总统重建215-216;与公共责任365-379;与救赎588, 591, 598;与宗教26, 93-95, 111, 112, 282-283, 287, 358;与共和党111-118, 331, 521, 537-542;与南方佬297-299;南部人对～的反应291-292;与州政府350-355;与选举权27, 294n27;与联邦军队154-155;与联邦同盟会283-285, 287, 288;与暴力442-443;与妇女290-291。同见：Black community; Black rights; Black suffrage; Constitutional conventions; Equality before the law; Political organization/alignments; Political Reconstruction; Politics;具体人名或州名

Black Reconstruction in America [Du Bois]：《美国的黑人重建》[杜波伊斯的著作] xxi

Black rights 黑人权利：与废奴主义60, 527;与黑人社区48, 545-546;与重建的失败602;与联邦制531;与自由劳动意识形态534;与法律体制529-531;北部对～的反应221-224, 226;与总统重建209;与救赎587-601;与共和党67, 222, 226, 227, 231, 338, 470-472, 498-499, 509, 569;与美国军事学院(西点军校) 531, 545。同见：Black suffrage; Civil rights; Equality before the law

Black suffrage 黑人选举权：与废奴主义67, 221;与黑人社区49;与黑人政治27, 111, 114-116;与商业社区220, 234;与民权245;与海外殖民运动289;与国会66, 259;与制宪大会195, 275;与教育147;与选举62, 260, 261, 267, 268, 313, 338, 341-342, 343;与重建的失败604, 609;与对南部的影响与改革279-280;实施～的理由114-115;林肯对～的支持74;～在北部28, 222, 223-224, 448, 470;与总统重建181-182, 216, 221-224;与激进重建xxv, 237, 241-242;与重建法[1867] 271-280;与救赎590, 592;与共和主义278;南部和白人对～的反应189, 192,

195, 259, 293-294; 与州权 184; 与亲联邦派 186-187, 269-271, 275-276; 与战时重建 36; 与辉格党人 187; 与妇女选举权 448。同见: Black rights; Black suffrage and the Democratic party; Black suffrage and the Republican party; Civil Rights; Fifteenth Amendment; Fourteenth Amendment; 具体人名或州名

Black suffrage and the Democratic party 黑人选举权与民主党: 与选举 267, 268, 313-314; 与第十五条宪法修正案 417, 422, 446-449; 与新起点 412, 416-417; ~在北部 217, 223-224; 与总统重建 217。同见: 具体人名或州名

Black suffrage and the Republican party 黑人选举权与共和党: 与选举 62, 267, 311-113, 592; 与第十五条宪法修正案 446-449; 与自由派 492; ~在北部 222, 223, 511; 与总统重建 216, 221-224; 与激进重建 237, 241-242; 与激进共和党人 66, 178, 221-224, 231, 240, 267, 271-280; 与重建法[1867] 271-280; 与韦德-戴维斯法案 62。同见: 具体人名或州名

Blackwell, Boston 波士顿·布莱克威尔 611

Blaine, James G. 詹姆斯·G. 布莱恩 73, 225, 241, 244, 252, 274, 315, 343, 344, 456, 467, 468, 555, 566, 578-579

Blair, Austin 奥斯汀·布莱尔 500, 510

Blair, Francis P. 弗朗西斯·P. 布莱尔 218-219

Blair, Francis P., Jr. [Frank] 小弗朗西斯·P. 布莱尔[弗兰克] 218-219, 339, 340-343, 421

Blair, Montgomery 蒙哥马利·布莱尔 218-219

Bland, James W. 詹姆斯·W. 布兰德 321, 324

Blount County, Alabama 布隆特县(亚拉巴马州) 435

Bloxham, William D. 威廉·D. 布洛克舍姆 548

Bolivar County, Mississippi 玻利瓦尔县(密西西比州) 357

Bond, Hugh Lennox 休·伦诺克斯·邦德 40

Bonds 债券 22, 383-384, 386-388, 467, 512, 541

Bonham, Milledge Luke 米利奇·卢克·博纳姆 400

Booth, John Wilkes 约翰·威尔克斯·布思 75

Border states 边界州: ~的黑人权利/黑人选举权 39, 270, 446, 590; ~的民主党 421; ~的奴隶解放/奴隶制 6, 8, 10, 37, 43; 与第十四条宪法修正案 270; ~的内部自治 590; ~的种族主义/种族隔离 421; ~的救赎 421, 590; 共和党在~ 43, 421, 452, 590; ~的亲联邦派 39, 43, 270; ~的战时重建 37-38, 43。同见: 具体人名或州名

Borie, Adolph 阿道夫·博里 445

Boston, Massachusetts 波士顿(马萨诸塞州) 469, 483, 525, 554

Boston *Daily Evening Voice* 波士顿《每日晚报》482

Bouey, Harrison N. 哈里森·N. 布伊 599

Boutwell, George S. 乔治·S. 鲍特韦尔 23, 62, 275, 445, 446, 534

Bowers, Claude G. 克劳德·G. 鲍尔斯

609-610
Bowles, Samuel 塞缪尔·鲍尔斯 488
Boynton, Henry V. 亨利·V. 博因顿 579
Bradford, Susan 苏珊·布拉德福德 79-80
Bradford plantation [Florida] 布拉德福特种植园（佛罗里达州）79-80
Bradley, Aaron A. 亚伦·A. 布拉德利 163-164, 290, 545, 607
Bradley, Joseph P. 约瑟夫·P. 布拉德利 580, 587
Bradwell, Myra 迈拉·布拉德韦尔 530
Bragg, Braxton 布拉克斯顿·布拉格 125-128
Branch, Alexander 亚历山大·布兰奇 563
Brazil 巴西 104
Breese, Sidney 悉尼·布里斯 34
Brinckerhoff, Isaac 艾萨克·布林克霍夫, 75, 91-92
Bristow, Benjamin H. 本杰明·H. 布里斯托 457, 555, 566
British Caribbean 英属加勒比海 56, 104, 133-134
Brooks, Joseph 约瑟夫·布鲁克斯 528
Broomall, John M. 约翰·M. 布鲁姆莫尔 237-238
Brotherhood, The 兄弟会 344
Brown, B. Gratz B. 格拉兹·布朗 41-42, 501, 502, 507
Brown, John M. [Mississippi sheriff] 约翰·M. 布朗［密西西比州警长］369, 660
Brown, Joseph E. 约瑟夫·E. 布朗 299, 325, 332
Brown, Orlando 奥兰多·布朗 153, 154, 158, 159

Browning, Orville H. 奥威尔·H. 布朗宁 266, 501
Brownlow, William G. 威廉·G. 布朗洛 17, 44-45, 186, 187, 270, 271, 301, 307, 413, 439-440, 453
Brownson, Orestes 奥雷斯蒂斯·布朗森 24
Bruce, Blanche K. 布兰奇·K. 布鲁斯 357, 360, 538n48, 539, 545, 607
Bruce, Frederick 弗雷德里克·布鲁斯 191
Bryant, John E. 约翰·E. 布赖恩特 147, 156, 350, 385, 525
Bullock, Rufus 鲁弗斯·布洛克 299, 331, 332, 347, 381, 386, 454, 605
Bullock County, Alabama 布洛克县（亚拉巴马州）285
Bureau of Free Labor [Union Army] 自由劳工局［联邦军队］65
Bureau of Refugees, Freedmen, and Abandoned Lands 难民、自由民和弃置土地局。见 Freedmen's Bureau
Burgess, John W. 约翰·W. 伯吉斯 xix, xx, 609
Burke, Edward A. 爱德华·A. 伯克 580, 588
Burke, Richard 理查德·伯克 426
Burkhead, L. S. L. S. 伯克黑德 90
Burnett, G. B. G. B. 伯内特 297
Burt, Armistead 阿米斯特德·伯特 209
Business community 商业社区：与资本时代 466-469；黑人～398, 472, 546；与黑人选举权 220, 234；与阶级冲突 518；～的保守派 546；与货币问题 522；与经济萧条 513, 518；～在内战中 19-20；与选举 341, 579；与政府 486-487；与约翰逊

249；与劳工运动 518；～在北部 19-20, 472, 579；与政治 466-469, 518；～的实践 513；与总统重建 220-221；与共和党 233-234, 315, 449, 466-469；南部的～ 395。同见：Age of Capital; Corporations；具体人名

Butler, Benjamin F. 本杰明・F. 巴特勒：与伯德俱乐部 500；与黑人权利 533；黑人对～的支持 524；与巴特勒主义 491-492；与民权法案/民权法［萨姆纳，1875] 533, 534, 555-556；～将逃奴界定为战时敌产 5；～的经济政策 233, 311, 315, 522；与教育 491-492, 509, 524；与联邦在路易斯安那的干预 560；与联邦制/州权 455；格兰特与～的关系 496；与约翰逊弹劾案 335；与《三K党法》[1871], 498；～的土地政策 236；与自由派共和党人 491-492；～在新奥尔良 45-48；与种植园劳工体制 55；与总统重建 222, 224；～的重建计划 553-554；作为中坚派的～ 496, 578

Butler, Matthew C. 马修・C. 巴特勒 387-388, 417, 419, 571-572

Butlerism 巴特勒主义 491-492

Butts, Isaac 艾萨克・巴茨 477

C

Cain, Richard H. 理查德・H. 凯恩 27, 118, 329, 426, 533-534, 538n48, 607

Cainhoy, South Carolina 凯恩霍伊（南卡罗来纳州）574

Caldwell, Charles 查尔斯・考德威尔 561, 562

Calhoun, John C. 约翰・C. 卡尔霍恩 587

Calhoun County, Alabama 卡尔霍恩县（亚拉巴马州）427

California 加利福尼亚州 28, 30, 250, 447, 463, 464, 469, 479, 481-482n36, 584

Callis, John B. 约翰・B. 卡利斯 295

Cameron, Paul C. 保罗・C. 卡梅伦 136

Cameron, Simon 西蒙・卡梅伦 466-467, 485, 496

Cameron Ring 卡梅伦帮 500

Camilla, Georgia 卡米拉村（佐治亚州）342

Campbell, John A. 约翰・A. 坎贝尔 530

Campbell, Tunis G. 突尼斯・G. 坎贝尔 321, 358, 423-424

Cardozo, Francis L. 弗朗西斯・L. 卡多佐 27, 102, 327, 351, 352, 353, 375, 607

Cardozo, Thomas W. 托马斯・W. 卡多佐 353, 388

Caribbean 加勒比海 6, 26, 104, 132, 133-134, 494

Carie, Frederic 弗雷德里克・卡里 299

Carnegie, Andrew 安德鲁・卡内基 513

Carpenter, Richard B. 理查德・B. 卡朋特 414-415

Carpetbaggers 提包客：黑人～ 289；与黑人社区 546, 547；与民权 369；与国会代表 349n6；与南部州制宪大会 317；对～的批评 546；～的定义 xv, 294, 295n28；与民主党 294；与经济政策 325-326；与选举危机 581；与劳工体制 289；与土地政策 296；作为公职官员的～ 547；～的概览 137-138, 294-297；与种族主义/种族隔离 369；与重建法 294；与救赎 604-605；与共和党 294-297, 349-350, 499, 577；南部对～的接受 137-138。同见：Plan-

tation system: Northerners, investments of; 具体人名或州名
Carter, Hannibal C. 汉尼拔·C. 卡特 353
Casey, James F. 詹姆斯·F. 凯西 349
Casserly, Eugene 尤金·卡瑟利 455
Caswell County, North Carolina 卡斯韦尔县（北卡罗来纳州）427, 440
Catholicism 天主教 31, 91
Catterson, Robert F. 罗伯特·F. 卡特森 440
Cedar Grove, North Carolina 锡达格罗夫（北卡罗来纳州）100
Centennial Exposition [Philadelphia, 1876] 百年博览会 [费城, 1876] 564-565
Cessna, John 约翰·塞斯纳 555
Chamberlain, Daniel H. 丹尼尔·H. 张伯伦 385, 386, 543-544, 547, 570-575, 577, 578, 582, 605
Chandler, William E. 威廉·E. 钱德勒 223, 224-225, 451, 467, 575
Chandler, Zachariah 扎卡赖亚·钱德勒 233, 485, 500, 575
Charleston, South Carolina 查尔斯顿（南卡罗来纳州）：～的黑人社区 72, 90, 101-102, 361, 397, 573-574；黑人选举权在～ 114；～的民权 205, 371；～的民主党 573-574；～的经济 125, 211, 381-382；～的教育 101-102；～的奴隶解放 79；～的工业 211, 381-382, 395；～的劳工体制 154, 403；～的法律体制 205；～的北部人 72；～的政治 101-102, 112, 285；～的种族主义／种族隔离 282, 371；～的共和党 305-306, 538, 573-574；～的罢工 281；～的税收 200, 381-382；～的流民法 200；～的暴力 71-72, 573-574
Charleston *News and Courier* 查尔斯顿《新闻和信使报》543-544
Charlotte, North Carolina 夏洛特市（北卡罗来纳州）421
Chase, Salmon P. 萨蒙·P. 蔡斯 47, 74, 178, 335, 339
Chattanooga, Tennessee 查塔努加（田纳西州）125, 426-427
Chester, Samuel 塞缪尔·切斯特 433
Chicago, Illinois 芝加哥市（伊利诺伊州）18-19, 20, 30, 464, 469, 471, 481, 493, 583
Chicago *Tribune* 芝加哥《论坛报》24, 29, 261, 267, 493, 518, 582
Chief Joseph 约瑟夫酋长 583
Child, Lydia Maria 莉迪亚·玛丽亚·蔡尔德 146, 448, 473, 507
Chinese 华人 257, 313-314, 419, 447, 463, 479, 483, 584
Choctaw County, Mississippi 乔克托县（密西西比州）15, 333
Christianity 基督教。见：Churches/religion
Churches/religion 教会／宗教：～作为民权运动的基础 612；天主教～ 91；与黑人社区的创建 88-95；与教育 97, 98-99；与黑人海外移民 600；～的重要性 318, 405, 442；与三K党 428；北部对～的影响 91-92；～的拥有 89-90；与政治 111, 282, 284-285；与种族隔离 88, 89, 91；与联邦同盟会 284-285。同见：Ministers；具体州名
Cincinnati, Ohio 辛辛那提（俄亥俄州）26, 28, 471, 477, 557

索 引 **1079**

Cincinnati Convention [Liberal Republicans：1872] 辛辛那提大会 [自由派共和党人, 1872] 500-502

Cincinnati *Enquirer* 辛辛那提《探索者报》31

Circular 13/15 [Freedmen's Bureau] 第 13 号 /15 号公告 [自由民局] 159, 161

Civil rights 民权：与黑人社区 470-471；与北部提包客 / 南方佬 303, 317-318, 369；与国会 452-456；与民主党 313-314, 341-342, 423-424；与 1866 年选举 267；与奴隶解放 75；与黑人海外移民 599-600；与联邦干预 586-587；与自由民局 243；与州长 370；与劳工运动 479-480；与法律体系 371-372, 529-531, 556；与自由派共和党人 492, 509；～的起源 239-251；与种族主义 / 种族隔离 365, 368-372；与激进共和党人 239-251, 452-453, 470-471；与重新接纳南部各州问题 452；与重建法 [1867], 452-453；与救赎 592, 599-600；与共和党 34n60, 242, 243-244, 250, 251, 365, 368-372, 453-459；在 20 世纪的～的 611-612；与联邦派 186-187；与暴力 245。同见：Black rights；Civil Rights Bill/Act [1866]；Civil Rights Bill [Sumner, 1870s]；Civil Rights Bill [1875]；具体人名或州名

Civil Rights Bill [Sumner, 1870s], 民权法案 [萨姆纳提案, 19 世纪 70 年代] 504-505, 532-534, 550, 552

Civil Rights Bill/Act [1866] 民权法案 /《民权法》[1866] 118-119, 201, 243-247, 250-251, 257, 258, 259, 455, 471

Civil Rights Bill/Act [1875] 民权法案 /《民权法》[1875] 553-556, 587

Civil service reform 文官改革 493-494, 498, 499, 507-508

Civil War 美国内战：与黑人社区 3-4, 9-10, 25-26, 34, 125；～时代的结束 557, 582, 587；～的结束 73；～的目标 4-5, 7；～对北部的影响 18-34；～对南部的影响 11-18, 124-128；～的遗产 33-34, 34n60。同见：Union Army；具体人名、州名或主题

Claflin, Tennessee 田纳西·克拉夫林 520

Claflin, William 威廉·克拉夫林 473

Clark, David 戴维·克拉克 531

Clark, Peter 皮特·克拉克 471-472

Class conflict 阶级冲突：白人中的～的 13-17, 293；与商业社会 518；与民权法案（萨姆纳提案, 19 世纪 70 年代）534；与货币问题 518；与债务 326-327；与经济萧条 512, 515, 517-519；与经济重建 170-175；与教育 146-147；与法律平等 289；与劳工 156, 373, 404-406, 477, 478, 484, 517-519, 583-585；与民族国家 30；与报纸 517；～在北部 517-519, 585；与总统重建 293；与种族主义 / 种族隔离 534；与铁路 518, 583-585；与救赎 595-596；与共和党 484, 489-490；与税收 206, 327-328, 589。同见：Plantation system；Planters；具体人名或州名

Class legislation 阶级立法 498, 507-508

Class structure 阶级结构：黑人社区的～ 396-399, 404；与三 K 党 432；与劳工运动 484；与自由派共和党人 497-498；菲利普斯对南部～的抨击 67；与种植园体制 399；与救赎 595-596

Clayton, Powell 鲍威尔·克莱顿 440
Clemenceau, Georges 乔治·克列孟梭 32, 229, 240, 315
Cleveland, Ohio 克利夫兰（俄亥俄州）28, 471, 557
Cleveland County, North Carolina 克利夫兰县（北卡罗来纳州）91, 536
Clinton, Mississippi 克林顿（密西西比州）560, 562
Coahoma County, Mississippi 科厄霍马县（密西西比州）560, 561-562
Cobb, Howell 豪厄尔·科布 139, 355
Cobb, Ned 内德·科布 611
Coffin, Henry A. 亨利·A. 科芬 230
Coke, Richard 理查德·科克 549
Colby, Abram 艾布拉姆·科尔比 205, 359, 426, 432, 435
Cold Springs, New York 科尔德斯普林（纽约州）31
Cole, Cornelius 科尼利厄斯·科尔 66, 447
Colfax, Louisiana 科尔法克斯（路易斯安那州）437, 530-531, 550
Colfax, Schuyler 斯凯勒·科尔法克斯 181, 226, 260, 315, 338n105, 468, 505, 563
Colleges/universities 学院／大学。见：Education: higher；具体学校名称
Colleton County, South Carolina 科尔顿县（南卡罗来纳州）143, 403
Collins, Ellen 艾伦·柯林斯 606
Colonization of blacks 黑人海外殖民 6, 7, 222-223, 289
Colorado 科罗拉多州 464
Colored National Labor Convention 有色人种全国劳工大会 480

Colton, D. B. D. B. 科尔顿 286
Columbia, South Carolina 哥伦比亚市（南卡罗来纳州）124, 398
Columbia University 哥伦比亚大学 609
Columbus, Georgia 哥伦布市（佐治亚州）107
Columbus, Ohio 哥伦布市（俄亥俄州）557
Compensation issue（对奴隶主）补偿问题 6, 7, 130, 194。见具体州名
Comstock Law《科姆斯托克法》521
Confederate Army 邦联军队 3, 14, 15-16, 125
Confiscation Act [1862]：敌产没收法［1862］6, 51, 68, 158, 161。同见：Confiscation of property
Confiscation of property 财产没收：黑人对～的要求 289, 290, 306；联邦军队实施的～ 51；与自由民局 69, 158-159；约翰逊对～的观点 183-184；在密苏里州的～ 42；在俄亥俄州的～ 557；与共和党 68, 235-236, 302, 309-311, 316, 329。同见：Confiscation Act [1862]
Conflict of interest 利益冲突 386
Congress 国会。 同见：Congressional representation；具体人名、党名、法律／法案名或主题
Congressional Reconstruction 国会重建。见：Radical Reconstruction
Congressional representation 国会代表权：与黑人选举权 259；黑人的～ 9, 352, 352n12, 354-355n15, 450, 533-534, 538, 538n48, 591；提包客的～ 349n6；南方佬的～ 349n6；与南部政治的民主化 322-323；与1866年选举 260；与第

十四条宪法修正案 253-261，446；对南部～的剥夺 66，239，240，247。同见：Apportionment；具体人名或州名

Conkling, Roscoe 罗斯科·康克林 453，485，496，500，566，578-579

Connecticut 康涅狄格州 223，249，447，469，481-482n36，575

Conner, Frank B. 弗兰克·B. 康纳 139

Conness, John 约翰·康内斯 180

Conscription 征兵 15，23

Conservatism 保守主义。见具体人名或州名

Constitution, United States 美国联邦宪法：《独立宣言》与～齐名 232；与民主党 562；与选举危机 576，579；与实施法 455-456；与联邦干预 602-603；与联邦制／州权 242；与自由民局 248；与司法权的扩展 555-556；与激进共和党人 232，242，272；与共和主义 232；与选举权 61，272；～的违反 602-603；与韦德-戴维斯法案 61。同见：Bill of Rights；Constitutional conventions；Fifteenth Amendment；Fourteenth Amendment；Thirteenth Amendment

Constitutional conventions 州制宪大会：与代表分配 322-323；～的黑人代表性 318n70；与黑人权利 320；黑人对～的支持 316；与提包客／南方佬 317；国会对～的关切 316；与债务问题 193-195，326-327；与经济政策 325-329；与教育 319，321-322；与劳工与土地 328-329；对～的反对 317；与政治结构 329-332；与总统重建 95；与种族主义／种族隔离 321；与激进重建 316-333；与重新接纳（南部各州）问题 95；～的代表权 316-319，426；与共和党 316，320-321；与选举权 195，275，323-324；与联邦派 193-195；与韦德-戴维斯法案 61；与辉格派 193-195。同见：具体州名

Contraband camps 战时敌产营地 57

Contract system 劳工合同制：黑人对～的不满 55-56，161，289，290，316；～的失败 166-167；与自由劳动意识形态 164，166-167；与自由民局 161，162，164-168；与法律体系 372-373；与父权主义 163；与种植园制 54，55-58，135，139，172-173，400；与总统重建 171-172，363；与分享耕作 289；与联邦军队 55-58，154；～的变种 171；与工资／报酬支付 165-166，171-173。同见：Black Codes；Sharecropping；具体州名

Convict lease system 罪犯租赁制度 205，381，390，519，541，543，594，596

Conway, Thomas W. 托马斯·W. 康威 143，158，159，161，190，367

Coogan, P. J. P. J. 库根 299

Cook, Fields 菲尔茨·库克 155

Cooke, Henry D. 亨利·D. 库克 315

Cooke, Jay 杰伊·库克 22，28，141，221，341，467，512

Cooper, A. B. A.B. 库珀 213-214

Cooper, Peter 彼得·库珀 568

Cooper Institute [New York] 库珀学院［纽约市］249

Cooperation and the labor movement 合作与劳工运动 478

Cooperationists 合作主义者 292-294

Copperheads 铜头蛇 220，267，271

Corbin, Joseph C. 约瑟夫·C. 科尔宾 353

Corley, Simeon 西梅翁·科利 299
Corliss, Alonzo B. 阿朗佐·B. 科利斯 428
Corporations 大公司／大企业 381, 382, 390, 464, 465-469, 586, 588, 592, 597
Corruption 腐败：与资本时代, 465-469；与黑人共和党人 388-389；与债券 386-388；与文官改革 494；与信用制度, 408；与民主党 387-388, 523, 568-569；与民主党 382-383, 384-390, 391；与实施法 454；与重建的失败 604；~的形式 385-386；在镀金时代 486-487；与劳工大会 390；北部对~的反应 389, 511, 539；与政治机器／结构 385, 486-487, 490-491；与公共责任 389；与铁路 465-469, 566；与重建问题 xix, xxii, 498；与救赎 590；与共和党 384-390, 486-487, 493, 498, 523, 566, 603；与税收 415；与暴力 499；在西部 465-466。同见：具体州名
Cotton 棉花：黑人对~的态度 52-54, 108；~的商品化 392-393；与信用制度, 408；与经济萧条 535, 536, 537；与民主党 54, 220, 394-395；与重建的失败 603；~生长的地理范围 12；与工业发展 394-395；与劳工体制 171, 173, 392, 393；北部对~的投资 57, 220；~的价格 596；~的生产 536；与分成制 537；与税收 451；在内陆地区 17, 394-395, 536。同见：Agriculture；Farming；Plantation system
Cotton States, The [Nordhoff]《棉花州》[诺德霍夫著作] 526
Couch, Darius N. 达赖厄斯·N. 库奇 264
Coulter, E. Merton E. 默顿·库尔特 xvii

Councill, William H. 威廉·H. 康斯尔 360
Couts, John F. 约翰·F. 库茨 168, 169
Cowan, Edgar 埃德加·考恩 237
Cox, George W. 乔治·W. 考克斯 285, 390, 409
Cox, Jacob D. 雅各布·D. 考克斯 222-223, 494, 499, 577
Cox, Samuel S. 塞缪尔·S. 考克斯 217, 250
Crawford, Samuel J. 塞缪尔·J. 克劳福德 465
Credit Mobilier 莫比尔信贷公司 xxii, 468
Crisis of 1875 1875 年危机 553-563
Crittenden Resolution 克里滕登决议 4-5
Crocker, E. B. E. B. 克罗克 234
Crop failures 作物歉收 107, 140-142, 289, 301
Crop liens 作物留置权 211, 394, 406, 408-409, 418, 542, 594, 597
Crosby, Peter 彼得·克罗斯比 558
Cross Plains, Alabama 克罗斯普莱恩斯（亚拉巴马州）428
Cruikshank: *U. S.* v. 美国诉克鲁克香克案 530, 569
Cuba 古巴 494
Cullom, Shelby 谢尔比·卡洛姆 247
Cummings v. *Missouri* 康明斯诉密苏里案 272
Currency issues 货币问题：与商业社区 522；与内战 21, 22-23；与阶级冲突 518；与国会 487；与收缩政策 311；与经济萧条 518, 521-522；与格兰其 516；与通货膨胀法案 [1874] 521-522；与劳工运动 478-479, 518；与自由派共和党人 489；与俄亥俄思想 311, 313；与共和

索引 1083

党 487, 521-523, 557；与南部共和党人 498；与西部 311-313；在西部 522。同见：具体人名或主题

Curtin, Andrew 安德鲁·柯廷 485, 500
Custer, George A. 乔治·A. 卡斯特 565

D

Dallas County, Alabama 达拉斯县（亚拉巴马州）129
Dana, Charles A. 查尔斯·A. 达纳 225, 481
Dana, Richard Henry, Jr. 小理查德·亨利·达纳 491
Danish West Indies 丹麦在西印度群岛的领地 495
Darwin, Charles 查尔斯·达尔文 340
Davis, Alexander K. 亚历山大·K. 戴维斯 353, 562
Davis, David 戴维·戴维斯 272, 335, 501, 502, 579-580
Davis, Edmund J. 埃德蒙·J. 戴维斯 17, 300, 382, 388, 414, 440, 506, 549
Davis, Garrett 加勒特·戴维斯 392
Davis, Henry Winter 亨利·温特·戴维斯 40, 61, 221
Davis, Jefferson 杰斐逊·戴维斯 58-59, 190, 230n4, 503
Davis, Joseph 约瑟夫·戴维斯 58-59, 162
Davis Bend, Mississippi 戴维斯半岛（密西比州）58-60, 76, 86, 162, 508, 565
Dawes, Henry L. 亨利·L. 道斯 61, 266, 344, 456, 522, 556
Dawson, Francis W. 弗朗西斯·W. 道森 544
Debts 债务：与农业 19, 211-212, 392-394, 408, 418, 515-516；与黑人社区 374, 589；与阶级冲突 326-237；与州制宪大会 193-195, 326-327；与民主党 383；与经济萧条 515-516；与经济发展 20, 382-384；与第十四条宪法修正案 253-261；与自由民局 373；～的恐怖 392-394；联邦～ 21, 22, 311, 344；与北部投资 212-213；与种植园制 536；与总统重建 212, 301, 373；与共和党 325-326, 373-374；与南方佬 317；州债务 325-326, 380, 382, 383, 541, 588；自耕农的债务 536, 596。同见：Currency issue；具体州名
Declaration of Independence《独立宣言》110, 114-115, 232, 283, 288, 317-318, 320, 448
Degener, Edward 爱德华·德格纳 195, 299
Delano, Columbus 哥伦布·德拉诺 266
Delany, Martin R. 马丁·R. 德莱尼 27, 143, 288, 351, 543, 546-547, 572, 574
DeLarge, Robert C. 罗伯特·C. 德拉格 327, 352n12
Delaware 特拉华州 1, 6, 37, 38, 421-422, 590
Delta plantation [South Carolina] 德尔塔种植园［南卡罗来纳州］163-164
Demas, Henry 亨利·德马斯 357
Democratic party 民主党：～的农业改革计划 418-420；与黑人社区／黑人政治 548-549, 568, 591；与提包客 294；与民权 313-314, 341-342, 417, 423-424, 505, 533；内战时期北部的～ 30-32；与国会的控制 523-524；与腐败 387-388, 523, 568-569；与货币问题 311；与债

务 383；与经济萧条 548，568-569；～的经济政策 31，381，415-416，417-421，424-425；与教育 422，424；与 1872 年选举 505-506，508-509；与选举危机 575-587；与奴隶解放 32；与联邦权／州权 216-218，483；与第十五条宪法修正案 417，446-449，455，505-506；与第十四条宪法修正案 254，268，455；与自由民局 248；与格兰其 548-549；与工业 381，418，424-425；约翰逊与～的关系 216-218，219，226，266，338-339；与三 K 党 425-444，455-456；与法律体制 421，423-424；与地方自治政府 556；与全国联邦运动 266；与新起点 412-421，505-506，511，547-548；与公职的担任 416；～的组织／结构 330，548；与种植园制 418-420，425；～的政纲 343-344；与铁路 466-469，521；与重新接纳（南部各州）问题 274；～的改造 510-511；与共和党 389-390，424-425，505，508-509；与南部问题 547-553；与州政府 548；与选举权 254，313，330，341，416，422，423，424-425；与税收 415-416，548；与联邦派 216-218；与暴力 425-444，548；与自耕农 343，419。同见：Democratic party and black suffrage；Democratic party and racism/segregation；Elections；Home rule；Northern Democrats；Southern Democrats；具体宪法修正案、法案、法律；国会议员或州。

Democratic party and black suffrage 民主党与黑人选举权：与 1866 年选举 267，268；与 1867 年选举 313-314；与第十五条宪法修正案 417，422，446-449；与新起点 412，

416-417；在北部的～ 217，223-224；与总统重建 217。同见：具体州名或人名

Democratic party and racism/segregation 民主党与种族主义／种族歧视：与黑人选举权 313，330，341，416，422，423，424-425；与民权 313-314，341-342，423-424；与教育 422，424；与 1868 年选举 339-341；与解放奴隶宣言 32；与劳工 420，421；与法律体制 421，423-424；与新起点 416，420-421；与公用设施 421-422，423；与救赎 421-425；与州宪法 330；与作为党纲的白人至上主义 26，31-32，339，340-341，421，441-442；～将白人至上主义作为党纲原则 547-553。同见：Ku Klux Klan

Democratic-Republicans and Presidential Reconstruction 民主-共和党人与总统重建 217-219

Demopolis, Alabama 迪莫波利斯（亚拉巴马州）82

Dennett, John R. 约翰·R. 德尼特 82，101，114

Dennison, William 威廉·丹尼森 182

Dent, Louis 路易斯·登特 414

Depression of 1873 1873 年经济萧条：与农业 515-516，535，536，537，542；与黑人社区 536-542，546；与阶级冲突 512，515，517-519；～的后果 512-524；与 1875 年危机 553-563；与货币问题 518，521-522；与债务／信用体制 512，515-516；与民主党 548，568-569；与 1874 年选举 523；与重建的失败 603；与自由民储蓄与信用公司 531-532；与繁荣的福音 541；与工业 535-536；与劳工

512, 513, 514–515, 517–519, 536, 537；与土地政策 516；在北部的～19；与政治民主 19；与种族主义 525–526；与铁路 512, 516, 518, 521, 535–536；与重建问题 524–534；与救赎 535；与改革 518–519；与共和党 535–553, 563；与州宪法/州政府 519, 539, 541；与选举权 518–519；与妇女运动 520–521；与工人 513–516；与自耕农 536

DeSaussere, Wilmot G. 威尔莫特·G. 德索塞尔 171

Deslonde, Pierre G. 皮埃尔·G. 德尚德 328–329

Detroit, Michigan 底特律市（密歇根州）469, 471

Disenfranchisement of former Confederates 剥夺前邦联分子选举权：与黑人政治 294n27；黑人对～的反应 324；与州制宪大会 323–324；与第十五条宪法修正案 446–447；与第十四条宪法修正案 253–261；与（1867 年）《重建法》272–278；与共和党 300, 323–324；与共和主义 278；与南方佬 323–324；与南部民主党人 412–413；与联邦派 43, 275–276；在内陆地区 300。同见：Suffrage；具体州名

District of Columbia 哥伦比亚特区。见：Washington, D. C.

Dix, John A. 约翰·A. 迪克斯 522, 523

Dixon, James 詹姆斯·迪克森 216, 247

Dixon, Thomas 托马斯·迪克森 433

Dodge, Grenville 格伦维尔·道奇 467

Dominican Republic treaty 多米尼加共和国条约 494–497

Donato, Auguste, 奥古斯特·多纳托 328–329

Donnelly, Ignatius 伊格内修斯·唐纳利 467, 501

Doolittle, James R. 詹姆斯·R. 杜利特尔 222, 247, 260, 264, 265, 266, 339

Dorman, A. M. A. M. 多尔曼 80

Douglass, Frederick 弗雷德里克·道格拉斯：与黑人个人主义 67–68；与黑人/民权 600；与多米尼加共和国条约 495；与教育 367；与 1872 年选举 507；1876 年, 567；与奴隶解放 5, 75, 76；与黑人海外殖民运动 600；与实施法 458；与法律平等 27, 28；与联邦制/州权 251；与自由民储蓄与信用公司 532；与伟大传统 27；与父权主义 67–68；作为政治动员家的～545；～的政治策略 181；～关于黑人的优先问题的考虑 27；与种族主义/种族隔离 367；～的宗教态度 93；与南部忠诚派大会 270；与选举权问题 67, 75, 448；与萨姆纳 507；对林肯的看法, 6

Douglass, H. Ford 福特·H. 道格拉斯 26

Drake, Charles 查尔斯·德雷克 42, 453

Dred Scott decision 德雷德·斯科特案 28, 195, 317, 417

Drew, Daniel 丹尼尔·德鲁 468

Drew, George F. 乔治·F. 德鲁 569, 576, 589

Du Bois, W. E. B. W. E. B. 杜波伊斯 xxi, 4, 602

DuBois, Jesse K. 杰西·K. 杜波伊斯 501

DuBois, John W. 约翰·W. 杜波伊斯 201

Dubuclet, Antoine 安托万·杜布克莱特 47, 352, 353

Dumas, Francis E. 弗朗西斯·E. 杜马斯 331-332

Duncan, Stephen 斯蒂芬·邓肯 376

Dunn, Oscar J. 奥斯卡·J. 邓恩 64, 114-115, 350, 352, 353, 436

Dunning, William A. 威廉·A. 邓宁 xix, xx, 609

Dunning School 邓宁学派 xix, xx, xxi, xxiv, 609

Dupree, Jack 杰克·杜普雷 426

Durant, Thomas J. 托马斯·J. 杜兰特 64, 65

Durham, Plato 柏拉图·达勒姆 433

Durrell, Edward H. 爱德华·H. 达雷尔 49-50

Dustan, C. W. C. W. 达斯坦 296

E

Eager, Washington 华盛顿·伊格 428

Eaton, John 约翰·伊顿 59, 84, 357, 604

Eaton, Lucien Bonaparte 卢西恩·波拿巴·伊顿 357

Economic policies 经济政策：与为黑人的经济议程 374-377；与黑人政治 539-542；与提包客/南方佬 325-326；国会的~ 21, 450-451；与州制宪大会 325-329；与腐败 382-383, 384-390；与债务 380；与民主党 31, 381, 415-416, 417-420, 424-425；内战中的~ 11-12, 17, 18-23, 124-128；与1868年选举 340；~的失败 213-215, 389-392；与重建的失败 603；与自由 102-110；与工业 21, 596-597；与劳工 390, 478-479, 596；北部的~ 18-23, 460, 474-484；与总统重建 210-215；与私人投资 380-381；与公共责任 365, 373-379；与救赎 596；与共和党 31, 301-302, 377, 379-411, 474-484, 488-489, 522-523, 548, 557；南部的~ 的 11-12, 17, 124-128, 535-536；南部共和党人的 304-307, 365, 372-379；联邦同盟会的 404；在西部 474；与自耕农 596。同见: Depression of 1873; Economic Reconstruction；具体州名或主题

Edgefield County, South Carolina 埃奇菲尔德县（南卡罗来纳州）357, 374, 381-382, 574, 575, 599

Edisto Island, South Carolina 埃迪斯托艾兰（南卡罗来纳州）160, 162

Education 教育：与黑人社区 96-102, 354, 359, 541, 589, 592；与黑人/民权 147, 534, 556, 612；与阶级冲突 146-147；学院/大学 145, 367, 368-369, 396, 598；与州制宪大会 319, 321-322；与民主党 422, 424；与重建的失败 602；与联邦权/州权 452；与自由民局 144-148；~的资助 97-98, 328, 366-367, 442；~的目标/目的 97, 146-148；与三K党 428；与劳工 147；与土地政策 21；北部对~的影响 98-99, 144-148；与父权主义 147；与政治 100, 117；与总统重建 207-208；作为一种公共责任的~ 365-368；与种族自豪 146；与种族主义/种族隔离 40-41, 101, 145, 321-322, 366-368, 471, 553-554；与救赎 452, 588, 592, 598, 602；与宗教 97, 98-99；与共和党 354-368, 452, 534；与共和主义 147-148；与教师 144-145, 366-367；

与联邦同盟会 284-285。同见：具体州名

Eight-hour day 8 小时日工作制 478-482, 481-482n36, 513

Elections 选举：1860 年～2；1864 年～44, 62；1865 年～196-197, 219；1866 年～260, 261-271；1867 年～313-316；1868 年～332, 337-345, 338n105；1869 年～413-414；1870 年～483；1872 年～499-511；1874 年～523, 534, 549-550, 552-553；1875 年～524；1876 年～510, 566-580。同见：Electoral crisis；具体政党名、人名或州名

Electoral Commission Bill/Act [1877] 选举委员会法案 [1877] 579-580

Electoral crisis 选举危机 575-587

Elliott, Robert B. 罗伯特·B. 艾略特 351, 352n12, 354-355n15, 361, 389, 424, 443, 533-354, 538n48, 608

Ely, Ralph 拉尔夫·伊利 143

Emancipation/Emancipation Proclamation 奴隶解放／解放奴隶宣言：～与重建的开始 xxvii；与黑人社区 3-4, 27, 75-76, 77-80, 78n3；与民权 75；与海外殖民 7；补偿性的～6, 7, 74；国会走向～的步骤 5-6；民主党对～的反应 32；与重建的失败 603；与家庭结构 82-88；与联邦制 24；～的影响 2-3, 7, 35, 36, 55-56, 75；与自由派共和党人 492；与林肯 5-7；～的政治 60-76；～的签署 1-2；没有受到～的影响的州 37；与联邦军队 7-9；与前辉格党人 36。同见：具体州名

Emigration, black 黑人殖民 26, 288-289, 598-601

Enforcement 实施。见：Enforcement Acts [1870 and 1871]; Enforcement Act [1875]; Legal system

Enforcement Act [1875] 实施法 [1875] 553-554, 556

Enforcement Acts [1870 and 1871] 实施法 [1870 和 1871] 454-459, 528, 530-331

English, Nick 尼克·英格利希 485

Entrepreneurs 企业家。见：Age of Capital; Depression of 1873；具体人名

Equal Rights Association 平等权利协会 448

Equal Rights League 平等权利联盟 64-65

Equality: meanings of 平等的内涵 231

Equality before the law 法律平等：与黑人社区 27, 114-116, 363；与阶级区别 289；～的定义 258；与教育 147；与 1868 年选举 338；与自由民局 148-151；在北部的～28；与总统重建 204-205, 209；与共和党 60, 235, 237, 244, 256, 258, 338, 525；与南方佬 303；与选举权 36, 447；在联邦军队中的～8-9；与联邦派 269-271；与韦德-戴维斯法案 61；白人对～的反应 149, 150-151。同见：Black rights; Civil rights; Fourteenth Amendment; Legal system；具体人名或州名

Eufaula, Alabama 尤法拉（亚拉巴马州）552

Eutaw, Alabama 尤托（亚拉巴马州）427, 442

Evarts, William M. 威廉·M. 埃瓦茨 260, 336, 581-582

Evictions 驱离／驱逐（种植园）131, 142, 162, 285, 341, 373

Ex parte Milligan 米利根案 272

Exodus [black] 黑人迁离 600-601

F

Fairchild, Lucius 卢修斯·费尔柴尔德 223
Fall River, Massachusetts 福尔里弗（马萨诸塞州）564
Family life, black 黑人家庭生活 82-88, 612
Farming 耕种：黑人的～ 536-537；与债务/信用体制 464, 515-516, 589；与民主党 549；与经济萧条 515-516, 537；绅士的～ 516；与劳工 515-516, 549；与土地政策 515-516；与铁路 516；与救赎 549；小规模的～ 12, 403-404, 588, 589, 592；自给自足的～ 11, 12, 14, 15, 51, 108-109, 404, 549, 597；佃农的～, 394n90, 515-516, 542, 549；与工资制 515-516；在西部 515-516。同见：Agriculture; Plantation system; Sharecropping
Farragut, David 戴维·法拉格特 264
Fayetteville, Arkansas 费耶特维尔（阿肯色州）382
Federal intervention [military] 联邦［军事］干预：554-555, 582-588, 602-603。同见：具体州名
Federalism/states rights 联邦制/州权：与黑人国会议员 455-456；与黑人/民权 xxvi, 216, 244-245, 250, 251, 531, 533；与国会 453-459, 532；与民主党 216-218, 483；内战中的～ 23-24；与教育 452；与选举危机 582-583；与第十五条宪法修正案 446-449；与第十四条宪法修正案 258-259, 529-530；与自由民储蓄与

信用公司 532；与劳工体制 198-203；与铁路 475；与《重建法》[1867] 277；与共和党 xxiii, 231-233, 242-243, 444, 451-459, 483, 489, 492, 498-499；与州宪法 453。同见：具体人名
Fell, Jesse 杰西·费尔 242
Feminism 女权主义。见：Women's movement
Fence laws 围栏法 373, 419, 549
Fenianism 费尼亚主义 310
Fenton, Reuben 鲁本·芬顿 219, 470, 500
Feriter, John 约翰·费里特 378
Ferry, Thomas W. 托马斯·W. 费里 576, 578, 579
Fessenden, William Pitt 威廉·皮特·费森登 239, 241, 247, 248, 256, 308, 336, 336-337n103, 481
Field, Stephen J. 斯蒂芬·J. 菲尔德 529-530
Field Order No. 15 [Sherman] 第 15 号特别战区命令［谢尔曼］70-71, 104-105, 116, 158-159, 163, 171, 245
Fifteenth Amendment 第十五条宪法修正案 95, 417, 422, 446-449, 455, 505-506, 577, 586-587, 590。同见：具体州名
Fillmore, Millard 米勒德·菲尔莫尔 184
Financiers/merchants 金融家/商人。见：Business community; Wall Street；具体人名
Finch, William 威廉·芬奇 359, 607
First Amendment 第一条宪法修正案 504
First Redemption 第一次救赎 421-425
Fish, Hamilton 汉密尔顿·菲什 458, 494, 496, 522, 555
Fisher, Sidney George 悉尼·乔治·费希尔 76, 255
Fisk, Clinton B. 克林顿·B. 菲斯克 121,

157, 158
Fisk, Jim 吉姆·菲斯克 468, 491, 568
Fisk College 菲斯克学院 145
Fitzgerald, Robert G. 罗伯特·G. 菲茨杰拉德 95, 98, 288, 343, 389, 607, 610
Fitzhugh, George 乔治·费茨休 418
Flanders, Benjamin F. 本杰明·F. 弗兰德斯 46, 48, 199
Fleischman, Samuel 塞缪尔·弗莱希曼 431
Fleming, Julius J. 朱利叶斯·J. 弗莱明 77
Fletcher, Thomas C. 托马斯·C. 弗莱彻 42
Flipper, Henry O. 亨利·O. 弗利珀 531, 545
Florence, South Carolina 弗洛伦斯（南卡罗来纳州）429
Florida 佛罗里达州：～的农业 401, 404；～的议员席位分配 323；～的黑人法典 200；～的黑人人口 294；～的预算 589；～的提包客 296, 349n6；～的民权 320, 370, 539；～的债务 383, 541；～的民主党 348, 442, 550, 576；～的经济发展 391；～的教育 207, 323, 366, 589；～的选举 332, 550, 569, 575-576, 576n22；～的奴隶解放 79-80；自由民局在～157；～的三K党 426, 429, 431, 433, 435, 439；～的劳工政策 157, 373, 539, 541, 594；～的土地政策 106, 158-159, 246, 404, 429；～的法律体制 362；～的地方政府 355；～的民兵 439；～的公职官员 352, 354, 354-355n15, 355, 362, 538, 569；～的恩惠制 188；～的政治／政治结构 76, 195, 318n70, 330-331, 352, 354, 355, 362, 370, 538；～的公共责任 589；～的种族主义／种族隔离

207, 330-331, 370, 569；与《重建法》281；～的救赎 550, 589, 594；共和党在～ 323, 332, 348, 442, 539, 550, 569, 575-576；～的州宪法 195, 318n70, 320, 323, 324, 330-331, 541；～的州政府 383, 539, 541；～的罢工 539；～的选举权 189, 294n27, 323, 324；～的暴力 426, 429, 431, 433, 435, 439, 442。同见：具体人名
Flournoy, Robert W. 罗伯特·W. 弗洛诺伊 226, 303, 432
Flowers, Andrew 安德鲁·弗劳尔斯 426-427
Forbes, John Murray 约翰·默里·福布斯 234
Force Bill [1875] 实施法案 [1875] 569
Forsyth, John 约翰·福赛思 268
Forten, Charlotte 夏洛特·福滕 1-2
Fortune, Emanuel 伊曼纽尔·福琼 287, 374, 426, 608
Fortune, T. Thomas 托马斯·T. 福琼 287, 608
Forty acres and a mule 四十英亩土地加一头骡子 70-71, 419
Fourteenth Amendment 第十四条宪法修正案：～的模糊不清 257-258；与黑人／民权 253-261, 504, 529-530, 533；与国会代表权 253-261, 446；与民主党 268, 455；与剥夺前邦联分子选举权 253-261；与 1866 年选举 260, 264, 267, 268；与联邦干预 586-587；与联邦权／州权 258-259, 529-530；与担任公职的前邦联分子 504；约翰逊对～的否定 260；与地方政治事务 259-260；与对联邦的忠

诚 253-261；与公职的担任 259-260，275-276；与原始意图 256-257，257n53；与激进重建 251-261；与重新接纳（南部各州）问题 274；与（1867年）《重建法》276-277；与救赎 590，593；与隔离但平等 471, 504-505, 534，与屠宰场案 529-530, 531；与南部债务 253-261；南部对~的反对 268-269；与联邦派 269-271；与妇女运动 255-256。同见：具体人名或州名

Fowler, Joseph 约瑟夫·福勒 336-337n103

Fraternal/benevolent/mutual aid societies 友谊／慈善／互助社团 95-96, 97, 111, 358-359, 405, 442

Frazier, Garrison 加里森·弗雷泽 70

Free labor ideology 自由劳动意识形态：与废奴主义 29；与资本时代 478；与班克斯的劳动力体制 54-56；~的基础 156-157；与黑人社区 55-56, 103, 289；与黑人权利 534；与阶级冲突 156；与合同制 164, 166-167；与经济萧条 512, 515, 519；~的削弱 525；与重建的失败 603；与自由民局 69-70, 155-170；作为重建核心的~ 525；与劳工运动 478, 484, 515, 518；与土地政策 104-106；与新奥尔良《论坛报》378-379；在北部的~ 29, 525；与父权主义 130-131；与贫困 518；与总统重建 208-209；与（1867年）《重建法》277；与共和党 28-29, 155, 225, 234-236, 525, 563；与海岛地区实验 51-54；与屠宰场案 530；~的社会含义 133, 157-158；南部对~的解释 54；与托马斯的劳工体制 57-58；与联邦军队 54-58, 60；与工资制 29；与战时重建 50, 54-58, 60；与白人对黑人的监管 103-104, 137-138, 174, 405；与妇女 530。同见：Freedmen's Bureau; Labor system; Plantation system

Free State movement [Louisiana] 自由州运动［路易斯安那州］46-48, 54-55, 182

Free Trade League 自由贸易联盟 503

Freedman's Savings and Trust Company 自由民储蓄与信用公司, 69, 88, 409, 531-532

Freedmen's Book, The [Child]《自由民读本》［蔡尔德著］146

Freedmen's Bureau 自由民局：~对黑人的态度 152-153, 157；与《权利法案》258-259；与黑人政治 111；黑人对~的支持 168-169, 205；黑人在~ 318；~的13/15号公告 159, 161；与民权 148-151, 243；与合同制 161, 162, 164-168；~的创建 68-70；对~的批评 217, 480；与债务 373；民主党对~的批评 248；与教育 97, 98-99, 101, 144-148；~的失败 170；与家庭结构／角色 82, 84, 87, 88；与自由劳动意识形态 69-70, 155-170；与自由民储蓄与信用公司 532；~的财政资助 143；约翰逊与~ 190；~的劳工制度 xxii, 87, 144, 161, 162, 164-168；~的土地政策 69-70, 116, 158-163, 190；与法律体制 205, 272；~的医疗项目 151-152；与种植园制 60, 157-158, 169-170, 249；~的目的／责任 69, 142-144, 148, 151, 170, 243；与（1867年）《重建法》277；~的救济工作 152-153；~的人员 143；

与联邦军队 143；与迫害黑人的暴力活动 119，148；白人对～的态度 168，248。同见：具体州名

Freedmen's Bureau Act [1865]《自由民局法》[1865] 68-70

Freedmen's Bureau Act [1866]《自由民局法》[1866] 248n37

Freedmen's Bureau Bill [1866] 自由民局法案 [1866] 243-251

Freedom：economics of 自由的经济学 102-110。同见：Emancipation/Emancipation Proclamation

Fullerton, Joseph S. 约瑟夫·S. 富勒顿 157, 162, 169

G

Gair, John 约翰·盖尔 358

Galloway, Abraham H. 亚伯拉罕·H. 加洛韦 305, 376

Gang labor 结队劳动 135, 171-172, 173, 402, 404, 602

Gannett, William C. 威廉·C. 甘尼特 53-54, 67

Garfield, James A. 詹姆斯·A. 加菲尔德 19, 66, 224, 449, 453, 487, 488, 504, 555, 579, 581, 582

Garland, Augustus 奥古斯塔斯·加兰 528

Garnet, Henry Highland 亨利·海兰·加尼特 27

Garrison, William Lloyd 威廉·劳埃德·加里森 67, 72, 313, 448, 527, 554

Garrison, William Lloyd II 威廉·劳埃德·加里森二世 586

Gary, Martin W. 马丁·W. 加里 387-388, 570

George, Henry 亨利·乔治 463-464

Georgetown, South Carolina 乔治敦（南卡罗来纳州）98

Georgia 佐治亚州：～的农业 108, 125, 301, 392-393, 424, 536, 537, 596；～国会代表权的分配 323；～的黑人社区 90, 96, 294, 318, 397, 537, 545；在～的提包客／南方佬 297, 349n6；内战对～的影响 124；～的民权／黑人权利 149, 369, 371, 415；～的阶级冲突 331；～的腐败 384-390；～的债务 212, 307, 326, 338；～的民主党 347, 415, 453-454；～的教育 70, 97, 98, 99, 385；～的选举 196, 314, 332, 342, 343, 441, 508, 545；～的奴隶解放 70；～的农业耕作 537, 596；在～的联邦／州权 453-454；～的三K党 426, 427, 428, 430, 439, 441；～的土地政策 71, 104, 116, 158-159, 162, 164, 302, 373, 424；～的法律体制 202, 203, 204, 423-424, 594；～的地方政府 355, 358；～的民兵 439；～的公职官员 323, 331, 347, 352, 354, 354-355n15, 355, 358, 453-454；～的恩惠制 188；～的政治／政治结构 110, 112-118, 195, 282-283, 318n70, 347, 351, 377, 388-389, 545；～的公共责任 207, 331；～的铁路 211, 301, 325-326, 375-376n54, 390, 395；～的救赎 423-424, 444, 570, 588, 590-591, 594, 596, 599；共和党在～ 301, 307, 314, 332, 351, 442, 444, 539；谢尔曼进军穿过～ 69；～的州政府 331, 539, 588；～的罢工 107, 281；～的选举权 115,

314,323,324,338,423-424,590-591；～的税收 203,375-376n54,423-424；～的土地租赁制 536,596；联邦军队在～ 70-71；联邦同盟会在～ 331；～的亲联邦派 13；～的暴力 113,165,342,343,426-428,430,439,441,442,508；前辉格党人在～ 187；～的自耕农 301,332,343,536,596。同见：Georgia, labor system in; Georgia, racism/segregation in; Georgia, state constitution in；具体人名

Georgia, labor system in 佐治亚州的劳工体制：与合同制 400,424；与罪犯租赁制 390；与舞弊 409；与劳工大会 377,378,390；与法律体制 424,594；与救赎 594；与租佃制/分成制 405；与小规模的农业耕作 403；与工资 378,405,594；与黑人劳工的白人监管 104

Georgia, racism/segregation in 佐治亚州的种族主义/种族隔离：与民权 423-424；与民主党 441；～的深度 70；与法律体制 423-424,430；与政治 331,347,423,441；与公用住宿设施 321,369-370；与救赎 423-424；与社会/体育活动 371；与选举权 423

Georgia, state constitution in 佐治亚州州宪法：与议会席位分配 195,323；与作为州府的亚特兰大 325；与黑人政治 195,314,317,318,318n70,324,325-326,331；与补偿性奴隶解放 194；与州制宪大会 314,317,318,318n70；与工业 325-326；与公职官员 324,331；与批准 332；与选举权 323,324

Gerrymandering 带有党派私利的选区划分 590

Gibbs, Jonathan C. 乔纳森·C. 吉布斯 27,102,286,352,353,359

Gibbs, Mifflin 米夫林·吉布斯 359,607

Gibson, Hamilton 汉密尔顿·吉布森 358

Gideon's Band 吉迪恩社 52,97

Gleaves, Richard H. 理查德·H. 格里夫斯 353

Gleed, Robert 罗伯特·格利德 546

Godkin, E. L. E. L. 戈德金：与阶级冲突 518-519；与民主党 233；与 1872 年选举 503；与劳工运动 518；与自由派共和党人 488,489,492,496-497,500,503；与政治民主 518-519；与种族主义 496-497,526,526n27；与关税问题 489,503；与暴力 499

Gompers, Samuel 塞缪尔·龚珀斯 514

Goodloe, Daniel R. 丹尼尔·R. 古德罗 209

Gordon, John B. 约翰·B. 戈登 281,332,400,432-433

Gospel of prosperity 繁荣的福音 379-392,394-395,541

Gould, Jay 杰伊·古尔德 382,458,462,468,491,568

Government 政府。见：Federal intervention; Federalism/states rights；具体主题，如：Business community

Governors 州长：与民权 370；约翰逊被任命为～ 187-189,192-193；作为工业发展的领袖 210-212；救赎与共和党 605。同见：State government；具体州长的名字

Graham, David 戴维·格雷厄姆 572

Graham, North Carolina 格雷厄姆（北卡来纳州）344

Graham, William A. 威廉·A. 格雷厄姆 202, 293-294, 433

Grange [Patrons of Husbandry] 格兰其 [农业保卫者] 474, 490, 516, 548-549

Grant, Ulysses S. 尤利西斯·S. 格兰特: 作为军官的~ 333; 与阿肯色州政治 528; 与黑人/民权 531, 532; 商业社区对~的支持 337, 341; ~的内阁 444-445; 与国会的关系 333, 445; 与腐败 565-566; 与货币问题 522; 与多米尼加共和国条约 494-497; 在内战中的~ 59; 与1866年选举 264; 与选举危机 579; 与联邦干预 551, 554-555, 558-563, 586; 与第十五条宪法修正案 577; 与1877年大罢工 586; ~的就职演说 444; 与恩惠制 528, 565-566; ~的受欢迎程度 499-500; ~的职业背景 337; 与重建问题 444-446, 528, 577; 与共和党 337, 341, 494-497。同见: Elections

Grant Parish, Louisiana 格兰特教区 (路易斯安那州) 437

Gray, Ralph 拉尔夫·格雷 611

Gray, Thomas 托马斯·格雷 611

Great Strike of 1877 1877年大罢工 583-585

Greeley, Horace 霍勒斯·格里利 234, 310, 501-510, 518

Green, John T. 约翰·T. 格林 543

Green, Virginia C. 弗吉尼亚·C. 格林 100

Greenbackism 绿背纸币主义。见: Currency issues

Greene County, Alabama 格林县 (亚拉巴马州) 363, 427, 442

Greene County, Georgia 格林县 (佐治亚州) 426

Greene County, North Carolina 格林县 (北卡罗来纳州) 118

Greener, Richard T. 理查德·T. 格林纳 607

Greenville, South Carolina 格林维尔 (南卡罗来纳州) 97

Gregory, Ovide 奥维德·格雷戈里 321

Grey, William H. 威廉·H. 格雷 319

Griffing, Josephine 约瑟芬·格里芬 503

Griffith, D. W. D. W. 格里菲斯 609

Griffith, Mattie 马蒂·格里菲斯 32-33

Grimes, James W. 詹姆斯·W. 格里姆斯 247, 253, 271, 308, 336, 336-337n103

Gurney, William 威廉·格尼 154

Gypsies 吉卜赛人 257

H

Habeas corpus 人身保护令 277, 336, 440-441, 454-455, 456, 457-458, 553-554

Hahn, Michael 迈克尔·哈恩 46, 48, 49, 50, 182, 342

Haiti 海地 6, 104, 133-134, 495

Hall, Thomas 托马斯·霍尔 610

Hamburg, South Carolina 汉堡 (南卡罗来纳州) 570-571, 571n13

Hamilton, Andrew J. 安德鲁·J. 汉密尔顿 187, 188, 269, 414, 506

Hamlin, Hannibal 汉尼巴尔·哈姆林 263, 266

Hampton, Virginia 汉普顿 (弗吉尼亚州) 97, 106

Hampton, Wade 韦德·汉普顿 196, 292, 294, 457, 572, 574-575, 580, 581, 582,

590

Hampton College/Institute 汉普顿学院 / 大学 145, 146

Hancock, Cornelia 科妮莉亚·汉考克 606

Hancock, Winfield S. 温菲尔德·S. 汉考克 307–308

Haralson, Jeremiah 耶利米·哈拉尔森 436, 538n48, 607–608

Harlan, James 詹姆斯·哈兰 222

Harlan, John Marshall 约翰·马歇尔·哈兰 587

Harper, Frances 弗朗西斯·哈珀 448

Harper and Brothers 哈珀兄弟出版公司, 385

Harper's Weekly《哈珀周刊》522, 570

Harris, Charles 查尔斯·哈里斯 601

Harris, James H. 詹姆斯·H. 哈里斯 112, 271, 305, 316, 351, 433

Harris, Robert 罗伯特·哈里斯 100

Harrison, Benjamin 本杰明·哈里森 584

Harrison, James H. 詹姆斯·H. 哈里森 360

Harrison, William Henry 威廉·亨利·哈里森 333, 360

Harrison County, Texas 哈里森县（得克萨斯州）382

Hartranft, John 约翰·哈特兰夫特, 519

Haverhill, Massachusetts 黑弗里尔（马萨诸塞州）482

Hawley, Joseph R. 约瑟夫·R. 霍利, 162, 556

Hayes, Rutherford B. 拉瑟福德·B. 海斯 467, 557–558, 567, 575–587, 605–506。同见：Election; Electoral crisis

Hayne, Henry E. 亨利·E. 海恩 353, 368

Hays, Charles 查尔斯·海斯 297

Headley, Joel T. 乔尔·T. 黑德利 490

Hedrick, Benjamin S. 本杰明·S. 赫德里克 268, 271

Henderson, Fletcher 弗莱彻·亨德森 608

Henderson, John B. 约翰·B. 亨德森 261, 336–37n103

Henderson, William F. 威廉·F. 亨德森 300

Hendricks, Thomas 托马斯·亨德里克斯 278–279

Hepworth, George H. 乔治·H. 赫普沃思 55, 56, 91

Herndon, William 威廉·赫恩登 176

Heroes of America 美国英雄组织 16, 284, 301

Hewitt, Abram 艾布拉姆·休伊特 30, 208, 568

Heyward, Edward B. 爱德华·B. 海沃德 132, 291–292

Higginson, Henry Lee 亨利·李·希金森 107, 138, 141

Higginson, Thomas Wentworth 托马斯·温特沃斯·希金森 448–449, 526n27, 570

Hill, Benjamin H. 本杰明·H. 希尔 293–294, 415, 418, 425

Hill, Elias 伊莱亚斯·希尔 430

Hill, James J. 詹姆斯·J. 希尔 353, 462

Hill, Joshua 约书亚·希尔 270

Hinds, James M. 詹姆斯·M. 海因兹 342

Hinds County, Mississippi 海恩兹县（密西西比州）561–562

Hoar, Ebenezer R. 埃比尼泽·R. 霍尔 494

Hoar, George F. 乔治·F. 霍尔 452, 483

Hodges, Willis 威利斯·霍奇斯 103, 318-319

Holden, William W. 威廉·W. 霍尔登: 与黑人选举权 189, 276; 与选举 17, 196-197, 269, 332, 440-441; 与第十四条宪法修正案 276; ～的州长任命/选举 183, 187, 332; ～的弹劾 94-95, 441; 与三K党 440-441; 与恩惠制 188-189

Holloway, Houston H. 休斯顿·H. 霍洛韦 77, 351

Holly Springs, Mississippi 霍利斯普林(密西西比州) 121

Holmes County, Mississippi 霍姆斯县(密西西比州) 561-562

Holt, Joseph 约瑟夫·霍尔特 263

"Home rule" "地方自治" xix-xx, 425, 573, 581, 586, 587-601, 607

Homestead Act [1862]《宅地法》[1862] 21, 246, 600

Homestead exemptions 宅地免除 327, 421, 444, 589

Hood, James W. 詹姆斯·W. 胡德 113, 114-115, 305, 322, 326, 350

Hopkins, Charles 查尔斯·霍普金斯 97

Houston, George S. 乔治·S. 休斯顿 285, 552, 553

Houston, Texas 休斯敦(得克萨斯州) 538

Houston, Ulysses 尤利西斯·休斯顿 71

Houzeau, Jean-Charles 让·查尔斯·霍卓 63, 319, 332

Howard, Jacob 雅各布·霍华德 60-61, 227, 258

Howard, Merrimon 梅里蒙·霍华德 164, 379

Howard, Oliver Otis 奥利弗·奥蒂斯·霍华德 77, 133, 142, 144, 148-153, 158, 159-161, 162, 165, 166, 167, 190, 243, 583, 609。同见: Freedmen's Bureau

Howard University 霍华德大学 397-398

Howe, Samuel Gridley 塞缪尔·格里德利·豪 68

Howe, Timothy O. 蒂莫西·O. 豪 7, 240, 266, 280

Humbolt, H. T. H. T. 洪堡 341

Hunnicutt, James W. 詹姆斯·W. 亨尼克特 304, 310, 324, 327-328, 443

Huntington, Collis P. 科利斯·P. 亨廷顿 234, 458, 462, 535, 578

Huntsville, Alabama 亨茨维尔(亚拉巴马州) 435, 439

Hurlbut, Stephen A. 斯蒂芬·A. 赫尔伯特 65

Hyman, John 约翰·海曼 538n48

I

Illinois 伊利诺伊州: ～的黑人政治 472; ～的阶级冲突 583; ～的腐败 493; ～的债务 469; ～的民主党 523; ～的经济 18-19, 20, 464; ～的教育 471; ～的选举 501, 502, 523, 580; 法律平等在～ 28; ～的成长 464; ～的劳工运动 30, 481, 481-482n36, 514; ～的恩惠制/政治机器 266, 493; ～的种族主义/种族隔离 26, 28, 471; ～的铁路 464, 465-466, 474-475; 共和党在～ 241, 474, 481-482n36, 485, 493, 501, 502, 580; ～的罢工 481, 583; 妇女权利在～ 530

Immigration 移民：与农业 213-214, 419-420；与饮酒控制 470；与公民资格 250；与1876年选举 567；与工业 380, 391, 461；与劳工运动 514；与劳工体制 21, 213-214, 419, 461；与政治 262；与共和党 299；与自耕农 419

Impeachment of Johnson [Andrew][安德鲁·约翰逊的弹劾 333-336

Imperialism 帝国主义 494-497

Income 收入：～的不平等 477；人均～ 597；在南部的～ 535

Indiana 印第安纳（州）26, 32, 222, 241, 250, 450, 501, 519, 523, 575, 584

Indianapolis, Indiana 印第安纳波利斯（印第安纳州）584

Indians/Indian policies 印第安人/印第安人政策, 257, 320, 462-463, 565, 583

Industry 工业：与资本时代 461-469；与农业 213-214, 394-395；对～的资助 210-214；与工匠 382-383；～的利益 211, 468-469；黑人对～的支持 382；与资产阶级 460, 584；与百年博览会 564-565；与国会 21；与腐败 382-383, 384-390, 391；与债务 20, 212, 382-384；与民主党 381, 418, 424-425；与经济政策 21, 596-597；与移民 380, 391；与劳工制度/劳工运动 21, 211, 400-401, 461, 477, 513, 597；与土地政策 542；在北部 19-20；北部～的投资 210, 212-214, 301, 380-381, 391, 535-536, 596-597；与种植园主 597；引发金融危机 383-392；与总统重建 211, 380；与救赎 596-597；与共和党 21, 379-392, 557；在南部 535-536；与税收 21, 22, 382；在西部 464；与自耕农 382-383。同见：Railroads；具体州名

Inflation Bill [1874] 通货膨胀法案［1874］521-522

Ingersoll, Robert G. 罗伯特·G. 英格索尔 567

Ingraham, James H. 詹姆斯·H. 英格拉哈姆 64, 332, 357

Integration 种族融合。见：Racism/segregation

Intelligentsia 知识界。见：Liberal Republicans

International Workingmen's Association 国际工人协会 520

Interracial marriage 种族通婚 321, 430

Investments, Northern 北部投资：与债务 212-213；在内战期间 53-54, 55；在工业方面 210, 213, 380-381, 596-597；与土地政策 241；在种植园 53-54, 55, 399, 536-537；在铁路方面 578；与救赎 596；与南部改革 273；与南方的安全 383

Iowa 艾奥瓦（州）19, 26, 223, 343, 471, 473, 475n26

Ironclad Oath 铁定誓言 60, 61, 185, 188, 190-191, 193, 196, 244-245

J

Jackson, Mississippi 杰克逊（密西西比州）96, 107, 371

Jackson County, Florida 杰克逊县（佛罗里达州）426, 431, 433

Jacksonville, Florida 杰克逊维尔（佛罗里达州）281

Jamaica 牙买加 134, 215

James, Garth 加思·詹姆斯 137, 141
James, Robertson 罗伯逊·詹姆斯 137
Jaspar, John 约翰·贾斯帕 101
Jasper, Maurice 莫里斯·贾斯珀 410, 410n118
Jefferson, Thomas 托马斯·杰斐逊 109
Jefferson County, Mississippi 杰斐逊县（密西西比州）561-562
Jehossee Island, South Carolina 耶霍斯岛（南卡罗来纳州）162-163
Jenckes, Thomas 托马斯·詹克斯 493
Jenkins, Charles 查尔斯·詹金斯 212, 268
Jeter, James 詹姆斯·杰特 120
Johnson, Albert 阿尔伯特·约翰逊 59
Johnson, Andrew 安德鲁·约翰逊：～的大赦政策 247；～的年度咨文 180, 239-240, 271-272；与黑人选举权 180, 184, 239-240, 268, 272, 276；与布莱尔家族 218-219；与商业利益 249；要求罢免～的呼吁 272-273；与民权 178-179, 250-251；国会与～的关系 271, 333-336；与民主党 216-218, 219, 226, 266, 338-339；与民主共和党人 217-219；与选举 44, 261-271, 338-340；与联邦权/州权 178-179, 184, 239-240, 243, 250；与第十四条宪法修正案 260, 265, 268；与自由民局 161, 190, 247-250, 248n37, 251；～的州长任命 187-189, 192-193；～的弹劾 333-336；与劳工运动 479；～的劳工政策 163, 183-184；～的"摩西"讲话 183；报纸对～的支持 220-221；北部对～的支持 264-266；对～的反对 221-224, 260-261, 265, 266, 269, 270, 271；与宽恕 159, 190-191；与恩惠制 188-189, 265-266；～的性格 177, 191, 227, 248, 265, 335, 340；～的政治生涯/政治策略 176-177, 184, 191, 226-227, 248, 251, 260, 334；～的种族主义 xxii, 179-181, 191, 215, 250；与激进共和党人 177-178, 179, 182, 221-224, 227, 248-249, 333, 334；与重新接纳（南部各州）问题 239；～的重建政策 xix, xx, 176-184, 276；与共和党 226, 227, 239, 240, 241, 243, 249-251, 260, 266, 333-336；南部对～的支持 268-269；对～的支持 191, 216-221, 224-225, 264-266；～作为田纳西的政客 43-44, 73；联邦派对～的反对 269, 270, 271；～对法案的否决 163, 247-251, 248n37, 276；作为副总统的～44；～的华盛顿生日讲话 249；与前辉格党人 219-220；与自耕农 181, 183-184, 276。同见：Presidential Reconstruction
Johnson, Frank 弗兰克·约翰逊 612
Johnson, Henry 亨利·约翰逊 361
Johnson, Herschel V. 赫歇尔·V.约翰逊 265, 293
Johnson, James 詹姆斯·约翰逊 187, 188, 210-211
Johnson, Reverdy 雷弗迪·约翰逊 276
Joint Committee on Reconstruction [1866] 重建联席会议[1866] 239, 246-247, 252-261, 273
Jones, Alexander H. 亚历山大·H.琼斯 16, 196
Jones, George F. 乔治·F.琼斯 575
Jones, James H. 詹姆斯·F.琼斯 286

Jones, Mary 玛丽·琼斯 175

Jones, Taby 塔比·琼斯 611

Jones County, Mississippi 琼斯县（密西西比州）193

Journal of Commerce [New York]《商业日报》[纽约], 265

Journalists 新闻记者 510。同见：Newspapers；具体人名或报纸名

Julian, George W. 乔治·W. 朱利安 68, 228, 236, 246, 451, 480-481, 500, 501, 510, 527, 566

Jurisdiction and Removal Act [1875] 司法辖区与案例转移法 [1875] 555-556

Justice, James M. 詹姆斯·贾斯提斯 436

Justice, U.S. Department of 联邦最高法院的大法官 457, 528

Justices of the peace 地方治安官 355

K

Kansas 堪萨斯州 223, 261, 309, 313, 315, 447-448, 463, 465, 600

Keen, E. F. E.F. 基恩 185

Keils, Elias M. 伊莱亚斯·M. 凯尔斯 553

Kellar, Andrew J. 安德鲁·J. 凯勒 578

Kelley, William D. 威廉·D. 凯利 233, 236-237, 246, 310, 577

Kellogg, William P. 威廉·P. 凯洛格 542, 550, 551, 555

Kelsey, A. Warren A. 沃伦·A. 凯尔西 108, 109, 134

Kemble, Fanny 范妮·肯布尔 448

Kennedy, John F. 约翰·F. 肯尼迪 559n85

Kenner, Duncan F. 邓肯·F. 肯纳, 209

Kentucky 肯塔基州：～的黑人/民权 37, 369；与联邦军队中的黑人 8, 37；～的阶级冲突 584；～的民主党 421；～的教育 422；～的选举 508, 566；奴隶解放/奴隶制在～ 1, 2, 3, 37-38；～的三K党 428；～的法律体制 421；～的政治领导力 38；～的救赎 422；共和党在～ 421；～的种族隔离 369, 421；～的小规模农业耕种 37；～的罢工 584；～的税收 422；与第十三条宪法修正案 37；～的亲联邦派 37-38；战时重建在～ 37-38。同见：具体人名

Key, David M. 戴维·M. 基 580, 581

Keyes, Elisha W. 伊莱沙·W. 凯斯 466, 566

Kimball, Hannibal I. 汉尼拔·I. 金博尔 388-389, 391

Kimpton, H. H. H. H. 金普顿 386

King, Edward 爱德华·金 357, 393, 403, 538

Kingstree, South Carolina 金斯特里（南卡罗来纳州）122

Kirk, Edward N. 爱德华·N. 柯克 146-147

Kirk, George W. 乔治·W. 柯克 440-441

Knights of Labor 劳工骑士团 515

Knights of St. Crispin 圣克里斯平骑士团 482, 483

Knights of the White Camelia 白茶花骑士党 425, 433

Knoxville, Tennessee 诺克斯维尔（田纳西州）121, 356

Koerner, Gustav 古斯塔夫·柯纳 501, 509

Ku Klux Klan 三 K 党 342-343, 425-444, 454-459, 504, 507, 509, 593-94, 609。同见：具体州名

Ku Klux Klan Act [1871]《反三K党法》

索 引 **1099**

[1871] 454-459, 498

L

Labor movement 劳工运动：与废奴主义 482；与工匠 479；与黑人劳工 107-108, 138-142, 377-380, 390, 392, 409, 479-480；与民权 479-480；与阶级冲突/结构 477, 478, 484, 517-519；与合作 478；与货币问题 518；与民主党 480-481, 483；与经济萧条/经济政策 478-479, 513-516, 517-519；与8小时日工作制 478-482, 481-482n36；与1870年选举 483；与联邦制 478-479, 480-481, 483-484, 585, 586；与自由劳动意识形态 478, 484, 514, 515, 518；与移民 514；与工业发展 477, 564-565；与劳工短缺 475；与法律体制 595；与中产阶级 585-586；与报纸 517-518；在北部的~ 475-484；与政治民主 518-519；与铁路 518；与救赎 595；与改革 518-519；与救济 517-518；与共和党 479, 480-481, 483, 490；与共和主义 479；与社会主义 514；与州政府 481；与罢工 480, 514-515, 583-585；与选举权 518-519；与工资制 478, 514-515；与妇女 479。同见：具体州名

Labor shortages 劳工短缺 138-140, 210, 402, 431, 475, 595

Labor system 劳工体制：~作为重建的一个目标 484；~的权威/控制 128-142, 198-199, 213-214, 372-273, 405, 406, 419, 549, 593, 597；与黑人法典 199-201；黑人对~的反应 65, 154-155, 377-379；与提包客 289；与民权 244；与内战 30, 50-60；与阶级冲突 373, 404-406；与州制宪大会 328-329；与民主党 31, 420, 421, 424；与经济萧条/经济政策 30, 170-175, 512, 513, 536, 596；与重建的失败 604；自由民局的~ 87, 144, 161, 162, 164-168；与移民 21, 213-214, 419, 461；与工业/铁路 400-401, 461, 513, 594, 597；与三K党 431, 432；与劳工短缺 595；与法律体制 205, 208；在北部的~ 30, 474-484；与总统重建 198-203, 372, 373；作为一种公共责任 365, 372-379；与种族主义/种族隔离 596；与救赎 378, 381, 423, 588, 594, 595-596, 602；与共和党 65, 365, 372-379, 380；与州政府 401；与州权 198-203；~的监管 103-104, 137-138, 174, 408；与联邦军队 65, 153-155；妇女在~中 85-87, 400, 405。同见：Contract system；Free labor ideology；Labor movement；Labor shortages；Plantation system；Sharecropping；Wage system；具体州名或劳工种类，如：Gang labor

Lake Mohonk Conference on the Negro Question 莫洪克湖黑人问题会议 605-606

Lamar, Lucius Q. C. 卢修斯·Q. C. 拉马尔 415, 524, 558, 601

Land Grant College Act [1862]《大学赠地法》[1862] 21

Land policies 土地政策：与资本时代 467；与黑人社区 116, 163-164, 290, 467, 542；与黑人拥有土地的希望 104-106, 302, 374-377, 397, 403-404, 597；与提包客/南方佬 296, 302；与民权法

案 245-246；与内战 50-60；与国会 68,451；与州制宪大会 328-329；与腐败 386；与经济萧条 516；与教育 21；与重建的失败 603；与自由劳动意识形态 104-106；自由民局的～69-70, 153-170, 190, 245；与宅基地的免除 327, 421, 444；与印第安人政策 463；与某个全国土地委员会 451；与北部投资 241, 310-311；与赦免 159；与铁路／工业 465-469, 542；与《重建法》290；与共和党 68, 235-236, 245-246, 302, 308-311, 316, 374-377, 568；与共和主义 463-464；与将土地归还给南部白人 158-163, 171, 183-184；谢尔曼的～70-71, 104-105, 116, 158-159, 163, 171, 245；与社会／经济政策 109-110；与税收 51, 327-328, 375-376, 463-464, 542, 548, 588；与密西西比河西部 463；与联邦军队 51；与联邦同盟会 290；与妇女 87。同见：Confiscation of property; Farming; Plantation system; 具体州名

Landlord and Tenant Act [North Carolina, 1877]《地主与佃户法》[北卡罗来纳州, 1877] 594

Landry, Pierre 皮埃尔·兰德里 355

Langley, Landon S. 兰登·S. 兰利 329

Langston, John M. 约翰·M. 兰斯顿 143

Laurel Hill plantation [Mississippi] 劳雷尔希尔种植园（密西西比州）140

Laurens County, South Carolina 劳伦斯县（南卡罗来纳州）427-428, 575

Law enforcement 法律实施。见：Legal system

Le Conte, Joseph 约瑟夫·勒康特 609

Lee, Lucy 露西·李 98

Lee, Robert E. 罗伯特·E. 李 252

Lee, Samuel J. 塞缪尔·J. 李 354-355n15

Lee, Thomas 托马斯·李 324

Legal system 法律体制：与黑人社区 362-363；与黑人／民权 244-245, 258, 371-372, 529-531, 556；北部与南部～的比较 208；南部～的创造 149；与民主党 412-421, 423-424；～的权威的扩展 586-587；与自由民局 205；与三K党 425-444, 593-594；与劳工 205, 208, 372-373, 595；～的合法性 272；与种植园主 363；与总统重建 149, 202-205, 209, 210, 363；与种族主义／种族隔离 593-594；与《重建法》[1867] 277-278；与重建问题 529-531；与救赎 421-425, 588, 593-594, 595, 601；～的结果 210；与南部共和党人 362-363, 457；与暴力 530-531, 593-594。同见：Equality before the law; Enforcement Acts; 具体州名

Legitimacy issues 合法性问题：与南部民主党人的危机 412-425；与南部共和党人 346-379, 603；与州政府 346-379, 443-444；与暴力 443-444

Lewey, Matthew M. 马修·M. 莱维 359

Lewis, A. D. A. D. 刘易斯 122

Lewis, Barbour 巴伯·刘易斯 357

Lewis, John G. 约翰·G. 刘易斯 437

Liberal Republicans 自由派共和党人：336, 414, 416-417, 456, 488-511, 526-527。同见：具体人名

Liberian Exodus Joint Stock Steamship Company 利比里亚殖民合股轮船公司 599

索 引 *1101*

Liberty County, Georgia 利波蒂县（佐治亚州）537

Lincoln, Abraham 亚伯拉罕·林肯：~批准约翰逊在田纳西州的行动 73；~的遇刺 75, 265, 333；黑人对~的尊敬 73, 94；与黑人选举权 49, 66, 74, 180, 183；~的内阁 444-445；与海外殖民 6；与奴隶解放 1, 5-7, 74；与自由劳动意识形态 29, 156；~在路易斯安那州的影响力 46-47, 48, 49；~的"最后的演讲" 74；~的个人/专业背景 176；与激进共和党人 61-62；~的重建政策 xix, 36, 61-62, 66, 73, 192；~的第二次总统就职演说 4；与萨姆纳 61。同见：Wartime Reconstruction

Lincoln's Land Association 林肯土地联合会 106

Lincoln's Legal Loyal League [Mississippi] 林肯法律忠诚联盟 [密西西比州] 3

Lindsay, Robert 罗伯特·林赛 381, 415, 417, 434, 442

Literacy 识字率：黑人~ 96, 117, 287, 359, 366, 442, 598, 599；与选举权 447-449

Little Rock, Arkansas 小石城（阿肯色州）356, 362, 538

Littlefield, Milton S. 米尔顿·S. 利特菲尔德 386, 388-389, 390

Local government 地方政府：在19世纪70年代 519；~的黑人代表权 355-363, 538, 590, 591；与民权法 259；与民主党 556；与经济萧条 519；与1872年选举 509；与第十四条宪法修正案 259-260；与自由派共和党人 492-493；与救赎 590, 591；与共和党 344；与联邦同盟会 344

Logan, Aaron 亚伦·洛根 378

Logan, John A. 约翰·A. 洛根 501, 580, 585

Long, Huey 休伊·朗 606

Long, Jefferson 杰斐逊·朗 352, 361-362, 377

Longstreet, James 詹姆斯·朗斯特里特 297, 298n33, 439, 551

Louisiana 路易斯安那州：农业 392-393；与自由之地战斗 550-551；~的黑人法典 200-201, 209；~的商业社区 547；~的南方佬 296, 306, 331-332, 349, 349n6, 547；民权/黑人权利在~ 47-49, 50, 60, 62, 369, 370, 371, 539, 547, 570；~的保守主义 546, 547；~的合作主义者 292；~的腐败 385, 386, 388, 389, 550-552, 588；~的债务 327；~的民主党 415, 550-552, 554, 555, 570, 576, 577；~的人口 45；奴隶解放/奴隶制在~ 1, 2, 4, 45-50, 47；~的派别主义 50, 331-332；联邦政府在~的干预 550, 551, 554-555, 580, 582；与第十四条宪法修正案 269；~的自由州运动 48, 54-55, 182；自由民局在~ 151, 157, 190；与格兰特政府 550, 551；~的地方自治 582；约翰逊承认~ 182；~的土地政策 65, 158, 162, 306, 329, 374, 376, 547；~的法律体制 362, 554；林肯对~的影响力 46-47, 48, 49, 73, 74；~的地方政府 355, 356, 357, 358；~的军管法 307-308, 554；~的民兵 439, 550-552；~的垄断 529-530；北部对~的态度 554-555；北部在~的投资 536-537；~的恩惠制 47, 188,

347, 348, 356-357, 604；～的种植园/种植园制 12, 45-46, 49, 54-56, 60, 170-171, 399, 402, 536-537, 595；与总统重建 263-264；～的公共责任 364, 365, 589；～的铁路 213, 385；～被重新接纳进入联邦 62；～的救赎 588, 589, 595；～的改革 547, 606；～的州政府 60, 356-357, 539, 541, 550-552, 588；～的罢工 107, 281, 595；～的选举权 46-50, 49n27, 62-63, 111, 114, 180, 186, 263, 274-275, 324, 554, 555；～的税收 49, 56, 376, 589；十分之一计划在～ 36, 47, 48；联合运动在～ 547, 550-551；联邦军队在～ 3, 4, 48, 54-56；～的亲联邦派 46-50, 54-56, 269；～的暴力 119, 262-264, 265, 274-275, 342, 343, 436, 437, 439, 530-531, 550-552, 554, 570, 595；战时重建在～ 45-50, 73, 74；与惠勒妥协 555；前辉格党人在～ 197。同　见：Louisiana, black community in; Louisiana, education in; Louisiana, elections in; Louisiana, labor system in; Louisiana, office holders in; Louisiana, politics in; Louisiana, racism/segregation in; Louisiana, Republican party in; Louisiana, state constitution in; 具体人名

Louisiana, black community in 路易斯安那州的黑人社区：与黑人权利 47, 63-66；内战中的～ 47-48, 64-66；～的经济期望 361；～的家庭生活 85；～的领袖人物 9-10, 64, 318, 319；～的识字率 359；对～的占领 397；～的人口 45, 294；救济资助在～ 96；～的宗教 91；～的社会生活 398

Louisiana, education in 路易斯安那州的教育：黑人获得州资助～的通道 50, 56, 96；腐败对～的影响 389；黑人～的重要性 55-56, 97, 322；与救赎 589；种族隔离的～ 321-322, 367, 546, 547；与州宪法 49；与联合运动 547；白人对黑人～的反应 62, 207

Louisiana, elections in 路易斯安那州的选举：1862 年～ 46；1864 年～ 48-49, 66；1865 年～ 197；1868 年～ 332, 342, 343, 436, 550；1872 年～ 437, 550；1874 年～ 550, 551-552；1876 年～, 569-570, 575-576, 576n22, 577, 578, 580, 582

Louisiana, labor system in 路易斯安那的劳工体制：与班克斯劳动体制 54-56, 62, 63, 65, 329；与黑人的动员 198；与合同制 60, 65, 329；与罪犯租赁制度 541；与8小时日工作制 329；与自由劳动意识形态 46, 54-56, 60, 328-329；与自由民局 157；与结队劳动 402；与劳工短缺 400；与法律体制 198；～的监管 362；与联邦军队 54-56, 60, 62, 63, 65；与工资 49, 65, 328-329, 362, 595

Louisiana, office holders in 路易斯安那州公职官员：在地方一级的～ 355, 356, 357, 358, 359, 538；黑人～ 352, 354, 354-355n15, 355, 356, 357, 358, 359, 538；作为～的提包客 349n6；自由州协会与～ 46；～的个人背景 358, 359；州政府中的～的 349n6, 352, 354, 354-355n15, 355。同见：具体人名

Louisiana, politics in 路易斯安那州的政治：黑人与～ 111, 112, 113, 318n70, 351, 365, 370, 538, 541, 547；与提包

客 331-332, 349, 349n6, 547; 与自由州党 182-183; 与约翰逊政府 182-183, 262-263; ～的领袖人物 113, 318n70; 与 1866 年新奥尔良的骚乱 262-263; 与共和党 111, 331-332, 349, 349n6, 541; 与州大会 111, 112, 318n70; 与联合运动 547。同见: 具体人名

Louisiana, racism/segregation in 路易斯安那的种族主义/种族隔离: 与民权 62, 370, 547; 与州制宪大会 62; ～的消亡 50, 62; 与教育 50, 62, 63, 322, 367, 546, 547; 与新奥尔良的自由之地战斗 550-552; 与政治 331, 437, 439, 547, 550; 与公用住宿设施 63, 282, 321, 369, 370, 371, 547; 与选举权 50, 62, 550-551; 与联合运动 547

Louisiana, Republican party in 路易斯安那州的共和党: 黑人与～的联系 112; 在～中的提包客 306, 349, 349n6; 与州制宪大会 262-263; ～的腐败 555; 内战时期的～ 47, 50, 262-263; 与 1876 年选举 575-576; 与格兰特政府 550-552, 555; 与新奥尔良骚乱 262-263, 550-552; 与公职的担任 351; 与种族主义 50, 306, 351, 539, 550-552; ～中的激进派 47, 50, 262-263; 与联合运动 547。同见: 具体人名

Louisiana, state constitution in 路易斯安那州的州宪法: 与议员席位分配 49; 与补偿性奴隶解放 50; 与州制宪大会 48-50, 62, 263, 318, 318n70, 319; 与教育 49, 50, 322; 与奴隶解放 49-50; 与劳工体制 49, 328-329; 与土地政策 324; 与新奥尔良作为州府 49; 与新奥尔良的骚乱 263;

～的条款 49-50; ～的批准 49, 332; 与选举权 50, 263, 324; 与税收 49

Louisville, Kentucky 路易斯维尔(肯塔基州) 369, 397, 584

Lowell, Josephine Shaw 约瑟芬·肖·洛厄尔 25, 606

Loyalty 忠诚。见: Ironclad Oath; Pardons; Readmission issue; 具体州名

Luke, William 威廉·卢克 428, 435

Lumpkin, Joseph 约瑟夫·伦普金 359

L'Union [Louisiana newspaper]《联邦报》[路易斯安那州报纸] 62-63

Lusher, Robert M. 罗伯特·M. 卢瑟 207

Lynch, James D. 詹姆斯·D. 林奇 112, 286, 293, 350, 352, 353, 545

Lynch, John R. 约翰·R. 林奇 354-355n15, 358, 363, 508, 533-534, 538n48, 555, 562, 610

Lynn, Massachusetts 林恩(马萨诸塞州) 482

M

McAfee, Leroy 勒罗伊·麦卡菲 433

Macarty, V. E. V. E. 麦卡蒂 369

McCormick, Cyrus 塞勒斯·麦考密克 19, 341, 509

McCrary, George W. 乔治·W. 麦克拉里 521

McCulloch, Hugh 休·麦卡洛克 182, 311

McDonald, John 约翰·麦克唐纳 566

McEnery, John 约翰·麦克内里 550, 551

Mcintosh County, Georgia 麦金托什县(佐治亚州) 358, 423-424

McKaye, James 詹姆斯·麦凯 68-69

McKee, George 乔治·麦基 450
McKee, Robert 罗伯特·麦基 552
McLeod, M. M. M. M. 麦克劳德 353
Macon, Georgia 梅肯（佐治亚州）395
McPherson, Edward 爱德华·麦克弗森 239, 310
Macrae, David 戴维·麦克雷 79
Magill, S. W. S. W. 马吉尔 99
Mahone, William 威廉·马洪 413, 592
Maine 缅因（州）473
Manigault, Charles 查尔斯·马尼高 71-72
Manigault, Louis 路易斯·马尼高 536
Marble, Manton 曼顿·马布尔 576-577
Mardenborough, John 约翰·马登伯勒 599
Martial law 军管法 149, 272。同见：具体州名
Martinsburg, West Virginia 马丁斯堡（西弗吉尼亚州）583
Marvin, William 威廉·马文 187, 188, 189
Marx, Karl 卡尔·马克思 309, 491, 520
Mary, Aristide 阿里斯蒂德·玛丽 47, 547
Maryland 马里兰州：～的国会代表权 39, 40, 422；黑人权利在～ 41；～的阶级冲突 39；补偿性奴隶解放在～ 40；～债务 40；～的民主党 421；～的经济 12, 39；～的教育 40, 422；～的选举 40, 41, 508；奴隶解放/奴隶制在～ 1, 37, 39-41；自由民局在～ 201；～劳工制 40, 41, 201；忠诚宣誓在～ 40；～种植园制 39；～的救赎 421, 422；～的州宪法 40, 41, 422；～的选举权 40, 41, 186, 270, 422；～的税收 422；联邦军队在～ 39-40；～的亲联邦派 39, 40, 41, 185, 270；战时重建在～ 37, 39-41。同见：具体人名

Maryville, Tennessee 马里斯维尔（田纳西州）284, 356
Massachusetts 马萨诸塞州：～对南部的态度 525；～黑人政治 472；劳工统计局在～ 483；～的腐败 465, 523；～债务 469；～的民主党 523；～的选举 482, 483, 523；与联邦对南部的干预 554；～的移民 483；～的劳工运动/体制 475, 477, 482-483, 490, 564；～的政治机器 469；～公共住宿设施 28；～的铁路 465, 475, 490；共和党在～ 315, 469, 482, 523, 556；～的罢工 483, 490, 564；～的选举权 447；～的妇女运动 473
Matthews, Stanley 斯坦利·马修斯 580
May, Abby 阿比·梅 606
Maynard, Horace 霍勒斯·梅纳德 550
Meacham, Robert 罗伯特·米查姆 373
Meat-packing industry 肉类加工产业 18-19, 20, 529-530, 531
Medical program [Freedmen's Bureau] 医疗项目[自由民局] 151-152
Medill, Joseph 约瑟夫·梅迪尔 261
Memminger, Christopher G. 克里斯托弗·G. 梅明杰 129, 192
Memphis, Tennessee 孟菲斯（田纳西州）90, 95, 151, 155, 157, 261-262, 357, 358-359, 422, 578
Mercer, William N. 威廉·N. 默瑟 140
Merchants 商人。同见：Business community
Meridian, Mississippi 默里迪恩（密西西比州）396, 428
Meriwether, McKie 麦凯·梅里维瑟 571n13

Merrill, Lewis 刘易斯·梅里尔 433, 434

Merrimon, Augustus S. 奥古斯塔斯·S. 梅里蒙 387

Merritt, Susan 苏珊·梅里特 119

Michigan 密歇根州 464, 469, 471, 473

Middleton, Ralph I. 拉尔夫·I. 米德尔顿 402

Middleton Place [Charleston, South Carolina] 米德尔顿庄园[查尔斯顿，南卡罗来纳州] 71

Midwest 中西部 509, 516, 520。同见：具体州名

Military rule 军事统治：273-275, 277, 307-308。同见：具体州名

Military service 服兵役：～对黑人的利益 8-10；与强制征兵制 23；与纽约市征兵骚乱 32-33

Milledgeville, Georgia 米利奇维尔（佐治亚州）325

Miller, Samuel F. 塞缪尔·F. 米勒 529-530

Milwaukee, Wisconsin 密尔沃基（威斯康星州）464, 471, 486, 516

Mining 采矿 464, 467

Ministers, black 黑人牧师：驱逐～64；～的重要性 70, 89-95, 318；与政治 26, 93-95, 112, 282-283, 287, 358；～的工资 396；与联邦同盟会 283

Minneapolis, Minnesota 明尼阿波利斯（明尼苏达州）464

Minnesota 明尼苏达州 223, 315, 343, 463, 464, 475n26

Mississippi 密西西比州：～的农业 108, 174, 403-404, 406, 536, 549；～的黑人法典 199-200, 201, 244；～的黑人社区 96, 294, 372, 397, 541, 546, 559, 563；～的提包客/南方佬 297, 349n6, 559n85, 561；～的教会/宗教 372；内战对～的影响 16；～的民权/黑人权利 204, 369, 370, 371, 372, 539, 559；～邦联逃兵 15；～的保守主义 546；～的腐败 388, 588；～的债务 212, 326-327, 383-384, 536, 542, 606；～的民主党 333, 347-348, 414, 539, 558-559；～的教育 366, 367, 368, 382, 549, 589；～的选举 196, 332-333, 414, 558-563；奴隶解放/奴隶制在～2, 3, 10, 12；与黑人海外殖民运动 600；～派系 541；联邦政府在～的干预 558-563, 569；第十四条宪法修正案在～560；自由民局在～143, 151；～的三K党 426, 428, 429, 432, 439, 457, 559；～的土地政策 162, 209, 376, 403-404, 429, 542, 559, 588；～的法律体制 3, 204, 373, 396, 457, 594；～的地方政府 355, 356, 357, 358, 538-539；～的军事统治 308；～的民兵 190, 439, 561；～的公职官员 352-358, 354-355n15, 362, 538-539, 562；～的恩惠制 188, 347-348, 349；～种植园制 58-60, 140, 401, 536, 542, 546, 559, 563；～的政治 76, 112, 118, 290-291, 318n70, 347-348, 370, 506, 538-539, 590；～的铁路 211, 213, 325, 381, 382, 542；与总统重建 193-194；与重建问题 559, 565；～的救赎 558-563, 588, 589, 590, 594；共和党在～349, 414, 539, 541, 542, 549, 558-563, 569；～的州政府 538-539, 542；～的罢工 107；～的选举权 180, 324, 333, 414,

559；~的税收 206, 376, 381, 383-384, 541, 559, 588, 589；与第十三条宪法修正案 199；~的亲联邦派 15, 193；~的暴力 107, 121, 396, 426, 428, 429, 432, 439, 558-563, 565。同见：Mississippi, racism/segregation in；Mississippi, state constitution in；具体人名

Mississippi, racism/segregation in 密西西比州的种族主义/种族隔离：与民权 369；与教育 367, 368, 452, 549；与选举 558, 561-562；与格兰其 549；与格兰特政府 560-563；与公用住宿设施 207, 321, 370, 371, 372；与救赎 558-563

Mississippi, state constitution in 密西西比州州宪法：与州制宪大会 193-194, 318, 318n70；与负债人的救济 326-327；民主党人对~的否定 414；与工业发展 325；与公用设施项目 326-327；~的批准 333, 452；与选举权 324, 333, 452

Mississippi Valley 密西西比河流域 14, 57-58, 60, 73, 474

Missouri, *Cummings* v. 康明斯诉密苏里案, 272

Missouri 密苏里州：~的补偿性奴隶解放 42；~的腐败 486；~的债务 42；~的民主党 414, 416-417, 421, 442, 500；~的教育 42；~的选举 508；~奴隶解放/奴隶制 1, 37, 41-43；~法律平等 42；~派系 41-43；与第十五条宪法修正案 414；~移民 41, 414；~的劳工运动 30, 31, 481-482n36；忠诚宣誓在~42；~的种族主义/种族隔离 421；共和党在~41-43, 300, 414, 421, 442, 481-482n36, 500；~的州宪法 42-43；

~的罢工 30, 583, 584；~的选举权 41-43, 186, 259, 414；~的亲联邦派 41-43, 185；战时重建在~37, 41-43。同见：Border states；具体人名

Mitchelville, South Carolina 米切尔维尔（南卡罗来纳州）76

Mobile, Alabama 莫比尔（亚拉巴马州）101, 206, 281, 321, 362, 380, 395, 553

Mobile *Nationalist* [black newspaper] 莫比尔《国家主义者》[黑人报纸] 117, 215

Molly Maguires 莫利·马圭尔社 515

Monroe County, Alabama 门罗县（亚拉巴马州）282

Monroe County, Mississippi 门罗县（密西比州）188, 426

Montana 蒙大拿州 501

Montgomery, Alabama 蒙哥马利（亚拉巴马州）362, 397, 589, 600

Montgomery, Benjamin 本杰明·蒙哥马利 59-60, 162, 565

Montgomery, Thornton 桑顿·蒙哥马利 59

Moore, George 乔治·穆尔 427

Moore, Jerry Thornton 杰里·桑顿·穆尔 574

Moore, Thomas O. 托马斯·O. 穆尔 135

Moore, William G. 威廉·G. 穆尔 179

Morgan, Albert T. 阿尔伯特·T. 摩根 296, 298, 377, 459, 559

Morrill, Lot M. 洛特·M. 莫里尔 245

Morton, Nellie 内利·莫顿 147

Morton, Oliver P. 奥利弗·P. 莫顿 222, 267, 338, 485, 495, 496, 500, 501, 566, 578

Moses, Franklin J., Jr. 小富兰克林·J. 摩

西 351, 542, 544, 605
Moss, Frank 弗兰克·莫斯 328
Motley, John Lothrop 约翰·洛思罗普·莫特利 496
Mott, Lucretia 柳克丽霞·莫特 448
Munn v. Illinois 芒恩诉伊利诺伊州案 475
Murphey, William 威廉·墨菲 10
Murray, Pauli 波利·默里 610
Myers, Isaac 艾萨克·迈尔斯 480
Mygatt, Allston 奥尔斯顿·迈格特 325

N

Napoleon, Ohio 拿破仑（俄亥俄州）386
Nash, Beverly 贝弗利·纳什 543
Nash, Charles E. 查尔斯·E. 纳什 538n48
Nashville, Tennessee 纳什维尔（田纳西州）43, 96, 196, 356, 364-365, 422
Natchez, Mississippi 纳奇兹（密西西比州）57, 91, 145, 171, 397, 536
Nation, The《民族》：与黑人选举权 313；与阶级冲突 477, 484, 518-519；与货币问题 522；与选举 260, 268, 315, 509, 567；与内战时代的结束 557, 582, 587；～的创建 24；与第十四条宪法修正案 260, 268；与约翰逊的弹劾 334；与劳工运动 490, 583-585；与土地政策 309-310；与自由派共和党人 490, 496-497, 499；与民族主义 24-25；与政治民主 518-519；与种族主义 496-497, 498, 526, 551；与屠宰场案 530；与州宪法 323
National Anti-Slavery Standard [newspaper]《全国反奴旗帜报》67
National Association for the Advancement of Colored People 全国有色人种协进会 606
National Citizens' Rights Association 全国公民权利协会 606
National Equal Rights League 全国平等权利联盟 27
National Guard 国民警卫队 586
National Labor Congresses 全国劳工大会 479
National Labor Convention, Colored 全国有色人种劳工大会 480
National land commission 全国土地委员会 451
National Mineral Act [1866]《国家矿产法》[1866] 467
National railroad commission 国家铁路委员会 490, 521
National Union movement 全国联邦运动 260, 264, 266, 268
National Union Republicans 全国联邦共和党人 414
National Woman Suffrage Association 全国妇女选举权协会 448
Nationalism 民族主义 24-25, 29-30, 495
Nationalism, black 黑人民族主义 27, 598-599
Nebraska 内布拉斯加（州）223, 463, 600
Nevada 内华达（州）464
New Departure 新起点策略 412-421, 505-506, 511, 547-548
New England 新英格兰 19, 28, 222, 451, 509。同见：具体州名
New England Freedmen's Aid Society 新英格兰自由民援助会 527
New Hampshire 新罕布什尔（州）523
New Jersey 新泽西州 250, 469, 481-

482n36，523，575

New National Era《新国家时代》507

New Orleans, Louisiana 新奥尔良市（路易斯安那州）：～的黑人社区 47-48，65-66，91，96，101，397，398，546，547；～的黑人代表权 357，358-359，362；～的商业社区 547；民权／黑人权利在～ 47-49，371，547；～的保守主义 546，547；～的腐败 388；～的人口 47；～的经济 395；～的教育 97，367，546，547；～的选举 45，46，197，342；～的派系 65-66；联邦政府在～的干预 550，551，554；自由民局在～ 151，157；～的劳工体制 157，328-329；～的土地政策 547；～的法律体制 362；～的地方政府 357，358-359；～的民兵 439，550；～的垄断 529-530；～的种植园主 14；～的政治／政治组合 197，262-263，547；与总统重建 263-264；～的公共责任 364；～的种族主义／种族隔离 101，282，367，369，371，439，546，547；～的激进共和党人 111，262-263；～的改革 547；～的骚乱／暴力 262-264，265，439，554；作为路易斯安州州府的～ 49；～的罢工 107，281；～的选举权 46，47，62-66，111，114，274-275；～的联合运动 547，550-551；联邦对～的占领 3，14，45-49；前辉格党人在～ 197

New Orleans *Black Republican* 新奥尔良《黑人共和党人报》65

New Orleans *Tribune* 新奥尔良《论坛报》：～支持杜马斯担任州长 331；与黑人／民权 63-64，118，198，369；与提包客 306；～的创办／消亡 63，117，332；～对联邦军队规定的批评 154-155；在战时重建时期的～ 63-65；与自由民局 167，168；与劳工问题 65，167，378-379；～的管理 63；与选举权 63，64，111，324；与联合运动 547

New York *Caucasian* 纽约《白人》32

New York [city] 纽约市：～对南部的态度 525；～的黑人社区 26，472；～的黑人社区 337；～的阶级冲突 32-33；～的腐败 384；～的债务 469；～的人口 32；经济萧条在～ 514，517；～的教育 471；～的工业 464；～的劳工运动 30，475，481，514，517；林肯葬礼在～ 75；～的政治机器 470；～的种族主义／种族隔离 28，32-33，235，471；～的骚乱 32-33，490，514，517

New York *Evening Post* 纽约《晚邮报》220，496-497

New York *Herald* 纽约《先驱报》246，260-261，266，271-273，524，526，582

New York [state] 纽约州：～对南部的态度 525；～的民权 471；～的阶级冲突 32-33；～的腐败 468；～的债务 469；～的民主党 32，216，315，470；经济萧条在～ 514，517；～的教育 471；～的选举 315，470，575；～工业 464；～的劳工运动 30，475，481，481-482n36，514，517；～的政治机器 469，470；与总统重建 222；的公共责任 470；～的种族主义／种族隔离 28，32-33，235，471；共和党在～ 222，470，481-482n36；～的骚乱 31，32-33，514，517；～的选举权 223，470，472

New York *Sun* 纽约《太阳报》578

New York Times《纽约时报》2，50，74，220，226，254，266，267，268，309，525，527，554，585

New York *Tribune* 纽约《论坛报》238，240，503，518，551，558，584

New York *World* 纽约《世界报》36，74，80，183，216-217，313，378，496，506

Newcomb, James P. 詹姆斯·P. 纽科姆 300

Newsham, Joseph P. 约瑟夫·P. 纽瑟姆 295-296

Newspapers 报纸：黑人的～63-65；与阶级冲突 517；～对约翰逊的支持 117，220-221，268；与劳工运动 517-518；劳工拥有的～30；共和党的～350。同见：具体报纸名

Nez Perce Indians 内兹佩尔塞印第安人 583

Nicholls, Francis T. 弗朗西斯·T. 尼科尔斯 569-570，580，581，582，590

Nicholson, A. O. P. A. O. P. 尼科尔森 259

Nordhoff, Charles 查尔斯·诺德霍夫 86，276，496-497，526

Norfolk, Virginia 诺福克（弗吉尼亚州）111，115，169

"Normal politics" "正常政治" 443

North, John Wesley 约翰·韦斯利·诺斯，121，295

North Adams, Massachusetts 北亚当斯（马萨诸塞州）483，490

North Carolina 北卡罗来纳州：～的农业 536，594；～学徒制 201；～的黑人社区 90，91，294；～的提包客/南方佬 297，349n6；～的民权 115，204，369；～的阶级冲突 16；～的腐败 386-387，388，389，390；～的债务/信用体制 194，301，326，327，366，374，383，594；～的民主党 421，440-441；～的经济 380-381；～的教育 98，100，207-208，330，366，367，389；～的选举 12，196-197，314，332，441，508，569，575；与黑人海外殖民运动 600；自由民局在～169，201；～的三 K 党 344，427，428，429，430-431，433，438，440-441，457；土地政策 58，116，162，421，444；～的法律体制 115，204，330，421，457，594；～的地方政府 356，592；～的军管法 440-441；～的公职官员 352，354，354-355n15，356，592；～的恩惠制 188-189；～的政治 12-13，94-95，111，112-118，283，318n70，330，351，388；～的平民党-共和党人 604；～的铁路 325，383，386-387，390；与《重建法》[1867] 279-280；～的救赎 424，444，594；～共和党执政 183；～骚乱 15；～的第二次重建 592；～奴隶制 12；～的选举权 114，183，189，271，279-280，314，324，330，575；～的税收 366，380-381，415-416；～的土地租赁制 594；联邦同盟会在～283，284，285，344；～的亲联邦派 16，185，186，193，269，271，427；～的暴力 16，120，427，428，429，430-431，433，438，440-441；战时重建在～74-75；前辉格党人在～305；～的自耕农 12，332。同见：North Carolina, racism/segregation in; North Carolina, Republican party in; North Carolina, state constitution in; 具体人名

North Carolina, racism/segregation in 北

卡罗来纳州的种族主义／种族隔离：与民权 369，430，533-534；与教育 330，367，428；与政治 332；与公用设施 369，533-534；与宗教 91

North Carolina, Republican party in 北卡罗来纳州的共和党：与债务减免 305；与奴隶解放／奴隶制 301；～派系 305，351，539；与土地政策 305，444；与法律体制 421；～的成员 300；与公职官员 301，351；～的政纲 301；与平民党人的结盟 592；～的权力 18，300，314，444，508，539；与州宪法 322-323，332，444；与税收 305；与白人自耕农 332

North Carolina, state constitution in 北卡罗来纳州州宪法：与州制宪大会 115，183，193，194，317，318，318n70，444；与债务减免 194，325，326，327；与教育 330；与工业发展 325；与土地政策 327，421，444；与法律体制 421；与公职官员 322-323；～的批准 332；与共和主义 183，322-323；与州／地方政府 322-323，444；与选举权 324，330；与联邦派 193

North Dakota 北达科他州 463

Northern Democrats 北部民主党人 480-481，510-511，527，578，581

Northern Pacific Railroad 北太平洋铁路公司 512

Northern Reconstruction 北部重建：与资本时代 461-469；与 1872 年选举 499-511；与自由主义 488-499；与政治转型 xxi，469-488

Norton, Charles Eliot 查尔斯·艾略特·诺顿 489，585-586

Norton, Daniel M. 丹尼尔·M. 诺顿 150

Noxubee County, Mississippi 诺克斯比县（密西西比州）429

Nunn, W. C. W. C. 纽恩 349n6

Nye, James W. 詹姆斯·W. 奈 497

O

Oath, loyalty 忠诚宣誓。见：Disenfranchisement of former Confederates; Ironclad Oath; Pardons; Readmission issue

Odum, Appling v. 阿普林诉奥杜姆案 594

Office holders 公职官员：提包客作为～547；与文官改革 493-494；与民主党 416；与第十五条宪法修正案 446-449；与第十四条宪法修正案 259-260，275-276，504；与三 K 党 426-429；与自由派共和党人 499；与忠诚宣誓 259；与救赎 588，591；在州政府的～538。同见：Congressional representation; Local government; State government; Tenure of Office Act；具体州名

O'Hara, James E. 詹姆斯·E. 奥哈拉 359

Ohio 俄亥俄州 28，223，241，313，315，469，471，477，501，510，523，527，557-558，562-563。同见：具体人名

Ohio Idea [Pendleton] 俄亥俄思想［彭德尔顿］311-313，315，339

Opelousas, Louisiana 奥珀卢瑟斯（路易斯安那州）198

Orange County, North Carolina 奥兰治县（北卡罗来纳州）433

Orangeburg, South Carolina 奥兰治堡（南卡罗来纳州）121，158

Ord, E. O. C. E. O. C. 奥德 59，148，154，

155, 279, 308
Oregon 俄勒冈 26, 576n22, 583
Origin of Species, The [Darwin]《物种起源》[达尔文著] 340
Orr, James L. 詹姆斯·L. 奥尔 155, 196, 210–211, 215, 264, 268–269, 319, 347
Osborn, Thomas W. 托马斯·W. 奥斯本 157
Overton, John 约翰·奥弗顿 100
Owen, Robert Dale 罗伯特·戴尔·欧文 68

P

Packard, Stephen B. 斯蒂芬·B. 帕卡德 349, 577, 578, 582, 604
Palmer, John M. 约翰·M. 帕尔默 38, 44, 465–466, 500, 501, 509, 510
Pardons 赦免 159, 183–184, 190–191
Parkman, Francis 弗朗西斯·帕克曼 489–490
Parsons, Albert R. 阿尔伯特·R. 帕森斯 297–298, 607
Parsons, Lewis E. 刘易斯·E. 帕森斯 187, 188, 189, 204, 215, 347
Party, political 政党。见: Political organization/alignments; 具体政党/群体名或主题
Paternalism 家长制 52, 130–131, 147, 163, 363–364
Patriarchy, black 黑人父权制 87–88
Patronage 恩惠制: 与黑人社区 350–363, 450, 472; 与黑人政治 545; 与格兰特政府 528; 与约翰逊政府 188–189, 265–266, 308, 336; 与政党机器/结构 347, 356, 484, 486; 与重建领导人 604, 607; 与救赎 604; 与共和党 23, 348,

484, 498; 与南部民主党人 528; 与《官员任职法》333。同见: 具体州名
Patrons of Husbandry 农业保护者。见: Grange
Patterson, "Honest John" "诚实的约翰" 帕特森 389
Patton, Robert 罗伯特·巴顿 209, 210–211, 212, 356
Paul, George H. 乔治·H. 保罗 522
Pauperism 赤贫状态 517–518, 589
Peabody Fund 皮博迪基金会 366–367
Peake, Mary 玛丽·皮克 97
Pearce, Charles H. 查尔斯·H. 皮尔斯 93
Pendleton, George H. 乔治·H. 彭德尔顿 311–313, 315, 339, 340
Pennsylvania 宾夕法尼亚州: 黑人民权在～ 222, 471; ～的商业社区 81; ～的阶级冲突 583; ～的腐败 465, 493; ～的民主党 523; 经济萧条在～ 514; 与选举/选举人团 523, 581; 与工业/铁路 462, 464, 465, 583; ～的劳工运动 475–477, 481–482n36, 515, 564; 与土地政策 222; ～的地方政府 493; ～的民兵 519; ～的公职官员 486; ～的政治机器 469, 486, 493; ～的禁酒运动 520; ～的种族主义/种族隔离 28, 344, 471; 共和党在～ 235–236, 450, 469, 481–482n36, 493; ～的州宪法 493; ～的州政府 519; ～的罢工 31, 515, 519, 564, 583; ～的选举权 222, 447; ～的税收 447; ～的暴力 515; ～的妇女运动 520。同见: 具体人名
Peonage 债务劳工制 277, 328
People's Pictorial Taxpayer [journal]《纳税人的人民画报》(杂志) 498

Perce, Winfield 温菲尔德·珀斯 452

Perry, Benjamin F.本杰明·F.佩里 187-188, 192, 195, 290, 293-294, 544

Petersburg, Virginia 彼得斯堡（弗吉尼亚州）103, 107, 355-356, 362, 365, 538

Philadelphia, Pennsylvania 费城（宾夕法尼亚州）19, 26, 28, 464, 469, 493, 564-565, 579, 583

Philadelphia *Public Ledger* 费城《公共纪事报》220

Philbrick, Edward S. 爱德华·S. 菲尔布里克 53-54

Phillips, Wendell 温德尔·菲利普斯：与废奴主义 67, 448；与黑人／民权 60, 221, 258, 448；与联邦对南部的干预 554；与第十四条宪法修正案 255；约翰逊与～的关系 249；与劳工运动 482-483；与土地政策 236；与马萨诸塞州州长职位 482-483；与全国改革运动 29, 239, 448, 449；与共和党 554；与南部社会结构 67；与关税问题 489；与战时重建 36

Pickens, Francis W. 弗朗西斯·W. 皮肯斯, 291

Pierpont, Francis H. 弗朗西斯·H. 皮尔庞特 38, 39, 74, 269

Pierrepont, Edwards 爱德华兹·皮尔庞特 560-561

Pike, James S. 詹姆斯·S. 派克 354, 525-526, 526n27

Pinchback, P. B. S. P. B. S. 平奇贝克：～对沃莫思竞选州长的支持 332；与黑人权利 48, 371；～运作的商业 361；与腐败 388；作为州长的～ 354；～的影响力／领导力 332, 350, 353, 398；～的个人生活

607, 608；与共和党 307, 350, 353；～起诉铁路公司 371

Pine Bluff, Arkansas 派恩布拉夫（阿肯色州）119

Pinkerton, Allan 艾伦·平克顿 465

Pittsburgh, Pennsylvania 匹兹堡（宾夕法尼亚州）475-477, 583

Plain Counsels for Freedmen [Fisk]《自由民简明忠告》[菲斯克著] 157

Plantation system 种植园制：与对种植园的抛弃 130, 403；与权威／劳工的控制 128-142, 198-199, 213-214, 372, 593；黑人对～的抵制 104, 109-110, 210, 393；与阶级结构 399；与州制宪大会 329；与作物歉收 140-142；与债务 536；～的解体 173-174；与民主党 418-420, 425；与经济萧条 536, 542；～的灾难 170-171；与经济改革 210, 214-215；与重建的失败 603；与自由民局 60, 157-158, 169-170, 249；～的地理范围 12；与移民 213-214, 419-420；与劳工体制 14, 104, 128-142, 153-155, 169-174, 213-214, 372-379, 400-404, 419-420；与土地政策 134, 171, 246, 379, 542；与北部的影响／投资 53-54, 55, 137-138, 141, 173, 399；与父权主义 130-131；与总统重建 214-215；与种族主义 133；与铁路 380；与共和党 235, 329, 380；与州政府 418；与税收 375-376；与联邦军队 55-58, 153-155；～的财富 11。同见：Contract system; Free labor ideology; Labor system; Planters; 具体作物名、州名或劳动形式, 如：Sharecropping

索　引　**1113**

Planters 种植园主：黑人对～的复仇 71-72；与邦联军队 14, 15；～的大会（1871 年）546；与债务/信用体制 211-212, 408, 594；～对南部的统治 11-14, 13, 37, 364；与格兰其 548, 549；与工业 597；约翰逊对～的支持 191；与劳工体制 549；与法律体制 363；与忠诚宣誓 14；与商人 408, 549；～对州政府的反对 364；与救赎 548；～的角色 xxiii, 399-400；与税收 364；与联邦军队 14；～的财富/贫困 11, 129-130, 399-400；与自耕农 15, 17。同见：Plantation system；具体人名或州名

Political appointments 政治任命。见：Governors；Office holders；Patronage

Political machines 政治机器 484, 486-487, 490-491, 493-494。同见：具体政治机器或州名

Political organization/alignments 政治组织/组合：与资本时代 465-469；与黑人社区 601；与商业社区 466-469；与州制宪大会 329-332；与腐败 385；与格兰其 474；在北部的～ 465-488；与组织化的政治 484-487, 496, 510；与恩惠制 347, 356；与救赎 601；与共和党 344；在西部的～ 465-466, 523。同见：Black politics；Politics；Political machines；具体政党或群体名

Politics 政治：与黑人的经济期望 289-291；与商业社区 518；南部～的民主化 322-323；与教育 100, 117；男性对～的主导 87；与教会牧师 93-95, 358；"正常～" 443；与联邦同盟会 344；与妇女 87。同见：Black politics；Political machines；Political organization/alignments；具体政党或群体名

Poll taxes 人头税 205-207, 206n59, 319, 327, 328, 366, 375, 422, 423, 446-449, 588, 590-591, 592

Pontotoc [Mississippi] *Equal Rights* 庞托托克［密西西比州］《平等权利》303

Pool, John 约翰·普尔 247, 272, 451

Populist movement 平民党人运动 604

Porter, James D. 詹姆斯·D. 波特 70

Post, Louis F. 路易斯·F. 波斯特 606-607

Potter law [Wisconsin] 波特法［威斯康星州］516, 517

Powers, Ridgely 里奇利·鲍尔斯 353, 538-539

Presidential Reconstruction 总统重建：～的宣布 183-184；与黑人法典 208-209, 215；与黑人政治 215-216；与民权/黑人权利 204-205, 209, 246-247；与阶级冲突 293；～的结果 xix, 215-216；与（南部各州）总统重建时期的州制宪大会 192-195；～的代价 541；与债务 212, 301, 373；与经济改革 210-215；与教育 207-208；与 1865 年选举 196-197；与自由民局 246-247；与劳工体制 171-172, 198-203, 208-209, 363, 372, 373；与土地归还 183-184；与法律体制 149, 202-205, 209, 210, 363；与忠诚宣誓 183-184；与军事统治 307-308；与新起点 418；北部对～的反应 216-227；对～的反对 221-224；与赦免 183-184；与种植园制 214-215；与政治任命 190-191；与种族主义/种族隔离 372；对～的最初计划的反应 181；

与共和党 221-227, 242；南部对～的反应 189-192, 208, 224-226；与南部州政府 149；与选举权 181-182；对～的支持 224-225；与税收 205-207, 375, 381；与2万美元条款 183-184, 191；与联邦派 225-226；与前辉格党人 193-195

Proclamation of Amnesty and Reconstruction [1863] 大赦与重建公告［1863］35-37, 60-61

Progressive School 进步学派 xviii

Promised Land, South Carolina "应许之地"（南卡罗来纳州）375

Property qualifications for suffrage 选举权的财产资格要求 446-449。同见：具体州名

Property taxes 财产税 205-207, 328, 366, 375, 383, 498, 541, 588

Prosperity, gospel of 繁荣的福音 379-392, 394-395

Prostrate State, *The* [Pike]《被征服的州》［派克著］525-526, 526n27

Public accommodations 公用住宿设施：365, 368-372, 556, 593。同见：Racism/segregation；具体州名

Public Credit Act 公共信贷法 344

Public responsibility 公共责任 364-379, 389, 469。同见：具体州名

Puerto Rico 波多黎各 494

Purvis, Robert 罗伯特·珀维斯 27

Q

Quadroon Bill [Louisiana] 四分之一血统法案［路易斯安那州］62

R

Rabun County, Georgia 雷本县（佐治亚州）13

Racism/segregation 种族主义/种族歧视：反帝国主义的～ 496, 497；与提包客/南方佬 299, 369；与百年博览会 565；与民权 365, 368-372；与阶级冲突 534；与州制宪大会 321；与多米尼加共和国条约 496；在经济萧条中的～ 525-526；与教育 40-41, 145, 321-322, 366-368, 471, 553-554；与选举 314, 339-341；与重建的失败 xxii-xxiii, 604；与第十四条宪法修正案 593；与重建的解读 xx, xxi, xxv, xxvi, 119n73, 609；与劳工 xxv-xxvi, 479, 596；与法律体制 421, 593-594；在北部的～ xxv, 25-26, 28, 470-472；与种植园制 133；与总统重建 372；与公用设施 365, 368-372, 556, 593；作为一种公共责任的～ 365, 368-372；与铁路 533-534, 556, 593；与救赎 588-601；～的地域性 603；与宗教 88, 89, 91；与共和党 xxv, 66, 314, 365, 368-372, 497-498, 500, 526-527, 563, 567, 577；与共和主义 496；与浪漫种族主义 52；在社会/体育活动中的～ 371；与州政府 372；与交通 368-372；在联邦军队中的～ 8, 48；～的不同种类 368-369；与工人 565。同见：Ku Klux Klan；Racism/segregation and the Democratic party；Riots/strikes；Violence；具体人名或州名

Racism/segregation and the Democratic party 种族主义/种族隔离与民主党：与黑人

选举权 313, 330, 341, 416, 422, 423, 424-425; 与民权 313-314, 341-342, 423-424; 与教育 422, 424; 与 1868 年选举 339-341; 与解放奴隶宣言 32; 与劳工 420, 421; 与法律体制 421, 423-424; 与新起点 416, 420-421; 与公用住宿设施 421-422, 423; 与救赎 421-425; 与州宪法 330; ~的减弱 527; 作为政党原则的~与白人至上主义 26, 31-32, 339, 340-341, 421, 441-442, 547-553。同见: Ku Klux Klan

Radical Reconstruction 激进重建: 与黑人社区 281-291; 与黑人选举权 271-280; 与民权 239-251; 与州制宪大会 316-333; ~的消亡 449-459; 与 1866、1868 年选举 261-271, 337-345; 与第十四条宪法修正案 251-261; ~的影响 xix, 278-281; 与约翰逊的弹劾 333-336; 北部对~的反应 307-316; 南部对~的反应 344-345; 与南部共和党人 291-307; 与州大会 304-307; 与暴力 425。同见: Reconstruction Act [1867]; 具体人名

Radical Republicans 激进共和党人: 与废奴主义 229; 与黑人政治 111, 118; 与黑人选举权 66, 178, 221-224, 231, 240, 267, 271-280; 商业对~的支持 xx, 233-234; 与民权/黑人权利 231, 239-251, 452-453, 470-471; 与阶级冲突 484; 国会对~的影响 237-239, 240, 261; ~的消亡 510, 528; 与教育 452; 与 1872 年选举 510; 与法律平等 60, 235, 237, 244, 256; 与联邦权/州权 231-233; 与第十五条宪法修正案 446, 448; 格兰特与~的关系 337; 与印第安人政策 463; ~的影响 484; 约翰逊与~的关系 177-178, 179, 182, 221-224, 227, 248-249, 333, 334; 与劳工 65, 234-236, 480-481; 与土地政策 68, 235-236, 245-246, 308-311; ~的领导力 228-230, 273; 与林肯 36, 61-62; 与民族主义 24; 对~的反对 315-316; ~的概况 228-239; 与种植园制 329; 与总统重建 xix, 221-224; 与大赦与重建公告 [1863] 36; ~对退出联邦运动的反应 5; 与重新接纳南部各州问题 179; 与共和党 237-239, 315-316, 337, 344-345, 492, 510; 与共和主义 232-233; 与社会/道德改革 xxii, 230-231, 233-234, 235-236; 与为黑人采取的特别行动 68; 与州债务 325-326; 与十分之一计划 36; 与第十三条宪法修正案 66; 与联邦同盟会 301; 对韦德的支持 337; ~的减弱 344, 377。同见: 具体人名或州名

Railroads 铁路: 与资本时代 461-469; 与农业 380, 461, 474, 490, 516; 对~的资助 21, 211, 301, 379-392, 465-469, 578, 580, 581, 582; ~的倒闭 512, 535-536; ~的获利 211; 与内战 18; 与阶级冲突 518; ~公司之间的竞争 513; 与腐败 465-469, 566; 与信用制度, 512; 与民主党 466-469, 521; 与经济萧条 512, 516, 518, 521, 535-536; 与华尔街的发展 461; 与选举危机 581; 与联邦权/州权 475; 与 1877 年大罢工 583-585; 与印第安人政策 462-463; 与土地政策 465-469, 542; ~的现代化 20; 北部对~的投资 461, 535-536, 578; 与总统重建 211; 与种族主义/种族隔离

533-534, 556, 593；与救赎 588, 594；对~的管制 474-475, 490；与共和党 466-469, 474-475, 490, 521；与南部民主党人 580；与交通垄断 462；在西部 463-464。同见：Industry；具体州名

Rainey, Joseph H. 约瑟夫·H. 雷尼, 352, 456, 495, 533-534, 538n48, 601

Ramsey, Alexander 亚历山大·拉姆齐 501

Randall, Alexander W. 亚历山大·W. 兰德尔 217, 266

Randall, Samuel J. 塞缪尔·J. 兰德尔 579, 581

Randolph, Benjamin F. 本杰明·F. 伦道夫 351, 548

Randolph, P. B. P. B. 伦道夫 270

Randolph, Peter 皮特·伦道夫 612

Randolph, Ryland 赖兰·伦道夫 432-433

Randolph County, Alabama 伦道夫县（亚拉巴马州）15

Ransier, Alonzo J. 阿朗佐·J. 兰西尔 353, 374, 534, 538n48, 608

Rapier, James T. 詹姆斯·T. 拉皮尔 112, 441, 452, 533-534, 538n48, 552, 593, 608

Rauschenberg, Charles 查尔斯·劳申贝格 167-168

Raymond, Henry J. 亨利·J. 雷蒙德 243, 264, 266

Readjuster movement [Virginia] 税收调节者运动［弗吉尼亚州］592, 604

Readmission issue 重新接纳南部各州回归联邦问题 179, 193-195, 246-247, 260, 261, 271-280, 338, 452, 453。同见：具体人名，如：Johnson, Andrew

Reagan, John H. 约翰·H. 里根 192

Reason, Charles L. 查尔斯·L. 里森 75

Reconstruction 重建。见：具体主题或重建的种类，如：Wartime Reconstruction

Reconstruction Act/bill [1867]《重建法》/重建法法案［1867］271-291, 294, 360, 452-453

Red River Parish, Louisiana 雷德河教区（路易斯安那州）356-357, 551

Redemption 救赎：与农业 548-549；与黑人社区 544-545, 587-601；与黑人选举权 590, 592；与提包客 604-605；与民权/黑人权利 534, 587-601；与阶级冲突/结构 595-596；与腐败 590；与经济萧条/经济政策 535, 596；与教育 452, 588, 592, 598, 602；与选举 508, 590；与黑人海外殖民运动 598-601；与联邦干预 587-588；与第十五条宪法修正案 590；第一次~ 421-425；与第十四条宪法修正案 590；组成救赎的群体 588；与海斯的选举 582, 587-601；与地方自治 587-601；~的影响 602-612；与工业/铁路 588, 596-597；与劳工体制 378, 381, 423, 588, 594, 595-596, 597, 602；与法律体制 421-425, 588, 593-594, 595, 601；与地方政府 590, 591；与新的社会秩序 587-601；与公职官员 588, 591；与恩惠制 604；与种植园主 548；与政治 588, 590, 591, 598；与贫困 597-598；与种族主义/种族隔离 588-601；与共和党 590, 605；与南部民主党人 424；与州政府 588, 590；与税收 588-589, 597, 601；与土地租赁制 597；与暴力 590；与自耕农 594-595, 596

索 引

Reed, Harrison 哈里森·里德 330-331, 381, 383, 439

Reform 改革：与黑人社区 541-542；与黑人政治 361-362；与经济萧条 518-519；~的结束 527；与重建的失败 601-612；与镀金时代 488-499；与劳工运动 518-519；北部的~ 460；与北部的投资 273；与政治民主 518-519；与共和党 230-231, 235-236, 317, 362-364, 488-499；与选举权 519。同见：具体人名或运动，如：Abolitionism

Reid, Whitelaw 怀特劳·里德 104, 141, 153, 185, 189, 502, 518-519

Relief 救济 25, 152-153, 514, 517-518。同见：Public responsibility

Religion 宗教。见：Churches/religion

Renting 租佃制。见：Tenancy

Republican Congressional Committee 共和党国会委员会 285-286

Republican National Committee 共和党全国委员会 449-450

Republican National Convention 共和党全国大会 62

Republican newspapers 共和党报纸 350

Republican party 共和党：对南部~的态度 239, 240, 246-247, 449-450；~对国会的控制 241, 271-280, 523-524, 553；~的国会代表权 349n6；~的保守主义 586-587；与民主党 389-390, 424-425, 505；与民主程序 437；~内的不满意成员 412-415；~的财政/职务无保障状况 385；~的领导力 241, 485；在北部的~ 474-484, 511, 522, 525, 544, 557, 562, 577；~的北部主导 485；与组织化政治 484-487, 496；~的政纲 241, 315-316, 343, 522；与将南部从国会驱逐的行动 239, 240；南部人对~的观点 603；与挥舞血衣 487, 487-488n46, 509, 569；~的衰弱 442-443。同见：具体人名、州名、主题或群体名

Republicanism 共和主义：与民主党 416；与教育 147-148；建国之父与~ 42；与自由劳动意识形态 530；与劳工运动 479；与土地政策 463-464；父权制的~ 187；与种族主义 496；与激进共和党人 232-233；与重新接纳南部各州问题 453；与《重建法》[1867] 278；与选举权 278。同见：具体州名

Resumption Act《恢复硬币支付法》557

Revels, Hiram 海勒姆·雷维尔斯 352, 353, 361, 368, 450, 495

Reynolds, Arthur E. 阿瑟·E.雷诺兹 450

Rhode Island 罗得岛 252, 447

Rhodes, James Ford 詹姆斯·福特·罗兹 609, 610

Rice 稻米 170-171, 174-175, 399, 402-403, 535, 536, 537, 573

Richardson, William A. 威廉·A.理查森 523

Richmond, Virginia 里士满（弗吉尼亚州）：~的黑人社区 88-90, 95；在~的黑人政治 111, 282；与经济萧条 535；~的教育 97；法律平等在~ 155, 204；~的医疗健康设施 151；~的工业 213, 391, 395；~的劳工政策 154；~的公共责任 207；~的种族主义/种族隔离 281-282；~的罢工 107, 281；联邦军队在~ 73

Richmond *New Nation*《里士满《新国家

报》。见：Hunnicutt, James W.
Rivers, Prince 普林斯·里弗斯 62, 361, 570, 571
Roanoke Island, North Carolina 罗阿诺克岛（北卡罗来纳州）58
Roberts, Oran M. 奥兰·M. 罗伯茨 238, 341
Rock, John S. 约翰·S. 罗克 28
Rockefeller, John D. 约翰·D. 洛克菲勒 20, 513
Rogers, Calvin 卡尔文·罗杰斯 287-288
Rogers, S. W. S. W. 罗杰斯 65
Rollin sisters 罗林姐妹 398
Roney, Frank 弗兰克·罗尼 513-514
Roper, George 乔治·罗珀 435
Ross, Edmund G. 埃德蒙·G. 罗斯 336, 336-337n103
Roudanez, Jean Baptiste 让·巴普蒂斯特·鲁达内斯 49, 49n27
Roudanez, Louis C. 路易斯·C. 鲁达内斯 63, 547
Rousseau, Lovell 洛夫尔·卢梭 342
Roy, James P. 詹姆斯·P. 罗伊 163
Ruby, George T. 乔治·T. 鲁比 319
Ruffin, George L. 乔治·L. 拉芬 482-483
Ruffin, Thomas 托马斯·拉芬 433
Ruffner, William H. 威廉·H. 拉夫纳 422
Rusk County, Texas 腊斯克县（得克萨斯州）119
Russell, Daniel L. 丹尼尔·L. 拉塞尔 297
Rutherford County, North Carolina 拉瑟福德县（北卡罗来纳州）300, 356, 427, 433, 457
Rutherfordton, North Carolina 拉瑟福顿（北卡罗来纳州）356
Rutherford *Star* 拉瑟福德《星报》427, 433
Ryland, Robert 罗伯特·赖兰 89-90

S

Saffold, Benjamin F. 本杰明·F. 萨福尔德 317
St. Crispin's strike 圣克里斯平罢工 482, 483
St. Helena Island, Georgia 圣海伦娜岛（佐治亚州）110
St. John the Baptist Parish, Louisiana 施洗者圣约翰教区（路易斯安那州）357
St. Landry Parish, Louisiana 圣兰德里教区（路易斯安那州）282, 342, 358
St. Louis, Missouri 圣路易斯（密苏里州）30, 31, 43, 486, 583, 584
Salary Grab [1873] 薪水抢夺 [1873] 523
Sampson, Calvin T. 卡尔文·T. 桑普森 490
San Francisco, California 旧金山市（加利福尼亚州）28, 30, 584
Saunders, William U. 威廉·U. 桑德尔斯 286
Savannah, Georgia 萨凡纳（佐治亚州）97, 99, 107, 281, 290, 369, 395, 403
Sawyer, Philetus 菲莱图斯·索耶 487
Saxton, Rufus 鲁弗斯·萨克斯顿 71, 143, 158-159, 161, 162-163
Scalawags 南方佬：与黑人政治 297-299；与民权 303, 317-318；～的国会代表权 349n6；与州制宪大会 317；与债务 317；～的定义 xix, 294, 295n28；与剥夺前邦联分子选举权 323-324；与民主党 325-326；与选举 575；与重建的失败 603；与三K党 427, 432；与土地政策 302；与种族主义/种族隔离 299；与共和党 297-299, 577, 603；与社会改革 317；与联邦同盟会 303；作为～的辉格党人 298。同见：具体州名或人名

Scandal 丑闻。见：Corruption

Schenck, David 戴维·申克 548

Schenck, Robert C. 罗伯特·C. 申克 565-566

Schofield, John M. 约翰·M. 斯科菲尔德 90, 307-308, 331, 412-413

Schurz, Carl 卡尔·舒尔茨：～被禁止担任选举公职 501；与黑人社区 507；与黑人/民权 47, 122, 507；与多米尼加共和国条约 495, 496, 497；与1868、1872 年选举 502, 503, 567；与奴隶解放 5；与联邦制 456, 498, 499；与自由劳动意识形态 132, 235；与约翰逊的重建政策 179；与三K党 456, 507；与种族反帝国主义 496-497；与共和党 421, 488, 500, 502, 503, 510；作为内务部长的～ 581-582；与社会革命 411

Schuylkill County, Pennsylvania 斯库尔基尔县（宾夕法尼亚州）31

Scott, John 约翰·斯科特 466-467

Scott, Robert K. 罗伯特·K. 斯科特 155, 204, 347, 386, 388, 414-415, 439, 542, 605

Scott, Thomas A. 托马斯·A. 斯科特 20, 387, 462, 578, 580, 584

Sea Islands, Georgia 海岛地区（佐治亚州）70-71, 108

Sea Islands, South Carolina 海岛地区（南卡罗来纳州）51-54, 76, 97, 108, 141, 163

Secessionism 退出联邦 5, 6, 13。同见：Readmission issue；具体州名

Segregation 种族隔离。见：Racism/segregation；具体州名

Selma, Alabama 塞尔玛（亚拉巴马州）281, 395, 401, 420

Senter, DeWitt 德威特·森特 413-414, 440

Separate but equal [Fourteenth Amendment] 隔离但平等（第十四条宪法修正案）471, 504-505, 534

Separation 种族分离。见：Racism/segregation

Settle, Thomas A. 托马斯·A. 塞特尔 299, 569, 575

Seward, William Henry 威廉·亨利·苏厄德 66, 182, 191, 217, 219-220, 225, 247, 250, 264, 340, 495

Seymour, Horatio 霍雷肖·西摩尔 339-343, 491

Shadd, Israel D. 伊斯雷尔·D. 沙德 59, 354-355n15

Shanks, John P. 约翰·P. 尚克斯 483

Sharecropping 分成制 86, 106-108, 142, 173-174, 289, 394, 402, 404-406, 408-409, 537, 595。同见：Contract system

Sharkey, William L. 威廉·L. 沙基, 180, 187, 188, 190, 209

Shaw, Edward 爱德华·肖 367, 545, 607

Shelby Iron Company [Alabama] 谢尔比钢铁公司 [亚拉巴马州] 391

Shenandoah Valley, Virginia 谢南多厄山谷（弗吉尼亚州）124

Sheridan, Philip H. 菲利普·H. 谢里登 263, 307, 309, 318, 334, 554-555, 586

Sheriffs 警长 356, 595

Sherman, Isaac 艾萨克·谢尔曼 488, 492

Sherman, John 约翰·谢尔曼：与黑人/民权 222, 239, 251；与货币问题 521-522；与重建的失败 609；与劳工运动 481；与政治任命 501；与总统重建 177；与重新接纳南部各州问题 274-275, 276, 453；作为共和党温和派的～ 222, 241, 453；与选举权 274-275, 276, 278；与暴力 454

Sherman, William T. 威廉·T. 谢尔曼 3, 69, 70-71, 104-105, 116, 143, 158-159, 163, 171, 245, 579

Shields, Wilmer 威尔默·希尔兹 140, 172

Shorter, George 乔治·肖特 285

Shotwell, Randolph 兰道夫·肖特韦尔 433, 457

Shreveport, Louisiana 什里夫波特（路易斯安那州）119

Sickles, Daniel E. 丹尼尔·E. 西克尔斯 209, 330, 575

Simkins, Francis B. 弗朗西斯·B. 辛金斯 610

Simms, James 詹姆斯·西姆斯 292, 371

Simms, William Gilmore 威廉·吉尔莫·西姆斯 129

Singleton, Benjamin 本杰明·辛格尔顿 600

Skiddaway Island, Georgia 斯基达韦岛（佐治亚州）71

Slaughterhouse Cases 屠宰场案 529-530, 531, 533, 534

Slavery 奴隶制：与黑人政治 293；～作为内战的原因 4-5；～的解体与毁灭 3-34, 77, 293；美国～的历史 2；南部～的重要性 12-13, 14；与三K党 436；与家长统治制 364；联邦军队对～的影响 5, 9；与自耕农 12。同见：Emancipation/Emancipation Proclamation；具体州名

Slocum, Henry W. 亨利·W. 斯洛克姆 190

Smalls, Robert 罗伯特·斯莫尔斯 28, 62, 72, 357, 526, 538n48, 573, 607

Smith, Charles S. 查尔斯·S. 史密斯 545

Smith, Emanuel 伊曼纽尔·史密斯 98-99

Smith, Gerrit 格里特·史密斯 527

Smith, James M. 詹姆斯·M. 史密斯 424

Smith, James W., 詹姆斯·W. 史密斯 531, 545

Smith, Matthew 马修·史密斯 477

Smith, William H. 威廉·H. 史密斯 300, 331, 342, 349, 439, 441

Smith, William H. [Ohio] 威廉·H. 史密斯[俄亥俄州] 578, 579, 580

Social reform 社会改革。见：Reform

Social welfare 社会福利。见：Public responsibility；具体州名

Socialism 社会主义 514, 520

Soule, Charles 查尔斯·索尔 158

South 南部。见：具体州名或主题

South Carolina 南卡罗来纳州：～的农业 51, 107-108, 301, 392-393, 400, 401, 403, 404, 536, 548；～的黑人法典 199-200, 209, 244, 284；～的黑人社区 72, 91, 294, 349n6, 359, 361, 397-398, 526, 542-544, 546-547, 570-575；在～的提包客/南方佬 72, 296, 329n89,

349n6, 543, 547；～的民权 115-116, 149, 205, 320, 370-371, 570-571；内战对～的影响 124；～的阶级冲突 102；～的腐败 375, 386, 387-388, 389, 390, 526, 542-543, 554；～的债务/信贷体制 194, 212, 327, 374, 383, 406, 543, 589；～的民主党 347, 414-415, 543-544, 570-575, 576, 577；～的经济 125, 141, 211, 381-382, 383, 390, 391, 395, 536；～的教育 97, 98, 101-102, 319-320, 322, 366, 367, 368, 526, 572；～的选举 196, 332, 342, 343, 414-415, 431, 570-576, 576n22, 577；～的奴隶解放 1-2, 71-72；～的黑人海外殖民运动 288-289, 431, 599；联邦政府在～的干预 582；自由民局在～ 143, 158；～的地方自治 582；～的三K党 342, 343, 427-431, 433, 435, 439, 457-458；～的劳工大会 377-378, 390；～的劳工政策 154, 158, 328, 373, 377-378, 543, 573, 594；～的土地政策 71, 104, 116, 158-164, 329, 375, 389, 390, 404, 546-547, 589；～的法律体制 115-116, 149, 202, 205, 457-458, 571, 594；～的地方政府 355, 357, 358；～的军管法 457-458；～的民兵 439, 543, 571, 573；～的报纸 350；与北部共和党人 544；～的公职官员 331, 352, 354, 354-355n15, 355, 357, 358, 526, 538, 543, 544, 547；～的父权主义 571；～的恩惠制 188, 347, 439；～的种植园/种植园制 51, 71-72, 141, 399, 400, 401, 403, 536, 573；～的政治/政治结构 101-102, 194, 331, 546-547；～的公共责任 364, 365；～的铁路 211, 213, 326, 380, 381-382, 390, 542-543；《重建法》在～ 281；～的救赎 571, 572, 589, 594, 599；～的改革 542-544；共和党在～ 305-306, 332, 349n6, 351, 442, 538, 539, 542-544, 547, 575-576；～的州政府 539, 542-544；～的罢工 281, 343, 573；～的选举权 114, 324, 574；～的税收 200, 381-382, 383, 415, 416, 417；联邦军队在～ 71-72；联邦同盟会在～ 283-284, 285, 344, 417；～的亲联邦派 430；～的暴力 71-72, 121, 122, 154, 281, 342-343, 427-431, 433, 435, 439, 548, 570-572；～的自耕农 301。

同见：Rice; South Carolina, black politics in; South Carolina, racism/segregation in; South Carolina, state constitution in; 具体人名

South Carolina, black politics in 南卡罗来纳州的黑人政治：与黑人领导力 112, 113, 118, 318, 319；与黑人公职官员 318n70, 331, 351, 352, 354, 354-355n15, 355, 357, 358, 538；与黑人选举权 114；与张伯伦州政府 542-544, 547；与民权 113, 114, 115-116, 370-371；与州制宪大会 112；与经济关怀 116；与劳工问题 377-378；与土地政策 116；与地方政府 76, 538, 542-544；～的起源 110, 112-116, 118；与改革 542-544；与共和党 351-352；与全州大会 112-116, 118；与联邦同盟会 283

South Carolina, racism/segregation in 南卡罗来纳州的种族主义/种族隔离：与民权 113；与民主党 417；与教育 101-102,

113, 322, 367, 368；与 1876 年 选 举 570-575；与政治 322, 331, 417；与公用设施 / 公共交通 282, 321, 370-371；与宗教 91；与共和党 322, 331；与社会 / 体育活动 371；与州民兵 439

South Carolina, state constitution in 南卡罗来纳州的州宪法：与黑人政治 112, 113, 114, 115-116, 318, 318n70, 319, 324；与民权 113, 114, 115-116, 320；与 1868 年州制宪大会 112, 316, 318-320, 318n70, 326-329, 329n89；与债务减免 327；与直接选举 194-195；与教育 113, 319-320, 321-322；与工业发展 326；与劳工 316, 328；与土地政策 116, 316, 327, 329, 329n89；与选举权 114, 194-195, 329, 329n89

South Dakota 南达科他州 463

Southern Democrats 南部民主党人：与不满的共和党人 412-415；与选举危机 577, 580-581；与加菲尔德 582；～对朗斯特利特的憎恨 298n33；与劳工体制 424；～的合法性危机 412-425；与新起点 416-417；与恩惠制 528；与铁路 580；与救赎 424；与选举权 412-413, 416。同见：Democratic party；具体州名

Southern Homestead Act [1866]《宅地法》[1866] 87, 246, 404, 568

Southern Loyalists Convention 南部忠诚派大会 270

Southern Republican Association 南部共和党协会 271

Southern Republicans 南部共和党人：与农业 394；与黑人社区 346, 350-364；与黑人政治 537-542；与商业社区 449；与提包客 / 南方佬 306, 349-350, 603；与民权 365, 368-372, 534；与文官改革 498；与州制宪大会 320-321；与腐败 603；与货币问题 498；与债务 373-374；与南部政治的民主化 322-323；与经济萧条 / 经济政策 304-307, 365, 372-379, 535-553, 539, 541；与多米尼加共和国条约 495；与教育 364-368, 452, 534；与选举 332, 506, 569；与实施法 457, 458；～的派别 291-307, 320-321, 347-364, 603；与联邦权 / 州权 444, 459；～的财政 / 工作的安全保障 349-350；与人身保护令 456；与劳工体制 365, 372-379；与土地政策 374-377；与法律体制 362-363, 457；与合法性问题 346-379, 603；在联邦政治中的～ 449-451；与对白人支持的需要 346-364, 603；与恩惠制 347-348, 348-349, 498；～的政纲 303-304, 347；与公共责任 364-379；与种族主义 / 种族隔离 365, 368-372；与激进重建 291-307；与铁路 / 工业 379-392；与共和党 310-311, 449-450, 524, 569；与社会改革 362-364；与州政府 364-379, 539, 541；与州代表大会 304-307；与选举权 347；与萨姆纳 498；与关税问题 498；与税收 375, 394；～的衰落 537-553；与前辉格党人 577。同见：Carpetbaggers；Radical Republicans；Republican party；Scalawags；具体人名、州名或主题

Spartanburg, South Carolina 斯帕坦堡（南卡罗来纳州）380, 431

Speed, James 詹姆斯·斯皮德 182

Spencer, Cornelia Phillips 科妮莉亚·菲利

索引

普斯·斯宾塞 194
Spencer, George 乔治·斯宾塞 295, 349, 439, 441
Spoils of office 官职分肥制。见：Patronage
Sports activities 比赛活动 371
Sprague, William 威廉·斯普拉格 220
Squad labor 结队劳动 173, 404
Stalwarts 中坚派 484-485, 488, 496, 510, 553-554, 578
Stanford, Leland 利兰·斯坦福 179, 234
Stanton, Edwin M. 埃德温·M. 斯坦顿 69, 74-75, 155, 181, 182, 217, 260, 263, 333-336
Stanton, Elizabeth Cady 伊丽莎白·卡迪·斯坦顿 255, 256, 313, 447, 448, 472-473, 565
State constitutions 州宪法：与经济萧条 519；与联邦权/州权 453；与政府理论 519；~的批准 332-333；在西部的~ 465。同见：Constitutional conventions；具体州名
State debts 州债务 541, 588。同见：具体州名
State government 州政府：~提供的资助 379-392；与黑人社区 364, 372, 541-542；与黑人政治 350-355；~的黑人代表权 9, 362, 538, 591；与腐败 511；~的创建 149, 276-277；对南部的~批评 364, 497；与民主党 548；与经济萧条 519, 539, 541；在 19 世纪 70 年代的~ 519；与实施法 459；~角色的扩展 469；联邦对~的支持 377；与三K党 438-442, 443-444；与劳工 401, 481；与法律的实施 149；与合法性问题 346-379, 443-444；林肯对~的观点 62；在北部的~ 469；与种植园制 364, 418；与政治重建 346-364；与总统重建 149；与公共责任 364-379, 469；与种族主义/种族隔离 372；与《重建法》[1867]/重建法案 271-280；与救赎 588, 590；与共和党 364-379, 497, 511, 539, 541；萨姆纳关于~的提议 308；与税收 548；与暴力 443-444；在西部的~ 465-466。同见：State government Readmission issue；State constitutions；具体州名
State militia, raising of 组建州民兵 190, 385-386。同见：具体州名
States rights 州权。见：Federalism/states rights
Stay laws 暂缓法 212, 326, 327, 374, 542
Stearns, George L. 乔治·L. 斯特恩斯 180, 181
Steedman, James 詹姆斯·斯蒂德曼 169, 293
Stephens, Alexander H. 亚历山大·H. 斯蒂芬斯 14, 185, 190, 192, 196, 246-247, 400, 533
Stephens, John W. 约翰·W. 斯蒂芬斯 427, 440
Stephens, Linton 林顿·斯蒂芬斯 173
Stevens, Thaddeus 撒迪厄斯·斯蒂文斯：与黑人权利/选举权 230, 231；黑人州大会对~的赞扬 118；~关于国会代表权的提议 252；与货币问题 311；~的去世 344；与剥夺前邦联分子选举权 254, 273；~的经济计划 233, 234；~的极端主义 315；与联邦权/州权 232；与第十四条宪法修正案 253, 254-255；与约翰逊的

弹劾／与约翰逊的关系 249, 335；与劳工 236, 481；～的土地政策 222, 235-236, 237, 245-246, 308-309, 310；～的领导力 228, 229, 310；与道德改革 230；北部人对～的优先选择 271；～的政治生涯 229；与对邦联分子叛国罪的惩罚 230n4；与重新接纳南部各州问题 179, 273, 274；与南部的改革 236, 241, 330

Stevenson, Job 乔布·史蒂文森 455

Steward, Ira 艾拉·斯图尔德 478

Stewart, Alexander T. 亚历山大·T. 斯图尔特 445, 477

Stewart, William M. 威廉·M. 斯图尔特 245, 253, 453, 467

Stockton, John P. 约翰·P. 斯托克顿 250

Stokes, William B. 威廉·B. 斯托克斯 275, 414

Stone, James M. 詹姆斯·M. 斯通 482

Stoop, Randolph 伦道夫·斯托普 154

Stowe, Harriet Beecher 哈丽雅特·比彻·斯托 138

Strikes 罢工。见：具体州名或城市名

Strong, George Templeton 乔治·邓普顿·斯特朗 34, 222, 391

Subsistence farming 自给自足耕种 11, 12, 14, 15, 51, 108-109, 404, 549, 597

Suffrage 选举权：与黑人选民的参与 291, 314；与民主党 416；与经济萧条 518-519；与奴隶解放 75；与实施法 454；与法律平等 447；与铁定誓言 61；与劳工运动 518-519；与识字能力 447-449；与财产资格 446-449, 470, 519；与改革 519；与共和党人 347, 492-493, 497；与税收 206n59；与十分之一计划 35-37, 60-61；在联邦领土的～ 272；与韦德-戴维斯法案 62；妇女的～ 25, 252, 255, 313, 315, 446-449, 472-474, 520-521, 567。同见：Black suffrage; Fifteenth Amendment; Fourteenth Amendment; Taxes；具体州名

Sugar 甘蔗 45-46, 55, 56, 170-171, 173, 399, 402, 535, 536, 537, 595

Sumner, Charles 查尔斯·萨姆纳：与伯德俱乐部 500；黑人州大会对～的赞扬 118；与黑人选举权 49n27, 178, 230, 275；与民权／黑人权利 230, 237, 240, 452-453, 504-505；～对布莱尔家族影响的评论 219；与货币问题 311；～的去世 524-525；与多米尼加共和国条约 495, 496, 497；～的经济计划 233, 234；与 1872 年选举 506-507；与法律平等 230, 237；～的极端主义 239；与联邦权／州权 232, 242；与第十四条宪法修正案 253；与自由民局 69；格兰特与～的关系 496；约翰逊与～的关系 178, 249；与劳工运动 481；～的土地政策 236, 308；～的领导力 228, 229-230, 310, 506；林肯与～的关系 61；与南部的军事统治 274；与总统重建 181, 221；与对邦联叛国罪的惩罚 230n4；与重新接纳南部各州问题 232；～的重建观 241；～被解除委员会主席职务 498；与共和主义 232-233；与南部共和党人 498；与州政府 308；与选举权 256；特朗布尔对～的攻击 453；与妇女运动 256, 473。同见：Civil Rights Bill [Sumner, 1870s]

Sumter, South Carolina 萨姆特（南卡罗来纳州）395

索引

Sumter County, Alabama 萨姆特县（亚拉巴马州）426, 552
Sunset laws "日落"法, 372-373, 593
Sunshine and Shadow in New York [Matthew Smith]《纽约的阳光和阴影》[马修·史密斯著] 477
Supreme Court 最高法院 28, 272, 336, 467, 475, 529, 556, 569, 579-580, 587。同见：具体人名或法案
Swain, David L. 戴维·L. 斯温 123
Swayne, Wager 韦杰·斯韦恩 149, 167, 606n4
Swayze, J. Clarke J. 克拉克·斯韦兹 348
Sweat, Isham 伊尔舍姆·斯威特 114
Sweeney, Peter B. 彼得·B. 斯威尼 445, 506
Swepson, George W. 乔治·W. 斯韦普森 387, 390, 391
Sylvis, William 威廉·西尔维斯 480

T

Talladega, Alabama 塔拉德加（亚拉巴马州）589
Tallahassee, Florida 塔拉哈西（佛罗里达州）362
Taney, Roger B. 罗杰·B. 坦尼 230, 417, 438
Tariff issues 关税问题 487, 489, 498, 503, 557
Task system of labor 包干劳动制 51, 174-175
Taxes 税收：从价～375；～的农业 588-589；与黑人社区 375-376, 601；与阶级冲突 206, 327-328, 589；与腐败 415；棉花的～451；与民主党 415-416, 548；与教育 328；与工业发展 21, 22, 382；与土地政策 51, 327-328, 375-376, 463-464, 542, 548, 588；北部的～21, 22, 469, 498；与种植园制 364, 375-376；人头～205-207, 206n59, 319, 327, 328, 366, 375, 422, 423, 446-449, 588, 590-591, 592；与总统重建 205-207, 375, 381；财产～205-207, 328, 366, 375, 383, 498, 541, 588；与救赎 588-589, 597, 601；与共和党 375, 394, 415-416；在南部内陆地区的～15；与州政府 548；与选举权 206n59；与纳税人大会 415-416, 417, 498, 543；与土地租赁 394；与自耕农 12-13, 364, 588
Taxpayers' Conventions 纳税人大会 415-416, 417, 498, 543
Taylor, William 威廉·泰勒 516
Taylor, Zachary 扎卡里·泰勒 333
Teachers 教师 99-100, 144-145, 287, 366-367, 428
Teamoh, George 乔治·蒂默 423
Telegraph industry 电报业 20
Temperance movement 禁酒运动 520, 523
Ten Percent Plan [Proclamation of Amnesty and Reconstruction, 1863] 十分之一计划 [1863年大赦与重建公告] 35-37, 60-61
Tenancy 租赁制 11, 17, 394, 394n90, 404, 515-516, 542, 549, 588, 589, 594, 596, 597
Tennessee 田纳西州：～的黑人社区 90, 95, 96, 294, 545；～的黑人代表权 356, 357, 358-359；的民权 550；内战对～的

影响 16, 125;～的民主党 413-414, 421, 442, 500;～的经济 12, 125, 391;～的教育 96, 421-422, 424, 534;～的选举 196, 342, 343, 413-414, 508, 545, 550;奴隶解放/奴隶制在～ 1, 2, 7, 43-45;联邦制/州权在～ 453;与第十四条宪法修正案 261;自由民局在～ 151, 157, 262;～的地理 12;约翰逊承认～ 182;～的三K党 342, 343, 426-427, 430, 439-440;～的劳工政策 155, 157, 423;～的土地政策 158;～的法律体制 421, 593;～的地方政府 356, 357, 358-359;忠诚宣誓在～ 43, 44;～的军管法/军事统治 43-45, 439-440, 453;～的种植园/种植园制 12, 180-181;～的政治 112, 117, 118, 209, 262, 534, 545;～的公共责任 364-365;～的种族主义/种族隔离 45, 261-262, 421-422, 424, 534, 550, 593;～的铁路 301, 423, 578;与《重建法》[1867] 276;～的救赎 421-422, 423, 424, 593;共和党在～ 18, 43-44, 300, 413-414, 421, 442, 500, 508, 539;～的骚乱 261-262;～的南方佬 297;～的退出联邦活动 13;～的州宪法 44, 413-414, 421-422;～的州政府 539;～的选举权 45, 186, 259, 262, 270, 271, 413-414, 422;～的税收 422, 423;十分之一计划在～ 44;联邦军队在～ 3;联邦同盟会在～ 284;～的亲联邦派 13, 16, 17, 43-45, 185, 196, 270, 271, 550;～的暴力 16, 342, 343, 426-427, 430, 439-440;战时重建在～ 43-45, 73;前辉格党人在～ 43。同见:具体人名

Tenure of Office Act《官员任期法》333-336
Territories 联邦领土 272。同见:具体领土名
Terry, Alfred H. 阿尔弗雷德·H. 特里 155, 209
Texas 得克萨斯州:～的农业 12, 135, 392-393;联邦军队在～ 457;～的黑人法典 200-201;～的黑人社区 294, 590;黑人政治在～ 117, 282, 318n70, 370;提包客/南方佬在～ 297, 349n6;～的水牛产业 391, 401;～的民权 370, 371;内战对～的影响 124;～的腐败 388;～的债务 327;～的民主党 414, 549;～的教育 207, 319-320, 366, 367, 589;～的选举 414, 508, 549;在～的与印第安人的战争 308n52, 457;～的三K党 440;～的劳工政策 205, 328;～的土地政策 106, 329;～的法律体制 204-205;～的地方政府 538;在～的军事统治 307-308;～的公职官员 352, 354, 354-355n15, 538;～的恩惠制 188;～的种植园主 399-400;～的种族主义/种族隔离 207, 367, 370, 371;～的铁路 211, 382, 390;～的救赎 549, 589, 590;共和党在～ 300, 307, 414, 539, 549;～的州宪法 317-320, 318n70, 324, 327-329, 414, 452;～的州政府 539;～的选举权 324, 414, 590;～的税收 589;联邦同盟会在～ 285;～的亲联邦派 269;～的暴力 119, 440。同见:具体人名

Texas & Pacific Railroad 得克萨斯和太平洋铁路 553-554, 556, 578, 580, 582
Thayer, M. Russell M. 罗素·泰耶 273-274
Thirteenth Amendment 第十三条宪法修

正　案 37，66-67，199，239，243，244，244n29，276

Thomas, Ella Clanton 埃拉·克兰顿·托马斯 294

Thomas, Lorenzo 洛伦佐·托马斯 8，57，335

Thomas, Samuel 塞缪尔·托马斯 149-150，161，167

Thompson, Holland 霍兰·汤普森 88，93，112

Throckmorton, James W. 詹姆斯·W. 思罗克莫顿 211，307

Thurman, Allan G. 艾伦·G. 瑟曼 313

Tilden, Samuel J. 塞缪尔·J. 蒂尔登 339，523，568，575-587

Tilghman, Tench 坦奇·蒂尔曼 129

Tillson, Davis 戴维斯·蒂尔森 149，157，165，605

Tobacco 烟叶 39，403，535

Toer, J. W. J. W. 托尔 282

Tompkins Square riot [New York City] 汤普金斯广场骚乱 [纽约市] 514

Toombs, Robert 罗伯特·图姆斯 131，590-591

Toomer, Jean 琼·图默 608

Tougaloo College 图加卢学院 145

Tourgée, Albion W. 阿尔比恩·W. 图尔吉 316，364，430-431，436，606

Tourne, Pascal M. 帕斯卡·M. 图纳 308

Towne, Laura M. 劳拉·M. 汤 52，154

Trade associations 贸易协会 513，518

Tragic Era, The [Bowers]《悲剧时代》[鲍尔斯著], 609-610

Train, George Francis 乔治·弗朗西斯·特雷恩 313

Tramps 流浪汉 519。同见: Vagrancy

Trans-Mississippi West 密西西比河西部 462，463

Transportation 交通 368-372，462。同见: Industrial development; Public accommodations; Railroads

Tredegar Iron Works [Richmond, Virginia] 特雷德加钢铁厂 [弗吉尼亚州里士满] 213，391，535

Trenholm, George A. 乔治·A. 特伦霍姆 202

Trescot, William H. 威廉·H. 特雷斯科特 128，134，161，163，198，248-249，254，261，290，293，434

Trinidad 特立尼达 134

Trobriand, Phillippe de 菲利普·德·特罗布里安德 554

Trowbridge, J. T. J. T. 特罗布里奇 171

Trumbull, Lyman 莱曼·特朗布尔: 与黑人社区 507; 与黑人/民权 243-247，250，507; 与民主党 510; 与多米尼加共和国条约 495; 与 1872 年和 1876 年选举 501，502，510; 与联邦权/州权 272，453，454，456; 与自由民局 243-247; 与约翰逊的弹劾/与约翰逊的关系 243，336，336-337n103; 与三K党 456，507; 与土地政策 245; ～的领导力 243-247，336; 与自由派共和党人 500，501，502，510; ～被洛根所遮掩 585; 作为温和派的～ 226，241，243-247，272，336; 与恩惠制 266; 与总统重建 226; 与铁路 466; 与选举权 245，272; 与《官员任期法》336

Turner, Benjamin S. 本杰明·S. 特纳 100，

352n12, 451

Turner, Henry M. 亨利·M. 特纳 78, 100–101, 261, 319, 599, 607

Turner, Josiah 约西亚·特纳 432–433

Turner, William V. 威廉·V. 特纳 112

Tuskegee, Alabama 塔斯基吉（亚拉巴马州）428

Twain, Mark 马克·吐温 468

Tweed, William M. 威廉·M. 特威德 490–491

Tweed Ring 特威德帮 xxii, 490–491, 493, 568

Twelfth Amendment 第十二条宪法修正案 576

$20,000 clause 2 万美元条款 183–184, 191, 219, 327

Twitchell, Marshall H. 马歇尔·H. 特威奇尔 356–357, 376, 551, 604

Tyler, John 约翰·泰勒 184

U

U. S. v. Cruikshank 美国诉克鲁克香克案 530, 569

Uncle Tom's Cabin [Stowe]《汤姆叔叔的小屋》[斯托著] 52

Unification Movement [Louisiana] 联合行动 [路易斯安那州] 547, 550–551

Union Army 联邦军队：与废奴主义 9；作为一支解放军队的～ 10；黑人对～挺进的反应 4, 5, 69, 71–72；～中的黑人 5, 37, 48, 56, 80, 87, 225；～对土地的没收 51；～的解散 148；与奴隶解放 7；登记加入～ 19；与自由民局 143；～的劳工体制/意识形态 54–58, 60, 65, 153–155；与南部的占领 3–4；与种植园制 55–58, 153–155；种植园主与～的贸易 14；～的种族主义/种族隔离 8, 48；与奴隶制 5–6, 9；白人对～的态度 154。同见：Civil War；具体人名或州名

Union County, South Carolina 尤宁县（南卡罗来纳州）430, 442

Union League Club [New York City] 联邦同盟会俱乐部 [纽约市] 32, 33, 606n4

Union Leagues 联邦同盟会 110, 283–285, 287, 288, 290, 301, 303, 344, 404, 434

Union party 联邦党。见：Republican party

Union Reform party 联邦改革党 414–415

Unionism 联邦派（亲联邦主义）：与民权 186–187, 269–271；与内战 4–5, 17；与州制宪大会 193–195；～的界定 62；与民主党 216–218；与第十四条宪法修正案 269–271；与三K党 427, 430, 435；林肯对～的和解态度 6；北部对南部～的看法 185–186, 225–226；～对约翰逊的反对 269, 270, 271；与总统重建 225–226；与《重建法》[1867] 275–276, 277；与共和党 17, 44, 343, 394, 442；在南部内陆地区的～ 15–18；南部人对～的界定 185–186；与选举权 43, 186–187, 269–271, 275–276；～的支持者 394；与战时重建 37；与前辉格党人 186, 187。同见：Readmission issue；具体人名或州名

United Brethren 联合兄弟会 344

United States Military Academy 美国军事学院（西点军校）531, 545

United States Sanitary Commission 美国卫生委员会 25

University of Arkansas 阿肯色大学 368

University of South Carolina 南卡罗来纳大学 368

Upcountry, Southern 南部内陆地区 11, 15-18。同见：具体州名

Urbanism 城市生活 396-398, 598

Usher, John P. 约翰·P. 厄舍 182

Usury laws 高利贷法 381

Utah 犹他州 473, 565-566

V

Vagrancy 流浪 55, 62, 200-201, 206, 208, 209, 363, 372, 519, 593

Vallandigham, Clement 克莱门特·瓦兰迪加姆 264, 506

Van Winkle, Peter 彼得·范温克尔 336-337n103

Vance, Zebulon 泽布隆·万斯 444, 569, 575

Vanderbilt, Cornelius 科尼利厄斯·范德比尔特 387, 468, 520

Vexation plantation [Texas] "烦恼"种植园 [得克萨斯州] 135

Vicksburg, Mississippi 维克斯堡（密西西比州）57, 151, 211, 362, 366, 558, 560

Viney, William N. 威廉·N. 瓦伊尼 286

Violence 暴力活动：与黑人社区 590；与黑人政治 442-443；与民权法案 245；与腐败 499；与民主党 425-444, 548；与教育 428；与选举 342-343, 509, 603；与实施法 454-459；日常生活中的～119-123；与重建的失败 604；与自由民局 148；～的影响 442-444；与重建的解释 119n73；与劳工运动 514-515, 517；与法律体制 530-531, 593-594；与合法性问题 443-444；与"正常政治" 443；北部对南部～的反应 225, 226；与激进重建 425；与救赎 590；与共和党 454-456, 499；与州政府 443-444；与联邦同盟会 344。同见：Ku Klux Klan; Legal system; Riots/strikes；具体州名

Virginia 弗吉尼亚州：～的黑人法典 200；～的黑人社区 54n39, 88-90, 95, 294, 318-319, 592；民权/黑人权利在～592；～的腐败 384；～的债务 327, 423；～的民主党 413, 421, 422, 442, 500；～的教育 39, 97, 322, 422, 527, 592；～的选举 196, 412-413, 508；奴隶解放/奴隶制在～1, 4, 5, 12, 73；法律平等在～115, 150, 155, 204；与第十四条宪法修正案 269；自由民在～151, 169；～的地理 12；～的工业 213, 325, 391, 395；约翰逊承认～182；～的劳工政策 54n39, 58, 154, 328；～的土地政策 54n39, 58, 105, 106, 116, 159, 162, 423；～的法律体制 115, 150, 155, 202, 204, 423, 594；林肯对～的行动 74；～的地方政府 538；军事统治在～307-308, 412-413；北部人在～54n39；～的公职官员 331, 352, 354-355n15, 355, 538；～的家长制共和主义 187；～的政治 76, 111, 112, 116, 282, 318n70, 331, 592；～的种族主义/种族隔离 281-282, 321, 322, 331, 421, 527, 533-534, 549；～的铁路 413；～的税收调节者运动 592, 604；重新被接纳进入联邦 449, 453；～的救赎 422, 423, 539, 592, 594；～的救济 207；共和党在～304-305, 413, 421, 442, 500, 508,

539，549；～的骚乱 15，281；～的退出联邦运动 13；～的州政府 539；～的罢工 107，281；～的选举权 39，324，331，412-413，422；～的税收 39，327-328，422，592；联邦军队在～ 3，4，54n39，73；～的亲联邦派 196，269；流浪罪在～ 209；～的暴力 527；战时重建在～ 73，74-75；前辉格党人在～ 187，305。同见：Virginia, state constitution in；具体人名

Virginia, state constitution in 弗吉尼亚州州宪法：黑人对～的兴趣 316，328；与 1864 年州制宪大会 39；1868 年的～ 316，318，318n70，322，324，325，327-328，412-413；与教育 39，322，331，452；与奴隶解放 39；与工业发展 325；与土地政策 327-328，423；～的批准 331，412-413，452；与选举权 39，324，413，452；与税收 39，327-328

Voting 投票选举。 见：Black suffrage；Elections；Suffrage；具体州名

W

Waco, Texas 韦科（得克萨斯州）282
Waddell, Alfred 阿尔弗雷德·瓦德尔 192
Waddill, Edward 爱德华·瓦迪尔 358
Wade, Benjamin F. 本杰明·F. 韦德：与黑人/民权 237，240；与 1867、1868 年选举 315，338n105；与约翰逊的弹劾审判 335，336，337；约翰逊与～的关系 177；与土地/财产问题 309；作为游说者 467；作为可能的总统接任者 335，336，337；与要求以叛国罪惩罚邦联分子 230n4；作为激进共和党人 61，177，228，237；与重新接纳南部各州问题 240；与选举权 61-62，240；与韦德-戴维斯法案 61-62

Wade-Davis bill [1864] 韦德-戴维斯法案 [1864] 61-62

Wage system 工资体制 53, 57, 85-87, 106-107, 171-173, 401, 402, 475, 478, 513-516, 537, 549

Walker, David S. 戴维·S. 沃克 382, 387

Walker, Francis Amasa 弗朗西斯·阿马萨·沃克 488

Walker, Gilbert C. 吉尔伯特·C. 沃克 413

Wall Street 华尔街 22, 461, 541, 568。同见：Business community

Wallace, George 乔治·华莱士 612

Walls, Josiah T. 约西亚·T. 沃尔斯 215-216, 352n12, 360, 538n48, 569

Wardlaw, David L. 戴维·L. 沃德劳 209, 264

Warmoth, Henry C. 亨利·C. 沃莫思 111, 295, 331-332, 347, 349, 354, 364, 381, 385, 386, 388, 439, 506, 605

Warner, Willard 威拉德·华纳 453, 506

Warren, Henry 亨利·沃伦 137, 296, 606

Warren County, Mississippi 沃伦县（密西西比州）206

Wartime Reconstruction 战时重建：与黑人选举权 36；国会在制定～政策的角色 61；～的难局 35-50；与自由劳动意识形态 50；～的影响 73-76；与大赦与重建公告 [1863] 35-37；与南部内部的内战 17-18；与联邦派 37；不同的～方法 73-74

Washburn, Cadwallader C. 卡德瓦拉德·C. 沃什伯恩 466, 516

Washburne, Elihu B. 伊莱休·B. 沃什伯恩 179, 324

索　引　**1131**

Washington, Booker T. 布克·T. 华盛顿 147, 546

Washington, D. C. 华盛顿（哥伦比亚特区）6, 240, 272, 355, 365, 397-398

Watson, Henry, Jr. 小亨利·沃森 130, 135, 141

Watterson, Harvey M. 哈维·M. 沃特森 189-190, 227, 502

Watterson, Henry 亨利·沃特森 581

Waving the bloody shirt 挥舞血衣 487, 487-488n46, 497, 509, 557, 569

Wayne, Anthony [freedman] 安东尼·韦恩 [自由民] 467

Weather Bureau 气象局 451

Weed, Thurlow 瑟洛·威德 219, 222, 264

Weitzel, Godfrey 戈弗雷·韦策尔 154

Welles, Gideon 吉迪恩·威尔斯 74, 177, 182, 188, 217-218, 226, 248, 250, 264, 266

Wells, David A. 戴维·A. 威尔斯 21, 488, 489, 494

Wells, G. Wiley G. 威利·威尔斯 457

Wells, Henry H. 亨利·H. 威尔斯 413

Wells, James Madison 詹姆斯·麦迪逊·威尔斯 182-183, 197, 262-263, 269, 307

West 西部 22-23, 515-516, 522, 523, 575；～铁路 462-466, 474。同见：具体人名、州名和主题

West Point Military Academy 西点军校 531, 545

West Virginia 西弗吉尼亚州：～加入联邦 38, 73；黑人权利在～ 38-39；～的创建 13, 38-39；～的民主党 416-417, 421, 442；～的教育 38；～的选举 39, 508；奴隶解放／奴隶制在～ 38-39；与第十五条宪法修正案 416-417；～的土地政策 423；与1872年律师大会 423；忠诚宣誓在～ 39；～的种族主义／种族隔离 39, 416-417, 421；～的救赎 421, 423；共和党在～ 39, 300, 421, 442, 508；～的州宪法 38-39；～的选举权 39, 416-417；十分之一计划在～ 38-39；联邦军队在～ 13；～的亲联邦派 38-39, 185；战时重建在～ 37, 38-39；前辉格党人在～ 38

Western Union 西部联盟电报公司 20

Wheeler, William A. 威廉·A. 惠勒 555, 567

Wheeler Compromise 惠勒妥协 555

Whiggery 前辉格党人：与黑人选举权 187；与州制宪大会 193-195；与民主党 186；与1865年选举 196-197；与奴隶解放 36；约翰逊与～的关系 219-220；与政治结构 330；与总统重建 193-195；与共和党 186, 500, 506, 577, 582；与南方佬 298；与联邦派 186, 187。同见：具体人名或州名

Whipper, William J. 威廉·J. 惠珀 327, 360-361, 378, 507, 544

Whiskey Rings 威士忌帮 xx, 486, 566

White, Horace 霍勒斯·怀特 267, 338, 488, 509, 518

White, James T. 詹姆斯·T. 怀特 321, 353

White Brotherhood 白人兄弟会 425

White League 白人联盟 550-551, 554, 558

White supremacy 白人至上主义。见：种族主义／种族隔离与民主党

Whitman, Walt 沃尔特·惠特曼 462

Wilhite, J. M. J. M. 威尔希特 302

Wilkes, North Carolina 威尔克斯（北卡罗来纳州）300

Wilkinson County, Mississippi 威尔金森县（密西西比州）563

Willey, Waitman T. 韦特曼·T. 威利 280

Williams, George H. 乔治·H. 威廉姆斯 458

Wilmington, North Carolina 威尔明顿（北卡罗来纳州）90, 111, 162, 169, 590

Wilson, Ella 艾拉·威尔逊 142

Wilson, Henry 亨利·威尔逊：与废奴主义 527；与黑人选举权 227, 275；与民权 227, 231；与腐败 468；与北部的经济繁荣 18；与联邦制 456；与第十五条宪法修正案 446；与自由民储蓄安定信用公司 531；与劳工运动 484；与土地政策 310, 316；与总统重建 222, 227；与对邦联分子叛国罪的惩罚 230n4；与激进重建 308；～的激进共和党人领导力 228, 238；与州宪法 320, 322

Wilson, James 詹姆斯·威尔逊 521

Wimbush, Lucius 卢修斯·温布什 377

Winchell, Alexander 亚历山大·温切尔 58

Winn Parish, Louisiana 韦恩教区（路易斯安那州）332, 606

Winsmith, John 约翰·温斯密斯 431, 443

Winston County, Alabama 温斯顿县（亚拉巴马州）13, 300, 553, 612

Wirz, Henry 亨利·维尔茨 190

Wisconsin 威斯康星州：～的农业 19；～的反垄断政党 516；～的腐败 466, 486；～的民主党 516；经济萧条在～ 516；～的经济 19；～的教育 471；～的工业发展 464；～的劳工运动 481–482n36；～的恩惠制 266；～的政治机器 566；波特法在～ 516, 517；～的种族主义/种族隔离 471；～的铁路 475n26, 516, 517；～的改革 516；共和党在～ 466, 481–482n36, 516；～的州宪法 222；～的罢工 30；～的选举权 222, 223, 224n94

Wise, Henry A. 亨利·A. 怀斯 319

Withers, Robert E. 罗伯特·E. 威瑟斯 413

Wittenmyer, Annie 安妮·维滕迈耶 25

Woman's Declaration of Independence 妇女独立宣言 565

Women 妇女：黑人～, 57, 85–87, 120, 200–201, 290–291, 400, 405, 574；与百年博览会 565；与劳工 57, 85–87, 405, 479, 530；与土地政策 87；与政治 87, 290–291；作为教师的～ 99, 144–145；～的志愿者工作 25。同见：Women's movement/suffrage

Women's Christian Temperance Union 妇女基督教禁酒运动 520

Women's movement/suffrage 妇女运动/妇女选举权 25, 252, 255–256, 313, 315, 446–449, 472–474, 520–521, 567

Wood, Fernando 费尔南多·伍德 32

Wood, Robert H. 罗伯特·H. 伍德 355

Woodhull, Victoria 维多利亚·伍德哈尔 520–521

Woodward, C. Vann C. 范恩·伍德沃德 xxiii, 34n60

"Work or Bread" [New York City] "工作或面包" 运动 [纽约市] 514, 517

Working Women's Association 劳工妇女协会 479

Workingmen's Benevolent Association [Pennsylvania] 工人慈善协会 [宾夕法尼

索 引 **1133**

亚州] 515
Workingmen's party [Illinois] 工人党 [伊利诺伊州] 514
Works Progress Administration 公共事业振兴署 610
Wormley, James 詹姆斯·沃姆利 580
Wormley House 沃姆利酒店 580-581
Worth, Jonathan 乔纳森·沃思 130-131, 196-197, 207-208, 212, 279, 330
Wounded Knee 翁迪德尼 463
Wright, Alfred 阿尔弗雷特·赖特 287
Wright, Jonathan J. 乔纳森·J. 赖特 27, 326
Wyat, Bayley 贝利·怀特 105
Wyoming 怀俄明州 473

Y

Yates, Richard 理查德·耶茨 232, 233, 278
Yazoo County, Mississippi 亚祖县（密西西比州）290-291, 559-560, 561, 575
Yeomen 自耕农：与农业 15, 17, 393；内战对～的影响 17；商业导向的～ 396；邦联军队中的～ 15, 16；与债务 536, 596；与民主党 343, 419；与经济萧条／经济政策 536, 596；作为移民的～ 419；与工业发展 382-383；约翰逊与～的关系 181, 183-184, 276；与种植园主 15, 17；与救赎 594-595, 596；与退出联邦运动 13；与奴隶制 12；与南部政治 12-13；与南部内陆地区 17；与州政府 364；与税收 12-13, 364, 588；与租赁制 17, 596。同见：具体州名
York County, South Carolina 约克县（南卡罗来纳州）284, 431, 433
Yorktown, Virginia 约克敦（弗吉尼亚州）105, 150
Young, David 戴维·扬 545

译后记

我第一次读《重建：美利坚未完成的革命（1863—1877）》（以下简称《重建》）是在1987年。那是我在哥伦比亚大学历史系读研的第二年，方纳教授开了一门重建史的阅读课，指定的阅读书目包括了重建史研究的重要著作，《重建》是其中的一本。当时书还没有正式出版，出版社允许方纳在图书馆放一份打印版的书稿，仅供学生阅读，不能借出，也不准复印。白天阅读的人多，要预约和排队，我就选择晚上去读。打印稿很厚，至少在千页以上。有好几个夜晚，我坐在哥大法学院图书馆的阅览室里，一页一页地翻动书稿，浮想联翩，偶尔眺望窗外，映入眼帘的不是20世纪曼哈顿的灯火辉煌，而是19世纪后半叶发生在美国南部的那些可歌可泣的改革故事以及随之而来的腥风血雨。多年之后，那种读书的场景终不能忘，如同发生在昨天一样。

在阅读中，我深深地为方纳书稿中描述的那些波澜起伏、惊心动魄的重建故事所吸引，为他娴熟高超的组织和解析材料的技艺所折服，为他拥有的近乎"天才般的文采"所震撼。[1]我第一次

---

[1] "天才般的文采"一语的原文来自康马杰和莫里斯为《重建》写的主编前言，见本书第 xxvi 页。原文为："Mr. Foner has brought a prodigious body of evidence, organized it not only skillfully but also, we may almost say, with stylistic genius, and produced what is a scholarly convincing reconstruction of what is indubitably the most controversial chapter in our history."

感到，一部主题严肃、规模宏大、布局复杂、史料深厚的历史叙事竟然也可以写得如此的生动，让读者有一种欲罢不能、流连忘返的感觉。我不仅被这个叙事深深地吸引，更为叙事者在叙事中流露出来的道德激情所打动，有一种发现新大陆的感觉。两年之后，我选择了重建时代共和党与黑人选举权的关系作为博士论文题目，应该说，这个决定最初是在夜读《重建》时做出的。

三十年后，应商务印书馆的邀请，我终于有机会将《重建》翻译成中文。2020年12月26日，我将完成的译稿寄给了出版社。等待近三年之后，责编张艳丽女士告知：《重建》译著终于可以出版！读到小张的微信，涌上心头的感觉不是激动，而是庆幸。我感到庆幸，并不是因为我的努力将不会被浪费，而是因为更多的中文读者将有机会读到《重建》。根据我有限的阅读，一部能够被称为是经典的史学著作具有这样的几个特征：一是它能以最诚实的态度、最扎实的研究、最优秀的写作呈现最接近真实的历史；二是它具有一种超越时间、地域、国界和文化隔阂的思想性，能在不同背景的读者中引发共鸣；三是它能在方法论上树立起一种专业标杆，产生一种里程碑的效应，为后来的研究者指引新的探索方向。我认为，《重建》就是这样的一部经典著作。

所谓"重建"，指的是19世纪后期美国内战（1861—1865）之后美国人再创国家、重建宪法、更新民族的一次非凡的但同时又充满争议的努力。如果说美国内战的发生证明了美国人"第一次建国"的失败，"重建"（1863—1877）则开启了美国人"第二次建国"的历程。较之第一次建国，重建面临的挑战更为严峻。在经历了四年的血腥内战、南北共付出62万人（一说是75万人）

生命的代价之后，如何修复战争创伤，如何化解区域敌意，如何在奴隶制的废墟上建立新的经济体制，最重要的是，如何将南部400万从内战中获得解放的黑人奴隶转化成为享有平等权利（包括政治权利）的公民，这些成为重建时期美国人面临的巨大挑战。更为困难的是，重建没有先例可循，整个过程反而深受第一次建国的遗产——内战前的宪政成规、经济格局和社会传统（包括种族主义意识形态）——的羁绊与限制，并且是在一个国家体制极度脆弱、价值观极度对立、政治冲突频繁诉诸暴力的背景下进行的。在战后十多年的时间里，不同群体的美国人——同时包括了怀抱理想主义的北部改革者，新近获得解放并期望全面得享自由和平等的自由民，力图阻止过度改革的现实主义政客，丧失了奴隶财产的前奴隶主，战败但拒绝认错的前南部邦联死忠分子，长期处于政治劣势的南部白人自耕农，力图将资本主义推向南部并从中获利的北部经济投机分子等——构成了一支比第一次建国时更为多元和复杂的演员队伍，在重建这场历史大戏中围绕重建的目标、策略和期望的结果，在不同层面展开了激烈、有时候甚至是血腥的谈判与博弈。重建的过程也因此变得十分复杂，跌宕起伏，充满了意料之外的转折，先后经历了"总统重建"、"国会重建"（也称"激进重建"）、南部重建（也称"黑人重建"）和"救赎时代"等阶段。

尽管短暂，重建却成为美国历史上一个意义深远、影响至深的改革时代，它取得的成果为美国在20世纪的发展与崛起奠定了政治与经济基础。重建期间建立和生效的第十三、十四和十五条修正案重新定义了美国的国家目的和政府功能，将拥有自由、成为公民、享有同等权利宣示为所有本土出生美国人的宪法权利。获得投票权的男性黑人公民在激进重建阶段参与了创建南部州政府的工作，第一代黑人政治家得以产生，当选为国会和州议会议员，被任命为地方官员，使美国成为第一个在全国范围内实施跨种族民主政治的国家。在经济方面，前种植园主阶级在南部的经济垄断被打破，自由劳动经济体制得以建立，与北部的资本力量一起，改变了南部单一和封闭的经济形态。重建期间建立的黑人社区成为新的非裔美国人文化建构的基础，公立教育体制（包括重建时代建立的黑人大学）则成为培养非裔美国人知识和政治精英的摇篮。

然而，重建的改革既不是彻底的，也并未能够坚持下去。经济重建止步于对劳动力使用方式的改变。绝大多数自由民没有获得土地，只是成为了可以控制自己劳动时间的"自由劳动者"，经济上仍然依附于内战后出现的新地产阶级和商人阶级。激进重建引发了南部白人种族主义者的强烈反抗，围绕州一级政治领导权的竞争最终演变成了频繁的暴力冲突，导致黑白合作的基层共和党组织的崩溃。而由北部共和党人主导的联邦政府则在关键时刻选择了撤退，给了南部白人至上主义者全面夺回州政权的机会。联邦最高法院通过一系列保守性的判决，压制和扼杀了重建宪法修正案所蕴含的革命性内容，以隐性和公开的方式支持了南部州政府剥夺黑人选举权、建立种族隔离法的做法。到19世纪末20世纪初的时候，出生在内战后自由时代的南部黑人发现自己并没有享受到父辈曾经争取过的权利，而是处在二等公民的位置。直到在20世纪五六十年代的民权运动的巨大压力下，联邦政府才重新启用重建宪法修正案,进行"第二次重建",激进重建的政治目标才得以部分实现。

因此,重建成为了一个复杂的故事,它留下的遗产如同重建本身一样也充满了争议性。重建一代人曾经面临的问题——政治民主、经济正义、公民权利的内容与界定、联邦与州政府的权力划分、个人权利与群体权利的冲突、种族关系的政治性等——也成为延续至今的美国问题,无时无刻不在困扰美国的立法和现实政治。借用方纳教授的话来说,解决这些问题仍然是21世纪美国人面临的挑战。[1]

重建的历史评价与书写自然也未能逃脱"政治化"的影响。在《重建》出版之前,美国历史学界关于重建历史的研究已经有近百年的积累,先后出现了数种不同的历史评价,包括传统学派、进步学派、修正学派和后修正学派等。方纳在《重建》首版的前言中对此有十分详细的梳理与介绍。[2] 在早期的重建史研究中,传统学派(也称"邓宁学派"或"唐宁学派")曾经长期在该领域写作与教学中占主导地位。该学派将重建视为美国民主历史上的一次彻底失败,将失败的原因归咎于激进重建的乌托邦幻想、黑人的无能和重建政府的腐败,将白人至上主义者的政治回归视为对南部的救赎。在传统学派成为标准叙事的时代,只有为数不多的

---

[1] 〔美〕埃里克·方纳:《19世纪美国的政治遗产》,王希编译,北京大学出版社2020年版,第109页。

[2] 见本书第1—14页"前言"。关于重建史学早期学派的中文讨论,参见王希:《美国"重建"史学述评》,见中国留美历史学会编:《当代欧美史学评析:中国留美历史学者论文集》,人民出版社1990年版,第291—310页。

黑白历史学家对此进行反驳，其中最为瞩目的是黑人历史学家杜波伊斯在1935年出版的《黑人的重建》。[1] 杜波伊斯将重建视为一场围绕界定黑人的地位和权利的政治斗争，在著作中凸显黑人对重建的贡献，并将重建视为19世纪民族解放运动和经济革命的一部分。杜波伊斯的著作长达700多页，掷地有声，但白人主流学界对其视若无睹，权威期刊《美国历史评论》甚至不屑于发表一篇专业书评（若干年后，英国历史学家波尔将此事视为美国专业历史学界的一桩"铁证如山的丑闻"）。[2] 然而，杜波伊斯的著作激发了对传统学派重建史观的反思与批判，成为20世纪五六十年代形成声势的修正学派的先声。修正学派站在截然对立的立场上，将重建视为美国历史上的重要改革，肯定了重建在宪政改革，改善南部经济、教育和社会等方面的成果。修正学派的学者依循传统学派的研究思路，重新解读传统学派使用过的文献和讨论过的事件，逐条反驳传统学派的结论。随后出现的后修正学派则对修正学派的结论提出异议，认为其矫枉过正，夸大了重建改革的短暂成功，忽略了重建改革内在的保守性，不能解释旧联邦主义和种族主义在美国长期盛行的原因。

由此可见，当方纳在1975年接到莫里斯教授的重建史写作邀请时他所面临的挑战和压力：他不仅要处理重建这个极为复杂、极具争议的历史题目，而且还必须面对同样复杂的和充满争议性

---

[1] W. E. B. Du Bois, *Black Reconstruction: An Essay Toward a History of the Part Which Black Folk Played in the Attempt to Reconstruct Democracy in America, 1860-1880* (New York: Russell & Russell, 1935).

[2] J. R. Pole, "During the War and after the War", *London Review of Books*, January 11, 1990, (https://www.lrb.co.uk/the-paper/v12/n01/j.r.-pole/during-the-war-and-after-the-war).

的重建史学史传统。处理好两者，即便是对在重建史领域内已有建树的资深学者来说，也是一种分量不轻的任务。而当时的方纳只有32岁，虽然在内战史研究方面已经享有盛名，但在重建史方面只发表过一篇研究激进重建领袖人物的论文。[1]

最终出版的《重建》属于著名历史学家康马杰和莫里斯教授主编的"新美国国家史丛书"。这套丛书的组织与编写从20世纪40年代末开始，由著名的哈珀出版公司出版，至今已经出版了将近50种书目，覆盖从殖民地到20世纪的美国史。在"新美国国家史丛书"之前，哈珀公司曾在20世纪初出版过一套"美国国家史丛书"，共有27种书目，也是以断代史和主题史相间的方式，覆盖当时美国史的内容。[2] 两套丛书的组织与出版相隔半个世纪，但目的都是一样的，即为美国史的研究和教学提供一批综述性著作，在内容上带有权威性，在观点上带有指导性。需要指出的是，在"美国国家史丛书"中，传统学派的领衔人物、哥伦比亚大学历史系教授邓宁所著的重建史名列其中，是该丛书中影响力最为久远的一部著作。[3] 同时需要指出的是，"新美国国家史丛书"中重建史

---

[1] Eric Foner, "Thaddeus Stevens, Confiscation, and Reconstruction", in Stanley Elkins and Eric McKitrick, eds., *The Hofstadter Aegis: A Memorial* (New York: Alfred A. Knopf, 1974), 154-183.

[2] 关于"新美国国家史丛书"(New American Nation Series) 与"美国国家史丛书"(American Nation Series) 的介绍与比较，见：Arthur P. Dudden, "The New American Nation Series", *The Historian*, Vol. 18, No. 1 (1955), 83-104; Henry Steele Commager and Richard Brandon Morris, "Editors' Introduction", in Arthur S. Link, *Woodrow Wilson and the Progressive Era, 1910-1917* (New York: Harper & Brothers, 1954), xi-xiii。

[3] William Archibald Dunning, *Reconstruction: Political and Economic, 1865-1877* (New York: Harper & Brothers, 1907). 邓宁的著作是"美国国家史丛书"的第22种。

卷的作者人选的敲定经历了一个曲折的过程。在方纳之前，丛书主编曾先后邀请两位在内战和重建史领域内享有盛名的资深历史学家比尔（Howard Beale）和唐纳德（David Herbert Donald）担纲，但两人最终都未能完成任务，退出了这一项目。[1] 莫里斯最终为何转向邀请方纳加盟，至今也是一个谜。或许是因为他见证了年轻方纳的学术成长（莫里斯于1946—1973年在哥伦比亚大学历史系任教，方纳于1959年进入哥大，从本科读到博士，并在1969年获得博士学位后留校任助理教授），或许是他希望延续哥大历史系在重建史研究方面的领衔传统，因为该系曾经产生过邓宁（传统学派）、比尔德（Charles A. Beard，进步学派）、麦基特里克（Eric McKitrick，修正学派）等重建史研究不同学派的领衔学者。无论莫里斯的理由是什么，方纳的《重建》令他和康马杰非常满意。在为《重建》写作的主编前言中，两位德高望重的美国史大家将方纳与邓宁、杜波伊斯和内文斯等前辈学者并列，称他们都是"极为出类拔萃的重建史研究者"。

根据丛书的设计，方纳可以选择一种相对便捷的写作方式——将现有的重建史研究成果进行提炼与整合，写一部综述性的断代史，但他没有这样做，而是利用这个机会创作了一部崭新的重建史。他这样做，也许是为了从中学时代输掉的一次重建史讲课的"竞争"中扳回一局（他当时输给了他的历史老师），但真正推动他做出如此选择的动力却是来自时代的召唤——他立志要

---

[1] Eric Foner, "Writing about Reconstruction: A Personal Reflection", in Winfred B. Moore, Jr., and Joseph F. Tripp, eds., *Looking South: Chapters in the Story of an American Region* (New York: Greenwood Press, 1989), 2-13.

为经过民权运动洗礼的美国和美国人写作一部新的重建史。用他的话说，这不仅是一项学术任务，还是一项"政治任务"。[1]

为了完成这一任务，方纳深入南部各州的档案馆，从基础研究做起，获得了重建时期黑人政治的大量一手史料，其中多数不曾为历史学家使用过。与此同时，他对不同学派的重建史学史成果进行了抽丝剥茧式的阅读，结合新发现的史料，去粗取精，去伪存真，从中提炼有益的启示。他对杜波伊斯在《黑人的重建》中提出的观点——重建是一场将前奴隶转化为公民的现代化运动——尤为重视，不仅利用新发现的史料对之进行确认，而且将之扩展和改造，形成新的重建史观的一部分。方纳还利用到英国访学的机会，汲取国际学界的研究成果，关注加勒比海英属殖民地的奴隶解放进程及其结果，并将之与美国重建进行比较，使他的重建研究拥有了一个国际比较的维度。

档案研究和对既有成果的全面梳理帮助方纳找到了将新社会史、激进主义传统、非裔美国人史和联邦国家宪政转型结合起来的书写框架，并形成了自己的重建史观。最终写成的《重建》共12章，长达690页。从结构上来看，较之传统的重建史，方纳在纵横两个方面扩展了重建史叙事，他将重建的起点定为1863年林肯签署《解放奴隶宣言》的时候，不再将重建视为一场局限在南部的改革，而是将其定义为一场影响全国的、意义深远的政治、经济和社会革命，其核心内容是决定如何将前奴隶"变成自由的

---

[1] Eric Foner, "Writing about Reconstruction: A Personal Reflection"; 王希:《方纳：一个伟大学术时代的写照》，见〔美〕埃里克·方纳:《19世纪美国的政治遗产》，王希编译，第19页。

劳动者和平等的公民"。在这个新的解释框架下，方纳创造了一种新的重建史叙事，将南部黑人带入到重建舞台的中央，讨论他们如何有效地参与重建政治议程的设置和实施，如何在非常困难的情况下争取经济自立和政治平等，又如何不遗余力地创造自己的社区与文化。方纳还使用大量篇幅描述共和党内各个派别之间、国会与总统之间、联邦与州政府之间围绕黑人地位与权利的界定展开的博弈，以丰富和生动的细节展示了黑白改革者在南部创建新的种族政治的过程，揭示了内战后白人群体内部围绕政治权力和经济利益的分配而发生的阶级冲突。在分析重建为何失败时，方纳列举了多种原因，包括共和党内的分崩离析、联邦政府的退却、现代执法官僚机制的缺乏、种族主义意识形态的深厚、经济重建的有限以及南部白人社会施行的暴力活动和政治恐怖主义等，但他强调，重建的重要性并不是它的失败，而是它为什么在如此困难的情况下能够产生并坚持数年。换言之，重建为20世纪美国宪政的改革、政府职能的转换、黑白改革者之间的合作开创了先例，应该成为重建留给后来美国改革运动可以利用的政治遗产。

《重建》不仅展现了方纳驾驭和组织多元史料的非凡能力，而且也树立了一种同时将综述性写作与专题研究相结合和将宏大政治史叙事与精湛社会史研究相结合的写作典范。这可能是方纳在方法论上最具有原创性的贡献。1988年《重建》出版后，立刻引起轰动，学界好评如潮。来自修正学派和后修正学派的同行都写作了长篇书评，赞扬《重建》对学界和更大知识界做出的独到贡献。佐治亚大学的麦克菲利（William S. McFeely）认为方纳将重建开启的时间推前到1863年奴隶获得解放的时刻极为重要，等于重新界定了重建的历史意义,而《重建》本身也因为博大精深、研究扎实、写作中肯而成为过去四十年出版的最重要的重建通史。伊利诺伊大学的珀曼(Michael Perman)对此深表赞同,称方纳凭借《重建》当之无愧地成为重建史的领衔学者。在他看来,方纳的最大贡献是对过去几十年原本杂乱无序、相互矛盾的研究成果进行了融会贯通式的梳理和整合,结合自己的新研究,以令人信服的书写方式彻底葬送了传统学派对重建的解释。俄亥俄州立大学的本尼迪克特(Michael Les Benedict)并不完全接受方纳的结论,但他认为《重建》写作精湛,评价中肯,见解深刻,兼具"气势磅礴的视野"和"细致入微的细节"展示,堪称重建史研究中"一种极为壮观的成就"。[1]重建史研究的元老级人物、哈佛大学的唐纳德教授(当年曾接受但后来又退出撰写重建史的任务)虽然批评方纳对重建时代南部白人史着墨不够,但他毫不吝啬地称《重建》是一部"规模宏大的写作",对复杂的重建时代做了"技艺精湛的研究与写作",为"新美国国家史丛书"增添了一部"极其精彩的"著作。唐纳德还将《重建》与邓宁的重建史做了比较,称前者的行文优雅、叙述生动,读起来犹如"一部情节

---

[1] 部分书评见:William S. McFeely, "A Moment of Terrifying Promise", *The New York Times*, May 22, 1988; Vernon Burton, Review of *Reconstruction*, *The South Carolina Historical Magazine*, Vol. 91, No 3 (July 1990), 217-220; Michael Perman, "Eric Foner's Reconstruction: A Finished Revolution", *Reviews in American History*, Vol 17, No 1 (March 1989), 73-78; Randall Kennedy, "Reconstruction and the Politics of Scholarship", *The Yale Law Journal*, Vol. 98, No. 3 (January 1989), 521-539; Edward L. Ayers, "The Heart of American History", *The Virginia Quarterly Review*, Vol. 65, No. 4 (Autumn 1989), 735-742; Michael Les Benedict, Review of *Reconstruction*, *Journal of American History*, Vol. 75, No. 4 (March 1989), 1336-1337.

复杂且精心策划的小说",而后者则如同"一份律师文摘"。[1]重建出版之后,一年之内斩获了多项学术大奖,包括班克罗夫特最佳美国史著作奖、帕克曼奖、洛杉矶时报历史著作奖、特里林奖以及奥斯利奖。早期的书评者中曾有人迫不及待地预测该书将成为一部学术"经典",这些随之而来的专业奖项证实了这一预言。[2]

但《重建》的真正影响力在于它改变了重建时代在美国史研究中的地位,使其成为与美国革命、制宪、内战、二战和民权运动同等重要甚至更重要的转型时代。《重建》也为内战史、重建史、非裔美国人史和19世纪美国史的研究注入了前所未有的活力,推动了美国政治史研究的基层转向,敦促历史学家将眼光放在基层黑人群体之上,观察他们如何在变革时代领悟和习得政治意识,又如何运用政治体制去争取和捍卫权利,并在这个过程创造新的政治。这个被方纳称为"政治化"的命题对非裔美国人史和相关领域的研究都极富启发性。2014年,哈珀公司出版了《重建》的25周年纪念版,在新写的前言中,方纳对《重建》出版之后重建史领域出现的丰硕成果进行了梳理,并预测只要公民资格、公民权利、自由、民主这些重建时代的核心问题仍然是美国社会的核心问题,关于重建历史的研究就会继续进行下去。

对于中文读者而言,《重建》将会有什么帮助呢?这是我从翻译本书的开始就一直在思考的问题。我想至少有三种帮助:知

---

[1] David Herbert Donald, "The Black Side of the Story", *The New Republic*, August 1, 1988, 41-44.

[2] James Smallwood, Review of *Reconstruction*, *Presidential Studies Quarterly*, Vol. 19, No. 3 (Summer 1989), 622-624.

识的补充,认知的深化,方法论的启示。首先,从了解和认识美国历史的角度来看,《重建》可以为我们提供一种及时、有效的知识上的帮助,弥补中文学界目前还没有一部重建史通论著作的缺憾。当代中国的美国史研究在过去 70 年中成就丰硕,但重建史的研究成果却十分稀少。黄绍湘教授的《美国简明史》(1953 年原版,1979 年修订版《美国通史简编》)是中国学界美国史研究的奠基作品之一,因研究条件和时代的限制,仅用了 12 页篇幅来讨论重建。刘祚昌教授的《美国内战史》(1978 年)注意到重建的重要性,专辟两章来讲述重建史,并参考了杜波伊斯的《黑人的重建》,但同样因为材料和写作时代的局限未能展示重建史的全貌和丰富内容。中国美国史研究会的集体作品《美国通史·第三卷》(1990 年初版,2002 年再版)对重建的讨论也没有超过 30 页,局限于概览式的介绍。在 21 世纪出版的国内学者的专著中,以重建史作为背景的研究有高春常的《文化的断裂》和吴浩的《乡村借贷》,前者专注这一时代黑人文化的形成与建构,后者讨论由商人与种植园主共谋建构的借贷体制如何在内战后将南部的黑人和白人佃农置于终身贫困的位置,并阻止了南部经济现代化的进程。中国知网提供的学位论文信息显示,研究重建史的博士论文不超过 5 篇。[1] 最近几年国内出版社引进了几种美国学者关于重建史的

---

[1] 高春常:《文化的断裂:美国黑人问题与南方重建》,中国社会科学出版社 2000 年版;吴浩:《乡村借贷:内战后美国南部农业现代化启动的制度"瓶颈"》,人民出版社 2016 年版。相关博士论文见:宋云伟:《论美国重建时期联邦制的变化》(北京大学,2002 年);王淑霞:《联邦军队与美国南方重建》(山东师范大学,2007 年);丁鹏:《美国黑人权利宪法保障制度变迁研究》(辽宁大学,2008 年);罗超:《美国内战记忆的建构与南北和解(1865—1918)——兼与东西德的二战集体记忆比较》(厦门大学,2017 年)。

译著，包括方纳本人在 2019 年出版的新著《第二次建国》，[1]但这些译著无法替代《重建》，无法提供《重建》所覆盖的重建史知识的宽度与厚度，也不具备基于这种宽度和厚度的知识之上的思想性。而对于有志于从事重建史研究的新一代学者而言，《重建》可以成为入门的起点，其"精选参考书目"中所列举的总共 700 多种史料文献、专著和期刊论文更是价值无比的研究信息。

其次，阅读《重建》的意义远不止于了解重建的历史，而是可以帮助我们认识和解释当今美国的许多问题——最突出的是，当今困扰美国的种族冲突的深层原因所在；其他问题则包括联邦政府权力的定义与扩展，围绕公民资格与公民权利的界定而产生的政治冲突，政党政治（包括恩惠制）在基层、州和联邦层面的运作，资本与政党政治的联姻，区域（尤其是南部）政治与联邦政治的关系，政治保守主义在美国历史上的形成与持续，以及种族主义意识形态与政治暴力之间的关系等。这些问题是实实在在的现代美国问题，但其根源可以追溯到重建时代。方纳对重建成败的观察与分析（尤其参阅《重建》的结语）还会激发我们去思考一些更深层的美国民主问题，包括：政治民主与经济民主的关系（在没有进行具有关键意义的经济改革的情况下，政治民主是否或如何能够持续下去），政治民主的实效性与国家能力的关系

---

[1]〔美〕詹姆斯·M.麦克弗森：《火的考验：美国南北战争及重建南部》，陈文娟等译，商务印书馆 1993 年版；〔美〕埃里克·方纳：《第二次建国：内战与重建如何重铸了美国宪法》，于留振译，商务印书馆 2020 年版；〔美〕道格拉斯·R.埃格顿：《重建之战：美国最进步时代的暴力史》，周峰译，上海译文出版社 2022 年版；〔美〕史蒂文·哈恩：《美国的内战与重建，1830—1910》，方宇译，天地出版社 2023 年版。

（在缺乏一种具有"永久性监管"能力的联邦执法体制的支持和保护下，一州公民是否或如何能够在州或其他势力的刁难与阻挡下有效地行使自己的政治权利），以及同一"民主"体制下不同"民主"诉求的竞争（即谁的"民主"更具有政治和道德上的正当性，更应该得到政府的保护）。这些问题同样源自重建时代的改革实践，但它们对所有企图追求政治现代化的社会也有一种普遍的启示意义。换言之，如果我们把重建视为"前现代美国史"与"现代美国史"的一道分水岭，重建则是将"现代性"注入美国政治、经济和社会（包括种族关系）之中的重要时刻，从这个意义上说，美国人的现代化进程还远远没有结束。

最后，方纳的写作可以在多方面带给我们方法论上的启迪，包括如何处理宏大的历史叙事，如何将宏观史与微观史结合起来，如何将草根政治史融入意识形态的解读和立法政治的描述之中，如何想象和发现新的材料，如何公正地对待以往的研究成果，如何带着道德立场但不违反学术公正地讲述富有争议的历史故事等。《重建》的最大亮点是采用了新的切入视角，重置了研究的问题框架，将被传统重建史学埋没或歪曲的黑人推向了重建历史的中央位置，让他们作为改革者发出声音，让他们展示自己的自由观，在讴歌他们的勇气与理想的同时，也不掩饰或回避他们的局限与失败。据此，方纳讲述了一个更完整、更真实的历史故事。这个新视角并不是方纳的发明——他坦承自己的写作受到杜波伊斯的观点的启发——但他使用了数量空前的原始史料来支持依据这种新视角写作的重建历史，从而使书中的每一种观察都是建立在坚实雄厚的史料之上的，正因为如此，它的结论才具有无懈可击的力度。在这一点上,方纳的《重建》成功地超越了杜波伊斯的《黑人的重建》。与此同时,方纳并没有将《重建》当成一部单纯的"黑人重建史"来写作,并不将黑人重建与白人重建的经历分离开来,而是将两者融入同一叙事之中,在方法论上,这是一种超越,是一种更有长远意义的研究整合,更是一种对美国史写作方式的更新。在处理重建史学传统方面,方纳也表现了同样的眼光和智慧。他虽然不赞同传统研究的结论,但并不无视前人的研究成果,而是抱着极认真的态度去甄别和处理,汲取有益之处,即便对邓宁学派的研究成果也是如此。正是这种诚实、中肯的治学态度才使得《重建》成为重建史学研究中的集大成者和精华中的精华。我相信,阅读《重建》会激发读者去思考如何书写其他的改革故事和革命故事,不光是美国的,也包括中国的。

《重建》的翻译主要是在 2020 年进行和完成的。这是特别值得铭记的一年,因为历史和现实的美国交织在一起:新冠肺炎肆虐全球,黑人乔治·弗洛伊德在白人执法警察的膝下窒息而死,在美国各地爆发的街头抗议中白人至上主义者与"黑人的命也是命"的呼吁者持枪对立,在任总统特朗普拒绝接受败选结果,其在国会内的共和党支持者建议组成选举仲裁委员会来决定选举结果(令人想起 1876 年总统大选在美国南部造成的灾难性结局和激进重建的终结)。因为同时要完成在北京大学和宾夕法尼亚州印第安纳大学的教学任务,我只能将翻译工作安排在夜间 8—12 点来做,这样我可在白天分担人类焦虑之后安静地工作几个小时。因为先前翻译过方纳的《美国自由的故事》和《给我自由》(上下卷),我对他的写作方式和语言习惯比较熟悉,加上重建史也是我的专业，所以翻译始终是一个接受和享受知识的愉悦过程。我的主要挑战在于，如何能够使用同等优美动人、铿锵有力、结构紧凑的中文来准确而可信地传达原著的思想和文采。对任何译者来说，这几乎都是一个不可能的任务，但这的确是我努力争取的目标。

在翻译过程中，方纳教授对我提出的疑问做了详尽的答复。他对南部俚语的幽默解释令我大笑不止，对阿迪斯·鲍尔小姐担任邮政局长（见本书第902页照片）的说明让我认识到19世纪政党恩惠制的任命竟然也会延伸至尚无选举权的女性（这不能不说是激进重建令人难忘的创举之一）。许多年过去了，每次与老师通信，仍然在学习新的知识，我为此感到幸运。在争取出版许可的阶段，中国社会科学院美国研究所的赵梅教授和武汉大学历史学院的杜华教授为本书写了热情洋溢的推荐信，对他们的信任和支持我表示感激。我要特别感谢张艳丽责编的耐心与细心。在漫长的等待时间里和对译稿清样的反复阅读中，我只能想象她对这一项目的信心与坚持，否则读者不会读到这里的文字。最后，我希望借此机会对高春常教授表示特别的感谢，他对全书逐字逐句的校读和对译文提出的许多修订建议，极为关键地改善了译文的质量。

王　希

2023年11月12日

2024年10月26日修订

图书在版编目(CIP)数据

重建:美利坚未完成的革命:1863—1877/(美)埃里克·方纳著;王希译. — 北京:商务印书馆,2024
(2024.11 重印)
ISBN 978-7-100-20057-8

Ⅰ.①重… Ⅱ.①埃…②王… Ⅲ.①美国—历史—研究—1863-1877 Ⅳ.①K712.44

中国国家版本馆 CIP 数据核字(2023)第 191698 号

权利保留,侵权必究。

重建:美利坚未完成的革命
(1863—1877)

〔美〕埃里克·方纳 著
王希 译

商 务 印 书 馆 出 版
(北京王府井大街36号 邮政编码100710)
商 务 印 书 馆 发 行
北京通州皇家印刷厂印刷
ISBN 978-7-100-20057-8

2024 年 4 月第 1 版	开本 880×1230 1/32
2024 年 11 月北京第 2 次印刷	印张 37⅛ 插页 8

定价:169.00 元